Schneeloch
Besteuerung und betriebliche Steuerpolitik
Band 1: Besteuerung

Besteuerung und betriebliche Steuerpolitik

Band 1: Besteuerung

von

Dr. Dieter Schneeloch

Steuerberater
o. Professor der Betriebswirtschaftslehre
an der Fernuniversität (Gesamthochschule) Hagen

3., völlig neubearbeitete Auflage

Verlag Franz Vahlen München

Die Deutsche Bibliothek – CIP-Einheitsaufnahme

Schneeloch, Dieter:
Besteuerung und betriebliche Steuerpolitik / von Dieter Schneeloch. – München : Vahlen
Bd. 1 Besteuerung. – 3., völlig neubearb. Aufl. – 1998
   ISBN 3-8006-2340-4

ISBN 3 8006 2340 4

© 1998 Verlag Franz Vahlen GmbH, München
Satz: DTP-Vorlagen des Autors
Druck: Schätzl-Druck; Donauwörth
Gedruckt auf säurefreiem, alterungsbeständigem Papier
(hergestellt aus chlorfrei gebleichtem Zellstoff)

Aus dem Vorwort zur ersten Auflage

Probleme der Besteuerung haben während der letzten Jahrzehnte im Wirtschaftsleben ständig an Bedeutung gewonnen. Zu ihrer Lösung sind fundierte Kenntnisse sowohl des Steuerrechts als auch betriebswirtschaftlicher Methoden erforderlich. Vorrangiger Zweck dieses ersten eines insgesamt zweibändigen Werkes ist die Vermittlung von Steuerrechtskenntnissen. Der in Vorbereitung befindliche zweite Band behandelt wichtige im Zusammenhang mit der Besteuerung stehende betriebswirtschaftliche Probleme. Die Auswahl und Darstellung des in Band 1 behandelten Stoffes habe ich mit Blick auf die in Band 2 zu behandelnden betriebswirtschaftlichen Probleme vorgenommen.

Adressaten des ersten Bandes sind vorrangig Studenten der Betriebswirtschaftslehre im Hauptstudium und hier vor allem solche, die im Rahmen ihrer Spezialisierung das Fach Betriebswirtschaftliche Steuerlehre gewählt haben. Darüber hinaus richtet sich das Werk auch an Studenten juristischer Fakultäten und Fachbereiche, die eine spätere Tätigkeit im steuerlichen Bereich anstreben. Letztlich sind Praktiker angesprochen, die grundlegende Kenntnisse der betrieblichen Besteuerung erwerben oder auffrischen wollen.

Zum Verständnis der einzelnen Teile des ersten Bandes sind unterschiedliche Vorkenntnisse erforderlich. Für alle Teile gilt, daß Grundlagenwissen im Zivilrecht vorhanden sein muß, und zwar in etwa in dem Umfang, wie es an den wirtschaftswissenschaftlichen Fakultäten und Fachbereichen üblicherweise im obligatorischen Teil des Studiums vermittelt wird.

Meinen wissenschaftlichen Mitarbeitern, Frau Dipl.-Kauffrau *G. Kitzmann*, Herrn Dipl.-Kfm. *G. Pferdmenges*, Herrn Dipl.-Kfm. *J. Schindler* und Herrn StB Dr. *W. Wittstock*, danke ich für die kritische Durchsicht der Manuskripte, für wertvolle Hinweise und Anregungen sowie für die Zusammenstellung des Literatur- und Sachverzeichnisses. Mein Dank gilt auch Frau *Ch. Knipper* und Frau *H. Zamel* für ihren unermüdlichen Einsatz und die Sorgfalt, mit der sie die oft geänderten Fassungen des Manuskripts geschrieben haben.

Hagen, im November 1985　　　　　　　　　　　　　　　　　　Dieter Schneeloch

Vorwort zur dritten Auflage

Seit dem Erscheinen der zweiten Auflage dieses Buches vor etwas mehr als vier Jahren hat das deutsche Steuerrecht tiefgreifende Veränderungen erfahren. Zu nennen sind in diesem Zusammenhang vor allem
- vielfältige Änderungen des Einkommensteuerrechts, insbesondere die Neuregelung des Tarifs und des Familienleistungsausgleichs ab 1.1.1996,
- erhebliche Änderungen des Erbschaftsteuergesetzes mit Wirkung ab 1.1.1996,
- die Nichterhebung der Vermögensteuer seit dem 1.1.1997 und
- die Abschaffung der Gewerbekapitalsteuer zum 1.1.1998.

Die teilweise sehr weitgehenden Steuerrechtsänderungen haben eine grundlegende Überarbeitung und in einzelnen Bereichen sogar eine Neufassung des Buches erforderlich gemacht. Die hier vorliegende dritte Auflage beruht auf dem im Mai 1998 geltenden Recht. Hingewiesen wird im Text außerdem auf die wichtigsten in der politischen Diskussion befindlichen Steuerreformpläne der Bundesregierung und der Opposition. Nicht ratsam erschien es mir, die Überarbeitung des Buches hinauszuschieben und das Ende der Steuerreformdiskussion und die Verabschiedung eines entsprechenden Steuerreformgesetzes abzuwarten. Hierzu hat mich vor allem der Umstand bewogen, daß eine Reform in mehreren Schritten im Gespräch ist. Sollte der Gesetzgeber so vorgehen, werden vor allem beim Einkommen- und Körperschaftsteuertarif Änderungen über mehrere Jahre hinweg die Folge sein. Um die Käufer des Buches über die Ergebnisse der geplanten Steuerreform zu informieren, planen der Verlag und ich bereits jetzt, nach Verabschiedung der Reform ein Beiheft herauszugeben. In diesem sollen die wichtigsten Punkte der Reform dargestellt werden. Leser, die das Buch vor Fertigstellung des Beihefts erworben haben, können dann auf Anfrage das Beiheft kostenlos von dem Verlag beziehen. Ein Beiheft wird selbstverständlich nur dann erstellt werden, wenn die Steuerreform so zügig durchgeführt wird, daß nach deren Abschluß eine weitere Auflage dieses Buches noch nicht unmittelbar bevorsteht. Geplant ist auch eine Übernahme des Inhalts des Beihefts in das Internet.

Meinen wissenschaftlichen Mitarbeitern, Herrn Dipl.-Kfm. *T. Klein*, Herrn Dipl.-Kfm. *G. Patek*, Herrn Dr. *A. Potthof* und Herrn Dr. *G. Wollseiffen* danke ich für die kritische Durchsicht des Manuskripts und viele fruchtbare Diskussionen, verbunden mit zahlreichen wertvollen Hinweisen und Anregungen sowie für die Überarbeitung des Literatur- und Sachverzeichnisses. Mein Dank gilt auch Frau *H. Zamel* für ihren unermüdlichen Einsatz und die Sorgfalt, mit der sie die oft geänderten Fassungen des Manuskripts geschrieben hat. Letztlich möchte ich noch den an meinem Lehrstuhl beschäftigen Studenten für ihre vielfältigen Hilfstätigkeiten bei Erstellung des Werkes danken.

Hagen, im Mai 1998   Dieter Schneeloch

Inhaltsverzeichnis

Vorwort V
Verzeichnis der Abkürzungen... XXIII
Verzeichnis der Abbildungen XXIX
Verzeichnis der Schemata im Anhang..XXX

Teil I: Grundlagen und Grundbegriffe, Durchführung der Besteuerung

1 Einführung 1
2 Überblick über das Steuersystem der Bundesrepublik Deutschland 6
   2.1 Einführung... 6
   2.2 Die Steuern im System der öffentlichen Einnahmen 8
   2.3 Besteuerungszwecke und ihre Konsequenzen 9
        2.3.1 Fiskalischer Zweck der Besteuerung.. 9
        2.3.2 Außerfiskalische Zwecke der Besteuerung.................................. 11
        2.3.3 Steuerrechtfertigungstheorien und „rationale" Steuersysteme 12
   2.4 Begriff der Steuern nach geltendem Recht... 13
   2.5 Einteilung der Steuern 15
        2.5.1 Arten der Einteilung 15
        2.5.2 Besitzsteuern, Verkehrsteuern, Verbrauchsteuern, Zölle............. 15
        2.5.3 Ertragsteuern, Substanzsteuern, Verkehrsteuern.......................... 16
        2.5.4 Direkte und indirekte Steuern 17
        2.5.5 Personen- und Sachsteuern 18
        2.5.6 Bundes-, Landes-, Gemeinde-, Gemeinschaftsteuern 18
   2.6 Steuerhoheit.. 19
        2.6.1 Komponenten der Steuerhoheit... 19
        2.6.2 Gesetzgebungshoheit... 19
        2.6.3 Ertragshoheit 20
        2.6.4 Verwaltungshoheit 21
3 Am Vorgang der Besteuerung beteiligte Personen und Institutionen 23
   3.1 Einführung.. 23
   3.2 Steuerpflichtige, Steuerschuldner, Steuerzahler....................................... 23
   3.3 Finanzbehörden 24
   3.4 Finanzgerichtsbarkeit 27
   3.5 Steuerberatende Berufe... 27
   3.6 Steuerabteilungen von Betrieben.. 32

4 Rechtsquellen, Verwaltungsvorschriften, Rechtsprechung, Schrifttum 33
4.1 Einführung 33
4.2 Rechtsquellen der Besteuerung 33
4.3 Verwaltungsvorschriften 36
4.4 Rechtsprechung 37
4.5 Schrifttum 37

5 Durchführung der Besteuerung 39
5.1 Einführung 39
5.2 Ermittlungsverfahren 39
5.3 Festsetzungs- und Feststellungsverfahren 41
5.4 Erhebungsverfahren 43
5.5 Rechtsbehelfs- und Rechtsmittelverfahren 44
5.6 Steuerstraftaten und Steuerordnungswidrigkeiten 46

Teil II: Ertragsteuern

1 Vorbemerkungen 47
2 Einkommensteuer 50
2.1 Persönliche und sachliche Steuerpflicht, Veranlagung 50
    2.1.1 Persönliche Steuerpflicht 50
        2.1.1.1 Grundtatbestände der unbeschränkten und beschränkten Steuerpflicht 50
        2.1.1.2 Ergänzungstatbestände zur unbeschränkten Steuerpflicht 51
        2.1.1.3 Aufgaben 1-5 52
    2.1.2 Sachliche Steuerpflicht 53
        2.1.2.1 Einkünfte 53
            2.1.2.1.1 Überblick über die Einkunftsarten und Grundsätzliches zu ihrer Ermittlung 53
            2.1.2.1.2 Einkommenssphäre, Vermögenssphäre 55
            2.1.2.1.3 Steuerfreie Einnahmen und mit diesen im Zusammenhang stehende Ausgaben 56
            2.1.2.1.4 Aufgaben 6-12 56
        2.1.2.2 Summe der Einkünfte, Gesamtbetrag der Einkünfte, Einkommen, zu versteuerndes Einkommen 56
        2.1.2.3 Nichtabzugsfähige private Ausgaben 57
        2.1.2.4 Das Zu- und Abflußprinzip und seine Durchbrechung 58
    2.1.3 Veranlagungsformen 59
2.2 Ermittlung der Einkünfte 61
    2.2.1 Die Gewinneinkünfte 61
        2.2.1.1 Die gemeinsamen Merkmale 61
        2.2.1.2 Die drei Gewinneinkunftsarten im einzelnen 62
            2.2.1.2.1 Einkünfte aus Land- und Forstwirtschaft 62
            2.2.1.2.2 Einkünfte aus selbständiger Arbeit 63
            2.2.1.2.3 Einkünfte aus Gewerbebetrieb 63
            2.2.1.2.4 Aufgaben 13-15 64

			2.2.1.3	Der laufende Gewinn 65
				2.2.1.3.1 Charakterisierung und Gewinnermittlungsmethoden 65
				2.2.1.3.2 Anwendungsbereich 67
				2.2.1.3.3 Aufgabe 16 69
				2.2.1.3.4 Die Einnahmen-Überschußrechnung nach § 4 Abs. 3 EStG 69
				2.2.1.3.5 Aufgabe 17 70
			2.2.1.4	Veräußerungs- und Aufgabegewinne, unentgeltliche Betriebsübertragungen 71
				2.2.1.4.1 Allgemeines 71
				2.2.1.4.2 Veräußerungsgewinne 71
				2.2.1.4.3 Aufgabegewinne 73
				2.2.1.4.4 Der Freibetrag nach § 16 Abs. 4 EStG 73
				2.2.1.4.5 Veräußerung eines land- und forstwirtschaftlichen Betriebes und eines der selbständigen Arbeit dienenden Vermögens 74
				2.2.1.4.6 Veräußerung von wesentlichen Beteiligungen an Kapitalgesellschaften 74
				2.2.1.4.7 Unentgeltliche Betriebsübertragungen 76
	2.2.2	Überschußeinkünfte 76
		2.2.2.1	Allgemeine Grundsätze 76
		2.2.2.2	Einkünfte aus nichtselbständiger Arbeit 77
		2.2.2.3	Einkünfte aus Kapitalvermögen 79
		2.2.2.4	Einkünfte aus Vermietung und Verpachtung 80
		2.2.2.5	Sonstige Einkünfte 81
		2.2.2.6	Einzelne Arten von Werbungskosten und Werbungskosten-Pauschbeträge 82
	2.2.3	Entschädigungen und Einkünfte aus ehemaliger Tätigkeit 85
	2.2.4	Besteuerung von Personengemeinschaften 86
		2.2.4.1	Allgemeines 86
		2.2.4.2	Mitunternehmerschaft 87
	2.2.5	Aufgaben 18-20 88
2.3	Ermittlung des zu versteuernden Einkommens 88
	2.3.1	Summe der Einkünfte, Gesamtbetrag der Einkünfte 88
	2.3.2	Sonderausgaben 89
		2.3.2.1	Allgemeines 89
		2.3.2.2	Sonderausgaben ohne Vorsorgecharakter 90
		2.3.2.3	Vorsorgeaufwendungen 91
	2.3.3	Außergewöhnliche Belastungen 93
	2.3.4	Steuerbegünstigung der zu eigenen Wohnzwecken genutzten Wohnung im eigenen Haus 94
	2.3.5	Verlustabzug 96
	2.3.6	Tariffreibeträge, Familienleistungsausgleich, zu versteuerndes Einkommen 98
		2.3.6.1	Grundsätzliche Zusammenhänge 98
		2.3.6.2	Kinder 99
		2.3.6.3	Kinderfreibeträge, Kindergeld 99
		2.3.6.4	Haushaltsfreibetrag 101
	2.3.7	Aufgaben 21 und 22 102

Inhaltsverzeichnis

- 2.4 Ermittlung der Steuerschuld 102
  - 2.4.1 Tarifliche Einkommensteuer 102
    - 2.4.1.1 Allgemeines 102
    - 2.4.1.2 Grundtarif, Splittingtarif, Einkommensteuertabellen 103
    - 2.4.1.3 Progressionsvorbehalt 105
    - 2.4.1.4 Steuersätze bei außerordentlichen Einkünften 105
  - 2.4.2 Tarifbegrenzung bei gewerblichen Einkünften 106
  - 2.4.3 Pläne zur Reform des Einkommensteuertarifs 108
  - 2.4.4 Festzusetzende Einkommensteuer 109
  - 2.4.5 Aufgabe 23 110
- 2.5 Steuererhebung 110
  - 2.5.1 Jahressteuerschuld, Abschlußzahlung, Vorauszahlungen 110
  - 2.5.2 Aufgabe 24 111
  - 2.5.3 Lohnsteuer und Veranlagung von Arbeitnehmern 112
  - 2.5.4 Steuerabzug vom Kapitalertrag 113
- 2.6 Einige Fragen der Rentenbesteuerung 116
  - 2.6.1 Einführung, Begriffe 116
  - 2.6.2 Einteilung der Renten 118
  - 2.6.3 Besteuerung der Renten und rentenähnlichen Leistungen im privaten Bereich 119
    - 2.6.3.1 Gesetzliche Bestimmungen 119
    - 2.6.3.2 Freiwillige Renten, aufgrund einer freiwillig begründeten Rechtspflicht beruhende Renten und Renten an unterhaltsberechtigte Personen 121
    - 2.6.3.3 Private Veräußerungsrenten 123
    - 2.6.3.4 Private Versorgungsrenten 124
    - 2.6.3.5 Von Versicherungen gezahlte Renten 125
- 2.7 Besteuerung bei Auslandsbeziehungen 126
  - 2.7.1 Auswahl der zu behandelnden Probleme 126
  - 2.7.2 Besteuerung ausländischer Einkünfte 126
    - 2.7.2.1 Grundsätzliche Unterscheidungen 126
    - 2.7.2.2 Besteuerung ohne Existenz eines Doppelbesteuerungsabkommens 126
    - 2.7.2.3 Besteuerung bei Existenz eines Doppelbesteuerungsabkommens 128
    - 2.7.2.4 Negative ausländische Einkünfte 129
  - 2.7.3 Besteuerung der beschränkt Steuerpflichtigen im Inland 129

3 Körperschaftsteuer 131
- 3.1 Steuerpflicht 131
  - 3.1.1 Unbeschränkte Steuerpflicht 131
    - 3.1.1.1 Einführung 131
    - 3.1.1.2 Die unter § 1 KStG fallenden Körperschaften 131
    - 3.1.1.3 Geschäftsleitung oder Sitz im Inland 134
    - 3.1.1.4 Rechtsfolgen der unbeschränkten Steuerpflicht 135
  - 3.1.2 Beschränkte Steuerpflicht 135
  - 3.1.3 Beginn und Ende der Steuerpflicht 136
  - 3.1.4 Persönliche Befreiungen 137

3.2 Ermittlung des Einkommens und des zu versteuernden Einkommens 138
   3.2.1 Bemessungsgrundlage, Ermittlungs- und Erhebungszeitraum 138
   3.2.2 Ermittlung des Einkommens 139
        3.2.2.1 Anwendung einkommensteuerlicher Vorschriften 139
        3.2.2.2 Besondere körperschaftsteuerliche Vorschriften 140
3.3 Tarif 142
   3.3.1 Steuersätze 142
   3.3.2 Ausländische Einkünfte 143
3.4 Grundzüge des Anrechnungsverfahrens 144
   3.4.1 Grundkonzeption 144
        3.4.1.1 Einführung 144
        3.4.1.2 Besteuerung ausgeschütteter Gewinne im „Normalfall" 145
        3.4.1.3 Steuerfolgen bei Ausschüttung steuerfreier Gewinne 147
   3.4.2 Das Anrechnungsverfahren auf der Ebene der Kapitalgesellschaft 148
        3.4.2.1 Herstellung der Ausschüttungsbelastung 148
        3.4.2.2 Eigenkapital und verwendbares Eigenkapital 148
        3.4.2.3 Gliederung des verwendbaren Eigenkapitals 149
        3.4.2.4 Die Verwendungsfiktion des § 28 KStG 151
        3.4.2.5 Zusammenhänge zwischen einzelnen Größen des
               Anrechnungsverfahrens 151
        3.4.2.6 Aufteilung ermäßigt belasteter Eigenkapitalteile 153
        3.4.2.7 Zuordnung der bei der Einkommensermittlung
               nichtabziehbaren Ausgaben 155
        3.4.2.8 Gliederung bei Verlusten 156
        3.4.2.9 Gliederung bei fehlendem verwendbaren Eigenkapital 156
        3.4.2.10 In das Anrechnungsverfahren einbezogene Körperschaften 157
   3.4.3 Das Anrechnungsverfahren auf der Ebene der Gesellschafter 158
        3.4.3.1 Besteuerung und Anrechnung 158
        3.4.3.2 Anrechnungsberechtigte Personen 159
        3.4.3.3 Sachliche Gründe zum Ausschluß der
               Anrechnungsberechtigung 160
3.5 Aufgaben 25 - 32 161

4 Gewerbesteuer 164
4.1 Einführung 164
4.2 Steuerobjekt, Steuerschuldner 164
   4.2.1 Begriff des Gewerbebetriebs 164
   4.2.2 Einheitlicher Gewerbebetrieb und Mehrheit von Betrieben 166
   4.2.3 Befreiungen 166
   4.2.4 Beginn und Ende der Steuerpflicht 167
   4.2.5 Steuerschuldner 167
4.3 Bemessungsgrundlage der Gewerbesteuer 168
   4.3.1 Gewerbeertrag 168
   4.3.2 Gewinn aus Gewerbebetrieb 169

Inhaltsverzeichnis

    4.3.3 Hinzurechnungen 169
        4.3.3.1 Zinsen für Dauerschulden 169
        4.3.3.2 Renten und dauernde Lasten 171
        4.3.3.3 Gewinnanteile des stillen Gesellschafters 172
        4.3.3.4 Sonstige Hinzurechnungen 172
    4.3.4 Kürzungen 173
        4.3.4.1 Kürzung wegen zu entrichtender Grundsteuer 173
        4.3.4.2 Kürzung bestimmter Gewinnanteile 174
        4.3.4.3 Sonstige Kürzungen 174
    4.3.5 Gewerbeverlust 175
4.4 Tarif 175
4.5 Entstehung, Festsetzung und Erhebung der Steuerschuld 176
4.6 Zerlegung 177
4.7 Aufgaben 33 - 35 177

5 Transaktionen zwischen einer Kapitalgesellschaft und ihren Gesellschaftern **179**

5.1 Überblick und Grundsätze 179
5.2 Verdeckte Gewinnausschüttungen 180
    5.2.1 Begriff 180
    5.2.2 Die Voraussetzungen der verdeckten Gewinnausschüttungen 182
    5.2.3 Systematisierung der verdeckten Gewinnausschüttungen 183
    5.2.4 Steuerliche Folgen einer verdeckten Gewinnausschüttung 184
        5.2.4.1 Einführung 184
        5.2.4.2 Folgen bei der Gesellschaft 185
        5.2.4.3 Folgen bei dem Gesellschafter 186
        5.2.4.4 Aufgaben 36 und 37 187
5.3 Verdeckte Sachzuwendungen und Zuwendungen von Nutzungen 187
5.4 Vorteilszuwendungen zwischen Schwestergesellschaften 189

6 Zuschlagsteuern, Zulagen, Prämien **190**

6.1 Einführung 190
6.2 Kirchensteuer 190
6.3 Solidaritätszuschlag 191
6.4 Investitionszulage 192
6.5 Eigenheimzulage 193
6.6 Arbeitnehmer-Sparzulage 194
6.7 Wohnungsbauprämie 196

Teil III: Steuerbilanzen

1 Einführung und allgemeine Grundsätze **197**

1.1 Einführung 197
1.2 Bilanztheorien und Steuerbilanz 197
1.3 Buchführungspflichten 198
1.4 Arten der steuerlichen Gewinnermittlung und deren Anwendungsbereich 199
1.5 Maßgeblichkeitsgrundsatz und umgekehrte Maßgeblichkeit 201
1.6 Die Grundsätze ordnungsmäßiger Buchführung und Bilanzierung 203

Inhaltsverzeichnis XIII

    1.6.1 Bedeutung der GoB für die Steuerbilanz und deren Rechtsnatur 203
    1.6.2 Die Grundsätze der Klarheit und Wahrheit 205
    1.6.3 Grundsätze gemäß § 252 HGB 206
        1.6.3.1 Überblick 206
        1.6.3.2 Die Grundsätze der Bilanzidentität und der Unternehmensfortführung 206
        1.6.3.3 Der Grundsatz der Einzelbewertung 207
        1.6.3.4 Vorsichts-, Imparitäts-, Realisationsprinzip 208
        1.6.3.5 Der Grundsatz der periodengerechten Gewinnermittlung 209
        1.6.3.6 Der Grundsatz der Bewertungsstetigkeit 210
        1.6.3.7 Begründete Ausnahmen von den Grundsätzen 211
1.7 Das Stichtagsprinzip 211

2 Grundzüge der Bilanzierung **214**
2.1 Bilanzierungsgegenstände 214
    2.1.1 Bilanzierungsgegenstände in der Handelsbilanz 214
    2.1.2 Bilanzierungsgegenstände in der Steuerbilanz und Vergleich mit der Handelsbilanz 216
    2.1.3 Rechtsprechungsgrundsätze zur Maßgeblichkeit 217
2.2 Die Aktivierung von Wirtschaftsgütern 218
    2.2.1 Begriff des Wirtschaftsgutes bzw. des Vermögensgegenstandes 218
    2.2.2 Einteilung der Wirtschaftsgüter 218
    2.2.3 Anlagevermögen 219
    2.2.4 Umlaufvermögen 222
2.3 Passivierung von Verbindlichkeiten und Rückstellungen 223
    2.3.1 Verbindlichkeiten 223
    2.3.2 Rückstellungen 224
        2.3.2.1 Überblick 224
        2.3.2.2 Muß-Rückstellungen 225
        2.3.2.3 Kann-Rückstellungen 227
2.4 Rechnungsabgrenzungsposten 228
2.5 Steuerfreie Rücklagen 229
2.6 Abgrenzung des Betriebsvermögens vom Privatvermögen 230
2.7 Zivilrechtlicher und wirtschaftlicher Eigentümer 232

3 Bewertung **234**
3.1 Bewertungsvorbehalt und Maßgeblichkeitsgrundsatz 234
3.2 Wertbegriffe 235
    3.2.1 Überblick 235
    3.2.2 Anschaffungskosten 235
    3.2.3 Herstellungskosten 238
        3.2.3.1 Grundsätzliches 238
        3.2.3.2 Wertuntergrenze nach § 255 Abs. 2 HGB 239

3.2.3.3 Handelsbilanzielle Einbeziehungswahlrechte, -pflichten und -verbote, Wertobergrenze 241
3.2.3.4 Herstellungskosten nach R 33 EStR 241
3.2.3.5 Vergleich zwischen Handels- und Steuerbilanz 242
3.2.3.6 Bedeutung des Stetigkeitsgrundsatzes bei Ermittlung der Herstellungskosten 246
3.2.4 Teilwert 246
3.2.5 Rein handelsrechtliche Werte 248
3.2.5.1 Überblick 248
3.2.5.2 Die Aktiva betreffende Werte 249
3.2.5.3 Die Passiva betreffende Werte 251
3.3 Bewertung des abnutzbaren Anlagevermögens 251
3.3.1 Grundsätzliche Regelung des § 6 Abs. 1 Nr. 1 EStG 251
3.3.2 Zusätzlich zu beachtende Vorschriften bei Gewinnermittlung nach § 5 EStG 252
3.3.3 Außerplanmäßige Abschreibungen und Teilwertabschreibungen bei Personenunternehmen 253
3.3.4 Außerplanmäßige Abschreibungen und Teilwertabschreibungen bei Kapitalgesellschaften 253
3.3.4.1 Voraussichtlich dauernde Wertminderung 253
3.3.4.2 Voraussichtlich vorübergehende Wertminderung 254
3.3.4.3 Rückwirkungen auf die Handelsbilanz 255
3.3.5 Zusammenfassung der Bewertungsregeln zur Teilwertabschreibung und außerplanmäßigen Abschreibung 257
3.3.6 Zuschreibungen 257
3.4 Bewertung des nichtabnutzbaren Anlagevermögens 258
3.4.1 Grundsätzliche Regelung des § 6 Abs. 1 Nr. 2 EStG 258
3.4.2 Außerplanmäßige Abschreibungen und Teilwertabschreibungen ... 259
3.4.2.1 Grundsätzliche Regelung 259
3.4.2.2 Besonderheiten für Kapitalgesellschaften 260
3.4.3 Beibehaltungswahlrecht, Zuschreibungswahlrecht, Zuschreibungsgebot 261
3.5 Bewertungsregeln zur Bewertung des Umlaufvermögens 263
3.5.1 Regelung des § 6 Abs. 1 Nr. 2 EStG 263
3.5.2 Außerplanmäßige Abschreibung und Teilwertabschreibung 263
3.5.3 Beibehaltungswahlrecht, Zuschreibungswahlrecht, Zuschreibungsgebot 264
3.5.4 Verbrauchsfolgeverfahren bei Bewertung der Vorräte 264
3.6 Steuerliche Abschreibungen 265
3.6.1 Absetzung für Abnutzung oder Substanzverringerung 265
3.6.1.1 Einführung 265
3.6.1.2 Absetzung für Abnutzung bei beweglichen Wirtschaftsgütern des Anlagevermögens 265
3.6.1.3 Absetzung für Abnutzung bei Gebäuden 268
3.6.1.4 Absetzung für Substanzverringerung 270
3.6.1.5 Abschreibung geringwertiger Wirtschaftsgüter 270
3.6.2 Erhöhte Absetzungen und Sonderabschreibungen 271

3.6.3 Zusammenhänge und Wechselwirkungen zwischen handels- und steuerbilanziellen Abschreibungen 273
    3.6.3.1 Problemstellung 273
    3.6.3.2 Handelsbilanzielle Abschreibungen und Steuerbilanz 274
    3.6.3.3 Zusammenfassung der steuerlichen Abschreibungen zu Gruppen 276
    3.6.3.4 Absetzungen nach § 7 EStG und Handelsbilanz 276
    3.6.3.5 Erhöhte Absetzungen, Sonderabschreibungen, Sofortabschreibung geringwertiger Wirtschaftsgüter in der Handelsbilanz 278
    3.6.3.6 Teilwertabschreibungen und Handelsbilanz 279
3.6.4 Abschreibungen und Bewertungsstetigkeit 280
    3.6.4.1 Auswirkungen des Stetigkeitsgrundsatzes auf die Steuerbilanz 280
    3.6.4.2 Rückwirkung steuerlicher Abschreibungsmöglichkeiten auf die Handelsbilanz 281
3.7 Bewertung von Verbindlichkeiten, Rückstellungen und steuerfreien Rücklagen 282
  3.7.1 Bewertung von Verbindlichkeiten 282
  3.7.2 Bewertung von Rückstellungen 283
    3.7.2.1 Allgemeine Grundsätze 283
    3.7.2.2 Grundsätzliche Regelung zur Bewertung von Rückstellungen für ungewisse Verbindlichkeiten 284
    3.7.2.3 Pensionsrückstellungen 284
    3.7.2.4 Steuerrückstellungen 285
  3.7.3 Bewertung von steuerfreien Rücklagen 288
3.8 Bewertung von Entnahmen und Einlagen, Bewertung bei Eröffnung und Erwerb eines Betriebes 289
  3.8.1 Bewertung von Entnahmen und Einlagen 289
  3.8.2 Bewertung bei Eröffnung und Erwerb eines Betriebes 291
3.9 Bewertung der Rechnungsabgrenzungsposten 293
3.10 Zusammenfassende Darstellung der Bewertungsvorschriften 293

4 Bilanzberichtigung und Bilanzänderung 295

5 Aufgaben 1 - 15 297

6 Besonderheiten bei Personengesellschaften 303
6.1 Gewinnermittlung und Gewinnverteilung 303
6.2 Bilanz der Gesellschaft 304
6.3 Sonderbilanzen der Gesellschafter 304
6.4 Ergänzungsbilanzen zur Bilanz der Gesellschaft 308
6.5 Negative Kapitalkonten 311
6.6 Besonderheiten bei Familienpersonengesellschaften 315
6.7 Besonderheiten bei der GmbH&CoKG 319
6.8 Aufgaben 16 - 22 319

7 Besteuerung der Renten und Raten im betrieblichen Bereich 321
7.1 Einführung und Überblick 321
7.2 Betriebliche Veräußerungsrenten 321
7.2.1 Begriff und Abgrenzung 321
7.2.2 Betriebliche Veräußerungsrenten in Form von Leibrenten 322
7.2.2.1 Steuerliche Behandlung beim Rentenverpflichteten 322
7.2.2.2 Steuerliche Behandlung beim Rentenberechtigten 325
7.2.2.3 Kaufpreisbelegung nur teilweise in Form einer Rente 326
7.2.3 Betriebliche Veräußerungsrenten in Form von Zeitrenten 329
7.2.3.1 Steuerliche Behandlung beim Rentenverpflichteten 329
7.2.3.2 Steuerliche Behandlung beim Rentenberechtigten 329
7.2.3.3 Kaufpreisbelegung nur teilweise in Form einer Rente 330
7.3 Betriebliche Versorgungsrenten 330
7.4 Betriebliche Schadens- und Unfallrenten 331
7.5 Zusammenfassende Darstellung der Besteuerung betrieblicher Renten 332
7.6 Besteuerung von Kaufpreisraten im betrieblichen Bereich 333
7.7 Aufgaben 23 - 25 335

Teil IV: Bewertungsgesetz und Substanzsteuern

1 Vorbemerkungen 337
2 Grundzüge des Bewertungsrechts 340
2.1 Aufgaben und Bedeutung des Bewertungsgesetzes 340
2.2 Rechtliche Grundlagen der Bewertung, Aufbau des BewG 340
2.3 Bewertungsgegenstand 343
2.4 Bewertungsmaßstäbe 345
2.5 Bewertung von Wertpapieren und Anteilen, Kapitalforderungen und Schulden, wiederkehrenden Nutzungen und Leistungen 348
2.5.1 Wertpapiere und Anteile 348
2.5.2 Kapitalforderungen und Schulden 351
2.5.3 Wiederkehrende Nutzungen und Leistungen 353
2.6 Stichtagsprinzip, Bedingungen und Befristungen 355
2.7 Aufgaben 1 und 2 356
2.8 Besondere Bewertungsvorschriften 357
2.8.1 Geltungsbereich, Vermögensarten 357
2.8.2 Einheitswerte, Hauptfeststellung, Fortschreibung, Nachfeststellung 358
2.8.3 Land- und forstwirtschaftliches Vermögen 360
2.8.4 Grundvermögen 361
2.8.5 Betriebsvermögen 363
2.8.5.1 Begriff, Umfang, Bedeutung der Wertermittlung 363
2.8.5.2 Bewertung 364

2.8.5.3 Ermittlung und Aufteilung des Werts des
Betriebsvermögens von Personengesellschaften 364
2.8.5.4 Aufgabe 3 365
2.8.5.5 Ermittlung des Werts des Betriebsvermögens von
Kapitalgesellschaften 366
2.9 Bewertung von Anteilen an Kapitalgesellschaften nach dem Stuttgarter
Verfahren 367
   2.9.1 Zum Anwendungsbereich des Stuttgarter Verfahrens 367
   2.9.2 Kurzdarstellung des Stuttgarter Verfahrens 368
   2.9.3 Aufgabe 4 370
2.10 Zweiter Abschnitt: Sondervorschriften und Ermächtigungen 371
2.11 Dritter Abschnitt: Vorschriften für die Bewertung im Beitrittsgebiet 371
2.12 Vierter Abschnitt: Besondere Vorschriften für die Erbschaftsteuer ab
1.1.1996 und die Grunderwerbsteuer ab 1.1.1997 372
   2.12.1 Allgemeines 372
   2.12.2 Land- und forstwirtschaftliches Vermögen 373
   2.12.3 Grundvermögen 373

3 Grundsteuer 375
3.1 Grundzüge des Grundsteuerrechts 375
3.2 Aufgabe 5 376
3.3 Ertragsteuerliche Behandlung der Grundsteuer 376

4 Erbschaft- und Schenkungsteuer 377
4.1 Steuerpflichtige Vorgänge, persönliche Steuerpflicht 377
4.2 Wertermittlung 378
   4.2.1 Bemessungsgrundlage 378
   4.2.2 Bewertung 379
4.3 Steuerklassen 380
4.4 Steuerbefreiungen 381
   4.4.1 Allgemeine Steuerbefreiungen 381
   4.4.2 Begünstigung von Betriebsvermögen 381
4.5 Berechnung der Steuerschuld 383
   4.5.1 Berücksichtigung früherer Erwerbe 383
   4.5.2 Persönliche Freibeträge 383
   4.5.3 Steuersätze 384
   4.5.4 Tarifbegrenzung beim Erwerb bestimmter Vermögensarten 385
4.6 Entstehung, Festsetzung und Erhebung der Steuer 385
4.7 Aufgabe 6 386
4.8 Ertragsteuerliche Behandlung der Erbschaft- und Schenkungsteuer 386

Teil V: Verkehrsteuern

1 **Vorbemerkungen** ... 387
2 **Grunderwerbsteuer** ... 388
  2.1 Erwerbsvorgänge ... 388
  2.2 Steuerbefreiungen ... 389
  2.3 Bemessungsgrundlage, Steuersatz, Steuerschuldner, Fälligkeit der Steuer ... 389
  2.4 Ertragsteuerliche Behandlung der Grunderwerbsteuer ... 391
  2.5 Aufgaben 1 und 2 ... 391
3 **Umsatzsteuer** ... 393
  3.1 System der Umsatzbesteuerung ... 393
  3.2 Steuerbare Umsätze ... 396
    3.2.1 Überblick über die Gesetzestatbestände ... 396
    3.2.2 Unternehmer, Unternehmen ... 397
    3.2.3 Inland, Ausland, Gemeinschaftsgebiet, Drittlandsgebiet ... 399
    3.2.4 Lieferung und sonstige Leistung ... 400
      3.2.4.1 Leistung, Leistungsaustausch, Entgelt ... 400
      3.2.4.2 Lieferung ... 402
        3.2.4.2.1 Begriff und Arten der Lieferung ... 402
        3.2.4.2.2 Grundsätzliche Regelung zum Ort der Lieferung ... 405
        3.2.4.2.3 Ergänzende und abweichende Regelungen zum Ort der Lieferung ... 406
      3.2.4.3 Sonstige Leistung ... 408
      3.2.4.4 Werklieferung und Werkleistung ... 409
      3.2.4.5 Tausch und tauschähnlicher Umsatz ... 410
    3.2.5 Eigenverbrauch ... 411
    3.2.6 Gesellschafterverbrauch ... 412
    3.2.7 Einfuhr, innergemeinschaftlicher Erwerb ... 413
    3.2.8 Aufgaben 3 und 4 ... 415
  3.3 Steuerbefreiungen ... 416
    3.3.1 Allgemeines ... 416
    3.3.2 Exportumsätze ... 416
    3.3.3 Umsätze des Geld- und Kapitalverkehrs ... 418
    3.3.4 Unter andere Verkehrsteuergesetze fallende Umsätze ... 419
    3.3.5 Vermietung und Verpachtung von Immobilien ... 419
    3.3.6 Verzicht auf Steuerbefreiungen ... 420
    3.3.7 Aufgaben 5 und 6 ... 422
  3.4 Bemessungsgrundlagen und Steuersätze ... 422
    3.4.1 Allgemeines ... 422
    3.4.2 Bemessungsgrundlagen ... 423
      3.4.2.1 Bemessungsgrundlage für Lieferungen, sonstige Leistungen und für den innergemeinschaftlichen Erwerb ... 423
      3.4.2.2 Bemessungsgrundlage bei unentgeltlichen Umsätzen ... 426
      3.4.2.3 Mindestbemessungsgrundlage bei Lieferungen und sonstigen Leistungen unter Preis in bestimmten Fällen ... 427
      3.4.2.4 Bemessungsgrundlage der Einfuhrumsatzsteuer ... 428

3.4.3 Steuersätze 428
3.4.4 Aufgaben 7 und 8 429
3.5 Vorsteuerabzug 430
3.5.1 Allgemeine Voraussetzungen des Vorsteuerabzugs 430
3.5.2 Ausschluß vom Vorsteuerabzug 431
3.5.3 Teilweiser Ausschluß vom Vorsteuerabzug 432
3.5.4 Berichtigung des Vorsteuerabzugs 433
3.5.5 Ausstellung von Rechnungen 434
3.5.6 Aufgabe 9 434
3.6 Entstehung, Festsetzung und Entrichtung der Umsatzsteuer 435
3.7 Besondere Besteuerungsvorschriften 437
3.7.1 Einführung 437
3.7.2 Besteuerung der Kleinunternehmer 437
3.7.3 Besteuerung nach vereinnahmten Entgelten 438
3.7.4 Besteuerung der Land- und Forstwirtschaft 438
3.8 Aufzeichnungspflichten 439
3.9 Ertragsteuerliche Behandlung der Umsatzsteuer 440

Teil VI: Prinzipien des Steuerrechts und Besteuerungsverfahren

1 Vorbemerkungen **443**
2 Prinzipien des Steuerrechts **444**
2.1 Rechtsanwendung und Rechtsfindung 444
2.1.1 Wesen und Methoden 444
2.1.2 Gesetzesauslegung 445
2.1.3 Rechtsfindung 447
2.2 Besteuerung und Grundrechte 448
2.3 Der Grundsatz von Treu und Glauben im Steuerrecht 449
2.4 Die wirtschaftliche Betrachtungsweise 450
2.5 Mißbrauch von rechtlichen Gestaltungsmöglichkeiten 453
2.6 Die typisierende Betrachtungsweise 454
3 Das Besteuerungsverfahren **456**
3.1 Einführung 456
3.2 Steuerverwaltungsakte 457
3.2.1 Begriff des Steuerverwaltungsaktes 457
3.2.2 Arten der Steuerverwaltungsakte 458
3.2.3 Entstehung und Bekanntgabe eines Verwaltungsaktes 458
3.3 Ermittlungsverfahren 460
3.3.1 Untersuchungsgrundsatz, Mitwirkung anderer Behörden 460
3.3.2 Mitwirkungspflichten des Steuerpflichtigen 461
3.3.2.1 Generelle Regelung der Mitwirkungspflichten 461
3.3.2.2 Mitteilungspflichten zur steuerlichen Erfassung 461

Inhaltsverzeichnis

- 3.3.2.3 Pflicht zur Abgabe von Steuererklärungen 462
- 3.3.2.4 Auskunftspflicht und Pflicht zur Vorlage von Urkunden 463
- 3.3.2.5 Buchführungs-, Aufzeichnungs- und Aufbewahrungspflichten 464
- 3.3.3 Mitwirkungspflichten anderer Personen 464
- 3.3.4 Außenprüfung und Steuerfahndung 465
- 3.4 Festsetzungs- und Feststellungsverfahren 466
  - 3.4.1 Einführung, allgemeine Vorschriften, Festsetzungsverjährung 466
  - 3.4.2 Steuerbescheide 467
  - 3.4.3 Feststellungsbescheide 468
  - 3.4.4 Steuermeßbescheide 470
  - 3.4.5 Steuerfestsetzung unter dem Vorbehalt der Nachprüfung 470
  - 3.4.6 Vorläufige Steuerfestsetzung und Aussetzung der Steuerfestsetzung 471
- 3.5 Erhebungsverfahren 473
  - 3.5.1 Begriff, Fälligkeit 473
  - 3.5.2 Stundung 473
  - 3.5.3 Erlöschen der Ansprüche aus Steuerschuldverhältnissen 474
    - 3.5.3.1 Überblick, Zahlung, Aufrechnung 474
    - 3.5.3.2 Erlaß 474
    - 3.5.3.3 Zahlungsverjährung 475
  - 3.5.4 Folgen eines Zahlungsverzugs 475
    - 3.5.4.1 Säumniszuschläge 475
    - 3.5.4.2 Vollstreckungsmaßnahmen 476
  - 3.5.5 Verzinsung von Steuernachforderungen und Steuererstattungen 477
- 3.6 Verfahren zur Berichtigung von Steuerverwaltungsakten 479
  - 3.6.1 Allgemeine Problemstellung 479
  - 3.6.2 Anwendungsbereich der einzelnen Berichtigungsvorschriften 480
  - 3.6.3 Berichtigung offenbarer Unrichtigkeiten 481
  - 3.6.4 Rücknahme rechtswidriger und Widerruf rechtmäßiger Verwaltungsakte 482
  - 3.6.5 Aufhebung und Änderung von Bescheiden 483
    - 3.6.5.1 Aufhebung und Änderung von Vorbehaltsfestsetzungen und vorläufigen Bescheiden 483
    - 3.6.5.2 Aufhebung und Änderung nach § 172 AO 484
    - 3.6.5.3 Aufhebung oder Änderung wegen neuer Tatsachen oder Beweismittel 485
    - 3.6.5.4 Widerstreitende Steuerfestsetzungen 487
    - 3.6.5.5 Berichtigung in sonstigen Fällen 488
    - 3.6.5.6 Vertrauensschutz bei der Aufhebung und Änderung von Bescheiden 490
    - 3.6.5.7 Berichtigung von Rechtsfehlern 490

3.7 Übersicht über Rechtsbehelfe und Rechtsmittel in Steuersachen 491
    3.7.1 Überblick 491
    3.7.2 Einspruchsverfahren 492
        3.7.2.1 Zulässigkeit 492
        3.7.2.2 Formvorschriften 492
        3.7.2.3 Einspruchsfrist 493
        3.7.2.4 Beschwer 494
        3.7.2.5 Kein Einspruchsverzicht 495
        3.7.2.6 Bindungswirkung anderer Verwaltungsakte 495
        3.7.2.7 Aussetzung der Vollziehung 496
        3.7.2.8 Einspruchsentscheidung, Abhilfebescheid 496
    3.7.3 Übersicht über die gerichtlichen Rechtsbehelfe und Rechtsmittel 497
        3.7.3.1 Einführung, gemeinsam geltende Vorschriften 497
        3.7.3.2 Verfahren vor dem Finanzgericht 498
        3.7.3.3 Verfahren vor dem Bundesfinanzhof 500
3.8 Straf- und Bußgeldvorschriften 501
3.9 Aufgaben 1-6 503

Teil VII: Lösungen zu den Aufgaben

Lösungen zu Teil II 505
Lösungen zu Teil III 525
Lösungen zu Teil IV 543
Lösungen zu Teil V 549
Lösungen zu Teil VI 553

Anhang: Schemata **555**

Rechtsprechungsverzeichnis 563
Verzeichnis der Verwaltungsanweisungen 567
Verzeichnis der Gesetze 569
Verzeichnis der Parlamentaria und politischen Empfehlungen 573
Literaturverzeichnis 575
Stichwortverzeichnis 587

Verzeichnis der Abkürzungen

a.A.	anderer Ansicht
Abs.	Absatz
Abschn.	Abschnitt
Abschr.	Abschreibung(en)
AEAO	Anwendungserlaß zur Abgabenordnung
AfA	Absetzung für Abnutzung
AfS	Absetzung für Substanzverringerung
AG	Aktiengesellschaft
AK	Anschaffungskosten
AktG	Aktiengesetz
Anm.	Anmerkung
AO	Abgabenordnung
Art.	Artikel
AStG	Außensteuergesetz
Aufl.	Auflage
BAB	Betriebsabrechnungsbogen
BB	Betriebs-Berater (Zeitschrift)
BdF, BMF	Bundesminister der Finanzen, Bundesministerium der Finanzen
bearb.	bearbeitet
betr.	betrifft
BewG	Bewertungsgesetz
BewRGr	Richtlinien für die Bewertung des Grundvermögens
BFH	Bundesfinanzhof
BFH-EntlastungsG	Gesetz zur Entlastung des Bundesfinanzhofs
BFuP	Betriebswirtschaftliche Forschung und Praxis (Zeitschift)
BGB	Bürgerliches Gesetzbuch
BGBl	Bundesgesetzblatt
BpO	Betriebsprüfungsordnung
BR	Bundesrat
bspw.	beispielsweise
BStBl	Bundessteuerblatt
BT	Bundestag
BVerfG	Bundesverfassungsgericht
BVerfGE	Entscheidungen des Bundesverfassungsgerichts
bzw.	beziehungsweise
c.p.	ceteris paribus
DB	Der Betrieb (Zeitschrift)
DBA	Doppelbesteuerungsabkommen
DGB	Deutscher Gewerkschaftsbund
d.h.	das heißt

DM	Deutsche Mark
Drucks.	Drucksache
DStR	Deutsches Steuerrecht (Zeitschrift)
DStZ	Deutsche Steuerzeitung (Zeitschrift)
DVStB	Verordnung zur Durchführung der Vorschriften über Steuerberater, Steuerbevollmächtigte und Steuerberatungsgesellschaften
EDV	Elektronische Datenverarbeitung
EFG	Entscheidungen der Finanzgerichte (Zeitschrift)
EG	Europäische Gemeinschaft
EigZulG	Eigenheimzulagengesetz
EK	Eigenkapital
EK50, EK45, EK30, EK0	mit 50% bzw. 45%, 30%, 0% belastetes verwendbares Eigenkapital
ErbSt	Erbschaftsteuer
ErbStG	Erbschaftsteuer- und Schenkungsteuergesetz
ErbStR-E	Erbschaftsteuer-Richtlinien-Entwurf
Erl.	Erlaß
ESt	Einkommensteuer
EStDV	Einkommensteuer-Durchführungsverordnung
EStG	Einkommensteuergesetz
EStR	Einkommensteuer-Richtlinien
etc.	et cetera
e.V.	eingetragener Verein
evtl.	eventuell
f.	folgende
ff.	fortfolgende
FG	Finanzgericht
FGO	Finanzgerichtsordnung
Fifo	First-in-first-out (Verbrauchsfolgeverfahren)
Fn.	Fußnote
FördergebietsG	Fördergebietsgesetz
FR	Finanz-Rundschau (Zeitschrift)
FVG	Gesetz über die Finanzverwaltung
GbR	Gesellschaft bürgerlichen Rechts
gem.	gemäß
GenG	Genossenschaftsgesetz
GewSt	Gewerbesteuer
GewStDV	Gewerbesteuer-Durchführungsverordnung
GewStG	Gewerbesteuergesetz
GewStR	Gewerbesteuer-Richtlinien
GG	Grundgesetz
ggf.	gegebenenfalls
GmbH	Gesellschaft mit beschränkter Haftung
GmbHG	Gesetz betreffend die Gesellschaften mit beschränkter Haftung
GmbH&CoKG	Gesellschaft mit beschränkter Haftung und Compagnie Kommanditgesellschaft

Verzeichnis der Abkürzungen

GNOFÄ	Grundsätze zur Neuorganisation der Finanzämter und zur Neuordnung des Besteuerungsverfahrens
GoB	Grundsätze ordnungsmäßiger Buchführung (und Bilanzierung)
GrEStG	Grunderwerbsteuergesetz
GrS	Großer Senat
GrStG	Grundsteuergesetz
GrStR	Grundsteuer-Richtlinien
Gvor	Gewinn vor Abzug der Gewerbesteuer als Aufwand
H	Hinweis
Habil.-Schr.	Habilitationsschrift
HB	Handelsbilanz
HdF	Handwörterbuch der Finanzwissenschaft
HdR	Handbuch der Rechnungslegung
HFA	Hauptfachausschuß des IdW
HGB	Handelsgesetzbuch
Hifo	Highest-in-first-out (Verbrauchsfolgeverfahren)
HK	Herstellungskosten
h.M.	herrschende Meinung
HRefG	Handelsrechtsreformgesetz
HRefG-E	Handelsrechtsreformgesetz-Entwurf
Hrsg.	Herausgeber
hrsg.	herausgegeben
HWB	Handwörterbuch der Betriebswirtschaft
i.d.F.	in der Fassung
i.d.R.	in der Regel
IDW	Institut der Wirtschaftsprüfer in Deutschland e.V.
i.H.d.	in Höhe der (des)
IHK	Industrie- und Handelskammer
i.H.v.	in Höhe von
InvZulG	Investitionszulagengesetz
i.S.	im Sinne
i.S.d.	im Sinne der (des)
i.V.m.	in Verbindung mit
KapG	Kapitalgesellschaft(en)
Kfz.	Kraftfahrzeug
KG	Kommanditgesellschaft
KGaA	Kommanditgesellschaft auf Aktien
KiSt	Kirchensteuer
KSt	Körperschaftsteuer
KStDV	Körperschaftsteuer-Durchführungsverordnung
KStG	Körperschaftsteuergesetz
KStR	Körperschaftsteuer-Richtlinien
Lifo	Last-in-first-out (Verbrauchsfolgeverfahren)
LStDV	Lohnsteuer-Durchführungsverordnung
LStR	Lohnsteuer-Richtlinien
lt.	laut

max.	maximal
m.E.	meines Erachtens
Mio	Millionen
Mrd.	Milliarden
m.w.N.	mit weiteren Nachweisen
Nr(n).	Nummer(n)
NRW	Nordrhein-Westfalen
NWB	Neue Wirtschaftsbriefe (Zeitschrift)
o.a.	oben angegeben
OFD	Oberfinanzdirektion
OHG	Offene Handelsgesellschaft
p.a.	per annum
PKW	Personenkraftwagen
R	Richtlinie
rd.	rund
Rn. (Rdn.)	Randnummer
RFH	Reichsfinanzhof
RGBl	Reichsgesetzblatt
RStBl	Reichssteuerblatt
Rz.	Randziffer
S.	Seite
s.	siehe
SolZG	Solidaritätszuschlaggesetz 1995
Sp.	Spalte
StandOG	Standortsicherungsgesetz
StAnpG	Steueranpassungsgesetz
StB	Steuerbilanz
StBerG	Steuerberatungsgesetz
StbJb	Steuerberater-Jahrbuch
StEK	Steuererlasse in Karteiform
StGB	Strafgesetzbuch
StuW	Steuer und Wirtschaft (Zeitschrift)
TDM	Tausend Deutsche Mark
TW	Teilwert
Tz.	Textziffer
u.a.	unter anderem, und andere
UmwStG	Umwandlungssteuergesetz
USt	Umsatzsteuer
UStDV	Umsatzsteuer-Durchführungsverordnung
UStG	Umsatzsteuergesetz
USt-IdNr.	Umsatzsteuer-Identifikationsnummer
UStR	Umsatzsteuer-Richtlinien
u.U.	unter Umständen

v.	vom
5.VermBG	Fünftes Vermögensbildungsgesetz
vGA	verdeckte Gewinnausschüttung
vgl.	vergleiche
v.H.	vom Hundert
VStG	Vermögensteuergesetz
VStR	Vermögensteuer-Richtlinien
VwZG	Verwaltungszustellungsgesetz
WISU	Das Wirtschaftsstudium (Zeitschrift)
WoPG	Wohnungsbau-Prämiengesetz
WP	Wirtschaftsprüfer
WPg	Die Wirtschaftsprüfung (Zeitschrift)
z.B.	zum Beispiel
ZfB	Zeitschrift für Betriebswirtschaft (Zeitschrift)
ZfbF	Zeitschrift für betriebswirtschaftliche Forschung (Zeitschrift)
ZK	Zollkodex
z.T.	zum Teil
z.Zt.	zur Zeit

Verzeichnis der Abbildungen

Abbildung I/1:	Steueraufkommen in der Bundesrepublik Deutschland	7
Abbildung I/2:	Einnahmen der öffentlichen Hand	8
Abbildung I/3:	Aufbau der Finanzverwaltung	25
Abbildung I/4:	Ergebnisse der Steuerberaterprüfung 1996/1997 im Bundesgebiet	31
Abbildung II/1:	Veranlagungsformen	60
Abbildung II/2:	Einkünfte aus selbständiger Arbeit	63
Abbildung II/3:	Einkünfte aus Gewerbebetrieb	64
Abbildung II/4:	Gewinnermittlungsmethoden	65
Abbildung II/5:	Einteilung der Renten	119
Abbildung II/6:	Kapitalgesellschaft in der Gründungsphase	136
Abbildung II/7:	Zusammenhänge zwischen den einzelnen Größen des Anrechnungsverfahrens auf Gesellschaftsebene	152
Abbildung II/8:	Schwestergesellschaften	189
Abbildung III/1:	Gewinnermittlungsmethoden	200
Abbildung III/2:	Verkürzte Bilanz der kleinen Kapitalgesellschaft	215
Abbildung III/3:	Bilanzierung nach Handels- und Steuerrecht	217
Abbildung III/4:	Einbeziehungspflichten, -wahlrechte und -verbote bei der Ermittlung der Herstellungskosten	244
Abbildung III/5:	Übersicht über erhöhte Absetzungen und Sonderabschreibungen	273
Abbildung III/6:	Übersicht über die Bewertungsregeln	294
Abbildung III/7:	Zusammenfassende Darstellung der Besteuerung betrieblicher Renten	333
Abbildung IV/1:	Übersicht über die Vermögensarten	342
Abbildung IV/2:	Übersicht über die Bewertungsgegenstände	343
Abbildung IV/3:	Wertpapiere und Anteile	348
Abbildung IV/4:	Bewertung der Wertpapiere und Anteile	350
Abbildung IV/5:	Bewertung von Kapitalforderungen und Schulden nach den Regelungen des Allgemeinen Teils des BewG	353
Abbildung IV/6:	Wiederkehrende Nutzungen und Leistungen	354
Abbildung IV/7:	Feststellungsarten	360
Abbildung IV/8:	Einheitswert des land- und forstwirtschaftlichen Betriebs	361
Abbildung IV/9:	Übersicht über die Arten des Grundbesitzes	361
Abbildung IV/10:	Wertermittlung des gewerblichen Betriebs	363
Abbildung V/1:	Übersicht über das Mehrwertsteuersystem	395
Abbildung V/2:	Umsatzsteuersätze innerhalb der EG, Stand 1.1.1998	395
Abbildung V/3:	Steuerbarkeit	401
Abbildung V/4:	Reihengeschäft	407
Abbildung VI/1:	Aufhebung oder Änderung von Bescheiden nach § 173 AO	486

Verzeichnis der Schemata im Anhang

Schema 1: Ermittlung des zu versteuernden Einkommens, der Jahressteuerschuld und der Abschlußzahlung eines unbeschränkt Einkommensteuerpflichtigen 555

Schema 2: Ermittlung des zu versteuernden Einkommens, der Jahressteuerschuld und der Abschlußzahlung einer unbeschränkt steuerpflichtigen Kapitalgesellschaft 556

Schema 3a: Darstellung des Anrechnungsverfahrens nach dem für 1998 geltenden Recht 557

Schema 3b: Darstellung des Anrechnungsverfahrens bei einer Senkung der Körperschaftsteuersätze auf 35 % (Tarifbelastung) bzw. 25 % (Ausschüttungsbelastung) und des Spitzensteuersatzes der Einkommensteuer auf 39 % 558

Schema 3c: Behandlung steuerfreier ausländischer Einkünfte nach dem für 1998 geltenden Recht 559

Schema 3d: Behandlung steuerfreier ausländischer Einkünfte bei einer Senkung der Körperschaftsteuersätze auf 35 % (Tarifbelastung) bzw. 25 % (Ausschüttungsbelastung) und des Spitzensteuersatzes der Einkommensteuer auf 39 % 560

Schema 4: Ermittlung des Gewerbeertrags und der Gewerbesteuerschuld 561

Schema 5: Übersicht über die Möglichkeiten der Berichtigung von Steuerverwaltungsakten 562

Teil I
Grundlagen und Grundbegriffe, Durchführung der Besteuerung

1 Einführung

Das vorliegende Buch vermittelt *Grundlagenwissen*, das zur Beschäftigung mit solchen betriebswirtschaftlichen Fragen befähigen soll, die sich aus der Besteuerung ergeben. Mit derartigen Fragen befaßt sich als wissenschaftliche Disziplin die **Betriebswirtschaftliche Steuerlehre**. Das Buch ist somit als *Grundlagenwerk* zur Betriebswirtschaftlichen Steuerlehre anzusehen.

Aufbauend auf dem vorliegenden Buch beschäftigt sich Band 2 mit Problemen der betriebswirtschaftlichen *Steuerwirkungs- und -gestaltungslehre*. Es trägt den Untertitel „Betriebliche Steuerpolitik".

Steuerwirkungs- und -gestaltungslehre werden allgemein von den Fachvertretern der Betriebswirtschaftlichen Steuerlehre als Kernbereiche ihres wissenschaftlichen Faches angesehen. Doch beschäftigt sich diese Disziplin auch mit weiteren Problemkreisen.

Die Aufgabengebiete der Betriebswirtschaftlichen Steuerlehre, d.h. die Fragestellungen, mit denen sich ihre Fachvertreter nach ihrem eigenen Selbstverständnis beschäftigen sollten, haben sich im Laufe der mehr als siebzigjährigen Geschichte der Disziplin mehrfach gewandelt[1]. Aus heutiger Sicht läßt sich das Aufgabengebiet wie folgt umreißen:

1. Analyse der steuerlichen Folgen betriebswirtschaftlicher Entscheidungen *(Steuerwirkungslehre)*,
2. Erarbeitung von Kriterien und Entscheidungsregeln für rational begründbare betriebswirtschaftliche Gestaltungsmaßnahmen unter Berücksichtigung der Besteuerung *(Steuergestaltungslehre)*,
3. kritische Würdigung bestehenden oder geplanten Steuerrechts aus betriebswirtschaftlicher Sicht und Erarbeitung von Vorschlägen zu seiner Verbesserung *(rechtskritische Betriebswirtschaftliche Steuerlehre)*,
4. empirische Überprüfung der auf entscheidungslogischem Wege gefundenen Ergebnisse *(empirische Betriebswirtschaftliche Steuerlehre)*.

---

[1] Zur Geschichte der Betriebswirtschaftlichen Steuerlehre vgl. insbesondere Rose, G., Steuerberatung, 1970, S. 31 ff.; Fischer, L./Schneeloch, D./Sigloch, J., Steuerlehre, 1980, S. 700 f.; Wöhe, G., Steuerlehre, 1988, S. 3 ff.; Schneider, Anfänge, 1991, S. 175 ff.

Die genannten unterschiedlichen Problemstellungen sollen anhand eines Beispiels verdeutlicht werden.

Beispiel

Zur Ankurbelung der Wirtschaft beschließt der Gesetzgeber, die steuerlichen Abschreibungshöchstsätze um 10 % zu erhöhen. Er geht davon aus, daß diese Maßnahme die Wirtschaft veranlassen wird, ihr Investitionsvolumen zu vergrößern.

Aufgabe der Steuerwirkungslehre ist es, die steuerlichen Folgen einer Erhöhung der höchstzulässigen steuerlichen Abschreibungen um 10 % für den einzelnen Betrieb oder für bestimmte Gruppen von Betrieben zu analysieren.

Aufgabe der betrieblichen Steuergestaltungslehre ist es, zu untersuchen, ob es als Folge der Erhöhung der Abschreibungssätze sinnvoll ist, den vorgesehenen Investitionsplan zu ändern. Zur Klärung dieser Frage ist es erforderlich, die geänderten Steuerfolgen in den Investitionskalkül einzubeziehen.

Eine mögliche Aufgabe der rechtskritischen Steuerlehre besteht darin, zu analysieren, ob die Gesetzesänderung den gewünschten Erfolg verspricht, d.h. ob für die Unternehmen tatsächlich ein Anreiz zu zusätzlichen Investitionen besteht.

Der empirischen Steuerlehre bleibt es vorbehalten, zu untersuchen, ob das tatsächliche Verhalten der für die Investitionsentscheidungen Verantwortlichen den Erwartungen des Gesetzgebers entspricht. Es kann z.B. versucht werden, dies mit Hilfe einer Repräsentativbefragung der betrieblichen Entscheidungsträger zu klären.

Nicht aufgeführt in dem vorstehenden Aufgabenkatalog der Betriebswirtschaftlichen Steuerlehre ist das *Steuerrecht*. Der Grund liegt darin, daß rechtliche - und damit auch steuerrechtliche - Untersuchungen üblicherweise allein dem Forschungsbereich der Jurisprudenz zugerechnet werden. So einleuchtend diese Argumentation auf den ersten Blick erscheinen mag, so wenig sinnvoll ist es, streng nach ihr zu verfahren. Innerhalb der steuerrechtlichen Forschung kommt der Betriebswirtschaftslehre nämlich eine äußerst *wichtige Hilfsfunktion* zu. Der Grund liegt darin, daß das Steuerrecht auf wirtschaftliche Sachverhalte anzuwenden ist und sich vielfach betriebswirtschaftlicher Begriffe bedient. Zur Gesetzesanwendung ist deshalb häufig eine betriebswirtschaftliche Argumentation unumgänglich.

Das jeweils geltende Steuerrecht seinerseits gehört innerhalb der originären betriebswirtschaftlichen Forschung zum *Datenkranz*. Seine genaue Beachtung innerhalb betriebswirtschaftlicher Untersuchungen ist dringend geboten, sollen die Ergebnisse der Untersuchungen für die betriebliche Praxis verwendbar sein. Dieser Zusammenhang erklärt den außerordentlich hohen Stellenwert, der der *Vermittlung von Steuerrechtskenntnissen* innerhalb der akademischen Lehre im Fach der Betriebswirtschaftlichen Steuerlehre beigemessen wird. Schätzungsweise beansprucht das Steuerrecht im Rahmen des Lehrangebots aller Fachvertreter im Durchschnitt etwa 50 % der zur Verfügung stehenden Zeit. Diesem Umstand trägt auch das vorliegende Buch Rechnung, das vorrangig der Vermittlung von Steuerrechtskenntnissen dient. Innerhalb des Buches wird allerdings an vielen Stellen, so vor allem in dem Teil „Steuerbilanzen" deutlich, daß zur steuerrechtlichen Argumentation auf betriebswirtschaftliche Kenntnisse zurückgegriffen werden muß.

Weder in Band 1 noch in Band 2 dieses Werkes wird der Versuch unternommen, in systematischer Form eine *rechtskritische* Betriebswirtschaftliche Steuerlehre zu entwickeln. Lediglich an einigen Stellen wird Rechtskritik geübt. Damit wird einer wichtigen Aufgabe der Betriebswirtschaftlichen Steuerlehre in diesem Werk weitgehend nicht nachgegangen. Ein Grund für diese Selbstbeschränkung liegt darin, daß es zwar eine unübersehbare Vielzahl rechtskritischer Stellungnahmen aus Sicht der Betriebswirtschaftlichen Steuerlehre zu Einzelproblemen gibt, eine geschlossene Theorie der rechtskritischen Betriebswirtschaftlichen Steuerlehre aber bis heute nicht existiert. Rechtskritische Untersuchungen von Einzelproblemen aber sind in Einzeluntersuchungen, insbesondere in Fachzeitschriften, besser aufgehoben als in einem allgemeinen Lehrbuch. Das gilt vor allem deshalb, weil die jeweils bedeutsamen Probleme einem schnellen Wandel unterworfen sind. In der akademischen Lehre bieten sich rechtskritische Themen für Diskussionen in den Seminaren an.

Eine Beschäftigung mit der *empirischen* Seite der Betriebswirtschaftlichen Steuerlehre erfolgt in diesem Werk ebenfalls nicht, da zur Zeit noch nicht in ausreichendem Maße für die Lehre verwendbare Forschungsergebnisse vorliegen.

Das *vorliegende erste Buch* ist in *sieben Teile* gegliedert.

Der *erste Teil* wird in Gliederungspunkt 2 fortgesetzt mit einem Überblick über das Steuersystem der Bundesrepublik Deutschland. Behandelt werden hier die Stellung der Steuern im System der öffentlichen Einnahmen, einige Besteuerungszwecke, der Begriff der Steuern nach geltendem Recht, mehrere mögliche Einteilungen der Steuern und unterschiedliche Aspekte der Steuerhoheit.

In Gliederungspunkt 3 des ersten Teils wird eingegangen auf die am Vorgang der Besteuerung beteiligten Personen und Institutionen. Hierbei handelt es sich einmal um die von der Besteuerung betroffenen Personen; in diesem Zusammenhang ist auf die unterschiedliche Bedeutung der Begriffe „Steuerpflichtiger", „Steuerschuldner" und „Steuerzahler" einzugehen. Weiter werden behandelt: Die Finanzbehörden, die Finanzgerichtsbarkeit, die steuerberatenden Berufe und die Steuerabteilungen von Betrieben.

In Gliederungspunkt 4 wird darauf eingegangen, welche Rechtsquellen der Besteuerung zugrunde liegen. Ferner werden die Bedeutung der Verwaltungsvorschriften, der Rechtsprechung sowie des Schrifttums für die Besteuerung erörtert.

Gliederungspunkt 5 enthält einen kurzen Überblick über den Vorgang der Besteuerung. Angesprochen werden die Ermittlung der Besteuerungsgrundlagen, die Festsetzung der Steuerschulden und deren Erhebung. Ferner wird kurz dargestellt, welche Möglichkeiten ein Steuerpflichtiger hat, sich gegen die Festsetzung einer Steuerschuld oder eine andere Maßnahme einer Finanzbehörde zu wehren. Letztlich werden die Folgen von Vergehen gegen die Steuergesetze angesprochen.

Die *Teile II bis V dieses Buches* enthalten eine Darstellung wichtiger Steuerarten. Behandelt wird lediglich ein Teil der rund 40 Steuerarten, die das deutsche Steuerrecht derzeit kennt. Die Auswahl erfolgt nicht nach dem Steueraufkommen, sondern nach der Bedeutung, die die einzelnen Steuerarten für die in Band 2 zu behandelnde betriebliche Steuerpolitik haben. Steuern, die lediglich in einzelnen Wirtschaftszweigen erhoben werden, wie etwa die Bier- oder Tabaksteuer, werden nicht behandelt. Das gilt auch für eine - gemessen am Steueraufkommen - so wichtige Steuerart wie die Mineralölsteuer.

Bei Abhandlung der Steuerarten werden einzelne größere Themenkomplexe ausgeklammert. Sie bleiben aus didaktischen Gründen Band 2 vorbehalten. Das gilt insbesondere für die steuerliche Organschaft, bei der es sinnvoll ist, steuerrechtliche und steuerpolitische Erörterungen eng miteinander zu verzahnen.

Entsprechend einer weitverbreiteten Vorgehensweise in der Betriebswirtschaftlichen Steuerlehre werden die zu behandelnden Steuerarten in drei Gruppen zusammengefaßt, und zwar in

- Ertragsteuern,
- Substanzsteuern und
- Verkehrsteuern.

Jeder der drei Gruppen von Steuerarten ist jeweils ein Teil dieses Buches gewidmet. Teil II, der die Ertragsteuern behandelt, ist der bei weitem umfangreichste. Teil IV der mit *Bewertungsgesetz und Substanzsteuern* bezeichnet ist, vermittelt nicht nur Kenntnisse bestimmter Steuerarten, sondern auch des Bewertungsgesetzes. Dies ist erforderlich, da eine Behandlung der Substanzsteuern ohne Kenntnis des Bewertungsrechts unverständlich wäre. Eine Sonderstellung nehmen die Vorschriften über die steuerliche Gewinnermittlung ein. Sie sind von großer Bedeutung für die Ermittlung der ertragsteuerlichen Bemessungsgrundlagen. Folgerichtig sind sie deshalb auch im wesentlichen in einem Ertragsteuergesetz, und zwar in den §§ 4 - 7k EStG, kodifiziert. Sie haben aber auch Auswirkungen auf die substanzsteuerlichen, in wenigen Fällen darüber hinaus auch auf die verkehrsteuerlichen Bemessungsgrundlagen. Wegen dieser Sonderstellung werden die Vorschriften über die steuerliche Gewinnermittlung hier in einem besonderen Teil, und zwar in Teil III des Buches dargestellt. Da auch bei der Besprechung der *Verkehrsteuern* häufig auf das Bewertungsgesetz zurückgegriffen werden muß, werden die *Substanzsteuern* vor den Verkehrsteuern behandelt. Letztere werden in Teil V dargestellt.

In Teil IV werden zunächst wichtige *Besteuerungsprinzipien*, die für das gesamte Steuerrecht von Bedeutung sind, behandelt. Anschließend werden die Kenntnisse des Besteuerungsverfahrens vertieft. Die Behandlung des Besteuerungsverfahrens sowohl in dem vorliegenden als auch in dem sechsten Teil dieses Buches erfolgt allein aus didaktischen Gründen: Ohne ein Minimum an Kenntnissen des Besteuerungsverfahrens wird das Verständnis der Steuerartenlehre unnötig erschwert; ohne tiefergehende Kenntnisse des Rechts zumindest einzelner Steuerarten ist eine hinreichend gründliche Darstellung des Besteuerungsverfahrens kaum verständlich.

Die Teile II bis VI des Buches enthalten eine Vielzahl von Übungsaufgaben, die dem Leser eine Selbstkontrolle seiner Kenntnisse ermöglichen sollen. Lösungen zu diesen Aufgaben sind in Teil VII zusammengefaßt.

1 Einführung

Aus den vorangegangenen Ausführungen ergibt sich der siebenteilige Aufbau des Buches wie folgt:

I. Grundlagen,
II. Ertragsteuern,
III. Steuerbilanzen,
IV. Bewertungsgesetz und Substanzsteuern,
V. Verkehrsteuern,
VI. Prinzipien des Steuerrechts und Besteuerungsverfahren,
VII. Lösungen zu den Aufgaben.

In einem Anhang am Ende des Buches befinden sich mehrere Schemata. Sie enthalten Übersichten über grundlegende Zusammenhänge. Auf diese Schemata wird im laufenden Text verwiesen. Es wird empfohlen, die entsprechenden Ausführungen anhand des jeweils relevanten Schemas zu verfolgen.

Der laufende Text enthält in unterschiedlichem Maße Literaturhinweise. Bei Abhandlung der einzelnen Steuerarten und des Besteuerungsverfahrens sind derartige Hinweise bereits vielfach deshalb entbehrlich, weil sich die Darstellung unmittelbar auf den Wortlaut des jeweils behandelten Gesetzes stützen kann. Auch wenn dies in Einzelfällen nicht möglich ist, sind gezielte Literaturhinweise in aller Regel entbehrlich. Hier genügt der an dieser Stelle angebrachte Hinweis auf die im Literaturverzeichnis aufgeführten Kommentare zu den Einzelsteuergesetzen bzw. zur Abgabenordnung und zur Finanzgerichtsordnung. Im laufenden Text wird nur in Ausnahmefällen ausdrücklich auf Kommentarmeinungen hingewiesen. Sonstige Literaturhinweise erfolgen lediglich in den Fällen, in denen es wegen der Art der zu behandelnden Probleme keine einschlägigen Kommentare gibt oder in denen es sinnvoll erscheint, zusätzlich zur Kommentarmeinung auf einschlägiges Schrifttum hinzuweisen. Die erforderlichen Hinweise auf Gesetzesnormen sind im laufenden Text eingearbeitet. Es wird dringend empfohlen, die einschlägigen Vorschriften bei der Lektüre des Buches aufzuschlagen und nachzulesen. Ein Verständnis der Ausführungen ohne Kenntnis der behandelten Gesetzestexte ist nicht möglich.

2 Überblick über das Steuersystem der Bundesrepublik Deutschland

2.1 Einführung

In allen Industriestaaten spielen heute die Steuern eine überragende Rolle im System der öffentlichen Einnahmen. Dies war im Laufe der Geschichte keinesfalls selbstverständlich. So waren im Mittelalter die privatwirtschaftlichen Einnahmen aus den Domänen, d.h. aus den hauptsächlich land- und forstwirtschaftlichen Staatsbetrieben und die Einnahmen aus den Regalien, wie etwa dem Jagd-, Fischerei- und Salzrecht, von herausragender Bedeutung. Steuern spielten damals lediglich eine untergeordnete Rolle[2].

Die Herausbildung des heutigen „Steuerstaates" fiel in die Zeit des klassischen Liberalismus. Allerdings sind seither vielfältige Änderungen im Steuersystem eingetreten. So sind vor allem die damals dominierenden Ertragsteuern und Einzelverbrauchsteuern in ihrer Bedeutung immer stärker in den Hintergrund getreten. Herausragende Bedeutung haben statt dessen heute in den meisten Industriestaaten die *Steuern vom Einkommen* und die *Umsatzsteuer*[3].

In der Bundesrepublik Deutschland gibt es derzeit *rd. 40 Steuerarten*. Die wichtigsten sind mit ihrem Aufkommen in Absolutbeträgen und in Prozentsätzen in der Tabelle in *Abbildung I/1* aufgeführt. Die Tabelle läßt die überragende Bedeutung der Steuern vom Einkommen einerseits und der Umsatzsteuer andererseits erkennen. Innerhalb der Steuern vom Einkommen ist die *Lohnsteuer* mit weitem Abstand am wichtigsten. In 1996 entfiel auf sie immerhin mehr als ein Drittel des Gesamtsteueraufkommens.

Die Tabelle läßt erkennen, daß eine Vielzahl der Steuerarten von völlig untergeordneter Bedeutung ist. Diese Steuerarten werden deshalb auch als *Bagatellsteuern* bezeichnet. Bei einigen von ihnen erscheint es fraglich, ob das Aufkommen die Verwaltungskosten deckt.

An dem Gesamtsteueraufkommen war in den Jahren 1991 und 1996 die Vermögensteuer mit einem Anteil von jeweils rd. 1 % beteiligt. Ab 1997 wird die Vermögensteuer nicht mehr erhoben[4].

---

[2] Vgl. Häuser, K., Abriß, 1977, S. 30.

[3] Vgl. Hedtkamp, G., Steuerbelastungsvergleiche, 1977, S. 650 ff.; Andel, N., Finanzwissenschaft, 1992, S. 322.

[4] Vgl. hierzu Teil IV, Gliederungspunkt 1.

2 Überblick über das Steuersystem der Bundesrepublik Deutschland

Lfd. Nr.	Steuerart	Einnahmen in Mrd. DM		Anteil am Gesamt-aufkommen in %	
		1991	1996	1991	1996
1	Steuern vom Einkommen				
a)	Lohnsteuer	214,2	294,6	32,36	34,71
b)	veranlagte Einkommensteuer	41,5	12,3	6,27	1,45
c)	Kapitalertragssteuer	11,4	28,2	1,72	3,32
	Einkommenssteuer insgesamt	267,1	335,1	40,35	39,48
d)	Körperschaftsteuer	31,7	31,4	4,79	3,70
e)	Solidaritätszuschlag	10,5	26,1	1,59	3,08
	insgesamt	309,3	392,6	46,73	46,26
2	Umsatzsteuer	179,7	237,2	27,15	27,95
3	Mineralölsteuer	47,3	68,3	7,15	8,05
4	Gewerbesteuer	41,3	45,9	6,24	5,41
5	Tabaksteuer	19,6	20,7	2,96	2,44
6	Kfz-Steuer	11,0	13,7	1,66	1,61
7	Grundsteuer	9,9	14,6	1,50	1,72
8	Zölle	8,3	6,6	1,25	0,78
9	Vermögensteuer	6,7	9,0	1,01	1,06
10	Versicherungsteuer	5,9	14,3	0,89	1,69
11	Branntweinabgabe	5,6	5,1	0,85	0,60
12	Grunderwerbsteuer	4,5	6,7	0,68	0,79
13	Erbschaftsteuer	2,6	4,1	0,39	0,48
14	Lotteriesteuer	2,4	2,8	0,36	0,33
15	Kaffeesteuer	2,2	2,2	0,33	0,26
16	Biersteuer	1,6	1,7	0,24	0,20
17	Schaumweinsteuer	1,1	1,1	0,17	0,13
18	Feuerschutzsteuer	0,4	0,8	0,06	0,09
19	Sonstige	2,5	1,3	0,38	0,15
	insgesamt	661,9	848,7	100,00	100,00

Abbildung I/1: Steueraufkommen in der Bundesrepublik Deutschland[5]

---

5 Quellen: Statistisches Bundesamt, Jahrbuch, 1992, Tab. 20.6 und dasselbe, Jahrbuch, 1997, Tab. 20.6.

2.2 Die Steuern im System der öffentlichen Einnahmen

Auch im heutigen „Steuerstaat" sind die Steuern zwar die wichtigste, keinesfalls aber die einzige Einnahmequelle der öffentlichen Hand. Die Einnahmen der öffentlichen Hand lassen sich untergliedern in

- (Geld-)*Abgaben* einerseits und
- *Einnahmen aus wirtschaftlicher Betätigung und aus Vermögen* andererseits[6].

(Geld-)*Abgaben* sind alle kraft öffentlicher Finanzhoheit zur Erzielung von Einnahmen erhobenen Zahlungen. Sie lassen sich weiter einteilen in

- *Steuern,*
- *steuerliche Nebenleistungen,*
- *Beiträge und Gebühren.*

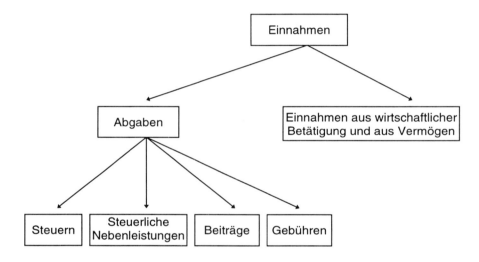

Abbildung I/2: Einnahmen der öffentlichen Hand

Steuern dienen der Deckung des allgemeinen öffentlichen Finanzbedarfs. Sie stellen keine Gegenleistung für eine besondere Leistung einer öffentlich-rechtlichen Körperschaft dar. Steuern können nur von öffentlich-rechtlichen Körperschaften erhoben werden, und zwar nur dann, wenn ein Tatbestand verwirklicht ist, an den ein Steuergesetz eine Leistungspflicht knüpft. Auf den Begriff der Steuern wird später noch näher eingegangen[7].

Steuerliche Nebenleistungen unterscheiden sich von Steuern dadurch, daß der Zweck ihrer Erhebung nicht die Erzielung von Einnahmen ist. Mit ihrer Erhebung

---

6 Zur Einteilung und Definition der Einnahmen der öffentlichen Hand vgl. Hedtkamp, G., Klassifikation, 1980, S. 63 ff.; Brümmerhoff, D., Finanzwissenschaft, 1996, S. 221.
7 Hinweis auf Gliederungspunkt 2.4.

wird vielmehr das Ziel verfolgt, die betroffenen Personen zu einem Tun oder Unterlassen zu veranlassen.

Als Beispiele können genannt werden:

- die Festsetzung von Verspätungszuschlägen bei verspäteter Abgabe von Steuererklärungen,
- die Festsetzung von Säumniszuschlägen bei verspäteter Zahlung von Steuerschulden,
- die Festsetzung von Geldstrafen oder Geldbußen bei Steuerhinterziehung bzw. leichtfertiger Steuerverkürzung.

Einige steuerliche Nebenleistungen werden an späterer Stelle näher besprochen[8].

Beiträge sind Abgaben, die derjenige zu entrichten hat, dem ein dauernder Vorteil aus einer öffentlichen Einrichtung geboten wird. Voraussetzung ist, daß die Abgabe *unabhängig von der Inanspruchnahme des Vorteils* erhoben wird. Als Beispiele sind zu nennen:

- Beiträge zu den Sozialversicherungen,
- Straßenanliegerbeiträge,
- Kurtaxen,
- IHK-Beiträge.

Gebühren sind Abgaben, die von einer öffentlich-rechtlichen Körperschaft für eine *tatsächlich erbrachte oder noch zu erbringende Leistung* erhoben werden.

Gebühren können erhoben werden für

- eine besondere Leistung der Verwaltung oder
- die Inanspruchnahme von öffentlichen Einrichtungen oder Anlagen.

Zur erstgenannten Art gehören z.B. Gebühren für eine Bauabnahme, zur zweiten Gebühren für die Nutzung eines öffentlichen Schwimmbads.

Zusammenfassend läßt sich feststellen, daß sich Beiträge und Gebühren dadurch von den Steuern unterscheiden, daß ihnen besondere, d.h. einer bestimmten Person oder einer Personengruppe zugute kommende Leistungen der öffentlichen Hand gegenüberstehen. Steuern hingegen werden nicht zur Abgeltung einer bestimmten Leistung einer öffentlich-rechtlichen Körperschaft, sondern zur Deckung der allgemeinen Staatsausgaben erhoben.

2.3 Besteuerungszwecke und ihre Konsequenzen

2.3.1 Fiskalischer Zweck der Besteuerung

Geprägt von dem Gedankengut des klassischen Liberalismus, galt lange Zeit als einzig zulässiger Zweck der Besteuerung die *Beschaffung der für die staatlichen*

---

8 Hinweis auf Gliederungspunkt 5.2 und auf Teil VI, Gliederungspunkte 3.3.2.3 und 3.5.4.1.

Aufgaben erforderlichen Mittel[9]. Es handelte sich somit um einen rein *fiskalischen Zweck*. Wenn auch schon frühzeitig Nebenzwecke verfolgt wurden, so galt dies doch allgemein als Verstoß gegen das Grundprinzip der Besteuerung: Nach klassischer Ansicht durfte der Staat nicht aktiv in das Wirtschaftsgeschehen eingreifen; er hatte sich vielmehr wirtschaftlich neutral zu verhalten.

Von dieser klassischen Auffassung ging noch § 1 der Reichsabgabenordnung aus, die bis einschließlich 1976 anzuwenden war. Diese Norm nannte die Erzielung von Einnahmen als alleinigen Zweck der Besteuerung. Tatsächlich wurden aber bereits seit langem und in zunehmendem Maße Nebenziele mit der Besteuerung verfolgt. Inzwischen ist die Verfolgung von außerfiskalischen Zielen mit Hilfe der Besteuerung nicht nur in der Bundesrepublik Deutschland, sondern in allen Industriestaaten längst eine Selbstverständlichkeit. Diesem Umstand trägt nunmehr auch der Wortlaut des § 3 AO Rechnung, in dem der Begriff der Steuern definiert ist.

Mit dem rein fiskalischen Zweck der Besteuerung sind unterschiedliche Belastungen der einzelnen Staatsbürger und unterschiedliche Lastenverteilungen zwischen ihnen vereinbar. Heute wird im allgemeinen davon ausgegangen, daß sich die Höhe der Steuerlast des einzelnen Bürgers nach dessen *Leistungsfähigkeit* zu richten habe[10]. Umstritten ist lediglich, ob das *Leistungsfähigkeitsprinzip* der einzige Maßstab für die Höhe der Steuerschuld sein soll oder durch andere „Prinzipien" ergänzt werden soll.

Das **Leistungsfähigkeitsprinzip** besagt, daß alle natürlichen Personen entsprechend ihrer wirtschaftlichen Leistungsfähigkeit ein prozentual gleiches Opfer bringen müssen. Problematisch ist der Maßstab, an dem das Opfer gemessen wird. Überwiegend wird er in dem bei den natürlichen Personen entstehenden *Einkommen* gesehen. Das Opfer besteht dann in einem relativ gleich hohen Nutzenentzug durch Entzug eines Teils des entstandenen Einkommens. Da die Nutzenfunktionen der einzelnen Steuerpflichten individuell verschieden, aber nicht bekannt sind, muß der Gesetzgeber von einem *typisierten Verlauf der Nutzenfunktionen* ausgehen[11]. Wird ein mit steigendem Einkommen sinkender Grenznutzen angenommen, so ergibt sich ein *progressiver Steuertarif*. In allen Industrieländern gilt ein progressiver Einkommensteuertarif heute als selbstverständlich.

Die Einkommen der natürlichen Personen können nicht nur auf ihrer *Entstehungs-*, sondern auch auf ihrer *Verwendungsseite* besteuert werden. Hieraus läßt sich eine allgemeine Besteuerung des Verbrauchs ableiten. Eine allgemeine Verbrauchsteuer gibt es heute in den meisten Industriestaaten in der Form der Umsatzsteuer - üblicherweise auch als *Mehrwertsteuer* bezeichnet.

---

[9] Hinsichtlich der Besteuerungszwecke in der historischen Entwicklung s. Häuser, K., Abriß, 1977, S. 1 ff.; Becker, H., Steuerlehre, 1990, S. 50.
[10] Vgl. Tipke, K./Lang, J., Steuerrecht, 1996, S. 82.
[11] Vgl. Haller, H., Steuern, 1981, S. 79.

Eine progressive Gestaltung des Umsatzsteuertarifs ist technisch nicht durchführbar. Ein relativ gleich hoher Nutzenentzug ist somit durch eine allgemeine *Einkommensverwendungssteuer* (Umsatzsteuer) im Gegensatz zur *Einkommensentstehungssteuer* (Einkommensteuer), nicht erreichbar. Dennoch wird die Umsatzsteuer allgemein als sinnvolle und wichtige Ergänzung der Einkommensteuer angesehen[12]. Der Grund liegt darin, daß eine alleinige Erfassung der Einkommensentstehung bei dem hohen Finanzbedarf des Staates zu sehr hohen Steuersätzen führen würde. Dies, so wird befürchtet, würde zu einem Erlahmen des Erwerbsfleißes einerseits und zur Steuerflucht andererseits führen.

2.3.2 Außerfiskalische Zwecke der Besteuerung

Neben den fiskalischen werden mit steuerlichen Maßnahmen vielfach auch *außerfiskalische Zwecke* verfolgt[13]. Besonders verbreitet sind steuerliche Maßnahmen zur *Wirtschaftsförderung*. Zu diesem Zweck räumt der Gesetzgeber häufig die Möglichkeit der Inanspruchnahme von erhöhten Abschreibungen ein, d.h. von Abschreibungen, die über das üblicherweise steuerlich zulässige Maß hinausgehen. Durch die erhöhten Abschreibungen können die begünstigten Personen die Bemessungsgrundlage der von ihnen zu zahlenden Steuern vom Einkommen und damit letztlich auch die Steuerschulden der jeweiligen Periode selbst mindern.

Abschreibungen können aber lediglich diejenigen Personen vornehmen, die investieren; nur sie kommen daher in den Genuß der Steuervergünstigungen. Auf diese Weise versucht der Gesetzgeber, bestimmte Personengruppen zu Investitionen anzuregen.

Neben oder anstelle der Einräumung erhöhter Abschreibungsmöglichkeiten kann der Gesetzgeber auch andere steuerliche Maßnahmen zur Wirtschaftsförderung ergreifen. Hierauf kann an dieser Stelle noch nicht eingegangen werden. Einige der derzeit bestehenden Maßnahmen werden an späterer Stelle, insbesondere in Band II besprochen.

Mit steuerlichen Maßnahmen zur Wirtschaftsförderung kann versucht werden

- das *gesamtwirtschaftliche Wachstum langfristig* zu *beschleunigen*, etwa indem neue Technologien gefördert werden,
- *kurzfristig* den *Konjunkturverlauf* zu beeinflussen,
- bestimmte *Regionen* oder *Wirtschaftszweige* lang- oder kurzfristig zu fördern.

Außer wirtschaftspolitischen versucht der Gesetzgeber häufig mit Maßnahmen der Steuergesetzgebung auch *sozialpolitische* Ziele zu erreichen. So kann er mit steuergesetzlichen Maßnahmen z.B. eine breitere Vermögensstreuung anstreben bzw. versuchen, einer Vermögenskonzentration entgegenzuwirken.

---

[12] Vgl. z.B. Haller, H., Steuern, 1981, S. 122 ff. und Andel, N., Finanzwissenschaft, 1992, S. 322.

[13] Hinsichtlich außerfiskalischer Zwecke der Besteuerung vgl. insbesondere Haller, H., Steuern, 1981, S. 215 ff.

Mit steuerpolitischen Maßnahmen kann der Gesetzgeber auch versuchen, eine *Umverteilung von Einkommen und Vermögen* innerhalb der Bevölkerung herbeizuführen. Einem derartigen Zweck dient in vielen Ländern die Erbschaft- und Schenkungsteuer. Auch durch eine Verschärfung der Progression des Einkommensteuertarifs kann versucht werden, dieses Ziel zu erreichen.

Schließlich soll noch erwähnt werden, daß der Gesetzgeber mit steuergesetzlichen Maßnahmen auch *prohibitive Ziele* verfolgen kann. So kann er z.B. mit einer Tabak- oder Alkoholsteuer versuchen, den Tabak- oder Alkoholgenuß einzudämmen. Die Wirksamkeit derartiger prohibitiver Maßnahmen wird aber häufig angezweifelt. Außerdem können sie unerwünschte soziale Nebenwirkungen zeitigen[14].

Die genannten Nebenziele der Besteuerung stehen nur beispielhaft für eine Vielzahl möglicher Ziele. Vor Ergreifung steuerpolitischer Maßnahmen sollte der Gesetzgeber aber immer prüfen, ob diese adäquate Mittel zur Zielerreichung darstellen und ob nicht unerwünschte Nebenwirkungen zu erwarten sind.

2.3.3 Steuerrechtfertigungstheorien und „rationale" Steuersysteme

Immer wieder haben Wissenschaftler im Laufe der Jahrhunderte versucht, ein „rationales" System der Besteuerung zu entwerfen[15]. Je nachdem, von welchen Grundideen die Autoren hierbei ausgingen, mußten die von ihnen entworfenen Steuersysteme unterschiedlich ausfallen.

Aus der Neuzeit ist als erste die große Gruppe von Autoren zu nennen, die von einer individualistisch-utilitaristischen Staatsauffassung ausgingen. Die Hauptblütezeit dieser Staatsauffassung lag im 17. und 18. Jahrhundert. Doch auch im Liberalismus und Neoliberalismus des 19. und des frühen 20. Jahrhunderts spielten die dort vertretenen Ansichten eine große Rolle. Allen Vertretern dieser Staatsauffassung war gemeinsam, daß sie die Besteuerung als eine Art von Tausch zwischen Staat und Staatsbürger ansahen. Ihre Vertreter verfochten somit einen generellen Entgeltcharakter der Steuern, d.h. sie forderten ein quantitatives Entsprechungsverhältnis zwischen individuellen Steuerleistungen und den dafür vom Steuerzahler zu beanspruchenden Staatsleistungen. Dieser Grundgedanke lag der Tausch-, der Genuß-, der Interessen-, der Äquivalenz- und der Versicherungstheorie zugrunde. Alle diese Theorien - oder besser Steuerrechtfertigungsversuche - werden heute fast einhellig abgelehnt; höchstens zur Rechtfertigung einzelner Steuerarten findet die *Äquivalenztheorie* noch Anwendung. Bei Gebühren und Beiträgen ist die Äquivalenztheorie aber auch heute von großer Bedeutung.

Als zweite große Gruppe von Steuerrechtfertigungstheorien sind alle die Besteuerungsentwürfe zu nennen, die sich unter dem Schlagwort der *Opfertheorie* zu-

---

14 Vgl. hierzu Haller, H., Steuern, 1981, S. 293 ff.
15 Vgl. den historischen Überblick bei Mann, F.K., Abriß, 1977, S. 77 ff.

sammenfassen lassen. In ihrer modernen Form kommt der Opfergedanke im *Leistungsfähigkeitsprinzip* zum Ausdruck, das bereits kurz erläutert worden ist[16].

Das Leistungsfähigkeitsprinzip kann heute als das beherrschende Prinzip der Besteuerung angesehen werden. Das gilt auch - und zwar in ganz besonderem Maße - für die einschlägigen (finanz-)wissenschaftlichen Diskussionen[17].

Allerdings werden - soweit ersichtlich - von allen neueren Autoren auch Steuern für sinnvoll oder sogar notwendig erachtet, die sich nicht aus dem Leistungsfähigkeitsprinzip ableiten lassen. Beispielhaft sei hier auf das Standardwerk von Haller verwiesen[18].

2.4 Begriff der Steuern nach geltendem Recht

Der Begriff der Steuern ist staatsrechtlich von großer Bedeutung. Die Verfassung unterscheidet zwischen der allgemeinen Gesetzgebungskompetenz (Art. 70 ff. GG) und der Gesetzgebungskompetenz über Steuern (Art. 105 GG). Wäre der Steuerbegriff nicht eindeutig definiert, so könnte der Bund versuchen, in einem „Steuergesetz" Fragen zu regeln, für die ihm nach der allgemeinen Gesetzgebungskompetenz keine Regelungsbefugnis zusteht. Er brauchte dann lediglich die entsprechenden Normen als „Steuergesetz" zu bezeichnen.

Der Begriff der Steuern ist in § 3 Abs. 1 AO geregelt. Danach sind **Steuern** „ ... Geldleistungen, die nicht eine Gegenleistung für eine besondere Leistung darstellen und von einem öffentlich-rechtlichen Gemeinwesen zur Erzielung von Einnahmen allen auferlegt werden, bei denen der Tatbestand zutrifft, an den das Gesetz die Leistungspflicht knüpft; die Erzielung von Einnahmen kann Nebenzweck sein. Zölle und Abschöpfungen sind Steuern im Sinne dieses Gesetzes."

Soll eine Steuer im Sinne der AO vorliegen, so müssen also folgende Tatbestandsmerkmale erfüllt sein:

1. Es muß sich um eine einmalige oder laufende *Geldleistung* handeln, die
2. von einem *öffentlich-rechtlichen Gemeinwesen auferlegt* sein muß und
3. *keine Gegenleistung* für eine besondere Leistung darstellt;
4. die Geldleistung muß *zur Erzielung von Einnahmen* auferlegt sein und es muß
5. ein *materiell-rechtlicher Tatbestand* erfüllt sein, an den das Gesetz die Steuerpflicht knüpft.

Die Frage, ob es sich bei einer öffentlich-rechtlichen Abgabe um eine Steuer handelt, ist ausschließlich danach zu beurteilen, ob die einzelnen Merkmale der Legaldefinition erfüllt sind. Die vom Gesetzgeber gewählte Bezeichnung der Abgabe ist unbeachtlich.

---

[16] Vgl. Gliederungspunkt 2.3.1.
[17] Vgl. Haller, H., Steuern, 1981, S. 14 ff.
[18] Vgl. Haller, H., Steuern, 1981.

Nach dem ersten der genannten fünf Tatbestandsmerkmale handelt es sich bei Steuern stets um einmalige oder laufende *Geldleistungen*. Naturalleistungen sind demnach keine Steuern.

Einmalig ist eine Geldleistung dann, wenn sie nur ein einziges Mal zu entrichten ist. Die Wirkungen des Steuergesetzes treten ein und erschöpfen sich mit einmaliger Erfüllung seiner tatbestandlichen Voraussetzungen. Einmalige Steuern sind z.B. die Erbschaftsteuer, die Grunderwerbsteuer, die Verbrauchsteuern und die Zölle. Eine einmalige Geldleistung liegt auch dann vor, wenn sie in Raten zu entrichten ist.

Laufende Steuern werden in periodisch wiederkehrenden Zeiträumen erhoben. Hierzu zählen z.B. die Einkommen-, Körperschaft-, Gewerbe- und Umsatzsteuer. Unerheblich ist es, wenn die Steuer im Einzelfall nur einmalig erhoben wird, z.B. weil ein Steuerpflichtiger nach seiner erstmaligen Veranlagung zur Einkommensteuer auswandert.

Nach der zweiten der genannten fünf Voraussetzungen müssen die Geldleistungen von einem öffentlich-rechtlichen Gemeinwesen auferlegt sein. *Öffentlich-rechtliche Gemeinwesen* sind alle juristischen Personen des öffentlichen Rechts. Das sind in erster Linie die sog. *Gebietskörperschaften: Bund, Länder, Landkreise, Gemeinden und Gemeindeverbände*. Auch die *Religionsgemeinschaften*, die Körperschaften des öffentlichen Rechts sind (Art. 140 GG), gehören zu den öffentlich-rechtlichen Gemeinwesen im Sinne der AO.

Auferlegt ist eine Geldleistung dann, wenn der Rechtsgrund der Verpflichtung einseitig und ohne Willen des Verpflichteten *durch hoheitlichen Akt* bestimmt ist[19]. Hierdurch unterscheiden sich Steuern von gewerblichen Einnahmen der öffentlichen Hand.

Nach der dritten Voraussetzung darf die Leistung des Steuerpflichtigen *keine Gegenleistung* für eine besondere Leistung des Staates darstellen. „Eine Zweckbindung des Aufkommens einer Steuer mit der Folge, daß die Leistung dem Steuerpflichtigen mittelbar wieder zugute kommt, (sogenannte Zwecksteuer) ist keine Gegenleistung"[20]. Eine Zweckbindung einer Steuer gibt es derzeit nicht. Nach dem Straßenbaufinanzierungsgesetz vom 28.3.1960 allerdings soll die Kfz-Steuer, auch wenn sie nicht zweckgebunden ist, der Unterstützung des Straßenbaus der Länder und Gemeinden dienen[21].

Nach der vierten Voraussetzung müssen die Geldleistungen *zur Erzielung von Einnahmen* auferlegt werden. Allerdings können zusätzlich auch andere Zwecke mit der Besteuerung verfolgt werden. Diese können sogar Hauptzweck sein; die Einnahmenerzielungsabsicht wird dann Nebenzweck.

---

[19] Vgl. RFH-Urteile vom 21.10.1938, II 395/37, RStBl 1939, S. 93 und vom 11.8.1939, II 253/38, RStBl 1940, S. 15.
[20] Kruse, H. W., Lehrbuch, 1991, S. 38.
[21] Vgl. Strodthoff, B., Kraftfahrzeugsteuer, 1992, S. 10.

Die fünfte und letzte der in § 3 Abs. 1 AO genannten Voraussetzungen ist die der *Tatbestandsmäßigkeit der Besteuerung*. Sie besagt: Eine Steuer darf nur erhoben werden, wenn und soweit ein materiell-rechtlicher Tatbestand erfüllt ist, an den ein Steuergesetz eine Steuerpflicht knüpft. Es handelt sich hier um eine spezielle Ausprägung des allgemeinen öffentlich-rechtlichen Grundsatzes der Tatbestandsmäßigkeit der Verwaltung.

2.5 Einteilung der Steuern

2.5.1 Arten der Einteilung

Die Vielzahl der Einzelsteuern läßt sich nach unterschiedlichen Kriterien systematisieren. Unterschieden wird häufig:

1. nach dem Besteuerungstatbestand zwischen
   - Besitzsteuern,
   - Verkehrsteuern,
   - Verbrauchsteuern und
   - Zöllen,
2. nach der Hauptbemessungsgrundlage zwischen
   - Ertragsteuern,
   - Verkehrsteuern,
   - Substanzsteuern,
3. nach der Überwälzbarkeit zwischen direkten und indirekten Steuern,
4. nach der Besteuerung von Personen oder Sachen zwischen Personen- und Sachsteuern,
5. nach der Steuerhoheit zwischen
   - Bundessteuern,
   - Landessteuern,
   - Gemeindesteuern,
   - Gemeinschaftsteuern.

Die genannten Einteilungen werden nachfolgend näher erörtert.

2.5.2 Besitzsteuern, Verkehrsteuern, Verbrauchsteuern, Zölle

Die Einteilung der Steuern in

- Zölle und Verbrauchsteuern einerseits und
- *Besitz-* und *Verkehrsteuern* andererseits

hat im Steuerrecht eine lange Tradition. Je nachdem, welcher Kategorie eine Steuerart angehört, ergeben sich nach einigen Vorschriften des Steuerrechts unterschiedliche Rechtsfolgen.

Nachfolgend werden die Begriffe nicht in der traditionellen Reihenfolge, sondern in der Reihenfolge ihrer wirtschaftlichen Bedeutung - gemessen am Steueraufkommen - behandelt.

Besitzsteuern sind Steuern, deren Bemessungsgrundlagen an einen Besitz anknüpfen. Bemessungsgrundlage kann hierbei entweder das *Vermögen* oder aber der *Ertrag aus dem Vermögen* sein. Zur erstgenannten Gruppe gehören vor allem die Vermögensteuer und die Grundsteuer. Zur Gruppe der an den Ertrag anknüpfenden Besitzsteuern werden vor allem die Einkommen-, Körperschaft- und Gewerbeertragsteuer gezählt.

Angemerkt sei, daß die Hinzurechnung der Einkommensteuer zu den Besitzsteuern nur teilweise einleuchtet, da die - gemessen am Steueraufkommen - weitaus wichtigste Teil-Bemessungsgrundlage der Einkommensteuer der Arbeitslohn der Arbeitnehmer ist. Dieser aber ist nicht an den Besitz von Vermögen, sondern an die Arbeitsleistung von Menschen geknüpft.

Verkehrsteuern sind Steuern, die an Vorgänge des Rechts- oder Wirtschaftsverkehrs anknüpfen, so z.B. an den Verkauf von Waren oder Erzeugnissen (Umsatzsteuer) oder an den Verkauf von Grundstücken (Grunderwerbsteuer). Zu den Verkehrsteuern werden vor allem die Umsatz-, Grunderwerb-, Versicherungs- und die Rennwett- und Lotteriesteuer gerechnet.

Verbrauchsteuern sind dadurch gekennzeichnet, daß ihre Bemessungsgrundlagen an den Verbrauch von Gegenständen anknüpfen. Zu nennen sind vor allem die Mineralöl-, Tabak-, Bier- und Schaumweinsteuer.

Eine Sonderstellung nimmt die Umsatzsteuer ein. Sie gehört zwar rechtlich zu den Verkehrsteuern, ihre wirtschaftliche Wirkung ist aber die einer allgemeinen Verbrauchsteuer.

Zölle werden bei der Einfuhr von Gegenständen in das Inland (Zollgebiet) erhoben. Dies gilt nicht für die Einfuhr aus einem anderen EG-Land.

2.5.3 Ertragsteuern, Substanzsteuern, Verkehrsteuern

In der Literatur zur Betriebswirtschaftlichen Steuerlehre hat sich während der vergangenen Jahre in immer stärkerem Maße eine Einteilung der Steuern in *Ertrag-*, *Substanz-* und *Verkehrsteuern* durchgesetzt[22]. Benannt sind diese Gruppen von Steuern nach den jeweiligen (Haupt-) Bemessungsgrundlagen der ihnen zugerechneten Steuerarten. So bemessen sich die Ertragsteuern nach Erträgen, die Substanzsteuern nach einer im Gesetz näher definierten (Vermögens-) Substanz und die Verkehrsteuern nach Vorgängen des Rechts- oder Wirtschaftsverkehrs. Mit diesen drei Gruppen von Steuern werden die in den gängigen Kalkülen der Betriebswirtschaftlichen Steuerlehre enthaltenen Steuerarten erfaßt. Nicht in der Sys-

---

[22] Vgl. insbesondere die Einteilung von Rose, G., Ertragsteuern, 1997; derselbe, Verkehrsteuern, 1997; derselbe, Substanzsteuern, 1997.

tematik enthalten sind die Verbrauchsteuern sowie die Zölle. Da diese Steuern nur den Verbrauch spezieller Erzeugnisse oder einen kleinen Teil der eingeführten Wirtschaftsgüter betreffen, werden sie in modellhaften Analysen zur Betriebswirtschaftlichen Steuerlehre üblicherweise nicht benötigt. In konkreten Belastungsrechnungen für einen einzelnen Betrieb können diese Steuern aber ohne große Schwierigkeiten berücksichtigt werden.

Zu den *Ertragsteuern* gehören die Einkommen-, Körperschaft- und Gewerbeertragsteuer, zu den *Substanzsteuern* die Vermögen-, Grund-, Gewerbekapital-, Erbschaft- und Schenkungsteuer. Zu den *Verkehrsteuern* rechnen dieselben Steuern, wie im vorangegangenen Gliederungspunkt aufgeführt.

2.5.4 Direkte und indirekte Steuern

Die Unterscheidung zwischen *direkten* und *indirekten* Steuern erfolgt danach, ob die die Steuerschuld zahlende Person, der *Steuerzahler* also, durch die Steuer wirtschaftlich belastet ist, oder ob die Belastung eine andere Person trifft. Bei direkten Steuern sind Steuerzahler und wirtschaftlich Belasteter ein- und dieselbe Person. Bei indirekter Besteuerung hingegen ist wirtschaftlich Belasteter eine andere Person als der Steuerzahler: Der Steuerschuldner überwälzt seine Steuerschuld auf eine andere Person.

Als Beispiele für direkte Steuern werden üblicherweise insbesondere die Einkommen-, Körperschaft- und Vermögensteuer genannt. Zu den indirekten Steuern werden vor allem die Umsatz- und die Mineralölsteuer gerechnet.

Kritisch sei angemerkt, daß eine Überwälzung direkter Steuern keinesfalls ausgeschlossen, und eine Überwälzung indirekter Steuern keinesfalls gesichert ist. So werden die Schuldner sowohl von Einkommen- als auch von Umsatzsteuer in aller Regel versuchen, die von ihnen gezahlten Steuern auf die Abnehmer ihrer Erzeugnisse oder Leistungen zu überwälzen: der Obstverkäufer auf die Abnehmer seines Obstes, der Autohändler auf die Käufer seiner Wagen und der Vermieter auf die Mieter seiner Wohnungen. Ob die Steuerüberwälzung gelingt, hängt von der jeweiligen Situation des Angebot- und Nachfragemarktes ab. Allerdings dürfte wohl richtig sein, daß die in den Rechnungen offen ausgewiesene Mehrwertsteuer (Umsatzsteuer) tendenziell leichter überwälzbar ist als die für den Käufer bzw. Empfänger einer Leistung nicht erkennbare Einkommensteuer.

Mit den außerordentlich schwierigen Fragen der Überwälzbarkeit von Steuern beschäftigt sich die Finanzwissenschaft. An der Problematik interessierte Leser müssen auf die entsprechende Literatur verwiesen werden[23].

---

[23] Vgl. insbesondere Haller, H. Steuern, 1981, S. 305 ff.; Andel, N., Finanzwissenschaft, 1992, S. 159 ff.; auch einige Fachvertreter der Betriebswirtschaftlichen Steuerlehre haben sich mit Fragen der Überwälzbarkeit von Steuern beschäftigt. Vgl. in diesem Zusammenhang insbesondere Pohmer, D., Wirkungen, 1977, S. 193 ff.

2.5.5 Personen- und Sachsteuern

Personensteuern erfassen unmittelbar die Leistungsfähigkeit von natürlichen oder juristischen Personen. Als Beispiele lassen sich die Einkommen-, die Körperschaft- und die Vermögensteuer nennen.

Der Begriff der *Sachsteuern* ist unterschiedlich weit gefaßt. Nach der engeren Definition erfassen die Sachsteuern die Leistungsfähigkeit einer Sache. Diese Steuern werden, da sie „real" auf einer Sache lasten, auch als *Realsteuern* bezeichnet. Für das Steuerrecht ist in § 3 Abs. 2 AO abschließend definiert, welche Steuerarten als Realsteuern anzusehen sind. Dies sind ausschließlich die Gewerbe- und die Grundsteuer. Wie noch näher zu besprechen sein wird, handelt es sich bei beiden Steuerarten um Gemeindesteuern.

Nach einer weiteren Definition handelt es sich bei den Sachsteuern um alle Steuern, die nicht an die Leistungsfähigkeit von natürlichen oder juristischen Personen, sondern in irgendeiner Form an Sachen anknüpfen. In diesem Zusammenhang wird auch von Objektsteuern gesprochen. Hierzu zählen neben den Realsteuern auch die Verkehrsteuern.

2.5.6 Bundes-, Landes-, Gemeinde-, Gemeinschaftsteuern

Bei einer Einteilung der Steuern nach der Steuerhoheit lassen sich Bundes-, Landes-, Gemeinde-, und Gemeinschaftsteuern unterscheiden. Der Begriff der Steuerhoheit ist mehrdeutig. Verstanden werden hierunter die Gesetzgebungs-, die Ertrags- und die Verwaltungshoheit. Auf diese Begriffe wird im nächsten Gliederungspunkt näher eingegangen.

In gleicher Weise mehrdeutig wie der Begriff der Steuerhoheit sind die Begriffe der Bundes-, Landes-, Gemeinde- und Gemeinschaftsteuern. Unter Bundessteuern werden Steuern verstanden, bei denen der Bund entweder die Gesetzgebungs- oder die Ertrags- oder die Verwaltungshoheit besitzt. Selbstverständlich sind Bundessteuern auch solche Steuern, bei denen dem Bund mehr als eine der genannten Kompetenzen zusteht. Entsprechendes gilt auch hinsichtlich der Landes- und Gemeindesteuern. Da die drei Komponenten der Steuerhoheit unterschiedlich auf die Gebietskörperschaften verteilt sind, muß zur exakten Kennzeichnung einer Steuer als Bundessteuer gesagt werden, in welcher Beziehung sie Bundessteuer ist, ob in bezug auf die Gesetzgebungs-, die Ertrags- oder die Verwaltungshoheit.

Gemeinschaftsteuern sind Steuern, bei denen eine oder mehrere Komponenten der Steuerhoheit mindestens zwei Gebietskörperschaften gemeinsam zustehen. Das deutsche Verfassungsrecht kennt Gemeinschaftsteuern lediglich für den Bereich der Ertragshoheit. Hierauf wird später noch näher eingegangen.

2.6 Steuerhoheit

2.6.1 Komponenten der Steuerhoheit

Wie bereits ausgeführt, werden unter der Steuerhoheit

- die Gesetzgebungshoheit,
- die Ertragshoheit und
- die Verwaltungshoheit

verstanden.

Die **Gesetzgebungshoheit** ist das Recht zur Gesetzgebung. Sie ist für das Steuerrecht geregelt durch Art. 105 GG, der auf den allgemeinen Vorschriften der Art. 70 ff. GG über die Gesetzgebung des Bundes und der Länder aufbaut.

Die **Ertragshoheit** ist das Recht auf das Steueraufkommen. Die Regelung der Ertragshoheit findet sich in Art. 106 GG.

Die **Verwaltungshoheit** ist das Recht, die Steuern zu verwalten. Sie ist in Art. 108 GG geregelt.

Gesetzgebungs-, Ertrags- und Verwaltungshoheit sind nach deutschem Recht unterschiedlich auf die drei Gebietskörperschaften Bund, Länder und Gemeinden verteilt. Mit den entsprechenden gesetzlichen Regelungen beschäftigen sich die folgenden Gliederungspunkte.

2.6.2 Gesetzgebungshoheit

Grundsätzlich haben nach Art. 70 Abs. 1 GG die Länder das Recht zur Gesetzgebung *(ausschließliche Gesetzgebungskompetenz der Länder)*. Das gilt aber nur insoweit, als nicht das Grundgesetz an anderer Stelle dem Bund das Gesetzgebungsrecht verleiht *(ausschließliche Gesetzgebungskompetenz des Bundes)*. Neben der ausschließlichen Gesetzgebungskompetenz der Länder und der ausschließlichen Gesetzgebungskompetenz des Bundes gibt es noch eine *konkurrierende Gesetzgebungskompetenz*. Im Bereich der konkurrierenden Gesetzgebung haben nach Art. 72 Abs. 1 GG die Länder solange und soweit die Gesetzgebungsbefugnis, wie der Bund von seinem Gesetzgebungsrecht keinen Gebrauch macht.

Im Bereich der Besteuerung hat der *Bund* nach Art. 105 Abs. 1 GG die ausschließliche Gesetzgebungsbefugnis lediglich über die *Zölle* und *Finanzmonopole*[24]. Die *Länder* haben nach Art. 105 Abs. 2a GG die ausschließliche Gesetzgebungsbefugnis nur über die *örtlichen Verbrauch- und Aufwandsteuern*. *Für den gesamten übrigen Bereich der Besteuerung besteht somit konkurrierende Gesetzgebung*. Dies ergibt sich auch ausdrücklich aus Art. 105 Abs. 2 GG. Nach die-

---

[24] Hinsichtlich einer eingehenden Darstellung der Steuergesetzgebungshoheit sei auf Tipke, K./Lang, S., Steuerrecht, 1996, S. 80 ff verwiesen.

ser Vorschrift hat der Bund die konkurrierende Gesetzgebung „ ... über die übrigen Steuern, wenn ihm das Aufkommen dieser Steuern ganz oder zum Teil zusteht oder die Voraussetzungen des Artikels 72 Abs. 2 vorliegen."

Wie noch zu zeigen sein wird, steht dem Bund das Aufkommen an fast allen wichtigen Steuern zumindest teilweise zu, so daß ihm bereits aus diesem Grunde die konkurrierende Steuergesetzgebung zusteht. Darüber hinaus ist für die meisten Steuerarten die Voraussetzung des Art. 72 Abs. 2 GG erfüllt. Danach hat der Bund im Bereich der konkurrierenden Gesetzgebung das Gesetzgebungsrecht, „ ... wenn und soweit die Herstellung gleichwertiger Lebensverhältnisse im Bundesgebiet oder die Wahrung der Rechts- oder Wirtschaftseinheit im gesamtstaatlichen Interesse eine bundesgesetzliche Regelung erforderlich macht."

Im Bereich der Besteuerung hat der Bund die ihm im Rahmen der konkurrierenden Gesetzgebung zustehende Gesetzgebungskompetenz weitestgehend ausgenutzt, so daß heute *alle wichtigen Steuergesetze Bundesgesetze* sind. Die Länder haben von der ihnen verbleibenden Gesetzgebungsbefugnis z.T. dadurch Gebrauch gemacht, daß sie die Befugnis zur Normsetzung ihren Landkreisen, Gemeinden oder Gemeindeverbänden übertragen haben. Den *Gemeinden* steht darüber hinaus gem. Art. 106 Abs. 6 GG das Recht zu, die *Hebesätze der Realsteuern* festzusetzen.

2.6.3 Ertragshoheit

Die **Ertragshoheit**, d.h. das Recht auf das Steueraufkommen, kann in unterschiedlicher Weise geregelt werden. Unterscheiden lassen sich Regelungen

- nach dem *Trennsystem*,
- nach dem *Verbundsystem*,
- nach *unterschiedlichen Kombinationen von Trenn- und Verbundsystem*.

Bei Anwendung des *Trennsystems* wird das Steueraufkommen aus jeder einzelnen Steuerart ausschließlich einer bestimmten Gebietskörperschaft zuerkannt. Bei Anwendung des *Verbundsystems* hingegen sind die einzelnen öffentlichen Hände nach einem bestimmten Schlüssel am Steueraufkommen beteiligt.

Das deutsche Verfassungsrecht enthält eine Kombination aus Trenn- und Verbundsystem. Die entsprechenden Regelungen ergeben sich aus Art. 106 GG.

Nach dem *Trennsystem* steht dem *Bund* das Aufkommen aus den in Art. 106 Abs. 1 GG genannten Steuern zu. Hierzu gehören vor allem

- die Zölle,
- die meisten Verbrauchsteuern,
- die Versicherungsteuer,
- die Ergänzungsabgabe zur Einkommen- und Körperschaftsteuer,
- die Abgaben im Rahmen der Europäischen Gemeinschaften.

2 Überblick über das Steuersystem der Bundesrepublik Deutschland

Ebenfalls nach dem *Trennsystem* stehen den *Ländern* die in Art. 106 Abs. 2 GG genannten Steuern zu. Zu nennen sind vor allem

- die Vermögensteuer (wird z.Zt. nicht erhoben)[25],
- die Erbschaftsteuer und
- die Kraftfahrzeugsteuer.

Die *wichtigsten Steuern*, nämlich

- die Einkommensteuer,
- die Körperschaftsteuer und
- die Umsatzsteuer

sind *Gemeinschaftsteuern*. Für sie gilt nach Art. 106 Abs. 3 GG ein *Verbundsystem*. Am Aufkommen der Einkommen- und Körperschaftsteuer sind Bund und Länder je zur Hälfte beteiligt. Die Anteile von Bund und Ländern an der Umsatzsteuer werden durch einfaches Bundesgesetz festgelegt und häufig geändert. Die Gemeinden erhalten nach Art. 106 Abs. 5 GG einen Anteil am Aufkommen der Einkommensteuer. Der Anteil bemißt sich nach der Höhe des Einkommensteueraufkommens innerhalb der jeweiligen Gemeinde. Die Gemeinden und Gemeindeverbände erhalten nach Art. 106 Abs. 7 GG gemeinsam von dem Länderanteil am Gesamtaufkommen der Gemeinschaftsteuern einen durch Landesgesetz zu bestimmenden Anteil.

Das Aufkommen der *Realsteuern* (Gewerbe- und Grundsteuer) steht den Gemeinden zu (Art. 106 Abs. 6 Satz 1 GG). Die Realsteuern stellen die mit weitem Abstand wichtigste Einnahmequelle der Gemeinden dar. Bund und Länder können durch eine Umlage an dem Aufkommen der Gewerbesteuer beteiligt werden (Art. 106 Abs. 6 Satz 4 GG). Dies ist durch einfaches Bundesgesetz geschehen[26].

Das Aufkommen an örtlichen Verbrauch- und Aufwandsteuern steht den Gemeinden oder Gemeindeverbänden zu (Art. 106 Abs. 6 Satz 1 GG).

2.6.4 Verwaltungshoheit

Die dritte Komponente der Steuerhoheit ist die **Verwaltungshoheit**[27]. Sie beinhaltet das Recht, die Steuern zu verwalten. Art. 108 GG unterscheidet zwischen der Verwaltung der Steuern durch Bundesfinanzbehörden, Landesfinanzbehörden und Behörden der Gemeinden und Gemeindeverbände.

Der Bund verwaltet gem. Art. 108 Abs. 1 GG mit Hilfe von Bundesfinanzbehörden

- die Zölle und Finanzmonopole,
- die Einfuhrumsatzsteuer,

---

[25] Vgl. Teil IV, Gliederungspunkt 1.
[26] Gesetz zur Neuordnung der Gemeindefinanzen vom 8.9.1969, BGBl 1969 I, S. 1587.
[27] Hinsichtlich einer eingehenden Darstellung der Verwaltungshoheit sei auf Vogel, K./Wachenhausen, M., in: Dolzer, R. (Hrsg.), Bonner Kommentar, Art. 108, verwiesen.

- die bundesgesetzlich geregelten Verbrauchsteuern,
- die Abgaben im Rahmen der Europäischen Gemeinschaften.

Die übrigen Steuern werden durch Landesfinanzbehörden verwaltet (Art. 108 Abs. 2 GG).

Soweit die Landesfinanzbehörden Steuern verwalten, die ganz oder z.T. dem Bund zufließen, werden sie im Auftrag des Bundes tätig (Art. 108 Abs. 3 GG).

Die Länder können die Verwaltung der Steuern, die den Gemeinden bzw. Gemeindeverbänden allein zufließen, ganz oder z.T. auf die Gemeinden bzw. Gemeindeverbände übertragen (Art. 108 Abs. 4 Satz 2 GG). In den Flächenstaaten ist die Verwaltung der Realsteuern teilweise auf die Gemeinden verlagert. Näheres wird an späterer Stelle behandelt[28]. In den Stadtstaaten hingegen wird die gesamte Verwaltung der Realsteuern von den Finanzämtern durchgeführt.

---

[28] Vgl. Teil II, Gliederungspunkt 4.5.

3 Am Vorgang der Besteuerung beteiligte Personen und Institutionen

3.1 Einführung

An dem Vorgang der Besteuerung, dem Besteuerungsverfahren, können unterschiedliche Personen oder Personengruppen beteiligt sein, sei es, daß sie aktiv tätig werden, sei es, daß sie ein Handeln anderer Personen erleiden.

Beteiligte sind zunächst einmal die einzelnen der Besteuerung unterworfenen Personen, die Steuerpflichtigen, Steuerschuldner oder Steuerzahler, wie sie in den Steuergesetzen genannt werden.

Beteiligte auf seiten des Staates sind die für die einzelnen Steuerfälle zuständigen Finanzbehörden. In aller Regel handelt es sich hierbei um das örtlich zuständige Finanzamt. Da Behörden selbst nicht handlungsfähig sind, nehmen deren Aufgaben ihre Amtsträger wahr.

Zur Erfüllung ihrer steuerlichen Pflichten bedienen sich Steuerpflichtige häufig anderer Personen. Diese haben dann in aller Regel zugleich die Aufgabe, für eine möglichst vorteilhafte Gestaltung der steuerlichen Angelegenheiten ihrer Auftraggeber zu sorgen. Bei diesen zu Rate gezogenen Personen kann es sich entweder um selbständige Steuerberatungsbetriebe oder aber um Angestellte der Steuerpflichtigen handeln.

Bestehen Streitigkeiten zwischen Steuerpflichtigen und der Finanzbehörde, so werden oft Gerichte, die Gerichte der Finanzgerichtsbarkeit, zur Entscheidung angerufen. Diese Gerichte sind somit ebenfalls häufig am Vorgang der Besteuerung beteiligt.

Mit den genannten Personen und Institutionen beschäftigen sich die folgenden Gliederungspunkte.

3.2 Steuerpflichtige, Steuerschuldner, Steuerzahler

Steuerpflichtiger ist nach § 33 Abs. 1 AO jeder, der eine ihm durch ein Steuergesetz auferlegte Verpflichtung zu erfüllen hat. Von besonderer Bedeutung ist in diesem Zusammenhang die *Verpflichtung* eines Steuerschuldners *zur Steuerzahlung*. Neben dieser vermögensrechtlichen Verpflichtung definieren die Steuergesetze eine Vielzahl anderer Verpflichtungen. Zu nennen sind in diesem Zusammenhang insbesondere

- die *Pflicht zur Abgabe von Steuererklärungen* und
- *Aufzeichnungs- und Aufbewahrungspflichten* bestimmter Personen.

Wer im konkreten Einzelfall Steuerpflichtiger ist, richtet sich nach den Vorschriften der AO und der Einzelsteuergesetze. Steuerpflichtige können vor allem sein

- natürliche Personen,
- juristische Personen, vor allem Kapitalgesellschaften,
- Zusammenschlüsse natürlicher oder juristischer Personen.

So unterliegen natürliche Personen bei Vorliegen der Voraussetzungen des § 1 EStG der Einkommensteuerpflicht, d.h. die entsprechenden natürlichen Personen sind Steuerpflichtige i.S.d. § 33 AO. Kapitalgesellschaften unterliegen zwar nicht der Einkommen-, dafür aber bei Vorliegen der Voraussetzungen des § 1 KStG der Körperschaftsteuerpflicht. Sie sind damit ebenfalls Steuerpflichtige i.S.d. § 33 AO.

Steuerschuldner ist jeder, der einen Tatbestand verwirklicht, an den ein Steuergesetz eine Leistungspflicht knüpft. *Eine Steuerschuld entsteht mit Tatbestandsverwirklichung und nicht erst aufgrund eines besonderen Tätigwerdens einer Finanzbehörde (§ 38 AO).* Wer im konkreten Fall Steuerschuldner ist, richtet sich nach den Einzelsteuergesetzen (§ 43 AO).

Der Begriff des Steuerschuldners ist ein Unterbegriff desjenigen des Steuerpflichtigen. Anders ausgedrückt: Jeder Steuerschuldner ist ein Steuerpflichtiger, aber nicht jeder Steuerpflichtige ist ein Steuerschuldner.

Steuerzahler ist derjenige, der aufgrund einer gesetzlichen Verpflichtung eine Steuerschuld an den Fiskus entrichtet. Steuerzahler ist in der Regel der Steuerschuldner, in einigen Fällen aber ein Dritter. So hat die Lohnsteuer gem. § 38 i.V.m. § 41a EStG nicht der Arbeitnehmer, sondern an dessen Stelle der Arbeitgeber zu entrichten. Der Arbeitnehmer ist also Steuerschuldner, der Arbeitgeber hingegen Steuerzahler.

3.3 Finanzbehörden

Der Aufbau der Finanzverwaltung ist im Gesetz über die Finanzverwaltung (FVG) geregelt. Unterschieden wird dort zwischen Bundes- und Landesfinanzbehörden. Einen Überblick über den Aufbau der Finanzverwaltung gibt die nachstehende Abbildung. In dieser sind allerdings nur die wichtigsten der im FVG genannten Finanzbehörden aufgeführt, die zugleich Finanzbehörden i.S.d. § 6 AO sind. Nur die in § 6 AO genannten Finanzbehörden nämlich spielen im Rahmen der Besteuerung eine Rolle. Die übrigen im FVG genannten Finanzbehörden, wie z.B. die Bundesschuldenverwaltung, haben hingegen andere Aufgaben als die Durchführung der Besteuerung[29].

---

[29] Hinsichtlich einer ausführlichen Darstellung der Finanzbehörden sei auf Hübschmann W./Hepp, E./Spitaler, A., AO, Kommentierung des Gesetzes über die Finanzverwaltung, verwiesen.

3 Am Vorgang der Besteuerung beteiligte Personen und Institutionen 25

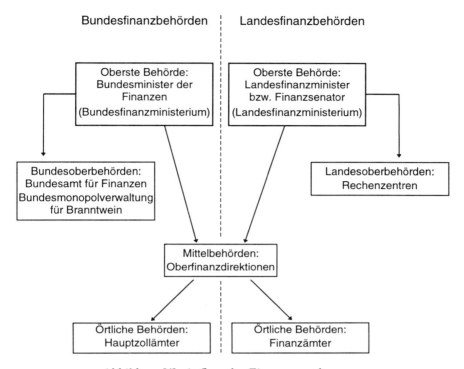

Abbildung I/3: Aufbau der Finanzverwaltung

Die *Bundesfinanzbehörden* verwalten die Zölle und Verbrauchsteuern, die Landesfinanzbehörden die Besitz- und Verkehrsteuern (Art. 108 GG). Die wichtigsten Steuerarten werden somit von den *Landesfinanzbehörden* verwaltet. Das gilt auch für die Besitz- und Verkehrsteuern, die Gemeinschaftsteuern sind, deren Aufkommen also nach Art. 106 Abs. 3 GG Bund und Ländern gemeinsam zusteht.

Der *Bundesfinanzminister* leitet die Bundesfinanzverwaltung (§ 3 Abs. 1 FVG), die für die Finanzverwaltung zuständige *oberste Landesbehörde* die Landesfinanzverwaltung (§ 3 Abs. 2 FVG). Diese oberste Landesbehörde heißt in den Flächenstaaten Landesfinanzministerium und in den Stadtstaaten Senatsverwaltung für Finanzen.

Eine *Oberfinanzdirektion* (OFD) leitet die Finanzverwaltung sowohl des Bundes als auch des Landes in einem bestimmten Bezirk (§ 8 Abs. 1 FVG). Die OFD ist also sowohl Bundes- als auch Landesbehörde und ist besetzt mit Bundes- und Landesbediensteten. Der Leiter einer OFD, der Oberfinanzpräsident, ist zugleich Bundes- und Landesbeamter (§ 9 Abs. 2 FVG).

Die örtlichen Behörden, also die Hauptzollämter einerseits und die *Finanzämter* andererseits, sind reine Bundes- bzw. Landesbehörden. Ihre Aufgabe ist die *Bearbeitung der einzelnen* Zoll- bzw. *Steuerfälle*.

Mit Sonderaufgaben sind die in § 1 Nr. 2 FVG aufgeführten Oberbehörden des Bundes betraut. So obliegt z.B. dem Bundesamt für Finanzen u.a. die zentrale Sammlung und Auswertung von Unterlagen über steuerliche Auslandsbeziehungen (§ 5 Abs. 1 Nr. 6 FVG).

Die Rechenzentren als Landesoberbehörden erledigen Steuerverwaltungstätigkeiten, die sich durch den Einsatz automatischer Einrichtungen (EDV-Anlagen) im Besteuerungsverfahren ergeben (§ 17 Abs. 3 FVG).

Besonders hervorzuheben ist, daß der einzelne Steuerfall von dem jeweils örtlich zuständigen Finanzamt und nicht etwa von der OFD oder gar dem Bundes- oder Landesfinanzministerium bearbeitet wird. Die örtliche Zuständigkeit richtet sich nach den Vorschriften der §§ 17-29 AO.

Jedes Finanzamt wird von einem *Vorsteher* geleitet. Es ist gegliedert in

- den Veranlagungsbereich,
- die Rechtsbehelfsstelle,
- die Betriebsprüfung,
- die Bewertungsstelle,
- die Vollstreckungsstelle,
- die Finanzkasse.

Meist für mehrere Finanzämter gemeinsam gibt es außerdem noch eine

- Erbschaft- und Verkehrsteuerstelle,
- Grunderwerbsteuerstelle,
- Kraftfahrzeugsteuerstelle,
- Steuerstraf- und Bußgeldsachenstelle.

Jede der genannten Stellen besteht aus einem oder mehreren *Sachgebieten* mit jeweils einem *Sachgebietsleiter* an der Spitze. Die meisten Sachgebiete enthält regelmäßig der Veranlagungsbereich.

Die einzelnen *Veranlagungsstellen* sind zuständig für die Veranlagung zur Einkommen-, Körperschaft-, Gewerbe-, Umsatz- und Vermögensteuer. Die Veranlagung umfaßt vor allem die Bearbeitung der Steuererklärungen bis zur EDV-mäßigen Erfassung der Daten. Die Auswertung der Daten einschließlich des Ausdrucks der Steuerbescheide hingegen erfolgt in dem Rechenzentrum des jeweiligen Bundeslandes.

Jedes Sachgebiet des Veranlagungsbereiches ist weiter untergliedert. Näheres ergibt sich aus den „GNOFÄ"[30].

Die Aufgaben der Finanzverwaltung werden durch *Amtsträger* wahrgenommen. Zu den Amtsträgern gehören die *Beamten* sowie diejenigen *Angestellten* der Finanzverwaltung, die Aufgaben der öffentlichen Verwaltung wahrzunehmen haben (§ 7 AO).

---

[30] Grundsätze zur Neuorganisation der Finanzämter und zur Neuordnung des Besteuerungsverfahrens (GNOFÄ), BStBl 1981 I, S. 271.

3 Am Vorgang der Besteuerung beteiligte Personen und Institutionen

Alle Amtsträger unterliegen dem *Steuergeheimnis* (§ 30 Abs. 1 AO), d.h. sie dürfen keine ihnen im Rahmen ihrer Tätigkeit bekannt gewordenen Tatsachen über einen Steuerpflichtigen verwerten oder anderen Personen offenbaren (§ 30 Abs. 2 AO). Ihre Schweigepflicht besteht grundsätzlich auch gegenüber anderen nicht mit dem jeweiligen Steuerfall befaßten Amtsträgern der eigenen Behörde sowie gegenüber anderen Behörden. Ausnahmen von diesem Grundsatz ergeben sich aus den §§ 30, 31 und 31a AO. Eine Verletzung des Steuergeheimnisses steht gem. § 355 StGB unter Strafandrohung. Die vorsätzliche Verletzung des Steuergeheimnisses wird mit einer Freiheitsstrafe bis zu zwei Jahren oder mit einer Geldstrafe geahndet.

3.4 Finanzgerichtsbarkeit

Das Steuerrecht hat eine eigene Gerichtsbarkeit, die *Finanzgerichtsbarkeit*. Diese ist in der Finanzgerichtsordnung (FGO) geregelt.

Gerichte der Finanzgerichtsbarkeit sind nach § 2 FGO:
- in den Ländern die *Finanzgerichte* (FG) als obere Landesgerichte,
- im Bund der *Bundesfinanzhof* (BFH) mit Sitz in München.

Es handelt sich also um einen zweiinstanzlichen Rechtszug.

Jedes Finanzgericht besteht aus einem oder mehreren *Senaten* (§ 5 Abs. 2 FGO). Es hat einen Präsidenten, die den Senaten vorsitzenden Richter und weitere Richter, die den einzelnen Senaten angehören (§ 5 Abs. 1 FGO).

In gleicher Weise wie die Finanzgerichte ist auch der Bundesfinanzhof aufgebaut (§ 10 FGO).

Außer den Einzelsenaten hat der Bundesfinanzhof einen übergeordneten Senat, den *Großen Senat* (§ 11 FGO). Dieser entscheidet dann, wenn ein Senat des Bundesfinanzhofs von der Entscheidung eines anderen Senats oder des Großen Senats abweichen will (§ 11 Abs. 2 FGO).

3.5 Steuerberatende Berufe

Während der vergangenen Jahrzehnte ist das Steuerrecht ständig komplizierter und unübersichtlicher geworden. Diese Entwicklung führte bereits in den Dreißiger Jahren unseres Jahrhunderts zur Herausbildung zweier neuer Berufsstände, und zwar dem des **Steuerberaters** einerseits und dem des Helfers in Steuersachen bzw. des **Steuerbevollmächtigten** andererseits[31].

Die ersten Anfänge eines umfangreichen Steuerberatungsrechts wurden durch das Gesetz über die Zulassung von Steuerberatern vom 6.5.1933[32] geschaffen. Mit

---

31 Vgl. hierzu und zu folgendem Rudel, M., Praxis, 1979, S. 36 f.
32 RGBl 1933, S. 257.

dem Gesetz zur Verhütung von Mißbräuchen auf dem Gebiet der Rechtsberatung vom 13.12.1935 wurde die Grundlage für eine Zweiteilung des steuerberatenden Berufes in den Beruf des Steuerberaters und den des Helfers in Steuersachen gelegt[33]. Die Berufsbezeichnungen „Steuerberater" und „Steuerberatungsgesellschaften" sind seit dem Jahre 1937 geschützt. In den Jahren 1937 bis 1941 wurden die Zulassungsbedingungen für Steuerberater allgemein geregelt. Ein bundeseinheitliches Berufsrecht für Steuerberater und die bisherigen Helfer in Steuersachen, die nunmehr die Berufsbezeichnung „Steuerbevollmächtigte" erhielten, brachte das Steuerberatungsgesetz vom 16.8.1961[34]. Das Gesetz regelte die Zulassungsbedingungen und Prüfungsanforderungen für Steuerberater und Steuerbevollmächtigte.

Das Zweite Änderungsgesetz zum Steuerberatungsgesetz vom 11.8.1972[35] schuf die Voraussetzungen für den einheitlichen Beruf des Steuerberaters, enthielt allerdings eine Übergangsregelung für diejenigen, die eine Ausbildung zum Steuerbevollmächtigten bereits begonnen hatten. Einige Jahre lang hatten Steuerbevollmächtigte nach sechsjähriger Berufszugehörigkeit die Möglichkeit, eine Übergangsprüfung zum Steuerberater abzulegen (§ 157 StBerG). Von dieser Möglichkeit haben die meisten Steuerbevollmächtigten Gebrauch gemacht, so daß es heute nur noch vergleichsweise wenige Steuerbevollmächtigte gibt. Den gesamten Stoff des Steuerberatungsrechts faßt heute das Steuerberatungsgesetz in der Fassung vom 4.11.1975, das seither mehrfach geändert worden ist, zusammen[36].

Steuerberater und Steuerbevollmächtigte haben nach § 33 StBerG die Aufgabe, ihre Auftraggeber (Mandanten) in ihren steuerlichen Angelegenheiten zu beraten, zu vertreten und ihnen bei Erfüllung ihrer steuerlichen Pflichten Hilfe zu leisten. Zu den steuerlichen Pflichten der Mandanten gehören auch Buchführungs- und Aufzeichnungspflichten. Im einzelnen werden von Steuerberatern und -bevollmächtigten vor allem folgende Aufgaben übernommen:

- Buchführungs- und Jahresabschlußarbeiten,
- Erstellung von Steuererklärungen,
- Prüfung von Steuerbescheiden, ggf. verbunden mit der Einlegung von Rechtsbehelfen gegen diese Bescheide,
- Unterstützung der Mandanten bei Prüfungen (Betriebsprüfungen) durch das Finanzamt,
- Vertretung der Mandanten in Steuerstraf- und -bußgeldverfahren.

Diese traditionellen Aufgaben, die sich im Anschluß an Rose[37] unter den Begriffen *Steuerdeklarationsberatung* und *Steuerdurchsetzungsberatung* zusammenfas-

---

[33] RGBl 1935, S. 1478.

[34] Gesetz über die Rechtsverhältnisse der Steuerberater und Steuerbevollmächtigten vom 16.8.1961, BGBl 1961 I, S. 1301.

[35] BGBl 1972 I, S. 1401.

[36] BGBl 1975 I, S. 2735. Zuletzt geändert durch die 2. Zwangsvollstreckungsnovelle vom 17.12.1997, BGBl 1997 I, S. 3039.

[37] Rose, G., Einführung, 1995.

3 Am Vorgang der Besteuerung beteiligte Personen und Institutionen

sen lassen, beanspruchen auch heute noch in den meisten Steuerberatungspraxen den weitaus größten Teil der Arbeitskraft des Praxisinhabers und seiner Mitarbeiter. In neuerer Zeit gewinnt zusätzlich die Steuergestaltungsberatung zunehmende Bedeutung. Hierunter wird eine Steuerberatung verstanden, die von vornherein darauf ausgerichtet ist, steuerliche Gesichtspunkte im Rahmen der betrieblichen Planung zu berücksichtigen. Es handelt sich somit um eine Beratung, die es sich zum Ziel setzt, steuerliche Aktionsparameter (Entscheidungsvariable) optimal im Rahmen noch zu verwirklichender betrieblicher Entscheidungen einzusetzen.

Steuerberater und Steuerbevollmächtigte gehören - ebenso wie z.B. die selbständigen Ärzte, Zahnärzte und Rechtsanwälte - zur Berufsgruppe der Freiberufler. Die Angehörigen der freien Berufe zeichnen sich traditionsgemäß durch eine lange Berufsausbildung und ein hohes fachspezifisches Wissen aus. Viele dieser Berufe dürfen nur aufgrund einer besonderen staatlichen Zulassung ausgeübt werden. Das gilt auch für Steuerberater und Steuerbevollmächtigte.

Die Zulassung zu einem freien Beruf darf nur erteilt werden, wenn die in dem für den jeweiligen Beruf maßgeblichen Gesetz genannten Voraussetzungen erfüllt sind. Nach § 35 StBerG darf als Steuerberater nur bestellt (zugelassen) werden, wer die Prüfung als Steuerberater bestanden hat oder von ihr befreit worden ist.

Zum Steuerberaterexamen darf nur zugelassen werden, wer die in § 36 StBerG definierten Vorbildungsvoraussetzungen erfüllt. Die genannte Vorschrift enthält vier unterschiedliche Vorbildungsvoraussetzungen, von denen eine bei Ablegung der Prüfung erfüllt sein muß. Es gibt somit vier unterschiedliche Ausbildungswege zum Steuerberater.

Der erste dieser Wege setzt nach § 36 Abs. 1 Nr. 1 StBerG voraus, daß der Bewerber ein rechtswissenschaftliches, wirtschaftswissenschaftliches oder ein anderes wissenschaftliches Hochschulstudium mit wirtschaftswissenschaftlicher Fachrichtung mit einer Regelstudienzeit von jeweils mindestens acht Semestern abgeschlossen hat und nach Abschluß des Studiums drei Jahre auf dem Gebiet der von den Bundes- oder Landesfinanzbehörden verwalteten Steuern hauptberuflich praktisch tätig gewesen ist. Dieser Weg, der als der Akademikerweg bezeichnet werden kann, ist der mit Abstand wichtigste. Derzeit kommt rd. 54 % des Berufnachwuchses über diesen Weg[38]. Innerhalb dieser Gruppe überwiegen Absolventen betriebswirtschaftlich orientierter Studiengänge (Diplom-Kaufleute, betriebswirtschaftlich ausgerichtete Diplom-Ökonomen). Ein sehr großer und ständig zunehmender Teil dieser Personen hat während des Studiums das Fach „Betriebswirtschaftliche Steuerlehre" studiert.

Der zweite Weg ist für Absolventen eines wirtschaftswissenschaftlichen Fachhochschulstudiums gedacht. Voraussetzung ist nach Abschluß des Studiums eine vierjährige praktische hauptberufliche Tätigkeit auf dem o.g. Gebiet (§ 36 Abs. 1

---

[38] Zahlen gelten für NRW. Vgl. Steuerberaterkammer Westfalen-Lippe, Steuerberaterprüfung, 1997, S. 104.

Nr. 2 StBerG). Über diesen Weg kommen derzeit rund 21 % des Berufsnachwuchses.

Der dritte Weg unterscheidet sich von den ersten beiden dadurch, daß das Studium durch eine Lehre in bestimmten Berufen und eine zehnjährige hauptberufliche Tätigkeit auf dem o. g. Gebiet ersetzt wird (§ 36 Abs. 2 Nr. 1 StBerG). Dieser Weg kann als der „Praktikerweg" bezeichnet werden.

Der vierte Weg ist ehemaligen Beamten und Angestellten des gehobenen Dienstes der Finanzverwaltung vorbehalten. Er eröffnet diesem Personenkreis nach einer mindestens siebenjährigen Sachbearbeitertätigkeit nach § 36 Abs. 2 Nr. 2 StBerG die Möglichkeit zur Ablegung des Steuerberaterexamens. Etwa 25 % des Berufsnachwuchses rekrutiert sich aus Beamten und Angestellten der Finanzverwaltung sowie aus „Praktikern".

Die Durchführung der Prüfung wird in §§ 10-31 DVStB geregelt. Die Prüfung gliedert sich in einen schriftlichen und in einen mündlichen Teil. Das Steuerberaterexamen kann aufgrund der Fülle des zu erarbeitenden Prüfungsstoffes als schwierig gelten. Dies läßt auch *Abbildung I/4* erkennen. Diese Abbildung gibt einen Überblick über die bestandenen bzw. nicht bestandenen Steuerberaterprüfungen 1997 im Bundesgebiet.

Erwähnt sei noch, daß es für einen eng begrenzten, in § 38 StBerG definierten Personenkreis die Möglichkeit einer prüfungsfreien Bestellung zum Steuerberater gibt. Dieser Personenkreis spielt aber in der praktischen Steuerberatung keine Rolle.

Neben den Steuerberatern gibt es heute noch eine kleine Zahl von Steuerbevollmächtigten, die grundsätzlich die gleichen Rechte und Pflichten wie Steuerberater haben (§ 33 StBerG). Ein Antrag auf Zulassung zur Steuerbevollmächtigtenprüfung war nur noch bis zum 12.8.1980 möglich (§ 156 Abs. 5 StBerG); es handelt sich also um einen aussterbenden Beruf.

Neben Steuerberatern und Steuerbevollmächtigten kennt das StBerG Steuerberatungsgesellschaften. Diese können nach § 49 StBerG in den Rechtsformen der AG, der KGaA, der GmbH, der OHG, der KG und der Partnerschaftsgesellschaften geführt werden. Voraussetzung für die Anerkennung derartiger Gesellschaften ist nach § 50 Abs. 1 StBerG, daß die Mitglieder des Vorstandes, die Geschäftsführer oder die persönlich haftenden Gesellschafter Steuerberater sind[39].

Neben Steuerberatern, Steuerbevollmächtigten und Steuerberatungsgesellschaften sind nach § 3 StBerG zur geschäftsmäßigen Hilfeleistung in Steuersachen noch Rechtsanwälte, Wirtschaftsprüfer, Wirtschaftsprüfungsgesellschaften, vereidigte Buchprüfer und Buchprüfungsgesellschaften befugt. Während Rechtsanwälte in der Steuerberatung nur eine äußerst geringe Rolle spielen, sind Wirtschaftsprüfer und Wirtschaftsprüfungsgesellschaften vor allem bei der Beratung großer Unternehmen von Bedeutung. Anzumerken ist in diesem Zusammenhang aber, daß Wirtschaftsprüfer und vereidigte Buchprüfer meistens zugleich auch Steuerbera-

---

[39] Hinsichtlich der zusätzlichen Aufnahme anderer Personen in das Führungsorgan von Steuerberatungsgesellschaften s. § 50 Abs. 2 und 3 StBerG.

ter, Wirtschaftsprüfungsgesellschaften und Buchprüfungsgesellschaften zugleich auch Steuerberatungsgesellschaften sind. Reine Wirtschaftsprüfer sind äußerst selten in der Steuerberatung tätig; sie beschränken sich meist auf Prüfungstätigkeiten.

Kammer bzw. Bundesland	zur Prüfung zugelassen	vor oder während der Prüfung zurückgetreten	Schriftliche Prüfung abgelegt	davon nicht bestanden	an der mündlichen Prüfung teilgenommen	davon nicht bestanden	Bestanden	Durchfallquote in %
Berlin	547	141	406	226	180	20	160	60,6
Brandenburg	125	32	93	64	29	5	24	74,2
Bremen	78	15	63	33	30	-	30	52,4
Hamburg	461	73	388	158	230	42	188	51,5
Hessen	869	195	674	372	304	29	275	59,2
Mecklenburg-Vorpommern	131	32	99	72	27	6	21	78,8
München	822	201	621	210	411	174	237	61,8
Niedersachsen	568	97	471	204	267	44	223	52,7
Nordbaden	266	64	202	94	108	5	103	49,0
Nürnberg	390	104	286	98	188	71	116	59,4
Rheinland-Pfalz	209	56	153	72	81	3	78	49,0
Saarland	84	22	62	34	28	2	26	58,1
Sachsen	403	91	312	186	126	19	107	65,7
Sachsen-Anhalt	121	38	83	54	29	4	25	69,9
Schleswig-Holstein	139	15	124	53	71	11	60	51,6
Stuttgart	598	102	496	226	270	31	239	51,8
Südbaden	190	42	148	84	63	7	56	62,2
Thüringen	182	47	135	72	63	-	63	53,3
Nordrhein-Westfalen	1.886	414	1.472	582	886	182	704	52,2
Insgesamt	8.069	1.781	6.288	2.894	3.391	655	2.735	56,5

Abbildung I/4: Ergebnisse der Steuerberaterprüfung 1996/1997 im Bundesgebiet[40]

Wegen ihrer verantwortungsvollen Stellung im Wirtschaftsleben, insbesondere wegen des in sie gesetzten Vertrauens, müssen Steuerberater und Steuerbevollmächtigte nicht nur in fachlicher, sondern auch in persönlicher Hinsicht hohen Anforderungen genügen. Sie werden deshalb in § 57 StBerG strengen *Berufspflichten* unterworfen.

---

[40] Quelle: Steuerberaterkammer Westfalen-Lippe, Steuerberaterprüfung, 1997, S. 104, unter Korrektur eines offensichtlichen Druckfehlers.

Nach Absatz 1 dieser Vorschrift haben sie ihren Beruf

- unabhängig,
- eigenverantwortlich,
- gewissenhaft,
- verschwiegen und
- unter Verzicht auf berufswidrige Werbung

auszuüben. Näheres zu diesen Anforderungen enthalten die §§ 57-72 StBerG und die „Richtlinien für die Berufsausübung der Steuerberater und Steuerbevollmächtigten" (Standesrichtlinien). Hingewiesen sei hier lediglich darauf, daß Berater und Bevollmächtigte grundsätzlich nicht als Angestellte tätig sein dürfen (§ 57 Abs. 4 StBerG). Ausgenommen sind gem. § 58 StBerG Anstellungen bei anderen Steuerberatern und -bevollmächtigten sowie bei einigen wenigen anderen Freiberuflern.

Ähnlich wie Rechtsanwälte, Wirtschaftsprüfer oder Ärzte sind Steuerberater und Steuerbevollmächtigte Zwangsmitglieder einer für ihren Regionalbereich zuständigen Kammer, der *Steuerberaterkammer*. Die Steuerberaterkammern haben nach § 76 Abs. 1 StBerG die Aufgabe, die beruflichen Belange der Gesamtheit ihrer Mitglieder zu wahren und die Erfüllung der beruflichen Pflichten zu überwachen. Die Regionalkammern bilden gem. § 85 StBerG eine gemeinsame Berufskammer, die *Bundessteuerberaterkammer*. Diese hat sich mit Fragen und Interessen der Gesamtheit der Regionalkammern zu beschäftigen.

Steuerberater und Steuerbevollmächtigte unterliegen einer eigenen *Berufsgerichtsbarkeit*. Diese ist in den §§ 89-153 StBerG geregelt.

3.6 Steuerabteilungen von Betrieben

In § 3 StBerG sind die zur geschäftsmäßigen Hilfeleistung in Steuersachen befugten Personen abschließend aufgezählt. Geschäftsmäßig beinhaltet selbständig. Nicht unter § 3 StBerG fällt demnach eine unselbständige Hilfeleistung in Steuersachen, d.h. also eine Tätigkeit als Arbeitnehmer des Steuerpflichtigen. Arbeitnehmer eines Steuerpflichtigen dürfen somit dessen steuerliche Angelegenheiten bearbeiten.

Von der Möglichkeit, Fachkräfte auf steuerlichem Gebiet beschäftigen zu können, machen im allgemeinen nur *Großunternehmen* Gebrauch. Diese allerdings besitzen häufig ganze *Steuerabteilungen* mit einer Vielzahl von Spezialisten. Neben der Durchführung von Routinearbeiten beschäftigen sich derartige Steuerabteilungen meist auch in erheblichem Maße mit Steuerplanung. Hierbei werden häufig zusätzlich externe Berater, meistens große Wirtschaftsprüfungs- und Steuerberatungsgesellschaften, zu Rate gezogen.

Im Gegensatz zu den großen, beschäftigen kleine und mittlere Unternehmen in aller Regel keine steuerlichen Fachkräfte als Angestellte. Sie bedienen sich statt dessen der Hilfe externer Berater, meistens also derjenigen von Steuerberatern und Steuerbevollmächtigten.

4 Rechtsquellen, Verwaltungsvorschriften, Rechtsprechung, Schrifttum

4.1 Einführung

In ihrer praktischen Tätigkeit arbeiten die mit der Besteuerung beschäftigten Personen, also z.B. Steuerberater oder Finanzbeamte, laufend mit Gesetzen, Verordnungen, Richtlinien, OFD-Verfügungen, Urteilen des BFH oder der Finanzgerichte, Kommentaren, Fachzeitschriften usw. Es fragt sich, welche Bedeutung diesen Rechtsquellen und Hilfsmitteln der Besteuerung beizulegen ist. Dieser Frage soll nunmehr nachgegangen werden.

4.2 Rechtsquellen der Besteuerung

Rechtsquellen der Besteuerung sind die Gesetze, in erster Linie die **Steuergesetze**. *Eine Besteuerung ohne gesetzliche Grundlage ist rechtswidrig* (= Gesetzmäßigkeit der Besteuerung)[41].

Gesetz ist nach § 4 AO *jede Rechtsnorm*. Die Gesetze lassen sich untergliedern in

- Gesetze im formellen Sinne (förmliche Gesetze) und in
- Gesetze im materiellen Sinne[42].

Gesetze im formellen Sinne sind alle Rechtsnormen, die in einem förmlichen, verfassungsmäßig vorgeschriebenen Verfahren zustandekommen, ordnungsgemäß ausgefertigt und verkündet worden sind. Handelt es sich bei dem Gesetz um ein Bundesgesetz, so kommt dieses nach Art. 78 GG dadurch zustande, daß es vom Bundestag beschlossen wird und ihm der Bundesrat zustimmt. Die Ausfertigung des Gesetzes wird nach Art. 82 Abs. 1 GG vom Bundespräsidenten vorgenommen; verkündet wird es durch Veröffentlichung im Bundesgesetzblatt. Steuergesetze werden - ohne daß dies verfassungsmäßig erforderlich wäre - zusätzlich immer im *Bundessteuerblatt Teil I* veröffentlicht. Rangmäßig ist zwischen Verfassungsgesetzen und einfachen Gesetzen zu unterscheiden. Einziges Verfassungsgesetz des Bundes ist das Grundgesetz vom 23.5.1949. Es hat Vorrang vor einfachen Gesetzen. Die in ihm verankerten Grundrechte binden gem. Art. 1 Abs. 3 GG Gesetzgebung, vollziehende Gewalt und Rechtsprechung als unmittelbar geltendes Recht.

Gesetze im materiellen Sinne sind alle abstrakten und generellen Regeln, die zu einer bestimmten Zeit in einem bestimmten Gebiet für alle Personen verbindlich

---

[41] Vgl. Tipke, K./Lang, J., Steuerrecht, 1996, S. 100 ff.
[42] Vgl. zu dieser Einteilung und zu den nachfolgenden Ausführungen Kruse, H. W., in: Tipke, K./Kruse, H. W., § 4 AO, Tz. 19.

sind und von der staatlichen Gewalt garantiert werden. Gesetze im formellen sind zugleich fast alle auch Gesetze im materiellen Sinne[43]; die Steuergesetze sind es ausnahmslos.

Wichtige förmliche Steuergesetze sind vor allem

- die Abgabenordnung (AO),
- die Finanzgerichtsordnung (FGO),
- das Bewertungsgesetz (BewG),
- ferner Einzelsteuergesetze (Gesetze, die einzelne Steuerarten festlegen), z.B.
  - das Einkommensteuergesetz (EStG),
  - das Körperschaftsteuergesetz (KStG),
  - das Gewerbesteuergesetz (GewStG),
  - das Umsatzsteuergesetz (UStG),
  - das Erbschaft- und Schenkungsteuergesetz (ErbStG).

Neben den förmlichen Gesetzen gibt es noch eine Vielzahl von Rechtsnormen, die ausschließlich Gesetze im materiellen Sinne sind. Hierbei handelt es sich um *Rechtsverordnungen*. Dies sind Rechtsnormen, die nicht in einem förmlichen Gesetzgebungsverfahren zustande kommen, sondern von der Exekutive erlassen, „verordnet", werden. Nach Art. 80 Abs. 1 GG können die Bundesregierung, ein Bundesminister oder die Landesregierungen ermächtigt werden, Rechtsverordnungen zu erlassen. Rechtsverordnungen bedürfen nach Art. 80 Abs. 2 GG der Zustimmung des Bundesrates, sofern das zugrundeliegende Bundesgesetz ebenfalls der Zustimmung des Bundesrates bedarf. Rechtsverordnungen können vom Verordnungsgeber nicht nach Belieben erlassen werden. Dies würde dem Prinzip der Gewaltenteilung widersprechen. Nach Art. 80 Abs. 1 GG müssen Inhalt, Zweck und Ausmaß der erteilten Ermächtigung zum Erlaß einer Rechtsverordnung im zugrunde liegenden förmlichen Gesetz bestimmt sein. Die Rechtsverordnung muß sich in dem vom Gesetzgeber gezogenen Verordnungsrahmen halten.

Das Steuerrecht kennt eine Vielzahl von Rechtsverordnungen. Sie werden dort meistens als *Durchführungsverordnungen* bezeichnet. Durchführungsverordnungen gibt es zu den meisten wichtigen Steuergesetzen, so

- die Einkommensteuer-Durchführungsverordnung (EStDV),
- die Lohnsteuer-Durchführungsverordnung (LStDV),
- die Körperschaftsteuer-Durchführungsverordnung (KStDV),
- die Gewerbesteuer-Durchführungsverordnung (GewStDV),
- die Umsatzsteuer-Durchführungsverordnung (UStDV).

Steuergesetze werden im BGBl und BStBl veröffentlicht. Außerdem geben einzelne Fachverlage Gesetzessammlungen heraus. Der Besitz einer derartigen auf dem neuesten Stand befindlichen Gesetzessammlung ist sowohl für das Studium als auch für die Praxis unentbehrlich.

---

[43] Eine Ausnahme bildet das jährliche Haushaltsgesetz des Bundes. In ihm werden keine für alle Staatsbürger verbindlichen Regeln festgelegt, vielmehr stellt es lediglich nach Art. 110 Abs. 2 GG den jeweiligen Haushaltsplan fest.

4 Rechtsquellen, Verwaltungsvorschriften, Rechtsprechung, Schrifttum

Alle materiellen Gesetze, also sowohl die förmlichen Gesetze als auch die Rechtsverordnungen, sind als Rechtsnormen *allgemein verbindlich.* Sie sind also zu beachten und zu befolgen von den

- einzelnen Staatsbürgern,
- den Behörden,
- den Gerichten.

Hält ein Gericht eine Rechtsnorm für rechtswidrig, so ist zu unterscheiden, ob es sich bei der Rechtsnorm um ein förmliches Gesetz oder um eine Rechtsverordnung handelt. Ein förmliches Gesetz kann grundsätzlich nur dann rechtswidrig sein, wenn es gegen die Verfassung verstößt. Hält ein Gericht ein nachkonstitutionelles Gesetz[44], auf dessen Gültigkeit es bei einer anstehenden Entscheidung ankommt, für verfassungswidrig, so hat es nach Art. 100 Abs. 1 GG das Verfahren auszusetzen und die Entscheidung des Bundesverfassungsgerichts einzuholen.

Eine Rechtsverordnung kann nicht nur wegen einer Kollision mit der Verfassung rechtswidrig sein, sondern auch deshalb, weil sie gegen das zugrunde liegende förmliche Gesetz verstößt. Ein derartiger Fall ist wesentlich häufiger als ein Verstoß gegen die Verfassung. Ein Verstoß von Normen einer Rechtsverordnung gegen ein förmliches Gesetz kann von dem zur Entscheidung berufenen Gericht, in steuerlichen Angelegenheiten also von einem Finanzgericht oder dem BFH, festgestellt werden. Dies hat die Nichtanwendbarkeit der entsprechenden Norm zur Folge.

Die Bundesrepublik Deutschland hat mit einer Vielzahl von ausländischen Staaten Abkommen zur Vermeidung der Doppelbesteuerung *(Doppelbesteuerungsabkommen)* abgeschlossen. Derartige Abkommen sollen vor allem verhindern, daß Einkünfte oder Vermögensteile eines Steuerpflichtigen sowohl im Inland als auch im Ausland besteuert werden, bzw. es soll erreicht werden, daß die doppelte Besteuerung durch eine Anrechnung der im anderen Vertragsstaat gezahlten Steuern gemindert oder beseitigt wird. Doppelbesteuerungsabkommen sind völkerrechtliche Verträge. Sie erhalten innerstaatliche Rechtsformqualität erst durch ein Zustimmungsgesetz (Transformationsgesetz) des Bundesgesetzgebers (Art. 59 GG). Mit der Transformation des Abkommens in nationales Recht wird das Doppelbesteuerungsabkommen zum Gesetz im formellen Sinne.

Umstritten ist, ob im Steuerrecht *Gewohnheitsrecht* entstehen kann[45]. Gewohnheitsrecht besteht aus ungeschriebenen Rechtsnormen, die sich durch ständige Übung gebildet haben. Außerdem muß sich im Laufe der Zeit allgemein die Überzeugung gebildet haben, die Übung sei rechtens. Einigkeit besteht im Schrifttum insoweit, als die Möglichkeit der Entstehung „steuerschaffenden" Gewohnheitsrechts verneint wird: Zusätzliche Steuertatbestände können durch Gewohnheits-

---

[44] Als nachkonstitutionell werden alle Gesetze bezeichnet, die nach Verkündigung des GG am 23.5.1949 verabschiedet worden sind.
[45] Vgl. vor allem die gegensätzlichen Ansichten von Paulick und Kruse. Paulick, H., Lehrbuch, 1977, S. 105; Kruse, H. W., Gewohnheitsrecht, 1959, Sp. 209 ff.

recht nicht entstehen[46]. Das Entstehen steuermindernden Gewohnheitsrechts wird von einigen Autoren hingegen für möglich gehalten[47]. Soweit ersichtlich, ist dies auch die Ansicht des BFH[48].

4.3 Verwaltungsvorschriften

Verwaltungsvorschriften beschäftigen sich mit Fragen der Gesetzesanwendung sowie mit Organisationsfragen der Verwaltung. Sie werden auf einer übergeordneten Hierarchieebene der Exekutive für deren nachgeordnete Behörde erlassen. Oberste Hierarchieebene der Exekutive des Bundes ist die Bundesregierung, diejenige eines Bundeslandes die jeweilige Landesregierung. Folglich hat die Bundesregierung in allen bundeseigenen Verwaltungen die höchste Kompetenz zum Erlaß von Verwaltungsvorschriften (Art. 86 GG); entsprechendes gilt grundsätzlich für die Landesregierungen in ihrem jeweiligen Land.

Für die von Landesfinanzbehörden verwalteten Steuern, die ganz oder zum Teil dem Bund zufließen, gilt eine wichtige Besonderheit. Hinsichtlich dieser Steuern ist gem. Art. 85 Abs. 2 GG die Bundesregierung zum Erlaß allgemeiner Verwaltungsvorschriften, die der Zustimmung des Bundesrates bedürfen, ermächtigt. Diese Ermächtigung ist der Rechtsgrund für eine Vielzahl bundeseinheitlicher Verwaltungsvorschriften. Insbesondere sind zu fast allen wichtigen Steuergesetzen sog. Steuerrichtlinien ergangen. Zu nennen sind vor allem

- die Einkommensteuer-Richtlinien (EStR),
- die Lohnsteuer-Richtlinien (LStR),
- die Körperschaftsteuer-Richtlinien (KStR),
- die Grundsteuer-Richtlinien (GrStR),
- die Gewerbesteuer-Richtlinien (GewStR),
- die Umsatzsteuer-Richtlinien (UStR).

Die Steuerrichtlinien werden in Abständen von wenigen Jahren der Rechtsentwicklung angepaßt und völlig neu gefaßt. Sie werden dann jeweils mit einer neuen Jahrgangszahl versehen. So gibt es z.B. die „EStR 1996" und die „KStR 1995".

Neben den Steuerrichtlinien der Bundesregierung erläßt der Bundesminister der Finanzen (abgekürzt „BdF" oder „BMF" genannt) eine Vielzahl weiterer Verwaltungsvorschriften. Diese werden meistens als *Erlaß* oder *Schreiben des BMF* bezeichnet.

Auch die Länderfinanzminister bzw. Länderfinanzministerien sowie die Oberfinanzdirektionen erlassen jährlich eine Vielzahl von Verwaltungsvorschriften. Die Vorschriften der Länderfinanzminister (-senatoren) werden üblicherweise als *Erlasse*, die der Oberfinanzdirektionen als *OFD-Verfügungen* bezeichnet. In wichti-

---

[46] Vgl. Kruse, H. W., Gewohnheitsrecht, 1959, Sp. 229.
[47] Vgl. ebenda.
[48] Vgl. BFH-Urteile vom 27.6.1963, IV 111/59 U, BStBl 1963 III, S. 534; vom 22.1.1980, VIII R 74/77, BStBl 1980 II, S. 244; vom 23.11.1983, I R 216/78, BStBl 1984 II, S. 277.

gen Fragen versuchen die Länderfinanzministerien meistens eine einheitliche Ansicht zu vertreten. Diese kommt dann in gleichlautenden Erlassen der Länderfinanzministerien zum Ausdruck. OFD-Verfügungen ergehen zu Fragen von regionaler oder untergeordneter Bedeutung.

Bei allen Verwaltungsvorschriften handelt es sich nicht um Gesetze, also nicht um für alle verbindliche Rechtsnormen. *Verwaltungsvorschriften binden lediglich die Finanzverwaltung, nicht hingegen die Steuerpflichtigen und die Gerichte.*

4.4 Rechtsprechung

Entscheidungen der Steuergerichte binden gem. § 110 Abs. 1 FGO lediglich die an dem jeweiligen Verfahren Beteiligten, also den Kläger und den Beklagten. *Sie gelten lediglich für den entschiedenen Einzelfall.*

Eine allgemeine Bindungswirkung haben die Entscheidungen also nicht. Das bedeutet, daß die Finanzverwaltung ein Urteil eines Finanzgerichtes oder des BFH nur in dem entschiedenen Einzelfall, nicht jedoch in weiteren gleichgelagerten Fällen anzuwenden hat. Auch sind die Finanzgerichte nicht an Entscheidungen des BFH in anderen Einzelfällen gebunden. Obwohl die Entscheidungen lediglich für den Einzelfall bindend sind, hat die Rechtsprechung insgesamt doch eine außerordentlich große Bedeutung für die Fortentwicklung des Steuerrechts und für die praktische Arbeit der steuerlichen Berater einerseits und der Finanzverwaltung andererseits. Das gilt in ganz besonders hohem Maße für die Entscheidungen des BFH. *Üblicherweise wendet die Finanzverwaltung nämlich Entscheidungen des BFH sofort nach Bekanntwerden auf gleichgelagerte Fälle an.* Ausnahmen macht sie lediglich häufiger dann, wenn der BFH von einer in einer bundeseinheitlichen Verwaltungsanordnung vertretenen Rechtsansicht abweicht. Das gilt vor allem dann, wenn diese Rechtsansicht bereits seit langem praktiziert und allgemein anerkannt wird. Vielfach beruht diese Rechtsansicht dann sogar auf älterer Rechtsprechung des BFH oder des RFH. In derartigen Fällen kommt es häufig zu *Nichtanwendungserlassen.* In ihnen weist der BdF die Verwaltung an, das neue Urteil nicht über den entschiedenen Fall hinaus anzuwenden und eine weitere Entscheidung des BFH abzuwarten. Entscheidet der BFH dann in einem weiteren Urteil in gleicher Weise, so hebt der BdF den Nichtanwendungserlaß auf und weist die Verwaltung an, nunmehr nach der neuen Rechtsprechung zu verfahren.

4.5 Schrifttum

Eine große Bedeutung für alle am Vorgang der Besteuerung beteiligten Personen hat das einschlägige *Schrifttum.* Besonders hervorzuheben sind in diesem Zusammenhang *Fachzeitschriften* und *Kommentare.*

Nur durch das regelmäßige und zeitnahe Lesen mehrerer Fachzeitschriften ist es möglich, mit der raschen Entwicklung auf dem Gebiet der Besteuerung Schritt zu halten. Die Fachzeitschriften dienen vorrangig dem Ziel, über aktuelle Entwicklungen zu informieren und sich mit ihnen kritisch auseinanderzusetzen. Erfreulich ist, daß in einigen von ihnen während der letzten Jahre in verstärktem Maße Abhandlungen zu Themen der Betriebswirtschaftlichen Steuerlehre erscheinen. Offenbar setzt sich in der Praxis, vor allem in der Steuerberatung, die Erkenntnis durch, daß steuer*rechtliche* Kenntnisse allein nicht ausreichen, daß vielmehr in wachsendem Maße *betriebswirtschaftliches Wissen* und *betriebswirtschaftliche Methoden* erforderlich sind[49].

Kommentare gibt es zu allen Steuergesetzen, zu manchen wichtigen Gesetzen eine größere Anzahl. Sie sind zur Lösung von Steuerrechtsfällen oft unentbehrlich. In ihnen sind meistens sowohl Gerichtsentscheidungen als auch Verwaltungsvorschriften verarbeitet, zu denen dann häufig kritisch Stellung genommen wird. Auch auf andere Literaturmeinungen wird häufig eingegangen.

Legislative, Exekutive und Judikative beeinflussen mit ihren Handlungen in starkem Maße Themenstellungen und Kommentierungen des Schrifttums. Umgekehrt werden aber auch die drei Gewalten in erheblichem Maße von dem einschlägigen Schrifttum beeinflußt. Mit Sicherheit sind schon viele Steuergesetze und -verwaltungsvorschriften aufgrund kritischer Stellungnahmen im Schrifttum geändert worden; ebenso hat der BFH bereits häufig seine Rechtsprechung aus dem gleichen Grund geändert.

---

[49] Vgl. Fischer, L./Schneeloch, D./Sigloch, J. Steuerlehre, 1980, S. 699 ff.

5 Durchführung der Besteuerung

5.1 Einführung

Zur Durchführung der Besteuerung müssen zunächst die Steuerpflichtigen und die diesen zuordenbaren *Besteuerungsgrundlagen ermittelt werden*. Das Verfahren, in dem dies geschieht, wird als *Ermittlungsverfahren* bezeichnet.

An die Ermittlung der Besteuerungsgrundlagen schließt sich die *Festsetzung der Steuerschuld* an. Das entsprechende Verfahren heißt *Festsetzungsverfahren*. In ihm wird also die Steuerschuld für alle Beteiligten, d.h. sowohl für das Finanzamt als auch für den Steuerpflichtigen, verbindlich festgesetzt.

Nach der Festsetzung erfolgt die *Erhebung der Steuerschuld*. Wie dies zu geschehen hat, regelt das *Erhebungsverfahren*.

Kommt ein Steuerschuldner seinen Zahlungsverpflichtungen nicht nach, so muß das Finanzamt versuchen, die *Steuerschulden zwangsweise beizutreiben*. Dies geschieht durch *Vollstreckungsmaßnahmen* im *Vollstreckungsverfahren*.

Fühlt sich ein Steuerpflichtiger durch eine bestimmte Maßnahme des Finanzamtes unrechtmäßig behandelt, so muß er sich gegen diese Maßnahme *wehren* können. Die rechtlich zulässigen Abwehrmaßnahmen des Steuerpflichtigen werden *Rechtsbehelfe* und *Rechtsmittel* genannt. Die Verfahren, in denen Rechtsbehelfe und Rechtsmittel angewendet werden können, werden *Rechtsbehelfs-* und *Rechtsmittelverfahren* genannt.

Verkürzt ein Steuerpflichtiger durch falsche Erklärungen vorsätzlich oder leichtfertig eine Steuerschuld, so begeht er - bei Vorliegen weiterer Voraussetzungen - eine *Steuerstraftat* oder *-ordnungswidrigkeit*. Dies kann ein *Steuerstraf-* oder *Bußgeldverfahren* zur Folge haben.

Mit den genannten Verfahren und den ihnen zugrunde liegenden materiellrechtlichen Vorschriften befassen sich die folgenden Gliederungspunkte. Die Darstellung beschränkt sich auf das für die Behandlung der einzelnen Steuerarten in den Teilen II bis V dieses Buches unbedingt Erforderliche. Eine Vertiefung wird dann im sechsten Teil dieses Buches vorgenommen. Nur so wird es möglich, einzelne Probleme unter Rückgriff auf Kenntnisse aus dem Recht der Einzelsteuern zu erläutern.

5.2 Ermittlungsverfahren

Das **Ermittlungsverfahren** dient der Ermittlung der Besteuerungsgrundlagen, d.h. der rechtlichen und tatsächlichen Verhältnisse, die für die Bemessung der Steuern maßgebend sind.

Das Ermittlungsverfahren wird beherrscht von dem *Untersuchungsgrundsatz*. Er besagt, daß die Finanzbehörde den Sachverhalt von Amts wegen zu ermitteln hat (§ 88 Abs. 1 AO). Sie muß alle für den Einzelfall bedeutsamen Umstände berücksichtigen, und zwar sowohl die für den Steuerpflichtigen *günstigen* als auch die für ihn *ungünstigen* (§ 88 Abs. 2 AO). Es gilt also weder „in dubio pro fisco" noch „in dubio contra fiscum".

Innerhalb der Finanzbehörde wird das Ermittlungsverfahren von dem für den Einzelfall zuständigen *Finanzamt* durchgeführt. Zuständig ist also weder die OFD noch das Bundes- oder Landesfinanzministerium. Das einzelne Finanzamt vergibt an jeden bei ihm geführten Steuerpflichtigen eine „Steuernummer", die bei jedem Schriftwechsel als Aktenzeichen dient.

Zur Durchführung der Ermittlungen ist das Finanzamt häufig auf die Hilfe anderer Behörden angewiesen. Das gilt vor allem hinsichtlich der Erfassung aller potentiellen Steuerpflichtigen. Von besonderer Bedeutung ist in diesem Zusammenhang, daß nach § 136 AO die Meldebehörden (Einwohnermeldeämter) verpflichtet sind, den Finanzämtern meldepflichtige Daten, wie Zu- und Wegzüge von Personen, mitzuteilen.

Ohne Hilfe der betroffenen Steuerpflichtigen kann das Finanzamt die steuerlich bedeutsamen Sachverhalte in aller Regel nicht ermitteln. Aus diesem Grunde unterwerfen die Steuergesetze die Steuerpflichtigen einer Vielzahl von *Mitwirkungspflichten*. Generell ergibt sich dies bereits aus § 90 Abs. 1 AO.

Nach dieser Vorschrift sind die Steuerpflichtigen zur Mitwirkung bei der Ermittlung des steuerlich bedeutsamen Sachverhalts verpflichtet. Ergänzt wird diese generelle Verpflichtung durch eine Vielzahl von speziellen Verpflichtungen, die sich teilweise aus der AO, teilweise aber auch aus den Einzelsteuergesetzen ergeben. Hier soll lediglich kurz auf die vermutlich wichtigste spezielle Verpflichtung, nämlich auf die zur Abgabe von Steuererklärungen eingegangen werden.

Wer *zur Abgabe einer Steuererklärung verpflichtet* ist, bestimmt sich gem. § 149 Abs. 1 AO nach den Vorschriften der Einzelsteuergesetze. Beispielhaft sei hier erwähnt, daß nach § 18 Abs. 3 UStG grundsätzlich jeder *Unternehmer*[50] nach Ablauf eines Kalenderjahres für diesen Zeitraum eine Umsatzsteuererklärung abzugeben hat.

Aus § 150 Abs. 1 AO und den Einzelsteuergesetzen ergibt sich, daß für die Steuererklärungen grundsätzlich amtlich vorgeschriebene Vordrucke verwendet werden müssen[51]. Bei laufend veranlagten Steuern, d.h. bei Steuern, für die jährlich eine Steuererklärung einzureichen ist[52], übersendet das Finanzamt den ihm be-

---

[50] Wer umsatzsteuerlich als Unternehmer anzusehen ist, richtet sich nach § 2 UStG. Hierauf wird in Teil V, Gliederungspunkt 3.2.2 dieses Buches eingegangen.

[51] Hinsichtlich der für die Praxis wichtigen Ausnahmen s. Teil VI, Gliederungspunkt 3.3.2.3 dieses Buches.

[52] Laufend veranlagte Steuern, für die jährliche Erklärungen abzugeben sind, sind die ESt, KSt, GewSt und USt.

kannten Steuerpflichtigen nach Ablauf eines Kalenderjahres *(Veranlagungszeitraumes)* jeweils die erforderlichen *amtlichen Erklärungsvordrucke*. In den Erklärungsvordrucken sind Zeilen für alle für die jeweilige Steuerart bedeutsamen Besteuerungsgrundlagen vorgesehen. Der Steuerpflichtige bzw. sein Berater braucht lediglich die jeweils richtigen Zahlen einzutragen.

Kommt ein Steuerpflichtiger seiner Pflicht zur Abgabe einer Steuererklärung nicht oder verspätet nach, so kann das Finanzamt gegen ihn einen *Verspätungszuschlag* festsetzen (§ 152 Abs. 1 AO). Der Verspätungszuschlag darf 10 % der festgesetzten Steuer nicht übersteigen und höchstens 10.000 DM betragen (§ 152 Abs. 2 AO).

Neben den Steuerpflichtigen selbst und neben anderen Behörden als den Finanzbehörden, können in einzelnen in der AO und in den Einzelsteuergesetzen näher umschriebenen Fällen auch andere Personen als die Steuerpflichtigen zur Mitwirkung herangezogen werden. Hierauf wird später noch an einigen Stellen zurückzukommen sein[53].

Als nachträglicher Teil des Ermittlungsverfahrens kann die *Außenprüfung* angesehen werden, die unter den in § 193 AO genannten Voraussetzungen vom Finanzamt angeordnet werden kann. Mit ihrer Hilfe soll das Finanzamt feststellen, ob der Steuerpflichtige in der Vergangenheit seine Steuerbemessungsgrundlagen den Gesetzen entsprechend ermittelt und erklärt hat. Außenprüfungen finden in erster Linie statt bei Steuerpflichtigen, die einen Betrieb (gewerblicher, land- und forstwirtschaftlicher, freiberuflicher Betrieb) unterhalten. Außenprüfungen bei diesen Steuerpflichtigen werden gem. § 2 Abs. 1 BpO als *Betriebsprüfungen* bezeichnet.

5.3 Festsetzungs- und Feststellungsverfahren

Eine Steuerschuld entsteht, sobald der Tatbestand verwirklicht ist, an den ein Steuergesetz eine Leistungspflicht knüpft (§ 38 AO). Konkretisiert wird ein Steueranspruch aber erst durch eine *Steuerfestsetzung* durch das Finanzamt **(Steuerfestsetzungsverfahren)**. *Erst nach der Steuerfestsetzung besteht für den Steuerschuldner eine Zahlungsverpflichtung.*

Steuern werden von dem Finanzamt grundsätzlich durch **Steuerbescheid** festgesetzt (§ 155 Abs. 1 Satz 1 AO). Von diesem Grundsatz gibt es zwar Ausnahmen, auf die aber erst an späterer Stelle eingegangen wird[54].

Eine Steuerfestsetzung ist nach § 169 Abs. 1 AO unzulässig, wenn die Steuerfestsetzungsfrist abgelaufen ist. In diesem Fall tritt *Festsetzungsverjährung* ein. Die Festsetzungsfrist beträgt gem. § 169 Abs. 2 AO i.d.R. vier Jahre.

---

53 Vgl. Teil VI, Gliederungspunkt 3.3.3.
54 Vgl. Teil VI, Gliederungspunkt 3.4.1.

Steuerbescheide sind grundsätzlich *schriftlich* zu erteilen (§ 157 Abs. 1 Satz 1 AO). Sie müssen gem. § 157 Abs. 1 Satz 2 AO

- die *festgesetzte Steuer* nach Art und Betrag angeben und
- den *Steuerschuldner* bezeichnen.

Sie sind außerdem nach § 121 Abs. 1 AO schriftlich zu *begründen*, soweit dies für das Verständnis des jeweiligen Bescheides erforderlich ist. Dies geschieht regelmäßig durch Nennung der Besteuerungsgrundlagen in dem Bescheid.

Die Besteuerungsgrundlagen sind das Ergebnis des Ermittlungsverfahrens. Hat das Ermittlungsverfahren keine Abweichung gegenüber der von dem Steuerpflichtigen eingereichten Steuererklärung gebracht, so werden die Besteuerungsgrundlagen unverändert aus der Erklärung in den Bescheid übernommen. Haben sich Änderungen ergeben, so sind diese in dem Bescheid zu berücksichtigen.

Kann das Finanzamt die Besteuerungsgrundlagen nicht ermitteln, z.B. weil der Steuerpflichtige keine Steuererklärung abgegeben hat, so hat gem. § 162 AO das Finanzamt die *Besteuerungsgrundlagen zu schätzen*. Es ergeht dann ein normaler Steuerbescheid, der lediglich den Vermerk trägt „Schätzung gem. § 162 AO".

Bei vielen Steuerarten werden nach den Vorschriften der Einzelsteuergesetze Vorauszahlungen auf die Jahressteuerschuld festgesetzt. Dies geschieht mit Hilfe von *Vorauszahlungsbescheiden*. Sie gehören zu den Steuerbescheiden i.S.d. AO und unterliegen deren Vorschriften.

Steuerbescheide, einschließlich der Vorauszahlungsbescheide, werden heute üblicherweise durch EDV-Ausdruck erstellt.

Von den Steuerbescheiden zu unterscheiden sind die **Feststellungsbescheide**. Während die festgesetzte Steuer notwendiger Bestandteil eines jeden Steuerbescheides ist (§ 157 Abs. 1 AO), enthält ein Feststellungsbescheid überhaupt keinen Steuerbetrag. In ihm werden vielmehr lediglich bestimmte Besteuerungsgrundlagen gesondert festgestellt. Eine derartige gesonderte Feststellung von Besteuerungsgrundlagen ist allerdings gem. § 179 Abs. 1 AO nur zulässig - dann aber auch geboten - soweit dies in der AO oder in Einzelsteuergesetzen ausdrücklich vorgesehen ist. Hierauf wird an späterer Stelle noch wiederholt zurückzukommen sein.

Betreffen die gesondert festzustellenden Besteuerungsgrundlagen mehrere Personen, so sind sie einheitlich für die Beteiligten festzustellen. Es handelt sich dann um eine *gesonderte und einheitliche Feststellung*. Auch hierauf wird noch wiederholt zurückzukommen sein.

Neben den Steuerbescheiden und den Feststellungsbescheiden kennen die Steuergesetze **Steuermeßbescheide**. Diese bilden die Grundlage für die *Festsetzung der Realsteuern*, d.h. *der Gewerbe- und der Grundsteuer*. In den Flächenstaaten werden die Gewerbe- und die Grundsteuer nicht von den Finanzämtern, sondern von den Gemeinden erhoben. Diese erteilen auch die Gewerbesteuerbescheide. Die Finanzämter haben lediglich die Aufgabe, die Steuerbemessungsgrundlagen festzustellen. Dies geschieht mit Hilfe von Steuermeßbescheiden (§ 184 Abs. 1 Satz 1 AO).

Abweichend von den Flächenstaaten werden die Realsteuern in den Stadtstaaten von den Finanzämtern erhoben. In den Stadtstaaten findet daher eine Aufteilung des Verfahrens in eine Feststellung der Bemessungsgrundlagen in einem Meßbescheid einerseits und in eine Festsetzung der Steuerschuld in einem Steuerbescheid andererseits nicht statt. Feststellung und Festsetzung werden vielmehr in einem Bescheid durchgeführt.

Wegen des hohen Arbeitsanfalls (Massengeschäft) kann das Finanzamt das Ermittlungsverfahren vielfach nicht mit der nötigen Sorgfalt durchführen. Häufig werden die Angaben der Steuererklärung ohne jede Prüfung in den Bescheid übernommen. In derartigen Fällen kann sich das Finanzamt eine spätere Prüfung, z.B. für mehrere Jahre gemeinsam, vorbehalten (§ 164 AO). Es erfolgt dann eine Festsetzung unter dem Vorbehalt der Nachprüfung *(Vorbehaltsfestsetzung)*. Eine Vorbehaltsfestsetzung muß als solche kenntlich gemacht werden. Dies geschieht durch einen ausdrücklichen Vermerk in dem Bescheid.

5.4 Erhebungsverfahren

Das **Erhebungsverfahren** *dient der Erfüllung der Steueransprüche des Fiskus*. Die zu realisierenden Ansprüche ergeben sich aus den Steuerbescheiden (§ 218 Abs. 1 AO).

Die Erfüllung der Steueransprüche kann das Finanzamt weder zum Entstehungs- noch zum Festsetzungs-, sondern erst zum *Fälligkeitszeitpunkt* der jeweiligen Steuerschuld verlangen. Dieser richtet sich gem. § 220 Abs. 1 AO nach den Vorschriften der Einzelsteuergesetze.

Auf Antrag des Steuerpflichtigen kann das Finanzamt Steueransprüche ganz oder teilweise stunden (§ 222 AO). Eine *Stundung* bedeutet eine *Hinausschiebung des Fälligkeitszeitpunktes*. Das Finanzamt darf eine Stundung nur dann gewähren, wenn die Einziehung des Anspruchs zum Fälligkeitszeitpunkt für den Schuldner eine *erhebliche Härte* bedeuten würde und der Anspruch durch die Stundung nicht gefährdet erscheint.

Steuerschulden *erlöschen* gem. § 47 AO insbesondere durch

- Zahlung,
- Aufrechnung,
- Erlaß und
- Zahlungsverjährung.

Ein *Erlöschen durch Zahlung* ist der bei weitem häufigste Fall. Die Zahlung kann im Regelfall nur unbar erfolgen (§ 224 Abs. 4 AO). Soll eine unbare Zahlung rechtzeitig erfolgen, so ist erforderlich, daß der Betrag dem Konto des Finanzamtes bis zum Fälligkeitstag gutgeschrieben wird (§ 224 Abs. 2 AO). Eine *Aufrechnung* zwischen einem Steueranspruch des Fiskus einerseits und einem Gegenanspruch des Steuerpflichtigen andererseits führt ebenfalls zum Erlöschen der Steuerschuld. Eine Aufrechnung ist nur unter den Voraussetzungen des § 226 AO möglich.

Die Finanzbehörde kann Steueransprüche ganz oder zum Teil *erlassen*. Voraussetzung ist, daß die Einziehung der Schuld nach Lage des Einzelfalls unbillig wäre (§ 227 Abs. 1 AO). *Unbilligkeit* ist bei *Erlaßbedürftigkeit* und gleichzeitiger *Erlaßwürdigkeit* gegeben. Erlaßbedürftigkeit setzt die Gefährdung der wirtschaftlichen Existenz des Steuerschuldners voraus. Erlaßwürdigkeit liegt nur dann vor, wenn der Schuldner weder bewußt noch grob fahrlässig seinen steuerlichen Verpflichtungen nicht nachgekommen ist. Der Erlaß führt zum Erlöschen der Steuerschuld. Diese lebt auch dann nicht wieder auf, wenn sich die wirtschaftliche Lage des Schuldners nach Wirksamwerden des Erlasses erheblich verbessert, der ehemalige Schuldner z.B. ein großes Vermögen erbt.

Als letzter wichtiger Erlöschensgrund einer Steuerschuld ist der Eintritt der *Zahlungsverjährung* zu nennen. Die Verjährungsfrist beträgt fünf Jahre (§ 228 AO). *Von der Zahlungsverjährung ist die bereits behandelte Festsetzungsverjährung zu unterscheiden.* Bei Eintritt der Festsetzungsverjährung darf das Finanzamt die entstandene Steuerschuld nicht mehr festsetzen. Bei Eintritt der Zahlungsverjährung hingegen darf das Finanzamt die bereits früher festgesetzte Steuerschuld nicht mehr einziehen. Zahlt der Steuerpflichtige eine Steuerschuld nach Eintritt der Zahlungsverjährung, so muß das Finanzamt den gezahlten Betrag erstatten, da die Zahlung ohne Rechtsgrund erfolgt ist.

Zahlt ein Steuerschuldner eine Schuld trotz Fälligkeit und nachfolgender Mahnung nicht, so kann das Finanzamt zu *Vollstreckungsmaßnahmen* (§§ 249-346 AO) greifen. Vollstreckungsmaßnahmen werden von der *Vollstreckungsstelle* des zuständigen Finanzamtes durchgeführt. Von mehreren Arten der Vollstreckung sind die Kontenpfändung und die Pfändung und Verwertung beweglichen Vermögens die häufigsten Arten. Bei letzteren werden bewegliche Sachen (z.B. Büromöbel und Kraftfahrzeuge) von dem zuständigen Vollziehungsbeamten *gepfändet* (§ 281 AO) und öffentlich *versteigert* (§ 296 Abs. 1 AO).

5.5 Rechtsbehelfs- und Rechtsmittelverfahren

Rechtsbehelfe und **Rechtsmittel** dienen dem Rechtsschutz der Steuerpflichtigen. Mit ihrer Hilfe kann der einzelne Steuerpflichtige eine gegen ihn gerichtete Maßnahme einer Finanzbehörde, einen sog. *Steuerverwaltungsakt*, auf ihre Rechtmäßigkeit überprüfen lassen. Steuerverwaltungsakte sind z.B. Steuerbescheide, Feststellungsbescheide, Steuermeßbescheide, Stundungsverfügungen und Festsetzungen von Verspätungszuschlägen.

Rechtsbehelfe gibt es sowohl in dem sog. *außergerichtlichen Vorverfahren* als auch in *Verfahren vor den Gerichten* der Finanzgerichtsbarkeit. *Rechtsmittel* hingegen wenden sich gegen (Gerichts-)*Urteile* und andere Entscheidungen (§ 36 FGO); sie kommen deshalb nur in der Finanzgerichtsbarkeit vor.

5 Durchführung der Besteuerung

Ein *außergerichtliches Vorverfahren* ist - wie der Name unschwer erkennen läßt - kein Gerichts-, sondern ein reines Verwaltungsverfahren: die Finanzbehörde, die den Verwaltungsakt erlassen hat, soll ihn auf Wunsch des Steuerpflichtigen nochmals überprüfen. So befremdlich diese Überprüfung durch die zu überprüfende Behörde auf den ersten Blick auch sein mag, so sehr hat sie sich in der Praxis bewährt. Der Grund liegt darin, daß Fehler, die dem Steuerpflichtigen bei Erstellung der Erklärung oder dem Finanzamt bei der Veranlagung unterlaufen sind, von dem Finanzamt auf unkomplizierte Weise berichtigt werden können. Ein gerichtliches Verfahren hingegen würde auch in derartigen Fällen einen erheblichen Verwaltungsaufwand verursachen. Das außergerichtliche Vorverfahren dient somit der Vereinfachung und der Entlastung der Finanzgerichte.

Während früher bei den außergerichtlichen Verfahren zwischen Einspruch und Beschwerde unterschieden wurde, gibt es seit dem 1.1.1996 nur noch einen einzigen Rechtsbehelf, der als **Einspruch** bezeichnet wird. Ein Einspruch kann sich gegen jeden Verwaltungsakt i.S.d. § 347 AO richten. Hierzu gehören vor allem alle Verwaltungsakte in Abgabenangelegenheiten (§ 347 Abs. 1 Nr. 1 AO). Dies sind insbesondere

- Steuerbescheide einschließlich der Vorauszahlungsbescheide,
- Steuermeßbescheide,
- Stundungsverfügungen und
- Erlaßverfügungen.

Rechtsbehelf vor dem Finanzgericht ist die **Klage**. Eine Klage setzt grundsätzlich ein erfolgloses Einspruchsverfahren voraus. Die FGO unterscheidet mehrere Klagearten. Zu nennen sind vor allem

- die Anfechtungsklage und
- die Verpflichtungsklage.

Mit einer *Anfechtungsklage* - der mit Abstand wichtigsten Klageart - wird die Aufhebung oder Änderung eines Steuerverwaltungsaktes begehrt (§ 40 Abs. 1 FGO). Anfechtungsklagen können sich also vor allem richten gegen

- Steuerbescheide einschließlich der Vorauszahlungsbescheide,
- Feststellungsbescheide und
- Steuermeßbescheide.

Eine *Verpflichtungsklage* hat zum Ziel, die Finanzbehörde zum Erlaß eines abgelehnten oder unterlassenen Verwaltungsaktes zu veranlassen (§ 40 Abs. 1 FGO). Bei dem abgelehnten oder unterlassenen Verwaltungsakt kann es sich z.B. um eine Stundungs- oder um eine Erlaßverfügung handeln. Eine Verpflichtungsklage ist aber nur dann zulässig, wenn vorher die Stundung oder der Erlaß in einem außergerichtlichen Vorverfahren, einem Einspruchsverfahren, abgelehnt worden ist (§ 44 FGO).

Von den unterschiedlichen Verfahren vor dem BFH sei hier lediglich die *Revision* erwähnt. Sie richtet sich gegen Urteile der Finanzgerichte (§ 115 Abs. 1 FGO), ist also ein Rechtsmittel. Eine Revision ist keinesfalls gegen jedes Urteil eines Finanzgerichts zulässig, sondern nur dann, wenn die in § 115 Abs. 1 FGO definierten engen Voraussetzungen erfüllt sind.

Die Rechtsbehelfe der AO und alle Rechtsbehelfe und Rechtsmittel der FGO sind nur dann zulässig, wenn bestimmte *Zulässigkeitsvoraussetzungen* erfüllt sind. Diese Voraussetzungen lauten:

1. Der Rechtsbehelf (das Rechtsmittel) muß in der vorgeschriebenen *Form* erhoben werden;
2. die *Rechtsbehelfsfrist* (Rechtsmittelfrist) muß gewahrt sein;
3. es muß *Beschwer* gegeben sein;
4. es darf *kein* wirksamer Rechtsbehelfsverzicht vorliegen.

Auf die Zulässigkeitsvoraussetzungen wird erst in Teil VI dieses Buches näher eingegangen. Bei Verfahren vor dem BFH sind noch weitere Zulässigkeitsvoraussetzungen zu beachten, die ebenfalls erst in Teil VI behandelt werden.

Ist bei einem Rechtsbehelf oder einem Rechtsmittel eine Zulässigkeitsvoraussetzung nicht erfüllt, so ist es von der zuständigen Finanzbehörde bzw. dem zuständigen Gericht als *unzulässig* zu verwerfen. Über die sachliche Berechtigung wird dann gar nicht entschieden. *Die Begründetheit eines Rechtsbehelfs oder eines Rechtsmittels spielt also nur dann eine Rolle, wenn die Zulässigkeit vorab bejaht worden ist.*

5.6 Steuerstraftaten und Steuerordnungswidrigkeiten

Die AO enthält umfangreiche Vorschriften zur Ahndung von Steuerstraftaten und Steuerordnungswidrigkeiten (§§ 369-412 AO).

Die wichtigste Steuerstraftat ist die **Steuerhinterziehung** (§ 370 AO). Steuerhinterziehung begeht vor allem, wer vorsätzlich der Finanzbehörde über steuerlich erhebliche Tatsachen falsche Angaben macht oder sie über derartige Tatsachen in Unkenntnis läßt (§ 370 Abs. 1 AO).

Die wichtigste Art der Steuerordnungswidrigkeiten ist die **leichtfertige Steuerverkürzung** (§ 378 AO). Sie begeht, wer leichtfertig den Finanzbehörden über steuerlich erhebliche Tatsachen falsche Angaben macht oder sie über derartige Tatsachen in Unkenntnis läßt. Der Unterschied zur Steuerhinterziehung besteht also darin, daß nicht Vorsatz, sondern Leichtfertigkeit vorliegt. Leichtfertigkeit ist in etwa mit grober Fahrlässigkeit gleichzusetzen.

Während Steuerhinterziehung eine Straftat darstellt, handelt es sich bei einer leichtfertigen Steuerverkürzung um eine Ordnungswidrigkeit, vergleichbar mit einer Ordnungswidrigkeit im Straßenverkehr. Entsprechend ist die Ahndung unterschiedlich. Während bei einer Steuerhinterziehung eine Geld- oder Freiheitsstrafe droht (§ 370 Abs. 1 und 3 AO), wird eine leichtfertige Steuerverkürzung mit einer Geldbuße geahndet (§ 377 Abs. 1 AO).

Teil II
Ertragsteuern

1 Vorbemerkungen

Zu den Ertragsteuern werden alle diejenigen Steuerarten gerechnet, deren (Haupt-)Bemessungsgrundlagen Ertragsgrößen sind. Als Ertragsgrößen kommen z.B. der steuerliche Gewinn oder der später noch zu definierende Gewerbeertrag in Betracht. Nach derzeitigem Recht sind als wichtige Ertragsteuern die Einkommen-, die Körperschaft- und die Gewerbesteuer zu nennen. Mit diesen Steuerarten beschäftigt sich dieser Teil des Buches.

Einkommen- und Körperschaftsteuer sind Personensteuern, die Gewerbesteuer ist eine Realsteuer, also eine Sachsteuer im engeren Sinne[1]. Bei der Einkommen- und der Körperschaftsteuer unterliegt eine Person (Steuersubjekt), bei der Gewerbesteuer hingegen eine Sache (Steuerobjekt, Steuergegenstand) der Besteuerung. Steuersubjekte der Einkommensteuer sind natürliche Personen, die bestimmte in § 1 EStG genannte Voraussetzungen erfüllen. Steuersubjekte der Körperschaftsteuer sind die in den §§ 1 und 2 KStG genannten Körperschaften. Hierzu gehören vor allem Kapitalgesellschaften, wie Aktiengesellschaften und Gesellschaften mit beschränkter Haftung. Körperschaften können nicht der Einkommen-, natürliche Personen nicht der Körperschaftsteuer unterliegen. Einkommen- und Körperschaftsteuerpflicht schließen einander somit aus.

Sowohl bei der Einkommen- als auch bei der Körperschaftsteuer können die Steuersubjekte unbeschränkt oder beschränkt steuerpflichtig sein. Unbeschränkte Steuerpflicht bedeutet, daß die Steuerpflichtigen der Besteuerung ohne Beschränkung auf bestimmte Einkunftsarten unterliegen. Bei der beschränkten Steuerpflicht hingegen erfolgt eine Beschränkung der Besteuerung auf bestimmte inländische Einkünfte. Der unbeschränkten Steuerpflicht unterliegen im Inland, der beschränkten Steuerpflicht hingegen im Ausland ansässige Personen. Da sowohl die unbeschränkte als auch die beschränkte Steuerpflicht an persönliche Voraussetzungen eines Steuersubjekts anknüpfen, werden sie auch unter dem Oberbegriff der persönlichen Steuerpflicht zusammengefaßt.

Steuergegenstand der Gewerbesteuer ist jeder im Inland betriebene Gewerbebetrieb. Ausländische Gewerbebetriebe unterliegen also nicht der Besteuerung. Eine analoge Unterscheidung, wie zwischen der unbeschränkten und beschränkten

---

[1] Vgl. Teil I, Gliederungspunkt 2.5.5.

Einkommen- bzw. Körperschaftsteuerpflicht, wird somit bei der Gewerbesteuer nicht vorgenommen.

Die Besteuerung eines Gewerbebetriebes mit Gewerbesteuer ist unabhängig von der Besteuerung der hinter dem Gewerbebetrieb stehenden Personen mit Einkommen- oder Körperschaftsteuer. Das hat zur Folge, daß einzelne Teil-Bemessungsgrundlagen, insbesondere der steuerliche Gewinn, in aller Regel sowohl der Gewerbe- als auch der Einkommen- oder der Körperschaftsteuer unterliegen.

Bekanntlich sollen Personensteuern die Leistungsfähigkeit von Personen, Sachsteuern hingegen die Leistungsfähigkeit von Sachen erfassen[2]. Als Maßstab der Leistungsfähigkeit wird sowohl bei der Einkommen- als auch bei der Körperschaftsteuer das zu versteuernde Einkommen angesehen. Der entsprechende Besteuerungsmaßstab der Gewerbesteuer ist der Gewerbeertrag, der aber dem Realsteuer-Charakter der Gewerbesteuer gemäß eine andere Zusammensetzung aufweist.

Einkommensteuerlich ergibt sich das zu versteuernde Einkommen aus den im Einkommensteuergesetz näher definierten Einkünften. Nur diese Einkünfte sind nach dem Willen des Gesetzgebers (be-)steuerbar. Bei der Definition der steuerbaren Einkünfte folgt das Gesetz keiner bestimmten finanzwissenschaftlichen Steuerrechtfertigungstheorie. Die abschließende Aufzählung von insgesamt sieben Einkunftsarten in § 2 Abs. 1 EStG ist vielmehr rein pragmatischer Natur. Von der Summe der sieben Einkunftsarten sind bestimmte, im Gesetz abschließend definierte, Ausgaben und Freibeträge abzugsfähig. Erst nach Abzug dieser Ausgaben ergibt sich die einkommensteuerliche Bemessungsgrundlage, das zu versteuernde Einkommen. Der sachliche Umfang der Besteuerung, nachfolgend auch sachliche Einkommensteuerpflicht genannt, wird somit begrenzt durch die sieben Einkunftsarten einerseits und bestimmte von der Summe der Einkünfte abzugsfähige Ausgaben andererseits.

Das körperschaftliche zu versteuernde Einkommen wird grundsätzlich nach denselben einkommensteuerlichen Vorschriften ermittelt wie das einkommensteuerliche. Dieser Grundsatz wird allerdings in zweifacher Hinsicht durchbrochen. Zum einen sind die einkommensteuerlichen Vorschriften nur insoweit bei Ermittlung des körperschaftsteuerlichen zu versteuernden Einkommens anwendbar, als sie nicht auf natürliche Personen zugeschnitten sind. Zum anderen enthält das Körperschaftsteuergesetz eine Reihe von Spezialvorschriften, die nur auf Körperschaften, nicht hingegen auf natürliche Personen anwendbar sind.

Schütten Körperschaften Gewinne aus, so unterliegen diese bei den Empfängern grundsätzlich der Einkommen- oder Körperschaftsteuer. Voraussetzung ist selbstverständlich, daß die Empfänger der unbeschränkten oder beschränkten Einkommen- oder Körperschaftsteuerpflicht unterliegen. Eine Besonderheit ergibt sich bei der Besteuerung inländischer Kapitalgesellschaften und Genossenschaften. Diese

---

2 Vgl. Teil I, Gliederungspunkt 2.5.5.

haben zwar wie alle anderen Körperschaften i.S.d. § 1 KStG ihr zu versteuerndes Einkommen der Körperschaftsteuer zu unterwerfen. Schütten sie aber Gewinne an inländische Aktionäre, Gesellschafter oder Genossen aus, so wird bei diesen die Körperschaftsteuer in einem komplizierten Verfahren, dem Anrechnungsverfahren, auf ihre persönliche Einkommensteuerschuld angerechnet. Dies hat zur Folge, daß die Leistungsfähigkeit der Kapitalgesellschaft (Genossenschaft) und ihrer Gesellschafter (Genossen) im Ergebnis nur einmal erfaßt wird, und zwar bis zur Gewinnausschüttung bei der Gesellschaft (Genossenschaft) und anschließend bei ihren Gesellschaftern (Genossen).

Wichtigste Teil-Bemessungsgrundlage der Gewerbesteuer ist der Gewinn aus Gewerbebetrieb. Dies ist grundsätzlich der nach einkommensteuerlichen Vorschriften ermittelte Gewinn. Ebenso wie für die Einkommen- und Körperschaftsteuer ist also auch für die Gewerbesteuer das Einkommensteuergesetz von großer Bedeutung. Entsprechend dem mit der Gewerbesteuer verfolgten Ziel, die Leistungsfähigkeit des Betriebes und nicht die der hinter diesem stehenden Personen zu erfassen, werden dem Gewinn aus Gewerbebetrieb zur Ermittlung des Gewerbeertrags bestimmte Beträge hinzugerechnet und andere abgezogen. Wie sich zeigen wird, sind diese Hinzurechnungen und Kürzungen allerdings in vielfacher Hinsicht kaum verständlich.

Teil II des Buches ist in fünf Hauptgliederungspunkte aufgeteilt. Gliederungspunkt 2 enthält eine Darstellung des Einkommensteuerrechts. Die Vorschriften über die steuerliche Gewinnermittlung werden aber aus reinen Zweckmäßigkeitsüberlegungen weitgehend ausgeklammert und erst in Teil III des Buches behandelt. Gliederungspunkt 3 enthält eine Darstellung der Körperschaftsteuer unter Einbeziehung der einkommensteuerlichen Vorschriften des Anrechnungsverfahrens. In Gliederungspunkt 4 wird die Gewerbesteuer dargestellt. Gliederungspunkt 5 schließlich beschäftigt sich mit Transaktionen zwischen einer Kapitalgesellschaft und ihren Gesellschaftern. Diese Darstellung setzt hinreichende Kenntnisse der drei zuvor behandelten Ertragsteuerarten voraus.

Für diesen Teil des Buches sind die im Anhang befindlichen Schemata 1-4 von Bedeutung. In Schema 1 wird in verkürzter Form die Ermittlung des zu versteuernden Einkommens, der Jahressteuerschuld und der Abschlußzahlung bzw. des Erstattungsanspruchs eines unbeschränkt Einkommensteuerpflichtigen dargestellt. Schema 2 enthält eine verkürzte Darstellung der entsprechenden Größen bei einer Kapitalgesellschaft. In den Schemata 3a bis 3d wird das körperschaftsteuerliche Anrechnungsverfahren sowie die Behandlung steuerfreier ausländischer Einkünfte dargestellt. Schema 4 enthält die Ermittlung des Gewerbeertrages und der Gewerbesteuerschuld.

2 Einkommensteuer

2.1 Persönliche und sachliche Steuerpflicht, Veranlagung

2.1.1 Persönliche Steuerpflicht

2.1.1.1 Grundtatbestände der unbeschränkten und beschränkten Steuerpflicht

Natürliche Personen, die im Inland einen Wohnsitz oder ihren gewöhnlichen Aufenthalt haben, sind **unbeschränkt einkommensteuerpflichtig** (§ 1 Abs. 1 EStG).

Natürliche Personen sind alle Menschen von ihrer Geburt bis zum Tode. Für die Steuerpflicht ohne Belang sind Nationalität, Alter und Geschäftsfähigkeit.

Nicht der Einkommensteuer unterliegen juristische Personen und Zusammenschlüsse natürlicher Personen in der Form von Personenhandelsgesellschaften (OHG, KG), von BGB-Gesellschaften i.S.d. §§ 705 ff. BGB und Gemeinschaften, wie z.B. Erbengemeinschaften. Während eine Vielzahl juristischer Personen, insbesondere die Kapitalgesellschaften, der Körperschaftsteuer unterliegen[3], werden die Einkünfte von Personengesellschaften und -gemeinschaften für alle beteiligten Personen gemeinsam ermittelt und dann die Anteile den Beteiligten zugerechnet. Hierauf wird später noch näher eingegangen[4].

Inland ist das Gebiet der Bundesrepublik Deutschland. Zum Inland gehört auch der der Bundesrepublik zustehende Anteil am Festlandsockel, soweit dort Naturschätze erforscht oder ausgebeutet werden (§ 1 Abs. 1 Satz 2 EStG).

Einen **Wohnsitz** hat nach § 8 AO jemand dort, wo er eine Wohnung unter Umständen innehat, die darauf schließen lassen, daß er sie beibehalten oder benutzen wird. Ein Wohnsitz liegt demnach nur dann vor, wenn folgende Voraussetzungen erfüllt sind:

1. Es muß eine eingerichtete, zum Aufenthalt des Steuerpflichtigen geeignete *Wohnung* vorhanden sein. Die Wohnung muß einen oder mehrere Räume enthalten, die den Lebensverhältnissen des Steuerpflichtigen entsprechen. Betriebliche oder geschäftliche Räume, Gemeinschaftslager und einfache Notunterkünfte sind i.d.R. keine Wohnungen.
2. Der Steuerpflichtige muß die Wohnung *innehaben*, d.h. er muß über sie rechtlich oder tatsächlich verfügen und sie tatsächlich benutzen können.
3. Es müssen Umstände vorliegen, die darauf schließen lassen, daß der Steuerpflichtige die Wohnung *beibehalten* und *nutzen* will.

---

[3] Vgl. Gliederungspunkt 3.1.1.2.
[4] Vgl. Gliederungspunkt 2.2.4.

Seinen **gewöhnlichen Aufenthalt** hat jemand an dem Ort, an dem er sich unter Umständen aufhält, die erkennen lassen, daß er dort nicht nur vorübergehend verweilt (§ 9 Satz 1 AO). Der gewöhnliche Aufenthalt ist somit ein *Zustandsverhältnis*, das durch einen längeren Aufenthalt begründet wird. Als gewöhnlicher Aufenthalt im Inland ist stets und von Beginn an ein zeitlich zusammenhängender Aufenthalt von mehr als sechs Monaten anzusehen. Kurzfristige Auslandsaufenthalte während dieser Sechsmonatsfrist verhindern nicht die Begründung eines gewöhnlichen Aufenthalts im Inland (§ 9 Satz 2 AO). Dient ein Aufenthalt im Inland ausschließlich Besuchs-, Erholungs-, Kur- oder ähnlichen privaten Zwecken, so verlängert sich die Halbjahres- zu einer Jahresfrist (§ 9 Satz 3 AO).

Der *gewöhnliche Aufenthalt* braucht nur für solche Personen geprüft zu werden, die im *Inland keinen Wohnsitz* haben.

Beschränkt steuerpflichtig sind alle natürlichen Personen, die im Inland weder einen Wohnsitz noch einen gewöhnlichen Aufenthalt haben.

Während *unbeschränkt Steuerpflichtige* ihre gesamten in- und ausländischen Einkünfte, d.h. ihr **Welteinkommen**, der deutschen Einkommensteuer unterwerfen müssen, werden bei *beschränkt Steuerpflichtigen* nur bestimmte - in § 49 EStG aufgeführte - **inländische Einkünfte** von der Einkommensteuer erfaßt.

Bei Einkünften, die ein unbeschränkt Steuerpflichtiger aus dem Ausland oder ein beschränkt Steuerpflichtiger aus dem Inland bezieht, entsteht das Problem der doppelten Besteuerung derselben Einkünfte, und zwar zum einen durch den inländischen und zum anderen durch den ausländischen Fiskus. Zur Vermeidung einer derartigen Doppelbelastung hat die Bundesrepublik Deutschland mit einer Vielzahl ausländischer Staaten Abkommen zur Vermeidung der Doppelbesteuerung abgeschlossen. Diese Abkommen werden üblicherweise als **Doppelbesteuerungsabkommen (DBA)** bezeichnet. In ihnen ist geregelt, welchem der beiden Vertragsstaaten das Besteuerungsrecht für die einzelnen Einkunftsarten zusteht und wie eine Doppelbesteuerung vermieden werden soll[5].

2.1.1.2 *Ergänzungstatbestände zur unbeschränkten Steuerpflicht*

Unbeschränkt steuerpflichtig sind nach § 1 Abs. 2 EStG deutsche Staatsangehörige, auch wenn sie im Inland weder ihren Wohnsitz noch ihren gewöhnlichen Aufenthalt haben. Dies gilt aber nur für solche deutschen Staatsangehörigen, die zu einer inländischen juristischen Person des öffentlichen Rechts in einem Dienstverhältnis stehen und dafür Arbeitslohn aus einer öffentlichen Kasse beziehen. Weitere Voraussetzung ist, daß diese Personen in dem ausländischen Staat, in dem sie ihren Wohnsitz oder gewöhnlichen Aufenthalt haben, lediglich in einem der beschränkten Steuerpflicht ähnlichen Umfang zu der ausländischen Einkommensteuer herangezogen werden.

---

5 Vgl. auch Gliederungspunkt 2.7.

Nach § 1 Abs. 3 EStG können auch solche natürlichen Personen als unbeschränkt steuerpflichtig behandelt werden, die im Inland weder Wohnsitz noch gewöhnlichen Aufenthalt haben. Voraussetzung ist allerdings, daß diese Steuerpflichtigen inländische Einkünfte i.S.d. § 49 EStG beziehen. Weitere Voraussetzung ist, daß ihre Einkünfte im Kalenderjahr mindestens zu 90 % der deutschen Einkommensteuer unterliegen oder die nicht der deutschen Einkommensteuer unterliegenden Einkünfte nicht mehr als 12.000 DM im Kalenderjahr betragen. Voraussetzung ist ferner, daß die Höhe der nicht der deutschen Einkommensteuer unterliegenden Einkünfte durch eine Bescheinigung der zuständigen ausländischen Steuerbehörde nachgewiesen wird. Durch diese Regelung wird es insbesondere Personen, die in einem der Bundesrepublik Deutschland benachbarten Staat ansässig sind, ermöglicht, in den Genuß solcher steuerbegünstigenden Vorschriften zu kommen, die unbeschränkte Steuerpflicht voraussetzen. Zu nennen sind in diesem Zusammenhang insbesondere die Zusammenveranlagung von Ehegatten nach § 26b EStG und die Anwendung des hieran geknüpften Splittingtarifs des § 32a Abs. 5 EStG. Hierauf wird an späterer Stelle eingegangen.

Für Staatsangehörige eines Mitgliedstaates der EU oder des Europäischen Wirtschaftsraums bringt der neu in das Gesetz eingefügte § 1a EStG eine weitere Begünstigung. Das gilt allerdings nur für solche Steuerpflichtigen, die nach § 1 Abs. 1 EStG unbeschränkt steuerpflichtig sind oder die nach § 1 Abs. 3 Sätze 2 bis 4 EStG als unbeschränkt steuerpflichtig gelten. Derartige Steuerpflichtige können bestimmte Begünstigungsvorschriften, die grundsätzlich unbeschränkte Steuerpflicht beider Ehegatten oder des Steuerpflichtigen und seiner Kinder voraussetzen, auch dann beanspruchen, wenn der andere Ehegatte bzw. das Kind nicht unbeschränkt steuerpflichtig ist. Anzuwenden sind demnach unter im Gesetz näher bezeichneten Voraussetzungen die Vorschriften über

- das Realsplitting (§ 10 Abs. 1 Nr. 1 EStG),
- die Ehegattenbesteuerung (§ 26 Abs. 1 EStG), insbesondere das Ehegattensplitting und
- den Haushaltsfreibetrag (§ 32 Abs. 7 EStG).

Auf diese Vorschriften wird an späterer Stelle eingegangen[6].

2.1.1.3 Aufgaben 1-5

Nehmen Sie Stellung zur Art der Steuerpflicht der in den Aufgaben 1-3 genannten Personen und erläutern Sie die sich ergebenden Rechtsfolgen:

1. A, B und C beziehen mehrere Arten inländischer und ausländischer Einkünfte. A wohnt in Köln, B in Boston und C in Paris.
2. Der Österreicher Hämmerle wohnt seit Jahren in München. Er bezieht in- und ausländische Einkünfte.
3. Eine deutsche AG (OHG) erzielt nur inländische Einkünfte.

---

6 Vgl. Gliederungspunkte 2.6.3.2, 2.1.3, 2.4.1.2 und 2.3.6.4.

Haben die in den Aufgaben 4 und 5 genannten Personen einen Wohnsitz oder ihren gewöhnlichen Aufenthalt im Inland?

4. Ein Italiener hält sich seit 7 Monaten geschäftlich in Düsseldorf auf. Er hat dort in einem Hotel ein für seine Verhältnisse bescheidenes Zimmer gemietet. Seine Familie, die er mehrere Male kurz besucht, lebt weiterhin in einer Villa in Florenz. Er hofft, nach Ablauf eines weiteren Monats nach Florenz zurückkehren zu können.
5. Ein Ölscheich weilt seit 7 Monaten zur Kur in Baden-Baden. Er hat dort eine Etage eines Hotels gemietet.

2.1.2 Sachliche Steuerpflicht

2.1.2.1 Einkünfte

2.1.2.1.1 Überblick über die Einkunftsarten und Grundsätzliches zu ihrer Ermittlung

In § 2 Abs. 1 EStG sind die einkommensteuerlichen Einkunftsarten *abschließend* aufgezählt. Nur Einnahmen und Ausgaben, die sich unter eine dieser Einkunftsarten subsumieren lassen, berühren somit die einkommensteuerliche Bemessungsgrundlage. Im einzelnen nennt § 2 Abs. 1 EStG folgende **sieben Einkunftsarten**:

1. Einkünfte *aus Land- und Forstwirtschaft*,
2. Einkünfte *aus Gewerbebetrieb*,
3. Einkünfte *aus selbständiger Arbeit*,
4. Einkünfte *aus nichtselbständiger Arbeit*,
5. Einkünfte *aus Kapitalvermögen*,
6. Einkünfte *aus Vermietung und Verpachtung*,
7. *Sonstige Einkünfte* i.S.d. § 22 EStG.

Inhaltlich bestimmt werden die genannten sieben Einkunftsarten in den §§ 13-24b EStG. Auf diese Vorschriften wird erst an späterer Stelle eingegangen[7]. Bereits jetzt sei aber klargestellt, daß die siebente Einkunftsart keinesfalls ein Sammelbecken aller derjenigen Einnahmen ist, die sich nicht unter eine der ersten sechs Einkunftsarten subsumieren lassen. Zu erfassen sind vielmehr lediglich die in § 22 EStG definierten Einkünfte.

Die Einkunftsarten der Nrn. 1 bis 3 werden als *Gewinneinkünfte*, die letzten vier Einkunftsarten werden als *Überschußeinkünfte* bezeichnet. Diese Begriffe beruhen darauf, daß die Einkünfte der ersten drei Einkunftsarten als Gewinn, die der letzten vier als Überschuß der Einnahmen über die Werbungskosten ermittelt werden (§ 2 Abs. 2 EStG).

---

[7] Vgl. Gliederungspunkte 2.2.1 und 2.2.2.

Unter Einkünften i.S.d. EStG sind nur Nettobeträge zu verstehen. Einkünfte ergeben sich als Differenzgröße zwischen Einnahmen und Ausgaben einer jeden Einkunftsart.

Bei den Gewinneinkünften lautet die Differenzrechnung: Betriebseinnahmen (Bruttobetrag) ./. Betriebsausgaben = Gewinn (Nettobetrag). Die Überschußeinkünfte lassen sich wie folgt ermitteln: Einnahmen (Bruttobetrag) ./. Werbungskosten = Überschuß (Nettobetrag).

Betriebsausgaben sind in § 4 Abs. 4 EStG definiert als Aufwendungen, die durch den Betrieb veranlaßt sind. Eine entsprechende Legaldefinition der *Betriebseinnahmen* fehlt zwar, doch können diese entsprechend als Erträge, die durch den Betrieb entstehen, umschrieben werden. Den Begriffen „Betriebseinnahmen" und „Betriebsausgaben" entsprechen handelsrechtlich und buchhalterisch die Begriffe „Erträge" und „Aufwendungen". Damit wird deutlich, daß mit „Gewinn" ein buchhalterischer Begriff gemeint ist. Auf Abweichungen der Begriffsinhalte wird erst an späteren Stellen eingegangen.

Einnahmen sind nach § 8 Abs. 1 EStG alle Güter, die in Geld oder Geldeswert bestehen und dem Steuerpflichtigen im Rahmen einer der Einkunftsarten des § 2 Abs. 1 Nrn. 4 bis 7 EStG zufließen. *Werbungskosten*[8] sind nach § 9 Abs. 1 EStG alle Ausgaben zur Erwerbung, Sicherung und Erhaltung der Einnahmen. Die Einnahmen und Werbungskosten der einzelnen Einkunftsarten werden an späterer Stelle noch näher zu erläutern sein[9]. Sind die Betriebsausgaben bzw. Werbungskosten innerhalb einer Einkunftsart höher als die Betriebseinnahmen bzw. Einnahmen, so ergeben sich negative Einkünfte. Diese werden einheitlich für alle Einkunftsarten als *Verlust* bezeichnet.

Ein Steuerpflichtiger kann innerhalb eines Besteuerungszeitraums (Veranlagungszeitraums) Einkünfte aus mehreren Einkunftsarten beziehen.

Beispiel

Ein Steuerpflichtiger ist Alleininhaber einer Metzgerei. Außerdem ist er Eigentümer eines Miethauses und mehrerer Aktien.

Der Steuerpflichtige bezieht

- als Inhaber der Metzgerei Einkünfte aus Gewerbebetrieb (§ 2 Abs. 1 Nr. 2 i.V.m. § 15 Abs. 1 Nr. 1 EStG),

- als Eigentümer des Miethauses Einkünfte aus Vermietung und Verpachtung (§ 2 Abs. 1 Nr. 6 i.V.m. § 21 Abs. 1 Nr. 1 EStG),

- als Dividendenbezieher Einkünfte aus Kapitalvermögen (§ 2 Abs. 1 Nr. 5 i.V.m. § 20 Abs. 1 Nr. 1 EStG).

Ein Steuerpflichtiger kann innerhalb derselben Einkunftsart Einnahmen aus mehreren Einkunftsquellen erzielen. So kann er z.B. innerhalb der Einkünfte aus Ka-

---

[8] Zum Verhältnis der Begriffe Werbungskosten und Betriebsausgaben zueinander vgl. Söffing, G., Angleichung, 1990, S. 2086 ff.
[9] Vgl. Gliederungspunkt 2.2.2.

pitalvermögen nebeneinander Zinsen aus Sparguthaben, aus festverzinslichen Wertpapieren und aus Aktien vereinnahmen.

2.1.2.1.2 Einkommenssphäre, Vermögenssphäre

Einnahmen sind einkommensteuerlich nur dann beachtlich, wenn sie im Rahmen einer Einkunftsart anfallen. Da die Aufzählung der Einkunftsarten abschließend geregelt ist, sind Fälle denkbar, in denen Einnahmen *außerhalb* einer Einkunftsart zufließen. Hierzu gehören insbesondere *einmalige Vermögensmehrungen*, die nicht aus einer Einkunftsquelle herrühren. Zu nennen sind in diesem Zusammenhang vor allem Einnahmen aus Glücksspielen (z.B. Lottogewinne) und Vermögenszugänge aufgrund von Erbschaften, Vermächtnissen, Aussteuern und Schenkungen. Diese Einnahmen sind einkommensteuerlich **nichtsteuerbar**. Sie gehören nicht zur **Einkommens-**, sondern zur **Vermögenssphäre** des Steuerpflichtigen. Sämtliche Ausgaben, die mit nichtsteuerbaren Einnahmen zusammenhängen, sind steuerlich nicht abzugsfähig.

Beispiel

Ein Kaufmann spielt regelmäßig an zwei Tagen in der Woche Roulette. Das Geld entnimmt er jeweils der Geschäftskasse. Kurz vor seinem finanziellen Ruin gewinnt er 100.000 DM.

Weder die laufenden Entnahmen noch der Spielgewinn sind betrieblich veranlaßt. Der Steuerpflichtige kann somit weder die Entnahmen als Betriebsausgaben abziehen, noch hat er den Spielgewinn zu versteuern.

Der nichtsteuerbaren Vermögenssphäre werden weiterhin Verluste aus Liebhaberei zugerechnet. Hierunter werden wirtschaftliche Betätigungen verstanden, bei denen auf Dauer keine Gewinne, sondern nur Verluste erzielt werden, und der Steuerpflichtige auch ernstlich nicht mit dauerhaften Gewinnen rechnen kann. Selbst wenn sich die wirtschaftliche Betätigung nach dem äußerlichen Erscheinungsbild in eine Einkunftsart einreihen ließe, bei betriebswirtschaftlicher Beurteilung jedoch auf Dauer weder Gewinne noch auch nur die Kosten deckende Erträge zu erwarten sind, müssen Erträge und Aufwendungen als privat veranlaßt angesehen werden.

Beispiel

Die Ehefrau eines in München wohnhaften Chefarztes kauft eine Villa am Starnberger See und richtet sich dort ein Atelier ein, in das sie sich vorzugsweise während der Sommermonate zurückzieht, um sich ihrer Jugendleidenschaft - der Aquarellmalerei - zu widmen. Trotz langjähriger Bemühungen gelingt es ihr nicht, einer von ihr entwickelten eigenwilligen Kunstrichtung zum Durchbruch zu verhelfen. Ihre Bilder finden weder Käufer noch einen ausstellungswilligen Galeriebesitzer. In ihrer Einkommensteuererklärung machen die Eheleute einen Verlust aus selbständiger Arbeit (Kunstmalerei) gem. § 18 EStG geltend.

Die Aquarellmalerei der Ehefrau ist nicht als freiberufliche Tätigkeit, sondern als Liebhaberei (Hobby) anzusehen. Nach der Sachverhaltsschilderung ist nicht damit zu rechnen, daß auf Dauer Gewinne oder auch nur die Kosten deckende Erträge aus der Malerei anfallen werden.

An diesem Beispiel ist in Ansätzen erkennbar, daß oftmals die Abgrenzung zwischen ernsthafter Einkunftserzielung und Liebhaberei schwierig ist. Insbesondere bei Existenzgründungen kommt es vor, daß zunächst - unter Umständen über Jahre - Verluste erzielt werden. Derartige Anlaufkosten sind unter Berücksichtigung des wirtschaftlichen Gesamtbildes regelmäßig steuerlich anzuerkennen.

2.1.2.1.3 Steuerfreie Einnahmen und mit diesen im Zusammenhang stehende Ausgaben

Selbst wenn Einnahmen steuerbar sind, bedeutet dies noch nicht, daß sie tatsächlich einkommensteuerlich erfaßt werden. Sie können vielmehr kraft Gesetzes ausdrücklich *steuerbefreit* sein.

Einen langen Katalog steuerfreier Einnahmen enthält § 3 EStG. Hierunter fallen z.B. Leistungen aus einer Krankenversicherung und aus der gesetzlichen Unfallversicherung (§ 3 Nr. 1a EStG), ferner das Arbeitslosengeld, die Arbeitslosenhilfe, das Schlechtwettergeld (§ 3 Nr. 2 EStG).

Ausgaben, die mit steuerfreien Einnahmen in unmittelbarem wirtschaftlichen Zusammenhang stehen, dürfen nicht als Betriebsausgaben oder Werbungskosten abgezogen werden (§ 3c EStG).

2.1.2.1.4 Aufgaben 6-12

Welcher Einkunftsart sind die sich aus den Aufgaben 6-12 ergebenden Einnahmen zuzuordnen und welche einkommensteuerlichen Folgen ergeben sich?

6. Peter Schultze bezieht Gehalt als Angestellter, außerdem hat er Mieteinnahmen aus mehreren Miethäusern.
7. Ferdinand Schlicher erbt von seiner Tante Wertpapiere und drei Häuser.
8. Rechtsanwalt Listig erhält von Bankier Reich zusätzlich zu dem in Rechnung gestellten Honorar von 15.000 DM einen Betrag von 5.000 DM als Geschenk, weil dieser ihn in einem Strafprozeß mit Erfolg verteidigt hat.
9. Konrad Glücklos gewinnt 500.000 DM in der Lotterie und beschließt, seinen Namen in Glücklich zu ändern.
10. K. Krösus schenkt seinem 24jährigen Neffen anläßlich des bestandenen Abiturs 10.000 DM.
11. Rechtsanwalt Kleinlich gewährt seiner Angestellten eine Heiratsbeihilfe von 900 DM, sein Kollege Großzügig gewährt in solchen Fällen 100 DM.
12. Heinrich Schäfer erhält Arbeitslosengeld aus der gesetzlichen Arbeitslosenversicherung.

2.1.2.2 Summe der Einkünfte, Gesamtbetrag der Einkünfte, Einkommen, zu versteuerndes Einkommen

Die Einkünfte eines Veranlagungszeitraums sind zu addieren. Das Ergebnis heißt **Summe der Einkünfte** (§ 2 Abs. 3 EStG).

Bezieht ein Steuerpflichtiger innerhalb eines Veranlagungszeitraums sowohl positive als auch negative Einkünfte, so wird der Vorgang des dann erforderlichen Saldierens der Einkünfte als **Verlustausgleich** bezeichnet[10].

Unter den Voraussetzungen des § 24a EStG kann von der Summe der Einkünfte ein *Altersentlastungsbetrag* abgezogen werden. Ferner kommt nach § 34c Abs. 2 und 3 EStG in seltenen Fällen ein Abzug ausländischer Steuern in Betracht. Die sich ergebende Differenz wird als **Gesamtbetrag der Einkünfte** bezeichnet (§ 2 Abs. 3 EStG). Auf die genannten Abzugsbeträge wird an späteren Stellen näher eingegangen.

Vom Gesamtbetrag der Einkünfte sind bestimmte, als *Sonderausgaben* und *außergewöhnliche Belastungen* bezeichnete Ausgaben der privaten Lebenshaltung abzugsfähig. Der sich ergebende Betrag wird **Einkommen** genannt (§ 2 Abs. 4 EStG). Der Abzug von Sonderausgaben ist in den §§ 10-10h EStG, die Berücksichtigung von außergewöhnlichen Belastungen in den §§ 33-33c EStG geregelt. Auf diese Vorschriften wird an späterer Stelle eingegangen[11].

Unter den Voraussetzungen der §§ 31 und 32 EStG sind von dem Einkommen *Kinderfreibeträge* und unter den Voraussetzungen des § 32 Abs. 7 EStG ist ein *Haushaltsfreibetrag* abzugsfähig. Der verbleibende Betrag ist das **zu versteuernde Einkommen.** *Dieses bildet die Bemessungsgrundlage für die tarifliche Einkommensteuer* (§ 2 Abs. 5 EStG). Auf die Kinderfreibeträge und den Haushaltsfreibetrag wird ebenfalls erst an späterer Stelle eingegangen[12].

2.1.2.3 Nichtabzugsfähige private Ausgaben

Die soeben erwähnten Sonderausgaben und außergewöhnlichen Belastungen gehören zu den Ausgaben der privaten Lebensführung. Ihr Abzug von der einkommensteuerlichen Bemessungsgrundlage stellt eine *Durchbrechung* des in § 12 EStG formulierten Grundsatzes dar. Dieser lautet, daß *Ausgaben für die private Lebensführung nicht abzugsfähig* sind. Zu den nach dieser Vorschrift nichtabzugsfähigen Ausgaben gehören vor allem:

- die für den *Haushalt* des Steuerpflichtigen und für den Unterhalt seiner Familie aufgewendeten Beträge (also z.B. für Ernährung, Wohnung, Kleidung, gesellschaftliche Veranstaltungen),
- freiwillig oder aufgrund einer freiwillig eingegangenen Rechtspflicht erbrachte Zuwendungen und eine gegenüber dem Steuerpflichtigen oder seinem Ehegatten gesetzlich unterhaltsberechtigte Person,
- die *Einkommensteuer* und der *Solidaritätszuschlag*.

Das Abzugsverbot des § 12 EStG stellt eine zentrale Vorschrift des Einkommensteuerrechts dar.

---

10 Vgl. Gliederungspunkte 2.3.1 und 2.7.2.4.
11 Vgl. Gliederungspunkte 2.3.2 und 2.3.3.
12 Vgl. Gliederungspunkt 2.3.6.

2.1.2.4 Das Zu- und Abflußprinzip und seine Durchbrechung

Die Ermittlung der einkommensteuerlichen (Teil-)Bemessungsgrundlagen wird von dem **Zu- und Abflußprinzip** des § 11 EStG beherrscht. Es besagt:

1. *Einnahmen* sind einkommensteuerlich in dem Kalenderjahr zu erfassen, in dem sie dem Steuerpflichtigen zufließen,
2. *Ausgaben* sind in dem Kalenderjahr abzugsfähig, in dem sie *geleistet* werden.

Für den Zeitpunkt der steuerlichen Berücksichtigung von Einnahmen und Ausgaben kommt es also auf den tatsächlichen Zu- und Abfluß an.

Einnahmen und Ausgaben im einkommensteuerlichen Sinne sind nicht mit den gleichlautenden betriebswirtschaftlichen Begriffen identisch. Sie entsprechen eher den betriebswirtschaftlichen Termini *Einzahlungen* und *Auszahlungen*. Aber auch hier bestehen inhaltliche Abweichungen, auf die aber nicht eingegangen werden soll.

Das Zu- und Abflußprinzip gilt *nicht* uneingeschränkt.

Die wichtigste Ausnahme ergibt sich aus dem jeweils letzten Satz in § 11 Abs. 1 und 2 EStG, wonach die *Vorschriften über die Gewinnermittlung (§ 4 Abs. 1 und § 5 EStG)* unberührt bleiben, d.h. Vorrang haben. Dies bedeutet: Bei den Gewinneinkunftsarten spielt das Zu- und Abflußprinzip dann keine Rolle, wenn der Gewinn nicht durch eine einfache Einnahmen-/Ausgaben-Rechnung, sondern durch einen Betriebsvermögensvergleich bzw. durch Gegenüberstellung von Erträgen und Aufwendungen ermittelt wird[13].

Eine weitere Ausnahme vom Zu- und Abflußprinzip ergibt sich aus § 11 Abs. 1 Satz 2 EStG. Nach dieser Vorschrift gelten (gesetzliche Fiktion) *regelmäßig wiederkehrende Einnahmen*, die dem Steuerpflichtigen kurze Zeit vor Beginn oder kurze Zeit nach Beendigung des Kalenderjahres, zu dem sie wirtschaftlich gehören, zufließen, als in diesem Kalenderjahr (also in dem Jahr, zu dem sie wirtschaftlich gehören) bezogen. Entsprechendes gilt gem. § 11 Abs. 2 Satz 2 EStG für *regelmäßig wiederkehrende Ausgaben*.

Einnahmen (Ausgaben) sind wiederkehrend, wenn sie mehrmals (und zwar nicht nur rein zufällig) bezogen werden. Regelmäßig wiederkehrend bedeutet: Die Einnahmen (Ausgaben) werden aufgrund eines einheitlichen Entschlusses oder Rechtsgrunds periodisch an bestimmten Zeitpunkten fällig.

Beispiel

Ein Mieter zahlt die Miete für Januar des Jahres 02 bereits am 28. Dezember des Jahres 01. Der Zufluß beim Vermieter bzw. der Abfluß beim Mieter gilt als im Jahre 02 erfolgt.

Als kurze Zeit vor Beginn oder kurze Zeit nach Beendigung des Kalenderjahres wird ein Zeitraum von jeweils höchstens 10 Tagen angesehen.

---

[13] Vgl. Gliederungspunkt 2.2.1.3.1.

2.1.3 Veranlagungsformen

Im Einkommensteuerrecht gilt der *Grundsatz der Individualbesteuerung*. Das bedeutet, daß grundsätzlich jeder Steuerpflichtige einzeln besteuert wird **(Grundsatz der Einzelveranlagung)**. Die Bemessungsgrundlagen mehrerer Steuerpflichtiger werden also grundsätzlich nicht zusammengefaßt.

Eine wichtige Ausnahme von dem Grundsatz der Individualbesteuerung ergibt sich im Falle der **Zusammenveranlagung** von Ehegatten. Hier werden die Einkünfte der Ehegatten zunächst einzeln ermittelt, danach zu einem Gesamtbetrag der Einkünfte zusammengerechnet und ihnen gemeinsam zugeordnet. Die Ehegatten werden sodann als *ein* Steuerpflichtiger behandelt (§ 26b EStG).

Neben der Zusammenveranlagung kennt das Gesetz für Eheleute die **getrennte Veranlagung** (§ 26a EStG). Bei dieser Veranlagungsform werden jedem Ehegatten nur die von ihm selbst bezogenen Einkünfte zugerechnet. Dies hat zur Folge, daß zwei (getrennte) Veranlagungen erforderlich sind. Hinsichtlich der Aufteilung der Sonderausgaben und außergewöhnlichen Belastungen stehen den Ehegatten bei getrennter Veranlagung Gestaltungswahlrechte zu, die sich aus § 26a Abs. 2 und 3 EStG ergeben.

Getrennte Veranlagung und Zusammenveranlagung werden unter dem Begriff der **Ehegattenbesteuerung** zusammengefaßt. Eine Ehegattenbesteuerung kommt aber nicht bei allen Ehegatten in Betracht, sondern nur dann, wenn die Voraussetzungen des § 26 EStG erfüllt sind. Ist dies nicht der Fall, so kann für jeden Ehegatten nur eine Einzelveranlagung durchgeführt werden.

Sind die Voraussetzungen der Ehegattenbesteuerung erfüllt, so können die Ehegatten zwischen getrennter Veranlagung und Zusammenveranlagung wählen (§ 26 Abs. 1 Satz 1 EStG). Regelmäßig ist die Zusammenveranlagung für die Ehegatten günstiger, so daß die Ehegatten meist diese Veranlagungsform wählen.

Die Zusammenhänge zwischen den drei Veranlagungsformen bei Ehegatten sind in der folgenden Abbildung in schematischer Form dargestellt.

Voraussetzungen der Ehegattenbesteuerung sind gem. § 26 Abs. 1 EStG:

1. Die Ehegatten müssen beide unbeschränkt steuerpflichtig sein;
2. sie dürfen nicht dauernd getrennt leben;
3. die beiden vorgenannten Voraussetzungen müssen entweder zu Beginn des Veranlagungszeitraums vorliegen oder in dessen Verlauf eintreten.

Wird die Ehe im Laufe eines Veranlagungszeitraumes aufgelöst und heiratet ein Ehegatte in diesem Veranlagungszeitraum neu, so kommt eine Ehegattenbesteuerung nur zwischen den Neuvermählten in Betracht (§ 26 Abs. 1 Satz 2 EStG). Eine Ausnahme kann sich aus Satz 3 dieser Vorschrift in den Fällen ergeben, in denen die Ehe durch Tod eines Ehegatten aufgelöst wird.

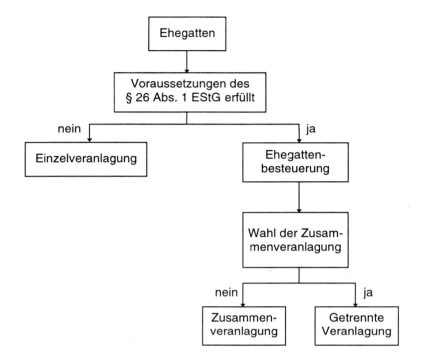

Abbildung II/1: Veranlagungsformen

Im Jahr ihrer Eheschließung können Ehegatten anstelle der Zusammenveranlagung oder der getrennten Veranlagung die **besondere Veranlagung** i.S.d. § 26c EStG wählen. Bei der besonderen Veranlagung werden Ehegatten so behandelt, als ob sie diese Ehe nicht geschlossen hätten (§ 26c EStG). Dies kann in Einzelfällen vorteilhafter sein als eine Ehegattenbesteuerung. In den dem Jahr der Eheschließung folgenden Jahren ist § 26c EStG nicht mehr anwendbar.

Beispiele

Welche Veranlagungsformen kommen in den nachfolgenden Fällen in Betracht:

1. bei einem ledigen Steuerpflichtigen,
2. bei Ehegatten, die seit dem 10. Februar dauernd getrennt leben,
3. bei Steuerpflichtigen, die seit dem Vorjahr geschieden und nicht wiederverheiratet sind,
4. bei Ehegatten, von denen einer beschränkt steuerpflichtig ist,
5. bei Ehegatten, bei denen die Voraussetzungen der Ehegattenbesteuerung vorliegen, die aber hinsichtlich der Veranlagungsform keine Wahl getroffen haben,
6. bei Ehegatten, bei denen der Ehemann die Zusammenveranlagung wählt, die Ehefrau hingegen die getrennte Veranlagung?

Zu 1: Es kommt lediglich eine Einzelveranlagung gem. § 25 EStG in Betracht.

Zu 2: Da die Ehegatten zu Beginn des Veranlagungszeitraums nicht dauernd getrennt gelebt haben, erfüllen sie die Voraussetzungen der Ehegattenbesteuerung. Sie können gem. § 26 Abs. 1 EStG zwischen Zusammenveranlagung und getrennter Veranlagung wählen.

Zu 3: Geschiedene Steuerpflichtige sind keine Ehegatten i.S.d. § 26 Abs. 1 EStG. Für sie kommt lediglich eine Einzelveranlagung in Betracht.

Zu 4: Die Ehegattenbesteuerung setzt gem. § 26 Abs. 1 EStG unbeschränkte Steuerpflicht beider Ehegatten voraus. Da diese Voraussetzung nicht erfüllt ist, sind grundsätzlich nur Einzelveranlagungen möglich. Ausnahmen können sich aus § 1a Abs. 1 EStG ergeben.

Zu 5: Da die Ehegatten hinsichtlich der Veranlagungsform keine Wahl getroffen haben, wird nach § 26 Abs. 3 EStG unterstellt, daß sie die Zusammenveranlagung wählen.

Zu 6: Da einer der Ehegatten die getrennte Veranlagung wählt, ist diese nach § 26 Abs. 2 EStG durchzuführen.

2.2 Ermittlung der Einkünfte

2.2.1 Die Gewinneinkünfte

2.2.1.1 Die gemeinsamen Merkmale

Alle drei Gewinneinkunftsarten haben mehrere gemeinsame Voraussetzungen. Diese sind zwar nur in § 15 Abs. 2 EStG zur Bestimmung des Begriffs des Gewerbebetriebs ausdrücklich genannt, sie gelten jedoch auch für die Einkünfte aus Land- und Forstwirtschaft sowie aus selbständiger Arbeit.

Die gemeinsamen Voraussetzungen der drei Gewinneinkunftsarten sind:

1. Selbständigkeit,
2. Nachhaltigkeit,
3. Gewinnerzielungsabsicht,
4. Beteiligung am allgemeinen wirtschaftlichen Verkehr.

Selbständigkeit bedeutet Handeln auf eigene Rechnung und Gefahr. Der Selbständige *trägt* den *Erfolg oder Mißerfolg* seiner Tätigkeit selbst. Seine Tätigkeit ist durch ein ins Gewicht fallendes *Unternehmerrisiko gekennzeichnet*.

Der Gegensatz zur Selbständigkeit ist die Unselbständigkeit (Nichtselbständigkeit). Indizien für eine **Unselbständigkeit** sind eine *Unterordnung* hinsichtlich Zeit, Ort, Art und Weise der Tätigkeit, ferner eine *Eingliederung in* eine *Betriebsorganisation* und die *Abhängigkeit von* der *Weisungsbefugnis* eines anderen. Der Unselbständige handelt *nicht auf eigene Rechnung und Gefahr*.

Nachhaltigkeit bedeutet Wiederholungsabsicht. Selbst eine einmalige Handlung kann nachhaltig sein, und zwar dann, wenn die Absicht der Wiederholung erkennbar ist.

Gewinnerzielungsabsicht bedeutet das Erstreben eines wirtschaftlichen Vorteils. Ob tatsächlich ein Gewinn erzielt wird, ist grundsätzlich ohne Belang. Eine *Ausnahme* ist dann gegeben, wenn *Liebhaberei* vorliegt, da Verluste aus Liebhaberei nicht in die Einkommens-, sondern in die Vermögenssphäre fallen.

Beteiligung am allgemeinen wirtschaftlichen Verkehr bedeutet, daß der Betrieb seine Leistungen der Allgemeinheit, d.h. einer unbestimmten Zahl von Personen anbietet.

2.2.1.2 Die drei Gewinneinkunftsarten im einzelnen

2.2.1.2.1 Einkünfte aus Land- und Forstwirtschaft

Was unter Einkünften aus Land- und Forstwirtschaft zu verstehen ist, regelt § 13 EStG. Hierzu rechnen vor allem Einkünfte aus dem Betrieb von Landwirtschaft, Forstwirtschaft, Weinbau, Gartenbau, Obstanbau, Gemüseanbau, Baumschulen und aus allen Betrieben, die Pflanzen und Pflanzenteile mit Hilfe der Naturkräfte gewinnen (§ 13 Abs. 1 Nr. 1 Satz 1 EStG). Einkünfte aus Tierzucht und Tierhaltung gehören dann zu den Einkünften aus Land- und Forstwirtschaft, wenn ein in § 13 Abs. 1 Nr. 1 Sätze 2 ff. EStG festgelegter Viehbestand je landwirtschaftlich genutzter Flächeneinheit nicht überschritten wird. Ist der Viehbestand größer, so liegen Einkünfte aus Gewerbebetrieb vor.

Zu den Einkünften aus Land- und Forstwirtschaft gehören auch Einkünfte aus Binnenfischerei (nicht Hochseefischerei), Teichwirtschaft, Fischzucht für Binnenfischerei und Teichwirtschaft, Imkerei und Wanderschäferei (§ 13 Abs. 1 Nr. 2 EStG i.V.m. § 62 BewG).

Einkünfte aus einem land- und forstwirtschaftlichen *Nebenbetrieb* gehören ebenfalls zu den Einkünften aus Land- und Forstwirtschaft. Als Nebenbetrieb gilt ein Betrieb, der dem land- und forstwirtschaftlichen Hauptbetrieb zu dienen bestimmt ist (§ 13 Abs. 2 Nr. 1 EStG). Nebenbetriebe sind z.B. Molkereien, Brennereien, Sägewerke, wenn in diesen Betrieben überwiegend Erzeugnisse des land- und forstwirtschaftlichen Hauptbetriebs be- oder verarbeitet werden und die be- oder verarbeiteten Produkte überwiegend für den Verkauf bestimmt sind.

Zu den Einkünften aus Land- und Forstwirtschaft gehören nach § 14 EStG auch die Gewinne aus der Veräußerung oder der Aufgabe von land- und forstwirtschaftlichen Betrieben oder Teilbetrieben.

2.2.1.2.2 Einkünfte aus selbständiger Arbeit

Die Einkünfte der zweiten Einkunftsart (Einkünfte aus Gewerbebetrieb) werden zunächst übersprungen und die der dritten, der Einkünfte aus selbständiger Arbeit, behandelt.

In § 18 EStG werden die sich aus *Abbildung II/2* ergebenden drei Arten von Einkünften aus selbständiger Arbeit unterschieden. *Die Einkünfte aus freiberuflicher Tätigkeit sind hiervon mit Abstand am wichtigsten.* Nur auf sie soll nachfolgend näher eingegangen werden.

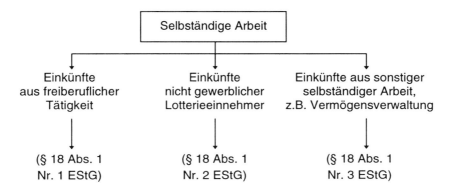

Abbildung II/2: Einkünfte aus selbständiger Arbeit

Freiberufliche Tätigkeiten lassen sich in *zwei Gruppen* untergliedern. Zur ersten Gruppe gehören bestimmte Tätigkeiten, und zwar die *selbständig ausgeübte wissenschaftliche, künstlerische, schriftstellerische, unterrichtende und erzieherische Tätigkeit*.

Die zweite Gruppe umfaßt einen Katalog von Berufen (*Katalogberufe*), die historisch gesehen das Bild des Freiberuflers geprägt haben. Der Katalog umfaßt u.a. Ärzte, Zahnärzte, Rechtsanwälte, Notare, Patentanwälte, Ingenieure, Wirtschaftsprüfer, Steuerberater, Steuerbevollmächtigte, Krankengymnasten, Journalisten und „ähnliche Berufe". Ein *ähnlicher Beruf* liegt nur dann vor, wenn eine Ähnlichkeit mit einem bestimmten in dem Katalog aufgeführten Beruf gegeben ist.

2.2.1.2.3 Einkünfte aus Gewerbebetrieb

Einkünfte aus Gewerbebetrieb (zweite Einkunftsart) sind Gewinne, die in Gewerbebetrieben i.S.d. § 15 Abs. 2 EStG erzielt werden. Wie die Einkünfte aus Land- und Forstwirtschaft und aus selbständiger Arbeit setzen die Einkünfte aus Gewerbebetrieb *Selbständigkeit, Nachhaltigkeit, Gewinnerzielungsabsicht und Beteiligung am allgemeinen wirtschaftlichen Verkehr* voraus[14]. Sie unterscheiden sich

---

[14] Vgl. Gliederungspunkt 2.2.1.1.

von den beiden anderen Einkunftsarten dadurch, daß *weder* die Merkmale der *Land- und Forstwirtschaft noch* die der *selbständigen Arbeit* erfüllt sind.

Die Einkünfte aus Gewerbebetrieb lassen sich in die drei aus *Abbildung II/3* ersichtlichen Gruppen unterteilen.

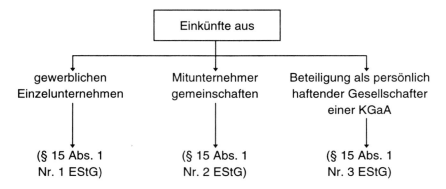

Abbildung II/3: Einkünfte aus Gewerbebetrieb

Bei den Einkünften aus einer *Mitunternehmergemeinschaft* handelt es sich um die Gewinnanteile, die die Gesellschafter einer OHG, einer KG, einer BGB-Gesellschaft oder einer sog. atypischen stillen Gesellschaft beziehen. Nicht die Gesellschaften als solche unterliegen in diesen Fällen der Einkommensteuer, sondern die Gesellschafter mit ihren Gewinnanteilen[15].

Eine *atypische* stille Gesellschaft ist eine stille Gesellschaft, bei der der „Stille" abweichend von den Regelungen der §§ 230 ff. HGB ein *unternehmerisches Risiko* trägt[16]. Steuerlich wird also zwischen einer typischen und einer atypischen stillen Gesellschaft unterschieden. Typische und atypische stille Gesellschafter beziehen unterschiedliche Einkünfte: *Bei der typischen stillen Gesellschaft bezieht der „Stille" Einkünfte aus Kapitalvermögen, bei der atypischen hingegen aus Gewerbebetrieb.*

2.2.1.2.4 Aufgaben 13-15

Welcher Einkunftsart sind die sich aus den Aufgaben 13 und 14 ergebenden Einkünfte zuzurechnen?

Aufgabe 13

Einkünfte aus

a) einer Karpfenzucht,

b) der Hochseefischerei.

---

[15] Im einzelnen s. Gliederungspunkt 2.2.4.1.
[16] Im einzelnen s. Gliederungspunkt 2.2.4.2.

Aufgabe 14

Einkünfte
a) eines selbständigen Wirtschaftsprüfers,

b) eines auf eigene Rechnung und Gefahr arbeitenden Berufsboxers,

c) eines Journalisten, der als freier Mitarbeiter für verschiedene Zeitungen arbeitet,

d) eines Schriftstellers, der in schneller Folge Heimat- und Liebesromane veröffentlicht,

e) eines Beamten, der einzelne Vorträge an einer Volkshochschule hält,

f) eines Tanzlehrers.

Aufgabe 15

Eine KG betreibt eine Fleischfabrik, an der A, B und C zu je 1/3 beteiligt sind. Der Gewinn eines Jahres beträgt 300.000 DM. Würdigen Sie diesen Sachverhalt in einkommensteuerlicher Hinsicht.

2.2.1.3 Der laufende Gewinn

2.2.1.3.1 Charakterisierung und Gewinnermittlungsmethoden

Die Einkünfte aus Land- und Forstwirtschaft, aus Gewerbebetrieb und aus selbständiger Arbeit werden jeweils durch den Gewinn bestimmt. Dieser läßt sich untergliedern in den *laufenden Gewinn* und den *Veräußerungsgewinn*. Unter Gewinn wird nachfolgend immer der laufende Gewinn verstanden. Der Veräußerungsgewinn wird ausdrücklich als solcher bezeichnet.

Das Einkommensteuergesetz unterscheidet zwischen den aus *Abbildung II/4* ersichtlichen Gewinnermittlungsmethoden.

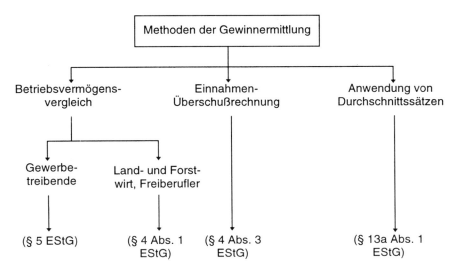

Abbildung II/4: Gewinnermittlungsmethoden

Von allen Gewinnermittlungsarten ist der *Bestandsvergleich (Betriebsvermögensvergleich)* mit Abstand am wichtigsten und innerhalb der beiden Unterarten des Bestandsvergleichs derjenige nach § 5 EStG.

Die grundlegende Definition des Gewinnbegriffs bei Bestandsvergleich ist aber nicht in § 5 EStG, sondern in § 4 Abs. 1 EStG enthalten. Sie lautet:

▷ **Gewinn** ist der Unterschiedsbetrag zwischen dem Betriebsvermögen am Schluß des Wirtschaftsjahres und dem Betriebsvermögen am Schluß des vorangegangenen Wirtschaftsjahres, vermehrt um den Wert der (Privat-)Entnahmen und vermindert um den Wert der (Privat-)Einlagen.

Unter *Betriebsvermögen* ist das Eigenkapital einschließlich seiner Unterkonten - Privatkonten und ggf. Gewinnkonten - zu verstehen. Die Gewinnermittlung durch Bestandsvergleich ist eine Gewinnermittlung mit Hilfe einer Buchführung. Der Gewinnbegriff nach § 4 Abs. 1 EStG ist identisch mit dem buchhalterischen Gewinnbegriff, der lautet:

▷ *Gewinn ist der Saldo aus den Erträgen und Aufwendungen der Gewinnermittlungsperiode.*

Die Identität der Gewinnbegriffe ergibt sich aus folgender Überlegung:

Jede Bestandserhöhung nach § 4 Abs. 1 EStG beruht auf einem *Ertrag*, es sei denn, sie wird durch eine Privateinlage verursacht; jede Bestandsminderung beruht auf einem *Aufwand*, es sei denn, sie wird durch eine Privatentnahme hervorgerufen. Die Bestandserhöhungen abzüglich der Einlagen ergeben also die Erträge, die Bestandsminderungen abzüglich der Entnahmen die Aufwendungen.

Der Gewinnbegriff des *§ 5 EStG* entspricht grundsätzlich demjenigen des § 4 Abs. 1 EStG. Der Unterschied besteht darin, daß bei der Gewinnermittlung nach § 5 EStG der Maßgeblichkeitsgrundsatz zu beachten ist, bei der Gewinnermittlung nach § 4 Abs. 1 EStG hingegen nicht. Auf die sich hieraus ergebenden Unterschiede wird an späterer Stelle ausführlich eingegangen[17].

Die Gewinnermittlung nach *§ 4 Abs. 3 EStG* beinhaltet nicht einen Bestandsvergleich, sondern eine *Einnahmen-/Ausgabenrechnung:* Gewinn ist der Überschuß der Betriebseinnahmen über die Betriebsausgaben. Betriebseinnahmen (nicht im Gesetz definiert) sind die Einnahmen, die im Rahmen der betrieblichen Betätigung anfallen. Betriebsausgaben sind die Ausgaben, die durch den Betrieb *veranlaßt* sind (§ 4 Abs. 4 EStG).

Trotz ihrer betrieblichen Veranlassung dürfen bestimmte Aufwendungen den Gewinn nicht oder nicht in voller Höhe mindern. Diese nichtabzugsfähigen Betriebsausgaben sind einzeln in § 4 Abs. 5 Nrn. 1-10 und Abs. 6 EStG aufgeführt. Es handelt sich hierbei u.a. um Geschenke mit einem Wert von mehr als 75 DM. Ausgenommen sind Geschenke an Arbeitnehmer. Nichtabzugsfähig sind ferner Aufwendungen für die Bewirtung von Personen aus betrieblichem Anlaß, soweit

---

[17] Vgl. Teil III, Gliederungspunkte 1.5 und 3.

sie 80 % der Aufwendungen übersteigen. Sind derartige Aufwendungen nicht betrieblich veranlaßt, so stellen sie insgesamt keine Betriebsausgaben i.S.d. § 4 Abs. 4 EStG dar. Sie sind dann in vollem Umfang nichtabzugsfähig. Aufwendungen für Gästehäuser, für Segel- oder Motorjachten, Verpflegungsmehraufwendungen des Steuerpflichtigen, soweit sie bestimmte Höchstbeträge überschreiten, Geldbußen und Verwarnungsgelder fallen ebenfalls unter die nichtabzugsfähigen Betriebsausgaben i.S.d. § 4 Abs. 5 EStG[18].

Der fundamentale *Unterschied* zwischen der Einnahmen-Überschußrechnung nach § 4 Abs. 3 EStG und der Gewinnermittlung durch Bestandsvergleich liegt in folgendem: Die Einnahmen-Überschußrechnung wird durch das *Zu- und Abflußprinzip* des § 11 EStG beherrscht; für den Bestandsvergleich hingegen gilt das Prinzip der *periodengerechten Gewinnermittlung,* so wie dies aus der Buchhaltung bekannt ist.

Die Gewinnermittlung nach *Durchschnittssätzen* gem. § 13a EStG wird in weiten Bereichen der Land- und Forstwirtschaft angewendet. Charakteristisch für das Verfahren ist, daß *nicht* der *tatsächlich erzielte* Gewinn ermittelt, *sondern* ein für die Größe und Struktur des Betriebes als *typisch* angesehener *Gewinn* geschätzt wird. *Kritiker* des Verfahrens behaupten seit Jahrzehnten, diese Gewinnermittlungsmethode beinhalte eine *versteckte Subventionierung* der Landwirtschaft, da die Gewinne systematisch zu niedrig geschätzt würden[19].

2.2.1.3.2 Anwendungsbereich

Nach der Charakterisierung der Gewinnermittlungsarten erhebt sich die Frage nach ihrem jeweiligen Anwendungsbereich. Die Antwort ist aus den Gewinnermittlungsvorschriften selbst ableitbar.

Ein Bestandsvergleich nach § 5 EStG ist durchzuführen bei **Gewerbetreibenden**, die

- entweder *verpflichtet* sind, Bücher zu führen und regelmäßig Abschlüsse zu machen oder
- ohne rechtliche Verpflichtung, d.h. *freiwillig*, Bücher führen und Abschlüsse machen.

Wer zur Buchführung verpflichtet ist, ergibt sich aus den §§ 140 und 141 AO. § 140 AO bestimmt, daß derjenige, der nach *anderen* Gesetzen als Steuergesetzen verpflichtet ist, Bücher und Aufzeichnungen zu führen, die für die Besteuerung von Bedeutung sind, diese Pflichten auch für steuerliche Zwecke zu erfüllen hat.

---

[18] Im einzelnen vgl. R und H 21, 22, 23 und 24 EStR.

[19] So wird allgemein davon ausgegangen, daß der nach § 13a EStG ermittelte Gewinn lediglich zwischen 60 und 80 % des nach allgemeinen Grundsätzen ermittelten Gewinns liege. Vgl. dazu Hiller, G., in: Lademann/Söffing/Brockhoff, EStG, § 13a, Anm. 6 sowie Herrmann, C./Heuer, G./Raupach A., EStG, § 13a EStG, Anm. 3-4 und Martens, V., in: Littmann, E./Bitz, H./Hellwig, P., EStG, § 13a, Anm. 4.

§ 140 AO erklärt also Buchführungspflichten nichtsteuerlicher Art zu steuerlichen. Buchführungspflichten *nichtsteuerlicher* Art finden sich in erster Linie in den §§ 238 ff. HGB. Zur Buchführung verpflichtet sind demnach alle Kaufleute. Da die Personenhandelsgesellschaften (OHG und KG) und die Kapitalgesellschaften (GmbH und AG) nach § 6 HGB als Kaufleute gelten, sind sie ebenfalls zur Buchführung verpflichtet. Für Genossenschaften ergibt sich die Buchführungspflicht aus den §§ 17 und 33 GenG i.V.m. §§ 238 ff. HGB[20]. Minderkaufleute sind nach § 4 HGB in der im Mai 1998 (noch) geltenden Fassung nicht zur Buchführung verpflichtet. Nach dem Entwurf des Handelsrechtsreformgesetzes (HRefG-E) vom 17.4.1998 soll § 4 HGB gestrichen werden. Auch nach einer derartigen Streichung werden die derzeitigen Minderkaufleute aber nicht nach den §§ 238 ff. HGB zur Buchführung verpflichtet sein. Dies ergibt sich aus § 1 Abs. 2 HGB in der Fassung des HRefG-E. Danach soll § 1 Abs. 2 HGB nämlich künftig wie folgt lauten: „Handelsgewerbe ist jeder Gewerbebetrieb, es sei denn, daß das Unternehmen nach Art oder Umfang einen in kaufmännischer Weise eingerichteten Geschäftsbetrieb nicht erfordert."

Unterliegen Gewerbetreibende nicht der *abgeleiteten* Buchführungspflicht nach § 140 AO, so kann sich eine *originäre* steuerliche Buchführungspflicht aus § 141 AO ergeben. Diese setzt voraus

- *Umsätze* von mehr als 500.000 DM im Kalenderjahr
  oder
- einen *Gewinn* aus Gewerbebetrieb von mehr als 48.000 DM im Wirtschaftsjahr.

Unterliegt ein Gewerbetreibender weder der abgeleiteten noch der originären steuerlichen Buchführungspflicht, so kann er dennoch *freiwillig* Bücher führen. Macht er dies, so unterliegt seine Gewinnermittlung ebenfalls den Regeln des § 5 EStG. Gewerbetreibende, die freiwillig Bücher führen, können vor allem Minderkaufleute und Handwerker sein, die nicht nach § 141 AO buchführungspflichtig sind. Sollte der soeben zitierte § 1 Abs. 2 HRefG-E Gesetz werden, so werden künftig auch Handwerker Kaufleute i.S.d. § 1 Abs. 1 HGB sein. Sie werden dann steuerlich grundsätzlich nach § 140 AO und nicht mehr wie bisher nach § 141 AO zur Buchführung verpflichtet sein. Materiell wird sich hierdurch nichts ändern.

Es ist denkbar, daß § 141 AO künftig Auswirkungen auf die Interpretation des § 1 Abs. 2 HGB in der Fassung des HRefG haben wird. Sollte dies geschehen, wird die Frage, welches Unternehmen keinen in kaufmännischer Weise eingerichteten Geschäftsbetrieb erfordert, nach den sich aus § 141 AO ergebenden Grenzen beurteilt werden. Derzeit läßt sich nicht absehen, ob eine derartige Entwicklung eintreten wird.

Zu beachten ist folgendes:

Gewerbetreibende, die entweder zur Buchführung verpflichtet sind oder freiwillig Bücher führen, können ihren Gewinn nur nach § 5 EStG, nicht hingegen nach § 4 Abs. 1 EStG ermitteln.

---

[20] Vgl. Gliederungspunkt 3.2.1.

2 Einkommensteuer

Ist ein Gewerbetreibender nicht zur Buchführung verpflichtet und führt er auch nicht freiwillig Bücher, so kann er seinen Gewinn durch eine *Einnahmen-Überschußrechnung* nach § 4 Abs. 3 EStG ermitteln. Führt er auch nicht die hierzu nötigen Aufzeichnungen der Einnahmen und Ausgaben, so *schätzt* das Finanzamt seinen Gewinn gem. § 162 AO nach den Grundsätzen der Gewinnermittlung des § 4 Abs. 1 EStG.

Für Land- und Forstwirte kommt in aller Regel *nur* eine *originäre* steuerliche *Buchführungspflicht* nach § 141 AO, nicht hingegen eine abgeleitete nach § 140 AO in Betracht. Hinsichtlich der *Grenzen,* die überschritten sein müssen, damit bei Land- und Forstwirten Buchführungspflicht entsteht, wird auf § 141 AO verwiesen. Da § 5 EStG nur für Gewerbetreibende gilt, unterliegen buchführende Land- und Forstwirte der Gewinnermittlung nach § 4 Abs. 1 EStG.

Freiberufler unterliegen *weder* der *abgeleiteten* noch der *originären* Buchführungspflicht. Sie können ihren Gewinn entweder freiwillig nach § 4 Abs. 1 EStG oder mit Hilfe einer *Einnahmen-Überschußrechnung* nach § 4 Abs. 3 EStG ermitteln. Führen sie auch nicht die zur Gewinnermittlung nach § 4 Abs. 3 EStG erforderlichen Aufzeichnungen der Einnahmen und Ausgaben, so hat das Finanzamt ihren Gewinn gem. § 162 AO nach den Grundsätzen des § 4 Abs. 1 EStG zu *schätzen*.

2.2.1.3.3 Aufgabe 16

Aufgabe 16

Nach welchen gesetzlichen Vorschriften können bzw. müssen die nachfolgenden Steuerpflichtigen ihren Gewinn ermitteln?

Beruf bzw. Gewerbe	Gesamtumsatz in DM	Gewinn in DM
a) selbständiger Arzt	900.000	400.000
b) Nicht im Handelsregister eingetragener Buchhändler	120.000	4.000
c) Im Handelsregister eingetragener Gemüsehändler	140.000	5.000
d) Lebensmitteleinzelhändler	600.000	30.000

2.2.1.3.4 Die Einnahmen-Überschußrechnung nach § 4 Abs. 3 EStG

Es wurde bereits herausgestellt: Die **Einnahmen-Überschußrechnung** *wird von dem Zu- und Abflußprinzip beherrscht.* Dieses Prinzip wird in § 4 Abs. 3 EStG allerdings in zweifacher Hinsicht durchbrochen. Zum einen darf bei *abnutzbaren* Wirtschaftsgütern des Anlagevermögens nicht der Abfluß von Geldmitteln zur Anschaffung oder Herstellung dieser Wirtschaftsgüter als Betriebsausgaben behandelt werden: *Abzugsfähig* sind vielmehr *lediglich* Abschreibungen, die im Steuerrecht als *Absetzungen für Abnutzung (AfA) oder Substanzverringerung (AfS)* bezeichnet werden. Insoweit besteht Übereinstimmung mit der Gewinnermittlung durch Bestandsvergleich. Zum anderen dürfen die Anschaffungs- oder Herstellungskosten für *nicht abnutzbare* Wirtschaftsgüter des Anlagevermögens nicht bei Zahlung, sondern *erst bei* einer späteren *Weiterveräußerung* oder *Entnahme* dieser Wirtschaftsgüter als Betriebsausgaben berücksichtigt werden.

Beispiel

Ein Gewerbetreibender, der seinen Gewinn nach § 4 Abs. 3 EStG ermittelt, kauft im Jahre 01 ein unbebautes Grundstück gegen Barzahlung. Er errichtet darauf im Jahre 02 ein Betriebsgebäude. Die Anschaffungs- und Herstellungskosten von 2,3 Mio DM finanziert er zu 50 % aus eigenen, zu 50 % aus fremden Mitteln. Er veräußert das Grundstück im Jahre 10 für 4 Mio DM.

Die Anschaffungskosten des Grund und Bodens können nicht im Jahre 01, vielmehr erst im Jahre 10 als Betriebsausgaben abgezogen werden. Die Herstellungskosten des Gebäudes können vor Veräußerung des Grundstücks nur im Wege der AfA berücksichtigt werden. Bei Veräußerung stellen die noch nicht durch AfA berücksichtigten Herstellungskosten Betriebsausgaben dar. Die Erlöse aus dem Verkauf des bebauten Grundstücks sind bei Geldeingang Betriebseinnahmen.

2.2.1.3.5 Aufgabe 17

Aufgabe 17

Bei einem Steuerberater ergeben sich im Kalenderjahr 05 folgende Einnahmen und Ausgaben:

Einnahmen		DM
Jan.-Dez.	Laufende Honorareinnahmen	480.000
März	Eingang einer Honorarforderung aus 03	900
August	Erstattete Einkommensteuer 02	500
September	Erlös aus dem Verkauf eines mit 100 DM zu „Buche stehenden"[21] PC	300
Dezember	Vorschuß für einen noch durchzuführenden Rechtsbehelf	400

Ausgaben

Jan.-Dez.	Büromiete 05	36.000
Jan.-Dez.	Gehälter und Gehaltsnebenkosten	270.000
Jan.-Dez.	Büromaterial und sonstige Kosten (Büroreinigung, Licht, Heizung usw.)	14.500
Jan.-Dez.	Lebensversicherungs- und Krankenkassenbeiträge 05 für den Steuerberater und seine Ehefrau	15.800
Februar	Erwerb eines unbebauten Grundstücks für ein eigenes Bürohaus	230.000
März	Darlehensrückzahlung für ein geschäftliches Darlehen	50.000
März	Darlehenszinsen Jan.-März 05 für ein geschäftliches Darlehen	500
Juli	Erwerb mehrerer geringwertiger Wirtschaftsgüter	4.600
September	Erwerb eines PC (voraussichtliche Nutzungsdauer 3 Jahre)	6.000

Es ist der Gewinn für das Kalenderjahr 05 zu ermitteln.

---

[21] Anschaffungskosten, die sich bislang im Wege der AfA noch nicht gewinnmindernd ausgewirkt haben.

2.2.1.4 Veräußerungs- und Aufgabegewinne, unentgeltliche Betriebsübertragungen

2.2.1.4.1 Allgemeines

Zu den Einkünften aus Gewerbebetrieb gehören nach § 16 EStG auch Veräußerungsgewinne. Hierbei handelt es sich um Gewinne, die entstehen bei der Veräußerung

1. eines ganzen Gewerbebetriebs (Betriebsveräußerung im ganzen),
2. eines Teilbetriebs (Teilbetriebsveräußerung),
3. eines Mitunternehmeranteils,
4. des Anteils eines persönlich haftenden Gesellschafters einer KGaA.

Nachfolgend werden zunächst nur *Betriebsveräußerungen im ganzen* und *Teilbetriebsveräußerungen* behandelt[22]. Auf die unter 3. und 4. genannten Veräußerungsvorgänge wird an späterer Stelle eingegangen[23].

Den Veräußerungsgewinnen *gleichgestellt* sind Gewinne, die bei der *Aufgabe eines Betriebs* entstehen (Aufgabegewinne).

§ 16 EStG schafft *keine zusätzlichen steuerbaren Vorgänge*, da Veräußerungsgewinne ohne diese Vorschrift von § 15 EStG erfaßt würden. § 16 EStG bezweckt lediglich eine von den laufenden Gewinnen gesonderte Erfassung der Veräußerungsgewinne, um sie steuerlich begünstigen zu können. Die *Begünstigung* erfolgt auf zweierlei Weise, und zwar erstens durch eine kombinierte *Freibetrags-Freigrenzen-Regelung* nach § 16 Abs. 4 EStG und zweitens durch die Anwendung eines *ermäßigten Steuersatzes* gem. § 34 EStG.

2.2.1.4.2 Veräußerungsgewinne

Eine **Betriebsveräußerung im ganzen** i.S.d. § 16 Abs. 1 Nr. 1 EStG liegt vor, wenn der Betrieb mit *seinen wesentlichen Grundlagen gegen Entgelt* in der Weise auf einen Erwerber *übertragen* wird, daß der Betrieb *als geschäftlicher Organismus* fortgeführt werden kann[24]. Die Veräußerung *einzelner* Wirtschaftsgüter führt somit grundsätzlich nicht zur Realisierung eines Veräußerungsgewinns, sondern eines - nicht begünstigten - laufenden Gewinns. Kein Veräußerungsgewinn sondern laufender Gewinn liegt nach § 16 Abs. 2 Satz 3 EStG auch insoweit vor, als auf der Seite des Veräußerers und auf derjenigen des Erwerbers dieselben Personen Unternehmer oder Mitunternehmer sind.

---

22 Vgl. hierzu auch Schulze zur Wiesche, D., Betriebsveräußerung, 1996; Sauer, O./Schwarz, H, Folgen, 1997.
23 Vgl. Teil III, Gliederungspunkt 6.4.
24 Vgl. R 139 Abs. 1 EStR.

Beispiel

V veräußert den Betrieb seines Einzelunternehmens im ganzen an die V&S-KG, an der V und S zu je 50 % beteiligt sind. Als Folge der Betriebsveräußerung entsteht ein Gewinn i.H.v. 100 TDM. Der Gewinn ist nur i.H.v. (50 % · 100 TDM =) 50 TDM Veräußerungsgewinn, die restlichen 50 TDM Gewinn hingegen sind nach § 16 Abs. 2 Satz 3 EStG dem laufenden Gewinn zuzurechnen.

Ein Veräußerungsgewinn kann auch bei der **entgeltlichen Übertragung eines Teilbetriebs** entstehen (§ 16 Abs. 1 Nr. 1 EStG). Ein Teilbetrieb ist ein mit einer gewissen *Selbständigkeit* ausgestatteter, *organisch geschlossener Teil* des Gesamtbetriebs, der für sich betrachtet alle Merkmale eines Betriebs i.S.d. EStG aufweist und *für sich lebensfähig* ist. Eine völlig selbständige Organisation mit *eigener Buchführung* ist allerdings *nicht erforderlich*[25]. Teilbetriebe sind z.B. die Filialen eines Handelsunternehmens oder die von einer Brauerei in eigener Regie betriebenen Gastwirtschaften. Als Teilbetrieb gilt auch eine *100 %ige* Beteiligung an einer Kapitalgesellschaft (§ 16 Abs. 1 Nr. 1 EStG). Diese gesetzliche Fiktion ist aber nur dann anwendbar, wenn die Beteiligung zum *Betriebsvermögen* eines Gewerbetreibenden gehört. Wird die Beteiligung hingegen nicht im Betriebsvermögen, sondern im Privatvermögen gehalten, so führt ihre Veräußerung nicht zu einem Veräußerungsgewinn nach § 16 EStG, sondern - unter bestimmten Voraussetzungen - zu einem Veräußerungsgewinn i.S.d. § 17 EStG[26].

Der **Veräußerungsgewinn** wird gem. § 16 Abs. 2 Satz 1 EStG nach folgender Gleichung bestimmt:

Veräußerungsgewinn =		*Veräußerungspreis*
	./.	*Veräußerungskosten*
	./.	*Wert des Betriebsvermögens.*

Zum Veräußerungspreis gehört alles, was der Veräußerer für den veräußerten Betrieb erhält. Der Veräußerungspreis kann teilweise oder auch vollständig in laufenden Bezügen, insbesondere in Rentenbezügen bestehen. Auf die besonderen Probleme, die sich in derartigen Fällen ergeben, wird an späterer Stelle eingegangen[27].

Veräußerungskosten sind z.B. Notariats- und Gerichtskosten, Maklerprovisionen und Kosten für Zeitungsanzeigen. Sie sind nur abzugsfähig, wenn sie der Veräußerer und nicht der Erwerber trägt. *Wert des Betriebsvermögens* ist das nach den Grundsätzen der §§ 4 Abs. 1 oder 5 EStG ermittelte bilanzielle Eigenkapital einschließlich der Kapitalunterkonten (Privat- und Gewinnkonten) zum Veräußerungszeitpunkt. Daraus folgt zwingend, daß zum Veräußerungsstichtag eine *Veräußerungsbilanz* erstellt werden muß. Der zwischen dem letzten Bilanzstichtag und dem Veräußerungszeitpunkt entstandene Gewinn ist *laufender* Gewinn und nicht *Veräußerungs*gewinn.

---

[25] Vgl. zum Teilbetrieb R 131 Abs. 3 EStR und R 139 Abs. 3 EStR.
[26] Vgl. Gliederungspunkt 2.2.1.4.6.
[27] Vgl. Teil III, Gliederungspunkt 7.2.

2.2.1.4.3 Aufgabegewinne

Der Betriebsveräußerung ist nach § 16 Abs. 3 EStG die **Betriebsaufgabe** gleichgestellt. Sie *gilt* als Betriebsveräußerung. Eine Betriebsaufgabe setzt voraus, daß der Unternehmer die *wesentlichen Grundlagen* des Betriebs in einem *einheitlichen Vorgang* innerhalb eines *kurzen Zeitraums* veräußert oder in sein Privatvermögen überführt. Veräußert er die Wirtschaftsgüter hingegen *nach und nach* innerhalb eines *längeren Zeitraums*, so entsteht kein Aufgabegewinn, *sondern* laufender Gewinn. Die Frage, was als kurzer und was als langer Zeitraum anzusehen ist, läßt sich nur im *Einzelfall* entscheiden. So kann ein Zeitraum von einem Jahr bei Vorliegen besonderer Umstände durchaus noch als kurzer Zeitraum angesehen werden. Das gilt z.B. dann, wenn bei einer Veräußerung innerhalb eines noch kürzeren Zeitraumes die Gefahr besteht, daß die Wirtschaftsgüter „verschleudert" werden müßten.

Hinsichtlich ihrer Voraussetzungen unterscheiden sich Betriebsveräußerung und Betriebsaufgabe darin, daß bei einer Betriebsveräußerung eine Veräußerung der Grundlagen des Betriebes an einen *einzigen*, bei einer Betriebsaufgabe hingegen grundsätzlich an *mehrere* Erwerber erfolgt. Eine Betriebsaufgabe liegt *aber auch* dann vor, wenn die Grundlagen des Betriebes entweder vollständig ins *Privatvermögen überführt* werden oder ein *Teil* von ihnen *entnommen und* der *Rest* an einen oder mehrere Erwerber *veräußert* wird.

Bei vollständiger „Versilberung" des Betriebsvermögens ergibt sich der *Aufgabegewinn* aus der Summe der Veräußerungspreise nach Abzug der Aufgabekosten und des Werts des Betriebsvermögens zum Aufgabezeitpunkt. Zum Zeitpunkt der Aufgabe ist also die Erstellung einer *Aufgabebilanz* erforderlich. *Aufgabezeitpunkt* ist der Beginn der Handlungen, die objektiv auf die Auflösung des Betriebs als selbständiger Organismus gerichtet sind[28].

Bei *teilweiser* Veräußerung und *teilweiser* Entnahme von Betriebsvermögen ist die Summe der Veräußerungspreise um die Summe der gemeinen Werte der entnommenen Wirtschaftsgüter zu erhöhen.

Die Betriebsaufgabe ist in gleicher Weise begünstigt wie die Betriebsveräußerung. So kommt der Abzug eines *Freibetrages* nach § 16 Abs. 4 EStG ebenso in Betracht wie die Anwendung des ermäßigten Steuersatzes nach § 34 EStG.

2.2.1.4.4 Der Freibetrag nach § 16 Abs. 4 EStG

Ein Freibetrag nach § 16 Abs. 4 EStG wird gem. Satz 1 dieser Vorschrift nur denjenigen Steuerpflichtigen gewährt, die zum Zeitpunkt der Betriebsveräußerung entweder das 55. Lebensjahr vollendet haben oder die im sozialversicherungsrechtlichen Sinne dauernd berufsunfähig sind. Bei diesen Steuerpflichtigen wird ein Veräußerungsgewinn auf Antrag nur insoweit zur Einkommensteuer herange-

---

[28] Zur Bestimmung des Zeitpunktes des Aufgabeentschlusses s. BFH-Urteil vom 5.7.1984, IV R 36/81, BStBl 1984 II, S. 711.

zogen, wie er 60.000 DM übersteigt. Ein derartiger Freibetrag wird dem Steuerpflichtigen zeitlebens nur einmal gewährt. Der Freibetrag ermäßigt sich um den Betrag, um den der Veräußerungsgewinn 300.000 DM (Freigrenze) übersteigt.

Beispiel

Ein Gewerbetreibender (G), der die Voraussetzungen zur Anwendung des Freibetrags nach § 16 Abs. 4 EStG erfüllt, veräußert seinen Betrieb für 350.000 DM. Die Veräußerungsbilanz weist ein Betriebsvermögen von 43.000 DM aus. Die von G zu tragenden Veräußerungskosten belaufen sich auf 2.000 DM.

Der Veräußerungsgewinn beträgt (350.000 ./. 2.000 ./. 43.000 =) 305.000 DM, der Freibetrag nach § 16 Abs. 4 EStG [60.000 ./. (305.000 ./. 300.000) =] 55.000 DM. Bei der Einkünfteermittlung sind (305.000 ./. 55.000 =) 250.000 DM anzusetzen.

2.2.1.4.5 Veräußerung eines land- und forstwirtschaftlichen Betriebes und eines der selbständigen Arbeit dienenden Vermögens

Die Vorschriften zur Betriebsveräußerung und Betriebsaufgabe von Gewerbebetrieben sind nach § 14 EStG bei der Veräußerung von land- und forstwirtschaftlichen Betrieben, Teilbetrieben und Anteilen an land- und forstwirtschaftlichen Betriebsvermögen entsprechend anzuwenden. Selbstverständlich handelt es sich bei den Gewinnen nicht um Einkünfte aus Gewerbebetrieb, sondern um Einkünfte aus Land- und Forstwirtschaft. Anstelle des § 14 EStG kann bei bestimmten Veräußerungs- und Aufgabetatbeständen auf Antrag auch die vorteilhaftere Begünstigungsvorschrift des § 14a EStG angewendet werden, die hier nicht besprochen wird.

Zu den Einkünften aus selbständiger Arbeit gehören auch Veräußerungs- und Aufgabegewinne, die entstehen bei der Veräußerung oder Aufgabe des Vermögens oder eines selbständigen Teils des Vermögens oder eines Anteils am Vermögen, das der selbständigen Arbeit dient. Auf derartige Gewinne finden nach § 18 Abs. 3 EStG die Vorschriften des § 16 EStG ebenfalls Anwendung.

2.2.1.4.6 Veräußerung von wesentlichen Beteiligungen an Kapitalgesellschaften

Gewinne, die bei der Veräußerung von Anteilen an Kapitalgesellschaften (vor allem Aktien und GmbH-Anteile) anfallen, sind *grundsätzlich nichtsteuerbar,* da es sich um Vorgänge in der Vermögens- und nicht in der Einkommenssphäre handelt. Von diesem Grundsatz kennt das EStG drei *Ausnahmen,* und zwar:

1. Die Anteile gehören zum Betriebsvermögen eines Steuerpflichtigen;
2. die Anteile gehören zum Privatvermögen eines Steuerpflichtigen, der sie innerhalb der Spekulationsfrist des § 23 EStG veräußert;
3. die Anteile gehören zum Privatvermögen eines Steuerpflichtigen, und es sind die Voraussetzungen des § 17 EStG erfüllt.

Im ersten Fall wirken sich Anteilsveräußerungen mit von den Buchwerten abweichenden Werten gewinnerhöhend oder -mindernd aus. Steuerlich handelt es sich hierbei um laufenden Gewinn und nicht um Veräußerungsgewinn i.S.d. § 16

EStG. Um einen Veräußerungsgewinn handelt es sich nach § 16 Abs. 1 EStG allerdings ausnahmsweise dann, wenn eine im Betriebsvermögen befindliche 100 %ige Beteiligung an einer Kapitalgesellschaft veräußert wird.

Im zweiten Fall liegen sonstige Einkünfte (siebente Einkunftsart) in der Form von Spekulationsgewinnen vor. Auf Spekulationsgewinne wird erst an späterer Stelle eingegangen[29].

Im dritten Fall ist eine besondere Art eines steuerlichen Veräußerungsgewinns gegeben. Nur dieser Fall wird nachfolgend behandelt[30].

Nach § 17 EStG führt die Veräußerung von im Privatvermögen befindlichen Anteilen an Kapitalgesellschaften in bestimmten Fällen zu Einkünften aus Gewerbebetrieb. Durch diese Vorschrift erfährt der Begriff der Einkünfte aus Gewerbebetrieb eine *Erweiterung*, da ja bekanntlich § 15 EStG in Übereinstimmung mit dem Handelsrecht davon ausgeht, daß nur die Veräußerung von Betriebs-, nicht hingegen auch die von Privatvermögen zu Gewinnen führen kann.

Soll ein Veräußerungsgewinn i.S.d. § 17 EStG vorliegen, so müssen folgende *Voraussetzungen* erfüllt sein:

1. Es müssen *Anteile* an *einer Kapitalgesellschaft* veräußert werden;
2. der Veräußerer muß an der Gesellschaft innerhalb der letzten *fünf Jahre* eine *wesentliche Beteiligung* gehalten haben;
3. die von dem Veräußerer innerhalb eines Veranlagungszeitraums *veräußerten Anteile* müssen *1 v.H. des Kapitals* übersteigen.

Eine **wesentliche Beteiligung** liegt vor, wenn der Veräußerer an der Gesellschaft *zu mehr als einem Viertel unmittelbar oder mittelbar* (über Beteiligungen an anderen Gesellschaften) *beteiligt* ist oder dies innerhalb des Fünfjahreszeitraums war. Unter *Kapital* ist das Grund- oder Stammkapital der Gesellschaft zu verstehen.

Veräußerungsgewinn ist der Betrag, um den der Veräußerungspreis nach Abzug der Veräußerungskosten die Anschaffungskosten übersteigt (§ 17 Abs. 2 EStG). Er wird nur zur Einkommensteuer herangezogen, soweit er den Freibetrag von höchstens 20.000 DM übersteigt (§ 17 Abs. 3 EStG). Entsteht bei der Veräußerung von Anteilen i.S.d. § 17 EStG ein Verlust, so kann dieser nur unter den im Abs. 2 Satz 4 dieser Vorschrift genannten Voraussetzungen steuerlich berücksichtigt werden.

Das ist dann der Fall, wenn der Veräußerer entweder

- die wesentliche Beteiligung im Rahmen der Gründung der Kapitalgesellschaft entgeltlich erworben hat oder
- er die Anteile mehr als fünf Jahre vor der Veräußerung von einer anderen Person entgeltlich erworben hat und er während dieses Zeitraums wesentlich am Kapital der Gesellschaft beteiligt gewesen ist.

---

29 Vgl. Gliederungspunkt 2.2.2.5.
30 Vgl. hierzu statt vieler Brönner, H., Besteuerung, 1988, S. 1033 ff.

Hat der Veräußerer die Anteile im Rahmen einer Schenkung oder Erbschaft unentgeltlich erworben, so ist bei Berechnung der Fünfjahresfrist der Zeitraum, in dem der Schenker bzw. Erblasser die Anteile gehalten hat, mit dem Zeitraum zusammenzurechnen, die der Beschenkte bzw. der Erbe die Anteile seither hält. Mit der Beschränkung der Verlustabzugsfähigkeit will der Gesetzgeber Gestaltungsmaßnahmen entgegenwirken, die seines Erachtens mißbräuchlich sind. Auf derartige Gestaltungsmaßnahmen wird erst in Band 2 eingegangen werden.

2.2.1.4.7 Unentgeltliche Betriebsübertragungen

Alle bisher betrachteten Betriebsübertragungen, Teilbetriebsübertragungen usw. werden *entgeltlich* durchgeführt. Nur bei entgeltlichen Vorgängen sind die §§ 16 und 17 EStG anwendbar. Den Fall der unentgeltlichen Betriebsübertragung bzw. Teilbetriebsübertragung hingegen regelt § 7 EStDV.

Eine **unentgeltliche Betriebsübertragung** hat nach § 7 EStDV folgende *Konsequenzen*:

1. Eine Aufdeckung der stillen Reserven beim Übertragenden findet *nicht* statt (§ 7 Abs. 1 EStDV), so daß auch *kein Veräußerungsgewinn* entstehen kann;
2. der Rechtsnachfolger ist nach § 7 Abs. 1 Satz 2 EStDV an die *Bilanzansätze des Rechtsvorgängers* gebunden *(Buchwertfortführung)*.

Am häufigsten ergeben sich Fälle der unentgeltlichen Betriebsübertragung im Rahmen einer *Erbfolge* oder *vorweggenommenen Erbfolge*. Als vorweggenommene Erbfolge wird die schenkungsweise Übertragung wesentlicher Teile des elterlichen Vermögens von den Eltern auf die Kinder verstanden.

2.2.2 Überschußeinkünfte

2.2.2.1 Allgemeine Grundsätze

Der Begriff der **Überschußeinkünfte** ist darauf zurückzuführen, daß bei den Einkunftsarten der Nrn. 4 bis 7 das Ergebnis der Gegenüberstellung von Einnahmen und Werbungskosten als Überschuß bezeichnet wird.

Einnahmen sind gemäß § 8 Abs. 1 EStG alle Güter, die in Geld oder Geldeswert bestehen und dem Steuerpflichtigen im Rahmen einer der Überschußeinkünfte zufließen. Zu den *geldwerten Gütern* gehören Sachen, Rechte, sonstige Vorteile, insbesondere der Bezug von freier Kleidung, freier Wohnung, Heizung (vgl. § 8 Abs. 2 EStG). Wirtschaftlich gesehen muß bei den Steuerpflichtigen eine *Vermögensmehrung* eintreten, wobei eine bloße Wertsteigerung *keine* Vermögensmehrung ist (z.B. Wertsteigerungen von Grund und Boden im Zeitablauf).

Ersparte Ausgaben (z.B. ersparte Reparaturkosten infolge einer von einem Hauseigentümer persönlich durchgeführten Dachreparatur) und der *Verzicht auf mögli-*

che Einnahmen (z.B. Verzicht auf Zinseinnahmen für ein privat gegebenes Darlehen) sind grundsätzlich keine Einnahmen.

Der *Zufluß* muß *im Rahmen* einer der Überschußeinkunftsarten liegen. Vor allem ist dies bei Entgelten für Tätigkeiten und Leistungen der Fall. Ein Zufluß liegt grundsätzlich *nicht* vor, wenn Wirtschaftsgüter *veräußert* werden, die der Steuerpflichtige zur Erzielung von Überschußeinkünften genutzt hat (z.B. Verkauf eines Wohnhauses oder von Fachbüchern). Geld und sonstige Zahlungsmittel sind mit dem *Nominalwert* zu bewerten. Einnahmen, die nicht in Geld bestehen, sind mit den üblichen Endpreisen am Abgabeort anzusetzen.

Werbungskosten sind Aufwendungen zur *Erwerbung, Sicherung* und *Erhaltung* der Einnahmen. Sie sind jeweils bei der Einkunftsart abzuziehen, bei der sie erwachsen sind (§ 9 Abs. 1 EStG).

Aufwendungen liegen vor, wenn aus dem Vermögen des Steuerpflichtigen Güter ausscheiden, d.h. eine Vermögensminderung eintritt. Dabei spielt es keine Rolle, ob die Aufwendungen notwendig oder zur Einnahmeerzielung geeignet sind oder ob sie mit Willen des Steuerpflichtigen ausscheiden. *Bloße Wertverluste* (z.B. Kursverluste bei Wertpapieren) und Wertminderungen, die nicht durch technische oder wirtschaftliche Nutzung eintreten, oder der Einsatz der *persönlichen Arbeitsleistung* sind dagegen *nicht* als Aufwendungen anzusehen, da es an einem Abfluß von Geld oder Gütern mangelt.

Werbungskosten sind möglich, *bevor* entsprechende Einnahmen zufließen (vorweggenommene Werbungskosten), vorausgesetzt, daß zwischen den Aufwendungen und den erwarteten künftigen Einnahmen ein ausreichend bestimmbarer Zusammenhang besteht.

Aufwendungen zur *Sicherung* von Einnahmen liegen vor, wenn sich der Steuerpflichtige vor dem Verlust der zufließenden Einnahmen schützen will (z.B. durch eine Sachversicherung von Gegenständen, die der Einnahmeerzielung dienen, wie etwa eine Feuerversicherung des Miethauses).

Werbungskosten dienen der *Erhaltung* der Einkunftsquellen, wenn sie für den Weiterbezug der Einnahmen geleistet werden (z.B. Reparaturkosten bei Gebäuden).

2.2.2.2 Einkünfte aus nichtselbständiger Arbeit

§ 19 Abs. 1 Nr. 1 EStG enthält eine Aufzählung von Einnahmen, die zu den **Einkünften aus nichtselbständiger Arbeit** gehören. Zu diesen Einnahmen gehören Gehälter, Löhne, Gratifikationen, Tantiemen und andere Bezüge, die für eine Beschäftigung im öffentlichen oder privaten Dienst gezahlt werden.

Die Aufzählung läßt erkennen, daß nur Vergütungen an *Arbeitnehmer* unter § 19 EStG fallen. Arbeitnehmereigenschaft setzt nach § 1 LStDV ein *Dienstverhältnis* voraus. Ein Dienstverhältnis liegt vor, wenn der Beschäftigte dem Arbeitgeber seine *Arbeitskraft schuldet*. Dies setzt das Vorhandensein eines **Arbeitsvertrages** voraus, der auch mündlich abgeschlossen werden kann. Auf die Dauer des Arbeitsverhältnisses kommt es nicht an; dieses besteht in Ausnahmefällen nur wenige Stunden.

Ein Arbeitsverhältnis setzt *Unterordnung* unter den Willen des Arbeitgebers und *Weisungsgebundenheit* an die Anordnungen des Arbeitgebers voraus. Der persönliche Entscheidungsfreiraum und die Bewegungsfreiheit des Arbeitnehmers können durchaus sehr groß sein, wie z.B. bei dem Vorstandsvorsitzenden einer AG, dem Geschäftsführer einer GmbH oder einem Staatssekretär. Entscheidend ist, daß dieser Bewegungsspielraum nicht Ausfluß der eigenen Machtvollkommenheit des Steuerpflichtigen ist, sondern dem Willen des Arbeitgebers entspricht.

Ein wichtiges Indiz für Nichtselbständigkeit und damit für Arbeitnehmereigenschaft ist das *Fehlen eines unternehmerischen Risikos.* Hinsichtlich dieses Kriteriums wird auf Ausführungen an früherer Stelle hingewiesen[31]. Häufig sprechen einzelne Kriterien für Selbständigkeit, andere hingegen für Unselbständigkeit. In derartigen Fällen ist das *Gesamtbild der tatsächlichen Verhältnisse* maßgebend.

Zu den Einnahmen aus nichtselbständiger Arbeit (Arbeitslohn) gehören *grundsätzlich alle* Bezüge, die dem Arbeitnehmer aus seinem Arbeitsverhältnis zufließen. Die Bezüge können sowohl in Geld als auch in Sachen oder Nutzungen (z.B. freie Wohnung) bestehen. Von dem Grundsatz, daß alle Bezüge Arbeitslohn darstellen, gibt es *vielfache Ausnahmen,* wie z.B. bei steuerfreien Jubiläumsgeschenken, auf die aber nicht eingegangen werden kann.

Nach § 19 Abs. 1 Nr. 2 EStG gehören zu den Einkünften aus nichtselbständiger Arbeit u.a. auch Ruhegelder (z.B. Betriebsrenten), Witwen- und Waisengelder. Hierbei handelt es sich ausschließlich um Bezüge, die der *frühere Arbeitgeber* zahlt, *nicht* hingegen um Rentenbezüge von einer *Versicherung,* für die der Arbeitnehmer oder der Arbeitgeber in früheren Zeiten Beiträge entrichtet hat. Derartige Rentenbezüge fallen unter § 22 und nicht unter § 19 EStG.

Beispiel

Ein Arbeitnehmer erhält
a) eine Beamtenpension
b) eine Angestelltenrente.

Im Fall a) handelt es sich um Einnahmen aus nichtselbständiger Arbeit, im Fall b) hingegen um Einnahmen i.S.d. § 22 Nr. 1 EStG.

Bei Versorgungsbezügen (Pensionen, Witwen- und Waisengelder) bleibt ein Betrag i.H.v. 40 % der Bezüge, höchstens von 6.000 DM im Veranlagungszeitraum steuerfrei (Versorgungsfreibetrag). Näheres ist § 19 Abs. 2 EStG zu entnehmen.

Nach § 19a Abs. 1 EStG sind bestimmte unentgeltliche oder verbilligte Sachbezüge in Form von *Kapitalbeteiligungen* oder *Darlehensforderungen,* die ein Arbeitgeber seinen Arbeitnehmern gewährt, *steuerfrei.* Diese **Vermögensbeteiligungen** gehören also nicht zum steuerpflichtigen Arbeitslohn. Die begünstigten Vermögensbeteiligungen werden in § 19a EStG definiert. Der Vorteil aus dem Sachbe-

---

[31] Vgl. Gliederungspunkt 2.2.1.1.

zug ist nach § 19a Abs. 1 EStG steuerfrei, soweit er nicht höher ist als der halbe Wert der Vermögensbeteiligung und insgesamt 300 DM im Kalenderjahr nicht übersteigt.

Voraussetzung für die Steuerfreiheit ist, daß die Vermögensbeteiligung mit einer sechsjährigen Sperrfrist festgelegt wird. Weitere Voraussetzung ist, daß über die Vermögensbeteiligung bis zum Ablauf der Sperrfrist nicht durch Rückzahlung, Abtretung, Beleihung oder in anderer Weise verfügt wird. Die Sperrfrist beginnt nach § 19a Abs. 2 EStG am 1. Januar des Jahres, in dem der Arbeitnehmer die Vermögensbeteiligung erhalten hat. Verfügt er vor Ablauf der Sperrfrist über die Vermögensbeteiligung, so ist eine Nachversteuerung durchzuführen. Eine Nachversteuerung unterbleibt allerdings in den in § 19a Abs. 2 Satz 5 EStG genannten Fällen. Danach ist eine vorzeitige Verfügung oder Aufhebung der Festlegung unter Einhaltung der im Gesetz bezeichneten weiteren Voraussetzungen insbesondere dann unschädlich, wenn der Arbeitnehmer oder sein Ehegatte stirbt oder völlig berufsunfähig wird, er heiratet oder arbeitslos wird.

2.2.2.3 *Einkünfte aus Kapitalvermögen*

Zu den Einkünften aus Kapitalvermögen gehören alle Einnahmen aus Geldvermögen. Das gilt aber nur dann, wenn die Einnahmen *nicht* zu den *Gewinneinkünften oder* den Einkünften aus *Vermietung und Verpachtung* gehören (§ 20 Abs. 3 EStG).

Beispiel

Ein Steuerpflichtiger erhält Zinsen aus Wertpapieren. Die Wertpapiere gehören a) zum Privatvermögen, b) zum gewerblichen Betriebsvermögen des Steuerpflichtigen.

Im Fall a) sind die Zinsen Einnahmen aus Kapitalvermögen, im Fall b) hingegen handelt es sich um Betriebseinnahmen i.S.d. § 15 EStG.

Die Tatbestände des § 20 EStG lassen sich zu drei Gruppen zusammenfassen:

1. Gewinnausschüttungen von juristischen Personen des privaten Rechts,
2. Einnahmen aus stiller Beteiligung und partiarischen Darlehen,
3. Zinsen aus Geldforderungen.

Zur ersten Gruppe gehören nach § 20 Abs. 1 Nr. 1 EStG vor allem *Gewinnausschüttungen* von Kapitalgesellschaften (AG, KGaA, GmbH). Bei einer KGaA gilt dies aber nur hinsichtlich der Ausschüttungen auf das Aktienkapital, während die Gewinnanteile der persönlich haftenden Gesellschafter der Besteuerung nach § 15 Abs. 1 Nr. 3 EStG unterliegen. Weiterhin zählen hierzu die Gewinnausschüttungen von Erwerbs- und Wirtschaftsgenossenschaften (z.B. Genossenschaftsbanken, Ein- und Verkaufsgenossenschaften, Wohnungsbaugenossenschaften).

Gewinnausschüttungen i.S.d. § 20 Abs. 1 Nr. 1 EStG sind die Beträge *vor Abzug der Kapitalertragsteuer,* d.h. die Brutto- und nicht die Nettoausschüttungen[32].

---

32 Vgl. Gliederungspunkte 2.5.4 und 3.4.1.2.

Durch das körperschaftsteuerliche Anrechnungsverfahren wird der Begriff der Einnahmen aus Beteiligungen an Kapitalgesellschaften und Erwerbs- und Wirtschaftsgenossenschaften gegenüber dem Begriff der Gewinnausschüttungen teils erweitert, teils verengt. Auf diese Besonderheiten wird erst an späterer Stelle eingegangen[33].

Zur zweiten Gruppe steuerpflichtiger Tatbestände gehören die *Einnahmen aus stillen Beteiligungen*. Unter die einschlägige Vorschrift des § 20 Abs. 1 Nr. 4 EStG fallen aber lediglich die typischen, nicht hingegen die atypischen stillen Beteiligungen. Letztere sind Mitunternehmerschaften, die zu Einkünften aus Gewerbebetrieb führen[34]. Zinseinnahmen aus *partiarischen Darlehen* werden ebenfalls von § 20 Abs. 1 Nr. 4 EStG erfaßt. Partiarische Darlehen sind Darlehen mit einer gewinnabhängigen Verzinsung.

Zinsen aus Geldforderungen werden durch § 20 Abs. 1 Nrn. 5-8 EStG erfaßt.

Bei Ermittlung der Einkünfte aus Kapitalvermögen ist gem. § 20 Abs. 4 EStG nach Abzug der Werbungskosten ein Betrag von 6.000 DM, im Falle der Zusammenveranlagung von 12.000 DM abzuziehen (Sparer-Freibetrag). Der Sparer-Freibetrag darf *nicht* zu negativen Einkünften führen.

2.2.2.4 Einkünfte aus Vermietung und Verpachtung

§ 21 Abs. 1 und 2 EStG enthalten eine *abschließende Aufzählung* der Einkünfte aus Vermietung und Verpachtung.

Steuerpflichtig gemäß § 21 Abs. 1 EStG sind die Einkünfte aus **Vermietung** und **Verpachtung** von

- *unbeweglichem Vermögen,* insbesondere von Grundstücken, Gebäuden, Gebäudeteilen und grundstücksgleichen Rechten, wie Erbbau- und Mineralgewinnungsrechten,
- Sachinbegriffen (Vielheit von beweglichen Sachen, die wirtschaftlich nach ihrer Zweckbestimmung eine Einheit bilden), insbesondere von *beweglichem Betriebsvermögen.*

Steuerpflichtig sind ferner Einkünfte aus der zeitlich begrenzten Überlassung von Rechten (seltener Fall, da derartige Einkünfte meist im Rahmen eines Gewerbebetriebes anfallen) und Einkünfte aus der Veräußerung von Miet- und Pachtzinsforderungen.

Zu beachten ist, daß Einnahmen aus der Vermietung oder Verpachtung *einzelner beweglicher* Wirtschaftsgüter *nicht* unter § 21 EStG fallen. Sie werden vielmehr durch § 22 Abs. 1 Nr. 3 EStG erfaßt.

Vollzieht sich eine Vermietung oder Verpachtung im Rahmen einer anderen Einkunftsart, z.B. im Rahmen eines Gewerbebetriebes, so handelt es sich um Ein-

---

[33] Vgl. Gliederungspunkt 3.4.1.2.
[34] Vgl. Gliederungspunkt 2.2.4.2.

künfte im Rahmen dieser anderen Einkunftsart. Die Vorschrift des § 21 EStG gilt also nur subsidiär (§ 21 Abs. 3 EStG). Dies gilt auch dann, wenn nur Teile eines Gebäudes im Rahmen einer anderen Einkunftsart genutzt werden.

Beispiel

Ein Freiberufler nutzt einen Teil eines im übrigen vermieteten Hauses als Praxisräume.

Das Haus ist dem Verhältnis der Nutzflächen entsprechend in einen beruflichen und einen vermieteten Teil aufzuteilen. Für den beruflichen Teil gelten die Grundsätze des § 18 EStG: Es sind die auf die Praxisräume entfallenden tatsächlichen Betriebsausgaben abzugsfähig. Der vermietete Teil hingegen ist nach § 21 EStG zu versteuern.

2.2.2.5 Sonstige Einkünfte

Der Begriff **sonstige Einkünfte** wirkt irreführend. Erfaßt werden sollen *keinesfalls alle Einnahmen*, die sich nicht unter einer anderen Einkunftsart erfassen lassen, sondern *nur* die in § 22 EStG *ausdrücklich definierten* Einkünfte.

Mit Abstand die größte Bedeutung unter den sonstigen Einkünften haben die *wiederkehrenden Bezüge* i.S.d. § 22 Nr. 1 und *Unterhaltsleistungen* i.S.d. § 22 Nr. 1a EStG. Diese werden aber erst an späterer Stelle im Rahmen der Rentenbesteuerung behandelt[35].

Zu den sonstigen Einkünften gehören weiterhin Einkünfte aus **Spekulationsgeschäften** i.S.d. § 23 EStG (§ 22 Nr. 2 EStG). Spekulationsgeschäfte sind nach § 23 Abs. 1 EStG Veräußerungsgeschäfte, bei denen der Zeitraum zwischen Anschaffung und Veräußerung bei Grundstücken und grundstücksgleichen Rechten nicht mehr als zwei Jahre, bei anderen Wirtschaftsgütern, insbesondere bei Wertpapieren, nicht mehr als sechs Monate beträgt. Eine *spekulative Absicht* ist *nicht erforderlich*.

Der Gewinn (Verlust) aus einem Spekulationsgeschäft (Spekulationsgewinn) ist nach § 23 Abs. 4 EStG der Unterschied zwischen dem Veräußerungspreis einerseits sowie den Anschaffungs- oder Herstellungskosten und den Werbungskosten andererseits. Die Anschaffungs- oder Herstellungskosten sind um die Absetzungen für Abnutzung, erhöhte Absetzungen und Sonderabschreibungen zu mindern, soweit sie bei einer anderen Einkunftsart nach der Anschaffung oder Herstellung des Wirtschaftsguts abgezogen worden sind. Spekulationsgewinne bleiben *steuerfrei*, wenn der aus Spekulationsgeschäften erzielte Gesamtgewinn im Kalenderjahr weniger als 1.000 DM betragen hat (Freigrenze).

Verluste aus Spekulationsgeschäften sind nur mit Gewinnen aus anderen Spekulationsgeschäften, nicht hingegen mit anderen Einkünften ausgleichsfähig. Sie sind außerdem nicht nach § 10d EStG abzugsfähig (§ 23 Abs. 3 Satz 4 EStG).

Spekulationsgewinne im betrieblichen Bereich gehören nach § 23 Abs. 1 EStG nicht zu den sonstigen Einkünften, sondern zu den Gewinneinkünften. In derartigen Fällen handelt es sich um laufenden Gewinn der entsprechenden Gewinnein-

---

35 Vgl. Gliederungspunkt 2.6.3 und Teil III, Gliederungspunkt 7.

kunftsart. Bei der Veräußerung von wesentlichen Beteiligungen an Kapitalgesellschaften geht § 23 EStG nach Abs. 3 Sätze 2 und 3 dieser Vorschrift der Anwendung des § 17 EStG vor.

Sonstige Leistungseinkünfte, die nach § 22 Nr. 3 EStG erfaßt werden, beruhen auf einem Tun, Dulden oder Unterlassen. Hierunter fallen z.B. *gelegentliche* Vermittlungen und die Vermietung *einzelner* beweglicher Wirtschaftsgüter.

§ 22 Nr. 4 EStG erfaßt bestimmte Einnahmen, die Abgeordnete aufgrund ihrer Abgeordnetentätigkeit erhalten.

2.2.2.6 Einzelne Arten von Werbungskosten und Werbungskosten-Pauschbeträge

§ 9 Abs. 1 EStG enthält eine *Aufzählung* wichtiger Arten von Werbungskosten. Diese Aufzählung ist nicht abschließend, sondern *nur beispielhaft*.

Abzugsfähig können nach § 9 Abs. 1 Nr. 1 EStG *Schuldzinsen* sein. Dies ist der Fall, wenn sie für einen Kredit gezahlt werden, der *zum Erwerb* eines der Einkünfteerzielung dienenden Wirtschaftsgutes oder für laufende Aufwendungen aufgenommen worden ist.

Beispiele

a) Ein Steuerpflichtiger erwirbt ein Mietwohngrundstück. Zur Finanzierung nimmt er ein Bankdarlehn auf.

Die Zinsen - keinesfalls aber die Tilgungen - für dieses Darlehen sind Werbungskosten im Rahmen der Einkünfte aus Vermietung und Verpachtung.

b) Ein in einem Orchester fest angestellter Cellist kauft ein wertvolles Cello auf Kredit. Er benutzt das Cello ausschließlich im Rahmen seiner Tätigkeit in dem Orchester.

Die Zinsen sind Werbungskosten bei den Einkünften aus nichtselbständiger Arbeit.

Als Werbungskosten abzugsfähig sind nach § 9 Abs. 1 Nr. 1 EStG ferner auf besonderen Verpflichtungsgründen beruhende *Renten* und dauernde Lasten. Auf diese Vorschrift wird im Rahmen der Rentenbesteuerung eingegangen[36].

§ 9 Abs. 1 Nr. 2 EStG hat in erster Linie Bedeutung bei den Einkünften aus Vermietung und Verpachtung. Abzugsfähig nach dieser Vorschrift sind die *Steuern vom Grundbesitz, sonstige öffentliche Abgaben* und *Versicherungsbeiträge*, soweit sich derartige Ausgaben auf Gebäude oder Gegenstände beziehen, die dem Steuerpflichtigen zur Einnahmeerzielung dienen.

Zu den Steuern vom Grundbesitz gehört die Grundsteuer, *nicht* hingegen *die Grunderwerbsteuer*. Letztere *gehört zu* den *Anschaffungskosten* des Grundstücks. Beim Kauf eines bebauten Grundstücks ist die Grunderwerbsteuer den Wertverhältnissen entsprechend auf Grund und Boden einerseits und Gebäude andererseits aufzuteilen.

---

[36] Vgl. Gliederungspunkt 2.6.

Werbungskosten bei den Einkünften aus nichtselbständiger Arbeit sind nach § 9 Abs. 1 Nr. 3 EStG *Beiträge zu Berufsständen* und sonstigen *Berufsverbänden*, deren Zweck nicht auf einen wirtschaftlichen Geschäftsbetrieb gerichtet ist. In erster Linie handelt es sich um *Gewerkschaftsbeiträge*.

Benutzt ein Arbeitnehmer ein privates Kraftfahrzeug zu *beruflich bedingten Fahrten,* so sind die dadurch entstehenden Kosten grundsätzlich als Werbungskosten bei den Einkünften aus nichtselbständiger Arbeit abzugsfähig. Können die Kosten nicht exakt ermittelt werden, müssen sie geschätzt werden. Derzeit können pauschal 0,52 DM pro gefahrenen Kilometer abgezogen werden[37].

Benutzt ein Arbeitnehmer ein privates *Kraftfahrzeug zu Fahrten zwischen Wohnung und Arbeitsstätte,* so kann er nicht die vollen tatsächlich entstandenen Kosten absetzen. Der Abzug ist vielmehr gemäß § 9 Abs. 1 Nr. 4 EStG auf bestimmte *Pauschbeträge* begrenzt (0,70 DM je Entfernungskilometer, d.h. 0,35 DM je gefahrenen Kilometer bei Benutzung eines Pkw und 0,33 DM bzw. 0,165 DM bei Benutzung eines Motorrads oder Motorrollers). Mit den Pauschbeträgen sind grundsätzlich alle Kfz-Kosten, soweit sie Fahrten zwischen Wohnung und Arbeitsstätte betreffen, abgegolten. Auf Ausnahmen wird hier nicht eingegangen.

Notwendige *Mehraufwendungen*, die einem Arbeitnehmer infolge einer *doppelten Haushaltsführung* entstehen, können gemäß § 9 Abs. 1 Nr. 5 EStG als Werbungskosten bei den Einkünften aus nichtselbständiger Arbeit abgezogen werden. Wegen Einzelheiten wird auf diese Vorschrift und auf Abschn. 43 LStR hingewiesen.

Ausgaben für *Arbeitsmittel* sind gemäß § 9 Abs. 1 Nr. 6 EStG als Werbungskosten abzugsfähig. Arbeitsmittel sind Werkzeuge, wie z.B. Diktiergeräte, Schreibmaschinen, Karteikästen, Fachbücher, das Fahrrad eines Nachtwächters und Berufskleidung. Ausgaben für Berufskleidung sind aber nur dann abzugsfähig, wenn die private Nutzung der Kleidung so gut wie ausgeschlossen ist. Abzugsfähig sind z.B. die Kosten für den Smoking eines Kellners oder Tanzlehrers, nicht dagegen diejenigen für den Anzug eines Büroangestellten.

Das letztgenannte Beispiel zeigt, daß es oftmals schwierig ist, die Grenze zwischen steuerlich abzugsfähigen Werbungskosten und nicht abzugsfähigen Aufwendungen der Lebensführung zu bestimmen.

Zur (unterhaltsamen) Verdeutlichung der Abgrenzungsproblematik soll eine Urteilsbegründung des Finanzgerichts Berlin zitiert werden, das die Streitfrage zu entscheiden hatte, ob die Aktentasche eines Betriebsprüfers ein Arbeitsmittel ist. Es führte u. a. aus:

„... Die Aktentasche ist ein Arbeitsmittel i.S. des § 9 Abs. 1 Nr. 6 EStG, weil der Kl. sie so gut wie ausschließlich beruflich benutzt. Er befördert damit nur die Akten, die er beruflich bearbeitet. Andere Gegenstände, mit Ausnahme der Butterbrote, transportiert er in der Aktentasche nicht... Diese private Benutzung ist unwesentlich. Wenn dies noch weiterer Ausführung bedarf, dann der, daß der Kl. seine Butterbrote regelmäßig nur auf dem Hinweg mit der Aktentasche befördert, weil er sie mittags verzehrt.

---

[37] Vgl. Abschn. 38 Abs. 2 LStR.

Zu diesen Schlüssen kommt das Gericht u.a. auch nach der Besichtigung der Aktentasche. Diese ergab, daß es sich um eine schwarze Tasche mit besonders nachgiebigen und ausladenden Seitentaschen handelt. Sie eignet sich deshalb in erster Linie für den Transport von Akten. Dagegen ist sie für andere Zwecke, etwa zum Einkaufen oder zur Aufbewahrung von Badesachen zwar nicht ungeeignet, aber unpraktisch, weil es dafür besondere und besser geeignete Behältnisse gibt. Davon, daß der Kl. als Betriebsprüfer eine Tasche zum Transport seiner Akten braucht und die angeschaffte Aktentasche auch dazu verwendet, weil er keine andere Tasche dafür hat, ist das Gericht überzeugt. Als Betriebsprüfer muß der Kläger Akten und Unterlagen bei sich tragen, wenn er außerhalb seines Dienstzimmers tätig wird[38]."

Werden zur Einkunftserzielung abnutzbare Wirtschaftsgüter benutzt, so können die Anschaffungs- oder Herstellungskosten nach § 9 Abs. 1 Nr. 7 EStG grundsätzlich nur im Wege der AfA als Werbungskosten abgezogen werden. Die AfA ist bei abnutzbaren beweglichen Wirtschaftsgütern nach § 7 Abs. 1 EStG zu berechnen (linear-gleichbleibend). Die geometrisch-degressive AfA *gem. § 7 Abs. 2 EStG ist bei der Ermittlung der* Überschußeinkünfte nicht zulässig, *da diese Vorschrift nur auf Wirtschaftsgüter des Anlagevermögens anwendbar ist. Anlagevermögen kann es aber nur innerhalb eines Betriebes geben. Damit kommt die Anwendung des § 7 Abs. 2 EStG nur im Rahmen der drei Gewinneinkunftsarten, nicht hingegen innerhalb der vier Überschußeinkünfte in Betracht.*

Aus *Vereinfachungsgründen* können gemäß § 9 Abs. 1 Nr. 7 i.V.m. § 6 Abs. 2 EStG Ausgaben für abnutzbare bewegliche Wirtschaftsgüter im Jahr ihrer Verausgabung *in voller Höhe* als Werbungskosten abgesetzt werden, wenn die Anschaffungs- oder Herstellungskosten des einzelnen Wirtschaftsgutes *800 DM nicht übersteigen.* Dies entspricht der gesetzlichen Regelung für *geringwertige Wirtschaftsgüter,* auf die an späterer Stelle eingegangen wird[39].

Die **AfA auf Gebäude** im Rahmen einer Überschußeinkunftsart ist grundsätzlich nach § 7 Abs. 4 Satz 1 Nr. 2 EStG zu bemessen. Bei Gebäuden, die nach dem 31.12.1924 fertiggestellt worden sind, beträgt die AfA regelmäßig 2 % der Anschaffungs- oder Herstellungskosten, bei älteren Gebäuden 2,5 %. Dies entspricht Nutzungsdauern von 50 bzw. 40 Jahren. Beträgt die tatsächlich zu erwartende Nutzungsdauer weniger als die typisierte Nutzungsdauer von 50 bzw. 40 Jahren, so ist nach § 7 Abs. 4 Satz 2 EStG die tatsächliche kürzere Nutzungsdauer anzusetzen. Bei Gebäuden, die vom Steuerpflichtigen hergestellt oder bis zum Ende des Jahres der Fertigstellung angeschafft worden sind, kann die AfA statt nach § 7 Abs. 4 EStG nach § 7 Abs. 5 Nr. 3 b) EStG bemessen werden (Wahlrecht des Steuerpflichtigen), soweit die Gebäude Wohnzwecken dienen. Dies hat in den ersten Jahren höhere, in späteren Jahren niedrigere AfA-Sätze zur Folge als bei der Anwendung des § 7 Abs. 4 EStG.

Nach den §§ 7c, 7h, 7i, 7k EStG und nach mehreren Spezialgesetzen können für bestimmte Gebäude bzw. Gebäudeteile *erhöhte Absetzungen* oder *Sonderabschreibungen* geltend gemacht werden. Erhöhte Absetzungen und Sonderabschreibungen haben *Begünstigungscharakter*. Mit ihrer Hilfe will der Gesetzgeber

---

[38] FG Berlin vom 2.6.1978, III 126/77, EFG 1979, S. 225.
[39] Vgl. Teil III, Gliederungspunkt 3.6.1.5.

die in den jeweiligen Rechtsnormen genannten Baumaßnahmen fördern. Auf Einzelheiten soll hier nicht eingegangen werden.

Werbungskosten in Form der AfA, bzw. der erhöhten Absetzungen und Sonderabschreibungen auf Gebäude kommen in der Hauptsache bei den Einkünften aus Vermietung und Verpachtung, wesentlich seltener auch bei den Einkünften aus nichtselbständiger Arbeit in Betracht.

§ 9 Abs. 2 und 3 EStG enthalten einige Ergänzungen zu § 9 Abs. 1 EStG, auf die hier nicht eingegangen wird.

§ 9a EStG enthält für einige (nicht für alle) Arten von Überschußeinkünften **Werbungskosten-Pauschbeträge.** *Diese Pauschbeträge kommen immer dann zur Anwendung, wenn der Steuerpflichtige keine höheren tatsächlichen Werbungskosten nachweist oder glaubhaft macht.* Im Gegensatz zu den tatsächlichen Werbungskosten dürfen die Pauschbeträge *nicht* zu *negativen* Einkünften führen. Die Pauschbeträge belaufen sich jährlich auf

- 2.000 DM bei den Einkünften aus nichtselbständiger Arbeit (Arbeitnehmer-Pauschbetrag),
- 100 DM bei den Einkünften aus Kapitalvermögen (bei Zusammenveranlagung Verdoppelung des Betrages unabhängig davon, ob beide Ehegatten derartige Einkünfte beziehen),
- 200 DM bei wiederkehrenden Bezügen.

2.2.3 Entschädigungen und Einkünfte aus ehemaliger Tätigkeit

§ 24 EStG enthält gemeinsame Vorschriften zu den bereits behandelten sieben Einkunftsarten. Hervorzuheben ist, daß diese Vorschriften *keine zusätzlichen* Einkünfte definieren, vielmehr lediglich die §§ 13-23 EStG ergänzen.

§ 24 *Nr. 1* EStG klärt, daß bestimmte **Entschädigungen** zu den sieben Einkunftsarten gehören. Von Bedeutung sind vor allem die Entschädigungen, die für *entgangene* oder *entgehende Einnahmen* gewährt werden. Die Entschädigungen gehören zu der Einkunftsart, der die entgangenen oder entgehenden Einnahmen zugerechnet würden, wenn sie erzielt worden wären.

§ 24 *Nr. 2* EStG stellt klar, daß Einkünfte aus einer **ehemaligen Tätigkeit** i.S.d. Einkünfte 1-4 bzw. aus einem früheren Rechtsverhältnis i.S.d. Einkünfte 5-7 *steuerpflichtig* sind.

Beispiel

Einem Rechtsanwalt, der den Gewinn nach § 4 Abs. 3 EStG ermittelt, fließen nach Veräußerung seiner Praxis an einen Kollegen Honorare aus seiner früheren Tätigkeit zu.

Es handelt sich um Einnahmen i.S.d. § 24 i.V.m. § 18 EStG.

Entschädigungen, die unter § 24 Nr. 1 EStG fallen, unterliegen dem *ermäßigten Steuersatz* des § 34 EStG[40], Einkünfte aus einer *ehemaligen Tätigkeit* i.S.d. § 24 Nr. 2 EStG hingegen dem *normalen Tarif*.

2.2.4 Besteuerung von Personengemeinschaften

2.2.4.1 Allgemeines

Das Einkommensteuerrecht wird von dem Prinzip der *Einzelbesteuerung* beherrscht: Besteuert wird grundsätzlich nur die einzelne natürliche Person, nicht hingegen eine Personenmehrheit, wie die Familie, eine Erbengemeinschaft oder eine Personengesellschaft (BGB-Gesellschaft, OHG, KG). Eine teilweise *Durchbrechung* erfährt das Prinzip der Einzelbesteuerung lediglich im Falle der Zusammenveranlagung von Ehegatten. In derartigen Fällen werden die Einkünfte der Ehegatten nach dem Prinzip der Einzelbesteuerung zunächst *gesondert* erfaßt. Sie werden *dann zusammengerechnet* und fortan die Ehegatten als ein Steuerpflichtiger behandelt.

Erzielen mehrere unbeschränkt Steuerpflichtige gemeinschaftlich Einkünfte, so werden diese in einem besonderen Verfahren, genannt *gesonderte und einheitliche Feststellung der Einkünfte* (§§ 179 und 180 AO), für alle Beteiligten gemeinsam ermittelt und jedem Beteiligten der ihm zustehende Teilbetrag zugerechnet[41].

Der dem einzelnen Steuerpflichtigen zugerechnete Teilbetrag ist Grundlage für dessen persönliche Einkommensbesteuerung.

Beispiel

Eine Erbengemeinschaft, bestehend aus den drei Söhnen des Verstorbenen, ist Eigentümer eines Mietwohngrundstückes. Für das Mietwohngrundstück stellt das Finanzamt für das Jahr 01 einen Verlust aus Vermietung und Verpachtung von 9.000 DM fest, der jedem Sohn zu je einem Drittel zugerechnet wird.

Jeder der drei Söhne kann in seiner Einkommensteuererklärung einen Verlust aus Vermietung und Verpachtung von 3.000 DM geltend machen.

Besonders häufige Formen der Personengemeinschaften sind *Personenhandelsgesellschaften* (OHG, KG), *BGB-Gesellschaften von Handwerkern und Minderkaufleuten* sowie *Grundstücksgemeinschaften*. Während die Gesellschafter der Personenhandels- und der genannten Arten von BGB-Gesellschaften in aller Regel Einkünfte aus Gewerbebetrieb beziehen, handelt es sich bei den Einkünften aus einer Grundstücksgemeinschaft um Einkünfte aus Vermietung und Verpachtung.

---

[40] Vgl. hierzu Gliederungspunkt 2.4.1.4.
[41] Näheres siehe in Teil VI, Gliederungspunkt 3.4.3.

2.2.4.2 Mitunternehmerschaft

Eine besonders wichtige Form der Personengemeinschaft ist die **Mitunternehmerschaft**. Im Hinblick auf gewerbliche Personengemeinschaften definiert § 15 Abs. 1 Nr. 2 EStG in diesem Zusammenhang:

▷ „Einkünfte aus Gewerbebetrieb sind ... die Gewinnanteile der Gesellschafter einer Offenen Handelsgesellschaft, einer Kommanditgesellschaft und einer anderen Gesellschaft, bei der der Gesellschafter als Unternehmer (Mitunternehmer) des Betriebs anzusehen ist, und die Vergütungen, die der Gesellschafter von der Gesellschaft für seine Tätigkeit im Dienst der Gesellschaft oder für die Hingabe von Darlehen oder für die Überlassung von Wirtschaftsgütern bezogen hat."

Mitunternehmerschaften sind demnach die *Personenhandelsgesellschaften* (OHG und KG) sowie alle anderen Personengesellschaften, bei denen die Gesellschafter als Unternehmer anzusehen sind. Zu den *anderen Personengesellschaften* gehören vor allem *BGB-Gesellschaften* und *atypische stille Gesellschaften*. Auch Freiberufler (§ 18 Abs. 4 EStG) und Land- und Forstwirte (§ 13 Abs. 5 EStG) können Mitunternehmerschaften bilden. Mitunternehmerschaften liegen aber nur dann vor, wenn die gemeinsamen Merkmale der Gewinneinkünfte (Selbständigkeit, Nachhaltigkeit, Gewinnerzielungsabsicht, Beteiligung am allgemeinen wirtschaftlichen Verkehr) erfüllt sind. Ist dies nicht der Fall, so handelt es sich nicht um Mitunternehmerschaften. Die Gemeinschafter beziehen in derartigen Fällen Einkünfte aus einer Überschußeinkunftsart, und zwar in aller Regel aus Vermietung und Verpachtung oder (seltener) Kapitalvermögen.

Die *stillen Gesellschaften* (§§ 230 ff. HGB) werden steuerlich in typische und atypische unterschieden[42]. Eine typische stille Gesellschaft liegt vor, wenn der „Stille" nur am Geschäftserfolg und *nicht* - bei Ausscheiden oder Liquidation - auch an den *stillen Reserven beteiligt* ist. Erstreckt sich die Beteiligung auch auf die stillen Reserven, handelt es sich hingegen um eine atypische stille Beteiligung. Mitunternehmerschaft ist nur bei der atypischen, nicht hingegen bei der typischen stillen Gesellschaft gegeben. Nur der „atypische Stille" erzielt somit Einkünfte aus Gewerbebetrieb, der typische hingegen solche aus Kapitalvermögen.

§ 15 Abs. 1 Nr. 2 EStG beinhaltet für Mitunternehmerschaften eine wesentliche *Erweiterung des Gewinnbegriffs* des § 5 EStG. Danach werden nämlich **Vergütungen**, die der Gesellschafter von der Gesellschaft für seine Tätigkeit im Dienst der Gesellschaft oder für die Hingabe von Darlehen oder für die Überlassung von Wirtschaftsgütern bezogen hat, als Gewinnanteile (**Vorabgewinn** oder **Gewinn-Vorab**) dieses Gesellschafters behandelt. Das gilt selbst dann, wenn es sich bei den Vergütungen handelsrechtlich unzweifelhaft um Aufwendungen handelt.

Beispiel

A, B und C sind die Gesellschafter einer KG. A verpachtet der KG ein Grundstück, B gewährt ihr ein Darlehen und C bezieht für seine Geschäftsführertätigkeit von der KG ein Gehalt.

---

[42] Vgl. Gliederungspunkt 2.2.1.2.3.

Teil II: Ertragsteuern

Pacht, Zinsen und Gehalt sind handelsrechtlich Aufwendungen der KG, steuerlich hingegen Vorabgewinne der jeweiligen Gesellschafter.

Auf Besonderheiten der steuerlichen Gewinnermittlung von Personengesellschaften wird in Teil III, Gliederungspunkt 6, eingegangen.

2.2.5 Aufgaben 18-20

Aufgabe 18

Der Angestellte Schulze bezieht im Jahre 01 ein monatliches Gehalt von 6.500 DM und eine einmalige Weihnachtsgratifikation von 8.000 DM. Zu seinem 25jährigen Arbeitnehmerjubiläum erhält Schulze von seinem Arbeitgeber 1.000 DM.

Als Werbungskosten macht Schulze folgende Aufwendungen geltend:

2 Anzüge, die er überwiegend im Dienst trägt	860 DM
Fahrten zwischen Wohnung und Arbeitsstätte in einem privaten PKW der Mittelklasse an 200 Arbeitstagen á 20 Entfernungskilometer	2.800 DM
Gewerkschaftsbeitrag	900 DM
Konversationslexikon	2.500 DM

Es sind die Einkünfte aus nichtselbständiger Arbeit zu ermitteln.

Aufgabe 19

Ein lediger Steuerpflichtiger erwirbt Aktien auf Kredit. Am 30. September 01 erhält er eine Dividendengutschrift von 1.050 DM netto (nach Abzug der Kapitalertragsteuer). Schuldzinsen zahlt er in 01 600 DM. Er erhält außerdem Zinsen aus festverzinslichen Wertpapieren von 7.000 DM netto, d.h. nach Abzug von Kapitalertragsteuer. Die von ihm gehaltenen Wertpapiere erleiden in 01 einen Kursverlust von insgesamt 2.000 DM. Die anrechenbare Körperschaftsteuer beträgt 3/7 der Dividende (einschließlich Kapitalertragsteuer). Es sind die Einkünfte unter der Voraussetzung zu berechnen, daß die Wertpapiere zum Privatvermögen des Steuerpflichtigen gehören.

Aufgabe 20

a) A erwirbt am 1. Juli 01 ein unbebautes Grundstück, das fortan zu seinem Privatvermögen gehört, zum Preis von 50.000 DM und veräußert es am 31. Mai 03 zum Preise von 53.000 DM. Werbungskosten fallen beim Verkauf in Höhe von 2.100 DM an.

Welche steuerlichen Folgen ergeben sich?

b) Wie ist der Sachverhalt zu beurteilen, wenn das Grundstück zum Betriebsvermögen des Gewerbetreibenden A gehört?

2.3 Ermittlung des zu versteuernden Einkommens

2.3.1 Summe der Einkünfte, Gesamtbetrag der Einkünfte

Zur Feststellung der einkommensteuerlichen Bemessungsgrundlage ist zunächst die **Summe der Einkünfte** (§ 2 Abs. 3 EStG) zu ermitteln. Sie ist der *Saldo* der positiven und negativen Einkünfte des Steuerpflichtigen bzw. - im Falle der Zusammenveranlagung - der Ehegatten. Die Saldierung positiver und negativer Einkünfte wird als **Verlustausgleich** bezeichnet[43].

Die Summe der Einkünfte, vermindert um den *Altersentlastungsbetrag*, ist der **Gesamtbetrag der Einkünfte** (§ 2 Abs. 3 EStG).

Der *Altersentlastungsbetrag* ist in § 24a EStG definiert. Er steht nur solchen Steuerpflichtigen zu, die vor Beginn des Veranlagungszeitraums das 64. Lebensjahr vollendet hatten. Im Fall der Zusammenveranlagung kann der Altersentlastungsbetrag für jeden Ehegatten in Betracht kommen. Der Altersentlastungsbetrag beträgt 40 % des Arbeitslohns (also der *Einnahmen* und *nicht* der *Einkünfte* aus nichtselbständiger Arbeit) und 40 % der positiven Summe der übrigen Einkünfte, *ausgenommen* Versorgungsbezüge (§ 19 Abs. 2 EStG), Leibrenten i.S.d. § 22 Nr. 1 Satz 3 Buchstabe a EStG und Einkünfte i.S.d. § 22 Nr. 4 Satz 4 Buchstabe b EStG. Der Altersentlastungsbetrag ist auf 3.720 DM im Kalenderjahr begrenzt.

2.3.2 Sonderausgaben

2.3.2.1 Allgemeines

Ausgaben der privaten Lebensführung sind gemäß § 12 EStG *grundsätzlich* steuerlich *nicht abzugsfähig*. Ausnahmen sind in den §§ 10 bis 10i EStG sowie in den §§ 33 bis 33c EStG ausdrücklich vorgesehen. Die in den §§ 10 und 10b EStG genannten Ausgaben werden im Gesetz als *Sonderausgaben* bezeichnet. § 10c EStG enthält Regelungen zum pauschalen Abzug von Sonderausgaben. In den §§ 10d bis 10i EStG sind Ausgaben aufgeführt, die das Gesetz zwar *nicht als* Sonderausgaben bezeichnet, die aber *wie* Sonderausgaben abzugsfähig sind. Die §§ 33 bis 33c EStG enthalten Vorschriften über den Abzug von *außergewöhnlichen Belastungen*.

Unter die genannten Vorschriften können nur solche Ausgaben fallen, die *weder* Betriebsausgaben *noch* Werbungskosten sind. Hinsichtlich der Sonderausgaben ist zu unterscheiden zwischen *Vorsorgeaufwendungen* und Sonderausgaben ohne Vorsorgecharakter. Hinsichtlich der Ausgaben, die wie Sonderausgaben abzugsfähig sind, ist zu unterscheiden zwischen dem *Verlustabzug* (§ 10d EStG) und den Steuer*begünstigungen der zu eigenen Wohnzwecken genutzten Wohnung* im eigenen Haus (§§ 10e und 10f EStG). Nach dem in R 3 Abs. 1 EStR wiedergegebenen Schema sollen zunächst die Sonderausgaben, dann die außergewöhnlichen Belastungen, dann die Steuerbegünstigungen der eigengenutzten Wohnung und zum Schluß der Verlustabzug berücksichtigt werden. In dieser Reihenfolge wird nachfolgend vorgegangen.

---

[43] Vgl. hierzu auch Gliederungspunkt 2.3.5.

2.3.2.2 Sonderausgaben ohne Vorsorgecharakter

Unterhaltsleistungen an einen *geschiedenen oder dauernd getrennt lebenden Ehegatten* können nach § 10 Abs. 1 Nr. 1 EStG bis maximal 27.000 DM als Sonderausgaben abgezogen werden. Hierauf wird an späterer Stelle noch näher eingegangen[44]. Ebenfalls abzugsfähig sind auf besonderen Verpflichtungsgründen beruhende *Renten und dauernde Lasten*, sofern sie nicht zu den Betriebsausgaben oder Werbungskosten gehören (§ 10 Abs. 1 Nr. 1a EStG). Im einzelnen wird hierauf ebenfalls an späterer Stelle eingegangen[45].

Abzugsfähig ist ferner die tatsächlich im Veranlagungszeitraum *gezahlte Kirchensteuer* (§ 10 Abs. 1 Nr. 4 EStG). Kirchensteuer wird von den als Körperschaften des öffentlichen Rechts anerkannten Religionsgemeinschaften von ihren Mitgliedern erhoben. Dabei handelt es sich vor allem um die evangelischen, katholischen und jüdischen Kirchengemeinden.

Als Sonderausgaben abzugsfähig sind *Steuerberatungskosten* in der gezahlten Höhe (§ 10 Abs. 1 Nr. 6 EStG). Hierunter fallen auch Ausgaben für Steuerfachliteratur. Lassen sich Steuerberatungskosten einer bestimmten Einkunftsart zuordnen, so sind sie bei dieser als Betriebsausgaben oder Werbungskosten abzugsfähig.

Beispiel

Ein Gewerbetreibender zahlt für die Erstellung der Bilanz 5.000 DM an seinen Steuerberater. Die 5.000 DM Steuerberatungskosten sind Betriebsausgaben.

Ausgaben für die eigene *Berufsausbildung* des Steuerpflichtigen bzw. *seine Weiterbildung in einem nicht ausgeübten Beruf* sind bis zu den in § 10 Abs. 1 Nr. 7 EStG aufgeführten Grenzen abzugsfähige Sonderausgaben. Von den Ausbildungskosten zu unterscheiden sind die *Fortbildungskosten* in einem ausgeübten Beruf. Letztere sind in voller Höhe *Betriebsausgaben oder Werbungskosten* im Rahmen der jeweiligen Einkunftsart.

Spenden für die in § 10b Abs. 1 EStG definierten Zwecke sind ebenfalls als Sonderausgaben abzugsfähig, allerdings nur bis zu bestimmten Höchstbeträgen. Bei Spenden an politische Parteien ist ferner § 34 g EStG zu beachten.

Hat der Steuerpflichtige keine oder nur sehr geringe Sonderausgaben der genannten Arten, so kommt mindestens der *Sonderausgaben-Pauschbetrag* i.S.d. § 10c Abs. 1 EStG zum Abzug. Dieser beträgt 108 DM, im Falle der Zusammenveranlagung 216 DM (§ 10c Abs. 1 i.V.m. Abs. 4 EStG).

---

[44] Vgl. Gliederungspunkt 2.6.3.2.
[45] Vgl. ebenda.

2.3.2.3 Vorsorgeaufwendungen

Vorsorgeaufwendungen sind Ausgaben, die der *Lebens-* und *Altersvorsorge* dienen. Welche Vorsorgeaufwendungen als Sonderausgaben abzugsfähig sind, ist in § 10 Abs. 1 Nr. 2 EStG *abschließend* geregelt. Abzugsfähig sind nach dieser Vorschrift *Beiträge zu* bestimmten *Versicherungen*. Hierbei handelt es sich ausschließlich um *Personen-,* nicht hingegen um *Sachversicherungen.* Abzugsfähig sind Beiträge zu Kranken-, Unfall- und Haftpflichtversicherungen, zur gesetzlichen Renten- und Arbeitslosenversicherung sowie zu bestimmten Arten der Lebensversicherung.

Vorsorgeaufwendungen sind nur innerhalb bestimmter *Höchstbeträge* abzugsfähig, die sich aus § 10 Abs. 3 EStG ergeben (Höchstbetragsberechnung).

Hat der Steuerpflichtige keine oder nur geringe Vorsorgeaufwendungen getätigt, so ist zu unterscheiden zwischen dem Fall, daß er Arbeitslohn bezieht und dem, daß dies nicht geschieht. Im ersten Fall kommt es zum Abzug einer Vorsorgepauschale nach § 10c Abs. 2 - 4 EStG, im zweiten sind keine pauschalen Vorsorgeaufwendungen zu berücksichtigen.

Der Zusammenhang zwischen der Abzugsfähigkeit tatsächlich geleisteter Vorsorgeaufwendungen und dem alternativen Abzug der Vorsorgepauschale soll anhand eines Beispiels verdeutlicht werden.

Beispiel

Die zusammenveranlagten Eheleute M, die beide vor dem 1.1.1958 geboren worden sind, machen in ihrer Steuererklärung für das Jahr 01 folgende Sonderausgaben geltend:

		DM
a)	Beiträge zur Krankenversicherung	4.321
	(Arbeitgeberanteil in gleicher Höhe)	
b)	Arbeitnehmeranteil zur gesetzlichen Rentenversicherung	5.887
	(Arbeitgeberanteil in gleicher Höhe)	
c)	Beiträge zur Arbeitslosenversicherung	
	(Arbeitgeberanteil in gleicher Höhe)	1.885
d)	Pflegeversicherung (Arbeitgeberanteil in gleicher Höhe)	493
e)	Beiträge zu einer Lebensversicherung	1.800
	(25 Jahre Vertragsdauer, laufende Beitragsleistung)	
f)	Beiträge zu einer Hausratversicherung	150

Der Bruttoarbeitslohn des alleinverdienenden Ehemanns beträgt 58.000 DM.

Berechnung des Sonderausgaben-Höchstbetrages:

Die unter f) angegebenen Beiträge zur Hausratversicherung sind nicht als Sonderausgaben abzugsfähig (vgl. H 88 EStR). Alle übrigen Beiträge gehören zu den berücksichtigungsfähigen Vorsorgeaufwendungen (§ 10 Abs. 1 und 2 EStG). Sie sind jedoch nur innerhalb der Grenzen des § 10 Abs. 3 EStG abzugsfähig.

§ 10 Abs. 3 EStG nennt vier Ziffern, die zur Ermittlung des Höchstbetrags zu beachten sind. Aus Vereinfachungsgründen wird zuerst § 10 Abs. 3 Nr. 2 EStG vorweg angewendet (sog. Vorwegabzug). Danach können von den Versicherungsbeiträgen des § 10 Abs. 1 Nr. 2 EStG (also von allen Vorsorgeaufwendungen) zunächst 6.000 DM bzw. bei zusammenveranlagten Ehegatten 12.000 DM abgezogen werden. Dieser Vorwegabzug wird allerdings dann vermindert, wenn der Steuerpflichtige Entlastungen bei seiner Altersvorsorge und Krankenvorsorge erhält. Dies ist bei Arbeitnehmern regelmäßig der Fall, da die Hälfte der Sozialversicherungsbeiträge grundsätzlich der Arbeitgeber bezahlt. Die Kürzung beträgt 16 % der Summe der Einnahmen aus nichtselbständiger Arbeit. Anschließend kommt bei Steuerpflichtigen, die nach dem 31.12.1957 geboren worden sind, ein zusätzlicher Höchstbetrag von 360 DM auf deren Beiträge zur Pflegeversicherung zum Abzug (§ 10 Abs. 3 Nr. 3 EStG). Im vierten und letzten Schritt kommt es zum Abzug der Hälfte der Vorsorgeaufwendungen, die nach § 10 Abs. 3 Nrn. 1 bis 3 EStG noch nicht abgezogen worden sind. Dieser hälftige Abzug ist nach § 10 Abs. 3 Nr. 4 EStG aber begrenzt auf die Hälfte des Höchstbetrags gem. § 10 Abs. 3 Nr. 1 EStG (hälftiger Höchstbetrag). Insgesamt ergibt sich folgendes:

	DM	DM	DM
a) Beiträge zur Krankenversicherung		4.321	
b) Beiträge zur Rentenversicherung		5.887	
c) Beiträge zur Arbeitslosenversicherung		1.885	
d) Beiträge zur Pflegeversicherung		493	
e) Beiträge zur Lebensversicherung		1.800	
Versicherungsbeiträge insgesamt		14.386	
davon abzugsfähig nach § 10 Abs. 3 Nr. 2 EStG	12.000		
./. Kürzung 16 % von 58.000	./. 9.280		
Vorwegabzug	2.720	./. 2.720	2.720
verbleiben		11.666	
Grundhöchstbetrag gem. § 10 Abs. 3 Nr. 1 EStG		./. 5.220	5.220
verbleiben		6.446	
zusätzlicher Höchstbetrag gem. § 10 Abs. 3 Nr. 3 EStG		0	
verbleiben		6.446	
davon die Hälfte (50 % · 6.446), höchstens die Hälfte des Grundhöchstbetrags von 5.220		3.223	
= hälftiger Höchstbetrag gem. § 10 Abs. 3 Nr. 4 EStG		2.610	2.610
Abzugsfähige Vorsorgeaufwendungen			10.550

Insgesamt sind von den Vorsorgeaufwendungen 10.550 DM als Sonderausgaben abzugsfähig und 3.836 DM nicht berücksichtigungsfähig.

Es ist nunmehr noch zu prüfen, ob die Vorsorgepauschale (§ 10c Abs. 2 i.V.m. § 10c Abs. 4 Nr. 1 EStG) höher ist, da sie mindestens anzusetzen ist.

	DM	DM	DM
Ausgangsbetrag 20 % des Arbeitslohns (20 % · 58.000 =)	11.600		
höchstens 6.000 DM · 2	12.000	12.000	
./. 16 % des Arbeitslohns (16 % · 58.000 =)	./. 9.280		
abzugsfähig nach § 10c Abs. 2 Satz 2 Nr. 1 EStG i.V.m. § 10c Abs. 4 EStG	2.720	2.720	2.720
verbleiben		9.280	
abzugsfähig nach § 10c Abs. 2 Satz 2 Nr. 2 EStG i.V.m. § 10c Abs. 4 EStG (2.610 · 2 =)		./. 5.220	5.220
verbleiben		4.060	
abzugsfähig nach § 10c Abs. 2 Satz 2 Nr. 3 EStG i.V.m. § 10c Abs. 4 EStG (4.060 : 2 =) 2.030 DM, höchstens (1.305 · 2 =) 2.610		./. 2.030	2.030
Vorsorgepauschale			9.970

Die Vorsorgepauschale von 9.970 DM ist geringer als die Summe der abzugsfähigen tatsächlichen Vorsorgeaufwendungen von 10.550 DM. Es ist der höhere Betrag von 10.550 DM abzugsfähig.

2.3.3 Außergewöhnliche Belastungen

Außergewöhnliche Belastungen liegen vor, wenn dem Steuerpflichtigen *zwangsläufig größere Ausgaben* im privaten Bereich entstehen *als* der *überwiegenden Mehrzahl der Steuerpflichtigen* gleicher *Einkommensverhältnisse*, gleicher *Vermögensverhältnisse* und gleichen *Familienstandes* (§ 33 Abs. 1 EStG). *Zwangsläufig* sind die Ausgaben dann, wenn sich ihnen der Steuerpflichtige aus rechtlichen, tatsächlichen oder sittlichen Gründen nicht entziehen kann und sie einen angemessenen Betrag nicht übersteigen (§ 33 Abs. 2 EStG).

Zu unterscheiden sind *allgemeine* und *besondere* Fälle der außergewöhnlichen Belastung. Was als besonderer Fall anzusehen ist, regeln die §§ 33a-33c EStG *abschließend*. Die allgemeinen Fälle hingegen sind *nicht* im einzelnen *fixiert*. Für sie gelten auch nicht die §§ 33a-33c EStG, vielmehr ist § 33 EStG anwendbar.

Außergewöhnliche Belastungen in besonderen Fällen nach § 33a EStG sind:

1. Ausgaben für den Unterhalt und die Berufsausbildung von Personen, für die der Steuerpflichtige kein Kindergeld erhält (§ 33a Abs. 1 EStG),
2. Ausgaben für die Berufsausbildung eines Kindes (Ausbildungsfreibetrag), für das der Steuerpflichtige einen Kinderfreibetrag erhält (§ 33a Abs. 2 EStG),
3. Aufwendungen für die Beschäftigung einer Haushaltshilfe ab einer bestimmten Altersgrenze oder aus Gesundheitsgründen (§ 33a Abs. 3 Satz 1 EStG),
4. Aufwendungen für eine Heimunterbringung unter den Voraussetzungen des § 33a Abs. 3 Satz 2 EStG.

Die genannten Ausgaben sind alle nicht unbegrenzt, vielmehr nur bis zu bestimmten Höchstbeträgen abzugsfähig (im einzelnen s. § 33a EStG).

§ 33b EStG sieht Pauschbeträge für Körperbehinderte, Hinterbliebene und Pflegepersonen vor.

Gem. § 33c EStG können Alleinstehende bestimmte Kinderbetreuungskosten geltend machen, soweit diese wegen der Erwerbstätigkeit, einer Behinderung oder wegen Krankheit der Alleinstehenden anfallen.

Im Gegensatz zu den besonderen sind die allgemeinen Fälle der außergewöhnlichen Belastung nicht im einzelnen gesetzlich normiert. Was hierunter fällt, läßt sich nicht abschließend sagen. Beispielhaft genannt seien lediglich die nicht durch eine Krankenkasse erstatteten Krankheitskosten. Derartige Ausgaben sind nur insoweit abzugsfähig, als sie die sich aus § 33 Abs. 3 EStG ergebende *zumutbare Belastung* übersteigen.

2.3.4 Steuerbegünstigung der zu eigenen Wohnzwecken genutzten Wohnung im eigenen Haus

Bereits seit Jahrzehnten fördert der Gesetzgeber die Herstellung und die Anschaffung von Wohnungen, die eigenen Wohnzwecken des Steuerpflichtigen dienen. Bis zum Ende des Jahres 1995 hat er die Förderung vorrangig durch eine Absenkung der einkommensteuerlichen Bemessungsgrundlage des Bauherrn bzw. des Erwerbers einer eigengenutzten Wohnung im eigenen Haus (Objekt) vorgenommen. Für in den Jahren 1987 bis 1995 hergestellte oder erworbene Objekte war bzw. ist § 10e EStG die in diesem Zusammenhang wichtigste Rechtsnorm. Nach Abs. 1 dieser Vorschrift kann der Steuerpflichtige, der eine zu eigenen Wohnzwecken genutzte Wohnung herstellt (Bauherr) oder erworben hat (Erwerber), Teile seiner Herstellungs- oder Anschaffungskosten wie Sonderausgaben abziehen. Der Abzug erfolgt in vergleichbarer Weise wie der Abzug von Abschreibungen im Rahmen der Ermittlung der Einkünfte aus Vermietung und Verpachtung. Es kann deshalb auch von einem abschreibungsgleichen Abzug gesprochen werden. Die jährlichen Abzugsbeträge bemessen sich nach den Herstellungs- oder Anschaffungskosten des Gebäudewerts der Wohnung zuzüglich der Hälfte der Anschaffungskosten für den zugehörigen Grund und Boden.

Ein Abzugsbetrag konnte bzw. kann nur im Jahr der Herstellung oder Anschaffung und in den sieben folgenden Jahren in Anspruch genommen werden. Insgesamt beträgt der Begünstigungszeitraum also acht Jahre. Der Abzugsbetrag beträgt während der ersten vier Jahre des Begünstigungszeitraums jeweils bis zu 6 % der Bemessungsgrenze, höchstens aber 19.800 DM jährlich. Während der zweiten vier Jahre des Begünstigungszeitraums beträgt der Abzugsbetrag jährlich bis zu 5 % der Bemessungsgrundlage, höchstens aber 16.500 DM p.a. Die Höchstbeträge von 19.800 DM bzw. 16.500 DM entsprechen einem Abzug von 6 % von 330.000 DM bzw. von 5 % von 330.000 DM. Hieraus folgt, daß die Herstellungs- und Anschaffungskosten nur bis zu einem Höchstbetrag von 330.000 DM begünstigt sind. Die genannten Abzugssätze und -höchstbeträge gelten nur für den Fall, daß der Steuerpflichtige die Wohnung entweder selbst hergestellt oder sie bis zum Ende des zweiten auf das Jahr der Fertigstellung folgenden Jahres angeschafft hat. Bei einer späteren Anschaffung kommen ggf. geringere Abzugssätze und -höchstbeträge zur Anwendung, die sich aus § 10e Abs. 1 Satz 4 EStG ergeben.

Begünstigtes Objekt kann nach § 10e Abs. 1 Satz 1 EStG neben der eigengenutzten Wohnung im eigenen Haus auch eine eigengenutzte Eigentumswohnung sein. Voraussetzung ist, daß die Wohnung bzw. die Eigentumswohnung im Inland belegen ist.

Jedem Steuerpflichtigen steht nach § 10e Abs. 4 Satz 1 EStG im Laufe seines Lebens nur ein einziges begünstigtes Objekt zu. Mit der Inanspruchnahme einer Begünstigung entsteht bei ihm ein sog. Objektverbrauch. Ehegatten können nach § 10e Abs. 4 Satz 2 EStG für zwei Objekte in den Genuß einer Steuerbegünstigung kommen.

Abzugsbeträge nach § 10e Abs. 1 und 2 EStG können nach Abs. 5a dieser Vorschrift nur für solche Veranlagungszeiträume in Anspruch genommen werden, in denen der Gesamtbetrag der Einkünfte des Steuerpflichtigen 120.000 DM nicht übersteigt. Bei zusammenveranlagten Ehegatten erhöht sich dieser Betrag auf 240.000 DM.

Bei Steuerpflichtigen, die die Steuerbegünstigung des § 10e EStG in Anspruch nehmen, ermäßigt sich außerdem auf Antrag nach § 34f Abs. 2 EStG die tarifliche Einkommensteuer, sofern der Steuerpflichtige mindestens ein Kind hat, das zu seinem Haushalt gehört. Die Steuerermäßigung (Baukindergeld) beträgt 1.000 DM pro Kind und Jahr. Ausdrücklich sei darauf hingewiesen, daß das Baukindergeld, im Gegensatz zum Abzug nach § 10e EStG, nicht von der Bemessungsgrundlage, sondern von der Steuerschuld abgezogen wird.

§ 10e EStG ist eine auslaufende Vorschrift. Nach § 52 Abs. 14 EStG ist sie nur noch auf solche Objekte anzuwenden, bei denen mit der Herstellung durch den Steuerpflichtigen vor dem 1.1.1996 begonnen worden ist. Hat der Steuerpflichtige das Objekt nicht hergestellt, sondern angeschafft, so muß der Kaufvertrag vor dem 1.1.1996 abgeschlossen worden sein. Da das Baukindergeld des § 34f Abs. 2 EStG an die Förderung nach § 10e EStG gebunden ist, kommt dieses auch nur noch für die soeben bezeichneten Objekte in Betracht.

Durch das Gesetz zur Neuregelung der steuerrechtlichen Wohneigentumsförderung[46] ist die Förderung nach § 10e EStG für neue Objekte bzw. neue Objekterwerbe abgeschafft und statt dessen eine Förderung durch eine Zulage (Eigenheimzulage) eingeführt worden. Diese neue Art der Förderung ist in einem gesonderten Gesetz, dem Eigenheimzulagengesetz (EigZulG) geregelt. Hierauf wird an späterer Stelle näher eingegangen[47]. Gleichzeitig mit der Eigenheimzulage ist mit § 10i EStG eine ergänzende steuerliche Förderung eigengenutzter Woh-

---

[46] BR-Drucksache 716/95 vom 3.11.1995.
[47] Vgl. Gliederungspunkt 6.5.

nungen im eigenen Haus bzw. eigengenutzter Eigentumswohnungen geschaffen worden. Nach dieser Vorschrift sind in begrenztem Umfang sogenannte *Vorkosten* abzugsfähig. Hierbei handelt es sich um Kosten, die dem Steuerpflichtigen vor dem Bezug der Wohnung entstehen. Bei einer von dem Steuerpflichtigen hergestellten Wohnung handelt es sich bei den Vorkosten im wesentlichen um Finanzierungskosten (insbesondere Darlehenszinsen) vor dem Zeitpunkt der Bezugsfertigkeit der Wohnung, bei angeschafften Wohnungen handelt es sich vor allem um Erhaltungsaufwendungen. § 10i EStG unterscheidet zwischen einer Vorkostenpauschale und Erhaltungsaufwendungen.

Nimmt ein Steuerpflichtiger eine Eigenheimzulage nach dem EigZulG in Anspruch, so kann er nach § 10i Abs. 1 Satz 1 Nr. 1 EStG eine Vorkostenpauschale von 3.500 DM wie Sonderausgaben vom Gesamtbetrag der Einkünfte abziehen. Diese *Pauschale* wird unabhängig davon gewährt, ob und in welchem Umfang dem Steuerpflichtigen tatsächlich Vorkosten entstanden sind. Mit ihr sind alle Vorkosten, mit Ausnahme der in § 10i Abs. 1 Nr. 2 EStG genannten Erhaltungsaufwendungen, abgegolten. Der Steuerpflichtige kann die Pauschale im Jahr der Fertigstellung oder Anschaffung der Wohnung oder in einem der zwei folgenden Jahre in Anspruch nehmen. Voraussetzung ist lediglich, daß er in dem jeweiligen Jahr eine Eigenheimzulage in Anspruch nimmt.

Entstehen einem Steuerpflichtigen vor der erstmaligen Nutzung einer eigenen Wohnung zu eigenen Wohnzwecken *Erhaltungsaufwendungen*, so kann er diese nach § 10i Abs. 1 Satz 1 Nr. 2 EStG im Umfang von bis zu 22.500 DM wie Sonderausgaben vom Gesamtbetrag der Einkünfte abziehen. Ein Abzug von Erhaltungsaufwendungen kommt auch dann in Betracht, wenn der Steuerpflichtige eine von ihm bisher als Mieter genutzte Wohnung anschafft. Hier sind im Rahmen des bereits genannten Höchstbetrages von 22.500 DM diejenigen Erhaltungsaufwendungen abzugsfähig, die bis zum Ablauf des auf das Jahr der Anschaffung folgenden Kalenderjahres entfallen. Der Abzug der in § 10i Abs. 1 Satz 1 Nr. 2 EStG bezeichneten Erhaltungsaufwendungen kann unabhängig davon erfolgen, ob dem Steuerpflichtigen eine Eigenheimzulage zusteht und er diese in Anspruch nimmt oder nicht.

2.3.5 Verlustabzug

Unter Gliederungspunkt 2.3.1 ist der *Verlustausgleich* behandelt worden. Er ist definiert worden als Saldierung von positiven und negativen Einkünften innerhalb eines Veranlagungszeitraumes.

Sind die negativen Einkünfte in einem Veranlagungszeitraum *nicht voll ausgleichsfähig,* weil sie höher sind als die positiven, so kann der nicht ausgeglichene Teil nach den Regeln des § 10d EStG in einen anderen Veranlagungszeitraum *übertragen* und dort einkommensmindernd berücksichtigt werden. Dieser Vorgang wird als **Verlustabzug** bezeichnet.

2 Einkommensteuer

Zu beachten ist folgendes:

▷ Ein Verlustabzug ist nur dann und nur insoweit zulässig, als ein Verlustausgleich mangels ausreichend hoher positiver Einkünfte nicht möglich ist. Der Verlustausgleich ist vorab stets so weit durchzuführen, daß die Summe der Einkünfte 0 DM beträgt. Es kann also nicht ein Teil des Verlustes „verwahrt" werden, indem der Verlustausgleich nur so weit durchgeführt wird, daß das zu versteuernde Einkommen im Jahr der Verlustentstehung 0 DM beträgt.

Beispiel

Ein lediger Steuerpflichtiger hat im Veranlagungszeitraum Einkünfte aus Gewerbebetrieb von 50.000 DM und einen Verlust aus Vermietung und Verpachtung von 100.000 DM erzielt. Vom Gesamtbetrag der Einkünfte abzugsfähige Ausgaben (Sonderausgaben, außergewöhnliche Belastungen) sind in Höhe von 10.000 DM angefallen. Der Steuerpflichtige will den Verlustausgleich lediglich in Höhe von = [100.000 ./. 50.000 ./. 10.000 =] 40.000 DM vornehmen und 60.000 DM als Verlustabzug in anderen Veranlagungszeiträumen geltend machen.

Das von dem Steuerpflichtigen beabsichtigte Vorgehen entspricht nicht den gesetzlichen Vorschriften. Im Jahr der Verlustentstehung sind die positiven Einkünfte voll gegen die negativen zu verrechnen. Der Verlustausgleich beträgt demnach 50.000 DM; abzugsfähig nach § 10d EStG sind ebenfalls nur 50.000 DM.

Verluste, die im Rahmen des Verlustausgleichs nicht berücksichtigt werden können, werden zunächst bis zu einem Betrag von 10 Mio DM wie Sonderausgaben vom Gesamtbetrag der Einkünfte des zweiten und - soweit dies nicht möglich ist - des ersten der Verlustentstehung vorangegangenen Jahres abgezogen (**Verlustrücktrag**).

Soweit Verluste nicht zurückgetragen werden können, weil der Gesamtbetrag der Einkünfte der beiden Vorjahre nicht ausreichend hoch ist oder weil der abzugsfähige Gesamtverlust 10 Mio DM übersteigt, sind sie in den Jahren nach dem Jahr der Verlustentstehung vom Gesamtbetrag der Einkünfte abzuziehen (**Verlustvortrag**).

Hinsichtlich der Berücksichtigung entstandener Verluste ist also wie folgt vorzugehen:

1. Die Verluste sind zunächst im Jahr der Verlustentstehung mit anderen Einkünften auszugleichen;
2. nicht ausgeglichene Verluste werden in die zwei Jahre vor dem Jahr der Verlustentstehung zurückgetragen und dort vom Gesamtbetrag der Einkünfte abgezogen;
3. soweit Verluste nach 1. und 2. nicht berücksichtigt werden können, werden sie in die Jahre nach dem Jahr der Verlustentstehung vorgetragen und dort vom Gesamtbetrag der Einkünfte abgezogen; sie sind also zeitlich unbegrenzt vortragsfähig.

Nach § 10d Abs. 1 Satz 4 EStG kann auf Antrag des Steuerpflichtigen ganz oder teilweise von der Anwendung des § 10d Abs. 1 Satz 1 EStG abgesehen werden. Dies bedeutet, daß auf Antrag des Steuerpflichtigen auf einen Verlustrücktrag ganz oder teilweise verzichtet werden kann. Nach dem Verlustausgleich kommt es dann unmittelbar zu einem Verlustvortrag. Nach § 10d Abs. 1 Satz 5 EStG hat der Steuerpflichtige in seinem Antrag die Höhe des abzuziehenden Verlustes und den Veranlagungszeitraum anzugeben, in dem der Verlust abgezogen werden soll.

Vortragsfähige Verluste können *nicht beliebig* auf die nachfolgenden Jahre *verteilt* werden, sie müssen vielmehr so schnell wie möglich abgezogen werden. Im Jahre 03 entstandene Verluste, die weder in diesem Jahr ausgeglichen noch in den Jahren 01 oder 02 abgezogen werden können, müssen also soweit wie möglich im Jahr 04 und können erst dann im Jahr 05 usw. abgezogen werden.

Grundsätzlich sind Verluste aus allen Einkunftsarten sowohl ausgleichs- als auch abzugsfähig. *Ausnahmen* von diesem Grundsatz müssen sich ausdrücklich aus dem Gesetz ergeben. So sind z.B. Verluste aus Spekulationsgeschäften nur mit Gewinnen aus Spekulationsgeschäften ausgleichsfähig; abzugsfähig sind sie überhaupt nicht (§ 23 Abs. 4 EStG).

2.3.6 Tariffreibeträge, Familienleistungsausgleich, zu versteuerndes Einkommen

2.3.6.1 Grundsätzliche Zusammenhänge

Der Gesamtbetrag der Einkünfte, vermindert um die Sonderausgaben (einschließlich des Verlustabzuges) und die außergewöhnlichen Belastungen, ist das Einkommen (§ 2 Abs. 4 EStG). Die Begriffe „Gesamtbetrag der Einkünfte", „Sonderausgaben" und „außergewöhnliche Belastungen" sind bereits in den vorangegangenen Gliederungspunkten erläutert worden. Damit kann nunmehr die Ermittlung des zu versteuernden Einkommens behandelt werden.

Das Einkommen, vermindert um den Kinderfreibetrag nach den §§ 31 und 32 EStG, den Haushaltsfreibetrag nach § 32 Abs. 7 EStG und um die sonstigen vom Einkommen abzuziehenden Beträge ist das zu versteuernde Einkommen. Dieses bildet die Bemessungsgrundlage für die tarifliche Einkommensteuer (§ 2 Abs. 5 EStG).

Nach § 31 Abs. 1 EStG erhält der Steuerpflichtige für jedes Kind, das ihm steuerlich zuzurechnen ist, entweder einen Kinderfreibetrag nach § 32 EStG oder Kindergeld nach den Vorschriften der §§ 62 - 78 EStG. Der Kinderfreibetrag mindert das zu versteuernde Einkommen des Steuerpflichtigen; das Kindergeld ist eine Steuervergütung, die nach § 31 Satz 3 EStG monatlich an den Berechtigten ausgezahlt bzw. mit dessen Lohnsteuerschuld verrechnet wird. Der Kinderfreibetrag ist also ein Freibetrag bei der Ermittlung der einkommensteuerlichen Bemessungsgrundlage, das Kindergeld hingegen kann als eine Art negativer Einkommensteuer angesehen werden. Die Zahlung von Kindergeld setzt nach § 67 Abs. 1 EStG einen schriftlichen Antrag des Berechtigten an die örtlich zuständige Familienkasse voraus. Stellt der Berechtigte keinen derartigen Antrag, so kommt es im Rahmen seiner Veranlagung zur Einkommensteuer zum Abzug eines Kinderfreibetrags. Das gleiche geschieht dann, wenn die Steuerersparnis aufgrund des Kinderfreibetrags höher ist als das Kindergeld (§ 31 Satz 4 EStG). In diesem Fall ist der Kinderfreibetrag vom Einkommen abzuziehen und das bereits ausgezahlte Kindergeld der Einkommensteuerschuld hinzuzurechnen. Diese Hinzurechnung des Kindergelds zur Einkommensteuerschuld wirkt also wie eine negative Vorauszahlung. Durch diese Hinzurechnung wird eine doppelte Begünstigung des Steuerpflichtigen, nämlich sowohl durch einen Kinderfreibetrag als auch durch Kindergeld, vermieden. Letztlich kommt der Steuerpflichtige also stets in den Genuß der für ihn vorteilhafteren Begünstigung.

Die Berücksichtigung eines Kindes bei seinen Eltern bzw. einem Elternteil durch Abzug eines Kinderfreibetrags oder durch Zahlung von Kindergeld wird in der Überschrift des § 31 EStG als Familienleistungsausgleich bezeichnet.

2.3.6.2 Kinder

Kinder i.S.d. Einkommensteuerrechts sind in § 32 Abs. 1 EStG definiert. Unter die Nr. 1 dieser Vorschrift fallen sowohl leibliche Kinder (eheliche, für ehelich erklärte und uneheliche Kinder) als auch Adoptivkinder, unter die Nr. 2 fallen Pflegekinder. Wann ein Pflegekindschaftsverhältnis vorliegt, ist in R 177 EStR näher erläutert.

Nach § 32 Abs. 3 EStG wird ein Kind in dem Kalendermonat berücksichtigt, in dem es lebend geboren wurde, und in jedem Folgemonat, zu dessen Beginn es das 18. Lebensjahr noch nicht vollendet hat. Auch Kinder, die das 18. Lebensjahr bereits vollendet haben, können berücksichtigt werden. Das gilt aber nur unter den einengenden Voraussetzungen des § 32 Abs. 4 EStG. Berücksichtigungsfähig nach Satz 1 Nr. 1 dieser Vorschrift sind Kinder, die arbeitslos sind und der Arbeitsvermittlung zur Verfügung stehen. Das gilt aber nur bis zur Vollendung ihres 21. Lebensjahrs. Ferner sind Kinder, die das 18., noch nicht hingegen das 27. Lebensjahr vollendet haben, berücksichtigungsfähig, wenn sie die Voraussetzungen des § 32 Abs. 4 Satz 1 Nr. 2 EStG erfüllen. Dies ist insbesondere bei Kindern der Fall, die sich noch in der Berufsausbildung befinden. Das gilt aber nur dann, wenn ihre eigenen Einkünfte und Bezüge i.S.d. § 32 Abs. 4 Satz 2 EStG jährlich 12.000 DM nicht übersteigen. Der Betrag von 12.000 DM bezieht sich auf den Veranlagungszeitraum 1997. Für die Jahre 1998 und 1999 erhöht sich der Betrag gem. § 52 Abs. 22a EStG auf 12.360 DM bzw. 13.020 DM. Unter den Voraussetzungen des § 32 Abs. 5 EStG kann sich die Altershöchstgrenze von 21 bzw. 27 Lebensjahren erhöhen. Das ist insbesondere bei solchen Kindern der Fall, die Grundwehrdienst oder Zivildienst geleistet haben und deren Berufsausbildung sich aus diesem Grunde verlängert hat. Letztlich werden ohne Altersbeschränkung solche Kinder berücksichtigt, die wegen körperlicher, geistiger oder seelischer Behinderung außerstande sind, sich selbst zu unterhalten.(§ 32 Abs. 4 Nr. 3 EStG).

2.3.6.3 Kinderfreibeträge, Kindergeld

Jedem Elternteil steht gem. § 32 Abs. 6 EStG für jedes bei ihm zu berücksichtigende Kind ein monatlicher Kinderfreibetrag von 288 DM zu. Werden Ehegatten zusammen zur Einkommensteuer veranlagt, so erhalten sie einen gemeinsamen monatlichen Freibetrag von (288 · 2 =) 576 DM. Steht ein Kinderfreibetrag einem Elternteil bzw. den Ehegatten gemeinsam während eines ganzen Veranlagungszeitraums zu, so sind bei der Veranlagung also (288 · 12 =) 3.456 DM bzw. (576 · 12 =) 6.912 DM abzugsfähig. Anspruch auf Kindergeld hat nach § 62 Abs. 1 EStG jeder unbeschränkt Steuerpflichtige i.S.d. § 1 Absätze 1 bis 3 EStG, bei dem nach § 63 Abs. 1 EStG ein Kind zu berücksichtigen ist (Anspruchsberechtigter). Als Kinder werden nach dieser Vorschrift leibliche Kinder und Adoptivkinder i.S.d. § 32 Abs. 1 EStG sowie von dem Berechtigten in seinen Haushalt aufgenommene Kinder seines Ehegatten sowie von dem Berechtigten in seinen Haushalt aufgenommene Enkel berücksichtigt. Nach § 64 Abs. 1 EStG wird für jedes Kind nur einem Berechtigten Kindergeld gezahlt.

Das Kindergeld beträgt gem. § 66 Abs. 1 EStG für das erste und das zweite Kind des Berechtigten jeweils 220 DM, für das dritte 300 DM und für das vierte und jedes weitere Kind jeweils 350 DM monatlich. Hieraus ergeben sich Jahresbeträge von (220 · 12 =) 2.640 DM, (300 · 12 =) 3.600 DM und (350 · 12 =) 4.200 DM.

Da bei Kindern i.S.d. § 32 Abs. 1 EStG entweder ein Kinderfreibetrag zum Abzug kommt oder Kindergeld gezahlt wird, erhebt sich die Frage, unter welcher Voraussetzung ein Kinderfreibetrag vorteilhafter ist als Kindergeld. Da das Kindergeld für drei einzelne Gruppen von Kindern gestaffelt ist, kann eine Prüfung der Vorteilhaftigkeit nur innerhalb der jeweiligen Gruppe erfolgen. Allgemein kann das Vorteilhaftigkeitskriterium wie folgt formuliert werden:

$$KF \cdot StSatz = KG$$

Hierbei bedeuten:

KF = Kinderfreibetrag
StSatz = Differenz-Einkommensteuersatz
KG = Kindergeld.

Für das erste und zweite Kind i.S.d. § 66 Abs. 1 EStG ergibt sich hieraus folgende konkrete Vorteilhaftigkeitsbedingung:

$$6.912 \cdot StSatz = 2.640 \text{ bzw.}$$

$$StSatz = 38,2 \%.$$

Bei Anwendung des Grundtarifs ist dies dann der Fall, wenn sich das zu versteuernde Einkommen infolge des Abzugs des Kinderfreibetrags von rd. 77 TDM auf rd. 70 TDM verringert. Bewegt sich das Differenzeinkommen in einem höheren Bereich, so ist der Kinderfreibetrag vorteilhafter als das Kindergeld, bewegt sich das Differenzeinkommen in einem geringen Bereich, so gilt das Umgekehrte.

Für das dritte Kind i.S.d. § 66 Abs. 1 EStG gilt folgende konkrete Vorteilhaftigkeitsbedingung:

$$6.912 \cdot StSatz = 3.600 \text{ bzw.}$$

$$StSatz = 52,1 \%.$$

Diese Vorteilhaftigkeitsbedingung ist erst bei Einkommensdifferenzen, die sich knapp unterhalb des Plafonds von rd. 120 TDM (bei Anwendung des Grundtarifs) bzw. 240 TDM (bei Anwendung des Splittingtarifs) bewegen, erfüllt. Vereinfachend läßt sich deshalb festhalten, daß für das dritte Kind der Kinderfreibetrag erst dann vorteilhafter ist als das Kindergeld, wenn sich das zu versteuernde Einkommen der Eltern im Plafond, d.h. oberhalb von 120 TDM bzw. 240 TDM bewegt.

Für das vierte und jedes weitere Kind i.S.d. § 66 Abs. 1 EStG gilt folgende konkrete Vorteilhaftigkeitsbedingung:

$$6.912 \cdot \text{StSatz} = 4.200$$

$$\text{StSatz} = 60,8 \%.$$

Einen derart hohen Steuersatz gibt es derzeit nicht, da der höchstmögliche Steuersatz nach § 32a Abs. 1 Satz 1 Nr. 4 EStG 53 % beträgt[48]. Für das vierte und für jedes weitere Kind ist deshalb derzeit das Kindergeld vorteilhafter als der Kinderfreibetrag.

Das Kindergeld wird nach § 80 Abs. 1 EStG grundsätzlich durch einen Kindergeldbescheid der Familienkasse festgesetzt. Nach § 71 EStG wird es monatlich gezahlt. Bei Angehörigen des Öffentlichen Dienstes ist der jeweilige Dienstherr sowohl Familienkasse als auch auszahlende Stelle (§ 72 Abs. 1 EStG). Dem Öffentlichen Dienst sind die Nachfolgegesellschaften der Bundespost gleichgestellt (§ 72 Abs. 2 EStG). Für alle anderen Anspruchsberechtigten befindet sich die Familienkasse bei dem zuständigen Arbeitsamt. Diese ist für die Ansprüche von Gewerbetreibenden und sonstigen Selbständigen auch auszahlende Stelle. Für Arbeitnehmer, die nicht dem öffentlichen Dienst angehören, hat der Arbeitgeber aufgrund des Bescheids der zuständigen Familienkasse das Kindergeld auszuzahlen (§ 73 Abs. 1 EStG). Technisch geschieht dies durch Kürzung der von ihm für den einzelnen Arbeitnehmer einzubehaltenden Lohnsteuer. Der Differenzbetrag zwischen Lohnsteuer und Kindergeld ist dann an das Finanzamt abzuführen bzw. an den Arbeitnehmer auszuzahlen.

2.3.6.4 Haushaltsfreibetrag

Alleinerziehende Mütter oder Väter erhalten nach § 32 Abs. 7 EStG einen Haushaltsfreibetrag von 5.616 DM jährlich. Dieser Freibetrag kommt zusätzlich zu einem Kinderfreibetrag bzw. zur Zahlung von Kindergeld zum Abzug. Voraussetzung ist, daß es sich um einen Steuerpflichtigen handelt, der nicht zu den Ehegatten i.S.d. § 26 EStG gehört[49] und der auch nicht in den Genuß des sog. Gnadensplittings[50] kommt. Weitere Voraussetzung ist, daß dieser Steuerpflichtige für mindestens ein Kind einen Kinderfreibetrag oder Kindergeld erhält.

---

[48] Vgl. Gliederungspunkt 2.4.1.2.
[49] Vgl. Gliederungspunkt 2.1.3.
[50] Vgl. Gliederungspunkt 2.4.1.2.

2.3.7 Aufgaben 21 und 22

Aufgabe 21

Die unbeschränkt steuerpflichtigen Ehegatten Schmitz werden gemäß §§ 26, 26b EStG zusammen veranlagt.

Ehemann Arnold hat im Veranlagungszeitraum folgende Einnahmen bzw. Einkünfte erzielt:

Verlust aus Gewerbebetrieb	15.000 DM
Einnahmen aus nichtselbständiger Arbeit (keine Werbungskosten angefallen)	50.000 DM
Einnahmen aus Kapitalvermögen (keine Werbungskosten angefallen)	4.000 DM

Ehefrau Berta hat folgende Einnahmen bzw. Einkünfte erzielt:

Einkünfte aus selbständiger Arbeit	4.000 DM
Verlust aus Vermietung und Verpachtung	14.000 DM
Sonstige Einkünfte i.S.d. § 22 EStG (keine wiederkehrenden Bezüge i.S.d. § 22 Nr. 1 und 1a EStG; Werbungskosten sind nicht angefallen)	1.100 DM

Es ist das Einkommen zu ermitteln.

Ehemann Arnold ist 70, Ehefrau Berta 50 Jahre alt. Sie haben keine Kinder. Die Eheleute machen in ihrer Steuererklärung keine Sonderausgaben geltend.

Aufgabe 22

Heribert Schulze ermittelt für das Jahr 03 einen Verlust aus Gewerbebetrieb von 22.000 DM, Einkünfte aus Kapitalvermögen von 6.000 DM und einen Verlust aus Vermietung und Verpachtung von 4.000 DM.

Im Jahr 01 hatte Schulze einen Gesamtbetrag der Einkünfte von 0 DM, in 02 von 15.000 DM sowie Sonderausgaben (vor Berücksichtigung des Verlustabzuges) in beiden Jahren von jeweils 3.000 DM.

a) Wie hoch ist der Verlustabzug in den Veranlagungszeiträumen 01 und 02?

b) Wie hoch ist der vortragsfähige Verlust für das Jahr 04?

c) Kann der Steuerpflichtige den Verlustabzug statt in 02 erst in 04 geltend machen?

d) Wie wäre der Sachverhalt steuerrechtlich zu beurteilen, wenn im Kalenderjahr 02 die Summe der Einkünfte 0 DM betragen hätte?

2.4 Ermittlung der Steuerschuld

2.4.1 Tarifliche Einkommensteuer

2.4.1.1 Allgemeines

Aus dem Einkommensteuer-Schema ist zu ersehen, daß zwischen **tariflicher** und **festzusetzender** Einkommensteuer zu unterscheiden ist. Die festzusetzende Einkommensteuer ergibt sich nach § 2 Abs. 6 EStG durch Abzug bestimmter Steuerermäßigungen von der tariflichen Einkommensteuer.

Ausgangspunkt zur Ermittlung der tariflichen Einkommensteuer ist das zu versteuernde Einkommen. Die Steuer ergibt sich durch die Anwendung des Tarifs auf die Bemessungsgrundlage.

Im Normalfall sind die Vorschriften des § 32a EStG (**Normaltarif**) anzuwenden. Hierbei ist seit 1994 für *gewerbliche Einkünfte* die *Tarifbegrenzung* des § 32c EStG zu beachten. In Ausnahmefällen kommen zusätzlich zu dem Normaltarif des § 32a EStG die Vorschriften der §§ 32b, 34 und 34c EStG zur Anwendung (§ 32a Abs. 1 EStG). Auf die genannten Vorschriften wird in den folgenden Gliederungspunkten näher eingegangen.

2.4.1.2 Grundtarif, Splittingtarif, Einkommensteuertabellen

Zu unterscheiden sind zwei Arten des Normaltarifs, und zwar der **Grund-** und der **Splittingtarif**. Der *Grundtarif* ist bei *Einzelveranlagung* und *getrennter Veranlagung*, der *Splittingtarif* bei Zusammenveranlagung anzuwenden.

Der **Grundtarif** ergibt sich aus § 32a Abs. 1 EStG. In Abhängigkeit von der Höhe der Bemessungsgrundlage sind vier Tarifzonen zu unterscheiden, für die jeweils eine eigene Tarifformel gilt. Aus § 32a Abs. 1 EStG läßt sich für den Grundtarif folgendes ableiten:

Tarifzone	Bemessungsgrundlage DM	Grenzsteuersatz von	bis
1	bis 12.365	0,0 %	0,0 %
2	bis 58.643	25,9 %	34,3 %
3	bis 120.041	34,3 %	53,0 %
4	ab 120.042	konstant 53,0 %	

Danach werden die ersten 12.365 DM des zu versteuernden Einkommens nicht besteuert (**Grundfreibetrag**). Der Grundfreibetrag soll das Existenzminimum von der Besteuerung ausnehmen. An den Grundfreibetrag schließen sich zwei Zonen mit progressivem Verlauf des Grenzsteuersatzes an (**Progressionszonen**). Der Grenzsteuersatz ist derjenige Steuersatz, mit dem die jeweils letzte Einheit der Bemessungsgrundlage belastet wird. Mathematisch handelt es sich um die 1. Ableitung der Steuertarif-Funktion. Die Teile des zu versteuernden Einkommens, die über rd. 120 TDM hinausgehen, werden gleichmäßig mit einem Grenzsteuersatz von 53 % (**obere Proportionalzone**) belastet.

Der *Grenzsteuersatz* beträgt also zunächst 0 %, steigt anschließend kontinuierlich bis auf 53 % an und verharrt schließlich auf diesem Satz. Der *Durchschnittssteuersatz*, d.h. der Steuersatz, mit dem das zu versteuernde Einkommen durchschnittlich belastet ist, beträgt zunächst ebenfalls 0 % und steigt dann kontinuierlich an bis auf Werte, die sich 53 % nähern, ohne diesen Prozentsatz je völlig zu erreichen.

Der in § 32a Abs. 1 EStG definierte Tarif gilt nur für die Jahre 1996 und 1997. Die für die Jahre ab 1998 geltenden Tarife ergeben sich aus § 52 Abs. 22a EStG. Diese Vorschrift unterscheidet zwischen einem für 1998 und einem für die Jahre ab 1999 geltenden Tarif. Beide unterscheiden sich von dem für die Jahre 1996 und 1997 geltenden Tarif dadurch, daß in ihnen der Grundfreibetrag erhöht ist, und zwar für 1998 auf 12.365 DM und für die Jahre ab 1999 auf 13.067 DM. Der Erhöhung des Grundfreibetrags liegt der Gedanke zugrunde, daß das Existenzminimum inflationsbedingt im Zeitablauf steigt.

Auch nach dem für 1998 und dem für die Jahre ab 1999 geltenden Recht schließen sich an den Grundfreibetrag jeweils zwei Zonen mit progressivem Tarif an. Der obere der beiden endet in gleicher Weise wie der für 1996 gültige bei einem zu versteuernden Einkommen von 120.041 DM. Hieran schließt sich - ebenfalls wie auch für 1996 - ein Proportionaltairf an, in dem der Grenzsteuersatz konstant 53 % beträgt. Die Tarife für die Jahre ab 1998 unterscheiden sich somit im Ergebnis von denjenigen für 1996 dadurch, daß der Grundfreibetrag höher und der Progressionsbereich enger wird. Im Progressionsbereich steigt das Grenzsteuerrecht schneller als nach dem für die Jahre 1996 und 1997 geltenden Recht.

Die Steuer laut **Splittingtarif** beträgt das Doppelte des Steuerbetrages, der sich für die Hälfte des gemeinsam zu versteuernden Einkommens ergeben würde (§ 32a Abs. 5 EStG). Das zu versteuernde Einkommen der Ehegatten wird also zunächst halbiert („gesplittet"), von dem sich ergebenden Betrag die Steuer errechnet und dann der Steuerbetrag verdoppelt. Durch dieses **Splittingverfahren** wird immer dann die Steuerprogression gemildert, wenn die Ehegatten unterschiedlich hohe zu versteuernde Einkommen haben und sich zumindest eines dieser zu versteuernden Einkommen im Progressionsbereich befindet.

Für Grund- und Splittingtarif befinden sich in Anlage 2 zum EStG je eine amtliche **Grund-** bzw. **Splittingtabelle**, aus der die Steuerschuld unmittelbar abgelesen werden kann. Diese Tabellen reichen nur bis zu einem zu versteuernden Einkommen von 141.911 DM bzw. 283.823 DM. Im Fachbuchhandel sind darüber hinaus Tabellen erhältlich, die über diese Grenzen hinausgehen. Die Grundtabelle ist in „54er-Schritten", die Splittingtabelle in „108er-Schritten" aufgebaut. Der Grund liegt darin, daß das zu versteuernde Einkommen nach § 32a Abs. 2 EStG auf den nächsten durch 54 ohne Rest teilbaren DM-Betrag abzurunden ist. Die Verdoppelung der Zahl 54 auf 108 im Splittingfall ergibt sich aus § 32a Abs. 5 EStG.

Beispiel

Das zu versteuernde Einkommen der Eheleute A beträgt im Jahre 1998 75.000 DM.

Bei Anwendung der Splittingtabelle ergibt sich eine tarifliche Einkommensteuer von 14.188 DM. Dasselbe Ergebnis entsteht, wenn auf die Hälfte des zu versteuernden Einkommens, d.h. auf (75.000 : 2 =) 37.500 DM, die Grundtabelle angewendet und die sich ergebende Steuerschuld von 7.094 DM verdoppelt wird. Würde auf das volle zu versteuernde Einkommen der Grundtarif angewendet, ergäbe sich eine tarifliche Einkommensteuer von 19.963 DM. Das Splitting bewirkt somit eine Ersparnis von 5.775 DM.

Der Splittingtarif ist auch anzuwenden bei einem verwitweten Steuerpflichtigen für den Veranlagungszeitraum, der dem Kalenderjahr folgt, in dem der Ehegatte verstorben ist, wenn die Ehegatten *im Zeitpunkt des Todes* des verstorbenen Ehegatten die Voraussetzung der Haushaltsbesteuerung erfüllt haben (§ 32a Abs. 6 Nr. 1 EStG). Ein derartiges **Gnadensplitting** ist für das Jahr des Todes nicht erforderlich, weil in diesem noch die Voraussetzungen der Haushaltsbesteuerung vorliegen. Ein Gnadensplitting kommt auch unter in § 32a Abs. 6 Nr. 2 EStG näher bezeichneten Voraussetzungen im Jahr einer Ehescheidung oder sonstigen Auflösung einer Ehe zur Anwendung.

2.4.1.3 Progressionsvorbehalt

In den in § 32b Abs. 1 EStG genannten Fällen kommt es zur Anwendung des Progressionsvorbehalts. In allen in § 32b Abs. 1 EStG aufgeführten Fällen handelt es sich um steuerfreie Einkünfte. Genannt seien hier lediglich:

- das Arbeitslosengeld und die Arbeitslosenhilfe,
- das Krankengeld und das Mutterschaftsgeld,
- das Vorruhestandsgeld,
- ausländische Einkünfte, die nach einem DBA steuerfrei sind.

Progressionsvorbehalt bedeutet, daß das sich aus den nicht von der Besteuerung freigestellten Einkünften ergebende zu versteuernde Einkommen dem Steuersatz unterworfen wird, der sich ergäbe, wenn das zu versteuernde Einkommen auch die freigestellten Einkünfte umfassen würde (§ 32b Abs. 2 Nr. 2 EStG). Auf das zu versteuernde Einkommen ist also nicht der normale Tarif, sondern ein *besonderer Steuersatz* anzuwenden (§ 32b Abs. 1 EStG). Die Anwendung des Progressionsvorbehalts soll bewirken, daß Steuerpflichtige mit steuerfreien Einkünften dem gleichen Steuersatz, d.h. der *gleichen Progression* unterliegen, wie Steuerpflichtige, die ausschließlich steuerpflichtige Einkünfte beziehen.

2.4.1.4 Steuersätze bei außerordentlichen Einkünften

Welche Einkünfte als außerordentlich zu betrachten sind, ist in § 34 Abs. 2 EStG geregelt. Dazu zählen vor allem *Veräußerungsgewinne* i.S.d. §§ 16, 14, 14a Abs. 1, 17 und 18 Abs. 3 EStG.

Sind in dem Einkommen eines Steuerpflichtigen *außerordentliche Einkünfte* enthalten, so wird auf Antrag des Steuerpflichtigen die darauf entfallende Einkommensteuer nach einem **ermäßigten Steuersatz** bemessen. Der ermäßigte Steuersatz beträgt die Hälfte des durchschnittlichen Steuersatzes, der sich ergeben würde, wenn die tarifliche Einkommensteuer nach dem gesamten zu versteuernden Einkommen (fiktives zu versteuerndes Einkommen) zu bemessen wäre (**halber Durchschnittssteuersatz**). Auf das restliche zu versteuernde Einkommen ist der *Normaltarif* anzuwenden (§ 34 Abs. 1 EStG).

Beispiel

Ein Steuerpflichtiger (54 Jahre alt, ledig, wohnhaft in Mainz) ermittelt für das Jahr 01 ein zu versteuerndes Einkommen von 600.000 DM[51]. In diesem Ergebnis ist ein Veräußerungsgewinn gemäß § 16 EStG von 300.000 DM erhalten.

Für das fiktive zu versteuernde Einkommen von 600.000 DM ergibt sich nach § 32a Abs. 1 Nr. 4 EStG eine Einkommensteuer von (0,53 · 600.000 - 22.842 =) 295.158 DM. Der durchschnittliche Steuersatz beträgt (295.158 : 600.000 =) 49,193 %, der halbe durchschnittliche Steuersatz 24,5965 %.

Die gesamte tarifliche Einkommensteuer ergibt sich wie folgt:

zu versteuerndes Einkommen	600.000 DM
steuerpflichtiger Veräußerungsgewinn	- 300.000 DM
verbleiben	300.000 DM
darauf entfällt Einkommensteuer nach § 32a Abs. 1 Nr. 4 EStG 0,53 · 300.000 - 22.842	136.158 DM
auf den Veräußerungsgewinn entfällt Einkommensteuer i.H.v. 0,245965 · 300.000	73.789 DM
Einkommensteuer insgesamt	209.947 DM

Unterliegen Einkünfte dem ermäßigten Steuersatz des § 34 EStG, so kommt für diese *nicht* gleichzeitig eine Tarifbegrenzung nach § 32c EStG zur Anwendung. Eine derartige doppelte Begünstigung ist durch § 32c Abs. 2 Satz 2 EStG vielmehr ausdrücklich ausgeschlossen. Der ermäßigte Steuersatz kommt nicht auf beliebig hohe außerordentliche Einkünfte zur Anwendung.

Der ermäßigte Steuersatz soll insbesondere die Besteuerung von in vielen Jahren oder Jahrzehnten entstandenen stillen Reserven bei deren Aufdeckung im Rahmen einer Betriebsveräußerung (§§ 16, 14, 14a, 17 und 18 Abs. 3 EStG) mildern. Dies soll nach dem Willen des Gesetzgebers aber nicht für stille Reserven in beliebiger Höhe gelten. Deshalb begrenzt § 34 Abs. 1 EStG den begünstigten Veräußerungsgewinn auf 15 Mio DM je Steuerpflichtigen. Übersteigt der tatsächliche Veräußerungsgewinn diesen Betrag, so unterliegt der darüberhinausgehende Betrag dem normalen Tarif. Bei Veräußerungsgewinnen, die vor dem 1.1.1997 entstanden sind, beträgt der begünstigte Teil des Veräußerungsgewinns 30 Mio DM.

Einkünfte, die die Entlohnung für eine Tätigkeit darstellen, die sich über mehrere Jahre erstreckt, unterliegen der Einkommensteuer zum Normaltarif. Nach § 34 Abs. 3 EStG können diese Einkünfte aber auf die Jahre verteilt werden, in denen sie erzielt wurden und als Einkünfte dieser Jahre angesehen werden. Voraussetzung ist allerdings, daß die Gesamtverteilung drei Jahre nicht übersteigt.

2.4.2 Tarifbegrenzung bei gewerblichen Einkünften

Durch das im Sommer 1993 verabschiedete Standortsicherungsgesetz (StandOG) hat der Gesetzgeber mit der Einfügung des § 32c in das EStG eine selektive Tarifbegünstigung (Tarifbegrenzung) gewerblicher Einkünfte geschaffen. Ob diese

---

[51] Die Abrundungsvorschrift des § 32a Abs. 2 EStG wird in diesem Beispiel aus Vereinfachungsgründen vernachlässigt.

Vorschrift einer eventuellen verfassungsrechtlichen Überprüfung standhält, bleibt abzuwarten.

Sind in dem zu versteuernden Einkommen gewerbliche Einkünfte enthalten, deren Anteil am zu versteuernden Einkommen mindestens 100.278 DM beträgt, so ist nach § 32c Abs. 1 EStG von der tariflichen Einkommensteuer ein **Entlastungsbetrag** abzuziehen. Die Höhe dieses Entlastungsbetrages bestimmt sich nach § 32c Abs. 4 EStG. Zur Berechnung des gewerblichen Anteils am zu versteuernden Einkommen sind die gewerblichen Einkünfte i.S.d. § 32c Abs. 2 EStG ins Verhältnis zur Summe der Einkünfte zu setzen. Die Ermittlung erfolgt somit nach folgender Formel:

$$\text{gewerblicher Anteil} = \frac{\text{gewerbliche Einkünfte i.S.d. § 32c Abs. 2 EStG}}{\text{Summe der Einkünfte}} \cdot \text{zu versteuerndes Einkommen}$$

Beispiel

Der ledige Steuerpflichtige S ermittelt für 01 gewerbliche Einkünfte i.S.d. § 32c Abs. 2 EStG in Höhe von 169.000 DM. Seine nichtgewerblichen Einkünfte (z.B. aus Vermietung und Verpachtung) betragen 30.520 DM und die Summe der Einkünfte 199.520 DM. Nach Abzug der Sonderausgaben und außergewöhnlichen Belastungen von 14.300 DM ergibt sich ein zu versteuerndes Einkommen von 185.220 DM.

Der für die Tarifbegrenzung maßgebliche gewerbliche Anteil am zu versteuernden Einkommen beträgt [(169.000 : 199.520) · 185.220 =] 156.887,41 DM.

Zur Ermittlung des Entlastungsbetrags wird zunächst für den abgerundeten gewerblichen Anteil die Einkommensteuer nach dem „normalen" Tarif des § 32a EStG ermittelt. Von dem sich so ergebenden Steuerbetrag (Ausgangsbetrag) sind folgende Beträge abzuziehen:

1. die Einkommensteuer, die nach § 32a EStG auf ein zu versteuerndes Einkommen von 100.224 DM entfällt und
2. 47 % des abgerundeten gewerblichen Anteils, soweit er 100.224 DM übersteigt.

Die Differenz aus dem Ausgangsbetrag und der Summe der beiden abzuziehenden Beträge ergibt den *Entlastungsbetrag*. Dieser ist auf volle DM abzurunden.

Beispiel

Das zu versteuernde Einkommen des ledigen Steuerpflichtigen S beträgt 135.112 DM. Der (auf einen durch 54 teilbaren Betrag) abgerundete gewerbliche Anteil am zu versteuernden Einkommen beträgt 128.682 DM. Nach der Grundtabelle ergibt sich hierfür eine Steuerschuld von 45.358 DM. Von diesem Ausgangsbetrag sind die nachfolgend ermittelten Beträge abzuziehen.

Abzuziehen ist zunächst die Einkommensteuer, die nach § 32a EStG auf ein zu versteuerndes Einkommen von 100.224 DM entfällt. Dies ist nach der Grundtabelle ein Betrag von 30.869 DM. Abzuziehen sind ferner 47 % des abgerundeten gewerblichen Anteils, soweit er 100.224 DM übersteigt. Wie bereits ausgeführt, beträgt der abgerundete gewerbliche Anteil 128.682 DM. Dieser übersteigt den Betrag von 100.224 DM um (128.682 ./. 100.224 =) 28.458 DM. 47 % dieses Betrages belaufen sich auf (28.458 · 47 % =) 13.375,26 DM. Abzuziehen sind demnach insgesamt (30.869 + 13.376,26 =) 44.244,26 DM.

Der Entlastungsbetrag ergibt sich als die Differenz aus dem Ausgangsbetrag von 45.358 DM und der Summe der von diesem abzuziehenden Beträge von 44.244,26 DM = 1.114 DM. Um diesen Betrag ist die tarifliche Einkommensteuer zu mindern.

Die tarifliche Einkommensteuer ergibt sich durch Anwendung auf das zu versteuernde Einkommen von 135.112 DM. Sie beträgt 48.764 DM. Von diesem Betrag ist der Entlastungsbetrag von 1.114 DM abzuziehen. Die Jahressteuerschuld des S beträgt demnach (48.764 ./. 1.115 =) 47.650 DM.

Bei Zusammenveranlagung beträgt der Entlastungsbetrag gem. § 32c Abs. 5 Satz 1 EStG das Zweifache des Entlastungsbetrags, der sich für die Hälfte ihres gemeinsam zu versteuernden Einkommens ergibt. Diese Regelung ist nach § 32c Abs. 5 EStG im Falle des Gnadensplitting entsprechend anzuwenden. Durch die Regelung des § 32c EStG wird folgendes erreicht:

1. Soweit der gewerbliche Anteil am zu versteuernden Einkommen den Betrag von 100.278 DM (bei Anwendung des Grundtarifs) bzw. 200.556 DM (bei Anwendung des Splittingtarifs) nicht überschreitet, ist nur die Tarifformel des § 32a EStG anzuwenden, d.h. eine Tarifbegrenzung ist nicht vorzunehmen.

2. Der die genannten Beträge von 100.278 DM bzw. 200.556 DM übersteigende Anteil der gewerblichen Einkünfte ist abweichend von § 32a EStG mit einem Steuersatz von lediglich 47 % zu versteuern (Tarifbegrenzung). Bei dem Steuersatz von 47 % handelt es sich sowohl um einen Grenz- als auch um einen Differenzsteuersatz.

Was unter *gewerblichen Einkünften* i.S.d. § 32c EStG zu verstehen ist, ist in Abs. 2 dieser Vorschrift definiert. Hierbei handelt es sich um solche Gewinne oder Gewinnanteile i.S.d. § 15 EStG, die nach § 7 oder § 8 Nr. 4 GewStG der Gewerbesteuer unterliegen. Diese Gewinne bzw. Gewinnanteile sind aber zu kürzen um die in § 32c Abs. 2 Satz 2 EStG genannten Beträge. Hierbei handelt es sich um einige wenige derjenigen Beträge, die auch bei Ermittlung des Gewerbeertrags zu kürzen sind[52]. Auf Einzelheiten soll hier nicht eingegangen werden. Zu kürzen sind die Gewinne bzw. Gewinnanteile nach § 32c Abs. 2 Satz 2 EStG darüber hinaus um steuerbegünstigte Gewinne i.S.d. § 34 EStG[53].

2.4.3 Pläne zur Reform des Einkommensteuertarifs

Bereits seit Jahren streben sowohl die Bonner Koalitionsparteien und die Bundesregierung als auch die Opposition eine Steuerreform an. Über die Ziele dieser Reform sind Regierung und Opposition allerdings zerstritten. Während die Regierung vorrangig eine Senkung des Spitzensteuersatzes anstrebt, will die Opposition vor allem eine Entlastung der unteren und mittleren Einkommen erreichen. Sehr weitgehende Vorschläge der Koalition zur Reform des Einkommensteuertarifs haben bereits im Januar 1997 ihren Niederschlag in dem Steuerreformgesetz 1999

---

52 Hinsichtlich der Kürzungen bei der Gewerbesteuer vgl. Gliederungspunkt 4.3.4.
53 Vgl. Gliederungspunkt 2.4.1.4.-

gefunden. Dieses Gesetz ist im Juni 1997 vom Bundestag verabschiedet worden[54]. Der Bundesrat hat dann aber das Gesetz abgelehnt[55]. Hinsichtlich des Einkommensteuertarifs können die wichtigsten Reformpunkte des gescheiterten Steuerreformgesetzes 1999 wie folgt skizziert werden:

1. Neufassung des Tarifs gem. § 32a Abs. 1 EStG mit einer geringen Entlastung der Einkommen im unteren und mittleren Bereich und einer hohen Entlastung bei hohen Einkommen durch Senkung des Spitzensteuersatzes von 53 % auf 39 %.
2. Senkung des Spitzensteuersatzes für gewerbliche Einkünfte i.S.d. § 32c EStG von 47 % auf 35 %.
3. Abschaffung des ermäßigten Steuersatzes gem. § 34 Abs. 1 EStG in seiner jetzigen Form.

Vermutlich werden die Reformbemühungen nach der Bundestagswahl im Oktober 1998 ernsthaft weitergeführt. Unabhängig davon, wie diese Wahl ausgeht, ist aber kaum damit zu rechnen, daß es zu einer so weitgehenden Senkung der Spitzensteuersätze kommen wird, wie dies in dem gescheiterten Steuerreformgesetz 1999 vorgesehen war. Vermutlich werden die künftigen Spitzensteuersätze zwischen denen des Jahres 1998 und denen in dem gescheiterten Steuerreformgesetz 1999 festgelegten liegen. Wegen der erforderlichen umfangreichen gesetzgeberischen Arbeiten ist kaum damit zu rechnen, daß eine Tarifreform, sollte sie denn zustande kommen, vor dem Jahre 2000 oder 2001 in Kraft treten kann.

2.4.4 Festzusetzende Einkommensteuer

Die festzusetzende Einkommensteuer ist die Einkommensteuer, die der Steuerpflichtige letztlich für einen Veranlagungszeitraum schuldet. Sie wird auch **Jahressteuerschuld** genannt. Sie ergibt sich durch Abzug der Steuerermäßigungen von der tariflichen Einkommensteuer (§ 2 Abs. 6 EStG). Welche *Steuerermäßigungen* gemeint sind, ergibt sich aus R 4 EStR. Wurde das Einkommen um einen Kinderfreibetrag gemindert, so ist ein außerdem gezahltes Kindergeld der Einkommensteuer hinzuzurechnen (§ 2 Abs. 6 Satz 2 EStG).

Die Ermittlung der festzusetzenden Einkommensteuer läßt sich in schematischer Weise wie folgt darstellen[56]:

---

[54] Vgl. BR-Drucks. 480/97 vom 27.6.1997.
[55] Vgl. BT-Drucks. 13/8177 vom 8.7.1997 und 13/8798 vom 21.10.1997.
[56] Vgl. die umfassendere Darstellung in R 4 EStR.

Steuerbetrag lt. Grund- oder Splittingtabelle, ggf. korrigiert um Progressionsvorbehalt
+ Steuer auf außerordentliche Einkünfte gem. § 34 EStG.

= tarifliche Einkommensteuer (§ 32a Abs. 1 und 5 EStG)
- Entlastungsbetrag nach § 32c EStG
- ausländische Steuern nach § 34c EStG
- Baukindergeld gem. § 34f EStG (nur noch Altfälle)
+ Kindergeld

= festzusetzende Einkommensteuer

Auf die Anrechnung ausländischer Steuern soll erst in Gliederungspunkt 2.7.2.2 eingegangen werden.

2.4.5 Aufgabe 23

Der ledige Metzgermeister Schmitt (56 Jahre alt) veräußert am 30. April des Jahres 01 sein Geschäft in bar an den Metzgermeister Schulze. Seine Schlußbilanz hat folgendes Aussehen:

Aktiva		Passiva	
	DM		DM
Anlagevermögen	50.000	Eigenkapital	60.000
Umlaufvermögen	10.000		
	60.000		60.000

Der Kaufpreis beträgt 152.000 DM, die Veräußerungskosten, die Schmitt trägt, belaufen sich auf 2.000 DM. In der Zeit vom 1. Januar bis 30. April 01 hat Schmitt einen laufenden Gewinn von 120.000 DM erzielt. Weitere Einkünfte sowie Sonderausgaben und außergewöhnliche Belastungen hat er nicht. Er beantragt, auf den Veräußerungsgewinn § 34 EStG anzuwenden.

Es sind die tarifliche und die festzusetzende Einkommensteuer des Schmitt für das Jahr 01 zu ermitteln.

Lösungshinweis: R 198 EStR und H 198 EStR sollten beachtet werden.

2.5 Steuererhebung

2.5.1 Jahressteuerschuld, Abschlußzahlung, Vorauszahlungen

Die **Jahressteuerschuld** entsteht mit Ablauf des Veranlagungszeitraums (§ 36 Abs. 1 EStG), d.h. des Kalenderjahres. Sie wird grundsätzlich durch *Veranlagung* festgesetzt und erhoben.

Nach § 36 Abs. 2 EStG werden auf die Jahressteuerschuld *angerechnet*:

1. die für den Veranlagungszeitraum entrichteten Einkommensteuer-*Vorauszahlungen*,
2. die durch *Steuerabzug* erhobene Einkommensteuer[57],
3. die *anrechenbare Körperschaftsteuer*[58].

Nach Anrechnung dieser Beträge auf die Jahressteuerschuld ergibt sich für den Steuerpflichtigen entweder eine Restverbindlichkeit (**Abschlußzahlung**) *oder* ein **Guthaben**. Eine Abschlußzahlung ist innerhalb eines Monats nach Bekanntgabe des Steuerbescheids zu entrichten (§ 36 Abs. 4 EStG).

Der Steuerpflichtige hat am 10. März, 10. Juni, 10. September und 10. Dezember **Vorauszahlungen** auf die Einkommensteuer zu entrichten, die er für den laufenden Veranlagungszeitraum *voraussichtlich* schulden wird (§ 37 Abs. 1 EStG). Die Vorauszahlungen bemessen sich grundsätzlich nach der Einkommensteuer, die sich nach Anrechnung der Steuerabzugsbeträge und des Körperschaftsteuer-Anrechnungsguthabens bei der *letzten* Veranlagung ergeben hat (§ 37 Abs. 3 EStG). Der Vorauszahlungsbescheid befindet sich üblicherweise auf demselben Blatt Papier wie der zuletzt erteilte Einkommensteuerbescheid.

Das Finanzamt kann bis zum Ablauf des auf den Veranlagungszeitraum folgenden 15. Kalendermonats die Vorauszahlungen an die Einkommensteuer *anpassen*, die sich bei späterer Durchführung der Veranlagung voraussichtlich ergeben wird (§ 37 Abs. 3 Satz 3 EStG).

2.5.2 Aufgabe 24

Mit Steuerbescheid vom 7. April des Jahres 03 (Tag der Bekanntgabe 10.4.03) wird die Einkommensteuerschuld des Steuerpflichtigen A für das Jahr 01 auf 90.000 DM festgesetzt. A hat im Laufe des Jahres 01 einmal 2.000 DM und dreimal 3.000 DM Vorauszahlungen geleistet. Sein Arbeitgeber hat im Lohnsteuerabzugsverfahren für ihn 10.000 DM entrichtet. Eine GmbH, an der er beteiligt ist, hat ihm bescheinigt, daß sie die auf seinen Gewinnanteil für das Jahr 0 anfallende Kapitalertragsteuer i.H.v. 10.000 DM nach dem Gewinnverteilungsbeschluß im Jahre 01 an das Finanzamt abgeführt hat. Sie bescheinigt ihm außerdem für das Jahr 01 ein Körperschaftsteuer-Anrechnungsguthaben von 17.142 DM.

A hat am 10. März 03 - einem Vorauszahlungsbescheid vom 12. Januar 03 entsprechend - eine Vorauszahlung von 4.000 DM geleistet.

Ermitteln Sie die Einkommensteuer-Abschlußzahlung für das Jahr 01 und die restlichen Vorauszahlungen für das Jahr 03. Geben Sie für alle diese Zahlungen die Fälligkeitstermine an.

---

[57] Vgl. Gliederungspunkte 2.5.3 und 2.5.4.
[58] Vgl. Gliederungspunkte 3.4.1 und 3.4.3.

2.5.3 Lohnsteuer und Veranlagung von Arbeitnehmern

Bei Einkünften aus nichtselbständiger Arbeit wird die Einkommensteuer durch *Abzug vom Arbeitslohn* erhoben (Lohnsteuer), sofern der Arbeitslohn von einem inländischen Arbeitgeber gezahlt wird (§ 38 Abs. 1 EStG). Die Lohnsteuer *entsteht* bei Zufluß des Arbeitslohnes. Steuerschuldner ist der Arbeitnehmer.

Der Arbeitgeber ist zur *Einbehaltung* (§ 38 Abs. 3 EStG) und *Abführung* der Lohnsteuer an das Finanzamt (§ 41a Abs. 1 EStG) verpflichtet. Der Arbeitnehmer erhält also nicht den vollen Bruttolohn, vielmehr nur den um die Lohnsteuer (und Sozialversicherungsbeiträge) gekürzten Betrag. Der Arbeitgeber muß die Lohnsteuer grundsätzlich monatlich abführen (§ 41a Abs. 1 EStG).

Die Jahreslohnsteuer bemißt sich nach dem *Jahresarbeitslohn* (§ 38a Abs. 1 EStG). Sie entspricht also der Jahreseinkommensteuer unter der Voraussetzung, daß der Steuerpflichtige ausschließlich Einkünfte aus nichtselbständiger Arbeit bezieht. Da Löhne und Gehälter üblicherweise nicht jährlich, sondern monatlich, wöchentlich oder täglich gezahlt werden, müssen die Jahresbeträge in Monats-, Wochen- oder Tagesbeträge umgerechnet werden. Dies ist generell in Lohnsteuertabellen geschehen, die es für monatliche, wöchentliche und tägliche Lohnzahlungen gibt (§ 38c EStG).

Die Höhe der Lohnsteuer ist bei gleichem Arbeitslohn nicht für jeden Arbeitnehmer gleich hoch. Sie ist vielmehr u.a. davon abhängig, ob der Steuerpflichtige die Voraussetzungen der *Ehegattenbesteuerung* erfüllt und ob er Kinder hat[59]. Um persönliche Verhältnisse bereits im Abzugsverfahren berücksichtigen zu können, hat der Gesetzgeber *sechs Steuerklassen* geschaffen (§ 38b EStG). Innerhalb dieser Klassen werden unterschiedliche *Frei- bzw. Pauschbeträge,* in den Klassen II, III und IV wird außerdem die *Zahl der Kinder* berücksichtigt. Die vorhin erwähnten Lohnsteuertabellen sind nach den sechs Steuerklassen gegliedert.

Die Gemeinden sind nach § 39 Abs. 1 EStG verpflichtet, den in ihrem Gebiet wohnenden Arbeitnehmern je eine *Lohnsteuerkarte* zu übermitteln. Aus der Lohnsteuerkarte ergeben sich die Steuerklasse und die Zahl der *Kinderfreibeträge* des Steuerpflichtigen (§ 39 Abs. 3 EStG). Die Angaben auf der Lohnsteuerkarte dienen dem Arbeitgeber als Grundlage für die Ermittlung der von ihm abzuführenden Lohnsteuer (§ 39b EStG). Der Arbeitgeber hat den von ihm innerhalb eines Jahres gezahlten *Arbeitslohn* und die einbehaltene *Lohnsteuer* auf der Lohnsteuerkarte zu bescheinigen (§ 41b Abs. 1 EStG).

Unter der Voraussetzung des § 39a EStG kann sich der Arbeitnehmer vom Finanzamt einen *Freibetrag* auf der Lohnsteuerkarte eintragen lassen (Lohnsteuer-Ermäßigungsverfahren). Dieser Freibetrag wird als Jahres-, Monats-, erforderlichenfalls auch als Wochen- oder Tagesfreibetrag auf der Lohnsteuerkarte ausgewiesen. Welche Frei- und Pauschbeträge sowie tatsächlichen Ausgaben im Lohn-

---

[59] Vgl. Gliederungspunkt 2.1.3.

steuer-Ermäßigungsverfahren berücksichtigungsfähig sind, ist abschließend in § 39a Abs. 1 EStG geregelt.

Mit der Einbehaltung der Lohnsteuer ist die Einkommensteuer der Arbeitnehmer nach § 46 Abs. 4 EStG grundsätzlich abgegolten, d.h. grundsätzlich wird für Arbeitnehmer kein Veranlagungsverfahren durchgeführt. Von diesem Grundsatz gibt es nach § 46 Abs. 2 EStG einige Ausnahmen. Nach dieser Vorschrift sind Arbeitnehmer nach Ablauf des Veranlagungszeitraums insbesondere in folgenden Fällen zur Einkommensteuer zu veranlagen:

- Die Summe der Einkünfte, die nicht der Lohnsteuer unterlegen haben, hat mehr als 800 DM im Kalenderjahr betragen (Nr. 1).
- Der Steuerpflichtige hat nebeneinander von mehreren Arbeitgebern Lohn bezogen (Nr. 2).
- Auf der Lohnsteuerkarte des Steuerpflichtigen ist ein Freibetrag eingetragen worden (Nr. 4). Dies gilt nicht für alle auf der Lohnsteuerkarte eingetragenen Freibeträge, sondern nur für die sich aus § 39a Abs. 1 Nr. 1 bis 3, 5 oder 6 EStG ergebenden.

Betragen in Fällen des § 46 Abs. 1 Nr. 1 EStG die anderen Einkünfte mehr als 800 DM, aber nicht mehr als 1.600 DM, so ist vom Einkommen der Betrag abzuziehen, um den die anderen Einkünfte niedriger als 1.600 DM sind (§ 70 EStDV).

Neben den Fällen, in denen eine Veranlagung von Arbeitnehmern durchzuführen ist, gibt es auch Fälle, in denen der Arbeitnehmer eine Veranlagung beantragt. Nach § 46 Abs. 2 Nr. 8 EStG ist er generell zu einer derartigen Antragstellung berechtigt. Ein derartiger Antrag ist z.B. dann für ihn vorteilhaft, wenn seine zu erwartende Jahressteuerschuld größer ist als die Summe der ihm einbehaltenen und an das Finanzamt abgeführten Lohnsteuer. Ein Antrag ist z.B. auch dann vorteilhaft, wenn im Rahmen der Veranlagung Verlustabzüge i.S.d. § 10d EStG geltend gemacht werden sollen.

Einbehaltene Lohnsteuer ist nach § 36 Abs. 2 Nr. 2 EStG bei Veranlagung auf die zu entrichtende Einkommensteuer anzurechnen.

2.5.4 Steuerabzug vom Kapitalertrag

Bei den in § 43 Abs. 1 EStG aufgeführten inländischen Kapitalerträgen wird die Einkommensteuer nicht erst im Veranlagungsverfahren, sondern bereits bei *Zahlung* der Erträge an den Empfänger durch Abzug vom Kapitalertrag (**Kapitalertragsteuer**) erhoben. Kapitalerträge sind dann inländische, wenn der Schuldner Wohnsitz, Geschäftsleitung oder Sitz im Inland hat (§ 43 Abs. 3 EStG).

Kapitalertragsteuer entsteht *unabhängig davon, ob* die sie auslösenden Kapitalerträge beim Empfänger *Einnahmen aus Kapitalvermögen* sind *oder* ob sie im Rahmen einer der *Gewinneinkunftsarten* bezogen werden (§ 43 Abs. 4 EStG).

Innerhalb der Kapitalerträge, die der Kapitalertragsteuer unterliegen, lassen sich zwei große Gruppen unterscheiden, und zwar

- *Gewinnausschüttungen (Dividenden)* und diesen gleichgestellte Kapitalerträge und
- der *Zinsabschlagsteuer* unterliegende *Zinsen.*

Die der Kapitalertragsteuer unterliegenden Dividenden und diesen gleichgestellte Kapitalerträge sind in § 43 Abs. 1 Satz 1 Nrn. 1 bis 5 EStG aufgeführt, die der Zinsabschlagsteuer unterliegenden Zinsen hingegen in der Nr. 7 derselben Vorschrift. Während Dividenden bereits seit Jahrzehnten der Kapitalertragsteuer unterliegen, ist dies bei den der Zinsabschlagsteuer unterliegenden Zinsen erst seit dem 1.1.1993 der Fall. Die Zinsabschlagsteuer ist nach einer Entscheidung des BVerfG[60] und einer jahrelangen Diskussion eingeführt worden, um der Steuerhinterziehung bei der Besteuerung von Zinseinkünften entgegenzuwirken.

Zu den der Kapitalertragsteuer unterliegenden Gewinnausschüttungen gehören nach § 43 Abs. 1 Satz 1 Nr. 1 i.V.m. § 20 Abs. 1 Nr. 1 EStG insbesondere die Gewinnausschüttungen (Dividenden)

- der *Aktiengesellschaften,*
- der *Gesellschaften mbH,*
- der *Erwerbs- und Wirtschaftsgenossenschaften,* wie etwa der Volksbanken.

Zu den den Gewinnausschüttungen gleichgestellten Kapitalerträgen gehören nach § 43 Abs. 1 Satz 1 Nr. 2 EStG vor allem die Zinserträge aus *Wandelanleihen* und *Gewinnobligationen. Wandelanleihen* sind Teilschuldverschreibungen, bei denen *neben* einer festen Verzinsung ein Recht auf Umtausch der Teilschuldverschreibungen in Geschäftsanteile (Aktien) eingeräumt ist. Die Teilschuldverschreibungen können also durch eine Willenserklärung des *Obligationärs* in Aktien umgewandelt werden. Die Bedingungen, zu denen dies erfolgen kann, liegen bei Plazierung der Anleihe fest. *Gewinnobligationen* sind Teilschuldverschreibungen, bei denen ein Teil der Zinsen von der Höhe der Gewinnausschüttungen abhängt, die die Schuldnerin, i.d.R. eine Aktiengesellschaft, ihren Aktionären zahlt.

Zu den den Gewinnausschüttungen gleichgestellten Kapitalerträgen gehören nach § 20 Abs. 1 Satz 1 Nr. 3 EStG ferner

- die Einnahmen aus der Beteiligung an einem Handelsgewerbe als typischer stiller Gesellschafter und
- die Zinsen aus partiarischen Darlehen.

Die Kapitalertragsteuer auf Gewinnausschüttungen und diesen gleichgestellten Kapitalerträgen beträgt gemäß § 43a Abs. 1 Nr. 1 EStG 25 % der Kapitalerträge, wenn der *Empfänger* der Kapitalerträge die Kapitalertragsteuer übernimmt (Bruttomethode); sie beträgt 33 1/3 % des tatsächlichen Ausschüttungsbetrages, wenn der *Schuldner* der Kapitalerträge die Kapitalertragsteuer übernimmt

---

[60] BVerfG-Urteil vom 27.6.1991, 2 BvR 1493/89, BStBl 1991 II, S. 654.

(Nettomethode). Brutto- und Nettomethode führen bei gleicher Gesamtsumme aus Zufluß beim Empfänger einerseits und Kapitalertragsteuer andererseits zum gleichen Ergebnis.

Beispiel

Eine GmbH schüttet folgende Gewinne aus:

a) 100.000 DM vor Abzug der Kapitalertragsteuer, wobei die Gesellschafter die Kapitalertragsteuer tragen,
b) 75.000 DM netto unter Übernahme der Kapitalertragsteuer durch die GmbH.

In beiden Fällen beträgt die Kapitalertragsteuer 25.000 DM, nämlich im Fall a) 25 % von 100.000 DM und im Fall b) 33 1/3 % von 75.000 DM.

Vorherrschend ist in der Praxis die Bruttomethode.

Die als *Zinsabschlagsteuer* bezeichnete Art der Kapitalertragsteuer wird ausschließlich auf die in § 43 Abs. 1 Satz 1 Nr. 7 EStG genannten Kapitalerträge erhoben. Die Vorschrift verweist auf die Kapitalerträge i.S.d. § 20 Abs. 1 Nr. 7 EStG. Hierbei handelt es sich insbesondere um Zinsen aus Einlagen und Guthaben bei Kreditinstituten, aus Darlehen und aus Anleihen. Doch unterliegen keinesfalls alle derartigen Zinsen der Zinsabschlagsteuer, sondern nur diejenigen, die die einengenden Voraussetzungen erfüllen, die im § 43 Abs. 1 Satz 1 Nr. 7 EStG formuliert sind. Hierbei handelt es sich zunächst um Zinsen aus Anleihen und aus Forderungen, die in ein öffentliches Schuldbuch oder in ein ausländisches Register eingetragen oder über die Sammelurkunden i.S.d. § 9a des Depotgesetzes oder über die Teilschuldverschreibungen ausgegeben sind. Ferner ist Zinsabschlagsteuer dann einzubehalten, wenn der Schuldner der Zinsen ein Kreditinstitut ist.

Die Zinsabschlagsteuer beträgt nach § 43a Abs. 1 Nr. 4 EStG

- 30 % des Kapitalertrags, wenn der Gläubiger die Kapitalertragsteuer trägt und
- 42,85 % des tatsächlich ausgezahlten Betrags, wenn der Schuldner die Kapitalertragsteuer übernimmt.

Bei sog. Tafelgeschäften erhöhen sich die genannten Zahlen auf 35 % bzw. 53,84 %. Tafelgeschäfte liegen vor, wenn der Gläubiger Wertpapiere nicht bei einem Kreditinstitut in einem Wertpapierdepot verwahren läßt, sondern sie etwa zu Hause im Schreibtisch aufbewahrt.

Ist Kapitalertragsteuer einzubehalten, so unterliegen dem Steuerabzug stets die vollen Kapitalerträge, d.h. die Kapitalerträge ohne jeden Abzug von Betriebsausgaben oder Werbungskosten (§ 43a Abs. 2 EStG).

Schuldner der Kapitalertragsteuer ist der Gläubiger der Kapitalerträge, also der Dividenden- oder Zinsempfänger. Die Kapitalertragsteuer entsteht in dem Zeitpunkt, in dem die Kapitalerträge dem Empfänger der Kapitalerträge zufließen. In diesem Zeitpunkt hat die Kapitalgesellschaft oder der sonstige Schuldner den Kapitalertragsteuerabzug vorzunehmen. Die Steuer ist bis zum 10. des Monats, der dem Zeitpunkt der Steuerentstehung folgt, an das Finanzamt abzuführen (§ 44 Abs. 1 EStG).

Beispiel

Eine AG schüttet im Mai des Jahres 02 Dividende für das Jahr 01 aus. Die Kapitalertragsteuer entsteht im Mai des Jahres 02, sie ist bis zum 10. Juni 02 an das Finanzamt abzuführen.

Kapitalertragsteuer ist nach § 36 Abs. 2 Nr. 2 EStG bei Veranlagung auf die zu entrichtende *Einkommensteuer anzurechnen*. Wirtschaftlich betrachtet werden die Kapitalerträge also letztlich nicht mit einem pauschalen Steuersatz von 25 % oder 30 % der Brutto-Kapitalerträge, sondern mit dem individuellen Einkommensteuersatz des jeweiligen Steuerpflichtigen belastet. Zur Klarstellung sei in diesem Zusammenhang ausdrücklich darauf hingewiesen, daß die der Kapitalertragsteuer unterliegenden Erträge bei der späteren Veranlagung zur Einkommensteuer bei der Ermittlung der Einkünfte zu erfassen sind. Keinesfalls ist also die Einkommensteuer mit der Einbehaltung der Kapitalertragsteuer abgegolten. Eine Ausnahme ergibt sich lediglich für die in § 43 Abs. 1 Nr. 5 EStG aufgeführten Zinsen aus bestimmten Anleihen aus der Nachkriegszeit. Hierauf wird aber nicht eingegangen.

2.6 Einige Fragen der Rentenbesteuerung

2.6.1 Einführung, Begriffe

Die Besteuerung der Renten und rentenähnlichen Leistungen ist eines der schwierigsten und unübersichtlichsten Gebiete des Einkommensteuerrechts[61]. Das EStG verwendet in den §§ 9 Abs. 1 Nr. 1, 10 Abs. 1 Nr. 1a und 22 Nr. 1 die Begriffe **Renten, wiederkehrende Bezüge** und **dauernde Lasten**. Die Begriffe sind allerdings weder im EStG noch in irgendeinem anderen Steuergesetz definiert. Die Begriffsinhalte mußten deshalb von der Rechtsprechung herausgearbeitet werden. Auf eine Reihe wichtiger Urteile wird in R und H 165 sowie in R und H 167 EStR hingewiesen.

Soweit es sich nicht um Renten aus der gesetzlichen Rentenversicherung handelt, lassen sich die Renten wie folgt definieren:

Renten sind Leistungen eines *Verpflichteten* an einen *Berechtigten*, die

- in Geld oder anderen vertretbaren Sachen bestehen,
- regelmäßig wiederkehren,
- an das Leben einer natürlichen Person geknüpft sind (Leibrenten) oder für mindestens 10 Jahre zugesagt werden (Zeitrenten),
- der Höhe und Art nach bestimmt sind,
- gleichmäßig anfallen und
- auf einem einheitlichen Rentenstammrecht beruhen.

---

[61] Vgl. zu den nachfolgenden Ausführungen insbesondere die einschlägigen Werke von Bader, F.-J./Lammsfuß, F./Rinne, U., Besteuerung, 1989; Biergans, E., Renten, 1993; Jansen, R./Wrede, F., Renten, 1995.

Renten setzen also einen **Rentenberechtigten** und einen **Rentenverpflichteten** voraus. Berechtigter ist der Leistungsempfänger, Verpflichteter derjenige, der die Leistung zu erbringen hat.

Eine Rente setzt Leistungen in **Geld oder anderen vertretbaren Sachen** voraus. Vertretbare Sachen sind Güter, die nach Maß, Zahl oder Gewicht bestimmt zu werden pflegen (§ 91 BGB).

Sollen Leistungen Rentencharakter haben, so müssen sie **regelmäßig** (monatlich, vierteljährlich, jährlich) wiederkehren.

Renten können entweder **Leib-** oder **Zeitrenten** sein. Bei *Leibrenten* sind die Leistungen *an das Leben einer natürlichen Person,* i.d.R. an dasjenige des Berechtigten, *geknüpft. Zeitrenten* sind Renten, die - unabhängig von dem Leben einer natürlichen Person - für einen Zeitraum von *mindestens 10 Jahren* gezahlt werden. Diese Mindestlaufzeit gilt nur für Zeit-, nicht hingegen auch für Leibrenten. Ist die vereinbarte Laufzeit geringer als 10 Jahre, so handelt es sich steuerlich nicht um eine Renten-, sondern um eine Ratenvereinbarung.

Renten müssen **der Höhe nach bestimmt** sein, d.h., der von dem Verpflichteten monatlich (vierteljährlich, jährlich) zu zahlende Betrag muß feststehen. Leistungen die von in ihrer Höhe schwankenden Bezugsgrößen wie Gewinn oder Umsatz abhängen, sind demnach *keine* Renten, doch kann es sich um wiederkehrende Bezüge bzw. dauernde Lasten handeln. Durch Anpassung der Leistungen an die allgemeine wirtschaftliche Entwicklung, wie etwa die jährliche Anpassung der Renten in der Sozialversicherung verlieren diese aber nicht den Rentencharakter.

Leistungen eines Verpflichteten an einen Berechtigten sind nur dann Renten, wenn sie auf einem *einheitlichen Rechtsgrund,* dem sog. **Rentenstammrecht,** beruhen. Bei vertraglich vereinbarten Renten ist dies der Rentenvertrag.

Außer den Renten, die die soeben dargestellten Definitionsmerkmale erfüllen, gehören zu den Renten i.S.d. § 22 EStG alle Renten aus einer *gesetzlichen Sozialversicherung.* Insbesondere fallen hierunter die gesetzlichen Altersrenten.

Renten liegen nur dann vor, wenn *sämtliche* vorstehend erläuterten Begriffsmerkmale erfüllt sind bzw. wenn es sich um eine Rente aus einer Sozialversicherung handelt. Ein **wiederkehrender Bezug** bzw. eine **dauernde Last** ist hingegen dann gegeben, wenn *mindestens ein* für die Renten charakteristisches *Merkmal fehlt.* Wie bei den Renten muß es sich aber um für eine gewisse Dauer periodisch wiederkehrende Leistungen mit Versorgungscharakter handeln.

Bei wiederkehrenden Bezügen bzw. dauernden Lasten handelt es sich um *dieselben* Leistungen. Von wiederkehrenden Bezügen wird aus *Sicht des Leistungsempfängers,* von dauernden Lasten aus *Sicht des Leistenden* gesprochen.

Von den Renten und rentenähnlichen Leistungen scharf zu trennen sind **Kaufpreisraten.** Wird ein Kaufpreis in Raten gezahlt, so berühren die einzelnen Zahlungen die Vermögens- und nicht die Einkommenssphäre.

Mit einer Ratenvereinbarung im Zusammenhang stehende Stundungszinsen sind beim Empfänger Einkünfte aus Kapitalvermögen oder - falls es sich um eine betriebliche Forderung handelt - Betriebseinnahmen in der jeweiligen Gewinneinkunftsart. Der Zahlende kann die Zinsen nur dann abziehen, wenn sie mit einer Einkunftsart in Zusammenhang stehen, dort also Betriebsausgaben oder Werbungskosten darstellen.

2.6.2 Einteilung der Renten

Renten lassen sich nach unterschiedlichen Kriterien gliedern. In Schrifttum und Praxis weitverbreitet ist eine Unterscheidung in:

1. betriebliche und private Renten,
2. Veräußerungs-, Versorgungs-, Unfall- und Schadensrenten,
3. Leibrenten und Zeitrenten.

Die Unterscheidung in **betriebliche** und **private Renten** richtet sich danach, ob die Rentenzahlungen beim *Verpflichteten* zu Betriebsausgaben führen oder ob sie dem außerbetrieblichen (privaten) Bereich zuzurechnen sind. Die Unterscheidung in **Veräußerungs-, Versorgungs-, Unfall- und Schadensrenten** läßt den (vorrangigen) *Entstehungsgrund* der Rentenzahlungen erkennen. Nach der Anknüpfung der Renten an das Leben einer natürlichen Person oder an eine bestimmte Mindestzeit, lassen sich **Leib-** und **Zeitrenten** unterscheiden[62]. Verknüpfungen zwischen Leib- und Zeitrenten stellen die *abgekürzten* und die *verlängerten* Leibrenten dar. Abgekürzte Leibrenten sind Leibrenten, die spätestens nach Ablauf einer bestimmten Zeit enden. Verlängerte Leibrenten sind Leibrenten, die eine *bestimmte Mindestlaufzeit* besitzen, also bei frühzeitigem Tod des Berechtigten an dessen Erben weitergezahlt werden.

Beispiele

1. A bezieht eine Rente auf Lebenszeit, die aber spätestens nach 30 Jahren endet.
   Es handelt sich um eine abgekürzte Leibrente.
2. A bezieht eine Rente auf Lebenszeit, mindestens aber für 30 Jahre. Sollte er vorher sterben, wird die Rente an seine Erben weitergezahlt.
   Es handelt sich um eine verlängerte Leibrente.

Veräußerungs-, Versorgungs-, Unfall- und Schadensrenten können sowohl im betrieblichen als auch im privaten Bereich anfallen. Sie können jeweils sowohl in der Form der Leib- als auch der Zeitrenten gezahlt werden.

Eine zusammenfassende Übersicht über die Einteilung der Renten findet sich in *Abbildung II/5*.

---

[62] Vgl. Gliederungspunkt 2.6.1.

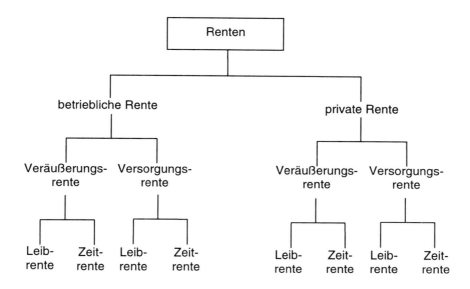

Abbildung II/5: Einteilung der Renten

Schadens- und Unfallrenten passen ebensowenig in das vorstehende Begriffsschema hinein wie Renten, die von Versicherungen gezahlt werden. Schadens- und Unfallrenten werden in aller Regel von Versicherungen gezahlt.

Nachfolgend werden lediglich *private* Veräußerungs- und Versorgungsrenten sowie Renten, die von Versicherungen an Privatleute gezahlt werden, behandelt. Außerdem wird kurz auf rentenähnliche Leistungen im *privaten* Bereich eingegangen. Der gesamte betriebliche Bereich hingegen wird hier zunächst ausgeklammert. Er wird erst an wesentlich späterer Stelle, nämlich in Teil III, behandelt.

2.6.3 Besteuerung der Renten und rentenähnlichen Leistungen im privaten Bereich

2.6.3.1 Gesetzliche Bestimmungen

Gesetzliche Bestimmungen hinsichtlich der Besteuerung der Renten und rentenähnlichen Leistungen im privaten Bereich finden sich in § 22 Nr. 1 EStG für die Einnahmen- und in den §§ 9 Abs. 1 Nr. 1 bzw. 10 Abs. 1 Nr. 1a EStG für die Ausgabenseite.

Nach § 22 Nr. 1 EStG sind Renten und rentenähnliche Bezüge als **sonstige Einkünfte** zu erfassen. Das gilt aber nur dann, wenn die Einnahmen nicht zu einer anderen Einkunftsart gehören.

In der Höhe des steuerlichen Ansatzes besteht zwischen Zeitrenten und rentenähnlichen Bezügen einerseits und den Leibrenten andererseits ein gravierender Unterschied: Während Zeitrenten und rentenähnliche Bezüge grundsätzlich mit ihren *vollen* Werten als Einnahmen erfaßt werden, ist bei Leibrenten nur der sogenannte **Ertragsanteil** zu berücksichtigen. Leibrenten teilt das Gesetz also in zwei Bestandteile auf, und zwar in den Ertragsanteil, der die Einkommenssphäre berührt, und in einen anderen Teil, der als *Tilgung* des Rentenstammrechts aufgefaßt werden kann (**Tilgungsanteil**). Ertrags- und Tilgungsanteil werden bei privaten Renten *nicht* nach versicherungsmathematischen Grundsätzen ermittelt. Der steuerliche Ertragsanteil ist vielmehr einer *Tabelle* zu entnehmen, die in § 22 Nr. 1 Satz 3 Buchstabe a EStG enthalten ist.

Der Ertragsanteil gemäß dieser Tabelle wird ausschließlich von dem bei *Beginn* der Rente vollendeten Lebensjahr des Rentenberechtigten bestimmt und bleibt bis zum Lebensende des Berechtigten konstant. Die Ermittlung des Ertragsanteils gemäß § 22 Nr. 1 Satz 3 Buchstabe a EStG ist somit äußerst einfach. Abweichungen von den mathematisch richtigen Werten werden vom Gesetzgeber im Interessse einer möglichst schnellen Erledigung von Massenarbeit bewußt in Kauf genommen.

Beispiel

A bezieht seit dem 1. Februar des Jahres 1998, dem Tag der Vollendung seines 65. Lebensjahres, eine Angestelltenrente von der Bundesversicherungsanstalt für Angestellte i.H.v. 1.500 DM monatlich.

Die Rentenbezüge des Jahres von 16.500 DM sind lediglich mit ihrem Ertragsanteil von 27 % anzusetzen. Die Einnahmen i.S.d. § 22 Nr. 1 Satz 3 Buchstabe a EStG betragen somit (16.500 · 0,27 = 4.455 DM). Auch in den folgenden Jahren ist der Ertragsanteil stets mit 27 % der Rentenbezüge anzusetzen.

Bei **abgekürzten Leibrenten** ist nicht nur von der Tabelle in § 22 Nr. 1 Satz 3 Buchstabe a EStG auszugehen, sondern auch von derjenigen in § 55 EStDV, die auf der Ermächtigungsvorschrift des § 22 Nr. 1 Satz 3 Buchstabe a letzter Satz EStG beruht. Die Höhe des Ertragsanteils gemäß § 55 EStDV hängt von der *Laufzeit* der Rente bei Beginn des Rentenbezuges ab. Der Ertragsanteil einer abgekürzten Leibrente ist der kleinere der beiden Werte, die sich bei Anwendung des § 22 Nr. 1 Satz 3 Buchstabe a EStG und des § 55 EStDV ergeben.

Beispiel

B erhält eine abgekürzte Leibrente. Bei Beginn der Rente hatte er das 55. Lebensjahr vollendet. Die Rente wird längstens 20 Jahre gezahlt.

Der Ertragsanteil nach § 22 Nr. 1 Buchstabe a EStG beträgt 38 %, derjenige nach § 55 EStDV 35 %. Maßgebend ist der kleinere der beiden Werte, also der Ertragsanteil von 35 %.

Die einkommensteuerliche Behandlung der **verlängerten Leibrenten** ist gesetzlich nicht geregelt. Schrifttum und Praxis gehen im allgemeinen davon aus, daß der höhere der beiden Werte anzusetzen ist, der sich aus den §§ 22 Nr. 1 Satz 3 Buchstabe a EStG und 55 EStDV ergibt.

Renten und dauernde Lasten können beim Leistenden entweder

1. Betriebsausgaben oder
2. Werbungskosten oder
3. Sonderausgaben oder
4. nicht abzugsfähige Ausgaben sein.

Hier wird zunächst nur auf die Fälle 2 bis 4 eingegangen: Renten, die Betriebsausgaben darstellen, werden erst an späterer Stelle behandelt[63].

Sind Renten oder dauernde Lasten dem Grundsatz nach als Werbungskosten abzugsfähig, so ist hinsichtlich der Höhe des Abzugs zu unterscheiden zwischen Zeitrenten und dauernden Lasten einerseits und Leibrenten andererseits. Während Zeitrenten und dauernde Lasten in *voller Höhe* abzugsfähig sind, ist der Abzug bei Leibrenten auf den *Ertragsanteil* beschränkt. Der Ertragsanteil ergibt sich auch hier grundsätzlich aus § 22 Nr. 1 Satz 3 Buchstabe a EStG. Bei abgekürzten Leibrenten ist der Ertragsanteil der kleinere, bei verlängerten Leibrenten der größere der beiden Werte, die sich aus den Tabellen des § 22 Nr. 1 Satz 3 Buchstabe a EStG und des § 55 EStDV ergeben.

Sind Renten oder dauernde Lasten als *Sonderausgaben* abzugsfähig, so gelten hinsichtlich der Höhe des Abzugs die vorstehenden Ausführungen entsprechend.

2.6.3.2 Freiwillige Renten, aufgrund einer freiwillig begründeten Rechtspflicht beruhende Renten und Renten an unterhaltsberechtigte Personen

Nach § 12 Nr. 2 EStG dürfen weder bei den einzelnen Einkunftsarten noch vom Gesamtbetrag der Einkünfte abgezogen werden:

1. freiwillige Zuwendungen,
2. Zuwendungen aufgrund einer freiwillig begründeten Rechtspflicht,
3. Zuwendungen an eine gegenüber dem Steuerpflichtigen oder seinem Ehegatten gesetzlich unterhaltsberechtigte Person oder deren Ehegatten, auch wenn diese Zuwendungen auf einer besonderen Vereinbarung beruhen.

In allen drei Fällen handelt es sich um Zuwendungen, die die Privatsphäre des Steuerpflichtigen betreffen.

Freiwillig ist eine Zuwendung dann, wenn sie ohne rechtliche Verpflichtung erfolgt.

Beispiel

Um ihren Lebensunterhalt zu sichern, verspricht A seiner Schwester B mündlich, ihr bis zu ihrem Lebensende monatlich 1.000 DM zu zahlen.

Es handelt sich um eine freiwillige Zuwendung, da A kein rechtswirksames Schenkungsversprechen (notariell beurkundeter Vertrag gemäß § 518 BGB) abgegeben hat. Die Zuwendungen sind bei A gemäß § 12 Nr. 2 EStG nicht abzugsfähig.

---

[63] Vgl. Teil III, Gliederungspunkt 7.

Eine Zuwendung erfolgt dann aufgrund einer freiwillig begründeten Rechtspflicht, wenn eine rechtliche Verpflichtung für die Zuwendung besteht, die aber freiwillig eingegangen wurde.

Beispiel

A zahlt an seine Schwester B aufgrund eines notariell beurkundeten Schenkungsversprechens eine monatliche Rente von 1.000 DM. A ist die Verpflichtung freiwillig eingegangen, um den Lebensunterhalt der B zu sichern.

Die Rentenzahlungen erfolgen nicht freiwillig, sondern aufgrund einer Rechtspflicht. Diese ist A allerdings freiwillig eingegangen. Die Rentenzahlungen sind gemäß § 12 Nr. 2 EStG nicht abzugsfähig.

Nach dem Wortlaut des § 12 Nr. 2 EStG sind *Zuwendungen an unterhaltsberechtigte Personen* nicht abzugsfähig. Nach allgemeiner Ansicht will § 12 Nr. 2 EStG aber nicht Zuwendungen an alle Arten von unterhaltsberechtigten Personen erfassen, sondern nur Zuwendungen an diejenigen, die kraft *Familienrechts* unterhaltsberechtigt sind. Unterhaltsleistungen, die als *Schadensersatz* nach den §§ 843 oder 844 BGB erfolgen, fallen demnach z.B. *nicht* unter das Abzugsverbot des § 12 Nr. 2 EStG. Familienrechtliche Unterhaltsrechte und -pflichten können zwischen Verwandten in gerader Linie, zwischen geschiedenen und getrennt lebenden Ehegatten sowie zwischen Adoptiveltern und Adoptivkindern bestehen.

Abweichend vom bürgerlichen Recht ist unterhaltsberechtigt i.S.d. § 12 Nr. 2 EStG nicht nur derjenige, der wegen seiner Bedürftigkeit tatsächlich Unterhaltszahlungen verlangen kann, sondern darüber hinaus jeder, der zu dem Kreis von Personen gehört, zwischen denen Unterhaltspflichten *möglich* sind. Unterhaltszahlungen an Verwandte in gerader Linie fallen damit unter das Abzugsverbot des § 12 Nr. 2 EStG.

Von dem vorstehend formulierten Grundsatz gibt es dann eine Ausnahme, wenn den Zuwendungen eine *Gegenleistung*, deren Wert höher ist als 50 % des Werts der Zuwendung, gegenübersteht. *Unter dieser Voraussetzung greift das Abzugsverbot des § 12 Nr. 2 EStG nicht ein.* Gleiches gilt für Zuwendungen aufgrund einer freiwillig begründeten Rechtspflicht an nicht unterhaltsberechtigte Personen[64]. Auf diese Ausnahmen wird später noch eingegangen[65].

Korrespondierend zum Abzugsverbot des § 12 Nr. 2 EStG führen wiederkehrende Bezüge dann nicht zu steuerbaren Einnahmen, wenn sie

1. freiwillig oder
2. aufgrund einer freiwillig begründeten Rechtspflicht oder
3. an eine unterhaltsberechtigte Person gezahlt werden (§ 22 Nr. 1 Satz 2 EStG).

Dem Abzugsverbot beim Leistenden entspricht somit die Nichterfassung als Einnahme beim Empfänger. Voraussetzung für die Nichterfassung ist allerdings, daß der Leistende unbeschränkt steuerpflichtig ist.

---

64 Vgl. R 123 Abs. 3 EStR.
65 Vgl. Gliederungspunkt 2.6.3.3.

Unterhaltsleistungen an einen geschiedenen oder dauernd getrennt lebenden Ehegatten kann der leistende Ehegatte nach § 10 Abs. 1 Nr. 1 EStG bis zu einem Höchstbetrag von 27.000 DM in vollem Umfang - d.h. ohne Begrenzung auf den Ertragsanteil i.S.d. § 22 Nr. 1 EStG - von seinem Einkommen als Sonderausgaben abziehen. Voraussetzung ist, daß der leistende Ehegatte den Abzug beantragt und der Empfänger zustimmt. Der Empfänger muß dann nach § 22 Nr. 1a EStG die Unterhaltsleistung in vollem Umfang - bis zu einem Höchstbetrag von ebenfalls 27.000 DM - versteuern. Der Abzug beim Leistenden und die Versteuerung beim empfangenden Ehegatten wird als **Realsplitting** bezeichnet. Stimmt der die Leistung empfangende Ehegatte dem Realsplitting nicht zu, so kann der leistende Ehegatte die Zuwendungen lediglich im Rahmen des § 33a Abs. 1 EStG bis zu einem Betrag von maximal 12.000 DM als außergewöhnliche Belastung abziehen. Beim empfangenden Ehegatten fallen die Bezüge dann unter keine der sieben Einkunftsarten.

2.6.3.3 Private Veräußerungsrenten

Private Veräußerungsrenten sind Renten, die im Zusammenhang mit der Veräußerung von *Privatvermögen*, in aller Regel von Grundstücken, vereinbart werden. Sie haben fast immer die Form von Leibrenten. Nachfolgend wird deshalb nur auf Leibrenten eingegangen.

Private Veräußerungsrenten in der Form von Leibrenten führen beim Berechtigten zu einer Besteuerung mit dem *Ertragsanteil* nach § 22 Nr. 1 Satz 3 EStG. Die steuerlichen Folgen beim Rentenverpflichteten hängen entscheidend davon ab, ob das erworbene Wirtschaftsgut mit einer Einkunftsart im Zusammenhang steht oder nicht. Steht es mit einer Einkunftsart im Zusammenhang, so stellt der *Rentenbarwert* die *Anschaffungskosten* des Wirtschaftsgutes und damit die AfA-Bemessungsgrundlage dar. Die Absetzungen für Abnutzung sind dann nach den allgemeinen Grundsätzen als *Werbungskosten* abzugsfähig, und zwar bei der Einkunftsart, mit der das erworbene Wirtschaftsgut im Zusammenhang steht. Die Rentenzahlungen sind mit ihrem Ertragsanteil nach § 22 Nr. 1 EStG bei der Einkunftsart, mit der das erworbene Wirtschaftsgut in wirtschaftlichem Zusammenhang steht, als Werbungskosten abzugsfähig (§ 9 Abs. 1 Nr. 1 EStG).

Beispiel

A veräußert an B ein 1975 erbautes Mietwohngrundstück gegen Einräumung einer lebenslänglichen Rente. Bei Veräußerung beträgt der Rentenbarwert 600.000 DM. Der gemeine Wert des Grund und Bodens wird auf 100.000 DM geschätzt.

Die Anschaffungskosten des Grundstücks betragen 600.000 DM. Davon entfallen auf den Grund und Boden 100.000 DM und auf das Gebäude 500.000 DM. Die Absetzungen für Abnutzung nach § 7 Abs. 4 EStG belaufen sich auf 2 % von 500.000 DM = 10.000 DM. Sie sind bei den Einkünften aus Vermietung und Verpachtung abzugsfähig. Der nach § 22 Nr. 1 EStG ermittelte Ertragsanteil der Rentenzahlungen ist ebenfalls bei der Ermittlung der Einkünfte aus Vermietung und Verpachtung als Werbungskosten zu berücksichtigen. Seine Höhe kann nicht bestimmt werden, da der Sachverhalt nicht die erforderlichen Daten enthält.

Der Rentenbarwert ist nach § 14 BewG zu ermitteln. Auf diese Vorschrift wird erst an späterer Stelle eingegangen[66].

Stehen die erworbenen Wirtschaftsgüter beim Erwerber *nicht* mit einer Einkunftsart im Zusammenhang, so kann dieser keine Absetzungen für Abnutzung geltend machen. Der nach § 22 Nr. 1 EStG ermittelte Ertragsanteil der Rentenzahlungen ist nicht als Werbungskosten nach § 9 Abs. 1 Nr. 1 EStG, wohl aber als *Sonderausgabe* nach § 10 Abs. 1 Nr. 1a EStG abzugsfähig.

2.6.3.4 Private Versorgungsrenten

Bei **privaten Versorgungsrenten** ist nicht eine Veräußerung von Wirtschaftsgütern, sondern die Versorgung des Rentenberechtigten vorrangiges Motiv für den Abschluß des Vertrages. Allerdings kann ein Verkauf von Wirtschaftsgütern durchaus auch mit dem Vertragsabschluß verknüpft sein. Voraussetzung ist dann aber, daß die *Leistung* des Veräußerers *und* die *Gegenleistung* des Erwerbers nicht nach kaufmännischen Gesichtspunkten ausgehandelt werden, daß vielmehr für die Höhe der Renten die Lebensbedürfnisse des Berechtigten und die Leistungsfähigkeit des Verpflichteten ausschlaggebend sind. Hiervon wird bei Vermögensübertragungen zwischen *nahen Angehörigen* unter Einräumung einer Rente als Gegenleistung grundsätzlich ausgegangen. Das gilt vor allem dann, wenn es sich um Vermögensübertragungen von den Eltern auf die Kinder handelt. Bei Rentenvereinbarungen zwischen nahen Angehörigen wird deshalb grundsätzlich angenommen, daß es sich bei den Renten um private Versorgungs- und nicht um Veräußerungsrenten handelt. Das gilt auch dann, wenn es sich bei den übertragenen Wirtschaftsgütern um Betriebe, Teilbetriebe oder Mitunternehmeranteile handelt.

Veräußerungsrenten werden *zwischen nahen Angehörigen nur in seltenen Ausnahmefällen* von der Finanzverwaltung anerkannt, dann nämlich, wenn der Steuerpflichtige im Einzelfall darlegen kann, daß bei Abschluß des Vertrages *nach kaufmännischen Gesichtspunkten* vorgegangen worden ist.

Innerhalb der privaten Versorgungsrenten lassen sich zwei Gruppen unterscheiden, und zwar

1. Renten, denen keine Leistung oder nur eine solche Leistung des Rentenempfängers gegenübersteht, die weniger als 50 % des Werts des Rentenstammrechts ausmacht (**Unterhaltsrenten**),
2. Renten, die zwar nicht nach kaufmännischen Gesichtspunkten bestimmt sind, denen aber dennoch eine Gegenleistung gegenübersteht, deren Wert mehr als 50 % des Werts des Rentenstammrechts beträgt (**Versorgungsrente mit Gegenleistung**).

Handelt es sich bei einer Rente um eine Unterhaltsrente, so sind die Rentenzahlungen beim Verpflichteten nach § 12 Nr. 2 EStG *nicht abzugsfähig*. Der Berechtigte braucht die Bezüge nach § 22 Nr. 1 Satz 2 EStG *nicht* zu versteuern.

---

[66] Vgl. Teil IV, Gliederungspunkt 2.5.3.

Bei Versorgungsrenten mit Gegenleistung greift das Abzugsverbot des § 12 Nr. 2 EStG nicht ein. Handelt es sich um *Leibrenten*, so kann der Rentenverpflichtete daher die Zahlungen in Höhe des Ertragsanteils i.S.d. § 22 Nr. 1 EStG als *Sonderausgabe* abziehen (§ 10 Abs. 1 Nr. 1a EStG). Beim Berechtigten erfolgt ein Ansatz der Rentenzahlungen nach § 22 EStG, und zwar in Höhe des Ertragsanteils. Versorgungsrenten in der Form von Zeitrenten sind nach dem Renten-Erlaß[67] nur in seltenen Ausnahmefällen anzunehmen. Hierauf wird nicht eingegangen.

Handelt es sich bei der Gegenleistung für eine Versorgungsrente um die Übertragung eines Betriebs, Teilbetriebs oder Mitunternehmeranteils, so ist der Erwerber gemäß § 7 EStDV an die Buchwerte des Rechtsvorgängers gebunden.

2.6.3.5 Von Versicherungen gezahlte Renten

Von Versicherungen gezahlte Renten werden hier nur insoweit behandelt, als es sich um Bezüge beim Empfänger im *außerbetrieblichen* Bereich handelt. Anzumerken ist aber, daß die Beitragsleistungen, die in vorangegangenen Jahren zum Erwerb der Rentenberechtigung geführt haben, damals unter den Voraussetzungen des § 10 EStG zum Sonderausgabenabzug geführt haben[68].

Renten können sowohl von Sozialversicherungsanstalten als auch von privaten Versicherungsgesellschaften gezahlt werden. Im wesentlichen lassen sich folgende vier Arten der von Versicherungen gezahlten Renten unterscheiden:

1. Altersrenten,
2. Hinterbliebenenrenten,
3. Berufsunfähigkeits- und Unfallrenten,
4. Schadensrenten.

Alters- und **Hinterbliebenenrenten** sind beim Empfänger nach § 22 Nr. 1 Satz 3 EStG zu versteuern. Nicht um Renten, sondern um nachträglichen Arbeitslohn, der gemäß den §§ 24 Nr. 2 i.V.m. 19 EStG voll zu versteuern ist, handelt es sich bei Beamtenpensionen und Pensionen, die Hinterbliebene von Beamten beziehen.

Berufsunfähigkeits- und **Unfallrenten** führen ebenfalls zu einer Besteuerung nach § 22 Nr. 1 EStG. Gesetzliche Unfallrenten sind allerdings nach § 3 Nr. 1a EStG steuerbefreit. Zu beachten ist, daß es sich bei den gesetzlichen Berufsunfähigkeitsrenten um *abgekürzte Leibrenten* handelt, da sie bei Erreichung der gesetzlichen Altersgrenze fortfallen. Dies hat zur Folge, daß der *niedrigere* der sich aus den §§ 22 Nr. 1 EStG und 55 EStDV ergebenden Werte anzusetzen ist. Handelt es sich bei **Schadensrenten** um Ersatz für entgehende Einkünfte der Einkunftsarten 4-6, so sind die Einnahmen bei der entsprechenden Einkunftsart zu erfassen. In allen anderen Fällen privater Schadensrenten erfolgt eine Versteuerung nach § 22 Nr. 1 EStG.

---

[67] Vgl. BMF-Schreiben v. 23.12.1996, IV B 3 - S 2257 - 54/96, BStBl 1996 I, S. 1508, Tz. 50.
[68] Vgl. Gliederungspunkt 2.3.2.3.

2.7 Besteuerung bei Auslandsbeziehungen

2.7.1 Auswahl der zu behandelnden Probleme

Bei wirtschaftlichen Auslandsbeziehungen können steuerliche Probleme vielfältiger Art auftreten. Hierbei kann eine Besteuerung

- entweder im Inland
- oder im Ausland
- oder im In- und Ausland

in Betracht kommen. Häufig spielt sowohl das nationale Recht der beteiligten Staaten als auch zwischenstaatliches Recht in der Form der Doppelbesteuerungsabkommen[69] eine Rolle.

Nachfolgend werden nur einige grundlegende nationale Vorschriften zur Besteuerung bei Auslandsbeziehungen skizziert. Ausländisches Recht wird ebensowenig betrachtet wie die z.T. komplizierten Regelungen der derzeit rd. 80 Doppelbesteuerungsabkommen.

Die nachfolgende Darstellung beschränkt sich auf die allgemeinen Regelungen des EStG. Steuerverschärfende Bestimmungen nach dem Außensteuergesetz werden nicht berücksichtigt. Behandelt werden nachfolgend

- die Besteuerung ausländischer Einkünfte unbeschränkt Steuerpflichtiger und
- die Besteuerung inländischer Einkünfte beschränkt Steuerpflichtiger.

2.7.2 Besteuerung ausländischer Einkünfte

2.7.2.1 Grundsätzliche Unterscheidungen

Bei der Besteuerung ausländischer Einkünfte eines unbeschränkt Steuerpflichtigen ist zu unterscheiden zwischen den Fällen, daß

- *kein Doppelbesteuerungsabkommen (DBA)* zwischen der Bundesrepublik Deutschland und dem ausländischen Staat, aus dem die Einkünfte stammen, besteht und
- daß ein derartiges *Abkommen existiert*.

2.7.2.2 Besteuerung ohne Existenz eines Doppelbesteuerungsabkommens

Nach § 34c Abs. 1 EStG ist die auf ausländische Einkünfte entfallende ausländische Steuer, sofern sie der deutschen Einkommensteuer entspricht, auf die deutsche Einkommensteuer *anzurechnen*. Diese Methode der Anrechnung ausländischer Steuern (**Anrechnungsmethode**) ist nur bei unbeschränkt Steuerpflichtigen

---

[69] Hinsichtlich des Begriffs und der Bedeutung von Doppelbesteuerungsabkommen vgl. Gliederungspunkt 2.1.1.1.

zulässig. Welche ausländischen Steuern der deutschen Einkommensteuer entsprechen, ergibt sich aus Anlage 8 zu R 212a EStR.

Die ausländische Einkommensteuer darf höchstens bis zur Höhe derjenigen deutschen Einkommensteuer angerechnet werden, die anteilig auf die ausländischen Einkünfte entfällt. Die anteilige deutsche Einkommensteuer ist in der Weise zu ermitteln, daß die sich bei der Veranlagung ergebende deutsche Einkommensteuer im Verhältnis der ausländischen Einkünfte zum Gesamtbetrag der Einkünfte aufgeteilt wird (§ 34c Abs. 1 Satz 2 EStG). Es kann also formuliert werden:

$$\text{Anteilige ESt} = \frac{\text{ausländische Einkünfte} \cdot \text{ESt}}{\text{Gesamtbetrag der Einkünfte}}$$

Zur Klarstellung sei ausdrücklich darauf hingewiesen, daß in dem Gesamtbetrag der Einkünfte auch die der Anrechnungsmethode unterliegenden ausländischen Einkünfte enthalten sind.

Beispiel

Der unbeschränkt steuerpflichtige ledige A bezieht im Jahre 01 Einkünfte aus Gewerbebetrieb aus dem Staat B i.H.v. umgerechnet 14.978 DM. Er entrichtet hierauf an den Fiskus des Staates B 6.182 DM Steuern. Diese ausländischen Steuern entsprechen der deutschen Einkommensteuer. Der Gesamtbetrag der Einkünfte des A beträgt 95.002 DM, sein zu versteuerndes Einkommen 88.182 DM.

Die tarifliche Einkommensteuer des A beträgt lt. Grundtabelle 25.431 DM.

Die anteilige Einkommensteuer i.S.d. § 34c EStG beläuft sich auf $\left(\frac{14.978}{95.002}\right) \cdot 25.431 = 4.010\,\text{DM}$.

Nur bis zu dieser Höhe kann die an den ausländischen Fiskus entrichtete Steuer auf die deutsche Steuerschuld angerechnet werden. Ein Betrag i.H.v. (6.182 ./. 4.010 =) 2.172 DM ist somit nicht anrechenbar.

Die Beschränkung der Anrechnung auf die anteilige deutsche Einkommensteuer kann bei inländischen Verlusten dazu führen, daß nur ein geringer oder überhaupt kein Teil der ausländischen Steuern tatsächlich zur Anrechnung kommt. Aus diesem Grunde kann der Steuerpflichtige, statt eine Anrechnung nach § 34c Abs. 1 EStG vorzunehmen, die ausländische Steuer auf Antrag bei Ermittlung der Einkünfte abziehen (§ 34c Abs. 2 EStG). Der Steuerpflichtige hat somit ein *Wahlrecht zwischen einem Abzug der ausländischen Steuern von der Steuerschuld und einem Abzug von den Einkünften.*

Beispiel

Bei im übrigen gleichen Sachverhalt wie im vorigen Beispiel beträgt der Gesamtbetrag der Einkünfte infolge hoher inländischer Verluste aus Vermietung und Verpachtung 0 DM, die inländische Steuerschuld ebenfalls 0 DM.

Bei Anwendung des § 34c Abs. 1 EStG kommt es zur Anrechnung von 0 DM ausländischer Steuern auf die Steuerschuld. Diese Art der Anrechnung ist somit im Ergebnis wirkungslos. Bei Anwendung des § 34c Abs. 2 EStG hingegen erhöhen die ausländischen Steuern den Verlustabzug.

2.7.2.3 Besteuerung bei Existenz eines Doppelbesteuerungsabkommens

Besteht mit dem ausländischen Staat, aus dem die Einkünfte stammen, ein DBA, so ist zu unterscheiden zwischen dem Fall, daß das DBA

a) *die Anrechnungsmethode* oder
b) *die Freistellungsmethode*
vorsieht.

Ist in einem DBA die **Anrechnungsmethode** vereinbart, so richtet sich die konkrete Durchführung der Anrechnung allein nach deutschem Recht. Damit kommen die Vorschriften des § 34c EStG zur Anwendung, die soeben behandelt worden sind.

Ist in einem DBA die **Freistellungsmethode** vereinbart, so bleiben die ausländischen Einkünfte im Inland steuerfrei. Eine Anrechnung ausländischer Steuern findet dann selbstverständlich nicht statt.

Doppelbesteuerungsabkommen, in denen die Freistellungsmethode vereinbart ist, sehen regelmäßig einen *Progressionsvorbehalt* vor. Wie bereits unter Gliederungspunkt 2.4.1.3 ausgeführt, bedeutet die Anwendung des Progressionsvorbehalts, daß das sich aus den nicht von der Besteuerung freigestellten Einkünften ergebende zu versteuernde Einkommen dem Steuersatz unterworfen wird, der sich ergäbe, wenn das zu versteuernde Einkommen auch die freigestellten Einkünfte umfassen würde (§ 32b Abs. 2 Nr. 2 EStG). Auf das zu versteuernde Einkommen ist also nicht der normale Tarif, sondern ein *besonderer Steuersatz* anzuwenden (§ 32b Abs. 1 Nr. 2 EStG). Die Anwendung des Progressionsvorbehalts soll bewirken, daß Steuerpflichtige mit steuerfreien ausländischen Einkünften dem gleichen Steuersatz, d.h. der *gleichen Progression*, unterliegen, wie Steuerpflichtige mit ausschließlich inländischen Einkünften in gleicher Höhe.

Die Wirkung des Progressionsvorbehalts soll noch kurz anhand eines Beispiels verdeutlicht werden.

Beispiel

Der unbeschränkt steuerpflichtige ledige A hat im Jahre 01 ein zu versteuerndes Einkommen von 89.989 DM. Außerdem bezieht er ausländische Einkünfte i.H.v. 30.127 DM, die aufgrund eines DBA steuerfrei sind. Das zur Berechnung des besonderen Steuersatzes maßgebliche zu versteuernde Einkommen beträgt (89.989 + 30.127 =) 120.116 DM. Bei Anwendung der Grundtabelle auf diesen Betrag ergibt sich eine Steuerschuld von 40.808 DM. Der besondere Steuersatz ergibt sich als Quotient dieser Steuerschuld und des zugrunde liegenden fiktiven zu versteuernden Einkommens von 120.116 DM. Letzteres ist auf den Eingangsbetrag der Tabellenstufe, d.h. auf 120.096 DM abzurunden.

Der besondere Steuersatz beträgt $\left(\dfrac{40.808}{120.096} = \right) 33{,}97948\ \%$

Bei Anwendung des besonderen Steuersatzes auf das - auf den Eingangsbetrag der Tabellenstufe abgerundete - zu versteuernde Einkommen von 89.964 DM ergibt sich eine Steuerschuld von (89.964 · 33,97865 % =) 30.569 DM. Die tarifliche Einkommensteuer auf das tatsächliche zu versteuernde Einkommen beträgt hingegen lediglich 26.208 DM. Die Mehrsteuer aufgrund des Progressionsvorbehalts beträgt mithin (30.569 ./. 26.207 =) 4.362 DM.

Im voranstehenden Beispiel wirkt sich der Progressionsvorbehalt steuererhöhend aus. Dies ist - sofern überhaupt eine Steuerschuld entsteht - beim Bezug positiver steuerfreier Einkünfte mit Progressionsvorbehalt stets der Fall. Der Progressionsvorbehalt kann sich aber auch steuermindernd auswirken. Das ist grundsätzlich bei negativen steuerfreien Einkünften mit Progressionsvorbehalt der Fall. Ausnahmen können sich allerdings in den Fällen des nachfolgend behandelten § 2a EStG ergeben. Wirkt sich der Progressionsvorbehalt steuererhöhend aus, so wird von einem **positiven**, wirkt er sich negativ aus, so wird von einem **negativen Progressionsvorbehalt** gesprochen.

2.7.2.4 Negative ausländische Einkünfte

Negative ausländische Einkünfte sind im Inland steuerlich unterschiedlich zu behandeln, je nachdem, ob sie unter § 2a Abs. 1 EStG fallen oder nicht. Nach dieser Vorschrift dürfen wichtige Arten ausländischer Verluste nicht mit inländischen positiven Einkünften ausgeglichen werden. Auch ein Verlustabzug nach § 10d EStG ist in diesen Fällen ausgeschlossen. Die ausländischen Verluste dürfen vielmehr lediglich mit ausländischen Einkünften *derselben Art aus demselben Staat* ausgeglichen werden.

Unter § 2a Abs. 1 EStG fallen Verluste aus einer in einem ausländischen Staat belegenen land- und forstwirtschaftlichen oder gewerblichen Betriebsstätte. Ferner fallen insbesondere hierunter Verluste aus einer stillen Beteiligung oder aus einem partiarischen Darlehen, wenn der Schuldner Wohnsitz oder Geschäftsleitung im Ausland hat. Außerdem werden Verluste aus der Vermietung oder Verpachtung von im Ausland belegenem unbeweglichem Vermögen oder von Sachinbegriffen erfaßt.

§ 2a Abs. 1 Nr. 2 EStG ist jedoch nach Abs. 2 dieser Vorschrift nicht bei *bestimmten gewerblichen Betätigung*en im Ausland anzuwenden. Dies bedeutet, daß Verluste der in § 2a Abs. 2 EStG genannten Art im Inland nach den allgemeinen Vorschriften ausgleichs- und abzugsfähig sind. Unter § 2a Abs. 2 EStG fallen Verluste aus einer gewerblichen Betriebstätte im Ausland, die ausschließlich oder fast ausschließlich

- die Herstellung oder die Lieferung von Waren, außer Waffen,
- die Gewinnung von Bodenschätzen,
- die Bewirkung gewerblicher Leistungen

zum Gegenstand hat.

2.7.3 Besteuerung der beschränkt Steuerpflichtigen im Inland

Im Gegensatz zu den unbeschränkt Steuerpflichtigen unterliegen die **beschränkt Steuerpflichtigen** nicht mit ihrem Welteinkommen der Besteuerung im Inland. Bei ihnen werden vielmehr lediglich ihre *inländischen Einkünfte i.S.d. § 49 EStG* erfaßt. Eine Besteuerung kommt aber auch bei beschränkt Steuerpflichtigen nur dann in Betracht, wenn nicht die Besteuerung im Inland aufgrund eines *Doppelbesteuerungsabkommens* ausgeschlossen ist. Eine Prüfung der Voraussetzungen des § 49 EStG ist also nur dann sinnvoll, wenn vorher festgestellt worden ist, daß das Besteuerungsrecht der Bundesrepublik Deutschland nicht durch ein Doppelbesteuerungsabkommen ausgeschlossen ist.

§ 49 EStG enthält eine *abschließende* Aufzählung derjenigen Einkünfte eines beschränkt Steuerpflichtigen, bei denen eine Besteuerung durch den deutschen Fiskus möglich ist. Die Aufzählung knüpft an die sieben Einkunftsarten des § 2 Abs. 1 EStG an. Eine Erweiterung des Begriffs der Einkünfte wird in § 49 EStG an keiner Stelle vorgenommen, hingegen vielfach eine Einengung. Allen Einkünften i.S.d. § 49 EStG ist gemeinsam, daß sie im Inland erzielt sein müssen. Doch werden keinesfalls alle inländischen Einkünfte erfaßt, sondern nur die in der genannten Vorschrift ausdrücklich definierten. Auf Einzelheiten kann hier nicht eingegangen werden. Insoweit muß auf das einschlägige Schrifttum verwiesen werden.

§ 50 EStG enthält für beschränkt Steuerpflichtige eine Reihe von Sondervorschriften, durch die viele der allgemeinen Vorschriften des EStG für nicht anwendbar erklärt werden. Besonders hervorzuheben ist in diesem Zusammenhang, daß Betriebsausgaben und Werbungskosten nur insoweit abzugsfähig sind, als sie mit inländischen Einkünften i.S.d. § 49 EStG in wirtschaftlichem Zusammenhang stehen. Ein Verlustabzug nach § 10d EStG ist nur möglich, wenn Verluste in wirtschaftlichem Zusammenhang mit inländischen Einkünften stehen, die sich aus Unterlagen ergeben, die im Inland aufbewahrt werden.

Die Einkommensteuer gilt bei beschränkt Steuerpflichtigen, die dem Steuerabzug vom Arbeitslohn (Lohnsteuerabzug) oder vom Kapitalertrag (Kapitalertragsteuerabzug) unterliegen, durch den Steuerabzug als abgegolten (§ 50 Abs. 5 EStG). Das gleiche gilt bei beschränkt Steuerpflichtigen, die dem besonderen Steuerabzug des § 50a EStG unterliegen. In den genannten Fällen kommt es somit nicht zu einer Veranlagung.

§ 50a EStG regelt einen besonderen Steuerabzug für beschränkt steuerpflichtige Aufsichtsratsmitglieder inländischer Kapitalgesellschaften, Genossenschaften und sonstiger körperschaftlich strukturierter Unternehmen. Dieser Steuerabzug ist bekannt unter der Bezeichnung „Aufsichtsratsteuer".

Sofern ein beschränkt Steuerpflichtiger Einkünfte bezieht, bei denen die Einkommensteuer nicht gem. § 50 Abs. 5 EStG durch einen Steuerabzug als abgegolten anzusehen ist, muß grundsätzlich eine Veranlagung zur Einkommensteuer durchgeführt werden. Hierbei ist der sich aus § 32a Abs. 1 EStG ergebende Tarif, d.h. der Grundtarif, anzuwenden. Das Ehegattensplitting ist somit bei beschränkt Steuerpflichtigen nicht anwendbar. Die Einkommensteuer beträgt nach § 50 Abs. 3 Satz 2 EStG mindestens 25 v.H. des Einkommens.

3 Körperschaftsteuer

3.1 Steuerpflicht

3.1.1 Unbeschränkte Steuerpflicht

3.1.1.1 Einführung

Der **unbeschränkten Körperschaftsteuerpflicht** unterliegen die in § 1 Abs. 1 KStG aufgeführten Körperschaften, Personenvereinigungen und Vermögensmassen, sofern sie ihre *Geschäftsleitung oder* ihren *Sitz im Inland* haben. Die unbeschränkte Steuerpflicht ist also an folgende zwei Voraussetzungen geknüpft:

1. Es muß sich um Körperschaften, Personenvereinigungen oder Vermögensmassen der in § 1 Abs. 1 KStG genannten Art handeln;
2. diese Körperschaften usw. müssen ihren Sitz oder den Ort ihrer Geschäftsleitung im Inland haben.

Aus Gründen der sprachlichen Vereinfachung werden die in § 1 Abs. 1 KStG aufgeführten Körperschaften, Personenvereinigungen und Vermögensmassen nachfolgend häufig unter dem Begriff „Körperschaften" zusammengefaßt.

3.1.1.2 Die unter § 1 KStG fallenden Körperschaften

§ 1 Abs. 1 KStG umfaßt *keinesfalls alle* **Körperschaften**, Personenvereinigungen und Vermögensmassen des privaten und öffentlichen Rechts, sondern *nur die* in den Nrn. 1 bis 6 dieser Vorschrift *ausdrücklich aufgeführten.* Nicht in § 1 Abs. 1 KStG aufgeführt sind insbesondere

- juristische Personen des öffentlichen Rechts mit Ausnahme ihrer Betriebe gewerblicher Art,
- Mitunternehmerschaften im Sinne des § 15 Abs. 1 Nr. 2 EStG[70].

Von den in § 1 Abs. 1 KStG aufgezählten Körperschaften haben die in Nr. 1 dieser Vorschrift genannten *Kapitalgesellschaften* im Wirtschaftsleben die mit Abstand größte Bedeutung. Kapitalgesellschaften im Sinne dieser Vorschrift sind

- Aktiengesellschaften,
- Kommanditgesellschaften auf Aktien,
- Gesellschaften mit beschränkter Haftung und
- bergrechtliche Gewerkschaften.

---

[70] Vgl. Gliederungspunkt 2.2.4.2.

Nach dem BFH-Urteil vom 2.12.1970[71] sind die der unbeschränkten Körperschaftsteuerpflicht unterliegenden Kapitalgesellschaften in § 1 Abs. 1 Nr. 1 KStG erschöpfend aufgezählt.

Unter den Kapitalgesellschaften kommt den *Gesellschaften mit beschränkter Haftung* und den *Aktiengesellschaften* eine überragende Bedeutung zu. Kommanditgesellschaften auf Aktien hingegen sind im Wirtschaftsleben nur vereinzelt anzutreffen. Bergrechtliche Gewerkschaften hatten früher ein großes wirtschaftliches Gewicht; im Bergbau war diese Rechtsform lange Zeit vorherrschend. In der Nachkriegszeit wurden die meisten von ihnen freiwillig in andere Rechtsformen, insbesondere in Aktiengesellschaften, umgewandelt. Nach § 163 Abs. 4 Bundesberggesetz waren alle noch verbliebenen Bergrechtlichen Gewerkschaften bis zum 1.1.1994 entweder in eine andere Rechtsform umzuwandeln oder aufzulösen[72].

Das Recht der Aktiengesellschaft (AG) und der Kommanditgesellschaft auf Aktien (KGaA) ist im AktG, das der Gesellschaft mit beschränkter Haftung (GmbH) ist im GmbHG geregelt. Auf die gesellschaftsrechtlichen Regelungen der genannten Gesetze kann hier ebensowenig eingegangen werden wie auf die allgemeinen wirtschaftlichen Probleme der Rechtsformwahl[73].

Die zweitwichtigstGruppe unbeschränkt steuerpflichtiger Körperschaften sind die in § 1 Abs. 1 Nr. 2 KStG aufgeführten *Erwerbs- und Wirtschaftsgenossenschaften*. Bei diesen handelt es sich gem. § 1 GenG um Gesellschaften von nicht geschlossener Mitgliederzahl, die die Förderung des Erwerbs oder der Wirtschaft ihrer Mitglieder bezwecken.

Erwerbs- und Wirtschaftsgenossenschaften sind in fast allen Wirtschaftsbereichen tätig. Zu nennen sind insbesondere:

- Im Bankensektor die Volksbanken und Raiffeisenbanken,
- im Handel Einkaufs- und Verkaufsgenossenschaften, Absatzgenossenschaften der Handwerker usw.,
- in der Produktion Produktionsgenossenschaften, wie z.B. Molkereigenossenschaften,
- in der Land- und Forstwirtschaft, z.B. Winzereigenossenschaften,
- in der Wohnungswirtschaft Bau- und Wohnungsgenossenschaften.

Genossenschaften besitzen heute ein beachtliches Gewicht im Wirtschaftsleben.

Unbeschränkt steuerpflichtig sind nach § 1 Abs. 1 Nr. 3 KStG *Versicherungsvereine auf Gegenseitigkeit*. Hierbei handelt es sich um Personenvereinigungen, die im privaten Versicherungsgewerbe tätig sind. Neben den Rechtsformen der Aktiengesellschaft und der Versicherungsanstalt des öffentlichen Rechts dürfen sich Unternehmen der Versicherungswirtschaft dieser Rechtsform bedienen. Versiche-

---

71 Vgl. BFH-Urteil vom 2.12.1970, I R 122/68, BStBl 1971 II, S. 187.
72 Vgl. Bundesberggesetz vom 13.8.1980, BGBl 1980 I, S. 1310 i. d. F. v. 20.12.1988, BGBl 1988 I, S. 2450.
73 Probleme der Rechtsformwahl unter besonderer Berücksichtigung der Besteuerung werden in Band 2, Teil IV, dieses Werkes behandelt.

rungsvereine auf Gegenseitigkeit sind Personenvereinigungen, bei denen die Mitglieder eine Schadens- oder Gefahrengemeinschaft bilden. Der Versicherungsverein ist Versicherer, die Mitglieder sind die Versicherten.

Nach § 1 Abs. 1 Nr. 4 KStG unterliegen der Körperschaftsteuer ferner die „sonstigen" juristischen Personen des privaten Rechts, d.h. alle diejenigen juristischen Personen des privaten Rechts, die nicht unter die Nrn. 1 bis 3 des § 1 Abs. 1 KStG fallen. Hier sind vor allem die nach §§ 55 ff. BGB ins Vereinsregister eingetragenen *Vereine*, wie z.B. Sportvereine, Gesangvereine, Kaninchenzüchtervereine, zu nennen. Ein Verein ist ein Zusammenschluß mehrerer Personen, die einen gemeinsamen ideellen oder wirtschaftlichen Zweck verfolgen (§§ 21 ff. BGB).

Neben den eingetragenen gibt es auch nicht eingetragene Vereine. Sie unterscheiden sich von den eingetragenen im wesentlichen nur durch die Nichteintragung ins Vereinsregister. Neben rein geselligen Vereinigungen, wie z.B. Kegelclubs, gehören hierher auch so mächtige soziale Gebilde wie die Einzelgewerkschaften des Deutschen Gewerkschaftsbundes und der DGB selbst. Auch die nichteingetragenen Vereine sind - sofern die übrigen Voraussetzungen erfüllt sind - unbeschränkt körperschaftsteuerpflichtig, aber nicht nach Nr. 4, sondern nach Nr. 5 des § 1 Abs. 1 KStG.

Der unbeschränkten Steuerpflicht nach § 1 Abs. 1 Nrn. 4 und 5 KStG unterliegen ferner rechtsfähige und nichtrechtsfähige Anstalten, Stiftungen und andere Zweckvermögen des privaten Rechts. Auf diese Körperschaften kann hier nicht eingegangen werden.

Juristische Personen des öffentlichen Rechts unterliegen grundsätzlich nicht der unbeschränkten Körperschaftsteuerpflicht. Juristische Personen des öffentlichen Rechts sind insbesondere

- die Gebietskörperschaften, also Bund, Länder und Gemeinden,
- die öffentlich-rechtlichen Religionsgemeinschaften.

Unterhalten juristische Personen des öffentlichen Rechts *Betriebe gewerblicher Art,* so unterliegen sie mit diesen, aber auch nur mit diesen, nach § 1 Abs. 1 Nr. 6 KStG der unbeschränkten Steuerpflicht. Insoweit wird der eben formulierte Grundsatz durchbrochen. Der Grund liegt darin, daß Betriebe gewerblicher Art mit privatrechtlich organisierten Betrieben entweder im Wettbewerb stehen oder nur aufgrund eines staatlichen Monopols kein privates Unternehmen tätig werden darf. Eine Nichtbesteuerung der Betriebe gewerblicher Art würde den öffentlich-rechtlichen Bereich gegenüber der privatrechtlich strukturierten Wirtschaft begünstigen. Dies soll durch die Vorschrift des § 1 Abs. 1 Nr. 6 KStG verhindert werden. Bei juristischen Personen des öffentlichen Rechts unterliegt somit die hoheitliche Betätigung nicht der Körperschaftsteuer, der gewerbliche Bereich hingegen doch.

Zu den Betrieben gewerblicher Art von juristischen Personen des öffentlichen Rechts, die in § 4 KStG definiert sind, gehören vor allem

- die Bundesbank,

- die Sparkassen,
- Versorgungsunternehmen der öffentlichen Hand, wie z.B. Elektrizitäts-, Gas- und Wasserwerke und Verkehrsbetriebe.

Die Gebietskörperschaften führen ihre Versorgungsunternehmen heute meist in den Rechtsformen der AG oder der GmbH. Beispiele sind das RWE (Rheinisch-Westfälische Elektrizitätswerk AG), die Hagener Straßenbahn AG und die Rheinisch-Westfälische Wasserwerksgesellschaft mbH. Bedient sich die öffentliche Hand für ein Versorgungsunternehmen der Rechtsform einer Kapitalgesellschaft, so fällt dieses nicht unter die Nr. 6, sondern unter die Nr. 1 des § 1 Abs. 1 KStG.

3.1.1.3 Geschäftsleitung oder Sitz im Inland

Der unbeschränkten Körperschaftsteuerpflicht unterliegen die in § 1 Abs. 1 KStG aufgezählten Körperschaften nur dann, wenn sie ihre *Geschäftsleitung* oder ihren *Sitz* im *Inland* haben.

Die **Geschäftsleitung** ist nach § 10 AO der *Mittelpunkt der geschäftlichen Oberleitung*. Die Geschäftsleitung befindet sich normalerweise in den Arbeitsräumen der die Körperschaft leitenden Personen. In aller Regel handelt es sich bei den eine Körperschaft leitenden Personen um deren gesetzliche Vertreter. Bei einer GmbH sind dies die Geschäftsführer, bei einer AG die Vorstandsmitglieder. In seltenen Ausnahmefällen befindet sich die Geschäftsleitung an einem anderen Ort als in den Arbeitsräumen der gesetzlichen Vertreter der Körperschaft.

Beispiel

Der Geschäftsführer einer Liechtensteiner GmbH hat seinen Arbeitsraum in Vaduz (Liechtenstein). Die Produktionsstätten der GmbH befinden sich in München. Von München aus leitet auch der Alleingesellschafter der GmbH tatsächlich die Geschicke der Gesellschaft; der Liechtensteiner Geschäftsführer ist nur eine Marionette.

Ort der Geschäftsleitung ist München, da die tatsächliche Geschäftsführung von München aus durch den Alleingesellschafter vorgenommen wird.

Das Beispiel veranschaulicht, daß der Ort der Geschäftsleitung durch die tatsächlichen Verhältnisse bestimmt wird. Anders verhält es sich hingegen bei der Ermittlung des Sitzes einer Körperschaft. Ihren **Sitz** hat eine Körperschaft nach § 11 AO an dem Ort, der *durch Gesetz, Gesellschaftsvertrag, Satzung, Stiftungsgeschäft* oder dergleichen *bestimmt* ist.

Sitz und Geschäftsleitung befinden sich üblicherweise an demselben Ort. Befinden sich beide an unterschiedlichen Orten, so reicht es für den Eintritt der unbeschränkten Steuerpflicht, wenn sich *einer der beiden Orte im Inland* befindet.

Beispiel

Der Sitz einer GmbH befindet sich laut Gesellschaftsvertrag in Davos (Schweiz), Ort der Geschäftsleitung hingegen ist Stuttgart.

Die GmbH ist unbeschränkt steuerpflichtig.

Inland ist das Gebiet der Bundesrepublik Deutschland sowie der der Bundesrepublik zustehende Anteil am Festlandsockel. Der körperschaftsteuerliche Inlandsbegriff deckt sich also mit dem einkommensteuerlichen.

3.1.1.4 Rechtsfolgen der unbeschränkten Steuerpflicht

Die **Rechtsfolgen** der unbeschränkten Körperschaftsteuerpflicht sind die gleichen wie die der unbeschränkten Einkommensteuerpflicht: Unbeschränkt steuerpflichtige Körperschaften unterliegen gem. § 1 Abs. 2 KStG der Körperschaftsteuer mit sämtlichen Einkünften. Besteuert werden also nicht nur die inländischen, sondern auch die ausländischen Einkünfte; erfaßt wird also das *Welteinkommen*.

Bei ausländischen Einkünften ist es aufgrund von *Doppelbesteuerungsabkommen* möglich, daß es trotz unbeschränkter Steuerpflicht nicht zu einer Besteuerung einzelner Einkünfte im Inland kommt. Hier ist immer zunächst zu prüfen, ob ein Doppelbesteuerungsabkommen mit dem ausländischen Staat, aus dem die Einkünfte stammen, besteht. Ist dies der Fall, so ist zu untersuchen, ob der Bundesrepublik Deutschland ein Besteuerungsrecht an den in Betracht kommenden ausländischen Einkünften zusteht.

3.1.2 Beschränkte Steuerpflicht

Körperschaften, die *im Inland weder* ihre *Geschäftsleitung noch* ihren *Sitz* haben, sind nach § 2 Nr. 1 KStG **beschränkt steuerpflichtig**. Unter diese Vorschrift fallen ausländische juristische Personen des öffentlichen und des privaten Rechts sowie ausländische nichtrechtsfähige Personenvereinigungen und Vermögensmassen.

Die beschränkte Steuerpflicht nach § 2 Nr. 1 KStG erstreckt sich nur auf die *inländischen Einkünfte* ausländischer Körperschaften. Unter inländischen Einkünften sind nur die unter § 49 EStG fallenden zu verstehen. Das bedeutet, daß keinesfalls alle, sondern lediglich die in § 49 EStG definierten Arten inländischer Einkünfte der beschränkten Steuerpflicht unterliegen.

Die bisherigen Ausführungen lassen erkennen, daß die beschränkte Steuerpflicht nach § 2 Nr. 1 KStG der beschränkten Einkommensteuerpflicht nach § 1 Abs. 4 EStG entspricht. Insoweit besteht also Übereinstimmung zwischen Einkommen- und Körperschaftsteuerrecht. Das gilt aber nicht für die zweite Art der beschränkten Körperschaftsteuerpflicht, die in § 2 Nr. 2 KStG geregelt ist. Unter diese Vorschrift fallen diejenigen Körperschaften, Personenvereinigungen und Vermögensmassen, die weder unbeschränkt steuerpflichtig sind, noch unter § 2 Nr. 1 KStG fallen. Dies trifft für juristische Personen des öffentlichen Rechts zu.

Die unter § 2 Nr. 2 KStG fallenden Körperschaften unterliegen der beschränkten Steuerpflicht lediglich mit denjenigen inländischen Einkünften, von denen ein Steuerabzug vorzunehmen ist. Nach derzeitigem Recht kann es sich hierbei nur um Einkünfte handeln, die dem Kapitalertragsteuerabzug unterliegen. Bei welchen

Einkünften dies der Fall ist, wurde bereits an früherer Stelle behandelt. Hierauf wird verwiesen[74].

Körperschaften, die der beschränkten Steuerpflicht nach § 2 Nr. 2 KStG unterliegen, werden nicht zur Körperschaftsteuer veranlagt, vielmehr ist bei ihnen die Steuerschuld gem. § 50 Abs. 1 Nr. 2 KStG durch die Kapitalertragsteuer abgegolten.

Beispiel

Die Stadt A-Dorf ist beteiligt an der X-GmbH. Sie erhält von der GmbH eine Ausschüttung von 6,4 Mio DM, abzüglich (25 % x 6,4 Mio =) 1,6 Mio Kapitalertragsteuer.

Die Stadt ist mit den Gewinnausschüttungen, die sie von der X-GmbH erhält, beschränkt steuerpflichtig. Mit der von der GmbH einbehaltenen Kapitalertragsteuer ist ihre Körperschaftsteuerschuld abgegolten.

3.1.3 Beginn und Ende der Steuerpflicht

Zivilrechtlich entstehen Körperschaften des Privatrechts *mit ihrer Eintragung in das maßgebliche Register,* also Kapitalgesellschaften mit Eintragung in das Handelsregister, Genossenschaften in das Genossenschaftsregister und Vereine in das Vereinsregister. Insbesondere die Gründer von Kapitalgesellschaften entwickeln aber bereits häufig vor der Entstehung der Gesellschaft wirtschaftliche Aktivitäten. Je nachdem, in welchem Gründungsstadium sich die Gesellschaft befindet, wird dann von einer Vorgründungsgesellschaft und von einer Vorgesellschaft gesprochen. Die nachfolgende Abbildung zeigt die Zusammenhänge.

Vorgründungsgesellschaft		Vorgesellschaft	
t_1: Schriftliche oder mündliche Absprache	t_2: Notariell beurkundeter Gesellschaftsvertrag (§ 23 AktG, § 2 GmbHG)	t_3: Errichtung = Übernahme der Aktien bzw. Anteile (§ 29 AktG, § 7 GmbHG)	t_4: Entstehung = Eintragung ins Handelsregister (§ 41 AktG, §§ 10, 11 GmbHG)

Abbildung II/6: Kapitalgesellschaft in der Gründungsphase

Die Vorgründungsgesellschaft tritt meistens nach außen kaum in Erscheinung; während ihres Bestehens werden die ersten internen Vorbereitungsmaßnahmen zur Gründung der Kapitalgesellschaft getroffen. Sie wird von der h.M. als BGB-Gesellschaft (§§ 705 ff. BGB) angesehen[75].

---

[74] Vgl. Gliederungspunkt 2.5.4.
[75] Vgl. statt vieler Dötsch, E./Eversberg, H./Jost, W. F./Witt, G., Körperschaftsteuer, § 1 KStG, Tz. 106.

3 Körperschaftsteuer

Die Vorgesellschaft entsteht mit Abschluß des notariell beurkundeten Gesellschaftsvertrages. Sie ist i. d. R. ebenfalls eine BGB-Gesellschaft. Entwickelt sie aber bereits so starke Aktivitäten, daß sie als Vollkaufmann anzusehen ist, so hat sie die Rechtsform einer OHG.

Steuerlich ist die Vorgründungsgesellschaft *kein körperschaftsteuerliches Gebilde, sondern eine Mitunternehmerschaft* i.S.d. § 15 Abs. 1 Nr. 2 EStG[76]. Anders verhält es sich hingegen mit der Vorgesellschaft. *Sie wird als dasselbe Körperschaftsteuersubjekt angesehen wie die spätere Kapitalgesellschaft.* Bei Gründung einer GmbH z.B. handelt es sich also ab Abschluß des Gesellschaftsvertrages um eine Kapitalgesellschaft i.S.d. § 1 Abs. 1 Nr. 1 KStG.

Die *Körperschaftsteuerpflicht endet mit der tatsächlichen Beendigung des Geschäftsbetriebs.* Dies ist erst nach Abschluß der Liquidation und nach Ablauf des Sperrjahres (§ 272 AktG bzw. § 73 GmbHG) der Fall. Durch die Eröffnung des Konkursverfahrens hingegen wird die Steuerpflicht nicht berührt.

3.1.4 Persönliche Befreiungen

Ebenso wie das Einkommen- kennt das Körperschaftsteuerrecht eine Vielzahl von Steuerbefreiungen. Diese sind in § 5 KStG geregelt. Während nach dem EStG (§§ 3 und 3b) bestimmte Einnahmen von der Besteuerung ausgenommen werden, sind nach § 5 KStG einzelne Körperschaften von der Körperschaftsteuer befreit. Bei der Einkommensteuer handelt es sich somit um sachliche, bei der Körperschaftsteuer hingegen um persönliche Befreiungen.

Auf die Befreiungsvorschriften des § 5 KStG kann hier nicht näher eingegangen werden; auf einzelne Befreiungen soll lediglich kurz hingewiesen werden.

Befreit sind nach § 5 Abs. 1 Nrn. 1 und 2a KStG bestimmte Betriebe gewerblicher Art der öffentlichen Hand, so z.B. das Bundeseisenbahnvermögen, die staatlichen Lotterieunternehmen, die Bundesbank, die Kreditanstalt für Wiederaufbau und die Bundesanstalt für vereinigungsbedingte Sonderaufgaben als Nachfolgerin der Treuhandanstalt.

§ 5 Abs. 1 Nr. 3 KStG enthält eine Befreiung rechtsfähiger Pensions-, Sterbe- und Krankenkassen unter engen, im Gesetz genau definierten Voraussetzungen.

Befreit sind nach § 5 Abs. 1 Nr. 5 KStG Berufsverbände ohne öffentlich-rechtlichen Charakter, aber nur insoweit, als sie keinen wirtschaftlichen Geschäftsbetrieb unterhalten. Hierunter fallen z.B. die Einzelgewerkschaften des DGB, der DGB selbst und Arbeitgeberverbände.

Körperschaften, die nach der Satzung, dem Stiftungsgeschäft oder sonstigen Verfassung ausschließlich und unmittelbar gemeinnützigen, mildtätigen oder kirchlichen Zwecken im Sinne der §§ 51 bis 68 AO dienen, sind nach § 5 Abs. 1 Nr. 9 KStG von der Körperschaftsteuer befreit. Voraussetzung ist allerdings, daß die

---

[76] Hinsichtlich der Besteuerung der Mitunternehmerschaften s. Gliederungspunkt 2.2.4.2.

tatsächliche Geschäftsführung dem Satzungszweck entspricht. Diese Befreiungsvorschrift kommt besonders häufig bei Vereinen zur Anwendung. Betreibt eine unter § 5 Abs. 1 Nr. 9 KStG fallende Körperschaft einen wirtschaftlichen Geschäftsbetrieb, so ist auf diesen die Steuerbefreiung nicht anwendbar.

3.2 Ermittlung des Einkommens und des zu versteuernden Einkommens

3.2.1 Bemessungsgrundlage, Ermittlungs- und Erhebungszeitraum

Bemessungsgrundlage der Körperschaftsteuer ist nach § 7 Abs. 1 KStG das *zu versteuernde Einkommen*. Die Bemessungsgrundlage hat somit die gleiche Bezeichnung wie die der Einkommensteuer. Das zu versteuernde Einkommen ist nach § 7 Abs. 2 KStG bei Kapitalgesellschaften und bei solchen Erwerbs- und Wirtschaftsgenossenschaften, die nicht Land- und Forstwirtschaft betreiben, identisch mit dem Einkommen. Bei den übrigen Körperschaften hingegen ist vom Einkommen zur Ermittlung des zu versteuernden Einkommens ein Freibetrag nach § 24 KStG oder nach § 25 KStG abzuziehen.

Aus Gründen der sprachlichen Vereinfachung wird der Begriff Einkommen nachfolgend regelmäßig synonym für den des zu versteuernden Einkommens verwendet.

Die Körperschaftsteuer ist - ebenso wie die Einkommensteuer - eine Jahressteuer (§ 7 Abs. 3 Satz 1 KStG). *Veranlagungszeitraum* ist also das Kalenderjahr. *Ermittlungszeitraum* ist gem. § 7 Abs. 3 Satz 2 KStG ebenfalls grundsätzlich das Kalenderjahr. Besteht die Steuerpflicht nicht während des ganzen Kalenderjahrs, so verkürzt sich der Ermittlungszeitraum auf den Zeitraum der Steuerpflicht (§ 7 Abs. 3 Satz 3 KStG).

Bei Körperschaften, die nach den §§ 238 ff. HGB zur Buchführung verpflichtet sind, ist der *Gewinn nach dem Wirtschaftsjahr* zu ermitteln, für das sie regelmäßig Abschlüsse erstellen (§ 7 Abs. 4 KStG). Kraft Rechtsform zur Buchführung verpflichtet (Formkaufmann) sind gem. § 6 i.V.m. §§ 238 ff. HGB alle Handelsgesellschaften. Als Handelsgesellschaften gelten die Kapitalgesellschaften (§§ 3 AktG und 13 Abs. 3 GmbHG). Ebenfalls kraft Rechtsform zur Buchführung verpflichtet sind gem. § 17 Abs. 2 GenG i.V.m. §§ 238 ff. HGB die Erwerbs- und Wirtschaftsgenossenschaften.

Bei Körperschaften mit vom Kalenderjahr *abweichendem Wirtschaftsjahr* gilt der Gewinn aus Gewerbebetrieb als in dem Wirtschaftsjahr bezogen, in dem das Wirtschaftsjahr endet (§ 7 Abs. 4 Satz 2 KStG). Die Umstellung eines Wirtschaftsjahres auf einen vom Kalenderjahr abweichenden Zeitraum ist steuerlich nur im Einvernehmen mit dem Finanzamt möglich (§ 7 Abs. 4 Satz 3 KStG). Hierauf wird an späterer Stelle noch näher eingegangen[77].

---

[77] Vgl. Teil III, Gliederungspunkt 1.7.

3.2.2 Ermittlung des Einkommens

3.2.2.1 Anwendung einkommensteuerlicher Vorschriften

Das **Einkommen** ist gem. § 8 Abs. 1 KStG nach den Vorschriften des Einkommen- und des Körperschaftsteuergesetzes zu ermitteln. Grundlage der Einkommensermittlung sind demnach zunächst einmal die *Vorschriften des Einkommensteuergesetzes.* Doch sind diese Vorschriften nicht uneingeschränkt anwendbar, sondern nur insoweit, als sie nicht auf natürliche Personen zugeschnitten sind.

Zu beachten ist also:

▷ Alle einkommensteuerrechtlichen Vorschriften zur Einkommensermittlung sind daraufhin zu überprüfen, ob sie auf natürliche Personen zugeschnitten sind. Nur wenn das nicht der Fall ist, können und müssen sie bei der körperschaftsteuerlichen Einkommensermittlung berücksichtigt werden.

Anwendbar bei Körperschaften, da nicht auf natürliche Personen zugeschnitten, sind die Vorschriften über die *steuerliche Gewinnermittlung* (§§ 4-7k EStG). Diese Vorschriften sind bei vielen Körperschaften, vor allem bei Kapitalgesellschaften, die wichtigsten ertragsteuerlichen Regelungen überhaupt. Durch die Vorschriften über die *steuerliche Gewinnermittlung* können sich erhebliche Abweichungen zwischen dem Gewinn nach Handels- und dem nach Steuerbilanz ergeben. Überragende Bedeutung haben in diesem Zusammenhang Abweichungen zwischen handels- und steuerrechtlicher Bilanzierung und Bewertung. Hierauf wird an späterer Stelle ausführlich eingegangen[78].

Auch durch die Vorschrift über die nichtabziehbaren Betriebsausgaben (§ 4 Abs. 5 EStG) ergeben sich häufig Abweichungen zwischen Handels- und Steuerbilanzgewinn.

Grundsätzlich auf Körperschaften übertragbar sind auch die Vorschriften über die einzelnen Einkünfte (§§ 13 bis 24b EStG). Auf natürliche Personen zugeschnitten sind aber insbesondere die Vorschriften über nichtselbständige Arbeit (§ 19 EStG). Körperschaften können demnach grundsätzlich alle Einkunftsarten, mit Ausnahme derjenigen aus nichtselbständiger Arbeit, haben. Eine Ausnahme von diesem Grundsatz ergibt sich aber aus § 8 Abs. 2 KStG. Nach dieser Vorschrift sind alle Einkünfte, die zur Buchführung nach dem HGB verpflichtete Körperschaften beziehen, als Einkünfte aus Gewerbebetrieb zu behandeln. Wie bereits erläutert wurde, sind *Kapitalgesellschaften* sowie *Erwerbs- und Wirtschaftsgenossenschaften* zur Buchführung verpflichtet[79]. *Bei diesen beiden Arten von Körperschaften sind somit sämtliche Einkünfte den Einkünften aus Gewerbebetrieb zuzurechnen.*

---

78 Vgl. Teil III, Gliederungspunkte 2 und 3.
79 Vgl. Gliederungspunkt 3.2.1.

Auf natürliche Personen zugeschnitten und damit *nicht anwendbar* sind vor allem die meisten Vorschriften über *Sonderausgaben* (§§ 10 bis 10i EStG) und *außergewöhnliche Belastungen* (§§ 33 bis 33c EStG). Ein *Verlustabzug* hingegen ist auch bei Körperschaften möglich. Das hat zur Folge, daß § 10d EStG auch bei Körperschaften anwendbar ist.

Eine Übersicht über die nach Ansicht der Finanzverwaltung bei Körperschaften anwendbaren einkommensteuerrechtlichen Vorschriften gibt Abschn. 27 KStR.

3.2.2.2 Besondere körperschaftsteuerliche Vorschriften

Neben den Vorschriften des Einkommensteuergesetzes sind zur körperschaftsteuerlichen Einkommensermittlung auch *spezielle Vorschriften des Körperschaftsteuergesetzes* zu beachten. Zu nennen sind in diesem Zusammenhang vor allem Vorschriften über:

- Gewinnausschüttungen (§ 8 Abs. 3 KStG),
- Einschränkungen des Verlustabzugs (§ 8 Abs. 4 KStG),
- abziehbare Aufwendungen (§ 9 KStG),
- nichtabziehbare Aufwendungen (§ 10 KStG),
- Auflösung und Abwicklung (§ 11 KStG).

Für die Ermittlung des Einkommens ist es nach § 8 Abs. 3 Satz 1 KStG ohne Bedeutung, ob das Einkommen verteilt wird. *Gewinnausschüttungen sind demnach nicht als Betriebsausgaben abzugsfähig.* Diese Regelung entspricht völlig der einkommensteuerlichen: Die Einkommensteuer knüpft an das entstandene Einkommen an; die Verwendung dieses Einkommens ist ohne Bedeutung.

Nach § 8 Abs. 3 Satz 2 KStG mindern auch *verdeckte Gewinnausschüttungen* das Einkommen nicht. Für diese Vorschrift gibt es im Einkommensteuerrecht keine Parallele, da dort der Begriff der verdeckten Gewinnausschüttungen unbekannt ist. Verdeckte Gewinnausschüttungen sind Ausschüttungen, die nicht in offener Form als Gewinnausschüttungen kenntlich gemacht, die vielmehr „verdeckt", d.h. in der Buchhaltung als Aufwand, behandelt werden. Auf die verdeckten Gewinnausschüttungen wird an späterer Stelle noch ausführlich eingegangen[80].

Die einkommensteuerliche Vorschrift über den Verlustabzug, d.h. § 10d EStG, ist körperschaftsteuerlich anwendbar. Aus § 8 Abs. 4 KStG ergibt sich allerdings eine Einschränkung. Sie besteht darin, daß ein Verlustabzug nur dann möglich ist, wenn die Körperschaft, die den Verlust geltend machen will, mit derjenigen Körperschaft, bei der der Verlust entstanden ist, nicht nur rechtlich, sondern auch wirtschaftlich identisch ist. Mit dieser Vorschrift soll der sog. „Mantelkauf" verhindert werden. Er beinhaltet, daß die Anteile an einer maroden GmbH (Mantel) nur deshalb gekauft werden, weil die GmbH über abzugsfähige Verluste verfügt, die nach dem Gesellschafterwechsel und der Sanierung der Gesellschaft geltend gemacht werden sollen. Unter welchen Voraussetzungen keine wirtschaftliche

---

[80] Vgl. Gliederungspunkt 5.2.

Identität gegeben ist und unter welchen doch, ergibt sich aus § 8 Abs. 4 Sätze 2 und 3 KStG. Wirtschaftliche Identität liegt nach Satz 2 dieser Vorschrift insbesondere dann nicht vor, wenn mehr als die Hälfte der Anteile an einer Kapitalgesellschaft übertragen werden und die Kapitalgesellschaft ihren Geschäftsbetrieb mit überwiegend neuem Betriebsvermögen fortführt oder wieder aufnimmt. Nach § 8 Abs. 4 Satz 3 KStG ist die Zuführung neuen Betriebsvermögens hingegen dann unschädlich, wenn diese allein der Sanierung desjenigen Geschäftsbetriebs dient, der den verbleibenden Verlustabzug i.S.d. § 10d Abs. 3 Satz 2 EStG verursacht hat. Weitere Voraussetzung für die Unschädlichkeit und damit für die Abzugsfähigkeit des verbleibenden Verlustabzugs ist, daß die Körperschaft den Geschäftsbetrieb in einem nach dem Gesamtbild der wirtschaftlichen Verhältnisse vergleichbaren Umfang wie bisher in den folgenden fünf Jahren fortführt.

Nach § 9 KStG werden einzelne Aufwendungen ausdrücklich für abziehbar erklärt. Eingegangen werden soll hier nur kurz auf Abs. 1 Nr. 2 dieser Vorschrift. Danach sind Spenden für mildtätige, kirchliche, religiöse, wissenschaftliche und für als besonders förderungswürdig anerkannte gemeinnützige Zwecke bis zu bestimmten Höchstbeträgen abzugsfähig. § 9 Abs. 1 Nr. 2 KStG entspricht in seinem Inhalt weitgehend § 10b Abs. 1 EStG, der bereits an früherer Stelle kurz behandelt worden ist[81]. Keine Abzugsfähigkeit besteht für Mitgliedsbeiträge und Spenden an politische Parteien. Einkommensteuerlich hingegen sind derartige Beiträge und Spenden im Rahmen des § 10b Abs. 2 EStG und § 34g EStG abzugsfähig. Unverständlich ist, warum Spenden bis zu einer Höchstgrenze ausdrücklich für zulässig erklärt werden, da sie handelsrechtlich - und zwar in vollem Umfang - Aufwand darstellen. Sinnvoller wäre es deshalb, den Teil der Spenden, der die Höchstgrenze überschreitet, für nichtabzugsfähig zu erklären.

In § 10 KStG werden einige Aufwendungen ausdrücklich für nichtabzugsfähig erklärt. Nachfolgend wird nur auf die Nr. 2 dieser Vorschrift eingegangen. Nichtabzugsfähig sind nach § 10 Nr. 2 KStG die *Steuern vom Einkommen und sonstige Personensteuern* sowie die *Umsatzsteuer für den Eigenverbrauch.*

Als **Steuern vom Einkommen** werden nach derzeitigem Recht lediglich die *Körperschaftsteuer* und der auf die Körperschaftsteuer entfallende Solidaritätszuschlag erhoben. Die *Körperschaftsteuer* ist somit von ihrer eigenen Bemessungsgrundlage nicht abzugsfähig. Als **sonstige Personensteuer** ist derzeit nur die *Vermögensteuer,* für die die Körperschaft selbst Steuerschuldner ist, zu nennen. Vermögensteuer wird seit dem Veranlagungszeitraum 1997 nicht mehr erhoben[82]. Die Vorschrift über die Nichtabzugsfähigkeit sonstiger Personensteuern läuft deshalb seither weitgehend ins Leere. Sie kommt nur noch für nachzuentrichtende Vermögensteuer für Veranlagungszeiträume bis einschließlich 1996 in Betracht. **Umsatzsteuer für den Eigenverbrauch** entsteht bei Körperschaften vor allem

---

[81] Vgl. hierzu Gliederungspunkt 2.3.2.2.
[82] Vgl. Teil IV, Gliederungspunkt 1.

dann, wenn diese Aufwendungen tätigen, die unter das Abzugsverbot des § 4 Abs. 5 EStG fallen (§ 1 Abs. 1 Nr. 2 c UStG)[83].

Alle nichtabziehbaren Aufwendungen werden in der Rechnungslegung als Aufwand behandelt, d.h. sie mindern den Gewinn lt. Bilanz und lt. Gewinn- und Verlustrechnung. Zur Ermittlung des körperschaftsteuerlichen Einkommens müssen diese Aufwendungen deshalb *dem Gewinn wieder hinzugerechnet* werden. Dies geschieht *außerhalb der Bilanz in der Körperschaftsteuererklärung* bzw. in dem Körperschaftsteuerbescheid. Gleiches gilt hinsichtlich der Spenden, soweit diese nicht nach § 9 Abs. 1 Nr. 2 KStG abziehbar sind: Auch Spenden werden als Aufwand verbucht, ihr nichtabzugsfähiger Teil muß deshalb dem Gewinn wieder hinzugerechnet werden.

3.3 Tarif

3.3.1 Steuersätze

Im Gegensatz zum Einkommensteuersatz, der von der Einkommenshöhe abhängt, kennt das Körperschaftsteuerrecht nur konstante Steuersätze. Zwischen der Steuerbemessungsgrundlage, dem zu versteuernden Einkommen, und der Höhe der Steuerschuld besteht also grundsätzlich eine lineare Abhängigkeit. Dieser Grundsatz wird nur durch Ausschüttungen aufgrund des Anrechnungsverfahrens durchbrochen. Hierauf wird an späterer Stelle ausführlich eingegangen[84].

Die *Körperschaftsteuer* beträgt nach § 23 Abs. 1 KStG grundsätzlich *45 % des zu versteuernden Einkommens* (**Normal-** oder **Regelsteuersatz**). Die Körperschaftsteuer *ermäßigt* sich gem. § 23 Abs. 2 KStG bei Körperschaften im Sinne des § 1 Abs. 1 Nrn. 3 - 6 KStG auf 42 %. Der ermäßigte Steuersatz von 42 % gilt nach § 23 Abs. 3 KStG auch für *beschränkt steuerpflichtige Körperschaften* im Sinne des § 2 Nr. 1 KStG. Die Bundesregierung plant, die genannten Steuersätze deutlich zu senken. Ein entsprechendes Gesetz ist vom Bundestag bereits in 1997 verabschiedet worden[85], aber am Widerstand des Bundesrates gescheitert[86]. Dieses Gesetz sollte eine Absenkung des Normalsteuersatzes auf 35 % bringen.

Der *Normalsteuersatz* von 45 % ist anzuwenden bei:

- *unbeschränkt steuerpflichtigen Kapitalgesellschaften,*
- *unbeschränkt steuerpflichtigen Erwerbs- und Wirtschaftsgenossenschaften.*

---

[83] Vgl. Teil V, Gliederungspunkt 3.2.5; vgl. auch Teil V, Gliederungspunkt 3.2.6.
[84] Vgl. Gliederungspunkt 3.4.1.2.
[85] Vgl. BR-Drucks. 480/97 vom 27.6.1997.
[86] Vgl. BT-Drucks. 13/8177 vom 8.7.1997 und 13/8798 vom 21.10.1997.

Der ermäßigte Steuersatz von 42 % hingegen ist anzuwenden bei folgenden unbeschränkt steuerpflichtigen Körperschaften:
- Versicherungsvereinen auf Gegenseitigkeit,
- sonstigen juristischen Personen des privaten Rechts,
- nichtrechtsfähigen Vereinen,
- Betrieben gewerblicher Art von juristischen Personen des öffentlichen Rechts.

Ferner ist der ermäßigte Steuersatz bei den nach § 2 Nr. 1 KStG beschränkt steuerpflichtigen Körperschaften anzuwenden.

Die Körperschaftsteuer mindert oder erhöht sich nach den Vorschriften über das Anrechnungsverfahren (§ 23 Abs. 5 KStG).

3.3.2 Ausländische Einkünfte

Bei der Behandlung ausländischer Einkünfte ist - ebenso wie bei der Einkommensteuer - zu unterscheiden zwischen den Fällen, daß

1. kein Doppelbesteuerungsabkommen (DBA) mit dem ausländischen Staat, aus dem die Einkünfte stammen, besteht und
2. ein derartiges Abkommen existiert.

Besteht *kein DBA*, so richtet sich die steuerliche Behandlung der Einkünfte *ausschließlich nach deutschem Recht*. Die einschlägige Rechtsnorm ist § 26 Abs. 1 und 6 KStG. Nach Abs. 1 dieser Vorschrift ist die auf die ausländischen Einkünfte entfallende ausländische Steuer, sofern sie der deutschen Körperschaftsteuer entspricht, auf die deutsche Körperschaftsteuer *anzurechnen*. Diese Methode der Anrechnung ausländischer Steuern (**Anrechnungsmethode**) ist nur bei unbeschränkt steuerpflichtigen Körperschaften zulässig. Welche ausländischen Steuern der deutschen Körperschaftsteuer entsprechen, ergibt sich aus Anlage 8 zu H 212a EStR.

§ 26 Abs. 6 KStG verweist auf die Vorschriften des EStG, die die Anrechnung ausländischer Steuern für unbeschränkt einkommensteuerpflichtige Personen regeln. Auf diese Vorschriften ist bereits an früherer Stelle eingegangen worden[87]. Eine Wiederholung an dieser Stelle erübrigt sich.

Besteht mit dem ausländischen Staat, aus dem die Einkünfte stammen, ein *DBA*, so ist zu unterscheiden, ob das DBA zur Vermeidung der Doppelbesteuerung die *Anrechnungs- oder die Freistellungsmethode* vorsieht.

Ist in dem DBA die *Anrechnungsmethode* vereinbart, so richtet sich die konkrete Durchführung der Anrechnung *allein nach deutschem Recht*. Damit kommen die Vorschriften des § 26 Abs. 1 und 6 KStG zur Anwendung, die soeben behandelt worden sind.

---

87 Vgl. Gliederungspunkt 2.7.2.2.

Ist in einem DBA die **Freistellungsmethode** vereinbart, so bleiben die *ausländischen Einkünfte im Inland steuerfrei*. Eine Anrechnung ausländischer Steuern findet dann selbstverständlich nicht statt. Doppelbesteuerungsabkommen, in denen die Freistellungsmethode vereinbart ist, sehen regelmäßig einen *Progressionsvorbehalt* vor. Zu unterscheiden ist bekanntlich zwischen einem positiven und einem negativen Progressionsvorbehalt. Hinsichtlich dieser Begriffe wird auf die entsprechenden Ausführungen zur Einkommensteuer verwiesen[88].

Im Gegensatz zur Einkommensteuer spielt der *Progressionsvorbehalt* bei der Körperschaftsteuer *keine Rolle*. Der Grund liegt darin, daß das KStG im Gegensatz zum EStG keinen progressiv gestaffelten, sondern einen durchgängig linearen Tarif kennt.

3.4 Grundzüge des Anrechnungsverfahrens

3.4.1 Grundkonzeption

3.4.1.1 Einführung

Mit Beginn des Jahres 1977 ist das System der Besteuerung ausgeschütteter Gewinne von Kapitalgesellschaften völlig reformiert worden. Vor dem 1.1.1977 entstandene und ausgeschüttete Gewinne wurden vorher sowohl mit Körperschaftsteuer bei der Kapitalgesellschaft als auch mit Einkommensteuer bei den Gesellschaftern belastet. Es entstand somit eine Doppelbelastung ausgeschütteter Gewinne mit Körperschaft- und Einkommensteuer. Die Gesamtbelastung mit beiden Steuerarten betrug häufig weit mehr als 60 % und lag damit deutlich über dem Spitzensteuersatz der Einkommensteuer.

Nach dem zum 1.1.1977 wirksam gewordenen *Systemwechsel* entsteht bei ausgeschütteten Gewinnen zwar immer noch sowohl Körperschaft- als auch Einkommensteuer, doch wird die Körperschaftsteuer nunmehr auf die Einkommensteuerschuld des Gesellschafters angerechnet. Durch dieses *Anrechnungsverfahren* wird also erreicht, daß ausgeschüttete Gewinne von Kapitalgesellschaften im Ergebnis nur noch mit der individuellen Einkommensteuer des Gesellschafters belastet werden. Die frühere Doppelbelastung ausgeschütteter Gewinne von Kapitalgesellschaften mit Einkommen- und Körperschaftsteuer ist somit seit dem Systemwechsel im wirtschaftlichen Ergebnis beseitigt.

Mit der Einführung des körperschaftsteuerlichen Anrechnungsverfahrens wurde der Körperschaftsteuersatz für thesaurierte Gewinne zunächst in gleicher Höhe festgesetzt wie der Spitzensteuersatz der Einkommensteuer. Beide betrugen damals 56 %. Mit dieser Festlegung sollte erreicht werden, daß die Einkommen- und Körperschaftsteuerwirkungen *rechtsformneutral* sind, d.h. es sollte für Kaufleute

---

[88] Vgl. Gliederungspunkt 2.7.2.3.

kein ertragsteuerlicher Anreiz vorhanden sein, etwa die Rechtsform der KG (insbesondere diejenige der GmbH&CoKG) derjenigen der GmbH vorzuziehen oder umgekehrt. Dieser Grundgedanke ist offenbar stillschweigend mit der Absenkung der Einkommen- und Körperschaftsteuersätze zum 1.1.1990 aufgegeben worden. Damals ist der Körperschaftsteuersatz für thesaurierte Gewinne auf 50 %, der Spitzensteuersatz der Einkommensteuer hingegen lediglich auf 53 % gesenkt worden.

Zum 1.1.1994 wurde eine weitere, allerdings nur partielle, Senkung der Steuersätze vorgenommen. Gesenkt wurde der Körperschaftsteuersatz für thesaurierte Gewinne auf 45 % und der Spitzensteuersatz der Einkommensteuer auf 47 %. Die Absenkung des Einkommensteuersatzes wurde aber, im Gegensatz zu derjenigen des Körperschaftsteuersatzes, lediglich für gewerbliche Einkünfte vorgenommen. Für alle anderen Einkünfte hingegen blieb der Spitzensteuersatz der Einkommensteuer mit 53 % unverändert[89]. Derzeit plant die Bundesregierung eine weitere Absenkung sowohl des Körperschaftsteuersatzes als auch des Spitzensteuersatzes der Einkommensteuer[90].

Seit der Einführung des körperschaftsteuerlichen Anrechnungsverfahrens zum 1.1.1977 gibt es neben dem Körperschaftsteuersatz für thesaurierte Gewinne einen niedrigeren Körperschaftsteuersatz für ausgeschüttete Gewinne. Letzterer betrug von 1977 bis einschließlich 1993 unverändert 36 %. Mit Wirkung ab 1.1.1994 wurde auch dieser Steuersatz gesenkt, und zwar auf 30 %. Die Bundesregierung plant eine weitere Senkung dieses Steuersatzes, und zwar auf 25 %[91]. Eine Senkung des Steuersatzes für ausgeschüttete Gewinne hat nicht nur Auswirkungen bei der ausschüttenden Kapitalgesellschaft, sondern auch bei dem die Ausschüttung empfangenden Gesellschafter. Für ihn ändern sich die Wirkungen des Anrechnungsverfahrens.

3.4.1.2 Besteuerung ausgeschütteter Gewinne im „Normalfall"

Die Entlastung der ausgeschütteten Gewinne von Körperschaftsteuer erfolgt in zwei Schritten. Im ersten Schritt wird die Körperschaftsteuer von 45 % des ausgeschütteten Gewinns auf 30 % „herabgeschleust". Die **Körperschaftsteuer-Entlastung**, auch **Körperschaftsteuer-Minderung** genannt, erfolgt bei der Kapitalgesellschaft selbst. Sie zahlt bei Ausschüttung also weniger Steuern als bei der Thesaurierung von Gewinnen. Dies gilt auch dann, wenn die Gewinnausschüttung *in irgendeinem späteren Jahr* erfolgt als die Gewinnentstehung. Die Körperschaftsteuer-Minderung ist dabei zeitlich stets an die Ausschüttung gekoppelt.

---

[89] Vgl. Gliederungspunkt 2.4.3.
[90] Vgl. die Gliederungspunkte 3.3.1 und 2.4.3.
[91] Vgl. Petersberger Steuerbeschlüsse und das im Bundesrat gescheiterte Gesetz, BR-Drucks. 480/97 vom 27.6.1997.

Beispiel

Ein Gewinn von 100 entsteht im Jahre 01. Er wird zunächst thesauriert und im Jahre 05 für eine Ausschüttung verwendet.

Im Jahre 01 entsteht eine Körperschaftsteuerschuld von 45, im Jahre 05 eine -entlastung von 15.

Der zweite Schritt der Entlastung ausgeschütteter Gewinne von Körperschaftsteuer besteht in der vollständigen **Anrechnung** der verbliebenen Körperschaftsteuer von 30 %, der **Ausschüttungsbelastung,** auf die Einkommensteuer des die Ausschüttung empfangenden Gesellschafters. *Damit ist der ausgeschüttete Gewinn nur noch in Höhe des individuellen Einkommensteuersatzes des Gesellschafters belastet.*

Bei der Ausschüttung von Gewinnen haben Kapitalgesellschaften bekanntlich *Kapitalertragsteuer* einzubehalten, die ebenfalls auf die Einkommensteuerschuld des jeweiligen Gesellschafters angerechnet wird. Durch die Einbehaltung und Anrechnung der Kapitalertragsteuer ändert sich das vorhin ermittelte Ergebnis nicht; die ausgeschütteten Gewinne werden also letztlich mit der individuellen Einkommensteuer der Gesellschafter belastet.

In Schema 3a (s. Anhang) wird von einem **Gewinn vor Steuern** von 100 Geldeinheiten ausgegangen. Dieser Gewinn soll ausgeschüttet werden, soweit er nicht für Steuerzahlungen benötigt wird, die durch ihn selbst entstehen. In dem Schema sind die bisherigen Ausführungen auf der Grundlage des für 1998 geltenden Rechts zusammenfassend dargestellt. Angegeben sind die jeweiligen Gesetzesnormen, auf denen die Steuerfolgen beruhen. Auf diese Vorschriften wird in den folgenden Gliederungspunkten noch näher eingegangen. In Schema 3b (s. Anhang) sind die Wirkungen des Anrechnungsverfahrens für den Fall dargestellt, daß die von der Bundesregierung geplanten Steuersatzsenkungen tatsächlich vom Gesetzgeber verabschiedet werden sollten. Die Schemata 3a und 3b sind von zentraler Bedeutung für alle weiteren Ausführungen zum Anrechnungsverfahren. Es wird deshalb dringend empfohlen, sie sich einzuprägen.

Die Schemata zeigen, daß sich letztlich eine Gesamtbelastung in Höhe der individuellen Belastung des Gewinns vor Steuern mit Einkommensteuer des Gesellschafters ergibt. Das aber ist genau das vom Gesetzgeber gewollte Ergebnis.

Verblüffend ist für jeden, der sich erstmalig mit dem Körperschaftsteuerrecht beschäftigt, der äußerst komplizierte Weg, auf dem das gewünschte Ergebnis erreicht wird. Erscheint es doch wesentlich einfacher, entweder

- überhaupt keine Körperschaftsteuer zu erheben und lediglich die ausgeschütteten Gewinne bei den Gesellschaftern der Einkommensteuer zu unterwerfen oder
- keine Körperschaftsteuer-Entlastung vorzunehmen, sondern die gesamte auf die ausgeschütteten Gewinnanteile entfallende Tarifbelastung auf die Einkommensteuer der Gesellschafter anzurechnen.

Beide Wege sind im Rahmen einer jahrzehntelangen Steuerreformdiskussion auch tatsächlich erwogen, dann aber letztlich vom Gesetzgeber verworfen worden[92]. Die erste der beiden Möglichkeiten ist deshalb für den Gesetzgeber nicht akzeptabel, weil sie Gewinne bis zu ihrer Ausschüttung steuerfrei läßt. Dies aber würde häufig eine Steuerverlagerung in die Zukunft um Jahre oder Jahrzehnte bedeuten. Der zweite Weg sollte nach Ansicht des Gesetzgebers nicht beschritten werden, weil dem eine Reihe von Gründen entgegenstanden, auf deren Darstellung hier aus Platzgründen verzichtet wird. Insoweit muß auf die einschlägige Literatur verwiesen werden[93].

3.4.1.3 Steuerfolgen bei Ausschüttung steuerfreier Gewinne

Das Ertragsteuerrecht kennt eine Vielzahl von Erträgen, die steuerbefreit sind. Zu nennen sind vor allem *Investitionszulagen* und *steuerfreie ausländische Einkünfte*. Derartige steuerfreie Einnahmen führen zwar handelsrechtlich zu ausschüttbarem Gewinn, steuerrechtlich aber nicht zu Einkommen. Damit wird die Gewinnentstehung auch nicht mit Körperschaftsteuer belastet, d.h. es entsteht keine Tarifbelastung.

Werden steuerfreie Gewinne ausgeschüttet, so ist zu unterscheiden zwischen dem Fall, daß es sich bei ihnen um steuerfreie ausländische Auskünfte und dem, daß es sich um andere Arten steuerfreier Einkünfte handelt. Im ersten Fall, d.h. im Falle steuerfreier *ausländischer* Einkünfte, wird das Anrechnungsverfahren nicht in Gang gesetzt. Doch hat der Gesellschafter die Gewinnausschüttung nach § 20 Abs. 1 Nr. 1 EStG in vollem Umfang der Einkommen- bzw. Körperschaftsteuer zu unterwerfen. Die Steuerfolgen, die sich dann ergeben, sind in den Schemata 3c und 3d des Anhangs dargestellt. Schema 3c basiert auf dem für 1998 geltenden Recht, Schema 3d stellt die Steuerfolgen für den Fall dar, daß die Steuersätze den Plänen der Bundesregierung entsprechend gesenkt werden sollten. Die Steuerfreiheit auf Gesellschaftsebene wird somit auf Gesellschafterebene aufgehoben. Insoweit entsteht eine erhebliche Benachteiligung der Gesellschafter einer Kapitalgesellschaft im Vergleich zu denen einer Personengesellschaft. Ausgenommen von der Besteuerung auf Gesellschafterebene sind Ausschüttungen an bestimmte in § 8b KStG aufgeführte Körperschaften, insbesondere inländische Kapitalgesellschaften. In diesen Fällen bleibt die Steuerfreiheit auch auf Gesellschafterebene erhalten.

Schüttet eine inländische Kapitalgesellschaft bzw. eine inländische Genossenschaft solche steuerfreien Gewinne aus, die *nicht* zu den steuerfreien ausländischen Einkünften gehören, so ist in derartigen Fällen in gleicher Weise wie bei der

---

92 Zur Diskussion um die Reform der Körperschaftsteuer vor Einführung des Anrechnungsverfahrens vgl. Gutachten der Steuerreformkommission 1971, Schriftenreihe des BdF, Heft 17, Bonn 1971, S. 316 ff.; vgl. auch statt vieler Wöhe, G., Reform, 1971, S. 263 ff.
93 Vgl. Geiger, K./Zeitler, F. Ch., Körperschaftsteuerreform 1977, 1976, S. 31; vgl. in diesem Zusammenhang auch die vorgeschlagenen Änderungen des geltenden KStG von Krebs, H. J., Überlegungen, 1984, S. 1862 ff.

Ausschüttung steuerpflichtiger Gewinne die Ausschüttungsbelastung herzustellen. Bei Ausschüttung ergibt sich somit eine **Körperschaftsteuer-Nachbelastung**, auch **Körperschaftsteuer-Erhöhung** genannt. Die Steuerfolgen bei der Kapitalgesellschaft sind in den Schemata 3a und 3b jeweils unter Buchstabe e) dargestellt. Nach Herstellung der Ausschüttungsbelastung treten die gleichen Steuerfolgen auf wie in den Schemata 3a und 3b jeweils unter b und c dargestellt. Insgesamt entsteht auch hier eine Steuerbelastung, die durch den individuellen Steuersatz des Gesellschafters bestimmt wird. Daraus ergibt sich:

▷ Steuerfrei entstandene Gewinne führen bei Ausschüttung zur gleichen steuerlichen Gesamtbelastung wie ausgeschüttete steuerpflichtige Gewinne. Eine Steuerfreiheit bei Gewinnentstehung wird bei Gewinnausschüttung aufgehoben.

3.4.2 Das Anrechnungsverfahren auf der Ebene der Kapitalgesellschaft

3.4.2.1 Herstellung der Ausschüttungsbelastung

Schüttet eine unbeschränkt steuerpflichtige Kapitalgesellschaft Gewinne aus, so ist nach § 27 Abs. 1 KStG die *Ausschüttungsbelastung* herzustellen. Dies geschieht dadurch, daß die *Körperschaftsteuer gemindert oder erhöht* wird. Die Minderung oder Erhöhung erfolgt um den Unterschiedsbetrag zwischen der bei der Kapitalgesellschaft eingetretenen Belastung des Eigenkapitals (**Tarifbelastung**) und der Belastung, die sich bei Anwendung eines Steuersatzes von 30 % des Gewinns vor Körperschaftsteuer (**Ausschüttungsbelastung**) ergibt.

Die *Tarifbelastung* ergibt sich also nicht - wie vorhin vereinfachend dargestellt - unmittelbar aus der Versteuerung bzw. Nichtversteuerung steuerpflichtiger bzw. steuerfreier Gewinne. Sie ist vielmehr *definiert als die Belastung des Eigenkapitals, das nach § 28 KStG als für die Ausschüttung verwendet gilt*. Danach stellen sich die Fragen, was Eigenkapital im Sinne des Anrechnungsverfahrens ist und welches nach § 28 KStG als verwendet gilt. Auf diese Fragen wird im nächsten Gliederungspunkt eingegangen.

Zur Tarifbelastung im Sinne des Anrechnungsverfahrens gehört nach § 27 Abs. 2 KStG *nur die Belastung mit inländischer Körperschaftsteuer,* soweit sie nach dem 31.12.1976, also nach dem Systemwechsel, entstanden ist. Zur Tarifbelastung gehört somit grundsätzlich weder ausländische Körperschaftsteuer, noch inländische Körperschaftsteuer, die vor dem Systemwechsel entstanden ist.

3.4.2.2 Eigenkapital und verwendbares Eigenkapital

Eigenkapital im Sinne des Anrechnungsverfahrens ist nach § 29 Abs. 1 KStG das in der Steuerbilanz ausgewiesene Betriebsvermögen, das sich ohne Herstellung der Ausschüttungsbelastung ergeben würde. Das Eigenkapital ergibt sich also als Summe der nach steuerlichen Vorschriften ermittelten Aktiva nach Abzug der Verbindlichkeiten. Bei Ermittlung des Eigenkapitals ist die *Körperschaftsteuer* für das am Abschlußstichtag endende Wirtschaftsjahr in der Höhe zu berücksichtigen, die sich vor *Herstellung der Ausschüttungsbelastung* ergeben würde.

Beispiel

Das Einkommen des Jahres 1998 beträgt 10.000.000 DM, der Jahresüberschuß 4.000.000 DM. Die Gesellschaft schüttet im Jahre 1999 für das Jahr 1998 1.000.000 DM aus.

Zur Ermittlung des Eigenkapitals im Sinne des Anrechnungsverfahrens ist für das Jahr 1998 ein Körperschaftsteueraufwand von (45 % · 10.000.000 =) 4.500.000 DM zu berücksichtigen, obwohl der tatsächliche Aufwand aufgrund einer Körperschaftsteuer-Entlastung niedriger ist.

Das Eigenkapital ist nach § 29 Abs. 2 KStG zum Schluß eines jeden Wirtschaftsjahres in das für Ausschüttungen verwendbare *(verwendbares Eigenkapital)* und in das *übrige Eigenkapital* aufzuteilen. Das **verwendbare Eigenkapital** ist der Teil des Eigenkapitals, der das Nennkapital übersteigt.

3.4.2.3 Gliederung des verwendbaren Eigenkapitals

Das *verwendbare Eigenkapital* ist gem. § 30 Abs. 1 KStG zum Schluß eines jeden Wirtschaftsjahres *entsprechend seiner Tarifbelastung zu gliedern*. Die einzelnen Teilbeträge sind jeweils aus den entsprechenden Teilbeträgen des Vorjahres abzuleiten. Die Entwicklung der einzelnen Teilbeträge im Zeitablauf soll also lückenlos nachvollziehbar sein. Die Ableitung dieser Teilbeträge erfolgt nach § 47 Abs. 1 Nr. 1 KStG in einem gesonderten Feststellungsverfahren. Die steuerpflichtige Körperschaft hat also auf einem amtlich vorgeschriebenen Formular eine Erklärung zur Entwicklung der Teilbeträge des Eigenkapitals abzugeben; das Finanzamt erteilt hierüber einen gesonderten Feststellungsbescheid.

Die Gliederung des Eigenkapitals erfolgt nach § 30 Abs. 1 KStG in *drei Teilbeträge*, und zwar in Teilbeträge, die entstanden sind aus

1. Einkommensteilen, die nach dem 31.12.1993 der Körperschaftsteuer *ungemildert* unterliegen,
2. Einkommensteilen, die nach dem 31.12.1993 einer Körperschaftsteuer von 30 % unterliegen,
3. Vermögensmehrungen, die der *Körperschaftsteuer nicht unterliegen* oder die das Eigenkapital der Kapitalgesellschaft in vor dem 1.1.1977 abgelaufenen Wirtschaftsjahren erhöht haben.

Einkommensteile, die nach dem 31.12.1993 ungemildert der Körperschaftsteuer unterliegen, sind Einkommensteile, die dem *Steuersatz* des § 23 Abs. 1 KStG in der ab 1994 geltenden Fassung unterliegen. Das aus diesen Einkommensteilen entstehende Eigenkapital wird in der Praxis **EK45** genannt. Hierbei bedeutet „EK" Eigenkapital. Die Zahl „45" gibt an, daß das Eigenkapital aus Einkommensteilen entstanden ist, die einem Steuersatz von 45 % unterlegen haben.

Einkommensteile, die nach dem 31.12.1993 einem *Steuersatz von 30 %* unterliegen, entstehen in aller Regel nur aufgrund einer Aufteilung von Eigenkapitalteilen gem. § 32 Abs. 2 KStG. Hierauf wird erst an späterer Stelle eingegangen[94]. Das aus diesen Einkommensteilen entstehende Eigenkapital wird **EK30** genannt.

Die dritte Art von Teilbeträgen des Eigenkapitals entsteht aus steuerfreien Erträgen. Außerdem werden hier Eigenkapitalteile erfaßt, die aus vor dem Systemwechsel versteuerten Erträgen entstanden sind. Die Erträge unterliegen somit nicht der Besteuerung nach dem Systemwechsel. Rein rechnerisch läßt sich dies auch durch einen *Steuersatz von 0 %* ausdrücken. Die dritte Art von Teilbeträgen des Eigenkapitals wird deshalb als **EK0** bezeichnet.

Das *EK0* ist nach § 30 Abs. 2 KStG in *vier Unterkategorien* zu unterteilen. Diese werden der Reihenfolge ihrer Aufzählung im Gesetz entsprechend mit EK01 bis EK04 bezeichnet.

EK01 entsteht gem. § 30 Abs. 2 Nr. 1 KStG *aus steuerfreien ausländischen Einkünften*. Steuerfrei sind ausländische Einkünfte immer dann, wenn in einem DBA die Freistellungsmethode vereinbart ist und dem ausländischen Vertragsstaat das Besteuerungsrecht zusteht[95]. EK01 entsteht aber auch aufgrund einer Verteilungsrechnung gem. § 32 KStG, sofern ausländische Einkünfte im Inland besteuert werden, aber ausländische Körperschaftsteuer auf die inländische Steuerschuld angerechnet wird und die Nettobelastung mit inländischer Steuer weniger als 30 % beträgt[96].

EK02 entsteht gem. § 30 Abs. 2 Nr. 2 KStG *aus sonstigen Vermögensmehrungen*. Dies sind Vermögensmehrungen, die der Körperschaftsteuer nicht unterliegen und die weder unter der Nr. 1, noch unter den Nummern 3 und 4 des § 30 Abs. 2 KStG einzuordnen sind. Zu den sonstigen Vermögensmehrungen zählen vor allem *Investitionszulagen*. Diese sind handelsrechtliche Erträge, die das steuerliche Einkommen nicht erhöhen, also steuerfrei sind. Es handelt sich somit um Vermögensmehrungen, die nicht der Körperschaftsteuer unterliegen.

EK03 ist verwendbares Eigenkapital, das vor dem Systemwechsel entstanden ist (§ 30 Abs. 2 Nr. 3 KStG). EK03 wird häufig auch als *Altkapital* oder *Altrücklagen* bezeichnet.

EK04 entsteht gem. § 30 Abs. 2 Nr. 4 KStG aus *Einlagen* der Anteilseigner, die das Eigenkapital in nach dem Systemwechsel abgelaufenen Wirtschaftsjahren erhöht haben. Einlagen führen aber nur insoweit zu EK04, als sie handelsrechtlich *kein Nennkapital* sind. Nennkapital gehört nach § 29 Abs. 2 KStG bekanntlich nicht zum verwendbaren, sondern zum übrigen Eigenkapital.

Bis zum Veranlagungszeitraum 1993 betrug die ungemilderte Körperschaftsteuerbelastung gem. § 23 Abs. 1 KStG in der vor dem 1.1.1994 geltenden Fassung bekanntlich nicht 45 %, sondern 50 %. Aus diesem Grunde entstand bis einschließlich 1993 kein mit 45 %, sondern ein mit 50 % belastetes Eigenkapital. Dieses

---

[94] Vgl. Gliederungspunkt 3.4.2.6.
[95] Vgl. Gliederungspunkt 3.3.2.
[96] Vgl. Gliederungspunkt 3.4.2.6.

wird als **EK50** bezeichnet. Das EK50 ist in den Eigenkapitalgliederungen auch nach dem 31.12.1993 weiterhin als solches auszuweisen (§ 54 Abs. 11a KStG). In der Eigenkapitalgliederung zum Schluß des letzten Wirtschaftsjahres, das vor dem 1.1.1999 abläuft, ist das dann noch vorhandene EK50 umzugliedern: In Höhe von 11/9 seines Bestandes ist eine Hinzurechnung zum EK45 vorzunehmen; um 2/9 des Bestandes ist das EK02 zu verringern. Ab dem Veranlagungszeitraum 1999 wird es also nach der derzeitigen Fassung des Gesetzes kein EK50 mehr geben.

3.4.2.4 Die Verwendungsfiktion des § 28 KStG

Gewinnausschüttungen mindern das Eigenkapital und damit auch *das verwendbare Eigenkapital* im Sinne des Anrechnungsverfahrens. Sie sind gem. § 28 Abs. 2 KStG grundsätzlich mit dem verwendbaren Eigenkapital *zum Schluß des letzten vor dem Gewinnverteilungsbeschluß abgelaufenen Wirtschaftsjahres* zu verrechnen. Im Jahr 02 vorgenommene Ausschüttungen für das Jahr 01 sind also mit dem verwendbaren Eigenkapital am Schluß des Jahres 01 zu verrechnen.

Hat eine Kapitalgesellschaft mehrere Teilbeträge verwendbaren Eigenkapitals ausgewiesen, also z.B. EK45, EK30 und EK02, so erhebt sich die Frage, welche dieser Teilbeträge durch die Ausschüttung gemindert werden. Diese Frage ist in § 28 Abs. 3 KStG durch eine gesetzliche Fiktion, die *Verwendungsfiktion,* geregelt. Danach gelten *mit Körperschaftsteuer belastete Teilbeträge des Eigenkapitals grundsätzlich in der in § 30 KStG genannten Reihenfolge als verwendet.* Das bedeutet, daß EK45 vor EK30 als verwendet gilt; EK0 gilt erst dann als verwendet, wenn weder EK45 noch EK30 vorhanden ist. Innerhalb des EK0 gilt EK01 vor EK02 als verwendet, dieses vor EK03 und letzteres vor EK04. Nach § 54 Abs. 11a letzter Satz KStG gilt EK50 vor den in § 30 Abs. 1 KStG bezeichneten Teilbeträgen als verwendet.

Mit der Verwendungsfiktion des § 28 Abs. 3 i.V.m. § 54 Abs. 11a KStG hat der Gesetzgeber grundsätzlich die für die Kapitalgesellschaften günstigste Regelung getroffen: Körperschaftsteuer-Entlastungen werden möglichst frühzeitig, Körperschaftsteuer-Erhöhungen hingegen möglichst spät vorgenommen.

Für die Ausschüttung gilt nach § 28 Abs. 6 KStG *auch der Betrag als verwendet, um den sich die Körperschaftsteuer mindert.*

3.4.2.5 Zusammenhänge zwischen einzelnen Größen des Anrechnungsverfahrens

Nachfolgend sollen Zusammenhänge zwischen einzelnen Größen des Anrechnungsverfahrens auf Gesellschaftsebene formelmäßig erfaßt werden. Zur Veranschaulichung werden die Zusammenhänge zunächst in *Abbildung II/7* nochmals dargestellt.

In *Abbildung II/7* werden die fünf Fälle, daß EK50, EK45, EK30, EK02 oder EK03 und EK01 oder EK04 als zur Ausschüttung verwendet gelten, unterschieden. Diese fünf Fälle sind in den Spalten 1a bis 3b berücksichtigt.

Ausgegangen wird in Zeile 1 in allen Fällen von einem Gewinn vor Körperschaftsteuer von 100. In Zeile 2 wird die darauf entfallende Tarifbelastung abgezogen. Zeile 3 enthält das entstehende Eigenkapital, Zeile 4 die Körperschaftsteuer-Minderung bzw. -Erhöhung. In Zeile 5 ist die aus einem Gewinn vor Körperschaftsteuer von 100 ausschüttbare Dividende verzeichnet.

		Für die Ausschüttung gilt als verwendet				
Zeile Nr.	Bezeichnung der einzelnen Werte	EK50 Sp.1a	EK45 Sp.1b	EK30 Sp.2	EK02 u. 03 Sp.3a	EK01 u. 04 Sp.3b
1	Gewinn vor Körperschaftsteuer	100	100	100	100	100
2	./. Tarifbelastung	./. 50	./. 45	./. 30	0	0
3	Verwendbares Eigenkapital	50	55	70	100	100
4	Körperschaftsteuer-Minderung (+) bzw. -Erhöhung (./.)	+ 20	+ 15	0	./. 30	0
5	Dividende	70	70	70	70	100

Abbildung II/7: Zusammenhänge zwischen den einzelnen Größen des Anrechnungsverfahrens auf Gesellschaftsebene

Unter Zuhilfenahme der Abbildung lassen sich je zwei beliebige der fünf Größen innerhalb einer Spalte zueinander in Beziehung setzen. Hierdurch kann bei Kenntnis des numerischen Wertes einer der beiden Größen die unbekannte Größe durch eine Gleichung mit einer Unbekannten gelöst werden.

Für den Fall, daß EK45 als für die Ausschüttung verwendet gilt, lassen sich z.B. folgende Gleichungen erstellen:

(1) $\dfrac{\text{EK45}}{\text{Gew. vor KSt}} = \dfrac{55}{100}$,

(2) $\dfrac{\text{TB}}{\text{EK45}} = \dfrac{45}{55}$,

(3) $\dfrac{\text{KSt-Minderung}}{\text{Gew. vor KSt}} = \dfrac{15}{100}$,

(4) $\dfrac{\text{Dividende}}{\text{Gew. vor KSt}} = \dfrac{70}{100}$,

(5) $\dfrac{\text{Dividende}}{\text{EK45}} = \dfrac{70}{55}$,

(6) $\dfrac{\text{KSt-Minderung}}{\text{EK45}} = \dfrac{15}{55}$.

Beispiel

Beträgt das EK45 330.000 DM und wird gefragt, welche Ausschüttung hieraus maximal gedeckt werden kann, so kann dies aus Gleichung (5) wie folgt ermittelt werden:

$$\text{Dividende} = \frac{70}{55} \cdot 330.000.$$

Die höchstmögliche Dividende beträgt 420.000 DM. Hiervon werden 330.000 DM durch einen Abgang beim EK45 und 90.000 DM durch eine Körperschaftsteuer-Minderung gedeckt. Die Körperschaftsteuer-Minderung kann auch durch Einsetzen des Wertes von EK45 in Gleichung (6) ermittelt werden:

$$\text{KSt-Minderung} = \frac{15}{55} \cdot 330.000.$$

Ausgerechnet ergibt dies die bereits bekannten 90.000 DM.

Gelten EK02 (oder EK03) als verwendet, lassen sich u.a. folgende Gleichungen aufstellen:

$$\frac{\text{EK02}}{\text{Gew. vor KSt}} = \frac{100}{100},$$

$$\frac{\text{KSt-Erhöhung}}{\text{Gew. vor KSt}} = \frac{30}{100},$$

$$\frac{\text{Dividende}}{\text{Gew. vor KSt}} = \frac{70}{100},$$

$$\frac{\text{Dividende}}{\text{EK02}} = \frac{70}{100}.$$

3.4.2.6 Aufteilung ermäßigt belasteter Eigenkapitalteile

Einkünfte werden nach § 23 Abs. 1 KStG grundsätzlich mit einem Steuersatz von 45 % belastet; die Tarifbelastung beträgt somit 45 %.

Bei *ausländischen Einkünften* kommt es vielfach zu einer *Tarifbelastung, die zwar höher ist als 0 %, aber niedriger ist als 45 %*. Dies ist stets bei solchen ausländischen Einkünften der Fall, die zwar im Inland der Besteuerung unterliegen, bei denen aber ausländische Steuern auf die deutsche Körperschaftsteuerschuld angerechnet werden[97].

Beispiel

Die X-GmbH erzielt 200.000 DM Einkünfte aus einem ausländischen Staat. Die Einkünfte unterliegen im Inland der Besteuerung. Die X-GmbH hat für diese Einkünfte im Ausland 62.500 DM Steuern, die auf die deutsche Körperschaftsteuer anrechenbar sind, entrichtet.

Nach § 23 Abs. 1 KStG entsteht Körperschaftsteuer in Höhe von 90.000 DM. Durch Anrechnung ausländischer Steuern ermäßigt sich die Körperschaftsteuer auf 27.500 DM. Zur Ermittlung der

---

[97] Vgl. Gliederungspunkt 3.3.2.

Tarifbelastung der ausländischen Einkünfte ist die ausländische Steuer nach § 31 Abs. 1 Nr. 3 KStG von dem zu versteuernden Einkommen abzuziehen[98].

Die Tarifbelastung der ausländischen Einkünfte beträgt

$$\frac{27.500}{200.000 - 62.500} = 20\,\%.$$

Das aus den ausländischen Einkünften entstehende Eigenkapital ergibt sich also durch Abzug einer 20 %igen Tarifbelastung von den ausländischen Einkünften.

Tarifbelastungen zwischen 0 % und 45 % ergeben sich ebenfalls bei inländischen Einkünften, die *steuerbegünstigt* sind.

Bezieht eine Kapitalgesellschaft aus mehreren ausländischen Staaten Einkünfte und kommt sie zusätzlich in den Genuß inländischer Steuervergünstigungen, so kann bei ihr im Laufe der Jahre eine Vielzahl unterschiedlich belasteter Eigenkapitalteile entstehen. Müßten alle diese Eigenkapitalteile in die Gliederung des verwendbaren Eigenkapitals aufgenommen werden, so würde diese innerhalb kurzer Zeit völlig unübersichtlich; das Anrechnungsverfahren würde unpraktikabel.

Aus der Einsicht in diese Gefahr hat der Gesetzgeber die Konsequenz gezogen und angeordnet, daß in die Gliederung des verwendbaren Eigenkapitals lediglich die bereits bekannten Eigenkapitalkategorien, nämlich *EK50 bzw. EK45, EK30 und EK0 aufzunehmen sind. Eigenkapitalteile, die einer anderen Tarifbelastung unterlegen haben, sind deshalb gem. § 32 KStG auf diese drei Eigenkapitalkategorien aufzuteilen.*

Ein Eigenkapitalteil, dessen Tarifbelastung niedriger ist als die Ausschüttungsbelastung, ist nach § 32 Abs. 2 Nr. 1 KStG aufzuteilen in einen in Höhe der Ausschüttungsbelastung belasteten Teilbetrag und in einen nicht mit Körperschaftsteuer belasteten Teilbetrag. *Liegt also die Tarifbelastung zwischen 30 % und 0 %, so ist das Eigenkapital aufzuteilen auf EK30 und EK0.* Handelt es sich bei den zugrundeliegenden Einkünften um ausländische Einkünfte, so ist das entstehende EK0 dem EK01 zuzuordnen; in allen anderen Fällen dem EK02.

Beispiel

Aus ausländischen Einkünften entsteht ein Eigenkapital, das einer 17 %igen Tarifbelastung unterlegen hat.

Das neu entstehende Eigenkapital ist auf EK0 und EK30 aufzuteilen, und zwar auf EK01 und EK30.

Ist die Tarifbelastung höher als die Ausschüttungsbelastung, so ist nach § 32 Abs. 2 Nr. 2 KStG der entsprechende Eigenkapitalteil aufzuteilen in einen in Höhe der Ausschüttungsbelastung belasteten Teilbetrag und in einen ungemildert mit Körperschaftsteuer belasteten Teilbetrag. *Liegt also die Tarifbelastung zwischen 45 % und 30 %, so ist das entsprechende Eigenkapital auf EK45 und EK30 aufzuteilen.*

---

[98] Vgl. Abschn. 86 Abs. 1 KStR.

3 Körperschaftsteuer

Die konkrete Aufteilung einzelner Eigenkapitalteile auf die einzelnen Eigenkapitalkategorien kann anhand von Formeln erfolgen, die in Abschn. 87 Abs. 2 und 3 KStR erläutert sind.

3.4.2.7 Zuordnung der bei der Einkommensermittlung nichtabziehbaren Ausgaben

Nichtabziehbare Ausgaben dürfen zwar nicht das Einkommen mindern, Beträge in ihrer Höhe stehen aber der Kapitalgesellschaft nicht zur Verfügung, da sie z.B. in der Form von Körperschaftsteuerzahlungen aus dem Unternehmen abfließen. Würde das gesamte Einkommen eines Jahres beim verwendbaren Eigenkapital als Zugang behandelt, so würde dieses in Höhe der nichtabziehbaren Ausgaben zu hoch ausgewiesen. *Zur Ermittlung der Zugänge bei den einzelnen Teilbeträgen des verwendbaren Eigenkapitals sind deshalb von den Einkommensteilen, die die Teilbeträge erhöhen, die nichtabziehbaren Ausgaben abzuziehen.* Hierbei ist es nicht gleichgültig, von welchem Einkommensteil - und damit letztlich von welchem Teilbetrag des verwendbaren Eigenkapitals - der Abzug vorgenommen wird. Der Abzug ist deshalb in § 31 KStG gesetzlich geregelt.

Nach § 31 Abs. 1 Nr. 1 KStG ist eine *Körperschaftsteuererhöhung* von dem Teilbetrag abzuziehen, auf den sie entfällt.

Beispiel

Eine GmbH hat vor Jahren eine Investitionszulage von 100.000 DM erhalten. Diese hat damals nicht das Einkommen, wohl aber das EK02 erhöht. Nunmehr schüttet die GmbH 70.000 DM aus. Da in ihrer Gliederung des Eigenkapitals kein EK50, EK45, EK30 und EK01 vorhanden ist, gilt für die Ausschüttung EK02 als verwendet. EK02 ist gerade in Höhe der oben erwähnten 100.000 DM vorhanden. Die Ausschüttung führt zu einer Körperschaftsteuer-Erhöhung von 30.000 DM. Diese „entfällt" auf das EK02. Das EK02 ist somit um 30.000 DM zu mindern.

Die *tarifliche Körperschaftsteuer* ist nach § 31 Abs. 1 Nr. 2 KStG von dem Einkommensteil abzuziehen, der ihr unterliegt. *Ausländische Steuern* sind gem. § 31 Abs. 1 Nr. 3 KStG von den ihr unterliegenden ausländischen Einkünften abzuziehen.

Die *Umsatzsteuer auf den Eigenverbrauch* zählt zu den „sonstigen nichtabziehbaren Ausgaben" im Sinne des § 31 Abs. 1 Nr. 4 KStG. Diese Ausgaben sind von den Einkommensteilen abzuziehen, die nach dem 31.12.1993 ungemildert der Körperschaftsteuer (EK45) unterliegen.

Beispiel

Das Einkommen einer GmbH beträgt 100.000 DM. Hierin enthalten ist Umsatzsteuer auf den Eigenverbrauch in Höhe von 5.000 DM. Das Einkommen ist als Zugang beim EK45 zu behandeln. Der Zugang ist aber zu kürzen um die auf das Einkommen entfallende Körperschaftsteuer und um die Umsatzsteuer auf den Eigenverbrauch. Die Körperschaftsteuer beträgt (100.000 · 45 % =) 45.000 DM. Der Zugang zum EK45 ergibt sich demnach wie folgt:

		DM
	Einkommen	100.000
./.	Körperschaftsteuer gem. § 23 KStG	./. 45.000
=	Zugang zum EK45	55.000
./.	Umsatzsteuer auf den Eigenverbrauch	./. 5.000
=	neues EK45	50.000

Reichen die ungemildert der Körperschaftsteuer unterliegenden Einkommensteile nicht für den Abzug der sonstigen nichtabziehbaren Ausgaben aus, so treten nach § 31 Abs. 2 KStG die Einkommensteile an ihre Stelle, die nach dem 31.12.1993 einer Körperschaftsteuer von 30 % unterlegen haben. Reicht auch das EK30 nicht aus, so entsteht negatives EK45.

3.4.2.8 Gliederung bei Verlusten

Verluste mindern das verwendbare Eigenkapital im Jahr ihrer Entstehung. Die Körperschaftsteuer hingegen wird im Jahr des Verlustabzugs gemindert, in dem Jahr also, in dem die Verluste gem. § 10d EStG i.V.m. § 8 Abs. 4 KStG vom Einkommen abgezogen werden. Je nach Lage des Einzelfalls können dies die beiden Jahre vor oder ein bzw. mehrere Jahre nach dem Jahr der Verlustentstehung sein.

Damit die mit dem EK45 verbundene potentielle Körperschaftsteuerentlastung erhalten bleibt, bestimmt § 33 Abs. 1 KStG, daß *Verluste im Jahr ihrer Entstehung vom EK02 abzuziehen* sind. Diese Kürzung des EK02 ist gem. § 33 Abs. 2 KStG durch eine *Hinzurechnung beim EK02* auszugleichen, soweit die Verluste in *anderen Veranlagungszeiträumen* bei der Ermittlung des Einkommens abgezogen werden.

3.4.2.9 Gliederung bei fehlendem verwendbaren Eigenkapital

Das verwendbare Eigenkapital ist eine rein steuerliche Größe. Seine Höhe und Zusammensetzung haben ausschließlich steuerliche, nicht hingegen gesellschaftsrechtliche Konsequenzen. Insbesondere kann das verwendbare Eigenkapital nicht tatsächlich „verwendet", also z.B. ausgeschüttet, werden. *Ausschüttbar* ist stets *nur der* handelsrechtliche Gewinn, bei Aktiengesellschaften also der *Bilanzgewinn*.

Bilanzgewinn und verwendbares Eigenkapital stehen nur in einem äußerst losen Zusammenhang zueinander. Dies haben bereits die Ausführungen über den Weg der Ermittlung des Einkommens aus dem Bilanzgewinn erkennen lassen[99]; dies zeigen auch die ganzen bisherigen Ausführungen zum Anrechnungsverfahren. Es ist deshalb ohne weitere Erläuterungen einsichtig, daß Fälle möglich sind, in denen zwar ein Bilanzgewinn, nicht hingegen ein verwendbares Eigenkapital vorhanden ist. Schüttet die Gesellschaft in derartigen Fällen Gewinne aus, so mangelt

---

[99] Vgl. Gliederungspunkt 3.2.2.

es also am verwendbaren Eigenkapital zur Herstellung der Ausschüttungsbelastung. Hier greift die Regelung des § 35 KStG ein.

Nach Abs. 1 dieser Vorschrift *erhöht* sich die Körperschaftsteuer um 3/7 des Teils der Ausschüttung, für den das verwendbare Eigenkapital nicht ausreicht. Der Fall der Ausschüttung bei fehlendem Eigenkapital wird also dem der Verwendung von EK02 und EK03 gleichgestellt.

Der nicht durch verwendbares Eigenkapital gedeckte Teil der Ausschüttung sowie die Körperschaftsteuererhöhung nach § 35 Abs. 1 KStG führen gem. § 35 Abs. 2 KStG zu negativem EK02. Der Ausweis als negatives EK02 ist für die Gesellschaft vorteilhafter als der auch denkbare Ausweis dieser Beträge als negatives EK45. Auf diese Art wird nämlich erreicht, daß künftiges EK45 ungekürzt zur Ausschüttung zur Verfügung steht.

3.4.2.10 In das Anrechnungsverfahren einbezogene Körperschaften

Nach dem Wortlaut des § 27 Abs. 1 KStG sind zur Herstellung der Ausschüttungsbelastung lediglich alle *unbeschränkt steuerpflichtigen Kapitalgesellschaften* berechtigt und verpflichtet. Nur unbeschränkt steuerpflichtige Kapitalgesellschaften sind demnach in das Anrechnungsverfahren einbezogen. Der Personenkreis wird allerdings in § 43 KStG erweitert. Danach werden auch alle übrigen unbeschränkt steuerpflichtigen Körperschaften, deren Leistungen bei den Empfängern zu Einnahmen i.S.d. § 20 Abs. 1 Nr. 1 oder 2 EStG gehören, in das Anrechnungsverfahren einbezogen.

Zu den Einnahmen i.S.d. § 20 Abs. 1 Nr. 1 EStG gehören neben Gewinnanteilen (Dividenden) aus Anteilen an Kapitalgesellschaften auch Gewinnanteile aus Anteilen an *Erwerbs- und Wirtschaftsgenossenschaften*. Weitere Körperschaften sind in § 20 Abs. 1 Nr. 1 EStG nicht aufgeführt. § 20 Abs. 1 Nr. 2 EStG, auf den hier nicht näher eingegangen wird, führt ebenfalls nicht zu einer Erweiterung des Kreises von Körperschaften.

Der Kreis der in das Anrechnungsverfahren einbezogenen Körperschaften ist demnach begrenzt auf

- unbeschränkt steuerpflichtige Kapitalgesellschaften,
- unbeschränkt steuerpflichtige Erwerbs- und Wirtschaftsgenossenschaften.

Von den der Körperschaftsteuer unterliegenden Körperschaften sind also nicht in das Anrechnungsverfahren einbezogen:

- die unbeschränkt steuerpflichtigen Körperschaften i.S.d. § 1 Abs. 1 Nrn. 3 bis 6 KStG[100],
- alle beschränkt steuerpflichtigen Körperschaften.

---

[100] In Ausnahmefällen können auch unbeschränkt steuerpflichtige Körperschaften i.S.d. § 1 Abs. 1 Nr. 4 KStG einbezogen sein. Vgl. hierzu statt vieler Dötsch, E./Eversberg, H./Jost, W. F./Witt, G., Körperschaftsteuer, § 43 KStG, Tz. 5f.

Es sei nochmals darauf hingewiesen, daß die nicht in das Anrechnungsverfahren einbezogenen Körperschaften nach § 23 Abs. 2 und 3 KStG einem ermäßigten Steuersatz von 42 % unterliegen.

3.4.3 Das Anrechnungsverfahren auf der Ebene der Gesellschafter

3.4.3.1 Besteuerung und Anrechnung

Schüttet eine Kapitalgesellschaft Gewinne aus, so hat der einzelne Gesellschafter gem. § 20 Abs. 1 Nr. 1 EStG die auf ihn entfallenden Gewinnanteile (Dividenden) als *Einnahmen aus Kapitalvermögen* der Besteuerung zu unterwerfen. Gehören die Gesellschaftsanteile (Aktien, GmbH-Anteile etc.) zu seinem Betriebsvermögen, so hat er die Einnahmen als Betriebseinnahmen zu erfassen. Bei Gewerbetreibenden handelt es sich dann um Einnahmen innerhalb der Einkünfte aus Gewerbebetrieb, bei Freiberuflern um Einnahmen innerhalb der Einkünfte aus selbständiger Arbeit.

Zur Klarstellung sei vermerkt, daß sich die Dividende des Empfängers aus der Nettodividende und der anzurechnenden Kapitalertragsteuer zusammensetzt[101]. In dem hier bereits wiederholt verwendeten Schema 3a des Anhangs hat die Nettodividende einen Wert von 52,5, die Kapitalertragsteuer von 17,5 und die Dividende von 70.

Neben der Dividende hat der Gesellschafter gem. § 20 Abs. 1 Nr. 3 EStG die *anzurechnende Körperschaftsteuer* zu versteuern. Die anzurechnende Körperschaftsteuer beträgt gem. § 36 Abs. 2 Nr. 3 EStG (30/70 =) 3/7 *der Dividende*. Dies entspricht genau der anteiligen Ausschüttungsbelastung der Gesellschaft. In Schema 3a zum Anrechnungsverfahren haben - ausgehend von einem Gewinn vor Körperschaftsteuer von 100 - sowohl die Ausschüttungsbelastung als auch das Anrechnungsguthaben einen Wert von 30.

Bei dem Gesellschafter wird das Anrechnungsguthaben gem. § 36 Abs. 2 Nr. 3 EStG auf die Einkommensteuerschuld angerechnet. Die Anrechnung erfolgt grundsätzlich unabhängig davon, ob die Kapitalgesellschaft ihre Körperschaftsteuerschuld tatsächlich entrichtet. Auf eine Ausnahme von diesem Grundsatz wird an späterer Stelle eingegangen[102].

Handelt es sich bei dem *Empfänger* der Dividenden um eine *Körperschaft* i.S.d. § 1 KStG, so unterliegen die Ausschüttungen bei ihr der *Körperschaftsteuer*. Zur Anrechnung des Anrechnungsguthabens sind allerdings nicht alle, sondern nur bestimmte Körperschaften berechtigt. Hierauf wird im nächsten Gliederungspunkt eingegangen.

---

101 Vgl. Gliederungspunkt 3.4.1.2.
102 Vgl. Gliederungspunkt 3.4.3.3.

Die soeben dargestellte Behandlung von Gewinnausschüttungen (Dividenden) gilt nur dann, wenn EK50, EK45, EK30, EK02 oder EK03 als für die Ausschüttung verwendet gilt. Für den Fall hingegen, daß *EK01* als verwendet gilt, sind andere Regelungen zu beachten. Eine Verwendung von EK01 zur Ausschüttung führt gem. § 40 Satz 1 Nr. 1 KStG nicht zur Herstellung der Ausschüttungsbelastung i.S.d. § 27 KStG, d.h. es kommt *nicht* zu einer *Körperschaftsteuererhöhung.* Ist der Empfänger der Gewinnausschüttung eine Körperschaft i.S.d. § 8b KStG, so ist die Gewinnausschüttung nach Abs. 1 dieser Vorschrift *steuerfrei.* Ist der Empfänger hingegen eine *einkommensteuerpflichtige Person,* so ist die Gewinnausschüttung bei dieser nach § 20 Abs. 1 Nr. 1 EStG zu *versteuern.* Erhält der Empfänger die Ausschüttungen im Rahmen eines Gewerbebetriebs, so sind die Einkünfte in der bekannten Weise in gewerbliche umzuqualifizieren. Zur *Anrechnung* eines Körperschaftsteuer-Anrechnungsguthabens kommt es hingegen in *keinem Fall,* in dem EK01 als für die Ausschüttung verwendet gilt. Dies ergibt sich aus § 36 Abs. 2 Nr. 3 EStG für natürliche Personen und aus § 49 Abs. 1 KStG i.V.m. § 36 Abs. 2 Nr. 3 EStG für Körperschaften als Ausschüttungsempfänger. Da es bei Verwendung von EK01 nicht zur Anrechnung von Körperschaftsteuer kommt, ist auch *kein Anrechnungsguthaben* nach § 20 Abs. 1 Nr. 3 EStG zu *versteuern.*

Gilt *EK04* als an die Gesellschafter zurückgezahlt, so handelt es sich - zumindest steuerlich - nicht um eine Gewinnausschüttung, sondern um eine *Kapitalrückzahlung.* Bei einer derartigen Kapitalrückzahlung wird das Anrechnungsverfahren *nicht* in Gang gesetzt und es kommt *nicht* zu einer Versteuerung von Einnahmen beim Empfänger der Ausschüttungen. Zusammenfassend ergibt sich in derartigen Fällen folgendes:

- Nach § 40 Abs. 1 KStG ist keine Körperschaftsteuererhöhung vorzunehmen;
- nach § 20 Abs. 1 Nr. 1 EStG sind keine steuerbaren Einnahmen gegeben;
- nach § 36 Abs. 2 Nr. 3 EStG ist keine Körperschaftsteuer anzurechnen;
- nach § 20 Abs. 1 Nr. 3 EStG ist kein Anrechnungsguthaben zu versteuern.

3.4.3.2 Anrechnungsberechtigte Personen

Nicht alle an unbeschränkt steuerpflichtigen Kapitalgesellschaften bzw. Erwerbs- und Wirtschaftsgenossenschaften beteiligten Gesellschafter bzw. Genossen sind zur Anrechnung berechtigt. Die Anrechnungsberechtigung muß sich vielmehr aus dem EStG oder dem KStG ergeben.

Die Anrechnungsberechtigung ergibt sich aus § 36 Abs. 2 Nr. 3 EStG. Anrechnungsberechtigt sind demnach alle Personen, bei denen diese Vorschrift anwendbar ist. Das sind zunächst einmal alle unbeschränkt einkommensteuerpflichtigen Personen, also alle natürlichen Personen mit Wohnsitz oder gewöhnlichem Aufenthalt im Inland. Nicht anwendbar ist § 36 Abs. 2 Nr. 3 EStG hingegen bei beschränkt einkommensteuerpflichtigen Personen (§ 50 Abs. 5 Satz 2 EStG).

Hieraus ergibt sich also, daß beschränkt einkommensteuerpflichtige Personen grundsätzlich nicht zur Anrechnung von Körperschaftsteuer berechtigt sind.

Die für die Einkommensteuer geltenden Vorschriften zur Anrechnung finden nach § 49 Abs. 1 KStG bei der Körperschaftsteuer sinngemäß Anwendung. Das bedeutet, daß

- alle unbeschränkt steuerpflichtigen Körperschaften i.S.d. § 1 Abs. 1 KStG zur Anrechnung berechtigt sind und
- beschränkt steuerpflichtige Körperschaften i.S.d. § 2 KStG grundsätzlich nicht zur Anrechnung berechtigt sind.

Von dem Grundsatz, daß beschränkt steuerpflichtige Personen nicht zur Anrechnung berechtigt sind, gibt es nach § 50 Abs. 5 Satz 3 EStG dann eine Ausnahme, wenn die Gewinnanteile bei diesen Personen Betriebseinnahmen eines inländischen Betriebes sind. § 50 Abs. 5 Satz 3 EStG gilt gem. § 49 Abs. 1 KStG auch für die Körperschaftsteuer.

Nicht zur Anrechnung berechtigt sind nach § 51 KStG ferner alle Anteilseigner, sofern bei ihnen die Einnahmen i.S.d. § 20 Abs. 1 Nrn. 1 bis 3 EStG nicht steuerpflichtig sind oder wenn die Einnahmen bei ihnen nach § 50 Abs. 1 Nr. 1 oder 2 KStG bei der Veranlagung nicht erfaßt werden. Nach der ersten Alternative sind juristische Personen des öffentlichen Rechts - ausgenommen deren Betriebe gewerblicher Art - nicht zur Anrechnung berechtigt. Nach der zweiten Alternative sind steuerbefreite Körperschaften von der Anrechnung ausgeschlossen.

Zusammenfassend läßt sich also feststellen:

- Alle unbeschränkt einkommen- und körperschaftsteuerpflichtigen Personen sind zur Anrechnung von Körperschaftsteuer berechtigt.
- Beschränkt einkommen- und körperschaftsteuerpflichtige Personen sind grundsätzlich nicht zur Anrechnung berechtigt.
- Juristische Personen des öffentlichen Rechts und die nach § 5 KStG steuerbefreiten Körperschaften sind nicht zur Anrechnung berechtigt.

3.4.3.3 Sachliche Gründe zum Ausschluß der Anrechnungsberechtigung

Auch wenn die persönlichen Anrechnungsvoraussetzungen erfüllt sind, es sich also um unbeschränkt steuerpflichtige natürliche Personen oder Körperschaften handelt, wird die Körperschaftsteuer in den in § 36 Abs. 2 Nr. 3 Satz 4 EStG genannten Fällen dennoch nicht auf die Einkommen- oder Körperschaftsteuer angerechnet. Die Gründe, die zum Ausschluß der Anrechnung nach dieser Vorschrift führen, sind sachlicher Art. Hier wird lediglich auf zwei der insgesamt sieben in dieser Vorschrift genannten Fälle kurz eingegangen.

Nicht angerechnet wird nach Buchstabe a) die Körperschaftsteuer in den Fällen des § 36a EStG. In dieser Rechtsnorm wird der Grundsatz durchbrochen, daß die Anrechnung unabhängig davon erfolgt, ob die Gesellschaft oder Genossenschaft die geschuldete Körperschaftsteuer tatsächlich zahlt oder nicht. Nach § 36a Abs. 1 EStG ist nämlich einem die Gesellschaft bzw. Genossenschaft beherrschenden Anteilseigner die Anrechnung zu versagen, soweit die anzurechnende nicht durch die gezahlte Körperschaftsteuer gedeckt ist und nach Beginn der Vollstreckung anzunehmen ist, daß eine vollständige Einziehung der rückständigen Körperschaftsteuer nicht möglich sein wird. Das gleiche gilt, wenn der Anteilseigner zwar keinen beherrschenden Einfluß besitzt, aber wesentlich, d.h. zu mehr als 25 %, beteiligt ist.

Keine Anrechnungsberechtigung ist nach § 36 Abs. 2 Nr. 3 b) EStG dann gegeben, wenn die in den §§ 44 bis 46 KStG bezeichneten Bescheinigungen dem Finanzamt nicht vorgelegt werden. In diesen Bescheinigungen wird von der ausschüttenden Körperschaft (§ 44 KStG) bzw. einem Kreditinstitut (§ 45 KStG) bzw. einem Notar (§ 46 KStG) die Höhe der anrechenbaren Körperschaftsteuer bescheinigt. Die Anrechnungsberechtigung ist also an die Vorlage einer derartigen **Steuerbescheinigung** geknüpft. Auf die Bescheinigungen kann hier nicht näher eingegangen werden.

3.5 Aufgaben 25 - 32

Aufgabe 25

Die A-GmbH hat nach dem Gesellschaftsvertrag ihren Sitz in Stuttgart. Der mehrheitsbeteiligte Gesellschafter, der die Geschäfte der GmbH maßgeblich lenkt, hat seinen Wohnsitz in der Schweiz. Dort befinden sich auch die wichtigsten Produktionsstätten der GmbH. Ist die GmbH körperschaftsteuerpflichtig ?

Aufgabe 26

Ein inländisches Unternehmen vermietet ausschließlich Wohnungen. Bei dem Unternehmen handelt es sich um

a) eine KG,
b) eine GmbH,
c) einen rechtsfähigen Verein.

Besteht in allen drei Fällen Körperschaftsteuerpflicht, und welcher Einkunftsart sind die Einkünfte aus der Vermietung zuzurechnen ?

Aufgabe 27

Eine GmbH tätigt Aufwendungen für Werbegeschenke, die unter das Abzugsverbot des § 4 Abs. 5 Nr. 1 EStG fallen, i.H.v. 10.000 DM. Sie muß deshalb gem. § 1 Abs. 1 Nr. 2 c UStG Umsatzsteuer für den Eigenverbrauch i.H.v. 1.600 DM entrichten. Die GmbH verbucht sowohl die 10.000 DM als auch die 1.600 DM als Aufwand.

Welche Folgen ergeben sich aus diesem Sachverhalt ?

Aufgabe 28

In der Silvesternacht des Jahres 01 beschließen Peter Severin (S) und Olaf Petersen (P), in Hamburg eine GmbH zu gründen. Gesellschaftszweck soll der Im- und Export elektronischen Spielzeugs sein. S und P beginnen am 2.1.02 mit dem Aufbau des Geschäfts. Aus Zeitmangel schließen sie einen notariell beurkundeten Gesellschaftsvertrag erst am 31.10.02 ab. Zur Eintragung der GmbH ins Handelsregister kommt es am 10.1.03. Während der ersten zehn Monate des Jahres 02 erwirtschaften S und P hohe Anlaufverluste; ab November wird dann die Gewinnzone erreicht. Wirtschaftsjahr der GmbH ist das Kalenderjahr. Welche einkommen- und körperschaftsteuerlichen Konsequenzen ergeben sich aus dem geschilderten Sachverhalt im Jahre 02?

Aufgabe 29

Der Jahresüberschuß der Mark Meyer GmbH beträgt in dem am 31.12.1998 endenden Wirtschaftsjahr 100 TDM. Den Jahresüberschuß hat eine nach einkommensteuerlichen Vorschriften nicht zulässige außerplanmäßige Abschreibung i.H.v. 50.000 DM gemindert. Außerdem ist er u.a. durch folgende Aufwendungen gemindert worden:

	TDM
Körperschaftsteuer sowie Umsatzsteuer für den Eigenverbrauch insgesamt	300
Vergütungen an einen, entsprechend den aktienrechtlichen Vorschriften gebildeten Aufsichtsrat	80
Gewinnausschüttung in verdeckter Form an den Mehrheitsgesellschafter Mark Meyer	150

Weitere Abweichungen zwischen Jahresüberschuß und zu versteuerndem Einkommen, als sich aus dem vorstehenden Sachverhalt ergeben, bestehen nicht.

Die GmbH beschließt am 10.7.1999, für das Wirtschaftsjahr 1998 eine Ausschüttung i.H.v. 100 TDM vorzunehmen. Aus dem Vorjahr ist EK45 i.H.v. 1,5 Mio DM vorhanden.

Ermitteln Sie das zu versteuernde Einkommen und die Körperschaftsteuer der GmbH für den Veranlagungszeitraum 1998.

Aufgabe 30

Eine Kapitalgesellschaft hat 10.000 DM Umsatzsteuer auf den Eigenverbrauch zu entrichten. Welchen Bruttogewinn muß sie erwirtschaften, um aus ihm gerade die Umsatzsteuer auf den Eigenverbrauch und die durch deren steuerliche Nichtabzugsfähigkeit hervorgerufene Körperschaftsteuer bezahlen zu können?

Aufgabe 31

Der vorläufige nach steuerlichen Vorschriften ermittelte Gewinn einer AG für das Jahr 02 beträgt 1.502.963 DM. Hierin enthalten sind ausländische Einkünfte i.H.v. 512.618 DM, die aufgrund der in dem maßgeblichen DBA vereinbarten Freistellungsmethode im Inland steuerfrei sind, sowie steuerfreie Investitionszulagen i.H.v. 415.695 DM.

Die Gesellschaft hat bisher für das Jahr 02 keine Körperschaftsteuer verbucht, weil das zu versteuernde Einkommen im Vorjahr 0 DM betragen hat und das Finanzamt deshalb keine Körperschaftsteuervorauszahlung für das Jahr 02 festgesetzt hat.

Weitere steuerliche Gewinnkorrekturen, als sich aus dem vorstehenden Sachverhalt ergeben, sind nicht erforderlich. Ein vortragsfähiger Verlust ist nicht vorhanden.

Zum 31.12.01 ist für die AG das folgende verwendbare Eigenkapital festgestellt worden (Angaben in DM):

EK45	EK01	EK02	EK03
501.284	320.905	280.723	801.980

Im Mai des Jahres 03 stellt die Hauptversammlung der AG den Bilanzgewinn des Jahres 02 mit 600.000 DM fest und beschließt, ihn in voller Höhe zum 30.6.03 auszuschütten. Im Jahr 02 ist keine Ausschüttung für ein vorangegangenes Wirtschaftsjahr vorgenommen worden.

Ermitteln Sie die Körperschaftsteuerschuld der AG für das Jahr 02 und die Gliederung des verwendbaren Eigenkapitals zum 31.12.02. Ermitteln Sie ferner die Auswirkungen der Gewinnausschüttung auf das verwendbare Eigenkapital und geben Sie an, wann diese wirksam werden.

Aufgabe 32

Der Altphilologe Quintus Mueller (M), wohnhaft in Trier, ist mit 5 % an der Septimus Mueller GmbH beteiligt. Im Jahr 02 erhält er von der GmbH für das Jahr 01 eine Nettoausschüttung von 5.250 DM. Die GmbH übersendet ihm außerdem eine Steuerbescheinigung, aus der sich ergibt, daß er ein Körperschaftsteuer-Anrechnungsguthaben von 3.000 DM besitzt. Ferner wird ihm die Einbehaltung von 1.750 DM Kapitalertragsteuer bescheinigt. M unterliegt mit seinen zusätzlichen Einkünften einem Einkommensteuersatz von 40 %. Evtl. Pauschbeträge bei der Einkünfteermittlung sind bereits ausgeschöpft.

Kurze Zeit nach der Gewinnausschüttung wird die GmbH zahlungsunfähig. Ihr Antrag auf Eröffnung des Konkursverfahrens wird mangels Masse abgelehnt. Die einbehaltene Kapitalertragsteuer hat die GmbH noch kurz vor ihrer Zahlungsunfähigkeit an das Finanzamt abgeführt. Körperschaftsteuer hingegen hat sie für das Jahr 01 nicht entrichtet.

Untersuchen Sie die einkommensteuerlichen Folgen des geschilderten Sachverhalts für Quintus Mueller.

4 Gewerbesteuer

4.1 Einführung

Die Gewerbesteuer ist eine der beiden in § 3 Abs. 2 AO genannten Realsteuern. Sie gehört damit zur Gruppe der Objekt- oder Sachsteuern[103]. Besteuerungsobjekt ist der Gewerbebetrieb.

Bemessungsgrundlage der Gewerbesteuer ist der Gewerbeertrag. Hierbei handelt es sich um eine Größe, die im wesentlichen von dem steuerlichen Gewinn bestimmt wird. Für die Jahre bis einschließlich 1997 gibt es noch eine weitere Bemessungsgrundlage, nämlich das Gewerbekapital. Bei diesem handelt es sich um eine von der Vermögenssubstanz abhängige Größe. Aufgrund der unterschiedlichen Bemessungsgrundlagen ist es deshalb sowohl im Schrifttum als auch in der Praxis üblich, zwischen der Gewerbeertrag- und der Gewerbekapitalsteuer zu unterscheiden. Da die Gewerbekapitalsteuer aufgrund ihres Wegfalls ab 1998 für (in die Zukunft gerichtete) betriebliche Entscheidungen keine Rolle mehr spielt, wird sie hier nicht behandelt. Eine Unterscheidung zwischen Gewerbeertrag- und Gewerbekapitalsteuer ist somit entbehrlich. Nachfolgend wird deshalb nur noch der Begriff der Gewerbesteuer verwendet.

4.2 Steuerobjekt, Steuerschuldner

4.2.1 Begriff des Gewerbebetriebs

Der Gewerbesteuer unterliegt nach § 2 Abs. 1 GewStG jeder stehende[104] *Gewerbebetrieb*, soweit er *im Inland betrieben* wird. Durch Verweis auf das EStG wird in § 2 Abs. 1 Satz 2 GewStG klargestellt, daß jeder Gewerbebetrieb i.S.d. EStG zugleich auch Gewerbebetrieb i.S.d. GewStG ist.

Gewerbebetrieb ist nach der Legaldefinition des § 15 Abs. 2 EStG jede *selbständige nachhaltige Betätigung*, die mit *Gewinnerzielungsabsicht* unternommen wird und sich als *Beteiligung am allgemeinen wirtschaftlichen Verkehr* darstellt. Voraussetzung ist allerdings, daß die Betätigung *weder* als Ausübung von *Land- und Forstwirtschaft* noch als *Ausübung eines freien Berufes* noch als eine andere selbständige Arbeit anzusehen ist.

---

[103] Vgl. Teil I, Gliederungspunkt 2.5.
[104] Das GewStG unterscheidet zwischen den stehenden Gewerbebetrieben und Reisegewerbebetrieben (ambulantes Gewerbe). Letztere unterliegen nach § 35a GewStG aber auch der Besteuerung. Auf Reisegewerbebetriebe wird hier nicht eingegangen.

4 Gewerbesteuer

Auf die Legaldefinition des § 15 Abs. 2 EStG ist bereits bei Besprechung der Einkünfte aus Gewerbebetrieb näher eingegangen worden. Auf diese Ausführungen wird verwiesen[105].

Als Gewerbebetrieb *gilt* nach § 2 Abs. 1 GewStG i.V.m. § 15 Abs. 3 Nr. 1 EStG in vollem Umfang die Tätigkeit der offenen Handelsgesellschaften, der Kommanditgesellschaften und der anderen Personengesellschaften (BGB-Gesellschaften, atypische stille Gesellschaften). Voraussetzung ist allerdings immer, daß die Gesellschafter als *Mitunternehmer* des von der Gesellschaft betriebenen Gewerbebetriebes anzusehen sind. Damit ist letztlich auch hier zu prüfen, ob ein Gewerbebetrieb i.S.d. § 2 Abs. 1 GewStG vorliegt. Nach allgemeiner Ansicht stellt § 15 Abs. 3 Nr. 1 EStG lediglich eine *widerlegbare Vermutung* dahingehend auf, daß eine Mitunternehmerschaft i.S.d. § 15 Abs. 1 Nr. 2 EStG einen Gewerbebetrieb betreibt.

Die Tätigkeit von Kapitalgesellschaften (AG, KGaA, GmbH), von Erwerbs- und Wirtschaftsgenossenschaften und von Versicherungsvereinen auf Gegenseitigkeit hingegen gilt nach § 2 Abs. 2 GewStG *unwiderlegbar* als Gewerbebetrieb.

Es bleibt also festzuhalten:

▷ Bei Mitunternehmerschaften besteht eine widerlegbare, bei Kapitalgesellschaften, Genossenschaften und Versicherungsvereinen auf Gegenseitigkeit hingegen eine unwiderlegbare Vermutung, daß sie einen Gewerbebetrieb betreiben.

Als Gewerbebetrieb gilt nach § 2 Abs. 3 GewStG auch die Tätigkeit der sonstigen juristischen Personen des privaten Rechts und der nichtrechtsfähigen Vereine, soweit sie einen wirtschaftlichen Geschäftsbetrieb unterhalten. Ausgenommen sind Betriebe der Land- und Forstwirtschaft.

Beispiel

Ein Verein betreibt in eigener Regie ein Vereinslokal.

Das Vereinslokal ist als Gewerbebetrieb i.S.d. § 2 Abs. 3 GewStG anzusehen.

Gewerbebetriebe unterliegen der Gewerbesteuer nur, soweit sie im Inland betrieben werden. Als **Inland** ist - ebenso wie bei der Einkommen- und Körperschaftsteuer - der Geltungsbereich des Grundgesetzes einschließlich des der Bundesrepublik zustehenden Anteils am Festlandsockel anzusehen.

Im Inland **betrieben** wird ein Gewerbebetrieb, soweit für ihn im Inland eine *Betriebstätte* unterhalten wird (§ 2 Abs. 1 Satz 3 GewStG). Unterhält ein Betrieb Betriebstätten sowohl im In- als auch im Ausland, so unterliegen nur die inländischen Betriebstätten der Besteuerung.

---

105 Vgl. Gliederungspunkt 2.2.1.1.

Betriebstätte ist gem. § 12 AO jede feste Geschäftseinrichtung oder Anlage, die der Tätigkeit eines Unternehmens dient. Betriebstätten sind vor allem

- die Stätte der Geschäftsleitung,
- Zweigniederlassungen,
- Geschäftsstellen,
- Fabrikations- oder Werkstätten,
- Warenlager sowie
- Ein- und Verkaufsstellen.

4.2.2 Einheitlicher Gewerbebetrieb und Mehrheit von Betrieben

Mitunternehmerschaften, Kapitalgesellschaften, Genossenschaften und Versicherungsvereine auf Gegenseitigkeit können jeweils *nur einen einzigen Gewerbebetrieb* unterhalten. Zu dem Gewerbebetrieb gehört die gesamte gewerbliche Tätigkeit dieser Unternehmen.

Beispiel

Eine GmbH betreibt an verschiedenen Orten im Inland ein Delikatessengeschäft, eine Eisenwarenhandlung und einen Steinbruch.

Die GmbH hat einen Gewerbebetrieb mit drei Betriebstätten.

Anders verhält es sich bei Einzelunternehmern. Bei diesen ist zu prüfen, ob ihre verschiedenen gewerblichen Tätigkeiten nach der *Verkehrsauffassung* und nach den *Betriebsverhältnissen* als Teile eines einzigen Gewerbebetriebs gelten.

Beispiele

1. Ein Einzelunternehmer betreibt eine chemische Fabrik in A-Dorf und ein Käsegeschäft in B-Stadt.

    Es handelt sich um zwei Gewerbebetriebe und nicht lediglich um zwei Betriebstätten eines einzigen Gewerbebetriebs.

2. Ein Einzelunternehmer betreibt eine Metzgerei und räumlich damit verbunden eine Gaststätte.

    Metzgerei und Gaststätte sind als ein einziger Gewerbebetrieb anzusehen.

4.2.3 Befreiungen

Wie das EStG und das KStG kennt auch das GewStG Steuerbefreiungen. Befreit sind bestimmte in § 3 GewStG näher bestimmte Gewerbebetriebe. Viele dieser Befreiungen entsprechen den Befreiungen von der Körperschaftsteuer nach § 5 Abs. 1 KStG.

Von der Gewerbesteuer befreit sind z.B.

- das Bundeseisenbahnvermögen (§ 3 Nr. 1 GewStG),
- die Deutsche Bundesbank und einige Spezialkreditinstitute, denen der Staat bestimmte im öffentlichen Interesse liegende Aufgaben zugeordnet hat (§ 3 Nr. 2 GewStG),

- die Bundesanstalt für vereinigungsbedingte Sonderaufgaben (§ 3 Nr. 3 GewStG),
- gemeinnützige Körperschaften, Personenvereinigungen und Vermögensmassen (§ 3 Nr. 6 GewStG).

4.2.4 Beginn und Ende der Steuerpflicht

Bei Einzelgewerbetreibenden und Personengesellschaften *beginnt* die Steuerpflicht in dem Zeitpunkt der Aufnahme einer gewerblichen Betätigung. Bloße Vorbereitungshandlungen, z.B. die Anmietung von Räumen, sind noch keine gewerblichen Betätigungen. Auf den Zeitpunkt einer evtl. Eintragung ins Handelsregister kommt es nicht an.

Anders verhält es sich bei Kapitalgesellschaften und Genossenschaften. Hier beginnt die Steuerpflicht spätestens mit der Eintragung in das Handels- bzw. Genossenschaftsregister. Ist vor Eintragung einer Kapitalgesellschaft in das Handelsregister bereits eine Gründergesellschaft nach außen tätig geworden, so bildet sie zusammen mit der später eingetragenen Kapitalgesellschaft einen einheitlichen Steuergegenstand. Zwischen körperschaft- und gewerbesteuerlicher Behandlung der Gründergesellschaft besteht also Übereinstimmung[106].

Bei Einzelgewerbetreibenden und Personengesellschaften *endet* die Gewerbesteuerpflicht mit der tatsächlichen Einstellung des Betriebs. Sie ist anzunehmen mit der völligen Aufgabe jeder werbenden Tätigkeit. Bei einem Handelsbetrieb z.B. ist dies der Zeitpunkt der Einstellung eines jeden Verkaufs. Dies kann weit nach dem letzten Ankauf von Waren der Fall sein.

Bei Kapitalgesellschaften, Genossenschaften und Versicherungsvereinen auf Gegenseitigkeit erlischt die Steuerpflicht nicht bereits mit der Einstellung der gewerblichen Betätigung, sondern erst nach Verteilung des nach der Liquidation verbleibenden Vermögens an die Gesellschafter.

Die Steuerpflicht kann nicht nur durch Liquidation, sondern auch durch *Unternehmerwechsel* erlöschen. Wird ein Gewerbebetrieb - z.B. durch eine Betriebsveräußerung - im ganzen auf einen anderen Unternehmer übertragen, so gilt gem. § 2 Abs. 5 GewStG der Gewerbebetrieb als durch den bisherigen Unternehmer eingestellt. Er gilt durch den anderen Unternehmer als neu gegründet, sofern ihn der neue Unternehmer nicht mit einem bereits bestehenden Gewerbebetrieb vereinigt. Die Steuerpflicht des übertragenen Betriebes erlischt im Zeitpunkt des Übergangs; die Steuerpflicht des neu gegründeten Betriebes beginnt zu demselben Zeitpunkt.

4.2.5 Steuerschuldner

Schuldner der Gewerbesteuer ist gem. § 5 Abs. 1 GewStG der *Unternehmer*. Als Unternehmer gilt derjenige, für dessen Rechnung das Gewerbe betrieben wird. Bei

---

[106] Vgl. Gliederungspunkt 3.1.3.

Einzelgewerbetreibenden ist dies der Einzelunternehmer, bei *Kapitalgesellschaften* die Gesellschaft; bei den übrigen juristischen Personen des § 2 Abs. 2 GewStG sind es diese Personen.

Bei *Personengesellschaften* ist gem. § 5 Abs. 1 Satz 3 GewStG die Gesellschaft selbst Steuerschuldner. Insoweit besteht eine andere Regelung als bei der Einkommensteuer, bei der bekanntlich die einzelnen Mitunternehmer Steuerschuldner sind.

Geht ein Gewerbebetrieb im ganzen auf einen anderen Unternehmer über, so ist gem. § 5 Abs. 2 GewStG der bisherige Unternehmer bis zum Zeitpunkt des Übergangs Steuerschuldner. Der andere Unternehmer ist von diesem Zeitpunkt an Steuerschuldner.

4.3 Bemessungsgrundlage der Gewerbesteuer

4.3.1 Gewerbeertrag

Bemessungsgrundlage der Gewerbesteuer ist der **Gewerbeertrag** (§ 6 Satz 1 GewStG). Dieser ist gem. § 7 GewStG der nach den Vorschriften des Einkommen- oder des Körperschaftsteuergesetzes zu ermittelnde *Gewinn aus Gewerbebetrieb*, vermehrt um die *Hinzurechnungen* nach § 8 GewStG und vermindert um die *Kürzungen* nach § 9 GewStG.

Die Hinzurechnungen und Kürzungen dienen dem Zweck, einen von den persönlichen Verhältnissen des Unternehmers losgelösten „objektiven Reinertrag" der Besteuerung zu unterwerfen. Darin kommt der objekthafte Charakter der Gewerbesteuer zum Ausdruck.

Hinzurechnungen setzen voraus, daß die hinzuzurechnenden Beträge bei Ermittlung des Gewinns aus Gewerbebetrieb gewinnmindernd behandelt worden sind. Kürzungen setzen grundsätzlich voraus, daß die zu kürzenden Beträge den Gewinn aus Gewerbebetrieb erhöht haben. Von diesem Grundsatz gibt es eine Ausnahme, auf die später eingegangen wird[107].

Außer Hinzurechnungen und Kürzungen sind zur Ermittlung des Gewerbeertrags ggf. *Verlustvorträge* (§ 10a GewStG) zu berücksichtigen. Bei natürlichen Personen und Personengesellschaften ist ferner nach § 11 Abs. 1 Nr. 1 GewStG ein *Freibetrag* abzuziehen.

Einen Überblick über die Ermittlung des Gewerbeertrages gibt Schema 4, das sich im Anhang befindet. Dieses enthält alle gesetzlich vorgesehenen Hinzurechnungen und Kürzungen. Hier kann nur auf einen Teil von ihnen eingegangen werden.

---

[107] Vgl. Gliederungspunkt 4.3.4.1.

4.3.2 Gewinn aus Gewerbebetrieb

Ausgangsgröße für die Ermittlung des Gewerbeertrags und zugleich wichtigste Teil-Bemessungsgrundlage ist der **Gewinn aus Gewerbebetrieb**. Hierbei handelt es sich gem. § 7 GewStG um den nach den Vorschriften des Einkommensteuergesetzes zu ermittelnden Gewinn. Bei Körperschaften i.S.d. Körperschaftsteuergesetzes sind zusätzlich die Vorschriften dieses Gesetzes zu berücksichtigen. Hieraus folgt, daß als Gewinne aus Gewerbebetrieb anzusetzen sind:

- bei *Einzelgewerbetreibenden* die Einkünfte aus Gewerbebetrieb i.S.d. § 15 Abs. 1 Nr. 1 EStG,
- bei *Mitunternehmerschaften* die Summe der Einkünfte aller Mitunternehmer gem. § 15 Abs. 1 Nr. 2 EStG, d.h. die Summe aller gesondert und einheitlich festgestellten Gewinnanteile einschließlich der Vorabgewinne,
- bei *Kapitalgesellschaften* und den anderen der Gewerbesteuer unterliegenden Körperschaften das körperschaftsteuerliche Einkommen, ggf. zuzüglich eines bei der Einkommensermittlung vorgenommenen Verlustabzugs.

Bei Körperschaften sind körperschaftsteuerliche Verlustabzüge deshalb zur Ermittlung des Gewinns aus Gewerbebetrieb wieder hinzuzurechnen, weil gewerbesteuerlich nur Verlustvorträge möglich sind und diese nach einer Spezialvorschrift (§ 10a GewStG) zu ermitteln sind.

Veräußerungs- und *Aufgabegewinne* i.S.d. § 16 EStG sind nicht Bestandteile des laufenden Ertrags eines Betriebes. Aus diesem Grunde gehören derartige Gewinne bei Einzelgewerbetreibenden und Personengesellschaften nicht zum Gewinn aus Gewerbebetrieb. Bei Kapitalgesellschaften und den anderen Körperschaften i.S.d. § 2 Abs. 2 GewStG hingegen sind nach Abschn. 41 Abs. 2 GewStR Veräußerungs- und Aufgabegewinne Bestandteile des Gewerbeertrags.

Bereits an dieser Stelle sei darauf hingewiesen, daß die gesamte Gewerbesteuer handelsrechtlich Aufwand und ertragsteuerlich eine abzugsfähige Betriebsausgabe darstellt. Die Gewerbesteuer mindert also den Gewinn aus Gewerbebetrieb, d.h. sie ist von ihrer eigenen Bemessungsgrundlage abzugsfähig. Auf die sich hieraus ergebenden Probleme der Ermittlung des Gewerbesteueraufwands wird aber erst in Teil III dieses Buches eingegangen[108]. In diesem Teil wird stets angenommen, daß die Gewerbesteuer bereits gewinnmindernd behandelt worden ist.

4.3.3 Hinzurechnungen

4.3.3.1 Zinsen für Dauerschulden

Von allen Hinzurechnungsvorschriften des § 8 GewStG ist die der Nr. 1 die wichtigste. Nach ihr ist dem Gewinn die Hälfte der *Entgelte für Dauerschulden* hinzuzurechnen. Da es sich bei diesen Entgelten im wesentlichen um *Zinsen für Dauer-*

---

108 Vgl. Teil III, Gliederungspunkt 3.7.2.4.

schulden handelt, werden diese nachfolgend - in Übereinstimmung mit dem üblichen steuerrechtlichen Sprachgebrauch - meistens als **Dauerschuldzinsen** bezeichnet. Die Begriffe „Dauerschulden" und „Dauerschuldzinsen" verwendet das Gesetz nicht; sie haben sich vielmehr im Sprachgebrauch der Praxis herausgebildet und sind dort allgemein üblich.

Nach der Definition des § 8 Nr. 1 GewStG haben Schulden dann Dauerschuldcharakter, wenn sie wirtschaftlich

- mit der *Gründung* oder dem Erwerb des Betriebs (Teilbetriebs) oder eines Anteils am Betrieb zusammenhängen oder
- durch die *Erweiterung* oder *Verbesserung* des Betriebs verursacht sind oder
- in sonstiger Weise der *nicht nur vorübergehenden Verstärkung des Betriebskapitals* dienen.

Langfristige Kredite, die zur Gründung oder zum Erwerb eines Betriebes oder zur Finanzierung von Investitionen im Bereich des Anlagevermögens aufgenommen werden, haben demnach unzweifelhaft Dauerschuldcharakter. Problematisch hingegen ist häufig die Beurteilung von zivilrechtlich kurzfristigen Verbindlichkeiten. Diese können wirtschaftlich durchaus langfristigen Charakter haben und damit Dauerschulden sein.

Bei zivilrechtlich kurzfristigen Verbindlichkeiten kommt es somit auf den Charakter der Schulden in wirtschaftlicher Hinsicht an. Dieser bestimmt sich danach, ob die aus den Verbindlichkeiten stammenden finanziellen Mittel dem Betrieb tatsächlich nicht nur vorübergehend zur Verfügung stehen. Als vorübergehend wird ein Zeitraum bis zu zwölf Monaten angesehen. *Eine Dauerschuld liegt demnach regelmäßig dann vor, wenn die finanziellen Mittel dem Schuldner mehr als zwölf Monate zur Verfügung stehen.*

Das zeitliche Moment spielt insbesondere eine Rolle bei der Beurteilung von *Kontokorrentschulden*. Bei ihnen handelt es sich gem. § 355 Abs. 1 HGB um Schulden aus laufender Rechnung. Sie haben zivilrechtlich in aller Regel kurzfristigen Charakter. Steuerlich handelt es sich bei Kontokorrentschulden grundsätzlich nicht um Dauerschulden. Solche liegen aber dann vor, wenn aus dem Geschäftsverhältnis der Beteiligten geschlossen werden muß, daß dem Unternehmen aus dem Kontokorrentverhältnis ein bestimmter *Mindestkredit* dauernd zur Verfügung stehen soll. Als Dauerschuld wird dann der niedrigste Schuldenstand während des der Besteuerung zugrunde liegenden Wirtschaftsjahres angesehen. Bei Ermittlung des niedrigsten Schuldenstandes werden aber nur solche Schuldenstände berücksichtigt, die insgesamt an mehr als sieben Tagen im Jahre bestanden haben. Die von der Rechtsprechung geforderte Siebentagesfrist soll Rechtsmißbräuche verhindern[109].

Beispiel

Der Gewerbetreibende A unterhält ein laufendes Konto (Kontokorrentkonto) bei der B-Bank. Das Konto weist während des größten Teils des Wirtschaftsjahres einen Schuldenstand zwischen 400

---

[109] Vgl. Abschn. 47 Abs. 8 GewStR und die dort zitierte Rechtsprechung.

und 600 TDM aus. Durch Hinausschieben der Zahlung fälliger Rechnungen gelingt es A in der Zeit vom 10. - 15.12. des Jahres, den Schuldenstand auf 302.500 DM und für die Zeit vom 16. - 18.12. sogar auf 180.400 DM zu senken.

Der niedrigste Schuldenstand, der mehr als sieben Tage bestanden hat, beträgt 302.500 DM. In Höhe dieses Betrages liegen Dauerschulden vor. Sie sind der Berechnung der Zinsen für Dauerschulden zugrunde zu legen.

Bei Prüfung der Frage, ob Verbindlichkeiten den Charakter von Dauerschulden oder von Nicht-Dauerschulden (laufenden Schulden) haben, gilt der Grundsatz der *Einzelbetrachtung.* Er besagt, daß jede Schuld einzeln auf ihren Dauerschuldcharakter hin untersucht werden muß. Eine Saldierung einer Dauerschuld mit einem Guthaben bei demselben Vertragspartner kommt nur im Ausnahmefall in Betracht. Ein derartiger Ausnahmefall ist insbesondere bei einer regelmäßigen Verrechnung der Konten gegeben.

4.3.3.2 Renten und dauernde Lasten

Dem Gewinn aus Gewerbebetrieb *hinzuzurechnen* sind die *Renten* und *dauernden Lasten,* die wirtschaftlich mit der Gründung oder dem Erwerb eines Betriebes, eines Teilbetriebes oder eines Anteils am Betrieb zusammenhängen (§ 8 Nr. 2 Satz 1 GewStG).

Zur Klarstellung sei ausdrücklich darauf hingewiesen, daß eine Hinzurechnung von Renten und dauernden Lasten nur dann in Betracht kommt, wenn diese bei der steuerlichen Gewinnermittlung als Betriebsausgaben gewinnmindernd behandelt worden sind. Die Hinzurechnung erfolgt genau in der Höhe der Gewinnminderung. Bei Betriebsveräußerungsrenten in der Form der Leibrente sind demnach die in den jährlichen Zahlungen enthaltenen Zinsanteile hinzuzurechnen; die Tilgungsanteile hingegen sind unbeachtlich, da sie den Gewinn nicht gemindert haben[110].

Die Hinzurechnung der Renten und dauernden Lasten gem. § 8 Nr. 2 GewStG unterscheidet sich in zweifacher Hinsicht erheblich von der Hinzurechnung der Dauerschuldzinsen gem. § 8 Nr. 1 GewStG:

- Zum einen werden nicht 50 %, sondern *100 % der als Aufwand verbuchten Beträge* hinzugerechnet;
- zum anderen werden nur die mit der *Gründung* oder dem *Erwerb eines Betriebes* (Teilbetriebes, Anteils am Betrieb) zusammenhängenden Renten und dauernden Lasten hinzugerechnet, *nicht* hingegen auch diejenigen, die mit einer *Erweiterung oder Verbesserung* des Betriebes zusammenhängen oder lediglich der dauernden Verstärkung des Betriebskapitals dienen.

Keine Hinzurechnung von Renten und dauernden Lasten findet in den Fällen statt, in denen diese Beträge beim Empfänger zu dessen Gewerbeertrag gehören (§ 8 Nr. 2 Satz 2 GewStG). Das ist immer dann der Fall, wenn der Empfänger die Be-

---

110 Vgl. Teil III, Gliederungspunkt 7.2.2.1.

träge im Rahmen eines Gewerbebetriebes erzielt, er sie also als Erträge verbuchen muß. Durch diese Ausnahmeregelung soll verhindert werden, daß Renten oder dauernde Lasten doppelt der Gewerbesteuer unterliegen.

4.3.3.3 Gewinnanteile des stillen Gesellschafters

Gewinnanteile, die ein Kaufmann (z.B. Einzelkaufmann, Personenhandelsgesellschaft, Kapitalgesellschaft) an einen stillen Gesellschafter zu zahlen hat, sind bei ihm handelsrechtlich als Aufwand zu behandeln. Einkommen- bzw. körperschaftsteuerlich hingegen ist bekanntlich zu unterscheiden, ob es sich bei dem „Stillen" um einen atypischen oder einen typischen stillen Gesellschafter handelt. Nur im zweiten Fall führen die Zahlungen an den stillen Gesellschafter steuerlich zu Betriebsausgaben[111]. Dieser *Betriebsausgaben-Abzug* ist gewerbesteuerlich gem. § 8 Nr. 3 GewStG durch eine *Hinzurechnung* zu korrigieren.

Eine Hinzurechnung kommt allerdings auch bei einer Zahlung an einen typischen stillen Gesellschafter dann nicht in Betracht, wenn dieser die empfangenen Zahlungen als Betriebseinnahmen eines Gewerbebetriebes zu versteuern hat.

Beispiel

Die X-GmbH ist als typischer stiller Gesellschafter an der Y-AG beteiligt. Im Jahre 01 zahlt die Y-AG vertragsgemäß 100 TDM Gewinnanteile an die X-GmbH.

Der steuerliche Gewinn der Y-AG mindert sich durch die Ausschüttung an die X-GmbH um 100 TDM. Eine Hinzurechnung dieses Betrages zum Gewerbeertrag der Y-AG ist aber nicht vorzunehmen, da der Ertrag aus der stillen Beteiligung bei der X-GmbH der Gewerbesteuer unterliegt.

4.3.3.4 Sonstige Hinzurechnungen

Gewinnanteile des Komplementärs einer KGaA, die auf seinen Komplementäranteil entfallen oder die er als Vergütungen für die Geschäftsführung erhält, mindern gem. § 9 Abs. 1 Nr. 1 KStG das Einkommen der Gesellschaft. Zur Ermittlung des Gewerbeertrags sind sie gem. § 8 Nr. 4 GewStG dem Gewinn aus Gewerbebetrieb wieder hinzuzurechnen. Auf diese Weise wird erreicht, daß diese Gewinnanteile einmal der Gewerbesteuer unterliegen.

Miet- und Pachtzinsen mindern den steuerlichen Gewinn. Werden sie für Wirtschaftsgüter des Anlagevermögens gezahlt, und sind diese Wirtschaftsgüter *nicht* dem *Grundbesitz* zuzurechnen, so sind sie gem. § 8 Nr. 7 GewStG *zur Hälfte* dem Gewinn aus Gewerbebetrieb wieder *hinzuzurechnen*. Das gilt nicht, soweit diese Miet- oder Pachtzinsen beim Vermieter oder Verpächter der Gewerbesteuer unterliegen. Von dieser Ausnahme gibt es wiederum eine Ausnahme, auf die hier aber nicht eingegangen wird.

Hält ein Gewerbetreibender einen Anteil an einer Mitunternehmerschaft im Betriebsvermögen seines Gewerbebetriebes, so mindern *Anteile am Verlust dieser*

---

111 Vgl. Gliederungspunkt 2.2.1.2.3.

Mitunternehmerschaft den Gewinn aus seinem Gewerbebetrieb. Damit ist dieser Verlust gewerbesteuerlich zweimal abgezogen:
- einmal bei der Mitunternehmerschaft, die in aller Regel gem. § 2 Abs. 1 GewStG einen Gewerbebetrieb unterhält und
- zum zweiten Mal bei Ermittlung des Gewerbeertrags des beteiligten Mitunternehmers.

Da dieses Ergebnis nicht gerechtfertigt ist, schreibt § 8 Nr. 8 GewStG die Hinzurechnung des Verlustanteils zum Gewinn aus Gewerbebetrieb des beteiligten Mitunternehmers vor.

Spenden i.S.d. § 10b EStG bzw. § 9 Abs. 1 Nr. 2 KStG sind unter den Voraussetzungen dieser Vorschriften bei der Ermittlung des einkommen- bzw. körperschaftsteuerlichen Einkommens abzugsfähig. Bei Ermittlung des Gewerbeertrags sollen sie hingegen nicht abzugsfähig sein. Aus diesem Grunde werden bei Gewerbebetrieben, die der Körperschaftsteuer unterliegen, die nach § 9 Abs. 1 Nr. 2 KStG abgezogenen Spenden dem Gewinn aus Gewerbebetrieb wieder hinzugerechnet (§ 8 Nr. 9 GewStG). Bei Gewerbebetrieben, bei denen die Unternehmer (Mitunternehmer) natürliche Personen sind, erübrigt sich eine Hinzurechnung, da die Spenden nicht den Gewinn aus Gewerbebetrieb gemindert haben; bei diesem Personenkreis sind die Spenden bekanntlich als Sonderausgaben abzugsfähig.

4.3.4 Kürzungen

4.3.4.1 Kürzung wegen zu entrichtender Grundsteuer

Gehört zum Betriebsvermögen eines Unternehmens Grundbesitz, so hat es Grundsteuer zu entrichten. Die Grundsteuer ist ebenso wie die Gewerbesteuer eine Realsteuer. Um eine doppelte Belastung der Gewerbebetriebe mit Realsteuern möglichst zu vermeiden, ist nach § 9 Nr. 1 GewStG eine Kürzung des Gewinns und der Hinzurechnungen um *1,2 % des Einheitswerts des zum Betriebsvermögen gehörenden Grundbesitzes* vorzunehmen. Nach § 121a BewG ist der Einheitswert des Betriebsgrundstücks mit *140 %* seines festgestellten Wertes anzusetzen[112]. Maßgebend ist der Einheitswert, der auf den letzten Feststellungszeitpunkt[113] vor dem Ende des Erhebungszeitraumes lautet.

Beispiel

Zum Betriebsvermögen des Unternehmers A gehört ein Betriebsgrundstück. Sein Einheitswert ist zuletzt am 1.1.1991 auf 200.000 DM festgestellt worden.

Die Kürzung des Gewerbeertrages gem. § 9 Nr. 1 GewStG beträgt (1,2 % · 140 % · 200.000 =) 3.360 DM.

---

[112] Zur Ermittlung des Einheitswertes der Betriebsgrundstücke siehe Teil IV, Gliederungspunkt 2.8.5.2.

[113] Auf die Bestimmung des Feststellungszeitpunktes wird in Teil IV, Gliederungspunkt 2.8.2 eingegangen.

Unternehmen, die Grundstücksverwaltung betreiben, können auf Antrag die spezielle Kürzungsvorschrift des § 9 Nr. 1 Satz 2 GewStG in Anspruch nehmen. Auf diese Vorschrift wird hier nicht eingegangen.

4.3.4.2 Kürzung bestimmter Gewinnanteile

Ebenso wie Verluste, sollen auch Gewinne an einer Mitunternehmerschaft nicht doppelt erfaßt werden. Aus diesem Grunde sieht § 9 Nr. 2 GewStG eine *Kürzung des Gewinns um die in diesem enthaltenen, aus einer Mitunternehmerschaft stammenden Gewinnanteile* vor. § 9 Nr. 2 GewStG ist somit eine korrespondierende Vorschrift zu § 8 Nr. 8 GewStG.

Beispiel

Die X-GmbH ist Kommanditistin in der Y-KG. Im Gewinn der X-GmbH sind 40.000 DM Gewinnanteile an der Y-KG enthalten.

Der Gewinn der Y-KG wird bei dieser der Gewerbesteuer unterworfen. Ein Gewinnanteil von 40.000 DM ist zusätzlich im Gewinn aus Gewerbebetrieb der X-GmbH enthalten. In Höhe dieses Gewinnanteils ist gem. § 9 Nr. 2 GewStG eine Kürzung bei der Ermittlung des Gewerbeertrags der X-GmbH vorzunehmen, da andernfalls insoweit eine gewerbesteuerliche Doppelerfassung dieses Gewinnanteils erfolgen würde.

Eine Doppelerfassung von Gewinnanteilen soll ebenfalls bei Schachtelerträgen ausgeschlossen werden (§ 9 Nr. 2a GewStG). *Schachtelerträge* sind Anteile am Gewinn einer nicht steuerbefreiten inländischen Kapitalgesellschaft, an deren Nennkapital das Unternehmen zu Beginn des Erhebungszeitraums zu mindestens 10 % beteiligt ist. In Höhe der Schachtelerträge ist bei dem Unternehmen, das die Beteiligung hält, eine Kürzung vorzunehmen.

Neben diesem soeben behandelten inländischen, enthält das GewStG ein grenzüberschreitendes Schachtelprivileg. Ist ein Gewerbebetrieb an einer ausländischen Kapitalgesellschaft unmittelbar oder mittelbar, d.h. über eine Tochtergesellschaft, zu mindestens 10 % beteiligt, so werden die empfangenen Gewinnausschüttungen unter den Voraussetzungen des § 9 Nr. 7 GewStG vom gewerblichen Gewinn abgezogen.

4.3.4.3 Sonstige Kürzungen

§ 9 Nr. 4 GewStG enthält eine zu § 8 Nr. 7 GewStG korrespondierende Vorschrift. Danach führen Miet- und Pachtzinsen dann beim Vermieter oder Verpächter zu Kürzungen, wenn beim Mieter oder Pächter entsprechende Hinzurechnungen vorzunehmen sind. Zu kürzen ist - der Regelung in § 8 Nr. 7 GewStG entsprechend - die *Hälfte des Miet- oder Pachtertrages* für die Benutzung der *nicht in Grundbesitz bestehenden Wirtschaftsgüter des Anlagevermögens.*

Spenden zur Förderung mildtätiger, kirchlicher, religiöser, wissenschaftlicher und der als besonders förderungswürdig anerkannten Zwecke, die aus Mitteln des Gewerbebetriebs geleistet werden, sind im Rahmen des § 9 Nr. 5 GewStG abzugsfähig. Damit wird trotz der Hinzurechnungsvorschrift des § 8 Nr. 9 GewStG erreicht, daß bestimmte Spenden auch bei Ermittlung des Gewerbeertrags abzugsfähig sind.

4.3.5 Gewerbeverlust

Ergibt sich nach Berücksichtigung der Hinzurechnungen und Kürzungen ein negativer Gewerbeertrag (**Verlust**), so ist dieser in den auf das Jahr der Verlustentstehung folgenden Jahren von Amts wegen bei der Ermittlung des maßgebenden Gewerbeertrags abzuziehen (§ 10a GewStG). Noch nicht abgezogene Verluste sind zeitlich unbefristet vortragsfähig.

Der Gewerbeverlust ist eigenständig zu ermitteln und nicht mit dem des EStG identisch. Der Unternehmer hat kein Wahlrecht hinsichtlich des Jahres, in dem der Gewerbeverlust abzugsfähig ist. Der Verlustabzug hat vielmehr zum frühestmöglichen Zeitpunkt zu erfolgen. Ein Gewerbeverlust kann nur in dem Betrieb abgezogen werden, in dem er entstanden ist, d.h. er kann nicht in anderen Betrieben desselben Unternehmers berücksichtigt werden.

4.4 Tarif

Der Gewerbeertrag, d.h. die Bemessungsgrundlage der Gewerbesteuer, ist nach § 11 Abs. 1 Satz 3 GewStG auf volle 100 DM abzurunden. Bei *Einzelunternehmern* und *Mitunternehmerschaften* ist der Gewerbeertrag außerdem um einen **Freibetrag** *i.H.v. 48.000 DM* zu kürzen (§ 11 Abs. 1 Satz 3 Nr. 1 GewStG). Bei anderen Unternehmensformen, insbesondere also bei Kapitalgesellschaften, ist grundsätzlich kein Freibetrag zu berücksichtigen. Auf Ausnahmen, die sich aus § 11 Abs. 1 Satz 3 Nr. 2 GewStG ergeben, wird hier nicht eingegangen. Der Abzug des Freibetrags von 48.000 DM kann nicht zu einer negativen Bemessungsgrundlage führen.

Beispiel

Ein Gewerbebetrieb erwirtschaftet einen Gewerbeertrag vor Abrundung und Abzug eines Freibetrags nach § 11 Abs. 1 Satz 3 GewStG von 27.986 DM. Bei dem Gewerbebetrieb handelt es sich

a) um eine KG,
b) um eine GmbH.

Im Fall a) beträgt der Gewerbeertrag 0 DM, im Fall b) 27.900 DM.

Der abgerundete und ggf. um einen Freibetrag nach § 11 Abs. 1 Satz 3 GewStG gekürzte Gewerbeertrag ist nach § 11 Abs. 1 Satz 1 GewStG in einen **Steuermeßbetrag** umzurechnen. Dies geschieht durch Multiplikation dieses Gewerbeertrages mit einem Hundertsatz, der **Steuermeßzahl** (§ 11 Abs. 1 Satz 2 GewStG):

Steuermeßbetrag = Gewerbeertrag · Steuermeßzahl.

Hinsichtlich der Höhe der Steuermeßzahl ist wiederum zu unterscheiden zwischen Betrieben von Einzelunternehmern und Mitunternehmerschaften einerseits und allen anderen Rechtsformen, insbesondere den Kapitalgesellschaften, andererseits.

Während die Steuermeßzahl bei Einzelunternehmern und Mitunternehmerschaften gestaffelt ist, unterliegen alle anderen Gewerbetreibenden einer einheitlichen Steuermeßzahl von 5 %. Bei Personenunternehmen beträgt die Steuermeßzahl oberhalb des Freibetrags von 48.000 DM

- für die ersten 24.000 DM   1 %,
- für die zweiten 24.000 DM   2 %,
- für die dritten 24.000 DM   3 %,
- für die vierten 24.000 DM   4 %.

Für die Gewerbeerträge, die (48.000 + 4 · 24.000 =) 144.000 DM übersteigen, beträgt die Steuermeßzahl auch bei Personenunternehmen 5 %.

Die Gewerbesteuer wird aufgrund des **Steuermeßbetrages** (§ 14 GewStG) erhoben. Sie ist das Produkt aus Steuermeßbetrag und einem Hundertsatz, dem sog. **Hebesatz** (§ 16 Abs. 1 GewStG):

Gewerbesteuer = Steuermeßbetrag · Hebesatz.

Der Hebesatz ist von den einzelnen hebeberechtigten Gemeinden zu bestimmen (§ 16 Abs. 1 GewStG). Die Hebesätze der einzelnen Gemeinden weichen stark voneinander ab. Sie betragen derzeit i.d.R zwischen 300 % und rd. 500 %[114]. Im Bundesdurchschnitt beläuft sich der Hebesatz auf rd. 424 % mit im Zeitverlauf steigender Tendenz.

4.5 Entstehung, Festsetzung und Erhebung der Steuerschuld

Die Gewerbesteuer ist eine Jahressteuer. Sie *entsteht* mit Ablauf des Erhebungszeitraumes (§ 18 GewStG). **Erhebungszeitraum** ist das Kalenderjahr (§ 14 GewStG). Weicht bei Buchführungspflichtigen das Wirtschaftsjahr vom Kalenderjahr ab, so gilt der Gewerbeertrag als in dem Erhebungszeitraum bezogen, in dem das Wirtschaftsjahr endet (§ 10 Abs. 2 GewStG).

Die *Festsetzung* der Gewerbesteuerschuld erfolgt in zwei Schritten. Im ersten setzt das für den Gewerbebetrieb zuständige Finanzamt in einem **Gewerbesteuermeßbescheid** den Steuermeßbetrag fest (§ 184 AO). Der Gewerbesteuermeßbescheid ist die Grundlage für den darauf aufbauenden **Gewerbesteuerbescheid**. Der Erlaß des Gewerbesteuerbescheids obliegt in einem zweiten Schritt der Gemeinde (§ 184 Abs. 3 AO). In den Stadtstaaten werden Gewerbesteuermeßbescheid und Gewerbesteuerbescheid einheitlich von dem zuständigen Finanzamt erstellt und in einem Bescheid zusammengefaßt.

Während des laufenden Erhebungszeitraums hat der Steuerschuldner am 15. Februar, 15. Mai, 15. August und 15. November *Vorauszahlungen* zu entrichten (§ 19 Abs. 1 GewStG). Sie betragen grundsätzlich jeweils ein Viertel der Steuer, die sich bei der letzten Veranlagung ergeben hat.

---

[114] Hinsichtlich der exakten Zahlen für die Jahre 1996 und 1997 siehe Institut „Finanzen und Steuern", Entwicklung, 1997, S. 23.

Die für einen Erhebungszeitraum entrichteten Vorauszahlungen werden auf die Steuerschuld für diesen Erhebungszeitraum angerechnet (§ 20 Abs. 1 GewStG). Eine sich ergebende *Abschlußzahlung* ist innerhalb eines Monats nach Bekanntgabe des Steuerbescheids zu entrichten (§ 20 Abs. 2 GewStG). Ergibt sich eine Überzahlung, so hat die Gemeinde den zuviel entrichteten Betrag nach Bekanntgabe des Steuerbescheids zurückzuzahlen oder - falls die Voraussetzungen dafür gegeben sind - aufzurechnen (§ 20 Abs. 3 GewStG).

4.6 Zerlegung

Eine **Zerlegung** ist nach § 28 Abs. 1 GewStG in den Fällen vorzunehmen, in denen ein Gewerbebetrieb

- Betriebstätten in mehreren Gemeinden unterhält,
- eine Betriebstätte hat, die sich räumlich über das Gebiet mehrerer Gemeinden erstreckt,
- eine Betriebstätte innerhalb des Erhebungszeitraums in eine andere Gemeinde verlegt worden ist.

In diesen drei Fällen sind mehrere Gemeinden am Gewerbesteueraufkommen eines Gewerbebetriebs interessiert. Für diese Fälle ist deshalb eine Aufteilung des einheitlichen Steuermeßbetrags auf die beteiligten Gemeinden (Zerlegung) vorgesehen.

Zerlegungsmaßstab ist nach § 29 Abs. 1 GewStG grundsätzlich das Verhältnis, in dem die Summe der Arbeitslöhne aller Betriebstätten zu den Arbeitslöhnen der einzelnen Betriebstätten steht.

Die Zerlegung wird vom Finanzamt durchgeführt. Über die Zerlegung ergeht ein schriftlicher Zerlegungsbescheid (§ 188 AO). Er ist sowohl dem Steuerpflichtigen als auch den beteiligten Gemeinden bekanntzugeben.

Auf der Grundlage der ihnen zugewiesenen Anteile am Steuermeßbetrag erteilen die einzelnen Gemeinden Gewerbesteuerbescheide.

4.7 Aufgaben 33 - 35

Aufgabe 33

Joseph Huber (H) betreibt in A-Dorf eine Weinstube und in B-Stadt ein Textil-Einzelhandelsgeschäft. Im Jahre 01 beträgt der steuerliche Gewinn der Weinstube 102.456 DM und der des Textilgeschäfts 50.162 DM. Sachverhalte, die zu Hinzurechnungen oder Kürzungen nach den §§ 8 und 9 GewStG führen könnten, sind nicht vorhanden. Der Gewerbesteuer-Hebesatz der Gemeinde A-Dorf für das Jahr 01 beträgt 300 %, der der Gemeinde B-Stadt 500 %.

Prüfen Sie, ob und ggf. welche gewerbesteuerlichen Folgen sich aus dem geschilderten Sachverhalt ergeben. Klargestellt sei, daß evtl. für das Jahr 01 anfallende Gewerbesteuer bereits als Aufwand verbucht ist, also die genannten Gewinnzahlen bereits gemindert hat.

Aufgabe 34

Die Mommsen und Ranke OHG betreibt in B-Stadt einen Verlag. An der OHG sind die Gesellschafter Mommsen und Ranke zu je 50 % beteiligt. Während der Jahre 01 bis 05 erzielt die OHG folgende steuerliche Gewinne bzw. Verluste:

Jahr	Gewinn (+) bzw. Verlust (./.) in DM
01	+ 150.427
02	+ 190.315
03	./. 410.940
04	+ 185.792
05	+ 152.854

Gründe für Hinzurechnungen und Kürzungen nach den §§ 8 und 9 GewStG sind nicht vorhanden.

Ermitteln Sie für alle genannten Jahre die Gewerbesteuer, und geben Sie an, ob und in welcher Höhe über das Jahr 05 hinaus ein vortragsfähiger Verlust verbleibt. Der Gewerbesteuer-Hebesatz in B-Stadt beträgt 300 %. Es ist davon auszugehen, daß evtl. in den Jahren 01-05 anfallende Gewerbesteuer bereits als Aufwand gewinnmindernd verbucht ist.

Aufgabe 35

Die X-GmbH verbucht im Jahre 01 31.453 DM Zinsen als Aufwand. Hiervon entfallen 15.000 DM auf einen Bankkredit mit einer zehnjährigen Laufzeit. Der Bankkredit dient der Finanzierung einer Spezialmaschine. Die übrigen Zinsen entfallen auf Kontokorrentschulden. Der höchste Schuldenstand des Kontokorrentkontos beträgt im Jahre 01 437.581 DM, der niedrigste (vom 2.12. - 5.12.01) 5.379 DM und der zweitniedrigste (vom 4.9. - 17.9.01) 98.542 DM.

Der Zinssatz des Kontokorrentkredits beläuft sich im Jahre 01 stets auf 10 % p.a.

Im Aufwand der X-GmbH sind ferner 15.000 DM Gewinnzahlungen an einen typischen stillen Gesellschafter enthalten.

In den Erträgen der X-GmbH sind 44.927 DM Anteile am Gewinn des Jahres 01 der Y-KG enthalten. Die X-GmbH ist an der Y-KG als Kommanditistin beteiligt.

Im Betriebsvermögen der X-GmbH sind Betriebsgrundstücke enthalten. Der Einheitswert der Grundstücke (ohne Erhöhung nach § 121a BewG) beträgt 150.000 DM.

Im September des Jahres 02 ermittelt die X-GmbH einen Gewinn aus Gewerbebetrieb für das Jahr 01 (also nach Abzug der Gewerbesteuer als Betriebsausgabe) i.H.v. 102.518 DM.

Es ist der Gewerbeertrag der X-GmbH für das Jahr 01 zu ermitteln.

5 Transaktionen zwischen einer Kapitalgesellschaft und ihren Gesellschaftern

5.1 Überblick und Grundsätze

An früherer Stelle wurde bereits dargestellt, daß durch den Abschluß von Schuldverträgen zwischen einer Personengesellschaft und ihren Gesellschaftern grundsätzlich keine Gewinnminderungen mit steuerlicher Wirkung erreichbar sind[115]. Leistungsvergütungen aufgrund derartiger Schuldverträge, also z.B. Gehalts-, Miet-, Pacht- oder Zinszahlungen der Gesellschaft an den Gesellschafter, sind zwar handelsrechtlich Aufwand, steuerlich aber Vorabgewinn i.S.d. § 15 Abs. 1 Nr. 2 EStG. Als wichtigste Konsequenz ergibt sich hieraus, daß Leistungsvergütungen an einen Gesellschafter den Gewerbeertrag der Personengesellschaft nicht mindern.

Völlig anders verhält es sich beim Abschluß von Schuldverträgen zwischen einer Kapitalgesellschaft und ihren Gesellschaftern: *Die handelsrechtlichen Folgen derartiger Verträge werden steuerrechtlich grundsätzlich anerkannt.* Schließt z.B. eine Kapitalgesellschaft mit einem ihrer Gesellschafter einen Anstellungsvertrag ab, so sind die daraus resultierenden Gehaltszahlungen grundsätzlich abzugsfähige Betriebsausgaben. Das gilt auch dann, wenn der Gesellschafter einen beherrschenden Einfluß auf die Gesellschaft ausübt oder er sogar Alleingesellschafter ist.

Die Gesellschafter von Kapitalgesellschaften können also von der Gesellschaft mit steuerlicher Wirkung Gehalt-, Miet- oder Pachtzahlungen und Zinsen für ein der Gesellschaft gewährtes Darlehen (Gesellschafterdarlehen) erhalten. Derartige *Leistungsvergütungen* sind sowohl handelsrechtliche Aufwendungen als auch steuerlich *abzugsfähige Betriebsausgaben.*

Von dem Grundsatz, daß Schuldverträge zwischen einer Kapitalgesellschaft und ihren Gesellschaftern steuerliche Wirkung haben, gibt es allerdings Ausnahmen. Derartige *Ausnahmen* ergeben sich immer dann, *wenn Schuldverträge* oder einzelne Folgen von Schuldverträgen *steuerlich als Ausfluß des Gesellschaft-Gesellschafter-Verhältnisses umgedeutet werden.* Dies kann nun keinesfalls willkürlich geschehen, vielmehr nur dann, wenn gesetzliche oder von der Rechtsprechung entwickelte Voraussetzungen vorliegen. Der Grundsatz, daß Schuldverhältnisse zwischen einer Kapitalgesellschaft und ihren Gesellschaftern steuerlich wirksam sind, wird durch die Ausnahmen keinesfalls in sein Gegenteil verkehrt.

---

[115] Vgl. Gliederungspunkt 2.2.4.2.

Schuldverträge bzw. einzelne Folgen von Schuldverträgen zwischen einer Kapitalgesellschaft und einem ihrer Gesellschafter werden nur dann steuerlich nicht anerkannt, wenn die Voraussetzungen entweder

- einer *verdeckten Gewinnausschüttung* oder
- einer *verdeckten Zuwendung* oder
- des *verdeckten Stammkapitals*

erfüllt sind.

Mit den ersten beiden dieser Rechtsinstitute beschäftigen sich die folgenden Ausführungen. Auf das verdeckte Stammkapital hingegen wird erst in Band 2 dieses Werkes eingegangen. Da die verdeckten Gewinnausschüttungen für die Praxis größere Bedeutung haben als verdeckte Zuwendungen, wird das Schwergewicht der folgenden Ausführungen auf diese gelegt[116].

5.2 Verdeckte Gewinnausschüttungen

5.2.1 Begriff

Nach § 8 Abs. 3 Satz 1 KStG ist es für die Ermittlung des Einkommens ohne Bedeutung, ob das Einkommen verteilt wird. Das bedeutet, daß Gewinnausschüttungen das Einkommen nicht mindern dürfen; sie sind also keine abzugsfähigen Betriebsausgaben. Insoweit besteht völlige Übereinstimmung mit dem Einkommensteuerrecht, das bekanntlich keinen Abzug von (Gewinn-)Entnahmen als Betriebsausgaben zuläßt.

Nach § 8 Abs. 3 Satz 2 KStG mindern auch **verdeckte Gewinnausschüttungen** (vGA) den Gewinn nicht. Was unter verdeckten Gewinnausschüttungen zu verstehen ist, ist weder im KStG noch in irgendeinem anderen Steuergesetz definiert. Auch ein Rückgriff auf das Gesellschaftsrecht hilft nicht weiter: Der Begriff findet sich weder im HGB noch im GmbHG noch im AktG. Die fehlende Legaldefinition hat zur Folge, daß der Begriffsinhalt durch Gesetzesauslegung ermittelt werden muß. Dies hat die Rechtsprechung, insbesondere die des RFH und des BFH, in einer Fülle von Urteilen versucht[117].

Dem Wortlaut nach handelt es sich bei einer verdeckten Gewinnausschüttung offenbar um einen Gewinnbestandteil, der ausgeschüttet wird. Das Besondere an dieser Ausschüttung, an dieser Gewinnverwendung also, ist, daß sie nicht offen, sondern in verdeckter Form erfolgt. Der Gesetzgeber unterscheidet im KStG demnach zwischen einer offenen und einer verdeckten Form der Gewinnausschüttung. Eine offene Form der Gewinnausschüttung, d.h. eine Form, die nach außen hin

---

116 Hinsichtlich einer vertieften Darstellung der Problematik verdeckter Gewinnausschüttungen s. insbesondere Dötsch, E./Cattelaens, H./Gottstein, S./Stegmüller, H./Zenthöfer, W., Körperschaftsteuer, 1997, S. 131 ff. sowie Lange, J., Gewinnausschüttungen, 1993.

117 Vgl. hierzu die Vielzahl der im Abschn. 31 KStR angeführten Urteile.

5 Transaktionen zwischen einer Kapitalgesellschaft und ihren Gesellschaftern

erkennbar ist, liegt immer dann vor, wenn die Ausschüttung aufgrund wirksamer gesellschaftsrechtlicher Beschlüsse zustande kommt. Derartige Beschlüsse werden bei einer AG von der Hauptversammlung, bei einer GmbH von der Gesellschafterversammlung gefaßt. Fehlt es an einem gesellschaftsrechtlichen Beschluß, werden einem Gesellschafter aber dennoch Vorteile durch Gewinnzuweisungen gewährt, so erhält der Gesellschafter eine Gewinnausschüttung in verdeckter Form, eine „verdeckte Gewinnausschüttung" also. Da über eine Ausschüttung des ausgewiesenen Gewinns nur die Haupt- bzw. Gesellschafterversammlung beschließen kann, ist eine verdeckte Gewinnausschüttung eines offen ausgewiesenen Gewinnes unmöglich. Verdeckt ausgeschüttet werden können Gewinne also nur dann, wenn sie gar nicht erst als Gewinne erscheinen. Dies ist nur möglich, wenn Gewinnbestandteile als Aufwand verbucht werden oder die Gesellschaft zugunsten eines Gesellschafters auf Einnahmen verzichtet. Ausschüttungen, die durch einen handelsrechtlich nicht ordnungsgemäßen Gesellschafter-Beschluß zustande kommen, sind steuerlich als verdeckte und nicht als offene Gewinnausschüttungen anzusehen.

Aus den vorstehenden Überlegungen hat der BFH folgende, heute allgemein anerkannte Definition abgeleitet[118]:

▷ „Unter einer vGA i.S. des § 8 Abs. 3 Satz 2 KStG 1977 ist bei einer Kapitalgesellschaft eine Vermögensminderung (verhinderte Vermögensmehrung) zu verstehen, die durch das Gesellschaftsverhältnis veranlaßt ist, sich auf die Höhe des Einkommens auswirkt und in keinem Zusammenhang mit einer offenen Ausschüttung steht. Für den größten Teil der entschiedenen Fälle hat der BFH eine Veranlassung der Vermögensminderung durch das Gesellschaftsverhältnis angenommen, wenn die Kapitalgesellschaft ihrem Gesellschafter einen Vermögensvorteil zuwendet, den sie bei Anwendung der Sorgfalt eines ordentlichen und gewissenhaften Geschäftsleiters einem Nichtgesellschafter nicht gewährt hätte."

Eine verdeckte Gewinnausschüttung kann auch in der Vorteilsgewährung an eine dem Gesellschafter nahestehende Person bestehen. Daneben kommt eine verdeckte Gewinnausschüttung in Betracht, wenn beherrschende Gesellschafter bei Nutzungsüberlassungen oder im Fall ihrer Mitarbeit nicht von vornherein klare und eindeutige Bestimmungen darüber treffen, ob und in welcher Höhe ein Entgelt gezahlt werden soll oder wenn nicht einer klaren Vereinbarung gemäß verfahren wird[119].

---

[118] BFH-Urteil vom 17.9.1991, I R 89-98/91, BStBl 1993 II, S. 141; vgl. auch die BFH-Urteile vom 14.10.1992, I R 14/92, BStBl 1993 II, S. 351; vom 14.10.1992, I R 17/92, BStBl 1993 II, S. 352; vom 18.12.1996, I R 139/94, BStBl 1997 II, S. 301 und die dort jeweils zitierten weiteren BFH-Urteile.

[119] Vgl. hierzu Abschn. 31 KStR und die dort aufgeführten BFH-Urteile.

5.2.2 Die Voraussetzungen der verdeckten Gewinnausschüttungen

Eine verdeckte Gewinnausschüttung setzt einerseits eine *belastete Kapitalgesellschaft* bzw. sonstige Körperschaft i.S.d. § 1 Abs. 1 KStG und andererseits einen *begünstigten Gesellschafter* bzw. eine an der sonstigen Körperschaft beteiligte Person voraus. Da verdeckte Gewinnausschüttungen am häufigsten von Kapitalgesellschaften und nur wesentlich seltener von anderen Körperschaften vorgenommen werden, soll nachfolgend stets von Kapitalgesellschaften und deren Gesellschaftern ausgegangen werden. Innerhalb der Gruppe der Kapitalgesellschaften spielen verdeckte Gewinnausschüttungen bei Gesellschaften mit beschränkter Haftung - und innerhalb dieser Rechtsform bei Familiengesellschaften und anderen Gesellschaften mit eng begrenztem Gesellschafterkreis - eine wesentlich größere Rolle als bei allen anderen Kapitalgesellschaften. Typisch ist also der Fall einer verdeckten Gewinnausschüttung einer Familien-GmbH an einen oder mehrere ihrer Gesellschafter.

Begünstigter einer vGA ist stets ein Gesellschafter oder eine diesem nahestehende Person. *Nahestehende Personen* sind insbesondere Angehörige i.S.d. § 15 AO, also vor allem Verlobte, Ehegatten, Verwandte und Verschwägerte in gerader Linie sowie Geschwister. Nahestehende Personen sind weiterhin *Schwestergesellschaften*. Hierunter werden Gesellschaften verstanden, an denen ein und dieselbe Person beteiligt ist.

▷ Vorteilsgewährungen an nahestehende Personen werden steuerlich stets dem Gesellschafter, niemals hingegen der nahestehenden Person zugerechnet.

Beispiel

V ist Mehrheitsgesellschafter der X-GmbH, sein Sohn S ist Angestellter der GmbH. S ist an der Gesellschaft nicht beteiligt. Die X-GmbH verkauft S Waren im Wert von 20.000 DM für 10.000 DM. V ist außerdem Mehrheitsgesellschafter der Y-GmbH. Die X-GmbH verkauft der Y-GmbH Waren im Wert von 100.000 DM für 10.000 DM.

Sowohl S als auch die Y-GmbH sind nahestehende Personen des V, und zwar ist die Y-GmbH im Verhältnis zur X-GmbH eine Schwestergesellschaft. Sowohl S als auch die Y-GmbH erhalten von der X-GmbH Vorteile. Der Vorteil des S beträgt (20.000 ./. 10.000 =) 10.000 DM, der der Y-GmbH (100.000 ./. 10.000 =) 90.000 DM. Steuerlich sind diese Vorteile nicht dem S und der Y-GmbH, sondern alle dem V zuzurechnen. Dessen Einkommen erhöht sich durch die Vorteilsgewährung.

Eine vGA beinhaltet eine *Vermögensminderung* bei der Gesellschaft einerseits und eine *Bereicherung* des Gesellschafters andererseits. Vermögensminderungen bei der Gesellschaft führen bei dieser in aller Regel auch zu Gewinnminderungen. Gewinnminderung und Bereicherung können gleichzeitig erfolgen, sie können aber auch zeitlich auseinanderfallen.

Beispiel

Die X-GmbH verkauft ihrem Gesellschafter A Fertigerzeugnisse im Wert von 10.000 DM für 4.000 DM. A seinerseits verkauft der X-GmbH eine Maschine im Wert von 10.000 DM für 50.000 DM. Die Restnutzungsdauer der Maschine beträgt 2 Jahre.

5 Transaktionen zwischen einer Kapitalgesellschaft und ihren Gesellschaftern

Der Verkauf der Fertigerzeugnisse führt bei der X-GmbH zu einer Gewinnminderung um (10.000 ./. 4.000 =) 6.000 DM und bei A zu einer zeitgleichen Bereicherung in gleicher Höhe.

Der Kauf der Maschine führt bei der X-GmbH nicht zu einer sofortigen Gewinnminderung, wohl aber zu einer Bereicherung des A in Höhe von (50.000 ./. 10.000 =) 40.000 DM. Eine Gewinnminderung ergibt sich bei der X-GmbH erst durch die Inanspruchnahme einer überhöhten AfA. Sie beträgt innerhalb von zwei Jahren ebenfalls insgesamt 40.000 DM[120].

5.2.3 Systematisierung der verdeckten Gewinnausschüttungen

Unterschiedliche Arten verdeckter Gewinnausschüttungen gibt es in großer Zahl. Um einen Überblick über die möglichen Arten zu gewinnen, ist es zweckmäßig, sie zu systematisieren. Hierbei können unterschiedliche Einteilungskriterien gewählt werden. Eine Möglichkeit besteht darin, zwischen verdeckten Gewinnausschüttungen, die mit dem Verkauf von Wirtschaftsgütern, und solchen, die mit sonstigen Leistungen im Zusammenhang stehen, zu unterscheiden. Ein zweites Einteilungskriterium ist dann sinnvollerweise eine Unterscheidung zwischen einem Verkauf bzw. einer sonstigen Leistung der Gesellschaft und einem Verkauf bzw. einer sonstigen Leistung des Gesellschafters. Zu beachten ist, daß eine verdeckte Gewinnausschüttung definitionsgemäß eine Vorteilsgewährung der Gesellschaft an den Gesellschafter, niemals hingegen des Gesellschafters an die Gesellschaft beinhaltet.

Anhand dieser Einteilungskriterien lassen sich vier Gruppen verdeckter Gewinnausschüttungen unterscheiden. Diese können wie folgt charakterisiert werden:

1. Die Kapitalgesellschaft erhält für eine sonstige Leistung ein zu niedriges Entgelt;
2. der Gesellschafter erhält für eine sonstige Leistung ein zu hohes Entgelt;
3. die Kapitalgesellschaft erhält für eine Lieferung ein zu niedriges Entgelt;
4. der Gesellschafter erhält für eine Lieferung ein zu hohes Entgelt.

Als Beispiele für die erste Gruppe von Fällen lassen sich nennen:

- Die Gesellschaft vermietet oder verpachtet Wirtschaftsgüter an den Gesellschafter unter Preis und stellt ihm Wirtschaftsgüter leihweise, d.h. unentgeltlich, zur Verfügung;
- die Gesellschaft stellt dem Gesellschafter unentgeltlich oder unter Preis Arbeitskräfte zur Verfügung;
- die Gesellschaft gewährt dem Gesellschafter ein unverzinsliches oder niedrig verzinsliches Darlehen.

In der zweiten Gruppe von Fällen erbringt nicht die Gesellschaft an den Gesellschafter, sondern umgekehrt der Gesellschafter an die Gesellschaft eine sonstige Leistung der soeben beschriebenen Art. Er erhält hierfür aber nicht ein zu niedri-

---

[120] Auf die bilanzsteuerliche Problematik, die sich im Hinblick auf die Aktivierung eines Wirtschaftsgutes zu einem überhöhten Kaufpreis ergibt, kann hier nur hingewiesen werden. Vgl. dazu Dötsch, E./Cattelaens, H./Gottstein, S./Stegmüller, H./Zenthöfer, W., Körperschaftsteuer, 1997, S. 194 f.

ges, sondern ein überhöhtes Entgelt. Ein besonders wichtiger Fall der zweiten Fallgruppe ist der der Zahlung eines überhöhten Gehaltes an den Gesellschafter-Geschäftsführer einer GmbH, also an einen Geschäftsführer, der zugleich Gesellschafter der GmbH ist.

Beispiel

Ein Gesellschafter-Geschäftsführer einer GmbH erhält ein Jahresgehalt von 600 TDM. Angemessen ist höchstens ein Betrag von 300 TDM. Der überhöhte Teil des Gehalts i.H.v. (600 ./. 300 =) 300 TDM stellt eine verdeckte Gewinnausschüttung dar.

Der Wert einer verdeckten Gewinnausschüttung in Form einer sonstigen Leistung ist die Differenz zwischen vereinbartem Preis und dem Preis, der von einem ordentlichen und gewissenhaften Geschäftsleiter an einen Dritten gezahlt bzw. von diesem gefordert würde.

Lieferungen der Gesellschaft an einen Gesellschafter unter Preis (3. Fallgruppe) können unterschiedlicher Art sein. So kann die Gesellschaft Waren oder Fertigerzeugnisse oder auch Gegenstände des Anlagevermögens liefern. Auch überteuerte Lieferungen eines Gesellschafters an die Gesellschaft (4. Fallgruppe) können unterschiedliche Wirtschaftsgüter zum Liefergegenstand haben.

Der Wert einer verdeckten Gewinnausschüttung bei einer Lieferung unter Preis ist die Differenz zwischen dem *gemeinen* Wert gem. § 9 BewG[121] und dem Verkaufspreis des veräußerten Wirtschaftsgutes; der Wert bei einer überteuerten Lieferung ist entsprechend die Differenz zwischen Verkaufspreis und gemeinem Wert.

Beispiel

Eine GmbH verkauft einem ihrer Gesellschafter einen PKW zum Buchwert von 5.000 DM. Der Verkehrswert (gemeine Wert) des PKW beträgt 15.000 DM. Bei Lieferung, d.h. bei Übergabe des PKW an den Gesellschafter, entsteht eine verdeckte Gewinnausschüttung. Der Wert der Gewinnausschüttung ergibt sich als Differenz zwischen dem gemeinen Wert des PKW und dem Verkaufspreis. Er beträgt also 10.000 DM.

5.2.4 Steuerliche Folgen einer verdeckten Gewinnausschüttung

5.2.4.1 Einführung

Verdeckte Gewinnausschüttungen werden üblicherweise durch eine Betriebsprüfung bei der Gesellschaft aufgedeckt. Die Gesellschaft kann allerdings verdeckte Gewinnausschüttungen auch in ihrer Steuererklärung deklarieren. Das geschieht aber äußerst selten.

Die steuerlichen Folgen der Aufdeckung einer verdeckten Gewinnausschüttung spielen sich im Gesellschafts- und im Gesellschafterbereich ab. Die Wirkungen im Gesellschaftsbereich sind in erster Linie körperschaftsteuerlicher Art. Darüber

---

[121] Hinweis auf Teil IV, Gliederungspunkt 2.4.

5 Transaktionen zwischen einer Kapitalgesellschaft und ihren Gesellschaftern 185

hinaus können sich aber auch gewerbesteuerliche Folgen ergeben. Im Gesellschafterbereich ergeben sich einkommensteuerliche Wirkungen.

5.2.4.2 Folgen bei der Gesellschaft

Die körperschaftsteuerlichen Folgen der Aufdeckung einer verdeckten Gewinnausschüttung können dreierlei Art sein:

- *Zum einen erhöht sich das Einkommen,*
- *zum anderen muß für die Ausschüttung i.d.R. die Ausschüttungsbelastung hergestellt werden*[122],
- *regelmäßig ergeben sich Auswirkungen auf die Höhe und die Gliederung des verwendbaren Eigenkapitals.*

Vor Aufdeckung der verdeckten Gewinnausschüttung sind Gewinnbestandteile nicht als solche behandelt worden, sei es, daß Gewinne als Aufwendungen verbucht, sei es, daß Erträge nicht erfaßt worden sind. Durch die Aufdeckung werden diese Gewinnbestandteile nunmehr erfaßt. Hierdurch erhöht sich das körperschaftsteuerliche Einkommen.

Beispiel

1. Der Gesellschafter A der X-GmbH verkauft dieser im Jahre 01 Waren im Wert von 10.000 DM für 30.000 DM. Die GmbH verkauft diese Waren noch in demselben Jahr weiter.

   Vor Aufdeckung der verdeckten Gewinnausschüttung weist die GmbH ihren Wareneinsatz und damit ihren Aufwand im Jahre 01 um 20.000 DM zu hoch aus. Die Aufdeckung des Sachverhalts führt zu einer Einkommenserhöhung um diesen Betrag.

2. Die X-GmbH verkauft dem Gesellschafter A einen Perserteppich mit einem gemeinen Wert von 30.000 DM für 3.000 DM.

   Die X-GmbH verzichtet i.H.v. 27.000 DM auf Einnahmen. In Höhe dieses Betrages ist nach Aufdeckung des Sachverhalts eine Einkommenserhöhung vorzunehmen.

Einkommenserhöhungen aufgrund der Aufdeckung von verdeckten Gewinnausschüttungen *führen zusätzlich zu einer Erhöhung des Gewerbeertrags,* und zwar in den meisten Fällen in gleicher Höhe wie die Einkommenserhöhung. Bei überhöhten Zinszahlungen an einen Gesellschafter allerdings ist die Erhöhung des Gewerbeertrags nur halb so groß wie die Erhöhung des Einkommens. Der Grund liegt darin, daß die Zinsen dem Gewinn aus Gewerbebetrieb gem. § 8 Nr. 1 GewStG in halber Höhe wieder hinzugerechnet worden sind.

Verdeckte Gewinnausschüttungen werden im Anrechnungsverfahren auf der Gesellschaftsebene in gleicher Weise behandelt wie offene Gewinnausschüttungen. Bei Ausschüttungen ist nach § 27 Abs. 1 KStG die *Ausschüttungsbelastung* herzustellen. Hierbei ändert sich gem. § 27 Abs. 3 KStG die Körperschaftsteuer für den Veranlagungszeitraum, in dem das Wirtschaftsjahr endet, in dem die Ausschüt-

---

122 Auf Besonderheiten, die sich aus dem Abflußzeitpunkt einer verdeckten Gewinnausschüttung ergeben können, wird hier nicht eingegangen. Vgl. dazu Dötsch, E./Cattelaens, H./Gottstein, S./Stegmüller, H./Zenthöfer, W., Körperschaftsteuer, 1997, S. 371 f.

tung erfolgt. Die Ausschüttungen sind nach § 28 Abs. 2 KStG mit dem verwendbaren Eigenkapital zu verrechnen, das sich zum Schluß des Wirtschaftsjahres ergibt, in dem die Ausschüttung erfolgt. Zu diesem Zeitpunkt wirkt sich die Einkommenserhöhung aufgrund der verdeckten Gewinnausschüttung ebenfalls bereits aus, allerdings nicht eigenkapitalmindernd, sondern -erhöhend. Durch die Regelung des § 28 Abs. 2 KStG wird erreicht, daß zur Herstellung der Ausschüttungsbelastung in aller Regel auf EK45 zurückgegriffen werden kann.

5.2.4.3 Folgen bei dem Gesellschafter

Bei dem Gesellschafter stellen verdeckte Gewinnausschüttungen *Einnahmen* i.S.d. § 20 Abs. 1 Nr. 1 EStG dar. Wie bei offenen Ausschüttungen auch, hat der Gesellschafter zusätzlich gem. § 20 Abs. 1 Nr. 3 EStG das *Anrechnungsguthaben zu versteuern*. Auf seine Steuerschuld kann er nach § 36 Abs. 2 Nr. 3 EStG das *Anrechnungsguthaben anrechnen*. Handelt es sich bei dem Gesellschafter um eine anrechnungsberechtigte Körperschaft, so findet die Anrechnung nach § 49 Abs. 1 KStG ebenfalls statt.

Zu beachten ist, daß die Einnahmen i.S.d. § 20 Abs. 1 Nr. 1 EStG aus dem Vorteil des Gesellschafters bestehen. Dieser Vorteil entspricht in seiner Höhe genau der Gewinnminderung bei der Gesellschaft. Das Anrechnungsguthaben hat der Gesellschafter hingegen zusätzlich zu erfassen. Es entsteht also das auf den ersten Blick vielleicht verblüffende Ergebnis, daß die *Einnahmen des Gesellschafters um 3/7 höher sind als die vorzunehmenden Gewinnkorrekturen bei der Gesellschaft*. Der Grund liegt darin, daß bei verdeckten Gewinnausschüttungen die zu korrigierende Gewinnminderung in ihrer Höhe - wenn auch vielleicht in anderen Jahren - genau dem Ausschüttungsbetrag entspricht.

Beispiel

Der Gesellschafter-Geschäftsführer einer GmbH erhält in 1998 ein um 200.000 DM überhöhtes Jahresgehalt.

Die Aufdeckung der verdeckten Gewinnausschüttung führt bei der Gesellschaft zu einer Einkommenserhöhung von 200.000 DM. Diese hat eine zusätzliche Tarifbelastung von (200.000 · 45 % =) 90.000 DM und eine Körperschaftsteuer-Entlastung von (15/70 · 200.000 =) 42.857 DM zur Folge. Die zusätzliche Belastung mit Körperschaftsteuer beträgt demnach (90.000 ./. 42.857 =) 47.143 DM.

Die zusätzliche Dividende des Gesellschafters beträgt 200.000 DM. Sie ist also genauso hoch wie die Gewinnkorrektur bei der Gesellschaft. Das Anrechnungsguthaben des Gesellschafters beträgt (200.000 · 3/7 =) 85.714 DM. Der Gesellschafter hat demnach (200.000 + 85.714 =) 285.714 DM als Einkünfte aus Kapitalvermögen zu versteuern; auf seine Steuerschuld werden 85.714 DM Körperschaftsteuern angerechnet. Zu berücksichtigen ist in diesem Zusammenhang, daß der Gesellschafter in 1998 bereits 200.000 DM als Einkünfte aus nichtselbständiger Arbeit versteuert hat. Als Folgewirkung der Aufdeckung der verdeckten Gewinnausschüttung sind diese Einkünfte um 200.000 DM zu vermindern.

5 Transaktionen zwischen einer Kapitalgesellschaft und ihren Gesellschaftern

5.2.4.4 Aufgaben 36 und 37

Aufgabe 36

Der Mehrheitsgesellschafter der Meyer & Schulze GmbH in A-Dorf, Markus Meyer (M), gewährt „seiner" GmbH am 1.1. des Jahres 01 ein Darlehen von 200.000 DM zu einem Zinssatz von 24 % p.a. und einer Laufzeit von 10 Jahren. Angemessen wäre ein Zinssatz zwischen 8 und 14 %. Die vereinbarten Zinsen für das Jahr 01 werden von der GmbH als Aufwand verbucht und dem Gesellschafter zum 31.12.01 gutgeschrieben.

Vor Aufdeckung des geschilderten Sachverhalts durch den Betriebsprüfer beträgt der Gewerbeertrag der GmbH im Jahre 01 ./. 30.000 DM[123], ihr zu versteuerndes Einkommen 90.320 DM, das EK45 am Ende des Jahres 01 501.240 DM und das zu versteuernde Einkommen des M im Jahre 01 401.420 DM. Eine offene Ausschüttung für das Jahr 01 oder ein früheres Jahr nimmt die GmbH im Jahre 02 nicht vor. Die Gemeinde A-Dorf setzt für das Jahr 01 den Gewerbesteuerhebesatz auf 400 % fest. M gehört keiner Kirchengemeinde an.

Würdigen Sie den Sachverhalt in ertragsteuerlicher Sicht und ermitteln Sie die Steuerfolgen einer Aufdeckung des Sachverhalts durch eine Betriebsprüfung. Führen Sie eine Vergleichsrechnung für den Fall durch, daß Zinsen in angemessener Höhe vereinbart wären und in Höhe des unangemessenen Teils eine offene Ausschüttung vorgenommen würde.

Aufgabe 37

Der Gesellschafter-Geschäftsführer (G) einer GmbH nimmt ein vor Jahren als Aufwand verbuchtes Bild eines zeitgenössischen Malers mit nach Hause. Das Bild soll fortan stets in der Eingangshalle seines Einfamilienhauses hängen. Der Vorgang wird in der Buchführung der GmbH nicht erfaßt. Das Bild hat einen Schätzwert von 10.000 DM.

Ohne Berücksichtigung des geschilderten Sachverhalts beträgt das zu versteuernde Einkommen der GmbH 400 TDM, das des Gesellschafters 300 TDM. Das EK45 der Gesellschaft beläuft sich am Ende des Jahres auf 100 TDM. Im folgenden Jahr beschließt die Gesellschafterversammlung eine offene Ausschüttung von 50 TDM.

Ermitteln Sie die körperschaft- und einkommensteuerlichen Folgen einer Aufdeckung dieses Sachverhalts. Hierbei sollen die ertragsteuerlichen Konsequenzen, die sich aus der umsatzsteuerlichen Behandlung dieses Sachverhalts ergeben, vernachlässigt werden[124]. Gewerbesteuerliche Folgen sollen aus Vereinfachungsgründen ebenso vernachlässigt werden wie kirchensteuerliche.

5.3 Verdeckte Sachzuwendungen und Zuwendungen von Nutzungen

Verdeckte Gewinnausschüttungen beinhalten Vorteilsgewährungen einer Gesellschaft an ihre Gesellschafter, niemals hingegen der Gesellschafter an ihre Gesellschaft. Dieser umgekehrte Fall der Vorteilsgewährung eines Gesellschafters an seine Gesellschaft ist gesetzlich nicht geregelt. Über eine steuerrechtliche Würdi-

---

[123] Dies ist lediglich der rechnerische Wert. In dem Gewerbesteuermeßbescheid wird der Gewerbeertrag mit 0 DM angesetzt.

[124] Vgl. Teil V, Gliederungspunkt 3.2.5.

gung haben deshalb die Gerichte entscheiden müssen. Dies ist wiederholt geschehen.

Heute wird allgemein in derartigen Fällen der „umgekehrten" Vorteilsgewährung zwischen zwei Fallgruppen unterschieden, und zwar zwischen

- den verdeckten Sacheinlagen und
- den verdeckten Zuwendungen von Nutzungen.

Bei **verdeckten Sacheinlagen** veräußert der Gesellschafter „seiner" Kapitalgesellschaft Wirtschaftsgüter unter Preis. In aller Regel stammen die Wirtschaftsgüter aus dem Betriebsvermögen eines anderen Betriebes des Gesellschafters. Der Gesellschafter will mit dieser Maßnahme erreichen, daß Gewinne aus seinem der Einkommensteuer unterliegenden betrieblichen Bereich in den Bereich der Kapitalgesellschaft verlagert werden. Hieran besteht häufig dann ein Interesse, wenn die GmbH bereits seit mehreren Jahren Verluste erwirtschaftet hat.

Verdeckte Sacheinlagen werden von der Rechtsprechung *steuerlich als Einlagen* behandelt. Das hat zur Folge, daß der Versteuerung bei der Kapitalgesellschaft und ihren Gesellschaftern angemessene Kaufpreise zugrunde gelegt werden. Hierdurch werden *Gewinnkorrekturen* erforderlich.

Beispiel

A ist Gesellschafter der X-GmbH. Außerdem ist er Inhaber eines Einzelunternehmens. Im März des Jahres 01 verkauft das Einzelunternehmen Waren im Wert von 15.000 DM für 5.000 DM an die GmbH. Diese veräußert die Waren noch im Jahre 01 für 18.000 DM an Dritte.

A hat zugunsten „seiner" GmbH auf Einnahmen i.H.v. (15.000 ./. 5.000 DM =) 10.000 DM verzichtet. In Höhe dieses Einnahmenverzichts wird bei A eine Einlage in die GmbH angenommen. Hierdurch erhöht sich in der Bilanz seines Einzelunternehmens das Beteiligungskonto um 10.000 DM; in der dazugehörigen Gewinn- und Verlustrechnung erhöhen sich die Warenverkäufe um den gleichen Betrag.

In der Buchhaltung der GmbH ist der Wareneinsatz um 10.000 DM zu niedrig; der Gewinn also um diesen Betrag zu hoch ausgewiesen. Nach Aufdeckung des Sachverhalts ist bei der GmbH eine Gewinnminderung um 10.000 DM vorzunehmen, die außerhalb der Bilanz erfolgt.

Verdeckte Zuwendungen von Nutzungen eines Gesellschafters an seine Gesellschaft können in der unentgeltlichen oder verbilligten Überlassung von Wirtschaftsgütern oder auch von Arbeitskräften bestehen. Auch hier werden üblicherweise Gewinne aus dem Einkommensbereich des Gesellschafters in den Bereich der Kapitalgesellschaft verlagert. Derartige Nutzungszuwendungen werden von der Rechtsprechung nicht als einlagefähig anerkannt. Das hat zur Folge, daß eine Aufdeckung des Sachverhalts nicht zu Gewinnkorrekturen führt. Die Rechtsprechung des BFH kann in der griffigen Formel zusammengefaßt werden: *Niemand kann gezwungen werden, Nutzungen zu ziehen.*

Zur Klarstellung sei nochmals ausdrücklich darauf hingewiesen, daß dieser Satz nur für Nutzungszuwendungen des Gesellschafters an die Gesellschaft, nicht hingegen für solche der Gesellschaft an den Gesellschafter gilt. Bei letzteren handelt es sich um verdeckte Gewinnausschüttungen, bei denen nach § 8 Abs. 3 KStG Gewinnkorrekturen vorzunehmen sind.

5.4 Vorteilszuwendungen zwischen Schwestergesellschaften

Schwestergesellschaften sind Kapitalgesellschaften, an denen derselbe Gesellschafter G beteiligt ist. Der Gesellschafter kann selbstverständlich ebenfalls eine Gesellschaft sein. Es handelt sich also um ein „Dreiecksverhältnis" der in der nachfolgenden Abbildung aufgezeigten Art.

Abbildung II/8: Schwestergesellschaften

Gewährt die X-GmbH der Y-GmbH zu Lasten ihres Vermögens einen Vorteil, und ist dieser Vorteil nur durch die Beteiligung des G an beiden Gesellschaften erklärbar, so liegt eine vGA vor. Die steuerlichen Folgen der vGA sind zwischen der X-GmbH einerseits und ihrem Gesellschafter G andererseits zu berücksichtigen. Die Schwestergesellschaft „Y-GmbH" ist eine dem G nahestehende Person, der die vGA bekanntlich nicht zugerechnet wird. Die Folgen der vGA sind grundsätzlich in der unter Gliederungspunkt 5.2 behandelten Weise zu ermitteln.

G wendet der Y-GmbH einen Vorteil zu. Dieser besteht entweder in einer verdeckten Sacheinlage oder aber in einer verdeckten Zuwendung von Nutzungen. Auch hier gelten die bereits früher herausgearbeiteten Grundsätze und die Ausführungen zu Gliederungspunkt 5.3.

Eine Besonderheit ergibt sich allerdings im Falle einer Nutzungszuwendung als Folge eines Beschlusses des Großen Senats des BFH aus dem Jahre 1987[125]. Dem Beschluß lag ein Sachverhalt dergestalt zugrunde, daß der Gesellschafter nicht eine natürliche Person, sondern eine Mutter-Kapitalgesellschaft war. Für diesen Fall hat der BFH entschieden, daß der vGA, die die Muttergesellschaft nach den allgemeinen Grundsätzen erhält, fiktive Betriebsausgaben in gleicher Höhe gegenüberstehen. Per Saldo braucht die Muttergesellschaft also keine vGA zu versteuern. Zu erfassen hat sie vielmehr lediglich das Anrechnungsguthaben. Sie hat dieses einerseits zu versteuern, kann es andererseits aber von ihrer Steuerschuld abziehen. Ausdrücklich sei darauf hingewiesen, daß diese Rechtsprechung aber nur für den Fall von Nutzungszuwendungen zwischen Schwestergesellschaften gilt, nicht hingegen für den der Sachzuwendungen. Im letzteren Fall gelten nur die allgemeinen Regeln; ein fiktiver Abzug von Betriebsausgaben i.H.d. vGA bei der Muttergesellschaft kommt also nicht in Betracht.[126]

---

125 BFH-Beschluß vom 26.10.1987, GrS 2/86, BStBl 1988 II, S. 348.
126 Hinsichtlich der äußerst komplizierten Steuerfolgen im Falle der Sach- und Nutzungszuwendung bei Kapitalgesellschaften s. Schneeloch, D., Gewinnverlagerungen, 1988, S. 1929 ff.

6 Zuschlagsteuern, Zulagen, Prämien

6.1 Einführung

Als Zuschlagsteuern werden diejenigen Steuerarten bezeichnet, deren Bemessungsgrundlage eine andere Steuerschuld ist. Das Ertragsteuerrecht kennt derzeit zwei derartige Steuerarten, und zwar die Kirchensteuer und den Solidaritätszuschlag. Während Kirchensteuer bereits seit Jahrzehnten erhoben wird, ist Solidaritätszuschlag erstmalig während der Jahre 1991 und 1992 erhoben und dann wieder abgeschafft worden. Zum 1.1.1995 ist er dann erneut eingeführt worden. Seither wird er ununterbrochen erhoben. Die Begründung für seine Erhebung ist die Finanzierung der Kosten der deutschen Vereinigung. Im politischen Raum gibt es seit seiner Einführung eine heftige Diskussion über eine Senkung und spätere Abschaffung des Solidaritätszuschlags. Nach dem derzeitigen Rechtsstand wird er allerdings zeitlich unbefristet erhoben.

Während die Steuerpflichtigen Zuschlagsteuern an das Finanzamt zu entrichten haben, erhalten sie unter in den einschlägigen Gesetzen näher formulierten Voraussetzungen von diesem Zulagen oder Prämien. Zuschlagsteuern stellen also Zahlungen des Steuerpflichtigen an das Finanzamt, Zulagen und Prämien stellen Zahlungen des Finanzamts an den Steuerpflichtigen dar. Zulagen und Prämien können also als negative Steuern aufgefaßt werden. So sieht es offenbar auch der Gesetzgeber, der in den einschlägigen Gesetzen zumindest bestimmte Vorschriften des steuerlichen Verfahrensrechts für anwendbar erklärt. Als Zulagen und Prämien kommen derzeit (Frühjahr 1998) in Betracht:

- Investitionszulagen nach dem Investitionszulagengesetz 1996 bzw. 1999 (InvZulG 1996 bzw. InvZulG 1999),
- Arbeitnehmer-Sparzulagen nach dem Fünften Vermögensbildungsgesetz (5. VermBG) und
- Wohnungsbauprämien nach dem Wohnungsbau-Prämiengesetz (WoPG 1996).

Nachfolgend soll auf die einzelnen Arten von Zuschlagsteuern, Zulagen und Prämien kurz eingegangen werden.

6.2 Kirchensteuer

Kirchensteuern sind Geldleistungen, die von den als Körperschaften des öffentlichen Rechts anerkannten Religionsgemeinschaften von ihren Mitgliedern aufgrund gesetzlicher Vorschriften erhoben werden. Die Anerkennung einer Religionsgemeinschaft als Körperschaft des öffentlichen Rechts richtet sich nach Landesrecht. Dabei handelt es sich vor allem um die evangelischen, katholischen und jüdischen Kirchengemeinden. Der Rahmen, innerhalb dessen die einzelnen Religionsgemeinschaften Kirchensteuer erheben können, wird durch das Kirchensteuergesetz des jeweiligen Bundeslandes abgesteckt.

Auf die Festsetzung und Erhebung der Kirchensteuer sind nach § 51a Abs. 1 EStG die Vorschriften des EStG entsprechend anzuwenden. Festsetzung und Erhebung der Kirchensteuer werden im Auftrag der entsprechenden Religionsgemeinschaften von den Finanzämtern durchgeführt.

Bemessungsgrundlage der Kirchensteuer ist die veranlagte Einkommensteuer oder die Lohnsteuer (Lohnkirchensteuer). Hat der Steuerpflichtige Kinder, für die er Kindergeld und keinen Kinderfreibetrag erhält, so ist zur Ermittlung der Bemessungsgrundlage der Kirchensteuer zusätzlich zum tatsächlichen zu versteuernden Einkommen ein fiktives zu versteuerndes Einkommen zu ermitteln. Das fiktive zu versteuernde Einkommen ist gem. § 51a Abs. 2 EStG um die Kinderfreibeträge i.S.d. § 32 EStG niedriger anzusetzen als das tatsächliche zu versteuernde Einkommen.

Der *Steuersatz* beträgt in den meisten Landeskirchen bzw. Diözesen 8 oder 9 % der Einkommensteuer. Vielfach findet eine Begrenzung auf 3-4 % des Einkommens statt (Kappung).

Wie bereits dargestellt, gehört die Kirchensteuer nach § 10 Abs. 1 Nr. 4 EStG zu den bei der Einkommensermittlung abzugsfähigen Sonderausgaben[127]. Abzugsfähig ist die im Veranlagungszeitraum tatsächlich gezahlte Kirchensteuer.

6.3 Solidaritätszuschlag

Ab dem Veranlagungszeitraum *1995* wird zur *Einkommen-* und *Körperschaftsteuer* ein **Solidaritätszuschlag** erhoben (§ 1 i.V.m. § 3 SolZG). Seine *Bemessungsgrundlage* besteht nach § 3 Abs. 1 SolZG je nach Art der Erhebung der Einkommen- oder Körperschaftsteuer in

- der durch Steuerbescheid festgesetzten Steuer abzüglich anzurechnender Körperschaftsteuer,
- den Vorauszahlungen,
- der Lohnsteuer,
- der Kapitalertragsteuer oder dem Zinsabschlag.

Handelt es sich bei dem Steuerpflichtigen um eine der Einkommensteuer unterliegende Person, der ein Kind i.S.d. § 32 EStG zuzurechnen ist, so ist nach § 51a Abs. 2 EStG Bemessungsgrundlage des Solidaritätszuschlags die Einkommensteuer, die sich nach Berücksichtigung des Kinderfreibetrags nach § 32 Abs. 6 EStG ergibt. Das gilt auch dann, wenn einkommensteuerlich kein Kinderfreibetrag abgezogen wird, weil das Kindergeld vorteilhafter ist als der Kinderfreibetrag. Für Zwecke der Ermittlung des Solidaritätszuschlags ist dann also ein fiktives zu versteuerndes Einkommen zu ermitteln, das um den Kinderfreibetrag bzw.

---

127 Vgl. Gliederungspunkt 2.3.2.2.

um die Kinderfreibeträge niedriger ist als das tatsächliche zu versteuernde Einkommen.

Von *einkommensteuerpflichtigen* Personen ist der Solidaritätszuschlag nur zu erheben, wenn die jeweilige Bemessungsgrundlage die in § 3 Abs. 3 SolZG genannte Grenze überschreitet. Diese Grenze beträgt bei der veranlagten Einkommensteuer im Falle der Zusammenveranlagung 2.664 DM, bei Einzelveranlagung und getrennter Veranlagung 1.332 DM.

Der *Zuschlagsatz* (Steuersatz) hat während der Jahre 1995 bis 1997 7,5 % der Bemessungsgrundlage betragen; seit dem 1.1.1998 beträgt er nach § 4 SolZG 5,5 %.

Der Solidaritätszuschlag gehört sowohl bei der Einkommen-, als auch bei der Körperschaftsteuer zu den *nichtabzugsfähigen* Ausgaben. Er mindert also weder bei der Einkommen- noch bei der Körperschaftsteuer die Bemessungsgrundlage, d.h. das zu versteuernde Einkommen. Dies ergibt sich aus den §§ 12 EStG und 10 KStG. Der Solidaritätszuschlag mindert damit auch nicht seine eigene Bemessungsgrundlage.

Bei der Gliederung des *verwendbaren Eigenkapitals* gehört der Solidaritätszuschlag zu den sonstigen nichtabziehbaren Ausgaben i.S.d. § 31 Abs. 1 Nr. 4 EStG. Er ist somit von dem EK45 abzuziehen.

6.4 Investitionszulage

Bereits seit Jahrzehnten fördert der Gesetzgeber gezielt bestimmte Arten von Investitionen durch die Zahlung staatlicher Zulagen (Investitionszulagen). Die Art der geförderten Investitionszulagen hat er allerdings im Zeitablauf häufig geändert. So sind in der Vergangenheit z.B. Investitionen im damaligen West-Berlin und im Zonenrandgebiet, aber auch generell Investitionen im Bereich des Umweltschutzes begünstigt worden.

Derzeit (Rechtsstand Frühjahr 1998) werden lediglich Investitionen im Fördergebiet begünstigt. Hierbei ist zu unterscheiden, ob es sich um Investitionen handelt, die noch unter das auslaufende InvZulG 1996 oder unter das neue InvZulG 1999 fallen. Hier soll lediglich auf nach dem InvZulG 1999 begünstigte Investitionen eingegangen werden.

Tätigen Steuerpflichtige i.S.d. EStG oder des KStG im Fördergebiet begünstigte Investitionen i.S.d. §§ 2 bis 4 InvZulG 1999, so haben sie nach § 1 Abs. 1 InvZulG 1999 Anspruch auf eine Investitionszulage. Das Fördergebiet umfaßt nach § 1 Abs. 2 InvZulG 1999 die Länder Berlin, Brandenburg, Mecklenburg-Vorpommern, Sachsen, Sachsen-Anhalt und Thüringen.

Das InvZulG 1999 unterscheidet zwischen begünstigten

- betrieblichen Investitionen (§ 2),
- Modernisierungsmaßnahmen an Mietwohngebäuden sowie Mietwohnungsneubau im innerörtlichen Bereich (§ 3) und

- Modernisierungsmaßnahmen an einer eigenen Wohnzwecken dienenden Wohnung im eigenen Haus (§ 4).

Während betriebliche Investitionen i.S.d. § 2 InvZulG 1999 im ganzen Fördergebiet begünstigt sind, werden Investitionen i.S.d. §§ 3 und 4 InvZulG 1999 nur im Beitrittsgebiet, nicht hingegen im ehemaligen West-Berlin gefördert (§ 1 Abs. 2 Satz 2 InvZulG 1999).

Bemessungsgrundlage der Investitionszulage für begünstigte betriebliche Investitionen ist nach § 2 Abs. 5 InvZulG 1999 die Summe der Anschaffungs- oder Herstellungskosten der Investitionsobjekte. Die Investitionszulage beträgt nach § 2 Abs. 6 InvZulG 1999 grundsätzlich 10 % der Bemessungsgrundlage. Sie erhöht sich auf 20 % in den in Satz 2 der genannten Vorschrift definierten Fällen. Hinsichtlich der Bemessungsgrundlage und des Zulagensatzes der Investitionen i.S.d. §§ 3 und 4 InvZulG 1999 wird auf § 3 Abs. 3 und § 4 Abs. 2 bzw. auf § 3 Abs. 4 und § 4 Abs. 3 InvZulG 1999 verwiesen. Investitionszulage wird gem. § 5 InvZulG 1999 nur auf Antrag gewährt.

Kraft ausdrücklicher gesetzlicher Bestimmung in § 9 InvZulG 1999 gehört die Investitionszulage nicht zu den Einkünften i.S.d. § 2 EStG. Sie mindert nach dieser Vorschrift auch nicht die Anschaffungs- oder Herstellungskosten der begünstigten Wirtschaftsgüter. Im Ergebnis berührt die Investitionszulage also in keiner Weise die ertragsteuerlichen Bemessungsgrundlagen. Soweit Investitionszulagen im betrieblichen Bereich anfallen, stellen sie buchhalterisch und handelsbilanziell allerdings Ertrag dar. Sie sind deshalb für steuerliche Zwecke außerbilanziell zu neutralisieren. Dies geschieht dadurch, daß der in der Bilanz bzw. in der Gewinn- und Verlustrechnung ausgewiesene Gewinn (Jahresüberschuß) um die als Ertrag verbuchte Investitionszulage gekürzt wird.

Von den Investitionszulagen zu unterscheiden sind die Investitionszuschüsse. Diese werden für unterschiedliche Investitionen von unterschiedlichen Zuschußgebern gewährt. Als Zuschußgeber kommen insbesondere die Europäische Union, der Bund, die Länder und die Kommunen in Frage. Investitionszuschüsse sind im Gegensatz zu den Investitionszulagen nicht ausdrücklich von der Besteuerung ausgenommen. Sie sind deshalb den Ertragsteuern zu unterwerfen. Nach R 34 Abs. 2 EStR hat der Steuerpflichtige allerdings ein Wahlrecht. Er kann die Zuschüsse entweder als Betriebseinnahmen behandeln, er kann aber auch in Höhe der Zuschüsse die Anschaffungs- oder Herstellungskosten der bezuschußten Wirtschaftsgüter mindern. In diesem Fall ist der Zuschuß zunächst erfolgsneutral zu verbuchen. Er mindert dann aber die AfA-Bemessungsgrundlage.

6.5 Eigenheimzulage

Mit dem „Gesetz zur Neuregelung der steuerrechtlichen Wohnungseigentumsförderung"[128] aus dem Jahre 1995 ist die einkommensteuerliche Förderung der zu

---

[128] BT-Drucks. 716/95 vom 3.11.1995.

eigenen Wohnzwecken genutzten eigenen Wohnung weitgehend abgeschafft und statt dessen eine Förderung durch eine Zulage (Eigenheimzulage) eingeführt worden. Diese neue Art der Förderung ist in einem eigenen Gesetz, dem „Eigenheimzulagengesetz (EigZulG)" geregelt. Die Bemessungsgrundlage der Zulage besteht in den Herstellungs- oder Anschaffungskosten der Wohnung zuzüglich der Anschaffungskosten für den dazugehörigen Grund und Boden. Die Höhe der Zulage beträgt jährlich 5 % der Bemessungsgrundlage, höchstens 5.000 DM, zuzüglich einer Kinderzulage von 1.500 DM je Kind. Die Neuregelung gilt für alle Objekte, bei denen mit der Herstellung nach dem 31.12.1995 begonnen oder bei denen der Kaufvertrag zur Anschaffung des Objekts nach dem 31.12.1995 abgeschlossen worden ist. Für alle Objekte, die bis zu diesem Stichtag hergestellt oder angeschafft worden sind, gilt hingegen die bisherige einkommensteuerliche Förderung nach § 10e EStG weiter.

6.6 Arbeitnehmer-Sparzulage

Ebenso wie es spezielle Steuerrechtsnormen gibt, die der Förderung unternehmerischer Tätigkeiten dienen, enthält das Steuerrecht auch einige nur auf Arbeitnehmer zugeschnittene Begünstigungsvorschriften. Sie sind enthalten in § 19a EStG[129] und im 5.VermBG. Während nach § 19a EStG die verbilligte Überlassung von Vermögensbeteiligungen an Arbeitnehmer in einem im Gesetz näher bestimmten Rahmen für *steuerfrei* erklärt wird, können Arbeitnehmer nach den im 5.VermBG genannten Voraussetzungen eine staatliche Zulage zum Arbeitslohn erhalten. Diese wird als *Arbeitnehmer-Sparzulage* bezeichnet. Ein wesentlicher Unterschied in den Voraussetzungen beider Arten von Begünstigungen besteht darin, daß eine Arbeitnehmer-Sparzulage an eine Einkommensgrenze geknüpft ist, die Steuerfreiheit nach § 19a EStG hingegen nicht.

Gefördert wird gem. § 1 Abs. 1 5.VermBG die Vermögensbildung von Arbeitnehmern aufgrund von mit den Arbeitgebern vereinbarten vermögenswirksamen Leistungen. **Arbeitnehmer** sind nach § 1 Abs. 2 5.VermBG Arbeiter und Angestellte einschließlich der Auszubildenden. Den Arbeitern und Angestellten sind nach § 1 Abs. 4 5.VermBG Beamte, Richter, Berufssoldaten und Soldaten auf Zeit gleichgestellt. Vermögenswirksame Leistungen sind nach § 2 Abs. 1 5.VermBG bestimmte Geldleistungen, die der Arbeitgeber für den Arbeitnehmer anlegt. Begünstigt sind nach dieser Vorschrift Geldleistungen, die erfolgen

1. aufgrund eines *Sparvertrags* über *Wertpapiere* oder andere Vermögensbeteiligungen (§ 4 5.VermBG),
2. als Aufwendungen des Arbeitnehmers aufgrund eines *Wertpapier-Kaufvertrags* (§ 5 5.VermBG),
3. als Aufwendungen des Arbeitnehmers aufgrund eines *Beteiligungs-Vertrags* (§ 6 5.VermBG) oder eines Beteiligungs-Kaufvertrags (§ 7 5.VermBG),

---

[129] Vgl. Gliederungspunkt 2.2.2.2.

4. als Aufwendungen des Arbeitnehmers nach den Vorschriften des *Wohnungsbau-Prämiengesetzes,*
5. als Aufwendungen des Arbeitnehmers zum *Bau, Erwerb* usw. bestimmter Immobilien.

Die vermögenswirksamen Leistungen werden grundsätzlich von dem Arbeitgeber zu Gunsten des Arbeitnehmers erbracht. Der Arbeitgeber überweist also z.B. unmittelbar eine vermögenswirksame Leistung für einen Arbeitnehmer an eine Bausparkasse. Bei dem Arbeitnehmer gehören die vermögenswirksamen Leistungen des Arbeitgebers zum Arbeitslohn. Er hat sie deshalb als Einnahmen aus nichtselbständiger Arbeit zu versteuern (§ 2 Abs. 6 5.VermBG).

Die Arbeitnehmer-Sparzulage beträgt gem. § 13 Abs. 2 5.VermBG 10 % der geleisteten Beiträge. Anspruch auf eine Arbeitnehmer-Sparzulage hat gem. § 13 Abs. 1 5.VermBG nur ein Arbeitnehmer, der Einkünfte aus nichtselbständiger Arbeit i.S.d. § 19 EStG bezieht. Begünstigt sind vermögenswirksame Leistungen nur insoweit, als sie 936 DM im Kalenderjahr nicht übersteigen. Bei einem Zulagensatz von 10 % entspricht dies also einer maximalen Zulage von lediglich 93,60 DM jährlich. Die Arbeitnehmer-Sparzulage gilt gem. § 13 Abs. 3 5.VermBG nicht als steuerpflichtige Einnahme, d.h. sie ist bei der Einkommensteuer als steuerfreie Einnahme zu behandeln.

Einen Anspruch auf eine Arbeitnehmer-Sparzulage hat gem. § 13 Abs. 1 5.VermBG ein Arbeitnehmer nur dann, wenn sein zu versteuerndes Einkommen 27.000 DM nicht übersteigt. Bei zusammenveranlagten Ehegatten verdoppelt sich die Grenze des zu versteuernden Einkommens auf 54.000 DM[130]. Sind dem Steuerpflichtigen Kinder zuzurechnen, so ist das zu versteuernde Einkommen gem. § 2 Abs. 5 EStG stets um die Kinderfreibeträge i.S.d. § 32 EStG zu kürzen. Dies gilt auch dann, wenn das Kindergeld i.S.d. §§ 62-78 EStG vorteilhafter ist als der Kinderfreibetrag und deshalb für einkommensteuerliche Zwecke kein Kinderfreibetrag abgezogen wird. Diese Situation ist bei Steuerpflichtigen, deren zu versteuerndes Einkommen unterhalb der Grenzen des § 13 Abs. 1 5.VermBG liegt, stets gegeben.

Die Einkommensgrenzen des § 13 Abs. 1 5.VermBG sind so niedrig, daß sie nur noch von einem geringen Teil der Steuerpflichtigen nicht überschritten werden. Arbeitnehmer-Sparzulagen spielen deshalb bereits wegen der niedrigen Einkommensgrenzen derzeit in der Praxis keine große Rolle.

Die einzelnen Arten der vermögenswirksamen Leistungen unterliegen unterschiedlichen Festlegungsfristen. Wird eine derartige Frist nicht eingehalten, so entfällt der Anspruch auf die Zulage gem. § 13 Abs. 5 5.VermBG mit Wirkung für die Vergangenheit.

---

[130] Nach dem Gesetzentwurf der Fraktionen der CDU/CSU und FDP, BT-Drucks. 13/10012 vom 3.3.1998 ist ab 1999 eine Anhebung der Einkommensgrenzen auf 35.000 DM bzw. 70.000 DM beabsichtigt. Außerdem ist eine Verdoppelung des Zulagensatzes für Beteiligungen an Produktivvermögen von 10 % auf 20 % vorgesehen.

6.7 Wohnungsbauprämie

Nach § 1 Abs. 1 WoPG können unbeschränkt einkommensteuerpflichtige Personen, die das 16. Lebensjahr vollendet haben, für Aufwendungen zur Förderung des Wohnungsbaus eine Prämie erhalten. Als Aufwendungen zur Förderung des Wohnungsbaus kommen insbesondere die in § 2 Satz 1 Nr. 1 WoPG definierten Beiträge an Bausparkassen zur Erlangung eines Baudarlehns in Betracht. Zu den Bausparbeiträgen gehören neben den vertraglich vereinbarten Beiträgen auch zusätzlich geleistete freiwillige Beiträge und Abschlußgebühren. Zinsgutschriften auf das Bausparguthaben erhöhen zwar einerseits die berücksichtigungsfähigen Bausparbeiträge, sie sind andererseits aber auch als Einnahmen aus Kapitalvermögen i.S.d. § 20 Abs. 1 Nr. 7 EStG zu versteuern.

Bausparbeiträge sind nur dann prämienbegünstigt, wenn sie zur Erlangung von Baudarlehen verwendet werden. Baudarlehen sind insbesondere solche Darlehen, die verwendet werden sollen

- zum Bau, zum Erwerb oder zur Verbesserung eines Wohngebäudes oder einer Eigentumswohnung,
- zum Erwerb von Bauland, das der Bausparer in der Absicht erwirbt, ein Wohngebäude zu errichten,
- zur Ablösung von Hypotheken und Grundschulden, die der Finanzierung der genannten Zwecke gedient haben.

Voraussetzung für eine Berücksichtigung von Bausparbeiträgen ist, daß sie bei Zahlung einem der genannten Zwecke (Verwendungszweck) dienen sollen. Voraussetzung ist hingegen nicht, daß die Bausparmittel später nach Zuteilung des Vertrages tatsächlich zu einem begünstigten Zweck verwendet werden.

Begünstigte Bausparverträge können nur Leistungen des *Bausparers* an eine *Bausparkasse* sein. Es müssen also direkte Vertragsbeziehungen zwischen dem Bausparer und der Bausparkasse bestehen. Begünstigt kann hingegen eine dritte Person, etwa ein Kind des Bausparers, sein.

Nach Auszahlung des Baudarlehens sind Zahlungen an die Bausparkasse *keine* Bausparbeiträge i.S.d. WoPG. Derartige Zahlungen setzen sich regelmäßig aus Tilgungsbeträgen, Darlehenszinsen, Verwaltungskosten und Beiträgen zu einer Risikolebensversicherung zusammen.

Eine Bausparprämie wird nur dann gewährt, wenn die in § 2a WoPG genannte Grenze des zu versteuernden Einkommens nicht überschritten wird. Diese beträgt 50.000 DM im Sparjahr, bei Ehegatten 100.000 DM. Kinderfreibeträge mindern nach § 2 Abs. 5 EStG das zu versteuernde Einkommen i.S.d. § 2a WoPG auch dann, wenn für einkommensteuerliche Zwecke keine Kinderfreibeträge abgezogen werden, weil das Kindergeld für den Steuerpflichtigen vorteilhafter ist.

Die Bausparprämie beträgt nach § 3 Abs. 1 WoPG 10 % der Bausparbeiträge, höchstens aber nach § 3 Abs. 2 WoPG 100 DM p.a. Für Ehegatten verdoppelt sich dieser Höchstbetrag auf 200 DM.

Die Prämien gehören nach § 6 WoPG nicht zu den Einkünften i.S.d. EStG.

Teil III
Steuerbilanzen

1 Einführung und allgemeine Grundsätze

1.1 Einführung

Innerhalb der Unternehmensbesteuerung kommt der *steuerlichen Gewinnermittlung* ein hoher Stellenwert zu. Bei *Gewerbetreibenden,* insbesondere bei allen Kaufleuten, beruht die steuerliche Gewinnermittlung weitgehend auf den *handelsrechtlichen Bilanzierungs- und Bewertungsvorschriften.* Dies ergibt sich aus dem in § 5 Abs. 1 Satz 1 EStG verankerten *Grundsatz der Maßgeblichkeit der Handelsbilanz für die Steuerbilanz* (Maßgeblichkeitsgrundsatz, Maßgeblichkeitsprinzip). Allerdings ist insbesondere bei der Bewertung eine Vielzahl steuerlicher Besonderheiten zu beachten. Grundlegende Norm in diesem Zusammenhang ist § 5 Abs. 6 EStG, der den sog. **Bewertungsvorbehalt** enthält. Doch spielt nicht nur die Handelsbilanz für die Steuerbilanz eine zentrale Rolle, vielmehr gibt es auch zahlreiche Rückwirkungen der Steuerbilanz auf die Handelsbilanz. Diese Rückwirkungen sind bekannt unter dem Begriff des Grundsatzes der umgekehrten Maßgeblichkeit, vereinfachend oft auch **umgekehrte Maßgeblichkeit** genannt. Dieser ist in § 5 Abs. 1 Satz 2 EStG kodifiziert.

Fast alle Personenunternehmen, aber auch die meisten kleinen und mittelgroßen Kapitalgesellschaften erstellen nur eine Bilanz, die sie zugleich als Handels- und Steuerbilanz (**Einheitsbilanz**) verwenden. Stimmen Handels- und Steuerbilanz nicht hinsichtlich aller Bilanzposten überein, so kann eine gesonderte Steuerbilanz erstellt werden. Doch ist die Erstellung einer gesonderten Steuerbilanz nicht zwingend geboten. Nach § 60 Abs. 2 EStDV ist es vielmehr auch ausreichend, dem Finanzamt in derartigen Fällen eine mit *Zusätzen oder Anmerkungen zur Anpassung an die steuerlichen Vorschriften* versehene *Handelsbilanz* einzureichen. Von dieser Möglichkeit wird in der Praxis häufig Gebrauch gemacht.

1.2 Bilanztheorien und Steuerbilanz

Die Betriebswirtschaftslehre hat im Laufe der Jahrzehnte eine Vielzahl von Bilanztheorien entwickelt. Als wichtigste sind die statische, die dynamische und die organische Bilanzauffassung zu nennen. Auf den Inhalt der einzelnen Bilanztheorien kann hier nicht eingegangen werden. Insoweit muß auf die umfangreiche einschlägige Literatur verwiesen werden[1].

Das EStG enthält in seinem Wortlaut keinen Hinweis auf eine spezielle Bilanztheorie. Aus diesem Grunde haben sich Schrifttum und Rechtsprechung mit der Frage auseinandergesetzt, welche Bilanzauffassung dem Sinn und Zweck des Gesetzes am besten gerecht wird.

Die heute herrschende Ansicht ist die, daß die Steuerbilanz keiner speziellen Bilanztheorie entspricht, daß sie vielmehr sowohl **statische** als auch **dynamische** Elemente enthält[2]. So hat der BFH einerseits vielfach unter Berufung auf die dynamische Bilanzauffassung im Interesse einer **periodengerechten** Gewinnermittlung eine Aktivierung von Aufwand verlangt, obwohl aus statischer Sicht kein aktivierungsfähiges Wirtschaftsgut vorhanden war[3]. Andererseits hat die Rechtsprechung häufig in Übereinstimmung mit der statischen Bilanzauffassung die Aktivierung von Ausgaben mit der Begründung abgelehnt, daß kein aktivierungsfähiges Wirtschaftsgut vorhanden sei[4]. Tendenziell läßt sich eine mehr **statische** Betrachtungsweise feststellen[5].

Andere als die statische und die dynamische Bilanzauffassung haben so gut wie keinen Einfluß in der Entwicklungsgeschichte der Steuerbilanz gehabt. Lediglich in einigen wenigen Spezialnormen kommt Gedankengut der *organischen* Bilanzauffassung zum Ausdruck.

1.3 Buchführungspflichten

Zum Zweck der steuerlichen Gewinnermittlung sind grundsätzlich alle Gewerbetreibenden gegenüber dem Finanzamt zur Buchführung verpflichtet. Die Verpflichtung ergibt sich aus den §§ 140 und 141 AO.

§ 140 AO bestimmt, daß derjenige, der nach anderen Gesetzen als nach Steuergesetzen verpflichtet ist, Bücher und Aufzeichnungen zu führen, die für die Besteuerung von Bedeutung sind, diese Pflichten auch für steuerliche Zwecke zu erfüllen hat. *§ 140 AO erklärt also Buchführungspflichten nichtsteuerlicher Art zu steuerlichen.* Buchführungspflichten nichtsteuerlicher Art finden sich in erster Linie in

---

[1] Vgl. z.B. Schmalenbach, E., Bilanz, 1962; Seicht, G., Bilanz, 1970; Moxter, A., Bilanzlehre, 1984, S. 5 ff.; Federmann, R., Bilanzierung, 1994, S. 95 ff.

[2] Vgl. die BFH-Urteile vom 19.12.1957, IV 432/56 U, BStBl 1958 III, S. 162; vom 15.11.1960, I 189/60 U, BStBl 1961 III, S. 48; vom 28.9.1967, IV R 284/66, BStBl 1967 III, S. 761. Vgl. auch Beisse, H., Bilanzauffassung, 1978/79, S. 186 ff.; Moxter, A., Bilanzrechtsprechung, 1996, S. 6.

[3] Vgl. z.B. BFH-Urteil vom 25.9.1962, I 253/60 U, BStBl 1963 III, S. 85; vgl. in diesem Zusammenhang auch die einander widersprechenden Ansichten von Schneider, D., Rechtsfindung, 1983, S. 141 ff.; Moxter, A., Gewinnermittlung, 1983, S. 300 ff.; Beisse, H., Bilanzrecht, 1984, S. 1 ff.

[4] Vgl. BFH-Urteil vom 3.8.1993, VIII R 37/92, BStBl 1994 II, S. 444.

[5] Vgl. z.B. Eibelshäuser, M., Bundesfinanzhof, 1981, S. 56 ff.; Federmann, R., Bilanzierung, 1994, S. 100 ff.

den §§ 238 ff. HGB. Zur Buchführung verpflichtet sind danach alle Kaufleute, sofern sie keine Minderkaufleute i.S.d. § 4 HGB sind. Wie bereits ausgeführt[6] soll nach dem Entwurf des Handelsrechtsreformgesetzes (HRefG) vom 17.4.1998 § 4 HGB gestrichen werden. Dies wird für die jetzigen Minderkaufleute aber keine Buchführungspflicht nach den §§ 238 ff. HGB zur Folge haben. Dies ergibt sich aus § 1 Abs. 2 HGB in der vorgesehenen Neufassung des HRefG[7]. Danach sollen die derzeitigen Minderkaufleute künftig keine Kaufmannseigenschaft mehr haben.

Unterliegen gewerbliche Unternehmer (Gewerbetreibende) nicht der abgeleiteten Buchführungspflicht nach § 140 AO, so kann sich eine *originäre steuerliche Buchführungspflicht* aus § 141 AO ergeben. Diese setzt voraus:

- Umsätze von mehr als 500.000 DM im Kalenderjahr oder
- einen Gewinn aus Gewerbebetrieb von mehr als 48.000 DM im Wirtschaftsjahr.

Unter den Umsätzen i.S.d. § 141 AO sind Umsätze nach dem Umsatzsteuergesetz zu verstehen. Zu beachten ist, daß § 141 AO hinsichtlich der Buchführungspflicht nicht auf Kaufleute, sondern auf *gewerbliche Unternehmer (Gewerbetreibende)* abstellt. Der Begriff des Gewerbetreibenden ist weiter gefaßt als derjenige des Kaufmanns. Er erfaßt neben den Kaufleuten insbesondere noch diejenigen Handwerker, die nicht Kaufleute i.S.d. § 2 HGB sind[8]. Sollte das HRefG vom Gesetzgeber verabschiedet werden, so werden allerdings künftig auch Handwerker grundsätzlich Kaufmannseigenschaft haben. Dies gilt - wie bei allen anderen Gewerbetreibenden auch - nach § 1 Abs. 2 HGB in der geplanten Neufassung nur dann nicht, wenn ihr Gewerbe keinen in kaufmännischer Weise eingerichteten Geschäftsbetrieb erfordert.

Freiberufler sind keine Gewerbetreibende[9]. Sie unterliegen weder der abgeleiteten Buchführungspflicht des § 140, noch der originären des § 141 AO. Allerdings können sie freiwillig Bücher führen und Abschlüsse machen. Von dieser Möglichkeit machen viele Freiberufler allerdings keinen Gebrauch. Vielmehr ermitteln sie ihren Gewinn häufig mit Hilfe einer *Einnahmen-Überschußrechnung* gem. § 4 Abs. 3 EStG.

1.4 Arten der steuerlichen Gewinnermittlung und deren Anwendungsbereich

Das Einkommensteuergesetz unterscheidet im wesentlichen zwischen den aus Abb. III/1 ersichtlichen Gewinnermittlungsmethoden.

---

[6] Vgl. Teil II, Gliederungspunkt 2.2.1.3.2.
[7] Hinsichtlich des Wortlauts dieser vorgesehenen Vorschrift s. Teil II, Gliederungspunkt 2.2.1.3.2.
[8] Vgl. Teil II, Gliederungspunkt 2.2.1.1.
[9] Vgl. Teil II, Gliederungspunkt 2.2.1.2.2.

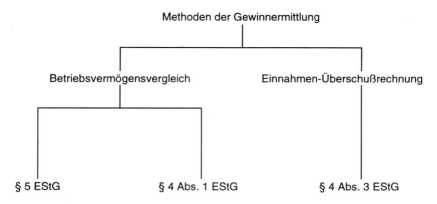

Abbildung III/1: Gewinnermittlungsmethoden

Von allen Gewinnermittlungsarten ist der *Bestandsvergleich (Betriebsvermögensvergleich)* mit Abstand am wichtigsten und innerhalb der beiden Unterarten des Bestandsvergleichs diejenige nach § 5 EStG. Die grundlegende Definition des Gewinnbegriffs bei Bestandsvergleich ist aber nicht in § 5 EStG, sondern in § 4 Abs. 1 EStG enthalten. Sie lautet:

Gewinn ist der Unterschiedsbetrag zwischen dem Betriebsvermögen am Schluß des Wirtschaftsjahres und dem Betriebsvermögen am Schluß des vorangegangenen Wirtschaftsjahres, vermehrt um den Wert der (Privat-)Entnahmen und vermindert um den Wert der (Privat-)Einlagen.

Unter Betriebsvermögen ist das Eigenkapital einschließlich seiner Unterkonten - Privatkonten und ggf. Gewinnkonten - zu verstehen. Die Gewinnermittlung durch Bestandsvergleich wird mit Hilfe der Buchführung durchgeführt. Der Gewinnbegriff nach § 4 Abs. 1 EStG ist identisch mit dem buchhalterischen Gewinnbegriff, der lautet:

- *Gewinn ist der Saldo aus Erträgen und Aufwendungen der Gewinnermittlungsperiode.*

Die *Identität der Gewinnbegriffe* ergibt sich aus folgender Überlegung: Jede Bestandserhöhung nach § 4 Abs. 1 EStG beruht auf einem *Ertrag,* es sei denn, sie wird durch eine Privateinlage verursacht; jede Bestandsminderung beruht auf einem *Aufwand,* es sei denn, sie wird durch eine Privatentnahme hervorgerufen. Die Bestandserhöhungen abzüglich der Einlagen ergeben also die Erträge, die Bestandsminderungen abzüglich der Entnahmen die Aufwendungen.

Der Gewinnbegriff des § 5 EStG entspricht grundsätzlich demjenigen des § 4 Abs. 1 EStG. Der wesentliche Unterschied besteht darin, daß bei der Gewinnermittlung nach § 5 EStG der Maßgeblichkeitsgrundsatz zu beachten ist, bei der Gewinnermittlung nach § 4 Abs. 1 EStG hingegen nicht. Auf die sich hieraus ergebenden Unterschiede wird an späteren Stellen eingegangen.

1 Einführung und allgemeine Grundsätze

Die Gewinnermittlung nach § 4 Abs. 3 EStG beinhaltet nicht einen Bestandsvergleich, sondern eine *Einnahmen-Überschußrechnung*: Gewinn ist der Überschuß der Betriebseinnahmen über die Betriebsausgaben. Betriebseinnahmen (nicht gesetzlich definiert) sind die Einnahmen, die im Rahmen der betrieblichen Betätigung anfallen. Betriebsausgaben sind die Ausgaben, die durch den Betrieb *veranlaßt* sind (§ 4 Abs. 4 EStG).

Der fundamentale Unterschied zwischen der Einnahmen-Überschußrechnung nach § 4 Abs. 3 EStG und der Gewinnermittlung durch Bestandsvergleich liegt in folgendem:

Die *Einnahmen-Überschußrechnung* wird durch das *Zu- und Abflußprinzip* des § 11 EStG beherrscht; für den *Bestandsvergleich* hingegen gilt das *Prinzip der periodengerechten Gewinnermittlung*, so wie dies aus der Buchhaltung bekannt ist. Nach § 11 Abs. 1 EStG sind Einnahmen in dem Kalenderjahr steuerlich zu erfassen, in dem sie dem Steuerpflichtigen zufließen. Nach § 11 Abs. 2 EStG sind (Betriebs-)Ausgaben in dem Jahr (gewinnmindernd) abzusetzen, in dem sie tatsächlich gezahlt werden. Bei der Einnahmen-Überschußrechnung wird also auf *Ein- und Auszahlungen,* beim Bestandsvergleich hingegen auf *Erträge und Aufwendungen* abgestellt.

Der Anwendungsbereich der Gewinnermittlungsarten ist aus den Gewinnermittlungsvorschriften ableitbar. Ein Bestandsvergleich nach § 5 EStG ist durchzuführen bei *Gewerbetreibenden,* die

- entweder verpflichtet sind, Bücher zu führen und regelmäßig Abschlüsse zu machen, oder
- ohne rechtliche Verpflichtung, d.h. freiwillig, Bücher führen und Abschlüsse machen.

Wer zur Buchführung verpflichtet ist, ergibt sich aus den bereits behandelten §§ 140 und 141 AO. Unterliegt ein Gewerbetreibender weder der abgeleiteten Buchführungspflicht des § 140 AO, noch der originären des § 141 AO, so kann er dennoch *freiwillig* Bücher führen. Macht er dies, so unterliegt seine Gewinnermittlung ebenfalls den Regeln des § 5 EStG.

Ist ein Gewerbetreibender nicht zur Buchführung verpflichtet und führt er auch nicht freiwillig Bücher, so kann er seinen Gewinn durch eine Einnahmen-Überschußrechnung nach § 4 Abs. 3 EStG ermitteln. Führt er auch nicht die hierzu erforderlichen Aufzeichnungen der Einnahmen und Ausgaben, so *schätzt* das Finanzamt seinen Gewinn gem. § 162 AO nach den Grundsätzen der Gewinnermittlung des § 4 Abs. 1 EStG.

1.5 Maßgeblichkeitsgrundsatz und umgekehrte Maßgeblichkeit

Von zentraler Bedeutung für die Gewinnermittlung nach § 5 EStG ist der *Grundsatz der Maßgeblichkeit der Handelsbilanz für die Steuerbilanz* (**Maßgeblichkeitsgrundsatz** oder **Maßgeblichkeitsprinzip**). Dieser Grundsatz, der in § 5 Abs. 1 Satz 1 EStG kodifiziert ist, besagt, daß *Gewerbetreibende* bei ihrer Bilanzierung das Betriebsvermögen anzusetzen haben, das nach den handelsrechtlichen Grundsätzen ordnungsmäßiger Buchführung anzusetzen ist.

In engem Zusammenhang mit § 5 Abs. 1 Satz 1 ist § 5 Abs. 6 EStG zu sehen. Letztere Vorschrift besagt u.a., daß die steuerrechtlichen Spezialnormen über die *Bewertung,* die *Absetzung* für Abnutzung *(AfA)* oder *Substanzverringerung (AfS)* zu beachten sind.

Aus dem Wortlaut der Absätze 1 und 6 des § 5 EStG leitet die herrschende Meinung heute die folgenden beiden Grundsätze ab, die für die steuerliche Bilanzierung und Bewertung von fundamentaler Bedeutung sind:

1. die Frage, **was** in der Bilanz zu erfassen ist *(Frage nach der Bilanzierung),* wird durch die handelsrechtlichen Grundsätze ordnungsmäßiger Buchführung beantwortet;
2. die Frage, **wie** die zu erfassenden Bilanzposten zu bewerten sind *(Frage nach der Bewertung),* richtet sich primär nach steuerrechtlichen Vorschriften und nur subsidiär nach den Grundsätzen ordnungsmäßiger Buchführung.

Die *Bilanzierung* richtet sich somit vorrangig nach *Handelsrecht,* die Bewertung hingegen nach *Steuerrecht.* Im Rahmen der Bewertung kommt das Handelsrecht nur dann zur Anwendung, wenn das Steuerrecht eine Bewertungsfrage entweder überhaupt nicht klärt oder Bewertungswahlrechte einräumt. Auf das Zusammenwirken von handels- und steuerrechtlichen Bewertungsvorschriften wird an späteren Stellen noch näher eingegangen.

Neben dem Grundsatz der Maßgeblichkeit der Handelsbilanz für die Steuerbilanz kennt das Bilanzsteuerrecht den *Grundsatz der umgekehrten Maßgeblichkeit* (**umgekehrte Maßgeblichkeit**). Dieser Grundsatz ist in § 5 Abs. 1 Satz 2 EStG kodifiziert. Er beinhaltet, daß steuerrechtliche Wahlrechte bei der steuerlichen Gewinnermittlung nur in Übereinstimmung mit der handelsrechtlichen Jahresbilanz ausgeübt werden dürfen. Bestehen steuerrechtliche Bilanzierungs- oder Bewertungswahlrechte, so können diese also nur dann ausgeübt werden, wenn handelsbilanziell in gleicher Weise verfahren wird. Für die Übernahme der steuerlichen Bilanzierung und Bewertung in die Handelsbilanz ist es in derartigen Fällen nicht erforderlich, daß das Handelsrecht selbst derartige Wahlrechte einräumt.

Beispiel

Die X-GmbH will steuerlich alle von ihr im Jahre 01 angeschafften geringwertigen Wirtschaftsgüter (Wirtschaftsgüter, deren Anschaffungs- oder Herstellungskosten nicht mehr als 800,-- DM betragen) gem. § 6 Abs. 2 EStG sofort abschreiben. Handelsbilanziell hingegen will sie diese Vermögensgegenstände nur entsprechend ihrer Nutzungsdauer abschreiben. Das von der X-GmbH geplante Verfahren ist nach § 5 Abs. 1 Satz 2 EStG unzulässig. Sie kann nach dieser Vorschrift von der Möglichkeit einer Sofortabschreibung gem. § 6 Abs. 2 EStG nur dann Gebrauch machen, wenn sie die geringwertigen Wirtschaftsgüter auch in der Handelsbilanz sofort abschreibt. Eine unterschiedliche Handhabung in Handels- und Steuerbilanz ist somit unzulässig.

1.6 Die Grundsätze ordnungsmäßiger Buchführung und Bilanzierung

1.6.1 Bedeutung der GoB für die Steuerbilanz und deren Rechtsnatur

Im Handelsrecht spielen die Grundsätze ordnungsmäßiger Buchführung und Bilanzierung (GoB) eine zentrale Rolle. Durch das Maßgeblichkeitsprinzip sind diese Grundsätze auch für die Steuerbilanz von herausragender Bedeutung.

Rechtsnatur und Ermittlung der GoB sind im Schrifttum seit Jahrzehnten heftig umstritten[10]. Immerhin lassen sich in der Literatur *zwei Grundströmungen* erkennen. Nach der einen Ansicht stellen die GoB praktizierten Handelsbrauch „ehrbarer Kaufleute" dar, der teilweise zu Gesetzesnormen und teilweise zu Gewohnheitsrecht verdichtet ist, nach der anderen hingegen sollen die GoB aus den mit der Bilanzierung verfolgten Zwecken abgeleitet werden.[11] Der zuerst genannten Methode der Ermittlung der GoB liegt somit eine *induktive Vorgehensweise* zugrunde: Es wird die tatsächliche Verhaltensweise der Wirtschaftspraxis ermittelt; der Extrakt der Beobachtungen, der Handelsbrauch, wird zu GoB erklärt. Zu Gewohnheitsrecht verdichtet ist ein Handelsbrauch dann, wenn er bereits seit langem praktiziert wird und sich bei den Beteiligten die Überzeugung festgesetzt hat, daß er rechtens sei. Lange praktiziertes Gewohnheitsrecht wird häufig vom Gesetzgeber kodifiziert, zu Gesetzesnormen verdichtet[12].

Bei der induktiven Ermittlung von GoB besteht keinerlei Gewähr dafür, daß die Ergebnisse - gemessen an den Zielvorstellungen des Gesetzgebers oder denjenigen anderer gesellschaftlicher Gruppen als der Kaufleute - sinnvoll sind[13]. Ließe der Gesetzgeber den Handelsbrauch sich völlig frei entwickeln, so könnten die Ergebnisse erklärten Zielen des Gesetzgebers durchaus zuwiderlaufen. So neigt nach aller historischer Erfahrung zumindest ein Teil der Kaufmannschaft dazu, die tatsächliche wirtschaftliche Lage ihrer Unternehmen möglichst im dunkeln zu lassen, sei es, um Forderungen von Arbeitnehmern und Minderheitsgesellschaftern (Kleinaktionären) entgegenzuwirken, sei es, um Gläubigern die Situation des Unternehmens möglichst rosig darzustellen. Erklärtes Ziel des Gesetzgebers hingegen ist es, nach der *Generalnorm* des § 264 Abs. 2 HGB den Bilanzlesern - zumindest denjenigen von Kapitalgesellschaften - „... ein den tatsächlichen Verhältnissen entsprechendes Bild der Vermögens-, Finanz- und Ertragslage ... zu vermitteln".

---

10 Einen kurzen und informativen Überblick geben Baetge, J./Kirsch, H.-J., in: Küting, K./Weber, C.-P., HdR, Teil I, Rn. 238 ff. Als Ergänzung hierzu wird verwiesen auf Kruse, H. W., Grundsätze, 1978; Leffson, U., Grundsätze, 1987, S. 21 ff.; Federmann, R., Bilanzierung, 1994, S. 106 ff.; Euler, R., System, 1996.

11 Vgl. Leffson, U., Grundsätze, 1987, S. 29 ff.; Federmann, R., Bilanzierung, 1994, S. 109 f.; Baetge, J., Bilanzen, 1996, S. 66 f.; WP-Handbuch, 1996, S. 151; Schmidt, L., in: Schmidt, L., EStG, § 5 EStG, Anm. 13; Wöhe, G., Bilanzierung, 1997, S. 179 ff.

12 Vgl. Kruse, H. W., Grundsätze, 1978, S. 29 ff.

13 Vgl. Leffson, U., Grundsätze, 1987, S. 29; Baetge, J., Bilanzen, 1996, S. 67.

Aus der soeben skizzierten Kritik an der induktiven Vorgehensweise haben viele, vor allem betriebswirtschaftliche Autoren, den Schluß gezogen, die GoB seien nicht induktiv, sondern *deduktiv* zu ermitteln. Die GoB sollen also nicht empirisch aus dem tatsächlichen Handelsbrauch gewonnen, vielmehr soll umgekehrt der Handelsbrauch durch die aus den Zwecken der Bilanzierung abgeleiteten GoB bestimmt werden. Besonders eindringlich wird diese These von Schneider vertreten, der in diesem Zusammenhang zwischen deduzierten und tatsächlich praktizierten Grundsätzen ordnungsmäßiger Buchführung unterscheidet[14].

Zwar besteht in der neueren einschlägigen betriebswirtschaftlichen Literatur weitgehend Einigkeit darüber, daß die GoB aus den Zwecken der externen Rechnungslegung abgeleitet werden sollten[15], doch sind die Ansichten über die Zwecke selbst in hohem Maße kontrovers. Deshalb ist es auch nicht weiter verwunderlich, daß die konkreten Ausprägungen der GoB im betriebswirtschaftlichen Schrifttum teilweise stark voneinander abweichen[16].

Es muß also festgestellt werden, daß sowohl die induktive als auch die bisherige Art der deduktiven Ermittlung der GoB Anlaß zu berechtigter Kritik geben. Ein Ausweg aus dem bestehenden Dilemma ergäbe sich nur dann, wenn der Gesetzgeber die mit der Rechnungslegung verfolgten Zwecke klar und widerspruchsfrei definieren würde. In diesem Fall ließen sich mit Hilfe betriebswirtschaftlicher Methoden Grundsätze ordnungsmäßiger Buchführung und Bilanzierung aus den vorgegebenen Zwecken deduzieren[17].

Unabhängig davon, welche Methode der Ermittlung von GoB für „richtig" gehalten wird, ist doch festzustellen, daß auf die Entwicklung der GoB zwei Institutionen einen herausragenden Einfluß ausgeübt haben, und zwar zum einen der BFH und zum anderen das Institut der Wirtschaftsprüfer (IDW).

Der große Einfluß des BFH auf die Entwicklung der GoB mag auf den ersten Blick verwunderlich erscheinen. Er wird aber verständlich, wenn man sich vor Augen führt, daß viele Entscheidungen zum Bilanzsteuerrecht nicht oder nur z.T. auf Steuerrecht, im wesentlichen hingegen auf Handelsrecht beruhen. Dieses ist dann über § 5 Abs. 1 Satz 1 EStG für das Steuerrecht maßgebend.

---

[14] So stellt Schneider z.B. das von ihm entwickelte „reine Realisationsprinzip" dem heute „praktizierten Realisationsprinzip" gegenüber; vgl. Schneider, D., Steuerbilanzen, 1978, S. 60 ff.

[15] Vgl. die unter FN 11 aufgeführte Literatur.

[16] Vgl. hierzu insbesondere Schneider, D., Steuerbilanzen, 1978, S. 70. Schneider vertritt die Ansicht, daß einzelne „praktizierte" GoB formale Selbstverständlichkeiten, andere dem Zweck der Rechnungslegung widersprechende Empfehlungen und weitere inhalts- bzw. „zweck"-lose Forderungen seien. Vgl. hierzu auch Leffson, U., Grundsätze, 1987, S. 143 ff.; Schneider, D., Rechtsfindung, 1983, S. 141 ff.; Moxter, A., Gewinnermittlung, 1983, S. 300 ff.; Baetge, J., Bilanzen, 1996, S. 65 ff.; Euler, R., System, 1996, S. 18 ff.; Schildbach, T., Jahresabschluß, 1997, S. 105 ff.

[17] In die gleiche Richtung gehen offensichtlich Überlegungen Dieter Schneiders; vgl. Schneider, D., Rechtsfindung, 1983, S. 141 ff.

1 Einführung und allgemeine Grundsätze

Der große Einfluß des IDW auf die Entwicklung der GoB beruht darauf, daß das IDW mit seinen Fachgutachten und Stellungnahmen in entscheidendem Maße die berufsständische Ansicht der Wirtschaftsprüfer prägt. Diese ihrerseits prägen durch ihre prüfende und beratende Tätigkeit in hohem Maße das tatsächliche Bilanzierungsverhalten ihrer Mandanten.

Mit der Einfügung des Dritten Buches in das HGB (§§ 238 - 339 HGB) durch das Bilanzrichtlinien-Gesetz vom 19.12.1985[18] ist dem Streit um die „richtige" Ermittlung der GoB vieles von seiner früheren Schärfe genommen worden. Der Grund liegt darin, daß die meisten GoB seither im HGB kodifiziert sind. Zu nennen sind in diesem Zusammenhang insbesondere die §§ 238 Abs. 1, 239 Abs. 2, 243 Abs. 2, 246 Abs. 1 und 252 HGB. Nur auf diese soll nachfolgend kurz eingegangen werden.

1.6.2 Die Grundsätze der Klarheit und Wahrheit

Nach § 243 Abs. 2 HGB muß der Jahresabschluß *klar* und *übersichtlich* erstellt werden. Dieser **Grundsatz der Bilanzklarheit** erfordert die Ausgestaltung der dem Jahresabschluß zugrunde liegenden Buchführung dergestalt, daß sich ein *sachverständiger Dritter innerhalb angemessener Zeit* einen *Überblick über* die *Geschäftsvorfälle* und über die *Lage des Unternehmens* verschaffen kann (§ 238 Abs. 1 HGB). Weiterhin ist nach § 239 Abs. 2 HGB erforderlich, daß die Buchführung *zeitgerecht* und *geordnet* vorgenommen wird. Dies gilt auch für die Belegablage. Der Jahresabschluß ist innerhalb der einem ordnungsmäßigen Geschäftsgang entsprechenden Zeit aufzustellen (§ 243 Abs. 3 HGB). Eintragungen und Aufzeichnungen dürfen nicht in einer Weise verändert werden, daß der ursprüngliche Inhalt nicht mehr feststellbar ist (§ 239 Abs. 3 HGB). Der Bilanzklarheit dient auch das Saldierungsverbot zwischen Aktiv- und Passivposten sowie zwischen Aufwendungen und Erträgen (§ 246 Abs. 2 HGB).

Nach § 239 Abs. 2 HGB müssen die Eintragungen in der Buchführung und die sonstigen Aufzeichnungen *vollständig* und *richtig* vorgenommen werden. Diese Grundsätze der **Vollständigkeit** und **Richtigkeit** werden traditionell unter dem Grundsatz der **Bilanzwahrheit** zusammengefaßt. Alle Geschäftsvorfälle müssen also vollständig erfaßt, falsche oder fingierte Konten dürfen nicht geführt, bewußte Falschbuchungen dürfen nicht vorgenommen werden. Das Zahlenwerk der Buchführung ist vollständig und richtig in den Jahresabschluß zu übernehmen. Dies beinhaltet auch eine „richtige" Bewertung der in der Bilanz auszuweisenden Vermögensgegenstände.

Bei vielen Gegenständen ist allerdings *der* richtige Wert nicht feststellbar. So können z.B. die (historischen) Anschaffungskosten eines Grundstücks 50.000 DM, der Bilanzansatz des Vorjahres 30.000 DM, der Schätzwert eines Gutachters aus dem Vorjahr 900.000 DM und der derzeit tatsächlich erzielbare

---

[18] BGBl 1985 I, S. 2355 ff.

Verkaufspreis 600.000 DM betragen. Aus diesem Beispiel wird ersichtlich, daß die Forderung nach dem richtigen Wertansatz einer Konkretisierung durch Bewertungsregeln bedarf. Ein „richtiger" Wertansatz ist demnach ein solcher, der sich im Rahmen der durch Gesetz und andere GoB festgelegten Bewertungsregeln bewegt.

Das in § 239 Abs. 2 HGB für die Buchführung verankerte *Vollständigkeitsgebot* ist in § 246 Abs. 1 HGB für den Jahresabschluß ausdrücklich zusätzlich kodifiziert. Danach hat der Jahresabschluß sämtliche Vermögensgegenstände, Schulden, Rechnungsabgrenzungsposten, Aufwendungen und Erträge zu erfassen. Dies gilt nicht, soweit gesetzlich ausdrücklich etwas anderes geregelt ist. Auf derartige gesetzliche Ausnahmen von dem Vollständigkeitsgebot wird später noch zurückzukommen sein.

1.6.3 Grundsätze gemäß § 252 HGB

1.6.3.1 Überblick

Bei der *Bewertung* der im Jahresabschluß ausgewiesenen Vermögensgegenstände und Schulden gilt nach § 252 Abs. 1 HGB folgendes:

1. Die Wertansätze in der Eröffnungsbilanz des Geschäftsjahres müssen mit denen in der Schlußbilanz des Vorjahres übereinstimmen (Grundsatz der *Bilanzidentität*).
2. Grundsätzlich ist von der Fortführung der Unternehmenstätigkeit auszugehen (Grundsatz der *Unternehmensfortführung*).
3. Die Vermögensgegenstände und Schulden sind einzeln zu bewerten (Grundsatz der *Einzelbewertung*).
4. Es ist vorsichtig zu bewerten (*Vorsichtsprinzip*); nicht realisierte Gewinne dürfen nicht ausgewiesen werden (*Realisationsprinzip*), nicht realisierte Verluste (Buchverluste) müssen hingegen ausgewiesen werden (*Imparitätsprinzip*).
5. Aufwendungen und Erträge des Geschäftsjahres sind unabhängig von den Zeitpunkten der entsprechenden Zahlungen zu berücksichtigen (Grundsatz der *periodengerechten Gewinnermittlung*).
6. Die im vorangegangenen Jahresabschluß angewandten Bewertungsmethoden sollen beibehalten werden (Grundsatz der *Bewertungsstetigkeit*).

1.6.3.2 Die Grundsätze der Bilanzidentität und der Unternehmensfortführung

Der Grundsatz der **Bilanzidentität** (§ 252 Abs. 1 Nr. 1 HGB) wird im Schrifttum häufig auch als Grundsatz der formellen Bilanzkontinuität bezeichnet. Er beinhaltet, daß die Eröffnungsbilanz eines Wirtschaftsjahres mit der Schlußbilanz des vorangegangenen Wirtschaftsjahres identisch sein muß. In der logischen Sekunde zwischen dem Ende des alten und dem Beginn des neuen Wirtschaftsjahres darf somit weder eine Änderung im Bestand noch in der Bewertung der zu bilanzierenden Vermögensgegenstände erfolgen. Hierdurch soll verhindert werden, daß in

1 Einführung und allgemeine Grundsätze

der logischen Sekunde des Wechsels vom alten zum neuen Jahr Gewinne oder Verluste „versteckt" oder mehrfach ausgewiesen werden. Wenn auch der Grundsatz der Bilanzidentität in § 252 HGB nur für die Bewertung kodifiziert ist, so wird doch, soweit ersichtlich, von niemandem angezweifelt, daß er auch hinsichtlich der Bilanzierung gilt. Insoweit ist er als nicht kodifizierter GoB anzusehen. Steuerrechtlich ist der Grundsatz der Bilanzidentität in § 4 Abs. 1 EStG gesetzlich verankert. Dies ergibt sich daraus, daß nach § 4 Abs. 1 EStG ein Bestandsvergleich zwischen dem Betriebsvermögen am Ende des Wirtschaftsjahres und dem Betriebsvermögen am Ende des vorangegangenen Wirtschaftsjahres vorzunehmen ist. Umbewertungen zu Beginn eines Wirtschaftsjahres sind damit ausgeschlossen.

Der Grundsatz der **Unternehmensfortführung** (§ 252 Abs. 1 Nr. 2 HGB) beinhaltet, daß bei der Bewertung der Vermögensgegenstände grundsätzlich von der Fortführung des Unternehmens und nicht von dessen Liquidation auszugehen ist (Going-Concern-Prinzip). Im Falle der Unternehmensfortführung ergeben sich vielfach höhere Werte als in dem der Liquidation.

1.6.3.3 Der Grundsatz der Einzelbewertung

Nach dem Grundsatz der **Einzelbewertung** (§ 252 Abs. 1 Nr. 3 HGB) ist jeder Vermögensgegenstand und jede Schuld einzeln zu bewerten. Der Bewertung vorgelagert ist die Bilanzierung. Für diese ergibt sich aus § 240 Abs. 1 HGB eine Einzelerfassung. Der Grundsatz der Einzelbewertung umfaßt damit sowohl die Bilanzierung als auch die Bewertung aller Vermögensgegenstände und Schulden. Von dem Grundsatz der Einzelbewertung enthält das HGB aber zwei Ausnahmen.

Zum einen können nach § 240 Abs. 3 HGB Vermögensgegenstände des Sachanlagevermögens sowie Roh-, Hilfs- und Betriebsstoffe mit einer gleichbleibenden Menge und einem gleichbleibenden Wert angesetzt werden. Voraussetzung ist, daß die Gegenstände

- regelmäßig ersetzt werden,
- ihr Gesamtwert für das Unternehmen von nachrangiger Bedeutung ist und
- der Bestand der Gegenstände in seiner Größe, seinem Wert und in seiner Zusammensetzung nur geringen Veränderungen unterliegt.

In diesen Fällen ist i.d.R. aber alle drei Jahre eine körperliche Bestandsaufnahme durchzuführen, d.h. in diesen Abständen ist auch in diesen Fällen eine Einzelerfassung und -bewertung vorzunehmen.

Die zweite Ausnahme von dem Grundsatz der Einzelbewertung ergibt sich aus § 240 Abs. 4 HGB. Nach dieser Vorschrift können gleichartige Vermögensgegenstände des Vorratsvermögens sowie andere gleichartige oder annähernd gleichwertige bewegliche Vermögensgegenstände jeweils zu einer Gruppe zusammengefaßt und mit dem gewogenen Durchschnittswert angesetzt werden.

1.6.3.4 Vorsichts-, Imparitäts-, Realisationsprinzip

Nach § 252 Abs. 1 Nr. 4 HGB ist das in der Bilanz auszuweisende Vermögen vorsichtig zu bewerten (**Vorsichtsprinzip**). Bei unsicheren Erwartungen ist es also eher zu niedrig als zu hoch anzusetzen. Bei der Bewertung sind namentlich alle vorhersehbaren Risiken und Verluste, die bis zum Abschlußstichtag entstanden sind, zu berücksichtigen. Eine besondere Ausprägung des Vorsichtsprinzips ist das Niederstwertprinzip, auf das später noch näher einzugehen sein wird[19].

Für die Bewertung sind grundsätzlich die Verhältnisse am Bilanzstichtag maßgebend. Ist ein Sachverhalt am Bilanzstichtag bereits verwirklicht, aber zu diesem Zeitpunkt dem Kaufmann noch nicht bekannt, so ist er dennoch bereits im Jahresabschluß zu berücksichtigen, wenn er bis zum Zeitpunkt der Bilanzerstellung bekannt wird. Für die Bewertung ist also die „Wertaufhellung" bis zum Tag der Bilanzerstellung von Bedeutung. Dieser allgemein als **Wertaufhellungstheorie** bezeichnete Bewertungsgrundsatz ist in § 252 Abs. 1 Nr. 4 HGB ausdrücklich gesetzlich verankert.

Von den *wertaufhellenden* (*werterhellenden*) sind die *wertbegründenden* (*wertbeeinflussenden*) Tatsachen zu unterscheiden. *Wertbegründend* sind Tatsachen dann, wenn sie nicht mehr vor, sondern erst nach dem Bilanzstichtag eintreten. *Wertbegründende* Tatsachen dürfen, im Gegensatz zu den wertaufhellenden, im Jahresabschluß grundsätzlich nicht berücksichtigt werden. Die Wertaufhellungstheorie gilt nicht nur für die Bewertung, sondern auch für die dieser vorgelagerten Bilanzierung. Dies ergibt sich zwar nicht aus dem Wortlaut des § 252 Abs. 1 Nr. 4 HGB, kann aber als nicht kodifizierter GoB aufgefaßt werden. Ein Beispiel soll die Zusammenhänge verdeutlichen:

Beispiel

In einem Lager mit hochexplosiven Chemikalien der C-GmbH bricht in der Silvester- bzw. Neujahrsnacht zwischen den Jahren 01 und 02 ein Feuer aus und vernichtet innerhalb von Minuten die gesamten dort gelagerten Vorräte. Die Vernichtung der Vorräte erfolgt

a) kurz vor Mitternacht,
b) kurz nach Mitternacht.

Die C-GmbH hat ein mit dem Kalenderjahr übereinstimmendes Wirtschaftsjahr. Der Geschäftsführer G der C-GmbH, der in der Silvesternacht in der Karibik segelt, erfährt von dem Verlust erst am 6.1.02. Der Jahresabschluß für das Jahr 01 wird im März des Jahres 02 erstellt.

Im Fall a) tritt das Ereignis (Vernichtung der Vorräte) noch im alten Jahr ein. Es ist deshalb in der Bilanz zum 31.12.01 zu berücksichtigen. Ohne Bedeutung ist es in diesem Zusammenhang, daß G von dem Ereignis erst nach dem Bilanzstichtag, d.h. nach dem 31.12.01, 24 Uhr, erfährt. Auf den Zeitpunkt der Kenntnisnahme kommt es bei diesem wertaufhellenden Ereignis nicht an.

Im Fall b) tritt das wertbegründende Ereignis erst im neuen Jahr, d.h. nach dem Bilanzstichtag, ein. Die Vorräte sind deshalb in der Bilanz zum 31.12.01 noch zu aktivieren.

Nach § 252 Abs. 1 Nr. 4 HGB sind zwar alle am Abschlußstichtag vorhersehbaren Risiken und Verluste zu berücksichtigen, Gewinne hingegen nur dann, wenn sie

---

[19] Vgl. Gliederungspunkt 3.5.2.

1 Einführung und allgemeine Grundsätze

bereits realisiert sind. Gewinne und Verluste sind demnach *imparitätisch* zu behandeln. Der hier zum Ausdruck kommende Grundsatz wird als **Imparitätsprinzip** bezeichnet.

Das Imparitätsprinzip führt allerdings nur zum Ausweis nicht realisierter Verluste aus tatsächlich eingeleiteten Einzelgeschäften. Nicht durch Einzelgeschäfte belegte allgemeine Verlusterwartungen dürfen hingegen nicht berücksichtigt werden. So darf insbesondere keine Rückstellung für ein allgemeines Unternehmerwagnis gebildet werden. Dies ist ausdrücklich in § 249 Abs. 3 HGB geregelt.

Als eine konkrete Ausprägung des Imparitätsprinzips wird der *Zwang zum Ausweis drohender Verluste aus schwebenden Geschäften und des Verbots des Ausweises entsprechender Gewinne* angesehen. Schwebende Geschäfte sind Rechtsgeschäfte, bei denen noch kein Vertragspartner seine Verpflichtungen erfüllt hat. Die Ansprüche und Verpflichtungen aus derartigen Rechtsgeschäften werden nicht bilanziert. Eine buchmäßige Erfassung erfolgt vielmehr erst in dem Augenblick, in dem einer der Vertragspartner seine Leistung erbracht hat. Zeichnen sich allerdings während des Schwebezustandes für einen der Vertragspartner Verluste ab, so hat er zu Lasten des Gewinns eine „Rückstellung für drohende Verluste aus schwebenden Geschäften" zu bilden (§ 249 Abs. 1 Satz 1 HGB). Der andere Vertragspartner hingegen darf keinen Aktivposten für zu erwartende Gewinne bilden. Zu erwartende Gewinne und Verluste aus schwebenden Geschäften werden somit *imparitätisch* behandelt.

Gewinne (Erträge) sind erst dann zu erfassen, wenn sie realisiert worden sind **(Realisationsprinzip)**. Damit stellt sich die Frage nach dem Zeitpunkt der Gewinnrealisierung (*Realisationszeitpunkt*). Nach den in den GoB zum Ausdruck kommenden Konventionen *gilt* ein Ertrag dann als realisiert, wenn der zur Leistung Verpflichtete seine *Leistung* (Lieferung, sonstige Leistung) *erbracht* hat. Zu diesem Zeitpunkt entsteht bei dem Leistenden bekanntlich eine Forderung. Damit ist der Realisationszeitpunkt mit dem Zeitpunkt der Forderungsentstehung identisch. Dies kommt auch in der dann erforderlichen Buchung zum Ausdruck, die in allgemeiner Form lautet: „Per Forderung an Ertrag".

Die Plazierung des Realisationsprinzips im HGB in dessen § 252 ist irreführend. Bei wörtlicher Auslegung würde § 252 HGB zu dem Ergebnis führen, daß das Realisationsprinzip nur bei der Bewertung, nicht hingegen bei der vorgelagerten Bilanzierung anwendbar sei. Das Entstehen einer Forderung fiele dann nicht unter das Realisationsprinzip. Damit entfiele der traditionell wichtigste Anwendungsfall des Realisationsprinzips. Dies aber kann nicht Sinn und Zweck der gesetzlichen Regelung sein. Bei teleologischer Auslegung des Gesetzes ist deshalb davon auszugehen, daß das Realisationsprinzip über den Wortlaut des § 252 HGB hinausgehend auch im Rahmen der Bilanzierung anzuwenden ist.

1.6.3.5 Der Grundsatz der periodengerechten Gewinnermittlung

Nach § 252 Abs. 1 Nr. 5 HGB sind Aufwendungen und Erträge des Geschäftsjahres unabhängig von den Zeitpunkten der entsprechenden Zahlungen im Jahresabschluß zu berücksichtigen. Erträge sind also grundsätzlich den Perioden zuzurechnen, zu denen sie wirtschaftlich gehören (**Grundsatz der periodengerechten Gewinnermittlung**). Hiermit besteht ein fundamentaler Unterschied zu dem das Einkommensteuerrecht beherrschenden Zu- und Abflußprinzip. Dies wird aber bekanntlich für den Fall der steuerlichen Gewinnermittlung durch § 11 Abs. 1 Satz 4 und Abs. 2 Satz 3 EStG durchbrochen: Für die Gewinnermittlung durch Bestandsvergleich gilt auch steuerlich nicht das Zu- und Abflußprinzip, sondern der Grundsatz der periodengerechten Zurechnung der Erträge und Aufwendungen.

Der Grundsatz der periodengerechten Gewinnermittlung beinhaltet insbesondere, daß Forderungen und Verbindlichkeiten bei ihrer Entstehung einzubuchen sind, daß am Jahresende Rückstellungen und Posten der Rechnungsabgrenzung zu bilden sind. Er beinhaltet ferner, daß Anschaffungs- oder Herstellungskosten von Vermögensgegenständen des abnutzbaren Anlagevermögens nur im Wege der Abschreibung gewinnmindernd berücksichtigt werden dürfen.

1.6.3.6 Der Grundsatz der Bewertungsstetigkeit

Nach § 252 Abs. 1 Nr. 6 HGB *sollen* die auf den vorhergehenden Jahresabschluß angewandten Bewertungsmethoden beibehalten werden. Dieser **Grundsatz der Bewertungsstetigkeit** betrifft also die angewandte Bewertungs*methode*. Damit stellt sich die Frage, was unter einer Bewertungs*methode* zu verstehen ist. Von besonderem Gewicht, zumindest für die Praxis, ist in diesem Zusammenhang die von dem Institut der Wirtschaftsprüfer (IDW) vertretene Ansicht.

Das IDW bezeichnet Bewertungsmethoden als „...bestimmte, in ihrem Ablauf definierte Verfahren der Wertfindung[20]." Im einzelnen läßt sich die Ansicht des IDW zum Grundsatz der Bewertungsstetigkeit wie folgt umreißen:

- Gesetzeszweck des § 252 Abs. 1 Nr. 6 HGB ist es, die „...Vergleichbarkeit aufeinander folgender Jahresabschlüsse zu verbessern[21]".
- Der Stetigkeitsgrundsatz des § 252 Abs. 1 Nr. 6 HGB gilt lediglich für die Bewertung, nicht hingegen auch für die Bilanzierung. Hinsichtlich der Bilanzierung ist nur ein nicht kodifiziertes Willkürverbot zu beachten.
- § 252 Abs. 1 Nr. 6 HGB beinhaltet lediglich eine Methodenstetigkeit. Dies bedeutet: Bei der Anwendung von Bewertungswahlrechten ist grundsätzlich stetig zu verfahren; bei der Ausübung von Ermessensspielräumen (einschließlich von Schätzungen) hingegen nur dann, wenn die Ermessensentscheidungen nach einem bestimmten Verfahren ausgeübt werden.
- Das Stetigkeitsgebot gilt nicht nur für die Bewertung jeweils eines einzigen Vermögensgegenstandes im Zeitablauf, sondern für die Bewertung aller art- und funktionsgleichen Bewertungsobjekte.
- Zu den Bewertungsmethoden i.S.d. § 252 Abs. 1 Nr. 6 HGB gehören auch die Abschreibungsmethoden.

---

[20] IDW, HFA, Bewertungsstetigkeit, 1997, S. 540 f.
[21] IDW, HFA, Bewertungsstetigkeit, 1997, S. 540 f.

1 Einführung und allgemeine Grundsätze 211

- Von dem Grundsatz der Bewertungsstetigkeit gibt es nach § 252 Abs. 2 HGB eine Vielzahl begründeter Ausnahmen, die nicht abschließend, sondern nur beispielhaft aufgezählt werden können. Steuerrechtliche Sonderabschreibungen begründen grundsätzlich eine derartige Ausnahme.

Trotz der Stellungnahme des IDW bleiben viele in der Literatur kontrovers diskutierte Fragen offen. Auf einige von ihnen wird an späteren Stellen noch einzugehen sein.

1.6.3.7 Begründete Ausnahmen von den Grundsätzen

Nach § 252 Abs. 2 HGB darf von den Bewertungsgrundsätzen des Abs. 1 dieser Vorschrift in begründeten Ausnahmefällen abgewichen werden. Begründete Ausnahmefälle liegen (selbstverständlich) stets dann vor, wenn die Ausnahmen ausdrücklich gesetzlich geregelt sind. So enthält § 240 Abs. 3 und 4 HGB Ausnahmen von dem Grundsatz der Einzelbewertung, auf die bereits an früherer Stelle[22] kurz eingegangen worden ist.

Aber auch dann, wenn dies nicht ausdrücklich gesetzlich geregelt ist, sind Ausnahmen von den Bewertungsgrundsätzen des § 252 Abs. 1 HGB gem. Abs. 2 dieser Vorschrift möglich. Besonders häufig dürften Ausnahmen von dem Grundsatz der Bewertungsstetigkeit sein. Eine Abweichung vom Grundsatz der Bewertungsstetigkeit muß sachlich gerechtfertigt sein[23]. Dies ist nach Ansicht des IDW grundsätzlich nur der Fall,

- „wenn die Abweichung durch eine Änderung der rechtlichen Gegebenheiten (insbesondere Änderung von Gesetz und Satzung, Änderung der Rechtsprechung) veranlaßt wurde,
- wenn die Abweichung unter Beachtung der Grundsätze ordnungsmäßiger Buchführung ein besseres Bild der Vermögens-, Finanz- oder Ertragslage vermitteln soll,
- wenn die Abweichung im Jahresabschluß zur Anpassung an konzerneinheitliche Bilanzierungsrichtlinien erfolgt,
- wenn mit der Abweichung der Konzernabschluß an international anerkannte Grundsätze angepaßt wird oder
- wenn die Abweichung erforderlich ist, um steuerliche Ziele zu verfolgen"[24].

1.7 Das Stichtagsprinzip

Bilanzierung und Bewertung richten sich handels- und steuerrechtlich nach den Verhältnissen an einem bestimmten Stichtag. Dieser **Abschlußstichtag** ist der letzte Tag des Wirtschaftsjahres.

---

[22] Vgl. Gliederungspunkt 1.6.3.3.
[23] Vgl. IDW, HFA, Bewertungsstetigkeit, 1997, S. 541.
[24] IDW, HFA, Bewertungsstetigkeit, 1997, S. 541.

Bei im *Handelsregister* eingetragenen Gewerbetreibenden ist *Wirtschaftsjahr* nach § 4a Abs. 1 Nr. 2 EStG bzw. § 7 Abs. 4 KStG der Zeitraum, für den sie regelmäßig Abschlüsse machen.

Der Gewinn eines Wirtschaftsjahres gilt als in dem Kalenderjahr bezogen, in dem das Wirtschaftsjahr endet (§ 4a Abs. 2 Nr. 2 EStG bzw. § 7 Abs. 4 Satz 2 KStG).

Beispiel

In dem Wirtschaftsjahr 01/02, das vom 1.4.01 bis zum 31.3.02 läuft, erzielt die X-GmbH einen steuerlichen Gewinn von 450.000 DM.

Der Gewinn gilt steuerlich als in dem Kalenderjahr 02 bezogen. Er ist daher in dem zu versteuernden Einkommen des Jahres 02 zu erfassen und nicht etwa auf die Jahre 01 und 02 aufzuteilen.

Eine *Umstellung* auf einen vom Kalenderjahr abweichenden Abschlußstichtag ist nach § 4a Abs. 1 Nr. 2 EStG bzw. § 7 Abs. 4 KStG steuerlich nur dann wirksam, wenn sie im Einvernehmen mit dem Finanzamt erfolgt. Mit dieser Vorschrift soll verhindert werden, daß die Steuerpflichtigen mit Hilfe eines Wechsels des Abschlußstichtages eine „Steuerpause" erreichen. Sprechen für eine Umstellung des Abschlußstichtages vernünftige wirtschaftliche Gründe, etwa die Verlegung der Inventur in eine arbeitsmäßig ruhige Zeit, so kann sich das Finanzamt der Umstellung nicht widersetzen.

Zu beachten ist, daß es nur für die Umstellung des Wirtschaftsjahres auf einen vom *Kalenderjahr abweichenden Zeitraum* (abweichendes Wirtschaftsjahr) des Einvernehmens mit dem Finanzamt bedarf. Nicht erforderlich ist das Einvernehmen somit in folgenden beiden Fällen:

1. Ein Gewerbebetrieb entsteht neu, wobei ein abweichendes Wirtschaftsjahr festgelegt wird;
2. ein Gewerbetreibender beabsichtigt, von einem abweichenden Wirtschaftsjahr zu einem dem Kalenderjahr entsprechenden Wirtschaftsjahr überzugehen.

Gewerbetreibende, deren Firma *nicht im Handelsregister* eingetragen ist, können nach § 4a Abs. 1 Nr. 3 EStG mit steuerlicher Wirkung *kein abweichendes Wirtschaftsjahr* haben. Bei ihnen ist Wirtschaftsjahr immer das Kalenderjahr.

Das **Stichtagsprinzip** besagt, daß alle am Abschlußstichtag vorhandenen Wirtschaftsgüter, aber auch nur diese, zu bilanzieren und bewerten sind. Hierbei sind die Wertverhältnisse zum Abschlußstichtag zugrunde zu legen. Vorgänge, die sich *nach* dem Bilanzstichtag ereignen und andere Vermögens- oder Wertverhältnisse verursachen *(wertbeeinflussende Umstände)* werden grundsätzlich nicht berücksichtigt. Sie zeigen nicht die objektiven Verhältnisse am Bilanzstichtag, sondern verändern sie.

Von den wertbeeinflussenden Umständen streng zu trennen sind die bereits behandelten *werterhellenden (wertaufhellenden) Erkenntnisse* nach dem Bilanzstichtag[25]. Erkenntnisse, die nach dem Bilanzstichtag, aber vor Bilanzerstellung über die objektiven Verhältnisse am Bilanzstichtag gewonnen werden, sind bei

---

25 Vgl. Gliederungspunkt 1.6.3.4.

1 Einführung und allgemeine Grundsätze

Bilanzerstellung zu berücksichtigen *(Wertaufhellungstheorie)*. Zwei Beispiele sollen nochmals die Zusammenhänge verdeutlichen:

Beispiele

1. Kaufmann A erfährt vor Fertigstellung der Bilanz des Jahres 01, daß eine Forderung gegenüber dem Kunden B bereits am Bilanzstichtag wertlos war, da über das Vermögen des B bereits das Konkursverfahren beantragt, aber mangels Masse abgelehnt worden war.

   Es handelt sich um eine Erkenntnis nach dem Bilanzstichtag über eine Tatsache zum Bilanzstichtag (Wertlosigkeit der Forderung). Diese Erkenntnis ist bei Bilanzaufstellung zu berücksichtigen, d.h. die Forderung ist nicht mit ihrem Nominalwert, sondern lediglich mit ihrem Erinnerungswert von 1 DM zu bewerten.

2. In der Zeit zwischen dem Bilanzstichtag und dem Tag der Bilanzaufstellung brennt ein Lagergebäude des Gewerbetreibenden C bis auf die Grundmauern nieder. Das Gebäude war nicht versichert.

   Eine Berücksichtigung dieses wertmindernden Ereignisses in der Bilanz des abgelaufenen Wirtschaftsjahres ist ausgeschlossen. Die Wertverhältnisse zum Bilanzstichtag werden durch den Brand nicht verändert.

2 Grundzüge der Bilanzierung

2.1 Bilanzierungsgegenstände

2.1.1 Bilanzierungsgegenstände in der Handelsbilanz

Nach § 246 Abs. 1 HGB hat die Bilanz grundsätzlich alle *Vermögensgegenstände*, *Schulden* und *Rechnungsabgrenzungsposten* zu erfassen. Nach § 247 Abs. 1 HGB sind das *Anlagevermögen*, das *Umlaufvermögen*, das *Eigenkapital*, die *Schulden* und die *Rechnungsabgrenzungsposten* gesondert auszuweisen und hinreichend aufzugliedern. Aus dem Verhältnis der §§ 246 Abs. 1 und 247 Abs. 1 HGB zueinander folgt, daß die *Vermögensgegenstände* aus dem *Anlagevermögen* und aus dem *Umlaufvermögen* bestehen. § 249 HGB enthält Vorschriften für die Passivierung von *Rückstellungen*. Das für Kapitalgesellschaften geltende Gliederungsschema enthält auf der Passivseite außer dem bereits erwähnten Eigenkapital (Posten A) und dem passiven Rechnungsabgrenzungsposten (Posten D) bei einer Grobeinteilung nur noch die Posten *Rückstellungen* (B) und *Verbindlichkeiten* (C). Den Posten Schulden enthält das Gliederungsschema hingegen nicht. Hieraus ist zu folgern, daß die *Schulden* i.S.d. § 246 Abs. 1 HGB sowohl die *Rückstellungen* als auch die *Verbindlichkeiten* i.S.d. § 266 Abs. 3 HGB *umfassen*.

Aus den bisherigen Ausführungen ergibt sich, daß folgende Posten zu *aktivieren sind:*

- Vermögensgegenstände des Anlagevermögens,
- Vermögensgegenstände des Umlaufvermögens und
- aktive Rechnungsabgrenzungsposten.

Zu *passivieren* sind:

- das Eigenkapital,
- Rückstellungen,
- Verbindlichkeiten und
- passive Rechnungsabgrenzungsposten.

Diese Posten sind nach § 247 Abs. 1 HGB hinreichend aufzugliedern. Für Kapitalgesellschaften ergibt sich die Art der Aufgliederung zwingend aus dem Schema des § 266 HGB. Kleine Kapitalgesellschaften i.S.d. § 267 Abs. 1 HGB brauchen nach § 266 Abs. 1 Satz 2 HGB lediglich eine verkürzte Bilanz aufzustellen. In dieser brauchen nur die mit Buchstaben und römischen Zahlen bezeichneten Posten des Bilanzschemas des § 266 Abs. 2 und 3 HGB gesondert ausgewiesen zu werden. Eine derartige verkürzte Bilanz hat dann das in Abbildung III/2 aufgeführte Aussehen.

Aktiva	Passiva
A Anlagevermögen I Immaterielle Vermögensgegenstände II Sachanlagen III Finanzanlagen B Umlaufvermögen I Vorräte II Forderungen und sonstige Vermögensgegenstände III Wertpapiere IV Schecks, Kassenbestand, Bundesbank- und Postgiroguthaben, Guthaben bei Kreditinstituten C Rechnungsabgrenzungsposten	A Eigenkapital I Gezeichnetes Kapital II Kapitalrücklage III Gewinnrücklagen IV Gewinnvortrag/Verlustvortrag V Jahresüberschuß/ Jahresfehlbetrag B Rückstellungen C Verbindlichkeiten D Rechnungsabgrenzungsposten

Abbildung III/2: Verkürzte Bilanz der kleinen Kapitalgesellschaft

In der Praxis wenden nicht nur Kapitalgesellschaften, sondern regelmäßig auch Personenunternehmen das Gliederungsschema des § 266 HGB entweder in ungekürzter oder in gekürzter Form an. Lediglich das Eigenkapital kann nicht in gleicher Weise dargestellt werden, da Personenunternehmen kein gezeichnetes Kapital kennen und auch die Bildung einer Kapitalrücklage sowie von Gewinnrücklagen zumindest gesetzlich nicht vorgeschrieben ist. Die Handhabung ist hier in der Praxis unterschiedlich. Für Einzelunternehmen ist folgende Darstellung weit verbreitet:

Eigenkapital:
Stand zu Beginn des Wirtschaftsjahres
./. Entnahmen
+ Einlagen
+ Gewinn (Jahresüberschuß)
Stand am Ende des Wirtschaftsjahres

Bei Personengesellschaften werden häufig die Kapitalkonten der einzelnen Gesellschafter gesondert aufgeführt. Auf die Darstellung wird später noch näher eingegangen werden[26].

Zusätzlich zu den bisher genannten Bilanzposten dürfen Kapitalgesellschaften unter engen im HGB genannten Bedingungen Bilanzierungshilfen ansetzen. Hierbei handelt es sich um Aktivposten, die der Verschönerung des Bilanzbildes dienen. Aktiviert werden dürfen derzeit nur Aufwendungen für die Ingangsetzung

---

[26] Vgl. Gliederungspunkt 6.

und Erweiterung des Geschäftsbetriebs (§ 269 HGB) und aktive latente Steuern (§ 274 Abs. 2 HGB). Wie noch zu begründen sein wird, dürfen Bilanzierungshilfen in der Steuerbilanz nicht angesetzt werden[27]. Auf sie soll deshalb nicht weiter eingegangen werden.

2.1.2 Bilanzierungsgegenstände in der Steuerbilanz und Vergleich mit der Handelsbilanz

§ 6 Abs. 1 EStG regelt „... die Bewertung der einzelnen Wirtschaftsgüter, die nach § 4 Abs. 1 oder nach § 5 als Betriebsvermögen anzusetzen sind ...". Diese Formulierung läßt erkennen, daß Bilanzierungsgegenstände sowohl bei einem Bestandsvergleich nach § 4 Abs. 1 EStG als auch bei einem solchen nach § 5 EStG die einzelnen Wirtschaftsgüter sind. In § 6 Abs. 1 EStG, d.h. in der Norm, die die Bewertung der Wirtschaftsgüter regelt, befindet sich unter der Nr. 3 die Bewertungsregel für Verbindlichkeiten. Aus dieser Gesetzessystematik heraus läßt sich folgern, daß *Verbindlichkeiten* zu den Wirtschaftsgütern zählen. Sie werden im Schrifttum verbreitet als *negative Wirtschaftsgüter* bezeichnet.

Neben den Wirtschaftsgütern und dem Eigenkapital kennt das Bilanzsteuerrecht als Bilanzposten lediglich noch die *Rechnungsabgrenzungsposten*. Zu diesen findet sich eine Regelung in § 5 Abs. 5 EStG. Weitere Bilanzposten sind demnach unzulässig. Insbesondere dürfen also auch nicht die nach dem HGB für Kapitalgesellschaften erlaubten Bilanzierungshilfen angesetzt werden.

Nach § 5 Abs. 1 Satz 1 EStG „... ist das Betriebsvermögen anzusetzen ..., das nach den handelsrechtlichen Grundsätzen ordnungsmäßiger Buchführung auszuweisen ist". Aus dieser Formulierung ergibt sich, daß die steuerrechtliche Bilanzierungsfähigkeit grundsätzlich die handelsrechtliche voraussetzt.

Wie bereits ausgeführt, unterscheidet das Handelsrecht zwischen Vermögensgegenständen einerseits und Schulden andererseits. Es verwendet demnach den Begriff des Vermögensgegenstandes lediglich für Gegenstände der Aktivseite. Den Begriff des negativen Vermögensgegenstandes, korrespondierend zu dem Begriff des negativen Wirtschaftsgutes, gibt es also nicht. Dies ergibt sich auch aus dem Wortlaut des § 240 Abs. 1 HGB. Dort heißt es: „Jeder Kaufmann hat ... den Wert der einzelnen Vermögensgegenstände und Schulden anzugeben".

Bei einem *Vergleich der Handels- mit der Steuerbilanz* ergibt sich folgendes:

1. In der Handelsbilanz sind Vermögensgegenstände, Schulden, Rechnungsabgrenzungsposten und das Eigenkapital anzusetzen.
2. In der Steuerbilanz sind Wirtschaftsgüter (einschließlich der Verbindlichkeiten und Rückstellungen), Rechnungsabgrenzungsposten und das Eigenkapital anzusetzen.
3. Steuerrechtliche Bilanzierungsfähigkeit setzt grundsätzlich handelsrechtliche Bilanzierungsfähigkeit voraus.

---

[27] Vgl. Gliederungspunkt 2.1.2.

Aus alledem kann gefolgert werden: Der Begriff des *Vermögensgegenstandes ist identisch* mit demjenigen des *aktiven Wirtschaftsgutes; passive Wirtschaftsgüter* werden handelsrechtlich nicht als negative Vermögensgegenstände, sondern als *Schulden* bezeichnet.

Abweichend von dieser gesetzlichen Terminologie soll im weiteren der Begriff des Wirtschaftsguts grundsätzlich *nur für positive Wirtschaftsgüter* verwendet werden. Sind Verbindlichkeiten bzw. Rückstellungen gemeint, so werden sie als solche bezeichnet. Nachfolgend wird also von einer Identität der Begriffe *Wirtschaftsgut* und *Vermögensgegenstand* ausgegangen. Der Begriff des Wirtschaftsgutes wird im Rahmen der steuerrechtlichen, der Begriff des Vermögensgegenstandes im Rahmen der handelsrechtlichen Argumentation verwendet.

2.1.3 Rechtsprechungsgrundsätze zur Maßgeblichkeit

Bereits im letzten Gliederungspunkt ist auf die zentrale Bedeutung des Maßgeblichkeitsgrundsatzes für die steuerrechtliche Bilanzierung hingewiesen worden. Aus einem Beschluß des Großen Senats des BFH aus dem Jahre 1969[28] können folgende sechs Grundsätze zur Maßgeblichkeit abgeleitet werden:

1. Ein handelsrechtliches Aktivierungsgebot (Aktivierungspflicht) wird über den Maßgeblichkeitsgrundsatz zu einem steuerrechtlichen Aktivierungsgebot.
2. Ein handelsrechtliches Aktivierungsverbot führt zu einem steuerrechtlichen Aktivierungsverbot.
3. Ein handelsrechtliches Aktivierungswahlrecht führt zu einem steuerrechtlichen Aktivierungsgebot.
4. Ein handelsrechtliches Passivierungsgebot (Passivierungspflicht) führt zu einem steuerrechtlichen Passivierungsgebot.
5. Ein handelsrechtliches Passivierungsverbot führt zu einem steuerrechtlichen Passivierungsverbot.
6. Ein handelsrechtliches Passivierungswahlrecht für zu einem steuerrechtlichen Passivierungsverbot.

Handelsrecht	Steuerrecht
Aktivierungspflicht	Aktivierungspflicht
Aktivierungsverbot	Aktivierungsverbot
Aktivierungswahlrecht	Aktivierungspflicht
Passivierungspflicht	Passivierungspflicht
Passivierungsverbot	Passivierungsverbot
Passivierungswahlrecht	Passivierungsverbot

Abbildung III/3: Bilanzierung nach Handels- und Steuerrecht

---

28 Vgl. BFH-Beschluß vom 3.2.1969, GrS 2/68, BStBl 1969 II, S. 291.

2.2 Die Aktivierung von Wirtschaftsgütern

2.2.1 Begriff des Wirtschaftsgutes bzw. des Vermögensgegenstandes

Der *Begriff des Wirtschaftsgutes* wird in Rechtsprechung und Lehre sehr weit gefaßt. Zu den Wirtschaftsgütern zählen nicht nur Sachen und Rechte, sondern auch sonstige wirtschaftliche Werte. Allgemein werden folgende Voraussetzungen gefordert:

1. Es muß ein wirtschaftlicher Vorteil gegeben sein, der über mehr als eine Periode hinausreicht,
2. für dessen Erlangung der Kaufmann Geldleistungen oder Aufwendungen erbringt,
3. der selbständig bewertungsfähig und
4. übertragbar ist[29].

Es kann also definiert werden: **Wirtschaftsgüter** bzw. Vermögensgegenstände sind Sachen und Rechte und alle sonstigen Gegenstände des wirtschaftlichen Verkehrs, für die ein Kaufmann ein besonderes Entgelt ansetzen würde, die über eine Periode hinausgehenden Nutzen erbringen und selbständig bewertungsfähig sind. Hierbei ist es ohne Bedeutung, ob der Gegenstand einzeln oder (wie bei einem Firmenwert) nur innerhalb einer Sachgesamtheit veräußerbar ist[30]. Zu den Sachen rechnen u.a. Grundstücke, Gebäude, Maschinen, Kraftfahrzeuge; zu den Rechten zählen u.a. Forderungen, Konzessionen, Patente; zu den sonstigen Gegenständen gehört u.a. der Firmenwert.

2.2.2 Einteilung der Wirtschaftsgüter

Wirtschaftsgüter lassen sich unterscheiden:

1. Nach der Art der Wirtschaftsgüter zwischen *materiellen* und *immateriellen,*
2. nach der Art des Erwerbs zwischen *angeschafften, hergestellten* und *unentgeltlich erworbenen* Wirtschaftsgütern.

Wirtschaftsgüter können *materieller* und *immaterieller* Art sein. **Materielle Wirtschaftsgüter** sind in erster Linie körperliche Gegenstände (Sachen), wie Grundstücke, Maschinen, sonstige Sachanlagen und Vorräte. Beteiligungen werden zu den materiellen Wirtschaftsgütern gezählt, obwohl sie Rechte verkörpern[31]. Dies wird damit begründet, daß bei ihnen der materielle Wert konkretisierbar sei. **Immaterielle Wirtschaftsgüter** sind nichtkörperliche Güter. Hierbei handelt es sich um Rechte, rechtsähnliche Werte und sonstige Vorteile auf der Aktivseite sowie

---

[29] Vgl. BFH-Urteil vom 6.12.1990, VI R 3/89, BStBl 1991 II, S. 346 m.w.N.
[30] Hinsichtlich des derzeitigen Diskussionsstandes zum Begriff des Wirtschaftsgutes s. Schmidt L., in: Schmidt, L., EStG, § 5 EStG, Anm. 16b.
[31] Vgl. Biergans E., Einkommensteuer, 1992, S. 203.

um die Verbindlichkeiten auf der Passivseite. Als wichtige immaterielle Wirtschaftsgüter sind zu nennen: der Firmen- oder Geschäftswert, Lizenzen, Verlagsrechte, Konzessionen, Software, Urheberrechte, Warenzeichen, ungeschützte Erfindungen, Fabrikationsverfahren und das Know-how.

Angeschafft worden sind Wirtschaftsgüter dann, wenn sie aus dem Vermögen einer anderen (natürlichen oder juristischen) Person gegen Entgelt erworben worden sind. Für angeschaffte Wirtschaftsgüter wird auch häufig der Ausdruck verwendet, sie seien *entgeltlich erworben*. **Hergestellte** Wirtschaftsgüter sind solche, die im eigenen Betrieb selbst erstellt worden sind. **Unentgeltlich erworben** sind die Wirtschaftsgüter, die ohne Zahlung eines Entgelts aus dem Vermögen einer anderen Person erworben worden sind. Unentgeltlicher Erwerb liegt vor allem bei Erwerb durch *Erbschaft* oder *Schenkung* vor.

Die Grenze zwischen Anschaffung und Herstellung ist fließend. So kann es z.B. zur Inbetriebnahme einer angeschafften (gekauften) Maschine erforderlich sein, an dieser im eigenen Betrieb umfangreiche Umrüstungs-, Fundamentierungs- und Anschlußarbeiten durchzuführen. Hier ist ein Erwerb mit einer Herstellung verknüpft. Ebenfalls fließend ist die Grenze zwischen entgeltlichem und unentgeltlichem Erwerb. So geschieht es häufig, daß Eltern ihren Betrieb an ihre Kinder zwar entgeltlich, aber zu einem nur durch das Verwandtschaftsverhältnis erklärbaren niedrigen Preis veräußern. In diesem Fall wird von einer **gemischten Schenkung** gesprochen.

Die *positiven Wirtschaftsgüter* lassen sich weiter untergliedern

- nach der *Zweckbestimmung* in *Anlage-* und *Umlaufvermögen* und
- nach der örtlichen Einsatzmöglichkeit in *bewegliche* und *unbewegliche* Wirtschaftsgüter.

2.2.3 Anlagevermögen

Zum **Anlagevermögen** gehören alle Wirtschaftsgüter, die dem *Betrieb auf Dauer zu dienen bestimmt* sind. Zum *Verbrauch* oder zur *Veräußerung bestimmte* Wirtschaftsgüter gehören hingegen zum **Umlaufvermögen**. Entscheidend für die Einordnung in die eine oder die andere dieser beiden Vermögenskategorien ist die *Zweckbestimmung* des Wirtschaftsgutes *am* jeweiligen *Bilanzstichtag*. Die Zweckbestimmung kann sich im Zeitablauf ändern.

Beispiel

Im Lager eines Möbelhändlers befindet sich am Bilanzstichtag u.a. ein Schreibtisch, der zum Verkauf bestimmt ist. Kurze Zeit nach dem Bilanzstichtag beschließt der Möbelhändler, den Schreibtisch nunmehr in seinem eigenen Büro zu nutzen.

Bis zum Beschluß über die Nutzungsänderung gehört der Schreibtisch zum Umlaufvermögen. Anschließend wird er Anlagevermögen.

Das Anlagevermögen läßt sich in das *abnutzbare* und das *nichtabnutzbare* unterteilen. Zum **abnutzbaren Anlagevermögen** gehören die Wirtschaftsgüter des Anlagevermögens, deren Nutzungsdauer begrenzt ist. Die Nutzungsdauer ist i.d.R.

durch *Verschleiß*, sie kann aber auch durch *Fristablauf* oder durch Substanzverzehr begrenzt sein.

Beispiele

1. Die Nutzungsdauer einer Maschine wird (in erster Linie) durch Verschleiß bestimmt.
2. Ein Gebäude auf fremdem Grund und Boden muß nach 15 Jahren abgerissen werden. Die Nutzungsdauer wird durch den Fristablauf bestimmt.
3. Die Nutzungsdauer einer Kiesgrube wird durch den Substanzverzehr, d.h. durch die abgebaute Menge Kies bestimmt.

Nichtabnutzbar sind Anlagegüter dann, wenn Sie keinem Wertverzehr unterliegen, ihr Nutzen also zeitlich nicht begrenzt ist.

Die wichtigsten Beispiele für Wirtschaftsgüter des nichtabnutzbaren Anlagevermögens sind der Grund und Boden, Beteiligungen und dem Betrieb dauernd dienende Wertpapiere.

Während *Gebäude* Wirtschaftsgüter des abnutzbaren Anlagevermögens sind, gehört der *Grund und Boden* zum nichtabnutzbaren Anlagevermögen. Bei einem bebauten Grundstück sind demnach *zwei Wertansätze* zu bilden, und zwar zum einen für den Grund und Boden, zum anderen für das Gebäude.

Beteiligungen sind nach § 271 Abs. 1 HGB Anteile an anderen Unternehmen, die dazu bestimmt sind, dem eigenen Geschäftsbetrieb durch Herstellung einer dauernden Verbindung zu dienen. Eine Beteiligung kann sowohl an einer Kapital- als auch an einer Personengesellschaft bestehen. Als Beteiligung gelten „im Zweifel" Anteile an einer Kapitalgesellschaft, deren Nennbeträge insgesamt 20 % des Nennkapitals dieser Gesellschaft überschreiten. In derartigen Fällen wird also grundsätzlich vermutet, daß die Voraussetzungen für das Vorhandensein einer Beteiligung erfüllt sind. Diese Vermutung kann aber widerlegt werden. Anteile an einer Personengesellschaft gelten handelsrechtlich nach h.M. als Beteiligung[32].

Liegt handelsrechtlich eine Beteiligung an einer Kapitalgesellschaft vor, so gilt dies nach dem Maßgeblichkeitsprinzip auch für die Steuerbilanz. Für Beteiligungen an einer Personengesellschaft greift nach Ansicht des BFH der Maßgeblichkeitsgrundsatz nicht[33]. Hier gehen vielmehr die Zuordnungsregeln des § 15 Abs. 1 Nr. 2 EStG vor. Auf die sich hierbei ergebenden Besonderheiten wird aber erst in Band 2 des Werkes eingegangen.

Wertpapiere gehören immer dann zum nichtabnutzbaren Anlagevermögen, wenn sie eine Beteiligung darstellen, darüber hinaus aber auch in allen anderen Fällen, in denen sie dazu bestimmt sind, dem Betrieb auf Dauer zu dienen. In allen anderen Fällen gehören Wertpapiere nicht zum Anlage-, sondern zum Umlaufvermögen.

---

[32] Vgl. IDW, HFA, Bilanzierung, 1991, S. 217.
[33] Vgl. BFH-Urteil vom 6.11.1985, I R 242/81, BStBl 1986 II, S. 333.

Beispiel

Eine AG besitzt 20 % der Anteile an einer anderen AG.

a) Die Anteile sind als Daueranlage gedacht, ohne daß aber eine Einflußnahme auf die Geschicke des Beteiligungsunternehmens beabsichtigt ist.

b) Die Anteile werden zu Spekulationszwecken erworben.

Im Fall a) handelt es sich um nichtabnutzbares Anlagevermögen, obwohl die Voraussetzungen für das Vorliegen einer Beteiligung nicht erfüllt sind. Im Fall b) gehören die Wertpapiere zum Umlaufvermögen.

Die Unterscheidung zwischen *abnutzbarem* und *nichtabnutzbarem* Anlagevermögen ist für die Bilanzierung - im Gegensatz zur Bewertung - ohne Belang.

Für die Bilanzierung von großer Bedeutung hingegen ist die Unterscheidung zwischen *materiellen* und *immateriellen* Wirtschaftsgütern des Anlagevermögens.

Zum *materiellen* Anlagevermögen gehören z.B. der Grund und Boden, Gebäude, Maschinen, maschinelle Anlagen, Büroeinrichtungen und Kraftfahrzeuge. Zu den *immateriellen* Anlagegegenständen zählen vor allem selbstgenutzte Patente, Warenzeichen, Gebrauchsmuster, Belieferungsrechte und selbstgenutzte Software sowie der Geschäfts- oder Firmenwert eines gewerblichen Betriebes bzw. der Praxiswert eines Freiberuflers.

Materielles Anlagevermögen ist sowohl handels- als auch steuerrechtlich zu bilanzieren (Bilanzierungsgebot), und zwar unabhängig davon, ob es angeschafft, hergestellt oder unentgeltlich erworben worden ist. Dies ergibt sich aus dem Grundsatz der Vollständigkeit der Bilanz[34].

Bei alleiniger Berücksichtigung des Vollständigkeitsprinzips müßten auch alle *immateriellen Wirtschaftsgüter* bilanziert werden. Dem widerspricht aber das Vorsichtsprinzip. *Selbstgeschaffene* (originäre) *immaterielle Vermögensgegenstände* werden als derart ungewiß angesehen, daß ihr Ansatz verboten ist. Dies ist ausdrücklich in § 248 Abs. 2 HGB geregelt. *Entgeltlich erworbene* (derivative) *immaterielle Vermögensgegenstände* hingegen gelten durch den Erwerb als hinreichend konkretisiert, so daß sie handelsrechtlich aktiviert werden dürfen. Soweit es sich bei ihnen um einzeln erfaßbare Vermögensgegenstände (immaterielle Einzelwirtschaftsgüter) handelt, greift das Vollständigkeitsgebot des § 246 Abs. 1 HGB, so daß sie aktiviert werden müssen (Aktivierungsgebot). Für den Geschäfts- oder Firmenwert hingegen besteht nach § 255 Abs. 4 HGB ausdrücklich ein Aktivierungswahlrecht.

Nach den bekannten Rechtsprechungsgrundsätzen des BFH zur Bilanzierung folgt aus den bisherigen Ausführungen für die *Steuerbilanz:*

▷ Erworbene immaterielle Wirtschaftsgüter des Anlagevermögens müssen, selbstgeschaffene dürfen nicht aktiviert werden.

---

[34] Vgl. Gliederungspunkt 1.6.2.

Dieser Grundsatz zur Bilanzierung immaterieller Wirtschaftsgüter ist in § 5 Abs. 2 EStG ausdrücklich kodifiziert.

Bei *unentgeltlich erworbenen* Wirtschaftsgütern des Anlagevermögens ist der Erwerber an die bilanzielle Behandlung durch den Rechtsvorgänger gebunden, sofern diese dem geltenden Recht entspricht.

2.2.4 Umlaufvermögen

Zum **Umlaufvermögen** gehören alle Wirtschaftsgüter, die dem Betrieb *nur vorübergehend* dienen sollen. Sie sind zum Verbrauch, zum Verkauf oder für eine andere Art einer kurzfristigen Verwertung im Unternehmen bestimmt.

§ 266 HGB unterscheidet beim Umlaufvermögen zwischen Vorräten, Forderungen und sonstigen Vermögensgegenständen, Wertpapieren und bestimmten liquiden Mitteln.

Zu den Vorräten gehören

1. Roh-, Hilfs- und Betriebsstoffe,
2. unfertige Erzeugnisse und unfertige Leistungen,
3. fertige Erzeugnisse und Waren,
4. Anzahlungen auf die zu 1. bis 3. genannten Vorräte.

Rohstoffe sind alle Stoffe, die unmittelbar in ein Fertigerzeugnis eingehen und dessen Hauptbestandteil bilden. Hilfsstoffe gehen ebenfalls in die Fertigerzeugnisse ein; ihnen kommt im Rahmen der Produktion jedoch lediglich eine Hilfsfunktion zu, sie sind im Vergleich zu den Rohstoffen von untergeordneter Bedeutung. Betriebsstoffe werden zur Produktion der Erzeugnisse verbraucht; sie werden selbst nicht Bestandteil der Erzeugnisse.

Beispiel

In einer Schreinerei lagern am Bilanzstichtag zur Möbelproduktion u.a. verschiedene Holzarten, Nägel, Schrauben, Beizen, Lacke sowie Reinigungs- und Schmiermaterialien für die zur Produktion benötigten Werkzeuge.

Bei den Hölzern handelt es sich um Rohstoffe; Nägel, Schrauben, Beizen und Lacke sind Hilfsstoffe, Reinigungs- und Schmiermaterialien sind Betriebsstoffe.

Fertige Erzeugnisse sind im eigenen Betrieb erstellte Produkte, sofern sie am Bilanzstichtag bereits versandfertig sind. Unfertige Erzeugnisse sind Produkte, mit deren Herstellung am Bilanzstichtag bereits begonnen worden ist, die aber noch nicht versandfertig sind. Es handelt sich somit um Vorräte in einem Zustand zwischen Rohstoffen und Fertigerzeugnissen. Waren sind von fremden Betrieben gekaufte Produkte, die zur Weiterveräußerung bestimmt sind.

Allen bisher erwähnten Arten von Erzeugnissen ist gemeinsam, daß sie materieller Art sind. Für sie alle besteht nach dem Vollständigkeitsgebot Aktivierungspflicht. Dies gilt nach dem Maßgeblichkeitsgrundsatz auch für die Steuerbilanz.

Neben den materiellen gibt es auch immaterielle Vermögensgegenstände des Umlaufvermögens. Zu nennen sind z.B. für die Veräußerung bestimmte Patente und Lizenzen sowie für die Veräußerung bestimmte Software. Diese immateriellen Vermögensgegenstände des Umlaufvermögens sind nach dem Vollständigkeitsgebot des § 246 Abs. 1 HGB aktivierungspflichtig. Dies gilt unabhängig davon, ob die Vermögensgegenstände entgeltlich erworben worden sind oder nicht. Das Aktivierungsverbot des § 248 Abs. 2 HGB greift nicht, da dies nur für selbstgeschaffene immaterielle Vermögensgegenstände des Anlagevermögens, nicht hingegen für solche des Umlaufvermögens gilt. Das Aktivierungsgebot für alle immateriellen Vermögensgegenstände des Umlaufvermögens ist nach dem Maßgeblichkeitsgrundsatz auch steuerlich zu beachten.

Zu den Forderungen und sonstigen Vermögensgegenständen gehören vor allem Forderungen aus Lieferungen und Leistungen, d.h. Kundenforderungen sowie Darlehensforderungen, Schadensersatzforderungen, Guthaben gegenüber dem Finanzamt oder der AOK usw. Auf eine weitergehende Erörterung kann hier verzichtet werden. Alle derartigen Vermögensgegenstände sind nach dem Vollständigkeitsgebot aktivierungspflichtig; nach dem Maßgeblichkeitsgrundsatz gilt dies auch für die Steuerbilanz.

Sämtliche im Eigentum des Unternehmens befindlichen Wertpapiere sind nach dem Vollständigkeitsgebot zu aktivieren. Gleiches gilt für die in § 266 Abs. 2 HGB einzeln aufgeführten liquiden Mittel, wie Kassenbestände und Guthaben bei Kreditinstituten. Über den Maßgeblichkeitsgrundsatz gilt das Aktivierungsgebot auch für die Steuerbilanz.

2.3 Passivierung von Verbindlichkeiten und Rückstellungen

2.3.1 Verbindlichkeiten

Eine Verbindlichkeit ist eine schuldrechtliche Verpflichtung. Sie ist die Kehrseite der Forderung. Es lassen sich folgende zwei Arten von Verbindlichkeiten voneinander unterscheiden:

1. Verbindlichkeiten, die dem *Grund und der Höhe nach gewiß* sind,
2. Verbindlichkeiten, die dem *Grund und/oder der Höhe nach ungewiß* sind (ungewisse Verbindlichkeiten).

Zu beachten ist:

▷ Unter dem Bilanzposten „Verbindlichkeiten" werden nur solche Schulden erfaßt, die dem Grunde und der Höhe nach gewiß sind. Ungewisse Verbindlichkeiten hingegen sind unter „Rückstellungen" zu passivieren.

Verbindlichkeiten aus Schuldverträgen sind beim Schuldner erst ab dem Zeitpunkt der Vertragserfüllung durch den Gläubiger passivierungsfähig. Ab diesem Zeitpunkt sind sie auch *passivierungspflichtig*. Dies gilt sowohl handels- als auch steuerrechtlich.

Verträge, die von beiden Seiten noch nicht erfüllt sind (*schwebende Geschäfte*), können bilanziell grundsätzlich nicht erfaßt werden. Eine Ausnahme ergibt sich bei drohenden Verlusten aus schwebenden Geschäften, auf die im nächsten Gliederungspunkt eingegangen wird.

§ 266 Abs. 3 HGB unterscheidet zwischen mehreren Arten von Verbindlichkeiten. Für die steuerliche Gewinnermittlung hat diese Untergliederung *keine* Bedeutung. Auf sie wird deshalb hier nicht näher eingegangen.

▷ Verbindlichkeiten sind sowohl handels- als auch steuerbilanzmäßig vollständig zu erfassen. Dies gebietet nicht nur der Grundsatz der Vollständigkeit, sondern auch der der Vorsicht.

2.3.2 Rückstellungen

2.3.2.1 Überblick

Rückstellungen dürfen ausschließlich für die in § 249 Abs. 1 und 2 HGB genannten Zwecke gebildet werden. Abs. 3 dieser Vorschrift regelt ausdrücklich, daß Rückstellungen für andere Zwecke nicht gebildet werden dürfen.

In § 249 HGB wird unterschieden zwischen

- Rückstellungen, die gebildet werden *müssen* (*Muß-Rückstellungen*) und
- Rückstellungen, die lediglich gebildet werden *dürfen*, nicht aber gebildet werden müssen (*Kann-Rückstellungen*).

Nach dem bereits mehrfach zitierten BFH-Beschluß zur Maßgeblichkeit vom 3.2.1969 sind die Muß-Rückstellungen grundsätzlich in die Steuerbilanz zu übernehmen. Die Kann-Rückstellungen hingegen dürfen nach diesem Beschluß nicht in die Steuerbilanz übernommen werden.

Nach § 249 Abs. 1 Satz 1 HGB *sind* Rückstellungen zu bilden für

- ungewisse Verbindlichkeiten und
- drohende Verluste aus schwebenden Geschäften.

Ferner sind nach § 249 Abs. 1 Satz 2 HGB Rückstellungen zu bilden für

- unterlassene Instandhaltungen, die innerhalb von drei Monaten und unterlassene Abraumbeseitigungen, die innerhalb eines Jahres nach dem Abschlußstichtag nachgeholt werden,
- Gewährleistungen, die ohne rechtliche Verpflichtungen erbracht werden.

Rückstellungen dürfen darüber hinaus gebildet werden für

- unterlassene Instandhaltungen, die nicht innerhalb von drei Monaten, wohl aber innerhalb eines Jahres nach dem Bilanzstichtag nachgeholt werden,
- bestimmte, in § 249 Abs. 2 HGB näher definierte Aufwendungen.

Nachfolgend wird zunächst näher auf die Muß-Rückstellungen und anschließend auf die Kann-Rückstellungen eingegangen.

2 Grundzüge der Bilanzierung

2.3.2.2 Muß-Rückstellungen

Ist ein Kaufmann mit einer ungewissen Verbindlichkeit belastet, so muß er nach § 249 Abs. 1 Satz 1 HGB eine *Rückstellung für ungewisse Verbindlichkeiten* bilden. Eine ungewisse Verbindlichkeit ist eine Verbindlichkeit, die dem Grunde und/oder der Höhe nach ungewiß ist.

Beispiele

1. Am 30.12.01 wütet in Teilen Norddeutschlands ein Orkan. Die M-Versicherung rechnet am 31.12.01 damit, daß sie für Sturmschäden i.H.v. rd. 100 Mio. DM aufkommen muß.

   Die zu erwartenden Versicherungsleistungen stellen zum Bilanzstichtag 31.12.01 für die Versicherung ungewisse Verbindlichkeiten dar. In ihrer Bilanz zu diesem Stichtag muß sie eine Rückstellung für ungewisse Verbindlichkeiten bilden.

2. Die Galva-GmbH unterhält einen Galvanisierungsbetrieb. Im November des Jahres 01 wird sie von mehreren Teichbesitzern auf Schadensersatz verklagt. Zur Begründung führen diese aus, am 10.11.01 seien aus dem Betrieb der GmbH Chemikalien in den B-Bach geflossen und hätten ihre Fischbestände vernichtet. Der Geschäftsführer G der GmbH bestreitet dies. Zum Bilanzstichtag, dem 31.12.01, muß G damit rechnen, daß die GmbH zum Schadensersatz verurteilt wird. Außerdem muß er davon ausgehen, daß die GmbH mit Rechtsanwalts-, Gerichts- und Gutachterkosten belastet wird.

   Zum Bilanzstichtag stellen die möglichen künftigen Schadensersatzleistungen sowie die zu erwartenden Rechtsanwalts-, Gerichts- und Gutachterkosten ungewisse Verbindlichkeiten der GmbH dar. Diese hat hierfür eine Rückstellung für ungewisse Verbindlichkeiten zu bilden.

Zu den Rückstellungen für ungewisse Verbindlichkeiten gehören auch die *Pensionsrückstellungen*. Sie sind in allen Fällen zu bilden, in denen der Arbeitgeber seinen Arbeitnehmern oder einem bestimmten Teil der Arbeitnehmer betriebliche *Pensionen direkt,* d.h. ohne Zwischenschaltung einer Versicherung oder einer Pensionskasse, zusagt. Mit einer derartigen Direktzusage geht das Unternehmen eine ungewisse Verbindlichkeit ein. Ungewiß ist die Verbindlichkeit deshalb, weil noch nicht feststeht, ob und in welcher Höhe das Unternehmen später tatsächlich aus dieser Zusage belastet sein wird. Nach dem Maßgeblichkeitsgrundsatz sind die in der Handelsbilanz zu bildenden Pensionsrückstellungen in die Steuerbilanz zu übernehmen.

Von dem Grundsatz, daß Pensionsrückstellungen in Handels- und Steuerbilanz nur gleichermaßen angesetzt werden können, gibt es eine wichtige Ausnahme. Diese besteht darin, daß steuerlich eine Pensionsrückstellung nur dann gebildet werden darf, wenn die zwingenden Voraussetzungen des § 6a EStG erfüllt sind. Handelsrechtlich hingegen besteht diese Einschränkung nicht. Handelsrechtlich ist vielmehr lediglich erforderlich, daß eine arbeitsrechtlich zwingende Pensionszusage besteht. Steuerrechtlich darf eine Pensionsrückstellung nach § 6a EStG hingegen nur dann gebildet werden, wenn

1. der Pensionsberechtigte einen *Rechtsanspruch* auf Pensionsleistungen hat,
2. die Pensionszusage *keinen Vorbehalt* dergestalt enthält, daß die Pensionsanwartschaft gemindert oder entzogen werden kann und
3. die Pensionszusage *schriftlich* erteilt ist.

Eine Pensionsrückstellung darf steuerrechtlich erstmals für das Wirtschaftsjahr gebildet werden, bis zu dessen Mitte der Pensionsberechtigte das 30. Lebensjahr vollendet hat (§ 6a Abs. 3 EStG). Wird eine Pensionszusage bereits früher erteilt, so ist diese grundsätzlich zivilrechtlich wirksam. Damit muß handelsrechtlich eine Rückstellung gebildet werden; steuerrechtlich darf dies hingegen nicht geschehen.

Nach § 249 Abs. 1 Satz 1 HGB sind Rückstellungen außer für ungewisse Verbindlichkeiten auch für **drohende Verluste aus schwebenden Geschäften** zu bilden. Schwebende Geschäfte sind Geschäfte, die noch von keiner Vertragspartei erfüllt worden sind. Sie dürfen nach den GoB nicht bilanziert werden. Eine Bilanzierung dieser Geschäfte hat vielmehr erst dann zu erfolgen, wenn eine Seite ihre Verpflichtung erfüllt hat, das Geschäft also nicht mehr „schwebend" ist, sondern bereits eine Forderung bzw. Verbindlichkeit entstanden ist. Drohen am Bilanzstichtag aus schwebenden Geschäften Verluste, so muß für diese handelsrechtlich eine Rückstellung gebildet werden. Verluste aus schwebenden Geschäften drohen vor allem im internationalen Handel, dann nämlich, wenn Verträge in Fremdwährung abgeschlossen worden sind und wenn sich die Währungsrelationen verändern.

Beispiel

Der deutsche Importeur I kauft Waren in der Schweiz. Zahlung wird in Schweizer Franken vereinbart. Bis zum Bilanzstichtag, an dem der Vertrag noch von keiner Vertragspartei erfüllt ist, verschlechtert sich der Kurs der DM im Vergleich zum Franken erheblich gegenüber dem Zeitpunkt des Vertragsabschlusses. Am Bilanzstichtag ist zu befürchten, daß I die Ware, in DM umgerechnet, so teuer wird bezahlen müssen, daß er sie nur mit Verlust weiter veräußern kann.

Der Vertrag zwischen I und seinem Schweizer Vertragspartner ist am Bilanzstichtag ein schwebendes Geschäft. I kann den Vertrag am Bilanzstichtag nicht erfassen. Für den aus dem schwebenden Geschäft drohenden Verlust hat er allerdings am Bilanzstichtag eine Rückstellung zu bilden.

Mit dem „Gesetz zur Fortsetzung der Unternehmenssteuerreform" vom 29.10.1997[35] ist in § 5 EStG ein Abs. 4a neu eingefügt worden. Dieser *untersagt* seither für die *Steuerbilanz* die Bildung von *Rückstellungen für drohende Verluste aus schwebenden Geschäften*. In der Handelsbilanz müssen derartige Rückstellungen hingegen unverändert gebildet werden, sofern die Voraussetzungen hierfür nach § 249 Abs. 1 Satz 1 HGB erfüllt sind. § 5 Abs. 4a EStG ist gem. § 52 Abs. 6a EStG erstmals in dem Wirtschaftsjahr anzuwenden, das nach dem 31.12.1996 endet. Rückstellungen für drohende Verluste aus schwebenden Geschäften, die in früheren Jahren zulässigerweise gebildet worden sind, müssen in den nach dem 31.12.1996 endenden Wirtschaftsjahren nach den genauen Anweisungen in § 52 Abs. 4a EStG aufgelöst werden. § 5 Abs. 4a EStG ist allein aus profiskalischen Gründen in das Gesetz eingefügt worden. Die Vorschrift stellt eine klare Durchbrechung des Maßgeblichkeitsgrundsatzes des § 5 Abs. 1 Satz 1 EStG dar.

---

[35] BStBl 1997 I, S. 928.

Außer in den bisher erörterten Fällen *sind* Rückstellungen für im Geschäftsjahr *unterlassene Instandhaltungsaufwendungen* zu bilden (§ 249 Abs. 1 Satz 2 HGB). Voraussetzung für das Passivierungsgebot ist allerdings, daß die unterlassenen Instandhaltungen innerhalb von drei Monaten nach dem Bilanzstichtag nachgeholt werden. Instandhaltungsmaßnahmen sind Maßnahmen, die dazu geeignet sind, den Vermögensgegenstand wieder in einen Zustand zu versetzen, der für die betriebsgewöhnliche Nutzung notwendig ist. Unterlassen ist eine Instandhaltung dann, wenn sie nach dem betriebsgewöhnlichen Geschehen noch im alten Jahr hätte erfolgen müssen. Zu den Instandhaltungsarbeiten gehören Reparatur-, Inspektions- und Wartungsarbeiten zur Beseitigung von Abnutzungs- und Verschleißerscheinungen.

Rückstellungen sind nach § 249 Abs. 1 Satz 2 HGB auch für im Geschäftsjahr *unterlassene Abraumbeseitigungen* zu bilden, sofern diese im folgenden Jahr nachgeholt werden. Im Gegensatz zur unterlassenen Instandhaltung kommt es hier hinsichtlich eines Passivierungszwangs nicht darauf an, daß die Arbeiten innerhalb von drei Monaten nach dem Abschlußstichtag nachgeholt werden, vielmehr reicht eine Nachholung innerhalb eines Jahres. Abraumbeseitigungen sind vor allem bei Substanzausbeutungsbetrieben, wie z.B. bei Steinbrüchen und Bergwerken, vorzunehmen.

Eine Rückstellung ist nach § 249 Abs. 1 Satz 2 HGB ferner zu bilden für *Gewährleistungen*, die *ohne rechtliche Verpflichtung* erbracht werden. Es handelt sich also um Gewährleistungen im Kulanzwege; die Rückstellungen werden deshalb auch als *Kulanzrückstellungen* bezeichnet. Voraussetzung für die Rückstellungsbildung ist, daß die Leistung (Lieferung, sonstige Leistung), die der Gewährleistung zugrunde liegt, vor dem Abschlußstichtag erbracht worden ist und daß mit einer Gewährleistung nach dem Abschlußstichtag ernsthaft zu rechnen ist. Erfolgt die Gewährleistung nicht freiwillig, sondern aufgrund einer Rechtspflicht, d.h. kraft Gesetzes oder aufgrund eines Vertrages, so liegt am Bilanzstichtag eine ungewisse Verbindlichkeit vor. Es ist dann keine Kulanzrückstellung, sondern eine Rückstellung für ungewisse Verbindlichkeiten (§ 249 Abs. 1 Satz 1 HGB) zu bilden.

2.3.2.3 Kann-Rückstellungen

Rückstellungen für im Geschäftsjahr unterlassene Aufwendungen für Instandhaltung *dürfen* nach § 249 Abs. 1 Satz 3 HGB auch gebildet werden, wenn die Instandhaltung zwar nicht innerhalb von drei Monaten, wohl aber innerhalb eines Jahres nachgeholt wird. Insoweit besteht handelsbilanziell also ein Passivierungswahlrecht. *Steuerlich* führt dies zu einem *Passivierungsverbot*. Ein entsprechender Hinweis findet sich auch in R 31c Abs. 11 EStR. Die Zusammenhänge sollen nochmals anhand eines Beispiels verdeutlicht werden.

Beispiel

Nach dem Wartungsplan der X-KG (GmbH) hätten vier Maschinen des Typs A im vierten Quartal des Jahres 01 überholt werden müssen. Infolge von krankheitsbedingten Ausfällen bei dem mit der

Wartung beauftragten Unternehmen werden zwei der Maschinen erst im ersten Quartal und die beiden anderen im zweiten Quartal des Jahres 02 gewartet.

Die X-KG (GmbH) muß nach § 249 Abs. 1 Satz 2 HGB zum 31.12.01 eine Rückstellung für unterlassene Instandhaltung für die im ersten Quartal des Jahres 02 gewarteten Maschinen bilden. Diese Rückstellung ist steuerlich zu übernehmen. Neben dieser Rückstellung darf die Gesellschaft eine weitere bilden, die sich auf § 249 Abs. 1 Satz 3 HGB stützt und die Wartung der beiden anderen Maschinen berücksichtigt. Dies gilt aber nur handelsrechtlich. Steuerlich kann diese zweite Rückstellung nicht übernommen werden.

Nach § 249 Abs. 2 HGB dürfen Rückstellungen gebildet werden für ihrer Eigenart nach genau umschriebene, dem Geschäftsjahr oder einem früheren Geschäftsjahr zuzuordnende Aufwendungen, die am Abschlußstichtag wahrscheinlich oder sicher, aber hinsichtlich ihrer Höhe oder des Zeitpunkts ihres Eintritts unbestimmt sind. Es handelt sich um *Aufwandsrückstellungen,* die über diejenigen hinausgehen, die nach § 249 Abs. 1 Sätze 2 und 3 HGB für unterlassene Instandhaltung und Abraumbeseitigung zulässig sind. Allgemein wird angenommen, daß es sich um Aufwendungen handeln muß, die für die Lage des Unternehmens von Bedeutung sind. Damit kommen vorrangig Aufwendungen für *Großreparaturen* in Betracht. Derartige Rückstellungen unterscheiden sich von den Rückstellungen für unterlassene Instandhaltung dadurch, daß bei Rückstellungen für Großreparaturen die Reparaturen nicht bereits in der Vergangenheit durchgeführt worden sein müssen, sondern daß sie erst in der Zukunft anfallen.

Da für Rückstellungen i.S.d. § 249 Abs. 2 HGB handelsrechtlich lediglich ein Passivierungswahlrecht, nicht hingegen ein Passivierungsgebot besteht, dürfen sie *nicht* in die Steuerbilanz übernommen werden.

2.4 Rechnungsabgrenzungsposten

Neben den Vermögensgegenständen und Schulden sind sowohl in der Handels- als auch in der Steuerbilanz die Rechnungsabgrenzungsposten und das Eigenkapital zu erfassen. Diese Posten stellen keine Vermögensgegenstände bzw. Wirtschaftsgüter und auch keine Schulden dar.

Rechnungsabgrenzungsposten dienen lediglich einer periodengerechten Gewinnermittlung. Es handelt sich insoweit um Bilanzposten, die der dynamischen Bilanzauffassung entsprechen. Sie können sowohl auf der Aktiv- als auch auf der Passivseite der Bilanz vorkommen. Ihre grundlegende Definition ergibt sich in gleicher Weise aus § 250 Abs. 1 und 2 HGB und aus § 5 Abs. 5 EStG. Als aktive Rechnungsabgrenzungsposten sind danach solche Ausgaben vor dem Abschlußstichtag auszuweisen, die Aufwand für eine bestimmte Zeit nach dem Abschlußstichtag darstellen. Passive Rechnungsabgrenzungsposten sind zu bilden für Einnahmen vor dem Abschlußstichtag, die Ertrag für eine bestimmte Zeit nach dem Stichtag darstellen.

Beispiel

Die X-AG vermietet an die Y-GmbH Räume. Die Y-GmbH zahlt die Miete für den Januar des Jahres 02 i.H.v. 10 TDM bereits im Dezember des Jahres 01.

In ihrer Bilanz zum 31.12.01 hat die Y-GmbH Mietzahlungen i.H.v. 10 TDM als aktiven Rechnungsabgrenzungsposten zu erfassen. In gleicher Höhe hat die X-AG einen passiven Rechnungsabgrenzungsposten auszuweisen.

Wenn die bisher genannten Gründe für die Bilanzierung von Rechnungsabgrenzungsposten erfüllt sind, so müssen diese gebildet werden. Dies ergibt sich aus dem Wortlaut der einschlägigen Vorschriften. Insoweit bestehen also *Bilanzierungsgebote.*

Kein Bilanzierungsgebot, sondern lediglich ein Bilanzierungswahlrecht besteht hingegen handelsbilanziell in den Fällen des § 250 Abs. 3 HGB. Hiernach darf ein Darlehensnehmer in den Fällen, in denen der Rückzahlungsbetrag der Verbindlichkeit höher ist als der Ausgabebetrag (Verfügungsbetrag), den Unterschiedsbetrag (Abgeld, Disagio bzw. Rückzahlungsaufgeld) als Rechnungsabgrenzungsposten aktivieren, er darf ihn aber auch direkt als Aufwand verbuchen. Bei einer Aktivierung ist der Unterschiedsbetrag in der Folgezeit abzuschreiben. Steuerlich wird das Aktivierungswahlrecht des § 250 Abs. 3 HGB über den Maßgeblichkeitsgrundsatz zu einem Aktivierungsgebot.

Beispiel

Der Gewerbetreibende G nimmt für betriebliche Zwecke ein Bankdarlehen i.H.v. 10 Mio. DM auf. Nach Abzug eines Disagios von 8 % werden ihm am 2.1.01 9,2 Mio. DM ausgezahlt. G kann das Disagio handelsrechtlich entweder aktivieren oder aber sofort als Aufwand verbuchen. Steuerlich besteht ein Aktivierungsgebot.

2.5 Steuerfreie Rücklagen

In der Betriebswirtschaftslehre wird zwischen *offenen* und *stillen* Rücklagen unterschieden. Neben diesen beiden Arten von Rücklagen kennt das Steuerrecht eine dritte: die *steuerfreien* Rücklagen.

Die Bezeichnung „steuerfreie Rücklagen" ist irreführend. Während die übrigen offenen Rücklagen aus versteuerten Gewinnen gebildet werden, also Eigenkapital darstellen, sind die steuerfreien Rücklagen unversteuert. Durch ihre Bildung wird der steuerliche Gewinn gemindert. Doch ist diese Gewinnminderung nicht von Dauer, da allen steuerfreien Rücklagen gemeinsam ist, daß sie zu einem späteren Zeitpunkt wieder aufgelöst werden müssen, also dann den steuerlichen Gewinn erhöhen. Die Bildung steuerfreier Rücklagen führt also nur zu einem *Aufschub der Besteuerung, nicht* hingegen zu einer endgültigen *Steuerersparnis.* Steuerfreie Rücklagen repräsentieren somit nur in dem Umfang Eigenkapital, in dem nicht später Steuern anfallen. Der in den steuerfreien Rücklagen enthaltene latente Steueranteil hingegen hat den Charakter von Fremdkapital. § 247 Abs. 3 HGB bezeichnet deshalb die steuerfreien Rücklagen treffender als *Sonderposten mit Rücklageanteil.*

Die Zulässigkeit der Bildung steuerfreier Rücklagen ist überwiegend in Spezialnormen geregelt; einige wenige Arten steuerfreier Rücklagen hingegen sind lediglich aufgrund von Verwaltungsanweisungen zulässig. Zu nennen sind derzeit vor allem:

- die Reinvestitionsrücklage nach § 6b Abs. 3 EStG,
- die Sanierungsrücklage nach § 6d Abs. 1 EStG,
- die Ansparabschreibungs-Rücklage nach § 7g Abs. 3 EStG,
- die Zuschußrücklage nach R 34 Abs. 4 EStR,
- die Rücklage für Ersatzbeschaffung nach R 35 Abs. 4 EStR.

In der Steuerbilanz gebildete steuerfreie Rücklagen dürfen nach § 247 Abs. 3 Satz 1 HGB in die Handelsbilanz übernommen werden. Bei einer Übernahme sind sie dort als *Sonderposten mit Rücklageanteil* auszuweisen.

Da für alle steuerfreien Rücklagen nach § 5 Abs. 1 Satz 2 EStG umgekehrte Maßgeblichkeit gilt, dürfen sie in der Steuerbilanz nur gebildet werden, wenn in der Handelsbilanz ein korrespondierender Sonderposten mit Rücklageanteil gebildet wird. Das gilt für alle Rechtsformen, also nicht nur für Kapitalgesellschaften, sondern auch für Personenunternehmen.

Während *Personenunternehmen* steuerfreie Rücklagen nach § 247 Abs. 3 HGB *uneingeschränkt* in ihre Handelsbilanz übernehmen dürfen, haben *Kapitalgesellschaften* die Einschränkung durch § 273 HGB zu beachten. Nach dieser Vorschrift darf eine Kapitalgesellschaft einen Sonderposten mit Rücklageanteil in ihrer Handelsbilanz *nur insoweit* ansetzen, *als das Steuerrecht den Wertansatz in der Steuerbilanz davon abhängig macht, daß der Sonderposten auch in der Handelsbilanz gebildet wird.* Bei Kapitalgesellschaften ist der Ansatz eines Sonderpostens mit Rücklageanteil also daran geknüpft, daß ein *Fall der umgekehrten Maßgeblichkeit* vorliegt. Diese Voraussetzung ist nach § 5 Abs. 1 Satz 2 EStG bei allen steuerfreien Rücklagen erfüllt.

2.6 Abgrenzung des Betriebsvermögens vom Privatvermögen

Bilanzierende Steuerpflichtige besitzen in aller Regel Wirtschaftsgüter, die sie für betriebliche Zwecke, und andere, die sie für außerbetriebliche Zwecke nutzen. Die erste Gruppe von Wirtschaftsgütern bildet das **Betriebsvermögen**, die zweite das **Privatvermögen** des Steuerpflichtigen. Bilanziell erfaßt werden grundsätzlich nur Wirtschaftsgüter des Betriebsvermögens.

Die meisten Wirtschaftsgüter lassen sich eindeutig und klar entweder dem Betriebs- oder aber dem Privatvermögen zuordnen. Sie werden als *Wirtschaftsgüter* des **notwendigen** *Betriebs- bzw. notwendigen Privatvermögens* bezeichnet. Neben diesen, klar einem Vermögenskomplex zurechenbaren Wirtschaftsgütern gibt es andere, deren betriebliche oder private Nutzung *nicht* offensichtlich und eindeutig ist. Hierunter fallen Wirtschaftsgüter, die *sowohl* betrieblich *als auch* privat genutzt werden, wie das z.B. bei Personenkraftwagen häufig der Fall ist. Hier einzuordnen sind aber auch Wirtschaftsgüter, deren Nutzungsart nur durch eine Erklärung des Steuerpflichtigen feststellbar ist. Das ist z.B. bei Wertpapieren der Fall, bei denen sich die Nutzungsart in aller Regel aus einem konkludenten Handeln des Steuerpflichtigen ergibt, nämlich daraus, daß er die Wertpapiere entweder bilanziert oder aber darauf verzichtet. Im ersten Fall gibt er zu erkennen, daß die Wertpapiere betrieblich, im zweiten, daß sie privat genutzt werden sollen.

Diese Ausführungen lassen erkennen, daß es neben dem notwendigen Betriebsvermögen und neben dem notwendigen Privatvermögen eine dritte Vermögensgruppe gibt, das sogenannte *gewillkürte Vermögen*. Dieses gehört insoweit zum Betriebsvermögen, wie der Steuerpflichtige durch buch- und bilanzmäßige Erfassung zu erkennen gibt, daß er es als Betriebsvermögen betrachtet. Man spricht dann von *gewillkürtem Betriebsvermögen*. Buch- und bilanzmäßig nicht erfaßtes gewillkürtes Vermögen wird als *gewillkürtes Privatvermögen* bezeichnet.

Zusammenfassend läßt sich das Vermögen eines Steuerpflichtigen wie folgt gliedern:

1. Betriebsvermögen
   a) notwendiges Betriebsvermögen,
   b) gewillkürtes Betriebsvermögen,
2. Privatvermögen
   a) notwendiges Privatvermögen,
   b) gewillkürtes Privatvermögen.

Ist bei einem Wirtschaftsgut, das sowohl betrieblich als auch privat genutzt wird, die betriebliche Nutzung von *völlig untergeordneter Bedeutung,* so kann es *nicht* als gewillkürtes Betriebsvermögen behandelt werden. Vielmehr gehört es zum notwendigen Privatvermögen.

Wird ein Wirtschaftsgut *ausschließlich betrieblich* genutzt, so sind alle mit ihm im Zusammenhang stehenden Erträge und Aufwendungen steuerlich als Betriebseinnahmen und Betriebsausgaben zu behandeln. Wird ein Wirtschaftsgut *ausschließlich privat* genutzt, so können steuerlich weder Betriebseinnahmen noch Betriebsausgaben angesetzt werden.

Wird ein Wirtschaftsgut sowohl betrieblich als auch privat genutzt und gehört es zum *gewillkürten Betriebsvermögen,* so werden alle Erträge und Aufwendungen als Betriebseinnahmen und Betriebsausgaben behandelt; für die *private Nutzung* wird dann aber ein Privatanteil aus den Betriebsausgaben herausgenommen und über *Privatentnahmen* verbucht.

Wird ein Wirtschaftsgut sowohl betrieblich als auch privat genutzt und wird es als *gewillkürtes Privatvermögen* behandelt, so gehören Erträge aus der Auflösung von stillen Reserven bei Verkauf des Wirtschaftsgutes nicht zu den Betriebserträgen. Entsprechend zählen Verluste, die bei einem Verkauf oder infolge einer Wertminderung des Wirtschaftsgutes anfallen, nicht zu den Betriebsausgaben. Die *übrigen* Erträge und Aufwendungen sind insoweit *Betriebseinnahmen* und *Betriebsausgaben,* als sie auf die betriebliche Nutzung entfallen.

Beispiel
1. Ein Möbelhersteller (M) erwirbt für sein Unternehmen einen Gabelstapler. Die Zuordnung des Gabelstaplers zum notwendigen Betriebsvermögen ist eindeutig ersichtlich.

2. M kauft einen tragbaren Farbfernseher, den er in seinem Büro aufstellt. Eine Verwendung für betriebliche Zwecke ist so gut wie ausgeschlossen. Das Fernsehgerät bildet notwendiges Privatvermögen.

3. Zum Fuhrpark der Möbelfabrik gehört u.a. ein Mercedes, den M sowohl für seine Geschäftsreisen als auch für seine Urlaubsfahrten benutzt. Der private Nutzungsanteil beträgt ca. 30 %. Das Auto zählt zum gewillkürten Betriebsvermögen. Die Aufwendungen (Benzin, Versicherung, Steuer, Absetzung für Abnutzung usw.) werden in Höhe von 70 % als Betriebsausgaben behandelt. Die restlichen 30 % der Aufwendungen bilden Privatausgaben.

4. Die Ehefrau des M besitzt einen Sportwagen. Gelegentlich (ca. 2 bis 3 mal im Jahr) benutzt M den Wagen seiner Frau für Geschäftsfahrten. Der Wagen wird nicht im Fuhrpark der Möbelfabrik erfaßt. Er stellt Privatvermögen dar. Die Aufwendungen anläßlich der Geschäftsfahrten sind als Betriebsausgaben zu behandeln.

2.7 Zivilrechtlicher und wirtschaftlicher Eigentümer

Die Bilanzierung knüpft grundsätzlich an das *zivilrechtliche* Eigentum an. Handelsrechtlich ergibt sich das aus § 240 Abs. 1 HGB. Nach dieser Vorschrift hat jeder Kaufmann „seine", d.h. die ihm gehörenden Vermögensgegenstände und Schulden, im Inventar zu verzeichnen. Steuerrechtlich ist dieser Grundsatz in § 39 Abs. 1 AO ebenfalls ausdrücklich formuliert.

Neben dem zivilrechtlichen kennt das Steuerrecht den Begriff des **wirtschaftlichen Eigentümers**. Letzterer wird definiert als derjenige, der - obwohl nicht zivilrechtlicher Eigentümer - die *tatsächliche Herrschaft* über ein Wirtschaftsgut in der Weise ausübt, daß er den Eigentümer im Regelfall für die gewöhnliche Nutzungsdauer des Wirtschaftsgutes von der Einwirkung auf das Wirtschaftsgut ausschließen kann (§ 39 Abs. 2 Nr. 1 Satz 1 AO).

Fallen zivilrechtliches und wirtschaftliches Eigentum an einem Wirtschaftsgut auseinander, so wird das Wirtschaftsgut nach § 39 Abs. 2 Nr. 1 Satz 1 AO nicht dem zivilrechtlichen, sondern dem wirtschaftlichen Eigentümer zugerechnet. Dies ist eine äußerst wichtige Durchbrechung des Grundsatzes, daß Wirtschaftsgüter dem zivilrechtlichen Eigentümer zuzurechnen sind.

§ 39 Abs. 2 Nr. 1 Satz 2 AO enthält einige wichtige Erläuterungen zu Satz 1 dieser Vorschrift. Danach sind Wirtschaftsgüter

- bei Treuhandverhältnissen dem Treugeber,
- beim Sicherungseigentum dem Sicherungsgeber,
- beim Eigenbesitz dem Eigenbesitzer

zuzurechnen.

Beispiele

1. Ein Bauunternehmer benötigt dringend einen Bankkredit. Als Sicherheit kann er lediglich einen Kran anbieten. Er kann den Kran nicht verpfänden, weil Voraussetzung hierfür wäre, daß die Bank ihn in ihren eigenen Herrschaftsbereich übernehmen, ihn z.B. in ihren Tresor legen würde. Der Kran wird deshalb zur Sicherheit an die Bank übereignet. Durch gleichzeitige Vereinbarung eines Leihverhältnisses bleibt der Bauunternehmer aber Besitzer des Krans. Er kann also auch weiter mit ihm arbeiten.

Die Bank ist zivilrechtlicher, der Bauunternehmer wirtschaftlicher Eigentümer des Krans. Nicht die Bank, sondern der Bauunternehmer hat den Kran bilanziell zu erfassen.

2. Eine Bank errichtet auf fremdem Grund und Boden eine Filiale.

Zivilrechtlicher Eigentümer des Gebäudes ist der Eigentümer des Grund und Bodens, wirtschaftlicher hingegen ist die Bank. Die Bank hat das Gebäude zu aktivieren.

Eine dem § 39 Abs. 2 Nr. 1 AO entsprechende Vorschrift kennt das Handelsrecht nicht. Dennoch besteht keine Abweichung zwischen Handels- und Steuerrecht, da § 39 Abs. 2 Nr. 1 AO nur einen allgemein anerkannten Grundsatz ordnungsmäßiger Bilanzierung für das Steuerrecht ausdrücklich kodifiziert.

Das wirtschaftliche Eigentum spielt eine besondere Rolle im Falle des Leasing. Unter bestimmten Voraussetzungen wird nicht der Leasinggeber, sondern der Leasingnehmer als wirtschaftlicher Eigentümer angesehen. Wann dies der Fall ist, wird in Band 2 behandelt.

3 Bewertung

3.1 Bewertungsvorbehalt und Maßgeblichkeitsgrundsatz

Aus dem *Bewertungsvorbehalt* des § 5 Abs. 6 EStG ergibt sich, daß für die steuerliche Bewertung in erster Linie steuerrechtliche Spezialvorschriften maßgebend sind; auf handelsrechtliche Bewertungsmaßstäbe wird nur hilfsweise zurückgegriffen[36]. Auf den Bestandsvergleich nach § 4 Abs. 1 EStG findet das Maßgeblichkeitsprinzip keine Anwendung, da diese Vorschrift keinen Bezug auf die handelsrechtlichen Grundsätze ordnungsmäßiger Buchführung nimmt.

Aus dieser Rechtslage ergibt sich nach der steuerlichen Rechtsprechung und nach der überwiegend im steuerrechtlichen Schrifttum vertretenen Rechtsansicht folgendes:

1. Enthält das Steuerrecht ein bestimmtes Bewertungsgebot, d.h. legt es den Wertansatz fest, so ist das Maßgeblichkeitsprinzip außer Kraft gesetzt.
2. Räumt das Steuerrecht bei einer Gewinnermittlung nach § 5 EStG ein Bewertungswahlrecht ein, so wird das Maßgeblichkeitsprinzip wirksam. Das bedeutet, daß zu prüfen ist, welcher der steuerrechtlich möglichen Werte handelsrechtlich anzusetzen ist. Ergibt sich handelsrechtlich zwingend ein bestimmter Wertansatz innerhalb des steuerlich Zulässigen, so ist dieser auch steuerlich maßgebend. Besteht hingegen auch handelsrechtlich ein Bewertungswahlrecht, so bleibt es für die steuerliche Bewertung bei einem Wahlrecht, wobei der steuerliche Wertansatz jedoch grundsätzlich mit dem handelsrechtlichen übereinzustimmen hat.
3. Liegt der handelsbilanzielle Wertansatz außerhalb des steuerrechtlich Zulässigen, so fallen die Wertansätze in Handels- und Steuerbilanz insoweit auseinander.
4. Besteht ein steuerrechtliches Bewertungswahlrecht, so kann es steuerlich nur in der Weise ausgeübt werden, in der auch handelsbilanziell bewertet wird. Hierdurch können in die Handelsbilanz auch solche Werte übernommen werden, die bei alleiniger Beachtung des Handelsrechts unzulässig wären. Typische Beispiele hierfür sind die sich aus den Vorschriften für erhöhte Absetzungen und Sonderabschreibungen ergebenden steuerrechtlichen Bewertungswahlrechte.
5. Räumt das Steuerrecht bei einer Gewinnermittlung nach § 4 Abs. 1 EStG ein Bewertungswahlrecht ein, so ergibt sich keine Einschränkung dieses Wahlrechts durch das Handelsrecht.

---

[36] Vgl. Gliederungspunkt 1.5.

Es wird sich im Verlaufe der weiteren Ausführungen erweisen, daß die Anwendung des zweiten der genannten Grundsätze erhebliche Probleme aufwerfen kann.

3.2 Wertbegriffe

3.2.1 Überblick

§ 6 EStG, die zentrale bilanzsteuerliche Bewertungsvorschrift, kennt lediglich drei Wertbegriffe, und zwar

1. die *Anschaffungskosten*,
2. die *Herstellungskosten* und
3. den *Teilwert*.

Der gemeine Wert (§ 9 BewG), der in weiten Bereichen des übrigen Steuerrechts bedeutsam ist, spielt im Bilanzsteuerrecht keine Rolle.

In Übereinstimmung mit dem Steuerrecht verwendet das Handelsrecht ebenfalls die Begriffe der Anschaffungs- und Herstellungskosten, nicht hingegen den des Teilwerts. Zusätzlich enthält das Handelsrecht in den §§ 253 und 254 HGB die folgenden Werte:

4. den niedrigeren am Abschlußstichtag beizulegenden Wert,
5. den Börsen- oder Marktpreis,
6. den im Hinblick auf künftige Wertverluste ermäßigten Wert,
7. den durch Abschreibungen im Rahmen vernünftiger kaufmännischer Beurteilung ermäßigten Wert,
8. den auf einer steuerrechtlichen Abschreibung beruhenden niedrigeren Wert.

Die bisher genannten handelsrechtlichen Wertbegriffe sind auf die *Aktivseite* der Bilanz zugeschnitten. Wertbegriffe der *Passivseite* sind:

9. der Rückzahlungsbetrag (von Verbindlichkeiten),
10. der Barwert (von Renten),
11. der nach vernünftiger kaufmännischer Beurteilung notwendige Betrag (von Rückstellungen).

Nachfolgend werden die Begriffe der Anschaffungs- und Herstellungskosten, anschließend wird der des Teilwerts behandelt. Auf die rein handelsrechtlichen Werte wird zum Schluß in knapper Form eingegangen.

3.2.2 Anschaffungskosten

Grundsätzlich ist sowohl bei der handels- als auch bei der steuerrechtlichen Bewertung von den Anschaffungs- oder Herstellungskosten auszugehen. Kodifiziert ist dies in § 253 Abs. 1 HGB für das Handels- und in § 6 EStG für das Steuerrecht. Die Anschaffungskosten spielen somit sowohl in der handels- als auch in der steuerbilanziellen Bewertung eine zentrale Rolle. Definiert sind sie aber nur im Handelsrecht, und zwar in § 255 Abs. 1 HGB. Steuerlich kommt daher der Maßgeblichkeitsgrundsatz zur Anwendung. Das bedeutet, daß der steuerliche Begriffsinhalt der gleiche ist wie der handelsrechtliche.

Nach § 255 Abs. 1 HGB sind **Anschaffungskosten** die Aufwendungen, die geleistet werden, um einen Vermögensgegenstand zu *erwerben* und ihn in einen *betriebsbereiten Zustand* zu versetzen. Voraussetzung ist, daß die Aufwendungen dem Vermögensgegenstand *einzeln* zugeordnet werden können. Es können also nur Einzelkosten und keine Gemeinkosten in die Anschaffungskosten einbezogen werden.

Beispiel

Kaufmann K will in die Anschaffungskosten eines Betriebsgrundstücks 100 Stundensätze zu je 80 DM für Kosten der allgemeinen Verwaltung einbeziehen. Nach den Aufzeichnungen in seiner Betriebsbuchhaltung waren in der allgemeinen Verwaltung seines Unternehmens tätige Angestellte rd. 100 Stunden mit der Beschaffung des Grundstücks beschäftigt.

Bei den Kosten der allgemeinen Verwaltung handelt es sich um Gemeinkosten. Diese dürfen nach § 255 Abs. 1 HGB nicht einbezogen werden. Über den Maßgeblichkeitsgrundsatz gilt dies auch steuerrechtlich.

Die Anschaffungskosten setzen sich aus dem *Anschaffungspreis* und den *Anschaffungsnebenkosten* zusammen. *Kaufpreisminderungen* verringern die Anschaffungskosten.

Anschaffungsnebenkosten sind z.B. Zölle sowie Transport- und Montagekosten bei Anschaffung von Maschinen, Notar- und Gerichtskosten sowie Grunderwerbsteuer beim Erwerb von Grundstücken und Bankenprovisionen beim Kauf von Wertpapieren. *Kaufpreisminderungen* sind Rabatte, Skonti und Boni.

Die Ermittlung der Anschaffungskosten läßt sich schematisch wie folgt darstellen:

Anschaffungspreis
+ Anschaffungsnebenkosten
./. Kaufpreisminderungen
= Anschaffungskosten

Eine Einbeziehungspflicht der Anschaffungsnebenkosten besteht sowohl handels- als auch steuerrechtlich für alle Unternehmensformen. *Finanzierungskosten* gehören grundsätzlich nicht zu den Anschaffungskosten.

Beispiel

Kaufmann A kauft Waren zum Kaufpreis von 100.000 DM. Statt Zahlung akzeptiert er einen Wechsel über 103.000 DM.

Die Finanzierungskosten i.H. v. 3.000 DM gehören nicht zu den Anschaffungskosten der Ware.

Investitionszuschüsse, die der Steuerpflichtige von dritter Seite, etwa von der öffentlichen Hand erhält, können als Anschaffungskostenminderungen behandelt werden. Der Zuschuß ist dann erfolgsneutral einzubuchen (Buchung z.B.: Forderungen gegenüber der Gemeinde an Maschinen). Ein Zuschuß kann nach Ansicht der Finanzverwaltung[37] auch als Ertrag behandelt werden. Eine Minderung der Anschaffungskosten tritt bei einer Behandlung des Zuschusses als Ertrag nicht ein. Die Rechtsprechung des BFH zu diesem von der Finanzverwaltung eingeräumten Wahlrecht ist uneinheitlich. Während einige Senate des BFH nur eine Behandlung der Zuschüsse als Minderung der Anschaffungs- oder Herstellungskosten für zulässig halten[38], betont der X. Senat ausdrücklich, daß dieses Wahlrecht rechtens sei[39].

Handelsbilanziell hält das IDW im Fall von Zuschüssen der öffentlichen Hand eine Minderung der Anschaffungs- oder Herstellungskosten um die Investitionszuschüsse oder die Bildung eines Passivpostens für zulässig. Dieser Passivposten ist in der Folgezeit entsprechend der Nutzungsdauer der bezuschußten Vermögensgegenstände ertragswirksam aufzulösen[40]. Bei echten Zuschüssen privater Zuschußgeber ist der Zuschuß nach Ansicht des IDW grundsätzlich als Ertrag zu verbuchen[41]. Privater Zuschußgeber i.S. der Ausführungen des IDW ist jeder Zuschußgeber, der nicht zur öffentlichen Hand gehört.

Von den Investitionszuschüssen zu unterscheiden sind die *Investitionszulagen*, die es derzeit nur nach § 2 InvZulG 1996 bzw. § 2 InvZulG 1999 gibt. Investitionszulagen sind nach ausdrücklicher gesetzlicher Bestimmung (§ 10 InvZulG 1996 bzw. § 9 InvZulG 1999) steuerlich weder als Ertrag noch als Anschaffungs- oder Herstellungskostenminderung zu behandeln. Handelsbilanziell vertritt das IDW hinsichtlich der Investitionszulagen die gleiche Ansicht wie hinsichtlich der Investitionszuschüsse der öffentlichen Hand[42].

Vorsteuerbeträge gehören nach § 9b Abs. 1 EStG dann nicht zu den Anschaffungskosten, wenn sie nach § 15 UStG von der Umsatzsteuerschuld abgezogen werden können. *Nichtabziehbare Vorsteuern* sind in bestimmten, in § 9b EStG genannten Fällen aktivierungspflichtig, in anderen hingegen nur aktivierungsfähig (Wahlrecht). Einzelheiten können der genannten Vorschrift entnommen werden. Der Vorschrift des § 9b EStG wird üblicherweise auch im Handelsrecht gefolgt[43].

---

[37] Vgl. R 34 Abs. 2 EStR.
[38] Vgl. die BFH-Urteile vom 23.3.1995, IV R 58/94, BStBl 1995 II, S. 702 und vom 26.11.1996, VIII R 58/93, BStBl 1997 II, S. 390.
[39] Vgl. BFH-Urteil vom 22.1.1992, X R 23/89, BStBl 1992 II, S. 488.
[40] Vgl. IDW, HFA, Zuwendungen, 1984/1990, S. 134 f.
[41] Vgl. IDW, HFA, Zuschüsse, 1996, S. 335 f.
[42] Vgl. IDW, HFA, Zuwendungen, 1984/1990, S. 134 f.
[43] Vgl. WP-Handbuch, 1996, S. 221.

3.2.3 Herstellungskosten

3.2.3.1 Grundsätzliches

Sowohl das Handels- als auch das Steuerrecht kennt den Begriff der Herstellungskosten. Die Herstellungskosten kommen als Bewertungsmaßstab immer dann in Betracht, wenn Wirtschaftsgüter nicht gekauft, sondern im eigenen Betrieb hergestellt werden.

Handelsrechtlich sind die Herstellungskosten in § 255 Abs. 2 HGB definiert. *Steuerrechtlich* hingegen wird der Begriff der Herstellungskosten zwar verwendet, nicht aber gesetzlich definiert. Doch enthält R 33 EStR umfangreiche Verwaltungsanweisungen zur Ermittlung der Herstellungskosten. Wie bereits früher ausgeführt, binden Steuerrichtlinien, und damit auch die Ausführungen in R 33 EStR, aber nur die Finanzverwaltung und nicht die Steuerpflichtigen und die Gerichte[44]. Faktisch wird R 33 EStR allerdings in aller Regel auch von den Steuerpflichtigen beachtet. Die praktische Bedeutung der Richtlinie ist somit außerordentlich groß. Ergänzungen zu R 33 EStR befinden sich insbesondere in R 33a, 34, 36 und 36a EStR.

Herstellungskosten sind nach § 255 Abs. 2 Satz 1 HGB „... die Aufwendungen, die durch den Verbrauch von Gütern und die Inanspruchnahme von Diensten für die Herstellung eines Vermögensgegenstandes, seine Erweiterung oder für eine über seinen ursprünglichen Zustand hinausgehende wesentliche Verbesserung entstehen." Aus der Formulierung „Herstellungskosten sind die Aufwendungen ..." ergibt sich, daß nur solche in der Kostenrechnung erfaßten Kosten zu den bilanziellen Herstellungskosten gehören können, die in der Gewinn- und Verlustrechnung Aufwand darstellen. Damit sind also lediglich aufwandsgleiche Kosten, kostenrechnerisch auch als „Grundkosten" bezeichnet, in die Herstellungskosten einzubeziehen, nicht hingegen auch kalkulatorische Kosten.

Bei Ermittlung der Herstellungskosten gibt es eine Wertuntergrenze, eine Reihe von Einbeziehungswahlrechten und eine Wertobergrenze. Die *Wertuntergrenze* ist in § 255 Abs. 2 Satz 2 HGB definiert. *Einbeziehungswahlrechte* ergeben sich aus § 255 Abs. 2 Sätze 3 und 4 und Abs. 3 Satz 2 HGB. Die *Wertobergrenze* setzt sich zusammen aus der Wertuntergrenze und der Summe der Einbeziehungswahlrechte.

Wie noch zu zeigen sein wird, ist die Wertuntergrenze nach R 33 EStR wesentlich *höher* als diejenige nach § 255 HGB. Dies ergibt sich daraus, daß für viele Gemeinkosten, für die handelsrechtlich ein Einbeziehungswahlrecht besteht, nach R 33 EStR eine Einbeziehungspflicht angenommen wird. Die Wertobergrenze nach § 255 HGB einerseits und nach R 33 EStR hingegen stimmen weitgehend überein.

---

[44] Vgl. Teil I, Gliederungspunkt 4.3.

3.2.3.2 Wertuntergrenze nach § 255 Abs. 2 HGB

Die Wertuntergrenze der Herstellungskosten wird nach § 255 Abs. 2 Satz 2 HGB durch die Materialkosten, die Fertigungskosten und die Sonderkosten der Fertigung bestimmt. Aus der Formulierung des sich anschließenden Satzes 3 des § 255 Abs. 2 HGB ergibt sich, daß mit den Materialkosten, den Fertigungskosten und den Sonderkosten der Fertigung nur die *Materialeinzelkosten*, die *Fertigungseinzelkosten* und die *Sondereinzelkosten der Fertigung* gemeint sein können. Die *Materialgemeinkosten* und die *Fertigungsgemeinkosten* hingegen sind *nicht einbeziehungspflichtig*, sondern - unter noch näher zu erörternden Voraussetzungen - lediglich *einbeziehungsfähig*.

Die Unterscheidung zwischen Einzel- und Gemeinkosten richtet sich nach der Art der Zurechnung der Kostenarten auf die Kostenträger, auf die Produkte also. *Einzelkosten* werden den Kostenträgern *direkt*, d.h. unter Umgehung der Kostenstellenrechnung, *zugerechnet*. *Gemeinkosten* hingegen können den Kostenträgern *nicht direkt*, sondern nur mit Hilfe von *Verteilungsschlüsseln* zugerechnet werden. Diese Verteilung der Kostenarten-Gemeinkosten erfolgt in der Kostenstellenrechnung.

Beispiel

Von den in der Kostenartenrechnung ermittelten Gemeinkosten lassen sich dem Arbeitsplatz eines bestimmten Industriearbeiters (Kostenstelle) Teile der Abschreibungen, Zinsen, Reparaturkosten, Raummieten und Meisterlöhne zurechnen. Diese Zurechnung erfolgt üblicherweise in einem Betriebsabrechnungsbogen durch Kostenschlüsselung. Von dieser Kostenstelle werden anschließend die dort gesammelten Kosten auf die Kostenträger (Erzeugnisse) durch Zuschlagsätze verteilt.

Der Begriff der *Einzelkosten* wird sowohl im Schrifttum als auch in der Praxis unterschiedlich definiert. Zunächst ist in diesem Zusammenhang festzustellen, daß es neben den Kostenträger-Einzelkosten auch Kostenträger-Gemeinkosten gibt. Da es bei der Ermittlung der bilanziellen Herstellungskosten um die Bewertung von Kostenträgern geht, kann es sich bei den Einzelkosten i.S.d. § 255 HGB nur um Kostenträger-Einzelkosten handeln. Hiervon wird nachfolgend stets ausgegangen.

Einzelkosten können sich auf den einzelnen Vermögensgegenstand, auf eine Gruppe von Gegenständen, eine Serie oder einen Auftrag beziehen. Da im Rahmen der bilanziellen Bewertung jeder Vermögensgegenstand einzeln zu bewerten ist, kann es sich bei den Einzelkosten nach § 255 Abs. 2 HGB nur um Kosten handeln, die dem einzelnen Vermögensgegenstand und nicht einer Gruppe bzw. Serie zurechenbar sind. Es handelt sich also um die einem einzelnen Produkt zurechenbaren Kosten. *Einzelkosten* im handelsbilanziellen Sinne sind somit auf die einzelne Leistungseinheit, auf das *einzelne Produkt*, bezogen. Es handelt sich also um die einem einzelnen Produkt direkt zurechenbaren Kosten.

Die *Wertuntergrenze* wird also lediglich bestimmt durch die Anschaffungskosten der *verbrauchten Roh- und Hilfsstoffe* sowie die *sonstigen stückbezogenen Material- und Fertigungskosten*. Betriebsstoffe erfüllen i.d.R. nicht die Voraussetzung des Stückbezugs; sie sind daher keine Einzelkosten. *Gehaltskosten* sind normalerweise auch *nicht stückbezogen*; sie gehören somit ebenfalls nicht zur Wertuntergrenze der Herstellungskosten.

Der Begriff der Einzelkosten im bilanziellen Sinne ist somit äußerst eng gefaßt; entsprechend weit hingegen ist der Begriffsinhalt der Gemeinkosten. Dies hat zur Konsequenz, daß die Gemeinkosten die Einzelkosten oft um ein Mehrfaches übertreffen. Die Wertuntergrenze erfaßt somit nur einen geringen Teil der bis zum Bilanzstichtag tatsächlich angefallenen, für die Erzeugung der Produkte notwendigen Kosten.

Problematisch ist, was unter *direkt* zurechenbaren Kosten zu verstehen ist. Die engste Begriffsversion besteht darin, daß Einzelkosten nur solche Kosten sind, die zu ihrer Ermittlung überhaupt keiner Schlüsselung bedürfen. Bereits eine reine Zeitschlüsselung wird von denjenigen Autoren, die eine derartige Begriffsabgrenzung vertreten, abgelehnt[45]. Konsequenterweise kommen sie u.a. zu dem Ergebnis, daß Zeitlöhne keine Einzel-, sondern Gemeinkosten seien. Die sich bei dieser Rechtsansicht ergebende Wertuntergrenze ist demnach extrem niedrig. Sie besteht häufig nur aus den Materialeinzelkosten.

Die soeben skizzierte Rechtsansicht ist nicht vereinbar mit Sinn und Zweck des § 255 HGB. Dies ergibt sich u.a. aus der Gesetzesformulierung in § 255 Abs. 2 Satz 2 HGB[46]. Nach dieser Vorschrift gehören zu den Herstellungskosten „.... die Fertigungskosten ...". Dies deutet darauf hin, daß der Gesetzgeber zumindest für den Normalfall davon ausgeht, daß bei der Bewertung von Erzeugnissen zwingend Fertigungskosten anzusetzen sind, und zwar in einer Höhe, die deutlich von Null verschieden ist. Dies aber ist nur dann der Fall, wenn Zeitlöhne einbeziehungspflichtig sind. Der Grund liegt darin, daß reine Akkordlöhne in der Praxis äußerst selten anzutreffen sind, dem Zeitbezug bei Bemessung der Löhne somit in aller Regel die ausschlaggebende Bedeutung zukommt.

Folgt man der hier vertretenen Ansicht, daß Zeitlöhne in die Herstellungskosten einbeziehungspflichtig sind, so hat dies Auswirkungen auf die allgemeine Begriffsabgrenzung zwischen Einzel- und Gemeinkosten. Es muß dann nämlich gefolgert werden, daß eine Schlüsselung mit reinen Zeitschlüsseln nicht zu Gemeinkosten, sondern zu Einzelkosten im handelsbilanziellen Sinne führt. Das gleiche gilt auch hinsichtlich reiner Mengenschlüssel.

Folgt man der hier vertretenen Rechtsansicht, so läßt sich die handelsbilanzielle Wertuntergrenze bei Ermittlung der Herstellungskosten wie folgt ermitteln:

    Fertigungsmaterial
+ Akkordlöhne
+ Zeitlöhne
+ <u>Sondereinzelkosten der Fertigung</u>
    Wertuntergrenze nach § 255 Abs. 2 HGB

---

[45] So insbesondere Knop, W./Küting, K., in: Küting, K./Weber, C.-P., HdR, § 255 HGB, Rn. 228.
[46] Hinsichtlich einer ausführlichen Begründung s. Schneeloch, D., Herstellungskosten, 1989, S. 286 f.

Typische Sondereinzelkosten der Fertigung sind insbesondere Kosten für Entwürfe, für Modelle, für Spezialwerkzeuge und für Spezialvorrichtungen.

3.2.3.3 Handelsbilanzielle Einbeziehungswahlrechte, -pflichten und -verbote, Wertobergrenze

Neben den soeben behandelten Einbeziehungspflichten enthält § 255 HGB auch eine Reihe von Einbeziehungswahlrechten bei Ermittlung der Herstellungskosten. Nach Abs. 2 Sätze 3 und 4 dieser Vorschrift dürfen in die Herstellungskosten einbezogen werden

- angemessene Teile der notwendigen Materialgemeinkosten,
- angemessene Teile der notwendigen Fertigungsgemeinkosten,
- Abschreibungen auf das Anlagevermögen, soweit die Abschreibungen den durch die Fertigung hervorgerufenen Wertverzehr widerspiegeln,
- Kosten der allgemeinen Verwaltung,
- Kosten für soziale Einrichtungen des Betriebs, für freiwillige soziale Leistungen und für betriebliche Altersversorgung.

Alle genannten Kosten dürfen nach § 255 Abs. 2 Satz 5 HGB nur insoweit in die Herstellungskosten einbezogen werden, als sie auf den Zeitraum der Herstellung entfallen.

Vertriebskosten dürfen nach § 255 Abs. 2 Satz 6 HGB *nicht* in die Herstellungskosten einbezogen werden. Dieses *Einbeziehungsverbot* besteht für *alle* Vertriebskosten, d.h. sowohl für die Vertriebsgemeinkosten als auch für die Sondereinzelkosten des Vertriebs.

Zinsen geren grundsätzlich nicht zu den Herstellungskosten . Für die kalkulatorischen Eigenkapitalzinsen ergibt sich dies bereits daraus, daß nach § 255 Abs. 2 Satz 1 HGB zu den Herstellungskosten nur solche Kosten gehören, die zu Aufwand in der Gewinn- und Verlustrechnung führen. Dies aber ist bei kalkulatorischen Zusatzkosten nicht der Fall. Für Fremdkapitalzinsen ergibt sich das grundsätzliche Verbot ihrer Einbeziehung in die Herstellungskosten aus § 255 Abs. 3 Satz 1 HGB. Von diesem Grundsatz enthält Satz 2 dieser Vorschrift allerdings eine Ausnahme. Danach dürfen Zinsen ausnahmsweise dann in die Herstellungskosten einbezogen werden, wenn das zugrundeliegende Fremdkapital zur Herstellung eines Vermögensgegenstandes verwendet wird. Das gilt aber nur für diejenigen Zinsen, die auf den Zeitraum der Herstellung entfallen. Diese dürfen in die Herstellungskosten einbezogen werden.

3.2.3.4 Herstellungskosten nach R 33 EStR

Die Definition des Herstellungskostenbegriffs in R 33 Abs. 1 Satz 1 EStR entspricht fast wörtlich derjenigen des § 255 Abs. 2 Satz 1 HGB. Eine erhebliche Abweichung von § 255 Abs. 2 HGB ergibt sich aber bereits aus R 33 Abs. 1 Satz 2 EStR. Während aus § 255 Abs. 2 Sätze 2 und 3 HGB abgeleitet werden kann, daß die Wertuntergrenze der Herstellungskosten lediglich aus den Material- und Fertigungseinzelkosten sowie den Sondereinzelkosten der Fertigung besteht[47], sind nach R 33 Abs. 1 Satz 2 EStR zusätzlich auch die notwendigen Material- und Fertigungsgemeinkosten sowie „... der Wertverzehr von Anlagevermögen, soweit er durch die Herstellung des Wirtschaftsguts veranlaßt ist", in die Herstellungskosten einzubeziehen. Die Wertuntergrenze nach R 33 EStR ist somit um diese Arten von Gemeinkosten höher als die Wertuntergrenze nach § 255 HGB. Durch die Einbeziehungspflicht der genannten Gemeinkosten ist die Zahl der Einbeziehungswahlrechte steuerlich deutlich geringer als handelsrechtlich. Dennoch räumt R 33 EStR eine große Zahl von Einbeziehungswahlrechten ein. Sie lassen sich zu folgenden Gruppen zusammenfassen:

- Kosten der allgemeinen Verwaltung,
- Aufwendungen für soziale Einrichtungen des Betriebs,
- Aufwendungen für freiwillige soziale Leistungen,
- Aufwendungen für die betriebliche Altersversorgung,
- Gewerbesteueraufwendungen,
- Zinsen für einen Kredit, der nachweislich in unmittelbarem wirtschaftlichen Zusammenhang mit der Herstellung eines Wirtschaftsguts aufgenommen worden ist.

Darüber hinaus ergibt sich aus R 34 EStR ein Wahlrecht dahingehend, daß Zuschüsse entweder als Erträge oder aber als Minderungen der Herstellungskosten behandelt werden dürfen. Letztlich besteht noch ein gesetzliches Einbeziehungswahlrecht für bestimmte nichtabziehbare Vorsteuern in den Fällen des § 9b EStG.

Im Gegensatz zu den Wertuntergrenzen stimmen die Wertobergrenzen nach § 255 HGB einerseits und nach R 33 EStR andererseits weitgehend überein.

3.2.3.5 Vergleich zwischen Handels- und Steuerbilanz

Die bisherigen Ausführungen haben ergeben, daß die Wertuntergrenze nach § 255 HGB deutlich niedriger ist als die Wertuntergrenze nach R 33 EStR, daß hingegen die Wertobergrenzen grundsätzlich übereinstimmen. Abbildung III/4[48] gibt einen Überblick über die unterschiedlichen Einbeziehungspflichten, -wahlrechte und -verbote nach § 255 HGB und R 33 EStR.

Die Abweichungen zwischen den Wertunter- bzw. Wertobergrenzen nach § 255 HGB einerseits und nach R 33 EStR andererseits werfen die Frage auf, ob die Anweisungen in R 33 EStR mit dem geltenden Recht vereinbar sind. Bei R 33 EStR handelt es sich schließlich nur um eine Verwaltungsanweisung, die Bindungswirkung lediglich für die Finanzverwaltung entfaltet. In dieser Frage bestehen zwei völlig konträre Rechtsansichten.

---

[47] Vgl. Gliederungspunkt 3.2.3.2.
[48] Entnommen aus Bitz, M./Schneeloch, D./Wittstock, W., Jahresabschluß, 1995, S. 508 f.

3 Bewertung

Lfd. Nr.	Bezeichnung der Kostenarten	Art einer möglichen Zurechnung zu einem einzelnen Produkt, ggf. Gründe für Einbeziehungsverbot	Handelsbilanz: bei Zurechnung von Kosten, die durch reine Zeitschlüssel dem Produkt zugeordnet werden können, zu den		Steuerbilanz bei Beachtung von R 33 EStR
			a) Gemeinkosten (extrem niedrige Wertuntergrenze)	b) Einzelkosten (hier vertretene Rechtsansicht)	
1	Rohstoffe	ohne Schlüsselung o. mit reinen Mengenschlüsseln zurechenbar	Pflicht	Pflicht	Pflicht
2	Hilfsstoffe	teilweise über reine Mengenschlüssel hinausgehend	Pflicht, z. T. Wahlrecht	Pflicht	Pflicht
3	Betriebsstoffe	i. d. R. Zeitschlüssel (Maschinenstunden) ausreichend	Wahlrecht	i. d. R. Pflicht	Pflicht
4	Lagerhaltung, Transport, Materialprüfung, Abschr. auf VG des Warenlagers	meist über reine Mengen- u. Zeitschlüssel hinausgehend	Wahlrecht	Wahlrecht	Pflicht
5	reine Akkordlöhne u. darauf entfallende Lohnnebenkosten	stückbezogene Schlüsselung	Pflicht	Pflicht	Pflicht
6	Fertigungslöhne mit Ausnahme der Akkordlöhne u. Lohnnebenkosten	Zeitschlüssel	Wahlrecht	Pflicht	Pflicht
7	Vorbereitung und Kontrolle d. Fertigung, techn. Betriebsleitung, Raumkosten, Sachversicherung, Unfallstationen u. Unfallverhütungseinrichtungen d. Fertigungsstätten, Lohnbüro, Kosten z. Errechnung der Löhne u. Gehälter d. Fertigungsarbeiten	meist über reine Mengen- und Zeitschlüssel hinausgehend	Wahlrecht	Wahlrecht in Ausnahmefällen Pflicht	Pflicht
8	Abschr. auf Fertigungsanlagen				
	- planmäßige (AfA)	über reine Mengen- und Zeitschlüssel hinausgehend	Wahlrecht	Wahlrecht	Pflicht
	- außerplanmäßige (AfA) bzw. TW-Abschr., Sonderabschr. u. erhöhte Absetzungen	kein Kostencharakter	Verbot	Verbot	Verbot
9	Zinsen d. Fertigungsbereichs				
	- Eigenkapitalzinsen	kalkulatorische Kosten, deshalb nicht einbeziehungsfähig	Verbot	Verbot	Verbot
	- Fremdkapitalzinsen	Zurechnung nur der auf Herstellung entfallenden Zinsen zulässig	Wahlrecht	Wahlrecht	Wahlrecht

Lfd. Nr.	Bezeichnung der Kostenarten	Art einer möglichen Zurechnung zu einem einzelnen Produkt, ggf. Gründe für Einbeziehungsverbot	Handelsbilanz: bei Zurechnung von Kosten, die durch reine Zeitschlüssel dem Produkt zugeordnet werden können, zu den		Steuerbilanz bei Beachtung des R 33 EStR
			a) Gemeinkosten (extrem niedrige Wertuntergrenze)	b) Einzelkosten (hier vertretene Rechtsansicht)	
10	Steuern d. Fertigungsbereichs				
	- GewErtSt	Kostencharakter umstritten, überwiegend verneint	Verbot	Verbot	Wahlrecht
	- GewKapSt (nur soweit auf VG des Fertigungsbereichs entfallend)	über reine Mengen- und Zeitschlüssel hinausgehend	Wahlrecht	Wahlrecht	Pflicht
	- GrSt				Pflicht
11	Betriebliche Altersversorgung, freiwillige Sozialleistungen	über reine Mengen- und Zeitschlüssel hinausgehend	Wahlrecht	Wahlrecht	Wahlrecht
12	Sonderkosten der Fertigung				
	- stückbezogene Kosten, wie stückbezogene Lizenzen	ohne Schlüsselung o. mit reinen Mengenschlüsseln	Pflicht	Pflicht	Pflicht
	- Kosten f. Entwürfe, Modelle, Spezialwerkz., -vorrichtungen	meist über reine Mengen- und Zeitschlüssel hinausgehend	Wahlrecht	Wahlrecht z. T. Pflicht	Pflicht
13	Geschäftsleitung, Einkauf, Betriebsrat, Personalbüro, Nachrichten-, Ausbildungs-, Rechnungswesen, Abschr. auf Verwaltungsgebäude und Büroeinrichtung	über reine Mengen- und Zeitschlüssel hinausgehend	Wahlrecht	Wahlrecht	Wahlrecht
14	Zinsen f. d. Verwaltg. dienende VG	nicht auf d. Herstellung entfallend, desh. nicht einbeziehungsfähig	Verbot	Verbot	Verbot
15	Verkaufsprovisionen, Verpackungskosten, Frachten usw.	Vertriebskosten gesetzlich nicht einbeziehungsfähig	Verbot	Verbot	Verbot
16	Fertigwarenlager, Vertriebsabt. u. -organisation, Werbung, Abschr. auf Anlagen d. Vertriebsbereichs	Vertriebskosten gesetzlich nicht einbeziehungsfähig	Verbot	Verbot	Verbot
17	ESt, KiSt, KSt, ErbSt	Kostencharakter überwiegend verneint	Verbot	Verbot	Verbot

Abbildung III/4: Einbeziehungspflichten, -wahlrechte und -verbote bei der Ermittlung der Herstellungskosten

Nach der von mir bereits in 1985 vertretenen Ansicht[49] ist hinsichtlich des Ansatzes der Herstellungskosten in der Steuerbilanz der Wertansatz in der Handelsbilanz maßgebend. Der Grund liegt darin, daß das Steuerrecht keine Legaldefinition des Begriffs der Herstellungskosten enthält. Deshalb kommt der Bewertungsvorbehalt des § 5 Abs. 6 EStG nicht zur Anwendung. Dieser kann nämlich nur dann greifen, wenn steuerrechtliche „Vorschriften" vorhanden sind. Mit „Vorschriften" i.S.d. § 5 Abs. 6 EStG können aber nur Gesetzesnormen in Steuergesetzen gemeint sein, in erster Linie also die Vorschriften des § 6 EStG.

Greift bei der steuerbilanziellen Bewertung nicht der Bewertungsvorbehalt des § 5 Abs. 6 EStG, so kommt es nach der Ansicht des BFH[50], aber auch nach erheblichen Teilen des Schrifttums[51], zur Anwendung des Maßgeblichkeitsgrundsatzes des § 5 Abs. 1 EStG. Das gilt nach dieser Ansicht unzweifelhaft dann, wenn handelsrechtlich ein bestimmter Wertansatz vorgeschrieben ist. Dies ist hier nicht der Fall, da § 255 HGB lediglich eine Wertober- und eine Wertuntergrenze festlegt. Nach einer weitverbreiteten Ansicht kommt es zur Anwendung des Maßgeblichkeitsgrundsatzes aber auch dann, wenn handelsbilanziell ein konkreter Wertansatz gewählt wird und dieser sich im Rahmen des steuerlich Zulässigen bewegt[52]. Genau dies aber ist der Fall bei der Wahl eines bestimmten Wertansatzes zur Festlegung der Herstellungskosten eines Vermögensgegenstandes in der Handelsbilanz. Folgt man dieser Rechtsansicht, so kommt es also mit der Festlegung der handelsbilanziellen Herstellungskosten zur Anwendung des Maßgeblichkeitsgrundsatzes.

Nach der Rechtsprechung des BFH werden bekanntlich handelsrechtliche Aktivierungswahlrechte steuerrechtlich zu Aktivierungsgeboten[53]. Einige Autoren haben den Beschluß des Großen Senats zur Bilanzierung auf die Einbeziehungswahlrechte bei Ermittlung der Herstellungskosten übertragen[54]. Nach ihrer Argumentation werden handelsbilanzielle Einbeziehungswahlrechte steuerlich zu Einbeziehungsgeboten. Würde diese Rechtsansicht konsequent angewendet, so hätte dies eine erhebliche Steuerverschärfung im Vergleich zur Anwendung des R 33 EStR zur Folge. Es wären dann nämlich nicht nur die Wahlrechte steuerlich nicht anwendbar, die § 255 HGB über R 33 EStR hinaus gewährt, vielmehr entfielen auch alle diejenigen Wahlrechte, die in R 33 EStR ausdrücklich genannt sind. Wie gezeigt worden ist, handelt es sich hierbei um eine große Zahl wirtschaftlich gewichtiger Wahlrechte.

---

49 Vgl. Schneeloch, D., Bilanzrichtlinien-Gesetz, 1985, S. 571.
50 Vgl. die BFH-Urteile vom 24.4.1985, I R 65/80, BStBl 1986 II, S. 324 und vom 25.4.1985, IV R 83/83, BStBl 1986 II, S. 350.
51 Vgl. Biergans, E., Einkommensteuer, 1992, S. 177 f.; Knobbe-Keuk, B., Unternehmenssteuerrecht, 1993, S. 18; Knop, W./Küting, K., in: Küting, K./Weber, C.-P., HdR, § 255 HGB, Rn. 246 f.; Hoffmann, W.-D., in: Littmann, E./Bitz, H./Hellwig, P., Einkommensteuerrecht, §§ 4, 5 EStG, Anm. 332 f.
52 Vgl. Schmidt, L., in: Schmidt, L., EStG, § 5 EStG, Anm. 12b.
53 Vgl. BFH-Beschluß v. 3.2.1969, GrS 2/68, BStBl 1969 II, S. 291.
54 So insbesondere Söffing; vgl. Söffing, G., Stetigkeitsgrundsatz, 1987, S. 2598; Federmann, R., Bilanzierung, 1994, S. 170 f.

Mit Urteil vom 21.10.1993[55] hat der BFH der zweiten der hier vorgetragenen Rechtsansicht zugestimmt. Er hat hierbei allerdings das Problem einer möglichen Steuerverschärfung gegenüber R 33 EStR ausdrücklich ausgeklammert. Aus dem Urteil folgt, daß derzeit für steuerplanerische Zwecke die in R 33 EStR wiedergegebene Rechtsansicht zugrunde gelegt werden sollte.

3.2.3.6 Bedeutung des Stetigkeitsgrundsatzes bei Ermittlung der Herstellungskosten

Es stellt sich die Frage, welche Bedeutung der Grundsatz der Bewertungsstetigkeit des § 252 Abs. 1 Nr. 6 HGB bei Ermittlung der Herstellungskosten hat.

Voraussetzung für die Anwendung des Stetigkeitsgrundsatzes bei Ermittlung der Herstellungskosten ist, daß *vergleichbare* Vermögensgegenstände zu bewerten sind. Hiervon kann bei *Vorräten* dann ausgegangen werden, wenn sie der gleichen Vorratsgattung angehören und annähernde Preisgleichheit herrscht[56]. An die Stelle der gleichen Vorratsgattung kann auch die Funktionsgleichheit treten. Funktionsgleichheit ist dann gegeben, wenn die Gegenstände zwar nicht der gleichen Vorratsart angehören, aber dem gleichen Verwendungszweck dienen. Der Grundsatz der Stetigkeit bei der Einbeziehung von Kosten in die Herstellungskosten ist von den Unternehmen aller Rechtsformen zu beachten. Er gilt über den Maßgeblichkeitsgrundsatz auch für die Steuerbilanz.

Vermutlich dürfte der Hauptanwendungsfall des Stetigkeitsgrundsatzes bei Ermittlung der Herstellungskosten im Zusammenhang mit der Bewertung der Vorräte liegen.

3.2.4 Teilwert

Im Gegensatz zum Handelsrecht kennt das Bilanzsteuerrecht neben den Anschaffungs- oder Herstellungskosten lediglich einen weiteren Wert, und zwar den *Teilwert*. Der Teilwert ist sowohl in § 10 BewG als auch in § 6 Abs. 1 Nr. 1 EStG - und zwar inhaltlich gleichlautend - definiert.

Die Definition des **Teilwerts** in § 6 Abs. 1 Nr. 1 Satz 3 EStG lautet:

Teilwert ist der Betrag, den ein Erwerber des ganzen Betriebs im Rahmen des Gesamtkaufpreises für das einzelne Wirtschaftsgut ansetzen würde; dabei ist davon auszugehen, daß der Erwerber den Betrieb fortführt.

Aus dieser Legaldefinition ergibt sich, daß der Teilwert auf drei Fiktionen beruht, und zwar:

---

[55] Vgl. BFH-Urteil vom 21.10.1993, IV R 87/92, BStBl 1994 II, S. 176.
[56] Vgl. Adler, H./Düring, W./Schmaltz, K., Rechnungslegung, § 256 HGB, Tz. 22 i.V.m. § 255 HGB, Tz. 250.

1. Ein fiktiver Käufer erwirbt den ganzen Betrieb;
2. es wird ein fiktiver Gesamtkaufpreis unter der Voraussetzung ermittelt, daß der Erwerber den Betrieb fortführt;
3. aus dem Gesamtkaufpreis wird für das einzelne Wirtschaftsgut ein Wert abgeleitet.

Diese dreifache Fiktion macht die Ermittlung des Teilwerts *unpraktikabel*. So bereitet bereits die Bewertung eines Unternehmens im ganzen außerordentlich große Schwierigkeiten[57]. Hinzu tritt ein weiteres, nicht lösbares Problem: die Aufteilung des Unternehmenswertes auf einzelne Wirtschaftsgüter[58].

Diese Schwierigkeiten erkennend, haben RFH und BFH in einer Vielzahl von Entscheidungen versucht, den Teilwertbegriff im Wege der Gesetzesauslegung zu operationalisieren. Hierbei sind folgende *Teilwertvermutungen* entstanden[59]:

1. Im Zeitpunkt der Anschaffung oder Herstellung entspricht der Teilwert den *tatsächlichen* Anschaffungs- oder Herstellungskosten.
2. Bei Wirtschaftsgütern des nichtabnutzbaren Anlagevermögens entspricht der Teilwert auch in späteren Jahren den Anschaffungs- oder Herstellungskosten.
3. Bei abnutzbaren Anlagegütern entspricht der Teilwert in späteren Jahren den fortgeschriebenen Anschaffungs- oder Herstellungskosten (Anschaffungs- oder Herstellungskosten ./. bisherige AfA).
4. Bei Wirtschaftsgütern des Umlaufvermögens entspricht der Teilwert den Wiederbeschaffungskosten. Ist bei Erzeugnissen und Waren mit so niedrigen Verkaufserlösen zu rechnen, daß bei einer Veräußerung nicht mehr die Selbstkosten auf Vollkostenbasis und ein durchschnittlicher Unternehmensgewinn gedeckt werden können, so ist der Teilwert niedriger als die Wiederbeschaffungskosten. Der Teilwert ist dann auf der Basis der voraussichtlichen Verkaufserlöse zu ermitteln. Von den voraussichtlichen Verkaufserlösen sind die noch zu erwartenden Kosten, insbesondere die Vertriebskosten, ferner ist ein durchschnittlicher Unternehmergewinn abzugsfähig[60].

Die Teilwertermittlung auf der Basis voraussichtlicher Verkaufserlöse soll anhand des folgenden Beispiels erläutert werden.

Beispiel

Ein Herrenausstatter (H) hat am 31.12.01 10 Mäntel des Typs „Teddybär" auf Lager. Die Anschaffungskosten eines jeden Mantels haben 200 DM betragen. Bisher hat H Mäntel dieses Typs

---

57 Vgl. Federmann, R., Bilanzierung, 1994, S. 304.
58 Vgl. Biergans, E., Einkommensteuer, 1992, S. 421; Federmann, R., Bilanzierung, 1994, S. 304; Adler, H./Düring, W./Schmaltz, K., Rechnungslegung, § 253 HGB, Tz. 471, Wöhe, G., Bilanzierung, 1997, S. 412.
59 Vgl. die umfangreichen Nachweise bei Glanegger, P., in: Schmidt, L., EStG, § 6 EStG, Anm. 56; s. auch Wöhe, G., Steuerbilanz, 1996, S. 150; Schnicke, G./Schramm, M./Bail, U., in: Beck'scher Bilanz-Kommentar, § 253 HGB, Anm. 307 ff.
60 Vgl. Biergans, E., Einkommensteuer, 1992, S. 426 f.; Meincke, J. P., in: Littmann, E./Bitz, H./Hellwig, P., Einkommensteuerrecht, § 6 EStG, Anm. 180; Schmidt, L., EStG, § 6 EStG, Anm. 54.

zu einem Stückpreis von 500 DM veräußert. Infolge einer Modeänderung sind die Mäntel nicht mehr zu dem bisherigen Preis veräußerbar. H beabsichtigt deshalb, die Mäntel im Winterschlußverkauf zu einem Stückpreis von 150 DM zu veräußern. Er rechnet mit noch anfallenden Vertriebskosten von 10 DM je Mantel. Der durchschnittliche Unternehmergewinn kann auf 5 % der Anschaffungskosten der bezogenen Waren geschätzt werden.

Der Teilwert je eines Mantels kann wie folgt ermittelt werden:

	DM
Voraussichtlicher Verkaufserlös	150
./. noch zu erwartende Vertriebskosten	./. 10
./. durchschnittlicher Unternehmergewinn (200 · 5 % =)	./. 10
Teilwert	130

Der Abzug eines durchschnittlichen Unternehmergewinns bei Ermittlung des Teilwerts auf der Basis voraussichtlicher Verkaufserlöse widerspricht der sonst im Bilanzrecht üblichen Klassifikation. Hier handelt es sich nicht um zu erwartenden Aufwand, sondern um kalkulatorische Kosten, die bilanziell sonst stets als Gewinnbestandteile behandelt werden, also nicht den bilanziellen Wertansatz verändern können.

Die Teilwertvermutungen können widerlegt werden[61]. Eine *Widerlegung* kann insbesondere erfolgen durch den Nachweis, daß

- die Investition (Anschaffung oder Herstellung des Wirtschaftsgutes) eine *Fehlmaßnahme* war, daß also statt der erwarteten Gewinne tatsächlich Verluste erwirtschaftet werden,
- die *Wiederbeschaffungskosten* nachhaltig gesunken sind,
- Wertminderungen durch *technische Veralterung*, durch *Modeänderung* oder ähnliches eingetreten sind.

3.2.5 Rein handelsrechtliche Werte

3.2.5.1 Überblick

Wie bereits ausgeführt, enthalten die §§ 253 und 254 HGB folgende Wertbegriffe, die das Steuerrecht nicht kennt:

- der niedrigere am Abschlußstichtag beizulegende Wert,
- der Börsen- oder Marktpreis,
- der im Hinblick auf künftige Wertverluste ermäßigte Wert,
- der durch Abschreibungen im Rahmen vernünftiger kaufmännischer Beurteilung ermäßigte Wert,
- der auf einer steuerrechtlichen Abschreibung beruhende niedrigere Wert,
- der Rückzahlungsbetrag (von Verbindlichkeiten),
- der Barwert (von Renten),

---

[61] Vgl. Glanegger, P., in: Schmidt, L., EStG, § 6 EStG, Anm. 57.

- der nach vernünftiger kaufmännischer Beurteilung notwendige Betrag (von Rückstellungen).

Die ersten fünf der genannten Werte betreffen Aktivposten der Bilanz, die letzten drei Passivposten. Nachfolgend wird zunächst auf die Aktiva, anschließend auf die die Passiva betreffenden Werte eingegangen.

3.2.5.2 Die Aktiva betreffende Werte

Nach § 253 Abs. 2 Satz 3 HGB können bei Vermögensgegenständen des *Anlagevermögens* außerplanmäßige Abschreibungen vorgenommen werden, um die Vermögensgegenstände mit dem niedrigeren Wert anzusetzen, der ihnen am Abschlußstichtag beizulegen ist. Dieser *niedrigere beizulegende Wert* ist also, ebenso wie dies die Anschaffungs- oder Herstellungskosten sind, ein Wert zum *Bilanzstichtag*. Der niedrigere beizulegende Wert kommt auch bei Vermögensgegenständen des *Umlaufvermögens* zum Ansatz, und zwar in den Fällen des § 253 Abs. 3 Satz 1 HGB. Auch hier handelt es sich um einen Wert zum Bilanzstichtag.

Der Ausdruck „niedrigerer beizulegender Wert" bedeutet, daß der Wert sowohl niedriger ist als die (fortgeschriebenen) Anschaffungs- oder Herstellungskosten als auch der letzte Bilanzansatz. Wie der niedrigere beizulegende Wert zu ermitteln ist, wird gesetzlich nicht bestimmt.

Nach h.M. wird der niedrigere beizulegende Wert entweder durch den Wiederbeschaffungs- bzw. Wiederherstellungswert oder aber durch den Einzelveräußerungswert bestimmt. Der *Wiederbeschaffungs-* bzw. *Wiederherstellungswert* ist dann maßgebend, wenn für die Bewertung die Verhältnisse am *Beschaffungsmarkt* von Bedeutung sind. Das ist insbesondere bei Roh-, Hilfs- und Betriebsstoffen der Fall. Der *Einzelveräußerungswert* ist maßgebend, wenn für die Bewertung die Verhältnisse am *Absatzmarkt* eine Rolle spielen. Das trifft z.B. auf Fertigerzeugnisse und Handelswaren zu. Der Einzelveräußerungswert ergibt sich aus dem Einzelveräußerungspreis abzüglich des bis zum Verkauf noch entstehenden Aufwands.

Haben Gegenstände des Umlaufvermögens einen *Börsen-* oder *Marktpreis,* so ist nach § 253 Abs. 3 Satz 1 HGB der aus diesem abgeleitete Wert am Bilanzstichtag anzusetzen, sofern er geringer ist als die Anschaffungs- oder Herstellungskosten. *Börsenpreis* ist der an einer Börse im amtlichen Handel, am geregelten Markt, im geregelten Freiverkehr oder am Neuen Markt ermittelte Wert. *Marktpreis* ist derjenige Preis, der an einem Handelsplatz (Markt) für Waren einer bestimmten Gattung von durchschnittlicher Art und Güte zu einem bestimmten Zeitpunkt im Durchschnitt gezahlt wird.

Fallen die Werte auf dem Beschaffungs- und Absatzmarkt auseinander, so gilt folgendes:

1. Der *Beschaffungsmarkt* ist maßgebend für Roh-, Hilfs- und Betriebsstoffe, ferner für unfertige und fertige Erzeugnisse, sofern diese auch fremdbeziehbar sind;

2. der *Absatzmarkt* ist für die übrigen unfertigen und fertigen Erzeugnisse maßgebend.

Nach § 253 Abs. 3 Satz 3 HGB dürfen auf Gegenstände des Umlaufvermögens „... Abschreibungen vorgenommen werden, soweit diese nach vernünftiger kaufmännischer Beurteilung notwendig sind, um zu verhindern, daß in der nächsten Zukunft der Wertansatz dieser Vermögensgegenstände aufgrund von Wertschwankungen geändert werden muß." Bei den genannten „Wertschwankungen" handelt es sich stets um *Wertverluste*, nie hingegen um Werterhöhungen. Der Wert, auf den in derartigen Fällen abgeschrieben werden kann, läßt sich deshalb als der *im Hinblick auf künftige Wertverluste ermäßigte Wert* kennzeichnen. § 253 Abs. 3 Satz 3 HGB ermöglicht also aus Sicht des Bilanzstichtags die Vorwegnahme künftiger Wertverluste. Damit verläßt diese Vorschrift das sonst das Bilanzrecht beherrschende Stichtagsprinzip. Die Vorschrift stellt also nicht auf die Wertverhältnisse am Bilanzstichtag, sondern auf künftige Wertverhältnisse ab. Steuerlich ist die Vorwegnahme künftiger Wertverluste hingegen ausgeschlossen. Dies ergibt sich daraus, daß es sich bei den steuerlich zulässigen Werten stets um Werte zum Bilanzstichtag und nicht um künftige Werte handelt. Eine Abschreibung nach § 253 Abs. 3 Satz 3 HGB darf deshalb *steuerlich nicht* übernommen werden.

Nach § 253 Abs. 4 HGB dürfen Abschreibungen vorgenommen werden, die sowohl über die planmäßigen als auch über die außerplanmäßigen Abschreibungen des § 253 Abs. 2 und 3 HGB weit hinausgehen können. Die Abschreibungen brauchen sich lediglich „... im Rahmen vernünftiger kaufmännischer Beurteilung ..." zu bewegen. Wann dies der Fall ist, wird im Gesetz nicht näher umschrieben.

Im Schrifttum wird für den Begriff der *Abschreibungen im Rahmen vernünftiger kaufmännischer Beurteilung* z.T. ein außerordentlich weiter Begriffsinhalt verwendet. Hierauf braucht aber an dieser Stelle nicht eingegangen zu werden, da Abschreibungen nach § 253 Abs. 4 HGB das Bewertungskonzept des § 6 EStG sprengen und daher *steuerlich unzulässig* sind. Der *durch Abschreibungen im Rahmen vernünftiger kaufmännischer Beurteilung ermäßigte Wert* darf somit *nicht* in die Steuerbilanz übernommen werden. Auf die ihm zugrundeliegenden Abschreibungen braucht deshalb hier auch nicht näher eingegangen zu werden. Angemerkt sei lediglich, daß Kapitalgesellschaften Abschreibungen im Rahmen vernünftiger kaufmännischer Beurteilung nach § 279 Abs. 1 HGB auch nicht in ihrer Handelsbilanz ansetzen dürfen.

Nach § 254 HGB können Abschreibungen „... auch vorgenommen werden, um Vermögensgegenstände des Anlage- oder Umlaufvermögens mit dem niedrigeren Wert anzusetzen, der auf einer nur steuerrechtlich zulässigen Abschreibung beruht." Nach der *umgekehrten Maßgeblichkeit* des § 5 Abs. 1 Satz 2 EStG *muß* diese *steuerrechtliche Abschreibung* in die Handelsbilanz übernommen werden, wenn sie steuerrechtlich geltend gemacht werden soll. Der auf einer *steuerrechtlichen Abschreibung beruhende niedrigere Wert* ist also ein Wert, der aus der Steuer- in die Handelsbilanz übernommen wird. Auf die Frage, wann ein derartiger Wert anzusetzen ist, wird noch wiederholt einzugehen sein.

3.2.5.3 Die Passiva betreffende Werte

Verbindlichkeiten sind nach § 253 Abs. 1 Satz 2 HGB mit ihrem **Rückzahlungsbetrag** zu bewerten. Hierbei handelt es sich um den Geldbetrag, den der Schuldner an den Gläubiger zu entrichten hat. Bei einem Darlehen kann der Rückzahlungsbetrag infolge der Vereinbarung eines Disagios höher sein als der Betrag, über den der Darlehensnehmer verfügen kann (Verfügungsbetrag).

Rentenverpflichtungen sind nach § 253 Abs. 1 Satz 2 HGB mit ihrem *Barwert* anzusetzen. **Barwert** ist die auf den Abschlußstichtag abgezinste Summe aller künftigen Rentenzahlungen. Über die Höhe des Zinssatzes, mit dem abzuzinsen ist, enthält das HGB keine Bestimmung. Daraus folgt, daß sie mit den GoB vereinbar sein muß.

Rückstellungen sind nach § 253 Abs. 1 Satz 2 HGB in Höhe des nach vernünftiger kaufmännischer Beurteilung notwendigen Betrages anzusetzen. Zur Ermittlung dieses Betrages ist in jedem Einzelfall eine sachgerechte Schätzung erforderlich.

3.3 Bewertung des abnutzbaren Anlagevermögens

3.3.1 Grundsätzliche Regelung des § 6 Abs. 1 Nr. 1 EStG

§ 6 Abs. 1 Nr. 1 EStG regelt die ertragsteuerliche *Bewertung des abnutzbaren Anlagevermögens*. Dort heißt es:

„Wirtschaftsgüter des Anlagevermögens, die der Abnutzung unterliegen, sind mit den Anschaffungs- oder Herstellungskosten, vermindert um die Absetzungen für Abnutzung nach § 7, anzusetzen. Ist der Teilwert niedriger, so kann dieser angesetzt werden ... Bei Wirtschaftsgütern, die bereits am Schluß des vorangegangenen Wirtschaftsjahres zum Anlagevermögen des Steuerpflichtigen gehört haben, kann der Steuerpflichtige in den folgenden Wirtschaftsjahren den Teilwert auch dann ansetzen, wenn er höher ist als der letzte Bilanzansatz; es dürfen jedoch höchstens die Anschaffungs- oder Herstellungskosten ..., vermindert um die Absetzungen für Abnutzung nach § 7, angesetzt werden".

Bei alleiniger Beachtung des § 6 Abs. 1 Nr. 1 EStG ergeben sich also folgende Bewertungsregeln:

1. Grundsätzlich sind die Anschaffungs- oder Herstellungskosten abzüglich der Absetzungen für Abnutzung anzusetzen *(fortgeschriebene Anschaffungs- oder Herstellungskosten als Bewertungsgrundsatz);* diese bilden die Wertobergrenze, über die nicht hinausgegangen werden darf;
2. ist der Teilwert niedriger als die fortgeschriebenen Anschaffungs- oder Herstellungskosten, so kann *(Bewertungswahlrecht)* der Teilwert angesetzt werden;
3. sämtliche Werte zwischen den fortgeschriebenen Anschaffungs- oder Herstellungskosten und dem niedrigeren Teilwert *(beliebige Zwischenwerte)* können ebenfalls gewählt werden (allgemein anerkannte Auslegung des Gesetzes);

4. steigt der Teilwert über den letzten Bilanzansatz hinaus, so darf er angesetzt werden; es dürfen aber höchstens die Anschaffungs- oder Herstellungskosten, vermindert um die steuerlichen Normalabschreibungen i.S.d. § 7 EStG, angesetzt werden.

Aus der Formulierung des Gesetzes, „... Wirtschaftsgüter... sind mit den Anschaffungs- oder Herstellungskosten, vermindert um die Absetzungen für Abnutzung nach § 7 , anzusetzen", wird allgemein gefolgt, daß die Normal-AfA zwingend vorgeschrieben ist. Eine Absetzung muß selbst dann vorgenommen werden, wenn der Teilwert eines Wirtschaftsgutes nicht - dem Alterungsprozeß entsprechend - gesunken, sondern gestiegen ist. Eine *bewußt unterlassene AfA darf nicht nachgeholt* werden[62]. Absetzungen sind auch in Verlustjahren vorzunehmen.

Der Ansatz *eines niedrigeren Teilwertes* ist *nicht zwingend*. Der Steuerpflichtige hat also ein echtes Wahlrecht zwischen dem letzten Bilanzansatz, dem niedrigeren Teilwert und beliebigen Zwischenwerten. Diese Regelung gilt *uneingeschränkt* nur bei einer *Gewinnermittlung nach § 4 Abs. 1 EStG*. Zuschreibungen sind erlaubt, wenn der Teilwert gestiegen ist. Doch darf nicht über die Anschaffungs- oder Herstellungskosten abzüglich der Absetzungen nach § 7 EStG hinaus zugeschrieben werden. Steuerliche „Normalabschreibungen" i.S.d. § 7 EStG dürfen also nicht durch Zuschreibungen rückgängig gemacht werden. Insoweit besteht ein eingeschränktes Werterhöhungsverbot. Für erhöhte Absetzungen und Sonderabschreibungen hingegen gilt das Verbot einer Rückgängigmachung durch Zuschreibungen nicht.

3.3.2 Zusätzlich zu beachtende Vorschriften bei Gewinnermittlung nach § 5 EStG

Handelt es sich nicht um eine Gewinnermittlung nach § 4 Abs. 1 EStG, sondern um die Gewinnermittlung eines Gewerbetreibenden nach § 5 EStG, so richtet sich die Bewertung nicht ausschließlich nach § 6 EStG, vielmehr sind über den Maßgeblichkeitsgrundsatz des § 5 Abs. 1 Satz 1 EStG zusätzlich die handelsrechtlichen Bewertungsvorschriften zu beachten. Zu nennen sind in diesem Zusammenhang

- § 253 Abs. 2 Satz 3 HGB,
- § 279 Abs. 1 Satz 2 HGB,
- § 279 Abs. 2 i.V.m. § 254 HGB.

Zur Anwendung dieser Vorschriften kann es allerdings nur dann kommen, wenn nicht der Bewertungsvorbehalt des § 5 Abs. 6 EStG greift.

Da § 279 HGB eine Spezialvorschrift für Kapitalgesellschaften darstellt, ist nachfolgend eine Unterscheidung zwischen Personenunternehmen einerseits und Kapitalgesellschaften andererseits sinnvoll.

---

[62] Vgl. die BFH-Urteile vom 3.7.1956, I 344/55 U, BStBl 1956 III, S. 250 und vom 3.7.1980, IV R 31/77, BStBl 1981 II, S. 255.

3.3.3 Außerplanmäßige Abschreibungen und Teilwertabschreibungen bei Personenunternehmen

Unterliegt ein Vermögensgegenstand des abnutzbaren Anlagevermögens einem Wertverlust, der nicht durch die planmäßigen Abschreibungen nach § 253 Abs. 2 Satz 1 HGB gedeckt ist, so ist nach § 253 Abs. 2 Satz 3 HGB zwischen folgenden zwei Fällen zu unterscheiden:

1. Die Wertminderung ist voraussichtlich nur vorübergehender Art;
2. die Wertminderung ist voraussichtlich von Dauer.

Ist die Wertminderung voraussichtlich nur *vorübergehender Art*, so hat der Kaufmann ein *Wahlrecht zur Vornahme einer außerplanmäßigen Abschreibung*. In aller Regel kann in diesem Zusammenhang davon ausgegangen werden, daß der *niedrigere beizulegende Wert* i.S.d. § 253 Abs. 2 Satz 3 HGB dem *niedrigeren Teilwert* i.S.d. § 6 Abs. 1 Nr. 1 EStG entspricht. Dies hat zur Konsequenz: *Die höchstmögliche außerplanmäßige Abschreibung entspricht der höchstmöglichen Teilwertabschreibung*. Nimmt der Kaufmann eine außerplanmäßige Abschreibung vor, so greift nach § 5 Abs. 1 Satz 1 EStG der Maßgeblichkeitsgrundsatz. Dies bedeutet: *Der Kaufmann muß in Höhe der außerplanmäßigen Abschreibung eine Teilwertabschreibung vornehmen*. In Handels- und Steuerbilanz kann also nur gleichermaßen abgeschrieben werden.

Ist die *Wertminderung voraussichtlich von Dauer*, so hat der Kaufmann handelsrechtlich kein Wahlrecht, vielmehr *muß* er nach § 253 Abs. 2 Satz 3 zweiter Halbsatz HGB eine *Abschreibung auf den niedrigeren beizulegenden Wert vornehmen*. Steuerlich muß er über den *Maßgeblichkeitsgrundsatz* in gleicher Weise verfahren. *Steuerlich muß er also eine Teilwertabschreibung vornehmen*. Auch hier ist i.d.R. wieder davon auszugehen, daß niedrigerer beizulegender Wert und Teilwert einander entsprechen.

3.3.4 Außerplanmäßige Abschreibungen und Teilwertabschreibungen bei Kapitalgesellschaften

3.3.4.1 Voraussichtlich dauernde Wertminderung

Bei Kapitalgesellschaften ist im Zusammenhang mit außerplanmäßigen Abschreibungen ebenso wie bei Personenunternehmen gem. § 253 Abs. 2 Satz 3 HGB zwischen einer voraussichtlich dauernden und einer voraussichtlich vorübergehenden Wertminderung zu unterscheiden. *Bei einer voraussichtlich dauernden Wertminderung muß die Kapitalgesellschaft nach § 253 Abs. 2 Satz 2 zweiter Halbsatz HGB eine außerplanmäßige Abschreibung vornehmen*. Dies hat nach dem *Maßgeblichkeitsgrundsatz* des § 5 Abs. 1 Satz 1 EStG zur Folge, daß steuerlich eine *korrespondierende Teilwertabschreibung zwingend geboten* ist. Insoweit sind die Rechtsfolgen bei Personenunternehmen einerseits und bei Kapitalgesellschaften andererseits gleich.

3.3.4.2 Voraussichtlich vorübergehende Wertminderung

Bei einer *voraussichtlich vorübergehenden* Wertminderung von abnutzbaren Wirtschaftsgütern des Anlagevermögens steht bei Kapitalgesellschaften dem steuerlichen Abschreibungswahlrecht des § 6 Abs. 1 Nr. 1 EStG handelsrechtlich nach § 279 Abs. 1 Satz 2 HGB ein Abschreibungsverbot gegenüber. Es stellt sich die *Frage*, ob dieses handelsbilanzielle Abschreibungsverbot über den Maßgeblichkeitsgrundsatz des § 5 Abs. 1 Satz 1 EStG auch zu einem steuerlichen Abschreibungsverbot wird oder ob steuerlich trotz des Maßgeblichkeitsprinzips nach § 6 Abs. 1 Nr. 1 EStG ein Abschreibungswahlrecht besteht.

Die Beantwortung dieser Frage hängt entscheidend davon ab, ob in derartigen Fällen der *Bewertungsvorbehalt* des § 5 Abs. 6 EStG *oder* der *Maßgeblichkeitsgrundsatz* des § 5 Abs. 1 Satz 1 EStG zur Anwendung kommt. Ist der *Bewertungsvorbehalt* anzuwenden, so bleibt *steuerlich* das Abschreibungswahlrecht des § 6 Abs. 1 Nr. 1 EStG erhalten; greift hingegen der *Maßgeblichkeitsgrundsatz*, so wird aus dem Wahlrecht über § 279 Abs. 1 Satz 2 HGB auch *steuerlich* ein *Abschreibungsverbot*[63]. Derzeit muß festgestellt werden, daß diese Frage letztlich *nicht geklärt* ist. Allerdings neigt das Schrifttum überwiegend zu der Ansicht, daß ein Wahlrecht nach § 6 Abs. 1 Nr. 1 EStG bestehe, der Maßgeblichkeitsgrundsatz mithin nicht greife. Begründet wird dies i.d.R. mit dem Hinweis auf Sinn und Zweck der im EStG eingeräumten Bewertungswahlrechte. Auf das Verhältnis von § 5 Abs. 1 Satz 1 EStG zu § 5 Abs. 6 EStG zueinander gehen die meisten Autoren in diesem Zusammenhang allerdings nicht ein. Für die Bejahung eines Abschreibungswahlrechts und damit gegen die Anwendung des Maßgeblichkeitsgrundsatzes in den hier angesprochenen Fällen spricht m.E. die Existenz des § 5 Abs. 1 Satz 2 EStG.

Ein Gesetzeszweck dieser Rechtsnorm, die nach § 52 Abs. 1 EStG erstmalig im Veranlagungszeitraum 1990 anzuwenden war, besteht darin, zu gewährleisten, daß ein in einem Steuergesetz ausdrücklich verankertes Wahlrecht in der Steuerbilanz auch tatsächlich ausgeübt werden darf. Dies ergibt sich zwar nicht ausdrücklich aus der Gesetzesbegründung zu § 5 Abs. 1 Satz 2 EStG, wohl aber aus der Entstehungsgeschichte der Norm und dem Normengefüge, in das sie eingepaßt ist. Seit dem Veranlagungszeitraum 1990 ist es deshalb m.E. als zweifelsfrei anzusehen, daß in dem hier behandelten Fall eine Teilwertabschreibung vorgenommen werden darf und dieser nicht der Maßgeblichkeitsgrundsatz des § 5 Abs. 1 Satz 1 EStG entgegensteht[64].

Ausdrücklich sei darauf hingewiesen, daß *voraussichtlich* vorübergehende Wertminderungen bei Wirtschaftsgütern des abnutzbaren Anlagevermögens selten vorkommen, dann allerdings i.d.R. für das betroffene Unternehmen von erheblicher bilanzpolitischer Bedeutung sind. Der Grund für das seltene Auftreten derartiger Wertminderungen liegt darin, daß es für die Einstufung „voraussichtlich vorüber-

---

[63] Vgl. hierzu Schneeloch, D., Abschreibungen, 1988, S. 661 ff. m.w.N.
[64] Vgl. Federmann, R., Bilanzierung, 1994, S. 173 f.; Herzig, N., in: Küting, K./Weber, C.-P., HdR, Teil I, Rn. 220 m.w.N.; Coenenberg, A., Jahresabschluß, 1997, S. 140 ff.

gehend" nicht darauf ankommt, ob sich eine Wertminderung im nachhinein nur als vorübergehend darstellt. Maßgeblich ist vielmehr, daß die Wertminderung *aus Sicht des Bilanzstichtages* voraussichtlich nur vorübergehender Art sein wird.

3.3.4.3 Rückwirkungen auf die Handelsbilanz

Es erhebt sich die Frage, ob die steuerliche Behandlung voraussichtlich vorübergehender Wertminderungen von Wirtschaftsgütern des abnutzbaren Anlagevermögens Rückwirkungen auf die Handelsbilanz der Gesellschaft hat. *Diese Frage ergibt nur dann Sinn, wenn die Ansicht vertreten wird, daß die Gesellschaften in derartigen Fällen - unabhängig von einer Abschreibung in der Handelsbilanz - eine Teilwertabschreibung vornehmen dürfen.* Wird diese Ansicht nicht vertreten, so stimmt die Steuerbilanz von vornherein mit der Handelsbilanz überein: Eine Rückwirkung der Steuerbilanz auf die Handelsbilanz ist dann logisch ausgeschlossen.

Wird - wie hier vertreten - eine Teilwertabschreibung für zulässig erachtet, so könnte sich eine Rückwirkung der steuer- auf die handelsbilanzielle Behandlung aus § 279 Abs. 2 HGB ergeben. Nach dieser Vorschrift dürfen Kapitalgesellschaften *steuerrechtliche Abschreibungen i.S.d. § 254 HGB* nur insoweit vornehmen, als das Steuerrecht ihre Anerkennung bei der steuerlichen Gewinnermittlung davon abhängig macht, daß sie sich aus der Handelsbilanz ergeben. § 279 Abs. 2 HGB setzt also für die Anwendung des § 254 HGB voraus, daß *umgekehrte Maßgeblichkeit* herrscht.

Damit ergeben sich folgende zwei Fragen:

1. Erfüllt eine Teilwertabschreibung in Fällen der hier zu behandelnden Art die Voraussetzungen einer steuerrechtlichen Abschreibung i.S.d. § 254 HGB;
2. setzt eine Teilwertabschreibung in der Steuerbilanz eine korrespondierende Abschreibung in der Handelsbilanz voraus, d.h. gilt umgekehrte Maßgeblichkeit?

Voraussetzung einer steuerrechtlichen Abschreibung i.S.d. § 254 HGB ist, daß *steuerrechtlich* eine *höhere Abschreibung* zulässig ist *als handelsrechtlich*[65]. Diese Voraussetzung ist erfüllt, da steuerlich annahmegemäß eine Teilwertabschreibung zulässig, eine korrespondierende außerplanmäßige Abschreibung in der Handelsbilanz nach § 279 Abs. 1 HGB aber unzulässig ist. Die *Teilwertabschreibung erfüllt die Voraussetzungen einer steuerrechtlichen Abschreibung* i.S.d. § 254 HGB. Damit ist die erste Voraussetzung des § 279 Abs. 2 HGB erfüllt.

Auch die zweite Voraussetzung des § 279 Abs. 2 HGB ist erfüllt, da es sich bei dem Wahlrecht zu einer Teilwertabschreibung um ein steuerrechtliches Wahlrecht i.S.d. § 5 Abs. 1 Satz 2 EStG handelt. Damit gilt umgekehrte Maßgeblichkeit.

Da beide Voraussetzungen des § 279 Abs. 2 HGB erfüllt sind, darf die Kapitalgesellschaft die Teilwertabschreibung aus der Steuerbilanz in die Handelsbilanz

---

65 Zur Begründung s. Schneeloch, D., Abschreibungen, 1988, S. 663 f.

übernehmen; sie muß sie übernehmen, wenn sie die Teilwertabschreibung in ihrer Steuerbilanz geltend machen will. Damit läuft das Verbot einer außerplanmäßigen Abschreibung nach § 279 Abs. 1 HGB ins Leere. Zwar darf die Kapitalgesellschaft nach § 279 Abs. 1 HGB in derartigen Fällen keine außerplanmäßige Abschreibung vornehmen, wohl aber darf sie eine Teilwertabschreibung in gleicher Höhe aus der Steuerbilanz übernehmen. Sie muß diese dann lediglich unter den steuerrechtlichen Abschreibungen i.S.d. § 254 HGB erfassen. Über das Ausmaß, in dem das Jahresergebnis durch steuerrechtliche Abschreibungen i.S.d. § 254 HGB insgesamt beeinflußt wurde, muß die Kapitalgesellschaft nach § 284 Nr. 5 HGB in ihrem Anhang berichten.

Zusammenfassend bleibt festzustellen, daß das Abschreibungsverbot des § 279 Abs. 1 HGB in den hier behandelten Fällen durch ein auf § 279 Abs. 2 HGB gestütztes Abschreibungswahlrecht konterkariert wird. Die gesamte hier behandelte Problematik soll nochmals anhand von zwei Beispielen vertieft werden.

Beispiele

1. Die X-GmbH hat in den Jahren 01/02 in Emden ein Bürogebäude für 10 Mio. DM errichtet. In den Jahren danach sind im gesamten norddeutschen Raum die Preise für gebrauchte Immobilien erheblich gesunken. Dieser Preisrückgang ist erst im Jahr 07 zum Stillstand gekommen und seit dem Jahr 08 in eine gegenläufige Entwicklung umgeschlagen. Am 31.12.07 haben die fortgeschriebenen Anschaffungskosten des Gebäudes 9,4 Mio. DM, der Verkehrswert (Teilwert) hat 7 Mio. DM betragen.

   Die Wertminderung zum 31.12.07 dürfte aus Sicht dieses Bilanzstichtages nicht als voraussichtlich vorübergehend, sondern als voraussichtlich dauernd anzusehen sein. Damit kommt es nicht zur Anwendung des § 279 Abs. 1 HGB, sondern des § 253 Abs. 2 Satz 3 HGB, so daß handelsbilanziell zwingend eine Abschreibung auf 7 Mio. DM vorgenommen werden muß. Diese außerplanmäßige Abschreibung muß steuerlich nach dem Maßgeblichkeitsgrundsatz des § 5 Abs. 1 Satz 1 EStG als Teilwertabschreibung übernommen werden.

2. Die Y-GmbH hat in den Jahren 01 und 02 in der A-Straße in D-Dorf für 10 Mio. DM ein Gebäude mit einer Reihe von Einzelhandelsgeschäften errichtet. Die Fertigstellung ist Ende des Jahres 02 erfolgt. Entgegen der allgemeinen Preisentwicklung auf dem Immobilienmarkt sinkt der Wert des Gebäudes im Jahre 03 auf 8 Mio. DM. Der Grund liegt darin, daß in diesem Jahr in der A-Straße mit dem Bau einer U-Bahn-Linie begonnen wird. Einer der Eingänge zu dieser U-Bahn soll unmittelbar vor dem Gebäude der Y-GmbH errichtet werden. Seit Beginn der Bauarbeiten herrscht auf der A-Straße Baulärm, der zu einem erheblichen Käuferrückgang in den der Y-GmbH gehörenden Geschäften geführt hat. Mit einer Beendigung der Bauarbeiten und der Inbetriebnahme der neuen U-Bahnlinie ist Ende des Jahres 09 zu rechnen. Aus einer ehemals guten wird die A-Straße dann vermutlich zu einer sehr guten Einkaufsstraße werden. Gesucht ist der Bilanzansatz des Gebäudes der Y-GmbH zum 31.12.03. Die fortgeschriebenen Herstellungskosten zu diesem Stichtag betragen 9,6 Mio. DM.

   Im Gegensatz zu den Verhältnissen in Beispiel 1. ist die Wertminderung des Gebäudes der Y-GmbH zum 31.12.03 voraussichtlich nur vorübergehender Art. Die Y-GmbH darf daher handelsrechtlich gem. § 279 Abs. 1 HGB keine außerplanmäßige Abschreibung vornehmen. Nach der hier vertretenen Ansicht darf die Y-GmbH steuerlich hingegen eine Teilwertabschreibung auf 8 Mio. DM vornehmen. Diese Teilwertabschreibung darf sie nach § 279 Abs. 2 HGB als steuerrechtliche Abschreibung in ihre Handelsbilanz übernehmen; sie muß sie übernehmen, wenn sie sie steuerlich geltend machen will.

3.3.5 Zusammenfassung der Bewertungsregeln zur Teilwertabschreibung und außerplanmäßigen Abschreibung

Die Bewertungsregeln zu Teilwertabschreibungen und außerplanmäßigen Abschreibungen beim abnutzbaren Anlagevermögen lassen sich wie folgt zusammenfassen:

1. Bei einer *voraussichtlich dauernden Wertminderung* müssen *korrespondierende Abschreibungen* in Handels- und Steuerbilanz vorgenommen werden. Das gilt sowohl bei Personenunternehmen als auch bei Kapitalgesellschaften.
2. Bei einer *voraussichtlich nur vorübergehenden Wertminderung* bestehen für *Personenunternehmen* in Handels- und Steuerbilanz Bewertungswahlrechte in gleicher Höhe. Sie können in beiden Bilanzen nur gleichermaßen ausgeübt werden. Der handelsrechtlichen außerplanmäßigen Abschreibung entspricht steuerlich eine Teilwertabschreibung.
3. Bei einer *voraussichtlich nur vorübergehenden Wertminderung* dürfen *Kapitalgesellschaften* keine außerplanmäßige Abschreibung, wohl aber eine Teilwertabschreibung vornehmen. Diese Teilwertabschreibung ist als steuerrechtliche Abschreibung in die Handelsbilanz zu übernehmen, wenn sie steuerlich geltend gemacht werden soll.

3.3.6 Zuschreibungen

Ist bei einem Wirtschaftsgut des abnutzbaren Anlagevermögens der Teilwert höher als der letzte Bilanzansatz, so darf nach § 6 Abs. 1 Nr. 1 Satz 4 EStG eine Zuschreibung auf den höheren Teilwert vorgenommen werden. Es dürfen aber höchstens die Anschaffungs- oder Herstellungskosten abzüglich der „normalen" Absetzungen nach § 7 EStG angesetzt werden. Damit kann bei alleiniger Beachtung des Steuerrechts, d.h. bei Ausklammerung der Wechselwirkungen zwischen Handels- und Steuerrecht, mit Hilfe von Zuschreibungen die Wirkung folgender vorangegangener Abschreibungen rückgängig gemacht werden:

- Teilwertabschreibungen i.S.d. § 6 Abs. 1 Nr. 1 Satz 2 EStG,
- erhöhte Absetzungen,
- Sonderabschreibungen.

Die Rückgängigmachung einer Normal-AfA gem. § 7 EStG hingegen ist ausgeschlossen. Gleiches dürfte hinsichtlich einer vorausgegangenen Vollabschreibung geringwertiger Wirtschaftsgüter gem. § 6 Abs. 2 EStG[66] gelten. Eine Zuschreibung ist zwar in diesen Fällen nicht durch den Wortlaut des § 6 Abs. 1 Nr. 1 Satz 4 EStG ausgeschlossen, doch widerspricht sie den GoB, insbesondere dem Stetigkeitsgrundsatz des § 252 Abs. 1 Nr. 6 HGB.

Handelsrechtlich beruhen Zuschreibungen auf dem Beibehaltungswahlrecht des § 253 Abs. 5 HGB bzw. dem Zuschreibungsgebot des § 280 Abs. 1 HGB. Nach § 253 Abs. 5 HGB darf ein sich aus Abschreibungen i.S.d. § 253 Abs. 2 Satz 3,

---

[66] Vgl. Gliederungspunkt 3.6.1.5.

Abs. 3 oder Abs. 4 HGB ergebender niedriger Wertansatz des Vorjahres auch dann beibehalten werden, wenn die Gründe für die Abschreibung nicht mehr bestehen. Dieses Beibehaltungswahlrecht beinhaltet auch ein Zuschreibungswahlrecht, d.h. das Recht, eine früher vorgenommene Abschreibung der sich aus den genannten Vorschriften ergebenden Art wieder rückgängig zu machen.

Zweifelhaft könnte sein, ob zu den „Gründen" i.S.d. § 253 Abs. 5 HGB, die ein derartiges Wahlrecht begründen, auch steuerbilanzpolitische Gründe gehören[67]. Die möglichen Auswirkungen der unterschiedlichen Rechtsansichten sollen anhand eines Beispiels demonstriert werden.

Beispiel

Eine KG schafft Anfang des Jahres 01 eine Maschine für 200.000 DM an. Sie nimmt (zulässigerweise) auf diese Maschine im Jahre 01 eine Sonderabschreibung i.H.v. 100.000 DM vor. Zum 31.12. des Jahres 02 will sie diese Sonderabschreibung aus steuerbilanzpolitischen Gründen in ihrer Einheitsbilanz wieder rückgängig machen.

Es ist umstritten, ob ein steuerbilanzpolitischer Grund einen Grund i.S.d. § 253 Abs. 5 HGB darstellt. Wird dies - wie u.a. vom Verfasser - bejaht, so darf die KG die beabsichtigte Zuschreibung vornehmen. Sie muß die Zuschreibung dann in Handels- und Steuerbilanz gleichermaßen durchführen. Wird hingegen angenommen, daß ein bilanzpolitischer Grund kein Grund i.S.d. § 253 Abs. 5 HGB sei, so darf die KG nach einer im Schrifttum vertretenen Ansicht die beabsichtigte Zuschreibung weder handels- noch steuerbilanziell vornehmen.

Kapitalgesellschaften müssen handelsrechtlich unter den Voraussetzungen des § 280 Abs. 1 HGB eine Zuschreibung vornehmen. Für sie wird aus dem Beibehaltungswahlrecht des § 253 Abs. 5 HGB ein Zuschreibungsgebot. Dieses Zuschreibungsgebot greift nach § 280 Abs. 2 HGB grundsätzlich nicht, wenn es um die Rückgängigmachung einer steuerrechtlichen Abschreibung i.S.d. § 254 Satz 1 HGB geht.

3.4 Bewertung des nichtabnutzbaren Anlagevermögens

3.4.1 Grundsätzliche Regelung des § 6 Abs. 1 Nr. 2 EStG

Die ertragsteuerliche Bewertung des nichtabnutzbaren Anlagevermögens erfolgt nach § 6 Abs. 1 Nr. 2 EStG. Anzusetzen sind grundsätzlich die *Anschaffungs- oder Herstellungskosten*. Hervorzuheben ist, daß diese nicht - wie beim abnutzbaren Anlagevermögen - um Absetzungen zu mindern sind.

Ist der *Teilwert niedriger,* so kann dieser angesetzt werden (§ 6 Abs. 1 Nr. 2 Satz 2 EStG). Beliebige *Zwischenwerte* werden für zulässig erachtet. Der Steuerpflichtige hat also ein *Wahlrecht* zwischen

---

[67] Vgl. Schneeloch, D., Maßgeblichkeitsgrundsätze, 1990, S. 230 f.; Biergans, E., Einkommensteuer, 1992, S. 436.

- den Anschaffungs- oder Herstellungskosten,
- dem niedrigeren Teilwert,
- beliebigen Zwischenwerten zwischen Anschaffungs- oder Herstellungskosten und niedrigerem Teilwert.

Nach § 6 Abs. 1 Nr. 2 Satz 3 EStG kann der Steuerpflichtige bei Wirtschaftsgütern, die bereits am Schluß des vorangegangenen Wirtschaftsjahres zum Betriebsvermögen gehört haben, den Teilwert auch dann ansetzen, wenn er höher ist als der letzte Bilanzansatz. Er darf also in derartigen Fällen *zuschreiben*. Allerdings darf er *höchstens* die Anschaffungs- oder Herstellungskosten ansetzen. Beliebige Zwischenwerte werden für zulässig erachtet. Die Vorschrift erlaubt also eine teilweise oder völlige Rückgängigmachung einer in der Vergangenheit vorgenommenen Teilwertabschreibung. Es besteht demnach ein *eingeschränktes Werterhöhungsverbot*: Der letzte Bilanzansatz darf zwar überschritten werden, wenn der Teilwert höher ist, doch bilden die Anschaffungs- oder Herstellungskosten die Bewertungshöchstgrenze.

Beispiel

Der Teilwert des Grund und Bodens eines Betriebsgrundstückes beträgt am 31.12.01 400.000 DM. Der Grund und Boden steht seit einer Teilwertabschreibung vor 40 Jahren mit 10.000 DM zu Buche. Die Anschaffungskosten haben 15.000 DM betragen. Der Steuerpflichtige hat zum 31.12.01 ein Wahlrecht zwischen Wertansätzen von 10.000 DM, 15.000 DM und beliebigen Zwischenwerten.

3.4.2 Außerplanmäßige Abschreibungen und Teilwertabschreibungen

3.4.2.1 Grundsätzliche Regelung

Die soeben dargestellte Regelung kommt uneingeschränkt lediglich bei einer Gewinnermittlung nach § 4 Abs. 1 EStG zur Anwendung. Bei einer Gewinnermittlung nach § 5 EStG hingegen sind über den Maßgeblichkeitsgrundsatz zusätzlich die einschlägigen handelsrechtlichen Vorschriften zu beachten.

Bei einer *voraussichtlich vorübergehenden* Wertminderung besteht nach § 253 Abs. 2 Satz 3 HGB ein *Abschreibungswahlrecht*. Dieses stimmt mit dem steuerlichen Abschreibungswahlrecht nach § 6 Abs. 1 Nr. 2 Satz 3 EStG überein. Nach dem Maßgeblichkeitsgrundatz des § 5 Abs. 1 Satz 1 EStG folgt daraus, daß die handelsrechtlich getroffene Wahl steuerlich bindend ist. Von dem *Wahlrecht* kann somit in *Handels- und Steuerbilanz nur einheitlich* Gebrauch gemacht werden.

Liegt eine *Wertminderung* vor und ist diese *voraussichtlich von Dauer*, so *muß* handelsrechtlich nach § 253 Abs. 2 Satz 3 HGB eine außerplanmäßige Abschreibung auf den niedrigeren beizulegenden Wert vorgenommen werden. Dies hat nach dem Maßgeblichkeitsgrundsatz *zwingend* eine gleich hohe *Teilwertabschreibung* zur Folge. Dies gilt für *alle Rechtsformen*, also sowohl für Personenunternehmen als auch für Kapitalgesellschaften.

Die Regelung, daß bei einer voraussichtlich vorübergehenden Wertminderung ein Abschreibungswahlrecht, bei einer voraussichtlich dauernden Wertminderung hingegen ein Abschreibungsgebot besteht, wird als **gemildertes Niederstwertprinzip bezeichnet**.

3.4.2.2 Besonderheiten für Kapitalgesellschaften

Das Abschreibungswahlrecht des § 253 Abs. 2 Satz 3 HGB wird nach § 279 Abs. 1 Satz 2 HGB für Kapitalgesellschaften eingeschränkt. Diese haben handelsrechtlich bei einer voraussichtlich vorübergehenden Wertminderung ein Abschreibungswahlrecht nur dann, wenn die Wertminderung Finanzanlagen betrifft. In Fällen, in denen eine derartige Wertminderung *Sachanlagen* oder entgeltlich erworbene immaterielle Anlagegüter betrifft, besteht nach § 279 Abs. 1 Satz 2 HGB hingegen ein *Abschreibungsverbot*. Aus Gründen der sprachlichen Vereinfachung werden im Zusammenhang mit diesem Abschreibungsverbot nachfolgend stets nur die Sachanlagen und nicht auch die immateriellen Anlagegüter erwähnt.

Auch hier stellt sich wiederum die Frage, ob dieses handelsbilanzielle Abschreibungsverbot über den Maßgeblichkeitsgrundsatz des § 5 Abs. 1 Satz 1 EStG auch zu einem steuerlichen Abschreibungsverbot wird oder ob steuerlich trotz des Maßgeblichkeitsprinzips nach § 6 Abs. 1 Nr. 2 EStG ein Abschreibungswahlrecht besteht. Die Beantwortung dieser Frage hängt entscheidend davon ab, ob in derartigen Fällen der *Bewertungsvorbehalt* des § 5 Abs. 6 EStG *oder der Maßgeblichkeitsgrundsatz* des § 5 Abs. 1 Satz 1 EStG zur Anwendung kommt. Ist in derartigen Fällen der Bewertungsvorbehalt anzuwenden, so bleibt steuerlich das Abschreibungswahlrecht des § 6 Abs. 1 Nr. 2 Satz 3 EStG erhalten; greift hingegen der Maßgeblichkeitsgrundsatz, so wird aus dem Wahlrecht über § 279 Abs. 1 Satz 2 HGB auch steuerlich ein Abschreibungsverbot. Derzeit muß die Frage als letztlich nicht geklärt angesehen werden. Allerdings vertritt auch hier der überwiegende Teil des Schrifttums die Ansicht, daß das steuerliche Wahlrecht durch § 279 Abs. 1 Satz 2 HGB nicht beseitigt wird. Diese Ansicht wird auch hier vertreten. Die Begründung ist die gleiche wie in Gliederungspunkt 3.3.4.2 zum abnutzbaren Anlagevermögen dargelegt.

Wird - wie hier - die Ansicht vertreten, daß das steuerliche Wahlrecht ausgeübt werden darf, so stellt sich wiederum die Frage, ob dies über § 279 Abs. 2 HGB i.V.m. § 254 HGB Rückwirkungen auf die Handelsbilanz hat. Es ergeben sich also erneut die beiden Fragen:

1. Erfüllt eine Teilwertabschreibung in Fällen der hier zu behandelnden Art die Voraussetzungen einer steuerrechtlichen Abschreibung i.S.d. § 254 HGB?
2. Setzt eine Teilwertabschreibung in der Steuerbilanz eine korrespondierende Abschreibung in der Handelsbilanz voraus, d.h. gilt umgekehrte Maßgeblichkeit?

Die erste Frage ist zu bejahen. Zur Begründung wird auf die entsprechenden Ausführungen in Gliederungspunkt 3.3.4.2 verwiesen. Auch die zweite Frage ist zu bejahen, da es sich bei dem Wahlrecht zu einer Teilwertabschreibung um ein steuerrechtliches Wahlrecht i.S.d. § 5 Abs. 1 Satz 2 EStG handelt. Damit gilt umgekehrte Maßgeblichkeit.

Da beide Voraussetzungen des § 279 Abs. 2 HGB erfüllt sind, darf die Kapitalgesellschaft die Teilwertabschreibung aus der Steuerbilanz in ihre Handelsbilanz übernehmen; sie muß sie übernehmen, wenn sie die Teilwertabschreibung in ihrer Steuerbilanz geltend machen will. Damit läuft auch hier das Verbot einer außerplanmäßigen Abschreibung nach § 279 Abs. 1 HGB ins Leere. Zwar darf die Kapitalgesellschaft nach § 279 Abs. 1 HGB in derartigen Fällen keine außerplanmäßige Abschreibung vornehmen, wohl aber darf sie eine Teilwertabschreibung in gleicher Höhe aus der Steuerbilanz als steuerrechtliche Abschreibung übernehmen.

Die Zusammenhänge sollen anhand eines Beispiels nochmals verdeutlicht werden.

Beispiel

Durch die Insolvenz eines großen in A-Stadt ansässigen Bauträgers B geraten in dieser Stadt im Jahre 01 die Preise für Bauland erheblich unter Druck. Entgegen der allgemeinen Entwicklung im gesamten Bundesgebiet mit steigenden Preisen, sinken die Preise für Bauland in A-Stadt im Jahre 01 im Durchschnitt um 30 %. Hiervon betroffen ist auch Bauland der Y-GmbH in A-Stadt. Die Y-GmbH hat dieses Bauland Anfang des Jahres 01 für 1 Mio. DM erworben. Der Verkehrswert am 31.12.01 hingegen beträgt lediglich 700 TDM. Der Geschäftsführer der Y-GmbH rechnet am Bilanzstichtag 31.12.01 damit, daß nach Abwicklung des Konkursverfahrens des B die Baulandpreise auch in A-Stadt wieder kräftig ansteigen werden. Er erwartet, daß spätestens Ende des Jahres 03 die Baulandpreise wieder das Niveau von Anfang des Jahres 01 erreichen werden. Die Y-GmbH will auf dem Grundstück ein Betriebsgebäude errichten.

Bei der Wertminderung des Betriebsgrundstücks der Y-GmbH im Jahre 01 um 300 TDM handelt es sich um eine voraussichtlich vorübergehende Wertminderung, für die bei alleiniger Betrachtung des § 253 Abs. 2 Satz 3 HGB ein Abschreibungswahlrecht besteht. Da es sich bei dem Unternehmen aber um eine Kapitalgesellschaft handelt, ist § 279 HGB zu beachten. Nach Abs. 1 Satz 2 dieser Vorschrift wird aus dem Abschreibungswahlrecht des § 253 Abs. 2 Satz 3 HGB ein Abschreibungsverbot. Unklar ist, ob steuerlich eine Teilwertabschreibung gem. § 6 Abs. 1 Nr. 2 EStG vorgenommen werden darf. Folgt man der hier vertretenen Meinung, die dies bejaht, so stellt sich die Frage, ob dies Rückwirkungen über § 279 Abs. 2 HGB auf die Handelsbilanz hat. Nach der hier vertretenen Ansicht sind in diesem Fall die Voraussetzungen einer steuerrechtlichen Abschreibung i.S.d. § 254 HGB erfüllt. Damit ist zugleich auch die erste Voraussetzung i.S.d. § 279 Abs. 2 HGB erfüllt. Auch die zweite Voraussetzung des § 279 Abs. 2 HGB ist erfüllt, da es sich bei dem Recht zu einer Teilwertabschreibung um ein steuerrechtliches Wahlrecht i.S.d. § 5 Abs. 1 Satz 2 EStG handelt. Damit kann die Teilwertabschreibung als steuerrechtliche Abschreibung aus der Steuer- in die Handelsbilanz übernommen werden; sie muß übernommen werden, wenn sie steuerlich geltend gemacht werden soll.

3.4.3 Beibehaltungswahlrecht, Zuschreibungswahlrecht, Zuschreibungsgebot

Weiter oben ist festgestellt worden, daß ein Steuerpflichtiger unter den Voraussetzungen des § 6 Abs. 1 Nr. 2 Satz 3 EStG ein Zuschreibungswahlrecht bis zur Höhe der Anschaffungs- oder Herstellungskosten besitzt[68]. Dieses Zuschreibungswahlrecht beinhaltet auch ein Beibehaltungswahlrecht, d.h. das Recht, den niedrigeren Vorjahreswert beizubehalten. Ein derartiges Beibehaltungs- bzw. Zuschreibungswahlrecht besteht gem. § 253 Abs. 5 HGB auch handelsbilanziell. Gewerbetreibende können über den Maßgeblichkeitsgrundsatz dieses Wahlrecht nur einheitlich ausüben.

Eine Ausnahme von dem Beibehaltungs- bzw. Zuschreibungswahlrecht beinhaltet § 280 Abs. 1 HGB. Nach dieser Vorschrift unterliegen *Kapitalgesellschaften* in Fällen des § 253 Abs. 5 HGB einem *Zuschreibungsgebot*. Fraglich ist, ob dies für Kapitalgesellschaften auch steuerlich ein Zuschreibungsgebot zur Folge hat. Die Beantwortung der Frage hängt wiederum entscheidend davon ab, ob in derartigen Fällen der Maßgeblichkeitsgrundsatz des § 5 Abs. 1 Satz 1 EStG oder aber der Bewertungsvorbehalt des § 5 Abs. 6 EStG zur Anwendung kommt. Im ersten Fall unterliegt die Kapitalgesellschaft auch steuerlich einem Zuschreibungsgebot, im zweiten hingegen einem Zuschreibungswahlrecht. Das *Schrifttum* geht derzeit ganz *überwiegend* davon aus, daß *steuerlich* ein *Zuschreibungswahlrecht* besteht. Diese Ansicht wird auch hier vertreten.

Folgt man der hier vertretenen Ansicht, so stellt sich die Frage, ob dies nach § 280 Abs. 2 HGB Rückwirkungen auf die Handelsbilanz hat. Voraussetzung für das in § 280 Abs. 2 HGB eingeräumte Beibehaltungswahlrecht ist bekanntlich, daß ein Fall der umgekehrten Maßgeblichkeit vorliegt. Dies ist der Fall, da das steuerliche Zuschreibungswahlrecht als steuerrechtliches Wahlrecht i.S.d. § 5 Abs. 1 Satz 2 EStG anzusehen ist. Damit besteht nach § 280 Abs. 2 HGB auch handelsbilanziell ein Beibehaltungs- bzw. Zuschreibungswahlrecht. Dieses Wahlrecht kann nach § 5 Abs. 1 Satz 2 EStG in Handels- und Steuerbilanz nur einheitlich ausgeübt werden. Die Zusammenhänge sollen nochmals anhand eines Beispiels verdeutlicht werden

Beispiel

Eine KG (GmbH) hat vor Jahren Wertpapiere des Anlagevermögens für 100 TDM angeschafft. Am 31.12.01 beträgt der Kurswert dieser Wertpapiere 60 TDM. Die Gesellschaft nimmt darauf hin eine außerplanmäßige Abschreibung i.H.v. 40 TDM gem. § 253 Abs. 2 Satz 3 HGB vor. Am 31.12.02 beträgt der Kurswert der Wertpapiere 120 TDM.

Zum 31.12.02 hat die KG gem. § 253 Abs. 5 HGB ein Wahlrecht zwischen einem Wertansatz von 60 TDM, von 100 TDM und beliebigen Zwischenwerten. Das gleiche gilt gem. § 6 Abs. 1 Nr. 2 Satz 3 EStG für die Steuerbilanz.

Im Gegensatz zur KG muß die GmbH zum 31.12.02 § 280 HGB beachten. Bei isolierter Betrachtung des Abs. 1 dieser Vorschrift müßte sie eine Zuschreibung auf 100 TDM vornehmen. Steuerlich hingegen hat sie nach der hier vertretenen Ansicht ein Beibehaltungswahlrecht mit der Konsequenz, daß sie steuerlich zwischen Wertansätzen von 60 TDM, 100 TDM und beliebigen Zwischenwerten wählen kann. Dieses Beibehaltungswahlrecht gilt nach § 280 Abs. 2 HGB i.V.m. § 5 Abs. 1 Satz 2 EStG auch handelsbilanziell. Das Wahlrecht kann in Handels- und Steuerbilanz nur einheitlich ausgeübt werden.

---

[68] Vgl. Gliederungspunkt 3.4.1.

3.5 Bewertungsregeln zur Bewertung des Umlaufvermögens

3.5.1 Regelung des § 6 Abs. 1 Nr. 2 EStG

Die ertragsteuerliche Bewertung des Umlaufvermögens richtet sich ebenso wie die des nichtabnutzbaren Anlagevermögens nach § 6 Abs. 1 Nr. 2 EStG. Das bedeutet:

- Grundsätzlich sind die Anschaffungs- oder Herstellungskosten anzusetzen;
- ist der Teilwert niedriger, so kann dieser angesetzt werden;
- beliebige Zwischenwerte sind zulässig;
- ist der Teilwert höher als der letzte Bilanzansatz, so kann der höhere Teilwert, höchstens können aber die Anschaffungs- oder Herstellungskosten angesetzt werden;
- beliebige Zwischenwerte sind auch hier zulässig.

Diese Regelungen gelten uneingeschränkt nur bei einer Gewinnermittlung nach § 4 Abs. 1 EStG.

3.5.2 Außerplanmäßige Abschreibung und Teilwertabschreibung

Handelsrechtlich gilt beim Umlaufvermögen nicht wie beim Anlagevermögen das gemilderte, vielmehr nach § 253 Abs. 3 HGB das **strenge Niederstwertprinzip**. Das bedeutet: Ist der den Gegenständen am Abschlußstichtag beizulegende Wert geringer als die Anschaffungs- oder Herstellungskosten, so ist der niedrigere Wert anzusetzen. Handelsrechtlich besteht also ein *Zwang zu einem niedrigeren Wertansatz*, und zwar unabhängig davon, ob die Wertminderung voraussichtlich von Dauer oder lediglich voraussichtlich vorübergehend sein wird. Diese handelsrechtliche Regelung gilt über den Maßgeblichkeitsgrundsatz auch für die *Steuerbilanz von Gewerbetreibenden*. Das *Abschreibungsgebot* ist *rechtsformunabhängig*, d.h. es gilt sowohl für Personenunternehmen als auch für Kapitalgesellschaften.

Beispiel

Eine OHG (AG) kauft am 10.5.01 Wertpapiere zu Anschaffungskosten von 10.000 DM. Am 31.12.01 beträgt der Kurs der Wertpapiere 8.000 DM. Die Wertpapiere gehören zum Umlaufvermögen der Gesellschaft.

Nach dem strengen Niederstwertprinzip des § 253 Abs. 3 HGB muß die Gesellschaft zum Bilanzstichtag 31.12.01 zwingend eine außerplanmäßige Abschreibung auf 8.000 DM vornehmen. Nach dem Wortlaut des § 6 Abs. 1 Nr. 2 Satz 2 EStG besteht steuerlich ein Wahlrecht zur Vornahme einer Teilwertabschreibung auf 8.000 DM. Dieses Wahlrecht wird über das handelsrechtliche strenge Niederstwertprinzip und über den Maßgeblichkeitsgrundsatz zu einem Abschreibungsgebot. Die Teilwertabschreibung auf 8.000 DM ist somit steuerlich zwingend geboten.

3.5.3 Beibehaltungswahlrecht, Zuschreibungswahlrecht, Zuschreibungsgebot

Bei der Bewertung des Umlaufvermögens von Kapitalgesellschaften besteht hinsichtlich des Beibehaltungs- bzw. Zuschreibungswahlrechts und des Zuschreibungsgebots die *gleiche Problematik wie beim nichtabnutzbaren Anlagevermögen*. Insoweit kann deshalb auf die entsprechenden Ausführungen zum nichtabnutzbaren Anlagevermögen verwiesen werden[69]. Die Problematik soll aber nochmals anhand eines Beispiels verdeutlicht werden.

Beispiel

Im Jahre 01 schafft eine GmbH (KG) Wertpapiere des Umlaufvermögens für 100 TDM an. Der Kurswert dieser Wertpapiere beträgt zum 31.12.01 50 TDM. Die Gesellschaft nimmt daraufhin eine außerplanmäßige Abschreibung bzw. Teilwertabschreibung von 50 TDM vor, so daß die Wertpapiere zum 31.12.01 nur noch mit 50 TDM zu Buch stehen. Im Jahre 02 steigt der Kurs der Wertpapiere an. Ihr Kurswert am 31.12.02 beträgt 120 TDM.

Nach der hier vertretenen Ansicht kann die GmbH zum 31.12.02 steuerlich gem. § 6 Abs. 1 Nr. 2 EStG zwischen Wertansätzen von 50 TDM, 100 TDM und beliebigen Zwischenwerten wählen. Dies gilt über § 280 Abs. 2 HGB i.V.m. § 5 Abs. 1 Satz 2 EStG auch handelsbilanziell. Das Wahlrecht kann handels- und steuerbilanziell nur einheitlich ausgeübt werden.

Im Gegensatz zu der GmbH braucht die KG § 280 HGB nicht zu beachten. Sie hat nach § 6 Abs. 1 Nr. 2 EStG und § 253 Abs. 5 HGB sowohl steuer- als auch handelsrechtlich ein Wahlrecht zwischen Wertansätzen von 50 TDM, 100 TDM und beliebigen Zwischenwerten.

3.5.4 Verbrauchsfolgeverfahren bei Bewertung der Vorräte

Handelsrechtlich können nach § 256 HGB zur Ermittlung des Wertansatzes gleichartiger Vermögensgegenstände des Vorratsvermögens Verbrauchsfolgen unterstellt werden. Auf dieser Vorschrift aufbauende Verbrauchsfolgeverfahren sind insbesondere das Lifo-, Fifo- und das Hifo-Verfahren[70]. Nach § 6 Abs. 1 Nr. 2a EStG ist steuerlich nur das Lifo-Verfahren zulässig; andere Verbrauchsfolgeverfahren sind steuerlich unzulässig. Neben dem Lifo-Verfahren kann auch eine Bewertung mit dem gewogenen Mittel der zu Beginn des Wirtschaftsjahres erworbenen Wirtschaftsgüter *(Bewertung mit dem gewogenen Durchschnitt*[71]*)* erfolgen.

---

[69] Vgl. Gliederungspunkt 3.4.3.

[70] Hinsichtlich dieser Verfahren im einzelnen s. Bitz, M./Schneeloch, D./Wittstock, W., Jahresabschluß, 1995, S. 179 ff.

[71] Vgl. das Beispiel zur Ermittlung des gewogenen Durchschnitts in Bitz, M./Schneeloch, D./Wittstock, W., Jahresabschluß, 1995, S. 178.

3.6 Steuerliche Abschreibungen

3.6.1 Absetzung für Abnutzung oder Substanzverringerung

3.6.1.1 Einführung

Bei der Bewertung des abnutzbaren Anlagevermögens *sind* gem. § 6 Abs. 1 Nr. 1 EStG die Absetzungen für Abnutzung (AfA) nach § 7 EStG zu berücksichtigen. Das bedeutet: Die Bemessung der Abschreibungen richtet sich auch bei einer Gewinnermittlung gem. § 5 EStG nicht primär nach Handels-, sondern nach Steuerrecht.

§ 7 EStG ist anwendbar bei allen Wirtschaftsgütern, deren Verwendung oder Nutzung durch den Steuerpflichtigen zur Erzielung von Einkünften sich erfahrungsgemäß auf einen Zeitraum von mehr als einem Jahr erstreckt. § 7 EStG ist also grundsätzlich nicht auf die Gewinneinkünfte oder gar auf eine bestimmte Gewinnermittlungsart beschränkt; die Vorschrift gilt vielmehr bei Ermittlung *aller* Einkünfte und - innerhalb der Gewinneinkünfte - sowohl für die beiden Arten des Bestandsvergleichs als auch für die Einnahmen-Überschußrechnung nach § 4 Abs. 3 EStG. Einzelne Vorschriften innerhalb des § 7 EStG sind allerdings speziell auf die Gewinneinkünfte zugeschnitten.

§ 7 Abs. 1 bis 3 EStG regelt die AfA von Wirtschaftsgütern des *beweglichen Anlagevermögens*, § 7 Abs. 4 und 5 EStG diejenige von *Gebäuden* und § 7 Abs. 6 EStG die für *Gewinnungsbetriebe* typische Form der Absetzung für Substanzverringerung (AfS). Die nachfolgende Darstellung folgt dieser Dreiteilung.

3.6.1.2 Absetzung für Abnutzung bei beweglichen Wirtschaftsgütern des Anlagevermögens

§ 7 Abs. 1 EStG sieht als Grundsatz eine *gleichmäßige Verteilung* der Anschaffungs- oder Herstellungskosten auf die Gesamtverwendungs- oder -nutzungsdauer (nachfolgend nur *Nutzungsdauer* genannt) vor. Es handelt sich also um die Form der **linear-gleichbleibenden Abschreibung**. Der jährliche AfA-Betrag läßt sich aus folgender Gleichung ermitteln:

$$\text{jährliche AfA} = \frac{\text{Anschaffungs- oder Herstellungskosten}}{\text{Nutzungsdauer}}.$$

Problematisch ist die Bestimmung der Nutzungsdauer, die nach dem handelsrechtlichen Vorsichtsprinzip eher zu kurz als zu lang geschätzt werden sollte. Wichtige Anhaltspunkte gibt die vom Bundesminister der Finanzen herausgegebene *amtliche AfA-Tabelle*, die für eine Vielzahl von Wirtschaftsgütern Nutzungsdauern nennt. Die amtliche AfA-Tabelle gibt aber *lediglich Anhaltspunkte* für die Schätzung der Nutzungsdauer im Einzelfall; sie ist keinesfalls verbindlich. Der

Steuerpflichtige hat also bei der Schätzung der Nutzungsdauer einen *Ermessensspielraum*.

Bei Wirtschaftsgütern des *beweglichen* Anlagevermögens kann nach § 7 Abs. 1 Satz 4 EStG in Fällen, in denen dies wirtschaftlich begründet ist, anstelle der linear-gleichbleibenden AfA eine AfA nach Maßgabe der *Leistung* angewendet werden. Die leistungsbezogene AfA kann nur dann zur Anwendung kommen, wenn sich die Leistung insbesondere mit Hilfe eines Zählwerks messen läßt. Die Berechnungsformel lautet:

$$\text{jährliche AfA} = \frac{\text{Anschaffungs- oder Herstellungskosten}}{\text{mögliche Gesamtleistung}} \cdot \text{Leistungsabgabe in der Periode}.$$

Beispiel

Eine Maschinenfabrik erwirbt zur Herstellung von hochempfindlichen Präzisions-Stanzteilen eine Maschine, deren maximaler Output vom Hersteller mit 100.000 Einheiten angegeben wird. Nach Erreichung des Gesamtleistungspotentials ist die Maschine wertlos und muß durch eine neue ersetzt werden. Die Anschaffungskosten betragen 400.000 DM. In der Periode 01 werden 20.000 Artikel hergestellt. Die leistungsbezogene AfA beträgt (400.000 : 100.000 · 20.000 =) 80.000 DM.

Bei *beweglichen Wirtschaftsgütern des Anlagevermögens* kann der Steuerpflichtige anstelle der linear-gleichbleibenden AfA eine AfA in *fallenden Jahresbeträgen* (degressive AfA) wählen. § 7 Abs. 2 Satz 2 EStG selbst sieht nur die **geometrisch-degressive** Form der **AfA** in fallenden Jahresbeträgen vor, nach der die AfA nach einem unveränderlichen Hundertsatz vom jeweiligen Restbuchwert bemessen wird. Daraus ergibt sich folgendes:

- Der Abschreibungsbetrag sinkt jährlich;
- das Verfahren kann nicht zum Restwert Null führen.

Beispiel

Der Buchwert eines Wirtschaftsgutes, das im ersten Halbjahr des Jahres 01 zu einem Preis von 1.000 DM erworben wurde, entwickelt sich bei Anwendung der geometrisch-degressiven AfA bei einem AfA-Satz von 30 % wie folgt:

	DM
Anschaffungskosten	1.000
./. AfA 01	./. 300
Buchwert 31.12.01	700
./. AfA 02	./. 210
Buchwert 31.12.02	490
./. AfA 03	./. 147
Buchwert 31.12.03	343
./. AfA 04	./. 103
Buchwert 31.12.04	240

Im Gegensatz zur handelsrechtlichen degressiven Abschreibung ist die steuerrechtliche degressive AfA in ihrer Höhe begrenzt. Zur *geometrisch-degressiven* Form sieht § 7 Abs. 2 Satz 2 EStG folgendes vor: Der anzuwendende unveränderliche AfA-Satz darf höchstens 30 % des Restbuchwertes betragen und zu keiner höheren AfA als das Dreifache der alternativ zulässigen linear-gleichbleibenden AfA führen.

Nach § 7 Abs. 3 EStG ist es *zulässig,* von einer degressiven Form der AfA zur linearen überzuwechseln. Die AfA bemißt sich vom Zeitpunkt des Übergangs an nach dem dann noch vorhandenen Restwert und der Restnutzungsdauer des einzelnen Wirtschaftsguts. Ein Wechsel wird in der Praxis in aller Regel in dem Jahr vorgenommen, in dem der degressive AfA-Betrag erstmals geringer wird als derjenige bei linearer Restwertabschreibung. Ein Wechsel von der linear-gleichbleibenden AfA-Methode zu einer degressiven ist *nicht* zulässig.

Wird ein Anlagegut im Laufe eines Wirtschaftsjahres angeschafft oder hergestellt, so ist grundsätzlich nur eine zeitanteilige AfA (AfA pro rata temporis) zu berücksichtigen, d.h. eine AfA, die dem Zeitraum der Nutzung entspricht. Hierbei wird die Nutzungsdauer üblicherweise auf volle Monate auf- oder abgerundet. Nach R 44 Abs. 2 EStR brauchen abnutzbare bewegliche Wirtschaftsgüter des Anlagevermögens aber aus Vereinfachungsgründen im Jahr der Anschaffung oder Herstellung nicht zeitanteilig abgeschrieben zu werden. Vielmehr kann für die in der *ersten Jahreshälfte* angeschafften Wirtschaftsgüter die *volle Jahres-AfA* und für die in der *zweiten Jahreshälfte* angeschafften Wirtschaftsgüter die *halbe Jahres-AfA* angesetzt werden.

Beispiel

Die X-GmbH schafft am 30.12.01 eine Büromaschine für 10.000 DM an. Diese wird noch an demselben Tag in Betrieb genommen. Die betriebsgewöhnliche Nutzungsdauer der Maschine wird auf vier Jahre geschätzt.

Die X-GmbH kann zwischen einer zeitanteiligen AfA und einer AfA für ein halbes Jahr wählen. Wünscht sie einen möglichst hohen Gewinnausweis, so ist es sinnvoll, lediglich eine zeitanteilige AfA anzusetzen. Da die Maschine im Jahre 01 nur den letzten Tag des Jahres in Betrieb ist, kann die AfA mit 0 DM festgelegt werden. Wünscht die GmbH hingegen für das Jahr 01 einen möglichst niedrigen Gewinnausweis, so ist es für sie vorteilhaft, von der Vereinfachungsregelung des R 44 Abs. 2 EStR Gebrauch zu machen. Sie kann dann eine Halbjahres-AfA in Anspruch nehmen. Diese beträgt bei Wahl der geometrisch-degressiven AfA nach § 7 Abs. 2 EStG (30 % · 0,5 · 10.000 =) 1.500 DM.

Die Vereinfachungsregelung des R 44 Abs. 2 EStR gilt nur bei Anschaffung oder Herstellung, nicht hingegen bei Veräußerung eines Anlagegutes im Laufe eines Jahres. Im letzteren Fall ist die AfA stets zeitanteilig zu berechnen.

Tritt eine Wertminderung eines Wirtschaftsgutes infolge einer technischen oder wirtschaftlichen Überalterung ein, so ist nach § 7 Abs. 1 Satz 5 EStG eine *Absetzung für außergewöhnliche technische oder wirtschaftliche Abnutzung* zulässig. Diese Absetzung tritt zusätzlich neben die linear-gleichbleibende AfA oder neben die Absetzung nach Maßgabe der Leistung. Ist gleichzeitig der *Teilwert* gesunken, was in aller Regel der Fall sein dürfte, so ist außerdem die Voraussetzung für eine Teilwertabschreibung erfüllt. In diesen Fällen ist es gleichgültig, ob die Wertminderung in der Form einer Teilwertabschreibung oder einer Absetzung für außergewöhnliche technische oder wirtschaftliche Abnutzung berücksichtigt wird. Ist der Teilwert voraussichtlich auf Dauer gesunken, so ist die Teilwertabschreibung nach dem gemilderten Niederstwertprinzip in Verbindung mit dem Maßgeblichkeitsgrundsatz zwingend.

Neben einer degressiven AfA ist gem. § 7 Abs. 2 Satz 4 EStG keine Absetzung für außergewöhnliche technische oder wirtschaftliche Abnutzung zulässig. Diese Vorschrift ist aber ohne praktische Bedeutung, da in derartigen Fällen in aller Regel eine Teilwertabschreibung vorgenommen werden kann.

Ein *entgeltlich erworbener Geschäfts- oder Firmenwert* wird steuerlich als Wirtschaftsgut des beweglichen Anlagevermögens behandelt. Er ist steuerlich zu aktivieren und unterliegt anschließend der AfA nach § 7 Abs. 1 EStG. Nach Satz 3 dieser Vorschrift ist die *betriebsgewöhnliche Nutzungsdauer* eines aktivierten Geschäfts- oder Firmenwertes mit *15 Jahren* festgelegt. Die Schätzung einer kürzeren Nutzungsdauer ist somit steuerlich ohne Belang. Die Anschaffungskosten eines Geschäfts- oder Firmenwerts sind daher steuerlich grundsätzlich gleichmäßig auf 15 Jahre zu verteilen. Eine degressive AfA kommt nicht in Betracht. Sinkt der Teilwert unter die fortgeschriebenen Anschaffungskosten, so kann (bei einer voraussichtlich vorübergehenden Wertminderung) bzw. muß (bei einer voraussichtlich dauernden Wertminderung) eine Teilwertabschreibung vorgenommen werden.

3.6.1.3 Absetzung für Abnutzung bei Gebäuden

Die bisherigen Ausführungen gelten ausschließlich für abnutzbare Wirtschaftsgüter des beweglichen Anlagevermögens. Für Gebäude hingegen gelten die Spezialvorschriften des § 7 Abs. 4 und 5 EStG.

§ 7 Abs. 4 EStG unterscheidet zwischen zwei Gruppen von Gebäuden, und zwar zwischen

- den *Wirtschaftsgebäuden* und
- den *anderen Gebäuden*.

Der Begriff des *Wirtschaftsgebäudes* wird im Gesetz selbst nicht verwendet, doch ist er im Fachschrifttum allgemein üblich. Hierbei handelt es sich um die Gebäude, die unter § 7 Abs. 4 Satz 1 *Nr. 1* EStG fallen. *Wirtschaftsgebäude* sind danach solche *Gebäude, die zu einem Betriebsvermögen gehören und nicht Wohnzwecken dienen und für die der Antrag auf Baugenehmigung nach dem 31. März 1985 gestellt worden ist.* Bei zu bilanzierenden Gebäuden, bei denen der Antrag auf Baugenehmigung nach dem genannten Stichtag gestellt worden ist, dürfte es sich in den meisten Fällen um Wirtschaftsgebäude handeln.

Bei den *anderen Gebäuden* handelt es sich nach § 7 Abs. 4 Satz 1 *Nr. 2* EStG um solche Gebäude, die nicht die Voraussetzungen für Wirtschaftsgebäude erfüllen. Bei zu bilanzierenden Gebäuden sind dies i.d.R. solche Gebäude, bei denen der Antrag auf Baugenehmigung *vor dem 1. April 1985* gestellt worden ist, d.h. es handelt sich um Gebäude älteren Datums als die Wirtschaftsgebäude. Bei den anderen Gebäuden ist zu unterscheiden zwischen Gebäuden, die nach dem

31.12.1924 fertiggestellt worden sind (Alt-Neubauten) und solchen, die vor dem 1.1.1925 fertiggestellt worden sind (Altbauten).

Für alle Gebäude sind in § 7 Abs. 4 EStG starre AfA-Sätze festgelegt. Die anzuwendenden Sätze sind für die genannten Gebäudegruppen unterschiedlich. Sie betragen

- für Wirtschaftsgebäude 4 %,
- für Alt-Neubauten 2 %,
- für Altbauten 2,5 %.

Die genannten AfA-Sätze sind Jahressätze. Wird das Gebäude erst im Laufe eines Jahres angeschafft oder hergestellt oder wird es im Laufe eines Jahres veräußert, so ist lediglich die zeitanteilige AfA (AfA pro rata temporis) anzusetzen. Eine Vereinfachung wie beim beweglichen abnutzbaren Anlagevermögen dergestalt, daß im Anschaffungs- oder Herstellungsjahr stets entweder die volle Jahres-AfA oder die Halbjahres-AfA angesetzt werden kann, existiert für Gebäude nicht. Die genannten AfA-Sätze entsprechen einer typisierten Nutzungsdauer von 25 Jahren bei Wirtschaftsgebäuden, von 50 Jahren bei Alt-Neubauten und von 40 Jahren bei Altbauten. Beginn dieser typisierten Nutzungsdauern ist jeweils der Zeitpunkt der Anschaffung oder Herstellung. Das gilt grundsätzlich selbst dann, wenn das Gebäude bereits einhundert Jahre oder älter ist.

Beispiel

A erwirbt in 01 ein Grundstück, auf dem sich ein vor 250 Jahren errichtetes Gebäude befindet. Von dem Kaufpreis von 1 Mio. DM entfallen 400 TDM auf den Grund und Boden, die restlichen 600 TDM auf das Gebäude. A betreibt in dem Gebäude fortan das „Gasthaus zum Alten Fritz." Das Gebäude ist ein Altbau i.S.d. § 7 Abs. 4 Satz 1 Nr. 2b EStG, der steuerlich grundsätzlich mit einem AfA-Satz von lediglich 2,5 % abgeschrieben werden kann.

Ist die tatsächlich zu erwartende Nutzungsdauer geringer als dies den genannten typisierten AfA-Sätzen entspricht, so kann die AfA gem. § 7 Abs. 4 Satz 2 EStG ausnahmsweise nach der geringeren zu erwartenden Nutzungsdauer berechnet werden. Außerdem sind für Wirtschaftsgebäude nach § 7 Abs. 4 Satz 3 i.V.m. Abs. 1 Satz 5 EStG Absetzungen für außergewöhnliche technische oder wirtschaftliche Abnutzung zulässig.

Bei im Inland belegenen Grundstücken, die vom Steuerpflichtigen hergestellt oder bis zum Ende des Jahres der Fertigstellung angeschafft worden sind, kann der Steuerpflichtige in Altfällen unter im Gesetz genau definierten Voraussetzungen anstelle der AfA nach § 7 Abs. 4 EStG eine AfA nach § 7 Abs. 5 EStG ansetzen. § 7 Abs. 5 EStG beinhaltet eine Steuerbegünstigungsvorschrift mit degressiven AfA-Sätzen. Die AfA-Sätze sind unterschiedlich, je nachdem, ob das Abschreibungsobjekt ein Wirtschaftsgebäude oder ein anderes Gebäude ist. § 7 Abs. 5 EStG existiert derzeit in fünf unterschiedlichen Fassungen, und zwar

- in der Fassung des EStG 1981[72],
- in der durch das Haushaltsstrukturgesetz vom 22.12.1981 bestimmten Fassung[73],
- in der Fassung des Gesetzes vom 19.12.1985[74],
- in der Fassung des Gesetzes vom 30.6.1989[75] und
- in der Fassung des Gesetzes vom 13.9.1993[76].

Die unterschiedlichen Fassungen beziehen sich auf zu unterschiedlichen Zeiten angeschaffte oder hergestellte Gebäude. Die Anwendungsbereiche der beiden zuerst genannten Gesetzesfassungen ergeben sich aus § 52 Abs. 8 EStG in der Fassung des Gesetzes vom 12.6.1985[77], die Anwendungsbereiche der an dritter oder vierter Stelle genannten Gesetzesfassungen ergeben sich aus § 52 Abs. 9a EStG in der Fassung des Gesetzes vom 21.12.1993[78]. Der Anwendungsbereich der an letzter Stelle genannten Gesetzesfassung des § 7 Abs. 5 EStG ergibt sich aus dieser Vorschrift selbst. Allen Fassungen des § 7 Abs. 5 EStG ist gemeinsam, daß sie nur noch Altfälle betreffen, d.h. Gebäude, die bereits vor Jahren angeschafft oder hergestellt worden sind. Auf Einzelheiten kann hier nicht eingegangen werden. Nicht auszuschließen ist, daß es in Zukunft eine Neufassung des § 7 Abs. 5 EStG geben wird.

3.6.1.4 Absetzung für Substanzverringerung

Bei Bergbauunternehmen, Steinbrüchen und anderen Betrieben, denen ein Verbrauch von Substanz eigentümlich ist, kann nach § 7 Abs. 6 EStG an die Stelle der Absetzung für Abnutzung eine Absetzung für Substanzverringerung (AfS) treten. Die AfS wird wie folgt berechnet:

$$\text{AfS} = \frac{\text{Anschaffungs- oder Herstellungskosten}}{\text{insgesamt vorhandene Substanz}} \cdot \text{in der Periode entnommene Substanz}.$$

3.6.1.5 Abschreibung geringwertiger Wirtschaftsgüter

Für geringwertige Wirtschaftsgüter räumt § 6 Abs. 2 EStG dem Steuerpflichtigen ein *Abschreibungswahlrecht* (Bewertungsfreiheit) ein. Dieses besteht darin, daß der Steuerpflichtige ein geringwertiges Wirtschaftsgut

- entweder nach den allgemeinen Vorschriften des § 7 Abs. 1 bzw. Abs. 2 EStG absetzen oder aber

---

[72] BStBl 1981 I, S. 667.
[73] BStBl 1982 I, S. 235.
[74] BStBl 1985 I, S. 705.
[75] BStBl 1989 I, S. 251.
[76] BStBl 1993 I, S. 774.
[77] BStBl 1985 I, S. 223.
[78] BStBl 1994 I, S. 50.

- seine Anschaffungs- oder Herstellungskosten im Jahr der Anschaffung oder Herstellung in vollem Umfang als Aufwand verbuchen kann.

Unzulässig ist hingegen die Nachholung einer unterbliebenen Vollabschreibung in einem späteren Jahr als dem Jahr der Anschaffung oder Herstellung. Das Wahlrecht des § 6 Abs. 2 EStG kann bei mehreren geringwertigen Wirtschaftsgütern unterschiedlich ausgeübt werden. Doch ist in diesem Zusammenhang der Grundsatz der Bewertungsstetigkeit zu beachten.

Geringwertig i.S.d. § 6 Abs. 2 EStG sind Wirtschaftsgüter dann, wenn sie zum abnutzbaren beweglichen Anlagevermögen gehören und ihre Anschaffungs- oder Herstellungskosten 800 DM für das einzelne Wirtschaftsgut nicht übersteigen. Sind gem. § 9b EStG in den Anschaffungs- oder Herstellungskosten Vorsteuern enthalten, weil sie (ausnahmsweise) nicht abzugsfähig sind, so sind diese zur Prüfung der 800 DM-Grenze aus den Anschaffungs- oder Herstellungskosten herauszunehmen[79]:

3.6.2 Erhöhte Absetzungen und Sonderabschreibungen

Neben oder anstelle der Normal-AfA gem. § 7 EStG können steuerlich in einer Reihe von Fällen *erhöhte Absetzungen* oder *Sonderabschreibungen* in Anspruch genommen werden. Alle erhöhten Absetzungen und Sonderabschreibungen haben Steuerbegünstigungscharakter. Der Gesetzgeber hat sie im Hinblick auf unterschiedliche politische Zielsetzungen geschaffen. Wichtige gesetzgeberische Ziele können sein:

- die Förderung der Selbstfinanzierung aller Unternehmer,
- die Förderung einzelner Branchen,
- die Förderung von Unternehmen bestimmter Unternehmensgrößen,
- die Förderung einzelner Regionen,
- die Förderung von Auslandsinvestitionen,
- die Förderung von Umweltschutz- und Energiesparmaßnahmen,
- die Förderung des Wohnungsbaus.

Erhöhte Absetzungen sind steuerliche Abschreibungen, die *anstelle* der Absetzungen für Abnutzung vorgenommen werden können.

Sonderabschreibungen sind Abschreibungen, die *neben* den Absetzungen nach § 7 EStG zulässig sind.

Beispiel

Nach § 4 FördergebietsG können bei bestimmten Investitionen im Fördergebiet Sonderabschreibungen i.H.v. bis zu 50 % bei beweglichen und bei unbeweglichen Wirtschaftsgütern des Anlagevermögens vorgenommen werden. Diese Sonderabschreibungen können im Wirtschaftsjahr der Anschaffung oder Herstellung und in den vier folgenden Wirtschaftsjahren neben den Absetzungen nach § 7 EStG vorgenommen werden.

---

[79] Vgl. R 86 Abs. 4 EStR.

Von besonderer Bedeutung sind Sonderabschreibungen nach § 7g EStG. Sie dienen der Förderung kleiner und mittlerer Betriebe. Dies sind nach § 7g Abs. 2 Nr. 1 EStG solche Betriebe, deren Betriebsvermögen zum Schluß des der Anschaffung oder Herstellung des Wirtschaftsguts vorangegangenen Wirtschaftsjahres 400.000 DM nicht übersteigen. Die Möglichkeit zur Sonderabschreibung besteht nach § 7g Abs. 1 EStG lediglich für neue bewegliche Wirtschaftsgüter des Anlagevermögens. Das Wirtschaftsgut muß nach § 7g Abs. 2 Nr. 2 EStG mindestens ein Jahr nach seiner Anschaffung oder Herstellung in einer inländischen Betriebsstätte dieses Betriebes verbleiben und im Jahr der Inanspruchnahme der Sonderabschreibung im Betrieb des Steuerpflichtigen ausschließlich oder fast ausschließlich betrieblich genutzt werden. Sonderabschreibungen nach § 7g EStG können im Jahr der Anschaffung oder Herstellung und in den vier folgenden Jahren neben der AfA gem. § 7 Abs. 1 oder 2 EStG bis zu insgesamt 20 % der Anschaffungs- oder Herstellungskosten in Anspruch genommen werden.

Kleine und mittlere Betriebe i.S.d. § 7g EStG können nach Abs. 3 dieser Vorschrift auch Abschreibungen antizipieren. Durch das hierdurch bewirkte Hinausschieben von Steuerzahlungen soll es diesen Betrieben ermöglicht werden, liquide Mittel anzusparen. § 7g Abs. 3 EStG bezeichnet deshalb diese Art der Sonderabschreibung als *Ansparabschreibung*. Die Ansparabschreibung kann also schon vor der Anschaffung oder Herstellung des abschreibungsfähigen Wirtschaftsgutes vorgenommen werden. Sie ist in einer steuerfreien Rücklage zu erfassen[80]. Die Rücklage darf höchstens 50 % der voraussichtlichen Anschaffungs- oder Herstellungskosten des noch zu erwerbenden oder herzustellenden Wirtschaftsgutes betragen. Hierbei muß es sich um ein Wirtschaftsgut handeln, das der Steuerpflichtige innerhalb von zwei Wirtschaftsjahren nach der Bildung der Rücklagen zu erwerben oder herzustellen beabsichtigt. Erfolgt später die Anschaffung oder Herstellung eines begünstigten Wirtschaftsgutes, so ist die Rücklage anschaffungskostenmindernd auszubuchen. Die an einem Bilanzstichtag insgesamt gebildeten Ansparrücklagen dürfen 300.000 DM nicht übersteigen.

Abbildung III/5 gibt einen Überblick über gesetzlich vorgesehene erhöhte Absetzungen und Sonderabschreibungen. In Spalte 3 der Tabelle ist der Inhalt der jeweiligen Begünstigungsvorschrift in knapper Form skizziert. Bei den §§ 7c EStG, 7k EStG, 7f EStG, 82f EStDV und 4 FördergebietsG handelt es sich nach derzeitiger Gesetzeslage um auslaufende Vorschriften. Näheres kann den genannten Normen entnommen werden.

---

[80] Vgl. die Gliederungspunkte 2.5 und 3.7.3.

Rechtsnorm	Kurzskizzierung der Begünstigungsvorschrift
Erhöhte Absetzungen:	
§ 7c EStG	bis zu 20 % Abschreibung im Jahr der Fertigstellung und in den folgenden 4 Jahren bei Baumaßnahmen an bestimmten Gebäuden zur Schaffung neuer Mietwohnungen
§ 7h EStG	bis zu 10 % Abschreibung im Jahr der Anschaffung oder Herstellung und in den folgenden 9 Jahren für bestimmte förderungswürdige Baumaßnahmen in einem Sanierungsgebiet bzw. städtebaulichen Entwicklungsgebiet
§ 7i EStG	bis zu 10 % Abschreibung im Jahr der Herstellung und in den folgenden 9 Jahren bei Baudenkmälern
§ 7k EStG	bis zu 10 % Abschreibung im Jahr der Fertigstellung und in den folgenden 4 Jahren und bis zu 7% Abschreibung in den darauffolgenden 5 Jahren für bestimmte Wohnungen mit Sozialbindung
Sonderabschreibungen:	
§ 7f EStG	bis zu 50 % (30 %) Abschreibung im Jahr der Anschaffung oder Herstellung und in den folgenden 4 Jahren auf bewegliche (unbewegliche) Wirtschaftsgüter, die dem Betrieb eines Krankenhauses dienen
§ 7g EStG	bis zu 20 % Abschreibung im Jahr der Anschaffung oder Herstellung und in den folgenden 4 Jahren auf neue bewegliche Wirtschaftsgüter des Anlagevermögens kleiner und mittlerer Betriebe
§ 82f EStDV	bis zu 40 % (30 %) Abschreibung im Jahr der Anschaffung oder Herstellung und in den folgenden 4 Jahren auf bestimmte förderungswürdige Schiffe (Flugzeuge)
§ 4 FördergebietsG	bis zu 50 % Abschreibung im Jahr der Anschaffung oder Herstellung und in den folgenden 4 Jahren auf bewegliche und unbewegliche Wirtschaftsgüter von Betrieben im Fördergebiet.

Abbildung III/5: Übersicht über erhöhte Absetzungen und Sonderabschreibungen

3.6.3 Zusammenhänge und Wechselwirkungen zwischen handels- und steuerbilanziellen Abschreibungen

3.6.3.1 Problemstellung

Die Zusammenhänge und Wechselwirkungen zwischen handels- und steuerbilanziellen Abschreibungen können unterschiedlicher Art sein. Bei ihrer Analyse ergeben sich insbesondere folgende Fragen:

1. Können die handelsbilanziellen Abschreibungen in die Steuerbilanz übernommen werden?

2. Können die steuerbilanziellen Abschreibungen in die Handelsbilanz übernommen werden?
3. Müssen handels- und steuerbilanzielle Abschreibungen übereinstimmen oder können in Handels- und Steuerbilanz unterschiedliche Abschreibungen vorgenommen werden?

Diesen Fragen soll nunmehr nachgegangen werden.

3.6.3.2 Handelsbilanzielle Abschreibungen und Steuerbilanz

Das Handelsrecht kennt folgende Abschreibungen:

1. die planmäßigen Abschreibungen nach § 253 Abs. 2 Sätze 1 und 2 HGB,
2. die außerplanmäßigen Abschreibungen auf Gegenstände des Anlagevermögens gem. § 253 Abs. 2 Satz 3 HGB,
3. die Abschreibungen auf den niedrigeren Börsen- oder Marktpreis bzw. den niedrigeren beizulegenden Wert gem. § 253 Abs. 3 Sätze 1 und 2 HGB,
4. Abschreibungen zur Verlustantizipation auf Gegenstände des Umlaufvermögens gem. § 253 Abs. 3 Satz 3 HGB,
5. Abschreibungen im Rahmen vernünftiger kaufmännischer Beurteilung auf Gegenstände des Anlage- und Umlaufvermögens gem. § 253 Abs. 4 HGB,
6. steuerrechtliche Abschreibungen gem. § 254 HGB.

Planmäßige Abschreibungen auf Gegenstände des Anlagevermögens dürften sich i.d.R. im Rahmen des nach § 7 EStG Zulässigen bewegen. Ist dies der Fall, so kommt es zur Anwendung des Maßgeblichkeitsgrundsatzes. Damit wird dann die handelsbilanzielle Abschreibung für die Steuerbilanz zwingend. Handelsbilanziell kann es aber im Einzelfall durchaus zulässig und sinnvoll sein, eine planmäßige Abschreibung zu wählen, die den AfA-Rahmen des § 7 EStG sprengt. In diesem Falle weicht die steuerliche AfA zwangsläufig von der handelsbilanziellen planmäßigen Abschreibung ab.

Beispiel

Die X-AG schreibt einen Alt-Neubau steuerlich gem. § 7 Abs. 4 EStG mit einem AfA-Satz von 2 % p.a. ab. Sie ist der Ansicht, daß ein Abschreibungssatz von 4 % p.a. den Wertverzehr des Gebäudes besser wiedergibt als ein Satz von 2 %. In ihrer Handelsbilanz schreibt die X-AG deshalb das Gebäude gem. § 253 Abs. 2 HGB planmäßig mit einem Satz von 4 % ab. Die handelsbilanziell zulässige Abschreibung ist steuerlich gem. § 7 Abs. 4 HGB grundsätzlich unzulässig. Die steuerliche Abschreibung weicht damit zwangsläufig von der handelsrechtlichen ab.

Den handelsbilanziellen *außerplanmäßigen Abschreibungen* entsprechen steuerlich in aller Regel Abschreibungen auf den niedrigeren Teilwert. Das gilt sowohl hinsichtlich der außerplanmäßigen Abschreibungen auf das Anlagevermögen als auch hinsichtlich derjenigen auf das Umlaufvermögen. Nach dem herrschenden Verständnis von der Bedeutung des Maßgeblichkeitsgrundsatzes können bzw. müssen außerplanmäßige Abschreibungen einerseits und Teilwertabschreibungen andererseits in gleicher Weise vorgenommen werden.

Beispiel

Die A-KG hält Aktien der Y-AG in ihrem Umlaufvermögen. Der Bilanzsatz dieser Aktien zum 31.12.01 hat 95 TDM betragen. Infolge gesunkener Börsenkurse nimmt die A-KG zum 31.12.02 auf diese Aktien eine Abschreibung i.S.d. § 253 Abs. 3 Satz 1 HGB i.H.v. 40 TDM vor. Steuerlich ist gem. § 6 Abs. 1 Nr. 2 Satz 2 EStG eine Teilwertabschreibung in gleicher Höhe zulässig. Über den Maßgeblichkeitsgrundsatz des § 5 Abs. 1 Satz 1 EStG ist diese Teilwertabschreibung zwingend geboten.

Abschreibungen zur Verlustantizipation gehen über die außerplanmäßigen Abschreibungen und damit auch über die Teilwertabschreibungen hinaus. Steuerlich stellt der niedrigere Teilwert zum Bilanzstichtag die Wertuntergrenze dar. Durch eine Abschreibung zur Verlustantizipation wird diese Wertuntergrenze unterschritten. Eine derartige Abschreibung ist damit steuerlich unzulässig.

Beispiel

Eine Holzgroßhandlung in der Rechtsform einer KG (GmbH) besitzt am Bilanzstichtag 31.12.01 einen Holzvorrat mit Anschaffungskosten von 120 TDM und einem Marktwert von 100 TDM. Bis zum Tag der Bilanzerstellung sinkt der Marktpreis dieses Holzes auf 60 TDM. Anschließend steigt der Wert des Holzes wieder, und zwar auf 140 TDM am 31.12.02.

Gem. § 253 Abs. 3 Satz 1 HGB muß die Gesellschaft in ihrer Handelsbilanz eine Abschreibung von 20 TDM auf 100 TDM vornehmen. Nach § 253 Abs. 3 Satz 3 HGB kann sie darüber hinaus eine Abschreibung zur Vorwegnahme künftiger Verluste (aus Sicht des Bilanzstichtages) vornehmen. So ist es vertretbar, wenn sie die bis zum Tag der Bilanzerstellung eingetretenen Wertminderungen bereits in ihrer Bilanz zum 31.12.01 vorwegnimmt. Sie kann dann gem. § 253 Abs. 3 Satz 3 HGB eine Abschreibung i.H.v. 40 TDM auf 60 TDM vornehmen. Befürchtet die Geschäftsleitung am Tag der Bilanzerstellung, daß der Wert des Holzes noch weiter sinken wird, so kann die Gesellschaft unter Hinweis auf § 253 Abs. 3 Satz 3 HGB sogar noch eine höhere Abschreibung geltend machen. Eine Abschreibung i.S.d. § 253 Abs. 3 Satz 3 HGB kann sowohl von der KG als auch von der GmbH vorgenommen werden. Eine Einschränkung für Kapitalgesellschaften ergibt sich aus § 279 Abs. 1 HGB nicht.

Steuerlich ist gem. § 6 Abs. 1 Nr. 2 EStG lediglich eine Teilwertabschreibung von 20 TDM zulässig und über das Maßgeblichkeitsprinzip geboten. Eine Abschreibung i.S.d. § 253 Abs. 3 Satz 3 HGB zur Vorwegnahme künftiger Verluste hingegen ist steuerlich unzulässig.

Abschreibungen im Rahmen vernünftiger kaufmännischer Beurteilung gehen ebenfalls über den Abschreibungsrahmen der außerplanmäßigen Abschreibungen und damit auch der Teilwertabschreibungen hinaus. Sie sind damit steuerlich ebenfalls unzulässig.

Beispiel

Der Geschäftsführer der X-KG ist nicht an dieser Gesellschaft beteiligt. Er ist der Ansicht, daß er seine eigene Stellung in der Gesellschaft am besten dadurch festigt, daß er möglichst einen kontinuierlichen Gewinnausweis anstrebt. Er setzt deshalb die planmäßigen Abschreibungen nach § 253 Abs. 2 HGB so gering wie möglich an. In ertragsstarken Jahren hingegen nimmt er zusätzlich hohe Abschreibungen nach § 253 Abs. 4 HGB vor. Er beschränkt diese nicht nur auf Neuzugänge des jeweiligen Jahres, sondern bezieht auch ältere Anlagen mit in die Abschreibungsbemessungsgrundlagen nach § 253 Abs. 4 HGB ein.

Sollte eine derartige Vorgehensweise als mit geltendem Recht vereinbar angesehen werden, so hätte dies zur Konsequenz, daß gesellschaftsfremde Geschäftsführer von Personenunternehmen unerfahrene Gesellschafter über den wahren Geschäftsverlauf legal in die Irre führen dürften.

M.E. ist deshalb die Handlungsweise des Geschäftsführers handelsbilanziell nicht vertretbar und damit nicht rechtens. Allerdings können die Äußerungen einiger anderer Autoren nur so verstanden werden, daß diese Verfahrensweise handelsrechtlich vertretbar sei. Steuerlich hingegen ist die Rechtslage eindeutig: Eine Abschreibung nach § 253 Abs. 4 HGB verstößt gegen das Bewertungskonzept des § 6 EStG und ist damit unzulässig.

Steuerrechtliche Abschreibungen beruhen auf dem Steuerrecht. Werden derartige Abschreibungen in der Handelsbilanz angesetzt, so setzt dies den Ansatz in der Steuerbilanz voraus. Handels- und Steuerbilanz stimmen insoweit zwangsläufig überein.

3.6.3.3 Zusammenfassung der steuerlichen Abschreibungen zu Gruppen

Soll die Frage untersucht werden, ob die steuerlich zulässigen Abschreibungen auch handelsrechtlich zulässig sind, ggf. sogar handelsbilanziell übernommen werden müssen, wenn sie steuerlich geltend gemacht werden sollen, so ist es zweckmäßig, die steuerlichen Abschreibungen zu folgenden Gruppen zusammenzufassen:

- Absetzungen nach § 7 EStG,
- erhöhte Absetzungen, Sonderabschreibungen und Sofortabschreibungen geringwertiger Wirtschaftsgüter,
- Teilwertabschreibungen.

Die nachfolgende Analyse soll anhand dieser Eingruppierung erfolgen.

3.6.3.4 Absetzungen nach § 7 EStG und Handelsbilanz

Es stellt sich die Frage, welche der nach § 7 EStG zulässigen Absetzungen mit der Vorschrift des § 253 Abs. 2 Satz 1 HGB vereinbar sind, welche steuerlichen Absetzungen also als planmäßige Abschreibungen in die Handelsbilanz übernommen werden können. Diese Frage stellt sich immer dann, wenn - und soweit - die Abschreibungen in Handels- und Steuerbilanz einheitlich vorgenommen werden sollen.

Mit der Vorschrift des § 253 Abs. 2 Satz 1 HGB *vereinbar* sind i.d.R. die *Absetzungen des beweglichen Anlagevermögens*. Das gilt sowohl hinsichtlich der linear-gleichbleibenden Absetzungen nach § 7 Abs. 1 EStG als auch der degressiven Absetzungen nach § 7 Abs. 2 EStG. Eine *Ausnahmestellung* nehmen die Abschreibungen auf den *Geschäfts- oder Firmenwert* ein. Handelsbilanziell ist dieser, sofern er überhaupt aktiviert wird, grundsätzlich nach § 255 Abs. 4 Satz 2 HGB zu mindestens einem Viertel abzuschreiben; steuerlich hingegen ist seine Nutzungsdauer durch § 7 Abs. 1 Satz 3 EStG mit 15 Jahren festgelegt. Handels- und steuerrechtliche Abschreibungen auf den Geschäfts- oder Firmenwert weichen somit grundsätzlich erheblich voneinander ab. Allerdings wird es nach einer weitverbreiteten Ansicht für zulässig erachtet, die steuerliche Absetzung unter Berufung auf § 255 Abs. 4 Satz 3 HGB in die Handelsbilanz zu übernehmen. Berufen können sich die Vertreter dieser Ansicht auf die Gesetzesbegründung[81]. Damit dürfte es als geklärt anzusehen sein, daß eine Übernahme der steuerlichen Abschreibung in die Handelsbilanz möglich ist, mögen hiergegen auch aus Gründen des Vorsichtsprinzips erhebliche Bedenken bestehen.

Problematischer als beim beweglichen abnutzbaren Anlagevermögen ist die Übernahme der steuerlichen Absetzungen in die Handelsbilanz bei *Gebäuden*. Hier sind steuerlich nach § 7 Abs. 4 Satz 1 EStG grundsätzlich starre AfA-Sätze von 2 %, 2,5 % bzw. 4 % anzusetzen. Im Einzelfall können Abschreibungssätze von 2 % und 2,5 % in der Handelsbilanz im Hinblick auf die tatsächlich zu erwartende Nutzungsdauer bedenklich niedrig sein. Bestehen derartige Bedenken, so scheint auf den ersten Blick ein Auseinanderfallen von Abschreibungen und Absetzungen in Handels- und Steuerbilanz unvermeidbar zu sein. Zu beachten ist in diesem Zusammenhang aber, daß auch steuerlich der Ansatz einer höheren Absetzung nach § 7 Abs. 4 Satz 2 EStG zulässig ist, wenn die tatsächlich zu erwartende Nutzungsdauer geringer ist als die vom Gesetz in § 7 Abs. 4 Satz 1 EStG unterstellte. Ein Auseinanderfallen von handels- und steuerbilanziellem Wertansatz ist somit auch in derartigen Fällen nicht zwingend. Lediglich dann, wenn steuerlich die höhere Absetzung nicht durchgesetzt werden kann, kommt es zwangsläufig zu unterschiedlichen Wertansätzen.

Im Gegensatz zu den Absetzungen nach § 7 Abs. 4 EStG sind die Absetzungen nach § *7 Abs. 5 Satz 1 EStG i.d.R. nicht mit § 253 Abs. 2 Satz 1 HGB* vereinbar. Nach dieser (weitgehend auslaufenden) Vorschrift kann bei bestimmten Gebäuden während der ersten Jahre des Abschreibungszeitraums eine deutlich höhere AfA vorgenommen werden als nach § 7 Abs. 4 EStG zulässig. Sie läßt sich i.d.R. nicht in vollem Umfang durch einen Werteverzehr des Gebäudes begründen. Eine derartige Abschreibung ist demnach wirtschaftlich gesehen als überhöht zu betrachten. Sie läßt sich auch nicht mit dem Hinweis als „planmäßig" i.S.d. § 253 Abs. 2 HGB interpretieren, daß es technisch ohne alle Schwierigkeiten möglich ist, einen Plan mit einer derart hohen Abschreibung aufzustellen. Eine Abschreibung wird nicht bereits allein dadurch zu einer planmäßigen Abschreibung i.S.d. § 253 Abs. 2 HGB, daß ihr irgendein Plan zugrunde gelegt wird. Erforderlich ist darüber hinaus auch, daß der Plan den GoB entspricht. Dies aber bedeutet, daß er sich im Rahmen des wirtschaftlich Vertretbaren bewegen muß. Genau hieran aber mangelt es i.d.R. bei einer Abschreibung nach § 7 Abs. 5 EStG. Für Kapitalgesellschaften kann diese Überlegung noch durch den Hinweis auf § 264 Abs. 2 Satz 1 HGB gestützt werden. Mit der dort geforderten Vermittlung eines den tatsächlichen Verhältnissen entsprechenden Bildes der Vermögens-, Finanz- und Ertragslage der Gesellschaft ist eine Abschreibung gem. § 7 Abs. 5 EStG auf Gebäude i.d.R. nicht vereinbar. Aus alledem folgt, daß eine AfA nach § 7 Abs. 5 EStG i.d.R. nicht als planmäßige Abschreibung in die Handelsbilanz übernommen werden darf.

Es fragt sich, ob Abschreibungen gem. § 7 Abs. 5 EStG als steuerrechtliche Abschreibungen i.S.d. § 254 HGB aufzufassen sind und als solche ggf. in die Han-

---

[81] Vgl. BT-Drucks. 10/4268, S. 101.

delsbilanz übernommen werden können, evtl. sogar nach § 5 Abs. 1 Satz 2 EStG übernommen werden müssen, wenn sie steuerlich geltend gemacht werden sollen. Nach der hier vorgenommenen Begriffsbestimmung sind die Voraussetzungen einer steuerrechtlichen Abschreibung i.S.d. § 254 HGB erfüllt. § 7 Abs. 5 Satz 1 Nr. 1 EStG erlaubt eine höhere Abschreibung und damit einen niedrigeren Wertansatz als dies bei alleiniger Betrachtung rein handelsrechtlicher Vorschriften möglich wäre. Alle Kaufleute, also auch alle Handelsgesellschaften, können somit Absetzungen gem. § 7 Abs. 5 EStG als steuerrechtliche Abschreibungen nach § 254 HGB in ihre Handelsbilanz übernehmen. Nach § 5 Abs. 1 Satz 2 EStG müssen sie diese auch übernehmen, wenn sie sie steuerlich geltend machen wollen.

Ist eine AfA nach § 7 EStG handelsbilanziell zulässig, so bedeutet dies nicht, daß sie auch handelsbilanziell angesetzt werden muß. Vielmehr kann - soweit dies mit den GoB vereinbar ist - *handelsbilanziell* eine *Abschreibung* angesetzt werden, die *außerhalb des Abschreibungsrahmens des § 7 EStG liegt*. Geschieht dies, so fallen Handels- und Steuerbilanz zwangsläufig auseinander. Unzulässig sind voneinander abweichende Abschreibungen in Handels- und Steuerbilanz hingegen immer dann, wenn handelsbilanziell der Abschreibungsrahmen des § 7 EStG nicht gesprengt wird: In diesem Fall greift § 5 Abs. 1 EStG, d.h. die Wahl in Handels- und Steuerbilanz kann nur einheitlich erfolgen.

3.6.3.5 Erhöhte Absetzungen, Sonderabschreibungen, Sofortabschreibung geringwertiger Wirtschaftsgüter in der Handelsbilanz

Erhöhte Absetzungen und Sonderabschreibungen beruhen auf steuerrechtlichen Vorschriften. Es handelt sich somit um steuerrechtliche Abschreibungen i.S.d. § 254 HGB. Diese Abschreibungen fallen außerdem unter die Vorschrift des § 5 Abs. 1 Satz 2 EStG, d.h. für sie gilt umgekehrte Maßgeblichkeit. Umgekehrte Maßgeblichkeit nach § 5 Abs. 1 Satz 2 EStG gilt außerdem für alle Sofortabschreibungen auf geringwertige Wirtschaftsgüter. Alle diese genannten Abschreibungen können somit unzweifelhaft in die Handelsbilanz übernommen werden; sie müssen übernommen werden, wenn sie steuerlich geltend gemacht werden sollen, da umgekehrte Maßgeblichkeit herrscht. Diese Rechtslage gilt sowohl für Personenunternehmen als auch für Kapitalgesellschaften. Für Personenunternehmen ergibt sich dies aus § 254 HGB i.V.m. § 5 Abs. 1 Satz 2 EStG, für Kapitalgesellschaften aus § 279 Abs. 2 i.V.m. § 254 HGB und § 5 Abs. 1 Satz 2 EStG.

Beispiel

Eine KG (GmbH) will auf eine angeschaffte neue Maschine gem. § 7g EStG eine Abschreibung i.H.v. 20 % der Anschaffungskosten vornehmen.

Bei einer Sonderabschreibung nach § 7g EStG handelt es sich um eine steuerrechtliche Abschreibung i.S.d. § 254 HGB. Die Abschreibung kann nach § 5 Abs. 1 Satz 2 EStG in Handels- und Steuerbilanz nur gleichermaßen vorgenommen werden.

3.6.3.6 Teilwertabschreibungen und Handelsbilanz

Teilwertabschreibungen auf Wirtschaftsgüter des Anlagevermögens korrespondieren grundsätzlich mit außerplanmäßigen Abschreibungen i.S.d. § 253 Abs. 2 Satz 3 HGB; Teilwertabschreibungen auf Wirtschaftsgüter des Umlaufvermögens entsprechen grundsätzlich den Abschreibungen auf den niedrigeren Börsen- oder Marktpreis bzw. den Abschreibungen auf den niedrigeren beizulegenden Wert i.S.d. § 253 Abs. 3 Satz 2 HGB. Damit treten hinsichtlich dieser Abschreibungen grundsätzlich keine Abweichungen zwischen Handels- und Steuerbilanz auf. Eine Ausnahme ergibt sich allerdings nach § 279 Abs. 1 Satz 2 HGB in den Fällen einer voraussichtlich nur vorübergehenden Wertminderung bei Sachanlagen. Für derartige Wertminderungen dürfen Kapitalgesellschaften keine außerplanmäßigen Abschreibungen vornehmen. Bereits an früherer Stelle ist aber hier die Ansicht vertreten worden, daß in derartigen Fällen trotz des Maßgeblichkeitsgrundsatzes Teilwertabschreibungen zulässig sind.[82] Dies hat nach § 279 Abs. 2 HGB i.V.m. § 5 Abs. 1 Satz 2 EStG Rückwirkungen auf die Handelsbilanz dergestalt, daß die Teilwertabschreibung als steuerrechtliche Abschreibung in die Handelsbilanz übernommen werden muß, wenn sie steuerlich geltend gemacht werden soll.

Insgesamt können die Zusammenhänge zwischen Teilwertabschreibungen einerseits und außerplanmäßigen Abschreibungen andererseits wie folgt zusammengefaßt werden:

1. Bei Wertminderungen im Umlaufvermögen müssen in Handels- und Steuerbilanz einander entsprechende außerplanmäßige Abschreibungen bzw. Teilwertabschreibungen vorgenommen werden. Dies gilt rechtsformunabhängig und unabhängig davon, ob die Wertminderung voraussichtlich von Dauer ist oder nicht.
2. Bei voraussichtlich dauernden Wertminderungen von Wirtschaftsgütern des Anlagevermögens müssen in Handels- und Steuerbilanz ebenfalls einander entsprechende außerplanmäßige Abschreibungen bzw. Teilwertabschreibungen vorgenommen werden. Dies gilt ebenfalls rechtsformunabhängig.
3. Bei einer voraussichtlich vorübergehenden Wertminderung eines Wirtschaftsgutes des Anlagevermögens haben Personenunternehmen in Handels- und Steuerbilanz ein Wahlrecht zur Vornahme einer außerplanmäßigen Abschreibung bzw. Teilwertabschreibung. Sie können dieses Wahlrecht nur in gleicher Weise ausüben. Die gleichen Wirkungen treten bei einer Kapitalgesellschaft dann ein, wenn die Wertminderung Finanzanlagen betrifft.
4. Bei einer voraussichtlich vorübergehenden Wertminderung eines Gegenstandes des Sachanlagevermögens bzw. eines immateriellen Vermögensgegenstandes dürfen Kapitalgesellschaften keine außerplanmäßige Abschreibung vornehmen. Sie dürfen aber eine Teilwertabschreibung in gleicher Höhe in ihrer Steuerbilanz vornehmen. Sie können diese Teilwertabschreibung in ihre Handelsbilanz als steuerrechtliche Abschreibung übernehmen; sie müssen sie übernehmen, wenn sie sie steuerlich geltend machen wollen.

---

82 Vgl. Gliederungspunkt 3.4.2.2.

3.6.4 Abschreibungen und Bewertungsstetigkeit

3.6.4.1 Auswirkungen des Stetigkeitsgrundsatzes auf die Steuerbilanz

Nach § 252 Abs. 1 Nr. 6 HGB sollen die auf den vorhergehenden Jahresabschluß angewandten *Bewertungsmethoden beibehalten* werden. Von diesem Grundsatz der Bewertungsstetigkeit darf nach § 252 Abs. 2 HGB nur in begründeten Ausnahmefällen abgewichen werden. Zu den Bewertungsmethoden, die nach § 252 Abs. 1 Nr. 6 HGB stetig anzuwenden sind, gehören grundsätzlich auch *Abschreibungsmethoden*. Dies bedeutet, daß art- und funktionsgleiche Vermögensgegenstände des abnutzbaren Anlagevermögens grundsätzlich nicht ohne sachlichen Grund nach unterschiedlichen Methoden abgeschrieben werden dürfen.

Im Gegensatz zum HGB enthalten die Steuergesetze kein allgemeingültiges Stetigkeitsgebot. Doch gibt es eine Reihe von RFH- und BFH-Entscheidungen[83], denen der Grundgedanke entnommen werden kann, daß eine sachlich begründete Änderung einer bisher angewandten Bilanzierungs- oder Bewertungsweise zulässig, eine willkürliche Änderung hingegen unzulässig ist. Die Rechtsprechung hat somit einen *Grundsatz des Willkürverbots* postuliert.

Keinen Verstoß gegen das Willkürverbot stellt die Ausnutzung von in Steuergesetzen ausdrücklich vorgesehenen Bewertungswahlrechten dar. Diese kann der Steuerpflichtige für jedes Wirtschaftsgut gesondert wahrnehmen oder auf eine Inanspruchnahme verzichten.

Beispiel

Schafft ein kleiner Betrieb i.S.d. § 7g EStG im Jahre 01 drei völlig gleiche Maschinen an, so kann er für alle Maschinen dieselbe Abschreibungsmethode wählen; er kann aber auch z.B. die erste Maschine linear-gleichbleibend, die zweite degressiv und die dritte zusätzlich nach § 7g EStG abschreiben. Schafft er im Jahre 02 weitere Maschinen desselben Typs an, so ist er hinsichtlich der Abschreibungsmethoden für diese neuen Maschinen nicht durch die Ausübung von Wahlrechten für die im Jahre 01 angeschafften Maschinen gebunden.

Ein gesondertes Abschreibungswahlrecht für jedes einzelne abnutzbare Wirtschaftsgut des Anlagevermögens besteht aber nur dann, wenn man der hier vertretenen Rechtsansicht folgt, daß in derartigen Fällen der Bewertungsvorbehalt und nicht der Maßgeblichkeitsgrundsatz greift. Folgt man dieser Ansicht, so hat dies zur Konsequenz, daß alle steuerlichen Abschreibungswahlrechte nicht durch den Stetigkeitsgrundsatz eingeschränkt werden. Diese Ansicht wird von großen Teilen des Schrifttums geteilt[84]. Begründet wird dies allerdings i.d.R. ohne auf das Verhältnis des Maßgeblichkeitsgrundsatzes zum Bewertungsvorbehalt einzugehen. Die Argumentation stützt sich im wesentlichen auf Sinn und Zweck steuerlicher Bewertungs- und damit auch Abschreibungswahlrechte.

---

[83] Vgl. RFH-Urteil vom 16.12.1936, VI A 929/36, StuW 1937, Nr. 87 und BFH-Urteil vom 12.3.1954, I 135/53 S, BStBl 1954 III, S. 149.

[84] Vgl. Söffing, G., Stetigkeitsgrundsatz, 1987, S. 2598 ff.; Kammers, H., Grundsatz, 1988, S. 159 ff. m.w.N.

3.6.4.2 Rückwirkung steuerlicher Abschreibungsmöglichkeiten auf die Handelsbilanz

Folgt man der hier vertretenen Ansicht, daß der handelsrechtliche Stetigkeitsgrundsatz die steuerlichen Abschreibungswahlrechte nicht beeinträchtigt, so stellt sich die Frage, ob dies Rückwirkungen auf die Handelsbilanz hat. *Rückwirkungen könnten sich für Personenunternehmen aus § 254 HGB und für Kapitalgesellschaften aus § 279 Abs. 2 i.V.m. § 254 HGB ergeben.*

Zweifelsfrei sind die Voraussetzungen der genannten Vorschriften bei *erhöhten Absetzungen* und *Sonderabschreibungen* erfüllt. Beide Arten steuerbilanzieller Abschreibungen sind steuerrechtliche Abschreibungen i.S.d. § 254 HGB. In beiden Fällen ist auch nach § 5 Abs. 1 Satz 2 EStG umgekehrte Maßgeblichkeit gegeben. Damit können und müssen erhöhte Absetzungen und Sonderabschreibungen in die Handelsbilanz übernommen werden, wenn sie steuerlich geltend gemacht werden sollen. Da beide Abschreibungsarten steuerbilanziell ohne Beschränkung durch den Stetigkeitsgrundsatz in Anspruch genommen werden können, greift für sie der Stetigkeitsgrundsatz über § 254 HGB bzw. § 279 Abs. 2 i.V.m. § 254 HGB auch nicht handelsbilanziell. Diese Ansicht wird auch von großen Teilen des Schrifttums und vom Institut der Wirtschaftsprüfer vertreten[85].

Problematisch ist das Verhältnis der *Normal-AfA* nach § 7 EStG zur Bewertungsstetigkeit. Die Problematik soll anhand eines Beispiels aufgezeigt werden.

Beispiel

Eine KG (GmbH) schafft in den Jahren 01 bis 05 jeweils fünf Maschinen desselben Typs an. Sie schreibt die Zugänge der Jahre 01 bis 04 sowohl handels- als auch steuerrechtlich linear-gleichbleibend mit einem Satz von 10 % ab. Allein aus steuerbilanzpolitischen Gründen beabsichtigt sie, die Zugänge des Jahres 05 steuerlich geometrisch-degressiv mit einem Satz von 30 % abzuschreiben. Sie geht davon aus, daß sie ab dem Jahre 06 die Zugänge wieder mit einem linearen Satz von 10 % abschreiben wird. Unter Hinweis auf das Stetigkeitsgebot des § 252 Abs. 1 Nr. 6 HGB hält der Abschlußprüfer einer (freiwilligen) Jahresabschlußprüfung einen Übergang auf die geometrisch-degressive Abschreibung auf die Zugänge nur des Jahres 05 zumindest handelsbilanziell für unzulässig.

Bei den in dem Beispiel aufgeführten Maschinen handelt es sich um gleichartige Maschinen, deren Bewertung grundsätzlich dem Stetigkeitsgebot des § 252 Abs. 1 Nr. 6 HGB unterworfen ist. In Fällen dieser Art stellt sich wiederum die bereits mehrfach gestellte Frage, ob steuerlich der *Maßgeblichkeitsgrundsatz oder* der *Bewertungsvorbehalt* anzuwenden ist. Folgt man der hier vertretenen Ansicht, daß der Bewertungsvorbehalt greift, so gilt *steuerlich der Stetigkeitsgrundsatz nicht.* Damit schließt sich die Frage an, ob dies nach § 254 HGB bzw. nach § 279 Abs. 2 i.V.m. § 254 HGB Rückwirkungen auf die Handelsbilanz hat.

Nach der hier vertretenen Ansicht sind die Voraussetzungen einer steuerrechtlichen Abschreibung i.S.d. § 254 HGB erfüllt. Damit können *Personenunternehmen* die *steuerliche AfA* trotz des Stetigkeitsgebotes *in ihre Handelsbilanz überneh-*

---

[85] Vgl. IDW, HFA, Bewertungsstetigkeit, 1997, S. 540.

men. Ein Teil der in der Handelsbilanz ausgewiesenen Abschreibungen stellt dann keine planmäßigen, sondern steuerrechtliche Abschreibungen dar. Im vorstehenden Beispiel ist dies die Differenz zwischen der geometrisch-degressiven und der linear-gleichbleibenden Abschreibung.

Handelt es sich bei dem abschreibenden Unternehmen um eine Kapitalgesellschaft, so ist nach § 279 Abs. 2 HGB zusätzlich Voraussetzung, daß umgekehrte Maßgeblichkeit vorliegt. Dies ist der Fall, da es sich bei dem Recht zum Wechsel der Abschreibungsmethode um ein steuerrechtliches Wahlrecht i.S.d. § 5 Abs. 1 Satz 2 EStG handelt. Damit dürfen auch Kapitalgesellschaften die Differenz zwischen der 30 %igen steuerlichen und der 10 %igen handelsrechtlich-planmäßigen Abschreibung als steuerrechtliche Abschreibung in ihre Handelsbilanz übernehmen.

3.7 Bewertung von Verbindlichkeiten, Rückstellungen und steuerfreien Rücklagen

3.7.1 Bewertung von Verbindlichkeiten

Verbindlichkeiten sind nach § 6 Abs. 1 Nr. 3 EStG unter sinngemäßer Anwendung der Vorschriften des § 6 Abs. 1 Nr. 2 EStG zu bewerten. Anzusetzen sind demnach die Anschaffungskosten.

Was unter den „Anschaffungskosten" einer Verbindlichkeit zu verstehen ist, läßt sich dem Wortlaut des EStG nicht entnehmen. Der BFH[86] versteht hierunter grundsätzlich den Betrag, den der Schuldner zurückzuzahlen hat (Rückzahlungsbetrag). Ist bei einem Darlehen der Rückzahlungsbetrag höher als der Betrag, den der Darlehensnehmer erhalten hat (Verfügungsbetrag), so ist der Unterschiedsbetrag als aktiver Posten der Rechnungsabgrenzung auszuweisen und als Aufwand auf die Laufzeit des Darlehens zu verteilen.[87] Handelsrechtlich hingegen besteht nach § 250 Abs. 3 HGB ein Wahlrecht zum Ansatz eines Rechnungsabgrenzungspostens. Handelsrechtlich darf also der Unterschiedsbetrag als Aufwand behandelt, er darf aber auch aktiviert werden; steuerrechtlich hingegen besteht ein Aktivierungsgebot. Die Verbindlichkeit selbst hingegen ist in beiden Bilanzen übereinstimmend mit ihrem Rückzahlungsbetrag zu bewerten.

Ein Unterschied zwischen Verfügungs- und Rückzahlungsbetrag kann sowohl durch die Einbehaltung eines Abgeldes bei Darlehensausgabe (Disagio, Damnum) als auch durch die Vereinbarung eines Rückzahlungsaufgeldes (Agio) zustande kommen.

---

[86] Vgl. die BFH-Urteile vom 4.3.1976, IV R 78/72, BStBl 1977 II, S. 380 und vom 4.5.1977, I R 27/74, BStBl 1977 II, S. 802.

[87] Vgl. BFH-Urteil vom 19.1.1978 IV, R 153/72, BStBl 1978 II, S. 262.

Dem niedrigeren Teilwert bei Wirtschaftsgütern i.S.d. § 6 Abs. 1 Nr. 2 EStG entspricht der höhere Teilwert bei Verbindlichkeiten. Das hat zur Folge: Steigt der Wert (Teilwert) der Verbindlichkeit, so kann nach § 6 Abs. 1 Nr. 3 i.V.m. § 6 Abs. 1 Nr. 2 EStG der höhere Teilwert angesetzt werden. Nach dem für die Passiva maßgeblichen *Höchstwertprinzip* ist der Ansatz des höheren Teilwerts bei der Gewinnermittlung nach § 5 EStG zwingend. Der Fall, daß der Teilwert über die Anschaffungskosten der Verbindlichkeit hinausgeht, d.h. den ursprünglichen Rückzahlungsbetrag übersteigt, kommt fast ausschließlich bei *Verbindlichkeiten* in *Fremdwährung* in Betracht.

Bei *unverzinslichen* oder *niedrig verzinslichen* Verbindlichkeiten ist der Teilwert niedriger als der Rückzahlungsbetrag. Er darf nicht angesetzt werden, da bei Verbindlichkeiten wohl ein höherer Teilwert als die Anschaffungskosten, nicht aber ein niedrigerer angesetzt werden darf.

Bei Verbindlichkeiten, die bereits am Schluß des vorangegangenen Wirtschaftsjahres zum Betriebsvermögen gehört haben, kann der Steuerpflichtige den Teilwert auch dann ansetzen, wenn er niedriger ist als der letzte Bilanzansatz; er darf aber höchstens die Anschaffungskosten der Verbindlichkeit ansetzen (Anwendung des Grundsatzes des *eingeschränkten Werterhöhungsverbots* auf Verbindlichkeiten). Beliebige Zwischenwerte sind zulässig.

Beispiel

Ein Steuerpflichtiger hatte eine vor Jahren in einer ausländischen Währung eingegangene langfristige Verbindlichkeit ursprünglich mit 40.000 DM buchmäßig erfaßt. In der Vorjahresbilanz hatte er die Verbindlichkeit wegen geänderter Wechselkurse mit 42.000 DM bewertet. Am diesjährigen Abschlußstichtag hat die Verbindlichkeit einen Wert von 36.000 DM. Der Steuerpflichtige kann beim diesjährigen Abschluß zwischen Wertansätzen von 42.000 DM, 40.000 DM und beliebigen Zwischenwerten wählen.

3.7.2 Bewertung von Rückstellungen

3.7.2.1 Allgemeine Grundsätze

Die Bewertung von Rückstellungen ist im Steuerrecht nicht zusammenhängend geregelt. Soweit es sich um *Rückstellungen für ungewisse Verbindlichkeiten* handelt, ist grundsätzlich § 6 Abs. 1 Nr. 3 EStG anwendbar. Eine Ausnahme gilt hinsichtlich der *Pensionsrückstellungen*, für die die Spezialvorschrift des § 6a EStG gilt. Die Bewertung aller *übrigen Rückstellungen* richtet sich - sofern sie steuerlich angesetzt werden dürfen - nach § 253 Abs. 1 Satz 2 HGB. Diese Vorschrift gilt über den Maßgeblichkeitsgrundsatz auch für die Steuerbilanz. Auf die Bewertung dieser übrigen Rückstellungen braucht deshalb hier nicht eingegangen zu werden. Insoweit kann auf die Ausführungen an früherer Stelle verwiesen werden.

3.7.2.2 Grundsätzliche Regelung zur Bewertung von Rückstellungen für ungewisse Verbindlichkeiten

Rückstellungen für ungewisse Verbindlichkeiten sind nach § 6 Abs. 1 Nr. 3 i.V.m. Nr. 2 EStG mit ihren Anschaffungs- oder Herstellungskosten zu bewerten. Als Anschaffungskosten ist die *voraussichtliche Höhe des Aufwands* anzusehen. Rückstellungsfähig ist der mit einiger Wahrscheinlichkeit zu erwartende Betrag[88].

Handelsrechtlich sind Rückstellungen „... in Höhe des Betrags anzusetzen, der nach vernünftiger kaufmännischer Beurteilung notwendig ist" (§ 253 Abs. 1 Satz 2 HGB). Dieser Betrag dürfte deckungsgleich sein mit demjenigen, der sich nach der steuerlichen Rechtsprechung aus der Anwendung des § 6 Abs. 1 Nr. 3 EStG ergibt. Rückstellbar ist somit der „mit einiger Wahrscheinlichkeit" zu erwartende Aufwand.

Der voraussichtliche Aufwand läßt sich nicht exakt bestimmen, vielmehr kann er nur mit Hilfe einer Schätzung ermittelt werden. Maßgebend ist grundsätzlich die Schätzung des Steuerpflichtigen und nicht die des Finanzamts, da der Steuerpflichtige seine Verhältnisse am besten kennt. „Die Schätzung muß jedoch objektiv durch die Verhältnisse seines Betriebs gestützt sein. Bloße Vermutungen oder pessimistische Beurteilungen der künftigen Entwicklung, die in den Tatsachen keinen greifbaren Anhalt finden, dürfen der Schätzung nicht zugrunde gelegt werden"[89].

3.7.2.3 Pensionsrückstellungen

Die steuerliche Bewertung von Pensionsrückstellungen richtet sich ausschließlich nach § 6a EStG. Nach Absatz 3 dieser Vorschrift darf eine Pensionsrückstellung höchstens mit ihrem Teilwert angesetzt werden. Nach Absatz 4 darf sie außerdem in einem Wirtschaftsjahr höchstens um den Unterschied zwischen ihrem Teilwert am Schluß des Wirtschaftsjahres und am Schluß des vorangegangenen Wirtschaftsjahres erhöht werden; die Zuführung zur Rückstellung darf aber auch geringer sein. Wird in einem Jahr eine geringere Erhöhung der Rückstellung vorgenommen als höchstzulässig wäre, so kann der nicht ausgenutzte Betrag grundsätzlich nicht in einem späteren Zeitraum nachgeholt werden.

Der Teilwert der Pensionsrückstellung ist der *Rentenbarwert* der zu erwartenden Rentenzahlungen zum Bilanzstichtag. Insoweit besteht Übereinstimmung mit der handelsrechtlichen Regelung in § 253 Abs. 1 Satz 2 HGB. Nach dieser sind Pensionsrückstellungen ebenfalls mit dem Barwert anzusetzen. Eine Abweichung besteht aber insoweit, als § 6a Abs. 3 EStG zur Berechnung des Barwerts zwingend einen Rechnungszinsfuß von 6 % p.a. vorschreibt, handelsrechtlich hingegen kein Zinsfuß normiert ist. Handelsrechtlich wird ein Rechnungszinsfuß von 6%

---

[88] Vgl. die BFH-Urteile vom 8.7.1992, XI R 50/89, BStBl 1992 II, S. 910 und vom 17.2.1993, X R 60/89, BStBl 1993 II, S. 437; Schmidt, L., in: Schmidt, L., EStG, § 5 EStG, Anm. 40 m.w.N.

[89] Zur Berücksichtigung auch positiver Aspekte i.R. der Schätzung vgl. z.B. BFH-Urteil vom 17.2.1993, X R 60/89, BStBl 1993 II, S. 437.

p.a., es wird aber auch ein niedrigerer Zinsfuß und damit eine höhere Rückstellung als steuerlich erlaubt, für zulässig erachtet. Soll die Pensionsrückstellung in Handels- und Steuerbilanz in gleicher Höhe ausgewiesen werden, soll also insoweit eine Einheitsbilanz erstellt werden, so ist dies nur bei Zugrundelegung eines Rechnungszinsfußes von 6 % möglich. In den meisten Fällen wird in der Praxis auch in dieser Weise verfahren.

Bei Berechnung des Rentenbarwertes ist von den anerkannten Regeln der Versicherungsmathematik auszugehen. Da die Ermittlung der Rentenbarwerte umfangreiche versicherungsmathematische Kenntnisse voraussetzt, werden die erforderlichen Berechnungen in der Praxis in aller Regel nicht von Steuerfachleuten, sondern von Versicherungsmathematikern durchgeführt. Die Berechnungen werden in versicherungsmathematischen Gutachten niedergelegt.

3.7.2.4 Steuerrückstellungen

Bestehen am Abschlußstichtag der Höhe nach *ungewisse betriebliche Steuerschulden*, so sind hierfür **Steuerrückstellungen** zu bilden (Passivierungsgebot). Für private Steuerschulden hingegen gilt ein Passivierungsverbot. Private Steuern sind die Einkommen- und die Kirchensteuer sowie der Solidaritätszuschlag der Einzelunternehmer und der Gesellschafter von Personengesellschaften.

Die entsprechenden Steuern von Kapitalgesellschaften (Körperschaftsteuer und Solidaritätszuschlag) hingegen sind betrieblich veranlaßt, da Kapitalgesellschaften keine außerbetriebliche (private) Sphäre haben. Ungewisse Verbindlichkeiten für diese Steuerarten sind deshalb als Rückstellungen auszuweisen. Das gilt sowohl für die Handels- als auch für die Steuerbilanz. Der gesamte Aufwand für diese Steuerarten ist allerdings außerhalb der Bilanz zum Zwecke der Einkommensermittlung dem Gewinn wieder hinzuzurechnen, da es sich nach § 10 Nr. 2 KStG um nichtabziehbare Aufwendungen handelt.

Ungewisse Verbindlichkeiten kommen vor allem für folgende betrieblich veranlaßte Steuern in Betracht: *Körperschaftsteuer und Solidaritätszuschlag bei Kapitalgesellschaften sowie Gewerbesteuer bei allen Rechtsformen.* Ungewiß sind Steuerschulden nur so lange, wie noch keine Steuerbescheide ergangen sind. Liegt zum Bilanzstichtag für eine bestimmte Steuerart und einen bestimmten Veranlagungszeitraum ein Steuerbescheid vor, aus dem sich eine noch nicht beglichene Abschlußzahlung ergibt, so liegt insoweit keine ungewisse, sondern eine gewisse Verbindlichkeit vor. Derartige Steuerschulden sind als *sonstige Verbindlichkeiten* und nicht als Rückstellungen auszuweisen.

Umsatzsteuerschulden werden auch dann als gewisse Verbindlichkeiten angesehen, wenn keine Umsatzsteuerbescheide ergangen sind. Der Grund liegt darin, daß die Umsatzsteuer als *Selbstveranlagungssteuer* ausgestaltet ist, der Unternehmer also seine Steuerschuld grundsätzlich selbst errechnet (§ 18 UStG). Der Ausweis der Umsatzsteuer erfolgt somit immer unter sonstigen Verbindlichkeiten und nicht unter Rückstellungen[90].

Eine Körperschaftsteuer-Rückstellung (Körperschaftsteuer-Erstattungsanspruch) ist in Höhe der Differenz zwischen der voraussichtlichen Jahressteuerschuld und den bis zum Bilanzstichtag geleisteten Körperschaftsteuer-Vorauszahlungen zu bilden. Problematisch ist, welcher Betrag als voraussichtlicher Körperschaftsteueraufwand des Jahres, für das der Abschluß gefertigt wird, und damit als voraussichtliche Jahressteuerschuld anzusetzen ist. *Das Problem liegt darin, daß der Körperschaftsteueraufwand nicht nur von dem - bei Bilanzerstellung errechenbaren - körperschaftsteuerlichen Einkommen, sondern auch von der Höhe der noch zu beschließenden Gewinnausschüttung abhängt.* Bekanntlich ist bei Ausschüttungen nach § 27 KStG die Ausschüttungsbelastung herzustellen[91]. Dies kann zu einer Ermäßigung oder auch zu einer Erhöhung der Steuerbelastung führen.

Die Lösung des Problems ergibt sich aus § 278 HGB. Nach dieser Vorschrift ist die Körperschaftsteuer auf der Grundlage des Gesellschafterbeschlusses bzw. des Beschlusses der Hauptversammlung über die Gewinnverwendung zu berechnen. Liegt ein solcher Beschluß im Zeitpunkt der Feststellung des Jahresabschlusses noch nicht vor, so ist von dem Vorschlag des Geschäftsführers (der GmbH) bzw. des Vorstandes (der AG) über die Gewinnverwendung auszugehen. Der zweite Fall kann als der für die Praxis einzig relevante angesehen werden.

Beispiel

Eine Einmann-GmbH hat im Jahre 01 für das Jahr 01 Körperschaftsteuer-Vorauszahlungen i.H.v. insgesamt 30.000 DM geleistet. Der Steuerberater der X-GmbH ermittelt im Mai des Jahres 02 für das Jahr 01 ein zu versteuerndes Einkommen (körperschaftsteuerliche Bemessungsgrundlage) der GmbH i.H.v. 100.000 DM und einen vorläufigen Jahresüberschuß i.H.v. 55.000 DM. Nach Erörterung des Ergebnisses mit dem Gesellschafter-Geschäftsführer (G) der GmbH schlägt dieser der Gesellschafterversammlung vor, den Bilanzgewinn, der nach vorläufigen Berechnungen ebenfalls 55.000 DM beträgt, in vollem Umfang zu thesaurieren. Der Steuerberater ermittelt nunmehr auf der Grundlage dieses Gewinnverwendungsvorschlags die Höhe des Körperschaftsteueraufwandes und der Körperschaftsteuerrückstellung. Anschließend erstellt er die endgültige Fassung des Jahresabschlusses.

Die Körperschaftsteuer für das Jahr 01 beträgt 45 % des zu versteuernden Einkommens, d.h. (45 % · 100.000 =) 45.000 DM. Hierauf sind Vorauszahlungen i.H.v. 30.000 DM gezahlt worden. Die noch zu entrichtende Abschlußzahlung beträgt (45.000 ./. 30.000 =) 15.000 DM. In dieser Höhe ist in der Bilanz zum 31.12.01 eine Körperschaftsteuer-Rückstellung zu bilden. Um diesen Betrag mindert sich sowohl der Jahresüberschuß als auch der Bilanzgewinn. Die entsprechenden Kennziffern lauten demnach jeweils (55.000 ./. 15.000 =) 30.000 DM. Das zu versteuernde Einkommen hingegen ändert sich durch die Bildung der Körperschaftsteuerrückstellung nicht, da der zusätzliche Körperschaftsteueraufwand i.H.v. 15.000 DM zur Ermittlung des zu versteuernden Einkommens außerbilanziell dem Gewinn wieder hinzuzurechnen ist.

---

[90] Vgl. Adler, H./Düring, W./Schmaltz, K., Rechnungslegung, § 266 HGB, Tz. 222; Clemm, H./Nonnenmacher, R., in: Beck'scher Bilanz-Kommentar, § 266 HGB, Anm. 246 u. 226; WP-Handbuch, 1996, S. 371; Coenenberg, A. G., Jahresabschluß, 1997, S. 232; s. auch Teil V, Gliederungspunkt 3.9.

[91] Vgl. Teil II, Gliederungspunkt 3.4.2.1.

3 Bewertung

Bei Ermittlung der *Gewerbesteuerrückstellung* ist zu beachten, daß die Gewerbesteuer selbst den steuerlichen Gewinn mindert. Die Gewerbesteuer ist also bei ihrer eigenen Bemessungsgrundlage abzugsfähig.

Zur *exakten Ermittlung* der Jahressteuerschuld der Gewerbesteuer muß von dem steuerlichen Gewinn ausgegangen werden, der sich ohne Berücksichtigung der Gewerbesteuer als Aufwand ergeben würde. Bereits als Aufwand verbuchte Gewerbesteuervorauszahlungen müssen zur Ermittlung dieses Gewinns wieder hinzugerechnet werden. Der sich ergebende *Gewinn vor Gewerbesteuer (Gvor)* ist die Ausgangsbasis zur Ermittlung der Gewerbesteuer.

Gvor wird erhöht um die Hinzurechnungen (Hi) nach § 8 GewStG und vermindert um die Kürzungen (K) nach § 9 GewStG. Durch Abzug der Gewerbesteuer von dem sich so ergebenden „vorläufigen Gewerbeertrag" erhält man die gesetzliche Bemessungsgrundlage der Gewerbesteuer, den Gewerbeertrag. Das Produkt aus Gewerbeertrag und Gewerbesteuersatz ergibt die Jahresschuld der Gewerbesteuer (GewSt). Der Steuersatz ist das Produkt aus Steuermeßzahl (M) und Hebesatz (H) der Gemeinde[92].

Zur Ermittlung der Gewerbesteuer läßt sich also folgender Gleichungsansatz aufstellen:

GewSt = (Gvor + Hi - K - GewSt) · M · H.

Aufgelöst nach GewSt ergibt sich

$$\text{GewSt} = \frac{\text{Gvor} + \text{Hi} - \text{K}}{1 + M \cdot H} \cdot M \cdot H.$$

Die so ermittelte Gewerbesteuer ergibt die Jahressteuerschuld. Durch Abzug der Gewerbesteuervorauszahlungen erhält man die Gewerbesteuerrückstellung. Übersteigen die Vorauszahlungen die Jahressteuerschuld, so muß in Höhe des Differenzbetrages statt einer Rückstellung eine sonstige Forderung bilanziert werden.

Beispiel

Der vorläufige Gewinn der X-GmbH in A-Dorf für das Jahr 01 beträgt 530.000 DM. Diesen vorläufigen Gewinn haben Gewerbesteuervorauszahlungen für das Jahr 01 i.H.v. 30.000 DM gemindert. Den Gewinn ebenfalls gemindert haben Zinsen für ein langfristiges Darlehen i.H.v. 80.000 DM. Diese Zinsen sind als Dauerschuldzinsen nach § 8 Nr. 1 GewStG dem Gewinn zur Hälfte wieder hinzuzurechnen. Gründe für Kürzungen bestehen nicht. Der Gewerbesteuerhebesatz für das Jahr 01 in A-Dorf beträgt 400 %.

Zur Ermittlung des Gewinns vor Gewerbesteuer (Gvor) sind dem vorläufigen Gewinn i.H.v. 530.000 DM die Gewerbesteuervorauszahlungen von 30.000 DM hinzuzurechnen. Gvor beträgt demnach 560.000 DM. Eine Hinzurechnung (Hi) ergibt sich in Höhe der Hälfte der Dauerschuldzinsen, d.h. i.H.v. 40.000 DM. Kürzungen (K) sind bei Ermittlung des Gewerbeertrages nicht vorzunehmen. Die Gewerbesteuer für das Jahr 01 beträgt:

$$\text{GewSt} = (560.000 + 40.000) \cdot \frac{5\% \cdot 400\%}{1 + 5\% \cdot 400\%} = 100.000.$$

---

[92] Vgl. Teil II, Gliederungspunkt 4.4.

Die Jahressteuerschuld der Gewerbesteuer für das Jahr 01 beträgt also 100.000 DM. Auf diese Jahressteuerschuld sind die Vorauszahlungen i.H.v. 30.000 DM anzurechnen. In Höhe des verbleibenden Betrages von (100.000 ./. 30.000 =) 70.000 DM ist eine Gewerbesteuerrückstellung zu bilden.

Die bisherigen Ausführungen waren auf die Verhältnisse bei einer Kapitalgesellschaft zugeschnitten. Handelt es sich bei dem Gewerbebetrieb um ein Personenunternehmen, so ergibt sich insofern eine Änderung, als bei Ermittlung des Gewerbeertrags der Freibetrag nach § 11 Abs. 1 GewStG berücksichtigt werden muß. In der oben ermittelten Gleichung kann dies dadurch geschehen, daß der Freibetrag unter die Kürzungen aufgenommen wird. An den Freibetrag von 48.000 DM schließt sich nach § 11 Abs. 1 GewStG ein Staffeltarif an. Die Wirkungen des Staffeltarifs können in der Form fiktiver Freibeträge berücksichtigt werden.

Neben dem bisher beschriebenen exakten kennt die Praxis noch ein *vereinfachtes Verfahren* zur Ermittlung der Gewerbesteuerrückstellung. Es unterscheidet sich von dem exakten Verfahren dadurch, daß die Gewerbesteuer nicht mit Hilfe einer mathematischen Gleichung errechnet, sondern daß die gesamte Gewerbesteuer auf fünf Sechstel des Betrages geschätzt wird, der sich ohne Berücksichtigung der Gewerbesteuer als Betriebsausgabe ergeben würde. Dieses Verfahren, das in R 20 Abs. 2 EStR für zulässig erklärt wird, führt nur bei einem Hebesatz von 400 % zu exakten Ergebnissen[93].

3.7.3 Bewertung von steuerfreien Rücklagen

Hinsichtlich der Bewertung von steuerfreien Rücklagen lassen sich zwei Gruppen unterscheiden, und zwar:

1. Rücklagen, die dadurch gebildet werden, daß Erträge nicht als Erträge, sondern als Rücklagen verbucht werden und
2. Rücklagen, die durch die Buchung vorweggenommenen zusätzlichen Aufwands entstehen.

Im ersten Fall richtet sich die Bewertung der steuerfreien Rücklagen nach der Höhe des nicht als Ertrag verbuchten Ertrages, im zweiten nach der Höhe des zusätzlich verbuchten Aufwands. Zur ersten Gruppe gehören insbesondere die nach § 6b Abs. 3 EStG gebildeten Rücklagen (6b-Rücklagen) sowie die Zuschußrücklagen nach R 34 EStR und die Rücklagen für Ersatzbeschaffung nach R 35 EStR.

---

[93] Dies ergibt sich durch folgende Berechnung:

$$\frac{Gvor}{1 + M \cdot H} \cdot M \cdot H = \frac{5}{6} \cdot Gvor \cdot M \cdot H$$

für M = 0,05 ergibt sich nach einigen Umformungen:

$$H = \frac{6/5 - 1}{0,05} = 4 = 400\% .$$

3 Bewertung 289

Beispiel

Die X-KG erhält vom Land Bremen einen nichtrückzahlbaren Zuschuß zur Anschaffung einer bestimmten Betriebsvorrichtung i.H.v. 100 TDM. Die X-KG will diesen Zuschuß dem in R 34 Abs. 2 EStR eingeräumten Wahlrecht entsprechend erfolgsneutral und anschaffungskostenmindernd behandeln. Der Zuschuß geht im Dezember des Jahres 01 auf einem Konto der KG ein. Die ursprünglich für den Herbst des Jahres 01 vorgesehene Lieferung und Installation der Betriebsvorrichtung durch deren Hersteller verzögert sich und erfolgt erst im Sommer des Jahres 02.

Die X-KG kann den Zuschuß im Jahre 01 als Ertrag, sie kann ihn aber nach R 34 Abs. 4 EStR auch erfolgsneutral als Zuschußrücklage verbuchen. Die Buchung lautet dann „Bank 100 TDM an (steuerfreie) Zuschußrücklage 100 TDM". Nach Installation der Betriebsvorrichtung im Jahre 02 ist die Zuschußrücklage erfolgsneutral und anschaffungskostenmindernd aufzulösen.

Zur zweiten Gruppe steuerfreier Rücklagen, d.h. zur Gruppe der steuerfreien Rücklagen, die durch die Vorwegnahme künftigen Aufwands entstehen, gehören insbesondere die Rücklagen gem. § 7 Abs. 3 EStG. Wie bereits ausgeführt, kommt es im Falle der Verbuchung einer Ansparabschreibung zur Bildung einer derartigen steuerfreien Rücklage.

3.8 Bewertung von Entnahmen und Einlagen, Bewertung bei Eröffnung und Erwerb eines Betriebes

3.8.1 Bewertung von Entnahmen und Einlagen

Gegenstand einer **Entnahme** ist jedes Wirtschaftsgut, das der Steuerpflichtige für sich, für seinen Haushalt oder für andere betriebsfremde Zwecke entnimmt (§ 4 Abs. 1 Satz 2 EStG). Gegenstand einer **Einlage** ist jedes Wirtschaftsgut, das der Steuerpflichtige dem Betrieb zuführt (§ 4 Abs. 1 Satz 5 EStG). Entnommen werden können nicht nur Sachen wie Geld, Waren oder Kraftfahrzeuge, sondern auch Nutzungen oder Leistungen.

Beispiele

1. Ein Gewerbetreibender nutzt einen betrieblichen PKW für Privatfahrten. Gegenstand der Entnahme ist die private Nutzung des PKW.
2. Ein PKW des Privatvermögens wird gelegentlich betrieblich genutzt. Die betriebliche Nutzung des PKW ist Gegenstand einer Einlage, sofern die für die Fahrten entstandenen Kosten nicht erstattet werden.

Die Arbeitskraft des Betriebsinhabers kann - im Gegensatz zur Arbeitskraft von im Betrieb beschäftigten Arbeitnehmern - weder Gegenstand einer Entnahme noch einer Einlage sein.

Beispiel

Ein selbständiger Architekt entwirft in seinem Büro und während seiner normalen Arbeitszeit den Plan eines Einfamilienhauses, das er privat nutzen will. Für ein Spezialproblem bedient er sich der Hilfe eines Mitarbeiters. Gegenstand einer Entnahme ist nur die Arbeitskraft des Mitarbeiters.

Entnahmen sind nach § 6 Abs. 1 Nr. 4 Satz 1 EStG grundsätzlich mit dem *Teilwert* anzusetzen. Durch die Bewertung der Entnahme mit dem Teilwert und nicht dem Buchwert soll eine Versteuerung der im Zeitpunkt der Entnahme vorhandenen stillen Reserven gewährleistet werden. Das Problem sei anhand eines - allerdings extrem gelagerten - Beispiels verdeutlicht.

Beispiel

Ein Unternehmer mit einem kleinen Betrieb i.S.d. § 7g EStG erwirbt Ende Dezember des Jahres 01 für betriebliche Zwecke einen PKW. Die Anschaffungskosten betragen 88 000 DM. Für das Jahr 01 nimmt er neben einer degressiven AfA nach § 7 Abs. 2 EStG i.H.v. 30 % eine Sonderabschreibung nach § 7g EStG i.H.v. 20 % der Anschaffungskosten in Anspruch. Er mindert hierdurch seinen steuerlichen Gewinn um 44.000 DM und seine Steuerschulden (Gewerbe-, Einkommen- und Kirchensteuer) um rd. 25.000 DM. Im Februar des Jahres 02 entnimmt er den PKW. Ein paar Wochen später veräußert er ihn für 85.000 DM. Dieser Wert entspricht dem Teilwert zum Zeitpunkt der Veräußerung.

Wäre eine Entnahme zum Buchwert zulässig, so könnte G 25.000 DM Steuern dadurch sparen, daß er den PKW im Zeitpunkt der Anschaffung als Betriebsvermögen behandelt und rechtzeitig vor Veräußerung eine Entnahme vornimmt. Dadurch, daß die Entnahme zum Teilwert vorzunehmen ist, entfällt diese Möglichkeit.

Der Teilwert einer *Leistungsentnahme* entspricht dem Marktpreis der jeweiligen Leistung abzüglich des darin enthaltenen Gewinnaufschlags. Ist ein Marktpreis nicht feststellbar, sind die *Selbstkosten* der entnommenen Leistung anzusetzen. Die Selbstkosten sind grundsätzlich auch für die private Nutzung von Betriebsvermögen maßgebend.

Die Bewertung der privaten Nutzung eines betrieblichen PKW durch den Unternehmer bzw. einen Mitunternehmer ist in § 6 Abs. 1 Nr. 4 EStG gesondert geregelt. Nach Satz 2 dieser Vorschrift ist für die private Nutzung grundsätzlich für jeden Kalendermonat ein Wert von 1 % des Listenpreises des PKW einschließlich der Kosten der Sonderausstattung im Zeitpunkt der Erstzulassung des PKW anzusetzen. Sowohl bei dem Listenpreis als auch den Kosten der Sonderausstattung handelt es sich um Bruttopreise, d.h. um Preise einschließlich der gesetzlichen Mehrwertsteuer. Nach § 6 Abs. 1 Nr. 4 Satz 3 EStG kann der Steuerpflichtige anstelle einer pauschalen Versteuerung des Privatanteils der Kfz-Nutzung auch eine Versteuerung des tatsächlichen Werts der privaten Nutzung vornehmen. Er muß dann sämtliche Kfz-Kosten durch Belege und den privaten Anteil hieran durch das Führen eines Fahrtenbuches nachweisen. In das Fahrtenbuch hat er alle betrieblich und privat veranlaßten Fahrten und die hierbei angefallenen Kilometer einzutragen.

Einlagen sind nach § 6 Abs. 1 Nr. 5 EStG mit ihrem *Teilwert* im Zeitpunkt der Einlage anzusetzen. Sie sind jedoch *höchstens* mit ihren *Anschaffungs- oder Herstellungskosten* anzusetzen, wenn das zugeführte Wirtschaftsgut innerhalb der letzten drei Jahre vor der Einlage angeschafft oder hergestellt worden ist. Diese Bewertungshöchstgrenze soll innerhalb dieses Zeitraumes dazu dienen, vom Gesetzgeber für ungerechtfertigt erachtete Steuervorteile zu verhindern. Ein Beispiel soll die Art der Steuervorteile, die verhindert werden sollen, erläutern.

3 Bewertung

Beispiel

Ein Gewerbetreibender erwirbt in einer Baisse Aktien mit einem Nominalwert von 100.000 DM für 120.000 DM. Er behandelt sie zunächst als Privatvermögen. Nach vier Jahren, in einer Hausse, legt er sie zu ihrem nunmehrigen Kurswert von 240.000 DM in das Betriebsvermögen ein. In der nächsten Baisse nimmt er eine Teilwertabschreibung auf 102.000 DM vor. Durch die Gewinnminderung von 138.000 DM mindert er im Jahr der Abschreibung seine Ertragsteuerschulden um rd. 82.000 DM. Der Steuerpflichtige betrachtet die Aktien als Daueranlage.

Die Steuerersparnis von 82.000 DM, die durch eine geschickte Wahl des Einbringungszeitpunktes zustande gekommen ist, bleibt dem Steuerpflichtigen voraussichtlich auf Dauer erhalten. Hätte er mit der Einbringung nicht mehr als drei Jahre gewartet, hätte er die Wertpapiere nach § 6 Abs. 1 Nr. 5 EStG zu den Anschaffungskosten einbringen müssen. Die Teilwertabschreibung wäre dann - c.p. - wesentlich geringer ausgefallen. Sie hätte lediglich (120 TDM ./. 102 TDM =) 18 TDM, die entsprechende Steuerersparnis knapp 11 TDM betragen.

Handelt es sich bei den eingelegten Wirtschaftsgütern um *wesentliche Beteiligungen* an einer Kapitalgesellschaft i.S.d. § 17 Abs. 1 Satz 3 EStG, so dürfen nach § 6 Abs. 1 Nr. 5 Satz 1b EStG auch dann *höchstens* die Anschaffungskosten angesetzt werden, wenn die Beteiligung vor mehr als drei Jahren erworben worden ist.

3.8.2 Bewertung bei Eröffnung und Erwerb eines Betriebes

Nach § 6 Abs. 1 Nr. 6 EStG sind bei **Eröffnung** eines Betriebes die Vorschriften über die Einlagen entsprechend anzuwenden. Die in den Betrieb eingebrachten Wirtschaftsgüter sind also grundsätzlich mit ihrem Teilwert zum Zeitpunkt der Einbringung anzusetzen. Sie sind aber höchstens mit ihren Anschaffungs- oder Herstellungskosten anzusetzen, wenn sie innerhalb der letzten drei Jahre vor dem Zeitpunkt der Einbringung angeschafft oder hergestellt worden sind.

Die Teilwertermittlung im Rahmen einer Betriebseröffnung ist nur dann problematisch, wenn es sich um eine *Sachgründung* handelt. Bei einer Bargründung hingegen sind die Teilwerte durch die eingebrachten Geldbeträge bestimmt.

Bei **entgeltlichem Erwerb** eines Betriebes sind die Wirtschaftsgüter nach § 6 Abs. 1 Nr. 7 EStG mit dem Teilwert, höchstens jedoch mit den Anschaffungs- oder Herstellungskosten anzusetzen. Der Erwerber führt also nicht die Buchwerte des Veräußerers fort, vielmehr hat er die übernommenen Wirtschaftsgüter neu zu bewerten. Das Verfahren wird anhand des nachfolgenden Beispiels erläutert.

Beispiel

V veräußert zum Ende des Jahres 01 seinen Gewerbebetrieb an K. Der Kaufpreis beträgt 510.000 DM und ist bar zu zahlen (Fälligkeit mit dem Übergang des Betriebes zum 1.1.02). Die Verbindlichkeiten werden von K übernommen. Die Bilanz des V zum 31.12.01 weist folgende Werte aus:

Aktiva	Bilanz des V per 31.12.01		Passiva
	DM		DM
Grundstück	60.000	Eigenkapital	250.000
Gebäude	90.000	Verbindlichkeiten	70.000
Geschäftseinrichtung	30.000		
Umlaufvermögen	140.000		
	320.000		320.000

In den einzelnen Aktivpositionen sind unterschiedlich hohe stille Reserven enthalten. Die Teilwerte zum 1.1.02 betragen:

Grundstück	150.000 DM
Gebäude	190.000 DM
Geschäftseinrichtung	40.000 DM
Umlaufvermögen	170.000 DM
Summe	550.000 DM

Der Kaufpreis von 510.000 DM wird für das Betriebsvermögen, d.h. für das Nettovermögen des Betriebes gezahlt. Das Nettovermögen findet seinen bilanziellen Niederschlag in dem Posten „Eigenkapital". In seiner Eröffnungsbilanz zum 1.1.02 hat K also das Eigenkapital mit einem Wert von 510.000 DM auszuweisen. Außerdem hat er die übernommenen Verbindlichkeiten von 70.000 DM zu passivieren. Die Bilanzsumme der Eröffnungsbilanz des K beträgt demnach (510.000 + 70.000 =) 580.000 DM. Auf der Aktivseite hat K die übernommenen Wirtschaftsgüter mit ihren Teilwerten, d.h. mit insgesamt 550.000 DM anzusetzen. Da die Bilanzsumme 580.000 DM beträgt, ergibt sich ein Saldo von (580.000 ./. 550.000 =) 30.000 DM. Dieser Betrag ist als entgeltlich erworbener Firmenwert in der Eröffnungsbilanz des K auszuweisen. Die Eröffnungsbilanz des K hat demnach folgendes Aussehen:

Aktiva	Bilanz des K per 1.1.02		Passiva
	DM		DM
Firmenwert	30.000	Eigenkapital	510.000
Grundstück	150.000	Verbindlichkeiten	70.000
Gebäude	190.000		
Geschäftseinrichtung	40.000		
Umlaufvermögen	170.000		
	580.000		580.000

Beim *unentgeltlichen* Betriebserwerb ist nicht wie beim entgeltlichen Erwerb § 6 Abs. 1 Nr. 7 EStG, vielmehr ist § 7 EStDV anzuwenden. Danach ist der unentgeltlich Erwerbende an die Buchwerte des Rechtsvorgängers gebunden. Er führt diese Werte in gleicher Weise fort, als sei der Rechtsvorgänger weiterhin Betriebsinhaber.

Beispiel

Der Sachverhalt ist der gleiche wie im vorhergehenden Beispiel, mit dem Unterschied, daß K der Sohn von V ist und der Betrieb unentgeltlich übertragen wird. Die Schlußbilanz des V zum 31.12.01 entspricht der Eröffnungsbilanz, die K zum 1.1.02 aufzustellen hat. Die stillen Reserven werden nicht aufgelöst. K ist an die Buchwerte seines Vaters gebunden.

Aktiva	Bilanz des Sohnes per 1.1.02		Passiva
	DM		DM
Grundstück	60.000	Eigenkapital	250.000
Gebäude	90.000	Verbindlichkeiten	70.000
Geschäftseinrichtung	30.000		
Umlaufvermögen	140.000		
	320.000		320.000

3.9 Bewertung der Rechnungsabgrenzungsposten

Die Bewertung der Rechnungsabgrenzungsposten ist äußerst einfach vorzunehmen: Es sind jeweils die Ausgaben bzw. Einnahmen vor dem Abschlußstichtag, die Aufwand bzw. Ertrag für eine bestimmte Zeit nach dem Stichtag darstellen, anzusetzen. Dies entspricht der handelsbilanziellen Bewertung.

Beispiel

Ein Gewerbetreibender (G) zahlt am 31.12. des Jahres 01 Zinsen i.H.v. 6.000 DM. Hiervon entfallen 1.000 DM auf den Monat Januar des Jahres 02. G hat einen aktiven Rechnungsabgrenzungsposten in Höhe von 1.000 DM in seiner Bilanz zum 31.12. des Jahres 01 auszuweisen.

3.10 Zusammenfassende Darstellung der Bewertungsvorschriften

In Abbildung III/6 sind für die einzelnen Wirtschaftsgüter die Bewertungsgrundsätze und die abweichenden Wertansätze dargestellt. Die Tabelle enthält außerdem die Bewertung der Entnahmen und Einlagen.

Verwendete Abkürzungen:

Abschr. = Abschreibung AK = Anschaffungskosten HB = Handelsbilanz

HK = Herstellungskosten StB = Steuerbilanz TW = Teilwert

Wirtschaftsgüter	Bewertungsgrundsatz	Abweichender niedrigerer Wertansatz (bei Verbindlichkeiten: höherer Wertansatz)		Abweichender höherer Wertansatz (bei Verbindlichkeiten: niedrigerer Wertansatz)
		a) bei § 4 Abs. 1 EStG	b) bei § 5 EStG	
I. Wirtschaftsgüter des abnutzbaren Anlagevermögens	AK o. HK abzüglich Absetzungen nach § 7 EStG (§ 6 Abs. 1 Nr. 1 Satz 1 EStG), d. h. fortgeschriebene AK o. HK. Ggf. auch erhöhte Absetzungen o. Sonderabschreibungen anstelle o. neben AfA nach § 7 EStG	Niedrigerer TW, echtes Wahlrecht, Zwischenwerte (§ 6 Abs. 1 Nr. 1 Satz 2 EStG)	Niedrigerer TW, gemildertes Niederstwertprinzip: bei voraussichtlich dauernder Wertminderung Zwang zum niedrigeren Wertansatz, sonst Wahlrecht, Zwischenwerte nur bei Wahlrecht (§§ 6 Abs. 1 Nr. 1 Satz 2 EStG, 253 Abs. 2 Satz 3 HGB i. V. m. § 5 Abs. 1 EStG). In HB von KapG § 279 HGB beachten: Nach Abs. 2 bei voraussichtlich vorübergehender Wertminderung Übernahme einer TW-Abschreibung als steuerrechtliche Abschr. (§ 254 HGB) in HB zulässig	Zuschreibungswahlrecht auf höheren TW, höchstens auf AK o. HK minus AfA nach § 7 EStG, Zwischenwerte zulässig (§ 6 Abs. 1 Nr. 1 Satz 4 EStG). Zuschreibung o. Beibehaltung in HB u. StB nur einheitlich (§ 5 Abs. 1 Satz 2 EStG, bei KapG: i. V. m. § 280 Abs. 2 HGB)

Wirtschaftsgüter	Bewertungs-grundsatz	Abweichender niedrigerer Wertansatz (bei Verbindlichkeiten: höherer Wertansatz)		Abweichender höherer Wertansatz (bei Verbindlichkeiten: niedrigerer Wertansatz)
		a) bei § 4 Abs. 1 EStG	b) bei § 5 EStG	
II. Wirtschaftsgüter des nichtabnutzbaren Anlagevermögens	AK o. HK (§ 6 Abs. 1 Nr. 2 Satz 1 EStG)	Niedrigerer TW, echtes Wahlrecht, Zwischenwerte zulässig (§ 6 Abs. 1 Nr. 2 Satz 2 EStG)	Niedrigerer TW, gemildertes Niederstwertprinzip; bei voraussichtlich dauernder Wertminderung Zwang zum niedrigeren Wertansatz, sonst Wahlrecht, Zwischenwerte nur bei Wahlrecht (§§ 6 Abs. 1 Nr. 2 Satz 2 EStG, 253 Abs. 2 Satz 3 HGB i. V. m. § 5 Abs. 1 Satz 1 EStG). In HB von KapG § 279 HGB beachten: Nach Abs. 2 bei voraussichtlich vorübergehender Wertminderung Übernahme einer TW-Abschr. (§ 254 HGB) in HB zulässig	Zuschreibungswahlrecht auf höheren TW, höchstens auf AK o. HK, Zwischenwerte zulässig (§§ 6 Abs. 1 Nr. 2 Satz 4 EStG, 253 Abs. 5 HGB). Zuschreibung o. Beibehaltung in HB u. StB nur einheitlich (§ 5 Abs. 1 Satz 2 EStG, bei KapG: i. V. m. § 280 Abs. 2 HGB)
III. Umlaufvermögen	AK o. HK (§ 6 Abs. 1 Nr. 2 Satz 1 EStG)	Niedrigerer TW kann angesetzt werden (Wahlrecht) auch bei erheblichem und voraussichtlich dauerndem Sinken des TW, Zwischenwerte zulässig (§ 6 Abs. 1 Nr. 2 Satz 2 EStG, s. auch R 36 Abs. 1 EStR)	Zwang zum niedrigeren TW nach dem handelsrechtlichen Niederstwertprinzip (§ 6 Abs. 1 Nr. 2 Satz 2 EStG i. V. m. § 253 Abs. 3 HGB)	Zuschreibungswahlrecht auf höheren TW, höchstens auf AK o. HK, Zwischenwerte zulässig (§§ 6 Abs. 1 Nr. 1 Satz 3 EStG, 253 Abs. 5 HGB) Zuschreibung o. Beibehaltung in HB u. StB nur einheitlich (§ 5 Abs. 1 Satz 2 EStG, bei KapG: i. V. m. § 280 Abs. 2 HGB)
IV. Verbindlichkeiten	AK = Verfügungsbetrag (§ 6 Abs. 1 Nr. 2 u. 3 EStG)	Höherer TW kann angesetzt werden (Wahlrecht). Zwischenwerte zulässig (§ 6 Abs. 1 Nr. 2 u. 3 EStG)	Zwang zum höheren TW nach dem handelsrechtl. Niederstwertprinzip (§ 6 Abs. 1 Nr. 2 u. 3 EStG i. V. m. § 253 Abs. 1 Satz 2 HGB)	Abwertungswahlrecht auf niedrigeren TW, max. auf Verfügungsbetrag (§ 6 Abs. 1 Nr. 2 u. 3 EStG)
V. Privatentnahmen	TW (§ 6 Abs. 1 Nr. 4 EStG)	In Ausnahmefällen Ansatz zum Buchwert zulässig (§ 6 Abs. 1 Nr. 4 EStG)		–
VI. Privateinlagen	TW (§ 6 Abs. 1 Nr. 5 EStG)	Zwang zum Ansatz der niedrigeren AK o. HK, wenn die Anschaffung oder Herstellung innerhalb der letzten 3 Jahre erfolgt ist oder eine wesentliche Beteiligung an einer Kapitalgesellschaft eingebracht wird (§ 6 Abs. 1 Nr. 5 EStG)		–
VII. Geringwertige Wirtschaftsgüter des Anlagevermögens	AK o. HK abzüglich Absetzungen (§ 6 Abs. 1 Nr. 1 i. V. m. § 7 EStG)	Wahlweise vollständige Verbuchung als Aufwand im Jahr der Anschaffung o. Herstellung (§ 6 Abs. 2 EStG)		Wie andere Wirtschaftsgüter des abnutzbaren Anlagevermögens (s. l.), Zuschreibung nach vorangegangener Vollabschreibung gem. § 6 Abs. 2 EStG Verstoß gegen GoB, daher unzulässig

Abbildung III/6: Übersicht über die Bewertungsregeln

4 Bilanzberichtigung und Bilanzänderung

Nach § 4 Abs. 2 Satz 1 EStG darf der Steuerpflichtige die Bilanz auch nach ihrer Einreichung beim Finanzamt ändern, soweit sie nicht den Grundsätzen ordnungsmäßiger Buchführung und den Vorschriften des EStG entspricht. Die Vorschrift setzt somit eine *fehlerhafte* Bilanz voraus. Sie ermöglicht es dem Steuerpflichtigen, die Bilanz zu berichtigen. Man spricht in derartigen Fällen von einer **Bilanzberichtigung**. Sind durch die fehlerhafte Bilanz Steuereinnahmen verkürzt worden, so ist der Steuerpflichtige nach § 153 AO verpflichtet, dem Finanzamt den Fehler nach seiner Aufdeckung anzuzeigen.

Beispiel

Der Bilanzbuchhalter einer GmbH stellt fest, daß die im abgelaufenen Wirtschaftsjahr neu angeschafften Schreibmaschinen im Wert von jeweils 1.700 DM fälschlicherweise als geringwertige Wirtschaftsgüter behandelt, d.h. vollständig abgeschrieben worden sind. Die Steuerbilanz ist dem Finanzamt bereits eingereicht worden, ein Steuerbescheid ist jedoch noch nicht ergangen. Die GmbH muß eine Mitteilung nach § 153 AO vornehmen, da es sich nicht um geringwertige Wirtschaftsgüter (Anschaffungskostengrenze von 800 DM) handelt. Der fehlerhafte Bilanzansatz ist zu berichtigen.

Ist eine dem Finanzamt eingereichte Bilanz *nicht fehlerhaft,* so darf sie nach § 4 Abs. 2 Satz 2 EStG nur mit Zustimmung des Finanzamts geändert werden. In derartigen Fällen spricht die Praxis von einer *Bilanzänderung*. Voraussetzung einer jeden Bilanzänderung ist das Vorhandensein eines Bilanzierungs- oder Bewertungswahlrechtes[94].

Beispiel

Der Bilanzbuchhalter aus dem vorangegangenen Beispiel stellt fest, daß 10 im letzten Jahr gekaufte Diktiergeräte (Preis pro Gerät 500 DM) nicht als geringwertige Wirtschaftsgüter behandelt, sondern planmäßig abgeschrieben worden sind. Er möchte nunmehr die Geräte gemäß § 6 Abs. 2 EStG vollständig abschreiben.

Es kommt nur eine Bilanzänderung mit Zustimmung des Finanzamtes in Betracht, da der Wertansatz nicht falsch ist, er vielmehr durch die Ausübung eines Wahlrechtes zustande gekommen ist.

Die bisherigen Ausführungen lassen sich wie folgt zusammenfassen:

- Bilanzberichtigung bedeutet die Korrektur einer fehlerhaften Bilanz.
- Bilanzänderung bedeutet Ersatz eines zulässigen Bilanzansatzes durch einen anderen ebenfalls zulässigen Bilanzansatz.
- Eine Bilanzänderung setzt die Zustimmung des Finanzamtes voraus, eine Bilanzberichtigung hingegen nicht.

Ist eine dem Finanzamt eingereichte Bilanz noch nicht Grundlage eines Steuer- oder Feststellungsbescheides geworden, so kann sie ohne Beachtung irgendwel-

---

[94] Vgl. R 15 EStR.

cher Berichtigungs- oder Änderungsvorschriften der AO geändert oder berichtigt werden. Etwas anderes gilt hingegen dann, wenn die Bilanz bereits zur Grundlage eines bestandskräftigen Bescheids geworden ist. In derartigen Fällen ist eine Bilanzänderung oder -berichtigung nur dann zulässig, wenn die formellen Voraussetzungen der AO zur Änderung oder Berichtigung des auf der Bilanz beruhenden Bescheids erfüllt sind. Das ist insbesondere dann der Fall, wenn der Bescheid unter dem Vorbehalt der Nachprüfung ergangen ist und der Vorbehalt noch wirksam ist.

Nach höchstrichterlicher Rechtsprechung hat das Finanzamt die Zustimmung zu einer Bilanzänderung dann zu erteilen, wenn der Steuerpflichtige beachtliche Gründe für seinen Wunsch zur Bilanzänderung anführt, das Verhalten des Steuerpflichtigen also nicht willkürlich ist[95]. Das ist dann der Fall, wenn sich die Grundlagen, von denen der Steuerpflichtige bei der bisherigen Ausübung eines Wahlrechts ausgegangen ist, wesentlich geändert haben. Diese Voraussetzung ist vor allem dann erfüllt, wenn das Finanzamt - z.B. im Rahmen einer Außenprüfung - den Gewinn gegenüber dem von dem Steuerpflichtigen erklärten Gewinn wesentlich erhöht.

---

[95] Vgl. die BFH-Urteile vom 29.10.1975, I R 47/74, BStBl 1976 II, S. 212 und vom 7.3.1996, IV R 34/95, BStBl 1996 II, S. 568.

5 Aufgaben 1 - 15

Aufgabe 1

Der Gewerbetreibende Ludwig Martin (L.M.) bezieht im Juni des Jahres 01 eine Maschine aus den USA zum Netto-Kaufpreis von 200.000 DM. Im Zusammenhang mit diesem Erwerbsvorgang fallen folgende weitere Kosten an:

	DM
Frachtkosten ab Werk	3.000
Zoll	10.000
Einfuhrumsatzsteuer	32.000
Betonfundament für die Maschine (direkt zurechenbar):	
Erdarbeiten	1.000
Betonguß	2.500
Elektroanschluß	500

Die Bezahlung des Kaufpreises erfolgt durch Wechsel, die der übrigen Kosten durch Scheck bzw. bar. In der Wechselsumme von 226.000 DM sind Wechseldiskont und -spesen von 26.000 DM enthalten. Die durch die Kaufverhandlungen angefallenen allgemeinen Verwaltungskosten betragen 3.000 DM.

Da L.M. von der Lieferfirma bereits mehrere Maschinen bezogen hat, erhält er Ende des Jahres 01 5 % des Warenbezuges in Höhe von 3.000.000 DM (= 150.000 DM) als Bonus vergütet.

L.M. kann die Einfuhrumsatzsteuer gem. § 15 Abs. 1 Nr. 2 UStG von seiner Umsatzsteuerschuld abziehen.

Die betriebsgewöhnliche Nutzungsdauer der Maschine beträgt 10 Jahre.

Es sind die Anschaffungskosten und der Bilanzansatz der Maschine zum Bilanzstichtag (31.12.01) unter der Voraussetzung zu ermitteln, daß L.M. einen möglichst geringen Gewinnausweis wünscht. Die Voraussetzungen des § 7g EStG sind nicht erfüllt.

Aufgabe 2

In dem Betriebsabrechnungsbogen (BAB) eines Industriebetriebes sind für das Jahr 01 folgende Kosten ausgewiesen:

	Mio. DM	Kosten lt. BAB Mio. DM
Rohstoffe		200
Hilfs- u. Betriebsstoffe (zu 50 % über reine Mengenschlüssel zurechenbar)		20
Lagerhaltung, Materialtransport und Prüfung einschließlich der hierunter fallenden Personalkosten		20
Löhne und Gehälter des Fertigungsbereichs:		
• Fertigungslöhne	150	
• Hilfslöhne	40	
• Gehälter	50	240
Übertrag:		480

	Kosten lt. BAB	
	Mio. DM	Mio. DM
Übertrag:		480
Dem Fertigungsbereich zurechenbare Arbeitgeberanteile zur Sozialversicherung:		
• auf die Fertigungslöhne entfallend	30	
• auf die Hilfslöhne entfallend	8	
• auf die Gehälter entfallend	<u>10</u>	48
Abschreibungen auf Fertigungsanlagen:		
• planmäßige = Normal-AfA	100	
• außerplanmäßige	20	
• zusätzliche kalkulatorische Abschreibungen auf die Differenz zwischen Wiederbeschaffungskosten und Anschaffungskosten der Anlage	<u>20</u>	140
Zinsen:		
• den am Bilanzstichtag vorhandenen Erzeugnissen direkt zurechenbare Fremdkapitalzinsen	40	
• sonstige Fremdkapitalzinsen	100	
• kalkulatorische Eigenkapitalzinsen	<u>60</u>	200
Steuern:		
• Körperschaftsteuer	50	
• Gewerbesteuer	<u>20</u>	70
Betriebliche Altersversorgung, freiwillige soziale Leistungen		50
Kosten der allgemeinen Verwaltung		400
Vertriebskosten		<u>150</u>
Kosten des Jahres 01 insgesamt		<u>1.538</u>

Im Jahre 01 sind insgesamt 100.000 Erzeugnisse hergestellt worden. Hiervon befinden sich am Bilanzstichtag, dem 31.12.01, noch 10.000 Stück als Fertigerzeugnisse auf Lager. Es kann davon ausgegangen werden, daß die Fertigprodukte im Durchschnitt die gleichen Herstellungskosten pro Stück verursacht haben wie der Durchschnitt aller im Jahr 01 hergestellten Fertigerzeugnisse.

Es sind die Herstellungskosten der am 31.12.01 vorhandenen Fertigerzeugnisse zu ermitteln. Zu ermitteln sind in diesem Zusammenhang

- die Wertuntergrenze nach § 255 HGB,
- die Wertuntergrenze nach R 33 EStR und
- die Wertobergrenzen für Handels- und Steuerbilanz.

Aufgabe 3

Eine KG (GmbH) erwirbt am 16.5. des Jahres 01 für nominal 100.000 DM Aktien zu einem Kurs von 300 %. Bankspesen und Maklerprovision muß sie i.H.v. 0,6 % des Kurswertes, d.h. i.H.v. 1.800 DM entrichten.

Die Kursentwicklung der Papiere zeigt folgendes Bild:

Jahr	Höchstkurs	Niedrigster Kurs	Kurs am 31.12. (Bilanzstichtag)
01	312	280	311
02	305	130	150
03	330	170	330
04	360	280	290

Anfang des Jahres 02 kursieren Gerüchte, wonach die AG größere Verluste erlitten habe und die Verwaltung eine schlechte Investitionspolitik betreibe. Es wird eine langanhaltende Krise des Unternehmens befürchtet. Gegen Ende des Jahres 03 werden einige Vorstandsmitglieder entlassen und der Börsenkurs erholt sich wieder.

Es sind alle zulässigen Wertansätze sowohl für den Fall, daß die Wertpapiere zum Anlagevermögen als auch für den, daß sie zum Umlaufvermögen gehören, zu ermitteln.

Aufgabe 4

Die Brauerei-AG (B-AG) zahlt Gastwirt G1 100 TDM zur Anschaffung einer Gaststätten-Einrichtung. Als Gegenleistung verpflichtet sich G1, ausschließlich von der B-AG bezogene Biere anzubieten. Es ist zu prüfen, ob und ggf. welchen Vermögensgegenstand die B-AG zu bilanzieren hat und nach welchen Grundsätzen dieser ggf. zu bewerten ist.

Aufgabe 5

Die B-AG gewährt Anfang des Jahres 01 dem Gastwirt G2 zur Einrichtung seiner Gastwirtschaft einen verlorenen Zuschuß i.H.v. 200 TDM. G2 verpflichtet sich, 10 Jahre lang Bier ausschließlich von der B-AG zu beziehen. Ende des Jahres 02 beantragt G2 die Eröffnung des Konkursverfahrens über sein Vermögen. Noch vor Fertigstellung der Bilanz zum 31.12.02 erfährt der Finanzvorstand der B-AG, daß der Antrag auf Eröffnung des Konkursverfahrens über das Vermögen des G2 vom Gericht mangels Masse abgelehnt worden ist.

Wie ist der geschilderte Sachverhalt von der B-AG bilanziell zu behandeln?

Aufgabe 6

Ein Unternehmen der Waschmittelindustrie gibt zur Einführung eines neuen Spülmittels in einem einmaligen Werbefeldzug 60 Mio. DM aus. Welche bilanziellen Konsequenzen ergeben sich hieraus?

Aufgabe 7

Ein selbständiger Ingenieur (I) stellt die Bilanz zum 31.12. des Jahres 01 am 13.8. des Jahres 02 auf. Eine Forderung an B von 3.000 DM ist durch nach dem Bilanzstichtag eingetretenen Tod des B und Verfall des Betriebs wegen fehlender fachkundiger Erben nicht mehr voll realisierbar. Wie hat I die Forderung bilanziell zu behandeln?

Aufgabe 8

F hat eine Maschinenfabrik. Rohstoffe mit Anschaffungskosten in Höhe von 30.000 DM bewertet er zu Wiederbeschaffungspreisen in Höhe von 50.000 DM. Ist dies zulässig?

Aufgabe 9

Der Gewerbetreibende Werner Müller (M) kauft am 1.10. des Jahres 01 ein bebautes Grundstück, das er anschließend zu eigenen gewerblichen Zwecken nutzt. Das aufstehende Gebäude besteht aus Kellerräumen und Erdgeschoß. Der Kaufpreis von insgesamt 920.000 DM wird im Kaufvertrag wie folgt aufgeteilt:

	DM
Grund und Boden	230.000
Gebäude	690.000

In dem Kaufpreis ist Grundsteuer, die vor dem 1.10. des Jahres 01 fällig war, von dem bisherigen Eigentümer aber noch nicht gezahlt wurde, i.H.v. 3.600 DM enthalten.

M bucht folgende Ausgaben als Aufwendungen:

	DM
Grunderwerbsteuer	32.200
Notariatskosten	9.200
Kosten der Grundbucheintragung	4.800
Maklergebühren	54.000
Grundsteuer	1.800

Die Grundsteuer von 1.800 DM betrifft den Fälligkeitstermin 15.11.01.

Die Gebäude-AfA beträgt gem. § 7 Abs. 4 Nr. 1 EStG jährlich 4 % der Anschaffungs- bzw. Herstellungskosten.

Nehmen Sie bitte zu dem geschilderten Sachverhalt Stellung und entwickeln Sie das Gebäudekonto in Staffelform bis zum 31.12. des Jahres 02.

Aufgabe 10

Der Gewerbetreibende M läßt im Jahre 01 auf ihm gehörenden Grund und Boden, den er Anfang des Jahres 01 mit seinem Teilwert von 500.000 DM in sein Betriebsvermögen einlegt, ein Gebäude errichten. Das Gebäude nutzt er anschließend zu 1/5 eigengewerblich, zu 2/5 zu eigenen Wohnzwecken, den Rest des Gebäudes vermietet er im Interesse seines Geschäfts an einen Einzelhändler. Tag der Fertigstellung des Gebäudes ist der 20.12.01.

Nach der Schlußabrechnung des bauleitenden Architekten betragen die Herstellungskosten des Gebäudes 2.000.000 DM. Hierin sind folgende Beträge enthalten:

	DM
Architektenhonorar	90.000
Zinsen und Verwaltungskosten einer Bank	25.000
Vermittlungsgebühren für Hypothekenbeschaffung	10.000
Rechtsanwalts- und Gerichtsgebühren für Hypothekenangelegenheiten	15.000

Die Löhne von Betriebsangehörigen, die bei dem Aufbau mitgeholfen haben, und die dem Betrieb entnommenen Materialien, sind im betrieblichen Aufwand enthalten. Folgender Aufwand ist dem Betrieb entstanden:

	DM
Materialien	30.000
Löhne	50.000

Außerdem hat der Steuerpflichtige eigene Arbeitsleistungen erbracht, deren Wert er auf 10.000 DM schätzt. Diesen Betrag hat er ebenfalls als Aufwand verbucht.

M hat sämtliche Aufwendungen und Erträge, die mit dem Grundstück zusammenhängen, in seiner Buchführung erfaßt. Auch bilanziell wünscht er eine Erfassung des gesamten Grundstücks.

Nehmen Sie Stellung zu dem Sachverhalt und entwickeln Sie das Gebäudekonto in Staffelform bis zum 31.12.02. Sollten an einem Bilanzstichtag (jeweils 31.12.) mehrere Bilanzansätze zulässig sein, so ist davon auszugehen, daß der Steuerpflichtige den niedrigsten anzusetzen wünscht. Die Voraussetzungen des § 7 Abs. 5 EStG sind nicht erfüllt.

Aufgabe 11

Ein Arzt, der nach § 4 Abs. 1 EStG bilanziert, kauft am 2. Januar des Jahres 01 einen PKW für 80.000 DM. Die Anschaffungsnebenkosten sind in diesem Betrag enthalten. Die voraussichtliche Nutzungsdauer des PKW beträgt 5 Jahre. Im September des Jahres 01 bringt die Herstellerfirma des PKW ein wesentlich verbessertes Modell heraus. Das auslaufende Modell ist nunmehr für 70.000 DM einschließlich Nebenkosten erhältlich. Die Voraussetzungen des § 7g EStG sind nicht erfüllt, da der Arzt den PKW zu 30 % für private Zwecke nutzt.

Ermitteln Sie den Bilanzansatz zum 31.12. des Jahres 01 unter der Voraussetzung, daß der Arzt

a) einen möglichst hohen,

b) einen möglichst niedrigen Bilanzansatz wünscht.

Aufgabe 12

Gesellschaftszweck der V-GmbH ist die Errichtung, der Erwerb, die Vermietung und Verwaltung von Wohnungen. In ihrer Handelsbilanz schreibt sie verschiedene Wohngebäude lediglich mit 1 % p.a. ab.

Wie ist steuerlich zu verfahren ?

Aufgabe 13

Ein Gewerbetreibender kauft im Juni des Jahres 01 eine Maschine, deren Gesamtleistung er auf 1 Mio. Arbeitsverrichtungen schätzt, zum Preis von 100.000 DM. Anhand eines Zählwerks stellt er fest, daß die Maschine die folgende Anzahl von Verrichtungen ausübt:

Jahr 01	Jahr 02	Jahr 03	Jahr 04	Jahr 05	Jahr 06	Jahr 07	Jahr 08	Jahr 09
80.000	120.000	100.000	150.000	80.000	130.000	120.000	100.000	80.000

Die Maschine hat eine betriebsgewöhnliche Nutzungsdauer von 10 Jahren. Am 28.12. des Jahres 09 geht die Maschine infolge eines Totalschadens unter.

Entwickeln Sie das Maschinenkonto unter Anwendung der Methode der lineargleichbleibenden, der geometrisch-degressiven und der AfA nach Maßgabe der Leistung. Hierbei sind die bei jeder Methode höchstzulässigen AfA-Werte anzusetzen. Die Voraussetzungen des § 7g EStG sind nicht erfüllt.

Aufgabe 14

Ein bilanzierender Gewerbetreibender kauft am 15.3. des Jahres 01 einen Drucker zum Preis von 600 DM. Die betriebsgewöhnliche Nutzungsdauer beträgt 4 Jahre. Im Jahre 01 nimmt der Steuerpflichtige eine AfA von 25 v.H. = 150 DM (linear-gleichbleibende AfA) in Anspruch. Zum 31.12. des Jahres 02 schreibt er den Drucker mit Hinweis auf § 6 Abs. 2 EStG voll ab. Ist dies zulässig ?

Aufgabe 15

Der vorläufige Gewinn aus Gewerbebetrieb der Y-GmbH im Wirtschaftsjahr 08 beträgt 90.000 DM. Folgende Gewerbesteuerbeträge sind erfolgswirksam verbucht worden:

	DM
Erstattung für das Jahr 06	1.500
Vorauszahlungen zum 15.2., 15.5. und 15.8.08 je 3.000 DM	9.000
Vorauszahlung zum 15.11.08	4.000

Ende des Jahres 06 wurde festgestellt, daß für jenes Jahr Gewerbesteuer i.H.v. 1.500 DM zuviel gezahlt worden war. In Höhe dieses Betrages wurde in der Bilanz zum 31.12.06 ein Erstattungsanspruch aktiviert.

In dem Betriebsvermögen der Y-GmbH ist ein Betriebsgrundstück mit einem Einheitswert von 40.000 DM enthalten. Die auf diesem Grundstück ruhende Hypothekenschuld von nominal 60.000 DM ist zu 8 % verzinslich, jeweils bezogen auf den Hypothekenrestbetrag. Im Wirtschaftsjahr 08 sind 4.200 DM Hypothekenzinsen gewinnmindernd berücksichtigt worden.

Der Gesellschaft ist ab 2.1.08 von ihrer Hausbank ein Kontokorrentkredit bis zu einer Höhe von 80.000 DM eingeräumt worden. Der Mindestkredit im Jahr 08 betrug am 15.2.08 3.000 DM. Sowohl am Tage vor- als auch nachher war der in Anspruch genommene Kredit wesentlich höher. Der zweitniedrigste Schuldenstand betrug vom 15.8. bis 27.8.08 15.000 DM. Der Zinssatz der Kontokorrentschulden betrug 10 % p.a.

Ermitteln Sie die Gewerbesteuerrückstellung (-erstattung) zum 31.12.08 und den endgültigen Gewinn aus Gewerbebetrieb für das Jahr 08. Überprüfen Sie das Ergebnis durch eine Kontrollberechnung. Der Gewerbesteuerhebesatz beträgt 300 %.

6 Besonderheiten bei Personengesellschaften

6.1 Gewinnermittlung und Gewinnverteilung

Der steuerliche Gewinn einer Personengesellschaft wird nach den §§ 179 und 180 AO gesondert und einheitlich festgestellt[96]. Dies bedeutet, daß zunächst der steuerliche Gewinn für die Gesamtheit der Mitunternehmer festzustellen ist. Danach ist der Gesamtgewinn auf die einzelnen Mitunternehmer zu verteilen. Hierbei sind zunächst etwaige Vorabgewinne denjenigen Gesellschaftern zuzurechnen, die sie bezogen haben.

Vorabgewinne sind „... die Vergütungen, die der Gesellschafter von der Gesellschaft für seine Tätigkeit im Dienst der Gesellschaft oder für die Hingabe von Darlehen oder für die Überlassung von Wirtschaftsgütern bezogen hat" (§ 15 Abs. 1 Nr. 2 EStG)[97]. Allen Arten von Vorabgewinnen ist gemeinsam, daß sie *handelsrechtlich Aufwendungen* der Gesellschaft darstellen, *steuerrechtlich* aber *Gewinnbestandteile* sind.

Typische Vorabgewinne sind folgende Einnahmen, die ein Gesellschafter von der Gesellschaft bezieht:

- Gehaltszahlungen für eine Geschäftsführertätigkeit,
- Zinseinnahmen für ein der Gesellschaft gewährtes Darlehen,
- Miet- oder Pachteinnahmen für ein an die Gesellschaft vermietetes oder verpachtetes Grundstück.

Der nach der Zurechnung der Vorabgewinne verbleibende Gewinn ist nach dem *Gewinnverteilungsschlüssel* auf die Gesellschafter zu verteilen. Die zivilrechtliche Gewinnverteilung ist in den Gesellschaftsverträgen meist abweichend von den gesetzlichen Bestimmungen (§§ 121, 168 HGB) geregelt. Dies ist zulässig, da die Vorschriften des HGB nach § 109 HGB insoweit dispositives Recht beinhalten.

Der Gesamtgewinn der Gesellschaft unterliegt, sofern die Mitunternehmerschaft die Voraussetzungen des § 15 Abs. 2 EStG erfüllt[98], grundsätzlich als Gewinn aus Gewerbebetrieb der Gewerbesteuer. Die einzelnen Mitunternehmer haben die ihnen zugerechneten Gewinnanteile der Einkommensteuer zu unterwerfen.

---

[96] Vgl. Teil II, Gliederungspunkt 2.2.4.1; Teil VI, Gliederungspunkt 3.4.3.
[97] Hinsichtlich der Vorabgewinne vgl. Teil II, Gliederungspunkt 2.2.4.2.
[98] Hinsichtlich dieser Voraussetzungen s. Teil II, Gliederungspunkte 2.2.1.1 und 4.2.1.

6.2 Bilanz der Gesellschaft

Grundlage der Ermittlung des steuerlichen Gewinns einer Mitunternehmerschaft ist die aus der Handelsbilanz abgeleitete **Steuerbilanz der Gesellschaft**. In der Regel ist die Steuerbilanz mit der Handelsbilanz identisch, weil die Gesellschaft nur eine Bilanz erstellt und in dieser nach steuerrechtlichen Grundsätzen bilanziert und bewertet (*Einheitsbilanz*).

Die Bilanz einer Personengesellschaft weist insofern eine Abweichung von derjenigen eines Einzelunternehmers auf, als für jeden Gesellschafter ein gesondertes Kapitalkonto geführt werden muß. Bei Kommanditgesellschaften werden in praxi häufig für jeden Gesellschafter sogar zwei Kapitalkonten geführt. Ein Konto weist dann einen festen Betrag, die im Gesellschaftsvertrag festgesetzte Einlage, auf. Dieses Konto wird vielfach als *Kapitalkonto I* oder als *Festkapital* bezeichnet. Neben diesem festen Kapitalkonto wird ein weiteres variables Kapitalkonto geführt. Auf diesem werden alle Gewinngutschriften und -auszahlungen verbucht. Dieses variable Kapitalkonto trägt unterschiedliche Bezeichnungen, so z.B. *Kapitalkonto II, bewegliches Kapital, übriges Kapital, Verrechnungskonto* oder *Separatkonto*.

Eine Personengesellschaft kann durch Bar- oder Sachgründung oder durch eine kombinierte Bar- und Sachgründung entstehen.

Bei einer *Bargründung* sind die Einlagen der Gesellschafter in der Eröffnungsbilanz der Gesellschaft mit ihrem Nennbetrag auszuweisen.

Bei einer *Sachgründung* sind die aus dem Privatvermögen eingebrachten Wirtschaftsgüter nach § 6 Abs. 1 Nr. 6 i.V.m. § 6 Abs. 1 Nr. 5 EStG zu bewerten. In der Regel ist also der *Teilwert* anzusetzen.

Werden bei einer Gründung einzelne Wirtschaftsgüter aus einem anderen Betriebsvermögen eines Gesellschafters eingebracht, so haben die Steuerpflichtigen nach höchstrichterlicher Rechtsprechung die *Wahl* zwischen einer Fortführung der bisherigen *Buchwerte,* dem Ansatz der *Teilwerte* und beliebigen *Zwischenwerten*[99].

Besteht eine Sacheinlage in der Einbringung eines ganzen Betriebes, eines Teilbetriebes oder eines Mitunternehmeranteils, so findet § 24 UmwStG Anwendung. Nach dieser Vorschrift besteht ebenfalls ein Wahlrecht zwischen Buchwerten, Teilwerten und beliebigen Zwischenwerten.

6.3 Sonderbilanzen der Gesellschafter

In der Handelsbilanz einer Personengesellschaft darf nur das Gesamthandsvermögen der Gesellschaft, das Gesellschaftsvermögen, ausgewiesen werden. Vermö-

---

[99] Vgl. BMF-Schreiben betr. Besteuerung der Mitunternehmer von Personengesellschaften vom 20.12.1977, IV B 2 - S 2241 - 231/77, BStBl 1978 I, S. 8. Dieses Schreiben ist bekannt unter der Bezeichnung „Mitunternehmererlaß"; diese Bezeichnung wird nachfolgend verwendet.

6 Besonderheiten bei Personengesellschaften

gensgegenstände, die einzelne Gesellschafter der Gesellschaft aufgrund eines Schuldvertrages (z.B. Miet- oder Darlehensvertrag) zur Verfügung stellen, sind handelsrechtlich nicht aktivierungsfähig. Steuerrechtlich kann es sich bei diesem Vermögen hingegen um *notwendiges oder gewillkürtes Betriebsvermögen des Gesellschafters* handeln[100]. Derartiges, der Gesellschaft von einem Gesellschafter zur Verfügung gestelltes Vermögen wird als *Sonderbetriebsvermögen* des Gesellschafters bezeichnet.

Sonderbetriebsvermögen wird auch steuerlich nicht in der Bilanz der Gesellschaft, vielmehr in einer gesonderten Bilanz des jeweiligen Gesellschafters erfaßt. Ein Grund für diese Vorgehensweise besteht darin, daß so eine klare bilanzielle Abgrenzung des Gesellschaftsvermögens von dem Vermögen des einzelnen Gesellschafters erreicht wird. Der zweite und wichtigere Grund für die Erstellung einer gesonderten Bilanz für das Sonderbetriebsvermögen ist der, daß auf diese Weise die Identität von Handels- und Steuerbilanz aufrechterhalten werden kann, für das Gesellschaftsvermögen also lediglich eine Einheitsbilanz aufgestellt zu werden braucht.

Die das Sonderbetriebsvermögen des Gesellschafters widerspiegelnde Bilanz wird nachfolgend „Sonderbilanz des Gesellschafters" oder kurz **Sonderbilanz** genannt[101]. Sie wird hier von der „Ergänzungsbilanz" unterschieden. Während eine Sonderbilanz das Sonderbetriebsvermögen eines Gesellschafters enthält, dient eine Ergänzungsbilanz dem Ausweis aufgedeckter stiller Reserven als Folge der Veräußerung eines Mitunternehmeranteils. Hierauf wird im nächsten Gliederungspunkt eingegangen.

Noch Ende der siebziger Jahre wurde allgemein nicht zwischen Sonderbilanzen und Ergänzungsbilanzen unterschieden. Damals war es üblich, sowohl das Sonderbetriebsvermögen eines Gesellschafters als auch die aufgedeckten stillen Reserven infolge der Veräußerung eines Mitunternehmeranteils in einer einzigen Bilanz zu erfassen. Diese wurde üblicherweise als Ergänzungsbilanz bezeichnet[102]. Erst nach der Einfügung des § 15a in das Einkommensteuergesetz im Jahre 1980 erwies sich eine Unterscheidung zwischen Sonder- und Ergänzungsbilanzen als dringend geboten. Hierauf wird in Gliederungspunkt 6.5 eingegangen.

Ausdrücklich sei darauf hingewiesen, daß im Schrifttum zur Allgemeinen Betriebswirtschaftslehre der Begriff der Sonderbilanz oft in einem anderen Sinne als hier verwendet wird. So werden als Sonderbilanzen häufig solche Bilanzen be-

---

[100] Vgl. Brönner, H./Bareis, P., Bilanz, Abschnitt III, Rn. 763 ff.; Biergans, E., Einkommensteuer, 1992, S. 254 ff. u. S. 261 ff.; Knobbe-Keuk, B., Unternehmenssteuerrecht, 1993, S. 63 ff. u. 442 ff.; Clemm, H./Fitzner, G., in: Beck'scher Bilanz-Kommentar, § 247 HGB, Anm. 796 ff.

[101] Dieser Begriff wird auch verwendet von Biergans, E., Einkommensteuer, 1992, S. 664; Knobbe-Keuk, B., Unternehmenssteuerrecht, 1993, S. 441 ff.; Clemm, H./Fitzner, G., in: Beck'scher Bilanz-Kommentar, § 247 HGB, Anm. 792 ff.; Schmidt, L., in: Schmidt, L., EStG, § 15 EStG, Anm. 74; Wöhe, G., Bilanzierung, 1997, S. 235.

[102] Vgl. Biergans, E., Einkommensteuer, 1992, S. 667 ff.; Schmidt, L., in: Schmidt, L., EStG, § 15 EStG, Anm. 73.

zeichnet, die bei besonderen Anlässen wie Fusionen, Auseinandersetzungen, Liquidationen und Konkursen erstellt werden[103].

In der Sonderbilanz eines Gesellschafters ist dessen gesamtes Sonderbetriebsvermögen zu erfassen. Veränderungen des Sonderbetriebsvermögens im Laufe eines Jahres, wie Zugänge, Abgänge und Abschreibungen, beeinflussen die Sonderbilanz zum Schluß dieses Jahres. Aufwendungen und Erträge, die mit dem Sonderbetriebsvermögen im Zusammenhang stehen, werden entsprechend in einer **Sonder-Gewinn- und Verlustrechnung** erfaßt.

Beispiel

A und B sind zu je 50 % an einer inländischen OHG beteiligt. Die OHG erzielt im Wirtschaftsjahr 01 einen Gewinn von 300.000 DM.

A besitzt seit 20 Jahren ein in seinem Privatvermögen befindliches bebautes Grundstück. Ab 1.1.01 vermietet A das Grundstück an die OHG, die es seither als Bürohaus nutzt. Der Teilwert des bebauten Grundstücks beträgt zum 1.1.01 800.000 DM. Hiervon entfallen 200.000 DM auf den Grund und Boden und 600.000 DM auf das Gebäude. Die das Jahr 01 betreffenden Mietaufwendungen i.H.v. 80.000 DM verbucht die OHG als Aufwand der Gesellschaft. Die Mieten werden auf ein Privatkonto des A überwiesen. Die laufenden Unterhaltskosten des Grundstücks, wie Müllabfuhr, Grundbesitzabgaben und Reparaturen i.H.v. 20.000 DM trägt A persönlich.

Mit Beginn der Vermietung an die OHG wird das Grundstück zum Sonderbetriebsvermögen; zu diesem Zeitpunkt, d.h. zum 1.1.01, legt A es aus seinem Privatvermögen in sein Sonderbetriebsvermögen ein. Einlagen sind gem. § 6 Abs. 1 Nr. 5 EStG mit ihrem Teilwert anzusetzen. Zum 1.1.01 ist somit der Grund und Boden mit einem Wert von 200.000 DM und das Gebäude mit einem Wert von 600.000 DM in die Eröffnungsbilanz des Sonderbetriebsvermögens aufzunehmen.

Die Eröffnungsbilanz des Sonderbetriebsvermögens hat folgendes Aussehen:

Aktiva	Sonderbilanz des A zum 1.1.01		Passiva
	DM		DM
Grund und Boden	200.000	Mehrkapital	800.000
Gebäude	600.000		
	800.000		800.000

Die mit dem Grundstück in Zusammenhang stehenden Aufwendungen sind, soweit sie nicht von der Gesellschaft, sondern von A persönlich getragen werden, Sonderbetriebsausgaben des A. Im Jahre 01 setzten sie sich aus den laufenden Unterhaltskosten des Grundstücks i.H.v. 20.000 DM und aus der Gebäude-AfA zusammen. Gem. § 7 Abs. 4 i.V.m. § 6 Abs. 1 Nr. 5 EStG beträgt die AfA 2 v.H. des Teilwerts zum Zeitpunkt der Einlage des Grundstücks, mithin (2 % · 600.000 =) 12.000 DM. Die Mieteinnahmen i.H.v. 80.000 DM sind Sonderbetriebseinnahmen des A.

---

[103] Vgl. ausführlich Arians, G., Sonderbilanzen, 1984, S. 41 ff.; Eisele, W., Technik, 1993, S. 753 ff.; Budde, W.D./Förschle, G., Sonderbilanzen, 1994.

6 Besonderheiten bei Personengesellschaften

Für das Jahr 01 läßt sich folgende Sonder-Gewinn- und Verlustrechnung des A erstellen:

Aufwendungen	Sonder-Gewinn- und Verlustrechnung des A für das Jahr 01		Erträge
	DM		DM
AfA Gebäude	12.000	Mieterträge	80.000
Sonstiger Grundstücksaufwand			
(laufende Unterhaltskosten)	20.000		
Vorabgewinn	48.000		
	80.000		80.000

Der Wertansatz des Gebäudes in der Sonderbilanz des A zum 31.12.01 ist um die AfA von 12.000 DM niedriger als der Ansatz in der Eröffnungsbilanz zum 1.1.01. Da A die Mieterträge von 80.000 DM privat vereinnahmt, liegt eine Entnahme aus dem Sonderbetriebsvermögen vor, die sich auf das Eigenkapital des A mindernd auswirkt. Die von A privat gezahlten laufenden Grundstückskosten i.H.v. 20.000 DM hingegen sind bilanziell als Einlagen zu behandeln; sie erhöhen also das in der Sonderbilanz auszuweisende Eigenkapital. Das Eigenkapital erhöht sich außerdem um den im Sonderbetriebsvermögen erzielten Gewinn von 48.000 DM.

Nachfolgend ist die Sonderbilanz zum 31.12.01 dargestellt.

Aktiva	Sonderbilanz des A zum 31.12.01			Passiva
	DM	DM	DM	DM
Grund und Boden		200.000	Kapital 1.1.01	800.000
Gebäude 1.1.01	600.000		./. Entnahmen	./. 80.000
./. AfA	./. 12.000	588.000	+ Einlagen	+ 20.000
			+ Gewinn	+ 48.000	788.000
		788.000		788.000

Der gesondert und einheitlich festzustellende Gewinn und die Gewinnverteilung ergeben sich aus der nachfolgenden Aufstellung:

Bezeichnung der Gewinnbestandteile	Gewinn der Mitunternehmerschaft	Von dem Gewinn entfallen auf	
		A	B
	DM	DM	DM
Gewinne lt. Sonderbilanzen (Vorabgewinne)	48.000	48.000	--
Gewinn der OHG	300.000	150.000	150.000
insgesamt	348.000	198.000	150.000

Ein Wirtschaftsgut gehört zum *notwendigen Sonderbetriebsvermögen* eines Gesellschafters, wenn die folgenden Voraussetzungen erfüllt sind:

1. Das Wirtschaftsgut ist Eigentum des Gesellschafters,
2. das Wirtschaftsgut dient dem Betrieb der Gesellschaft überwiegend und unmittelbar.

Gewillkürtes Sonderbetriebsvermögen können alle Wirtschaftsgüter sein, die auch ein Einzelunternehmer zu gewillkürtem Betriebsvermögen machen kann. Die Behandlung eines Wirtschaftsgutes als gewillkürtes Sonderbetriebsvermögen setzt voraus, daß das Wirtschaftsgut in der Sonderbilanz des Gesellschafters ausgewiesen wird[104].

Die bisher behandelte Art von Sonderbetriebsvermögen wird in Rechtsprechung[105] und Schrifttum[106] üblicherweise als Sonderbetriebsvermögen I bezeichnet. Daneben gibt es Sonderbetriebsvermögen II. Hierzu gehören diejenigen Wirtschaftsgüter, die der Beteiligung des Gesellschafters an der Personengesellschaft dienen. Sonderbetriebsvermögen II spielt im allgemeinen nur bei einer GmbH&CoKG und der Betriebsaufspaltung eine Rolle. Hierauf wird erst in Band 2 eingegangen.

6.4 Ergänzungsbilanzen zur Bilanz der Gesellschaft

In den Gesellschaftsverträgen von Personengesellschaften ist vielfach die Möglichkeit vorgesehen, daß ein Gesellschafter seinen Gesellschaftsanteil oder Teile von diesem an einen *gesellschaftsfremden* Dritten veräußert. Macht ein Gesellschafter von dieser Möglichkeit Gebrauch, so tritt eine Änderung in der Zusammensetzung des Gesellschafterkreises ein; die Gesellschaft als solche hingegen bleibt bestehen. Steuerlich handelt es sich in derartigen Fällen um die Veräußerung eines Mitunternehmeranteils (§ 16 Abs. 1 Nr. 2 EStG)[107].

Die Veräußerung eines Gesellschaftsanteils kann zum *Buchwert*, d.h. zum Nominalwert des Kapitalkontos des Veräußerers einschließlich der Kapitalunterkonten, sie kann aber auch zu einem *höheren Wert* als dem Buchwert erfolgen. Eine Veräußerung unter Buchwert ist zwar ebenfalls möglich, aber äußerst selten. Dieser Fall wird deshalb nachfolgend nicht behandelt.

Eine *Veräußerung* des Mitunternehmeranteils *zum Buchwert* ist steuerlich problemlos: Bei dem Veräußerer entsteht infolge der Veräußerung weder ein Gewinn noch ein Verlust; der Erwerber übernimmt das Kapitalkonto des Veräußerers. Die Bilanz der Gesellschaft bleibt durch den Gesellschafterwechsel unverändert; lediglich das Kapitalkonto des Veräußerers trägt nicht mehr den Namen des Veräußerers, sondern den des Erwerbers.

---

104 Vgl. Tz. 16 des Mitunternehmererlasses. Kritisch hierzu Knobbe-Keuk, B., Unternehmenssteuerrecht, 1993, S. 442 f. In dem Mitunternehmererlaß wird im übrigen (Tz. 26) nicht der Begriff der Sonderbilanz, sondern der der Ergänzungsbilanz verwendet.

105 Vgl. BFH-Urteil vom 6.10.1987, VIII R 137/84, BStBl 1988 II, S. 679; vom 31.10.1989, VIII R 374/83, BStBl 1990 II, S. 677; vom 19.2.1991, VIII R 65/89, BStBl 1991 II, S. 789; vom 18.12.1991, XI R 42, 43/88, BStBl 1992 II, S. 585; vom 26.9.1996, IV R 105/94, BStBl 1997 II, S. 277.

106 Vgl. IDW, Sonderbilanzen, 1990, S. 80e; Knobbe-Keuk, B., Unternehmenssteuerrecht, 1993, S. 443 ff.; Söffing, G., Mitunternehmer, 1994, S. 104 ff.; Schmidt, L., in: Schmidt, L., EStG, § 15 EStG, Anm. 78.

107 Die Ausführungen gelten für die Veräußerung des Anteils eines persönlich haftenden Gesellschafters einer KGaA entsprechend; vgl. dazu auch Schmidt, L., in: Schmidt, L., EStG, § 16 EStG, Anm. 106 f.

6 Besonderheiten bei Personengesellschaften

Erfolgt die *Veräußerung* des Mitunternehmeranteils *zu einem höheren Wert* als dem Kapitalkonto des Veräußerers, so werden in dem Mitunternehmeranteil steckende *stille Reserven* aufgedeckt. Dies führt beim Veräußerer zur Entstehung eines *Veräußerungsgewinns* i.S.d. § 16 EStG, auf den die Begünstigungsvorschrift des 34 EStG und ggf. vorab des § 16 Abs. 4 EStG anzuwenden sind[108]. Der Erwerber hat die aufgedeckten anteiligen stillen Reserven zu aktivieren; er kann also nicht den über das Kapitalkonto des Veräußerers hinausgehenden Kaufpreis als Aufwand verbuchen.

In aller Regel werden die übrigen Gesellschafter nicht damit einverstanden sein, daß diese zusätzliche Aktivierung in der Bilanz der Gesellschaft erfolgt. Sie werden vielmehr darauf bestehen, daß dort die bisherigen Buchwerte unverändert fortgeführt werden. Die Aktivierung der aufgedeckten stillen Reserven erfolgt dann zweckmäßigerweise in einer **Ergänzungsbilanz** *des jeweiligen Gesellschafters zur Bilanz d*er *Gesellschaft*. Die Aktivierung der stillen Reserven hat bei den Wirtschaftsgütern zu erfolgen, bei denen die Reserven tatsächlich vorhanden sind. Sie kann nicht willkürlich in einer Art und Weise erfolgen, die für den Steuerpflichtigen besonders günstig ist.

Beispiel

In dem Gesellschaftsvertrag der Y-OHG ist bestimmt, daß im Falle des Ausscheidens eines der beiden Gesellschafter A und B infolge der Veräußerung seines Gesellschaftsanteils an einen Dritten die OHG weitergeführt werden soll und der Erwerber das Kapitalkonto des Ausscheidenden unverändert fortzuführen hat. Mit Vertrag vom 15.11.02 veräußert A zum 1.1.03 seinen Anteil von 50 % zu einem Kaufpreis von 700.000 DM an C. Die Schlußbilanz der OHG zum 31.12.02 hat folgendes Aussehen:

Aktiva	Bilanz der Y-OHG zum 31.12.02		Passiva
	DM	DM	DM
Grund und Boden	60.000	Kapital:	
Gebäude	200.000	Gesellschafter A	400.000
Geschäftseinrichtung	40.000	Gesellschafter B	<u>400.000</u> 800.000
Fuhrpark	50.000	Verbindlichkeiten	80.000
Waren	300.000		
Forderungen	100.000		
Bank	130.000		
	<u>880.000</u>		<u>880.000</u>

Soweit die Teilwerte der einzelnen Bilanzposten nicht den Buchwerten entsprechen, sind sie in der nachfolgenden Aufstellung angegeben. Außerdem sind dort die in diesen Bilanzposten steckenden stillen Reserven, also die Differenzen zwischen den Teilwerten und den Buchwerten, aufgeführt.

---

[108] Hinsichtlich dieser Begünstigungsvorschriften s. Teil II, Gliederungspunkte 2.2.1.4.4 und 2.4.1.6.

	Teilwerte	stille Reserven
	DM	DM
Grund und Boden	260.000	200.000
Gebäude	280.000	80.000
Geschäftseinrichtung	50.000	10.000
Fuhrpark	70.000	20.000
Waren	440.000	140.000
insgesamt	1.100.000	450.000

Dem Gesellschaftsvertrag der OHG entsprechend, sind in die Eröffnungsbilanz zum 1.1.03 die Buchwerte zum 31.12.02 zu übernehmen. Eine Aufstockung der Wertansätze um die stillen Reserven ist also nicht vorzunehmen. Die einzige Änderung in der Bilanz der Gesellschaft ergibt sich dadurch, daß das eine der beiden Kapitalkonten nunmehr den Namen des neuen Gesellschafters C anstelle desjenigen des ausgeschiedenen Gesellschafters A trägt.

Der von C zu zahlende Kaufpreis für den erworbenen Gesellschaftsanteil beträgt 700.000 DM, der dafür in der Gesellschaftsbilanz ausgewiesene Gesellschaftsanteil aber lediglich 400.000 DM. In Höhe der Differenz von 300.000 DM ist ein Ausweis von Eigenkapital des C in einer Ergänzungsbilanz dieses Gesellschafters erforderlich. Diesem Mehrkapital stehen auf der Aktivseite der Ergänzungsbilanz die anteilig dem neuen Gesellschafter zuzurechnenden stillen Reserven gegenüber. Auf C entfällt bei einer 50 %igen Beteiligung die Hälfte der stillen Reserven der einzelnen Aktivposten, insgesamt also ein Betrag von (50 % · 450.000 DM =) 225.000 DM. In Höhe der Differenz zwischen dem Mehrkapital von 300.000 DM und der Summe der aufgedeckten stillen Reserven der Einzelwirtschaftsgüter von 225.000 DM, d.h. in einer Höhe von (300.000 DM ./. 225.000 DM =) 75.000 DM ist in der Ergänzungsbilanz ein Firmenwert auszuweisen. Die Ergänzungsbilanz zum 1.1.03 hat demnach das folgende Aussehen:

Aktiva	Ergänzungsbilanz des C zum 1.1.03		Passiva
	DM		DM
Grund und Boden	100.000	Mehrkapital C	300.000
Gebäude	40.000		
Geschäftseinrichtung	5.000		
Fuhrpark	10.000		
Waren	70.000		
Firmenwert	75.000		
	300.000		300.000

Nach der Aufdeckung der stillen Reserven entstehen in den Folgeperioden üblicherweise zusätzliche Aufwendungen, insbesondere in der Form von Abschreibungen und Material- bzw. Wareneinsätzen. Die hieraus entstehenden *Verluste* sind in Ergänzungs-Gewinn- und Verlustrechnungen der Folgejahre auszuweisen. Diese Verluste sind ausschließlich dem Gesellschafter zuzurechnen, der den Gesellschaftsanteil entgeltlich erworben hat.

Beispiel

Die im letzten Beispiel ausgewiesenen Waren werden in vollem Umfang im Jahre 03 veräußert.

Die Veräußerung führt in der Gewinn- und Verlustrechnung der Gesellschaft für das Jahr 03 zu einem Wareneinsatz von 300.000 DM. In der Ergänzungs-Gewinn- und Verlustrechnung ist ein zusätzlicher Wareneinsatz von 70.000 DM auszuweisen. Der sich hieraus ergebende Verlust ist ausschließlich dem Gesellschafter C zuzurechnen.

6.5 Negative Kapitalkonten

Ebenso wie die Bilanzen von Einzelunternehmern können auch die Bilanzen von Personengesellschaften **negative Kapitalkonten** aufweisen. Das tatsächliche Vermögen der Gesellschaft ist infolge von stillen Reserven in derartigen Fällen allerdings zumeist positiv. In der Regel handelt es sich also lediglich um buchmäßig negative Kapitalkonten. Sie können sowohl durch *Entnahmen* als auch durch *Verluste* entstehen.

Die steuerliche Behandlung eines negativen Kapitalkontos hängt entscheidend von der *Art der Haftung* des Gesellschafters ab. Zu unterscheiden ist also, ob die Verluste einem vollhaftenden Gesellschafter oder einem lediglich beschränkt haftenden Gesellschafter (Kommanditist, atypischer stiller Gesellschafter) zuzurechnen sind.

Entsteht ein negatives Kapitalkonto bei einem *vollhaftenden* Gesellschafter durch *Entnahmen* oder wird es durch sie erhöht, so hat dies keinen Einfluß auf die Gewinnermittlung oder -verteilung. Es gelten die allgemeinen Grundsätze, d.h. die Entnahmen sind steuerlich erfolgsneutral zu berücksichtigen.

Verluste, die bei einem vollhaftenden Gesellschafter zu einem negativen Kapitalkonto führen, werden steuerlich grundsätzlich anerkannt. Die Verlustzuweisungen können von dem Gesellschafter im Rahmen seiner Einkommensteuer-Veranlagung mit seinen anderen positiven Einkünften ausgeglichen bzw. gem. § 10d EStG als Verlustabzug berücksichtigt werden. Wesentlich komplizierter ist die steuerliche Behandlung negativer Kapitalkonten bei beschränkt haftenden Gesellschaftern.

Die einschlägige Regelung befindet sich in § 15a Abs. 1 EStG. Die sich aus ihr ergebende Regelung lautet: Verluste sind bei Kommanditisten und ihnen gleichgestellten sonstigen beschränkt haftenden Mitunternehmern nur bis zur Höhe der tatsächlich *geleisteten* Einlage mit anderen positiven Einkünften ausgleichsfähig. Entsteht durch eine Verlustzuweisung ein negatives Kapitalkonto oder wird es durch sie erhöht, so sind die entsprechenden Verluste *nicht ausgleichsfähig.*

Beispiel

Der Kommanditist A ist an einer KG mit 20 TDM beteiligt. Die Einlage ist voll eingezahlt. Für das Jahr 01 erhält A von der KG eine Verlustzuweisung in Höhe von 250 % seines Anteils. Sein Kapitalkonto wird durch den Verlust von 50 TDM negativ. Es beträgt nunmehr ./. 30 TDM.

Bei seiner Einkommensteuerveranlagung kann A lediglich einen Verlust in Höhe seiner Einlage von 20 TDM mit seinen sonstigen positiven Einkünften ausgleichen. 30 TDM sind nicht ausgleichsfähig (§ 15a Abs. 1 Satz 1 EStG).

Nicht ausgleichsfähige Verluste bleiben Einkünfte des Kommanditisten, sie sind also keinesfalls einem anderen Gesellschafter, z.B. dem Komplementär, hinzuzurechnen. *Die nicht ausgeglichenen Verluste sind statt dessen mit künftigen Gewinnen aus derselben Beteiligung zeitlich unbefristet verrechenbar (§ 15a Abs. 2 EStG).*

Beispiel

Dem Kommanditisten aus dem vorstehenden Beispiel werden von der dort erwähnten KG die nachfolgend aufgeführten Verluste bzw. Gewinne zugerechnet

Jahr	Verlust	Gewinn
	TDM	TDM
02	20	-
03	-	20
04	-	25
05	-	35

Im Jahr 02 erhöht sich das negative Kapitalkonto und der verrechenbare (nicht ausgleichsfähige) Verlust um 20 TDM auf 50 TDM. Im Jahr 03 wird der Gewinn steuerlich in seiner vollen Höhe von 20 TDM gegen die Vorjahresverluste verrechnet. Der verrechenbare Verlust und das negative Kapitalkonto verringern sich auf 30 TDM. Im Jahr 04 kann der Gewinn ebenfalls voll verrechnet werden, so daß das negative Kapitalkonto, ebenso wie das verrechenbare Verlustvolumen, sich um 25 TDM auf 5 TDM vermindern. Im Jahr 05 ist der Gewinn mit dem verbleibenden Verlust von 5 TDM zu verrechnen. A muß den verbleibenden Gewinn von 30 TDM als Einkünfte aus Gewerbebetrieb versteuern.

Eine *Erweiterung* der Verlustausgleichsmöglichkeit bei Entstehung oder Erhöhung eines negativen Kapitalkontos ergibt sich durch § 15a Abs. 1 Sätze 2 und 3 EStG für den Fall, daß die im *Handelsregister eingetragene* Hafteinlage höher ist als die tatsächlich gezahlte Einlage. In Höhe der Differenz sind Verluste ebenfalls ausgleichsfähig, wenn die folgenden Voraussetzungen erfüllt sind:

1. Der Kommanditist muß namentlich im Handelsregister eingetragen sein;
2. die höhere Haftung muß nachgewiesen werden (z.B. durch einen Handelsregisterauszug oder eine Bescheinigung der KG);
3. die Inanspruchnahme aus der höheren Haftung muß möglich sein, d.h. sie darf nicht vertraglich ausgeschlossen oder unwahrscheinlich sein.

Beispiel

B ist ebenfalls an der o.a. KG als Kommanditist beteiligt. Unter seinem Namen sind im Handelsregister 50 TDM als Beteiligung eingetragen. Tatsächlich hat er im Jahr 01 nur 30 TDM eingezahlt. Er erhält eine Verlustzuweisung von 75 TDM.

Von diesen 75 TDM sind 30 TDM ausgleichsfähig, da insoweit kein negatives Kapitalkonto entsteht (Verrechnung gegen die tatsächliche Einlage). Weitere 20 TDM sind ausgleichsfähig, obwohl ein negatives Kapitalkonto entsteht, da alle Voraussetzungen des § 15a Abs. 1 Sätze 2 und 3 EStG erfüllt sind. Der Haftungsbetrag errechnet sich dann wie folgt:

Eintragung im Handelsregister	50 TDM
./. eingezahlte Einlage	30 TDM
Haftungsbetrag	20 TDM

Der restliche Verlust (75 ./. 30 ./. 20 =) 25 TDM kann mit künftigen Gewinnen verrechnet werden (§ 15a Abs. 2 EStG).

Begründet wird der erweiterte Verlustausgleich damit, daß der Kommanditist gem. § 171 Abs. 1 HGB den Gesellschaftsgläubigern mit dem Haftungsbetrag *unmittelbar* (vergleichbar den Vollhaftern) haftet.

Zur Feststellung, ob das Kapitalkonto des Kommanditisten positiv oder negativ ist, muß von dem *steuerlichen* Begriffsinhalt des *Kapitalkontos der KG* ausgegan-

6 Besonderheiten bei Personengesellschaften

gen werden. Danach gehören sowohl das Kapitalkonto I und das Kapitalkonto II als auch das in einer *Ergänzungsbilanz* ausgewiesene Kapital in die entsprechende Berechnung. *Sonderbetriebsvermögen* hingegen gehört *nicht* zum Vermögen der KG. Das in einer *Sonderbilanz* ausgewiesene Kapital fällt deshalb *nicht* unter die Regelung des § 15a EStG[109].

Beispiel

Vor Zurechnung des anteiligen Verlustes i.H.v. 60 TDM beträgt das Kapitalkonto des Kommanditisten C an der A & B KG am 31.12.01 20 TDM. C hat der KG außerdem ein Darlehen von 50 TDM gewährt.

Das Kapitalkonto des C an der A & B KG beträgt lediglich 20 TDM; das Darlehen erhöht das Kapitalkonto des C i.S.d. § 15a EStG nicht. Nur bis zur Höhe des Kapitalkontos von 20 TDM ist der Verlust des C ausgleichs- und abzugsfähig; der darüber hinausgehende Verlust ist lediglich mit späteren Gewinnen aus der KG-Beteiligung verrechenbar.

Verluste, die im *Sonderbetriebsvermögen* anfallen, sind von der Regelung des § 15a EStG im Gegensatz zu Gesellschaftsverlusten *nicht* betroffen. Sie dürfen *in voller Höhe* abgezogen werden.

Beispiel

Kommanditist C aus dem letzten Beispiel vermietet der KG einen in seinem Eigentum befindlichen PKW. Der PKW wird damit zum Sonderbetriebsvermögen des C. Im Jahre 01 übersteigen die Sonderbetriebsausgaben des C seine Sonderbetriebseinnahmen um 5 TDM. Dieser im Sonderbetriebsvermögen entstehende Verlust ist im Jahr 01 mit anderen Einkünften des C ausgleichsfähig.

Verluste der Gesellschaft sind somit von den im Sonderbetriebsvermögen entstehenden Verlusten scharf zu trennen.

Verluste, die in Ergänzungsbilanzen im hier definierten Sinne entstehen, gehören zu den Verlusten der Gesellschaft und nicht zu den Verlusten im Sonderbetriebsvermögen. Hiermit wird deutlich, daß eine Unterscheidung zwischen Sonderbilanzen einerseits und Ergänzungsbilanzen andererseits geboten ist.

Um *mißbräuchlichen* Gestaltungsmaßnahmen durch die Steuerpflichtigen vorzubeugen, enthält § 15a Abs. 3 EStG Regelungen für die Fälle der *Einlage-* und der *Haftungsminderung*.

Eine *Einlageminderung* liegt vor, soweit ein negatives Kapitalkonto durch *Entnahmen* entsteht bzw. erhöht wird. In Höhe der Einlageminderung muß dem Kommanditisten ein Gewinn hinzugerechnet werden (*Gewinnhinzurechnung*). Durch die Hinzurechnung wird bewirkt, daß früher ausgleichsfähige Verluste *rückgängig* gemacht und statt dessen zu verrechenbaren Verlusten werden. Eine Gewinnhinzurechnung kommt jedoch nicht zur Anwendung, soweit durch die Entnahme die unmittelbare *Haftung* des Gesellschafters gem. § 171 Abs. 1 HGB *wieder auflebt*.

---

[109] Vgl. BdF-Schreiben v. 20.2.1992, IV B2-S 2241 a - 8/92, BStBl 1992 I, S. 123; BFH-Urteil vom 14.5.91, VIII R 31/88, BStBl 1992 II, S. 167 und vom 26.9.1996, IV R 105/94, BStBl 1997 II, S. 277.

Beispiel

Kommanditist E ist an einer KG mit einer voll eingezahlten Einlage von 10 TDM beteiligt. Im Jahr 01 erhält er eine Verlustzuweisung von 10 TDM. Sein Kapitalkonto beträgt anschließend 0 DM. Im Jahr 02 entnimmt er 10 TDM.

Durch die Entnahme wird das Kapitalkonto des E negativ. Eine Gewinnhinzurechnung ist jedoch ausgeschlossen, da die Rückzahlung einer geleisteten Einlage handelsrechtlich dazu führt, daß E den Gesellschaftsgläubigern wieder unmittelbar haftet. Vom Ergebnis her entspricht dieser Fall der weiter oben erläuterten Regelung des erweiterten Verlustausgleichs (Verlustzuweisung bis zur Höhe des Haftungsbetrages).

Eine Gewinnhinzurechnung ist ebenfalls *ausgeschlossen,* soweit in den vorhergehenden Jahren keine Verlustzuweisungen durch die Gesellschaft erfolgt sind. Aus Gründen der Rechtssicherheit ist die Hinzurechnung weiterhin *zeitlich* auf die Verlustanteile *begrenzt*, die im Jahr der Einlageminderung und den zehn vorangegangenen Wirtschaftsjahren ausgleichs- oder abzugsfähig gewesen sind.

Eine entsprechende Gewinnhinzurechnung wie bei der Einlageminderung findet auch statt, wenn eine *Haftungsminderung* vorgenommen wird. Eine Haftungsminderung liegt vor, wenn der Haftungsbetrag herabgesetzt wird.

Beispiel

F ist mit einer Kommanditbeteiligung von 50 TDM im Handelsregister eingetragen. Er hat jedoch keine tatsächliche Einlage geleistet. Nachdem F für das Jahr 01 eine Verlustzuweisung von 50 TDM erhalten hat, wird im Jahr 02 seine Haftung im Handelsregister auf 20 TDM begrenzt.

Durch die Haftungsminderung sinkt der Haftungsbetrag des F von 50 TDM auf 20 TDM. In Höhe der Differenz von 30 TDM erfolgt eine Gewinnhinzurechnung im Jahr 02, durch die der Verlustausgleich des Jahres 01 im Ergebnis rückgängig gemacht wird. 30 TDM sind in den Folgejahren (zeitlich unbefristet) verrechenbar.

Ist das Kapitalkonto eines Kommanditisten im Zeitpunkt der Veräußerung seiner Beteiligung negativ, so können die bisher nicht verrechneten Verluste mit dem Veräußerungsgewinn ausgeglichen werden. Bei *unentgeltlicher* Übertragung (z.B. Erbschaft) gehen die Verluste auf den Rechtsnachfolger über. Im *Liquidationsfall* können nicht verrechnete Verluste mit dem Gewinn aus der Aufdeckung stiller Reserven verrechnet werden.

Soweit ein Ausgleich oder eine Verrechnung von Verlusten bei einem Kommanditisten nicht möglich ist, werden die Verluste dem Gesellschafter zugeschrieben, der sie endgültig trägt. Dies ist i.d.R. ein Komplementär. Der Kommanditist kann dann diese Verluste nicht mehr geltend machen.

6.6 Besonderheiten bei Familienpersonengesellschaften

Häufig gründen Eltern (ein Elternteil) gemeinsam mit ihren Kindern (einem Kind) eine Personengesellschaft. Derartige Gesellschaften werden allgemein als **Familienpersonengesellschaften** bezeichnet[110].

Innerhalb der Familienpersonengesellschaften lassen sich verschiedene Arten unterscheiden, die hinsichtlich der rechtlichen und tatsächlichen Stellung der Kinder voneinander abweichen. *Zwei Hauptarten*, die zugleich die *Eckpunkte der möglichen Variationsbreite* darstellen, lassen sich wie folgt kennzeichnen:

1. Die Kinder sind *volljährig* und erbringen zur Erfüllung des Gesellschaftszwecks eine *eigene Leistung,* indem sie in dem Unternehmen mitarbeiten oder aus eigenen Mitteln eine Kapitaleinlage tätigen;
2. die Kinder sind *minderjährig* und stellen der Gesellschaft lediglich *Kapital* zur Verfügung, das ihnen zuvor von ihren Eltern geschenkt worden ist.

Neben diesen beiden Hauptarten gibt es eine Vielzahl weiterer Arten von Familienpersonengesellschaften, bei denen in unterschiedlichem Maße Merkmale der beiden Hauptarten miteinander verbunden sind. So gibt es z.B. Familienpersonengesellschaften zwischen Eltern und minderjährigen Kindern, bei denen die Kinder im Unternehmen mitarbeiten, und andere zwischen Eltern und volljährigen Kindern, bei denen die Kinder der Gesellschaft lediglich von den Eltern geschenktes Kapital zur Verfügung stellen.

Hier sollen nur die beiden Hauptfälle behandelt werden. Dies ist ausreichend, um die grundsätzliche steuerliche Problematik, die mit der Gründung und dem Betreiben einer Familienpersonengesellschaft verbunden ist, zu erläutern.

Eine Familienpersonengesellschaft zwischen Eltern und ihren **volljährigen Kindern** in dem Fall, daß die Kinder eine *eigene Leistung* zur Erfüllung des Gesellschaftszwecks erbringen (erster Hauptfall), ist eine normale Personengesellschaft, wie sie auch zwischen nicht miteinander verwandten Personen üblich ist. Es gelten deshalb die allgemeinen Grundsätze zur steuerlichen Behandlung von Personengesellschaften. Das bedeutet vor allem, daß die *steuerliche Anerkennung* der Gesellschaft selbst *nicht zweifelhaft* ist und auch die von den Gesellschaftern vereinbarte *Gewinnverteilung* von der Finanzbehörde in aller Regel anerkannt wird.

Ganz anders verhält es sich hingegen in dem zweiten Hauptfall, in dem Fall also, daß die **Kinder minderjährig** sind und der Gesellschaft lediglich ihnen zuvor von ihren Eltern *geschenktes Kapital* zur Verfügung stellen. Derartige Gesellschaften werden in großer Zahl gegründet. Hierbei werden die Kinder in aller Regel als Kommanditisten aufgenommen. Mit der Gründung einer derartigen Gesellschaft werden vorrangig *folgende Ziele* verfolgt:

- Übertragung eines Teils des Vermögens der Eltern auf ihre Kinder im Wege der sogenannten *vorweggenommenen Erbfolge*, häufig verbunden mit dem

---

[110] Vgl. Söffing, G., Mitunternehmer, 1994, S. 290 ff.; Zimmermann, R., Personengesellschaft, 1995, S. 625 ff.

Ziel, vollhaftendes Vermögen der Eltern (bei Einzelunternehmen und offenen Handelsgesellschaften) in nur beschränkt haftendes Kommanditkapital (beschränkt auf den Betrag der Kommanditeinlage) umzuwandeln;
- *Übertragung einer Einkunftsquelle* von den Eltern auf die Kinder mit der Möglichkeit, die Progression der Einkommensteuer der Eltern zu mildern;
- Schaffung der Möglichkeit, den Kindern künftig entstehende *stille Reserven* zukommen zu lassen, ohne daß dieser Vorgang der Erbschaftsteuer unterliegt.

Bei Vorliegen des zweiten Hauptfalls erheben sich regelmäßig folgende zwei Fragen:
1. Ist die Familienpersonengesellschaft steuerlich überhaupt anzuerkennen und
2. kann die zwischen den Gesellschaftern vereinbarte Gewinnverteilung der Besteuerung zugrunde gelegt werden?

Die zweite Frage ist selbstverständlich nur dann sinnvoll, wenn die erste bejaht wird.

An die *steuerliche Anerkennung* einer Familienpersonengesellschaft zwischen Eltern und ihren minderjährigen Kindern stellt die Rechtsprechung hohe Anforderungen. Vor allem müssen *folgende Voraussetzungen* erfüllt sein:

- Das Kind darf bei Abschluß des Gesellschaftsvertrages nicht durch seine Eltern, vielmehr muß es durch einen *Ergänzungspfleger* i.S.d. § 1909 BGB vertreten werden[111];
- der Vertrag muß von dem *Vormundschaftsgericht* genehmigt werden;
- das Kind darf in seinen *Rechten* als Kommanditist vertraglich nicht stark eingeschränkt werden, d.h. es muß zumindest annähernd die Rechtsstellung haben, die ein Kommanditist bei der im HGB vorgesehenen typischen Gestaltung hat (§§ 161 ff. HGB);
- die Beteiligung des Kindes muß *buchmäßig* einwandfrei dargestellt werden; die auf das Kind entfallenden Gewinnanteile müssen klar und eindeutig ihm und nicht den Eltern gutgeschrieben werden;
- der *Gesellschaftsvertrag* muß *vollzogen* werden, d.h. die Vertragspartner müssen streng nach dem Vertragstext verfahren (ein Grundsatz, der das ganze Steuerrecht beherrscht, dem aber bei Verträgen zwischen Eltern und ihren minderjährigen Kindern besondere Bedeutung zukommt).

Wird ein Gesellschaftsvertrag zwischen Eltern und ihren Kindern steuerlich *nicht* anerkannt, so liegt steuerlich weiter nur ein Unternehmen der Eltern vor. Das hat vor allem die Konsequenz, daß die Gewinnanteile der Kinder steuerlich den Eltern zugerechnet werden. Eine steuerliche Nichtanerkennung einer Familienpersonengesellschaft wird von der Rechtsprechung in einzelnen Fällen auf die wirtschaftli-

---

[111] Ein Ergänzungspfleger ist nach Ansicht des BFH erforderlich, damit bei Vertragsabschluß nicht gegen das Selbstkontrahierungsverbot des § 181 BGB verstoßen wird. Vgl. BFH-Urteil vom 1.2.1973, IV R 61/72, BStBl 1973 II, S. 309 und vom 23.4.1992, IV R 46/91, BStBl 1992 II, S. 1024.

che Betrachtungsweise, in anderen auf einen Mißbrauch von Gestaltungsmöglichkeiten des Rechts (§ 42 AO) gestützt[112].

Bei steuerlicher Anerkennung des Gesellschaftsvertrages zwischen Eltern und ihren Kindern erhebt sich die Frage, ob die vorgesehene *Gewinnverteilung angemessen* ist.

Nach höchstrichterlicher Rechtsprechung[113] ist die Gewinnverteilung im allgemeinen dann nicht zu beanstanden, wenn der vereinbarte Gewinnverteilungsschlüssel eine *durchschnittliche Rendite von nicht mehr als 15 % des tatsächlichen Wertes (gemeint ist der gemeine Wert) der Beteiligung* ergibt. Zu beachten ist, daß zur Berechnung der Rendite nicht auf das Nominalkapital des Gesellschafters, sondern auf den *tatsächlichen Wert* der Beteiligung abgestellt wird. Zu beachten ist weiterhin, daß zur Bestimmung der durchschnittlichen Rendite auf den *nachhaltig erzielbaren Gewinn* unter Berücksichtigung der sich für die Zukunft ergebenden wahrscheinlichen Entwicklung abzustellen ist. Nach H 138a Abs. 3 Satz 4 EStR ist hierbei regelmäßig ein Zeitraum von fünf Jahren der Betrachtung zugrunde zu legen. Maßgebend für die Beurteilung der Angemessenheit der Gewinnverteilung sind die tatsächlichen und rechtlichen *Verhältnisse bei Vertragsabschluß*.

Ist der vereinbarte Gewinnanteil eines Kindes unangemessen hoch, so ist die Besteuerung so vorzunehmen, als ob eine angemessene Gewinnverteilung vereinbart wäre. Diese Rechtsfolge ist Ausfluß der typisierenden Betrachtungsweise[114].

Zu beachten ist, daß die 15%-Grenze nur eingreift, wenn das Kind den Kapitalanteil von seinen Eltern geschenkt erhalten hat und das Kind in der Gesellschaft nicht mitarbeitet. In allen anderen Fällen kann die Gewinnverteilung regelmäßig zu einer höheren Kapitalrendite des Kommanditkapitals führen, ohne daß dies steuerlich zu beanstanden wäre.

Die aufgezeigte Problematik soll anhand eines Beispiels verdeutlicht werden.

Beispiel

1. Sachverhalt und Aufgabenstellung

Mit zivil- und steuerrechtlich anzuerkennendem Gesellschaftsvertrag nimmt V ab 1.1.01 seinen minderjährigen Sohn (S) und seine ebenfalls minderjährige Tochter (T) als Kommanditisten in sein nunmehr aus einem Einzelunternehmen in die „V & S-KG" umgewandeltes Unternehmen auf. Zu diesem Zweck schenkt er ihnen je 10 % des Gesellschaftskapitals der KG. Der Buchwert des Gesellschaftskapitals beträgt 500.000 DM. Der tatsächliche (gemeine) Wert der Gesellschaftsanteile der Kinder beläuft sich auf jeweils 100.000 DM. Nach dem Gesellschaftsvertrag erhält V eine Tätigkeitsvergütung von 100.000 DM jährlich. Der Restgewinn wird im Verhältnis der Kapitalanteile verteilt.

---

112 Vgl. dazu Meßmer, K., Rechtsprechung, 1979/80, S. 252 ff.; Schmidt, L., in: Schmidt, L., EStG, § 15 EStG, Anm. 119a.

113 Vgl. BFH-Beschluß v. 29.5.1972, GrS 4/71, BStBl 1973 II, S. 5 und BFH-Urteil vom 24.6.1986, IV R 103/83, BStBl 1987 II, S. 54; zur Kritik an der 15%-Regelung, vgl. Söffing, G., Mitunternehmer, 1994, S. 317 f.

114 Ausführungen zur typisierenden Betrachtungsweise enthält Teil VI, Gliederungspunkt 2.6.

Im Wirtschaftsjahr 01 beträgt der Gewinn der KG nach Abzug der Tätigkeitsvergütung 600.000 DM. Die Gesellschaft nimmt folgende Gewinnverteilung vor:

	V	S	T	Summe
	DM	DM	DM	DM
Tätigkeitsvergütung	100.000	--	--	100.000
nach dem Gewinnverteilungsschlüssel zu verteilender Gewinn	480.000	60.000	60.000	600.000
insgesamt	580.000	60.000	60.000	700.000

Es ist die steuerlich zulässige Gewinnverteilung unter der Voraussetzung zu ermitteln, daß der nachhaltig erzielbare Gewinn nach Abzug einer angemessenen Tätigkeitsvergütung auf

a) 600.000 DM,
b) 400.000 DM

geschätzt wird.

2. Lösung

a) Nichtmitarbeitenden minderjährigen Kindern, die ihren Gesellschaftsanteil geschenkt erhalten haben, darf nur ein steuerlich angemessener Gewinn zugerechnet werden. Steuerlich angemessen ist maximal ein Gewinnanteil bis zu 15 % des tatsächlichen Wertes des Gesellschaftsanteils unter Berücksichtigung des zum Zeitpunkt der Gesellschaftsaufnahme voraussichtlich erzielbaren nachhaltigen Gewinns. Dieser wird grundsätzlich aus der durchschnittlichen Rendite eines Zeitraums von 5 Jahren berechnet.

Da der tatsächlich erwirtschaftete mit dem nachhaltig erzielbaren Gewinn übereinstimmt, beträgt der steuerlich höchste noch angemessene Gewinnanteil für jedes der beiden Kinder 15 % des tatsächlichen Wertes ihres Gesellschaftsanteils, also 100.000 DM · 0,15 = 15.000 DM.

Die steuerlich zulässige Gewinnzuordnung sieht wie folgt aus:

	V	S	T	Summe
	DM	DM	DM	DM
Tätigkeitsvergütung	100.000	--	--	100.000
zu verteilender Gewinn	570.000	15.000	15.000	600.000
insgesamt	670.000	15.000	15.000	700.000

Gesellschaftsrechtlich ist die Gewinnverteilung hiervon unabhängig wie vereinbart vorzunehmen, d.h. den Kapitalkonten der Kinder wird ein Gewinn von je 60.000 DM gutgeschrieben.

b) Bei einem im Zeitpunkt der Gewinnverteilungsabrede zu erwartenden nachhaltigen Gewinn von 400.000 DM und einem davon abweichenden tatsächlich erzielten Gewinn von 600.000 DM im Jahr 01, muß der steuerlich angemessene Gewinnanteil wie folgt ermittelt werden:

	DM
Tatsächlicher Wert des Gesellschaftsanteils	100.000
15 % dieses Wertes	15.000
nachhaltig zu erwartender Gewinn	400.000

Der höchstmögliche Gewinnanteil bei einem Gewinn von 400.000 DM beträgt 15% von 100.000 DM = 15.000 DM.

Das sind $\dfrac{15.000}{400.000} = 3{,}75\%$ des zu erwartenden Gewinns.

Bei einem tatsächlichen Gewinn von 600.000 DM ist dieser Prozentsatz auf den tatsächlichen Gewinn anzuwenden. Es ergibt sich damit ein angemessener Gewinnanteil i.H.v. (600.000 · 3,75%=) 22.500 DM.

Die steuerlich angemessene Gewinnverteilung sieht wie folgt aus:

	V	S	T	Summe
	DM	DM	DM	DM
Tätigkeitsvergütung	100.000	--	--	100.000
zu verteilender Gewinn	555.000	22.500	22.500	600.000
insgesamt	655.000	22.500	22.500	700.000

6.7 Besonderheiten bei der GmbH&CoKG

Die GmbH&CoKG ist eine Kommanditgesellschaft, deren Komplementär eine GmbH (Komplementär-GmbH) ist. Neben der Komplementär-GmbH können auch eine oder mehrere natürliche Personen die Stellung von Komplementären haben. Dies ist aber unüblich. Der Normalfall ist vielmehr der, daß der einzige Komplementär der GmbH&CoKG eine GmbH ist und außerdem eine oder mehrere natürliche oder juristische Personen die Stellung von Kommanditisten haben.

Die GmbH&CoKG wirft neben anderen auch bilanzsteuerliche Probleme auf. Aus Zweckmäßigkeitsgründen wird hierauf aber erst an wesentlich späterer Stelle eingegangen, dann nämlich, wenn im Rahmen der Rechtsformwahl-Diskussion Probleme der GmbH&CoKG in einem weiteren Bezugsfeld behandelt werden können. Dies geschieht erst in Band 2 dieses Werkes.

6.8 Aufgaben 16 - 22

Aufgabe 16

A, B und C sind die Gesellschafter einer KG. Die KG erzielt im Jahr 01 einen Gewinn von 100 TDM. Den Gewinn haben folgende Aufwendungen gemindert:

a) Gehaltszahlungen an den Geschäftsführer A in Höhe von 300 TDM,

b) Zinsen an B in Höhe von 50 TDM für dessen der KG gewährtes Darlehen von 500 TDM,

c) Pachtzinsen an C für die Zurverfügungstellung eines Grundstücks 70 TDM. Das Grundstück dient dem Betrieb der KG zu 100 %.

Die Gewinnverteilung lt. Gesellschaftsvertrag beträgt nach Abzug der sich aus a) bis c) ergebenden Gehalts-, Zins- und Pachtaufwendungen 40 : 30 : 30.

Beurteilen Sie den Sachverhalt unter steuerlichen Gesichtspunkten.

Aufgabe 17

Wie ist steuerlich bei der Gründung einer Personengesellschaft

a) gegen Bareinlage,
b) gegen Sacheinlage

zu bilanzieren und zu bewerten?

Aufgabe 18

Welche steuerlichen Folgen treten ein, wenn der Gesellschafter einer Personengesellschaft seinen Mitunternehmeranteil

a) zum Buchwert,
b) zu einem höheren Wert als dem Buchwert veräußert und das Kapitalkonto positiv ist?

Aufgabe 19

Der bisherige Einzelinhaber eines Großhandels V beabsichtigt, seinen bisher als Prokuristen in seinem Unternehmen beschäftigten volljährigen Sohn S als vollhaftenden Gesellschafter aufzunehmen. S soll zunächst ohne Kapitaleinlage aufgenommen werden. Er soll sich aber verpflichten, jährlich 20 % seines Gewinnanteils im Unternehmen zu belassen, bis sein Kapitalkonto 200 TDM beträgt. Es ist folgende Gewinnverteilung vorgesehen:

a) Die Kapitalkonten zum 1.1. eines Jahres werden mit 10 % verzinst,
b) der Restgewinn wird auf V und S im Verhältnis 60 % zu 40 % verteilt.

Würdigen Sie den Sachverhalt in ertragsteuerlicher Sicht.

Aufgabe 20

Welche Grundsätze gelten für die Gewinnverteilung bei Familienpersonengesellschaften?

Aufgabe 21

Ein Vater nimmt seine beiden minderjährigen Kinder in sein bisheriges Einzelunternehmen als Gesellschafter (Kommanditisten) auf. Ein Ergänzungspfleger wird für den Abschluß des Gesellschaftsvertrages nicht bestellt. Die Kinder leisten weder eine Kapitaleinlage, noch arbeiten sie im Unternehmen mit. Kapitalanteile sollen ihnen aus künftigen Gewinnen erwachsen. Innerhalb der ersten drei Jahre sind sie an den stillen Reserven einschließlich des Geschäftswertes nicht beteiligt. Welche steuerlichen Folgen entstehen?

Aufgabe 22

Wie die vorstehende Aufgabe, jedoch schenkt der Vater seinen Kindern Kapitalanteile von je 50 TDM. Der Abschluß des Gesellschaftsvertrages erfolgt unter Einschaltung eines Ergänzungspflegers. Die Genehmigung des Vormundschaftsgerichts wird erteilt. Die Kinder sind an sämtlichen stillen Reserven beteiligt.

7 Besteuerung der Renten und Raten im betrieblichen Bereich

7.1 Einführung und Überblick

Der Begriff der Renten und rentenähnlichen Leistungen ist bereits erläutert worden. In Teil II, Gliederungspunkt 2.6.1, findet sich eine Einteilung der Renten nach unterschiedlichen Kriterien. Unterschieden wird dort zwischen

1. betrieblichen und privaten Renten,
2. Veräußerungs-, Versorgungs-, Schadens- und Unfallrenten,
3. Leibrenten und Zeitrenten.

In Teil II, Gliederungspunkt 2.6.3, wird die Besteuerung der Renten und rentenähnlichen Leistungen im *privaten* Bereich dargestellt. Die nachfolgenden Ausführungen hingegen haben die Rentenbesteuerung im *betrieblichen* Bereich zum Inhalt. Untergliedert wird hierbei nach

1. betrieblichen Veräußerungsrenten,
2. betrieblichen Versorgungsrenten,
3. betrieblichen Schadens- und Unfallrenten.

Alle diese Renten können sowohl die Form der Leib- als auch die der Zeitrenten haben. Zu betrachten ist nachfolgend jeweils die steuerliche Behandlung sowohl beim Rentenberechtigten als auch beim Rentenverpflichteten.

7.2 Betriebliche Veräußerungsrenten

7.2.1 Begriff und Abgrenzung

Betriebliche Veräußerungsrenten sind Renten, die zwischen dem Veräußerer und dem Erwerber von *Betriebsvermögen* vereinbart werden. Der Kaufpreis wird in derartigen Fällen nicht in einer Summe gezahlt, vielmehr wird er verrentet. Auch eine Aufteilung des Kaufpreises in einen Barbetrag und in eine Rente ist möglich.

Voraussetzung für das Vorliegen einer betrieblichen Veräußerungsrente ist, daß die Leistung des Käufers (der Wert der Rente) und die Gegenleistung des Verkäufers (der Wert des übertragenen Betriebs oder der übertragenen betrieblichen Wirtschaftsgüter) einander entsprechen. Leistung und Gegenleistung müssen also nach kaufmännischen Gesichtspunkten ermittelt worden sein[115]. Das wird bei Veräußerungen zwischen Fremden in aller Regel unterstellt, es wird also davon ausgegangen, daß diese Personen einander nichts schenken wollen. Etwas anderes gilt hingegen bei Veräußerungen zwischen nahen Angehörigen. Hier wird eine betriebliche Veräußerungsrente nur in Ausnahmefällen in Betracht kommen, und zwar dann, wenn die Vertragspartner nachweisen oder glaubhaft machen können, daß sie nach kaufmännischen Gesichtspunkten gehandelt haben und einander nichts schenken wollten[116].

Nachfolgend wird stets davon ausgegangen, daß es sich bei dem Veräußerungsvorgang um eine Betriebsveräußerung im ganzen gem. § 16 EStG handelt. Dies ist sicher der weitaus wichtigste Fall, in dem eine betriebliche Veräußerungsrente vereinbart wird. Werden lediglich einzelne Wirtschaftsgüter veräußert, so gelten weitgehend die nachfolgenden Ausführungen entsprechend. Bei dem Gewinn aus der Veräußerung handelt es sich dann allerdings um laufenden Gewinn, auf den die Begünstigungsvorschriften der §§ 16 Abs. 4 und 34 EStG nicht anwendbar sind. Auf weitere Abweichungen soll hier nicht eingegangen werden.

Weiterhin wird zunächst davon ausgegangen, daß als Entgelt für den übertragenen Betrieb ausschließlich eine Rente vereinbart wird.

7.2.2 Betriebliche Veräußerungsrenten in Form von Leibrenten

7.2.2.1 *Steuerliche Behandlung beim Rentenverpflichteten*

Der Erwerber des Betriebs, d.h. der Rentenverpflichtete, hat zum Zeitpunkt des Betriebserwerbs eine **Eröffnungsbilanz** aufzustellen. In dieser ist die Rentenschuld mit ihrem *Barwert* zu passivieren. Auf der Aktivseite sind die übernommenen Wirtschaftsgüter anzusetzen. Die Summe der Wertansätze dieser Wirtschaftsgüter muß genau der passivierten Rentenschuld entsprechen.

Der Erwerber wird dem Veräußerer in aller Regel die in dem Betrieb steckenden stillen Reserven vergüten. Das bedeutet, daß der Kaufpreis (der Rentenbarwert) die Summe der Buchwerte des Veräußerers überschreitet. Der Erwerber hat die einzelnen übernommenen Wirtschaftsgüter neu zu bewerten. Dabei hat er die in den einzelnen Wirtschaftsgütern vorhandenen stillen Reserven aufzudecken und die bisherigen Buchwerte um die stillen Reserven zu erhöhen. Diese **Aufstockung** der stillen Reserven führt in aller Regel zum Ansatz der *Teilwerte* der einzelnen Wirtschaftsgüter.

---

[115] Vgl. BFH-Urteil vom 30.7.1959, IV 265/58 U, BStBl 1959 III, S. 406; vom 16.7.1969, I R 186/66, BStBl 1970 II, S. 56; vom 26.1.1978, IV R 62/77, BStBl 1978 II, S. 301; vom 22.9.1982, IV R 154/79, BStBl 1983 II, S. 99; vom 20.12.1988, VIII R 121/83, BStBl 1989 II, S. 585; vom 16.12.1993, X R 67/92, BStBl 1996 II, S. 669; s. auch BMF-Schreiben vom 23.12.1996, IV B 3-S 2257 - 54/96, BStBl 1996 I, S. 1508; Jansen, R./Wrede, F., Renten, 1995, S. 145.

[116] Vgl. BFH-Urteil vom 29.1.1992, X R 193/87, BStBl 1992 II, S. 465.

7 Besteuerung der Renten und Raten im betrieblichen Bereich

Übersteigt der Kaufpreis die Summe der Teilwerte der einzelnen Wirtschaftsgüter, so ist der Differenzbetrag als derivativer Firmenwert (Geschäftswert, Praxiswert) auszuweisen.

Die in der Eröffnungsbilanz des Erwerbers angesetzten Werte der zu aktivierenden Wirtschaftsgüter stellen deren *Anschaffungskosten* dar. In der Folgezeit gelten für die angeschafften Wirtschaftsgüter die allgemeinen Vorschriften des Bilanzsteuerrechts.

Die Rentenbarwerte zum Zeitpunkt des Betriebserwerbs und zu allen späteren Bilanzstichtagen sind nach *versicherungsmathematischen Grundsätzen* zu ermitteln[117]. In der Praxis geschieht dies durch Einholung eines versicherungsmathematischen Gutachtens zu jedem Bilanzstichtag.

Der Rentenbarwert sinkt mit zunehmendem Alter des Rentenberechtigten. *Die Rentenverbindlichkeit, die Rückstellungscharakter hat, ist deshalb im Zeitablauf mit ständig sinkenden Beträgen in den Bilanzen des Rentenverpflichteten auszuweisen.*

Die vertraglich vorgesehenen Rentenzahlungen zwischen zwei Abschlußstichtagen stellen beim Rentenverpflichteten teils Schuldentilgung, teils Zinsaufwendungen dar. *Der Tilgungsanteil ist die Differenz zwischen dem Rentenbarwert am Schluß des vorangegangenen Wirtschaftsjahres und dem Rentenbarwert am Schluß dieses Wirtschaftsjahres. Der Unterschiedsbetrag zwischen den vertraglich vereinbarten Rentenzahlungen und der Tilgung ergibt den Zinsaufwand.* Nur in Höhe des Zinsaufwandes darf der Gewinn gemindert werden, die Tilgung stellt eine erfolgsneutrale Vermögensumschichtung dar.

In der Praxis werden regelmäßig die *tatsächlichen* Rentenzahlungen als Aufwand verbucht. Um dennoch zu einem zutreffenden Gewinnausweis zu kommen, ist am Jahresende, im Rahmen der vorbereitenden Abschlußbuchungen, in Höhe des zuviel verrechneten Aufwandes, d.h. in Höhe des Tilgungsanteils, eine *Gewinnkorrektur* erforderlich. Bei sachgerechter Gestaltung der Abschlußbuchung muß mit dieser eine Minderung des Rentenaufwands bewirkt werden. Dies geschieht aber in praxi häufig nicht. Vielmehr erfolgt die Gewinnkorrektur über ein Ertragskonto. Hierdurch wird zwar die korrekte Ermittlung des Gewinns gewährleistet; Aufwendungen und Erträge werden aber jeweils zu hoch ausgewiesen. Ein Beispiel soll diese Ausführungen veranschaulichen.

Beispiel

Ein zu passivierender Rentenbarwert beträgt an den Bilanzstichtagen 31.12.01 und 31.12.02 99.546 DM bzw. 93.789 DM. Rentenzahlungen werden im Jahre 02 vertragsgemäß i.H.v. 18.000 DM geleistet.

---

[117] Vgl. Schmidt, L., in: Schmidt, L., EStG, § 16 EStG, Rz. 230 und die dort angeführte Rechtsprechung.

Lösung

1. Ertragskonto-Methode

Bank			
AB*	60.000	(1)	18.000

Rentenaufwand			
(1)	18.000	(4)	18.000

Ertragskonto			
(5)	5.757	(3)	5.757

Rentenschuld			
(2)	93.789	AB	99.546
(3)	5.757		
	99.546		99.546

Gewinn- und Verlustkonto			
(4)	18.000	(5)	5.757

Schlußbilanz			
		(2)	93.789

* AB = Anfangsbestand

Buchungssätze:	DM
(1) Rentenaufwand an Bank	18.000
(2) Rentenschuld an Schlußbilanz	93.789
(3) Rentenschuld an Ertragskonto	5.757
(4) Gewinn- u. Verlustkonto an Rentenaufwand	18.000
(5) Ertragskonto an Gewinn- u. Verlustkonto	5.757

2. Aufwandminderungs-Methode

Bank			
AB	60.000	(1)	18.000

Rentenaufwand			
(1)	18.000	(3)	5.757
		(4)	12.243
	18.000		18.000

Rentenschuld			
(2)	93.789	AB	99.546
(3)	5.757		
	99.546		99.546

Gewinn- u. Verlustkonto			
(4)	12.243		

Schlußbilanz			
		(2)	93.789

Buchungssätze:	DM
(1) Rentenaufwand an Bank	18.000
(2) Rentenschuld an Schlußbilanz	93.789
(3) Rentenschuld an Rentenaufwand	5.757
(4) Gewinn- u. Verlustkonto an Rentenaufwand	12.243

Der Vergleich zwischen den Gewinn- und Verlustkonten bei beiden Methoden zeigt, daß im ersten Fall Ertrags- und Aufwandsseite höhere Werte aufweisen als im zweiten Fall (Nettoausweis des Aufwands).

Neben der vorgenannten versicherungsmathematischen Methode wird in der Literatur vereinzelt aus Vereinfachungsgründen die sog. buchhalterische Methode für zulässig erachtet[118]. Hierbei wird auf die jährliche Neubewertung der Rentenverbindlichkeit verzichtet. Die Rentenzahlungen werden statt dessen mit der am Anfang (versicherungsmathematisch) ermittelten Verbindlichkeit in jedem Jahr voll verrechnet, und zwar so lange, bis die Verbindlichkeit buchmäßig getilgt ist. Der steuerliche Gewinn wird hierbei nicht berührt (erfolgsneutrale Vorgänge). Wenn die Rentenzahlungen nicht mehr gegen die Rentenverbindlichkeit verrechnet werden können, sind sie in voller Höhe gewinnmindernd als Aufwand zu verbuchen. Diese Methode hat den Nachteil, daß Rentenaufwand verspätet gebucht wird. Sie verstößt damit gegen das Vorsichtsprinzip, d.h. gegen einen der wichtigsten Grundsätze ordnungsmäßiger Buchführung. Die buchhalterische Methode ist deshalb handelsrechtlich und - über den Maßgeblichkeitsgrundsatz - auch bei der Gewinnermittlung nach § 5 Abs. 1 EStG unzulässig.

Soweit Rentenaufwand den steuerlichen Gewinn mindert, wird die Bemessungsgrundlage der Einkommen- oder Körperschaftsteuer gemindert. *Die Höhe der Gewerbeertragsteuer hingegen bleibt immer dann unberührt, wenn die Rente als Entgelt für den Erwerb eines Betriebs, Teilbetriebs oder eines Anteils am Betrieb gezahlt wird.* In derartigen Fällen ist der Rentenaufwand nämlich dem Gewinn aus Gewerbebetrieb zur Errechnung des Gewerbeertrags gemäß § 8 Nr. 2 GewStG wieder hinzuzurechnen. Hinzugerechnet wird nur der echte Aufwand, d.h. der Betrag, um den der Gewinn aufgrund der Rentenvereinbarung letztlich gemindert worden ist. Der in den Rentenzahlungen steckende Tilgungsanteil wird somit nicht nach § 8 Nr. 2 GewStG dem Gewinn wieder hinzugerechnet. Im vorhin behandelten Beispiel beträgt die Hinzurechnung demnach 12.243 DM.

7.2.2.2 Steuerliche Behandlung beim Rentenberechtigten

Bei einer Betriebsveräußerung (Teilbetriebsveräußerung) hat der Veräußerer zum Veräußerungszeitpunkt eine Bilanz (**Veräußerungsbilanz**) nach den allgemeinen Grundsätzen des Bilanzsteuerrechts zu erstellen. Aus der Veräußerungsbilanz ergibt sich das Eigenkapital zum Veräußerungszeitpunkt, das für die Besteuerung in der Folgezeit von Bedeutung ist. Die *Rentenzahlungen* stellen beim Rentenberechtigten (Veräußerer) zunächst Einnahmen in der Vermögens- und nicht in der Einkommenssphäre dar. Das gilt bis zu dem Zeitpunkt, zu dem die kumulierten Rentenzahlungen erstmalig das Eigenkapital zum Veräußerungszeitpunkt zuzüglich der vom Veräußerer getragenen Veräußerungskosten übersteigen. Erst ab diesem Zeitpunkt erhält der Veräußerer nämlich eine Vergütung für die in dem Betrieb ruhenden und von ihm bisher nicht versteuerten stillen Reserven. Der Veräußerer hat diese ihm vergüteten stillen Reserven nunmehr zu versteuern[119].

---

[118] Vgl. Herrmann, C./Heuer, G./Raupach, A., EStG, § 5 EStG, Anm. 1367.; Niepoth, D., Renten, 1992, S. 80 m. w. N.

[119] Die hier wiedergegebene Rechtsansicht beruht auf dem Urteil des RFH vom 14.5.1930. VI A 706/28, RStBl 1930, S. 580.

Sobald die kumulierten Rentenzahlungen das Eigenkapital zum Veräußerungszeitpunkt und die von dem Veräußerer getragenen Veräußerungskosten übersteigen, führen die Renten beim Rentenberechtigten also zu steuerbaren Einnahmen. Die Versteuerung erfolgt im Rahmen der § 24 Nr. 2 i.V.m. § 15 EStG, d.h. die das Eigenkapital und die Veräußerungskosten übersteigenden Renten führen zu nachträglichen Einkünften aus Gewerbebetrieb im jeweiligen Jahr des Zuflusses der Renten[120]. Die stillen Reserven des veräußerten Betriebes werden also nicht in einem einzigen Jahr versteuert, vielmehr tritt eine Verteilung der Versteuerung über einen oftmals langen Zeitraum ein. Aus diesem Grunde kommen die Begünstigungsvorschriften der §§ 16 Abs. 4 und 34 EStG *nicht* zur Anwendung.

Anstelle der bisher beschriebenen Behandlung der Renten kann der Veräußerer nach der in R 139 Abs. 11 EStR wiedergegebenen Ansicht der *Finanzverwaltung* auch eine sofortige Versteuerung der durch den Verkauf aufgedeckten stillen Reserven beantragen[121]. In Höhe der Differenz zwischen Rentenbarwert im Veräußerungszeitpunkt einerseits und Eigenkapital zum selben Zeitpunkt plus Veräußerungskosten andererseits entsteht dann ein *Veräußerungsgewinn*. Auf diesen sind die Vergünstigungen der §§ 16 Abs. 4 und 34 EStG anzuwenden. Während der Erwerber des Betriebes den Rentenbarwert aufgrund eines versicherungsmathematischen Gutachtens zu ermitteln hat[122], kann der Veräußerer diesen Barwert auch in wesentlich einfacherer Weise anhand der Vorschriften des BewG ermitteln[123].

Der Rentenanspruch geht in diesem Fall in das Privatvermögen des Berechtigten über. Die laufenden Rentenzahlungen sind in einen Tilgungs- und einen Ertragsanteil aufzuteilen. Der Ertragsanteil wird wie bei der privaten Veräußerungsrente nach der Tabelle in § 22 EStG ermittelt und als sonstige Einkünfte der Einkommensteuer unterworfen. Der Tilgungsanteil (= Differenz zwischen Rente und Ertragsanteil) bleibt steuerfrei.

7.2.2.3 Kaufpreisbelegung nur teilweise in Form einer Rente

Bisher wurde davon ausgegangen, daß der Kaufpreis *ausschließlich* in Form einer Rente belegt wird, d.h., daß der Veräußerer für das übertragene Betriebsvermögen ausschließlich eine Rentenzusage erhält. Dies ist ein in der Praxis seltener Fall. In aller Regel wird nämlich neben einer Rente auch eine Barzahlung vereinbart. Vielfach übernimmt der Käufer darüber hinaus Schulden des Veräußerers. Die sich bei einem derartigen Sachverhalt ergebenden zusätzlichen Probleme sollen kurz anhand des nachfolgenden Erläuterungsbeispiels dargestellt werden:

---

[120] Bei Veräußerung eines land- und forstwirtschaftlichen Betriebes oder einer freiberuflichen Praxis liegen Einkünfte aus Land- und Forstwirtschaft bzw. aus selbständiger Arbeit vor.
[121] Kritisch zu dem von der Finanzverwaltung eingeräumten Wahlrecht äußern sich insbesondere Herrmann C./Heuer, G./Raupach, A., EStG, § 16 EStG, Anm. 205.
[122] Vgl. Gliederungspunkt 7.2.2.1.
[123] Vgl. R 139 Abs. 11 Satz 4 EStR; hinsichtlich der einschlägigen Vorschriften des BewG vgl. Teil IV, Gliederungspunkt 2.5.3.

Beispiel

Sachverhalt

Der im sozialversicherungsrechtlichen Sinne dauernd berufsunfähige Metzgermeister V, veräußert am 30.4. des Jahres 01 seinen Betrieb an Metzgermeister K. Seine Bilanz zum 30.4.01 hat folgendes Aussehen (stark vereinfachend dargestellt):

Aktiva	Bilanz per 30.4.01		Passiva
	DM		DM
Anlagevermögen	90.000	Eigenkapital	70.000
Umlaufvermögen	10.000	Verbindlichkeiten	30.000
	100.000		100.000

Auf den Kaufpreis von 190.000 DM werden die von K zu übernehmenden Verbindlichkeiten angerechnet. Weitere 40.000 DM zahlt K bar. Der verbleibende Restkaufpreis wird verrentet. Der Rentenbarwert am 30.4.01 beläuft sich auf 120.000 DM. Es ergeben sich Rentenzahlungen von 800 DM monatlich, die V vom Mai des Jahres 01 an bis zu seinem Lebensende erhalten soll. Der versicherungsmathematische Barwert zum 31.12.01, dem nächsten Bilanzstichtag des K, beträgt 117.900 DM. Das Anlagevermögen hat im Veräußerungszeitpunkt einen Teilwert von 121.000 DM, das Umlaufvermögen von 20.000 DM.

Aufgabenstellung

1. Es sind die gewinnmäßigen Folgen des vorstehenden Sachverhalts bei V darzustellen unter der Voraussetzung, daß er
   a) eine Versteuerung der stillen Reserven möglichst weit hinausschieben möchte,
   b) eine Begünstigung nach den §§ 16 Abs. 4 und 34 EStG wünscht.
2. Es ist die Eröffnungsbilanz des K aufzustellen. Ferner sind die Rentenzahlungen und die Minderung des Rentenbarwertes bei K zu verbuchen.

Lösung

1.a) Nachträgliche Versteuerung

Bei der nachträglichen Versteuerung sind die laufenden Rentenzahlungen erst dann als Einkünfte gemäß § 24 Nr. 2 i.V.m. § 15 EStG zu erfassen, wenn und soweit sie das Eigenkapitalkonto übersteigen. Dabei muß die Barzahlung mit in die Berechnung einbezogen werden.

Im Beispiel beträgt das steuerliche Eigenkapitalkonto 70.000 DM. V erhält eine Barzahlung in Höhe von 40.000 DM. Es verbleibt ein Restbetrag von 30.000 DM, der gegen die laufenden monatlichen Rentenzahlungen zu verrechnen ist. Nach 37 Monaten hat V insgesamt 29.600 DM Rente erhalten. Im 38. Monat, das ist der Juni des Jahres 04, übersteigt die Monatsrente von 800 DM den Restbetrag von 30.000 DM. Ab diesem Zeitpunkt sind sämtliche weiteren Zahlungen als nachträgliche gewerbliche Einkünfte zu versteuern.

1.b) Sofortversteuerung

Der Veräußerungsgewinn des V wird wie folgt ermittelt:

	DM
Barzahlung	40.000
+ Rentenanspruch	120.000
+ übernommene Verbindlichkeit	30.000
Kaufpreis	190.000
./. Anrechnung der Verbindlichkeit	30.000
./. Eigenkapital	70.000
Veräußerungsgewinn	90.000

328   *Teil III: Steuerbilanzen*

Der Veräußerungsgewinn ist gemäß § 16 Abs. 4 EStG um den vollen Freibetrag von 60.000 DM zu kürzen. Der verbleibende Gewinn von 30.000 DM ist gemäß § 34 Abs. 1 und 2 EStG im Veräußerungsjahr mit dem halben durchschnittlichen Steuersatz zu versteuern. Die Rentenzahlungen sind mit ihrem Ertragsanteil gemäß § 22 Nr. 1 EStG als sonstige Einkünfte jeweils im Zuflußjahr zu versteuern.

2. Metzgermeister K stellt folgende Eröffnungsbilanz auf:

Aktiva	Bilanz per 1.5.01		Passiva
	DM		DM
Anlagevermögen	121.000	Eigenkapital	40.000
Umlaufvermögen	20.000	Verbindlichkeiten	30.000
Geschäftswert	49.000	Rentenverpflichtung	120.000
	190.000		190.000

Das Anlage- und Umlaufvermögen ist gemäß § 6 Abs. 1 Nr. 7 EStG mit dem Teilwert zu aktivieren. In Höhe der Differenz zwischen den gesamten Anschaffungskosten (190.000 DM) und dem Anlage- plus Umlaufvermögen (141.000 DM) ist ein Geschäftswert von 49.000 DM anzusetzen. Auf der Passivseite der Eröffnungsbilanz hat K den Rentenbarwert, die übernommenen Verbindlichkeiten und sein Eigenkapital auszuweisen.

In der Zeit vom 1.5.01 bis zum 31.12.01 werden die Rentenzahlungen an V in Höhe von (800 DM · 8 Monate =) 6.400 DM als Aufwendungen verbucht. Auf dem Konto Rentenverpflichtung wird zum 31.12.01 der neue Rentenbarwert angesetzt. Die Differenz zwischen den Rentenbarwerten zum 1.5.01 und zum 31.12.01 wird auf dem Rentenaufwandskonto im Haben erfaßt.

	Rentenaufwand				Rentenverpflichtung		
(1)	6.400	(3)	2.100	(2)	117.900	AB	120.000
		(4)	4.300	(3)	2.100		
	6.400		6.400		120.000		120.000

	Geldkonto				Gewinn- und Verlustkonto	
		(1)	6.400	(4)	4.300	

	Schlußbilanz	
		(2)	117.900

* AB = Anfangsbestand

Buchungssätze:	DM
(1) Rentenaufwand an Geldkonto	6.400
(2) Rentenverpflichtung an Schlußbilanz	117.900
(3) Rentenverpflichtung an Rentenaufwand	2.100
(4) Gewinn- u. Verlustkonto an Rentenaufwand	4.300

Im Ergebnis wird der Gewinn somit um 4.300 DM gemindert. In Höhe dieses Betrages ist zur Ermittlung des Gewerbeertrags eine Hinzurechnung nach § 8 Nr. 2 GewStG vorzunehmen.

7.2.3 Betriebliche Veräußerungsrenten in Form von Zeitrenten

7.2.3.1 Steuerliche Behandlung beim Rentenverpflichteten

Betriebliche Veräußerungsrenten, die nicht an das Leben einer natürlichen Person geknüpft sind, sondern deren Zahlung auf eine bestimmte Zeit befristet ist, werden **betriebliche Veräußerungszeitrenten** genannt. Wie bereits in Teil II dargestellt, beträgt die Mindestlaufzeit einer Zeitrente 10 Jahre. Ist die Laufzeit kürzer, so handelt es sich nicht um eine Renten-, sondern um eine Ratenvereinbarung.

Der Erwerber des Betriebs, d.h. der Rentenverpflichtete, hat auf den Zeitpunkt des Betriebserwerbs eine *Eröffnungsbilanz* zu erstellen. Für die Erstellung dieser Bilanz und die weitere buch- und bilanzmäßige Behandlung der in ihr auszuweisenden Wirtschaftsgüter gelten die gleichen Grundsätze, wie bereits bei Erörterung des Betriebserwerbs gegen Zahlung einer betrieblichen Leibrente dargestellt. Es kann deshalb auf Gliederungspunkt 7.2.2.1 hingewiesen werden. Eine Abweichung ergibt sich allerdings insofern, als die Rentenverpflichtung nicht mit ihrem versicherungsmathematischen Barwert zu erfassen ist, da eine Zeitrente kein versicherungsmathematisch erfaßbares Risiko enthält. Statt dessen ist die Rentenverbindlichkeit in allen bis zum Ende der Rentenzahlungen zu erstellenden Bilanzen mit ihren *nach den Regeln der Finanzmathematik* zu errechnenden *Kapitalwerten* anzusetzen. Hierbei kann nach Ansicht des BFH von einem Zinssatz von 5,5 % p.a. ausgegangen werden[124]. Haben die Vertragsparteien einen anderen Zinssatz vereinbart, so ist nach R 139 Abs. 11 Satz 9 EStR dieser anzuwenden.

Die jährlichen Rentenzahlungen sind in einen Zins- und in einen Tilgungsanteil zu zerlegen. Als Aufwand ist nur der Zinsanteil zu behandeln. Gewerbesteuerlich ist auch hier die Hinzurechnungsvorschrift des § 8 Nr. 2 GewStG zu beachten.

7.2.3.2 Steuerliche Behandlung beim Rentenberechtigten

Der Rentenberechtigte hat nach H 139 Abs. 11 EStR bei einer betrieblichen Veräußerungszeitrente das gleiche *Wahlrecht* wie bei einer betrieblichen Veräußerungsleibrente. Er kann also den bei der Veräußerung entstandenen Gewinn *sofort versteuern;* er kann aber auch die Rentenzahlungen als *nachträgliche Betriebseinnahmen* i.S.d. § 24 Nr. 2 i.V.m. § 15 EStG behandeln.

Bei einer sofortigen Versteuerung der aufgedeckten stillen Reserven liegt ein Veräußerungsgewinn i.S.d. § 16 EStG vor, so daß gegebenenfalls ein Freibetrag nach Abs. 4 dieser Vorschrift zur Anwendung kommt. Bedeutsamer aber ist in diesem Fall die Anwendung des ermäßigten Steuersatzes nach § 34 EStG.

---

[124] Der BFH geht davon aus, daß der in § 13 Abs. 1 BewG genannte Zinssatz von 5,5 % einen brauchbaren Anhaltspunkt für die Aktivierung bietet; vgl. BFH-Urteil vom 20.11.1969, IV R 22/68, BStBl 1970 II, S. 309.

Der Veräußerungsgewinn ergibt sich als Differenz zwischen dem Kapitalwert der Rente nach Abzug der von dem Veräußerer übernommenen Veräußerungskosten einerseits und dem Buchwert des Eigenkapitals im Veräußerungszeitpunkt andererseits. Der Kapitalwert ist nach § 13 BewG zu ermitteln.

Entschließt sich der Veräußerer zur sofortigen Versteuerung der stillen Reserven, so hat er die Rentenzahlungen nur insoweit zusätzlich der Besteuerung zu unterwerfen, als in ihnen ein Zinsanteil enthalten ist. Die Zinsen stellen bei ihm Einnahmen aus Kapitalvermögen dar, wenn der Rentenanspruch zum Privatvermögen gehört. Dies wird der Normalfall sein.

Entschließt sich der Veräußerer *nicht* zu einer sofortigen Versteuerung der stillen Reserven, so berühren die Rentenzahlungen nur solange seine Vermögens- und nicht seine Einkommenssphäre, bis die kumulierten Rentenzahlungen das buchmäßige Eigenkapital im Veräußerungszeitraum und die Veräußerungskosten übersteigen. Alle darüber hinausgehenden Rentenzahlungen führen bei ihm in voller Höhe zu einer Versteuerung nach § 24 Nr. 2 i.V.m. § 15 EStG.

7.2.3.3 Kaufpreisbelegung nur teilweise in Form einer Rente

Wird bei einer Betriebsveräußerung neben einer Zeitrente auch eine Barzahlung oder eine Schuldübernahme vereinbart, so gelten die Ausführungen zu Gliederungspunkt 7.2.2.3 entsprechend. Eine Wiederholung an dieser Stelle erübrigt sich.

7.3 Betriebliche Versorgungsrenten

Eine **betriebliche Versorgungsrente** ist eine betrieblich veranlaßte Rente, bei der das Versorgungsmotiv klar im Vordergrund steht. Im Gegensatz zur betrieblichen Veräußerungsrente wird sie also nicht als Gegenleistung des Rentenverpflichteten für eine Leistung des Rentenberechtigten nach kaufmännischen Gesichtspunkten ausgehandelt. Gemeinsam mit dieser hat sie hingegen eine im betrieblichen Bereich liegende Veranlassung zur Rentenzahlung.

Betriebliche Versorgungsrenten werden in erster Linie an Gesellschafter gezahlt, die aus Altersgründen aus einer Personengesellschaft ausscheiden. Ferner erhält häufig die Witwe eines Gesellschafters von der Gesellschaft eine betriebliche Versorgungsrente.

Versorgungsrenten, die zwischen nahen Angehörigen vereinbart werden, sind nur in seltenen Ausnahmefällen betrieblicher Art. In aller Regel handelt es sich bei Rentenvereinbarungen zwischen nahen Angehörigen nämlich um private und nicht um betriebliche Versorgungsrenten[125].

---

[125] Hinsichtlich der steuerlichen Behandlung privater Versorgungsrenten s. Teil II, Gliederungspunkt 2.6.3.4.

Handelsbilanziell handelt es sich bei betrieblichen Versorgungsrenten aus Sicht des Rentenverpflichteten um *Aufwendungen, steuerlich* hingegen nach der ausdrücklichen gesetzlichen Vorschrift des § 15 Abs. 1 letzter Satz EStG um *Vorabgewinn*. Beim *Rentenberechtigten* sind die Rentenzahlungen hiernach nachträgliche Einkünfte aus Gewerbebetrieb i.S.d. § 24 Nr. 2 EStG[126]. Die Zuflüsse sind *von Anfang an in voller Höhe* zu versteuern[127].

7.4 Betriebliche Schadens- und Unfallrenten

Ist ein Gewerbetreibender zur Zahlung einer Schadens- oder Unfallrente verpflichtet, so ist der Kapitalwert der Verbindlichkeit im Jahr ihrer Entstehung in vollem Umfang zu Lasten des Gewinns zu passivieren. In aller Regel zahlt aber nicht der Steuerpflichtige selbst die Renten, sondern seine Versicherung. In diesen Fällen wird der Gewinn des Steuerpflichtigen durch die Rentenverpflichtung nicht berührt. Hingegen ergeben sich Gewinnminderungen durch die laufenden Prämien- oder Beitragszahlungen. Das gilt auch für Beiträge zur gesetzlichen Unfallversicherung, obwohl die Leistungen dieser Versicherungen an Unfallgeschädigte nach § 3 Nr. 1a EStG steuerfrei sind.

Empfängt ein Land- oder Forstwirt, ein Gewerbetreibender oder ein Steuerpflichtiger mit selbständiger Arbeit eine Schadens- oder Unfallrente, so kann die Rente sowohl privater als auch betrieblicher Natur sein. Betrieblicher Art ist eine Schadensrente beim Empfänger nur dann, wenn die Rente als Entschädigung für entgangene oder entgehende Gewinneinkünfte gezahlt wird (§ 24 Nr. 1a i.V.m. §§ 13, 15 oder 18 EStG). Eine Unfallrente ist beim Empfänger äußerst selten betrieblich veranlaßt. Sie ist dies insbesondere dann, wenn in einem Betrieb in erheblichem Umfang mit Betriebsunfällen zu rechnen ist und der Unternehmer aus diesem Grund eine Unfallversicherung abgeschlossen hat, durch die er selbst gegen den Verlust von Betriebseinnahmen aufgrund eines Unfalls versichert ist.

Nach höchstrichterlicher Rechtsprechung hat ein Empfänger einer Schadens- oder Unfallrente den Rentenanspruch im Zeitpunkt seiner Entstehung gewinnerhöhend zu aktivieren, wenn der Anspruch nach den vorstehenden Ausführungen zu seinem Betriebsvermögen gehört[128]. Diese Rechtsprechung ist äußerst problematisch. Nach Ansicht des Verfassers dürfte dann keine Aktivierung vorgenommen werden, wenn die Rente an das Leben des Berechtigten geknüpft ist, da der Anspruch der Höhe nach ungewiß ist. Eine Aktivierung verstößt demnach gegen das Imparitätsprinzip[129].

---

[126] Zur Klarstellung sei darauf hingewiesen, daß auch nachträgliche Einkünfte aus einer anderen Gewinneinkunftsart vorliegen können.
[127] Vgl. BFH-Urteil vom 27.4.1977, I R 12/74, BStBl 1977 II, S. 603; ferner H 171 EStR; Richter, H., Rentenbesteuerung, Fach 3.2, Tz. 603; Jansen, W./Wrede. F., Renten, 1995, S. 232 f.
[128] Vgl. BFH-Urteil vom 21.2.1957, IV 630/55 U, BStBl 1957 III, S. 164.
[129] Vgl. hierzu Gliederungspunkt 1.6.3.4.

7.5 Zusammenfassende Darstellung der Besteuerung betrieblicher Renten

In *Abbildung III/7* sind die Grundsätze für die Besteuerung betrieblich veranlaßter Renten zusammengefaßt. Vorausgesetzt ist, daß es sich bei den Rentenverpflichteten bzw. -berechtigten um bilanzierende Steuerpflichtige handelt. Im Falle der Veräußerungsrenten wird darüber hinaus davon ausgegangen, daß die Rente aus Anlaß einer entgeltlichen Übertragung eines ganzen Betriebs vereinbart wird.

Art der betrieblichen Rente	Verpflichteter	Berechtigter
Veräußerungsleibrente	Passivierung des Barwertes der Rentenschuld. Aktivierung der erworbenen Wirtschaftsgüter zum Teilwert. Ermittlung des Rentenbarwerts nach versicherungsmathematischen Regeln. Tilgungsanteil der Rentenzahlung = erfolgsneutral. Zinsanteil = erfolgswirksam. Bei Verbuchung der gesamten Rentenzahlungen als laufender Aufwand ist am Jahresende eine Korrekturbuchung in Höhe des in den Rentenzahlungen enthaltenen Tilgungsanteils erforderlich.	Ermittlung des Rentenbarwerts nach versicherungsmathematischen Regeln oder aus Vereinfachungsgründen nach § 14 BewG. Wahlrecht zwischen sofortiger und nachträglicher Besteuerung des Veräußerungsgewinns. **a) Sofortige Versteuerung** Rentenbarwert ./. (Eigenkapital + Veräußerungskosten) = Veräußerungsgewinn. Dieser wird im Jahre der Veräußerung unter Berücksichtigung der Begünstigungsvorschriften der §§ 16 Abs. 4 und 34 EStG versteuert. Von den laufenden Rentenzahlungen bleibt der Tilgungsanteil steuerfrei. Der Ertragsanteil wird nach der Tabelle in § 22 EStG ermittelt und als sonstige Einkünfte der Einkommensteuer unterworfen. **b) Nachträgliche Versteuerung** Ermittlung des Eigenkapitals aus der Veräußerungsbilanz. Die jährlichen Rentenzahlungen sind so lange nicht zu versteuern, wie sie (zusammengerechnet) das Eigenkapital nicht übersteigen. Danach sind die Zahlungen in voller Höhe als nachträgliche gewerbliche Einkünfte zu versteuern (§§ 24 i.V.m. 15 EStG). Keine Anwendung der Begünstigungsvorschriften der §§ 16 und 34 EStG.

Art der be-trieblichen Rente	Verpflichteter	Berechtigter
Veräußerungs-zeitrente	Steuerliche Behandlung nach gleichen Grundsätzen wie bei Leibrente, jedoch Ermittlung des Rentenbarwerts nach den Regeln der Finanzmathematik. Aufteilung der jährlichen Rentenzahlungen in einen erfolgsneutralen Tilgungs-anteil und in einen erfolgswirksa-men Zinsanteil.	Grundsätzlich gleiche steuerliche Behandlung wie bei Leibrenten, jedoch Ermittlung des Rentenbar-wertes nach § 13 BewG. Berech-tigter hat also Wahlrecht zwischen sofortiger und nachträglicher Ver-steuerung des Veräußerungsge-winns.
Versorgungs-rente	Rentenzahlungen von Anfang an handelsbilanzielle Aufwendungen, steuerlich nicht abzugsfähig, da beim Berechtigten Vorabgewinn.	Rentenzahlungen von Anfang an in voller Höhe Vorabgewinne und als nachträgliche Einkünfte zu ver-steuern (§ 24 i.V.m. den Gewinn-einkunftsarten des EStG).
Schadens- und Unfall-renten	Passivierung des Barwertes der Rentenverbindlichkeit zu Lasten des Gewinns. Zinsanteil der jährli-chen Rentenzahlungen mindern den steuerlichen Gewinn.	Rentenanspruch ist nach BFH-Rechtsprechung mit dem Barwert zu aktivieren und damit sofort als Ersatz für entgangene bzw. entge-hende betriebliche Einkünfte zu versteuern. Diese Regelung wird in der Literatur zu Recht kritisiert. Zinsanteil der jährlichen Renten-zahlungen gehört zu den betriebli-chen Einnahmen.

Abbildung III/7: Zusammenfassende Darstellung der Besteuerung betrieblicher Renten

7.6 Besteuerung von Kaufpreisraten im betrieblichen Bereich

Stundet ein bilanzierender Steuerpflichtiger (nachfolgend Veräußerer genannt) eine Forderung aus dem Verkauf einzelner Wirtschaftsgüter unter Einräumung von Ratenzahlungen, so ist es für die steuerliche Behandlung von Bedeutung, ob eine *angemessene Verzinsung* vereinbart wird. Geschieht dies, so hat der Veräuße-rer die Forderung in voller Höhe, d.h. ohne Abzinsung, zu aktivieren. Ein aus der Veräußerung entstandener *Gewinn* (oder Verlust) wird *sofort* und nicht erst bei Eingang der Kaufpreisraten *versteuert*. Der Schuldner hat - vorausgesetzt er bilan-ziert - seine Verbindlichkeiten ebenfalls in voller Höhe anzusetzen. Die Zinsen stellen Betriebseinnahmen bzw. -ausgaben dar.

Wird eine Kaufpreisforderung nur *kurzfristig* zinslos gestundet, so kann aus Ver-einfachungsgründen auf eine Abzinsung verzichtet werden. Das bedeutet, daß Forderung und Verbindlichkeit jeweils in voller Höhe ausgewiesen werden können. Als kurzfristig wird hierbei ein Zeitraum von bis zu zwölf Monaten angesehen[130]. Wird eine Kaureisforderung für mehr als zwölf Monate zinslos gestundet, so ist eine *Abzinsung* erforderlich. Das Schrifttum geht davon aus, daß die Abzinsung zum jeweils marktüblichen Zinssatz zu erfolgen hat[131]. Nach Ansicht der Finanzverwaltung ist dagegen ein Zinssatz von 5,5 % zugrunde zu legen[132]. Der Veräußerer hat den Barwert der Kaufpreisraten als Forderung zu aktivieren, der Erwerber den abgezinsten Betrag als Schuld zu passivieren. Die einzelnen Kaufpreisraten enthalten einen fiktiven Zins- und Tilgungsanteil. Die Zinsen sind als Betriebseinnahmen bzw. -ausgaben zu behandeln. Der Tilgungsanteil stellt eine erfolgsneutrale Vermögensumschichtung dar.

Die vorstehenden Ausführungen gelten auch dann, wenn ein ganzer Betrieb veräußert wird. In diesem Fall finden lediglich zusätzlich die Vorschriften der §§ 16 und 34 EStG auf den Veräußerungsgewinn Anwendung. *Der Veräußerer eines Betriebes hat also bei Einräumung von Kaufpreisraten die aufgedeckten stillen Reserven im Jahr der Veräußerung und nicht erst bei späterem Zufluß der Raten zu versteuern.* Der in den Raten enthaltene Zinsanteil gehört bei dem Veräußerer i.d.R. zu den Einnahmen aus Kapitalvermögen. Beim Erwerber stellt er Betriebsausgaben dar. Ein Wahlrecht auf Versteuerung der Ratenzahlungen als nachträgliche Betriebseinnahmen i.S.d. § 24 Nr. 2 i.V.m. § 15 EStG - wie dies die Finanzverwaltung bei Betriebsveräußerung gegen Zeitrenten einräumt - hat der Steuerpflichtige nicht[133].

Eine Ausnahme besteht nach R 139 Abs. 11 EStR und der dort angegebenen BFH-Rechtsprechung nur dann, wenn die Raten während eines Zeitraums von mehr als 10 Jahren zu zahlen sind und die Ratenvereinbarung eindeutig die Absicht des Veräußerers zum Ausdruck bringt, sich eine Versorgung zu verschaffen. Die Ausführungen in R 139 Abs. 11 EStR sind insofern unverständlich, als nach ständiger Rechtsprechung die Vereinbarung von Kaufpreisraten mit mehr als zehnjähriger Laufzeit mit der Absicht der Versorgungssicherung nicht als eine Raten-, sondern als eine Rentenvereinbarung angesehen wird. Wie bereits unter Gliederungspunkt 7.2.3.2 ausgeführt, besteht bei betrieblichen Veräußerungszeitrenten ein Wahlrecht in der Art, wie es nach R 139 Abs. 11 EStR für Ratenvereinbarungen mit mehr als zehnjähriger Laufzeit gelten soll.

---

130 Vgl. Adler, H./Düring, W./Schmaltz, K., Rechnungslegung, § 253 HGB, Tz. 532. Dieser Ansicht wird in der steuerlichen Literatur überwiegend gefolgt; vgl. Herrmann, C./Heuer, G./Raupach, A., EStG, § 6 EStG, Anm. 935; Hörger, H., in: Littmann, E./Bitz, H./Hellwig, P., Einkommensteuerrecht, § 16 EStG, Anm. 106.

131 Vgl. z.B. Biergans, E., Einkommensteuer, 1992, S. 419 u. S. 430; Herrmann, C./Heuer, G./Raupach, A., EStG, § 6 EStG, Anm. 936; Adler, H./Düring, W./Schmaltz, K., Rechnungslegung, § 253 HGB, Tz. 532; Pankow, M./Gutike, H.-J., in: Beck'scher Bilanz-Kommentar, § 253 HGB, Anm. 256 f.

132 So z. B. BdF-Schreiben v. 28.3.1980, IV B2-S2174-7/80, StEK EStG § 5 Bil Nr. 43.

133 Vgl. BFH-Urteil vom 23.1.1964, IV 85/62 U, BStBl 1964 III, S. 239; vom 16.7.1964, IV 377/62 U, BStBl 1964 III, S. 622; vom 12.6.1968, IV 254/62, BStBl 1968 II, S. 653.

7.7 Aufgaben 23 - 25

Aufgabe 23

Der fünfzigjährige Einzelhändler Siebert (S) veräußert zum 31.12. des Jahres 01 sein Einzelhandelsgeschäft an die X-GmbH. Seine Bilanz zum 31.12.01 hat folgendes Aussehen (stark vereinfachend dargestellt):

Aktiva		Bilanz am 31.12.01		Passiva
	DM		DM	DM
Anlagevermögen	120.000	Eigenkapital		
Umlaufvermögen	101.556	Stand 1.1.01	151.556	
		+ Gewinn	+120.000	
			271.556	
		./. Barentnahmen	./.170.000	
		Stand 31.12.01	101.556	101.556
		Verbindlichkeiten		120.000
	221.556			221.556

S erhält von der X-GmbH 120.000 DM bar und eine Leibrentenzusage über 2.100 DM monatlich. Verbindlichkeiten übernimmt die X-GmbH nicht. Das Anlagevermögen (ohne originäre immaterielle Wirtschaftsgüter) hat zum Veräußerungszeitpunkt einen Teilwert von 250.000 DM, das Umlaufvermögen von 110.000 DM.

Erörtern Sie die buch- und bilanzmäßigen sowie die ertragsteuerlichen Folgen des vorstehenden Sachverhaltes bei S und der X-GmbH. Aus Vereinfachungsgründen soll davon ausgegangen werden, daß der nach versicherungsmathematischen Grundsätzen ermittelte Rentenbarwert dem Barwert nach § 14 BewG entspricht.

Aufgabe 24

Wie Aufgabe 23, jedoch übernimmt die X-GmbH nunmehr zusätzlich die in der Bilanz des S ausgewiesenen Verbindlichkeiten.

Aufgabe 25

Wie Aufgabe 23, jedoch veräußert S nicht an die X-GmbH, sondern an seine Tochter T, die ihrem Vater als Gegenleistung lediglich eine Leibrente über 2.100 DM monatlich zusagt.

Teil VI
Prinzipien des Steuerrechts und Besteuerungsverfahren

1 Vorbemerkungen

Der Wortlaut von Gesetzen ist vielfach nicht eindeutig, vielmehr läßt er unterschiedliche Interpretationen zu. Es erhebt sich die Frage, wie in derartigen Fällen das Gesetz auf einen konkreten Lebenssachverhalt angewendet werden, wie also das Recht gefunden werden soll. Der nachfolgende Gliederungspunkt 2 beschäftigt sich unter anderem mit dieser Frage.

In Gliederungspunkt 2 wird ferner auf das Verhältnis der Grundrechte zu den Steuergesetzen eingegangen und die Bedeutung des Grundsatzes von Treu und Glauben für das Steuerrecht behandelt. Ferner wird auf einige Rechtsinstitute eingegangen, die für das ganze Steuerrecht von zentraler Bedeutung sind. Zu nennen sind hier vor allem die wirtschaftliche Betrachtungsweise und der Mißbrauch von rechtlichen Gestaltungsmöglichkeiten.

Gliederungspunkt 3 beschäftigt sich mit dem Besteuerungsverfahren, das im Überblick bereits in Teil I behandelt worden ist. Die Ausführungen in diesem Teil dienen der Wiederholung, vor allem aber der Vertiefung der Kenntnisse über das Besteuerungsverfahren. Das Besteuerungsverfahren wird hier gegliedert in:

- das Ermittlungsverfahren (Gliederungspunkt 3.3),
- das Festsetzungs- und Feststellungsverfahren (Gliederungspunkt 3.4),
- das Erhebungsverfahren einschließlich des Vollstreckungsverfahrens (Gliederungspunkt 3.5),
- das Verfahren zur Berichtigung von Steuerverwaltungsakten (Gliederungspunkt 3.6),
- das Rechtsbehelfs- und Rechtsmittelverfahren (Gliederungspunkt 3.7) und
- das Straf- und Bußgeldverfahren (Gliederungspunkt 3.8).

Eingeschoben in diese Gliederung wird ein Kapitel über Steuerverwaltungsakte (Gliederungspunkt 3.2), das für das Verständnis des Besteuerungsverfahrens von zentraler Bedeutung ist.

ge, diese Steuerarten spätestens bis zum Ablauf des Jahres 1996 verfassungskonform zu reformieren. Dieser Auflage ist der Gesetzgeber im Jahressteuergesetz 1997 für die Erbschaft- und Schenkungsteuer, und zwar rückwirkend ab 1.1.1996, nachgekommen, für die Vermögensteuer hingegen nicht. Hinsichtlich der Vermögensteuer hat dies zur Folge, daß das VStG zwar unverändert existiert, für Veranlagungszeiträume ab 1997 aber nicht mehr angewendet werden kann. Hiervon gehen auch die obersten Finanzbehörden aus[3]. Ab Veranlagungszeitraum 1997 wird Vermögensteuer somit nicht mehr erhoben.

Für die Steuerplanung von Bedeutung ist, was mit der Vermögensteuer auf Dauer geschehen soll. Hier weichen die Ansichten der Parteien erheblich voneinander ab. Während die Abschaffung bzw. Nichterhebung der Vermögensteuer dem erklärten Willen sowohl der CDU/CSU als auch der FDP entspricht[4], planen zumindest einige Politiker der SPD die Wiedereinführung bzw. Wiedererhebung der Vermögensteuer[5]. Diese soll dann aber nur von solchem Vermögen erhoben werden, das weder zum Betriebsvermögen noch zum land- und forstwirschaftlichen Vermögen gehört. Erfaßt werden sollen darüber hinaus nur sehr hohe Vermögen[6]. Damit kann als sicher gelten, daß auf absehbare Zeit keine Vermögensteuer auf Betriebsvermögen und auf land- und forstwirschaftliches Vermögen erhoben wird. Ob es zu einer Wiedererhebung von Vermögensteuer auf das übrige Vermögen kommen wird, ist derzeit unklar. Sollte dies geschehen, so werden aber vermutlich so hohe Freibeträge gewährt, daß nur ein sehr geringer Teil der Steuerpflichtigen tatsächlich Vermögensteuer entrichten muß.

Durch Artikel 4 des „Gesetz zur Fortsetzung der Unternehmenssteuerreform" vom 29.10.1997[7] hat der Gesetzgeber die Gewerbekapitalsteuer ab 1.1.1998 abgeschafft. Die Grundsteuer hingegen wird als einzige der oben genannten Substanzsteuerarten unverändert erhoben. Sie ist außerdem die einzige Steuerart, deren Höhe noch nach den alten Einheitswerten bemessen wird. Dies hält der Gesetzgeber offensichtlich für verfassungsrechtlich unbedenklich. Für die Verfassungskonformität spricht, daß die Grundsteuer in allen Fällen nach diesen veralteten Werten bemessen wird. Dagegen spricht, daß die Wertsteigerungen im Immobilienbereich während der letzten Jahrzehnte in den einzelnen Gebieten der Bundesrepublik unterschiedlich verlaufen sind.

Aus den bisherigen Ausführungen ergibt sich, daß für Zwecke der betrieblichen Steuerplanung derzeit (Sommer 1998) nur noch folgende Substanzsteuern von Bedeutung sind:

- die Grundsteuer und
- die Erbschaft- bzw. Schenkungsteuer.

---

[3] Vgl. Erlaß (koordinierter Ländererlaß) Finanzministerium Baden-Württemberg vom 21.4.1997, S – 3400/5.
[4] Vgl. Handelsblatt vom 21.4.1998, S. 6.
[5] Vgl. Handelsblatt vom 4.3.1998, S. 3.
[6] Vgl. ebenda.
[7] BGBl 1997, S. 2590.

Nur auf diese beiden Steuerarten soll deshalb nach Behandlung des BewG eingegangen werden. Lesern, die noch an dem bis einschließlich 1996 bzw. 1997 geltenden Recht interessiert sind, sei die Lektüre der zweiten Auflage dieses Buches aus dem Jahre 1994 empfohlen.

2 Grundzüge des Bewertungsrechts

2.1 Aufgaben und Bedeutung des Bewertungsgesetzes

Die meisten Steuern knüpfen an den *Wert* von Gütern an. Güter, die nicht in Geld bestehen oder nicht auf einen bestimmten Geldbetrag lauten, sind zu bewerten. **Bewerten** *heißt, den Wert eines Guts in Geld auszudrücken.* Im Interesse der Gleichmäßigkeit der Besteuerung und der Rechtssicherheit kann verständlicherweise nicht von subjektiven Wertvorstellungen einzelner Individuen ausgegangen werden. Die Zuordnung bestimmter Geldbeträge muß vielmehr intersubjektiv überprüfbaren Kriterien folgen. Entsprechend erstellte Bewertungsregeln finden für *alle Steuerpflichtigen* Anwendung. Diesem Zweck dient das Bewertungsgesetz.

Das Bewertungsgesetz hat insbesondere folgende Fragen zu klären:

- *Was* ist zu bewerten (Bewertungsgegenstand),
- *wie* ist zu bewerten (Bewertungsmaßstab und -methode),
- *wem* ist das zu Bewertende zuzurechnen (Steuersubjekt),
- *wann* ist zu bewerten (Bewertungszeitpunkt),
- *für welche* Steuerarten ist zu bewerten (Geltungsbereich der Bewertungsvorschriften)?

Die für steuerliche Zwecke gültigen sachlichen Bewertungsvorschriften sind im BewG, die verfahrensrechtlichen im wesentlichen in der AO enthalten. Das ursprüngliche gesetzgeberische Ziel, den Wert von Gütern, die mehreren Steuerarten unterliegen, einheitlich für diese Steuerarten festzusetzen, ist nicht erreicht worden. So enthält neben einzelnen Steuergesetzen (EStG, UStG) insbesondere das HGB steuerlich relevante Bewertungsvorschriften.

2.2 Rechtliche Grundlagen der Bewertung, Aufbau des BewG

Die grundlegenden Rechtsnormen der Bewertung enthält das BewG vom 1.2.1991. Das BewG löst die ihm gestellten Aufgaben dadurch, daß es zunächst *im Ersten Teil allgemeine Bewertungsvorschriften* enthält, die immer dann gelten, wenn die *speziellen Steuergesetze* oder der *Zweite Teil des BewG zur Lösung eines Problems* keine *besonderen* Bewertungsvorschriften enthalten. Bei den Vorschriften des Ersten Teils handelt es sich um allgemeine Regeln und Grundbegriffe. Das BewG ist wie folgt gegliedert:

2 Grundzüge des Bewertungsrechts

Erster Teil	§§ 1-16 BewG	Allgemeine Bewertungsvorschriften

Zweiter Teil	§§ 17-150 BewG	Besondere Bewertungsvorschriften: Geltungsbereich, Vermögensarten (§§ 17 und 18)
		 1. Abschnitt: Einheitsbewertung (§§ 19 - 109)
		   A. Allgemeines (§§ 19-32)
		   B. Land- und forstwirtschaftliches Vermögen (§§ 33-67)
		   C. Grundvermögen (§§ 68-94)
		   D. Betriebsvermögen (§§ 95-109)
		 2. Abschnitt: Sondervorschriften und Ermächtigungen (§§ 110-124)
		 3. Abschnitt: Besondere Vorschriften für das Beitrittsgebiet (§§ 125-137)
		 4. Abschnitt: Besondere Vorschriften für die Bewertung von Grundbesitz für die Erbschaftsteuer und die Grunderwerbsteuer (§§ 138-150)

Dritter Teil	§§ 151 und 152 BewG	Schlußbestimmungen
13 Anlagen zu verschiedenen Vorschriften des BewG		

Vor jeder Bewertung muß geklärt werden, ob diese nach den allgemeinen Regeln des Ersten Teils des BewG zu erfolgen hat oder nach den besonderen Vorschriften des Zweiten Teils. Diese Frage beantworten die Vorschriften über den *Geltungsbereich* des Bewertungsgesetzes.

Nach § 1 Abs. 1 BewG gelten die *allgemeinen Bewertungsvorschriften* für alle öffentlich-rechtlichen Abgaben, die durch Bundesrecht geregelt sind, soweit sie durch Bundesfinanzbehörden oder durch Landesfinanzbehörden verwaltet werden.

Da die Steuergesetze im wesentlichen vom Bund erlassen werden, gelten die allgemeinen Bewertungsvorschriften für fast alle Steuern, die von den Finanzämtern verwaltet werden. Unmittelbar anwendbar sind die Vorschriften des Ersten Teils nach § 1 BewG z.B. bei der Grund-, Gewerbe-, Erbschaft-, Einkommen- und Umsatzsteuer. Der Erste Teil hat somit einen umfangreichen Geltungsbereich. Dennoch ist er bei den genannten Steuerarten keinesfalls immer anzuwenden, denn nach § 1 Abs. 2 BewG gelten die allgemeinen Bewertungsvorschriften nicht, soweit im Zweiten Teil oder in anderen Steuergesetzen besondere Bewertungsvorschriften enthalten sind. Nach dem Grundsatz *lex specialis geht vor lex generalis*[8] ist folgende Reihenfolge bei der Gesetzesanwendung zu befolgen:

1. Vorrang haben Einzelsteuergesetze (z.B. EStG, UStG).
2. Enthalten die Einzelsteuergesetze keine den Sachverhalt regelnde Normen, ist der Zweite Teil des BewG anzuwenden.
3. Der Erste Teil des BewG ist nur von Bedeutung, wenn auch der Zweite Teil keine einschlägigen Vorschriften enthält.

Beispiel

Die Bewertungsvorschriften des BewG spielen bei der steuerlichen Gewinnermittlung keine Rolle. Die ertragsteuerliche Bewertung richtet sich vielmehr primär nach § 6 EStG und subsidiär nach handelsrechtlichen Vorschriften (§ 5 Abs. 1 i.V.m. Abs. 6 EStG).

---

[8] Hinsichtlich dieses Grundsatzes vgl. Larenz, K./Canaris, C.W., Methodenlehre, 1995, S. 87 ff.

Der *Zweite Teil* des BewG enthält die besonderen Bewertungsvorschriften (§§ 17-150 BewG). Dieser *Besondere Teil* ist in vier Abschnitte gegliedert. Im ersten Abschnitt sind drei Vermögensgruppen enthalten, die als *Vermögensarten* bezeichnet werden (§ 18 BewG). Die richtige Einordnung der einzelnen Wirtschaftsgüter in die Vermögensarten ist für die Anwendung der Bewertungsmaßstäbe und Bewertungsmethoden von Bedeutung. *Abbildung IV/1* gibt eine Übersicht über die Vermögensarten.

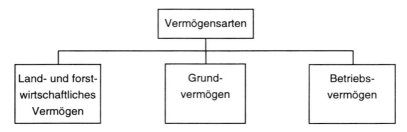

Abbildung IV/1: Übersicht über die Vermögensarten

Alle Bewertungsvorschriften des Zweiten Teils des BewG (§§ 17-150 BewG) sind gem. § 17 Abs. 1 BewG nur nach Maßgabe der jeweiligen Einzelsteuergesetze anwendbar. Im Gegensatz zu den Vorschriften des Ersten Teils des BewG gelten diese Vorschriften also nicht subsidiär. Vielmehr sind sie nur dann anzuwenden, wenn dies in einem Einzelsteuergesetz ausdrücklich angeordnet ist. Nach § 17 Abs. 2 BewG gelten die §§ 18 bis 94, 122 und 125 bis 132 BewG generell für die Grundsteuer und die §§ 121a und 133 BewG zusätzlich für die Gewerbesteuer.

Der Erste Abschnitt des Zweiten Teils (§§ 19-109 BewG) regelt die sogenannte *Einheitsbewertung*. Der der Einheitsbewertung zugrunde liegende Gedanke war es ursprünglich, für bestimmte wirtschaftliche Einheiten nur jeweils einen einzigen Wert zu ermitteln. Dieser Wert sollte dann der Besteuerung bei möglichst vielen Steuerarten zugrunde gelegt werden. Durch die Einheitsbewertung sollte eine mehrfache Bewertung vermieden und der Ansatz ungleicher Werte bei unterschiedlichen Steuerarten ausgeschaltet werden. Dieser der Einheitsbewertung ursprünglich zugrunde liegende Gedanke ist heute nur noch in rudimentärer Form verwirklicht. Dies gilt insbesondere seit dem 1.1.1998. Ab diesem Stichtag werden für das Betriebsvermögen keine Einheitswerte mehr ermittelt und zu früheren Stichtagen festgestellte Einheitswerte des Betriebsvermögens nicht mehr angewendet. Der Wert des Betriebsvermögens wird seither nur noch im Bedarfsfalle für erbschaft- und schenkungsteuerliche Zwecke ermittelt (Bedarfsbewertung).

Der Zweite Abschnitt des Zweiten Teils des BewG (§§ 110-124 BewG) enthält Sondervorschriften und Ermächtigungen. Mit diesen Vorschriften endete vor der deutschen Vereinigung das BewG.

Nach der deutschen Vereinigung erwiesen sich besondere Vorschriften für das Beitrittsgebiet als erforderlich. Derartige Vorschriften befinden sich nunmehr im Dritten Abschnitt des Zweiten Teils (§§ 125-137 BewG).

Wie bereits ausgeführt[9], wird die Grundsteuer unverändert nach den Einheitswerten des Grundbesitzes bemessen. Diese Einheitswerte beruhen unverändert auf den Wertverhältnissen zum 1.1.1964. Sowohl für die Erbschaft- und Schenkungsteuer als auch für die Grunderwerbsteuer wäre die Anwendung dieser Einheitswerte verfassungswidrig. Für diese Steuerarten ist deshalb nunmehr im Bedarfsfalle eine Ermittlung zeitnaher Werte erforderlich. Die entsprechenden Vorschriften enthält der Vierte Abschnitt des BewG (§§ 138-152 BewG).

2.3 Bewertungsgegenstand

Die Bewertung kann sich immer nur auf ein ganz bestimmtes Objekt richten. Aus diesem Grunde muß geklärt werden, welcher Gegenstand zu bewerten ist und was zu ihm gehört. *Abbildung IV/2* enthält eine Übersicht über die möglichen Bewertungsgegenstände.

In § 2 BewG wird ganz allgemein die sogenannte **wirtschaftliche Einheit** als Bewertungsgegenstand festgelegt. Was als wirtschaftliche Einheit gilt, ist gesetzlich nicht fixiert. § 2 Abs. 1 BewG enthält lediglich einige Auslegungsregeln. Hiernach entscheidet über diese Frage in erster Linie die *Verkehrsanschauung*. Die *örtliche Gewohnheit*, die *tatsächliche Übung*, die *Zweckbestimmung* und die *wirtschaftliche Zusammengehörigkeit* der einzelnen Wirtschaftsgüter sind hierbei zu berücksichtigen.

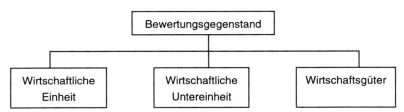

Abbildung IV/2: Übersicht über die Bewertungsgegenstände

Eine wirtschaftliche Einheit besteht u.U. nur aus einem einzigen Wirtschaftsgut, sie kann sich aber auch aus einer Anzahl von Wirtschaftsgütern zusammensetzen. Damit erhebt sich die Frage: *Wann enthält eine wirtschaftliche Einheit nur ein einziges Wirtschaftsgut und wann umfaßt sie mehrere Wirtschaftsgüter?* Bevor dieser Frage nachgegangen werden kann, ist zunächst der Begriff des Wirtschaftsguts zu klären. Weder im BewG noch in einem anderen Steuergesetz ist der Begriff des Wirtschaftsguts festgelegt, obwohl er im Steuerrecht laufend verwendet wird. Als **Wirtschaftsgut** ist alles anzusehen, was im wirtschaftlichen Verkehr nach der Verkehrsauffassung selbständig bewertbar ist[10]. Hierzu gehören Sachen (körperliche Gegenstände), Rechte (z.B. Geldforderungen) sowie rechtliche und

---

[9] Vgl. Gliederungspunkt 1.
[10] Hinsichtlich einer eingehenden Erörterung des Begriffs des Wirtschaftsguts sei auf Teil III, Gliederungspunkt 2.2.1 hingewiesen.

tatsächliche Zustände (Firmenwert, nichtgeschützte Erfindung), die weder Sachen noch Rechte sind. Voraussetzung ist, daß diesen Gütern eine *selbständige Bedeutung, Umsatzfähigkeit* und ein *selbständiger Geldwert* zukommen. *Schulden* und Lasten sind *negative Wirtschaftsgüter*. Es kann also zwischen positiven und negativen Wirtschaftsgütern unterschieden werden. Nach h.M. entspricht der Begriff des positiven Wirtschaftsguts dem zivilrechtlichen Begriff des Vermögensgegenstandes. Sofern sich nachfolgend aus dem Text nicht ausdrücklich etwas anderes ergibt, wird hier unter einem Wirtschaftsgut nur ein positives Wirtschaftsgut verstanden. Negative Wirtschaftsgüter hingegen werden als Schulden oder Lasten bezeichnet.

Vielfach sind mehrere Wirtschaftsgüter zu einer wirtschaftlichen Einheit zusammenzufassen. In welchen Fällen dies zu geschehen hat, bestimmt sich grundsätzlich nach § 2 BewG. Darüber hinaus ist im Zweiten Teil des BewG eine Zusammenfassung bestimmter Wirtschaftsgüter zu einer wirtschaftlichen Einheit zwingend vorgeschrieben.

Gem. § 2 BewG ist eine Zusammenfassung mehrerer Wirtschaftsgüter zu einer wirtschaftlichen Einheit an folgende Voraussetzungen gebunden:

- Die verschiedenen Wirtschaftsgüter müssen *nach der Verkehrsauffassung als Einheit* erscheinen;
- die einzelnen Wirtschaftsgüter müssen *demselben Eigentümer* gehören;
- die Wirtschaftsgüter müssen zur *gleichen Vermögensart* gehören[11].

Beispiele

1. Ein Bauunternehmer erwirbt von einem Landwirt eine 5.000 m² große Fläche, die im Flächennutzungsplan der Gemeinde als Bauland ausgewiesen ist. Er parzelliert dieses Grundstück und errichtet auf ihm 10 Reihenhäuser und ein Geschäftsgebäude.

    Das Bauland ist eine einzige wirtschaftliche Einheit. Mit der Parzellierung geht diese unter. Es entstehen 11 neue wirtschaftliche Einheiten, die als unbebaute Grundstücke bezeichnet werden. Nach Errichtung der Gebäude werden aus diesen unbebauten Grundstücken 10 Einfamilienhäuser und ein Geschäftsgrundstück.

2. Ein Textilwarenhändler (T) betreibt sein Geschäft auf einem für 10 Jahre gemieteten Grundstück.

    Das Geschäft stellt einen Gewerbebetrieb i.S.d. § 95 BewG dar. Dieser stellt eine wirtschaftliche Einheit dar. Zu ihr gehören alle Wirtschaftsgüter, die dem Geschäft des T dienen und sich in dessen Eigentum befinden. Hierzu gehört nicht das Grundstück.

Für bestimmte Wirtschaftsgüter ist eine Zusammenfassung zu einer wirtschaftlichen Einheit dergestalt gesetzlich vorgeschrieben, daß für sie ein **Einheitswert** zu ermitteln ist. Einheitswerte sind gem. § 180 AO i.V.m. § 19 Abs. 1 BewG für die land- und forstwirtschaftlichen Betriebe, für Grundstücke des Grundvermögens und für Betriebsgrundstücke festzustellen.

---

11 Vgl. BFH-Urteil vom 12.12.1975, III R 51/74, BStBl 1976 II, S. 281.

Nach § 2 Abs. 1 Satz 2 BewG ist der Wert der wirtschaftlichen Einheit *im ganzen* festzustellen. Hieraus ergibt sich, daß grundsätzlich nicht die einzelnen Wirtschaftsgüter, aus denen die wirtschaftliche Einheit besteht, zu bewerten sind, sondern die wirtschaftliche Einheit als solche. Ein typischer Fall der Bewertung im ganzen ist das Ertragswertverfahren beim land- und forstwirtschaftlichen Vermögen[12].

Nach § 2 Abs. 3 BewG gilt der Grundsatz der Bewertung im ganzen nicht, wenn in einer Spezialnorm die Bewertung der einzelnen Wirtschaftsgüter vorgeschrieben ist. *Die wichtigste Ausnahme besteht bei der Bewertung des Betriebsvermögens.* Gem. § 109 Abs. 1 BewG ist die wirtschaftliche Einheit des Gewerbebetriebes in die zu ihm gehörenden Wirtschaftsgüter aufzuteilen; die einzelnen Wirtschaftsgüter werden dann einzeln nach den für sie vorgesehenen Maßstäben bewertet, die Summe dieser Werte ergibt nach Abzug der Schulden den Wert des Betriebsvermögens, d.h. den Wert der wirtschaftlichen Einheit „Gewerbebetrieb". Durch diese Ausnahme ist der Grundsatz der Bewertung im ganzen für wichtige Fälle der Bewertung aufgehoben.

2.4 Bewertungsmaßstäbe

Der **Bewertungsmaßstab** läßt sich als Wertvorstellung charakterisieren, nach der der Wert eines Gutes in Geldeinheiten gemessen werden kann. Eng verknüpft mit dem Bewertungsmaßstab ist die **Bewertungsmethode**. Beide dienen der Gleichmäßigkeit der Bewertung und beantworten die Frage, wie die Bewertung zu erfolgen hat. Während der Bewertungsmaßstab ein gleichmäßiges Gefüge innerhalb einer bestimmten Gruppe von Wirtschaftsgütern sichern soll, besteht die Aufgabe der Bewertungsmethode darin, durch ein möglichst einfaches und auf Massenarbeit ausgerichtetes Verfahren zu dem Wert zu gelangen, der dem vorgeschriebenen Bewertungsmaßstab entspricht. *Bewertungsmethode ist danach ein planmäßiges (methodisches) Verfahren, das zur Wertfindung angewendet wird.*

Die Bewertungsmethoden sollen vereinfachen und vermeiden, daß in jedem einzelnen Fall der betreffende Wert durch langwierige Untersuchungen besonders ermittelt werden muß. Die wegen der Massenarbeit erforderliche Schematisierung würde vereitelt werden, wenn neben den gesetzlich vorgeschriebenen weitere Verfahren der Wertermittlung zugelassen würden. Von den gesetzlich vorgeschriebenen Bewertungsmethoden kann deshalb nicht abgewichen werden, und zwar auch dann nicht, wenn im Einzelfall das Ergebnis der Bewertung nicht der mit dem Bewertungsmaßstab verfolgten Zielsetzung entspricht. Bei Nachweis eines abweichenden Wertes ist es jedoch möglich und erforderlich, im Rahmen des Bewertungsverfahrens zulässige Zu- und Abschläge auszuschöpfen.

---

[12] Vgl. Gliederungspunkt 2.8.3.

Das BewG unterscheidet vier grundlegende **Bewertungsmaßstäbe** und zwar:
1. den (all)gemeinen Wert (§ 9 BewG),
2. den Teilwert (§ 10 BewG),
3. den Ertragswert (§ 36 und §§ 78-82 BewG) und
4. den Steuerbilanzwert.

Von diesen Bewertungsmaßstäben ist der *gemeine Wert* derjenige mit dem weitesten Anwendungsbereich. *Er beherrscht das ganze Bewertungsrecht.* Die drei anderen Bewertungsmaßstäbe sind nur für einzelne Vermögensarten anzuwenden: Der *Teilwert* und der *Steuerbilanzwert* gelten nur für die Wirtschaftsgüter, die einem gewerblichen oder freiberuflichen Unternehmen dienen; der *Ertragswert* kommt für die Bewertung des land- und forstwirtschaftlichen Vermögens sowie bei bestimmten Grundstücken in Betracht.

Verschiedene Bewertungsmaßstäbe ergeben im allgemeinen verschieden hohe Werte. Deshalb ist die Feststellung des richtigen Bewertungsmaßstabes für die Höhe des Wertes von entscheidender Bedeutung.

Neben den vier o.a. grundlegenden Bewertungsmaßstäben gibt es eine Reihe *abgeleiteter Bewertungsmaßstäbe*. Diese sind im Grunde genommen nur besondere Erscheinungsformen des gemeinen Werts und aus diesem abgeleitet, obwohl das im BewG nicht besonders zum Ausdruck kommt[13]. Durch die Bestimmung dieser besonderen Bewertungsmaßstäbe hat der Gesetzgeber eine möglichst schematische Bewertung der betreffenden Wirtschaftsgüter bewirken wollen. Derartige besondere Werte sind insbesondere bei der Bewertung der Wertpapiere sowie der Forderungen und Verbindlichkeiten anzutreffen.

Nachstehend wird zunächst nur der gemeine Wert behandelt. Teilwert und Steuerbilanzwert sind im Rahmen der steuerlichen Gewinnermittlung in Teil III bereits besprochen worden. Der Ertragswert wird beim land- und forstwirtschaftlichen Vermögen dargestellt. Die abgeleiteten Werte werden unter Gliederungspunkt 2.5 besprochen.

Gemäß § 9 Abs. 1 BewG ist als Bewertungsgrundsatz der **gemeine Wert** anzusehen. *Dieser wird nach § 9 Abs. 2 BewG durch den Preis bestimmt, der im gewöhnlichen Geschäftsverkehr nach der Beschaffenheit des Wirtschaftsgutes bei einer Veräußerung am Bewertungsstichtag zu erzielen wäre. Dabei sind alle Umstände, die den Preis beeinflussen, zu berücksichtigen. Ungewöhnliche oder persönliche Gründe bleiben unberücksichtigt.*

Grundlage des gemeinen Werts ist demnach der *fiktive Einzelveräußerungspreis einschließlich der Umsatzsteuer*. Dieser kann im allgemeinen nicht aus einem einzelnen Veräußerungsvorgang ermittelt werden, denn ein einziger Verkauf bildet regelmäßig keine ausreichende Grundlage für die Feststellung des im gewöhnlichen Geschäftsverkehr erzielbaren Preises. Sind dagegen mehrere gleichartige Wirtschaftsgüter im gewöhnlichen Geschäftsverkehr umgesetzt worden, so

---

[13] Gleicher Ansicht Keßler, R., in: Gürsching, L./Stenger, A., Kommentar, § 9 BewG Anm. 4.

können die erzielten Preise meist als Ausgangspunkt für die Ermittlung des gemeinen Werts dienen. So kann z.B. der gemeine Wert unbebauter Grundstücke sowie des Grund und Bodens bebauter Grundstücke nach den in der betreffenden Gegend allgemein gezahlten Quadratmeterpreisen ermittelt werden. Unter *gewöhnlichem Geschäftsverkehr* ist der Handel am freien Markt zu verstehen.

Bei Bestimmung des gemeinen Werts sind alle *Umstände*, die den Preis beeinflussen, zu berücksichtigen (§ 9 Abs. 2 Satz 2 BewG). Als derartige Umstände nennt das BewG lediglich *die Beschaffenheit des Wirtschaftsguts*. Hierbei kommen vor allem dessen Alter, Zustand, Lage und Größe in Betracht.

Die Beschaffenheit des Wirtschaftsguts ist aber nur *ein* preisbeeinflussender Umstand. Als andere Umstände kommen in Betracht: Anschaffungs- oder Herstellungskosten, Ertragsaussichten, Verwendungsmöglichkeit, Abbruch- und Schadensgefahr, Instandhaltungsverpflichtungen, Baubeschränkungen sowie ungewöhnlich starke Beeinträchtigungen durch Lärm, Ruß oder Gerüche.

Ungewöhnliche und persönliche Verhältnisse sind bei Ermittlung des gemeinen Werts nicht zu berücksichtigen. Ungewöhnlich sind solche Verhältnisse, mit denen im Wirtschaftsleben allgemein nicht gerechnet werden kann. Persönliche Verhältnisse, die nicht zu berücksichtigen sind, können sowohl in der Person des Käufers als auch in der Person des Verkäufers liegen. Zu nennen sind hier insbesondere extrem hohe oder niedrige Preise aufgrund eines Verwandtschaftsverhältnisses.

Der *gemeine Wert gilt allgemein* bei Bewertungen, soweit nichts anderes vorgeschrieben ist (§ 9 Abs. 1 BewG).

Um eine gleichmäßige Bewertung zu sichern, sind für verschiedene Gruppen von Wirtschaftsgütern, für die das BewG keine besondere Bewertungsmethode bestimmt, im Verwaltungswege Schätzverfahren zur Ermittlung des gemeinen Werts entwickelt worden. Diese Schätzverfahren sind nicht rechtsverbindlich. Die Rechtsprechung hat sie aber weitgehend gebilligt. Sie ist ihnen im Interesse der Gleichmäßigkeit der Besteuerung gefolgt, so daß ihnen eine gewisse verbindliche Kraft beizumessen ist. In diesem Zusammenhang sei insbesondere auf das *Stuttgarter Verfahren* für die Bewertung von Anteilen an bestimmten Kapitalgesellschaften hingewiesen[14].

---

14 Vgl. Gliederungspunkt 2.9.

2.5 Bewertung von Wertpapieren und Anteilen, Kapitalforderungen und Schulden, wiederkehrenden Nutzungen und Leistungen

2.5.1 Wertpapiere und Anteile

Die allgemeinen Bewertungsvorschriften enthalten auch Bestimmungen über die Bewertung einzelner Wirtschaftsgüter. So regelt § 11 BewG (u.a.) die Bewertung der Wertpapiere und Anteile.

Die Begriffe „Wertpapiere" und „Anteile" überschneiden sich[15]. Es gibt Wertpapiere, in denen Vermögensrechte, aber keine Anteilsrechte verbrieft sind (z.B. festverzinsliche Wertpapiere). Ferner gibt es Wertpapiere, die Anteilsrechte verbriefen (z.B. Aktien). Sie sind Wertpapiere und Anteile zugleich. Schließlich gibt es nicht in Wertpapieren verbriefte Anteilsrechte (z.B. GmbH-Anteile). Sie sind nur Anteile. Diese Zusammenhänge sind in *Abbildung IV/3* schematisch dargestellt.

Wertpapiere sind Urkunden, die ein Vermögensrecht verbriefen. Die Geltendmachung und Verwirklichung des Rechts ist vom Besitz der Urkunde abhängig, vielfach auch die Entstehung und Übertragung des Rechts. Begrifflich muß die Urkunde also zwei Voraussetzungen erfüllen: Sie muß ein Vermögensrecht verbriefen und die Ausübung des Rechts muß vom Besitz der Urkunde abhängen.

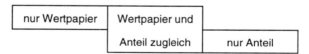

Abbildung IV/3: Wertpapiere und Anteile

Wertpapiere können nach verschiedenen Abgrenzungsmerkmalen eingeteilt werden. Bewertungsrechtlich ist allein die Einteilung nach der Art des verbrieften Rechts wichtig. Danach unterscheidet man *Forderungspapiere* und *Anteilspapiere*.

Forderungspapiere beurkunden, daß sein Inhaber eine Forderung gegenüber dem Aussteller des Wertpapiers hat. *Forderungspapiere werden dann, aber auch nur dann, nach § 11 Abs. 1 BewG bewertet, wenn sie für den Handel an der Börse in Betracht kommen.* Aus diesem Grunde sind Wertpapiere des Zahlungsverkehrs (Banknoten, Wechsel, Schecks) ebensowenig nach dieser Vorschrift zu behandeln wie handelsrechtliche Wertpapiere (Konnossemente, Lagerscheine, Ladescheine) und sachenrechtliche Wertpapiere (Hypothekenbriefe, Grundschuldbriefe). Von

---

[15] Hinsichtlich einer eingehenden Erläuterung dieser Begriffe sei insbesondere auf Bitz, M., Finanzdienstleistungen, 1997, hingewiesen. Vgl. auch Christians, F. W., Geld- und Kapitalmärkte, 1993, Sp. 1364 ff.

den Forderungspapieren kommen daher für eine Bewertung nach § 11 BewG nur folgende in Betracht:

1. öffentliche Anleihen,
2. Pfandbriefe und ähnliche Schuldverschreibungen der öffentlich-rechtlichen und privaten Emissionsinstitute,
3. Industrieobligationen einschließlich der Wandelschuldverschreibungen,
4. Genußscheine.

Forderungsrechte ohne Kurswert sind dagegen als Kapitalforderungen nach § 12 BewG zu bewerten.

Anteilsrechte an Kapitalgesellschaften sind immer nach § 11 BewG zu bewerten, und zwar unabhängig davon, ob sie in Wertpapieren verbrieft sind und an einer deutschen Börse gehandelt werden oder nicht. Wertpapiere mit Kursnotierung sind nach § 11 Abs. 1 BewG, nicht notierte Anteilsrechte hingegen nach § 11 Abs. 2 BewG anzusetzen.

Sachenrechtliche Wertpapiere sind nicht Gegenstand des Börsenhandels. Sie haben keinen Kurswert und sind nicht nach § 11 BewG als Wertpapiere, sondern gemäß § 12 BewG als sonstige Kapitalforderungen zu bewerten. Das gleiche gilt für die Wertpapiere des Zahlungsverkehrs.

Handelsrechtliche Wertpapiere, die Warenforderungen beinhalten, sind weder nach § 11 BewG noch nach § 12 BewG, sondern mit ihrem Steuerbilanzwert zu bewerten.

Nachfolgend werden zunächst nur Wertpapiere und Anteile, deren Bewertung nach § 11 BewG zu erfolgen hat, behandelt. Die Bewertung der sonstigen Wertpapiere wird in späteren Abschnitten besprochen.

Wertpapiere, die an einer deutschen Börse zum amtlichen Handel zugelassen worden sind, sind mit ihrem *Kurswert am Bewertungsstichtag* anzusetzen (§ 11 Abs. 1 BewG). Liegt am Stichtag keine Notierung vor, so ist der letzte innerhalb von 30 Tagen vor dem Stichtag im amtlichen Handel notierte Kurs maßgeblich. Wie die zum amtlichen Handel sind auch die nur zum *geregelten Markt* zugelassenen sowie die in den *Freiverkehr* einbezogenen Wertpapiere zu bewerten.

Schuldbuchforderungen werden gemäß § 11 Abs. 1 BewG ebenfalls mit ihrem Kurswert angesetzt. Schuldbuchforderungen sind Forderungen gegen den Bund oder ein Land, für die keine Schuldverschreibungen ausgestellt sind.

Als Kurs i.S.d. § 11 Abs. 1 BewG gelten außer den sogenannten „bezahlten Kursen" auch die bloßen Geld-, Brief- und Taxkurse. Es ist also nicht erforderlich, daß zu dem notierten Kurs auch tatsächlich Umsätze stattfinden.

Investmentzertifikate sind gemäß § 11 Abs. 4 BewG mit ihren Rücknahmepreisen zu bewerten.

Wertpapiere, die weder im amtlichen Handel noch im geregelten Markt oder Freiverkehr gehandelt werden, sind nach § 11 Abs. 2 BewG mit dem gemeinen Wert anzusetzen. Das gilt auch dann, wenn Kurse auf dem freien Markt

(Telefonverkehr, Bankenverkehr) festgestellt werden. In erster Linie jedoch ist der gemeine Wert aus Verkäufen abzuleiten.

Für die Ableitung des gemeinen Wertes aus Verkäufen gelten die allgemeinen Grundsätze über die Ermittlung des gemeinen Wertes. Das bedeutet u.a., daß persönliche Verhältnisse, die den Preis beeinflußt haben, außer Betracht bleiben müssen.

Stehen ausreichende und brauchbare Verkäufe zur Ableitung des gemeinen Wertes nicht zur Verfügung, dann ist der gemeine Wert unter Berücksichtigung des Vermögens und der Ertragsaussichten zu *schätzen* (§ 11 Abs. 2 Satz 2 BewG). Zur Wahrung der Gleichmäßigkeit der Besteuerung ist hierfür von der Finanzverwaltung ein besonderes Verfahren, das sog. *Stuttgarter Verfahren,* entwickelt worden. Es beruht auf der Kombination des Vermögens- und des Ertragswertes und ist der Ausfluß betriebswirtschaftlicher Theorien zur Bewertung von Unternehmen im ganzen. Hierauf wird später eingegangen[16].

Art der Wertpapiere und Anteile		Bewertungsmaßstab	Rechtsgrundlage
Wertpapiere und Schuldbuchforderungen, die am Stichtag an einer deutschen Börse zum amtlichen Handel oder zum geregelten Markt zugelassen oder die in den Freiverkehr einbezogen sind	z.B. börsenfähige • Aktien • Genußscheine • Öffentl. Anleihen • Pfandbriefe und ähnliche Schuldverschreibungen der öffentlichrechtlichen und privaten Emissionsinstitute • Industrieobligationen	Niedrigster am Stichtag im amtlichen Handel, im geregelten Markt oder im Freiverkehr notierter Kurs. Liegt am Stichtag keine Notierung vor, so ist der letzte innerhalb von 30 Tagen vor dem Stichtag im amtlichen Handel notierte Kurs maßgebend.	§ 11 Abs. 1 BewG
Anteile an Kapitalgesellschaften, die nicht unter § 11 Abs. 1 BewG fallen	z.B • GmbH-Anteile • nicht an einer Börse gehandelte Aktien	Gemeiner Wert • abgeleitet aus Verkäufen, die weniger als 1 Jahr zurückliegen • schätzen unter Berücksichtigung der Vermögens und Ertragslage (sog. Stuttgarter Verfahren)	§ 11 Abs. 2 BewG
Wertpapiere mit verbrieften Rechten gegenüber Kapitalanlagegesellschaften oder sonstigen Fonds	z.B. • Anteilscheine an Investmentfonds • Anteile an Immobilienfonds	Rücknahmepreis	§ 11 Abs. 4 BewG

Abbildung IV/4: Bewertung der Wertpapiere und Anteile

---

16 Vgl. Gliederungspunkt 2.9.

Für die Bewertung der Wertpapiere und Anteile ist der *Bewertungsstichtag* maßgebend[17]. Welcher Tag als Stichtag gilt, ergibt sich nicht aus § 11 BewG; er muß vielmehr den einzelnen Steuergesetzen entnommen werden. Bei der Erbschaftsteuer gilt z.B. der Zeitpunkt der Entstehung der Steuerschuld (Todestag) als Bewertungsstichtag.

Die Bewertung der Wertpapiere und Anteile ist in *Abbildung IV/4* übersichtsmäßig zusammengefaßt.

2.5.2 Kapitalforderungen und Schulden

Kapitalforderungen, die *keinen Kurswert* haben, und **Schulden** sind grundsätzlich nach § 12 BewG zu bewerten. Von diesem Grundsatz gibt es allerdings eine wichtige *Ausnahme*. Sie besteht darin, daß Kapitalforderungen und Schulden, die zu einem Gewerbebetrieb gehören, nach § 109 Abs. 1 BewG mit ihren *Steuerbilanzwerten*[18] anzusetzen sind. Die nachfolgenden Ausführungen gelten deshalb nicht für die Bewertung von Betriebsvermögen.

Von den Kapitalforderungen zu unterscheiden sind die *Sachforderungen*. Diese sind auf Sachleistungen ausgerichtet. Ihre Bewertung erfolgt nicht nach § 12 BewG; sie ist vielmehr nach den allgemeinen Regeln vorzunehmen (grundsätzlich gemeiner Wert, Steuerbilanzwert bzw. Teilwert im Rahmen des Betriebsvermögens).

Kapitalforderungen und Schulden sind nach § 12 Abs. 1 Satz 1 BewG grundsätzlich mit dem *Nennwert* anzusetzen *(Bewertungsgrundsatz)*. Nennwert ist der Betrag, den der Schuldner bei Fälligkeit der Forderung an den Gläubiger zu entrichten hat. Ist eine Schuld mit einem Aufgeld (Agio) zurückzuzahlen, so umfaßt der Nennwert i.S.d. § 12 Abs. 1 Satz 1 BewG auch dieses Aufgeld, d.h., es ist der Betrag der Forderung bzw. der Schuld einschließlich des Aufgelds anzusetzen. Ein bei der Auszahlung eines Darlehens einbehaltenes Abgeld (Disagio) ist nach Ansicht der Finanzverwaltung als laufzeitabhängige Zinsvorauszahlung anzusehen[19]. Es soll deshalb als eigenständiger Vermögens- (beim Schuldner des Darlehens) bzw. Schuldposten (beim Gläubiger des Darlehens) angesetzt werden, soweit es am Stichtag durch die bisherige Kapitalnutzung noch nicht verbraucht ist.

Kapitalforderungen und Schulden sind nach § 12 Abs. 1 Satz 1 BewG nicht stets, sondern nur dann mit dem Nennwert anzusetzen, wenn nicht *besondere Umstände* einen *höheren* oder *geringeren* Wert begründen. Besondere Umstände liegen z.B.

---

[17] Vgl. Gliederungspunkt 2.6.
[18] Vgl. Teil III, Gliederungspunkt 3.
[19] Vgl. Abschn. 56 Abs. 3 VStR. Es ist davon auszugehen, daß die VStR die während der Geltungsdauer des VStG, d.h. bis zum 31.12.1996, auch im Rahmen der Bewertung für erbschaft- bzw. schenkungsteuerliche Zwecke anzuwenden waren, weiterhin anwendbar sind. Zur Zeit liegt ein Entwurf für Erbschaftsteuer-Richtlinien (ErbStR-E) vor, der für Erwerbsfälle nach dem 30.6.1998 an die Stelle der VStR treten soll. Sofern im weiteren eine Anweisung der VStR 1995 zitiert wird, wird auch die entsprechende Anweisung des ErbStR-E angegeben.

vor, wenn eine Forderung dubios ist. Eine derartige *unsichere Forderung* ist mit dem wahrscheinlich eingehenden Betrag zu bewerten[20]. Besondere Umstände können auch in einer *Unverzinslichkeit* oder in einer besonders *hohen* oder *niedrigen Verzinsung* der Forderung bzw. Schuld liegen. Unverzinsliche Forderungen oder Schulden mit einer Laufzeit von mehr als einem Jahr sind unter Berücksichtigung von Zinseszinsen auf ihren Gegenwartswert abzuzinsen. Hierbei ist nach § 12 Abs. 3 BewG von einem Zinssatz von 5,5 % p.a. auszugehen. Der Ermittlung des Gegenwartswertes derartiger Forderungen und Schulden, die nach bestimmter Zeit in einem Betrag fällig sind, dient Tabelle 1 zum Erlaß vom 15.9.1997 zu § 12 Abs. 3 BewG[21]. Bei besonders hoch oder niedrig verzinslichen Forderungen oder Schulden mit einer Laufzeit von mindestens 4 Jahren ist nach dem soeben zitierten Erlaß der Nennwert um den Kapitalwert der jährlichen Zinsvorteile bzw. Zinsnachteile zu verändern. Die Wertermittlung im einzelnen ist in dem Erlaß ausführlich geregelt.

Uneinbringliche Forderungen bleiben nach § 12 Abs. 2 BewG außer Ansatz.

Eine unverzinsliche Kapitalforderung, die bis zum Tode einer bestimmten Person befristet ist, ist mit ihrem Gegenwartswert anzusetzen. Zu dessen Ermittlung ist die mittlere Lebenserwartung dieser Person zu berücksichtigen. Diese ergibt sich aus der „Sterbetafel 1986/88 für die Bundesrepublik Deutschland (Gebietsstand seit dem 3.10.1990)"[22].

Noch nicht fällige Ansprüche aus Lebens-, Kapital- oder Rentenversicherungen werden mit zwei Dritteln der eingezahlten Prämien oder Kapitalbeträge bewertet (§ 12 Abs. 4 BewG). Weist der Steuerpflichtige den Rückkaufswert nach, so ist dieser maßgebend. Rückkaufswert ist der Betrag, den das Versicherungsunternehmen dem Versicherungsnehmer im Falle der vorzeitigen Aufhebung des Vertragsverhältnisses zu erstatten hat. Den Rückkaufswert wird der Steuerpflichtige vernünftigerweise nur dann wählen, wenn er niedriger ist als der Zweidrittel-Wert.

Eine zusammenfassende Übersicht über die Bewertung von Kapitalforderungen und Schulden enthält *Abbildung IV/5*.

---

[20] Vgl. Abschn. 17 Abs. 4 VStR bzw. R 109 Abs. 3 ErbStR-E und Fußnote 19.

[21] Erlaß betr. Bewertung von Kapitalforderungen und -schulden sowie von Ansprüchen/Lasten bei wiederkehrenden Nutzungen und Leistungen nach dem 31.12.1995 für Zwecke der Erbschaft- und Schenkungsteuer vom 15.9.1997, BStBl 1997 I, S. 832 (gleichlautender Ländererlaß), Rd. Nr. 1.2.1.

[22] Abgedruckt als Tabelle 6 zum Ländererlaß vom 15.9.1997, BStBl 1997 I, S. 832.

Art der Kapitalforderungen und Schulden	Bewertungsmaßstab	Rechtsgrundlage bzw. Auffassung der Finanzverwaltung
Kapitalforderungen ohne Kurswert und *Schulden*	Nennwert, wenn nicht besondere Umstände[23] einen höheren oder niedrigeren Wert rechtfertigen	§ 12 Abs. 1 BewG
Uneinbringliche Forderungen	kein Ansatz	§ 12 Abs. 2 BewG
Unsichere Forderungen	wahrscheinlich eingehender Betrag	Abschn. 17 Abs. 4 VStR bzw. R 109 Abs. 3 ErbStR-E
Unverzinsliche Forderungen oder Schulden, deren Laufzeit mehr als ein Jahr beträgt und die zu einem bestimmten Zeitpunkt fällig sind	Nennwert minus Zinsen und Zinseszinsen Zinssatz 5,5 %	§ 12 Abs. 3 BewG Tabelle 1 zum Erlaß vom 15.9.1997[24], Rd. Nr. 1.2.1.
Niedrig *verzinsliche* Forderungen oder Schulden mit einem Zinssatz unter 3 %, deren Kündigung für mindestens 4 Jahre eingeschränkt oder ausgeschlossen ist	Grundsätzlich Nennwert minus Kapitalwert des jährlichen Zinsverlustes, in Ausnahmefällen Nennwert	Erlaß vom 15.9.1997[25], Rd. Nr. 1.2.2.
Hoch *verzinsliche* Forderungen mit einem Zinssatz über 9 % und für längere Zeit ausgeschlossener Rückzahlung	Nennwert plus Kapitalwert des jährlichen Zinsgewinns	Erlaß vom 15.9.1997[26], Rd. Nr. 1.2.2.
Noch *nicht* fällige Ansprüche aus Lebens-, Kapital- oder Rentenversicherungen	Zwei Drittel der eingezahlten Prämien oder (niedrigerer) Rückkaufwert. Weist ein Steuerpflichtiger den Rückkaufwert nach, so ist dieser maßgebend	§ 12 Abs. 4 BewG

Abbildung IV/5: Bewertung von Kapitalforderungen und Schulden nach den Regelungen des Allgemeinen Teils des BewG

2.5.3 Wiederkehrende Nutzungen und Leistungen

Nutzungen sind die Früchte einer Sache oder eines Rechtes sowie die Vorteile, die der Gebrauch der Sache oder des Rechts gewährt (§ 100 BGB). Früchte sind auch die Erträge (§ 99 Abs. 3 BGB). Als **wiederkehrende Nutzungen** i.S.d. §§ 13-16 BewG kommen nur solche geldwerten Nutzungen in Betracht, die dem Berechtigten aufgrund eines einheitlichen Rechts aus fremdem, ihm steuerlich nicht zuzurechnendem Vermögen zufließen. Hierzu gehören insbesondere Zuflüsse aus einem Nießbrauchsrecht i.S.d. § 1030 ff. BGB sowie der Vorteil aus einem Wohnrecht i.S.d. § 1093 BGB.

---

[23] Besondere Umstände können vertraglich vereinbart werden (z.B. niedriger Zinssatz bei unkündbaren Forderungen) oder in der Person des Schuldners (z.B. Vergleich, Konkurs) liegen.
[24] BStBl 1997 I, S. 832.
[25] BStBl 1997 I, S. 832.
[26] BStBl 1997 I, S. 832.

Leistungen sind Bezüge, die nicht nach den Nutzungen eines Wirtschaftsgutes bemessen werden. **Wiederkehrende Leistungen** i.S.d. §§ 13-16 BewG sind vor allem *Renten*, d.h. laufende Bezüge in Geld oder Geldeswert, die aufgrund eines Stammrechts gewährt werden und auf die der Empfänger für einen gewissen Zeitraum Anspruch hat.

Kaufpreisraten sind keine Renten. Sie sind nach § 12 BewG zu bewertende Forderungen. Zahlungen, die für einen kürzeren Zeitraum als zehn Jahre vereinbart werden und nicht an das Leben einer natürlichen Person gebunden sind, werden nicht als Renten, sondern als Kaufpreisraten behandelt[27].

Die Bewertung der wiederkehrenden Nutzungen und Leistungen ist in den §§ 13-16 BewG geregelt. Die Bewertung nach diesen Vorschriften gilt sowohl für den Berechtigten als auch für den Verpflichteten.

Das BewG stellt für die Bewertung auf die Zeitdauer ab, für die das Recht oder die Last im Bewertungszeitpunkt noch besteht. Zu unterscheiden sind die in *Abbildung IV/6* aufgeführten wiederkehrenden Nutzungen und Leistungen.

Art der Nutzungen und Leistungen	Rechtsgrundlage
Nutzungen und Leistungen, die auf *bestimmte Zeit* beschränkt sind	§ 13 Abs. 1 BewG
Immerwährende Nutzungen und Leistungen	§ 13 Abs. 2 BewG
Nutzungen und Leistungen von unbestimmter Dauer	§ 13 Abs. 2 BewG
Lebenslängliche Nutzungen und Leistungen	§ 14 BewG

Abbildung IV/6: Wiederkehrende Nutzungen und Leistungen

Allen Bewertungsmethoden der genannten Vorschriften ist gemeinsam, daß wiederkehrende Nutzungen und Leistungen mit einem *Kapitalwert* anzusetzen sind. Der Kapitalwert wird hierbei, je nach der anzuwendenden Vorschrift, nach einem anderen Rechenverfahren ermittelt. Allen Berechnungsmethoden ist aber gemeinsam, daß sie den Kapitalwert in stark vereinfachter Form bestimmen.

Alle Kapitalwerte stellen im Grunde genommen nur eine besondere Erscheinungsform des gemeinen Wertes dar. Entspricht der Kapitalwert im Einzelfall dem gemeinen Wert nachweislich nicht, so ist der nachgewiesene gemeine Wert zugrunde zu legen (§§ 13 Abs. 3, 14 Abs. 4 BewG). Durch diese Regelung sollen unbillige Ergebnisse verhindert werden. Der nachgewiesene gemeine Wert darf jedoch nicht darauf basieren, daß mit einem anderen Zinssatz als 5,5 v.H. oder mit einer anderen als der mittelschüssigen Zahlungsweise gerechnet worden ist.

Aus Platzgründen ist es hier nicht möglich, alle o.a. Vorschriften im einzelnen zu besprechen. Es muß insoweit auf die §§ 13-16 BewG verwiesen werden. Hier soll lediglich das nachfolgende Beispiel besprochen werden.

---

27 Vgl. Teil II, Gliederungspunkt 2.6.1.

Beispiel

Der 66jährige Rentner (R) hat Anspruch auf eine lebenslängliche Jahresrente von 10.000 DM. Der Kapitalwert dieser Rente errechnet sich aus dem Vervielfältiger nach § 14 Abs. 1 BewG i.V.m. Anlage 9 zum Bewertungsgesetz (in der ab 1.1.1995 geltenden Fassung) multipliziert mit der Jahresrente. Er beträgt (8,723 · 10.000 =) 87.230 DM.

2.6 Stichtagsprinzip, Bedingungen und Befristungen

Bei Wertermittlungen nach dem Bewertungsgesetz werden die tatsächlichen und wertmäßigen Verhältnisse zu einem bestimmten Stichtag (**Stichtagsprinzip**) zugrunde gelegt. Nach dem Stichtagsprinzip können nur die Umstände berücksichtigt werden, die zum Stichtag bereits vorgelegen haben. Nachträglich eingetretene Umstände können grundsätzlich nicht berücksichtigt werden.

Oft ergibt sich die Frage, ob ein Wirtschaftsgut an einem Bewertungsstichtag einem Steuerpflichtigen *noch nicht* oder nicht mehr *zuzurechnen ist*. Diese Frage erhebt sich immer dann, wenn die Zurechnung von einer Bedingung oder Befristung abhängt.

Eine *Bedingung* ist die einer Willenserklärung beigegebene Nebenbestimmung, nach der die Wirkung der Willenserklärung von einem *künftigen ungewissen Ereignis* abhängig gemacht wird. Bis zum Eintritt des Ereignisses herrscht ein *Schwebezustand*. Jede Bedingung enthält eine „Wenn-dann-Aussage".

Beispiel

Die Eltern versprechen ihrer Tochter: „Wenn Du das Examen bestehst, dann schenken wir Dir ein Auto."

Im vorstehenden Beispiel tritt der Erfolg, nämlich das Schenken, erst *später,* d.h. nach Eintritt der Bedingung, ein. In einem derartigen Fall spricht man von einer *aufschiebenden Bedingung*.

Im Gegensatz zur aufschiebenden Bedingung tritt bei der *auflösenden Bedingung* die Wirkung des Rechtsgeschäftes sofort ein. Die *Wirkung* des Rechtsgeschäftes *endet* aber mit *Eintritt der Bedingung*.

Beispiel

Die Eltern sagen zu ihrer Tochter: „Wir schenken Dir jetzt ein Auto. Solltest Du wider Erwarten das Examen nicht bestehen, mußt Du es uns aber zurückgeben."

Zivilrechtlich tritt bei einer aufschiebenden Bedingung die von der Bedingung abhängig gemachte Wirkung erst mit Eintritt der Bedingung ein (§ 158 Abs. 1 BGB).

Eine dem Zivilrecht entsprechende Regelung findet sich in den §§ 4 und 6 BewG. Gemäß § 4 BewG werden Wirtschaftsgüter, die unter einer aufschiebenden Bedingung erworben werden, erst dann berücksichtigt, wenn die Bedingung eingetreten ist.

Beispiel

Die Eltern versprechen ihrem Sohn einen in ihrem Privatvermögen befindlichen PKW, wenn dieser nach Abschluß des 9. Semesters seine Diplomprüfung besteht.

Das Schenkungsversprechen erfolgt unter einer aufschiebenden Bedingung. Erst nach Eintritt dieser Bedingung ist der PKW dem Sohn zuzurechnen.

§ 6 BewG enthält eine zu § 4 BewG korrespondierende Vorschrift bei aufschiebend bedingten Lasten.

Bei einer auflösenden Bedingung endet zivilrechtlich die Wirkung des vorgenommenen Rechtsgeschäftes mit dem Eintritt der Bedingung (§ 158 Abs. 2 BGB). Die steuerrechtlichen Vorschriften der §§ 5 und 7 BewG entsprechen auch hier der zivilrechtlichen Regelung.

Nach § 5 BewG werden Wirtschaftsgüter, die unter einer auflösenden Bedingung erworben werden, wie unbedingt erworbene behandelt. Nach Eintritt der Bedingung erfolgt erst zum nächsten Bewertungsstichtag kein Wertansatz mehr.

Beispiel

A erwirbt am 30.12.01 ein Wirtschaftsgut unter einer auflösenden Bedingung. Im Laufe des 2.1.02 tritt die Bedingung ein. A gibt das Wirtschaftsgut am 3.1.02 an den früheren Eigentümer E zurück.

Das Wirtschaftsgut ist dem A vom 30.12.01 bis zum 2.1.02 zuzurechnen. Ab 3.1.02 hingegen ist das Wirtschaftsgut wieder dem E zuzurechnen.

Lasten, deren Fortdauer auflösend bedingt ist, werden gemäß § 7 BewG bis zum Eintritt der Bedingung wie unbedingte abgezogen.

Die §§ 4 - 7 BewG gelten auch, wenn der Erwerb eines Wirtschaftsgutes oder die Entstehung oder der Wegfall einer Last von einem Ereignis abhängt, bei dem nur der Zeitpunkt ungewiß ist (§ 8 BewG). In derartigen Fällen wird von einer *Befristung* gesprochen.

Beispiel

Wenn A stirbt, erbt B 10.000 DM. Das Ereignis, nämlich der Tod des A, ist gewiß. Lediglich der Zeitpunkt des Ereignisses ist ungewiß. Es liegt also eine Befristung vor. Die 10.000 DM sind B erst nach Eintritt des Ereignisses zuzurechnen.

Die Vorschriften über die Bedingungen und die Befristungen (§§ 4-8 BewG) gelten nach § 98a BewG nicht bei der Bewertung des Betriebsvermögens. Deren Erfassung richtet sich vielmehr nach den Grundsätzen über die steuerliche Gewinnermittlung.

2.7 Aufgaben 1 und 2

Aufgabe 1

Der Kaufmann A hält zum 31.12.04 in seinem Betriebsvermögen für nominal 1.000.000 DM Obligationen, die er im Jahre 01 zum Kurs von 98 v.H. erworben hatte. Die Obligationen haben zum 31.12.04 einen Kurs von 105 %. Zum 31.12.01 hatte A die Obligationen zum damaligen Kurswert von 900.000 DM in seiner Handelsbilanz ausgewiesen. Da er im Jahre 04 mit Verlust gearbeitet hat, will er zum 31.12.04 in der Handelsbilanz einen Wert von 1.000.000 DM ansetzen. Er beabsichtigt, die Obligationen zum 1.1.05 seinem Sohn zu schenken. In der dann erforderlichen Bedarfsbewertung für schenkungsteuerliche Zwecke will er die Obligationen mit dem letztjährigen Bilanzansatz von 900.000 DM bewerten. Beurteilen Sie bitte den Sachverhalt in steuer- und handelsrechtlicher Hinsicht.

Aufgabe 2

Müller ist Gesellschafter der Mayer GmbH mit einem Stammanteil von 100.000 DM. Während der letzten Monate wurden von anderen Gesellschaftern der GmbH die nachstehenden Geschäftsanteile verkauft:

Datum	Stammanteil DM	Erlös DM	Erlös eines Anteils in %
20.11.01	50.000	96.000	192
01.12.01	10.000	17.000	170
10.12.01	20.000	36.000	180
28.12.01	100.000	195.000	195
30.12.01	150.000	150.000	100
	330.000	494.000	

Der letzte Verkauf erfolgte von Gesellschafter Lehmann an seinen Neffen Krause.

Müller bewertet seinen eigenen Anteil im Rahmen einer Bewertung für schenkungsteuerliche Zwecke zum 5.1.02 mit 100 %. Nehmen Sie hierzu Stellung.

2.8 Besondere Bewertungsvorschriften

2.8.1 Geltungsbereich, Vermögensarten

Wie bereits ausgeführt[28], gelten die besonderen Bewertungsvorschriften der §§ 17 bis 150 BewG (Zweiter Teil des BewG) grundsätzlich nur nach Maßgabe der Einzelsteuergesetze (§ 17 Abs. 1 BewG), d.h. nur dann, wenn sie in Einzelsteuergesetzen ausdrücklich für anwendbar erklärt werden. Besonders wichtige Anwendungsfälle finden sich im § 12 Abs. 2 bis 6 ErbStG. Nach § 17 Abs. 2 BewG sind die §§ 18 bis 94, 122 und 125 bis 132 BewG generell bei der Grundsteuer anwendbar. Die §§ 121a und 133 BewG finden darüber hinaus Anwendung bei der Gewerbesteuer.

Das Vermögen, das nach den besonderen Bewertungsvorschriften zu bewerten ist, umfaßt nach § 18 BewG die folgenden **Vermögensarten:**

1. das land- und forstwirtschaftliche Vermögen (§§ 33 bis 67 und 31 BewG),
2. das Grundvermögen (§§ 68 bis 94 und 31 BewG) sowie
3. das Betriebsvermögen (§§ 95 bis 109 und 31 BewG).

Vermögen, das nicht unter 1. bis 3. fällt (übriges Vermögen), ist nicht nach den Vorschriften des Zweiten Teils des BewG zu bewerten. Soll übriges Vermögen für

---

[28] Vgl. Gliederungspunkt 2.2.

steuerliche Zwecke erfaßt werden, so hat seine Bewertung entweder nach speziellen Vorschriften des jeweiligen Einzelsteuergesetzes oder nach den Vorschriften des Ersten Teils des BewG (§§ 1 bis 16 BewG) zu erfolgen.

2.8.2 Einheitswerte, Hauptfeststellung, Fortschreibung, Nachfeststellung

Nach § 19 Abs. 1 BewG werden für die wirtschaftlichen Einheiten des inländischen Grundbesitzes in einem förmlichen Verfahren **Einheitswerte** festgestellt (§ 180 AO). § 19 BewG nennt in abschließender Aufzählung folgende wirtschaftliche Einheiten des inländischen Grundbesitzes:

1. Betriebe der Land- und Forstwirtschaft (§§ 33, 48a und 51a BewG),
2. Grundstücke (§§ 68, 70 BewG) und
3. Betriebsgrundstücke (§ 99 BewG).

Die Betriebe der Land- und Forstwirtschaft gehören zum land- und forstwirtschaftlichen Vermögen i.S.d. § 18 BewG, die Grundstücke zum Grundvermögen und die Betriebsgrundstücke zum Betriebsvermögen. Einheitswerte werden gem. § 19 Abs. 1 BewG jeweils nur für *inländische* wirtschaftliche Einheiten festgestellt. Für die ausländischen Teile der drei in § 18 BewG genannten Vermögensarten werden keine Einheitswerte festgestellt. Ihre Bewertung richtet sich nach § 31 BewG.

Das Einheitswertverfahren endet mit der Erstellung eines Feststellungsbescheids, der schriftlich zu erteilen ist (§ 181 Abs. 1 i.V.m. § 157 Abs. 1 AO) und der nach seinem wesentlichen Inhalt als Einheitswertbescheid bezeichnet wird. Der **Einheitswertbescheid** muß mindestens Angaben über

- den *Wert*,
- die *Art* und
- die *Zurechnung*

der wirtschaftlichen Einheit enthalten (§ 19 Abs. 3 BewG). Einwendungen gegen diese Feststellungen sind nur im Einheitswertverfahren, nicht hingegen bei Festsetzung der einzelnen Steuern möglich, d.h. der Einheitswertbescheid stellt einen selbständig anfechtbaren Bescheid dar.

Der wichtigste Inhalt des Einheitswertbescheides ist die Bestimmung des Einheitswertes. Er muß auf einen bestimmten Geldbetrag lauten (**Wertfeststellung**). Nach § 30 BewG werden Einheitswerte auf volle hundert DM nach unten abgerundet.

Die Feststellung über die Art des Gegenstandes - **Artfeststellung** - umfaßt neben der Feststellung der Vermögensart, zu der die wirtschaftliche Einheit zu zählen ist, auch die Bestimmung der Grundstücksart (Mietwohngrundstück, Geschäftsgrundstück, gemischtgenutztes Grundstück, Einfamilienhaus, Zweifamilienhaus, sonstiges bebautes Grundstück - § 75 Abs. 1 BewG -), die für die Grundsteuer von Bedeutung ist.

Zurechnungsfeststellung bedeutet die Bestimmung desjenigen, dem die wirtschaftliche Einheit steuerlich zuzurechnen ist. Sie gibt an, gegen welche Person sich der Einheitswertbescheid richtet, wer ihn somit anfechten kann und wer Steuerschuldner der auf dem Einheitswert ruhenden Steuern ist.

Ein Einheitswert braucht nur festgestellt zu werden, wenn er für die Besteuerung von Bedeutung ist (§ 19 Abs. 4 BewG). Das ist immer dann der Fall, wenn der Einheitswert bei einem oder mehreren Steuerpflichtigen zu einer (zusätzlichen) Belastung mit Grundsteuer führt.

Nach § 21 Abs. 1 BewG „werden" die Einheitswerte in Zeitabständen von je sechs Jahren allgemein festgestellt (**Hauptfeststellung**). Diese Vorschrift kann bestenfalls als Gesetzesprogramm angesehen werden. Tatsächlich sind heute noch die Werte der **Hauptfeststellung** auf den *1.1.1964* anzuwenden. Die Durchführung einer neuen Hauptfeststellung erscheint auf Jahrzehnte hinaus unrealistisch. Der Grund besteht darin, daß sowohl der Finanzverwaltung als auch den steuerberatenden Berufen die notwendigen Mitarbeiter fehlen und - bei der Finanzverwaltung - wegen Geldmangels auch nicht eingestellt werden können. Hinzu kommt, daß der Nutzen einer neuen Hauptfeststellung als gering einzuschätzen ist, da sie lediglich Auswirkungen für die Grundsteuer hätte. Sollte es irgendwann zu einer neuen Hauptfeststellung kommen, so wären dieser nach § 21 Abs. 2 BewG die Verhältnisse zu Beginn eines Kalenderjahres zugrunde zu legen (Stichtagsprinzip).

Ändern sich die tatsächlichen Werte der wirtschaftlichen Einheiten *zwischen* zwei Hauptfeststellungszeitpunkten, so sind die Einheitswerte neu festzustellen. Das Verfahren wird **Wertfortschreibung** genannt. Die Wertgrenzen sind in § 22 Abs. 1 BewG aufgeführt. Bei Wertfortschreibungen gelten zwar die *tatsächlichen Verhältnisse im Wertfortschreibungszeitpunkt*, hingegen sind die *Wertverhältnisse vom 1.1.1964* maßgebend (§ 27 BewG). Wertfortschreibungen können somit z.B. dadurch erforderlich werden, daß ein Gebäude ausgebaut wird, nicht hingegen durch Wertsteigerungen des Grund und Bodens. Auch eine Flächenänderung kann Anlaß für eine Wertfortschreibung bieten.

Ändert eine wirtschaftliche Einheit *zwischen* zwei Hauptfeststellungszeitpunkten ihre Art, wird z.B. ein unbebautes Grundstück bebaut, so ist eine **Artfortschreibung** (§ 22 Abs. 2 BewG) durchzuführen.

Wechselt eine wirtschaftliche Einheit *während* eines *Hauptfeststellungszeitraumes* den Eigentümer, so ist eine **Zurechnungsfortschreibung** vorzunehmen (§ 22 Abs. 2 BewG).

Ist zum Hauptfeststellungszeitpunkt zu Recht kein Einheitswert festgestellt worden, so ist unter den in § 23 BewG aufgeführten Bedingungen ein Einheitswert auf einen späteren Stichtag festzustellen (**Nachfeststellung**). Der wichtigste Fall ist hierbei der, daß eine wirtschaftliche Einheit neu gegründet wird.

Beispiel

Eine land- und forstwirtschaftlich genutzte Fläche wird Bauland und parzelliert. Durch die Parzellierung geht der Betrieb der Land- und Forstwirtschaft unter; für die einzelnen Parzellen ist eine Nachfeststellung erforderlich.

Die nachfolgende Abbildung gibt einen Überblick über die o.a. Feststellungsarten.

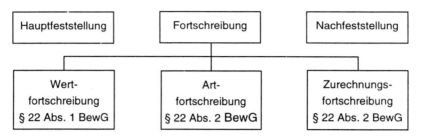

Abbildung IV/7: Feststellungsarten

Bei allen Feststellungsarten werden die tatsächlichen und wertmäßigen Verhältnisse zu Beginn eines bestimmten Kalenderjahres (Stichtagsprinzip) der Feststellung zugrunde gelegt[29].

2.8.3 Land- und forstwirtschaftliches Vermögen

Zum land- und forstwirtschaftlichen Vermögen gehören alle Wirtschaftsgüter, die einem Betrieb der Land- und Forstwirtschaft dauernd zu dienen bestimmt sind (§ 33 Abs. 1 Satz 1 BewG).

Ein Betrieb umfaßt den Wirtschafts- und den Wohnteil (§ 34 Abs. 1 BewG). Für jeden land- und forstwirtschaftlichen Betrieb ist ein Einheitswert festzustellen. Dieser setzt sich aus dem Wirtschaftswert für den Wirtschaftsteil und dem Wohnungswert für den Wohnteil zusammen.

Der Wirtschaftswert ist ein gesetzlich fixierter Ertragswert. Der Ertragswert wird durch ein vergleichendes Verfahren (§§ 37 ff. BewG) ermittelt. Das bedeutet, daß für einige wenige Betriebe, die sog. Vergleichsbetriebe, der Ertragswert festzustellen ist. Die Ertragswerte der übrigen Betriebe werden dann durch einen Vergleich mit den Ertragswerten der Vergleichsbetriebe gewonnen. Es handelt sich somit um ein stark vereinfachendes Verfahren der Unternehmensbewertung im ganzen.

Bei der Ermittlung des Ertragswertes ist von der Ertragsfähigkeit auszugehen. Ertragsfähigkeit ist der bei ordnungsmäßiger und schuldenfreier Bewirtschaftung

---

[29] Vgl. Gliederungspunkt 2.6.

mit entlohnten fremden Arbeitskräften gemeinhin und nachhaltig erzielbare Reinertrag. Ertragswert ist das Achtzehnfache dieses Reinertrags (§ 36 Abs. 2 BewG).

Der Wohnungswert wird nach den Vorschriften ermittelt, die beim Grundvermögen für die Bewertung der Mietwohngrundstücke im Ertragswertverfahren gelten (§ 47 BewG).

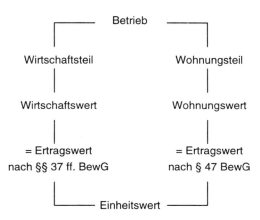

Abbildung IV/8: Einheitswert des land- und forstwirtschaftlichen Betriebs

2.8.4 Grundvermögen

Grundbesitz (§ 19 BewG) umfaßt land- und forstwirtschaftliches Vermögen, Grundstücke und Betriebsgrundstücke. **Grundvermögen** liegt vor, wenn es sich bei dem Grundbesitz nicht um land- und forstwirtschaftliches Vermögen oder um Betriebsgrundstücke handelt (§ 68 Abs. 1 BewG). Die Zusammenhänge zeigt Abbildung IV/9.

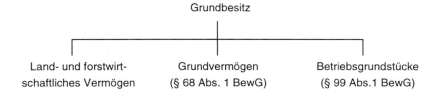

Abbildung IV/9: Übersicht über die Arten des Grundbesitzes

Es sind also drei Begriffe zu unterscheiden:

1. *Grundbesitz* (§ 19 BewG): Oberbegriff
2. *Grundvermögen* (§ 68 Abs. 1 BewG): Vermögensart
3. *Grundstück* (§ 70 Abs. 1 BewG): Bewertungsgegenstand beim Grundvermögen

Nach § 68 Abs. 1 BewG gehören zum Grundvermögen der Grund und Boden, Gebäude, sonstige Bestandteile und Zubehör. Was als Bestandteil und Zubehör gilt, bestimmt sich nach den §§ 93 bzw. 97 BGB. Zum Grundvermögen gehören ferner vor allem das Erbbaurecht und das Wohnungseigentum (§ 68 Abs. 1 Nr. 2 und 3 BewG).

Nicht in das Grundvermögen einzubeziehen sind Maschinen und Vorrichtungen aller Art, die zu einer Betriebsanlage gehören (**Betriebsvorrichtungen**), auch wenn sie wesentliche Bestandteile des Gebäudes sind (§ 68 Abs. 2 Nr. 2 BewG).

Jede wirtschaftliche Einheit des Grundvermögens bildet ein Grundstück i.S.d. BewG (§ 70 Abs. 1 BewG). Als Grundstück gilt auch ein Gebäude, das auf fremdem Grund und Boden errichtet worden ist (§ 70 Abs. 3 BewG).

Innerhalb des Grundvermögens unterscheidet das BewG die beiden Hauptgruppen der unbebauten und bebauten Grundstücke. Unbebaute Grundstücke sind alle die Grundstücke, auf denen sich keine benutzbaren Gebäude befinden (§ 72 Abs. 1 BewG). Bei der Bewertung bebauter Grundstücke sind insgesamt sechs Grundstücksarten zu unterscheiden, nämlich Mietwohngrundstücke, Geschäftsgrundstücke, gemischtgenutzte Grundstücke, Einfamilienhäuser, Zweifamilienhäuser und sonstige bebaute Grundstücke. Wegen der Abgrenzung der einzelnen Grundstücksarten voneinander muß auf § 75 BewG verwiesen werden.

Der Wert unbebauter Grundstücke ergibt sich als das Produkt aus der Anzahl der zu bewertenden Quadratmeter und dem Quadratmeterpreis zum Hauptfeststellungszeitpunkt, d.h. dem (fiktiven) Quadratmeterpreis zum 1.1.1964. Der Ermittlung der Quadratmeterpreise dienen Kaufpreissammlungen, die von den Bewertungsstellen der Finanzämter geführt werden.

Die Werte der bebauten Grundstücke werden grundsätzlich mit Hilfe des Ertragswertverfahrens (§§ 78-82 BewG) ermittelt (§ 76 Abs. 1 BewG).

Der Ertragswert ergibt sich durch Anwendung eines gesetzlich fixierten Vervielfältigers (§ 80 BewG) auf die Jahresrohmiete (§ 79 BewG) nach Berücksichtigung von Zu- und Abschlägen (§§ 81, 82 BewG) wegen besonderer Umstände (§ 78 BewG). Bei der Jahresrohmiete handelt es sich grundsätzlich um die tatsächlichen Mieteinnahmen (§ 79 Abs. 1 BewG). In den Fällen, in denen die tatsächliche Miete von der üblichen Miete um mehr als 20 % abweicht, ist von der üblichen Jahresrohmiete auszugehen.

In vielen Fällen läßt sich das Ertragswertverfahren nicht anwenden, weil weder eine tatsächliche noch eine übliche Miete feststellbar ist. In diesen Fällen ist das sog. Sachwertverfahren anzuwenden (§ 76 Abs. 2 und 3 BewG). Dies gilt insbesondere für Fabrikgrundstücke, Theatergrundstücke, Lichtspielhäuser, Grundstücke mit größeren Verwaltungsbauten, Grundstücke der Bank- und Kreditinstitute, Kühlhäuser, Trockenhäuser und Markthallen.

Bei der Wertermittlung im Rahmen des Sachwertverfahrens ist nach § 83 BewG vom Bodenwert (§ 84 BewG), vom Gebäudewert (§§ 85-88 BewG) und vom Wert der Außenanlagen (§ 89 BewG) auszugehen (Ausgangswert). Durch Anwendung eines gesetzlich festgelegten Prozentsatzes auf den Ausgangswert wird der Grundstückswert ermittelt (§ 90 BewG).

Bodenwert, Gebäudewert und Wert der Außenanlagen ergeben sich nicht durch ein Verfahren der Grundstücksbewertung im ganzen, sondern durch die Addition der Werte einzelner Wirtschaftsgüter. So ist bei Ermittlung des Gebäudewertes von dem sog. Gebäudenormalherstellungswert (§ 85 BewG) auszugehen. Einzelheiten der Wertermittlung können hier nicht behandelt werden, es muß insoweit auf die §§ 83-90 BewG und auf die Abschn. 34-46 BewRGr verwiesen werden.

2.8.5 Betriebsvermögen

2.8.5.1 Begriff, Umfang, Bedeutung der Wertermittlung

Das **Betriebsvermögen** umfaßt gemäß § 95 Abs. 1 BewG alle Teile eines Gewerbebetriebs i.S.d. § 15 Abs. 1 und 2 EStG, die bei der steuerlichen Gewinnermittlung zum Betriebsvermögen gehören.

Dem Gewerbebetrieb steht grundsätzlich die Ausübung eines freien Berufes i.S.d. § 18 Abs. 1 Nr. 1 EStG gleich (§ 96 BewG). *Wirtschaftsgüter, die Kapitalgesellschaften*, Erwerbs- und Wirtschaftsgenossenschaften, Versicherungsvereinen auf Gegenseitigkeit und Kreditanstalten des öffentlichen Rechts *gehören, bilden immer einen Gewerbebetrieb* (§ 97 Abs. 1 Satz 1 Nr. 1-5 BewG). Wirtschaftsgüter, die einer Personenhandelsgesellschaft (OHG, KG) gehören, bilden dann einen Gewerbebetrieb, wenn die Personenhandelsgesellschaft gewerblich tätig i.S.d. § 15 Abs. 3 EStG ist (§ 97 Abs. 1 Satz 1 Nr. 5 BewG). Hierunter fällt stets die gewerblich geprägte Personenhandelsgesellschaft i.S.d. § 15 Abs. 3 Nr. 2 EStG. Bei dieser handelt es sich in der Regel um eine GmbH&CoKG.

Der **Wert des Betriebsvermögens** *ergibt sich nach § 98a BewG aus der Summe der Werte der einzelnen zum Betrieb gehörenden Wirtschaftsgüter* (**Rohbetriebsvermögen**) *nach Abzug der* **Betriebsschulden** *(§ 103 BewG).* Es handelt sich somit nicht um die Bewertung einer wirtschaftlichen Einheit im ganzen, sondern um eine Bewertung durch Addition und Subtraktion des Wertes einzelner Wirtschaftsgüter bzw. Schulden. Die Ermittlung des Werts des Betriebsvermögens ist in *Abbildung IV/10* in schematischer Weise dargestellt.

```
      Rohbetriebsvermögen (Summe der Besitzposten)
 ./.  Betriebsschulden (Summe der Schuldposten)
  =   Wert des gewerblichen Betriebs
```

Abbildung IV/10: Wertermittlung des gewerblichen Betriebs

Die Ermittlung des Werts des Betriebsvermögens ist ausschließlich für erbschaft- bzw. schenkungsteuerliche Zwecke von Bedeutung. Der Wert des Betriebsvermögens ist nach Wegfall der Gewerbekapitalsteuer zum 1.1.1998 nur noch dann zu ermitteln, wenn Betriebsvermögen durch Schenkung oder Erbschaft übertragen wird. Hierauf wird an späterer Stelle noch zurückzukommen sein[30].

2.8.5.2 Bewertung

Die **Bewertung** der einzelnen Besitz- und Schuldposten ist in § 109 BewG geregelt. Diese Vorschrift geht als lex specialis den allgemeinen Bewertungsregeln des Ersten Teils des BewG vor. Die Bewertung der Wirtschaftsgüter erfolgt nach § 109 Abs. 1 BewG mit ihren **Steuerbilanzwerten**. Hierbei handelt es sich um die Werte, die der Steuerpflichtige im Rahmen seiner *steuerlichen Gewinnermittlung* in seiner *Ertragsteuerbilanz* ansetzt. Auf die Bewertung in der Ertragsteuerbilanz ist in Teil III dieses Buches ausführlich eingegangen worden. Auf eine Behandlung an dieser Stelle kann deshalb verzichtet werden.

Eine Ausnahme ergibt sich für **Betriebsgrundstücke**, d.h. für Grundstücke, die zu einem gewerblichen Betrieb gehören (§ 99 BewG). Diese sind für Zwecke der Grund- und Gewerbesteuer (§ 9 Nr.1 GewStG) mit ihrem Einheitswert zu bewerten. Die Einheitswerte werden nach den Vorschriften des Ersten Abschnitts des Zweiten Teils des BewG (§§ 19 - 109 BewG) ermittelt. Regelmäßig sind die Vorschriften über die Bewertung des Grundvermögens (§§ 68 - 94 BewG) anzuwenden.[31] Ausnahmsweise hat die Bewertung nach den Vorschriften über die Bewertung des land- und forstwirtschaftlichen Vermögens zu erfolgen. Für erbschaft- und schenkungsteuerliche Zwecke sind Betriebsgrundstücke mit ihrem Bedarfswert nach §§ 138 ff. BewG zu bewerten.[32]

Bei Gewerbetreibenden, die (ausnahmsweise) keine Steuerbilanz zu erstellen brauchen und auch freiwillig keine erstellen, tritt an die Stelle von § 109 Abs. 1 BewG der *Abs. 2* dieser Vorschrift. Danach haben diese Steuerpflichtigen die Wirtschaftsgüter des beweglichen abnutzbaren Anlagevermögens mit ihren ertragsteuerlichen Werten anzusetzen. Hierbei handelt es sich um die Werte, die im Rahmen einer Gewinnermittlung nach § 4 Abs. 3 EStG oder einer Schätzung anzusetzen sind.

2.8.5.3 Ermittlung und Aufteilung des Werts des Betriebsvermögens von Personengesellschaften

Der Wert des Betriebsvermögens einer Personengesellschaft ist im Bedarfsfalle nach § 179 Abs. 2 AO gesondert festzustellen. Die Feststellung hat für die Gesellschafter (Mitunternehmer) einheitlich zu erfolgen. Die Aufteilung des gesondert

---

[30] Vgl. Gliederungspunkt 4.2.2.
[31] Vgl. Gliederungspunkt 2.8.4.
[32] Vgl. Gliederungspunkt 4.2.

und einheitlich festgestellten Werts des Betriebsvermögens auf die Gesellschafter hat nach § 97 Abs. 1a BewG wie folgt zu erfolgen:

1. Die Wirtschaftsgüter des Sonderbetriebsvermögens sind vorab dem jeweiligen Gesellschafter zuzurechnen, dem sie gehören. Sie sind hierbei mit dem Wert anzusetzen, mit dem sie im Wert des Betriebsvermögens enthalten sind. Dieser Wert ist von dem steuerlichen Kapitalkonto des Gesellschafters abzuziehen.
2. Das nach Nr. 1 bereinigte Kapitalkonto ist dem jeweiligen Gesellschafter vorab zuzurechnen.
3. Der um die Vorwegzurechnungen nach Nr. 1 und Nr. 2 gekürzte Wert des Betriebsvermögens ist nach dem gesellschaftsrechtlichen Gewinnverteilungsschlüssel auf die Gesellschafter aufzuteilen.
4. Der Anteil eines jeden Gesellschafters am Wert des Betriebsvermögens ergibt sich als Summe aus den Vorwegzurechnungen nach den Nrn. 1 und 2 und dem Anteil aufgrund der Anwendung des Gewinnverteilungsschlüssels nach Nr. 3.

2.8.5.4 Aufgabe 3

Am Gewinn der Firma Mischnik & Mayer OHG ist der Gesellschafter Mischnik zu 70 v.H. und der Gesellschafter Mayer zu 30 v.H. beteiligt. Am 2.1.08 verstirbt Gesellschafter Mischnik. Seinen Anteil an der OHG erbt seine Tochter. Diese erbt außerdem ein bebautes Grundstück, das Gesellschafter Mischnik bereits seit 5 Jahren an die OHG vermietet hat. Zum Abschlußstichtag 31.12.07 stellt die OHG eine Bilanz auf, in der - entsprechend dem Handelsrecht - nur das Gesellschaftsvermögen enthalten ist. Diese Bilanz entspricht hinsichtlich der Bewertung in vollem Umfang nicht nur dem Handels-, sondern auch dem Steuerrecht. Die Bilanz hat folgendes Aussehen:

Bilanz per 31.12.07

Aktiva	DM		Passiva		DM
Grund und Boden	20.000	Kapital:			
Gebäude	70.000	Mischnik		90.000	
Maschinen	106.200	Mayer		94.801	184.801
Geringwertige Wirtschaftsgüter	1	Garantierückstellung			20.000
Kundenforderungen	19.000	Rückstellung für un-			
Kasse	19.000	gewisse Verbindlich-			
		keiten			9.400
Bank	50.000	Hypothekendarlehen			70.000
	284.201				284.201

Grund und Boden und Gebäude bilden gemeinsam das Betriebsgrundstück der OHG. Der Grund und Boden hat am Bilanzstichtag einen Taxwert von 400.000 DM, das Gebäude von 500.000 DM. Der Grund und Boden ist vor 25 Jahren für 20.000 DM erworben worden; anschließend wurde für 140.000 DM ein Gebäude errichtet. Für das Grundstück ist ein Einheitswert von 140.000 DM festgestellt worden. Zum 2.1.08 stellt das Finanzamt für das bebaute Grundstück (Grund und Boden und Gebäude) einen Grundstückswert von 630.000 DM fest. Am Gewinn und Verlust der Gesellschaft sind die Gesellschafter Mischnik und Mayer im Verhältnis 70 : 30 beteiligt.

Die steuerliche Sonderbilanz des Gesellschafters Mischnik zum 31.12.07 hat folgendes Aussehen:

Sonderbilanz des Mischnik zum 31.12.07

Aktiva	DM	Passiva	DM
Grund und Boden	400.000	Eigenkapital:	2.400.000
Gebäude	2.000.000		
	2.400.000		2.400.000

Das Gebäude wird seit 5 Jahren mit 4 % seines ehemaligen Einlagenwertes von 2.500.000 DM abgeschrieben. Zum 2.1.08 stellt das Finanzamt für das bebaute Grundstück einen Grundstückswert von 2.224.000 DM fest.

Es ist die Bereicherung der Tochter des Mischnik durch den Erbanfall vom 2.1.08 zu ermitteln.

2.8.5.5 Ermittlung des Werts des Betriebsvermögens von Kapitalgesellschaften

Kapitalgesellschaften sind juristisch und steuerlich rechtsfähig. Die steuerliche Rechtsfähigkeit beginnt, sobald der (notariell beurkundete) Gesellschaftsvertrag abgeschlossen oder die Satzung festgestellt worden ist. Die steuerliche Rechtsfähigkeit einer Kapitalgesellschaft endet mit der Löschung der Gesellschaft im Handelsregister.

Der Umfang des Betriebsvermögens wird - unter Berücksichtigung der rechtsformspezifischen Besonderheiten - wie bei Personengesellschaften ermittelt. Kapitalgesellschaften haben ausschließlich Betriebsvermögen (§ 97 Abs. 1 Nr. 1 BewG). Dazu gehören auch ausstehende Einlagen auf das Grund- oder Stammkapital soweit sie eingefordert sind.

Bei der Ermittlung der Betriebsschulden (§ 103 BewG) von Kapitalgesellschaften sind *alle* Steuerschulden, also auch Körperschaft- und Vermögensteuerschulden, abzugsfähig. Insofern besteht ein Unterschied zu den Personenunternehmen, bei denen die Einkommen- und Vermögensteuerschulden keine betrieblichen, sondern private Schulden darstellen. Da Kapitalgesellschaften selbständige juristische Personen sind, werden Forderungen und Schulden zwischen Gesellschaft und Gesellschafter grundsätzlich anerkannt. Bei Kapitalgesellschaften gibt es daher auch nicht wie bei Personengesellschaften Sonderbetriebsvermögen.

Seit dem 1.1.1998, d.h. seit dem Fortfall der Gewerbekapitalsteuer, zeitigt die Bewertung des Vermögens einer Kapitalgesellschaft keine unmittelbaren steuerlichen Folgen mehr. Von Bedeutung kann die Bewertung dieses Vermögens hingegen im Rahmen der Bewertung der Anteile von Kapitalgesellschaften sein. Das ist stets dann der Fall, wenn der Wert der Anteile nach dem Stuttgarter Verfahren ermittelt wird. Hierauf wird im nächsten Gliederungspunkt eingegangen.

2.9 Bewertung von Anteilen an Kapitalgesellschaften nach dem Stuttgarter Verfahren

2.9.1 Zum Anwendungsbereich des Stuttgarter Verfahrens

Wird ein Gewerbebetrieb in der Rechtsform einer Kapitalgesellschaft betrieben, so sind bewertungsrechtlich zwei Werte zu unterscheiden, und zwar:

1. der *Wert des Betriebsvermögens* der Kapitalgesellschaft[33] und
2. der *Wert der Gesellschaftsanteile* der Gesellschafter, also z.B. der Wert der Aktien einer Aktiengesellschaft oder der Wert der Gesellschaftsanteile an einer GmbH.

Beide Werte werden nach unterschiedlichen Grundsätzen ermittelt. Während sich der Wert des Betriebsvermögens durch Abzug der Schulden von dem Rohbetriebsvermögen der Kapitalgesellschaft ergibt[34], werden Aktien gem. § 11 Abs. 1 BewG grundsätzlich mit ihren Börsenkursen angesetzt[35]. Werden die Aktien nicht an der Börse gehandelt, so wird ihr Wert aus Verkäufen abgeleitet (§ 11 Abs. 2 Satz 1 BewG). Gleiches gilt auch für die Wertermittlung von GmbH-Anteilen. Läßt sich der Wert von Aktien oder GmbH-Anteilen auch nicht aus Verkäufen ableiten, so ist ihr gemeiner Wert unter Berücksichtigung des Vermögens und der Ertragsaussichten zu schätzen (§ 11 Abs. 2 Satz 2 BewG). Derartige Schätzungen werden mit Hilfe des von der Finanzverwaltung entwickelten **Stuttgarter Verfahrens** durchgeführt, das in den Abschnitten 4 ff. VStR bzw. R 96 ff. ErbStR-E geregelt ist. Die erstgenannten Richtlinien sind zwar - wie bereits die Bezeichnung verrät - zur Vermögensteuer ergangen. Nach einem gleichlautenden Ländererlaß vom 18.6.1997 können sie aber bis zum Ergehen gesonderter Erlasse zur Erbschaft- und Schenkungsteuer bei diesen Steuerarten sinngemäß angewendet werden[36].

Da das Stuttgarter Verfahren in erster Linie Bedeutung für die Bewertung von GmbH-Anteilen hat, werden nachfolgend nur diese genannt. Die Ausführungen gelten aber auch für die Bewertung von Aktien, sofern die vorhin genannten Voraussetzungen erfüllt sind.

Unabhängig davon, welcher Vermögensart die GmbH-Anteile zuzuordnen sind, erfolgt ihre Bewertung grundsätzlich dann nach dem Stuttgarter Verfahren, wenn ihr Wert nicht aus Verkäufen abgeleitet werden kann. Im Interesse der Gleichmäßigkeit der Besteuerung kommt ein Abweichen von diesem Verfahren nur dann in Betracht, wenn es zu nicht tragbaren Ergebnissen führt.

---

[33] Vgl. Gliederungspunkt 2.8.5.5.
[34] Vgl. Gliederungspunkt 2.8.5.1.
[35] Vgl. Gliederungspunkt 2.5.1.
[36] Vgl. Erlaß betr. die Bewertung des übrigen Vermögens für Zwecke der Erbschaft- und Schenkungsteuer vom 18.6.1997, BStBl 1997 I, S. 689, Tz. 2.3.

2.9.2 Kurzdarstellung des Stuttgarter Verfahrens

Nach Abschn. 8 Abs. 1 VStR bzw. R 100 Abs. 1 ErbStR-E ist als gemeiner Wert von GmbH-Anteilen der Betrag anzusetzen, den ein Käufer für den Erwerb eines Anteils aufwenden würde. Dabei ist davon auszugehen, daß ein Käufer sowohl den *Vermögenswert* als auch die *Ertragsaussichten* berücksichtigt.

Die Ermittlung des **Vermögenswertes** der Gesellschaft beruht auf dem Wert des Betriebsvermögens i.S.d. § 98a BewG. Dieser Wert entspricht häufig nicht dem tatsächlichen Wert des Gesellschaftsvermögens, auf den es für die Bewertung der Anteile ankommt. Aus diesem Grunde sieht Abschn. 6 VStR bzw. R 98 Abs. 3 ErbStR-E eine Reihe von Hinzurechnungen und Kürzungen vor. Diese sind aber weitgehend auf die inzwischen nicht mehr erhobene Vermögensteuer zugeschnitten. Auf sie braucht deshalb hier nicht eingegangen zu werden.

Der sich nach den Hinzurechnungen und Kürzungen ergebende Vermögenswert in Relation zum Stammkapital der Gesellschaft ist nach Abschn. 6 Abs. 4 VStR bzw. R 98 Abs. 4 ErbStR-E für die weiteren Berechnungen maßgebend.

§ 11 Abs. 2 BewG fordert die Berücksichtigung der **Ertragsaussichten**[37]. Für die Schätzung der voraussichtlichen künftigen Jahreserträge wird grundsätzlich von dem tatsächlich erzielten Durchschnittsertrag der letzten drei Jahre vor dem Bewertungsstichtag ausgegangen. Der Durchschnittsertrag soll aus den zu versteuernden Einkommen der Gesellschaft während der letzten drei Jahre (§§ 7, 8 KStG) unter Beachtung der in Abschn. 7 Abs. 1 VStR bzw. R 99 Abs. 1 ErbStR-E genannten Hinzurechnungen und Kürzungen errechnet werden.[38]

Hinzuzurechnen sind z.B.

- Sonderabschreibungen oder erhöhte Absetzungen, soweit sie die normalen Absetzungen übersteigen, Teilwertabschreibungen und Zuführungen zu steuerfreien Rücklagen,
- Verlustabzüge, die das Einkommen gemindert haben,
- steuerfreie Einnahmen, z.B. im Inland steuerfreie ausländische Einnahmen,
- Absetzungen auf den Geschäfts- oder Firmenwert oder auf firmenwertähnliche Wirtschaftsgüter.

---

[37] Nach heute fast einhelliger Meinung im betriebswirtschaftlichen Schrifttum ist bei der Bewertung ganzer Unternehmen ausschließlich der Ertragswert, nicht hingegen ein Substanzwert zu berücksichtigen. Vgl. statt vieler Moxter, A., Grundsätze, 1983; IDW, Stellungnahme HFA 2/1983, Grundsätze, 1983, S. 468 ff. Vgl. auch IDW, Stellungnahme HFA 6/1997, Besonderheiten, 1998, S. 26 ff.

[38] R 99 Abs. 3 ErbStR-E sieht eine Gewichtung der Betriebsergebnisse der letzten drei Jahre vor, wobei das letzte Ergebnis mit dem Faktor 3, das vorletzte mit dem Faktor 2 und das vorvorletzte mit dem Faktor 1 zu gewichten ist. Die Summe ist durch 6 zu dividieren, um den Durchschnittsertrag zu erhalten.

2 Grundzüge des Bewertungsrechts

Zu kürzen sind z.B.

- einmalige Veräußerungsgewinne,
- körperschaftsteuerlich nichtabziehbare Aufwendungen, wie z.B. nach § 4 Abs. 5 Nr. 1 EStG nicht abzugsfähige Geschenke,
- die Tarifbelastung auf die nichtabziehbaren Aufwendungen in Höhe von 81,82 %.

Körperschaftsteuer mindert zwar den Gewinn lt. Handelsbilanz, aufgrund des § 10 KStG aber nicht das körperschaftsteuerliche Einkommen. Der Gedanke liegt nahe, die Körperschaftsteuer im Rahmen des Stuttgarter Verfahrens ebenso zu behandeln wie die übrigen körperschaftsteuerlich nichtabziehbaren Aufwendungen, d.h. sie bei Schätzung der Ertragsaussichten abzuziehen. Das geschieht aber nicht, soweit die Körperschaftsteuer durch den Steuerbilanzgewinn verursacht wird. Der Grund liegt darin, daß die Körperschaftsteuer - nach Herstellung der Ausschüttungsbelastung - beim Gesellschafter zur Anrechnung gelangt. Die nach Herstellung der Ausschüttungsbelastung verbleibende Körperschaftsteuer führt somit beim Gesellschafter zu Einnahmen und damit auch zu Erträgen, die bei Schätzung der Ertragsaussichten zu erfassen sind. Ein Abzug der auf steuerliche Gewinne entfallenden Körperschaftsteuer wäre demnach nicht sachgerecht.

Anders verhält es sich hingegen mit der Körperschaftsteuer, die auf die Einkommensteile, die aus körperschaftsteuerlich nichtabziehbaren Aufwendungen bestehen, entfällt. Die dieser Körperschaftsteuer zugrunde liegenden Einkommensteile können niemals an die Gesellschafter ausgeschüttet werden, da sie zu anderen Zahlungen - wie z.B. für Geschenke - verwendet werden. Da diese Einkommensteile nicht zur Ausschüttung gelangen, entsteht insoweit bei den Gesellschaftern auch kein Anrechnungsguthaben. Die auf die nichtabziehbaren Aufwendungen entfallende Körperschaftsteuer mindert also die Ertragsaussichten der Gesellschafter. Sie ist deshalb nach Abschn. 7 Abs. 1 Nr. 2 d VStR bzw. R 99 Abs. 1 Nr. 2 c ErbStR-E bei Schätzung der Ertragsaussichten abzugsfähig. Ihre Höhe ergibt sich aus folgender Gleichung[39]:

$$\frac{\text{Steuersatz in \%}}{100 - \text{Steuersatz in \%}}.$$

Bei dem derzeit (Mai 1998) geltenden Steuersatz von 45 % ergibt sich hieraus ein Abzug von (45/55 =) 81,82 % der nichtabziehbaren Aufwendungen.

Der so ermittelte Durchschnittsertrag ist zur Abgeltung aller Unwägbarkeiten gem. Abschn. 7 Abs. 3 Satz 2 VStR um einen Abschlag von 15 v.H. zu mindern[40]. Das Ergebnis wird in Beziehung gesetzt zum Stammkapital der Gesellschaft. Der Quotient ergibt den **Ertragshundertsatz**. Für Gesellschafter ohne Einfluß auf die Geschäftsführung ist der nach den Abschn. 5 - 8 VStR bzw. R 97 -

---

[39] Vgl. hierzu auch die andere Art der Darstellung in Abschn. 7 Abs. 1 Nr. 2 d VStR bzw. R 99 Abs. 1 Nr. 2 c ErbStR-E.
[40] R 99 Abs. 3 ErbStR-E sieht diese pauschale Kürzung nicht mehr vor.

100 ErbStR-E ermittelte gemeine Wert um 10 % zu kürzen (Abschn. 9 Abs. 3 VStR bzw. R 101 Abs. 8 ErbStR-E).

Der gemeine Wert eines Anteils wird in Abschn. 8 Abs. 1 VStR bzw. R 100 Abs. 1 ErbStR-E als eine Kombination aus Vermögens- und Ertragswert definiert. Er wird als Hundertsatz des Nominalwerts des einen Anteil verkörpernden Grund- oder Stammkapitals ausgedrückt. Dieser Hundertsatz (X) ergibt sich aus dem in einem Hundertsatz ausgedrückten Vermögenswert des Anteils (V) und einem in einem Hundertsatz ausgedrückten Ertragswert (Er): X = V + Er. Der Ertragswert wird definiert als Differenz aus dem Ertragshundertsatz (E) für fünf Jahre (fünffacher Ertragshundertsatz) und einer Alternativverzinsung des in dem Anteil investierten Kapitals während desselben Zeitraums. Als Zinssatz der Alternativinvestition werden 9 % p.a. festgelegt. Der in einem Hundertsatz ausgedrückte Ertragswert beträgt demnach:

Er = 5 · E − 5 · X · 9 %.

Durch Einsetzen des Werts von Er in die Gleichung für X ergibt sich:

$$X = V + 5 \cdot \left\{ E - \frac{9 \cdot X}{100} \right\}.$$

Die Auflösung der Gleichung nach X ergibt:

$$X = \frac{68,97}{100} \cdot (V + 5 \cdot E).$$

Der Hundertsatz von 68,97 wird zur Vereinfachung auf 68 abgerundet. Als gemeiner Wert sind also 68 v.H. der Summe aus Vermögenswert und fünffachem Ertragshundertsatz anzusetzen:

$$X = \frac{68}{100} \cdot (V + 5 \cdot E).$$

2.9.3 Aufgabe 4

Mischnik aus Aufgabe 3 ist außer an der dort genannten OHG auch mit 70 % an der Marcus Müller GmbH beteiligt. Diese GmbH weist zum 31.12.07 grundsätzlich das gleiche Bilanzbild aus wie die OHG aus Aufgabe 3. Unterschiede ergeben sich lediglich insoweit, als die GmbH ein Stammkapital von 50.000 DM und einen Gewinnvortrag von insgesamt 134.801 DM ausweist. Im Gegensatz zu dem Sachverhalt in Aufgabe 3 hat die GmbH kein Grundstück von einem ihrer Gesellschafter gemietet.

Die Marcus Müller GmbH hat die nachfolgend aufgeführten körperschaftsteuerlichen Einkommen erzielt und die darunter aufgeführten nicht als Betriebsausgaben abzugsfähigen Geschenke gezahlt.

2 Grundzüge des Bewertungsrechts 371

Jahr	03	04	05	06	07
Einkommen in DM	100.000	80.000	150.000	180.000	240.000
nicht abzugsfähige Geschenke in DM	1.200	1.200	1.000	1.500	1.500

Die Tarifbelastung des Einkommens hat stets 45 % betragen. Verkäufe von Anteilen an der Marcus Müller GmbH sind während der vergangenen Jahre nicht erfolgt. Die GmbH entrichtet am 6.1.08 für 06 eine Körperschaftsteuer-Abschlußzahlung in Höhe von 10.000 DM. Gesellschafter Mischnik bzw. ab 2.1.08 seine Tochter hält 70 % und Gesellschafter Mayer 30 % der Geschäftsanteile.

Ermitteln Sie den bewertungsrechtlichen Wert des von Mischnik seiner Tochter vererbten GmbH-Anteils unter der Voraussetzung, daß die VStR analog anwendbar sind.

2.10 Zweiter Abschnitt: Sondervorschriften und Ermächtigungen

Der Zweite Abschnitt des BewG (§§ 110-124 BewG) enthält Sondervorschriften und Ermächtigungen. Die meisten der früher dort vorhandenen Sondervorschriften bezogen sich ausschließlich auf die Vermögensteuer. Da diese Steuerart ab 1.1.1997 nicht mehr erhoben wird, sind diese Vorschriften aufgehoben worden. Übrig geblieben sind nur die §§ 121, 121a, 122 und 123 BewG. Hier soll lediglich auf die §§ 121 und 121a BewG eingegangen werden.

§ 121 BewG definiert das **Inlandsvermögen**. Im wesentlichen umfaßt es

- das inländische land- und forstwirtschaftliche Vermögen,
- das inländische Grundvermögen,
- das inländische Betriebsvermögen,
- Anteile an einer inländischen Kapitalgesellschaft, wenn der Gesellschafter entweder allein oder zusammen mit nahestehenden Personen mindestens zu 10 % an der Gesellschaft beteiligt ist,
- Forderungen aus Hypotheken und Grundschulden sowie bestimmte andere Forderungen,
- Forderungen aus der Beteiligung an einem Handelsgewerbe als stiller Gesellschafter und aus einem partiarischen (gewinnabhängigen) Darlehen.

Die Definition des Inlandsvermögens ist von Bedeutung für der Erbschaft- bzw. Schenkungsteuer unterliegende Erwerbe nach § 2 Abs. 1 Nr. 3 ErbStG.

Während der Geltungsdauer der auf den Wertverhältnissen am 1.1.1964 beruhenden Einheitswerten des Grundbesitzes sind Grundstücke und Betriebsgrundstücke nach § 121a BewG für gewerbesteuerliche Zwecke mit 140 % ihres Einheitswertes anzusetzen.

2.11 Dritter Abschnitt: Vorschriften für die Bewertung im Beitrittsgebiet

Der Dritte Abschnitt des BewG (§§ 125-137 BewG) enthält besondere Vorschriften über die Bewertung in den neuen Bundesländern (Beitrittsgebiet). Die meisten dieser Vorschriften (§§ 125-133 BewG) haben nur noch Bedeutung für die Grundsteuer. Sie beziehen sich auf

- das land- und forstwirtschaftliche Vermögen (§§ 125-128 BewG) und
- das Grundvermögen (§§ 129-133 BewG).

Besondere Vorschriften zu diesen Vermögensarten sind deshalb erforderlich, weil im Beitrittsgebiet - historisch bedingt - keine Einheitswerte des Grundbesitzes nach den Wertverhältnissen vom 1.1.1964 festgestellt worden sind.

Die §§ 134 bis 135 BewG beziehen sich auf die Bewertung des Betriebsvermögens. Hierbei sind die §§ 134 und 135 BewG bereits wieder aufgehoben worden. Die verbleibenden §§ 136 und 137 BewG beziehen sich auf Besonderheiten im Beitrittsgebiet. Auf sie kann hier nicht eingegangen werden.

2.12 Vierter Abschnitt: Besondere Vorschriften für die Erbschaftsteuer ab 1.1.1996 und die Grunderwerbsteuer ab 1.1.1997

2.12.1 Allgemeines

Der Vierte Abschnitt (§§ 138-152 BewG) ist dem BewG erst durch das Gesetz vom 20.12.1996[41] angefügt worden. Mit diesem Gesetz ist für Zwecke sowohl der Erbschaft- bzw. Schenkungsteuer als auch der Grunderwerbsteuer die sog. Bedarfsbewertung eingeführt worden.

Nach § 138 Abs. 1 Satz 1 BewG können Einheitswerte des Grundbesitzes, die auf den Wertverhältnissen zum 1.1.1964 beruhen, ab 1.1.1996 bei der Erbschaft- bzw. Schenkungsteuer nicht mehr angewendet werden. Das gleiche gilt ab 1.1.1997 hinsichtlich der Grunderwerbsteuer. In Schenkungs- bzw. Erbschaftsfällen ab 1.1.1996 sind deshalb nach § 138 Abs. 1 Satz 2 BewG land- und forstwirtschaftliche **Grundbesitzwerte** bzw. - beim Grundvermögen und bei Betriebsgrundstücken - **Grundstückswerte** festzustellen. Der Feststellung sind die *tatsächlichen Verhältnisse zum Besteuerungszeitpunkt* und die *Wertverhältnisse zum 1.1.1996* zugrunde zu legen. Nach § 138 Abs. 4 BewG sind die Wertverhältnisse zum 1.1.1996 für alle Feststellungen von Grundbesitzwerten bis zum 31.12.2001 anzuwenden.

Grundbesitzwerte (gemeint sind hier offensichtlich auch die Grundstückswerte) sind nach § 138 Abs. 5 BewG nur dann gesondert festzustellen, wenn sie für die Erbschaftsteuer oder die Grunderwerbsteuer erforderlich sind (**Bedarfsbewertung**). In den meisten Schenkungs- und Erbschaftsfällen dürfte ein derartiger Bedarf nicht bestehen. Der Grund liegt darin, daß bereits bei einer kurzen Prüfung des Sachverhalts klar wird, daß die im ErbStG vorgesehenen Freibeträge nicht überschritten sind.

---

[41] BStBl 1996 I, S. 1523.

Klargestellt sei, daß eine Bedarfsbewertung nur für Zwecke der Erbschaft- bzw. Schenkungsteuer sowie der Grunderwerbsteuer in Betracht kommt. Bemessungsgrundlage der *Grundsteuer* hingegen sind unverändert die Einheitswerte nach den Wertverhältnissen zum 1.1.1964 bzw. - in den neuen Bundesländern - die sich nach dem Dritten Abschnitt des BewG ergebenden Werte.

Im Rahmen der Feststellung der Grundbesitzwerte sind gem. § 138 Abs. 5 Satz 2 BewG auch Feststellungen über die Art und die Zurechnung der wirtschaftlichen Einheit zu treffen. Die Regelung ist also vergleichbar mit derjenigen des bereits besprochenen § 19 BewG[42]. Nach § 138 Abs. 1 Satz 3 BewG sind darüber hinaus die Vorschriften der AO über die Feststellung von Einheitswerten des Grundbesitzes sinngemäß anzuwenden.

Nach § 139 BewG sind die Grundbesitzwerte auf volle 1.000 DM abzurunden.

2.12.2 Land- und forstwirtschaftliches Vermögen

Die Ermittlung der Grundbesitzwerte des land- und forstwirtschaftlichen Vermögens richtet sich nach den §§ 140-144 BewG. In diesen Normen wird in erheblichem Umfang auf die Vorschriften der §§ 33-67 BewG verwiesen, d.h. auf die Vorschriften zur Ermittlung der Einheitswerte mit den Wertverhältnissen zum 1.1.1964. Der wesentliche Unterschied besteht darin, daß bei Ermittlung der Grundbesitzwerte nicht die Wertverhältnisse zum 1.1.1964, sondern diejenigen zum 1.1.1996 der Bewertung zugrunde gelegt werden. Diese Wertverhältnisse werden allerdings in § 142 BewG für den wichtigsten Wertbestandteil, den Betriebswert, stark typisiert. Nach Meinung des Schrifttums sind die hierbei anzusetzenden Werte allerdings deutlich niedriger als die entsprechenden Verkehrswerte zum 1.1.1996. Einige Spezialisten sind der Ansicht, daß die Grundbesitzwerte im Durchschnitt nur etwa 50 % der Verkehrswerte betragen[43].

2.12.3 Grundvermögen

Ebenso wie im Zweiten Teil wird auch in dem hier zu besprechenden Vierten Teil des BewG zwischen unbebauten (§ 145 BewG) und bebauten Grundstücken (§§ 146-150 BewG) unterschieden.

Der Wert unbebauter Grundstücke bestimmt sich gem. § 145 Abs. 3 BewG nach ihrer Fläche und den um 20 % ermäßigten Bodenrichtwerten. Bei den Bodenrichtwerten handelt es sich um die Werte, die die Gutachterausschüsse nach dem Baugesetzbuch auf den 1.1.1996 zu ermitteln haben. Es handelt sich also um amtlich festgestellte Werte. Diese haben nach § 145 Abs. 3 BewG die Gutachterausschüsse den Finanzämtern mitzuteilen.

---

[42] Vgl. Gliederungspunkt 2.8.2.
[43] Vgl. Thiel, J., Erbschaft- und Schenkungsteuer, 1997, S. 66.

Der Wert eines bebauten Grundstücks wird nach § 146 Abs. 2 BewG auf das 12,5-fache der für dieses im Durchschnitt der letzten drei Jahre vor dem Besteuerungszeitpunkt erzielten Miete, vermindert um Wertminderungen wegen des Alters des Gebäudes, festgelegt. Die Wertminderung wegen Alters (Abschreibung) ist in § 146 Abs. 4 BewG festgelegt.

Auch hinsichtlich der Bedarfswerte beim Grundvermögen wird im Schrifttum allgemein angenommen, daß sie unter den Verkehrswerten liegen[44]. Allerdings wird der Unterschied zwischen Verkehrswerten und Bedarfswerten als geringer eingeschätzt als bei land- und forstwirtschaftlichem Vermögen.

---

[44] Vgl. Fußnote 43.

3 Grundsteuer

3.1 Grundzüge des Grundsteuerrechts

Die Grundsteuer ist *keine* Personen-, sondern eine *Realsteuer*. Das Grundsteuerrecht kennt deshalb auch nicht den Begriff der subjektiven (unbeschränkten oder beschränkten) *Steuerpflicht*. Statt dessen sind die Begriffe *Steuergegenstand* und *Steuerschuldner* von Bedeutung.

Steuergegenstand ist der *Grundbesitz* i.S.d. BewG. Dieser enthält die wirtschaftlichen Einheiten, *Betriebe der Land- und Forstwirtschaft* und *Grundstücke*, auch wenn diese *Betriebsgrundstücke* sind (§ 2 GrStG).

Steuerschuldner ist derjenige, dem der *Steuergegenstand* bei der Feststellung des Einheitswertes *zuzurechnen* ist (§ 10 Abs. 1 GrStG).

Bemessungsgrundlage der Grundsteuer ist der *Einheitswert* (§ 13 Abs. 1 GrStG), und zwar der Einheitswert, der zu Beginn des Kalenderjahres maßgebend ist (§ 9 Abs. 1 GrStG). Klargestellt sei nochmals, daß die Einheitswerte auf den Wertverhältnissen zum 1.1.1964 beruhen. Aus der Bemessungsgrundlage wird durch Anwendung eines Tausendsatzes, der sogenannten *Steuermeßzahl*, der *Steuermeßbetrag* ermittelt (§ 13 Abs. 1 GrStG). Das Produkt aus Steuermeßbetrag und *Hebesatz* der Gemeinde ergibt die **Grundsteuerschuld** eines Jahres. Der Hebesatz ist ein Hundertsatz, der von der einzelnen Gemeinde für ein oder mehrere Kalenderjahre festgelegt wird (§ 25 Abs. 1 und 2 GrStG). Die Steuermeßzahl beträgt für Betriebe der Land- und Forstwirtschaft 6 v.T. (§ 14 GrStG), für Grundstücke grundsätzlich 3,5 v.T. (§ 15 Abs. 1 GrStG). Abweichungen ergeben sich gemäß § 15 Abs. 2 GrStG für Ein- und Zweifamilienhäuser. Die durchschnittlichen Hebesätze streuen in den einzelnen Bundesländern im Jahre 1997 zwischen 345 % und 600 %[45].

Die Steuermeßbeträge sind auf den *Hauptfeststellungszeitpunkt*, d.h. auf den 1.1.1964 (§ 21 Abs. 2 BewG), im Rahmen einer **Hauptveranlagung** allgemein festgesetzt worden (§ 16 Abs. 1 GrStG). Wird bewertungsrechtlich eine Fortschreibung (Wert-, Art- oder Zurechnungsfortschreibung) durchgeführt, so folgt hieraus eine **Grundsteuer-Neuveranlagung** (§ 17 Abs. 1 GrStG). Eine Nachfeststellung verursacht eine **Nachveranlagung** (§ 18 GrStG).

Die Grundsteuer ist in **Vierteljahresbeträgen** jeweils am 15. Februar, 15. Mai, 15. August und 15. November zu entrichten (§ 28 GrStG).

---

[45] Vgl. Institut „Finanzen und Steuern", Entwicklung, 1997, S. 30.

3.2 Aufgabe 5

Gesellschafter Mischnik aus den Aufgaben 3 und 4 ist Eigentümer eines Einfamilienhauses mit einem Taxwert von 900.000 DM und einem Einheitswert zum 1.1.1964 von 120.000 DM. Das Einfamilienhaus hat einen Grundbesitzwert von 640.000 DM. Es ist mit 90.000 DM (Valutastand 31.12.07) belastet. Ermitteln Sie bitte die Grundsteuer für das Jahr 08. Der Grundsteuer-Hebesatz beträgt 400 %.

3.3 Ertragsteuerliche Behandlung der Grundsteuer

Die Grundsteuer ist bei der Einkünfteermittlung *abzugsfähig*, und zwar jeweils bei der Einkunftsart, mit der sie in wirtschaftlichem Zusammenhang steht.

Beispiel

A ist Eigentümer eines gemischt-genutzten Grundstücks mit einem gemeinen Wert von 5 Mio. DM. A nutzt 2/5 des Grundstücks zu eigengewerblichen Zwecken, 1/5 vermietet er zu einer ortsüblichen Miete an seine Ehefrau für deren Arztpraxis, 1/5 ist an einen Gewerbetreibenden vermietet, der Rest an mehrere private Mieter. A hat lediglich den eigengewerblichen Zwecken dienenden Teil des Grundstücks buch- und bilanzmäßig erfaßt.

Die von A vorgenommene bilanzielle Behandlung des Grundstücks ist nach R 13 Abs. 9 i.V.m. Abs. 10 EStR steuerlich zulässig. Hieraus folgt:

1. Die auf den bilanzierten Teil des Grundstücks entfallende Grundsteuer ist als Betriebsausgabe im Rahmen der Einkünfte aus Gewerbebetrieb abzugsfähig;
2. die restliche Grundsteuer ist als Werbungskosten bei den Einkünften aus Vermietung und Verpachtung abzugsfähig.

Grundsteuer, die auf eine für eigene Wohnzwecke genutzte Wohnung entfällt, gehört zu den nach § 12 Nr. 1 EStG nichtabzugsfähigen Kosten der privaten Lebensführung. Dies gilt auch für Ein- und Zweifamilienhäuser, soweit diese für Wohnzwecke des Eigentümers bzw. seiner Familie genutzt werden.

4 Erbschaft- und Schenkungsteuer

4.1 Steuerpflichtige Vorgänge, persönliche Steuerpflicht

Das Erbschaftsteuer- und Schenkungsteuergesetz (ErbStG) erfaßt unentgeltliche Vermögensübergänge von einer Person auf eine andere. Besteuert wird die **Bereicherung** des Erben bzw. des Beschenkten und nicht der Nachlaß des Erblassers bzw. der Vermögensabgang des Schenkers. Die Erbschaftsteuer ist somit eine Erbanfall- und keine Nachlaßsteuer.

Gemäß § 1 ErbStG unterliegen der Erbschaftsteuer folgende steuerpflichtige Vorgänge:

1. der Erwerb von Todes wegen,
2. die Schenkungen unter Lebenden,
3. die Zweckzuwendungen (die Bildung einer nicht rechtsfähigen Vermögensmasse für einen bestimmten Zweck),
4. das Vermögen einer Stiftung, die wesentlich im Interesse einer oder bestimmter Familien errichtet ist (Familienstiftung) im Abstand von jeweils 30 Jahren.

Nachfolgend wird lediglich auf den Erwerb von Todes wegen und die Schenkung unter Lebenden eingegangen[46].

Was als **Erwerb von Todes wegen** gilt, ist in § 3 ErbStG definiert. Hier wird lediglich auf Abs. 1 Nr. 1 dieser Vorschrift eingegangen. Danach gilt als Erwerb von Todes wegen der Erwerb durch Erbanfall (§ 1922 BGB), der Erwerb aufgrund Ersatzanspruchs (§§ 1934a ff. BGB), der Erwerb durch Vermächtnis (§§ 2147 ff. BGB) und der Erwerb aufgrund eines geltend gemachten Pflichtteilanspruchs (§§ 2303 ff. BGB).

Als **Schenkungen unter Lebenden** gelten gemäß § 7 Abs. 1 ErbStG vor allem freiwillige Zuwendungen unter Lebenden, soweit der Bedachte durch sie auf Kosten des Zuwendenden bereichert wird. § 7 ErbStG enthält eine Vielzahl weiterer Tatbestände, auf die aber aus Platzgründen nicht eingegangen werden kann.

Nicht jeder nach § 1 ErbStG steuerpflichtige Vorgang löst Steuerpflicht aus. Weitere Voraussetzung ist vielmehr, daß auch *persönliche Steuerpflicht* gemäß § 2 ErbStG gegeben ist. **Unbeschränkte Steuerpflicht** liegt vor, wenn der Erblasser zur Zeit seines Todes oder der Schenker zur Zeit der Schenkung ein Inländer ist (§ 2 Abs. 1 Nr. 1 ErbStG). Als Inländer gelten natürliche Personen, die im Inland einen Wohnsitz oder ihren gewöhnlichen Aufenthalt haben, ferner deutsche Staatsangehörige, die sich nicht länger als fünf Jahre dauernd im Ausland aufge-

---

[46] Hinsichtlich einer tiefergehenden Einführung in das Erbschaft- und Schenkungsteuerrecht sei insbesondere auf Schulz, B., Erbschaftsteuer, 1997, verwiesen.

halten haben, ohne im Inland einen Wohnsitz oder ihren gewöhnlichen Aufenthalt zu haben. *Die unbeschränkte Steuerpflicht erstreckt sich auf den gesamten Vermögensanfall.*

Sind die Voraussetzungen der unbeschränkten Steuerpflicht nicht erfüllt, so kann nur **beschränkte Steuerpflicht** entstehen. Diese tritt bei einem Vermögensanfall von Inlandsvermögen i.S.d. § 121 BewG ein (§ 2 Abs. 1 Nr. 3 ErbStG). Auf die beschränkte Steuerpflicht wird nicht weiter eingegangen.

4.2 Wertermittlung

4.2.1 Bemessungsgrundlage

Bemessungsgrundlage ist der **steuerpflichtige Erwerb**. Als solcher gilt die *Bereicherung* des Erwerbers, soweit sie nicht steuerfrei ist (§ 10 Abs. 1 Satz 1 ErbStG). Bereicherung ist der *Netto-Vermögensanfall.* Dieser wird dadurch ermittelt, daß von dem Wert der auf den Erwerber übergegangenen Vermögenswerte die mit dem Objekt zusammenhängenden Belastungen abgezogen werden. Beim Erwerb von Betriebsvermögen erfolgt der Schuldenabzug gem. § 12 Abs. 5 ErbStG i.V.m. § 103 Abs. 1 BewG innerhalb der Vermögensart des Betriebsvermögens. Der Wert des Betriebsvermögens ergibt sich also durch den Abzug der Betriebsschulden vom Rohbetriebsvermögen.

Im Fall des Erwerbs von Todes wegen (§ 3 ErbStG) gilt als Bereicherung der Betrag, der sich ergibt, wenn von dem Wert des gesamten Vermögensanfalls die Nachlaßverbindlichkeiten abgezogen werden (§ 10 Abs. 1 Satz 2 ErbStG). Im einzelnen sind die abzugsfähigen Nachlaßverbindlichkeiten in § 10 Abs. 5 ErbStG aufgeführt. Abzugsfähig sind vor allem die von dem Erblasser herrührenden Schulden, soweit sie nicht mit einem zum Erwerb gehörenden gewerblichen Betrieb zusammenhängen. Die zu einem Gewerbebetrieb gehörigen Schulden werden bereits bei der Ermittlung des Werts des Betriebs abgezogen und mindern somit den Wert der wirtschaftlichen Einheit „Gewerbebetrieb". Als Nachlaßverbindlichkeiten abzugsfähig sind weiterhin Verbindlichkeiten aus Vermächtnissen, Auflagen und geltend gemachten Pflichtteilen und Erbersatzansprüchen.

Abzugsfähig sind gem. § 10 Abs. 5 Nr. 3 Satz 1 ErbStG ferner die Kosten der Bestattung des Erblassers, die Kosten für ein angemessenes Grabdenkmal und die Kosten für die übliche Grabpflege. Letztere sind mit ihrem Kapitalwert für Leistungen von unbestimmter Dauer abzugsfähig. Der Kapitalwert derartiger Leistungen beträgt nach § 13 Abs. 2 BewG grundsätzlich das 9,3 fache des Jahreswertes der Leistung, d.h. das 9,3 fache der zu erwartenden jährlichen Kosten. Abzugsfähig sind ferner die Kosten, die dem Erwerber unmittelbar im Zusammenhang mit der Abwicklung, Regelung oder Verteilung des Nachlasses oder mit der Erlangung des Erwerbs entstehen. Weist der Erblasser keine Kosten i.S.d. § 10 Abs. 5 Nr. 3 Satz 1 ErbStG nach oder sind die nachgewiesenen Kosten geringer als 20.000 DM, so wird gem. § 10 Abs. 5 Nr. 3 Satz 2 ErbStG von Amts wegen ein pauschaler Abzug derartiger Kosten i.H.v. 20.000 DM vorgenommen.

4.2.2 Bewertung

Für die Bewertung ist nach § 11 ErbStG grundsätzlich der Zeitpunkt der Entstehung der Steuerschuld, d.h. der Todestag oder der Tag der Schenkung, maßgebend (Bewertungsstichtag). Eine wichtige Ausnahme ergibt sich aus § 12 Abs. 3 ErbStG für den Erwerb von Grundbesitz. Dieser ist mit dem Grundbesitzwert anzusetzen, der nach den §§ 138-150 BewG zu ermitteln ist[47]. Der Grundbesitzwert für Zwecke der Erbschaft- bzw. Schenkungsteuer beruht gem. § 138 Abs. 1 ErbStG auf den tatsächlichen Verhältnissen zum Schenkungs- bzw. Todestag und den *Wertverhältnissen* zum 1.1.1996.

Die Bewertung eines steuerpflichtigen Erwerbs richtet sich gem. § 12 Abs. 1 ErbStG grundsätzlich nach den Vorschriften des Ersten Teils des Bewertungsgesetzes (§§ 1-16 BewG). Ausnahmen von diesem Grundsatz ergeben sich aus § 12 Abs. 2-6 BewG. Ist der gemeine Wert von Anteilen an einer Kapitalgesellschaft unter Berücksichtigung des Vermögens und der Ertragsaussichten zu schätzen (§ 11 Abs. 2 Satz 2 BewG), so ist gem. § 12 Abs. 2 BewG das Vermögen mit dem Wert im Zeitpunkt der Entstehung der Steuerschuld anzusetzen. Die Schätzung erfolgt in diesen Fällen nach den Grundsätzen des von der Finanzverwaltung entwickelten Stuttgarter Verfahrens[48].

Für den Bestand und die Bewertung von Betriebsvermögen sind nach § 12 Abs. 5 ErbStG grundsätzlich die Verhältnisse zum Zeitpunkt der Entstehung der Steuerschuld maßgeblich. Eine Ausnahme ergibt sich für die Bewertung der Betriebsgrundstücke. Diese sind mit ihren nach den §§ 138-150 BewG zu ermittelnden Grundbesitzwerten zu bewerten. Diese beruhen nach § 138 Abs. 1 BewG zwar auf den tatsächlichen Verhältnissen zum Schenkungs- bzw. Todestag, aber auf den Wertverhältnissen zum 1.1.1996[49]. Zum Betriebsvermögen gehörende Wertpapiere und Anteile an Kapitalgesellschaften sind grundsätzlich mit den Werten anzusetzen, die sich aus den §§ 11 oder 12 BewG ergeben[50].

Ausdrücklich sei nochmals darauf hingewiesen, daß ein erheblicher Unterschied zwischen der Bewertung von Anteilen an Kapitalgesellschaften einerseits und von Anteilen an Personengesellschaften andererseits besteht. Während Anteile an Kapitalgesellschaften nach § 11 BewG zu bewerten sind, hat die Bewertung von Anteilen an Personengesellschaften (Mitunternehmerschaften) nach § 98a BewG zu erfolgen. Anteile an Kapitalgesellschaften sind danach entweder mit ihrem Börsenkurs oder - falls ein solcher nicht vorhanden ist - mit dem aus Verkäufen

---

[47] Vgl. Gliederungspunkt 2.12.
[48] Hinsichtlich dieses Verfahrens s. Gliederungspunkt 2.9.
[49] Vgl. Gliederungspunkt 2.12.
[50] Vgl. Gliederungspunkt 2.5.

abgeleiteten gemeinen Wert anzusetzen (§ 11 Abs. 1 und 2 BewG). Läßt sich der gemeine Wert von Anteilen an einer Kapitalgesellschaft auch nicht aus Verkäufen ableiten, so ist er gem. § 11 Abs. 2 Satz 2 BewG unter Berücksichtigung des Vermögens und der Ertragsaussichten zu schätzen. Dies erfolgt mit Hilfe des bereits mehrfach zitierten Stuttgarter Verfahrens[51]. Anteile an Personengesellschaften sind mit dem sich aus § 98a BewG ergebenden Wert des Betriebsvermögens anzusetzen. Eine Ableitung des Werts aus Verkäufen ist nach dieser Vorschrift nicht vorgesehen. Statt dessen ergibt sich der Wert des Betriebsvermögens aus der Summe der Aktiva (Rohbetriebsvermögen) durch Abzug der Betriebsschulden. Die Ertragsaussichten der Gesellschaft spielen also bei der Bewertung von Anteilen an Personengesellschaften keine Rolle.

4.3 Steuerklassen

§ 15 ErbStG unterscheidet zwischen drei Steuerklassen. Diese sind nicht nur - wie die Bezeichnung vermuten läßt - für den anzuwendenden Tarif maßgeblich, sondern auch für die Anwendung bzw. Nichtanwendung bestimmter Begünstigungsvorschriften. Die Einteilung der Steuerklassen richtet sich nach den persönlichen Verhältnissen des Erwerbers zum Erblasser bzw. Schenker. Steuerklasse I ist sowohl hinsichtlich des Tarifs als auch aller anderen von der Steuerklasse abhängigen Vorschriften die für die Steuerpflichtigen günstigste Steuerklasse. Am nachteiligsten hingegen ist Steuerklasse III.

Nach § 15 Abs. 1 ErbStG unterliegen der Steuerklasse I

1. der Ehegatte,
2. die Kinder und Stiefkinder,
3. die Abkömmlinge (Enkel, Urenkel) der unter Nr. 2 genannten Kinder und Stiefkinder sowie
4. die Eltern und Voreltern (Großeltern, Urgroßeltern).

Die Eltern und Voreltern kommen aber nur im Todesfalle des Kindes in den Genuß der Steuerklasse I, nicht hingegen im Falle einer Schenkung.

Zur Steuerklasse II gehören

1. die Eltern und Voreltern in Fällen der Schenkung,
2. die Geschwister,
3. die Abkömmlinge ersten Grades (Kinder) von Geschiedenen,
4. die Stiefkinder,
5. die Schwiegerkinder,
6. die Schwiegereltern und
7. der geschiedene Ehegatte.

Zur Steuerklasse III gehören alle übrigen Erwerber und Zweckzuwendungen.

---

[51] Vgl. Gliederungspunkt 2.9.

4.4 Steuerbefreiungen

4.4.1 Allgemeine Steuerbefreiungen

Die §§ 13 und 13a ErbStG enthalten eine Reihe von Steuerbefreiungen. Hier soll nur auf einige wenige von ihnen kurz eingegangen werden.

Steuerfrei bleibt nach § 13 Abs. 1 Nr. 1 ErbStG innerhalb der Steuerklasse I der Erwerb von Hausrat einschließlich Wäsche und Kleidungsstücke, soweit (Freibetrag) der Wert dieser Wirtschaftsgüter insgesamt 80.000 DM nicht übersteigt. Hinzu kommt noch ein weiterer Freibetrag von bis zu 20.000 DM für alle anderen beweglichen körperlichen Gegenstände. Bei einem Erwerb von Hausrat und anderen beweglichen körperlichen Gegenständen durch Personen, die den Steuerklassen II oder III unterliegen, ergibt sich ein Freibetrag von insgesamt bis zu 20.000 DM je Erwerber.

Steuerfrei bleiben nach § 13 Abs. 1 Nr. 2 ErbStG 60 % des Werts bestimmter Gegenstände, wenn die Erhaltung dieser Gegenstände wegen ihrer Bedeutung für Kunst, Geschichte oder Wissenschaft im öffentlichen Interesse liegt und wenn weitere in der zitierten Vorschrift genannte Voraussetzungen erfüllt sind.

Befreit sind nach § 13 Abs. 1 Nr. 4a ErbStG Zuwendungen unter Lebenden, mit denen ein Ehegatte dem anderen Ehegatten Eigentum oder Miteigentum an einem im Inland belegenen zu eigenen Wohnzwecken genutzten Haus oder einer zu eigenen Wohnzwecken genutzten Eigentumswohnung verschafft.

Steuerfrei sind nach § 13 Abs. 1 Nr. 12 ErbStG Zuwendungen unter Lebenden zum Zweck des angemessenen Unterhalts oder zur Ausbildung des Bedachten.

4.4.2 Begünstigung von Betriebsvermögen

Nach § 13a ErbStG wird die *Vererbung* von *Betriebsvermögen*, von *land- und forstwirtschaftlichem Vermögen* und von *Anteilen an Kapitalgesellschaften* gegenüber der Vererbung von allem anderen Vermögen massiv begünstigt. Nach Abs. 1 der genannten Vorschrift bleibt der Erwerb derartigen Vermögens (nachfolgend vereinfachend „Betriebsvermögen" genannt) von Todes wegen bis zu einem Wert von insgesamt 500.000 DM je Erblasser steuerfrei. Übersteigt der Wert des vererbten Betriebsvermögens 500.000 DM, so ist der übersteigende Wert nach § 13a Abs. 2 ErbStG lediglich mit 60 % anzusetzen.

Vererbt ein Erblasser sein Betriebsvermögen an mehrere Erben, so kommt der Freibetrag von 500.000 DM nur insgesamt einmal zur Anwendung. Er ist dann nach § 13a Abs. 1 Satz 1 Nr. 1 ErbStG vom Erblasser in schriftlicher Form auf die einzelnen Erben aufzuteilen. Hat der Erblasser keine Aufteilung des Freibetrags verfügt, so ist der Freibetrag grundsätzlich entsprechend der Erbteile der einzelnen Erben aufzuteilen.

In gleicher Weise wie eine Vererbung von Betriebsvermögen ist auch die Übertragung von Betriebsvermögen im Wege einer vorweggenommenen Erbfolge begünstigt. Dies ergibt sich aus § 13a Abs. 1 Satz 1 Nr. 2 i.V.m. Abs. 2 ErbStG. Auch in Fällen der vorweggenommenen Erbfolge kommt es also zur Anwendung des Freibetrags von 500.000 DM und des ermäßigten Wertansatzes des 500.000 DM übersteigenden Werts des übertragenen Betriebsvermögens. Eine vorweggenommene Erbfolge ist dadurch gekennzeichnet, daß der Erbvorgang (teilweise) vorgezogen wird. Dies geschieht dadurch, daß der künftige Erblasser dem künftigen Erben noch zu seinen Lebzeiten Vermögen schenkt.

Voraussetzung der Begünstigung einer vorweggenommenen Erbfolge ist nach § 13a Abs. 1 Satz 1 Nr. 2 ErbStG, daß der Schenker dem Finanzamt unwiderruflich erklärt, daß der Freibetrag für die Schenkung in Anspruch genommen wird. Bei mehreren Beschenkten hat der Schenker den Freibetrag auf die Beschenkten aufzuteilen.

Der Freibetrag von maximal 500.000 DM kann nach § 13a Abs. 1 Satz 2 ErbStG innerhalb eines Zehnjahreszeitraums nur einmal in Anspruch genommen werden. Hieraus folgt, daß er zweimal in Anspruch genommen werden kann, sofern zwischen zwei vorweggenommenen Erbfolgen bzw. zwischen einer vorweggenommenen Erbfolge und einer Erbfolge ein Zeitraum von mehr als zehn Jahren liegt. Auch eine mehrfache Inspruchnahme des Freibetrags von 500.000 DM ist möglich, sofern mehrfach Zehnjahreszeiträume eingehalten werden.

§ 13a Abs. 4 ErbStG enthält eine Definition des Vermögens, dessen Vererbung begünstigt ist. Hierzu gehört

1. inländisches Betriebsvermögen i.S.d. § 12 Abs. 5 ErbStG, und zwar bei Erwerb eines ganzen Betriebs, eines Teilbetriebs oder eines Mitunternehmeranteils,
2. inländisches land- und forstwirtschaftliches Vermögen unter den näheren Voraussetzungen der genannten Vorschrift und
3. Anteile an einer Kapitalgesellschaft mit Sitz oder Geschäftsleitung im Inland, wenn der Erblasser oder Schenker am Nennkapital zum Zeitpunkt des Vermögensübergangs zu mehr als einem Viertel unmittelbar beteiligt ist.

Die Begünstigung der Vererbung von Betriebsvermögen dient dem Zweck, eine Zerschlagung von Betriebsvermögen als Folge eines Generationenwechsels zu verhindern. Es soll also verhindert werden, daß die Erben von Betriebsvermögen den Betrieb nur deshalb veräußern oder liquidieren müssen, weil sie Erbschaftsteuer zu entrichten haben. Konsequenterweise entfallen die Begünstigungen nach § 13a Abs. 5 ErbStG rückwirkend, soweit der Erwerber innerhalb von fünf Jahren nach dem Erwerb das begünstigte Vermögen an Dritte veräußert oder den Betrieb aufgibt.

4.5 Berechnung der Steuerschuld

4.5.1 Berücksichtigung früherer Erwerbe

Nach § 19 ErbStG ist der Steuertarif der Erbschaft- bzw. Schenkungsteuer progressiv gestaltet. Naheliegend ist der Gedanke, die Progression dadurch zu mindern oder zu umgehen, daß ein Schenkungsvorgang in mehrere Schenkungen aufgeteilt wird. Derartige Gestaltungsmaßnahmen soll § 14 ErbStG verhindern oder doch zumindest erschweren.

Nach § 14 Abs. 1 Satz 1 ErbStG sind mehrere innerhalb von 10 Jahren von derselben Person anfallende Vermögensvorteile zusammenzurechnen. Die Zusammenrechnung hat dergestalt zu erfolgen, daß dem letzten Erwerb die früheren Erwerbe nach ihrem damaligen Wert hinzugerechnet werden. Anschließend ist die Steuerschuld nach dem derzeitigen Steuertarif, bemessen nach der Summe aller einzubeziehenden Erwerbe, zu ermitteln. Außerdem ist eine fiktive Steuerschuld zu ermitteln. Sie bemißt sich nach der Summe aller früheren Erwerbe, berechnet aber auf der Grundlage des derzeitigen Rechts. In einem letzten Schritt ist dann diese fiktive Steuerschuld von der zuvor ermittelten Steuerschuld auf den kumulierten Gesamterwerb abzuziehen. Nach § 14 Abs. 1 Satz 3 ErbStG ist anstelle der fiktiven Steuerschuld auf die früheren Erwerbe die tatsächliche kumulierte Steuerschuld dieser Erwerbe von der Steuerschuld aller Erwerbe abzuziehen, wenn die tatsächliche Steuerschuld der früheren Erwerbe höher ist als die fiktive.

§ 14 Abs. 2 ErbStG beinhaltet eine Begrenzung des Nachholeffekts nach Abs. 1 dieser Vorschrift. Danach darf die durch jeden neuen Erwerb verursachte zusätzliche Steuerschuld nicht mehr als 50 % des Erwerbs betragen.

4.5.2 Persönliche Freibeträge

Zusätzlich zu den sich aus den §§ 13 und 13a ErbStG ergebenden Steuerbefreiungen beinhaltet das ErbStG in seinen §§ 16 und 17 personenbezogene Freibeträge. Sie sind vom Wert des steuerpflichtigen Erwerbs abzuziehen.

§ 16 Abs. 1 ErbStG bezieht sich auf steuerpflichtige Erwerbe i.S.d. § 2 Abs. 1 Nr. 1 ErbStG. Erfaßt werden danach insbesondere alle Schenkungen unter Lebenden und alle Erwerbe von Todes wegen, sofern der Schenker bzw. Erblasser oder aber der Erwerber zur Zeit der Entstehung der Steuerschuld ein Inländer ist (§ 2 Abs. 1 i.V.m. § 1 Abs. 1 ErbStG). Handelt es sich bei dem Erwerber um den Ehegatten des Schenkers bzw. Erblassers, so ist nach § 16 Abs. 1 Nr. 1 ErbStG ein Freibetrag von 600.000 DM zu gewähren. Handelt es sich hingegen um ein Kind oder Stiefkind, so beträgt der Freibetrag gem. § 16 Abs. 1 Nr. 2 ErbStG lediglich 400.000 DM. Bei Abkömmlingen von Kindern bzw. Stiefkindern ermäßigt sich der Freibetrag auf 100.000 DM (§ 16 Abs. 1 Nr. 3 i.V.m. § 15 Abs. 1 ErbStG). Ein Freibetrag von ebenfalls 100.000 DM kommt im Falle des Erwerbs von Todes wegen durch die Eltern bzw. Voreltern des Erblassers zur Anwendung (§ 16 Abs. 1 Nr. 3 i.V.m. § 15 Abs. 1 ErbStG).

Bei einem Erwerber der Steuerklasse II kommt es nach § 16 Abs. 1 Nr. 4 ErbStG zur Anwendung eines Freibetrags i.H.v. 20.000 DM und bei einem Erwerber der Steuerklasse III von lediglich 10.000 DM (§ 16 Abs. 1 Nr. 5 ErbStG). Wer zu den Steuerklassen II und III gehört, ergibt sich aus § 15 Abs. 1 ErbStG[52].

Zusätzlich zu dem Freibetrag nach § 16 Abs. 1 Nr. 1 ErbStG wird im Todesfalle des einen Ehegatten dem überlebenden Ehegatten unter den Voraussetzungen des § 17 Abs. 1 ErbStG ein besonderer Versorgungsfreibetrag gewährt. Dieser beträgt 500.000 DM. Der Freibetrag wird allerdings gekürzt um den Kapitalwert der Versorgungsbezüge, die nicht der Erbschaftsteuer unterliegen (z.B. Rentenbezüge aus der gesetzlichen Rentenversicherung) und die der überlebende Ehegatte aus Anlaß des Todes des anderen Ehegatten erhält. Der Kapitalwert der Versorgungsbezüge ist nach § 14 BewG zu ermitteln.

Kindern steht unter den Voraussetzungen des § 17 Abs. 2 ErbStG im Todesfalle eines Elternteils ebenfalls ein Versorgungsfreibetrag zu. Dieser beträgt allerdings nicht 500.000 DM, sondern lediglich maximal 100.000 DM. Er ermäßigt sich „in Sprüngen" mit zunehmendem Alter des Kindes. Maßgebend ist das Alter des Kindes zum Zeitpunkt des Todes des verstorbenen Elternteils. Stehen dem Kind aus Anlaß des Todes des Erblassers nicht der Erbschaftsteuer unterliegende Versorgungsbezüge zu, so ermäßigt sich der Freibetrag um den Kapitalwert dieser Versorgungsbezüge. Der Kapitalwert der Versorgungsbezüge ist nach § 13 Abs. 1 BewG zu ermitteln.

4.5.3 Steuersätze

Die Erbschaft- bzw. Schenkungsteuersätze ergeben sich aus § 19 ErbStG. Sie steigen zum einen in Stufen mit steigendem steuerpflichtigen Erwerb (Stufentarif) und zum anderen mit der Steuerklasse, und zwar angefangen bei der Steuerklasse I und endend bei der Steuerklasse III. Der niedrigste Steuersatz ergibt sich in der Steuerklasse I bei einem steuerpflichtigen Erwerb von bis zu 100.000 DM. Er beträgt 7 % des steuerpflichtigen Erwerbs. Der höchste Steuersatz von 50 % ergibt sich in der Steuerklasse III bei einem steuerpflichtigen Erwerb von mehr als 50.000.000 DM. Ist ein Teil des Vermögens der Besteuerung aufgrund eines Doppelbesteuerungsabkommens entzogen, so ist die Steuer gem. § 19 Abs. 2 ErbStG nach dem Steuersatz zu erheben, der für den ganzen Erwerb gelten würde. Die Vorschrift formuliert also einen erbschaftsteuerlichen *Progressionsvorbehalt.*

Durch die Erhöhung des Steuersatzes „in Stufen" können sich bei geringfügigen Erhöhungen des steuerpflichtigen Erwerbs außerordentlich hohe Steuermehrbelastungen ergeben. Dies ist stets beim Übergang von einer Tarifstufe in die nächsthöhere der Fall. In diesen Fällen kann sich leicht die Situation ergeben, daß

---

[52] Vgl. Gliederungspunkt 4.3.

die Erhöhung des steuerpflichtigen Erwerbs durch die Erhöhung der Steuerschuld überkompensiert wird. Um derartige Effekte zu vermeiden, sieht § 19 Abs. 3 ErbStG eine Milderungsregelung vor. Danach ist der Unterschied zwischen der Steuerschuld, die sich bei Anwendung der zutreffenden Tarifstufe einerseits und der Anwendung der darunter liegenden Tarifstufe andererseits ergibt, nur teilweise zu erheben. In welchem Umfang die Erhebung stattfinden soll, ergibt sich aus dem Wortlaut des bereits zitierten § 19 Abs. 3 ErbStG.

4.5.4 Tarifbegrenzung beim Erwerb bestimmter Vermögensarten

Wie bereits dargestellt[53], wird der Erwerb von Betriebsvermögen, von Betrieben der Land- und Forstwirtschaft und von Anteilen an Kapitalgesellschaften im Rahmen der Erbfolge bzw. der vorweggenommenen Erbfolge nach § 13a ErbStG massiv begünstigt. Eine zusätzliche Begünstigung derartigen Vermögens (nachfolgend vereinfachend als „Betriebsvermögen" bezeichnet) ergibt sich aus § 19a ErbStG. Nach dieser Vorschrift werden Erwerbe innerhalb der Steuerklassen II und III insoweit Erwerben innerhalb der Steuerklasse I gleichgestellt.

§ 19a Abs. 1 ErbStG sieht für den Erwerb von Betriebsvermögen innerhalb der Steuerklassen II und III einen Entlastungsbetrag vor. Seine Berechnung ergibt sich aus § 19a Abs. 4 ErbStG. Danach ist die Steuerschuld zunächst nach der tatsächlichen Steuerklasse des Erwerbers zu berechnen. Sie ist anschließend auf das erworbene Betriebsvermögen einerseits und das übrige erworbene Vermögen andererseits aufzuteilen. Anschließend ist die Steuerschuld für den gesamten steuerpflichtigen Erwerb nach der Steuerklasse I zu berechnen und ebenfalls auf das erworbene Betriebsvermögen einerseits und das übrige erworbene Vermögen andererseits aufzuteilen. Die Aufteilung hat jeweils gem. § 19a Abs. 3 ErbStG nach dem Verhältnis des Werts der Vermögensteile zueinander zu erfolgen. Der Entlastungsbetrag ergibt sich gem. § 19a Abs. 4 Satz 3 ErbStG als Differenz zwischen der auf das Betriebsvermögen entfallenden Steuerschuld nach der Steuerklasse II oder III einerseits und nach der Steuerklasse I andererseits.

4.6 Entstehung, Festsetzung und Erhebung der Steuer

§ 9 ErbStG regelt die *Entstehung* der Steuerschuld. Nach Abs. 1 Nr. 1 dieser Vorschrift entsteht die Steuerschuld bei Erwerben von Todes wegen grundsätzlich mit dem Tod des Erblassers. Auf Ausnahmen von diesem Grundsatz kann hier nicht eingegangen werden. Bei Schenkungen unter Lebenden entsteht die Steuerschuld mit dem Zeitpunkt der Ausführung der Zuwendung (§ 9 Abs. 1 Nr. 2 ErbStG).

Steuerschuldner ist der Erwerber, bei einer Schenkung auch der Schenker (§ 20 Abs. 1 ErbStG). Gehört zum Erwerb Betriebsvermögen oder land- und forstwirtschaftliches Vermögen, so ist dem Erwerber die darauf entfallende Erbschaftsteuer

---

[53] Vgl. Gliederungspunkt 4.4.2.

auf Antrag bis zu 7 Jahren insoweit zu stunden, als dies zur Erhaltung des Betriebs erforderlich ist (§ 28 ErbStG). Durch diese Vorschrift soll verhindert werden, daß Betriebe nur deshalb zerschlagen werden müssen, um die Erbschaftsteuer entrichten zu können.

Nach der Entstehung der Steuerschuld kann das Finanzamt von jedem an einem Erbfall, einer Schenkung oder einer Zweckzuwendung Beteiligten die Abgabe einer Steuererklärung innerhalb einer von ihm zu bestimmenden Frist, die mindestens einen Monat betragen muß, verlangen (§ 31 Abs. 1 ErbStG). In der Erklärung hat der Steuerschuldner die Steuer selbst zu berechnen und innerhalb eines Monats nach Abgabe der Steuererklärung zu entrichten (§ 31 Abs. 7 ErbStG). Unter Zugrundelegung der Steuererklärung hat das Finanzamt den Sachverhalt von Amts wegen zu erforschen und die Steuerschuld in einem förmlichen Steuerbescheid festzusetzen (§ 155 Abs. 1 i.V.m. § 122 Abs. 1 AO).

Um die Realisierung staatlicher Steueransprüche sicherzustellen, enthalten die §§ 30, 33 und 34 ErbStG *besondere Anzeigepflichten* gegenüber dem zuständigen Finanzamt. Anzeigepflichtig sind vor allem Erwerber und Schenker, darüber hinaus aber auch Vermögensverwahrer, Vermögensverwalter, Versicherungsunternehmen, Gerichte, Behörden, Beamte und Notare.

4.7 Aufgabe 6

Mischnik aus den Aufgaben 3, 4 und 5 hinterläßt seiner Tochter (T) außer den in den Aufgaben 3 und 4 genannten Beteiligungen und außer dem in Aufgabe 5 aufgeführten Einfamilienhaus folgendes Vermögen:

- ein Guthaben auf einem privaten Bankkonto von 30.000 DM,
- nominal 10.000 DM Aktien der S-AG mit einem Kurswert zum Todestag des Mischnik von 177,5 %,
- Hausrat und Wäsche im Wert von 60.000 DM.

Ermitteln Sie bitte die Erbschaftsteuerschuld der Tochter. Frühere Erwerbe i.S.d. § 14 ErbStG liegen nicht vor. T ist zum Zeitpunkt der Erbschaft 31 Jahre alt.

4.8 Ertragsteuerliche Behandlung der Erbschaft- und Schenkungsteuer

Die Erbschaftsteuer (Schenkungsteuer) ist eine Personensteuer und als solche gemäß § 12 Nr. 3 EStG weder bei der Ermittlung der Einkünfte noch des Einkommens abzugsfähig. Über § 7 GewStG gilt die Nichtabzugsfähigkeit auch für die Ermittlung des Gewerbeertrags.

Hingewiesen sei auf die Sondervorschrift des § 23 ErbStG, die im Zusammenhang mit § 10 Abs. 1 Nr. 1a EStG den Abzug der auf Renten oder andere wiederkehrende Nutzungen und Leistungen entfallenden Erbschaftsteuer als Sonderausgaben gestattet. Darüber hinaus enthält § 35 EStG die Regelung, daß im Falle einer Doppelbelastung von Einkünften mit Erbschaftsteuer und Einkommensteuer eine Steuerermäßigung gewährt werden kann.

Teil V
Verkehrsteuern

1 Vorbemerkungen

Die Verkehrsteuern erfassen „Verkehrsvorgänge", d.h. Vorgänge des Rechts- oder Wirtschaftsverkehrs. Im Gegensatz zu den Ertragsteuern, aber in Übereinstimmung mit den Substanzsteuern, sind sie von der Entstehung von Gewinnen oder Überschüssen unabhängig. Sie können also auch in Verlustjahren anfallen. Zu den Verkehrsteuern gehören die Umsatzsteuer, die Grunderwerbsteuer, die Versicherungsteuer, die Feuerschutzsteuer, die Rennwett- und Lotteriesteuer sowie die Kraftfahrzeugsteuer.

Allen Verkehrsteuern ist gemeinsam, daß sie an (be-)steuerbare Vorgänge anknüpfen. Diese werden in einigen Gesetzen als „Steuergegenstand" bezeichnet. Steuerbare Vorgänge können steuerpflichtig oder steuerbefreit sein. Ist ein Vorgang steuerpflichtig, so ist seine Bemessungsgrundlage festzustellen. Auf diese ist der maßgebliche Steuersatz anzuwenden. Das Produkt aus Bemessungsgrundlage und Steuersatz ergibt die Steuerschuld. Eine Ausnahme bildet die Umsatzsteuer, bei der von dem Produkt aus Bemessungsgrundlage und Steuersatz die „Vorsteuern" abzuziehen sind. Erst nach diesem Abzug erhält man die Umsatzsteuerschuld.

An Bedeutung überragt die Umsatzsteuer alle anderen Verkehrsteuern bei weitem. Das gilt sowohl hinsichtlich ihres Anteils am Gesamtsteueraufkommen als auch im Hinblick auf ihre wirtschaftliche Bedeutung für die Vielzahl von Unternehmen und Privathaushalten. Das Schwergewicht der nachfolgenden Ausführungen wird deshalb auf die Umsatzsteuer gelegt. Daneben wird noch die Grunderwerbsteuer, die Investitionen im Immobilienbereich beeinflußt, behandelt. Auf die anderen Verkehrsteuern wird nicht eingegangen.

Einige Tatbestände des Grunderwerbsteuerrechts führen zu Steuerbefreiungen bei der Umsatzsteuer. Dies ist der Grund, daß nachfolgend die Grunderwerbsteuer vor der Umsatzsteuer behandelt wird.

3 Umsatzsteuer

3.1 System der Umsatzbesteuerung

Im Gegensatz zu allen anderen Verkehrsteuern erfaßt die Umsatzsteuer *nicht spezielle Vorgänge* des Rechts- und Wirtschaftsverkehrs; ihr unterliegen vielmehr grundsätzlich *alle von Unternehmern getätigten Umsätze* (Warenlieferungen und Dienstleistungen)[5]. Keine Umsatzsteuer verursachen hingegen die von Nicht-Unternehmern ausgeführten Umsätze.

Unternehmer können sowohl an andere Unternehmer als auch an Nicht-Unternehmer (Endverbraucher) liefern oder Dienstleistungen erbringen. Jeder Bezug von Waren oder von Dienstleistungen ist somit durch Umsatzsteuer belastet. Dies ist aber nicht das vom Gesetzgeber gewünschte Ergebnis. Definitiv belastet soll vielmehr lediglich der Endverbraucher sein. Technisch geschieht dies durch eine Entlastung der Unternehmer von der ihnen selbst in Rechnung gestellten Umsatzsteuer: Die Unternehmer können die ihnen von anderen Unternehmern in Rechnung gestellte Umsatzsteuer als *Vorsteuer* von ihrer eigenen Umsatzsteuerschuld abziehen.

Beispiel

Der Händler U2 bezieht von dem Fabrikanten U1 Waren zu 100 DM plus 16 DM Umsatzsteuer; er verkauft sie zu 300 DM plus 48 DM an einen Endverbraucher.

U1 ist Schuldner von 16 DM Umsatzsteuer. Wirtschaftlich trägt er die Umsatzsteuer aber nicht, da er sie seinem Abnehmer U2 in Rechnung stellt. U2 zahlt also neben dem Nettoentgelt auch 16 DM Umsatzsteuer an U1. Der Umsatz des U2 an den Endverbraucher hat das Entstehen von 48 DM Umsatzsteuer zur Folge. U2 wird aber nicht Steuerschuldner von 48 DM, sondern lediglich von 32 DM, da er 16 DM Vorsteuern von seiner Steuerschuld abziehen kann. Jedoch trägt er auch diese 32 DM wirtschaftlich nicht, da er diesen Betrag seinem Abnehmer in Rechnung stellt. Im Ergebnis bleibt er somit unbelastet. Der Endverbraucher ist zwar kein Steuerschuldner, wirtschaftlich trägt er aber die gesamte Steuerschuld von 48 DM.

Umsatzsteuer entsteht in jeder Phase des Güter- und Dienstleistungsverkehrs. Man spricht deshalb von einer *Allphasen-Umsatzsteuer*.

Bei jedem Unternehmer wird infolge des Vorsteuerabzugs letztlich nur der „Mehrwert" erfaßt. Die deutsche Umsatzsteuer wird deshalb auch als **Mehrwertsteuer** bezeichnet. Mehrwert im Sinne dieser Bezeichnung ist der Betrag, um den der Verkaufspreis einer Ware (Dienstleistung) die Einkaufspreise der zur Beschaffung oder Produktion der Ware erforderlichen Güter und Dienstleistungen übersteigt. Es sei aber ausdrücklich darauf hingewiesen, daß die Bezeichnung „Mehrwertsteuer" nur bei wirtschaftlicher, nicht hingegen bei rechtlicher Be-

---

[5] Zur Unternehmereigenschaft s. Gliederungspunkt 3.2.2.

Haupttatbestand der Grunderwerbsteuer ist der *Abschluß eines Kaufvertrages* oder eines anderen Rechtsgeschäfts, das den Anspruch auf Übereignung eines Grundstücks begründet (§ 1 Abs. 1 Nr. 1 GrEStG). Wird der Erwerbsvorgang rückgängig gemacht, bevor das Eigentum auf den Erwerber übergegangen ist, erfolgt z.B. ein Rücktritt vom Vertrag, so wird unter den Bedingungen des § 16 GrEStG auf Antrag von der Erhebung der Steuer Abstand genommen. Neben- und Ersatztatbestände können hier nicht im einzelnen besprochen werden. Lediglich der Nebentatbestand des § 1 Abs. 1 Nr. 2 GrEStG und der Ersatztatbestand des § 1 Abs. 2 GrEStG sollen kurz angesprochen werden.

Steuerbar ist nach § 1 Abs. 1 Nr. 2 GrEStG die Auflassung, wenn kein Rechtsgeschäft, das einen Anspruch auf Übereignung begründet, vorausgegangen ist. Durch Verzicht auf einen Kaufvertrag und unmittelbare Auflassung kann die Grunderwerbsteuer somit nicht umgangen werden.

Der Grunderwerbsteuer unterliegen auch Rechtsvorgänge, die es ohne Begründung eines Anspruchs auf Übereignung einem anderen rechtlich oder wirtschaftlich ermöglichen, ein inländisches Grundstück auf eigene Rechnung zu verwerten (§ 1 Abs. 2 GrEStG).

2.2 Steuerbefreiungen

Ist ein Rechtsvorgang steuerbar, so ist damit noch nicht geklärt, ob tatsächlich Grunderwerbsteuer entsteht. Der Erwerbsvorgang kann nämlich *steuerbefreit* und somit nicht steuerpflichtig sein. Auch *Teilbefreiungen* steuerbarer Erwerbe kommen in Betracht.

Steuerbefreiungen ergeben sich aus den §§ 3-7 GrEStG. Hier kann nur auf einige wenige dieser Vorschriften hingewiesen werden.

Steuerbefreit sind nach § 3 Nr. 2 GrEStG der Grundstückserwerb von Todes wegen und Grundstücksschenkungen unter Lebenden. Damit soll eine Doppelbelastung mit Erbschaft- bzw. Schenkungsteuer und Grunderwerbsteuer vermieden werden.

Steuerbefreit ist der Grundstückserwerb durch den Ehegatten des Veräußerers (§ 3 Nr. 4 GrEStG), ferner der Grundstückserwerb durch Personen, die mit dem Veräußerer in gerader Linie verwandt sind (§ 3 Nr. 6 GrEStG).

Auf weitere Befreiungstatbestände wird hier nicht eingegangen. Es sei aber ausdrücklich darauf hingewiesen, daß im konkreten Einzelfall die Befreiungstatbestände sorgfältig auf ihre Anwendbarkeit überprüft werden sollten.

2.3 Bemessungsgrundlage, Steuersatz, Steuerschuldner, Fälligkeit der Steuer

Bemessungsgrundlage der Grunderwerbsteuer ist grundsätzlich der Wert der Gegenleistung (§ 8 Abs. 1 GrEStG). Was als Gegenleistung gilt, ist in § 9 GrEStG für die unterschiedlichen Arten des steuerpflichtigen Erwerbs geregelt. Hier wird nur auf den wichtigsten Fall, nämlich den des Kaufs, eingegangen.

Bei einem Kauf gilt der *Kaufpreis* einschließlich der vom Käufer übernommenen sonstigen Leistungen und der dem Verkäufer vorbehaltenen Nutzungen als Gegenleistung (§ 9 Abs. 1 Nr. 1 GrEStG). Die Ermittlung des Kaufpreises ist i.d.R. unproblematisch, da dieser vertraglich festgelegt wird. Lediglich in den Fällen, in denen der Kaufpreis langfristig zinslos oder niedrig verzinslich gestundet wird oder in einer Rente besteht, tauchen Bewertungsprobleme auf. In diesen Fällen ist der Kaufpreis nach den Regeln des Allgemeinen Teils des BewG zu ermitteln. So sind z.B. langfristig unverzinsliche Kaufpreisforderungen nach § 12 Abs. 3 BewG abzuzinsen.

Zur Ermittlung der *Gegenleistung* sind dem Kaufpreis die vom Käufer übernommenen Leistungen hinzuzurechnen. Hierzu gehören in erster Linie die *grundpfandrechtlich gesicherten Verbindlichkeiten* (Hypotheken, Grundschulden), sofern sie der Käufer übernimmt. Zur Gegenleistung rechnen auch die dem Verkäufer vorbehaltenen Nutzungen. Dazu zählt vor allem ein *Wohnrecht*, das sich der Verkäufer an einem Teil des Grundstücks vorbehält und ihm ein mietfreies Wohnen gestattet. Das Wohnrecht kann sowohl zeitlich befristet als auch an das Leben einer Person, in aller Regel an das des Verkäufers, geknüpft sein. Die Bewertung eines derartigen Wohnrechts richtet sich nach den Vorschriften des Allgemeinen Teils des BewG.

Der Begriff der Gegenleistung wird in § 9 Abs. 2 und 3 GrEStG erweitert. Hier wird lediglich auf § 9 Abs. 2 Nr. 2 GrEStG eingegangen. Nach dieser Vorschrift gehören die auf den Erwerber kraft Gesetzes übergehenden Belastungen, sofern sie keine dauernden Lasten darstellen, zum Wert der Gegenleistung. In erster Linie handelt es sich um Nießbrauchsverpflichtungen (§§ 1030 ff. BGB) und um beschränkt persönliche Dienstbarkeiten (§ 1090 BGB).

Von dem Grundsatz, daß Bemessungsgrundlage der Grunderwerbsteuer der Wert der Gegenleistung ist, wird nur dann eine Ausnahme gemacht, wenn eine Gegenleistung nicht vorhanden oder nicht zu ermitteln ist. In diesen Fällen wird die Steuer gem. § 8 Abs. 2 GrEStG nach den Werten i.S.d. § 138 Abs. 2 oder Abs. 3 BewG bemessen[3].

Der **Grunderwerbsteuersatz** beträgt grundsätzlich 3,5 % der Bemessungsgrundlage (§ 11 Abs. 1 GrEStG).

Steuerschuldner sind regelmäßig die an einem Erwerbsvorgang als Vertragsteile beteiligten Personen (§ 13 Nr. 1 GrEStG), beim Grundstückskauf also Käufer und Verkäufer. Beruht der Erwerbsvorgang nicht auf einem Vertrag, so gelten die besonderen Regelungen des § 13 Nr. 2-6 GrEStG, auf die hier nicht eingegangen wird.

---

3 Hinsichtlich der Ermittlung dieser Werte s. Teil IV, Gliederungspunkt 2.12.

Die Steuer wird innerhalb eines Monats nach Bekanntgabe des Steuerbescheids fällig. Das Finanzamt darf eine längere Zahlungsfrist setzen (§ 15 GrEStG).

2.4 Ertragsteuerliche Behandlung der Grunderwerbsteuer

Trägt - was der Normalfall ist - der Erwerber des Grundstücks die Grunderwerbsteuer, so zählt sie zu den Anschaffungskosten (Anschaffungsnebenkosten) des Grundstücks. Handelt es sich um ein bebautes Grundstück, so ist die Grunderwerbsteuer den Wertverhältnissen entsprechend auf Grund und Boden und Gebäude aufzuteilen. Soweit die Grunderwerbsteuer zu den Anschaffungskosten des Gebäudes gehört, führt sie zu einer Erhöhung der AfA. Dies geschieht im Rahmen der Gewinneinkünfte, sofern das Grundstück zu einem Betriebsvermögen gehört; es geschieht im Rahmen der Einkünfte aus Vermietung und Verpachtung, sofern es sich um ein Grundstück des Privatvermögens handelt[4].

2.5 Aufgaben 1 und 2

Aufgabe 1

Candida Reich (R) erwirbt einen Betrieb, der die Produktion von Fahrrädern betreibt. Von dem Gesamtkaufpreis von 4 Mio DM entfallen 3 Mio DM auf ein in Dortmund belegenes Betriebsgrundstück. Der Wert des Grundstücks ist im Rahmen der Kaufverhandlungen wie folgt festgestellt worden:

Grund und Boden	280.000 DM
Fabrikgebäude	1.600.000 DM
Schutzdach für Fahrräder	20.000 DM
Verwaltungsgebäude	1.100.000 DM

Das Grundstück ist mit Hypotheken belastet. Der Gesamtvalutastand im Zeitpunkt des Erwerbs beträgt 1.204.000 DM. R übernimmt die Hypotheken unter Anrechnung auf den Gesamtkaufpreis des Betriebes.

In dem zweistöckigen Fabrikgebäude befindet sich im Untergeschoß eine Beschickungsbühne für ein Laufband. Sie ist fest in die Geschoßdecke eingelassen. In dem Wert des Fabrikgebäudes ist sie mit 40.000 DM enthalten. Das Fabrikgebäude enthält außerdem einen in eine Mauernische eingebauten Lastenaufzug, der Ober- und Untergeschoß miteinander verbindet. Er ist in dem Wert des Fabrikgebäudes mit 50.000 DM enthalten.

Neben dem Fabrikgebäude befindet sich ein auf Pfeilern ruhendes Wellblechdach, das dem Schutz der zum Versand bereitgestellten Fahrräder vor Witterungseinflüssen dient. In dem Kaufpreis ist das Schutzdach mit einem Wert von 20.000 DM enthalten.

Ermitteln Sie die sich aus dem vorstehenden Sachverhalt ergebende Grunderwerbsteuerschuld.

Aufgabe 2

An dem Stammkapital der „Domicil GmbH" mit Sitz in Mittenwald (Oberbayern) in Höhe von 3 Mio DM ist Maximilian Rundhammer (R) seit Jahren zu 40 % beteiligt. Die restlichen

---

[4] Im einzelnen s. Teil II, Gliederungspunkt 2.2.2.6.

60 % der Anteile hält eine inländische Bank. Als diese im Jahre 01 in finanzielle Schwierigkeiten gerät, erwirbt R im Mai dieses Jahres die restlichen Anteile für 10 Mio DM.

Die GmbH besitzt in Oberbayern mehrere Grundstücke. Für die Summe dieser Grundstücke ermittelt der Steuerberater (S) des R folgende Werte:

Verkehrswerte	15.000.000 DM
Grundstückswerte i.S.d. § 138 BewG	8.000.000 DM
Einheitswerte (Wertverhältnisse 1.1.1964)	2.000.000 DM
Anschaffungs- u. Herstellungskosten	6.000.000 DM
Buchwerte	5.000.000 DM

S wird von R beauftragt, zu untersuchen, ob und ggf. welche grunderwerbsteuerlichen Folgen sich aus dem Erwerb der GmbH-Anteile im Jahre 01 ergeben.

2 Grunderwerbsteuer

2.1 Erwerbsvorgänge

Der Grunderwerbsteuer unterliegen die in § 1 GrEStG aufgeführten Rechtsvorgänge, soweit sie sich auf *inländische Grundstücke* beziehen. Nur die dort aufgeführten Rechtsvorgänge sind also *steuerbar*. Was als Grundstück anzusehen ist, bestimmt sich grundsätzlich nach den Vorschriften des bürgerlichen Rechts (§ 2 Abs. 1 Satz 2 GrEStG). Zu einem Grundstück gehören demnach der Grund und Boden und ein eventuell darauf errichtetes Gebäude.

Abweichend vom bürgerlichen Recht, aber in Übereinstimmung mit dem gesamten übrigen Steuerrecht, *gehören Betriebsvorrichtungen*[1] *nicht zu den Grundstücken* (§ 2 Abs. 1 Satz 2 Nr. 1 GrEStG). Betriebsvorrichtungen sind die Maschinen und sonstigen Vorrichtungen aller Art, die zu einer Betriebsanlage gehören (§ 68 Abs. 2 Nr. 2 BewG). Das gilt auch dann, wenn sie fest mit dem Grund und Boden (z.B. einfundamentierte Hydraulikpressen) oder dem Gebäude (z.B. Beschickungsbühnen) verbunden sind, also zivilrechtlich Grundstücksbestandteile darstellen (und infolgedessen auch zivilrechtlich als Einheit übertragen werden können). *Zur grunderwerbsteuerlichen Würdigung* des Sachverhalts müssen sie hingegen aus dem Grundstück *ausgeschieden* werden. Der gleichlautende Ländererlaß für die „Abgrenzung des Grundvermögens von den Betriebsvorrichtungen"[2] enthält Kriterien für die oft schwierige Abgrenzung zwischen den Grundstücken im steuerlichen Sinne und den Betriebsvorrichtungen. Er sollte in Zweifelsfällen zu Rate gezogen werden.

Grunderwerbsteuerlich stehen den Grundstücken die Erbbaurechte und die Gebäude auf fremdem Grund und Boden gleich (§ 2 Abs. 2 GrEStG). An Erwerbsvorgängen i.S.d. § 1 GrEStG können natürliche Personen, juristische Personen, Personenmehrheiten und Gesamthandsgemeinschaften (insbesondere Personenhandelsgesellschaften wie OHG und KG) beteiligt sein. Sie alle können Steuerschuldner werden. Im konkreten Einzelfall richtet sich die Steuerschuldnerschaft nach den Vorschriften des § 13 GrEStG.

§ 1 GrEStG definiert dreizehn Erwerbsvorgänge, und zwar einen Haupttatbestand, sechs Nebentatbestände und sechs Ersatztatbestände. Neben- und Ersatztatbestände sollen verhindern, daß *Eigentum* oder *wirtschaftliches Eigentum* an Grundstücken unter *Vermeidung der Grunderwerbsteuer* übertragen werden kann.

---

[1] Vgl. Teil IV, Gliederungspunkt 2.8.4.
[2] Vgl. z.B. Erlaß Finanzministerium des Landes Nordrhein-Westfalen vom 31.3.1992, S. 3190 - 56 - V A 4, BStBl 1992 I, S. 342.

trachtung zutreffend ist, da rechtlich nicht der Mehrwert, sondern der Bruttoumsatz versteuert wird. Treffender sind deshalb die Bezeichnungen *nichtkumulative Allphasen-Umsatzsteuer* und *Allphasen-Umsatzsteuer mit vollständigem Vorsteuerabzug*. Der Begriff „Mehrwertsteuer" wird hier dennoch verwendet, da er einprägsam und allgemein üblich ist.

Das Mehrwertsteuersystem ist aufgrund der 1. EG-Richtlinie zur Harmonisierung der Umsatzsteuern Ende der 60er Jahre EG-weit eingeführt worden. In der Bundesrepublik Deutschland hat es zum 1.1.1968 ein bis dahin geltendes System kumulativer Allphasen-Umsatzsteuer (Allphasen-Bruttoumsatzsteuer) abgelöst. Vor diesem Stichtag wurde jeder Umsatz ohne die Möglichkeit eines Vorsteuerabzugs grundsätzlich mit 4 % Umsatzsteuer belastet.

Für die Umsatzsteuer ist - wie im vorangegangenen Beispiel deutlich wurde - kennzeichnend, daß Steuerschuldner und wirtschaftlich Belasteter nicht übereinstimmen. *Steuerschuldner ist der Unternehmer, wirtschaftlich Belasteter hingegen der Endverbraucher*. Die Umsatzsteuer hat deshalb - obwohl rechtlich als Verkehrsteuer ausgestaltet - wirtschaftlich den Charakter einer allgemeinen Verbrauchsteuer.

Der Umsatzsteuer unterliegen nicht alle Umsätze, sondern lediglich *steuerbare* Umsätze. Von diesen zu unterscheiden sind die nichtsteuerbaren Umsätze. Zu letzteren zählen z.B. im Ausland getätigte Umsätze. Diese dürfen nicht mit Lieferungen aus dem Inland in das Ausland (Ausfuhrlieferungen) verwechselt werden.

Steuerbare Umsätze können sowohl *steuerpflichtig* als auch *steuerfrei* sein. Nur steuerpflichtige Umsätze verursachen Umsatzsteuer. Zu den steuerfreien Umsätzen gehören vor allem Ausfuhrlieferungen.

Das Produkt aus der Bemessungsgrundlage eines steuerpflichtigen Umsatzes und dem anzuwendenden Steuersatz ergibt die Umsatzsteuer dieses Umsatzes. Die Summe der Umsatzsteuern eines Kalenderjahres ergibt nach Abzug der Vorsteuern des Kalenderjahres die *Zahllast (= Jahressteuerschuld)* bzw. den Erstattungsanspruch dieses Zeitraumes.

Die soeben geschilderten Zusammenhänge sind schematisch in nachfolgendem Schaubild dargestellt.

3 Umsatzsteuer

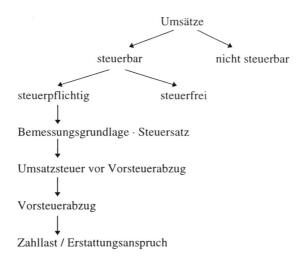

Abbildung V/1: Übersicht über das Mehrwertsteuersystem

Wenn auch EG-weit längst das Mehrwertsteuersystem eingeführt worden ist, so bedeutet dies dennoch nicht, daß in allen EG-Staaten identische Vorschriften gelten. Diese weichen vielmehr in vielen Einzelfragen voneinander ab. Am gravierendsten sind die Unterschiede hinsichtlich der Steuersätze. Einen Überblick über die Anfang 1998 geltenden Steuersätze gibt die Abbildung V/2.

Mitgliedstaat	Normalsteuersatz	Ermäßigter Steuersatz
Belgien	21	1/6/12
Dänemark	25	–
Deutschland	15[6]	7
Finnland	22	8/17
Frankreich	20,6	2,1/5,5
Griechenland	18	4/8
Großbritannien	17,5	5
Irland	21	3,3/12,5
Italien	20	4/10
Luxemburg	15	3/6/12
Niederlande	17,5	6
Österreich	20	10/12
Portugal	17	5/12
Schweden	25	6/12
Spanien	16	4/7

Abbildung V/2: Umsatzsteuersätze innerhalb der EG[7]
Stand: 1.1.1998

---

[6] Ab 1.4.1998: 16 %.
[7] Quelle: NWB, Aktuelles, 1998.

Insbesondere die stark voneinander abweichenden Steuersätze stehen einer weiteren Harmonisierung des Umsatzsteuerrechts innerhalb der EG im Wege. Angestrebt wird bereits seit langem ein System, das bei Lieferungen innerhalb der EG (innergemeinschaftliche Lieferungen) eine Besteuerung nur im Land des liefernden Unternehmers vorsieht (**Ursprungslandprinzip**). Derzeit besteht eine Regelung, die von völlig anderen Grundsätzen ausgeht. Danach erfolgt mit dem Export in ein anderes EG-Land eine völlige Entlastung von der Umsatzsteuer des Staates, in dem der Exporteur ansässig ist. Dies geschieht durch eine Steuerbefreiung der innergemeinschaftlichen Lieferungen, d.h. der Exporte in ein anderes EG-Land, kombiniert mit der Möglichkeit des Vorsteuerabzugs der dem Exporteur von seinen Lieferanten in Rechnung gestellten Vorsteuer. Der Importeur in dem anderen EG-Staat hat den Import als „innergemeinschaftlichen Erwerb" der Umsatzsteuer des Importlandes zu unterwerfen. Diese Steuer gilt bei ihm zugleich als Vorsteuer. Die von ihm an seine Abnehmer getätigten Lieferungen unterliegen dann der Umsatzsteuer des Landes, in dem er seine Lieferungen tätigt (**Bestimmungslandprinzip**). Damit kommt es also per Saldo nur zu einer Umsatzsteuerbelastung in dem Land, in dem der Importeur ansässig ist.

Mit dieser Regelung entsteht wirtschaftlich gesehen das gleiche Ergebnis, das auch bei Lieferungen zwischen einem Unternehmer eines EG-Lands und einem Unternehmer eines Nicht-EG-Lands entsteht, sofern dieses Drittland ebenfalls ein Mehrwertsteuersystem anwendet. Die Art der Steuererhebung beim Importeur ist dann allerdings zumindest nach deutschem Recht eine andere als bei einem innergemeinschaftlichen Erwerb. Bei Grenzüberschreitung entsteht dann keine Umsatzsteuer auf den innergemeinschaftlichen Erwerb, sondern Einfuhrumsatzsteuer. Im Gegensatz zur Umsatzsteuer auf den innergemeinschaftlichen Erwerb ist diese nicht von den Finanzämtern, sondern von der Zollverwaltung zu erheben. Außerdem bestehen in den beiden Fällen unterschiedliche Kontrollmechanismen zur Sicherung des jeweiligen Steueranspruchs infolge des Imports.

3.2 Steuerbare Umsätze

3.2.1 Überblick über die Gesetzestatbestände

Steuerbare Umsätze sind:

1. Lieferungen und sonstige Leistungen im Inland (§ 1 Abs. 1 Nr. 1 UStG),
2. der Eigenverbrauch im Inland (§ 1 Abs. 1 Nr. 2 UStG),
3. der in § 1 Abs. 1 Nr. 3 UStG aufgeführte Gesellschafterverbrauch im Inland,
4. die Einfuhr von Gegenständen aus dem Drittlandsgebiet in das Inland oder die österreichischen Gebiete Jungholz und Mittelberg (§ 1 Abs. 1 Nr. 4 UStG),
5. der innergemeinschaftliche Erwerb im Inland gegen Entgelt (§ 1 Abs. 1 Nr. 5 UStG).

Umsätze, die im Rahmen einer Betriebsveräußerung im ganzen getätigt werden, sind nach § 1 Abs. 1a UStG nicht steuerbar.

Die Umsatzsteuer auf Lieferungen und sonstige Leistungen, auf den Eigenverbrauch, auf den Gesellschafterverbrauch und auf den innergemeinschaftlichen Erwerb wird von dem zuständigen Finanzamt erhoben, die Umsatzsteuer auf die Einfuhr (Einfuhrumsatzsteuer) - aus Zweckmäßigkeitsgründen - hingegen von der Zollverwaltung.

Wird nachfolgend der Begriff Umsatzsteuer verwendet, so ist die Steuer auf Lieferungen und sonstige Leistungen, auf den Eigenverbrauch, auf den Gesellschafterverbrauch und auf den innergemeinschaftlichen Erwerb gemeint. Einfuhrumsatzsteuer wird als solche besonders bezeichnet.

Nicht alle *Lieferungen und sonstigen Leistungen* sind steuerbare Umsätze i.S.d. UStG, sondern nur solche, die *ein Unternehmer im Inland gegen Entgelt im Rahmen seines Unternehmens ausführt* (§ 1 Abs. 1 Nr. 1 UStG). Verkauft ein Privatmann seinen PKW, tätigt er keinen steuerbaren Umsatz.

Eigenverbrauch liegt dann vor, wenn *ein Unternehmer im Inland Gegenstände aus seinem Unternehmen* für *private* Zwecke *entnimmt* oder für außerhalb des Unternehmens liegende Zwecke sonstige Leistungen ausführt (§ 1 Abs. 1 Nr. 2a und 2b UStG).

Gesellschafterverbrauch besteht aus unentgeltlichen Lieferungen und sonstigen Leistungen, die bestimmte Unternehmen an ihre Gesellschafter, Mitglieder etc. ausführen. Zu diesen Unternehmen gehören insbesondere Personen- und Kapitalgesellschaften.

Bei der *Einfuhr aus dem Drittlandsgebiet* werden Gegenstände aus dem Ausland, das nicht zum Gebiet der EG (Gemeinschaftsgebiet) gehört, in das Inland eingeführt.

Bei einem *innergemeinschaftlichen Erwerb* gelangt ein Gegenstand einer Lieferung aus dem Gebiet eines Mitgliedstaates der EG in das Gebiet eines anderen Mitgliedstaates der EG.

Die Tatbestände des § 1 Abs. 1 UStG haben folgende Voraussetzungen gemeinsam:

1. Der Umsatz muß von einem Unternehmer ausgeführt werden,
2. der Umsatz muß die Unternehmenssphäre berühren,
3. der Umsatz muß im Inland erfolgen.

Diese Tatbestandsmerkmale werden nachfolgend zunächst behandelt, und zwar in den Gliederungspunkten 3.2.2 und 3.2.3. Erst danach wird auf Voraussetzungen eingegangen, die nicht allen Tatbeständen des § 1 Abs. 1 Nr. 1 und 2 UStG gemeinsam sind.

3.2.2 Unternehmer, Unternehmen

Das Gesetz beschränkt die Unternehmereigenschaft nicht auf bestimmte Personengruppen, etwa auf natürliche Personen oder auf Kapitalgesellschaften; es stellt vielmehr ausschließlich auf die *Art der Tätigkeit* ab. Es definiert: **Unternehmer** ist, wer eine *gewerbliche oder berufliche Tätigkeit selbständig* ausübt (§ 2 Abs. 1 UStG). Alle Personen und Personengebilde, die diese Voraussetzungen erfüllen, sind demnach Unternehmer.

Als Unternehmer im Sinne des UStG kommen also in Betracht:

1. Natürliche Personen (Gewerbetreibende, Freiberufler, Miethausbesitzer),
2. Gesamthandsgemeinschaften (BGB-Gesellschaft, OHG, KG, Erbengemeinschaft),
3. Kapitalgesellschaften (AG, GmbH, KGaA),
4. sonstige juristische Personen des privaten Rechts (Genossenschaft, rechtsfähiger Verein, Anstalt, Stiftung),
5. nichtrechtsfähige Vereine, Anstalten und Stiftungen des privaten Rechts.

Juristische Personen des öffentlichen Rechts sind grundsätzlich keine Unternehmer. Etwas anderes gilt lediglich für ihre *Betriebe gewerblicher Art,* die gemäß § 2 Abs. 3 UStG als Unternehmer anzusehen sind. Hinsichtlich des Begriffs des Betriebes gewerblicher Art verweist § 2 Abs. 3 UStG auf § 1 Abs. 1 Nr. 6 KStG. Diese Vorschrift wurde bereits in Teil II besprochen[8]. Auf diese Ausführungen kann hier verwiesen werden.

Wie bereits ausgeführt, ist Voraussetzung der Unternehmereigenschaft eine selbständige gewerbliche oder berufliche Tätigkeit. Gewerblich oder beruflich ist gemäß § 2 Abs. 1 Satz 3 UStG jede nachhaltige Tätigkeit zur Erzielung von Einnahmen, auch wenn die Absicht, Gewinn zu erzielen, fehlt. Nicht Gewinnerzielungs-, sondern *Einnahmenerzielungsabsicht* (Kostendeckungsprinzip) ist also ausreichend.

Nachhaltig ist eine Tätigkeit dann, wenn sie wiederholt vorgenommen wird oder wenn zumindest Wiederholungsabsicht besteht.

Beispiel

Ein Kunstmaler verkauft im ersten Jahr seiner Selbständigkeit ein einziges Bild. Er hat aber die Absicht, weitere Bilder zu verkaufen.

Die Tätigkeit des Malers ist nachhaltig.

Unternehmereigenschaft setzt weiterhin *Selbständigkeit* voraus. Eine selbständige Tätigkeit liegt vor, wenn sie auf eigene Rechnung und auf eigene Verantwortung ausgeübt wird. Ob Selbständigkeit oder Unselbständigkeit anzunehmen ist, richtet sich grundsätzlich nach dem Innenverhältnis zum Auftraggeber[9].

Keine Selbständigkeit liegt vor, soweit natürliche Personen, einzeln oder zusammengeschlossen, einem Unternehmen so eingegliedert sind, daß sie den *Weisungen des Unternehmers* zu folgen *verpflichtet* sind (§ 2 Abs. 2 Nr. 1 UStG).

---

8 Vgl. Teil II, Gliederungspunkt 3.1.1.2.
9 Vgl. Abschn. 17 Abs. 1 UStR.

Beispiel

Ein Malermeister (M) ist in einem größeren Malerbetrieb angestellt. Aufgrund seines freundschaftlichen Verhältnisses zu seinem Chef (dem Inhaber des Geschäftes) darf er Aufträge selbständig annehmen. Er verteilt diese dann auf mehrere Kolonnen und organisiert deren Einsätze. Seine Arbeitszeit darf er im Rahmen bestimmter Grenzen frei wählen.

M ist unselbständig, da seine Bewegungsfreiheit nicht auf seinem Willen, sondern auf dem des Geschäftsinhabers beruht. M ist in das Unternehmen eingegliedert und verpflichtet, den Weisungen des Geschäftsinhabers zu folgen.

Die Begriffe Unternehmer und Unternehmen stehen (wie hier zu erkennen ist) in engem Zusammenhang zueinander. Das **Unternehmen** umfaßt die *gesamte* gewerbliche oder berufliche Tätigkeit des Unternehmers (§ 2 Abs. 1 Satz 2 UStG). Ein Unternehmer kann somit zwar nur *ein Unternehmen,* er kann aber *mehrere Betriebe* haben. Mehrere Betriebe eines Unternehmers werden auch als *Unternehmenseinheit* bezeichnet. Umsätze zwischen diesen Betrieben sind *nichtsteuerbare Innenumsätze*.

Beispiel

A betreibt eine Metzgerei, eine Gastwirtschaft, ein Kino und eine Nachtbar.

A besitzt vier Betriebe, aber nur ein Unternehmen. Umsätze zwischen diesen Betrieben sind nicht steuerbar.

Im Gegensatz zum Einkommen- *kennt das Umsatzsteuerrecht keine Zusammenveranlagung von Ehegatten.* Besitzt z.B. der Ehemann eine Metzgerei, die Ehefrau eine andere Metzgerei, so handelt es sich um zwei verschiedene Unternehmen. Unternehmer ist in dem einen Fall der Ehemann, in dem anderen die Ehefrau. Gründen die Eheleute hingegen eine Gesamthandsgemeinschaft, z.B. eine OHG, in die sie die beiden Metzgereien einbringen, so ist Unternehmer die OHG. Das Unternehmen umfaßt dann beide Metzgereien.

3.2.3 Inland, Ausland, Gemeinschaftsgebiet, Drittlandsgebiet

Umsätze sind grundsätzlich nur dann steuerbar, wenn sie im Inland getätigt werden. Was als Inland anzusehen ist, regelt § 1 Abs. 2 Satz 1 UStG. **Inland** ist das Gebiet der Bundesrepublik Deutschland, allerdings mit Ausnahme des Gebiets von Büsingen, der Insel Helgoland, der Freihäfen, der Gewässer und Watten zwischen der Hoheitsgrenze und der jeweiligen Strandlinie sowie der deutschen Schiffe und der deutschen Luftfahrzeuge in Gebieten, die zu keinem Zollgebiet gehören. Freihäfen sind zollfreie Gebiete innerhalb der Seehäfen.

Ausland ist das Gebiet, das nicht Inland ist (§ 1 Abs. 2 Satz 2 UStG). Zum Ausland gehören somit insbesondere die Territorien ausländischer Staaten, die offene See und die Freihäfen.

Wird ein Umsatz im Inland ausgeführt, so kommt es für die Besteuerung nicht darauf an, ob der Unternehmer deutscher Staatsangehöriger ist, seinen Wohnsitz oder Sitz im Inland hat, im Inland eine Betriebsstätte unterhält, die Rechnung erstellt oder die Zahlung empfängt (§ 1 Abs. 2 Satz 3 UStG).

Das UStG unterscheidet nicht nur zwischen Inland und Ausland, sondern im Bereich des Auslands weiter zwischen dem Gemeinschaftsgebiet und dem Drittlandsgebiet (Drittland). Nach § 1 Abs. 2a UStG umfaßt das **Gemeinschaftsgebiet** das Inland und die Gebiete der übrigen Mitgliedstaaten der Europäischen Gemeinschaft. **Drittlandsgebiet** ist das Gebiet, das nicht Gemeinschaftsgebiet ist.

3.2.4 Lieferung und sonstige Leistung

3.2.4.1 Leistung, Leistungsaustausch, Entgelt

Der Haupttatbestand des § 1 Abs. 1 Nr. 1 UStG erfaßt Lieferungen und sonstige Leistungen. Lieferungen und sonstige Leistungen lassen sich unter dem Oberbegriff „Leistungen" zusammenfassen. **Leistung** *ist jede Tätigkeit, jedes positive oder negative Verhalten.* Sie kann nach § 3 Abs. 9 UStG auch in einem Unterlassen oder in einem Dulden einer Handlung oder eines Zustandes bestehen. Beispiele für Leistungen sind Warenlieferungen, handwerkliche Leistungen, Krankenbehandlungen, Vermietungen von Wohnungen, die Überlassung von Erfindungen, der Verzicht auf Umsatz zugunsten eines Konkurrenten. Die bloße Entgeltentrichtung ist allerdings keine Leistung im Sinne des UStG, da hiermit *kein eigenständiges wirtschaftliches Ziel* verfolgt wird.

Beispiel

Ein Bäcker verkauft einer Hausfrau Brötchen. Die Hausfrau entrichtet das geforderte Entgelt.

Der Bäcker bewirkt eine steuerbare Leistung (Lieferung), die Hausfrau hingegen nicht.

Leistungen beruhen i.d.R. auf einem Verpflichtungsgeschäft. *Gegenstand der Besteuerung ist aber das Erfüllungsgeschäft.*

Beispiel

Ein Kfz-Händler verkauft am 15.12.01 einen Pkw. Die Übergabe des Wagens erfolgt am 18.1.02.

Das Verpflichtungsgeschäft findet am 15.12.01, das Erfüllungsgeschäft aber erst am 18.1.02 statt. Zeitpunkt der Lieferung ist der 18.1.02.

Steuerbare Umsätze können auch auf einseitigen Rechtsgeschäften beruhen. Beispiele für einseitige Rechtsgeschäfte sind die Auslobung (§ 657 BGB) und die Geschäftsführung ohne Auftrag (§ 677 BGB).

Beispiel

Ein Arzt behandelt nach einem Verkehrsunfall einen bewußtlosen Fahrer.

Es liegt eine Geschäftsführung ohne Auftrag vor.

Eine Leistung ist gemäß § 1 Abs. 1 Nr. 1 UStG nur dann steuerbar, wenn sie *gegen Entgelt* ausgeführt wird. Ihr muß demnach eine konkrete *Gegenleistung* des Leistungsempfängers gegenüberstehen, es muß ein *Leistungsaustausch* vorliegen.

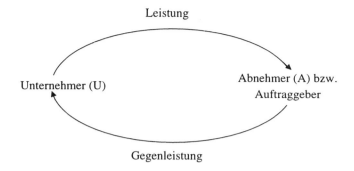

Abbildung V/3: Steuerbarkeit

Ein **Leistungsaustausch** setzt voraus:

1. *Zwei Personen*, zwischen denen sich der Leistungsaustausch vollzieht, und zwar den Unternehmer und den Leistungsempfänger, der bei Lieferungen als Abnehmer und bei sonstigen Leistungen als Auftraggeber bezeichnet wird;
2. eine *Leistung* und eine konkretisierbare *Gegenleistung*;
3. eine *innere Verknüpfung* zwischen Leistung und Gegenleistung, d.h. die Gegenleistung muß um der Leistung willen gegeben werden.

Die Gegenleistung kann in Geld, sie kann aber ihrerseits ebenfalls in einer Lieferung oder sonstigen Leistung bestehen. Hierauf wird unter Gliederungspunkt 3.2.4.5 näher eingegangen.

Im Falle der *Erbschaft* liegt kein Leistungsaustausch und damit kein steuerbarer Umsatz vor. Der Erbe erwirbt nicht durch Leistungsaustausch, sondern von Todes wegen. Auch die Erbauseinandersetzung unmittelbar nach dem Tode des Erblassers führt nicht zu einem Leistungsaustausch.

Beispiel

Vater und Sohn betreiben gemeinsam eine OHG. Unmittelbar nach dem Tode des Vaters findet der Sohn die anderen Erben ab und führt das Unternehmen fortan allein weiter.

Sowohl der Erwerb von Todes wegen als auch die daran anschließende Erbauseinandersetzung sind nichtsteuerbare Vorgänge.

Schadensersatzleistungen des Schädigers *(echter Schadensersatz)* beruhen nicht auf einem Leistungsaustausch. Sie sind deshalb nicht steuerbar. Dies gilt auch dann, wenn der Schädiger den Schaden durch einen Erfüllungsgehilfen beseitigen läßt.

Beispiel

A beschädigt den Pkw des B. A läßt den Pkw auf seine Kosten in einer Werkstatt reparieren. Er bedient sich somit zur Beseitigung des von ihm verursachten Schadens eines Erfüllungsgehilfen.

Die Schadensersatzleistung des A an B, nämlich die Reparatur des Wagens, ist nichtsteuerbar. Das Erbringen der Reparaturleistung (durch die Werkstatt für den A) hingegen ist eine steuerbare sonstige Leistung.

Steht in einem Schadensersatzfall der Ersatzleistung des Schädigers vereinbarungsgemäß eine Gegenleistung des Geschädigten gegenüber, so ist ein Leistungsaustausch gegeben. Die Ersatzleistung stellt einen steuerbaren *unechten* Schadensersatz dar[10].

Beispiel

Der Vermieter eines Ladenlokals zahlt dem Mieter eine Entschädigung dafür, daß dieser das Lokal vor Ablauf des Mietvertrages räumt.

Mitgliederbeiträge, die ein Verein satzungsgemäß zur Erfüllung der allgemeinen Vereinsaufgaben erhebt, beruhen nicht auf einem Leistungsaustausch. Die Erhebung dieser *echten Mitgliederbeiträge* ist deshalb ein nichtsteuerbarer Vorgang. Erbringt der Verein aber zusätzlich oder ausschließlich Sonderleistungen im Interesse einzelner Mitglieder, so handelt es sich insoweit um steuerbare Vorgänge[11]. Für diese Sonderleistungen entrichtete Beiträge werden *unechte Mitgliederbeiträge* genannt.

Beispiel

Ein Lohnsteuerhilfeverein übernimmt gegen Beitragszahlung die Lohnsteuerberatung seiner Mitglieder.

Die unechten Mitgliederbeiträge sind Entgelte für die sonstigen Leistungen (Lohnsteuerberatung) des Vereins.

Führt ein Unternehmer an seine Arbeitnehmer oder deren Angehörige aufgrund des Dienstverhältnisses unentgeltliche Lieferungen oder sonstige Leistungen durch, so sind diese aufgrund der ausdrücklichen Regelung in § 1 Abs. 1 Nr. 1 Satz 2 b) UStG steuerbar. Mit dieser Bestimmung wird der Grundsatz durchbrochen, daß Steuerbarkeit die Zahlung eines Entgelts voraussetzt. Bloße Aufmerksamkeiten führen nach der genannten Vorschrift allerdings nicht zur Steuerbarkeit. Die Abgrenzung zwischen bloßen Aufmerksamkeiten und steuerbaren Umsätzen an Arbeitnehmer ist oft schwierig[12] und führt häufig zu Rechtsstreiten zwischen Finanzverwaltung und Steuerpflichtigen.

3.2.4.2 Lieferung

3.2.4.2.1 Begriff und Arten der Lieferung

Lieferungen sind in § 3 Abs. 1 UStG wie folgt definiert: **Lieferungen** *eines Unternehmers sind Leistungen, durch die er oder in seinem Auftrag ein Dritter den Abnehmer oder in dessen Auftrag einen Dritten befähigt, im eigenen Namen über einen Gegenstand zu verfügen (Verschaffung der Verfügungsmacht).*

---

[10] Vgl. Abschn. 3 Abs. 1 Satz 4 UStR.
[11] Vgl. Abschn. 4 Abs. 1 UStR.
[12] Vgl. Abschn. 12 Abs. 3 UStR.

Eine *Lieferung* im umsatzsteuerlichen Sinne *bedeutet* demnach die *Verschaffung der Verfügungsmacht* an einem Gegenstand. Bei den Liefergegenständen kann es sich um Sachen i.S.d. § 90 BGB, es kann sich aber auch um alle sonstigen Wirtschaftsgüter handeln, *die im wirtschaftlichen Verkehr wie Sachen umgesetzt werden*. Elektrizität, Gas, Dampfkraft und Firmenwert z.B. sind keine Sachen, wohl aber Wirtschaftsgüter, die im wirtschaftlichen Verkehr wie Sachen behandelt werden. Die Versorgung mit Elektrizität stellt also eine Lieferung dar.

In den meisten Fällen beinhaltet die Verschaffung der Verfügungsmacht eine Übertragung des Eigentums an dem Liefergegenstand. Diese erfolgt bei beweglichen Sachen grundsätzlich durch Einigung des Veräußerers mit dem Erwerber über den Eigentumsübergang und Übergabe der Sache (§ 929 Satz 1 BGB). In den nachstehenden Ausnahmefällen allerdings entfällt die Übergabe, so daß die Eigentumsübertragung mit der Einigung erfolgt:

1. Der Erwerber ist bereits Besitzer.

    Beispiel

    Der bisherige Mieter von Büromöbeln kauft diese.

2. Der Lieferer tritt den Herausgabeanspruch (§ 931 BGB) an den Abnehmer ab.

    Beispiel

    A hat eine Sache an B vermietet. Er verkauft sie nunmehr an C und tritt seinen Herausgabeanspruch gegenüber B an C ab.

3. Der bisherige Eigentümer bleibt aufgrund eines neu vereinbarten Besitzmittlungsverhältnisses (§ 930 BGB) weiterhin Besitzer.

    Beispiel

    Der Verkäufer eines LKW schließt mit dem Käufer einen Mietvertrag ab, kraft dessen er den LKW nicht an den Käufer zu übergeben braucht, sondern ihn weiter nutzen kann.

4. Die Übergabe der Sache wird durch Übergabe eines Traditionspapiers, z.B. eines Lagerscheins (§ 424 HGB), eines Ladescheins (§ 447 HGB) oder eines Orderladescheins (§ 647 HGB) ersetzt.

Zum Eigentumserwerb an Grundstücken ist die Einigung über den Eigentumsübergang (Auflassung) und die Eintragung der Rechtsänderung im Grundbuch erforderlich (§ 873 BGB). Die Leistung ist *im Zeitpunkt des Übergangs der Nutzen und Lasten anzunehmen*.

Bei einer *Lieferung unter Eigentumsvorbehalt* (§ 455 BGB) erhält der Abnehmer die Verfügungsmacht *bereits im Zeitpunkt des Besitz- und nicht erst des späteren Eigentumswechsels*. Die Lieferung im umsatzsteuerlichen Sinne erfolgt daher bereits im Zeitpunkt des Besitzwechsels.

Bei Verpfändung einer Sache (§ 1205 BGB) erfolgt keine Übertragung der Verfügungsmacht, es wird kein steuerbarer Umsatz getätigt. Gleiches gilt für den Fall einer Sicherungsübereignung[13].

Beispiel

Bauunternehmer A benötigt einen Bankkredit. Da er keine anderen Sicherheiten bieten kann, vereinbart er mit seiner Hausbank, daß der Bank ein Kran übereignet wird. Da er den Kran weiterhin in seinem Unternehmen benötigt, stellt ihm die Bank den Kran leihweise zur Verfügung. Vor Tilgung des Darlehens fällt A in Konkurs. Die Bank verwertet den Kran nunmehr durch Verkauf an Bauunternehmer B.

Die Sicherungsübereignung verschafft der Bank nicht die Verfügungsmacht an dem Kran. Eine Lieferung des A an die Bank erfolgt somit nicht schon im Zeitpunkt der Sicherungsübereignung, sondern erst in dem Augenblick, in dem die Bank von ihrem Verwertungsrecht Gebrauch macht. Bei Übereignung des Krans an B führt die Bank ebenfalls eine steuerbare Lieferung aus.

Die Verschaffung der Verfügungsmacht beinhaltet zwar üblicherweise, nicht aber notwendigerweise eine Übereignung des Liefergegenstandes. Es genügt vielmehr, daß der Abnehmer eine eigentümerähnliche Stellung erwirbt, die ihn befähigt, im eigenen Namen über den Gegenstand wie ein Eigentümer zu verfügen. Dies setzt insbesondere die Befugnis zur Weiterveräußerung voraus. Eine derartige Verschaffung der Verfügungsmacht ohne Eigentumsübertragung ist vor allem für Kommissionsgeschäfte (§ 383 HGB) typisch. *Kennzeichnend für ein Kommissionsgeschäft ist, daß der Kommissionär zwar im eigenen Namen, aber für fremde Rechnung tätig wird*, d.h. er erwirbt kein Eigentum. § 3 Abs. 3 UStG bestimmt dennoch ausdrücklich, daß zwischen dem Kommittenten und dem Kommissionär eine Lieferung vorliegt. Bei der Verkaufskommission gilt der Kommissionär, bei der Einkaufskommission der Kommittent als Abnehmer.

Beispiel

Ein Buchhändler verkauft Bücher, die er kommissarisch von einem Grossisten bezogen hat, an einen Kunden. Es handelt sich um eine Verkaufskommission. Der Grossist liefert an den Buchhändler, dieser an den Kunden.

Gemäß § 3 Abs. 1 UStG kann der Unternehmer dem Abnehmer auf folgende *vier verschiedene Weisen die Verfügungsmacht verschaffen:*

1. Der Unternehmer verschafft dem Abnehmer unmittelbar die Verfügungsmacht.

    Beispiel

    Eine Marktfrau übergibt einer Käuferin die soeben gekauften Kartoffeln.

2. Der Unternehmer verschafft die Verfügungsmacht im Auftrage des Abnehmers einem Dritten.

---

[13] Bei der Sicherungsübereignung findet eine Eigentumsübertragung i.S.d. § 929 BGB statt. Gleichzeitig wird zwischen dem alten und dem neuen Eigentümer aber ein Besitzmittlungsverhältnis i.S.d. § 930 BGB in der Form eines treuhänderischen Verwahrungsverhältnisses vereinbart, kraft dessen der alte Eigentümer im Besitz der Sache bleiben kann. Näheres zur Sicherungsübereignung s. z.B. bei Palandt, Bürgerliches Gesetzbuch, 1997, § 930 BGB, Tz. 11.

Beispiel

Ein Florist liefert einen Blumenstrauß im Auftrag eines Kunden an dessen Freundin.

3. Im Auftrag des Unternehmers verschafft ein Dritter dem Abnehmer die Verfügungsmacht.

Beispiel

Im Auftrag eines Möbeleinzelhändlers beliefert ein Möbelhersteller unmittelbar den Endabnehmer.

4. Ein Beauftragter des Unternehmers verschafft einem vom Abnehmer benannten Dritten die Verfügungsmacht.

Beispiel

Gärtnerei G 2 überbringt der Freundin des A einen Blumenstrauß. A hatte der Gärtnerei G 1 einen entsprechenden Fleurop-Auftrag erteilt.

3.2.4.2.2 Grundsätzliche Regelung zum Ort der Lieferung

Für die Umsatzbesteuerung ist der **Ort der Lieferung** von größter Bedeutung: Liegt der Ort der Lieferung im Inland, so ist die Lieferung steuerbar, liegt der Ort der Lieferung im Ausland, so ist sie nicht steuerbar. Wie der Ort der Lieferung zu bestimmen ist, richtet sich - vorbehaltlich der §§ 3c und 3e UStG - nach den Vorschriften des § 3 Abs. 6-8 UStG (§ 3 Abs. 5a UStG).

Die grundsätzliche Regelung zum Ort der Lieferung befindet sich in § 3 Abs. 6 UStG. Wird der Gegenstand der Lieferung durch den Lieferer oder den Abnehmer befördert oder versendet, so *gilt* nach Satz 1 dieser Vorschrift die *Lieferung dort als ausgeführt, wo* die *Beförderung* oder *Versendung beginnt*. Befördern ist jede Fortbewegung eines Gegenstandes (§ 3 Abs. 6 Satz 2 UStG). Versenden liegt vor, wenn jemand die Beförderung durch einen selbständigen Beauftragten ausführen oder besorgen läßt (§ 3 Abs. 6 Satz 3 UStG). Die Versendung beginnt mit der Übergabe des Gegenstandes an den Beauftragten (§ 3 Abs. 6 Satz 4 UStG). Beauftragter im Sinne dieser Vorschrift kann ein Frachtführer (Eisenbahn, Post oder sonstiger Transportunternehmer) oder Verfrachter (z.B. Reeder) sein, es kann sich aber auch um einen Spediteur handeln. Spediteur ist gem. § 407 Abs. 1 HGB derjenige, der es gewerbsmäßig unternimmt, Güterversendungen durch Frachtführer oder durch Verfrachter von Seeschiffen für Rechnung eines anderen (des Versenders) im eigenen Namen zu besorgen.

Beispiele

1. Ein Hagener Unternehmer (U1) läßt durch einen Fernfahrer (F) seines Unternehmens Fertigerzeugnisse auf einem betrieblichen LKW nach Paris befördern, wo sie einem französischen Abnehmer, der selbst Unternehmer (U2) ist, übergeben werden. Es handelt sich um eine Beförderung des U1 an U2, die durch den Erfüllungsgehilfen des U1, den Fernfahrer F, durchgeführt wird. Die Beförderung beginnt in Hagen, also im Inland. U1 tätigt eine nach deutschem Recht steuerbare Lieferung.

2. U1 aus Beispiel 1 übergibt dem Fuhrunternehmer F in Hagen ein Fertigerzeugnis. F soll dieses mit einem LKW nach Amsterdam schaffen und es dort dem holländischen Unternehmer U3 übergeben.

U1 läßt das Erzeugnis versenden. Seine Lieferung an U3 gilt nach § 3 Abs. 6 Satz 1 UStG mit der Übergabe des Erzeugnisses an F als ausgeführt. Ort der Lieferung ist Hagen. Die Lieferung ist somit steuerbar.

3. U1 übergibt ein Erzeugnis in Hagen einem Spediteur. Dieser wird damit beauftragt, die Versendung des Erzeugnisses an den dänischen Unternehmer U4 zu besorgen.

Es liegt eine Versendung vor. Diese beginnt in Hagen. Damit ist nach § 3 Abs. 6 Satz 1 UStG eine nach deutschem Recht steuerbare Lieferung des U1 an U4 gegeben.

Alle bisher besprochenen Regelungen gelten nach § 3 Abs. 6 Satz 1 UStG auch für den Fall, daß nicht der Lieferer oder Abnehmer die Beförderung oder Versendung übernimmt, sondern ein von einem der beiden beauftragter Dritter.

Beispiel

Der in Hagen ansässige Möbelhändler U1 unterhält ein Auslieferungslager in München. Er beauftragt seinen Lagerhalter (L), einen Schrank unmittelbar vom Lager München an den Abnehmer U2 in Rom zu befördern.

Es liegt eine Beförderungslieferung des U1 an den U2 vor, die durch den unselbständigen Lagerhalter L bewirkt wird. Sie beginnt in München und ist damit nach § 3 Abs. 6 Satz 1 UStG steuerbar.

3.2.4.2.3 Ergänzende und abweichende Regelungen zum Ort der Lieferung

Die soeben besprochenen Sätze 1 bis 4 des § 3 Abs. 6 UStG enthalten die grundsätzlichen Regelungen zum Ort der Lieferung. Zu diesen Grundsätzen enthält das UStG eine Reihe ergänzender und abweichender Regelungen. Hier soll lediglich kurz auf einige von ihnen eingegangen werden.

Als Lieferung gegen Entgelt *gilt* gem. § 1a Abs. 2 UStG das Verbringen eines Gegenstandes eines Unternehmens aus dem Inland in das übrige Gemeinschaftsgebiet durch den Unternehmer zu dessen Verfügung. Ausgenommen ist der Fall, daß der Gegenstand nur für eine vorübergehende Verwendung in das übrige Gemeinschaftsgebiet verbracht wird. Mit dieser Regelung wird das Verbringen eines Gegenstandes von einem inländischen Unternehmensteil in einen im übrigen Gemeinschaftsgebiet belegenen anderen Unternehmensteil erfaßt. Ohne diese Regelung handelte es sich bei dem Vorgang um einen nichtsteuerbaren Innenumsatz.

Beispiel

Die X-GmbH mit Sitz in Dortmund unterhält ein Auslieferungslager in Madrid. Am 10.1.01 befördert sie mit einem firmeneigenen LKW 100 von ihr hergestellte Kühlschränke von Dortmund nach Madrid. Am 20.1.01 ordert der Madrider Einzelhändler M fünf dieser Kühlschränke. Er holt sie anschließend mit einem eigenen Lieferwagen ab.

Nach § 3 Abs. 1a UStG gilt die Beförderung der 100 Kühlschränke von Dortmund nach Madrid als Lieferung der X-GmbH. Die X-GmbH gilt als Lieferer. Da mit der Beförderung in Dortmund begonnen wird, ist Ort dieser Lieferung Dortmund. Die Lieferung ist also steuerbar. Angemerkt sei bereits hier, daß sie als innergemeinschaftliche Lieferung i.S.d. § 6a UStG gem. § 4 Nr. 1b UStG steuerbefreit ist[14].

Die Lieferung der X-GmbH an M ist nach deutschem Recht eine nichtsteuerbare Lieferung im Ausland, da als Ort der Lieferung Madrid anzusehen ist. Angemerkt sei, daß die Lieferung nach spanischem Recht steuerbar ist.

Wird der Gegenstand der Lieferung weder befördert noch versendet, so ist nach § 3 Abs. 7 Satz 1 UStG der Ort der Lieferung dort, wo sich der Gegenstand zur Zeit der Verschaffung der Verfügungsmacht befindet.

Beispiele

1. Der Bauunternehmer B aus Brüssel errichtet auf dem Grundstück seines Auftraggebers A in Aachen ein Gebäude. Das Gebäude wird erst mit der Abnahme des fertigen Werkes geliefert. Da das Gebäude weder befördert noch versendet wird, befindet sich der Ort der Lieferung nach § 3 Abs. 7 Satz 1 UStG dort, wo das Grundstück belegen ist, also in Aachen. Der Umsatz ist nach deutschem Recht steuerbar.

2. Der Fahrzeughändler F aus Hagen ist Eigentümer eines LKW, den er an den Mieter M in Paris vermietet hat. Vor Ablauf des Mietvertrages verkauft F den LKW an den ebenfalls in Paris ansässigen Unternehmer U und tritt diesem den Herausgabeanspruch gegen M ab. Der LKW befindet sich zu diesem Zeitpunkt in Paris. Der Ort der Lieferung ist Paris. Der Umsatz ist in Deutschland nicht steuerbar.

Schließen mehrere Unternehmer über denselben Gegenstand Umsatzgeschäfte ab und wird der Gegenstand unmittelbar von dem ersten Unternehmer an den letzten Abnehmer befördert oder versendet, so wird von einem *Reihengeschäft* gesprochen.[15] Ein Reihengeschäft ist also dadurch gekennzeichnet, daß zwar mehrere Lieferungen „in Reihe" stattfinden, der Liefergegenstand aber nur ein einziges Mal befördert oder versendet wird. In Abbildung V/4 ist ein dreireihiges Umsatzgeschäft schematisch dargestellt.

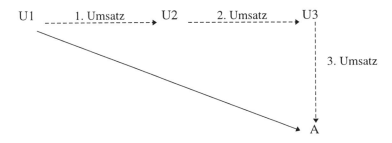

Abbildung V/4: Reihengeschäft

Nach § 3 Abs. 6 Satz 5 UStG ist die Beförderung oder Versendung in einem Reihengeschäft nur einer einzigen der in ihm enthaltenen Lieferungen zuzurechnen.

---

14 Vgl. Gliederungspunkt 3.3.2.
15 Vgl. zum Reihengeschäft BMF-Schreiben vom 18.4.1997, IV C 3 – S 7116a – 11/97, BStBl 1997 I, S. 529.

Nur für eine dieser Lieferungen richtet sich der Lieferort demnach nach § 3 Abs. 6 UStG. Die anderen Lieferorte sind nach § 3 Abs. 7 Satz 2 UStG zu bestimmen.

Beispiel

Der Endabnehmer A aus Kerkrade (Niederlande) bestellt bei dem Möbelhändler U1 in Aachen einen Eichentisch. Da U1 den Tisch nicht vorrätig hat, bestellt er ihn bei dem Hersteller U2 in Unna (Westfalen). Auf Anweisung des U1 befördert U2 den Tisch mit einem betriebseigenen LKW unmittelbar von Unna an A in Kerkrade.

Es liegen zwei Lieferungen vor, und zwar liefert U2 an U1 und dieser an A. Der Tisch wird aber nur einmal befördert, und zwar von dem Werk des U2 in Unna unmittelbar an den Endabnehmer A in Kerkrade. Diese Beförderung wird dem die Beförderung durchführenden Unternehmer, d.h. dem U2, zugerechnet. Der Ort der Lieferung des U2 an U1 ist somit gem. § 3 Abs. 6 Satz 1 UStG Unna; er liegt somit im Inland. Der Ort der Lieferung des U1 an A richtet sich nach § 3 Abs. 7 UStG. Er liegt gem. § 3 Abs. 7 Satz 2 Nr. 2 UStG in Kerkrade, da die beförderungs- und versendungslose Lieferung des U1 an A der Beförderungslieferung des U2 an U1 zeitlich folgt. Die Lieferung des U1 an A ist somit eine nichtsteuerbare Lieferung im Ausland.

3.2.4.3 Sonstige Leistung

Sonstige Leistungen *sind alle Leistungen, die keine Lieferungen sind* (§ 3 Abs. 9 UStG). Beispiele für sonstige Leistungen sind Dienst-, Werk-, Vermittlungs- und Beförderungsleistungen, Vermietungen, Verpachtungen, Darlehensgewährungen, die Übertragung von Rechten und Berechtigungen.

Eine geistige Leistung, z.B. die Erstellung eines Konstruktionsplanes, ist grundsätzlich eine sonstige Leistung und nicht eine Lieferung. Eine Ausnahme gilt bei einer Vervielfältigung einer geistigen Leistung und Verkauf des vervielfältigten Produkts. Hier steht nicht mehr die geistige Leistung, sondern das vervielfältigte Produkt im Mittelpunkt des wirtschaftlichen Interesses. Schreibt etwa ein Schriftsteller einen Roman und wird dieser gedruckt und vertrieben, so ist der Verkauf des Buches eine Lieferung und nicht eine sonstige Leistung.

Eine sonstige Leistung kann auch in einem Unterlassen oder Dulden einer Handlung oder eines Zustandes bestehen (§ 3 Abs. 9 Satz 2 UStG).

Beispiele

1. Ein Unternehmen duldet (gegen Entgelt), daß ein anderes Unternehmen eine seiner geschützten Erfindungen nutzt.
2. Ein Handelsvertreter verzichtet zugunsten eines Kollegen (gegen Entgelt) auf die Bereisung des süddeutschen Raumes.

Ebenso wie bei einer Lieferung ist auch bei einer sonstigen Leistung der Ort der Leistung von Bedeutung: *Nur wenn der Ort der sonstigen Leistung im Inland liegt, kann ein nach § 1 Abs. 1 Nr. 1 UStG steuerbarer Umsatz gegeben sein.* § 3a Abs. 1 UStG definiert als Ort der sonstigen Leistung grundsätzlich den Ort, *von dem aus der Unternehmer sein Unternehmen betreibt.* Dieser Grundsatz wird durch § 3a Abs. 2 bis 4 UStG vielfach durchbrochen. Hier kann nur in äußerst knapper Form auf einige wenige dieser Ausnahmeregelungen eingegangen werden[16].

Nach § 3a Abs. 2 Nr. 1 UStG ist der Ort einer sonstigen Leistung, die im Zusammenhang mit einem Grundstück steht, dort, wo das Grundstück liegt.

Beispiele

1. Peter Peterson, dänischer Beamter mit Wohnsitz in Kopenhagen, ist Eigentümer eines Geschäftsgrundstücks in Köln. Die in dem Gebäude befindlichen Räume vermietet er an eine dänische Kapitalgesellschaft.

   Als Vermieter ist Peterson Unternehmer. Ort der von ihm getätigten sonstigen Leistungen (Vermietungen) ist nach § 3a Abs. 2 Nr. 1 UStG Köln. Die Mietumsätze werden somit im Inland durchgeführt; sie sind steuerbar. Nationalität und Wohnsitz des Vermieters sowie Sitz und Geschäftsleitung der Mieterin sind nach § 3a Abs. 2 Nr. 1 UStG ohne Bedeutung.

2. Eine Gärtnerei übernimmt die Pflege der gärtnerischen Anlagen, ein selbständiger Gebäudereiniger führt mit einer Putzkolonne die Reinigung des Bürohochhauses eines Industrieunternehmens durch.

   Sowohl die Gärtnerei als auch der Gebäudereiniger führen sonstige Leistungen aus, die im Zusammenhang mit einem Grundstück stehen. Ort dieser sonstigen Leistungen ist der Ort des Betriebsgrundstücks.

Ist der Empfänger einer der in § 3a Abs. 4 UStG aufgeführten sonstigen Leistungen ein Unternehmer, so ist gem. § 3a Abs. 3 UStG der Ort der sonstigen Leistung dort, wo der Empfänger sein Unternehmen betreibt.

Beispiel

Ein Brüsseler Industrieller betreibt sein Unternehmen bisher ausschließlich in Belgien. Da er sich über die hohe Steuerbelastung in seiner Heimat ärgert, erwägt er eine Verlagerung von Produktionsstätten nach Berlin. Er beauftragt einen Berliner Steuerberater, ihn bei der Vorbereitung der Entscheidung in wirtschaftlicher und steuerlicher Hinsicht zu beraten.

Wirtschaftliche und steuerliche Beratung gehören zu den sonstigen Leistungen im Sinne des § 3a Abs. 4 Nr. 3 UStG. Da der Empfänger der Beratungsleistungen ein Unternehmer (Industrieller) ist, gelten diese Leistungen nach § 3a Abs. 3 UStG als in Brüssel ausgeführt; sie sind also nicht steuerbar nach deutschem Recht.

3.2.4.4 Werklieferung und Werkleistung

§ 1 UStG unterscheidet lediglich zwischen zwei Arten der Leistung, der Lieferung und der sonstigen Leistung. Die Wirtschaftspraxis hingegen weist zusätzlich Mischformen auf, Leistungen also, die *sowohl Merkmale der Lieferung als auch der sonstigen Leistung enthalten*. Derartige Mischformen sind die **Werklieferungen** und die **Werkleistungen**. Unter Einbeziehung dieser Mischformen lassen sich folgende vier Typen von Leistungen unterscheiden:

1. Reine Lieferungen (Warenlieferungen),
2. reine sonstige Leistungen (Dienstleistungen),

---

[16] Hinsichtlich der z.T. komplizierten Regelungen des § 3a UStG sei insbesondere auf Völkel, D./Karg, H., Umsatzsteuer, 1997, S. 30 ff. verwiesen.

3. Werklieferungen,
4. Werkleistungen.

Da die steuerliche Behandlung der reinen Lieferung und der reinen sonstigen Leistung bereits dargestellt wurde, sind nun noch die Mischformen zu behandeln.

Sowohl Werklieferung als auch Werkleistung beruhen auf einem Werkvertrag i.S.d. § 631 BGB[17]. Durch den Werkvertrag wird der Unternehmer *zur Herstellung des versprochenen Werks verpflichtet*. Gegenstand des Werkvertrages kann sowohl die Herstellung oder Veränderung einer Sache als auch ein anderer durch Arbeit oder Dienstleistung zu erbringender Erfolg sein. Im Gegensatz zur Warenlieferung ist Vertragsgegenstand also nicht eine bereits fertiggestellte Ware, sondern ein *noch zu erstellendes Werk*.

Wie eine Leistung aufgrund eines Werkvertrages umsatzsteuerlich zu behandeln ist, richtet sich gemäß § 3 Abs. 4 UStG danach, *wer die zur Werkerstellung erforderlichen Hauptstoffe beschafft*. Geschieht dies durch den Unternehmer, so handelt es sich um eine Werklieferung. Be- oder verarbeitet der Unternehmer hingegen lediglich Stoffe, die der Besteller beschafft hat, handelt es sich um eine Werkleistung. Das gilt auch in den Fällen, in denen der Unternehmer Zutaten oder sonstige Nebenstoffe beisteuert.

Beispiel

Ein Schneider erstellt im Auftrag eines Kunden einen Anzug. Den Anzugstoff hat a) der Schneider, b) der Kunde beschafft.

Der Anzugstoff ist Hauptstoff. Im Fall a) handelt es sich um eine Werklieferung, im Fall b) um eine Werkleistung, auch wenn der Schneider gewisse Nebenstoffe (z.B. Zwirn) selbst hinzufügt.

Werklieferungen werden gemäß § 3 Abs. 4 UStG wie reine Lieferungen, Werkleistungen wie reine sonstige Leistungen behandelt. Eine Aufteilung der Leistung in einen Lieferungs- und in einen Leistungsbestandteil erfolgt somit nicht (Grundsatz der Einheitlichkeit der Leistung). Das hat u.a. zur Folge, daß sich der Ort der Werklieferung nach § 3 Abs. 6 und 7 UStG richtet. Zur Bestimmung des Ortes der Leistung bei Werkleistungen wird auf § 3a UStG verwiesen.

3.2.4.5 Tausch und tauschähnlicher Umsatz

Eine Leistung ist nur dann steuerbar, wenn der Leistungsempfänger ein Entgelt zahlt. Dieses kann, es muß aber nicht, in Geld bestehen. *Entgelt kann vielmehr auch eine Lieferung oder sonstige Leistung sein. Für derartige Sachverhalte werden in § 3 Abs. 12 UStG die Begriffe Tausch und tauschähnlicher Umsatz geprägt.*

Ein **Tausch** liegt vor, wenn das *Entgelt* für eine Lieferung *in einer Lieferung besteht*. Ein **tauschähnlicher Umsatz** liegt vor, wenn das *Entgelt* für eine sonstige Leistung *in einer Lieferung oder sonstigen Leistung* besteht.

---

[17] Bei Werklieferungen ist zudem die Spezialvorschrift des § 651 BGB zu beachten.

Bei einem Tausch und einem tauschähnlichen Umsatz ist jeweils für beide Vertragspartner gesondert zu prüfen, ob ihre Leistung steuerbar ist.

Beispiele

1. Metzgermeister M liefert dem Gastwirt G ein halbes Schwein. Als Entgelt erhält er von G ein Faß Bier.

   Es liegt ein Tausch vor. Sowohl die Lieferung des M als auch die Lieferung des G ist steuerbar.

2. Gastwirt G liefert an Privatmann P ein halbes Schwein und erhält von diesem ein Ölgemälde. P hatte das Ölgemälde vor Jahren geerbt. Seither stand es wohlverpackt in seinem Keller.

   Es liegt ein Tausch vor. Die Lieferung des G an P ist steuerbar, die Lieferung des P an G hingegen nicht, da P kein Unternehmer ist. Auch durch den Verkauf des Ölgemäldes wird P nicht zum Unternehmer, da eine Wiederholungsabsicht offensichtlich nicht gegeben ist.

3. G liefert an Rechtsanwalt R ein halbes Schwein. Als Gegenleistung erteilt R dem G einen rechtlichen Rat.

   Es liegt ein tauschähnlicher Umsatz vor. Sowohl die Lieferung des G an R als auch die sonstige Leistung des R an G ist steuerbar, da G und R Unternehmer sind und die Leistungen im Rahmen ihres Unternehmens ausführen.

Als *Tausch mit Baraufgabe* bezeichnet man Vorgänge, bei denen das Entgelt für eine Lieferung teilweise in einer Gegenlieferung und teilweise in Geld besteht.

3.2.5 Eigenverbrauch

Bereits an früherer Stelle[18] wurde ausgeführt, daß die Umsatzsteuer wirtschaftlich die Funktion einer den Endverbraucher belastenden Verbrauchsteuer hat. Jede Leistung an einen *Endverbraucher* soll besteuert werden. Dieses Ziel wird nur dann erreicht, wenn auch „Leistungen des Unternehmers an sich selbst" besteuert werden. Entnimmt z.B. ein Lebensmittelhändler Tomaten zum eigenen Verzehr oder nutzt er den firmeneigenen Wagen für Privatfahrten, so leistet er an sich selbst. Derartige Leistungen bezeichnet das UStG als Eigenverbrauch.

Eigenverbrauch liegt vor, wenn ein Unternehmer Gegenstände aus seinem Unternehmen für Zwecke entnimmt, die außerhalb des Unternehmens liegen (§ 1 Abs. 1 Nr. 2a UStG). Dieser Tatbestand entspricht dem der Lieferung. *Entnahmen* erfolgen dann für außerhalb des Unternehmens liegende Zwecke, wenn der Unternehmer die *Entnahme für sich oder ihm nahestehende Personen tätigt*.

Unentgeltliche Lieferungen an Geschäftsfreunde fallen hingegen nicht hierunter. Derartige Vorgänge sind vielmehr nicht steuerbar, da es sich um Lieferungen handelt, für die *kein spezielles Entgelt* gezahlt wird[19].

---

[18] Vgl. Gliederungspunkt 3.1.
[19] Vgl. hierzu Gliederungspunkt 3.2.4.1.

Beispiel

Blumenhändler B entnimmt einen Strauß Rosen, um ihn a) seiner Freundin, b) einem langjährigen Geschäftsfreund zum Geburtstag zu schicken.

Im Fall a) handelt es sich um Eigenverbrauch, im Fall b) hingegen um einen nicht steuerbaren Vorgang.

Eigenverbrauch liegt weiterhin vor, wenn ein Unternehmer im Rahmen seines Unternehmens sonstige Leistungen für Zwecke ausführt, die außerhalb des Unternehmens liegen (§ 1 Abs. 1 Nr. 2b UStG).

Beispiel

Ein Gärtner läßt von seinen Arbeitnehmern den Garten seines Einfamilienhauses pflegen.

Es liegt Eigenverbrauch i.S.d. § 1 Abs. 1 Nr. 2b UStG vor.

Eigenverbrauch liegt nach dem dritten Tatbestand des § 1 Abs. 1 Nr. 2 UStG auch dann vor, wenn ein Unternehmer im Inland ertragsteuerlich nicht abzugsfähige Betriebsausgaben i.S.d. § 4 Abs. 5 Satz 1 Nr. 1 bis 7 oder Abs. 7 oder § 12 Nr. 1 EStG tätigt (§ 1 Abs. 1 Nr. 2c UStG). Der Begriff der nichtabzugsfähigen Betriebsausgaben braucht hier nicht näher erläutert zu werden; insoweit kann auf frühere Ausführungen verwiesen werden[20]. Der Tatbestand des § 1 Abs. 1 Nr. 2c UStG ist nicht mit fiktiven Leistungen des Unternehmers an sich selbst erklärbar; er ist eine Ausnahmeerscheinung im Rahmen der Eigenverbrauchstatbestände.

3.2.6 Gesellschafterverbrauch

Steuerbar ist auch der **Gesellschafterverbrauch** i.S.d. § 1 Abs. 1 Nr. 3 UStG. Hierbei handelt es sich um Lieferungen und sonstige Leistungen, die Körperschaften i.S.d. § 1 Abs. 1 Nr. 1 bis 5 KStG, nichtrechtsfähige Personenvereinigungen sowie Gemeinschaften an ihre Anteilseigner, Gesellschafter, Mitglieder oder Teilhaber *unentgeltlich* ausführen. Unentgeltliche Lieferungen und sonstige Leistungen an die diesen Personen nahestehenden Personen sind ebenfalls steuerbar. Voraussetzung für die Steuerbarkeit ist auch bei diesen Umsätzen, daß sie im Inland im Rahmen eines Unternehmens getätigt werden.

Auf den Begriff der Körperschaften i.S.d. § 1 Abs. 1 Nr. 1 bis 5 KStG braucht hier nicht eingegangen zu werden, da insoweit auf die Ausführungen im Teil II verwiesen werden kann[21]. Nichtrechtsfähige Personenvereinigungen sind insbesondere BGB-Gesellschaften und Personenhandelsgesellschaften (OHG und KG). Zu den Gemeinschaften zählen z.B. die Erbengemeinschaften. Der Begriff der „nahestehenden Personen" wird im UStG in gleicher Weise verwendet wie im KStG. Hierunter fallen also insbesondere Angehörige i.S.d. § 15 AO und Schwestergesellschaften.

---

[20] Vgl. Teil II, Gliederungspunkt 2.2.1.3.1.
[21] Vgl. Teil II, Gliederungspunkt 3.1.1.2.

Nach einer im Schrifttum weitverbreiteten Ansicht ist die Vorschrift des § 1 Abs. 1 Nr. 3 UStG über den Gesellschafterverbrauch überflüssig und sollte vom Gesetzgeber gestrichen werden[22]. Der Grund für diese Ansicht liegt darin, daß der BFH im Jahre 1983 überraschend Sachverhalte, die sich mühelos unter dem Gesellschafterverbrauch des § 1 Abs. 1 Nr. 3 UStG subsumieren lassen, als zum Eigenverbrauch i.S.d. § 1 Abs. 1 Nr. 2 UStG gehörig betrachtet hat[23]. Dieses Urteil ist allerdings zum UStG 1951 ergangen, in dem noch keine Vorschrift zum Gesellschafterverbrauch enthalten war. Aus diesem Sachverhalt ist m.E. zu folgern, daß nunmehr die Vorschrift des § 1 Abs. 1 Nr. 3 UStG zum Gesellschafterverbrauch eine Spezialvorschrift zum Eigenverbrauch des § 1 Abs. 1 Nr. 2 UStG darstellt. Dieser Ansicht scheint auch die Finanzverwaltung zuzuneigen, wie sich aus Abschn. 7 Abs. 1 UStR schließen läßt.

Der Streit um die Subsumtion des Gesellschafterverbrauchs unter § 1 Abs. 1 Nr. 2 oder Nr. 3 UStG ist derzeit in der großen Mehrzahl der Fälle ohne praktische Auswirkungen, da die umsatzsteuerliche Bemessungsgrundlage, der Steuersatz und der Vorsteuerabzug bei Anwendung beider Vorschriften in aller Regel gleich sind[24].

3.2.7 Einfuhr, innergemeinschaftlicher Erwerb

Ein Grundsatz des deutschen Umsatzsteuersystems besteht darin, daß jede Leistung, die ein Endverbraucher im Inland empfängt, der deutschen Umsatzsteuer unterworfen wird. Ob die Leistung im Inland oder im Ausland erstellt wird, ist ohne Bedeutung. Hierdurch soll erreicht werden, daß alle miteinander konkurrierenden Produkte im gleichen Maße mit Umsatzsteuer belastet werden. Die Umsatzsteuer soll also wettbewerbsneutral sein.

Dieser Grundsatz kann aber nur dann verwirklicht werden, wenn sichergestellt ist, daß alle eingeführten Produkte von der Umsatzsteuer erfaßt werden. Dies geschieht technisch durch die Erhebung von Einfuhrumsatzsteuer bzw. durch die Erhebung von Umsatzsteuer auf den innergemeinschaftlichen Erwerb. Die *Einfuhrumsatzsteuer* entsteht gemäß § 1 Abs. 1 Nr. 4 UStG durch die Einfuhr von Gegenständen in das Inland. Dem Inland sind die österreichischen Gebiete Jungholz und Mittelberg gleichgestellt. Bei der Einfuhr spielt es keine Rolle, *wer* die Gegenstände einführt bzw. aus welchem Grunde die Einfuhr geschieht. Die Einfuhrumsatzsteuer entsteht also auch, wenn *eine Privatperson* den Gegenstand einführen will. *Einfuhrumsatzsteuer* entsteht nach § 1 Abs. 1 Nr. 4 UStG nur bei der Einfuhr von Gegenständen aus *Drittländern* in das Inland. Bei den Drittländern handelt es sich um solche Länder, die nicht Mitglied der Europäischen Gemeinschaft (EG) sind.

---

[22] Vgl. Bülow, H.-J., in: Vogel, A./Schwarz, B., Umsatzsteuergesetz, § 1 Tz. 315 ff.; Husmann, E., in: Rau, G./Dürrwächter, E., Umsatzsteuergesetz, § 1 Tz. 726 ff.
[23] Vgl. BFH-Urteil vom 3.11.1983, V R 4/73, BStBl 1984 II, S. 169.
[24] Vgl. Gliederungspunkt 3.4.2.2.

Bei einem Import aus einem *EG-Land* kann zwar keine Einfuhrumsatzsteuer entstehen, doch kann ein **innergemeinschaftlicher Erwerb** i.S.d. § 1 Abs. 1 Nr. 5 UStG vorliegen. Während die Entstehung der Einfuhrumsatzsteuer lediglich an die Voraussetzung der Einfuhr aus einem Drittland in das Inland (§ 1 Abs. 1 Nr. 4 UStG) geknüpft ist, ist der innergemeinschaftliche Erwerb im Inland an mehrere Voraussetzungen gebunden. Diese sind:

1. Der Erwerb muß *entgeltlich* erfolgen (§ 1 Abs. 1 Nr. 5 UStG).
2. Der Gegenstand muß bei einer Lieferung an den Abnehmer (Erwerber) aus dem Gebiet eines anderen EG-Landes (übriges Gemeinschaftsgebiet) in das Inland gelangen (§ 1a Abs. 1 Nr. 1 i.V.m. § 1 Abs. 1 Nr. 5 UStG).
3. Der Erwerber muß entweder ein Unternehmer sein, der den Gegenstand für sein Unternehmen erwirbt oder es muß sich bei dem Erwerber um eine juristische Person handeln (§ 1a Abs. 1 Nr. 2 UStG).
4. Die Lieferung an den (i.d.R. inländischen) Erwerber muß durch einen (i.d.R. ausländischen) Unternehmer im Rahmen seines Unternehmens erfolgen (§ 1a Abs. 1 Nr. 3a UStG).
5. Die Lieferung an den Erwerber darf nicht nach einer (ausländischen) Sonderregelung für sog. Kleinunternehmer steuerfrei sein (§ 1a Abs. 1 Nr. 3b UStG).

§ 1a Abs. 2 UStG enthält einen Tatbestand, der zwar nach der Definition in Abs. 1 dieser Vorschrift keinen entgeltlichen innergemeinschaftlichen Erwerb darstellt, aber als solcher gilt. Als innergemeinschaftlicher Erwerb gilt danach das Verbringen eines Gegenstandes des Unternehmens aus dem übrigen Gemeinschaftsgebiet in das Inland durch einen Unternehmer zu seiner Verfügung. Ausgenommen ist ein Verbringen zu einer nur vorübergehenden Verwendung.

Beispiel

Die S-AG mit Sitz in München unterhält in Linz (Österreich) eine rechtlich unselbständige Produktionsstätte, d.h. eine Betriebsstätte i.S.d. § 12 AO. Am 10.3. des Jahres 01 befördert ein LKW des Münchener Stammhauses unfertige Erzeugnisse von der Linzer Produktionsstätte auf das Gelände des Münchner Stammhauses. Die Erzeugnisse sollen dort fertiggestellt und anschließend veräußert werden.

Im Gegensatz zu einer rechtlich selbständigen Tochtergesellschaft ist eine rechtlich unselbständige Betriebsstätte Teil des Unternehmens des Stammhauses i.S.d. § 2 UStG. Die Beförderung der unfertigen Erzeugnisse von Linz nach München erfüllt somit nicht den Tatbestand eines innergemeinschaftlichen Erwerbs i.S.d. § 1a Abs. 1 UStG, doch sind die Voraussetzungen des § 1a Abs. 2 UStG erfüllt. Das Verbringen der unfertigen Erzeugnisse von Linz nach München gilt damit als innergemeinschaftlicher Erwerb.

§ 1a Abs. 2 UStG stellt eine zu § 3 Abs. 1a UStG korrespondierende Vorschrift dar[25].

§ 1a Abs. 3 UStG beinhaltet Fälle, in denen abweichend von Abs. 1 dieser Vorschrift keine entgeltlichen innergemeinschaftlichen Erwerbe vorliegen. Erwähnt sei hier nur der Fall, daß die sog. Erwerbsschwelle des § 1a Abs. 3 Nr. 2 UStG nicht überschritten ist. Danach liegt ein entgeltlicher innergemeinschaftlicher Er-

---

25 Vgl. Gliederungspunkt 3.2.4.2.3.

werb dann nicht vor, wenn der Gesamtbetrag der Entgelte für innergemeinschaftliche Erwerbe im vorangegangenen Kalenderjahr 25.000 DM nicht überstiegen hat und dieser Betrag auch im laufenden Jahr voraussichtlich nicht überschritten wird. Der Erwerber kann allerdings nach § 1a Abs. 4 UStG auf die Anwendung der Erwerbsschwellenregelung verzichten. Dies kann im Hinblick auf den Vorsteuerabzug sinnvoll sein[26].

Für den *innergemeinschaftlichen Erwerb neuer Fahrzeuge* gilt die Sonderregelung des § 1b UStG. Der wichtigste Inhalt dieser Vorschrift besteht darin, daß auch ein privater Erwerber neuer Fahrzeuge im Rahmen eines innergemeinschaftlichen Erwerbs einen steuerbaren Umsatz tätigt. Für Unternehmer gilt auch hier die allgemeine Regelung des § 1a UStG.

Der *Ort* des innergemeinschaftlichen Erwerbs ist in § 3d UStG abweichend von dem Ort der Lieferung in § 3 UStG geregelt. Nach § 3d Satz 1 UStG wird der innergemeinschaftliche Erwerb in dem Gebiet desjenigen Mitgliedsstaats bewirkt, in dem sich der Gegenstand am Ende der Beförderung oder Versendung befindet. Ein steuerbarer innergemeinschaftlicher Erwerb im Inland setzt also voraus, daß sich der Gegenstand am Ende der Beförderung oder Versendung im Inland befindet.

Beispiel

Der Mailänder Unternehmer U1 veräußert Waren an den Düsseldorfer Unternehmer U2 für 100.000 DM. U1 versendet die Waren von Mailand nach Düsseldorf.

Es liegt ein innergemeinschaftlicher entgeltlicher Erwerb i.S.d. § 1a Abs. 1 UStG vor. Ort des innergemeinschaftlichen Erwerbs ist nach § 3d Satz 1 UStG Düsseldorf. Der Erwerb ist nach § 1 Abs. 1 Nr. 5 UStG steuerbar.

Zur Klarstellung sei vermerkt, daß das UStG lediglich eine gleichartige Belastung aller Konkurrenzprodukte mit *deutscher, nicht* hingegen *mit deutscher und ausländischer* Umsatzsteuer bezweckt. Letzteres kann nur durch Entlastungsmaßnahmen seitens des Staates des Handelspartners erfolgen, was vielfach auch geschieht.

3.2.8 Aufgaben 3 und 4

Aufgabe 3

Karl Schmitz (S) betreibt ein Spezialgeschäft für Zeichenbedarf in Aachen. Er unterhält ein kleines Auslieferungslager in Lüttich/Belgien. Ein Stammkunde, die XY-Société Anonyme, Sitz Brüssel, bestellt einen speziellen Zeichentisch. Sie läßt diesen nach Rücksprache mit S direkt von dessen Lager in Lüttich durch einen firmeneigenen Lkw abholen. S hatte den Spezialtisch selbst vor einem halben Jahr mit seinem Firmenwagen nach Lüttich transportiert.

Ergibt sich aus diesem Sachverhalt ein steuerbarer Umsatz?

---

[26] Vgl. Gliederungspunkt 3.5.

Aufgabe 4

Der Hamburger Kugellagerfabrikant Dietmar Benneckenstein (B) vereinbart mit seinem Wiener Kollegen Karl Kraus (K) anläßlich eines Marketing-Seminars in Nizza, daß K in Zukunft darauf verzichtet, seine Produkte auf dem italienischen Markt anzubieten. K erhält dafür von B vierteljährliche Ausgleichszahlungen.

Ergeben sich aus der geschilderten Vereinbarung steuerbare Umsätze?

3.3 Steuerbefreiungen

3.3.1 Allgemeines

Ist ein Umsatz steuerbar, so ist damit noch nicht geklärt, ob er auch Umsatzsteuer auslöst. Der Umsatz kann nämlich *steuerfrei* sein und damit *keine Steuerpflicht* auslösen. Steuerbarkeit ist somit eine notwendige, aber keine hinreichende Voraussetzung zur Auslösung der Steuerpflicht.

Zu beachten ist:

Die Prüfung der Steuerbarkeit eines Umsatzes muß aus systematischen Gründen immer vor der Prüfung der Steuerpflicht erfolgen. Nur wenn die Steuerbarkeit bejaht wird, ist es sinnvoll und notwendig zu prüfen, ob eine Befreiungsvorschrift eingreift. Bemessungsgrundlage und Steuersatz sind erst zu ermitteln, wenn auch die Steuerpflicht bejaht wird.

Die Befreiungstatbestände befinden sich in dem umfangreichen Katalog des § 4 UStG sowie in den §§ 4b und 5 UStG. Hier können nur einige der wichtigsten dieser Vorschriften besprochen werden.

3.3.2 Exportumsätze

Volkswirtschaftlich am bedeutsamsten ist die Steuerbefreiung der **Exportumsätze**. Bei diesen handelt es sich um

1. *Ausfuhrlieferungen* (§ 4 Nr. 1a i.V.m. § 6 UStG),
2. *Lohnveredelungen* an Gegenständen der Ausfuhr (§ 4 Nr. 1a i.V.m. § 7 UStG),
3. die *innergemeinschaftlichen Lieferungen* (§ 4 Nr. 1b i.V.m. § 6a UStG).

Ausfuhrlieferungen liegen gem. § 6 Abs. 1 UStG vor allem in folgenden beiden Fällen steuerbarer Lieferungen vor:

- Ein im Inland ansässiger Unternehmer befördert oder versendet den Gegenstand der Lieferung in das Drittlandsgebiet,
- ein ausländischer Abnehmer selbst befördert oder versendet den Liefergegenstand aus dem Inland in das Drittlandsgebiet.

Beispiel

Ein Bochumer Unternehmer (B) liefert Werkzeuge an die Budapester Zweigniederlassung eines Hagener Unternehmers, die das Geschäft im eigenen Namen abgeschlossen hat. B übergibt die

Werkzeuge in Bochum einem Spediteur, der die Beförderung nach Budapest übernimmt. Ort der Lieferung ist nach § 3 Abs. 6 UStG Bochum; der Umsatz ist nach § 1 Abs. 1 Nr. 1 UStG steuerbar. Es handelt sich um eine Ausfuhrlieferung i.S.d. § 6 Abs. 1 Nr. 1 UStG, die gem. § 4 Nr. 1a UStG steuerfrei ist.

Eine **Lohnveredelung** an einem Gegenstand der Ausfuhr setzt nach § 7 Abs. 1 i.V.m. § 4 Nr. 1a UStG voraus, daß ein Auftraggeber den zu veredelnden Gegenstand entweder einführt oder ihn im Geimeinschaftsgebiet erwirbt. Weiterhin ist erforderlich, daß der Auftragnehmer den Gegenstand lohnveredelt, d.h. ihn be- oder verarbeitet. Letztlich ist Voraussetzung, daß der Gegenstand nach der Lohnveredelung in das Ausland befördert oder versendet wird. Dies kann entweder durch den beauftragten Unternehmer oder durch den Auftraggeber geschehen. Befördert oder versendet der Auftraggeber den Gegenstand in das Ausland, so ist zusätzlich erforderlich, daß es sich um einen im Ausland ansässigen Auftraggeber handelt.

Eine **innergemeinschaftliche Lieferung** setzt nach § 6a Abs. 1 UStG folgendes voraus:

1. Der liefernde Unternehmer oder der Abnehmer befördert oder versendet den Liefergegenstand in das übrige Gemeinschaftsgebiet;
2. der Abnehmer ist
   a) entweder ein Unternehmer, der den Liefergegenstand für sein Unternehmen erwirbt oder
   b) eine juristische Person;
3. der Erwerb des Liefergegenstandes unterliegt bei dem Erwerber der Umsatzbesteuerung eines anderen EG-Mitgliedsstaates.

Bei der Lieferung eines neuen Fahrzeugs ist nicht erforderlich, daß der Erwerber ein Unternehmer oder eine juristische Person ist.

Die *Steuerbefreiungen* von Ausfuhrlieferungen, von Lohnveredelungen an Gegenständen der Ausfuhr und von innergemeinschaftlichen Lieferungen greifen nur, wenn die gesetzlichen Voraussetzungen der jeweiligen Befreiungen nachgewiesen werden. Wie die *Nachweise* zu erfolgen haben, ist in den §§ 8 bis 18 UStDV geregelt. Diese beruhen auf den Ermächtigungen zum Erlaß entsprechender Rechtsverordnungen in den §§ 6 Abs. 4, 6a Abs. 3 und 7 Abs. 4 UStG.

Bei *Ausfuhrlieferungen* muß der Unternehmer gem. § 8 Abs. 1 UStDV durch Belege nachweisen, daß er oder der Abnehmer den Liefergegenstand in das Drittlandsgebiet befördert oder versendet hat (**Ausfuhrnachweis**). Die Voraussetzung muß sich aus den Belegen eindeutig und leicht nachprüfbar ergeben. Hierzu enthalten die §§ 9 bis 11 UStDV nähere Bestimmungen.

Bei *innergemeinschaftlichen Lieferungen* muß der Unternehmer gem. § 17a Abs. 1 UStDV durch *Belege* nachweisen, daß er oder der Abnehmer den Liefergegenstand in das übrige Gemeinschaftsgebiet befördert oder versendet hat. Dies muß sich aus den Belegen eindeutig und leicht nachprüfbar ergeben. Wie dies zu geschehen hat ist im § 17a Abs. 2 und 3 UStDV näher erläutert. Außerdem muß der Unternehmer die Voraussetzungen der Steuerbefreiung nach § 17c Abs. 1

UStDV *buchmäßig* nachweisen. Hierbei hat er auch die **Umsatzsteuer-Identifikationsnummer (USt-IdNr.)** des Abnehmers buchmäßig zu erfassen. Bei dieser handelt es sich um eine Steuernummer, die regelmäßig der andere EG-Staat dem Abnehmer zu dessen umsatzsteuerlicher Erfassung erteilt hat. Derartige USt-IdNrn. werden in allen EG-Staaten denjenigen Unternehmern erteilt, die am innergemeinschaftlichen Handel teilnehmen. Sie sollen die umsatzsteuerliche Erfassung des innergemeinschaftlichen Erwerbs in dem jeweiligen Erwerbsland sichern. Dieser Sicherung des Steueraufkommens dient ein innergemeinschaftliches Meldesystem der Steuerbehörden aller EG-Staaten. Zur Durchführung der Meldungen sind die USt-IdNrn. erforderlich. Eine Befreiung einer innergemeinschaftlichen Leistung nach § 4 Nr. 1 UStG kommt deshalb auch nur dann in Betracht, wenn der inländische Lieferant die USt-IdNr. seines Abnehmers angibt.

3.3.3 Umsätze des Geld- und Kapitalverkehrs

Von der Umsatzsteuer befreit sind nach § 4 Nr. 8 UStG bestimmte Umsätze im Geld- und Kapitalverkehr.

Unter Buchstabe a) dieser Vorschrift fällt die Gewährung von Krediten. Zu beachten ist in diesem Zusammenhang, daß die Kapitalhingabe und -rückzahlung selbst keine steuerbaren Umsätze darstellen. Steuerbar ist vielmehr lediglich die Nutzungsüberlassung des Kapitals gegen Entgelt, d.h. gegen Zinsen, Provisionen oder Gebühren; nur die Nutzungsüberlassung fällt demnach auch unter die Befreiungsvorschrift des § 4 Nr. 8 UStG.

Beispiel

Unternehmer U1 (eine Bank oder ein anderes Unternehmen) gewährt Unternehmer U2 einen Kredit von 100.000 DM. U2 zahlt vereinbarungsgemäß 10.000 DM Zinsen an U1.

Nur die entgeltliche Nutzungsüberlassung des Geldes ist steuerbar. Das Entgelt besteht in 10.000 DM Zinsen. Die Höhe des Entgelts ist aber ohne Bedeutung, da die sonstige Leistung des U1 steuerfrei ist.

Gewährt ein Lieferant einem Abnehmer einen Kredit, so ist es für die umsatzsteuerliche Behandlung des Vorgangs bedeutsam, ob die Kreditgewährung als gesonderte sonstige Leistung oder aber als unselbständiger Teil des Liefergeschäfts anzusehen ist. Die Kreditgewährung ist nur dann eine gesonderte Leistung, wenn das Vertragsverhältnis dem Abzahlungsgesetz unterliegt oder entsprechend dem Abzahlungsgesetz ausgestaltet ist. Dies ist der Fall, wenn klare Kreditbedingungen vereinbart werden, aus denen insbesondere der Barzahlungspreis und der effektive Jahreszins zu ersehen sind. Ist die Kreditgewährung als gesonderte sonstige Leistung anzusehen, so kommt insoweit die Steuerbefreiung nach § 4 Nr. 8a UStG zur Anwendung[27], handelt es sich bei der Kreditgewährung hingegen um einen unselbständigen Teil des Liefergeschäftes, so teilt das Kreditgeschäft das rechtli-

---

[27] Vgl. Abschn. 29a Abs. 6 UStR.

che Schicksal der Lieferung, d.h. der gesamte Vorgang ist grundsätzlich steuerbar und steuerpflichtig.

Nach § 4 Nr. 8a UStG befreit sind neben der Gewährung auch die Vermittlung und Verwaltung von Krediten sowie die Verwaltung von Kreditsicherheiten.

Reine Geldzahlungen sind keine steuerbaren Umsätze, wohl hingegen der Verkauf ausländischer gesetzlicher Zahlungsmittel (etwa durch Kreditinstitute). Ein derartiger steuerbarer Verkauf ist aber nach § 4 Nr. 8b UStG steuerbefreit, wenn die Zahlungsmittel nicht wegen ihres Metallgehalts oder ihres Sammlerwertes umgesetzt werden.

Befreit sind auch eine Reihe typischer Bankumsätze, so die Umsätze bzw. die Vermittlung der Umsätze von Geldforderungen, die Umsätze im Einlagengeschäft, im Kontokorrentverkehr, im Zahlungs- und Überweisungsverkehr und das Inkasso von Handelspapieren (§ 4 Nr. 8c und d UStG) sowie bestimmte in § 4 Nr. 8e und f UStG genau bezeichnete Wertpapierumsätze (einschließlich der Optionsgeschäfte). Zu beachten ist aber, daß nur die aufgeführten Bankgeschäfte befreit sind und nicht Bankgeschäfte schlechthin.

Nach § 4 Nr. 8g UStG ist die Übernahme von Verbindlichkeiten, Bürgschaften und ähnlichen Sicherheiten sowie die Vermittlung dieser Umsätze befreit.

Befreit ist weiterhin der Verkauf von inländischen amtlichen Wertzeichen, z.B. von Briefmarken (§ 4 Nr. 8i UStG).

3.3.4 Unter andere Verkehrsteuergesetze fallende Umsätze

Die Nummern 9 und 10 des § 4 UStG dienen der Vermeidung der Belastung einzelner Umsätze mit mehreren Verkehrsteuern. Dies geschieht dadurch, daß bestimmte unter andere Verkehrsteuergesetze fallende Umsätze von der Umsatzsteuer befreit sind. Nach den genannten Vorschriften befreit sind insbesondere Umsätze, die unter das *Grunderwerbsteuergesetz* (§ 4 Nr. 9a UStG) oder unter das *Versicherungsteuergesetz* (§ 4 Nr. 10 UStG) fallen. Diese Befreiungen sind nicht daran geknüpft, daß auch tatsächlich Grunderwerbsteuer- oder Versicherungsteuerpflicht entsteht. Vielmehr reicht es aus, daß steuerbare Vorgänge im Sinne dieser Gesetze vorliegen.

3.3.5 Vermietung und Verpachtung von Immobilien

Von der Umsatzsteuer befreit sind nach § 4 Nr. 12 UStG die *Vermietung und Verpachtung von Grundstücken* sowie einige in dieser Vorschrift definierte ergänzende Tatbestände.

Der Grundstücksbegriff richtet sich grundsätzlich nach den Vorschriften des BGB. Zu einem Grundstück gehört neben dem Grund und Boden auch ein auf diesem errichtetes Gebäude; das Gebäude ist *wesentlicher Bestandteil* des Grundstücks. Für eine Steuerbefreiung nach § 4 Nr. 12 UStG ist es nicht erforderlich, daß das ganze Grundstück vermietet oder verpachtet wird. Auch die Vermietung oder Verpachtung einzelner Gebäudeteile, z.B. einzelner Ladenlokale, Wohnungen oder Zimmer, ist befreit. *Unselbständige Nebenleistungen,* wie Beleuchtung des Treppenhauses, Beheizung und Bewachung, fallen ebenfalls unter die Befreiungsvorschrift.

Von der Befreiung ausdrücklich ausgenommen sind dagegen die Vermietung und Verpachtung von Maschinen und Betriebsvorrichtungen aller Art, auch wenn sie wesentliche Bestandteile des Grundstücks sind (§ 4 Nr. 12 Satz 2 UStG). Nicht befreit ist ferner die Beherbergung im Hotel- und Gaststättengewerbe sowie die kurzfristige Vermietung von Kfz-Abstellplätzen und Campingplätzen. Unter kurzfristig im Sinne des § 4 Nr. 12 UStG versteht die Finanzverwaltung einen Zeitraum von bis zu sechs Monaten[28].

Neben der Vermietung und Verpachtung von Grundstücken sind nach § 4 Nr. 12 UStG von der Umsatzsteuer insbesondere befreit:

- die Vermietung und Verpachtung von Berechtigungen, für die die Vorschriften des bürgerlichen Rechts über Grundstücke gelten,
- die Überlassung von Grundstücken und Grundstücksteilen zur Nutzung auf Grund eines auf Übertragung des Eigentums gerichteten Vertrages oder Vorvertrages,
- die Bestellung, die Übertragung und die Überlassung der Ausübung von dinglichen Nutzungsrechten an Grundstücken, z.B. die Bestellung eines Dauerwohnrechts oder eines Nießbrauchs.

Zu den Berechtigungen, für die die Vorschriften des bürgerlichen Rechts über Grundstücke gelten, gehören vor allem die Erbbaurechte. Zu beachten ist, daß nur die Vermietung und Verpachtung, nicht hingegen die Einräumung eines derartigen Rechts, unter § 4 Nr. 12 UStG fällt. Die Einräumung eines Erbbaurechts ist bereits nach § 4 Nr. 9a UStG von der Umsatzsteuer befreit.

3.3.6 Verzicht auf Steuerbefreiungen

§ 9 UStG räumt dem Unternehmer die Möglichkeit ein, auf die *Steuerbefreiung* bestimmter Umsätze zu *verzichten.* Diese Möglichkeit der *Option zur Steuerpflicht* ist allerdings nicht bei allen Arten steuerfreier Umsätze, sondern lediglich bei den im Gesetz ausdrücklich aufgeführten, gegeben. Verzichten kann der Unternehmer insbesondere auf die Steuerbefreiung der in § 4 Nr. 8a bis g UStG genannten Umsätze des Geld- und Kapitalverkehrs, auf die Steuerbefreiung der unter das Grunderwerbsteuergesetz fallenden Umsätze und auf die Befreiung von Vermietungs- und Verpachtungsleistungen nach § 4 Nr. 12 UStG. Innerhalb der einzelnen Arten von Umsätzen, bei denen eine Option zur Steuerpflicht möglich ist, kann der Unternehmer seine Entscheidung für die Steuerpflicht bei jedem Umsatz

---

[28] Vgl. Abschn. 78 Abs. 2 UStR.

einzeln treffen[29]. Er ist also nicht gezwungen, seine Entscheidung für alle in Betracht kommenden Umsätze einheitlich zu treffen; vielmehr kann er für jeden Umsatz einzeln prüfen, ob ein Verzicht auf die Steuerbefreiung sinnvoll ist oder nicht.

Ein Verzicht auf eine Steuerbefreiung mag auf den ersten Blick wirtschaftlich unvernünftig erscheinen, verzichtet doch der Unternehmer freiwillig auf einen ihm zustehenden steuerlichen Vorteil. Bei näherer Betrachtung ergibt sich allerdings, daß der Verzicht auf eine Steuerbefreiung für den Unternehmer beim Vorliegen bestimmter Voraussetzungen vorteilhafter ist als die Inanspruchnahme der Steuerbefreiung. Die Voraussetzungen sind:

1. Der Abnehmer muß bereit sein, die ihm zusätzlich in Rechnung gestellte Umsatzsteuer ohne Kürzung des Nettoentgelts zu zahlen;
2. der liefernde oder leistende Unternehmer erlangt durch den Verzicht auf die Steuerbefreiung die Möglichkeit eines Vorsteuerabzugs.

Die erste der beiden Voraussetzungen ist bei Lieferungen und sonstigen Leistungen an andere Unternehmer meistens erfüllt, da die anderen Unternehmer die ihnen in Rechnung gestellte Mehrwertsteuer im „Normalfall" als Vorsteuer von ihrer eigenen Steuerschuld abziehen können[30]. Bei Lieferungen und sonstigen Leistungen an Endverbraucher ist diese Voraussetzung hingegen nicht erfüllt, da nur Unternehmer, nicht aber Endverbraucher zum Vorsteuerabzug berechtigt sind. Folgerichtig knüpft das Gesetz die Möglichkeit des Verzichts auf eine Steuerbefreiung deshalb auch daran, daß der Umsatz an einen anderen Unternehmer für dessen Unternehmen ausgeführt wird; Endverbraucher sollen nicht zusätzlich belastet werden.

Der als zweite Voraussetzung für einen wirtschaftlich sinnvollen Verzicht auf eine Steuerbefreiung angeführte zusätzliche Vorteil für den Unternehmer besteht darin, daß dieser durch den Verzicht auf die Steuerbefreiung berechtigt wird, Vorsteuern, die mit diesem Umsatz im Zusammenhang stehen, von der eigenen Steuerschuld abzuziehen. Der Verzicht auf Steuerbefreiung führt somit zur Berechtigung zum Vorsteuerabzug. Hierauf wird an späterer Stelle noch ausführlich eingegangen[31].

Bei Umsätzen aus Vermietung und Verpachtung von Grundstücken ist nach § 9 Abs. 2 UStG weitere Voraussetzung für einen Verzicht auf Steuerbefreiung, daß der Unternehmer nachweist, daß der Leistungsempfänger das Grundstück weder zu Wohnzwecken noch zu anderen Zwecken, die den Vorsteuerabzug ausschließen, verwendet oder zu verwenden beabsichtigt. Diese Voraussetzung soll insbesondere bei neu zu errichtenden Gebäuden die sog. gewerbliche Zwischenvermietung verhindern, die früher im Rahmen von „Bauherrenmodellen" eine große Rolle gespielt hat. Hierauf kann an dieser Stelle nicht eingegangen werden.

---

[29] Vgl. Abschn. 148 Abs. 1 Satz 2 UStR.
[30] Vgl. hierzu Gliederungspunkt 3.5.1.
[31] Vgl. Gliederungspunkt 3.5.

3.3.7 Aufgaben 5 und 6

Aufgabe 5

Die Niclas Trüb OHG mit Sitz in Hamburg ist Herstellerin hochpräziser optischer Geräte. Sie vereinbart mit einem Londoner Unternehmen (L), daß die OHG an einer bestimmten Art von L produzierter Linsen gegen Entgelt einen Korrekturschliff vornimmt. Im November des Jahres 01 versendet L 10.000 Linsen an die OHG, die diese nach Vornahme der vereinbarten Arbeiten noch in demselben Monat an L per Luftfracht zurückschickt.

Bewirkt die OHG mit der Ausführung des Korrekturschliffs einen steuerpflichtigen Umsatz?

Aufgabe 6

Der Einzelkaufmann Herbert Scheidt (S) aus Remscheid veräußert ein zu seinem Betriebsvermögen gehörendes, in Radevormwald belegenes, unbebautes Grundstück an die „Röntgen und Laser KG" mit Sitz in Remscheid-Lennep. Mit dem Übergang der Nutzen und Lasten des Grundstücks auf die KG erhält S den vereinbarten Kaufpreis von 400.000 DM.

Entsteht ein steuerpflichtiger Umsatz?

3.4 Bemessungsgrundlagen und Steuersätze

3.4.1 Allgemeines

Die Höhe der zu entrichtenden Umsatzsteuer wird durch die Bemessungsgrundlagen und Steuersätze der jeweiligen Umsätze sowie durch den Vorsteuerabzug bestimmt. *Bemessungsgrundlage und Steuersatz sind für jeden Umsatz gesondert zu ermitteln.*

Die Bemessungsgrundlage für Lieferungen und sonstige Leistungen, den innergemeinschaftlichen Erwerb sowie den Eigenverbrauch richtet sich nach § 10 UStG, die Bemessungsgrundlage der Einfuhr nach § 11 UStG. Die Steuersätze sind in § 12 UStG geregelt.

Es sei nochmals darauf hingewiesen, daß Bemessungsgrundlage und Steuersatz eines Umsatzes immer erst dann zu ermitteln sind, wenn geklärt ist, daß der Umsatz steuerpflichtig ist, d.h. daß er steuerbar und nicht steuerbefreit ist. Ist ein Umsatz nicht steuerbar oder ist er steuerfrei, so erübrigt sich die Ermittlung von Steuersatz und Bemessungsgrundlage.

3.4.2 Bemessungsgrundlagen

3.4.2.1 Bemessungsgrundlage für Lieferungen, sonstige Leistungen und für den innergemeinschaftlichen Erwerb

Bemessungsgrundlage für Lieferungen, sonstige Leistungen und den innergemeinschaftlichen Erwerb ist das Entgelt (§ 10 Abs. 1 Satz 1 UStG). **Entgelt** *ist alles, was der Empfänger einer Lieferung oder sonstigen Leistung (Leistungsempfänger) aufwendet, um die Leistung zu erhalten, jedoch abzüglich der Umsatzsteuer (§ 10 Abs. 1 Satz 2 UStG).*

Die Höhe des Entgelts ergibt sich somit grundsätzlich aus der mit dem Leistungsempfänger vereinbarten Vergütung abzüglich der in diesem Betrag enthaltenen Umsatzsteuer. Erstellt der Leistende eine Rechnung, so wird in dieser das (Netto-)Entgelt ausgewiesen und anschließend die Umsatzsteuer gesondert hinzugerechnet. Bei dem innergemeinschaftlichen Erwerb sind ausländische Verbrauchsteuern, die vom Erwerber geschuldet oder entrichtet werden, in die Bemessungsgrundlage einzubeziehen.

Die Besteuerung erfolgt grundsätzlich nach vereinbarten (Sollbesteuerung) und nicht nach vereinnahmten Entgelten (Istbesteuerung). *Vereinbartes Entgelt* ist die vertraglich vorgesehene Vergütung, *vereinnahmtes Entgelt* der tatsächlich vom Leistungsempfänger entrichtete Betrag. Stellt sich nach Entgeltvereinbarung heraus, daß das vereinnahmte Entgelt geringer ist als das vereinbarte, so ist eine Berichtigung der Umsatzsteuer vorzunehmen. Genaue Anweisungen dafür enthält § 17 UStG. Die Höhe der Bemessungsgrundlage richtet sich somit letztlich doch nach dem vereinnahmten Entgelt. Das vereinbarte Entgelt wird der Besteuerung lediglich so lange zugrunde gelegt, wie das vereinnahmte Entgelt noch nicht feststeht. Es bestimmt somit den Zeitpunkt der - eventuell nur vorläufigen - Steuerentstehung und -entrichtung.

Beispiel

U1 liefert an U2 am 1.12.01 Ware. In der am selben Tage erstellten und U2 übersandten Rechnung weist U1 ein (Netto-)Entgelt von 10.000 DM aus. U2 zahlt am 10.1.02 3.000 DM zzgl. gesetzlicher USt. Den Rest erhält U1 trotz wiederholter Mahnung nicht. Am 1.5.02 erfährt U1, daß ein Antrag auf Eröffnung des Konkursverfahrens über das Vermögen des U2 mangels Masse abgelehnt worden ist.

Im Jahr 01 hat U1 ein mit U2 vereinbartes Entgelt i.H.v. 10.000 DM zu erfassen. Im Jahre 02 kann er eine Kürzung der Bemessungsgrundlage um 7.000 DM vornehmen.

Zur Klarstellung sei ausdrücklich betont, daß das Entgelt *nicht um eigene Aufwendungen* des Leistenden, also z.B. Lohn-, Material- oder Mietaufwendungen, zu kürzen ist.

Entgelt ist alles, was der Leistungsempfänger aufwendet. Auf die Bezeichnung (Preis, Honorar, Gebühr etc.) kommt es nicht an. Rechnungszu- und -abschläge erhöhen bzw. vermindern das Entgelt.

Beispiel

Listenpreis	100.000 DM
./. verschiedene Rabatte	./. 5.000 DM
	95.000 DM
Zuschlag für Sonderwünsche	15.000 DM
	110.000 DM
16 % Umsatzsteuer	17.600 DM
	127.600 DM
Unter Abzug von 3 % Skonto zahlt der Kunde	123.772 DM

Das Entgelt beträgt 110.000 DM abzüglich 3 % Skonto. Es beläuft sich also auf 106.700 DM.

Gewährt ein Verkäufer einem Käufer ein Zahlungsziel, so sind dafür als Gegenleistung berechnete Zinszuschläge je nach Art der getroffenen Vereinbarungen im Einzelfall entweder Teil des Entgelts der Lieferung oder aber Entgelt für eine zusätzliche sonstige Leistung (Kreditgewährung).

Eine neben das Liefergeschäft tretende selbständige Kreditgewährung ist nur dann anzunehmen, wenn klare Kreditbedingungen vereinbart werden, aus denen insbesondere der Barzahlungspreis und der effektive Jahreszins zu ersehen sind. Die Unterscheidung in ein einheitliches Liefergeschäft einerseits und in eine Lieferung und eine davon gesonderte Kreditgewährung andererseits ist im Hinblick auf die Steuerbefreiung nach § 4 Nr. 8 UStG von Bedeutung. In diesem Zusammenhang wird auf Gliederungspunkt 3.3.3 verwiesen.

Finanziert ein Kunde eine Lieferung mit Hilfe eines Bankkredits, so hat der Lieferer mit der Finanzierung nichts zu tun. Sein Entgelt besteht lediglich in dem vom Kunden an ihn gezahlten Kaufpreis. Die von dem Kunden zu zahlenden Zinsen hingegen sind Entgelt für eine sonstige Leistung der Bank an den Kunden.

Zum Entgelt gehört auch, was ein anderer als der Leistungsempfänger dem Unternehmer für die Leistung gewährt (§ 10 Abs. 1 Satz 3 UStG). Derartige Zahlungen von dritter Seite werden meist als „Zuschüsse" bezeichnet.

Umsatzsteuerlich wird zwischen „echten" und „unechten" Zuschüssen unterschieden. *Echte Zuschüsse* liegen vor, wenn die Zahlungen *nicht als Entgelt* für eine spezielle Leistung erfolgen[32]. Ein Leistungsaustausch liegt also nicht vor; der Zuschuß ist nicht Entgelt für eine steuerbare Lieferung oder sonstige Leistung. Zu nennen sind hier z.B. Zuschüsse aus öffentlichen Mitteln. *Unechte Zuschüsse* sind Gegenleistungen eines anderen als des Leistungsempfängers für Leistungen des Unternehmers. Es liegt somit ein steuerbarer und - unterstellt - steuerpflichtiger Umsatz vor. Das Entgelt besteht aus den Zahlungen des Leistungsempfängers und dem Zuschuß des anderen.

Beispiel

Das große, gepflegte Gartengrundstück des Maximilian Meyer (M) grenzt an ein Grundstück, das einer Spedition gehört. Diese stapelt an der Grenze zu Meyers Grundstück nicht mehr benötigte Altreifen, die bei ihr in großer Zahl anfallen. Ein in der Nähe gelegenes Gummiwerk ist bereit, der

---

[32] Vgl. Abschn. 150 Abs. 7 UStR.

Spedition die Reifen zum Stückpreis von 9 DM abzukaufen. Die Spedition fordert aber eine Zahlung von 10 DM je Reifen. M erklärt sich bereit, 1 DM pro Reifen „als Zuschuß" zu gewähren, damit die Reifen an das Gummiwerk verkauft werden können.

Es liegt ein unechter Zuschuß vor, der der Preisauffüllung dienen soll. Das Entgelt im Sinne von § 10 Abs. 1 UStG beträgt 10 DM.

Durchlaufende Posten gehören *nicht* zum Entgelt. Durchlaufende Posten sind Beträge, die der Unternehmer *im Namen und für Rechnung eines anderen* vereinnahmt und verausgabt (§ 10 Abs. 1 Satz 5 UStG).

Beispiel

Ein Architekt verauslagt im Namen und für Rechnung eines Auftraggebers (Bauherrn) Gebühren für die Baubewilligung. Der Bauherr erstattet ihm den Betrag. Die Gebühren sind ein durchlaufender Posten.

Wird das *Entgelt in ausländischer Währung* entrichtet, so ist eine Umrechnung in DM erforderlich. Die Umrechnung hat grundsätzlich nach den amtlichen Durchschnittskursen des Monats zu erfolgen, in dem die Leistung ausgeführt wird (§ 16 Abs. 6 UStG). Die amtlichen Durchschnittskurse werden vom Bundesminister der Finanzen monatlich im BStBl Teil I veröffentlicht. Das Finanzamt kann eine Umrechnung zum Tageskurs gestatten, wenn die einzelnen Beträge durch Bankabrechnung belegt werden.

Beim Tausch und bei tauschähnlichen Umsätzen[33] gilt der Wert jedes Umsatzes als Entgelt für den anderen Umsatz (§ 10 Abs. 2 Satz 2 UStG). Die Umsatzsteuer gehört nicht zum Entgelt (§ 10 Abs. 2 Satz 3 UStG). Da der Wert des Umsatzes nicht näher definiert ist, muß er *nach den Regeln des Allgemeinen Teils des BewG ermittelt werden*. Nach § 9 BewG ist in derartigen Fällen der gemeine Wert abzüglich der Umsatzsteuer anzusetzen[34]. Beim Tausch unter Fremden wird grundsätzlich davon ausgegangen, daß Leistung und Gegenleistung einander wertmäßig entsprechen - zumindest nach dem subjektiven Empfinden der Vertragspartner. Beim Tausch mit Baraufgabe[35] ist die Zuzahlung des einen Vertragspartners bei Ermittlung des Entgelts des anderen zu berücksichtigen. *Verdeckte Preisnachlässe mindern das Entgelt.*

Beispiel

Autohändler A liefert Rechtsanwalt R einen Pkw im Wert von 85.000 DM (ohne Umsatzsteuer). R gibt seinen bisherigen Pkw mit 10.000 DM in Zahlung, den Rest zahlt er bar. Der gemeine Wert des gebrauchten Pkw beträgt a) 10.000 DM, b) 5.000 DM.

Es ist ein Tausch mit Baraufgabe gegeben.

Das Entgelt des A beträgt im Fall a) (10.000 + 75.000 =) 85.000 DM, das Entgelt für die Lieferung des R 10.000 DM.

Im Fall b) mindert sich das Entgelt des A um den verdeckten Preisnachlaß von (10.000 ./. 5.000 =) 5.000 DM auf 80.000 DM. Das Entgelt des R beträgt 5.000 DM.

---

[33] Hinsichtlich dieser Begriffe s. Gliederungspunkt 3.2.4.5.
[34] Vgl. Teil IV, Gliederungspunkt 2.4.
[35] Hinsichtlich dieses Begriffs s. Gliederungspunkt 3.2.4.5.

3.4.2.2 Bemessungsgrundlage bei unentgeltlichen Umsätzen

Neben den entgeltlichen sind in § 1 UStG eine Reihe *unentgeltlicher steuerbarer Umsätze definiert*. Im Hinblick auf die Bestimmung der Bemessungsgrundlagen lassen sich letztere untergliedern in:

1. unentgeltliche Lieferungen und diesen vergleichbare Eigenverbrauchstatbestände sowie unentgeltliche innergemeinschaftliche Erwerbe und Lieferungen,
2. unentgeltliche sonstige Leistungen und diesen vergleichbare Eigenverbrauchstatbestände,
3. Eigenverbrauchstatbestände infolge nichtabzugsfähiger Betriebsausgaben.

Bei den *unentgeltlichen Lieferungen* und den diesen *vergleichbaren Eigenverbrauchstatbeständen* unterscheidet § 10 Abs. 4 Nr. 1 UStG zwischen

- Eigenverbrauch durch Entnahme von Gegenständen (§ 1 Abs. 1 Nr. 2a UStG),
- unentgeltliche Lieferungen an Arbeitnehmer (§ 1 Abs. 1 Nr. 1b UStG),
- unentgeltliche Lieferungen an Gesellschafter (§ 1 Abs. 1 Nr. 3 UStG),
- innergemeinschaftlicher Erwerb in der Form der unentgeltlichen Verbringung eines Gegenstandes aus einem Unternehmensteil im übrigen Gemeinschaftsgebiet in einen Unternehmensteil im Inland (§ 1a Abs. 2 UStG),
- Verbringen eines Gegenstandes des Unternehmens aus einem inländischen Unternehmensteil in einen Unternehmensteil im übrigen Gemeinschaftsgebiet (§ 3 Abs. 1a UStG).

Bemessungsgrundlage in den genannten Fällen ist nach § 10 Abs. 4 Nr. 1 UStG der *Einkaufspreis* zuzüglich der Nebenkosten für den Gegenstand oder für einen gleichartigen Gegenstand. Liegt kein Einkaufspreis vor, so bilden die *Selbstkosten* die Bemessungsgrundlage. Sowohl bei Ansatz des Einkaufspreises als auch der Selbstkosten sind nicht die historischen tatsächlichen Preise bzw. Kosten maßgebend, sondern die (fiktiven) zum Zeitpunkt des Umsatzes. Nach h.M. entspricht der Einkaufspreis i.S.d. § 10 Abs. 4 UStG dem Anschaffungspreis (ohne Umsatzsteuer) im einkommensteuerlichen Sinne. Nebenkosten i.S.d. § 10 Abs. 4 UStG entsprechen nach dieser Ansicht den Anschaffungsnebenkosten. Die Summe aus Anschaffungspreis und Nebenkosten entspricht dann den Anschaffungskosten i.S.d. § 6 EStG[36]. Umsatzsteuerlich sind aber nach § 10 Abs. 4 Satz 1 Nr. 1 UStG nicht die Anschaffungskosten anzusetzen, sondern die Anschaffungskosten zum Zeitpunkt des Umsatzes. Es handelt sich also um die Wiederbeschaffungskosten[37].

Können Anschaffungskosten nicht ermittelt werden, so sind nach § 10 Abs. 4 Satz 1 Nr. 1 UStG die Selbstkosten anzusetzen. Dies ist dann der Fall, wenn der zu bewertende Gegenstand von dem Unternehmer nicht angeschafft, sondern hergestellt worden ist. Nach h.M. ist der Begriff der Selbstkosten nicht im betriebswirtschaftlichen Sinne zu verstehen. Vielmehr soll es sich um die auf den Zeitpunkt

---

[36] Vgl. Teil III, Gliederungspunkt 3.2.2.
[37] Vgl. Abschn. 155 Abs. 1 UStR.

des Umsatzes bezogenen Herstellungskosten handeln. Diese werden als Wiederherstellungskosten bezeichnet. Zur Ermittlung der Herstellungskosten und damit auch der Wiederherstellungskosten ist R 33 EStR von großer praktischer Bedeutung[38]. Zur Klarstellung sei ausdrücklich darauf hingewiesen, daß auch bei Ermittlung der Herstellungskosten keine Umsatzsteuer anzusetzen ist.

Unentgeltliche sonstige Leistungen und diesen vergleichbare Eigenverbrauchstatbestände sind

- der Eigenverbrauch in der Form einer sonstigen Leistung gem. § 1 Abs. 1 Nr. 2b UStG,
- unentgeltliche sonstige Leistungen von Unternehmern an ihre Arbeitnehmer gem. § 1 Abs. 1 Nr. 1b UStG,
- unentgeltliche sonstige Leistungen von Körperschaften usw. an ihre Gesellschafter etc. im Sinne des § 1 Abs. 1 Nr. 3 UStG.

Derartige sonstige Leistungen und Eigenverbrauchstatbestände sind gem. § 10 Abs. 4 Satz 1 Nr. 2 UStG mit den entstandenen Kosten zu bewerten. Hierbei ist von den bei der Einkommensteuer zugrundegelegten Kosten auszugehen[39]. Das bedeutet u.a., daß kalkulatorische Zusatzkosten, wie z.B. der kalkulatorische Unternehmerlohn, nicht zu erfassen sind. Die Umsatzsteuer gehört auch hier nicht zu ihrer eigenen Bemessungsgrundlage. Eine starke Arbeitsvereinfachung bedeutet die Übernahme einkommensteuerlicher Werte, insbesondere bei der Ermittlung des Eigenverbrauchs aufgrund einer privaten Nutzung betrieblicher Kraftfahrzeuge und Telefone[40]. Auf diese Regelungen im einzelnen kann hier nicht eingegangen werden. Hinsichtlich der privaten Kfz-Nutzung wird auf § 6 Abs. 1 Nr. 4 EStG verwiesen[41].

Die meisten der nach *§ 4 Abs. 5 EStG nichtabzugsfähigen Betriebsausgaben* verursachen gem. § 1 Abs. 1 Nr. 2c UStG Eigenverbrauch. Dieser ist gem. § 10 Abs. 4 Nr. 3 UStG mit den entstandenen Aufwendungen zu bewerten. Die Umsatzsteuer gehört auch hier nicht zu ihrer eigenen Bemessungsgrundlage.

3.4.2.3 Mindestbemessungsgrundlage bei Lieferungen und sonstigen Leistungen unter Preis in bestimmten Fällen

Bemessungsgrundlage entgeltlicher Lieferungen und sonstiger Leistungen ist gem. § 10 Abs. 1 UStG das Entgelt. Daraus folgt, daß grundsätzlich auch unangemessen hohe oder niedrige Entgelte der Besteuerung zugrunde zu legen sind. Diese Regelung beruht auf dem Gedanken, daß Lieferant und Abnehmer einander grundsätzlich nichts schenken, Leistung und Gegenleistung einander also zumindest nach dem subjektiven Empfinden der Beteiligten entsprechen.

---

[38] Vgl. Teil III, Gliederungspunkt 3.2.3.
[39] Vgl. Abschn. 155 Abs. 2, Abschn. 12 Abs. 8 u. Abschn. 157 Abs. 2 UStR.
[40] Vgl. BMF-Schreiben vom 11.3.1997, IV C 3 - S 7102-5/97, BStBl 1997 I, S. 324.
[41] Vgl. auch Teil III, Gliederungspunkt 3.8.1.

Den Grundsatz der Gleichwertigkeit von Leistung und Gegenleistung sieht der Gesetzgeber in den in § 10 Abs. 5 UStG bezeichneten Fällen als gefährdet an. Er geht davon aus, daß hier nicht mit der Leistung des Unternehmers im Zusammenhang stehende Gründe vielfach zu einem unangemessen niedrigen Entgelt führen. Er ordnet deshalb an, daß in den Fällen des § 10 Abs. 5 UStG stets mindestens die sich nach § 10 Abs. 4 UStG bei unentgeltlichen Leistungen ergebende Bemessungsgrundlage (Mindestbemessungsgrundlage) anzusetzen ist.

Bei den in § 10 Abs. 5 UStG aufgeführten Leistungen handelt es sich um Lieferungen und sonstige Leistungen, die

- Körperschaften und Personenvereinigungen im Sinne des § 1 Abs. 1 Nr. 1 bis 5 KStG, nicht rechtsfähige Personenvereinigungen sowie Gemeinschaften an ihre Gesellschafter etc. oder diesen nahestehende Personen,
- Einzelunternehmer an ihnen nahestehende Personen,
- alle Arten von Unternehmen an ihre Arbeitnehmer oder deren Angehörige ausführen.

3.4.2.4 Bemessungsgrundlage der Einfuhrumsatzsteuer

Bemessungsgrundlage der Einfuhrumsatzsteuer ist nach § 11 Abs. 1 UStG grundsätzlich der Zollwert der eingeführten Gegenstände. Dem Zollwert bzw. dem Entgelt sind die im Ausland entrichteten Beträge an Einfuhrabgaben, Steuern und sonstigen Abgaben hinzuzurechnen (§ 11 Abs. 3 UStG).

3.4.3 Steuersätze

Steuerpflichtige Umsätze unterliegen gem. § 12 Abs. 1 UStG grundsätzlich einem Steuersatz von 16 % (**Normal-** oder **Regelsteuersatz**). Für die in § 12 Abs. 2 UStG aufgeführten Umsätze sieht das Gesetz aber einen **ermäßigten Steuersatz** von 7 % vor. Aus der Vielzahl der in dieser Vorschrift definierten Tatbestände soll hier nur kurz auf einige wenige eingegangen werden.

Nach § 12 Abs. 2 Nr. 1 UStG unterliegen die Lieferungen, der Eigenverbrauch und die Einfuhr der in der Anlage zum UStG bezeichneten Gegenstände dem ermäßigten Steuersatz von 7 %. In dieser Anlage sind insbesondere aufgeführt

- eine Vielzahl von Lebensmitteln,
- Holz,
- Waren des Buchhandels und Erzeugnisse des graphischen Gewerbes,
- Wolle,
- Kunstgegenstände und Sammlungsstücke.

Ausdrücklich von der Steuerbegünstigung des § 12 Abs. 2 Nr. 1 UStG ausgenommen sind die Lieferungen von Speisen und Getränken zum Verzehr an Ort und Stelle. Nicht begünstigt sind demnach die Umsätze im Gaststättengewerbe. § 12 Abs. 2 Nr. 2 UStG stellt eine Ergänzung zu Nr. 1 dieser Vorschrift dar. Begünstigt ist auch die Vermietung der in der Anlage zum UStG aufgeführten Gegenstände. Dem ermäßigten Steuersatz unterliegen nach § 12 Abs. 2 Nr. 7 UStG bestimmte Leistungen im kulturellen Bereich, ferner die Einräumung, Übertragung und Wahrnehmung von Rechten, die sich aus dem Urheberrechtsgesetz ergeben. Begünstigt ist demnach auch die schriftstellerische Tätigkeit, einschließlich der der freiberuflichen Journalisten[42]. Begünstigt sind nach § 12 Abs. 2 Nr. 10 UStG die Beförderung von Personen im Personennahverkehr einschließlich der Beförderung mit Schiffen und Fähren.

Die Steuersätze von 16 % bzw. 7 % sind auf die Bemessungsgrundlage anzuwenden. Die auf den Bruttobetrag, d.h. die Bemessungsgrundlage zuzüglich der Umsatzsteuer, bezogenen Prozentsätze sind entsprechend niedriger. Sie betragen 13,79 % bzw. 6,54 %[43].

3.4.4 Aufgaben 7 und 8

Aufgabe 7

Die „International Constructions AG" (IC) mit Sitz in Frankfurt entwickelt einen neuen Typ windbetriebener Kraftwerke mit der Markenbezeichnung „Giant". Als Entwicklungsbeihilfe erhält die Gesellschaft von mehreren staatlichen Stellen insgesamt 1.500.000 DM. Ihren Plan, drei derartige Kraftwerke auf Dächern der Frankfurter City zu installieren, muß sie mangels Nachfrage aufgeben. Nach langen vergeblichen Verkaufsanstrengungen gelingt es ihr schließlich, die Husumer „Wind-GmbH" (W) für den Bau eines Kraftwerkes auf der Hallig Hooge zu gewinnen. Sie liefert ein Kraftwerk mit einem Rechnungsbetrag von 20 Mio DM plus 3,2 Mio DM Mehrwertsteuer im Januar des Jahres 01 und erhält wenig später eine Gutschrift auf ihrem Bankkonto von 10 Mio DM. Im April des Jahres 01 stellt W die Zahlungen ein. Ihr Antrag auf Eröffnung des Konkursverfahrens wird vom zuständigen Gericht mangels Masse abgelehnt. Resigniert beschließt der Vorstand der IC, „Giant" aus dem Angebotsprogramm zu streichen.

Die IC erwirbt nunmehr von einem dänischen Konkurrenzunternehmen eine Lizenz zum Bau kleiner Windkraftwerke. Bereits im Herbst des Jahres 01 gelingt es ihr, zehn dieser Kraftwerke zum Stückpreis von 50.000 DM (netto) im Inland zu installieren. Noch vor Jahresende werden die Rechnungen von den Abnehmern unter Abzug von insgesamt netto 12.000 DM Skonti beglichen.

Der Vorstand der IC ist der Ansicht, daß die Gesellschaft im Jahre 01 für die Lieferung von Windkraftwerken keine Umsatzsteuer zu entrichten habe. Zur Begründung führt er aus, daß die IC durch die Entwicklung von Giant und den Verkauf eines Exemplars an W insgesamt 30 Mio DM Verluste erlitten habe. In den Folgejahren will der Vorstand der IC die steuerbaren Umsätze um die an das dänische Unternehmen zu zahlenden Lizenzgebühren kürzen. Er ist der Ansicht, bei den Lizenzgebühren handle es sich um durchlaufende Posten. Die Lizenzgebühren sollen in den Rechnungen an die Abnehmer der Kraftwerke jeweils gesondert aufgeführt werden. Unmittelbare Rechtsbeziehungen zwischen dem dänischen Unternehmen und den einzelnen Abnehmern sollen nicht hergestellt werden.

---

[42] Vgl. Abschn. 168 Abs. 9 und 10 UStR.
[43] Die exakten Prozentsätze lauten: $\frac{0,16 \cdot 100}{1,16} = 13,7931$ bzw. $\frac{0,07 \cdot 100}{1,07} = 6,54206$.

Es sind die umsatzsteuerlichen Folgen des geschilderten Sachverhalts bei IC zu untersuchen.

Aufgabe 8

Alexandra Buthenschön (B), wohnhaft in Jülich, ist Inhaberin eines Kosmetiksalons. Anläßlich einer Außenprüfung stellt ein Betriebsprüfer u.a. folgende umsatzsteuerlich nicht erfaßten Sachverhalte fest:

a) B hat im Laufe des Prüfungszeitraums wiederholt Parfüms, Seifen, Haarwaschmittel und Rasierwasser mit nach Hause genommen. Der Prüfer schätzt den Einkaufspreis dieser Wirtschaftsgüter auf insgesamt 10.000 DM und die Nebenkosten auf 500 DM. Etwa die Hälfte der Wirtschaftsgüter hat B an Freunde und Verwandte verschenkt, den Rest hat sie selbst verbraucht.

b) Ihren Angestellten hat B Waren für insgesamt 2.000 DM verkauft. Umsatzsteuer hat sie nicht in Rechnung gestellt, da sie der Ansicht ist, daß dies bei Verkäufen an Angestellte nicht nötig sei. Der Einkaufspreis dieser Waren beträgt 6.000 DM, der Teilwert 4.000 DM.

c) Neun besonders guten Kundinnen hat B anläßlich des zehnjährigen Bestehens ihres Geschäftes je eine kleine Flasche eines exklusiven Pariser Parfüms geschenkt. Die Anschaffungskosten jeder dieser Flaschen betragen 90 DM, ihr eigener Verkaufspreis beträgt 180 DM.

Untersuchen Sie die umsatzsteuerlichen Folgen der geschilderten Sachverhalte. Nehmen Sie anschließend zu der Fragestellung, ob die Sachverhalte anders zu beurteilen sind, wenn B ihren Salon in der Rechtsform einer GmbH betreibt.

3.5 Vorsteuerabzug

3.5.1 Allgemeine Voraussetzungen des Vorsteuerabzugs

Durch den Vorsteuerabzug wird die auf der Vorumsatzstufe eingetretene umsatzsteuerliche Belastung rückgängig gemacht. Die Umsätze eines Unternehmers sind dadurch letztlich nur mit der Steuer belastet, die sich aus der Anwendung des maßgeblichen Steuersatzes auf diese Umsätze ergibt.

Die Belastung des Umsatzes an einen Endverbraucher soll nach dem Grundgedanken des UStG erhalten bleiben. § 15 Abs. 1 UStG knüpft die Berechtigung zum Vorsteuerabzug deshalb an die Unternehmereigenschaft an. Ob der Unternehmer im Inland steuerbare Umsätze tätigt oder einen Sitz oder eine Betriebsstätte unterhält, spielt keine Rolle. Die Berechtigung zum Vorsteuerabzug wird auch nicht dadurch ausgeschlossen, daß ein Unternehmer in dem der Umsatzsteuerveranlagung zugrundeliegenden Zeitraum überhaupt keinen Umsatz getätigt hat.

Beispiel

Ein Tanzlehrer macht sich Ende des Jahres 01 in Hagen selbständig. Noch in diesem Jahr gehen mehrere Rechnungen bei ihm ein. Die ersten Tanzkurse bietet er im Jahre 02 an.

Der Tanzlehrer ist bereits im Jahre 01 zum Vorsteuerabzug berechtigt.

Als Vorsteuern abzugsfähig sind in erster Linie die einem *Unternehmer* von einem *anderen Unternehmer gesondert in Rechnung* gestellten Steuern für Lieferungen oder sonstige Leistungen, die für sein Unternehmen ausgeführt worden sind. Nur Rechnungen von *Unternehmern* berechtigen somit zum Vorsteuerabzug. Diese Rechnungen müssen die Umsatzsteuer *gesondert ausweisen*, d.h. die Umsatzsteuer muß *betragsmäßig* in der Rechnung erscheinen. Ein Auweis lediglich des Steuersatzes genügt also grundsätzlich nicht. Auf Ausnahmen von diesem Grundsatz wird erst an späterer Stelle eingegangen[44].

Als Vorsteuer abzugsfähig ist außerdem die *Einfuhrumsatzsteuer*, die der Unternehmer für Gegenstände entrichtet hat, die für sein Unternehmen in das Inland eingeführt worden sind (§ 15 Abs. 1 Nr. 2 UStG).

Als Vorsteuer ist schließlich die Steuer für den innergemeinschaftlichen Erwerb von Gegenständen durch den Unternehmer für sein Unternehmen abzugsfähig (§ 15 Abs. 1 Nr. 3 UStG). Im Fall des innergemeinschaftlichen Erwerbs ist der Unternehmer also Schuldner der auf den innergemeinschaftlichen Erwerb entfallenden Umsatzsteuer, zugleich kann er aber diese Umsatzsteuer in gleicher Höhe als Vorsteuer von seiner Steuerschuld abziehen.

3.5.2 Ausschluß vom Vorsteuerabzug

Vom *Vorsteuerabzug ausgeschlossen* sind gem. § 15 Abs. 2 UStG die Steuern, die (in der sich aus dem nachfolgenden Beispiel ergebenden Weise) mit steuerfreien Umsätzen im Zusammenhang stehen.

Beispiel

A ist Eigentümer eines Mietwohnhauses. Ein Handwerker stellt ihm nach einer Reparatur des Miethauses 1.000 DM Umsatzsteuer in Rechnung.

A ist als Vermieter Unternehmer. Die ihm in Rechnung gestellte Umsatzsteuer erfüllt die Voraussetzungen des § 15 Abs. 1 UStG. Dennoch ist diese Steuer gem. § 15 Abs. 2 UStG nicht als Vorsteuer abzugsfähig, da sie mit steuerfreien Umsätzen i.S.d. § 4 Nr. 12 UStG (Vermietung und Verpachtung von Grundstücken) zusammenhängt.

Nicht alle Arten steuerfreier Umsätze führen zum Ausschluß des Abzugs der mit ihnen im Zusammenhang stehenden Vorsteuern.

Nicht zum Ausschluß vom Vorsteuerabzug führen nach § 15 Abs. 3 UStG insbesondere die nach § 4 Nr. 1 bis 7 UStG befreiten Umsätze. Steuerfreie Ausfuhrlieferungen (§ 4 Nr. 1a i.V.m. § 6 UStG), die Lohnveredelungen an Gegenständen der Ausfuhr (§ 4 Nr. 1a i.V.m. § 7 UStG) und innergemeinschaftliche Lieferungen (§ 4 Nr. 1b i.V.m. § 6a UStG) führen somit nicht zum Ausschluß vom Vorsteuerabzug. *Durch die Kombination von Steuerfreiheit und Vorsteuerabzugsberechtigung ergibt sich eine vollständige Entlastung der Exporte von deutscher Umsatzsteuer.* Bei der Einfuhr in alle anderen Staaten der EG sowie bei der Einfuhr in viele Drittländer fällt allerdings ausländische Umsatzsteuer an.

---

[44] Vgl. Gliederungspunkt 3.5.5.

Nichtsteuerbare Umsätze führen grundsätzlich nicht nach § 15 Abs. 2 UStG zum Ausschluß vom Vorsteuerabzug. Stehen Vorsteuern mit nichtsteuerbaren Umsätzen, insbesondere mit im Ausland getätigten Umsätzen, im Zusammenhang, so sind sie demnach abzugsfähig. Von diesem Grundsatz gibt es nach § 15 Abs. 2 UStG allerdings zwei Ausnahmen, auf die hier aber nicht eingegangen wird.

Verzichtet ein Unternehmer zulässigerweise nach § 9 UStG *auf Steuerbefreiungen,* die grundsätzlich zum Ausschluß vom Vorsteuerabzug führen, so sind die entsprechenden Umsätze nicht mehr steuerfrei, sondern steuerpflichtig. Sie führen deshalb auch *nicht zum Ausschluß vom Vorsteuerabzug.* Ein *Verzicht auf Steuerbefreiungen* kann somit *wirtschaftlich sinnvoll* sein. Das ist immer dann der Fall, wenn der Leistungsempfänger selbst vorsteuerabzugsberechtigter Unternehmer ist, so daß er durch ihm in Rechnung gestellte Vorsteuern wirtschaftlich nicht belastet wird *und* der leistende Unternehmer durch die Option zur Steuerpflicht zusätzliche Vorsteuerbeträge abziehen kann.

Beispiel

Reich ist Eigentümer eines Geschäftsgrundstücks, das er an einen zum Vorsteuerabzug berechtigten Unternehmer vermietet. Im Rahmen einer Renovierung des Gebäudes zahlt Reich 10.000 DM Umsatzsteuer, die ihm von mehreren Handwerkern gesondert in Rechnung gestellt wird.

Optiert Reich zur Steuerpflicht der von ihm getätigten Umsätze aus Vermietung und Verpachtung, so kann Reich die ihm in Rechnung gestellten 10.000 DM als Vorsteuern abziehen, andernfalls nicht. Zwar hat die Option zur Folge, daß er nunmehr die Mieteinnahme der Besteuerung unterwerfen muß, doch ist dies für ihn kein Nachteil, da er die hierauf anfallenden Steuern seinem Mieter in Rechnung stellen kann. Dieser wird hiergegen nichts einzuwenden haben, da er selbst zum Vorsteuerabzug berechtigt ist, ihn die zusätzlichen Vorsteuern also nicht belasten. Im Ergebnis erzielt Reich durch den Verzicht auf die Steuerfreiheit somit einen Vorteil von 10.000 DM.

3.5.3 Teilweiser Ausschluß vom Vorsteuerabzug

Führt ein Unternehmer neben Umsätzen, die zum Ausschluß vom Vorsteuerabzug führen, auch Umsätze aus, bei denen ein solcher Ausschluß nicht eintritt, so muß er die Vorsteuerbeträge in abziehbare und nichtabziehbare *aufteilen.* Nichtabziehbar ist nach § 15 Abs. 4 UStG der Teil der Vorsteuerbeträge, der den zum Ausschluß vom Vorsteuerabzug führenden Umsätzen wirtschaftlich zuzurechnen ist. Wie die wirtschaftliche Zurechnung zu erfolgen hat, regelt das Gesetz nicht. Verfügt das Unternehmen über eine brauchbare Kostenrechnung, so wird die Aufteilung zweckmäßigerweise anhand der Kostenträgerrechnung vorgenommen[45].

Beispiel

Eine GmbH mit Sitz in Herne produziert Werkzeuge, die sie zu etwa 60 % im Inland absetzt und zu 40 % in ein Drittlandgebiet exportiert. Sie besitzt eine Reihe von Werkswohnungen, die sie an Arbeitnehmer vermietet. Anhand der Kostenrechnung läßt sich u.a. ermitteln, daß die auf Roh-, Hilfs- und Betriebsstoffe entfallenden Vorsteuern 10 Mio DM betragen. Die den Werkswohnungen direkt zurechenbaren Vorsteuern, die im wesentlichen von Handwerkern und Maklern in

---

[45] Vgl. Abschn. 208 Abs. 2 UStR.

Rechnung gestellt werden, belaufen sich auf 30.000 DM. Mit den Kosten der allgemeinen Verwaltung stehen 1 Mio DM Vorsteuern im Zusammenhang. Aus der Kostenrechnung ergibt sich eine Verteilung der Kosten der allgemeinen Verwaltung mit 2 % auf die Werkswohnungen und mit 98 % auf die verschiedenen Erzeugnisse.

Die den Lieferungen von Werkzeugen wirtschaftlich zurechenbaren Vorsteuern sind abziehbar. Das gilt auch insoweit, als es sich bei den Lieferungen um Exporte handelt. Die auf die Vermietung der Wohnungen entfallenden Vorsteuern sind nicht abziehbar. Hieraus ergibt sich, daß die auf die Roh-, Hilfs- und Betriebsstoffe entfallenden Vorsteuern von 10 Mio DM voll, die Kosten der allgemeinen Verwaltung zu 98 %, d.h. mit 980.000 DM abziehbar sind. Die mit der Vermietung im Zusammenhang stehenden 30.000 DM und (2 % von 1 Mio DM =) 20.000 DM sind nicht abziehbar.

3.5.4 Berichtigung des Vorsteuerabzugs

Vorsteuern sind unabhängig davon abzugsfähig, ob sie beim Kauf von Anlage- oder Umlaufvermögen angefallen sind. Werden mit Hilfe eines Wirtschaftsgutes des Anlagevermögens sowohl Umsätze bewirkt, die zum Vorsteuerabzug berechtigen, als auch solche, die zum Ausschluß vom Vorsteuerabzug führen, so ist *eine Aufteilung des Vorsteuerbetrages in einen abzugsfähigen und in einen nichtabzugsfähigen Teil vorzunehmen.* Diese Aufteilung muß bereits im Zeitpunkt der Anschaffung des Wirtschaftsgutes erfolgen.

Ändern sich in der Folgezeit die Verhältnisse, die der Aufteilung der Vorsteuerbeträge im Zeitpunkt der Anschaffung des Wirtschaftsgutes zugrunde gelegen haben, so ist gemäß § 15a Abs. 1 UStG eine **Berichtigung des Vorsteuerabzugs** vorzunehmen. Es sind aber nur Veränderungen der Verhältnisse innerhalb von fünf Jahren - bei Grundstücken zehn Jahren - seit dem Beginn der Verwendung zu berücksichtigen.

Bei der Berichtigung ist für jedes Kalenderjahr der Änderung von einem Fünftel - bei Grundstücken von einem Zehntel - der auf das Wirtschaftsgut entfallenden Vorsteuerbeträge auszugehen (§ 15a Abs. 2 UStG).

Beispiel

Der im Ruhestand lebende Rechtsanwalt Rührig (R) erwirbt am 2. Januar des Jahres 01 von der „Terra-GmbH" ein unbebautes Grundstück, um darauf ein Bürogebäude zu errichten. Die Terra-GmbH verzichtet nach § 9 UStG auf die Steuerbefreiung gem. § 4 Nr. 9a UStG und stellt R 60.000 DM Mehrwertsteuer gesondert in Rechnung. Im Jahre 01 läßt R auf dem Grundstück ein Gebäude errichten. Im Rahmen der Baumaßnahmen wird ihm von verschiedenen Unternehmern insgesamt 150.000 DM Mehrwertsteuer in Rechnung gestellt. Ende des Jahres 01 wird das Gebäude fertiggestellt und mit Beginn des Jahres 02 an einen Möbelhersteller vermietet. R verzichtet während der Jahre 02 bis einschließlich 06 nach § 9 UStG auf die Steuerbefreiung der Mietumsätze. Zum Ende des Jahres 06 kündigt der Möbelhersteller den Mietvertrag. Mit Beginn des Jahres 07 vermietet R das Gebäude fest für 10 Jahre an eine Universität. In dem Mietvertrag wird vereinbart, daß R der Universität keine Mehrwertsteuer in Rechnung stellen darf.

Durch die Errichtung und Vermietung des Bürohauses wird R zum Unternehmer. Die von ihm getätigten Mietumsätze sind steuerbar und infolge seiner Option nach § 9 UStG während der Jahre 02 bis 06 auch steuerpflichtig. Da die R von der Terra-GmbH und verschiedenen anderen Unternehmern in Rechnung gestellten Vorsteuern von insgesamt 210.000 DM mit steuerpflichtigen

Umsätzen im wirtschaftlichen Zusammenhang stehen, kann R sie nach Inrechnungstellung während des Jahres 01 gem. § 15 Abs. 1 UStG von seiner eigenen Steuerschuld abziehen. Hierbei ist es ohne Bedeutung, daß R während dieses Jahres noch keine Mieteinnahmen erzielt. Hat er während des Jahres 01 auch keine Umsätze aus anderen Tätigkeiten, so werden ihm während dieses Jahres insgesamt 210.000 DM Vorsteuern erstattet.

Während der Jahre 02 bis 06 unterwirft R die Mietumsätze der Besteuerung; er kann die ihm von anderen Unternehmern während dieser Jahre in Rechnung gestellten Vorsteuern abziehen, soweit sie das vermietete Grundstück betreffen.

Mit Beginn des Jahres 07 weist R bei den Mietumsätzen keine Mehrwertsteuer aus. Er braucht diese Umsätze nunmehr auch nicht mehr zu versteuern, sondern kann die Steuerbefreiung gem. § 4 Nr. 12 UStG in Anspruch nehmen. Die Option zur Mehrwertsteuer während der vorangegangenen Jahre steht dem nicht entgegen.

Die Inanspruchnahme der Steuerbefreiung ab dem Jahre 07 stellt eine Änderung der Verhältnisse im Sinne des § 15a UStG dar. Für jedes Jahr der Änderung ist nach § 15a Abs. 2 UStG eine Berichtigung in Höhe von 10 % der im Jahre 01 abgezogenen Vorsteuerbeträge, d.h. in Höhe von 21.000 DM, vorzunehmen. Der Änderungszeitraum umfaßt die Jahre 07 bis 11; die gesamte Vorsteuerberichtigung beträgt demnach 105.000 DM. Die Berichtigung erfolgt nicht durch eine Änderung der Steuerfestsetzung für das Jahr 01, vielmehr ist sie mit je 21.000 DM bei den Steuerfestsetzungen für die Jahre 07 bis 11 zu berücksichtigen.

3.5.5 Ausstellung von Rechnungen

Ein Unternehmer ist grundsätzlich nur dann zum Vorsteuerabzug berechtigt, wenn ihm von einem *anderen Unternehmer* Umsatzsteuer *gesondert in Rechnung* gestellt worden ist. Ihm muß also eine **Rechnung** vorliegen. Sein Vertragspartner ist verpflichtet, ihm auf Verlangen eine Rechnung auszustellen (§ 14 Abs. 1 Satz 1 UStG). Diese muß gem. § 14 Abs. 1 Satz 2 UStG *mindestens die folgenden Angaben enthalten:*

1. den Namen und die Anschrift des leistenden Unternehmers,
2. den Namen und die Anschrift des Leistungsempfängers,
3. die Menge und die handelsübliche Bezeichnung der gelieferten Gegenstände oder die Art und den Umfang der sonstigen Leistung,
4. den Zeitpunkt der Lieferung oder der sonstigen Leistung,
5. das Entgelt für die Lieferung oder die sonstige Leistung (§ 10 UStG),
6. den auf das Entgelt entfallenden Steuerbetrag.

An Rechnungen über Kleinbeträge (Gesamtrechnungsbetrag höchstens 200 DM) werden gemäß § 33 UStDV geringere Anforderungen gestellt. Insbesondere braucht der Steuerbetrag nicht gesondert ausgewiesen zu werden, vielmehr reicht die Angabe des Steuersatzes. Fahrausweise brauchen gemäß § 34 UStDV ebenfalls nicht alle Voraussetzungen des § 14 Abs. 1 UStG zu erfüllen, um als Rechnungen anerkannt werden zu können.

3.5.6 Aufgabe 9

Der Lebensmittel-Einzelhändler Willy Weinrich (W) besitzt in Dortmund ein Wohn- und Geschäftsgebäude, das im Jahre 01 wie folgt genutzt wird:

Erdgeschoß	- Laden und Lager des W	150 m²
1. Stock	- Vermietet an einen Steuerberater	150 m²
2. Stock	- Vermietet an einen privaten Mieter	120 m²

W läßt im Jahre 01 seinen Laden renovieren. Von verschiedenen Handwerkern werden ihm insgesamt 4.000 DM Mehrwertsteuern in Rechnung gestellt. Ebenfalls im Jahre 01 läßt W den Außenanstrich des Hauses erneuern. Der die Arbeit ausführende Malermeister stellt ihm 20.000 DM Entgelt plus 3.200 DM Mehrwertsteuer in Rechnung. Letztlich läßt W im Jahre 01 im ganzen Haus die Heizung erneuern. Er erhält hierfür eine Rechnung über 15.000 DM plus 2.400 DM Mehrwertsteuer.

Ende des Jahres 04 zieht der Steuerberater in eine größere Praxis um. W nutzt fortan, d.h. ab 1.1. des Jahres 05, die Räume im ersten Stock zu eigenen Wohnzwecken.

Nehmen Sie zu der Frage Stellung, ob W die ihm in Rechnung gestellten Vorsteuern von seiner Steuerschuld des Jahres 01 abziehen kann. Sollte W über Gestaltungswahlrechte verfügen, untersuchen Sie, wie er diese am vorteilhaftesten nutzen kann. Prüfen Sie, ob der Auszug des Steuerberaters aus dem ersten Stock zum Ende des Jahres 04 und der anschließende Einzug des W in die freigewordenen Räume einen Einfluß auf die Abzugsfähigkeit der im Jahre 01 angefallenen Vorsteuern haben.

3.6 Entstehung, Festsetzung und Entrichtung der Umsatzsteuer

Hinsichtlich der **Entstehung** der Umsatzsteuer wird in § 13 UStG i.V.m. den §§ 16 und 20 UStG zwischen Unternehmern, die nach *vereinbarten* und solchen, die nach *vereinnahmten* Entgelten besteuern, unterschieden. Der erste Fall wird auch *Sollbesteuerung*, der zweite *Istbesteuerung* genannt. Die Versteuerung nach vereinbarten Entgelten ist der Normalfall, die Versteuerung nach vereinnahmten Entgelten die Ausnahme. Die Unterscheidung zwischen vereinbarten und vereinnahmten Entgelten ist nur bei den Arten von Umsätzen sinnvoll und von Bedeutung, bei denen Steuerbemessungsgrundlage das Entgelt ist, also bei Lieferungen und sonstigen Leistungen, nicht hingegen beim Eigenverbrauch.

Bei der Versteuerung von Lieferungen und sonstigen Leistungen nach vereinbarten Entgelten entsteht die Steuer gem. § 13 Abs. 1 Nr. 1a UStG mit Ablauf des Voranmeldungszeitraumes, in dem die Lieferungen oder sonstigen Leistungen ausgeführt werden. Obwohl der Ausdruck „vereinbarte Entgelte" dies nahelegt, ist für den Zeitpunkt der Steuerentstehung also nicht der Zeitpunkt der Entgeltvereinbarung, d.h. des Vertragsabschlusses, maßgebend, sondern der *Zeitpunkt der Ausführung der Leistung*. Für die Versteuerung ist also nicht der Zeitpunkt, wohl aber die Höhe der Entgeltvereinbarungen von Bedeutung.

Werden bei der Sollbesteuerung *Teilleistungen* vereinbart, so entsteht nach § 13 Abs. 1 Nr. 1a Satz 2 UStG die Steuer mit Ablauf des Voranmeldungszeitraumes, in dem die Teilleistungen ausgeführt werden. Der Begriff der Teilleistung setzt voraus, daß eine Leistung teilbar ist und sie nicht als Ganzes, sondern in Teilen geschuldet und bewirkt wird. Ferner ist Voraussetzung, daß für die Teilleistungen Teilentgelte vereinbart werden.

Beispiel

Zwischen einem Bauunternehmer und einem Bauherrn wird ein Vertrag geschlossen, in dem sich der Bauunternehmer verpflichtet, den Rohbau eines Bürohauses zu errichten sowie den Innen- und Außenputz an diesem Gebäude vorzunehmen. Vertragsgemäß wird der Rohbau nach seiner Errichtung abgerechnet. Die Innen- und Außenputzarbeiten werden erst einige Monate später durchgeführt und anschließend gesondert abgerechnet.

Es liegen zwei Teilleistungen vor, für die Teilentgelte vereinbart werden. Die Steuerschuld für jede der beiden Teilleistungen entsteht mit Ablauf des Voranmeldungszeitraums, in dem die jeweiligen Teilleistungen ausgeführt werden.

Wird ein Entgelt vereinnahmt, bevor die Leistung ausgeführt worden ist, so entsteht die Umsatzsteuer gem. § 13 Abs. 1 Nr. 1a Satz 4 UStG mit Ablauf des Voranmeldungszeitraums der Vereinnahmung des Entgelts. Das gleiche gilt in den Fällen, in denen Entgelte für Teilleistungen vor deren Ausführung vereinnahmt werden.

Bei der Besteuerung nach vereinnahmten Entgelten gem. § 20 UStG entsteht die Steuer nach § 13 Abs. 1 Nr. 1b UStG mit Ablauf des Voranmeldungszeitraums, in dem die Entgelte vereinnahmt werden. Hier kommt es also im Gegensatz zur Sollbesteuerung nicht auf den Zeitpunkt der Ausführung der Leistung, sondern auf den der Vereinnahmung des Entgelts an.

Die Steuer für den Eigenverbrauch entsteht mit Ablauf des Voranmeldungszeitraums, in dem der Eigenverbrauch getätigt wird (§ 13 Abs. 1 Nr. 2 UStG).

In Fällen des innergemeinschaftlichen Erwerbs i.S.d. § 1a UStG entsteht die Steuer mit Ausstellung der Rechnung, spätestens jedoch mit Ablauf des dem Erwerb folgenden Kalendermonats (§ 13 Abs. 1 Nr. 6 UStG). Beim innergemeinschaftlichen Erwerb von neuen Fahrzeugen i.S.d. § 1b UStG entsteht die Steuer am Tag des Erwerbs.

Steuerschuldner ist nach § 13 Abs. 2 UStG

- in Fällen der Lieferung und sonstigen Leistung sowie des Eigenverbrauchs der Unternehmer,
- im Falle des innergemeinschaftlichen entgeltlichen Erwerbs der Erwerber und
- im Falle des innergemeinschaftlichen Erwerbs von neuen Fahrzeugen der Abnehmer.

Was unter *Voranmeldungszeitraum* zu verstehen ist, ergibt sich aus § 18 Abs. 2 UStG. Danach ist grundsätzlich das Kalendervierteljahr Voranmeldungszeitraum. Beträgt die Umsatzsteuerschuld für das vorangegangene Kalenderjahr mehr als 12.000 DM, so ist der Kalendermonat Voranmeldungszeitraum.

Der Unternehmer hat innerhalb von 10 Tagen nach Ablauf eines Voranmeldungszeitraums eine *Voranmeldung* nach amtlich vorgeschriebenem Muster abzugeben, in der er die Steuer für den Voranmeldungszeitraum (Vorauszahlung) *selbst zu berechnen hat* (§ 18 Abs. 1 UStG). *Er hat gleichzeitig die Vorauszahlung zu entrichten.* Betrug die Steuer für das vorangegangene Kalenderjahr nicht mehr als 1.000 DM, kann das Finanzamt den Unternehmer von der Verpflichtung zur Abgabe der Voranmeldungen und Entrichtung der Vorauszahlungen entbinden (§ 18

Abs. 2 Satz 3 UStG). Das Finanzamt hat gem. § 46 UStDV i.V.m. § 18 Abs. 6 UStG dem Steuerpflilchtigen auf Antrag die Fristen für die Abgabe der Voranmeldungen und für die Entrichtung der Vorauszahlungen um einen Monat zu verlängern (Dauerfristverlängerung). In diesen Fällen hat der Unternehmer nach § 47 Abs. 1 UStDV jährlich eine *Sondervorauszahlung* zu entrichten. Sie beträgt ein Elftel der Vorauszahlungen für das vorangegangene Kalenderjahr. Voranmeldungen und Vorauszahlungen haben lediglich vorläufigen Charakter.

Die Umsatzsteuer ist eine **Jahressteuer**; *Besteuerungszeitraum (Veranlagungszeitraum) ist das Kalenderjahr* (§ 16 Abs. 1 und 2 UStG). Daher muß der Unternehmer nach Ablauf des Kalenderjahres eine *Jahressteuererklärung* abgeben. In ihr hat er die zu entrichtende Steuer oder den Überschuß, der sich zu seinen Gunsten ergibt, selbst zu errechnen (§ 18 Abs. 3 UStG). Ist die Steuerschuld laut Jahreserklärung höher als die sich aus den Voranmeldungen ergebende Summe der Steuerschulden desselben Jahres, so hat der Unternehmer den Unterschiedsbetrag innerhalb eines Monats nach Abgabe der Jahreserklärung zu entrichten (§ 18 Abs. 4 Satz 1 UStG). Ergibt sich hingegen ein Unterschiedsbetrag zugunsten des Unternehmers, so wird dieser an ihn zurückgezahlt.

3.7 Besondere Besteuerungsvorschriften

3.7.1 Einführung

Das Umsatzsteuerrecht kennt eine Vielzahl von Besonderheiten für bestimmte Unternehmer oder für bestimmte Arten von Umsätzen. Nachfolgend soll lediglich auf drei Besonderheiten kurz eingegangen werden, und zwar auf

- die Besteuerung der Kleinunternehmer,
- die Besteuerung nach vereinnahmten Entgelten und
- die Besteuerung der Land- und Forstwirtschaft.

3.7.2 Besteuerung der Kleinunternehmer

§ 19 Abs. 1 UStG erfaßt die Unternehmer, deren Umsatz im vorangegangenen Kalenderjahr 32.500 DM nicht überstiegen hat und im laufenden Kalenderjahr voraussichtlich 100.000 DM nicht übersteigen wird. Von diesen Unternehmern wird nach § 19 Abs. 1 Satz 1 UStG grundsätzlich keine Umsatzsteuer erhoben. Nach Satz 4 dieser Vorschrift sind sie auch nicht zum Vorsteuerabzug berechtigt. Diese Regelung dient der Vereinfachung sowohl des Wirtschaftsablaufs als auch des Besteuerungsverfahrens: Kleinstunternehmer, um die es sich weitgehend handelt, sollen nicht zur Rechnungserteilung, zum Sammeln von Vorsteuerbelegen und zur Einreichung von Umsatzsteuererklärungen gezwungen werden; dem Finanzamt soll die Bearbeitung einer Unzahl von Bagatellfällen erspart bleiben.

Kleinunternehmer im Sinne des § 19 Abs. 1 UStG haben nach § 19 Abs. 2 UStG ein Optionsrecht: Sie können dem Finanzamt gegenüber erklären, daß sie nach den allgemeinen Vorschriften besteuert werden wollen. Eine derartige Erklärung ist bis zur Unanfechtbarkeit der Steuerfestsetzung möglich. Sie bindet den Unternehmer für mindestens fünf Kalenderjahre.

Ein Übergang zur Regelbesteuerung nach § 19 Abs. 2 UStG ist für einen Kleinunternehmer immer dann vorteilhaft, wenn die Abnehmer seiner Lieferungen bzw. die Empfänger seiner sonstigen Leistungen zum Vorsteuerabzug berechtigt sind und ihnen selbst von anderen Unternehmern Mehrwertsteuer in Rechnung gestellt wird. In derartigen Fällen belastet ihn die durch seine eigenen Umsätze entstehende Umsatzsteuer nicht, während er durch den Abzug von Vorsteuern entlastet wird.

3.7.3 Besteuerung nach vereinnahmten Entgelten

Grundsätzlich sieht das UStG eine Sollversteuerung (Versteuerung nach vereinbarten Entgelten) vor. Auf Antrag des Unternehmers kommt unter den Voraussetzungen des § 20 UStG ausnahmsweise auch eine Istbesteuerung (Versteuerung nach vereinnahmten Entgelten) zur Anwendung.

Eine Istbesteuerung ist in folgenden drei Fällen möglich (§ 20 Abs. 1 UStG):

1. Bei einem Unternehmer, dessen Gesamtumsatz im vorangegangenen Kalenderjahr nicht mehr als 250.000 DM betragen hat,
2. bei einem Unternehmer, der von der Buchführungspflicht nach § 148 AO befreit ist,
3. bei einem Freiberufler i.S.d. § 18 Abs. 1 Satz 1 EStG.

In allen drei genannten Fällen sind die Unternehmer nicht zur Buchführung verpflichtet. Wären sie zur Sollbesteuerung gezwungen, müßten sie allein aus umsatzsteuerlichen Gründen die auf ihre Kundenforderungen entfallenden Umsatzsteuern ermitteln. Bei späteren Entgeltminderungen müßten sie Korrekturen vornehmen. Sie wären hierdurch gezwungen, eine Buchführung einzurichten oder doch buchführungsähnliche Aufzeichnungen zu führen. Dies würde für sie in vielen Fällen einen erheblichen Verwaltungsmehraufwand bedeuten. Um diesen zu vermeiden, räumt das Gesetz die Möglichkeit der Istbesteuerung ein. Zu beachten ist, daß auch bei der Istbesteuerung der Vorsteuerabzug nach dem Soll, d.h. nach dem Rechnungseingang erfolgt.

3.7.4 Besteuerung der Land- und Forstwirtschaft

Für die Besteuerung der von Land- und Forstwirten getätigten Umsätze gelten Besonderheiten, die in § 24 UStG geregelt sind.

§ 24 Abs. 1 Satz 1 UStG unterscheidet zwischen drei Umsatzarten land- und forstwirtschaftlicher Betriebe. Hier soll nur auf die „übrigen Umsätze" i.S.d. Nr. 3 dieser Vorschrift eingegangen werden. Bei diesen handelt es sich um Lieferungen und den Eigenverbrauch der typisch landwirtschaftlichen Erzeugnisse, wie z.B. die Lieferungen von Getreide, Gemüse und Vieh. Diese Umsätze unterliegen einem Steuersatz von 9,5 % ihrer Bemessungsgrundlage. Als Vorsteuern sind nach § 24 Abs. 1 Satz 3 UStG ebenfalls 9,5 % derselben Bemessungsgrundlage abzugsfähig. Als Vorsteuern sind also nicht die von dem Landwirt tatsächlich aufgewendeten Beträge abzugsfähig; der Abzug bemißt sich vielmehr nach einem im Gesetz festgelegten Prozentsatz der Umsatzsteuer-Bemessungsgrundlage. Per Saldo sind also die landwirtschaftlichen Umsätze nach § 24 Abs. 1 Satz 1 UStG i.H.v. (9,5./. 9,5 % =) 0 % der Umsatzsteuer-Bemessungsgrundlage belastet. Im Ergebnis brauchen Landwirte somit keine Umsatzsteuer zu entrichten, können aber ihren Abnehmern 16 v.H. Umsatzsteuer in Rechnung stellen. Sofern es sich bei diesen um Unternehmer handelt, können sie ihrerseits die ihnen von den Landwirten in Rechnung gestellten Steuern als Vorsteuern abziehen. Die Regelung des § 24 UStG beinhaltet offensichtlich eine Steuerbegünstigung für die Land- und Forstwirtschaft. Sie soll zur Verbesserung der Einkommenssituation in der Land- und Forstwirtschaft beitragen.

3.8 Aufzeichnungspflichten

Nach § 22 Abs. 1 UStG ist jeder Unternehmer verpflichtet, zur Feststellung der Umsatzsteuer und der Grundlagen ihrer Berechnung Aufzeichnungen zu führen. Der Inhalt der Aufzeichnungspflichten ergibt sich aus § 22 Abs. 2 UStG. Bilanzierende Unternehmer erfüllen ihre Aufzeichnungspflichten in aller Regel im Rahmen ihrer Buchführung. Sie brauchen also keine gesonderten Aufzeichnungen vorzunehmen. Für nichtbilanzierende Unternehmer hingegen sind die Aufzeichnungspflichten oft eine große verwaltungsmäßige Belastung.

Nach § 22 Abs. 2 UStG müssen aus den Aufzeichnungen u.a. zu ersehen sein:

- die vereinbarten Entgelte für die vom Unternehmer ausgeführten Lieferungen und sonstigen Leistungen (Nr. 1),
- die vereinnahmten Entgelte und Teilentgelte für noch nicht ausgeführte Lieferungen und sonstige Leistungen (Nr. 2),
- die Bemessungsgrundlagen für den Eigenverbrauch (Nr. 3),
- die Entgelte für steuerpflichtige Lieferungen und sonstige Leistungen, die an den Unternehmer für sein Unternehmen ausgeführt worden sind und die sich hieraus ergebenden Vorsteuerbeträge (Nr. 5),
- die Bemessungsgrundlagen für die Einfuhrumsatzsteuer und die Einfuhrumsatzsteuer selbst (Nr. 6),
- die Bemessungsgrundlagen für den innergemeinschaftlichen Erwerb und die auf diesen entfallenden Steuerbeträge (Nr. 7).

In den §§ 63 - 68 UStDV sind die Aufzeichnungspflichten des § 22 UStG weiter konkretisiert. Hier soll lediglich auf § 63 Abs. 1 UStDV hingewiesen werden. Nach dieser Vorschrift müssen die Aufzeichnungen so beschaffen sein, daß es einem sachverständigen Dritten innerhalb einer angemessenen Zeit möglich ist, einen Überblick über die Umsätze des Unternehmens und die abziehbaren Vorsteuern zu erhalten und die Grundlagen für die Steuerberechnung festzustellen.

Hierbei handelt es sich um ein Erfordernis, das im Rahmen einer kaufmännischen Buchführung bereits nach § 238 Abs. 1 HGB zu erfüllen ist.

3.9 Ertragsteuerliche Behandlung der Umsatzsteuer

Fallen Umsätze innerhalb einer Gewinneinkunftsart an und ermittelt der Unternehmer den Gewinn durch *Bestandsvergleich,* so stellt die aufgrund von Leistungen des Unternehmers entstehende Umsatzsteuer eine sonstige Verbindlichkeit gegenüber dem Finanzamt dar. Die Entstehung der Umsatzsteuer ist also ein *erfolgsneutraler Vorgang.*

Beispiel

| Bank | 116 | an Warenverkauf | 100 |
| | | an Umsatzsteuer-Verbindlichkeit | 16 |

Abziehbare Vorsteuern sind in diesen Fällen ebenfalls erfolgsneutral zu verbuchen (§ 9b Abs. 1 Satz 1 EStG); sie stellen sonstige Forderungen gegenüber dem Finanzamt dar.

Beispiel

Wareneinkauf	100		
Sonstige Forderung			
Finanzamt (Vorsteuer)	16	an Bank	116

Fallen die Umsätze innerhalb einer Gewinneinkunftsart an, führt der Unternehmer aber *keinen Bestandsvergleich* durch, so stellt die vereinnahmte Umsatzsteuer *Betriebseinnahmen,* die verausgabte abzugsfähige Vorsteuer *Betriebsausgaben* im Rahmen der Gewinnermittlung nach § 4 Abs. 3 EStG dar.

Tätigt der Unternehmer Umsätze im Rahmen einer Überschuß-Einkunftsart, so bedeuten vereinnahmte Umsatzsteuern *Einnahmen* und verausgabte Vorsteuern *Werbungskosten* innerhalb dieser Einkunftsart.

Nichtabziehbare Vorsteuern sind entweder nach § 9b Abs. 1 Satz 2 EStG bei den angeschafften Wirtschaftsgütern aktivierungspflichtig oder - wenn die Voraussetzungen dieser Vorschrift nicht erfüllt sind - sofort abzugsfähige Betriebsausgaben. Das gilt unabhängig davon, innerhalb welcher Einkunftsart die Umsätze bzw. Vorsteuern anfallen und ob bei Gewinneinkünften ein Bestandsvergleich oder eine Gewinnermittlung nach § 4 Abs. 3 EStG durchgeführt wird. Hinsichtlich der Regelung des § 9b Abs. 1 Satz 2 EStG im einzelnen wird auf den Gesetzestext verwiesen.

Die Umsatzsteuer auf den Eigen- bzw. Gesellschafterverbrauch stellt bei Einzel- und Mitunternehmern *nichtabzugsfähige Ausgaben i.S.d. § 12 Nr. 3 EStG dar.* Bei Bestandsvergleich sind diese als Privatentnahmen zu behandeln. Bei Körperschaften gehört die Umsatzsteuer für den Eigen- bzw. Gesellschafterverbrauch zu den *nichtabziehbaren Aufwendungen* i.S.d. § 10 Nr. 2 KStG[46]. Da sie handelsrechtlich Aufwand darstellt, ist sie für steuerliche Zwecke dem Gewinn außerhalb der Bilanz wieder hinzuzurechnen.

Beispiel

Eine GmbH erwirbt im Jahre 01 für 500 DM von einem jungen Künstler ein Ölgemälde. Sie verbucht die Anschaffungskosten im Jahr der Anschaffung gem. § 6 Abs. 2 EStG in vollem Umfang als Aufwand. Im Mai des Jahres 06 bietet ein Kunsthändler der GmbH für das Bild 10.000 DM netto (also ohne Umsatzsteuer). Auf Drängen seiner Tochter verkauft der allein zur Geschäftsführung berechtigte Mehrheitsgesellschafter das Bild aber nicht, sondern nimmt es im Juni des Jahres 06 mit nach Hause und schenkt es seiner Tochter zum bestandenen Abitur. Der Vorgang wird buchmäßig nicht erfaßt. Im Jahre 09 deckt ein Betriebsprüfer den geschilderten Sachverhalt auf.

Ertragsteuerlich liegt eine verdeckte Gewinnausschüttung vor, die im Rahmen von Berichtigungsveranlagungen für das Jahr 06 bei der Körperschaftsteuer der GmbH und der Einkommensteuer des Gesellschafters zu berücksichtigen ist. Die verdeckte Gewinnausschüttung ist ertragsteuerlich mit dem gemeinen Wert von 11.600 DM anzusetzen. Dieser Wert ergibt sich aus dem Angebot des Kunsthändlers von 10.000 DM zuzüglich der Umsatzsteuer von (10.000 · 16 % =) 1.600 DM. Auf die weiteren steuerlichen Folgen der verdeckten Gewinnausschüttung wird hier nicht eingegangen. Insoweit wird auf Teil II des Buches verwiesen[47].

Umsatzsteuerlich ergibt sich aus dem Sachverhalt ein Gesellschafterverbrauch im Sinne des § 1 Abs. 1 Nr. 3 UStG, der im Rahmen einer Berichtigungsveranlagung für das Jahr 06 zu berücksichtigen ist. Der Gesellschafterverbrauch ist nach § 10 Abs. 4 Nr. 1 UStG mit dem Einkaufspreis zu bewerten. Nach h.M. ist unter dem Einkaufspreis nicht der historische Einkaufspreis zu verstehen, sondern ein fiktiver Einkaufspreis zum Zeitpunkt des Gesellschafterverbrauchs. Es handelt sich also um den fiktiven Wiederbeschaffungspreis ohne Mehrwertsteuer zum Zeitpunkt des Gesellschafterverbrauchs. Dieser kann anhand des Angebots des Kunsthändlers auf 10.000 DM geschätzt werden. Umsatzsteuer für den Gesellschafterverbrauch entsteht demnach in Höhe von (10.000 · 16 % =) 1.600 DM. Um diesen Betrag mindern sich sowohl der für das Jahr 06 ermittelte Jahresüberschuß als auch der Steuerbilanzgewinn. Zur Ermittlung des körperschaftsteuerlichen Einkommens ist eine zusätzliche Hinzurechnung der Umsatzsteuer für den Gesellschafterverbrauch nach § 10 Nr. 2 KStG nicht vorzunehmen. Der Grund liegt darin, daß die Verbuchung der Umsatzsteuer für den Gesellschafterverbrauch bereits durch die Hinzurechnung der verdeckten Gewinnausschüttung mit dem gemeinen Wert, d.h. dem Wert einschließlich der Umsatzsteuer, neutralisiert wird (vgl. Abschn. 31 Abs. 10 KStR). Im Ergebnis verändert also die Umsatzsteuer für den Gesellschafterverbrauch die Höhe des körperschaftsteuerlichen Einkommens nicht. Bei der Gliederung des verwendbaren Eigenkapitals ist die Umsatzsteuer für den Gesellschafterverbrauch nicht nach § 31 Abs. 1 Nr. 4 KStG EK45 abzuziehen.

---

[46] In § 10 Nr. 2 KStG ist lediglich die Umsatzsteuer auf den Eigenverbrauch aufgeführt. Allgemein wird diese Vorschrift aber so verstanden, daß auch der Gesellschafterverbrauch hierunter fällt. Vgl. statt vieler Dötsch, E./ Eversberg, H./ Jost, W. F./ Witt, G., Körperschaftsteuer, § 10 KStG, Tz. 22c.

[47] Teil II, Gliederungspunkt 5.2.

Teil IV
Bewertungsgesetz und Substanzsteuern

1 Vorbemerkungen

Der vorliegende Teil des Buches behandelt das Bewertungsgesetz (BewG) und das Recht der Substanzsteuern. Für die Substanzsteuern enthält das BewG die Bewertungsgrundlagen; diese sind für alle Substanzsteuern gemeinsam im BewG zusammengefaßt. Darüber hinaus kann das BewG in Einzelfällen aber auch Bedeutung für alle anderen Steuerarten haben. Hierauf wird noch näher einzugehen sein[1].

Als *Substanzsteuern* werden in der Betriebswirtschaftlichen Steuerlehre üblicherweise die Gewerbekapitalsteuer, die Grundsteuer, die Erbschaft- und Schenkungsteuer sowie die Vermögensteuer bezeichnet. Gemeinsam ist diesen Steuerarten, daß sie die *(Vermögens-)Substanz* besteuern. Das bedeutet, sie knüpfen an Roh- oder Reinvermögensgrößen an. Sie sind also unabhängig von der Erzielung von Einkünften zu zahlen. Für den einzelnen Steuerschuldner kann dieser Sachverhalt zu ernsten Liquiditätsproblemen führen.

Während der letzten Jahre hat es im Bereich der Substanzbesteuerung radikale Veränderungen gegeben. Hervorgerufen worden sind sie durch zwei grundlegende Beschlüsse des Bundesverfassungsgerichts vom Juni 1995[2]. Mit diesen hat das Bundesverfassungsgericht die bisherige Bewertung von Grundstücken bei der Vermögens- sowie bei der Erbschaft- und Schenkungsteuer mit den sog. „Einheitswerten" für verfassungswidrig erklärt. Diese Werte beruhen auf den Wertverhältnissen vom 1.1.1964. Infolge exorbitanter Preissteigerungen im Immobilienbereich während der letzten Jahrzehnte betrugen diese Einheitswerte Mitte der neunziger Jahre oft nur noch rd. 10 % ihrer Verkehrswerte. Andere Wirtschaftsgüter, insbesondere Wertpapiere, waren hingegen mit ihren Verkehrswerten zum jeweiligen Bewertungsstichtag anzusetzen. Hierdurch ergaben sich extreme Verzerrungen zwischen den Wertansätzen im Immobilienbereich einerseits und den meisten anderen Wirtschaftsgütern andererseits.

Mit seinen beiden Beschlüssen zur Vermögen- bzw. zur Erbschaft- und Schenkungsteuer machte es das Bundesverfassungsgericht dem Gesetzgeber zur Aufla-

---

[1] Vgl. Gliederungspunkt 2.2.
[2] BVerfG-Beschluß vom 22.6.1995, 2 BvL 37/91, BStBl 1995 II, S. 655 ff. und BVerfG-Beschluß vom 22.6.1995, 2 BvR 552/91, BStBl 1995 II, S. 671 ff.

2 Prinzipien des Steuerrechts

2.1 Rechtsanwendung und Rechtsfindung

2.1.1 Wesen und Methoden

Der Vorgang der Besteuerung besteht darin, die bestehenden Steuergesetze im konkreten Einzelfall anzuwenden. Das geschieht dadurch, daß der Lebenssachverhalt unter den Gesetzestatbestand subsumiert wird. Hierbei lassen sich die nachfolgend genannten drei Stufen der Gesetzesanwendung unterscheiden.

Erste Stufe:
Ermittlung und Feststellung des Sachverhalts. Hierzu gehört das Zusammentragen und Ordnen von Tatsachen. Die Gesamtheit der Tatsachen, die im konkreten Einzelfall gegeben sind, wird als Sachverhalt bezeichnet.

Zweite Stufe:
Feststellung des in Betracht kommenden Gesetzes.

Dritte Stufe:
Subsumtion, d.h. Unterstellung des festgestellten Sachverhalts unter das in Betracht kommende Gesetz. Es ist somit festzustellen, ob der festgestellte Sachverhalt dem Gesetzestatbestand entspricht. Nur dann kann die Gesetzesnorm eine bestimmte Rechtsfolge auslösen. *Subsumtion ist also der wertende Schluß, daß ein Sachverhalt dem abstrakten Tatbestand eines Gesetzes entspricht.*

Beispiel

Erste Stufe: Der Steuerpflichtige A war krank. Ihm sind erhebliche Krankheitskosten entstanden (Feststellung des Sachverhalts).

Zweite Stufe: Nach § 33 EStG können bestimmte Aufwendungen als außergewöhnliche Belastungen vom Einkommen abgezogen werden. Es ist zu prüfen, ob nach dieser Vorschrift auch Krankheitskosten berücksichtigt werden können (Gesetzesfeststellung).

Dritte Stufe: Die festgestellten Tatsachen erfüllen die Tatbestandsmerkmale des § 33 EStG, nämlich Belastung, Außergewöhnlichkeit und Zwangsläufigkeit (Subsumtion).

Bei der Gesetzesanwendung kann oftmals eine *Auslegung der anzuwendenden Rechtsnorm* erforderlich werden. Wegen der abstrakten Fassung der Gesetzesvorschriften ist nämlich nicht immer ohne weiteres aus dem Wortlaut ersichtlich, ob eine bestimmte gesetzliche Bestimmung den zu beurteilenden Sachverhalt erfaßt.

Beispiel

Das Wort „Krankheitskosten" ist in § 33 EStG nicht erwähnt. Das Gesetz verwendet den allgemeinen und abstrakten Begriff „außergewöhnliche Belastung". Es bedarf der Auslegung, ob unter diesen Begriff auch Krankheitskosten fallen.

Auch ein noch so sorgfältig formuliertes Gesetz läßt oft Zweifel über seinen Inhalt und seine Tragweite aufkommen. Selbst wenn es den wirtschaftlichen und sozialen Verhältnissen und den Gerechtigkeitsmaßstäben seiner Entstehungszeit voll gerecht wird, versagt es schon gegenüber den Besonderheiten nicht erkannter Ausnahmefälle. Je mehr sich die Anschauungen von denen der Entstehungszeit des Gesetzes entfernen, um so größer wird das *Spannungsverhältnis zwischen dem Gesetzeswortlaut und der Lebenswirklichkeit.*

Je stärker die Gesetzesflut ansteigt, um so weniger lassen sich Mängel vermeiden. Es ist daher verständlich, daß die Rechtsfindung oft äußerst schwierig ist. Den Methoden der Auslegung von Gesetzen kommt daher eine außerordentlich große Bedeutung zu.

2.1.2 Gesetzesauslegung

Die **Auslegung** einer Rechtsnorm bedeutet, ihren *Sinn und Zweck* klarzustellen. Fraglich ist, ob es sich hierbei um den Sinn und Zweck handeln soll, den der historische Gesetzgeber dem Gesetz beigemessen hat, oder ob von einem objektiven Sinn und Zweck des Gesetzes auszugehen ist.

Die erste Art der Gesetzesinterpretation wird als *subjektive*, die zweite als *objektive Auslegungstheorie* bezeichnet. Die Anhänger der subjektiven Auslegungstheorie fragen also nach dem Willen des historischen Gesetzgebers, die Anhänger der objektiven Theorie hingegen danach, wie das Gesetz im Zeitpunkt der Gesetzesanwendung unter Berücksichtigung des dann herrschenden gesellschaftlichen Selbstverständnisses zu verstehen ist. Sie suchen also den vom Willen des historischen Gesetzgebers abstrahierten Willen des Gesetzes.

Die Frage, ob die *subjektive* oder die *objektive* Auslegungstheorie bei der Auslegung von Steuergesetzen anzuwenden ist, war lange Zeit heftig umstritten. Vorherrschend war zunächst die subjektive Gesetzesinterpretation. Seit einer klärenden Entscheidung des Bundesverfassungsgerichts aus dem Jahre 1952 wird aber die objektive Auslegungstheorie weithin anerkannt[1]. *Maßgebend für die Auslegung* ist somit der **objektive Wille** des Gesetzgebers, wie er sich

1. *aus dem Wortlaut der gesetzlichen Bestimmung und*
2. *aus dem Sinnzusammenhang ergibt, in den diese Gesetzesbestimmung hineingestellt ist*[2].

Diese Merkmale deuten bereits darauf hin, daß es verschiedene Methoden der Gesetzesauslegung geben kann. Unterschieden werden die

1. *grammatische,*
2. *teleologische,*

---

[1] Vgl. BVerfG-Urteil vom 21.5.1952, 2 BvH 2/52, BVerfGE 1, S. 299.
[2] Vgl. BFH-Urteil vom 29.10.1981, I R 89/80, BStBl 1982 II, S. 150.

3. systematische und
4. historische Auslegung.

Die Auslegungsmethoden schließen sich nicht gegenseitig aus, sondern ergänzen einander.

Die **grammatische Auslegung** geht von dem Wortlaut der Norm aus. Jede Auslegung beginnt damit, daß der Wortlaut klargestellt wird. Das geschieht unter Berücksichtigung des allgemeinen Sprachgebrauchs, der juristischen und der speziell steuerrechtlichen Terminologie und der Regeln der Grammatik.

Eine *Auslegung gegen den Wortlaut des Gesetzes* kann nur ausnahmsweise in Betracht kommen. *Sie ist nur zulässig, wenn der Wortlaut des Gesetzes den objektivierten Willen des Gesetzes nicht deckt.* Das ist insbesondere dann der Fall, wenn eine wortgetreue Auslegung zu einem sinnwidrigen Ergebnis führen würde[3].

Bei einer Abweichung vom Wortlaut ist immer dann eine besondere Zurückhaltung geboten, wenn sich eine Verschärfung der Besteuerung ergeben würde[4].

Die **teleologische Auslegung** hat ihre Grundlage in dem inzwischen aufgehobenen § 1 Abs. 2 StAnpG. Diese Vorschrift ist bei dem Ersatz der alten Reichsabgabenordnung und ihrer Nebengesetze durch die neue AO im Jahre 1976 nicht in diese übernommen worden, weil der Gesetzgeber ihren Gehalt für selbstverständlich hielt[5]. Der Grundgedanke des § 1 Abs. 2 StAnpG ist somit weiterhin anwendbar. Nach dieser Vorschrift sind bei der Auslegung der Steuergesetze *die Volksanschauung, der Zweck und die wirtschaftliche Bedeutung der Steuergesetze sowie die Entwicklung der Verhältnisse zu berücksichtigen.* Der Gesetzgeber will damit die Auslegung auf der Höhe der Zeit halten. „Er läßt nicht nur zu, sondern er befiehlt sogar, daß gegebenenfalls ein abgewandelter und veränderter Sinn und Zweck einer gesetzlichen Bestimmung unterstellt werde, ein Sinn und Zweck, der mit dem in der Entstehungsgeschichte zum Ausdruck Gebrachten sogar in einem offenen Widerspruch stehen kann"[6].

Sinn und Zweck einzelner steuerlicher Normen können voneinander verschieden sein. So dienen die meisten Normen der Einnahmeerzielung der öffentlichen Hand, andere hingegen z.B. wirtschaftspolitischen Zwecken. Die Frage nach dem Zweck hat bei der Handhabung der Steuergesetze eine beherrschende Funktion: *Die empirischen Zwecksetzungen geben den steuerlichen Vorschriften erst ihren Gehalt.*

Die **systematische Auslegung** ermittelt und berücksichtigt den *Sinnzusammenhang* der Rechtssätze, in denen die einzelnen auslegungsbedürftigen Rechtsbegriffe vorkommen. Eine Norm ist nicht nur unter Berücksichtigung des ihr zugrunde-

---

[3] Vgl. BFH-Urteil vom 1.2.1973, I R 87/71, BStBl 1973 II, S. 410.
[4] Vgl. BFH-Urteil vom 20.10.1983, IV R 175/79, BStBl 1984 II, S. 221.
[5] Vgl. Drucksache des Deutschen Bundestages 7/4292, S. 15.
[6] Spitaler, A., Beiträge, 1957, S. 128.

liegenden Sonderzwecks zu interpretieren. Vielmehr muß sie im Einklang mit den Zwecken und Grundsätzen betrachtet werden, die Gesetz und Rechtsordnung in ihrer Gesamtheit beherrschen. Widerspricht der Wortlaut einer Norm einer anderen, so ist derjenigen Geltung zu verschaffen, der im systematischen Zusammenhang und nach dem Zweckzusammenhang des ganzen Gesetzes Vorrang zukommt. Dabei ist auch das Rangverhältnis der Rechtsnormen untereinander zu beachten. *Jede Norm muß im Einklang mit den ihr übergeordneten Normen ausgelegt werden.* Deshalb muß innerstaatliches Recht im Einklang mit dem Völkerrecht, muß Gesetzesrecht verfassungskonform, müssen Rechtsverordnungen im Einklang mit den formellen Gesetzen, zu denen sie ergangen sind, ausgelegt werden.

Die **historische Auslegungsmethode** berücksichtigt die *Entstehungsgeschichte* des Gesetzes. Der objektivierte Wille des Gesetzgebers läßt sich u.a. durch Heranziehung der Gesetzesmaterialien erschließen. Hierbei darf aber nicht die Entwicklung der Verhältnisse vergessen werden. Ergibt sich nämlich aus den Materialien ein Wille des Gesetzgebers, der durch die Entwicklung der Verhältnisse überholt ist, so ist dieser Wille nicht mehr maßgebend. Die Entstehungsgeschichte ist somit nur insoweit bedeutsam, als sie die Richtigkeit einer nach den übrigen Auslegungsmethoden ermittelten Auslegung bestätigt oder Zweifel behebt, die auf dem angegebenen Weg allein nicht ausgeräumt werden können[7].

2.1.3 Rechtsfindung

Von der *Gesetzesauslegung* ist rechtssystematisch die **Rechtsfindung** zu unterscheiden. Der Unterschied zwischen Gesetzesauslegung und Rechtsfindung besteht darin, daß bei der Auslegung der Sinn des Gesetzes ermittelt und klargestellt wird. Bei der Rechtsfindung hingegen wird der vorhandene Gedankeninhalt des Gesetzes vervollständigt oder abgewandelt. Ist auf einen Sachverhalt keine Norm - auch nicht im Wege der Gesetzesauslegung - anwendbar, so besteht eine *Gesetzeslücke*. Da sämtliche steuerlichen Sachverhalte entschieden werden müssen, ist hier der Gedankeninhalt des Gesetzes zu vervollständigen. *Die Gesetzeslücke ist somit auszufüllen.*

Führt die wortgetreue Auslegung zu einem sinnwidrigen, jeder wirtschaftlichen Vernunft widersprechenden Ergebnis, so ist eine wortgetreue Anwendung des Gesetzes *nicht* durchzuführen. Es entsteht dann ebenfalls eine Gesetzeslücke, die durch die Rechtsprechung auszufüllen ist. Es handelt sich hier um einen Fall der *abändernden Rechtsfindung*.

Es sind somit *ergänzende* und *abändernde Rechtsfindung* zu unterscheiden. Die Unterscheidung zwischen *ergänzender* und *abändernder* Rechtsfindung ist von

---

[7] Vgl. BVerfG-Urteil vom 21.5.1952, 2 BvH 2/52, BVerfGE 1, S. 299; ebenso: BVerfG-Beschluß vom 17.12.1960, 2 BvL 11/59, 11/60, BVerfGE 11, S. 126; BFH-Urteil vom 14.5.1991, VIII R 31/88, BStBl 1992 II, S. 167; BFH-Urteil vom 11.3.1992, X R 113/89, BStBl 1992 II, S. 886; BFH-Urteil vom 4.11.1992, X R 33/90, BStBl 1993 II, S. 292.

praktischer Bedeutung. Durch die abändernde Rechtsfindung wird nämlich der Gedanke des Gesetzes bewußt beiseite geschoben. Dies kann aber nur in extrem gelagerten Ausnahmefällen zulässig sein. Art. 20 Abs. 3 GG bindet die vollziehende Gewalt und die Rechtsprechung an Gesetz und Recht. Nur wenn Gesetz und Recht nicht deckungsgleich sind, ist eine abändernde Rechtsfindung, eine *Auslegung gegen den Wortlaut* des Gesetzes zulässig, dann aber auch geboten. Das Gesetz hat immer die Vermutung der Rechtmäßigkeit für sich.

Zur Rechtsfindung werden hauptsächlich zwei Methoden angewendet, nämlich

- *der Analogieschluß und*
- *der Umkehrschluß.*

Der **Analogieschluß** besteht in der Anwendung gegebener gesetzlicher Bestimmungen auf nicht geregelte abweichende Fälle, die mit dem *Grundgedanken* der herangezogenen Bestimmungen übereinstimmen. Es handelt sich hierbei um Sachverhalte, die der Gesetzgeber bei Erlaß des Gesetzes übersehen hat oder nicht berücksichtigen konnte, weil sie erst später aufgetreten sind.

Die Anwendbarkeit des Analogieschlusses im Steuerrecht ist heftig umstritten. Die Rechtsprechung bejaht grundsätzlich die Zulässigkeit der Analogie, und zwar sowohl *zugunsten* als auch *zuungunsten* des Steuerpflichtigen. Der das Strafrecht beherrschende Grundsatz, daß eine Strafe nicht aufgrund einer analogen Gesetzesanwendung ausgesprochen werden kann, gilt im Steuerrecht nicht[8]. Allerdings kommt eine analoge Anwendung von Steuergesetzen zuungunsten des Steuerpflichtigen nur dann in Betracht, wenn der Gesetzgeber die Steuerpflicht angeordnet, den sie bedingenden Tatbestand aber nur ungenau umschrieben hat. *Neue Steuertatbestände* dürfen durch *Analogieschluß* hingegen *nicht geschaffen* werden.

Nicht immer liegt eine Lücke vor, wenn das Gesetz einen Sachverhalt nicht ausdrücklich regelt. Hat der Gesetzgeber eine *erschöpfende Regelung* gewollt, so läßt diese den **Umkehrschluß** zu, daß die nicht erfaßten Fälle der gesetzlichen Regelung nicht unterworfen werden sollen. Ein solcher Umkehrschluß ist jedoch nur zulässig, wenn erkennbar ist, daß der Gesetzgeber mit der Beschränkung seiner Regelung auf bestimmte Fälle andere Fälle nicht regeln wollte[9].

2.2 Besteuerung und Grundrechte

Die Besteuerung darf nicht gegen Grundgesetznormen verstoßen. Das gilt sowohl bei der Gesetzesauslegung als auch bei der Rechtsfindung. Im Steuerrecht spielen insbesondere eine Rolle:

---

[8] Vgl. Tipke, K./Lang, J., Steuerrecht, 1996, S. 149 ff.; a.A. hingegen Kruse, H. W., in: Tipke, K./Kruse, H. W., AO, § 4 AO, Tz. 121.

[9] Vgl. BFH-Urteil vom 22.8.1990, I R 27/86, BStBl 1991 II, S. 413; BFH-Urteil vom 25.4.1990, I R 70/88, BStBl 1990 II, S. 1086.

1. der Gleichheitsgrundsatz des Art. 3 Abs. 1 GG und
2. der Schutz von Ehe und Familie gemäß Art. 6 GG.

Hier soll nur kurz auf den *Gleichheitsgrundsatz* eingegangen werden.

Auf die Besteuerung angewendet, beinhaltet der Gleichheitsgrundsatz die Forderung nach der *Gleichheit der Besteuerung* oder, wie es im steuerlichen Schrifttum heißt, nach der **Gleichmäßigkeit der Besteuerung**. Dieser Grundsatz bedeutet selbstverständlich nicht eine Besteuerung in absolut gleicher Höhe, sondern eine - bezogen auf die Leistungsfähigkeit - relativ gleiche Belastung.

Der Grundsatz bedeutet, daß vergleichbare Sachverhalte nicht unterschiedlich besteuert werden dürfen. Das Problem liegt darin, festzustellen, unter welchen Voraussetzungen Sachverhalte als gleich oder ungleich zu betrachten sind. Hierbei billigt das BVerfG dem Gesetzgeber einen großen Ermessensspielraum zu, da es nicht sein Ermessen an die Stelle des Ermessens des Gesetzgebers setzen kann und will[10].

Beispiel

Ein Steuerpflichtiger wählt aus außerfiskalischen Gründen die Rechtsform einer Kapitalgesellschaft. Unter Berufung auf den Gleichheitsgrundsatz will er eine Steuerbelastung erreichen, die nicht höher ist als diejenige, die sich bei Wahl der Rechtsform einer Personengesellschaft ergeben würde.

Hier will der Steuerpflichtige Ungleiches miteinander vergleichen. Die unterschiedliche Besteuerung von Kapital- und Personengesellschaften verstößt nicht gegen den Gleichheitsgrundsatz.

2.3 Der Grundsatz von Treu und Glauben im Steuerrecht

Ein zentraler Grundsatz der ganzen Rechtsordnung und damit auch des Steuerrechts ist der Grundsatz von **Treu und Glauben**, obwohl er nur im Privatrecht kodifiziert ist (§§ 157, 242 BGB). Der Grundsatz bedeutet, daß im Rechtsverkehr jeder auf die berechtigten Interessen des anderen Teils Rücksicht nehmen muß. Insbesondere darf sich niemand zu seinem eigenen Verhalten, auf das der andere vertraut, in Widerspruch setzen.

Beispiel

Ein Steuerpflichtiger hat in einem Steuerverfahren behauptet, daß zwischen ihm und seiner Ehefrau ein Arbeitsverhältnis besteht. Das Finanzamt hat aufgrund der Angaben des Steuerpflichtigen das Arbeitsverhältnis anerkannt. Der Steuerpflichtige verstößt gegen Treu und Glauben, wenn er sich zu seinem eigenen Verhalten in Widerspruch setzt und in einem anderen Verfahren verlangt, daß das Finanzamt keine Folgerungen aus dem bereits anerkannten Arbeitsverhältnis ziehen möge.

Der Grundsatz von Treu und Glauben gilt für alle Beteiligten, also sowohl für das Finanzamt als auch für den Steuerpflichtigen. *Der Grundsatz von Treu und Glauben unterliegt aber im öffentlichen Recht durch den* **Grundsatz der Tatbe-**

---

10 Vgl. BVerfG-Beschluß vom 25.10.1977, 1 BvR 15/75, BStBl 1978 II, S. 125.

standsmäßigkeit der Verwaltung *einer Einschränkung.* Die Bindung der Verwaltung an das Gesetz darf nicht durch eine ausufernde Anwendung des Grundsatzes von Treu und Glauben aufgeweicht werden. Vielmehr kann er eine Lösung der Bindung der Verwaltung an das Gesetz nur in Ausnahmefällen rechtfertigen. Eine Durchbrechung ist insbesondere möglich, wenn die Anwendung des Gesetzes durch das Finanzamt einen schwerwiegenden Vertrauensbruch, der Anstand und Gewissen zuwiderliefe, bedeuten würde.

2.4 Die wirtschaftliche Betrachtungsweise

Eines der wichtigsten Rechtsinstitute des Steuerrechts ist das der wirtschaftlichen Betrachtungsweise. Die wirtschaftliche Betrachtungsweise war bis 1976 ausdrücklich gesetzlich verankert, und zwar in § 1 Abs. 2 und 3 StAnpG. Diese Vorschrift ist nicht in die neue AO übernommen worden. Nach ausdrücklichem Willen des historischen Gesetzgebers sollte sich hierdurch materiell-rechtlich aber nichts ändern, d.h. das in § 1 Abs. 2 und 3 StAnpG früher kodifizierte Rechtsinstitut sollte weiterhin anwendbar sein[11].

Gemäß § 1 Abs. 2 StAnpG war bei der Auslegung der Steuergesetze deren wirtschaftliche Bedeutung zu berücksichtigen. Nach § 1 Abs. 3 StAnpG war außerdem der ermittelte Lebenssachverhalt nach dessen wirtschaftlicher Bedeutung zu beurteilen.

Es sind somit zwei große Gruppen von Fällen der wirtschaftlichen Betrachtungsweise zu unterscheiden, und zwar:

1. die Auslegung der Steuergesetze nach ihrer wirtschaftlichen Bedeutung und
2. die Beurteilung eines festgestellten Lebenssachverhalts nach seiner wirtschaftlichen Bedeutung.

Die wirtschaftliche Betrachtungsweise ist daher ein *Auslegungsprinzip für Gesetzesnormen* und ein *Wertungsprinzip für Tatsachen*.

Die Beurteilung von Gesetzesnormen nach ihrem wirtschaftlichen Zweck hatte in der Rechtsprechung des RFH weitgehend dazu geführt, daß steuerlichen Begriffen ein anderer Inhalt beigemessen wurde als gleichlautenden bürgerlich-rechtlichen. Demgegenüber betont die Rechtsprechung des BFH stärker die *Einheit der Rechtsordnung*. Das Steuerrecht ist ein Bestandteil der Gesamtrechtsordnung. Der Inhalt seiner Begriffe muß sich daher grundsätzlich mit dem Inhalt dieser Begriffe im Privatrecht decken. Nur wenn der Gesetzgeber im Steuerrecht klar erkennbar mit einem Begriff etwas anderes gemeint hat als im Privatrecht, ist der Begriff im Steuerrecht anders zu interpretieren als im Privatrecht. *Der wirtschaftlichen Betrachtungsweise kommt daher bei der Auslegung der Gesetze keine eigene, sondern nur eine Hilfsfunktion zu.*

---

[11] Vgl. Spanner, H., in: Hübschmann, W./Hepp, E./Spitaler, A., AO, § 4 AO, Rz. 10.

Beispiel

§ 75 Abs. 1 AO verwendet den Begriff „Übereignung eines Unternehmens". Hier ist nicht eine Übereignung im privatrechtlichen Sinne gemeint. Nach bürgerlichem Recht können nur Sachen übereignet werden. Zur Übereignung i.S.d. § 75 AO gehört aber auch die Übertragung von Forderungen, die privatrechtlich nicht übereignet, sondern nur abgetreten werden können. Hier weichen steuerlicher und privatrechtlicher Begriffsinhalt voneinander ab.

Während somit der wirtschaftlichen Betrachtungsweise bei Auslegung der Gesetze nur eine Hilfsfunktion zukommt, ist sie bei der Beurteilung von Sachverhalten von überragender Bedeutung. *Nicht auf das juristische Kleid kommt es an, sondern auf den tatsächlichen wirtschaftlichen Vorgang.* Entscheidend sind der wirtschaftliche Inhalt und Zweck, wenn privatrechtliche Form und wirtschaftlicher Inhalt voneinander abweichen.

Wirtschaftlicher Inhalt und bürgerlich-rechtliche Form werden bei Rechtsbeziehungen zwischen Fremden in aller Regel übereinstimmen. *Bei nahen Angehörigen wird die wirtschaftliche Betrachtungsweise hingegen oft eine andere Beurteilung gebieten, als dies nach der privatrechtlichen Vereinbarung der Fall wäre.*

Beispiele

1. A schenkt seinem Enkel und Alleinerben B 300.000 DM. B stellt das Geld vertragsgemäß dem A sofort wieder darlehnsweise zur Verfügung. Das Darlehen ist bis zum Tode des A unkündbar. Sicherheiten werden nicht vereinbart. Das Darlehen wird mit 8 % verzinst.

   Privatrechtlich liegen
   1. eine Schenkung
   2. ein Darlehensvertrag und
   3. Zinszahlungen

   vor. Bei wirtschaftlicher Betrachtung hingegen sind weder eine Schenkung noch ein Darlehen gegeben. Es bleibt vielmehr der frühere Zustand erhalten. Lediglich die jährlichen Zinszahlungen sind als Schenkungen zu betrachten.

2. Der Gesellschafter-Geschäftsführer A einer GmbH erhält von der Gesellschaft ein Gehalt von monatlich 80.000 DM. Ein zweiter gesellschaftsfremder Geschäftsführer erhält ein Gehalt von 30.000 DM monatlich.

   Die Höhe des Gehalts des A ist nur aus dessen Gesellschafterstellung erklärlich. Der unangemessene Teil kann nicht als Betriebsausgabe abgezogen werden. Er ist vielmehr dem steuerlichen Gewinn außerhalb der Bilanz als verdeckte Gewinnausschüttung wieder hinzuzurechnen.

   Bekanntlich ist die ertragsteuerliche Behandlung verdeckter Gewinnausschüttungen in einer Spezialnorm, dem § 8 Abs. 3 KStG, ausdrücklich geregelt. Doch ist diese Vorschrift nur Ausdruck der wirtschaftlichen Betrachtungsweise.

Weitere wichtige Anwendungsfälle der wirtschaftlichen Betrachtungsweise sind ebenfalls in Spezialnormen ausdrücklich kodifiziert[12].

---

[12] Zu den nachfolgenden Ausführungen vgl. insbesondere Kruse, H.W., Lehrbuch, 1991, S. 131-143.

Zu nennen ist in erster Linie die **Besteuerung gesetzes- oder sittenwidriger Rechtsgeschäfte** gemäß § 40 AO. Hier weichen *bürgerlich-rechtliches Soll* und *wirtschaftliches Ist* weit voneinander ab. Da es im Steuerrecht auf das Ist ankommt, ist es steuerlich unbeachtlich, daß ein Vorgang gegen ein gesetzliches Gebot oder Verbot oder gegen die guten Sitten verstößt. Entscheidend ist, daß tatsächlich ein steuerpflichtiger Tatbestand erfüllt ist. Als Beispiele sind die Besteuerung der gewerblichen Unzucht gemäß § 22 EStG und die Besteuerung der Hehlerei zu nennen[13].

Ein weiterer Anwendungsfall der wirtschaftlichen Betrachtungsweise ist die steuerliche Behandlung **unwirksamer Rechtsgeschäfte**. Diese sind gemäß § 41 Abs. 1 AO steuerlich so lange maßgebend, wie die Beteiligten das wirtschaftliche Ergebnis eintreten und bestehen lassen.

Kein Anwendungsfall der wirtschaftlichen Betrachtungsweise ist die steuerliche Behandlung von **Scheingeschäften**. Hier weichen privatrechtliches Soll und wirtschaftliches Ist nicht voneinander ab. Scheingeschäfte sind nach § 117 BGB nichtig und nach § 41 Abs. 2 AO unbeachtlich. Wird durch ein Scheingeschäft ein anderes Rechtsgeschäft verdeckt, so ist das *verdeckte Rechtsgeschäft* für die Besteuerung maßgebend.

Beispiel

A zahlt seinem 21jährigen Sohn B, der Betriebswirtschaftslehre studiert, ein monatliches Gehalt von 5.000 DM. Das Gehalt wird auf ein Sparkonto des B eingezahlt. B kann über das Konto nach Abschluß seines Studiums spätestens aber nach Vollendung des 25. Lebensjahres, verfügen. Arbeitsleistungen erbringt B entgegen der schriftlichen Vereinbarung, aber im Einverständnis mit A, nicht.

Es handelt sich um ein Scheingeschäft, das eine Schenkung verdeckt. Nicht die steuerlichen Folgen einer Gehaltszahlung, sondern die einer Schenkung treten ein.

Ein weiterer wesentlicher Ausfluß der wirtschaftlichen Betrachtungsweise ist das Institut des **wirtschaftlichen Eigentums**. Hiernach werden Wirtschaftsgüter in bestimmten Fällen nicht dem privatrechtlichen Eigentümer, sondern einem anderen, dem wirtschaftlichen Eigentümer, zugerechnet. § 39 AO führt einige Zurechnungsregeln an. So werden z.B. sicherungsübereignete Wirtschaftsgüter dem Sicherungsgeber zugerechnet. Doch ist die Aufzählung des § 39 AO nicht erschöpfend.

Welche Bedeutung das wirtschaftliche Eigentum haben kann, soll folgendes Beispiel zeigen.

Beispiel

Die Bank A errichtet auf dem Grund und Boden des B, dessen Verkehrswert 2.000.000 DM beträgt, eine Filiale im Wert von 40 Mio DM. Das Gebäude wird privatrechtlich wesentlicher Be-

---

[13] Vgl. in diesem Zusammenhang Schmidt, L., in: Schmidt, L., EStG, § 15 EStG, Anm. 45.

standteil des Grundstücks. Das gesamte Grundstück ist privatrechtlich Eigentum des B. Wirtschaftlicher Eigentümer des Gebäudes ist hingegen die A. Das hat u.a. zur Folge, daß ihr die AfA zusteht.

2.5 Mißbrauch von rechtlichen Gestaltungsmöglichkeiten

Durch **Mißbrauch von Gestaltungsmöglichkeiten des Rechts** kann eine Steuerrechtsnorm nicht umgangen werden (§ 42 Satz 1 AO). Liegt ein Mißbrauch vor, so entsteht der Steueranspruch so, wie er bei einer den wirtschaftlichen Vorgängen *angemessenen* rechtlichen Gestaltung zu erheben wäre (§ 42 Satz 2 AO). Rechtsprechung und Verwaltungspraxis zu § 42 AO sind außerordentlich schillernd und widersprüchlich. Insgesamt läßt sich aber sagen, daß der Anwendungsbereich des § 42 AO während der letzten Jahrzehnte eingeengt worden ist. Die Unsicherheit beginnt bereits damit, daß es bis heute strittig ist, ob § 42 AO ein Anwendungsfall der wirtschaftlichen Betrachtungsweise ist oder nicht. Die Rechtsprechung unterscheidet immer noch häufig nicht zwischen wirtschaftlicher Betrachtungsweise und Steuerumgehung. Kruse[14], dessen Ansicht hier zugestimmt wird, hält die wirtschaftliche Betrachtungsweise für einen Fall der Gesetzesauslegung bzw. Sachverhaltsbeurteilung, § 42 AO hingegen für einen Fall der abändernden Rechtsfindung. Dies führt u.a. dazu, daß die wirtschaftliche Betrachtungsweise darauf gerichtet ist, den *wirklichen Sachverhalt* zu erfassen, während § 42 AO genau auf das Gegenteil zielt. Nach § 42 AO sind im Umgehungsfall die Steuern so zu erheben, wie sie bei einer angemessenen rechtlichen Gestaltung zu erheben wären. Es wird also eine angemessene Gestaltung fingiert. Nicht der *wirkliche,* sondern ein *angemessener Sachverhalt* wird besteuert.

Ein Mißbrauch i.S.d. § 42 AO ist gegeben, wenn in der Absicht der Steuerumgehung Formen und Gestaltungen des bürgerlichen Rechts gewählt werden, die gegenüber den wirtschaftlichen Vorgängen, Tatsachen oder Verhältnissen unangemessen sind. Dies ist dann der Fall, wenn folgende zwei Voraussetzungen erfüllt sind[15]:

1. Für ein bestimmtes Ziel wird ein nach bürgerlichem Recht unangemessener Weg gewählt. Indizien für Unangemessenheit können unverständliche, schwerfällige, gekünstelt wirkende oder undurchsichtige Gestaltungen sein[16].

2. Durch diesen unangemessenen Weg soll ein steuerlicher Vorteil erreicht werden, der bei sinnvoller, Zweck und Ziel der Rechtsordnung berücksichtigender Auslegung vom Gesetz mißbilligt wird.

Beispiele

1. Ein namhaftes deutsches Industrieunternehmen gründet in Vaduz eine Kapitalgesellschaft. Deren einziger Zweck ist es, Rechnungen im Exportgeschäft der Muttergesellschaft zu faktu-

---

[14] Vgl. Kruse, H. W., Lehrbuch, 1991, S. 145.
[15] Vgl. BFH-Urteil vom 26.3.1996, IX R 51/92, BStBl 1996 II, S. 443.
[16] Vgl. BFH-Urteil vom 13.11.1991, II R 7/88, BStBl 1992 II, S. 202.

rieren. Durch die Umfakturierung werden erhebliche Gewinne von der deutschen Mutter auf die Liechtensteiner Tochter verlagert. Der Jahresüberschuß mindert sich um 10 Mio DM. Die Mutter hofft, auf diese Weise die Körperschaftsteuer und die Gewerbesteuer zu mindern.

Zur Erreichung des Ziels (Export) wird ein unangemessener Weg gewählt. Durch ihn soll einzig und allein ein steuerlicher Vorteil erreicht werden, der bei einer typischen Handhabung des Exports vom Gesetz nicht gewährt würde. Es liegt somit ein Fall der Steuerumgehung vor. Der steuerliche Gewinn ist so zu ermitteln, wie er bei einer angemessenen Rechtsgestaltung entstünde. Dies wird auch ausdrücklich durch § 1 Abs. 1 AStG bestimmt.

2. A will seinem Sohn B 600.000 DM schenken. Nach § 16 ErbStG beträgt der Freibetrag für Schenkungen an Kinder 400.000 DM, für Schenkungen an den Ehegatten 600.000 DM. A schenkt nur 400.000 DM unmittelbar an B, den Restbetrag schenkt er seiner Frau mit der Auflage, den Betrag dem gemeinsamen Sohn weiterzuschenken.

Für das angestrebte Ziel (Schenkung von 600.000 DM an B) ist der eingeschlagene Weg unangemessen. Einziger Zweck soll eine Steuerersparnis sein, die von § 16 ErbStG nicht gebilligt wird. Es handelt sich somit um eine Steuerumgehung i.S.d. § 42 AO.

Wenn außer der Absicht, Steuern zu sparen, *noch andere stichhaltige Gründe nichtsteuerlicher Art* für eine Vertragsgestaltung bestimmend waren, so liegt ein Gestaltungsmißbrauch i.S.d. § 42 AO nicht vor[17]. Die Absicht der Steuerumgehung muß dem Steuerpflichtigen eindeutig nachgewiesen werden[18].

2.6 Die typisierende Betrachtungsweise

Aus der gesetzlich geforderten wirtschaftlichen Betrachtungsweise hat der RFH ein anderes Rechtsinstitut, und zwar das der **typisierenden Betrachtungsweise** abgeleitet. Er ging dabei davon aus, daß die wirtschaftliche Betrachtungsweise die gleiche steuerliche Behandlung wirtschaftlich gleicher Vorgänge verlange. Bei der Beurteilung eines Sachverhalts stellte er darauf ab, „ ... was nach Auffassung der Allgemeinheit als typische Gestaltung anzusehen (ist), die nach dem Sinn und Zweck der in Betracht kommenden gesetzlichen Vorschriften auch bei abweichender Regelung der Beteiligten für die steuerliche Beurteilung maßgebend sein kann und soll"[19].

Der RFH und nach ihm auch lange Zeit der BFH haben in unzulässiger Weise den Gleichheitsgrundsatz mit der wirtschaftlichen Betrachtungsweise verknüpft. Beide haben hierbei die wirtschaftliche Betrachtungsweise in ihr Gegenteil verkehrt. Dient die wirtschaftliche Betrachtungsweise dazu, den wirklichen Sachverhalt zu erfassen, so unterstellt die typisierende einen in Wirklichkeit nicht gegebenen Sachverhalt als gegeben. Das aber kann nur bei Steuerumgehungstatbeständen i.S.d. § 42 AO zulässig sein. Andernfalls verstößt ein solches Vorgehen gegen den Grundsatz der Tatbestandsmäßigkeit der Besteuerung. Da es dem Gesetz vorbehalten ist, Steuertatbestände zu normieren, darf die Steuerpflicht nicht - auch nicht

---

[17] Vgl. BFH-Urteil vom 13.11.1991, II R 7/88, BStBl 1992 II, S. 202.
[18] Vgl. BFH-Urteile vom 2.3.1966, II 113/61, BStBl 1966 III, S. 509 und vom 21.1.1976, I R 234/73, BStBl 1976 II, S. 513.
[19] RFH-Urteil vom 7.5.1930, VI A 67/30, RStBl 1930, S. 671.

2 Prinzipien des Steuerrechts 455

unter Berufung auf den Gleichheitsgrundsatz und die wirtschaftliche Betrachtungsweise - auf Fälle angewendet werden, die zwar den vom gesetzlichen Tatbestand erfaßten Fällen wirtschaftlich gleichen, aber nach dem gesetzlichen Tatbestand keine Steuerpflicht auslösen sollen.

Beispiel

Nach der älteren Rechtsprechung widersprach es der Lebenserfahrung, daß Ehegatten Arbeitsverhältnisse miteinander eingehen und diese auch praktizieren. Unter Berufung auf die wirtschaftliche Betrachtungsweise wurden daher Ehegatten-Arbeitsverträge steuerlich nicht anerkannt. Unter Berufung auf die typisierende Betrachtungsweise galt dies auch dann, wenn die Ehegatten die Arbeitsverträge ernsthaft gewollt und sie auch vollzogen hatten.

Die Rechtsprechung des RFH und des BFH zu Ehegatten-Arbeitsverhältnissen ist vom BVerfG ausdrücklich verworfen worden[20]. Seither huldigt die Rechtsprechung der typisierenden Betrachtungsweise nur noch selten und dann in versteckter Form[21].

---

20 Vgl. BVerfG-Urteil vom 24.1.1962, 1 BvR 232/60, BStBl 1962 I, S. 506.
21 Vgl. hierzu Tipke, K., in: Tipke, K./Kruse, H.W., AO, § 4 AO, Tz. 135a f.

3 Das Besteuerungsverfahren

3.1 Einführung

Der Begriff des Besteuerungsverfahrens ist gesetzlich nicht definiert. *Hier werden unter Besteuerungsverfahren sämtliche Verfahren verstanden, die den gesetzmäßigen Vollzug der Steuergesetze sichern sollen.* Bei Anwendung dieser Definition läßt sich das Besteuerungsverfahren in der bereits aus Teil I bekannten Weise in folgende Verfahrensabschnitte gliedern:

- *Ermittlungsverfahren,*
- *Festsetzungs- und Feststellungsverfahren,*
- *Erhebungsverfahren einschließlich des Vollstreckungsverfahrens,*
- *Verfahren zur Berichtigung von Steuerverwaltungsakten,*
- *Rechtsbehelfs- und Rechtsmittelverfahren,*
- *Straf- und Bußgeldverfahren.*

In dieser Reihenfolge werden die einzelnen Verfahrensabschnitte nachfolgend behandelt. Hierbei handelt es sich zum kleineren Teil um eine Wiederholung, zum größeren hingegen um eine Vertiefung des in Teil I, Gliederungspunkt 5 behandelten Stoffes.

Die hier gewählte Reihenfolge der Verfahrensabschnitte entspricht einem häufigen chronologischen Verfahrensablauf. Während die ersten drei Verfahrensabschnitte (mit Ausnahme des Vollstreckungsverfahrens) grundsätzlich in jedem konkreten Besteuerungsverfahren in der genannten Reihenfolge durchzuführen sind, kommen die letzten drei - einzeln oder alle gemeinsam - wesentlich seltener zur Anwendung.

Ausdrücklich sei darauf hingewiesen, daß die hier vorgenommene Einbeziehung des Straf- und Bußgeldverfahrens in das Besteuerungsverfahren ungewöhnlich ist, da § 393 AO zwischen dem Strafverfahren einerseits und dem Besteuerungsverfahren andererseits unterscheidet. Die Einbeziehung des Straf- und Bußgeldverfahrens in das Besteuerungsverfahren erfolgt hier allein aus Gründen der Praktikabilität. Dies ist möglich, da auf die Unterschiede zwischen Strafverfahren und dem (übrigen) Besteuerungsverfahren nicht eingegangen werden kann und soll; die Einbeziehung ist sinnvoll, da hierdurch eine Zusammenfassung aller mit der Besteuerung zusammenhängender Verfahrensabschnitte unter einem Gliederungspunkt ermöglicht wird.

Zur Klarstellung sei ferner darauf hingewiesen, daß im Rahmen der Besprechung der einzelnen Verfahrensabschnitte keinesfalls nur verfahrensrechtliche, sondern außerdem materiell-rechtliche Vorschriften behandelt werden. Dies liegt daran, daß auch die zu besprechenden Teile der AO sowohl verfahrensrechtliche als auch materiell-rechtliche Vorschriften enthalten.

Das Besteuerungsverfahren wird von der Finanzverwaltung mit Hilfe hoheitlicher Maßnahmen, den sog. *Steuerverwaltungsakten*, durchgeführt. Vor Erläuterung der einzelnen Abschnitte des Besteuerungsverfahrens wird deshalb nachfolgend kurz auf die Lehre vom Steuerverwaltungsakt eingegangen.

3.2 Steuerverwaltungsakte

3.2.1 Begriff des Steuerverwaltungsaktes

Ist durch Feststellung des *Sachverhalts* und *Subsumtion* geklärt, welche Ansprüche des Steuerberechtigten entstanden sind, so müssen diese dem Steuerpflichtigen gegenüber *inhaltlich bestimmt* und *geltend* gemacht werden. Dies geschieht durch **Steuerverwaltungsakte**. Ein Steuerverwaltungsakt ist somit die Form, in der die Behörde ihre Besteuerungsaufgabe erfüllt und dem Steuerpflichtigen gegenübertritt. Er bringt zum Ausdruck, welche Folgerungen aus einer Gesetzesnorm gegenüber dem Steuerpflichtigen im Einzelfall gezogen werden.

▷ Ein Verwaltungsakt ist jede Verfügung, Entscheidung oder andere hoheitliche Maßnahme, die eine Behörde zur Regelung eines Einzelfalls auf dem Gebiet des öffentlichen Rechts trifft und die auf unmittelbare Rechtswirkung nach außen gerichtet ist (§ 118 Satz 1 AO).

Die Legaldefinition des § 118 AO enthält somit folgende Begriffsmerkmale:
- *hoheitliche Maßnahme einer Behörde*,
- *Regelung eines Einzelfalls*,
- *unmittelbare Rechtswirkung nach außen*.

Eine *hoheitliche Maßnahme* ist die Willensäußerung eines staatlichen Organs bei Erfüllung von Aufgaben, die ihm kraft Gesetzes zugewiesen sind und deren Erledigung ihm als Hoheitsträger eigentümlich und im wesentlichen vorbehalten ist. Die Willensäußerung hat die Folgerungen zum Gegenstand, die sich aus der Anwendung einer gesetzlichen Vorschrift auf einen Lebenssachverhalt ergeben. Sie setzt die Bildung eines Willens voraus, der auf nähere inhaltliche Festlegung bestimmter Rechte und Pflichten des Steuerpflichtigen, die sich aus dem Gesetz ergeben, gerichtet ist. Die Willensäußerung muß durch den zuständigen Amtsträger erfolgen, d.h. der Amtsträger muß zum Erlaß des Verwaltungsaktes berechtigt sein. Bei Nichterfüllung dieser Voraussetzung besteht kein Gutglaubenschutz.

Der Verwaltungsakt muß der *Regelung eines Einzelfalls* dienen. Das ist dann der Fall, wenn er für einen bestimmten Rechtspflichtigen eine bestimmte Rechtsfolge verbindlich festlegt.

Unmittelbare Rechtswirkung nach außen erhält ein Verwaltungsakt *durch* seine *Bekanntgabe*, auf die unter Gliederungspunkt 3.2.3 näher eingegangen wird.

Als **Steuerverwaltungsakte** werden solche Verwaltungsakte bezeichnet, die auf steuerrechtlichen Vorschriften beruhen.

3.2.2 Arten der Steuerverwaltungsakte

Verwaltungsakte lassen sich nach unterschiedlichen Kriterien gliedern. Von besonderer Bedeutung sind vor allem die Unterscheidungen in

- *deklaratorische und konstitutive Verwaltungsakte,*
- *belastende und begünstigende Verwaltungsakte,*
- *Verwaltungsakte mit und ohne Dauerwirkung,*
- *gebundene Verwaltungsakte und Ermessensentscheidungen.*

Deklaratorisch (rechtsfeststellend) sind solche Verwaltungsakte, die nach Subsumtion eines abgeschlossenen Sachverhalts unter das Gesetz die sich aus dem Gesetz ergebenden Rechtsfolgen feststellen. Steuerbescheide[22] haben in aller Regel deklaratorischen Charakter.

Konstitutiv (rechtsbegründend) sind solche Verwaltungsakte, die ein Rechtsverhältnis begründen, abändern oder aufheben. Als Beispiele sind der Erlaß (§ 227 AO)[23] und die Stundung (§ 222 AO)[24] zu nennen. In Ausnahmefällen kann auch ein Steuerbescheid konstitutiv wirken, dann nämlich und insoweit, als er eine nicht geschuldete Steuer festsetzt.

Belastend sind solche Verwaltungsakte, die vom Steuerpflichtigen ein Tun, Dulden oder Unterlassen verlangen, Rechte des Steuerpflichtigen beschränken oder für den Steuerpflichtigen ungünstige Feststellungen treffen. Beispiele sind Steuerbescheide (§ 155 AO), Zwangsmittel (§ 328 AO) und der Widerruf begünstigender Verwaltungsakte (§ 131 Abs. 2 AO).

Begünstigend sind die Verwaltungsakte, die einen rechtlichen Vorteil begründen oder bestätigen, wie beispielsweise Stundung und Erlaß (§§ 222, 227 AO).

Belastende und begünstigende Verwaltungsakte können sowohl konstitutiven als auch deklaratorischen Charakter haben.

Die meisten Verwaltungsakte haben *keine* **Dauerwirkung**. Sie erschöpfen sich in ihrer einmaligen Befolgung oder Vollziehung. *Ausnahmen* sind Verwaltungsakte, die eine *Genehmigung, Erlaubnis* oder *Bewilligung* aussprechen, z.B. die Bestellung zum Steuerberater nach § 40 StBerG.

Zu unterscheiden ist weiterhin zwischen **gebundenen**, d.h. *streng gesetzesakzessorischen* **Verwaltungsakten** und **Ermessensentscheidungen**. Bei letzteren hat die Behörde einen *Ermessensspielraum*, so z.B. bei Stundung und Erlaß.

3.2.3 Entstehung und Bekanntgabe eines Verwaltungsaktes

Ein Verwaltungsakt wird gegenüber demjenigen, für den er bestimmt oder der von ihm betroffen wird, in dem Zeitpunkt wirksam, in dem er ihm bekanntgegeben

---

[22] Vgl. Gliederungspunkt 3.4.2.
[23] Vgl. Gliederungspunkt 3.5.3.2.
[24] Vgl. Gliederungspunkt 3.5.2.

wird (§ 124 Abs. 1 Satz 1 AO). Wirksamwerden bedeutet **Entstehung**[25]. Ein Verwaltungsakt entsteht also mit seiner *Bekanntgabe*.

Der Bekanntgabe eines Verwaltungsaktes gehen eine *Willensbildung* und eine *Willensniederlegung* voraus. Ein Verwaltungsakt entsteht also in folgendem dreistufigen Verfahren:
1. *Willensbildung,*
2. *Willensniederlegung,*
3. *Willensbekanntgabe*[26].

Willensbildung setzt einen Handlungswillen des zuständigen Amtsträgers voraus. Ein Verwaltungsakt kann daher nicht versehentlich entstehen.

Die **Willensniederlegung** erfolgt in aller Regel schriftlich.

Willensbekanntgabe bedeutet das willentliche Zugehen des Verwaltungsaktes in den Herrschaftsbereich des Adressaten. Die Bekanntgabe kann mündlich erfolgen, wenn nicht eine bestimmte Form gesetzlich vorgeschrieben ist. Für die wichtigsten Steuerverwaltungsakte, die Steuerbescheide, ist grundsätzlich Schriftform vorgeschrieben (§ 157 Abs. 1 AO).

Die Willensniederlegung muß auch in den Fällen, in denen die Willensbekanntgabe nicht formgebunden ist, d.h. mündlich erfolgen kann, schriftlich durchgeführt werden. Bei mündlicher Bekanntgabe befindet sich die schriftliche Willensniederlegung dann lediglich in den Akten der Finanzbehörde.

Ein schriftlicher Verwaltungsakt, der durch einfachen Brief an einen Adressaten im Inland übermittelt wird, gilt nach § 122 Abs. 2 AO am dritten Tag nach der Aufgabe zur Post als bekanntgegeben *(gesetzliche Zugangsvermutung)*. Geht er später zu, ist der Tag des tatsächlichen Zugangs der Tag der Bekanntgabe. Im Zweifel hat die Behörde den Zugang des Verwaltungsaktes und den Zeitpunkt des Zugangs nachzuweisen.

Eine besondere *Zustellung* des Verwaltungsaktes wird vorgenommen, wenn dies gesetzlich vorgeschrieben ist oder behördlich angeordnet wird (§ 122 Abs. 5 Satz 1 AO). Behördlich angeordnet wird eine Zustellung z.B. häufig dann, wenn der Steuerpflichtige den Zugang eines mit einfachem Brief übermittelten Verwaltungsaktes bestritten hat.

---

[25] Hinsichtlich einer näheren Begründung der Gleichsetzung von Wirksamwerden und Entstehung s. Tipke, K., in: Tipke, K./Kruse, H.W., AO, § 124 AO, Tz. 3.
[26] Tipke, K. (in: Tipke, K./Kruse, H.W., AO, § 124 AO, Tz. 3) erwähnt zwischen der Willensniederlegung und der Willensbekanntgabe noch die Absendung des Verwaltungsaktes. Diese wird hier in der Willensbekanntgabe miterfaßt.

Die besondere Zustellung richtet sich nach den Vorschriften des Verwaltungszustellungsgesetzes (§ 122 Abs. 5 Satz 2 AO). Dieses Gesetz sieht folgende Arten der Zustellung vor:

- Zustellung mit Postzustellungsurkunde (§ 3 VwZG),
- Zustellung durch eingeschriebenen Brief (§ 4 VwZG),
- Zustellung durch die Behörde gegen Empfangsbekenntnis (§ 5 VwZG),
- Zustellung durch die Behörde durch Vorlage der Urschrift (§ 6 VwZG).

Ein Verwaltungsakt wird mit dem Inhalt wirksam, mit dem er bekanntgegeben wird (§ 124 Abs. 1 Satz 2 AO). Mit der Bekanntgabe entfaltet er *bindende Wirkung*. Das bedeutet, daß ihn die Finanzbehörde nunmehr grundsätzlich *nicht mehr ändern* oder *aufheben* kann. Ausnahmen sind nur dann zulässig, wenn das Gesetz sie ausdrücklich vorsieht (§ 124 Abs. 2 AO i.V.m. §§ 129-132 AO). Bindende Wirkung bedeutet weiterhin, daß der Betroffene den Verwaltungsakt *gegen sich gelten lassen muß*. Er kann ihn lediglich mit dem zulässigen Rechtsbehelf anfechten[27]

Ein Verwaltungsakt ist grundsätzlich dem Beteiligten bekanntzugeben, für den er bestimmt ist oder der von ihm betroffen wird. Die Bekanntgabe kann aber auch gegenüber einem Bevollmächtigten des Beteiligten, z.B. seinem Steuerberater, erfolgen (§ 122 Abs. 1 AO).

3.3 Ermittlungsverfahren

3.3.1 Untersuchungsgrundsatz, Mitwirkung anderer Behörden

Das Ermittlungsverfahren dient der Ermittlung der Besteuerungsgrundlagen, d.h. der rechtlichen und tatsächlichen Verhältnisse, die für die Bemessung der Steuer maßgebend sind. Das Ermittlungsverfahren wird beherrscht von dem **Untersuchungsgrundsatz**, der besagt, daß die Finanzbehörde den Sachverhalt von Amts wegen zu ermitteln hat (§ 88 Abs. 1 AO). Die Finanzbehörde muß alle für den Einzelfall bedeutsamen Umstände berücksichtigen, und zwar sowohl *zugunsten* als auch *zuungunsten* des Steuerpflichtigen (§ 88 Abs. 2 AO). Es gilt also weder „in dubio pro fisco" noch „in dubio contra fiscum".

Erste Folgerung aus dem Untersuchungsgrundsatz ist, daß die Finanzbehörde versuchen muß, *alle Steuerpflichtigen* und *alle der Besteuerung unterliegenden Vorgänge* zu erfassen. Dies geschieht zunächst dadurch, daß die einzelnen Finanzämter die ihnen bekannten Steuerpflichtigen datenmäßig erfassen, ihnen Steuernummern geben, die fortan die Funktion von Aktenzeichen haben und entsprechende Steuerakten anlegen. Sofern die Steuerpflichtigen einer jährlich festzusetzenden Steuer unterliegen, hat das zuständige Finanzamt nunmehr die Aufgabe,

---

[27] Hinweis auf Gliederungspunkt 3.7.

3 Das Besteuerungsverfahren

den Eingang der ausgefüllten Erklärungen zu überwachen[28]. Zur Sicherstellung der Erfassung aller Steuerpflichtigen und aller der Besteuerung unterliegenden Vorgänge bedient sich die Finanzbehörde der *Hilfe anderer Behörden*. So führen in größeren Zeitabständen die Gemeinden im Wege der *Amtshilfe* für die Finanzämter eine *Personenstands- und Betriebsaufnahme* durch. Mit Hilfe einer derartigen Erhebung sollen möglichst alle Personen und Unternehmen, die der Besteuerung unterliegen, erfaßt werden (§ 134 Abs. 1 AO).

Die Ergebnisse der Personenstands- und Betriebsaufnahme sind durch Geburten und Sterbefälle, durch Zu- und Wegzüge natürlicher Personen sowie durch Gründungen und Liquidationen von Betrieben schnell veraltet. Um dennoch die Steuerpflichtigen möglichst lückenlos erfassen zu können, sind die *Meldebehörden* nach § 136 AO verpflichtet, die ihnen nach den Vorschriften über das Meldewesen der Länder bekanntgewordenen *Änderungen* den zuständigen Finanzämtern mitzuteilen.

3.3.2 Mitwirkungspflichten des Steuerpflichtigen

3.3.2.1 Generelle Regelung der Mitwirkungspflichten

In aller Regel kann die Finanzbehörde einen steuerlich bedeutsamen Sachverhalt nicht ohne Hilfe des Steuerpflichtigen ermitteln. Aus diesem Grunde sind nach § 90 Abs. 1 AO alle Beteiligten am Besteuerungsverfahren - in erster Linie also die betroffenen Steuerpflichtigen selbst - zur *Mitwirkung bei der Ermittlung des steuerlich relevanten Sachverhalts* verpflichtet. Insbesondere haben sie die für die Besteuerung erheblichen Tatsachen *vollständig* und *wahrheitsgemäß* offenzulegen und die ihnen bekannten *Beweismittel* anzugeben. Der Umfang ihrer Pflichten richtet sich nach den Umständen des Einzelfalls.

Diese generelle Regelung der Mitwirkungspflichten wird ergänzt durch eine Reihe von Spezialnormen. Nachfolgend kann nur kurz auf einige wenige Mitwirkungspflichten eingegangen werden.

3.3.2.2 Mitteilungspflichten zur steuerlichen Erfassung

Wer einen Betrieb der Land- und Forstwirtschaft oder einen gewerblichen *Betrieb eröffnet*, hat dies gem. § 138 Abs. 1 AO der Gemeinde, in der der Betrieb eröffnet wird, mitzuteilen. Wer eine freiberufliche Tätigkeit aufnimmt, hat dies dem zuständigen Finanzamt mitzuteilen. In gleicher Weise mitteilungspflichtig wie die Eröffnung sind die *Verlegung* und die *Aufgabe eines Betriebes* oder einer freiberuflichen Tätigkeit.

---

[28] Vgl. Gliederungspunkt 3.3.2.3.

Mitteilungspflichtig nach § 138 Abs. 1 AO sind auch die Eröffnung, Verlegung und Aufgabe einer Betriebsstätte. *Betriebsstätte* ist gem. § 12 AO jede feste Geschäftseinrichtung oder Anlage, die der Tätigkeit eines Unternehmens dient.

Betriebsstätten sind vor allem

- die Stätte der Geschäftsleitung,
- Zweigniederlassungen,
- Geschäftsstellen,
- Fabrikations- oder Werkstätten,
- Warenlager und
- Ein- oder Verkaufsstellen.

§ 138 Abs. 1 AO erfaßt die Gründung usw. eines Betriebes durch *natürliche Personen* und *Personengemeinschaften*. Zu den Personengemeinschaften gehören vor allem die Personenhandelsgesellschaften. Steuerpflichtige, die weder natürliche Personen noch Personengemeinschaften natürlicher Personen sind, fallen hingegen nicht unter die Anzeigepflicht des § 138 AO. Diese Steuerpflichtigen müssen aber den Anzeigepflichten gem. § 137 AO nachkommen. Bei diesen Steuerpflichtigen handelt es sich vor allem um *Kapitalgesellschaften*. Steuerpflichtige, die unter § 137 AO fallen, haben dem zuständigen Finanzamt und der zuständigen Gemeinde die für ihre steuerliche Erfassung bedeutsamen Umstände mitzuteilen. Anzeigepflichtig sind vor allem *Gründung, Erwerb der Rechtsfähigkeit, Änderungen der Rechtsform, Verlegung des Sitzes oder des Ortes der Geschäftsleitung und Auflösung*.

3.3.2.3 Pflicht zur Abgabe von Steuererklärungen

Die wichtigste der speziellen Pflichten ist zweifellos die zur Abgabe von Steuererklärungen. *Wer zur Abgabe einer Steuererklärung verpflichtet ist, bestimmt sich gem. § 149 Abs. 1 AO nach den Vorschriften der Einzelsteuergesetze.* So hat z.B. nach § 18 Abs. 3 UStG grundsätzlich jeder Unternehmer nach Ablauf eines Kalenderjahres für diesen Zeitraum eine Umsatzsteuererklärung abzugeben.

Aus § 150 Abs. 1 AO und den Einzelsteuergesetzen ergibt sich, daß die Steuererklärungen den amtlich vorgeschriebenen Vordrucken entsprechen müssen. Die Steuerpflichtigen, die nach den Erfahrungen der vergangenen Jahre Steuererklärungen abzugeben haben, werden von den Finanzbehörden datenmäßig erfaßt. Hierdurch kann eine Übersendung der erforderlichen Erklärungsvordrucke an diesen Personenkreis durch die Finanzverwaltung ohne Schwierigkeiten gewährleistet werden.

Steuerberater und -bevollmächtigte sind in den letzten Jahrzehnten in immer stärkerem Maße dazu übergegangen, die Steuererklärungen ihrer Mandanten nicht mehr selbst auszufüllen bzw. durch ihre Mitarbeiter ausfüllen zu lassen, sondern die entsprechenden Erklärungen mit Hilfe einer EDV-Anlage zu erstellen oder unter Zwischenschaltung eines Rechenzentrums erstellen zu lassen. Diese Vorgehensweise ist rechtlich zulässig, da die Einzelsteuergesetze nicht die Verwendung der vom Finanzamt übersandten Vordrucke verlangen, sondern lediglich die Abgabe von Erklärungen *nach* amtlich vorgeschriebenem Vordruck fordern.

Steuererklärungen, die sich auf ein Kalenderjahr oder einen gesetzlich bestimmten Zeitpunkt beziehen, müssen gem. § 149 Abs. 2 AO grundsätzlich innerhalb von fünf Monaten nach diesem Kalenderjahr bzw. nach diesem Zeitpunkt eingereicht werden. Diese Vorschrift ist in der Praxis nicht realisierbar, vor allem deshalb nicht, weil Steuerberater und -bevollmächtigte nicht innerhalb von fünf Monaten ihr gesamtes Jahresprogramm an Steuererklärungen abwickeln können. Aus diesem Grunde werden den Beratern ständig erheblich längere Fristen eingeräumt. Fristverlängerungen bis zum 28. Februar des übernächsten auf den Veranlagungszeitraum folgenden Jahres sind keine Seltenheit. Fristverlängerungen liegen nach § 109 Abs. 1 AO im pflichtgemäßen Ermessen der Finanzbehörde.

Die Angaben in den Steuererklärungen sind *wahrheitsgemäß* nach bestem Wissen und Gewissen zu machen (§ 150 Abs. 2 AO). Der Steuerpflichtige muß die Erklärungen *eigenhändig unterschreiben*. Die Unterschrift eines Bevollmächtigten, also etwa des Steuerberaters, reicht regelmäßig nicht aus (§ 150 Abs. 3 AO).

Kommt ein Steuerpflichtiger seiner Verpflichtung zur Abgabe einer Steuererklärung nicht oder verspätet nach, so kann das Finanzamt gegen ihn einen *Verspätungszuschlag* festsetzen (§ 152 Abs. 1 AO). Der Verspätungszuschlag darf 10 % der festgesetzten Steuer nicht übersteigen und höchstens 10.000 DM betragen (§ 152 Abs. 2 AO). Die Festsetzung eines Verspätungszuschlags hat den Zweck, den Steuerpflichtigen zur rechtzeitigen Abgabe seiner Steuererklärungen in den Folgejahren anzuhalten. Bei der Bemessung der Höhe des Verspätungszuschlags sind u.a. die Dauer der Fristüberschreitung und die aus der verspäteten Abgabe der Erklärung gezogenen Vorteile zu berücksichtigen.

Kann das Finanzamt die Besteuerungsgrundlagen nicht ermitteln, weil der Steuerpflichtige z.B. keine oder eine unbrauchbare Steuererklärung abgibt, so hat es gem. § 162 AO die Besteuerungsgrundlagen nach pflichtgemäßem Ermessen zu schätzen *(Schätzung)*.

3.3.2.4 Auskunftspflicht und Pflicht zur Vorlage von Urkunden

Zur Feststellung eines für die Besteuerung erheblichen Sachverhalts können die Finanzbehörden von den Steuerpflichtigen *Auskünfte* verlangen (§ 93 Abs. 1 AO). Auskunftsersuchen ergeben sich besonders häufig im Verlaufe der Bearbeitung von Steuererklärungen. Sie ergehen häufig schriftlich und werden dann meistens in derselben Weise von dem Steuerpflichtigen oder seinem Berater beantwortet. Der Steuerpflichtige oder sein Berater hat die Auskünfte wahrheitsgemäß nach bestem Wissen und Gewissen zu erteilen (§ 93 Abs. 3 AO).

Die Finanzbehörde kann von den Steuerpflichtigen die *Vorlage von Büchern, Aufzeichnungen, Geschäftspapieren und anderen Urkunden* zur Einsicht und Prüfung verlangen (§ 97 Abs. 1 AO). Das gilt uneingeschränkt in den Fällen, in denen der Steuerpflichtige eine Steuervergünstigung geltend macht sowie in denjenigen, in denen die Finanzbehörde eine Außenprüfung nicht durchführen will oder wenn sie wegen erheblicher steuerlicher Auswirkungen eine baldige Klärung der offenen Fragen für geboten hält (§ 97 Abs. 2 AO). In anderen Fällen soll die Finanzbehörde die Vorlage von Büchern usw. erst dann verlangen, wenn der Steuerpflichtige eine Auskunft nicht erteilt hat oder wenn Bedenken gegen ihre Richtigkeit bestehen.

3.3.2.5 Buchführungs-, Aufzeichnungs- und Aufbewahrungspflichten

Eng mit der Pflicht zur Erstellung und Abgabe von Steuererklärungen hängen die **Buchführungs-, Aufzeichnungs-** und **Aufbewahrungspflichten** der §§ 140-148 AO zusammen. Sie dienen der Ermittlung und der Überprüfbarkeit der von dem Steuerpflichtigen in seinen Steuererklärungen zu deklarierenden Besteuerungsgrundlagen.

Auf die Buchführungspflichten ist in Teil II dieses Buches näher eingegangen worden[29].

3.3.3 Mitwirkungspflichten anderer Personen

In bestimmten in den Steuergesetzen näher definierten Fällen, kann die Finanzbehörde auch andere Personen als die Steuerpflichtigen bzw. deren Berater zur *Mitwirkung* am Besteuerungsverfahren verpflichten.

So kann die Behörde nach § 93 Abs. 1 AO andere Personen zur Auskunft über einen für die Besteuerung erheblichen Sachverhalt verpflichten. Dies soll aber erst dann geschehen, wenn ein Auskunftsersuchen an den Steuerpflichtigen selbst nicht zum Ziele geführt hat oder keinen Erfolg verspricht. Nicht alle Personen können nach § 93 AO zur Auskunft verpflichtet werden. Vielmehr gibt es für bestimmte Personen und Personengruppen ein *Auskunftsverweigerungsrecht*, so nach § 102 Abs. 1 AO u.a. für Geistliche, Steuerberater und Ärzte. Nach § 97 Abs. 1 AO kann die Finanzbehörde andere Personen als den Steuerpflichtigen zur Vorlage von Urkunden verpflichten. Auch dies soll aber erst dann geschehen, wenn Auskunftsersuchen an den Steuerpflichtigen nicht zum Erfolg geführt haben oder Zweifel an der Richtigkeit der erteilten Auskünfte bestehen (§ 97 Abs. 2 AO).

Mitwirkungspflichten ergeben sich aus § 135 AO bei der Personenstands- und Betriebsaufnahme für Grundstückseigentümer, Wohnungsinhaber und die Inhaber von Geschäftsräumen.

Aus mehreren Einzelsteuergesetzen ergeben sich für bestimmte Berufsgruppen besondere Mitwirkungspflichten. Das gilt insbesondere für Notare. Auf einige dieser Mitwirkungspflichten ist an früheren Stellen eingegangen worden[30].

---

[29] Vgl. Teil II, Gliederungspunkt 2.2.1.3.2.
[30] Vgl. Teil IV, Gliederungspunkt 4.6.

3.3.4 Außenprüfung und Steuerfahndung

Unter den Voraussetzungen des § 193 AO kann das Finanzamt bei den Steuerpflichtigen **Außenprüfungen** durchführen. Mit ihrer Hilfe soll die Behörde feststellen, ob der geprüfte Steuerpflichtige in der Vergangenheit seine Steuerbemessungsgrundlagen den Gesetzen entsprechend ermittelt und erklärt hat. Die Außenprüfung kann somit dem Ermittlungsverfahren zugerechnet werden.

Eine Außenprüfung ist in erster Linie zulässig bei allen Steuerpflichtigen, die einen gewerblichen oder land- und forstwirtschaftlichen Betrieb unterhalten oder die freiberuflich tätig sind (§ 193 Abs. 1 AO)[31]. Prüfungen bei derartigen Steuerpflichtigen werden gem. § 2 Abs. 1 BpO als **Betriebsprüfungen** bezeichnet. Bei anderen Steuerpflichtigen ist eine Außenprüfung grundsätzlich nur dann zulässig, wenn die für die Besteuerung erheblichen Verhältnisse der Aufklärung bedürfen und eine Prüfung an Amtstelle nach Art und Umfang des zu prüfenden Sachverhalts nicht zweckmäßig ist (§ 193 Abs. 2 Nr. 2 AO).

Der sachliche Prüfungsumfang ergibt sich aus § 194 AO. Die Prüfung kann eine oder mehrere Steuerarten und einen oder mehrere Besteuerungszeiträume umfassen. Sie kann sich aber auch auf einzelne Sachverhalte beschränken. Bei Großbetrieben soll der Prüfungszeitraum an den vorhergehenden Prüfungszeitraum anschließen (§ 4 Abs. 2 BpO). Bei anderen Betrieben soll sich die Prüfung nur auf die drei letzten Veranlagungszeiträume, für die Ertragsteuererklärungen abgegeben worden sind, erstrecken (§ 4 Abs. 3 BpO).

Der Umfang der Prüfung ist dem Steuerpflichtigen in einer schriftlichen Prüfungsanordnung bekanntzugeben (§ 196 AO). Bei der Prüfung hat der Steuerpflichtige gem. § 200 AO *mitzuwirken*. So hat er z.B. Aufzeichnungen, Bücher und andere Unterlagen zur Prüfung vorzulegen und Auskünfte zu erteilen.

Über das Ergebnis der Prüfung ist grundsätzlich eine Besprechung (**Schlußbesprechung**) abzuhalten (§ 201 AO). Sinn der Schlußbesprechung ist es, hinsichtlich der Prüfungsfeststellungen zu einer einheitlichen Ansicht zu kommen, um so spätere Rechtsbehelfe möglichst zu vermeiden.

Über das Ergebnis der Prüfung ergeht ein **schriftlicher Prüfungsbericht** (§ 202 Abs. 1 AO). Die Finanzbehörde hat dem Steuerpflichtigen auf Antrag den Prüfungsbericht vor seiner Auswertung zu übersenden und ihm Gelegenheit zu geben, in angemessener Zeit dazu Stellung zu nehmen (§ 202 Abs. 2 AO). Auch durch diese Maßnahme sollen vermeidbare Rechtsbehelfe vermieden werden.

Nach einer Außenprüfung soll die Finanzbehörde dem Steuerpflichtigen *auf Antrag verbindlich zusagen*, wie ein für die Vergangenheit geprüfter und im Prü-

---

31 Die Definition der land- und forstwirtschaftlichen und der gewerblichen Betriebe sowie der freiberuflichen Tätigkeit entspricht derjenigen im Einkommensteuerrecht. Vgl. in diesem Zusammenhang Teil II, Gliederungspunkt 2.2.1.2.1. bis 2.2.1.2.3.

fungsbericht dargestellter Sachverhalt in Zukunft steuerlich behandelt wird. Voraussetzung ist allerdings, daß die *Zusage* für die geschäftlichen Maßnahmen von Bedeutung ist (§ 204 AO). Die Form der verbindlichen Zusage ist in § 205 AO geregelt.

Eine verbindliche Zusage bindet die Finanzbehörde nur dann für die Zukunft, wenn sich der später verwirklichte Sachverhalt mit dem der verbindlichen Zusage zugrunde gelegten Sachverhalt deckt (§ 206 Abs. 1 AO). Ist diese Voraussetzung erfüllt, so kann die Behörde die Zusage grundsätzlich für die Zukunft, nicht hingegen für die Vergangenheit aufheben oder ändern (§ 207 Abs. 2 AO). Eine Ausnahme ist nur dann möglich, wenn der Steuerpflichtige zustimmt oder wenn die Zusage ein rechtswidriger Verwaltungsakt i.S.d. § 130 Abs. 2 Nr. 1 oder 2 AO war (§ 207 Abs. 3 AO). Letzteres ist z.B. dann der Fall, wenn die Zusage auf einer arglistigen Täuschung des Finanzamts durch den Steuerpflichtigen beruht.

Neben der Außenprüfung gibt es die **Steuerfahndung** (§ 208 AO). Sie hat aber andere Aufgaben. Sie dient der Erforschung von *Steuerstraftaten* (§§ 369-376 AO) und *Steuerordnungswidrigkeiten* (§§ 377-384 AO). Ferner ist es ihre Aufgabe, dem Finanzamt *unbekannte Steuerfälle* aufzudecken (§ 208 Abs. 1 Nr. 3 AO).

Die Steuerfahndung hat außerordentlich weitgehende Befugnisse, die sich im einzelnen aus den §§ 208 Abs. 1 und 404 AO ergeben.

3.4 Festsetzungs- und Feststellungsverfahren

3.4.1 Einführung, allgemeine Vorschriften, Festsetzungsverjährung

Ein Anspruch aus einem Steuerschuldverhältnis[32] entsteht kraft Gesetzes (§ 38 AO). Konkretisiert wird er aber erst durch die Steuerfestsetzung (**Festsetzungsverfahren**). Erst nach der Steuerfestsetzung besteht für den Steuerschuldner eine Zahlungsverpflichtung.

Steuern werden von der Finanzbehörde grundsätzlich durch Steuerbescheid festgesetzt (§ 155 Abs. 1 Satz 1 AO). In einzelnen im Gesetz genau festgelegten Fällen ist eine Steuerfestsetzung ausnahmsweise nicht erforderlich. Das gilt insbesondere in den Fällen, in denen der Steuerpflichtige eine *Steueranmeldung* abzugeben hat (§ 167 AO). Zu den Steueranmeldungen zählen vor allem die *Lohn- und Kapitalertragsteueranmeldung* sowie die *Umsatzsteuervoranmeldung*.

Eine Steuerfestsetzung ist nach § 169 Abs. 1 AO unzulässig, wenn die *Steuerfestsetzungsfrist* abgelaufen ist, d.h. wenn **Festsetzungsverjährung** eingetreten ist. Die Festsetzungsfrist beträgt für Zölle und Verbrauchsteuern ein Jahr und für die übrigen Steuern vier Jahre. Die Festsetzungsfrist verlängert sich auf zehn Jahre, soweit eine Steuer hinterzogen und auf fünf Jahre, soweit sie leichtfertig verkürzt

---

[32] Zum Begriff des Steuerschuldverhältnisses s. Teil I, Gliederungspunkt 3.2.

worden ist (§ 169 Abs. 2 AO)[33]. Die §§ 170 und 171 AO enthalten umfangreiche Vorschriften über den Beginn der Festsetzungsfrist und über Ablaufhemmungen, d.h. über Unterbrechungen des Ablaufs von Festsetzungsfristen aufgrund besonderer Ereignisse, z.B. höherer Gewalt. Auf diese Vorschriften wird hier nicht näher eingegangen.

3.4.2 Steuerbescheide

Steuerbescheide sind grundsätzlich schriftlich zu erteilen (§ 157 Abs. 1 Satz 1 AO). Eine mündliche Bescheiderteilung ist nur in Ausnahmefällen zulässig, und zwar nur dann, wenn dies gesetzlich ausdrücklich vorgesehen ist. So kann z.B. nach Art. 221 Abs. 1 ZK der Zoll schriftlich oder mündlich angefordert werden.

Schriftliche Steuerbescheide müssen gem. § 157 Abs. 1 Satz 2 AO

1. *die festgesetzte Steuer nach Art und Betrag bezeichnen* und
2. *den Steuerschuldner angeben.*

Ist eine dieser Voraussetzungen nicht erfüllt, so liegt keine Steuerfestsetzung vor. Hingegen ist es nicht erforderlich, daß der Bescheid unterschrieben ist (§ 119 Abs. 4 AO). Hierdurch werden die heute üblichen EDV-Bescheide ermöglicht.

Jedem Steuerbescheid ist eine Rechtsbehelfsbelehrung beizufügen (§ 157 Abs. 1 Satz 3 AO), d.h. eine Belehrung darüber, wie der Steuerpflichtige sich gegen den Bescheid zur Wehr setzen kann. Fehlt eine Rechtsbehelfsbelehrung, so ist der Bescheid dennoch wirksam. Es treten dann aber Rechtsfolgen ein, die an späterer Stelle[34] besprochen werden.

Förmliche Steuerbescheide sind, wie alle schriftlichen Verwaltungsakte, *schriftlich* zu begründen, soweit dies zum Verständnis des Bescheids erforderlich ist (§ 121 Abs. 1 AO). Dies geschieht regelmäßig durch Nennung der Besteuerungsgrundlagen. Zu den Besteuerungsgrundlagen eines Einkommensteuerbescheides gehören z.B. die einzelnen Einkünfte, zu den Besteuerungsgrundlagen eines Umsatzsteuerbescheides die der Besteuerung zugrundeliegenden Umsätze.

Weicht der Steuerbescheid hinsichtlich einzelner Bemessungsgrundlagen von der Erklärung des Steuerpflichtigen ab, so ist dies zu begründen. Ist eine erforderliche Begründung unterblieben, so kann dieser Mangel gemäß § 126 Abs. 1 Nr. 2 AO bis zum Abschluß eines außergerichtlichen Rechtsbehelfsverfahrens geheilt werden.

---

33 Hinsichtlich der Begriffe der Steuerhinterziehung und der leichtfertigen Steuerverkürzung wird auf Gliederungspunkt 3.8 verwiesen.
34 Vgl. Gliederungspunkt 3.7.2.3.

Keine Bestandteile des Steuerbescheides - obwohl auf demselben Blatt Papier ausgedruckt - sind

- *Abrechnungen der Finanzkasse, z.B. Anrechnungen von Vorauszahlungen,* und
- *Anrechnungen von Steuerabzugsbeträgen auf die Steuerschuld.*

Es handelt sich also um gesonderte Steuerverwaltungsakte, die äußerlich mit dem Steuerbescheid verbunden sind. Dies hat zur Folge, daß der Steuerpflichtige gegen eine zu seinen Ungunsten falsche Abrechnung der Finanzkasse oder eine zu geringe Anrechnung von Vorauszahlungen oder Steuerabzugsbeträgen keinen Rechtsbehelf einzulegen braucht. Er kann vielmehr ohne Wahrung der für Rechtsbehelfe geltenden Formen und Fristen Richtigstellung begehren.

Bei einigen Steuerarten, so z.B. der Einkommensteuer, weist der EDV-Ausdruck, der den Steuerbescheid für ein vergangenes Jahr enthält, auch Vorauszahlungen auf, die der Steuerpflichtige von nun an zu entrichten hat. Diese Festsetzung der Vorauszahlungen ist nicht Teil des Steuerbescheides für das abgelaufene Jahr, sondern stellt einen *gesonderten* **Vorauszahlungsbescheid** dar. *Steuerbescheid und Vorauszahlungsbescheid sind gesondert voneinander mit Rechtsbehelfen anfechtbar.*

Schulden mehrere Steuerpflichtige eine Steuer als Gesamtschuldner, so können gegen sie *zusammengefaßte Steuerbescheide* ergehen (§ 155 Abs. 3 Satz 1 AO). Am häufigsten kommen zusammengefaßte Steuerbescheide bei der Zusammenveranlagung von Ehegatten zur Einkommensteuer vor.

Zusammengefaßte Steuerbescheide sind nicht mit den Feststellungsbescheiden zu verwechseln, die nachfolgend behandelt werden.

3.4.3 Feststellungsbescheide

Die *Feststellung der Besteuerungsgrundlagen* bildet gemäß § 157 Abs. 2 AO einen *unselbständigen* Teil des Steuerbescheides. Die Besteuerungsgrundlagen werden weder für den Steuerpflichtigen noch für die Behörde bindend festgesetzt. Bindung *(Bestandskraft)* entsteht lediglich hinsichtlich der festgesetzten Steuerschuld, *nicht* hingegen hinsichtlich der Besteuerungsgrundlagen.

Das hat u.a. zur Folge, daß der Steuerpflichtige mit einem Rechtsbehelf grundsätzlich nur die *Höhe der Steuerschuld,* nicht hingegen die *Besteuerungsgrundlagen* anfechten kann. Ganz anders verhält es sich bei Feststellungsbescheiden. *Abweichend von § 157 Abs. 2 AO werden bei* **Feststellungsbescheiden** *die Besteuerungsgrundlagen gesondert festgestellt.* Steuerschulden werden in Feststellungsbescheiden hingegen nicht festgesetzt. Mit Hilfe von Feststellungsbescheiden findet eine gesonderte, d.h. vom Steuerfestsetzungsverfahren getrennte Feststellung von Besteuerungsgrundlagen statt. Es wird deshalb auch von einer *gesonderten Feststellung der Besteuerungsgrundlagen* gesprochen.

Gesondert und *einheitlich* wird eine Feststellung dann genannt, wenn der Gegenstand der Besteuerung mehreren Personen zuzurechnen ist (§ 179 Abs. 2 Satz 2

3 Das Besteuerungsverfahren

AO). Gesondert festgestellt werden gemäß § 180 Abs. 1 AO insbesondere die einkommen- und körperschaftsteuerlichen *Einkünfte*, wenn an den Einkünften *mehrere Personen beteiligt* sind und die Einkünfte diesen Personen steuerlich zuzurechnen sind.

Beispiel

A und seine beiden Kinder B und C sind Gesellschafter der X-KG. Die Einkünfte aus Gewerbebetrieb werden - soweit sie von der X-KG stammen - gesondert und einheitlich für alle Gesellschafter festgestellt. In dem Feststellungsbescheid wird zunächst der Gewinn festgestellt. Dieser wird anschließend auf die Gesellschafter verteilt.

Auf die gesonderte Feststellung von Besteuerungsgrundlagen finden die Vorschriften über die Steuerfestsetzung sinngemäß Anwendung (§ 181 Abs. 1 AO). *Feststellungsbescheide sind für Steuerbescheide, die auf ihnen aufbauen, bindend (§ 182 Abs. 1 AO)*. Die Feststellungsbescheide werden wegen dieser Bindungswirkung auch **Grundlagenbescheide**, die auf ihnen aufbauenden Bescheide werden **Folgebescheide** genannt.

Beispiel

A und B sind Gesellschafter der Y-OHG. In dem gesonderten und einheitlichen Gewinnfeststellungsbescheid für das Jahr 01 wird der Gewinn der OHG auf 400.000 DM festgestellt und den Gesellschaftern A und B mit je 200.000 DM zugerechnet. Den Gewinnanteil von 200.000 DM übernimmt das für A zuständige Finanzamt in dessen Einkommensteuerbescheid. Im Rechtsbehelfsverfahren gegen den Einkommensteuerbescheid wendet sich A gegen die Höhe seines Gewinnanteils an der Y-OHG. Er ist der Ansicht, sein Gewinnanteil betrage lediglich 5.000 DM.

Der Feststellungsbescheid ist für den Einkommensteuerbescheid des A bindend. Will A gegen die Höhe seines Gewinnanteils vorgehen, so muß er einen Rechtsbehelf gegen den Feststellungsbescheid und nicht gegen den Einkommensteuerbescheid einlegen.

Will A außerdem die Höhe seiner Einkünfte aus Kapitalvermögen oder seiner Sonderausgaben angreifen, so muß er insoweit zusätzlich Rechtsbehelf gegen den Einkommensteuerbescheid einlegen.

Liegen die Voraussetzungen für eine *gesonderte und einheitliche Feststellung* vor, so sollen die Gesellschafter oder Gemeinschafter *(Feststellungsbeteiligte)* einen *gemeinsamen Empfangsbevollmächtigten* bestellen. Seine Aufgabe ist es, alle Verwaltungsakte und Mitteilungen in Empfang zu nehmen, die mit dem Feststellungsverfahren zusammenhängen (§ 183 Abs. 1 Satz 1 AO). Ist ein gemeinsamer Empfangsbevollmächtigter nicht benannt, so gilt ein zur Vertretung der Gesellschaft oder der Feststellungsbeteiligten oder ein zur Verwaltung des Gegenstandes der Feststellung Berechtigter als Empfangsbevollmächtigter (§ 183 Abs. 1 Satz 2 AO). Die Finanzbehörde braucht somit auch dann Verwaltungsakte nur an eine Person zu adressieren, wenn die Gesellschaft oder Gemeinschaft keinen Empfangsbevollmächtigten benennt.

Beispiel

Die Z-OHG besteht aus den Gesellschaftern A, B, C und D. Diese reagieren nicht auf mehrfache Aufforderungen des Finanzamtes, einen Empfangsbevollmächtigten zu benennen. Das Finanzamt behandelt nunmehr den A als Empfangsbevollmächtigten.

3.4.4 Steuermeßbescheide

Steuermeßbescheide bilden die *Grundlage* für die Festsetzung der *Realsteuern*, d.h. der Gewerbe- und der Grundsteuer (§ 3 Abs. 2 AO). Sowohl das GewStG als auch das GrStG sehen die Festsetzung von Steuermeßbeträgen vor[35]. Dies geschieht mit Hilfe von Steuermeßbescheiden (§ 184 Abs. 1 Satz 1 AO).

Der Gewerbesteuermeßbescheid ist *Grundlagenbescheid* für den Gewerbesteuerbescheid. Gleiches gilt für das Verhältnis von Grundsteuermeßbescheid und Grundsteuerbescheid zueinander (§ 184 Abs. 1 Satz 4 i.V.m. § 182 AO).

Beispiel

Einwendungen gegen die Höhe des Gewinns aus Gewerbebetrieb sind gegen den Gewerbesteuermeßbescheid und nicht gegen den Gewerbesteuerbescheid zu richten.

Einzelne in einem Meßbescheid enthaltene Besteuerungsgrundlagen können ihrerseits auf einem Feststellungsbescheid beruhen, der insoweit Grundlagenbescheid für den Meßbescheid ist (§ 182 Abs. 1 AO).

3.4.5 Steuerfestsetzung unter dem Vorbehalt der Nachprüfung

Steuern können, solange die Finanzbehörde den Steuerfall nicht abschließend geprüft hat, unter dem Vorbehalt der Nachprüfung festgesetzt werden **(Vorbehaltsfestsetzung)**, ohne daß dies einer Begründung bedarf (§ 164 Abs. 1 Satz 1 AO). Der Vorbehalt hat zur Folge, daß die Steuerfestsetzung jederzeit aufgehoben oder geändert werden kann (§ 164 Abs. 2 Satz 1 AO).

Die Vorbehaltsfestsetzung dient der *Beschleunigung* der Steuerfestsetzung. Sie soll es der Finanzbehörde ermöglichen, ohne Gefahr eines endgültigen Steuerausfalls die Angaben des Steuerpflichtigen in seiner Steuererklärung zunächst einmal ungeprüft in den Steuerbescheid zu übernehmen. *Der Vorbehalt gibt ihr nämlich das Recht, die Steuerfestsetzung jederzeit in vollem Umfange zu berichtigen (§ 164 Abs. 2 AO).* Die Vorbehaltsfestsetzung vereinfacht zweifellos die Arbeit des Finanzamtes. Nachteilig kann sich allerdings - für den Steuerpflichtigen oder den Fiskus - der durch den Vorbehaltsvermerk hervorgerufene Schwebezustand auswirken. Solange der Vorbehalt wirksam ist, besteht keine Sicherheit über die endgültige Steuerhöhe und damit für den Steuerpflichtigen über die Grundlagen seiner Steuerplanung. Die Sicherheit der Steuerplanung ist somit weit zu Gunsten einer Arbeitsvereinfachung bei den Finanzämtern zurückgedrängt.

Der Steuerpflichtige kann jederzeit die Aufhebung oder Änderung der Steuerfestsetzung beantragen (§ 164 Abs. 2 Satz 2 AO). Die Entscheidung hierüber kann jedoch bis zur abschließenden Prüfung des Steuerfalls, die innerhalb angemessener Frist vorzunehmen ist, hinausgeschoben werden (§ 164 Abs. 2 Satz 3 AO).

---

[35] Vgl. Teil II, Gliederungspunkt 4.4 und Teil IV Gliederungspunkt 3.1.

Die Frage, was unter „angemessener Frist" zu verstehen ist, kann nicht generell beantwortet werden. Vielmehr sind die Verhältnisse des Einzelfalls maßgebend.

Der Vorbehalt der Nachprüfung kann jederzeit aufgehoben werden (§ 164 Abs. 3 Satz 1 AO). Der bisher mit einem Vorbehalt versehene Bescheid wird damit zu einem Bescheid ohne Vorbehalt (§ 164 Abs. 3 Satz 2 AO).

Die Behörde muß den Vorbehalt aufheben, wenn der Steuerfall abschließend geprüft ist (§ 164 Abs. 1 Satz 1 AO). Das ist insbesondere nach einer Außenprüfung der Fall (§ 164 Abs. 3 Satz 3 AO).

Führt eine Außenprüfung zu einer Änderung der Steuerfestsetzung, so darf die geänderte Festsetzung dann nicht unter dem Vorbehalt der Nachprüfung ergehen, wenn es sich bei der Außenprüfung um eine *abschließende Prüfung* handelt. Ob dies der Fall ist, ergibt sich aus dem Inhalt der Prüfungsanordnung. Auch in den Fällen, in denen die Finanzbehörde zulässigerweise nach einer Außenprüfung eine erneute Vorbehaltsfestsetzung vornimmt, kann sie den aufgrund der Außenprüfung ergangenen Steuerbescheid nur aufheben, wenn eine Steuerhinterziehung i.S.d. § 370 AO oder leichtfertige Steuerverkürzung i.S.d. § 378 AO vorliegt (§ 173 Abs. 2 AO)[36].

Der Vorbehalt der Nachprüfung *entfällt* spätestens dann, und zwar kraft Gesetzes, d.h. ohne ausdrückliche Aufhebung durch die Finanzbehörde, wenn die Festsetzungfrist (§ 169 AO) abläuft (§ 164 Abs. 4 Satz 1 AO). Nach Eintritt der Festsetzungsverjährung kann die Behörde also die Steuerfestsetzung nicht mehr ändern.

3.4.6 Vorläufige Steuerfestsetzung und Aussetzung der Steuerfestsetzung

Eine Steuer kann insoweit vorläufig festgesetzt werden (**vorläufige Steuerfestsetzung**), als *ungewiß* ist, ob und inwieweit die Voraussetzungen für ihre Entstehung eingetreten sind (§ 165 Abs. 1 Satz 1 AO). Voraussetzung einer vorläufigen Steuerfestsetzung ist also, daß Ungewißheit über die Besteuerungsgrundlagen besteht. Nur insoweit, als Ungewißheit besteht, darf eine Vorläufigkeitserklärung erfolgen.

Soweit die Vorläufigkeit reicht, tritt keine endgültige Bindung an die Steuerfestsetzung ein. In allen anderen Punkten ist der Bescheid endgültig, d.h. er kann von der Behörde nur noch unter den engen Voraussetzungen der Berichtigungsvorschriften[37] geändert werden, sofern der Bescheid keinen Vorbehaltsvermerk nach § 164 AO trägt.

Ungewißheit über die Besteuerungsgrundlagen *bedeutet*, daß im Zeitpunkt der Steuerfestsetzung *zwar der der Besteuerung zugrundeliegende Sachverhalt bereits verwirklicht ist, dieser sich aber* teilweise oder in vollem Umfang *der Kenntnis der Finanzbehörde entzieht*. Ungewißheit kann auch dadurch bestehen, daß hin-

---

36 Hinsichtlich der Begriffe "Steuerhinterziehung" und "leichtfertige Steuerverkürzung" wird auf Gliederungspunkt 3.8. verwiesen.

37 Hinsichtlich der Berichtigungsvorschriften s. Gliederungspunkt 3.6.5.

sichtlich einer für den *Besteuerungsfall relevanten Rechtsnorm* ein *Verfahren* vor dem *Bundesverfassungsgericht* schwebt. In aller Regel erstreckt sich die Ungewißheit nur auf einzelne Punkte. Der Bescheid darf dann nur hinsichtlich dieser Punkte für vorläufig erklärt werden. Sind im Ausnahmefall alle Besteuerungsgrundlagen ungewiß, so ist die Steuerfestsetzung in vollem Umfange vorläufig vorzunehmen. Ist die Ungewißheit beseitigt, so ist eine vorläufige Steuerfestsetzung aufzuheben, zu ändern oder für endgültig zu erklären (§ 165 Abs. 2 Satz 2 AO).

Beispiele

1. Bei der Veranlagung des A zur Einkommensteuer war dem Finanzamt nicht bekannt, ob A im Veranlagungszeitraum einen Wohnsitz oder gewöhnlichen Aufenthalt im Inland hatte. In einem in vollem Umfang vorläufigen Steuerbescheid behandelte es den A als unbeschränkt einkommensteuerpflichtig. Nach Sachverhaltsklärung stellt sich heraus, daß A weder Wohnsitz noch gewöhnlichen Aufenthalt im Inland hatte, die Voraussetzungen der unbeschränkten Steuerpflicht also nicht erfüllt waren. Das Finanzamt muß nunmehr die Steuerfestsetzung aufheben.

2. Wie Beispiel 1, doch stellt sich heraus, daß A seinen gewöhnlichen Aufenthalt im Inland hatte. Das Finanzamt hat nunmehr den vorläufigen Bescheid für endgültig zu erklären.

3. Bei der Veranlagung zur Einkommensteuer für das Jahr 01 ist ungeklärt, ob dem B Zinseinnahmen von 10.000 DM im Jahre 01 oder erst im Jahre 02 zugeflossen sind, da ihm die entsprechenden Unterlagen abhanden gekommen sind. Das Finanzamt behandelt die 10.000 DM als Einnahmen des Jahres 01 und erklärt den Bescheid hinsichtlich der Einkünfte aus Kapitalvermögen für vorläufig. Nach Beschaffung von Ersatzunterlagen stellt sich heraus, daß der Zufluß erst im Jahre 02 stattgefunden hat. In einem geänderten Bescheid kürzt das Finanzamt daraufhin die Einkünfte aus Kapitalvermögen um 10.000 DM.

Umfang und Grund der Vorläufigkeit sind im Bescheid anzugeben (§ 165 Abs. 1 Satz 3 AO).

Beispiel

Ein Einkommensteuerbescheid enthält den Vermerk „Vorläufig gem. § 165 AO". Hierzu ist weiter ausgeführt: „Der Bescheid ist hinsichtlich der Einkünfte aus Vermietung und Verpachtung vorläufig".

Unter den gleichen Voraussetzungen, unter denen es zulässig ist, eine Steuer vorläufig festzusetzen, kann die Steuerfestsetzung auch ausgesetzt, d.h. bis zur Klärung des Sachverhalts verschoben werden (§ 165 Abs. 1 Satz 3 AO). Ob die Behörde eine vorläufige Veranlagung vornimmt oder die Steuerfestsetzung aussetzt, ist in ihr Ermessen gestellt.

Die Vorschriften über die vorläufige Veranlagung finden auf Feststellungsbescheide und Steuermeßbescheide sinngemäß Anwendung (§§ 181 Abs. 1 und 184 Abs. 1 AO).

3.5 Erhebungsverfahren

3.5.1 Begriff, Fälligkeit

Im **Erhebungsverfahren** werden die Ansprüche aus den Steuerschuldverhältnissen realisiert (§ 218 Abs. 1 AO). Die Ansprüche ergeben sich aus Steuerbescheiden oder aus anderen Steuerverwaltungsakten, wie z.B. Verfügungen über die Festsetzung von Verspätungszuschlägen[38].

Das Finanzamt kann die Erfüllung von Steueransprüchen erst zu deren *Fälligkeitsterminen* verlangen. Die Fälligkeit richtet sich gem. § 220 Abs. 1 AO nach den *Vorschriften der Einzelsteuergesetze*. So sind in § 37 Abs. 1 EStG als Fälligkeitstermine für Einkommensteuer-Vorauszahlungen der 10. März, 10. Juni, 10. September und 10. Dezember eines jeden Jahres festgelegt. Einkommensteuer-Abschlußzahlungen sind nach § 36 Abs. 4 EStG innerhalb eines Monats nach Bekanntgabe des Steuerbescheids zu entrichten.

3.5.2 Stundung

Auf Antrag des Steuerpflichtigen kann die Finanzbehörde Ansprüche aus einem Steuerschuldverhältnis ganz oder teilweise *stunden* (§ 222 AO), d.h. die Fälligkeit hinausschieben. Dies geschieht durch einen besonderen Steuerverwaltungsakt, eine sog. *Stundungsverfügung*. Die Finanzbehörde darf eine Stundung nur dann aussprechen, wenn die Einziehung des Anspruchs bei Fälligkeit für den Schuldner eine *erhebliche Härte* bedeuten würde und der Anspruch durch die Stundung *nicht gefährdet* erscheint. Eine erhebliche Härte ist dann gegeben, wenn der Steuerschuldner durch eine fristgerechte Zahlung in ernsthafte Zahlungsschwierigkeiten kommen würde und diese nicht in zumutbarer Weise vermeidbar wären. Hat der Schuldner ausreichende eigene Mittel oder könnte er die Steuerschulden durch die Aufnahme eines Bankkredits ausgleichen, so liegt i.d.R. keine erhebliche Härte vor. Steueransprüche können nicht gestundet werden, soweit ein Dritter die Steuer für Rechnung des Steuerschuldners zu entrichten, insbesondere einzubehalten und abzuführen hat. Hierbei handelt es sich im wesentlichen um Lohnsteuer.

Für gestundete Ansprüche werden gem. § 234 AO grundsätzlich *Stundungszinsen* erhoben. Die Zinsen betragen nach § 238 AO für jeden vollen Monat 0,5 % des auf 100 DM nach unten abgerundeten gestundeten Betrages.

---

[38] Hinsichtlich der Festsetzung von Verspätungszuschlägen s. Gliederungspunkt 3.3.2.3.

3.5.3 Erlöschen der Ansprüche aus Steuerschuldverhältnissen

3.5.3.1 Überblick, Zahlung, Aufrechnung

Ansprüche aus Steuerschuldverhältnissen *erlöschen* gem. § 47 AO insbesondere durch

- *Zahlung,*
- *Aufrechnung,*
- *Erlaß und*
- *Zahlungsverjährung.*

Ein Erlöschen durch *Zahlung* ist der bei weitem häufigste Fall. Die AO enthält hierzu in den §§ 224, 224a, 225 nähere Regelungen. Schuldet ein Steuerschuldner mehrere Beträge und reicht bei freiwilliger Zahlung (also bei Zahlung ohne Beitreibungsmaßnahmen) der gezahlte Betrag nicht zur Tilgung sämtlicher Schulden, so kann nach § 225 Abs. 1 AO der Schuldner bestimmen, welche Schulden getilgt sein sollen. Trifft er keine Wahl, so bestimmt sich in derartigen Fällen die Tilgung nach § 225 Abs. 2 AO.

Eine *Aufrechnung* zwischen einem Anspruch des Staates aus einem Steuerschuldverhältnis und einem Gegenanspruch des Steuerschuldners kann nur erfolgen, wenn die Voraussetzungen des § 226 AO erfüllt sind. Auf diese Voraussetzungen wird hier nicht eingegangen.

3.5.3.2 Erlaß

Die Finanzbehörden können Ansprüche aus Steuerschuldverhältnissen ganz oder zum Teil *erlassen.* Voraussetzung ist, daß die Einziehung der Schuld nach Lage des Einzelfalles unbillig wäre (§ 227 Abs. 1 AO). Unter welchen Voraussetzungen dies der Fall ist, regelt das Gesetz nicht. Der Begriff der Unbilligkeit ist somit im Einzelfall auslegungsbedürftig.

Nach der Rechtsprechung des BFH kann sich die Unbilligkeit aus den persönlichen Verhältnissen des Steuerschuldners oder aber aus sachlichen Gründen ergeben[39].

Ein *Erlaß aus persönlichen Gründen* setzt *Erlaßbedürftigkeit* und *Erlaßwürdigkeit* voraus. *Erlaßbedürftigkeit* hat die *Gefährdung der wirtschaftlichen Existenz* des Schuldners bei Einzug der Steuerschuld zur Voraussetzung. *Erlaßwürdigkeit* ist nicht gegeben, wenn der Schuldner bewußt oder grob fahrlässig seinen steuerlichen Verpflichtungen nicht nachgekommen ist. Kann einem Steuerschuldner mit einer Stundung geholfen werden, so ist kein Raum für die Gewährung eines Erlasses aus persönlichen Gründen.

---

[39] Vgl. BFH-Urteil vom 3.3.1970, II 135/64, BStBl 1970 II, S. 503; BFH-Urteil vom 31.10.1990, I R 3/86, BStBl 1991 I, S. 610; BFH-Urteil vom 26.10.1994, X R 104/92, BStBl 1995 I, S. 297.

Ein *Erlaß aus sachlichen Gründen* knüpft nicht an die persönlichen Verhältnisse des Steuerschuldners, sondern an sachliche Billigkeitsgründe an. Derartige Gründe liegen selten vor. Hierauf wird nicht näher eingegangen.

3.5.3.3 Zahlungsverjährung

Als letzter wichtiger Grund des Erlöschens eines Steuerschuldverhältnisses ist der Eintritt der **Zahlungsverjährung** zu nennen. Die *Verjährungsfrist* beträgt *fünf Jahre* (§ 228 AO).

Die Zahlungsverjährung ist scharf von der Festsetzungsverjährung zu unterscheiden. Bei Eintritt der Festsetzungsverjährung darf das Finanzamt die entstandene Steuerschuld nicht mehr festsetzen. Die Zahlungsverjährung hingegen setzt die Fälligkeit der Steuerschuld und damit grundsätzlich deren vorherige Festsetzung voraus; doch ist das Finanzamt nach Eintritt der Zahlungsverjährung nicht mehr zur Einziehung der Steuerschuld berechtigt.

Die *Zahlungsverjährung* führt zum Erlöschen der Steuerschuld (§ 232 AO). Sie ist deshalb *von Amts wegen zu beachten.* Die Verjährung im Steuerrecht unterscheidet sich damit prinzipiell von der Verjährung nach Zivilrecht. Bekanntlich erlischt die Schuld im Zivilrecht durch Verjährung nicht, der Gläubiger kann sie lediglich nicht mehr durchsetzen, wenn der Schuldner sich auf Verjährung beruft. Die Schuld ist dann mit der Einrede der Verjährung behaftet. Den Begriff der Einrede der Verjährung kennt das Steuerrecht hingegen nicht: Hier geht die Schuld als solche unter; sie existiert nicht mehr.

Die AO enthält in den §§ 229-231 umfangreiche Regelungen über Beginn, Hemmung und Unterbrechung der Zahlungsverjährung. Auf diese Vorschriften wird hier nicht eingegangen.

3.5.4 Folgen eines Zahlungsverzugs

3.5.4.1 Säumniszuschläge

Wird eine Steuer nicht bis zum Ablauf des Fälligkeitstages entrichtet, so hat der Steuerpflichtige gem. § 240 Abs. 1 AO einen *Säumniszuschlag* zu entrichten. Der Säumniszuschlag beträgt für jeden angefangenen Monat der Säumnis 1 v.H. des auf volle hundert DM abgerundeten Steuerbetrages. Säumniszuschläge entstehen durch Tatbestandsverwirklichung; einer Festsetzung durch einen besonderen Steuerverwaltungsakt bedarf es also nicht. Säumniszuschläge entstehen nur bei Steuern, nicht hingegen bei steuerlichen Nebenleistungen (§ 240 Abs. 2 AO).

Beispiel

Die Einkommensteuerschuld für das Jahr 02 beträgt lt. Bescheid vom 3.2.04 15.000 DM, die Abschlußzahlung 10.000 DM. Nach dem Bescheid ist die Abschlußzahlung spätestens zum 10.3.04 zu entrichten. Wegen verspäteter Abgabe der Erklärung setzt das Finanzamt gemeinsam mit der Steuerschuld einen Verspätungszuschlag von 1.000 DM fest.

Der Steuerschuldner entrichtet sowohl die Abschlußzahlung als auch den Verspätungszuschlag erst am 27.4.04.

Der Säumniszuschlag auf die verspätet gezahlte Abschlußzahlung beträgt (2 % · 10.000 =) 200 DM. Ein Säumniszuschlag wegen verspäteter Zahlung des Verspätungszuschlags entsteht nicht.

Bei einer Säumnis bis zu fünf Tagen wird ein Säumniszuschlag gem. § 240 Abs. 3 AO nicht erhoben (Schonfrist). Dies gilt nicht bei Übergabe oder Übersendung von Zahlungsmitteln (Bargeld, Scheck).

3.5.4.2 Vollstreckungsmaßnahmen

Zahlt ein Steuerpflichtiger eine Steuerschuld oder eine steuerliche Nebenleistung trotz Fälligkeit und nach erfolgloser Mahnung nicht, so kann das Finanzamt zu **Vollstreckungsmaßnahmen** greifen. Ziel der Einleitung von Vollstreckungsmaßnahmen ist es, den Schuldner durch den Druck der drohenden Maßnahme zur Zahlung zu veranlassen oder, falls dies nicht möglich ist, dem Schuldner gehörende Gegenstände zu pfänden und zu verwerten. Aus dem Erlös der Verwertung sollen dann die Ansprüche des Fiskus befriedigt werden. Vollstreckungsmaßnahmen werden von der *Vollstreckungsstelle* des für den jeweiligen Steuerschuldner zuständigen Finanzamts eingeleitet und - mit Ausnahme der Vollstreckungsmaßnahmen in das unbewegliche Vermögen - auch durchgeführt.

Die Vollstreckung ist in den §§ 249-346 AO geregelt. Die Vielzahl der Vorschriften läßt erahnen, daß es sich um ein kompliziertes Rechtsgebiet handelt. Da Vollstreckungsmaßnahmen für die in Band 2 dieses Buches zu behandelnde betriebliche Steuerpolitik ohne nennenswertes Interesse sind, werden hier lediglich einige skizzenhafte Hinweise gegeben[40].

Die AO unterscheidet zwischen Vollstreckungen

- in das *bewegliche Vermögen* (§§ 281-308),
- in *Forderungen* und andere Vermögensrechte (§§ 309-321) und
- in das *unbewegliche Vermögen* (§§ 322-323).

Die Beschlagnahme von beweglichem Vermögen (Maschinen, Büromöbel, Kraftfahrzeuge) erfolgt durch Pfändung (§ 281 AO). Dies geschieht durch einen *Vollziehungsbeamten* des Finanzamtes. In vielen Fällen reicht allein die Androhung einer Pfändung, um den Steuerschuldner zur Zahlung - meist in Raten - zu bewegen. Einen Großteil ihrer Arbeitszeit verbringen die Vollziehungsbeamten deshalb damit, bei ihren „Kunden" vorbeizufahren und die vereinbarten „Ratenzahlungen" zu kassieren.

Die Verwertung gepfändeten beweglichen Vermögens erfolgt grundsätzlich durch öffentliche *Versteigerung* (§ 296 Abs. 1 AO). Die Beschlagnahme von Forderungen erfolgt durch *Forderungspfändung* (§ 309 AO), ihre Verwertung durch *Einziehung* (§ 314 AO).

---

[40] Zur Vertiefung sei insbesondere auf Kussmann, M., Vollstreckung, 1993, verwiesen.

Vollstreckungsmaßnahmen in das unbewegliche Vermögen können nicht von der Vollstreckungsstelle durchgeführt werden. Diese stellt lediglich die erforderlichen Anträge an das für die Durchführung der einzelnen Maßnahmen zuständige Gericht (§ 322 Abs. 3 AO)[41].

Mit Vollstreckungsmaßnahmen jedweder Art darf nach § 254 Abs. 1 AO grundsätzlich nur begonnen werden, wenn

- die Leistung fällig ist,
- der Schuldner zur Leistung aufgefordert worden ist und
- seit der Aufforderung mindestens eine Woche verstrichen ist.

Das Finanzamt kann Ansprüche aus einem Steuerschuldverhältnis *niederschlagen*, d.h. die Vollstreckung nicht weiter betreiben. Voraussetzung ist, daß die Vollstreckung keinen Erfolg verspricht oder die Kosten der Einziehung außer Verhältnis zu dem einzuziehenden Betrag stehen (§ 261 AO). Die Niederschlagung ist ein finanzamtsinterner Vorgang. Das bedeutet, die Steuerschuld erlischt nicht, sie kann also vor Eintritt der Zahlungsverjährung jederzeit wieder geltend gemacht werden.

3.5.5 Verzinsung von Steuernachforderungen und Steuererstattungen

§ 233a AO bestimmt eine Verzinsung von Steuernachforderungen und Steuererstattungen (**Vollverzinsung**). Sie soll einen Ausgleich dafür schaffen, daß die Steuern trotz gleichen gesetzlichen Entstehungszeitpunkts zu unterschiedlichen Zeitpunkten festgesetzt und fällig werden. Die Verzinsung ist gesetzlich vorgeschrieben, die Zinsfestsetzung steht also nicht im Ermessen der Finanzbehörde.

Nach § 233a Abs. 1 Satz 1 AO kommt eine Verzinsung nur in Betracht bei

- der Einkommensteuer,
- der Körperschaftsteuer,
- der (ab 1997 nicht mehr erhobenen) Vermögensteuer,
- der Umsatzsteuer und
- der Gewerbesteuer.

Es handelt sich also um die wichtigsten laufend veranlagten Steuern. Bei allen anderen Steuerarten findet keine Vollverzinsung i.S.d. § 233a AO statt. Die Festsetzung von Vorauszahlungen kann nach § 233a Abs. 1 Satz 2 AO auch bei den in Satz 1 dieser Vorschrift genannten Steuerarten keine Verzinsung auslösen.

Die Verzinsung von Steuernachforderungen und Steuererstattungen setzt nach § 233 a Abs. 2 Satz 1 AO erst *15 Monate nach Ablauf des Kalenderjahres* ein, in dem die Steuer entstanden ist. Die Verzinsung endet nach Satz 3 dieser Vorschrift mit der *Wirksamkeit der Steuerfestsetzung, spätestens* aber vier Jahre nach dem Beginn der Verzinsung. Wirksamkeit im Sinne dieser Vorschrift tritt bei Steuerbescheiden mit dem Tag der Bekanntgabe ein. Nach Wirksamkeit der Steuerfestset-

---

[41] Hinsichtlich der durchzuführenden Maßnahmen im einzelnen s. § 322 Abs. 1 und 2 AO.

zung ist eine Verzinsung deshalb nicht mehr vorzunehmen, weil bei verspäteter Zahlung festgesetzter fälliger Steuerschulden nach § 240 AO Säumniszuschläge anfallen. Eine doppelte Belastung des Steuerpflichtigen, und zwar sowohl mit Zinsen nach § 233a AO als auch mit Säumniszuschlägen nach § 240 AO, ist aber vom Gesetzgeber nicht gewollt.

Bemessungsgrundlage für die zu berechnenden Zinsen ist die festgesetzte Steuer, vermindert um die anzurechnenden Steuerabzugsbeträge, um die anzurechnende Körperschaftsteuer und um die festgesetzten Vorauszahlungen (§ 233a Abs. 3 Satz 1 AO). Die Zinsen betragen nach § 238 Abs. 1 AO *für jeden vollen Monat 0,5 %* der Bemessungsgrundlage. Die Bemessungsgrundlage einer jeden Steuerart ist nach Abs. 2 dieser Vorschrift auf volle hundert DM abzurunden.

Beispiel

Wirtschaftsprüfer W reicht seine Einkommensteuererklärung für das Jahr 01 am 10.2.03 ein. Der Bescheid für das Jahr 01 geht dem W am 10.9.03 zu. In ihm wird die Einkommensteuerschuld für das Jahr 01 mit 150.000 DM festgesetzt. Hierauf werden Vorauszahlungen für das Jahr 01 i.H.v. 60.000 DM angerechnet. W leistet die Abschlußzahlung i.H.v. (150.000 - 60.000 =) 90.000 DM am 6.10.03.

Bemessungsgrundlage für die von W zu leistenden Nachzahlungszinsen ist die Differenz zwischen der Jahressteuerschuld (150.000 DM) und der Höhe der anzurechnenden Beträge, hier also der Vorauszahlung von 60.000 DM. Sie beträgt demnach 90.000 DM. Die Verzinsung beginnt 15 Monate nach Ablauf des Jahres 01, d.h. am 1.4.03. Sie endet mit Ablauf des letzten vollen Monats vor dem Tag der Zahlung, also mit Ablauf des 30.9.03. Es ist also eine Verzinsung für 6 Monate vorzunehmen. Die festzusetzenden Zinsen betragen (90.000 DM · 0,5 %/Monat · 6 Monate =) 2.700 DM. Klargestellt sei, daß diese Zinsen unabhängig davon entstehen, ob und ggf. in welchem Umfang dem W ein Verschulden für die späte Festsetzung der Steuerschuld für das Jahr 01 trifft.

Wird die Steuerfestsetzung oder die Anrechnung von Steuerbeträgen aufgehoben oder geändert, so ist die bisherige Zinsfestsetzung ebenfalls zu ändern (§ 233a Abs. 5 AO).

Sind bei der vorangegangenen Steuerfestsetzung keine Zinsen festgesetzt worden (z.B. bei Fälligkeit innerhalb der Karenzzeit), so sind die Zinsen bei der Aufhebung, Änderung oder Berichtigung der Steuerfestsetzung erstmalig festzusetzen. Für die Berechnung der Zinsen ist in diesen Fällen der Unterschied zwischen dem neuen und dem früheren Soll maßgebend[42].

Beispiel

Bei W aus dem letzten Beispiel findet im Jahr 05 eine Betriebsprüfung für die Jahre 01 bis 03 statt. Am 11.6.05 wird W ein nach § 164 Abs. 2 AO geänderter Steuerbescheid für das Jahr 01 zugestellt. Aus ihm ergibt sich für das Jahr 01 eine Jahressteuerschuld von 180.000 DM. Die Nachzahlung aufgrund dieses Bescheids i.H.v. (180.000 - 150.000 =) 30.000 DM leistet W am 10.7.05.

Der Zinsbescheid ist zu ändern. Auf die Erhöhung der Steuerschuld (Mehrsoll) um 30.000 DM von 150.000 DM auf 180.000 DM sind vom 1.4.03 bis zum 30.6.05, d.h. für 27 Monate zusätzliche Zinsen zu entrichten. Diese betragen (30.000 DM · 27 Monate · 0,5 %/Monat =) 4.050 DM.

---

[42] Vgl. AEAO zu § 233a, Tz. 44.

Diese Zinsen ergeben sich zusätzlich zu den bereits nach dem im letzten Beispiel wiedergegebenen Sachverhalt festgesetzten Zinsen von 2.700 DM.

Die von natürlichen Personen geleisteten Nachzahlungszinsen auf Einkommensteuerverbindlichkeiten sind gem. § 10 Abs. 1 Nr. 5 EStG als Sonderausgaben abzugsfähig. Habenzinsen auf Einkommensteuerguthaben sind als Einnahmen aus Kapitalvermögen gem. § 20 Abs. 1 Nr. 7 EStG zu versteuern. Die Höhe des Gewerbeertrages wird durch Zinsen auf Verbindlichkeiten und Guthaben dieser Personensteuern nicht berührt, und zwar auch insoweit nicht, als in dem Einkommen Einkünfte aus Gewerbebetrieb enthalten sind.

Nachzahlungszinsen, die auf Körperschaftsteuerverbindlichkeiten von Körperschaften i.S.d. § 1 KStG entfallen, sind nach § 10 Nr. 2 KStG abzugsfähige Betriebsausgaben. Habenzinsen auf Guthaben dieser Steuerart stellen bei diesen Körperschaften Betriebseinnahmen dar. Die Höhe des Gewerbeertrags dieser Körperschaften wird hingegen durch diese Zinsen nicht berührt. Für vom Einkommen abgezogene Nachzahlungszinsen ergibt sich eine Hinzurechnung in voller Höhe aus § 8 Nr. 11 GewStG. Eine analoge Kürzung für das Einkommen erhöhende Guthabenzinsen ergibt sich aus dem Gesetz nicht. Allerdings wird in derartigen Fällen eine negative Hinzurechnung nach § 8 Nr. 11 GewStG für zulässig erachtet[43].

Nachzahlungszinsen auf Umsatzsteuer- und Gewerbesteuerverbindlichkeiten sind abzugsfähige Betriebsausgaben. Dies gilt unabhängig von der Rechtsform des Unternehmens. Entsprechend sind Habenzinsen auf Umsatzsteuer- und Gewerbesteuerguthaben als Betriebseinnahmen zu behandeln. Bei Gewerbesteuerpflichtigen ergibt sich für diese Nachzahlungszinsen keine Hinzurechnung nach § 8 Nr. 11 GewStG.

3.6 Verfahren zur Berichtigung von Steuerverwaltungsakten

3.6.1 Allgemeine Problemstellung

Vor ihrer Bekanntgabe können Verwaltungsakte von der Behörde beliebig zurückgenommen oder geändert werden (Umkehrschluß aus § 124 Abs. 1 AO). *Nach* ihrer Bekanntgabe verbietet dies der Grundsatz des Vertrauensschutzes. Für Bescheide ist der Vertrauensschutz in § 176 AO ausdrücklich geregelt.

▷ Der Steuerpflichtige muß darauf vertrauen können, daß die Behörde an ihre bekanntgegebenen Verwaltungsakte gebunden ist. Diese Bindung darf in einem Rechtsstaat nur in gesetzlich genau definierten Ausnahmefällen von der Behörde durchbrochen werden.

Zwischen **Vertrauensschutz** und Gesetzmäßigkeit der Besteuerung entsteht somit ein Spannungsverhältnis. Wird der Vertrauensschutz stärker betont, so leidet hier-

---

43 Vgl. Stäuber, H., in: Lenski, E./Steinberg, W., GewStG, § 8 Nr. 11, Rn. 5.

unter die Gesetzmäßigkeit; wird größeres Gewicht auf die Gesetzmäßigkeit gelegt, so wird der Vertrauensschutz beeinträchtigt. Im letzteren Falle ist die Behörde wesentlich seltener an ihre Verwaltungsakte gebunden als im ersten.

Vertrauensschutz bedeutet zweierlei:

▷ Die Behörde ist grundsätzlich an einen bekanntgegebenen Verwaltungsakt gebunden.
▷ Der Steuerpflichtige kann einen Verwaltungsakt nur innerhalb eines bestimmten Zeitraums (Rechtsbehelfsfrist) mit einem Rechtsbehelf angreifen.

Die Bindung der Finanzbehörde bzw. des Steuerpflichtigen an den bekanntgegebenen Verwaltungsakt wird als **Bestandskraft** bezeichnet. Unterschieden wird zwischen formeller und materieller Bestandskraft.

Formelle Bestandskraft bedeutet, daß der Verwaltungsakt mit Rechtsbehelfen nicht mehr anfechtbar ist[44]. Das ist der Fall

- nach Ablauf der Rechtsbehelfsfrist,
- nach Rechtsbehelfsverzicht (§ 354 AO),
- nach Rücknahme des Rechtsbehelfs (§ 362 AO),
- nach Ausschöpfung der gerichtlichen Instanzen.

Materielle Bestandskraft bedeutet, daß der Verwaltungsakt grundsätzlich nicht mehr abänderbar ist. Sie setzt formelle Bestandskraft voraus. Die materielle Bestandskraft kann nur durchbrochen werden, wenn das Gesetz ausdrücklich Berichtigungsmöglichkeiten vorsieht. Derartige Berichtigungsmöglichkeiten werden nachfolgend behandelt.

3.6.2 Anwendungsbereich der einzelnen Berichtigungsvorschriften

Hinsichtlich ihres Anwendungsbereichs lassen sich drei Arten von Berichtigungsvorschriften unterscheiden, und zwar

▷ auf alle Steuerverwaltungsakte anwendbare Vorschriften,
▷ auf alle Steuerverwaltungsakte mit Ausnahme der Bescheide (Steuer-, Feststellungs-, Meßbescheide) anwendbare Vorschriften,
▷ nur auf Bescheide anwendbare Vorschriften.

Zur ersten Gruppe gehört lediglich die Vorschrift des § 129 AO, die die Berichtigungsmöglichkeiten wegen offenbarer Unrichtigkeiten regelt.

Zur zweiten Gruppe gehört die Rücknahme eines rechtswidrigen Verwaltungsakts gem. § 130 AO und der Widerruf eines rechtmäßigen Verwaltungsaktes gem. § 131 AO. Die Anwendung dieser Vorschriften auf Steuerbescheide ist durch § 172 Abs. 1 Nr. 2d AO ausdrücklich ausgeschlossen.

---

[44] Hinsichtlich der Rechtsbehelfsverfahren s. Gliederungspunkt 3.7.2 und 3.7.3.

3 Das Besteuerungsverfahren

Zur dritten Gruppe gehören die Vorschriften der §§ 172-177 AO. In diesen Vorschriften spricht das Gesetz nicht von „Berichtigungen", sondern von der „Aufhebung" und „Änderung" von Steuerbescheiden. Aus dieser begrifflichen Unterscheidung ergeben sich jedoch keine Konsequenzen. Die §§ 172-177 AO gelten für *Steuerbescheide*, sind jedoch auch auf *Feststellungsbescheide* (§ 181 Abs. 1 AO) und *Steuermeßbescheide* (§ 184 Abs. 1 AO) sinngemäß anzuwenden. Die Steuerbescheide, Feststellungsbescheide und Steuermeßbescheide werden nachfolgend unter dem Begriff **Bescheide** zusammengefaßt.

Die drei genannten Arten von Berichtigungsvorschriften werden nachfolgend besprochen.

Dem Verständnis der Ausführungen soll Schema 6 „Übersicht über die Möglichkeiten der Berichtigung von Steuerverwaltungsakten" dienen, das sich am Ende des Buches befindet.

3.6.3 Berichtigung offenbarer Unrichtigkeiten

Die Finanzbehörde kann *Schreibfehler*, *Rechenfehler* und *ähnliche offenbare Unrichtigkeiten,* die beim Erlaß eines Verwaltungsaktes unterlaufen sind, jederzeit berichtigen (§ 129 Satz 1 AO).

Unter **Schreib- und Rechenfehlern** sind Unrichtigkeiten zu verstehen, die ausschließlich auf ein Verschreiben oder Verrechnen zurückzuführen sind. *Ähnliche offenbare Unrichtigkeiten* sind Fehler, die den Schreib- und Rechenfehlern hinsichtlich des Entstehungsgrundes ähnlich sind. Es muß sich also um ein *rein mechanisches Versehen* handeln. *Die Möglichkeit eines Rechtsirrtums muß ausgeschlossen sein*[45].

Beispiel

Der Betriebsprüfer ist bei der Berechnung des Gewerbeertrages nicht von dem Gewinn aus Gewerbebetrieb, sondern von dem bereits um einen Verlustabzug geminderten körperschaftsteuerpflichtigen Einkommen ausgegangen. Übernimmt das Finanzamt diesen Fehler, so liegt eine offenbare Unrichtigkeit des Gewerbesteuer-Meßbescheids nicht vor, da der Fehler erst durch rechtliche Erwägungen offenbar wird.

Berichtigungsfähig sind *nur* Fehler der Finanzbehörde, nicht hingegen Fehler des Steuerpflichtigen. Hat das Finanzamt aber offenbare Unrichtigkeiten des Steuerpflichtigen aus den Unterlagen, die der Steuerpflichtige dem Finanzamt eingereicht hat, übernommen, so ist der Fehler des Steuerpflichtigen dadurch zum Fehler des Finanzamtes geworden. In diesen Fällen ist § 129 AO anwendbar.

Beispiel

In der dem Finanzamt mit den Erklärungen gemeinsam eingereichten Überschußrechnung i.S.d. § 4 Abs. 3 EStG ist dem Steuerpflichtigen ein Rechenfehler von 10.000 DM unterlaufen. Um

---

[45] Vgl. statt vieler Tipke, K., in: Tipke, K./Kruse, H. W., AO, § 129 AO, Tz. 2 ff.

diesen Betrag ist der Gewinn zu hoch ausgewiesen. Das Finanzamt übernimmt den von dem Steuerpflichtigen errechneten Gewinn. Der Fehler des Steuerpflichtigen ist zum Fehler des Finanzamts geworden; § 129 AO ist anwendbar.

Im Rahmen einer Berichtigung nach § 129 AO dürfen auch Rechtsfehler insoweit berichtigt werden, als die Änderung reicht (§ 177 AO).

Beispiel

Das Finanzamt entdeckt in einem Einkommensteuerbescheid eine offenbare Unrichtigkeit, die dem Steuerpflichtigen einen Vorteil von 10.000 DM beschert hat. Im Rahmen der nunmehr vorgesehenen Berichtigungsveranlagung nach § 129 AO will das Finanzamt auch einen Rechtsfehler beseitigen, durch den der Steuerpflichtige 100.000 DM Einkommensteuer zu viel entrichtet hat.

Der Rechtsfehler kann nur berücksichtigt werden, soweit die Berichtigung nach § 129 AO reicht, also in Höhe von 10.000 DM. Es bleibt deshalb ein Rechtsfehler von 90.000 DM bestehen. Da die Berichtigung zu Gunsten und die zu Ungunsten des Steuerpflichtigen einander aufheben, bleibt der bisherige Steuerbescheid erhalten.

Eine Berichtigung nach § 129 AO von Steuer-, Feststellungs- und Meßbescheiden kann nur vor Eintritt der Festsetzungsverjährung vorgenommen werden (§ 169 Abs. 1 Satz 2 i.V.m. § 171 Abs. 2 AO).

3.6.4 Rücknahme rechtswidriger und Widerruf rechtmäßiger Verwaltungsakte

Ein *rechtswidriger* Verwaltungsakt kann, auch nachdem er *unanfechtbar* geworden ist, ganz oder teilweise mit Wirkung für die Zukunft oder für die Vergangenheit zurückgenommen werden (§ 130 Abs. 1 AO).

Rechtswidrig ist ein Verwaltungsakt, der

- *ohne Rechtsgrundlage ist,*
- *gegen zwingende Rechtsnormen verstößt oder*
- *ermessensfehlerhaft ist.*

Für *rechtswidrige begünstigende* Verwaltungsakte gilt eine Einschränkung gegenüber § 130 Abs. 1 AO: Sie dürfen nur unter den Voraussetzungen des § 130 Abs. 2 AO zurückgenommen werden. § 130 Abs. 1 AO gilt somit nur für nichtbegünstigende, d.h. belastende Verwaltungsakte. Begünstigend ist der Verwaltungsakt, der ein Recht oder einen rechtlich erheblichen Vorteil begründet oder bestätigt.

Beispiel

Ein Steuerpflichtiger bewirkt eine Stundung über 10.000 DM. In seinem Stundungsantrag verschweigt er bewußt ein Bankguthaben von 100.000 DM.

Der Steuerpflichtige hat die Stundung durch arglistige Täuschung bewirkt. Damit sind die Voraussetzungen des § 130 Abs. 2 AO erfüllt. Das Finanzamt ist berechtigt, die Stundung mit Wirkung für die Vergangenheit zurückzunehmen.

3 Das Besteuerungsverfahren

Ein *rechtmäßiger belastender* Verwaltungsakt kann ganz oder teilweise mit Wirkung für die Zukunft widerrufen werden (§ 131 Abs. 1 AO). Das gilt auch dann, wenn der Verwaltungsakt bereits unanfechtbar geworden ist. Ein Widerruf ist ausgeschlossen, wenn nach Widerruf kraft Gesetzes ein Verwaltungsakt gleichen Inhalts erneut erlassen werden müßte oder ein Widerruf aus anderen Gründen unzulässig ist (§ 131 Abs. 1 2. Halbsatz AO). Das bedeutet, daß lediglich solche rechtmäßigen belastenden Verwaltungsakte, deren Erlaß in das Ermessen der Behörde gestellt ist, widerrufen werden können.

Beispiel

Die Festsetzung von Verspätungszuschlägen steht nach Erfüllung der Tatbestandsvoraussetzungen im pflichtgemäßen Ermessen des Finanzamtes. Dieses kann bereits festgesetzte Verspätungszuschläge zurücknehmen oder den festgesetzten Betrag verringern.

Ein *rechtmäßiger begünstigender* Verwaltungsakt darf mit Wirkung für die Vergangenheit nicht, mit Wirkung für die Zukunft nur unter den engen Voraussetzungen des § 131 Abs. 2 AO ganz oder teilweise widerrufen werden. Auf diese Voraussetzungen wird hier nicht eingegangen.

Es sei nochmals darauf hingewiesen, daß die Vorschriften der §§ 130 und 131 AO auf Bescheide nicht anwendbar sind (§ 172 Abs. 1 Nr. 2d AO).

3.6.5 Aufhebung und Änderung von Bescheiden

3.6.5.1 Aufhebung und Änderung von Vorbehaltsfestsetzungen und vorläufigen Bescheiden

Nach § 172 Abs. 1 AO darf ein Bescheid nur dann aufgehoben oder geändert werden, wenn eine der in den Nrn. 1 oder 2a bis 2d dieser Vorschrift genannten Voraussetzungen erfüllt ist. Das gilt aber nur, soweit der Bescheid nicht vorläufig oder unter dem Vorbehalt der Nachprüfung ergangen ist. Das bedeutet: *Die Vorschriften über Vorbehaltsfestsetzungen und vorläufige Veranlagungen gehen den Regelungen der §§ 172-177 AO vor.* Vorbehaltsfestsetzungen und vorläufige Veranlagungen sind bereits an früherer Stelle behandelt worden[46]. Hier soll deshalb lediglich kurz auf die Berichtigungsmöglichkeiten von Vorbehaltsfestsetzungen und vorläufigen Bescheiden eingegangen werden.

Vorbehaltsfestsetzungen *können jederzeit aufgehoben oder geändert werden, solange der Vorbehalt wirksam ist* (§ 164 Abs. 2 AO). Im Rahmen einer derartigen Berichtigung können *alle* Fehler korrigiert werden, die in dem ursprünglichen Bescheid enthalten sind. Das gilt sowohl für reine Rechtsfehler als auch für Fehler, die auf der Zugrundelegung eines falschen Sachverhalts in dem ursprünglichen Bescheid beruhen.

---

[46] Hinweis auf die Gliederungspunkte 3.4.5 und 3.4.6.

In der Praxis machen die Finanzbehörden in großem Umfang und vor allem in Fällen hohen Steueraufkommens von der Möglichkeit einer Vorbehaltsfestsetzung und der damit verbundenen uneingeschränkten Berichtigungsmöglichkeit Gebrauch. Der Berichtigungsmöglichkeit nach § 164 Abs. 2 AO kommt deshalb eine höhere praktische Bedeutung zu als den Berichtigungsvorschriften der §§ 172 ff. AO.

Vorläufige Bescheide *können aufgehoben oder geändert werden, soweit die Vorläufigkeit reicht* (§ 165 Abs. 2 Satz 1 AO). Insoweit sind die Berichtigungsvorschriften der §§ 172 ff. AO ohne Bedeutung. Dies schließt aber nicht aus, daß eine Änderung nach § 165 AO eines teilweise vorläufigen Bescheids hinsichtlich der Punkte, die nicht von der Vorläufigkeit erfaßt werden, mit einer Berichtigung nach einer anderen Vorschrift verknüpft wird.

Beispiele

1. Ein in vollem Umfang vorläufiger Bescheid kann in vollem Umfang nach § 165 Abs. 2 AO geändert werden.
2. Ein nur hinsichtlich der Einkünfte aus Vermietung und Verpachtung vorläufiger Einkommensteuerbescheid kann nach § 165 Abs. 2 AO nur insoweit geändert werden, als die Einkünfte aus Vermietung und Verpachtung betroffen sind.
3. Im Fall 2 kann eine Änderung nach § 165 Abs. 2 AO z.B. mit einer Berichtigung nach § 175 Abs. 1 Nr. 1 AO kombiniert werden, weil in einem berichtigten Grundlagenbescheid der Gewinnanteil an einer KG geändert worden ist.

3.6.5.2 Aufhebung und Änderung nach § 172 AO

Bescheide über Zölle und Verbrauchsteuern können ohne alle Einschränkungen geändert oder aufgehoben werden. Das gilt aber nur innerhalb ihrer einjährigen Festsetzungsfrist (§ 172 Abs. 1 Nr. 1 AO).

Bescheide, die andere Steuern als Zölle und Verbrauchsteuern betreffen, können - soweit sie nicht vorläufig oder unter dem Vorbehalt der Nachprüfung ergangen sind - nur unter den engen Voraussetzungen des § 172 Abs. 1 Nr. 2 AO aufgehoben oder geändert werden.

Nach Buchstabe a) dieser Vorschrift kommt eine Berichtigung dann in Betracht, wenn der Steuerpflichtige *zustimmt* oder *einem Antrag des Steuerpflichtigen der Sache nach entsprochen* wird. Ist der Bescheid bereits unanfechtbar, so ist eine Berichtigung jedoch nur zuungunsten des Steuerpflichtigen möglich.

Zustimmung bedeutet Einverständnis mit dem betragsmäßigen Ergebnis der Berichtigung. *Die Zustimmung wird in den Fällen, in denen einem Antrag des Steuerpflichtigen der Sache nach entsprochen wird, gesetzlich unterstellt.* Dies ist von größter praktischer Bedeutung, da so in einer Vielzahl von Rechtsbehelfen eine Rechtsbehelfsentscheidung entbehrlich wird. Die Vorschrift hat somit für die Finanzbehörde eine große Arbeitsersparnis zur Folge, ohne daß dem Steuerpflichtigen Nachteile entstünden.

Beispiel

Im Einspruchsverfahren wendet sich der Steuerpflichtige gegen den Einkommensteuerbescheid des Jahres 01. Er begehrt, die Steuerschuld um 40.000 DM herabzusetzen. Nach Prüfung kommt das Finanzamt zu dem Ergebnis, daß der Einspruch des Steuerpflichtigen begründet sei.

Da das Finanzamt einem Antrag des Steuerpflichtigen in vollem Umfange entsprechen will, erübrigt sich eine Einspruchsentscheidung. Das Finanzamt kann statt dessen eine Änderung gemäß § 172 Abs. 1 AO vornehmen.

Will das Finanzamt einen Bescheid zuungunsten des Steuerpflichtigen berichtigen, so kann es dessen für die Berichtigung erforderliche Zustimmung nicht erzwingen. Kritisch angemerkt sei, daß durch diese Vorschrift steuerlich nicht oder schlecht beratene Bürger benachteiligt sind, da sie vielfach glauben, ihre Zustimmung geben zu müssen.

Nach § 172 Abs. 1 Nr. 2b AO darf ein Bescheid dann aufgehoben oder geändert werden, wenn er von einer sachlich unzuständigen Behörde erlassen worden ist.

Beispiel

Der Polizeibeamte A fertigt einen Kraftfahrzeugsteuerbescheid aus und stellt diesen seinem Nachbarn B zu.

Die Polizeibehörde ist für die Ausfertigung und Zustellung von Kraftfahrzeugsteuerbescheiden sachlich unzuständig. Der Bescheid ist nach § 172 Abs. 1 Nr. 2b AO aufzuheben.

Ein Bescheid ist nach § 172 Abs. 1 Nr. 2c AO immer dann zu ändern oder aufzuheben, wenn er durch *unlautere Mittel*, wie *arglistige Täuschung*, *Drohung* oder *Bestechung* erwirkt worden ist.

Eine Aufhebung oder Änderung von Bescheiden kommt nach § 172 Abs. 1 Nr. 2d AO dann in Betracht, „ ... soweit dies sonst gesetzlich zugelassen ist ...". Nicht anwendbar sind allerdings ausdrücklich die Berichtigungsvorschriften der §§ 130 und 131 AO, d.h. die Vorschriften über die Rücknahme rechtswidriger und den Widerruf rechtmäßiger Verwaltungsakte[47]. Gesetzlich zugelassen sind im wesentlichen Berichtigungen von Bescheiden nach den §§ 173-177 AO. Mit diesen Vorschriften beschäftigen sich die folgenden Gliederungspunkte.

3.6.5.3 Aufhebung oder Änderung wegen neuer Tatsachen oder Beweismittel

Bescheide sind gem. § 173 Abs. 1 Nr. 1 und 2 AO aufzuheben oder zu ändern,

▷ soweit Tatsachen oder Beweismittel nachträglich bekannt werden, die zu einer höheren Steuer führen,

▷ soweit Tatsachen oder Beweismittel nachträglich bekannt werden, die zu einer niedrigeren Steuer führen und den Steuerpflichtigen kein grobes Verschulden daran trifft, daß die Tatsachen oder Beweismittel erst nachträglich bekannt werden.

---

[47] Vgl. hierzu Gliederungspunkt 3.6.4.

Gemeinsame *Voraussetzung* beider Fälle des § 173 Abs. 1 AO ist also das *nachträgliche Bekanntwerden neuer Tatsachen oder Beweismittel*. **Tatsachen** sind Lebenssachverhalte, wie Alter, Geschlecht, Verkäufe von Erzeugnissen oder Warenentnahmen. Beweismittel sind Erkenntnismittel, die der Aufklärung eines Sachverhalts dienen. Sie belegen oder widerlegen somit das Vorhandensein einer Tatsache. Die Tatsachen oder Beweismittel müssen *nachträglich* bekannt werden. Nachträglich bedeutet, daß sie zwar schon gegeben waren, aber dem zuständigen Bearbeiter erst nach der abschließenden Bearbeitung des Steuerfalles bekannt werden.

§ 173 Abs. 1 AO unterscheidet zwischen Änderungen, die zuungunsten des Steuerpflichtigen wirken, d.h. eine höhere Steuer verursachen (Nr. 1) und Änderungen, die zugunsten des Steuerpflichtigen ausfallen (Nr. 2). Während Änderungen zugunsten des Steuerpflichtigen nur dann erfolgen dürfen, wenn den Steuerpflichtigen kein grobes Verschulden daran trifft, daß die Tatsachen oder Beweismittel erst nachträglich bekannt werden, entfällt diese Einschränkung bei Änderungen zuungunsten des Steuerpflichtigen.

Änderungen nach § 173 Abs. 1 AO sind nur vorzunehmen, „ ... soweit Tatsachen oder Beweismittel nachträglich bekannt werden ...". Die Wendung „soweit" bedeutet, daß das Bekanntwerden keinesfalls eine Wiederaufrollung des ganzen Steuerfalls zur Folge hat, sondern das Finanzamt nur zur Korrektur des bekanntgewordenen Fehlers berechtigt ist. Allerdings können innerhalb der Bandbreite zwischen ursprünglich festgesetzter Steuerschuld und der Steuerschuld, die sich durch die Berichtigung ergeben würde, auch noch Rechtsfehler nachträglich korrigiert werden. Hierauf wird an späterer Stelle näher eingegangen[48].

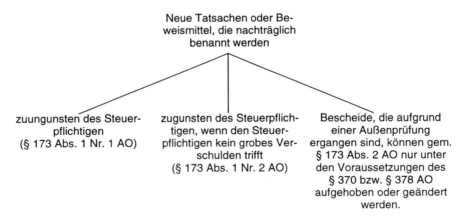

Abbildung VI/1: Aufhebung oder Änderung von Bescheiden nach § 173 AO

---

[48] Vgl. Gliederungspunkt 3.6.5.7.

Für Bescheide, die aufgrund einer Außenprüfung ergangen sind, gelten die bisherigen Ausführungen nicht. Derartige Bescheide können gem. § 173 Abs. 2 AO vielmehr nur dann aufgehoben oder geändert werden, wenn eine Steuerhinterziehung (§ 370 AO) oder eine leichtfertige Steuerverkürzung (§ 378 AO) vorliegt.

Abbildung VI/1 enthält eine Übersicht über die Möglichkeiten der Aufhebung oder Änderung eines Bescheids nach § 173 AO.

3.6.5.4 Widerstreitende Steuerfestsetzungen

Steuerfestsetzungen in unterschiedlichen Bescheiden können einander in der Weise widersprechen, daß aus einem Sachverhalt unterschiedliche steuerliche Schlußfolgerungen, die sich nach der Rechtslage und den Gesetzen der Logik gegenseitig ausschließen, gezogen werden. Hierbei sind folgende zwei Fälle denkbar:

1. *Mehrfache Berücksichtigung* eines Sachverhalts *zum Nachteil* eines oder mehrerer Steuerpflichtiger,
2. *mehrfache Berücksichtigung* eines Sachverhalts *zum Vorteil* eines oder mehrerer Steuerpflichtiger.

Der erste der beiden Fälle wird in § 174 Abs. 1 AO, der zweite in § 174 Abs. 2 AO behandelt.

Nach § 174 Abs. 1 AO ist bei einer mehr als einmaligen Erfassung (Mehrfacherfassung) eines bestimmten Sachverhalts in mehreren Bescheiden zu Lasten eines oder mehrerer Steuerpflichtiger der fehlerhafte Bescheid auf Antrag aufzuheben oder zu ändern. Voraussetzung für eine Berichtigung nach § 174 Abs. 1 AO ist also, daß eine *Mehrfachbelastung in mehreren Bescheiden vorliegt*. Die Mehrfacherfassung kann einen oder mehrere Steuerpflichtige betreffen. Eine Mehrfacherfassung in einem einzigen Bescheid hingegen führt nicht zu einer Berichtigungsmöglichkeit nach § 174 Abs. 1 AO.

Beispiele

1. Im Rahmen der Veranlagung für das Jahr 02 kommt das Finanzamt (zutreffend) zu dem Ergebnis, daß Einnahmen aus selbständiger Arbeit i.H.v. 10.000 DM, die der Steuerpflichtige A bereits im Jahre 01 der Einkommensteuer unterworfen hat, dem Jahre 02 zuzurechnen sind. Es erhöht das Einkommen des A für das Jahr 02 um diesen Betrag. Eine Berichtigung des Einkommensteuerbescheids des Jahres 01 nimmt es nicht vor. Der Bescheid des Jahres 01 ist bereits seit einem Jahr bestandskräftig. In einem Schreiben an das Finanzamt wendet sich A gegen die doppelte Erfassung derselben Einkünfte und verlangt eine Berichtigung eines der beiden Bescheide.

   Die Steuerbescheide der Jahre 01 und 02 enthalten widerstreitende Steuerfestsetzungen zu Lasten des Steuerpflichtigen A. Das Schreiben des A an das Finanzamt ist als ein Antrag nach § 174 Abs. 1 AO auf Änderung des fehlerhaften Steuerbescheids für das Jahr 01 anzusehen. Das Finanzamt hat diesen Steuerbescheid zu ändern, indem es die Einkünfte aus selbständiger Arbeit um 10.000 DM herabsetzt und die Steuerschuld entsprechend mindert. Die Bestandskraft des Bescheides für das Jahr 01 steht einer Änderung nicht im Wege.

2. In den Umsätzen des Jahres 01 erfaßt der Unternehmer A den Erlös aus dem Verkauf eines unbebauten Grundstücks i.H.v. 400.000 DM. In dem Umsatzsteuerbescheid für das Jahr 01 wird dieser Umsatz als steuerbar und (irrtümlich) steuerpflichtig behandelt. Eine Option zur

Umsatzsteuerpflicht hat A nicht vorgenommen. Der Verkauf des Grundstücks wird dadurch mit 64.000 DM Umsatzsteuer belastet. Nach Bestandskraft des Umsatzsteuerbescheids erhält der Erwerber des Grundstücks B einen Grunderwerbsteuerbescheid. In diesem wird der Kauf des Grundstücks als steuerbarer und steuerpflichtiger Erwerb bezeichnet und eine Steuerschuld von 14.000 DM festgesetzt. In einem Gespräch erfährt B von A, daß dieser für den Vorgang bereits Umsatzsteuer gezahlt hat. B verlangt nunmehr in einem Schreiben an das Finanzamt von diesem die Aufhebung des Grunderwerbsteuerbescheids. A schreibt ebenfalls an das Finanzamt und bittet dieses, den Umsatzsteuerbescheid zu ändern und die Umsatzsteuerschuld um 64.000 DM zu kürzen.

Die umsatzsteuerbare Lieferung des Grundstücks ist nach § 4 Nr. 9a UStG deshalb von der Umsatzsteuer befreit, weil der Kauf des Grundstücks durch B gem. § 1 Abs. 1 Nr. 1 GrEStG der Grunderwerbsteuer unterliegt. Die Festsetzung sowohl von Umsatz- als auch von Grunderwerbsteuer in zwei verschiedenen Bescheiden erfüllt also den Tatbestand des § 174 Abs. 1 AO. Der fehlerhafte Umsatzsteuerbescheid ist auf den Antrag des A hin aufzuheben. Der Grunderwerbsteuerbescheid hingegen ist rechtens. Er bleibt deshalb bestehen.

Wird ein Sachverhalt mehrfach zugunsten eines oder mehrerer Steuerpflichtiger berücksichtigt, obwohl er nur einmal berücksichtigt werden dürfte, so ist gem. § 174 Abs. 2 AO der fehlerhafte Bescheid aufzuheben oder zu ändern. Die Änderung ist von Amts wegen vorzunehmen.

Eine Änderung nach § 174 Abs. 2 AO ist aber nur dann zulässig, wenn die mehrfache Berücksichtigung des Sachverhalts auf einen *Antrag* oder eine *Erklärung des Steuerpflichtigen* zurückzuführen ist. Zu den Erklärungen gehören auch formlose Mitteilungen und Auskünfte des Steuerpflichtigen. Entscheidend für die Anwendbarkeit des § 174 Abs. 2 AO ist, daß der *Fehler durch den Steuerpflichtigen verursacht* wird. Das ist dann nicht der Fall, wenn das Finanzamt aus korrekten Angaben des Steuerpflichtigen falsche Schlußfolgerungen zieht.

Beispiel

Trotz korrekter Sachverhaltsdarstellung durch den Steuerpflichtigen berücksichtigt das Finanzamt bestimmte Betriebsausgaben aufgrund eines Rechtsirrtums doppelt, und zwar sowohl im Jahr 01 als auch im Jahr 02.

Eine Änderung des fehlerhaften Bescheides nach § 174 Abs. 2 AO ist nicht möglich, da der Fehler nicht auf einen Antrag oder eine Erklärung des Steuerpflichtigen zurückzuführen ist.

Die Absätze 3 und 4 des § 174 AO enthalten einige ergänzende Tatbestände zu den Absätzen 1 und 2. Aus Platzgründen kann hierauf nicht eingegangen werden.

3.6.5.5 Berichtigung in sonstigen Fällen

Ein **Folgebescheid** ist zu erlassen, aufzuheben oder zu ändern, soweit ein **Grundlagenbescheid**, dem Bindungswirkung für diesen Bescheid zukommt, erlassen, aufgehoben oder geändert wird (§ 175 Abs. 1 Nr. 1 AO)[49]. Das gilt auch dann, wenn der Grundlagenbescheid erst nach Erlaß des Bescheids ergeht. Der Folgebescheid darf nur insoweit berichtigt werden, wie die Änderung des Grund-

---

[49] Hinsichtlich der Begriffe "Grundlagenbescheid" und "Folgebescheid" wird auf Gliederungspunkt 3.4.3 hingewiesen.

lagenbescheids reicht (§ 175 Abs. 1 Nr. 1 AO). In dieser Höhe können gleichzeitig auch noch Rechtsfehler berichtigt werden (§ 177 AO).

Beispiele

1. In einem Feststellungsbescheid (Grundlagenbescheid) ist der Gewinnanteil des A an der X-KG auf 50.000 DM festgestellt worden. Das Wohnsitzfinanzamt[50] des A hat diesen Betrag in den Einkommensteuerbescheid (Folgebescheid) des A übernommen. Nach zwei Jahren ändert das Betriebsfinanzamt[51] den Grundlagenbescheid. Für A ermittelt es jetzt einen Gewinnanteil von 100.000 DM, den es dem Wohnsitzfinanzamt mitteilt. Das Wohnsitzfinanzamt berichtigt nunmehr den Einkommensteuerbescheid des A. Den Gewinnanteil setzt es der Mitteilung des Betriebsfinanzamtes entsprechend mit 100.000 DM an. Die Einkommensteuerschuld erhöht sich hierdurch um 20.000 DM. Außerdem korrigiert es bei dieser Gelegenheit einen Rechtsfehler, d.h. eine rechtlich falsche Beurteilung, die ihm in dem ursprünglichen Bescheid unterlaufen war. Hierdurch erhöhen sich die Einkünfte aus Vermietung und Verpachtung um 5.000 DM und die Steuerschuld um 2.200 DM.

   Die Änderung des Gewinnanteils in dem Folgebescheid ist zwingend geboten. Die Berichtigung des Rechtsfehlers hingegen ist rechtswidrig, da nach § 177 Abs. 1 AO ein Rechtsfehler nur im Rahmen der Änderung des Steuerbescheids zulässig ist. Die Änderung des Steuerbescheids beinhaltet aber nur eine Erhöhung der Steuerschuld um 20.000 DM.

2. Sachverhalt wie 1. mit dem Unterschied, daß dem Wohnsitzfinanzamt bei seiner ursprünglichen Veranlagung keine Mitteilung des Betriebsfinanzamtes über den Gewinnanteil des A vorlag. Die Veranlagung folgte insoweit den Angaben in der Steuererklärung des A.

   Es ergeben sich die gleichen Rechtsfolgen wie unter 1. dargestellt.

Ein Bescheid ist zu erlassen, aufzuheben oder zu ändern, soweit ein *Ereignis* eintritt, das *steuerliche Wirkung für die Vergangenheit hat (§ 175 Abs. 1 Nr. 2 AO)*. **Ereignis** ist jeder tatsächliche oder rechtliche Umstand, der den Steueranspruch dem Grunde oder der Höhe nach beeinflußt. Eine Gesetzesänderung hingegen ist ebensowenig ein Ereignis i.S.d. § 175 Abs. 1 Nr. 2 AO wie die Nichtigkeitserklärung einer Gesetzesnorm durch das Bundesverfassungsgericht.

Das Ereignis muß steuerliche Wirkung für die Vergangenheit haben. Dies ist bei laufend veranlagten Steuern nur ausnahmsweise der Fall. Die wohl wichtigste derartige Ausnahme soll anhand des nachfolgenden Beispiels erläutert werden.

Beispiel

Das Finanzamt entdeckt, daß der Gewerbetreibende A im Jahre 01 Anschaffungsnebenkosten einer Maschine i.H.v. 5.000 DM nicht aktiviert hat. Der Einkommensteuerbescheid dieses Jahres ist bestandskräftig. Er ist weder vorläufig noch unter dem Vorbehalt der Nachprüfung ergangen.

Der Bescheid des Jahres 01 ist wegen neuer Tatsachen gem. § 173 Abs. 1 Nr. 2 AO zu berichtigen. Die Erhöhung der AfA in späteren Jahren ist keine selbständige neue Tatsache, sondern eine Folgewirkung der zusätzlichen Aktivierung im Jahre 01. Sofern für die Jahre 02 ff. keine anderen neuen Tatsachen bekannt werden, ist deshalb keine Berichtigung nach § 173 Abs. 1 Nr. 1 AO, sondern nach § 175 Abs. 1 Nr. 2 AO vorzunehmen (Folgeänderung).

---

[50] Wohnsitzfinanzamt ist das Finanzamt, in dessen Bezirk der Steuerpflichtige seinen Wohnsitz oder in Ermangelung eines Wohnsitzes seinen gewöhnlichen Aufenthalt hat (§ 19 Abs. 1 AO).

[51] Betriebsfinanzamt ist das Finanzamt, in dessen Bezirk sich bei einem inländischen Betrieb die Geschäftsleitung befindet (§ 18 Abs. 1 Nr. 2 AO).

Abschließend zu diesem Gliederungspunkt soll noch auf eine für die Praxis wichtige Berichtigungsvorschrift hingewiesen werden, die sich nicht aus der AO ergibt. Es handelt sich um § 35b GewStG. Nach dieser Vorschrift ist ein Gewerbesteuermeßbescheid von Amts wegen aufzuheben oder zu ändern, wenn ein Einkommensteuer-, ein Körperschaftsteuer- oder ein Feststellungsbescheid aufgehoben oder geändert wird und die Aufhebung oder Änderung den Gewinn aus Gewerbebetrieb berührt. *Auf § 35b GewStG kann lediglich die Korrektur des Gewinns aus Gewerbebetrieb gestützt werden (Punktberichtigung).* Weitere Berichtigungen müssen unterbleiben, sofern nicht andere Vorschriften auch derartige Korrekturen erlauben. So kann z.B. die Höhe der Dauerschuldzinsen nicht im Rahmen einer Änderung nach § 35b GewStG korrigiert werden.

3.6.5.6 Vertrauensschutz bei der Aufhebung und Änderung von Bescheiden

Für alle Arten der Änderung und Aufhebung von Bescheiden gelten die in § 176 AO kodifizierten Regeln des **Vertrauensschutzes**.

Danach darf bei einer Berichtigungsveranlagung nicht zuungunsten des Steuerpflichtigen berücksichtigt werden, daß das *Bundesverfassungsgericht die Nichtigkeit eines Gesetzes* feststellt, auf der die bisherige Steuerfestsetzung beruht. Gleiches gilt, wenn ein *oberster Gerichtshof des Bundes* (z.B. der BFH) eine Norm, auf der die bisherige Steuerfestsetzung beruht, nicht anwendet, weil er sie für verfassungswidrig hält.

Ändert sich die Rechtsprechung eines obersten Gerichtshofes des Bundes, die bei der bisherigen Steuerfestsetzung von der Finanzbehörde angewandt worden ist, so kann dies im Rahmen einer Berichtigung ebenfalls nicht zuungunsten des Steuerpflichtigen berücksichtigt werden.

3.6.5.7 Berichtigung von Rechtsfehlern

Die *Aufdeckung von* **Rechtsfehlern** ist *kein selbständiger Berichtigungsgrund*. Es erhebt sich die Frage, ob und in welchem Umfang Rechtsfehler mitberichtigt werden können, wenn eine Berichtigung aus einem anderen Grunde vorgenommen wird. Die Antwort ergibt sich aus § 177 AO. Diese Vorschrift unterscheidet zwei Fälle, nämlich den einer Berichtigung zuungunsten (höhere Steuer infolge der Berichtigung) und den einer zugunsten des Steuerpflichtigen (niedrigere Steuer).

Liegen die Voraussetzungen für eine Berichtigung zuungunsten des Steuerpflichtigen vor, so sind zugunsten und zuungunsten des Steuerpflichtigen Rechtsfehler zu korrigieren, die nicht Anlaß der Berichtigung sind. *Das gilt aber nur, soweit die Änderung reicht (§ 177 Abs. 1 AO).*

Beispiel

Das Finanzamt entdeckt nach Bestandskraft eines Einkommensteuerbescheides neue Tatsachen, deren Berücksichtigung eine Erhöhung des zu versteuernden Einkommens um 9.000 DM zur Folge hätte. Gleichzeitig entdeckt es einen Rechtsfehler, dessen Berichtigung eine Minderung des zu versteuernden Einkommens um 10.000 DM bewirken würde.

Es liegen die Voraussetzungen des § 173 Abs. 1 Nr. 1 AO für eine Berichtigung zuungunsten des Steuerpflichtigen um 9.000 DM vor. Der Rechtsfehler kann in gleicher Höhe zugunsten des Steuerpflichtigen korrigiert werden. Die Steuerschuld ändert sich nicht, es ergeht kein neuer Bescheid.

Liegen die Voraussetzungen für eine Berichtigung zugunsten des Steuerpflichtigen vor, so sind soweit die Änderung reicht, zuungunsten und zugunsten des Steuerpflichtigen solche Rechtsfehler zu korrigieren, die selbst nicht Anlaß der Berichtigung sind (§ 177 Abs. 2 AO).

Bei einer Vorbehaltsfestsetzung (§ 164 AO) und einer vorläufigen Veranlagung (§ 165 AO) gelten die einschränkenden Bestimmungen des § 177 Abs. 1 und 2 AO *nicht* (§ 177 Abs. 3 AO). Das hat u.a. zur Folge, daß Rechtsfehler bei Vorbehaltsfestsetzungen und bei in vollem Umfange vorläufigen Bescheiden *uneingeschränkt* zu berichtigen sind.

3.7 Übersicht über Rechtsbehelfe und Rechtsmittel in Steuersachen

3.7.1 Überblick

Rechtsbehelfe und **Rechtsmittel** dienen dem Rechtsschutz des Steuerpflichtigen. Mit ihrer Hilfe kann er einen Steuerverwaltungsakt auf seine Rechtmäßigkeit überprüfen lassen. Zu unterscheiden ist zwischen dem *außergerichtlichen Vorverfahren* und den *gerichtlichen Verfahren*. Das außergerichtliche Vorverfahren ist in den §§ 347-368 AO, die gerichtlichen Verfahren sind in der FGO geregelt. Das Vorverfahren findet vor den Finanzbehörden statt, gerichtliche Verfahren hingegen werden vor den Gerichten der Finanzgerichtsbarkeit durchgeführt. Regelmäßig geht einem gerichtlichen Verfahren ein außergerichtliches Vorverfahren voraus. Bis zum Ende des Jahres 1995 gab es zwei unterschiedliche außergerichtliche Rechtsbehelfe, nämlich den Einspruch und die Beschwerde. Mit Wirkung ab 1.1.1996 ist die Beschwerde abgeschafft worden. Nunmehr werden alle Fälle des außergerichtlichen Vorverfahrens als Einspruch bezeichnet und nach einheitlichen Vorschriften abgewickelt. Das außergerichtliche Vorverfahren ist also nunmehr mit dem Einspruchsverfahren identisch.

Die *gerichtlichen Verfahren* werden zum Teil als *Rechtsbehelfe* und zum Teil als *Rechtsmittel* bezeichnet[52]. Die Unterscheidung liegt darin, daß sich Rechtsmittel gegen Urteile und andere Entscheidungen des Finanzgerichtes richten (§ 36 FGO), Rechtsbehelfe hingegen nicht.

Voraussetzung dafür, daß über einen Rechtsbehelf (ein Rechtsmittel) überhaupt entschieden werden kann, ist seine *Zulässigkeit*. Das bedeutet, daß die formalen

---

[52] Häufig werden die Rechtsmittel als eine besondere Form der Rechtsbehelfe angesehen; vgl. Birkenfeld, W., in: Hübschmann, W./Hepp, E./Spitaler, A., AO, vor § 347 AO, Rz. 1; Tipke, K./Kruse, H. W., AO, vor § 347 AO, Tz. 6.

Voraussetzungen zur Einlegung eines Rechtsbehelfs bzw. Rechtsmittels erfüllt sein müssen.

Von der Frage der Zulässigkeit eines Rechtsbehelfs bzw. Rechtsmittels scharf zu trennen ist diejenige nach seiner Begründetheit, d.h. der Frage, ob der angegriffene Verwaltungsakt fehlerhaft ist. Nur wenn die Zulässigkeit bejaht wird, ist es sinnvoll, sich mit der Begründung zu beschäftigen.

3.7.2 Einspruchsverfahren

3.7.2.1 Zulässigkeit

Ein Einspruch ist gegen die in § 347 Abs. 1 AO aufgeführten Verwaltungsakte zulässig. Das sind in erster Linie Verwaltungsakte in *Abgabenangelegenheiten*, auf die die AO Anwendung findet (§ 347 Abs. 1 Nr. 1 AO). In anderen durch die *Finanzbehörden verwalteten Angelegenheiten* ist der Rechtsbehelf des Einspruchs ebenfalls zulässig, soweit dies in den entsprechenden Gesetzen ausdrücklich vorgesehen ist (§ 347 Abs. 1 Nr. 4 AO). Dies ist z.B. in § 8 WoPG und § 7 InvZulG 1996 bzw. § 6 InvZulG 1999 der Fall.

Die wichtigsten der in § 347 Abs. 1 Nr. 1 AO aufgeführten Verwaltungsakte in Abgabeangelegenheiten, gegen die der Einspruch gegeben ist, sind

- *Steuerbescheide einschließlich der Vorauszahlungsbescheide,*
- *Feststellungsbescheide und Steuermeßbescheide,*
- *Bescheide über die Festsetzung von Verspätungs- und Säumniszuschlägen,*
- *Stundungsverfügungen, Erlaßverfügungen.*

Neben der bereits erläuterten Voraussetzung, daß ein Verwaltungsakt i.S.d. § 347 AO vorliegen muß, wenn ein Einspruch zulässig sein soll, müssen noch vier weitere **Zulässigkeitsvoraussetzungen** erfüllt sein. Sie lauten:

1. Der Einspruch muß in der vorgeschriebenen Form erhoben werden.
2. Die Einspruchsfrist muß gewahrt sein.
3. Es muß Beschwer gegeben sein.
4. Es darf kein wirksamer Rechtsbehelfsverzicht vorliegen.

3.7.2.2 Formvorschriften

Im Gegensatz zum Zivilprozeßrecht sind die **Formvorschriften** in der AO auf ein Minimum reduziert. Nach § 357 Abs. 1 AO können Einsprüche entweder

- schriftlich eingelegt,
- zur Niederschrift erklärt oder
- durch Telegramm eingelegt werden.

Vom BFH ist die Einlegung eines Einspruchs durch Telefax ebenfalls für zulässig erklärt worden[53]. Der BFH sieht in einem Telefax eine besondere Art der Schriftform. Eine telefonische Einlegung ist unzulässig. In der Praxis wird der Rechtsbehelf regelmäßig schriftlich, oft in der Form des Telefax, eingelegt. Hiervon wird nachfolgend ausgegangen.

Der angefochtene Verwaltungsakt *soll* in der Einspruchsschrift *bezeichnet* werden (§ 357 Abs. 3 AO). Geschieht dies nicht, so muß die Behörde durch Auslegung der Einspruchsschrift ermitteln, wogegen sich der Einspruch richtet.

Der Einspruchsführer *soll* angeben, inwieweit der Verwaltungsakt *angefochten* und *seine Aufhebung beantragt* wird. Er soll ferner die Tatsachen und Beweismittel, die zur Begründung dienen, angeben (§ 357 Abs. 3 AO). Macht er diese Angaben nicht, so ist der Rechtsbehelf nicht unzulässig, vielmehr hat die Behörde den Sachverhalt dann nochmals von Amts wegen zu prüfen (§ 367 Abs. 2 AO). An die Ermittlungspflicht der Behörde können unter diesen Umständen aber keine hohen Anforderungen gestellt werden[54].

3.7.2.3 Einspruchsfrist

Die für die Praxis wohl wichtigste Zulässigkeitsvoraussetzung ist die *Einhaltung der* **Einspruchsfrist**. Sie beträgt nach § 355 Abs. 1 AO einen Monat nach Bekanntgabe des Verwaltungsaktes. Hinsichtlich der Berechnung von Fristen wird auf die §§ 187, 188 BGB, §§ 108-110 AO, hinsichtlich des Begriffs der Bekanntgabe wird auf Gliederungspunkt 3.2.3 hingewiesen. Hier soll nachfolgend lediglich beispielhaft das Ende einer Einspruchsfrist ermittelt werden.

Beispiel

Ein Einkommensteuerbescheid geht am Mittwoch, dem 1.4. des Jahres 01 mit einfachem Brief zur Post. Es ist das Ende der Rechtsbehelfsfrist zu ermitteln.

Der Tag der Bekanntgabe, d.h. der Tag des Ereignisses i.S.d. § 187 Abs. 1 BGB, ist der dritte Tag nach dem Absendetag (§ 122 Abs. 2 AO). Das ist der 4.4.01. Die Frist beginnt am 5.4.01 um 0 Uhr. Fristende nach § 188 Abs. 2 BGB ist das Ende des ziffernmäßig gleichen Tages wie der Tag des Ereignisses im darauffolgenden Monat. Bei alleiniger Beachtung des § 188 Abs. 2 BGB würde die Frist somit am 4.5.01 um 24 Uhr enden. Da der 4.5.01 aber ein Samstag ist, verlängert sich die Frist gem. § 108 Abs. 3 AO bis zum 6.5.01, 24 Uhr.

Ist eine Frist versäumt, so ist ein dennoch eingelegter Einspruch *unzulässig*. Da es sich um eine *Ausschlußfrist* handelt, kann sie nicht verlängert werden. Lediglich wenn die Voraussetzungen des § 110 AO erfüllt sind, kann *Wiedereinsetzung in den vorigen Stand erfolgen*. Die Wiedereinsetzung bewirkt, daß der Betroffene so gestellt wird, als sei die Frist gewahrt worden.

Wiedereinsetzung in den vorigen Stand setzt nach § 110 Abs. 1 AO voraus, daß der Betroffene ohne Verschulden verhindert war, eine in einem Gesetz festgelegte

---

53 Vgl. BFH-Beschluß vom 26.3.1991, VIII B 83/90, BStBl 1991 II, S. 463.
54 Vgl. ausführlich Tipke, K./Kruse, H. W., AO, § 357 AO, Tz. 9.

Frist (gesetzliche Frist), wie z.B. eine Einspruchsfrist, zu wahren. Bedient sich der Betroffene eines Vertreters, z.B. eines Steuerberaters, so ist ihm dessen Verschulden wie ein eigenes Verschulden zuzurechnen.

Beispiele

1. Der nicht durch eine zur Hilfe in Steuersachen berechtigte Person vertretene A versäumt infolge eines Krankenhausaufenthaltes eine Einspruchsfrist. Nach Rückkehr aus dem Krankenhaus legt er Einspruch ein und schildert, weshalb er die Frist versäumt hat.

   Das Finanzamt hat dem A Wiedereinsetzung in den vorigen Stand zu gewähren.

2. Während eines längeren Krankenhausaufenthaltes des Steuerpflichtigen B versäumt sein Steuerberater, infolge einer schlechten Organisation seines Büros gegen einen den B betreffenden Steuerbescheid rechtzeitig Einspruch einzulegen.

   Die Nichteinhaltung der Einspruchsfrist ist durch ein Verschulden des Steuerberaters verursacht worden, das sich B zurechnen lassen muß. Die Voraussetzungen für eine Wiedereinsetzung in den vorigen Stand sind nicht erfüllt.

Bei schriftlichen Verwaltungsakten beginnt die Einspruchsfrist nur dann, wenn der Steuerpflichtige über folgendes schriftlich belehrt worden ist (§ 356 Abs. 1 AO):

1. Die Möglichkeit der Einlegung eines Einspruchs,
2. die Behörde, bei der er einzulegen ist,
3. den Sitz der Behörde und
4. die Einspruchsfrist.

§ 356 Abs. 1 AO dient dem Schutz des Steuerpflichtigen. Diese Vorschrift hat zur Folge, daß der Steuerpflichtige auch später als einen Monat nach Bekanntgabe des Verwaltungsaktes Einspruch einlegen kann, wenn die Rechtsbehelfsbelehrung unterblieben oder falsch erteilt ist. In diesen Fällen kann der Steuerpflichtige den Einspruch innerhalb eines Jahres nach Bekanntgabe des Verwaltungsakts einlegen. War eine Rechtsbehelfsbelehrung dahingehend erfolgt, daß überhaupt kein Rechtsbehelf möglich sei, so kann der Steuerpflichtige den Einspruch auch nach Ablauf eines Jahres nach Bekanntgabe des Verwaltungsaktes einlegen (§ 356 Abs. 2 AO).

3.7.2.4 Beschwer

Befugt, Einspruch einzulegen, ist nur, wer geltend macht, durch einen Verwaltungsakt oder dessen Unterlassung *beschwert* zu sein (§ 350 AO).

Eine **Beschwer** ist dann gegeben, wenn der Steuerpflichtige behauptet, durch das im *Tenor* des Verwaltungsaktes zusammengefaßte Ergebnis beeinträchtigt zu sein. (Der Tenor eines Steuerbescheides lautet z.B.: „Zahlen Sie 10.000 DM Einkommensteuer.") Durch die in einem Verwaltungsakt ebenfalls aufgeführten Gründe kann der Steuerpflichtige hingegen nicht beschwert sein, da ihnen keine Bestandskraft erwächst. Grundsätzlich ist *jeder* Steuerpflichtige, der beschwert ist, zur Einlegung eines Einspruchs berechtigt (allgemeiner Grundsatz). Dies gilt *nicht* bei Einsprüchen gegen einheitliche und gesonderte Feststellungen von Besteue-

3 Das Besteuerungsverfahren 495

rungsgrundlagen. Hier handelt es sich in erster Linie um einheitliche und gesonderte Feststellungen des Gewinns einer OHG, einer KG, einer GmbH&CoKG, einer GbR oder einer atypischen stillen Gesellschaft. In diesen Fällen ist grundsätzlich nur der zur Vertretung berufene Geschäftsführer oder der von den Gesellschaftern gemeinsam bestellte Einspruchsbevollmächtigte (i.d.R. ein Steuerberater) zur Einlegung eines Einspruchs berechtigt (§ 252 Abs. 1 Nr. 1 i.V.m. Abs. 2 AO). Ist keine derartige Person vorhanden, so ist jeder Gesellschafter, gegen den der Bescheid ergangen ist oder zu ergehen hätte, zur Einlegung eines Einspruchs berechtigt (§ 352 Abs. 1 Nr. 2 AO). Auch wenn ein zur Vertretung berufener Geschäftsführer oder ein gemeinsam bestellter Einspruchsberechtigter vorhanden ist, ist in bestimmten Fällen zusätzlich jeder Gesellschafter zur Einlegung eines Einspruchs berechtigt. Das gilt dann, wenn es sich darum handelt, wer an dem festgestellten Betrag beteiligt ist und wie sich dieser auf die Beteiligten verteilt (§ 352 Abs. 1 Nr. 4 AO). Dies gilt ferner dann, wenn es sich um eine Frage handelt, die einen Beteiligten persönlich angeht (§ 352 Abs. 1 Nr. 5 AO). Hierbei handelt es sich insbesondere um die Feststellung von Sonderbetriebseinnahmen und Sonderbetriebsausgaben.

3.7.2.5 Kein Einspruchsverzicht

Die letzte Zulässigkeitsvoraussetzung für die Einlegung eines Einspruchs besteht darin, daß der Steuerpflichtige weder gem. § 354 AO auf die Einlegung eines Einspruchs *verzichtet*, noch daß er einen bereits eingelegten Einspruch gem. § 362 AO *zurückgenommen* hat. Eine Rücknahme ist bis zur Bekanntgabe der Entscheidung über den Einspruch möglich.

3.7.2.6 Bindungswirkung anderer Verwaltungsakte

Verwaltungsakte, die unanfechtbare Verwaltungsakte ändern, können gem. § 351 Abs. 1 AO nur insoweit angegriffen werden, wie die Änderung reicht.

Beispiel

Nach dem unanfechtbaren Bescheid vom 5.1.03 beträgt die Einkommensteuerschuld des A für das Jahr 01 100.000 DM. Im Jahr 04 wird bei A eine Betriebsprüfung durchgeführt. Der Prüfer stellt für das Jahr 01 ausschließlich neue Tatsachen zuungunsten des A fest, durch die sich die Steuerschuld um 50.000 DM erhöht. Gegen den nach § 173 Abs. 1 Nr. 1 AO geänderten Einkommensteuerbescheid vom 10.4.05, aus dem sich eine Steuerschuld von 150.000 DM ergibt, erhebt A am 27.4.05 Einspruch. Zur Begründung führt er aus, sowohl in dem ursprünglichen als auch in dem geänderten Steuerbescheid sei ein Rechtsfehler zu seinen Ungunsten enthalten, der eine Steuermehrbelastung von 60.000 DM bewirke. Er begehrt, die Steuerschuld auf 90.000 DM herabzusetzen. Das Finanzamt stellt fest, daß die Steuerschuld tatsächlich aufgrund eines Rechtsfehlers um 60.000 DM zu hoch ausgewiesen ist. Es kommt dem Begehren des A dadurch nach, daß es den geänderten Einkommensteuerbescheid vom 10.4.05 aufhebt. Dadurch lebt der ursprüngliche Bescheid vom 5.1.03 wieder auf.

Der nach § 173 Abs. 1 Nr. 1 AO geänderte Bescheid ist gem. § 351 AO nur insoweit angreifbar, wie die Änderung gegenüber dem ursprünglichen Bescheid reicht. Das Finanzamt hat die Steuerschuld somit nicht auf 90.000 DM, sondern auf 100.000 DM herabzusetzen.

Die Beschränkung der Anfechtbarkeit von Verwaltungsakten gem. § 351 Abs. 1 AO greift nur dann ein, wenn sich nicht aus den Vorschriften über die Aufhebung und Änderung von Verwaltungsakten etwas anderes ergibt. Eine derartige von § 351 Abs. 1 AO abweichende Regelung besteht vor allem für *Vorbehaltsfestsetzungen*. Solange der Vorbehalt wirksam ist, kann der Steuerpflichtige gem. § 164 Abs. 2 AO jederzeit die Aufhebung oder Änderung der Steuerfestsetzung verlangen. Hieraus folgt: *Wird eine Vorbehaltsfestsetzung geändert, so kann der Steuerpflichtige den geänderten Bescheid innerhalb der Einspruchsfrist in vollem Umfang angreifen.*

Entscheidungen in einem Grundlagenbescheid, also z.B. in einem Feststellungsbescheid oder in einem Gewerbesteuermeßbescheid, können nur durch Anfechtung dieses Bescheides, nicht auch durch Anfechtung des Folgebescheides angegriffen werden (§ 351 Abs. 2 AO).

Beispiel

Der Gewinnanteil des A an der X-OHG beträgt laut Feststellungsbescheid 100.000 DM. A kann sich gegen diese Gewinnhöhe nur durch Einspruch gegen den Feststellungsbescheid wehren, nicht hingegen durch Einspruch gegen den Einkommensteuerbescheid, in den dieser Gewinnanteil übernommen wird.

3.7.2.7 Aussetzung der Vollziehung

Durch die Einlegung eines Einspruchs wird die Vollziehung des angefochtenen Verwaltungsaktes *nicht* gehemmt. Vor allem wird die Verpflichtung zur Zahlung einer Steuerschuld nicht hinausgeschoben (§ 361 Abs. 1 AO).

Auf besonderen Antrag des Steuerpflichtigen hin kann die Behörde allerdings die Vollziehung des angefochtenen Verwaltungsaktes ganz oder teilweise aussetzen (**Aussetzung der Vollziehung**). Dies setzt nach § 361 Abs. 2 AO aber voraus, daß eine der beiden folgenden Voraussetzungen erfüllt ist:

- Es müssen ernstliche Zweifel an der Rechtmäßigkeit des angefochtenen Verwaltungsaktes bestehen oder
- die Vollziehung hätte für den Betroffenen eine unbillige, nicht durch überwiegende öffentliche Interessen gebotene Härte zur Folge.

3.7.2.8 Einspruchsentscheidung, Abhilfebescheid

Über einen Einspruch entscheidet die Finanzbehörde, die den angefochtenen Verwaltungsakt erlassen hat, durch **Einspruchsentscheidung** (§ 367 Abs. 1 AO). Vor der Entscheidung muß die Behörde die Sache in *rechtlicher* und *tatsächlicher* Hinsicht *erneut* prüfen (§ 367 Abs. 2 Satz 1 AO). *Die Prüfung hat zugunsten und zuungunsten des Steuerpflichtigen zu erfolgen.* Nach Prüfung kann die Behörde auch verbösern, d.h. sie kann den Verwaltungsakt auch zuungunsten des Einspruchsführers ändern (§ 367 Abs. 2 Satz 2 AO). Eine **Verböserung** setzt allerdings voraus, daß der Steuerpflichtige auf die Verböserungsmöglichkeit hingewiesen worden ist. Er erhält dadurch die Möglichkeit, seinen Einspruch zurückzunehmen, wodurch der Behörde regelmäßig die Verböserungsmöglichkeit genommen wird.

Will die Behörde dem Einspruch in vollem Umfange entsprechen, so braucht sie keine Einspruchsentscheidung zu fertigen (§ 367 Abs. 2 Satz 3 AO), vielmehr reicht ein **Abhilfebescheid** i.S.d. § 172 Abs. 1 Nr. 2a AO[55]. Der Vorteil für die Behörde besteht darin, daß sie sich durch den Abhilfebescheid eine - oft umfangreiche - Einspruchsbegründung erspart.

3.7.3 Übersicht über die gerichtlichen Rechtsbehelfe und Rechtsmittel

3.7.3.1 Einführung, gemeinsam geltende Vorschriften

Gerichtliche Rechtsbehelfe und Rechtsmittel dienen dem Rechtsschutz des einzelnen Bürgers. Durch sie werden entweder Steuerverwaltungsakte der Behörde oder erstinstanzliche gerichtliche Entscheidungen überprüft.

Der *Finanzrechtsweg* kennt nach § 2 FGO nur zwei Instanzen, und zwar

1. die *Finanzgerichte* (FG) als obere Landesgerichte und
2. den *Bundesfinanzhof* (BFH) als Bundesgericht.

Der Finanzrechtsweg setzt i.d.R. ein *erfolgloses außergerichtliches Vorverfahren* voraus. Eine Ausnahme von diesem Grundsatz ergibt sich im Fall der Sprungklage, auf die an späterer Stelle näher eingegangen wird[56].

Die *Zulässigkeitsvoraussetzungen* sind im Finanzrechtsweg grundsätzlich die gleichen wie im außergerichtlichen Vorverfahren. Auf zusätzliche oder abweichende Voraussetzungen wird nachfolgend bei Bedarf eingegangen.

Aufgrund der AO erlassene Änderungs- und Folgebescheide können nicht in weiterem Umfang angegriffen werden, als sie in dem vorangegangenen außergerichtlichen Vorverfahren angegriffen werden können (§ 42 FGO).

§ 69 FGO enthält Vorschriften über die *Aussetzung der Vollziehung* in gerichtlichen Verfahren. Die Vorschrift entspricht im wesentlichen § 361 AO.

Im Gegensatz zu den kostenfreien außergerichtlichen Vorverfahren sind die gerichtlichen Verfahren grundsätzlich *kostenpflichtig*. Die anzuwendenden Vorschriften finden sich in den §§ 135-149 FGO, auf die hier nicht näher eingegangen werden kann.

---

[55] Vgl. Gliederungspunkt 3.6.5.2.
[56] Vgl. Gliederungspunkt 3.7.3.2.

3.7.3.2 Verfahren vor dem Finanzgericht

Rechtsbehelf vor dem Finanzgericht ist die **Klage**. Wichtige *Klagearten* sind:

- die Anfechtungsklage,
- die Verpflichtungsklage,
- die Untätigkeitsklage.

Auf diese Klagearten beschränken sich die nachfolgenden Ausführungen.

Die **Anfechtungsklage** ist die wichtigste Klageart. Mit ihr wird die Aufhebung oder Änderung eines Verwaltungsaktes begehrt (§ 40 Abs. 1 FGO). Gegenstand der Anfechtungsklage ist der ursprüngliche Verwaltungsakt (z.B. Steuerbescheid, Feststellungsbescheid, Steuermeßbescheid) in der Gestalt, die er durch die Entscheidung über den Einspruch gefunden hat (§ 44 Abs. 2 FGO).

Hält das Finanzgericht den angefochtenen Verwaltungsakt für rechtmäßig, so weist es die Klage als unbegründet zurück. Hält es den Verwaltungsakt hingegen für rechtswidrig, so muß es den Verwaltungsakt grundsätzlich aufheben (§ 100 Abs. 1 FGO). Dieses *Kassationsprinzip* ist Ausfluß der Gewaltenteilung: Gerichte sollen zwar Verwaltungsakte auf ihre Rechtmäßigkeit hin überprüfen, sie sollen aber nicht Verwaltungsakte erlassen können. Für die wichtigsten Arten von Steuerverwaltungsakten gilt allerdings eine Ausnahmeregelung. Nach § 100 Abs. 2 FGO kann das Finanzgericht nämlich bei bestimmten auf eine Geldleistung gerichteten Verwaltungsakten den in ihnen festgesetzten Betrag selbst ändern. Von dieser Möglichkeit machen die Finanzgerichte aus Praktikabilitätsgesichtspunkten häufig Gebrauch.

Die Änderungsmöglichkeiten im Verfahren vor dem Finanzgericht sind begrenzt durch das *Klagebegehren* einerseits und durch das *Verböserungsverbot* andererseits.

Begrenzung durch das **Klagebegehren** bedeutet: Stellt das Gericht fest, daß der angefochtene Verwaltungsakt Fehler enthält, die eine Änderung über den gestellten Klageantrag hinaus zugunsten des Klägers rechtfertigen, so darf es den Verwaltungsakt nur insoweit ändern, als das Klagebegehren reicht (§ 96 Abs. 1 Satz 2 FGO).

Beispiel

A erhebt nach erfolglosem Einspruch gegen einen Einkommensteuerbescheid Klage, weil das Finanzamt Betriebsausgaben i.H.v. 10.000 DM, die eine Steuerminderung von 3.000 DM bewirken würden, nicht anerkannt hat. Mit der Klage begehrt er, lediglich 5.000 DM dieser Betriebsausgaben anzuerkennen, weil er hinsichtlich der weiteren 5.000 DM nicht die Möglichkeit sieht, zu obsiegen. Sein Klagebegehren würde zu einer Steuerminderung von 1.600 DM führen. Das Finanzgericht sieht die gesamten 10.000 DM als Betriebsausgaben an.

Das Finanzgericht kann die Steuerschuld nur um 1.600 DM herabsetzen, da es nicht über das Klagebegehren hinausgehen darf.

Eine **Verböserung**, d.h. eine Änderung zuungunsten des Klägers, ist ausgeschlossen. Dies ergibt sich aus Art. 19 Abs. 4 GG. Hinsichtlich der Möglichkeiten einer

3 Das Besteuerungsverfahren

Verböserung besteht also ein Unterschied zwischen außergerichtlichem Vorverfahren und finanzgerichtlichen Verfahren[57].

Die Begrenzung der Änderungsmöglichkeiten des Gerichts durch Klagebegehren und Verböserungsverbot bedeutet zugleich eine Einschränkung des Untersuchungsgrundsatzes, der im übrigen vom Finanzgericht in gleicher Weise zu beachten ist wie im außergerichtlichen Vorverfahren von der Behörde. Das Finanzgericht hat also auch in rechtlicher und tatsächlicher Hinsicht die Sache zu prüfen. Das Finanzgericht ist demnach - im Gegensatz zum Bundesfinanzhof - auch Tatsacheninstanz.

Eine **Verpflichtungsklage** hat zum Ziel, die Finanzbehörde zum Erlaß eines abgelehnten oder unterlassenen Verwaltungsaktes zu veranlassen (§ 40 Abs. 1 FGO). Lehnt die Behörde den Erlaß eines Verwaltungsaktes ab, so ist gegen die Ablehnung Einspruch gegeben. Grundsätzlich ist erst nach einem für den Steuerpflichtigen *erfolglosen Einspruchsverfahren* eine Verpflichtungsklage zulässig. Das Finanzgericht kann mit dem Urteil nicht den beantragten Verwaltungsakt selbst erlassen. Vielmehr kann es die Behörde lediglich verpflichten, den begehrten Verwaltungsakt zu erlassen (§ 101 FGO).

Eine **Untätigkeitsklage** kann erhoben werden, wenn die Behörde ohne Mitteilung eines hinreichenden Grundes über einen Einspruch in angemessener Zeit sachlich nicht entschieden hat (§ 46 Abs. 1 Satz 1 FGO). Als angemessene Frist ist i.d.R. ein Zeitraum von sechs Monaten anzusehen (§ 46 Abs. 1 Satz 2 FGO). Die Untätigkeitsklage hat die Wirkung einer Anfechtungsklage, wenn mit dem außergerichtlichen Vorverfahren ein Verwaltungsakt angefochten werden sollte. Sie hat die Wirkung einer Verpflichtungsklage, wenn die Behörde zum Erlaß eines abgelehnten oder unterlassenen Verwaltungsaktes veranlaßt werden sollte.

Beispiele

1. Das Finanzamt entscheidet innerhalb angemessener Frist nicht über einen Einspruch des Steuerpflichtigen, der sich gegen einen Einkommensteuerbescheid richtet. Der Steuerpflichtige kann Untätigkeitsklage erheben. Diese hat die Wirkung einer Anfechtungsklage.

2. Das Finanzamt entscheidet nicht in angemessener Frist über den Einspruch eines Steuerpflichtigen, der sich gegen die Ablehnung eines Erlaßantrags richtet. Der Steuerpflichtige kann Untätigkeitsklage erheben. Die Klage hat die Wirkung einer Verpflichtungsklage.

Wie bereits ausgeführt, setzt die Klageerhebung grundsätzlich ein erfolgloses außergerichtliches Vorverfahren voraus. Von diesem Grundsatz gibt es nach § 45 FGO eine wichtige Ausnahme, nämlich die Sprungklage. Die **Sprungklage** gibt dem Steuerpflichtigen die Möglichkeit, das außergerichtliche Vorverfahren zu vermeiden und gegen einen Verwaltungsakt unmittelbar Klage zu erheben. Sie ist zulässig, wenn die Behörde, die den Verwaltungsakt erlassen hat, innerhalb eines Monats zustimmt. Die Monatsfrist beginnt nach Zustellung der Klage durch das Gericht an die beklagte Behörde (§ 45 Abs. 1 Satz 1 FGO). Stimmt die Behörde

---

[57] Vgl. Gliederungspunkt 3.7.2.8.

der Sprungklage nicht zu, so ist diese als Einspruch zu behandeln (§ 45 Abs. 3 FGO).

Die Behörde wird einer Sprungklage regelmäßig dann zustimmen, wenn die Durchführung des außergerichtlichen Rechtsbehelfsverfahrens nicht erforderlich erscheint. Dies ist der Fall, wenn

- der Sachverhalt als geklärt angenommen werden kann und
- anzunehmen ist, daß die Behörde ihre Rechtsansicht in den strittigen Fragen nicht ändern wird.

3.7.3.3 Verfahren vor dem Bundesfinanzhof

Als Verfahren vor dem BFH sind zu nennen:

1. Revision,
2. Beschwerde,
3. Erinnerung,
4. Wiederaufnahme des Verfahrens.

Revision und Beschwerde sind Rechtsmittel, da sie sich gegen erstinstanzliche Entscheidungen richten. Erinnerung und Wiederaufnahme des Verfahrens hingegen sind Rechtsbehelfe, da ihnen keine erstinstanzliche Entscheidung vorangeht. Sie werden hier nicht behandelt.

Die **Revision** steht den Beteiligten gegen Urteile der Finanzgerichte zu (§ 115 Abs. 1 FGO). Beteiligter ist, wer am Verfahren über die Klage vor dem Finanzgericht beteiligt war (§ 122 Abs. 1 FGO).

Eine Revision ist nach § 115 Abs. 1 FGO grundsätzlich nur zulässig, wenn der Streitwert eine bestimmte Höhe übersteigt *(Streitwertrevision)* oder das Finanzgericht die Revision ausdrücklich zugelassen hat *(Zulassungsrevision)*.

Der *Streitwert* ist der Betrag, um den gestritten wird. Richtet sich die Revision gegen die Höhe einer festgesetzten Steuer, so errechnet sich der Streitwert aus der Differenz zwischen festgesetztem und begehrtem Steuerbetrag. Auf die Berechnung des Streitwertes in anderen Fällen kann hier nicht eingegangen werden[58].

Nach Art. 1 Nr. 5 des Gesetzes zur Entlastung des Bundesfinanzhofs (BFH-EntlastungsG) ist abweichend von der Regelung des § 115 Abs. 1 FGO eine Revision jedoch nur dann möglich, wenn sie das Finanzgericht bzw. bei einer Beschwerde gegen die Nichtzulassung der BFH zugelassen hat. Während der Geltungsdauer dieser einschränkenden Vorschrift ist somit eine Streitwertrevision nicht zulässig. Das BFH-EntlastungsG soll der Arbeitsentlastung des BFH dienen. Die Entlastungsvorschriften sind derzeit bis zum 31.12.1999 befristet. Es ist aber anzunehmen, daß sie verlängert und faktisch zu Dauervorschriften werden.

---

[58] In diesem Zusammenhang sei insbesondere auf Tipke, K./Kruse, H. W., AO, Anh. § 115 FGO, Tz. 5 verwiesen.

Gem. § 115 Abs. 2 FGO kann eine Revision nur zugelassen werden, wenn

- die Rechtssache grundsätzliche Bedeutung hat *(Grundsatzrevision* = wichtigste Art der Zulassungsrevision),
- das Urteil des Finanzgerichtes von einer Entscheidung des BFH abweicht und dies für das Urteil von Bedeutung ist *(Divergenzrevision)*,
- ein Verfahrensmangel geltend gemacht wird *(Verfahrensrevision)*, wenn also z.B. geltend gemacht wird, daß ein Richter des Finanzgerichts während der mündlichen Verhandlung (Gerichtssitzung) geschlafen habe.

Mit der Beschwerde an den Bundesfinanzhof können die Beteiligten gegen Entscheidungen des Finanzgerichtes, die nicht Urteile sind, vorgehen (§ 128 Abs. 1 FGO). So kann ein Beteiligter z.B. gegen eine Entscheidung des Finanzgerichtes in einer Angelegenheit, die einen Antrag auf Aussetzung der Vollziehung betrifft, Beschwerde einlegen.

3.8 Straf- und Bußgeldvorschriften

Die AO enthält umfangreiche Vorschriften zur Ahndung von *Steuerstraftaten* und *Steuerordnungswidrigkeiten* (§§ 369-412 AO).

Die wichtigste Steuerstraftat ist die **Steuerhinterziehung** (§ 370 AO). Steuerhinterziehung begeht vor allem, wer *vorsätzlich* den Finanzbehörden über steuerlich erhebliche Tatsachen *falsche Angaben* macht oder sie über derartige Tatsachen in Unkenntnis läßt (§ 370 Abs. 1 Nr. 1 und 2 AO).

Steuerhinterziehung wird mit Geldstrafe oder mit Freiheitsstrafe bis zu fünf Jahren, in besonders schweren Fällen bis zu zehn Jahren bestraft (§ 370 Abs. 1 und 3 AO). Für die Ermittlung von Steuerstraftaten sind die Finanzbehörden zuständig (§ 386 AO). Die Strafverfahren werden vor einem ordentlichen Gericht durchgeführt (§§ 385 und 391 AO).

Steuerordnungswidrigkeiten sind Zuwiderhandlungen, die nach den Steuergesetzen mit Geldbuße geahndet werden können (§ 377 Abs. 1 AO). Es handelt sich somit nicht um Straftaten, sondern um Ordnungswidrigkeiten, die im Gegensatz zu den Straftaten nicht in das Vorstrafenregister eingetragen werden. Steuerordnungswidrigkeiten haben die gleiche rechtliche Qualität wie andere Ordnungswidrigkeiten, etwa solche im Straßenverkehr.

Die wichtigsten Arten der Steuerordnungswidrigkeiten sind die *leichtfertige Steuerverkürzung* (§ 378 AO), die *Steuergefährdung* (§ 379 AO) und die *Gefährdung von Abzugsteuern* (§ 380 AO). Hier sollen nur ein paar Bemerkungen zur leichtfertigen Steuerverkürzung erfolgen.

Eine *leichtfertige Steuerverkürzung* begeht, wer leichtfertig den Finanzbehörden über steuerlich erhebliche Tatsachen falsche Angaben macht oder sie über derartige Tatsachen in Unkenntnis läßt (§ 378 Abs. 1 AO). Der Unterschied zur Steuerhinterziehung besteht also darin, daß nicht Vorsatz, sondern Leichtfertigkeit vorliegt. Leichtfertigkeit entspricht in etwa der aus dem Zivilrecht bekannten groben Fahrlässigkeit.

Eine leichtfertige Steuerverkürzung wird mit einer Geldbuße von bis zu 100.000 DM geahndet (§ 378 Abs. 2 AO).

Die Finanzbehörden sind sowohl für die Ermittlung von Steuerordnungswidrigkeiten als auch für das Bußgeldverfahren (§ 409 AO) zuständig.

3.9 Aufgaben 1-6

Aufgabe 1

Bei der Veranlagung des Steuerpflichtigen Johannes Bertram (B) zur Einkommensteuer für das Jahr 01 erkennt das Finanzamt 10.000 DM an einen iranischen Geschäftspartner gezahlte Betriebsausgaben nicht an, weil B die geltend gemachten Beträge weder nachweisen noch - nach Ansicht des Finanzamtes - glaubhaft machen kann. Da B keine Möglichkeit sieht, die von dem Finanzamt geforderten Belege zu beschaffen, weil sein Geschäftspartner seit einiger Zeit verschollen ist, läßt er den Einkommensteuerbescheid für das Jahr 01 bestandskräftig werden. Überraschenderweise werden ihm zwei Jahre später die erforderlichen Belege von einer persischen Bank übersandt. B reicht diese nunmehr bei dem Finanzamt ein und bittet, den Steuerbescheid des Jahres 01 entsprechend zu berichtigen. Der Abzug dieser Betriebsausgaben würde zu einer Minderung der Steuerschuld um 4.700 DM führen, und zwar von 116.900 DM auf 112.200 DM.

Bei Durchsicht der Akten stellt der zuständige Sachbearbeiter des Finanzamtes fest, daß bei der Veranlagung vor zwei Jahren in der Gewinn- und Verlustrechnung ausgewiesene Erträge von 15.000 DM zu Unrecht als steuerfrei behandelt worden sind. Hierdurch ist eine Steuerminderung von 7.050 DM eingetreten.

Prüfen Sie, ob und ggf. in welcher Weise das Finanzamt den Steuerbescheid des Jahres 01 ändern kann oder muß. Der Bescheid ist weder unter dem Vorbehalt der Nachprüfung ergangen, noch trägt er einen Vorläufigkeitsvermerk.

Aufgabe 2

Die selbständige Pianistin Cornelia Reich (R) stellt bei dem für sie zuständigen Finanzamt einen Antrag auf Erlaß von 30.000 DM Einkommensteuer. Zur Begründung führt sie an, daß sie infolge einer Krankheit in eine große Notlage geraten und ihre wirtschaftliche Existenz bei Zahlung der Steuerschuld gefährdet sei. Nach sorgfältiger Prüfung aller ihm bekannten Umstände entspricht der zuständige Bearbeiter des Finanzamtes dem Erlaßantrag in vollem Umfang.

Welche Rechtsfolgen ergeben sich, wenn dem Finanzamt einige Monate nach dem Erlaß bekannt wird, daß

a) R eine „eiserne Reserve" von 500 TDM verschwiegen hat,

b) R drei Wochen nach dem Erlaß 1,5 Mio DM geerbt hat?

Aufgabe 3

Der Sohn (S) des alleinigen Gesellschafters (G) der X-GmbH wird mit Wirkung vom 1.1. des Jahres 01 als Buchhalter in der GmbH angestellt. Im Jahre 01 erhält er ein Gehalt von insgesamt 280.000 DM. Im Jahre 04 stellt ein Betriebsprüfer fest, daß ein angemessenes Gehalt des S im Jahre 01 höchstens 80.000 DM betragen haben dürfte. Alle Bescheide der GmbH für das Jahr 01 tragen einen Vorbehaltsvermerk, alle übrigen hier bedeutsamen Bescheide hingegen nicht.

Welche Konsequenzen ergeben sich aus den Feststellungen des Betriebsprüfers?

Aufgabe 4

Das Finanzamt behandelt bei der Veranlagung des Steuerpflichtigen Kölsch für das Jahr 01 im Jahre 02 bestimmte Aufwendungen in Übereinstimmung mit der höchstrichterlichen Rechtsprechung als Betriebsausgaben. Im Jahre 04 ändert der BFH seine Rechtsprechung. Nach der geänderten Rechtslage hätten die Aufwendungen aktiviert werden müssen.

Hat das Finanzamt die Möglichkeit, den Bescheid des Jahres 01 der neuen Rechtslage entsprechend zu ändern, wenn dieser

a) einen Vorbehaltsvermerk,

b) keinen derartigen Vermerk trägt?

Aufgabe 5

Der in Berlin wohnhafte Rechtsanwalt Klug (K) legt form- und fristgerecht gegen den ihn betreffenden „Bescheid über den Gewerbesteuermeßbetrag und die Gewerbesteuer" Einspruch ein[59]. In diesem Bescheid wird der gesamte Gewinn aus seiner Praxis als gewerblich behandelt. Zur Begründung wird ausgeführt, K habe von einer Versicherung 100 DM Provision für die Vermittlung eines Versicherungsvertrages erhalten. Damit sei seine gesamte anwaltliche Tätigkeit als gewerblich anzusehen.

Da Klug die in dem Bescheid ausgewiesene Gewerbesteuerschuld von 10.000 DM nicht zahlt, erhält er von dem Finanzamt nach einiger Zeit eine Mahnung. In seiner ersten Empörung beschließt er, hiergegen zu klagen. Untersuchen Sie, welche Maßnahme Sie an der Stelle von Klug ergreifen würden.

Aufgabe 6

Autohändler A beobachtet in einer Nacht des Jahres 03, daß eine Frau Fahrerflucht begeht. In dem neben ihr sitzenden Mann erkennt er den Finanzbeamten B, mit dem er am Vortag erfolglos über einen Erlaß der Einkommensteuer für das Jahr 01 verhandelt hat. Am nächsten Morgen ruft A den B an und sagt ihm, daß er den Vorfall beobachtet habe. Er stellt klar, daß er zur Polizei gehen werde, wenn B nicht umgehend seinem Erlaßantrag entspräche. Außerdem verlangt er von B, daß dieser einen in seiner Einkommensteuererklärung für das Jahr 02 ausgewiesenen ausländischen Verlust in Höhe von 50.000 DM anerkenne. Dem Einwand des B, daß dies nach § 2a EStG nicht möglich sei, entgegnet er, daß ihn dies nicht interessiere. B entspricht noch an demselben Tag beiden Forderungen des A. Den Bescheid für das Jahr 02 versieht er weder mit einem Vorläufigkeits- noch mit einem Vorbehaltsvermerk.

Bei einer Aktenprüfung durch den Landesrechnungshof zwei Jahre später wird die Rechtswidrigkeit sowohl der Erlaßverfügung als auch der Berücksichtigung des Verlustes festgestellt. Nach anfänglichen Ausflüchten und nachdem der Verdacht der Bestechung geäußert wird, erklärt B schließlich, er habe die Fahrerflucht seiner damaligen Ehefrau decken wollen. Er schildert seinem Vorgesetzten nunmehr den gesamten Sachverhalt.

Prüfen Sie, ob das Finanzamt von B den erlassenen Betrag fordern kann und ob es die Möglichkeit hat, den Einkommensteuerbescheid für das Jahr 02 zu berichtigen.

---

[59] Während in den Flächenstaaten die Gewerbesteuer von den Gemeinden erhoben wird und die Finanzämter nur für die Gewerbesteuer-Meßbescheide zuständig sind, wird die Gewerbesteuer in den Stadtstaaten von den Finanzämtern erhoben. Vgl. Teil II, Gliederungspunkt 4.5.

Teil VII
Lösungen zu den Aufgaben

Lösungen zu Teil II

Zu Aufgabe 1

A ist nach § 1 Abs. 1 EStG unbeschränkt steuerpflichtig, da er seinen Wohnsitz im Inland hat. Die Steuerpflicht erstreckt sich auf sämtliche in- und ausländischen Einkünfte (§ 2 Abs. 1 Satz 1 EStG), soweit sich nicht aus Doppelbesteuerungsabkommen abweichende Regelungen ergeben. B und C haben keinen Wohnsitz im Inland. Sie sind deshalb gemäß § 1 Abs. 4 EStG grundsätzlich lediglich mit ihren inländischen Einkünften i.S.d. § 49 EStG beschränkt einkommensteuerpflichtig. Ausnahmen können sich bei ihnen aus § 1 Abs. 3 EStG ergeben. Dies setzt allerdings einen Antrag nach dieser Vorschrift voraus. Für C kann sich darüber hinaus eine Ausnahme aus § 1a EStG ergeben.

Zu Aufgabe 2

Persönliche Einkommensteuerpflicht ist stets gegeben, wenn die Tatbestandsmerkmale „natürliche Person", „Wohnsitz" oder „gewöhnlicher Aufenthalt" im „Inland" erfüllt sind. Da der Österreicher Hämmerle seinen Wohnsitz im Inland hat, unterliegt er mit seinen in- und ausländischen Einkünften der unbeschränkten Steuerpflicht. § 1 Abs. 1 EStG stellt lediglich auf den Wohnsitz, nicht auf die Nationalität des Steuerpflichtigen oder die Herkunft seiner Einkünfte ab.

Zu Aufgabe 3

Eine AG ist keine natürliche, sondern eine juristische Person (§ 1 Abs. 1 AktG). Juristische Personen unterliegen nicht der Einkommensteuer, sondern gemäß § 1 Abs. 1 KStG der Körperschaftsteuerpflicht. Eine OHG ist weder eine natürliche noch eine juristische Person (§§ 105, 124 HGB). Soweit die Gesellschafter der OHG jedoch natürliche Personen sind, unterliegen sie persönlich mit ihren Gewinnanteilen der Einkommensteuer (§§ 1 und 15 EStG).

Zu Aufgabe 4

Einen Wohnsitz im Inland hat der Italiener nach § 8 AO nur dann, wenn das von ihm in Düsseldorf gemietete Hotelzimmer als Wohnung anzusehen ist. Eine Wohnung setzt eingerichtete, zum Wohnen geeignete Räumlichkeiten voraus, die den Verhältnissen des Steuerpflichtigen angemessen sind. Da das Hotelzimmer den sonstigen Wohnverhältnissen des Italieners nicht entspricht, ist ein Wohnsitz im Inland nicht anzunehmen. Auf das nach § 8 AO ebenfalls zu erfüllende Tatbestandsmerkmal der rechtlichen und tatsächlichen Verfügungsmacht über die Wohnung und auf das Merkmal der Beibehaltung und Benutzung kommt es insofern nicht mehr an. Der Italiener hat jedoch gem. § 9 AO seinen gewöhnlichen Aufenthalt im Inland, da er sich länger als 6 Monate in Düsseldorf aufhält. Die geringfügigen Unterbrechungen infolge von Familienheimfahrten sind unbeachtlich. Er ist demnach gem. § 1 Abs. 1 EStG unbeschränkt steuerpflichtig.

Zu Aufgabe 5

Auch in diesem Fall ist ein Wohnsitz nicht anzunehmen. Nach § 9 AO liegt auch kein gewöhnlicher Aufenthalt vor, da der Aufenthalt ausschließlich zu Kurzwecken erfolgt und nicht länger als ein Jahr dauert.

Zu Aufgabe 6

Löhne und Gehälter gehören zu den Einkünften aus nichtselbständiger Arbeit (§ 2 Abs. 1 Nr. 4 i.V.m. § 19 Abs. 1 EStG), Mieteinnahmen zu den Einkünften aus Vermietung und Verpachtung (§ 2 Abs. 1 Nr. 6 i.V.m. § 21 EStG).

Zu Aufgabe 7

Ein Erbanfall ist der Vermögens- und nicht der Einkommenssphäre des Steuerpflichtigen zuzuordnen. Die Erbschaft ist somit keiner der sieben in § 2 Abs. 1 EStG aufgeführten Einkunftsarten zuzurechnen. Zu beachten ist jedoch, daß spätere Erträge aus den ererbten Wertpapieren zu Einkünften aus Kapitalvermögen (§ 20 EStG), Überschüsse aus der Vermietung der Häuser zu Einkünften aus Vermietung und Verpachtung (§ 21 EStG) führen.

Zu Aufgabe 8

Listig bezieht Einkünfte aus selbständiger Arbeit gem. § 18 Abs. 1 EStG. Hierzu gehören sowohl die 15.000 DM Honorar als auch die zusätzlich erhaltenen 5.000 DM, da sie in ursächlichem Zusammenhang mit der Leistung des Rechtsanwalts stehen. Auf die Bezeichnung des Entgelts kommt es nicht an.

Zu Aufgabe 9

Spiel- und Wettgewinne rechnen zu den einmaligen Vermögensanfällen. Der Lotteriegewinn des Privatmanns fällt unter keine der sieben Einkunftsarten des EStG.

Zu Aufgabe 10

In diesem Fall handelt es sich um eine Schenkung, d.h. um einen Vorgang auf der Vermögensebene, durch den die steuerlichen Einkünfte nicht berührt werden.

Zu Aufgabe 11

Die Heiratsbeihilfe wird der Angestellten aufgrund eines Arbeitsverhältnisses gewährt. Sie zählt zu den Einkünften aus nichtselbständiger Arbeit im Sinne des § 19 EStG. Die tatsächlich gezahlten Heiratsbeihilfen sind aber bis zur Höhe von insgesamt 700 DM steuerfreie Einnahmen im Sinne des § 3 Nr. 15 EStG. Bei der Angestellten von Großzügig ist der gesamte Betrag in Höhe von 100 DM steuerfrei, bei der Angestellten von Kleinlich sind lediglich 700 DM steuerfreie Einnahmen, die restlichen 200 DM sind als Einkünfte aus nichtselbständiger Arbeit zu versteuern.

Zu Aufgabe 12

Das Arbeitslosengeld aus der gesetzlichen Arbeitslosenversicherung zählt gem. § 3 Nr. 2 EStG zu den steuerfreien Einnahmen. Bei Arbeitslosengeld ist aber der Progressionsvorbehalt nach § 32b Abs. 1 Nr. 1a) EStG zu beachten.

Zu Aufgabe 13

Karpfenzucht führt zu Einkünften aus Land- und Forstwirtschaft (§ 13 Abs. 1 Nr. 2 EStG i.V.m. § 62 Abs. 1 BewG), Hochseefischerei hingegen nicht, da diese Tätigkeit nicht in § 13 EStG aufgeführt ist. Eine selbständig ausgeübte Hochseefischerei hat vielmehr Einkünfte aus Gewerbebetrieb (§ 15 Abs. 1 Nr. 1 EStG) zur Folge.

Zu Aufgabe 14

a) Ein selbständiger Wirtschaftsprüfer hat Einkünfte aus selbständiger Arbeit (freiberuflicher Tätigkeit). Wirtschaftsprüfer sind in § 18 Abs. 1 Nr. 1 EStG unter den sog. „Katalogberufen" aufgeführt.

b) Da der Berufsboxer auf eigene Rechnung und Gefahr arbeitet, ist er kein Arbeitnehmer, sondern Selbständiger. Er bezieht Einkünfte aus Gewerbebetrieb und nicht aus selbständiger Arbeit, da er keine der in § 18 Abs. 1 Nr. 1 EStG genannten Tätigkeiten ausübt und Berufsboxer weder unter den Katalogberufen aufgeführt sind, noch konkrete Ähnlichkeit mit einem bestimmten Katalogberuf aufweisen

c) Der Journalist bezieht Einkünfte aus freiberuflicher Tätigkeit i.S.d. § 18 Abs. 1 Nr. 1 EStG.

d) Es handelt sich um eine schriftstellerische Tätigkeit i.S.d. § 18 Abs. 1 Nr. 1 EStG. Auf die Qualität der Erzeugnisse kommt es nicht an.

e) Auch Nebentätigkeiten können freiberuflich ausgeübt werden. Voraussetzung ist, daß der Steuerpflichtige bei Ausübung der Tätigkeit nicht in ein Unternehmen, eine Körperschaft usw. derart eingegliedert ist, daß er den Anweisungen des Unternehmens, der Körperschaft usw. hinsichtlich der geschuldeteten Arbeitsleistung zu folgen hat (vgl. Abschn. 67 und 68 LStR mit ausführlichen Erläuterungen).

Das Abhalten einzelner Vorträge an einer Volkshochschule kann nicht als Eingliederung in den Betrieb der Volkshochschule angesehen werden. Der Steuerpflichtige ist somit hinsichtlich dieser Tätigkeit Freiberufler i.S.d. § 18 Abs. 1 Nr. 1 EStG.

f) Die Tätigkeit eines Tanzlehrers ist eine unterrichtende Tätigkeit i.S.d. § 18 Abs. 1 Nr. 1 EStG.

Zu Aufgabe 15

Die KG ist als Personengesellschaft nicht einkommensteuerpflichtig und bezieht auch keine Einkünfte. Der Gewinn der KG wird in einem besonderen Verfahren gesondert und einheitlich festgestellt (§§ 179 und 180 AO). Hierbei wird zugleich über die Zurechnung der Gewinnanteile auf die einzelnen Gesellschafter entschieden. Die Gesellschafter A, B und C erzielen Einkünfte aus Gewerbebetrieb in Höhe von je 100.000 DM (§ 15 Abs. 1 Nr. 2 EStG).

Zu Aufgabe 16

a) Der Arzt ist weder nach dem HGB noch nach anderen außersteuerlichen Gesetzen buchführungspflichtig. Eine abgeleitete steuerliche Buchführungspflicht nach § 140 AO kommt deshalb nicht in Betracht. Auch eine originäre steuerliche Pflicht, Bücher zu führen, scheidet aus, denn § 141 AO gilt nur für Gewerbetreibende und Land- und Forstwirte. Der Arzt kann seinen Gewinn nach § 4 Abs. 3 EStG oder freiwillig nach § 4 Abs. 1 EStG ermitteln.

b) Der Buchhändler unterliegt als Kaufmann i.S.d. § 1 Abs. 2 Nr. 8 HGB nach § 238 HGB grundsätzlich der kaufmännischen Buchführungspflicht. Als Minderkaufmann ist er jedoch nach § 4 Abs. 1 HGB von der Buchführungspflicht befreit, so daß § 140 AO nicht zur Anwendung kommt. Eine originäre steuerliche Buchführungspflicht scheitert daran, daß die in § 141 AO genannten Grenzen (Umsatz, Betriebsvermögen, Gewinn) nicht überschritten werden. Sollte der HRefG-E Gesetz werden, so wird es künftig keine Minderkaufleute mehr geben. Auch dann wird der Buchhändler aber nicht nach den §§ 238 ff. HGB zur Buchführung verpflichtet sein. Dies ergibt sich aus § 1 Abs. 2 HGB in der Fassung des HRefG-E. Danach soll die Kaufmannseigenschaft nämlich künftig daran geknüpft werden, daß ein in kaufmännischer Weise eingerichteter Geschäftsbetrieb erforderlich ist.

Der Buchhändler kann seinen Gewinn durch Einnahmen-Überschußrechnung gemäß § 4 Abs. 3 EStG oder freiwillig durch Bestandsvergleich nach § 5 EStG ermitteln. Ein Bestandsvergleich gem. § 4 Abs. 1 EStG kommt hingegen nach § 5 Abs. 1 EStG nicht in Betracht, da der Buchhändler Gewerbetreibender ist.

c) Für den Gemüsehändler gelten die Ausführungen zu b) entsprechend. Die Eintragung im Handelsregister führt nicht zur Buchführungspflicht. Auch § 5 HGB steht diesem Ergebnis nicht entgegen, da diese Vorschrift nach h.M. eine rein zivilrechtliche Schutzvorschrift ist.

Der Gemüsehändler kann den Gewinn nach § 4 Abs. 3 EStG oder freiwillig nach § 5 EStG ermitteln.

d) Der Lebensmitteleinzelhändler ist gemäß §§ 238 ff. i.V.m. § 1 Abs. 2 Nr. 1 HGB handelsrechtlich zur Buchführung verpflichtet, sofern er nicht als Minderkaufmann anzusehen ist und er deshalb nach § 4 Abs. 1 HGB von der Buchführung befreit ist. Selbst wenn aufgrund der geringen Umsatzhöhe die Anwendung des § 4 HGB bejaht werden sollte, ist der Gemüsehändler dennoch steuerlich zur Buchführung verpflichtet, dann allerdings nicht nach § 140 AO i.V.m. den §§ 238 ff. HGB, sondern nach § 141 AO (originäre steuerliche Buchführungspflicht). Sollte der HRefG-E Gesetz werden, so wird sich an den soeben dargestellten Ergebnissen nichts ändern. Zwar wird es dann durch die Streichung des § 4 HGB keinen Minderkaufmann mehr geben, doch entsteht eine Buchführungspflicht nach §§ 238 ff. HGB auch künftig nur dann, wenn ein in kaufmännischer Weise eingerichteter Geschäftsbetrieb erforderlich ist. Dies ergibt sich dann allerdings aus § 1 Abs. 2 HGB in der Fassung des HRefG-E.

Zu Aufgabe 17

Der Gewinn des Steuerberaters aus freiberuflicher Tätigkeit gemäß § 18 Abs. 1 Nr. 1 EStG für das Kalenderjahr 05 wird mit Hilfe einer Einnahmen-Überschußrechnung (§ 4 Abs. 3 EStG) wie folgt ermittelt:

Einnahmen		DM	DM
Honorareinnahmen		481.300	
Verkaufserlös PC		300	
Einnahmen insgesamt		481.600	481.600
Ausgaben			
„Buchwert" des verkauften PC		100	
Büromiete		36.000	
Gehälter		270.000	
Büromaterial und sonstige Kosten		14.500	
Darlehnszinsen		500	
geringwertige Wirtschaftsgüter		4.600	
Personalcomputer	DM		
Anschaffungskosten September 05	6.000		
./. AfA für 1/2 Jahr: 1/2 v. 6.000 : 3	1.000	1.000	
(vgl. R 44 Abs. 2 EStR)			
Buchwert 31.12.05	5.000		
Betriebsausgaben		326.700	./. 326.700
Gewinn 05			154.900

Erläuterungen

Betriebseinnahmen: Die Honorareinnahmen von 481.300 DM setzen sich zusammen aus den laufenden Einnahmen in 05, den Einnahmen aus 03 (Zuflußprinzip § 11 EStG) und dem Vorschuß (vgl. auch R 16 Abs. 2 EStR).

Die erstattete Einkommensteuer ist eine Personensteuer. Sie ist weder bei der Zahlung als Betriebsausgabe noch bei einer Erstattung als Betriebseinnahme anzusetzen. Der gesamte Verkaufserlös des PC zählt zu den Einnahmen, hingegen rechnen die noch nicht im Wege der AfA geltend gemachten Anschaffungskosten (Buchwert) zu den Betriebsausgaben.

Betriebsausgaben: Der Restwert des PC ist gewinnmindernd als Ausgabe zu behandeln (vgl. R 16 Abs. 3 EStR). Ebenfalls sind die tatsächlich geleisteten Zahlungen für Büromiete, Gehälter und Büromaterial als Betriebsausgaben abziehbar. Nicht als Betriebsausgaben (wohl aber als Sonderausgaben) sind die Lebensversicherungs- und Krankenkassenbeiträge zu berücksichtigen. Sie sind private Ausgaben. Die Anschaffungskosten des Grundstücks sind gemäß § 4 Abs. 3 Satz 4 EStG erst im Zeitpunkt einer eventuellen späteren Veräußerung oder Entnahme als Betriebsausgaben zu erfassen. Entsprechend ist dann der Verkaufserlös als Einnahme zu behandeln.

Die Darlehnsrückzahlung stellt keine Betriebsausgabe dar; ebensowenig ist eine Darlehnsaufnahme Betriebseinnahme (vgl. H 16 Abs. 2 EStR).

Die Darlehnszinsen für das geschäftlich aufgenommene Darlehn sind als Betriebsausgaben abzugsfähig. Geringwertige Wirtschaftsgüter können (Wahlrecht) gemäß § 6 Abs. 2 EStG sofort als Betriebsausgaben abgezogen werden.

Der neue PC gehört zu den abnutzbaren Anlagegütern, deren Anschaffungskosten im Wege der Absetzung für Abnutzung auf die Nutzungsdauer zu verteilen sind.

Zu Aufgabe 18

Die Einkünfte aus nichtselbständiger Arbeit gemäß § 19 EStG betragen 82.300 DM.

Ermittlung:

Einnahmen:	DM	DM
12 Monate Gehalt à 6.500 DM =	78.000	
+ Weihnachtsgratifikation (§ 19 Abs. 1 EStG)	8.000	
Einnahmen insgesamt	86.000	86.000
Werbungskosten:		
Fahrtkosten zur Arbeitsstätte § 9 Abs. 1 Nr. 4 EStG		
200 Tage · 20 Kilometer · 0,70 DM	2.800	
Gewerkschaftsbeitrag § 9 Abs. 1 Nr. 3 EStG	900	
Werbungskosten insgesamt	3.700	./. 3.700
Einkünfte		82.300

Erläuterungen

Zu den Einkünften aus nichtselbständiger Arbeit gehört außer dem Gehalt auch die Weihnachtsgratifikation (§ 19 Abs. 1 EStG).

Gemäß § 3 Abs. 1 LStDV sind Jubiläumszuwendungen des Arbeitgebers anläßlich eines 25jährigen Arbeitnehmerjubiläums bis zu einem Betrag von 1.200 DM steuerfrei.

Kleidung kauft der Angestellte sowohl aus dienstlichen als auch aus privaten Gründen. Läßt sich eine Trennung der Aufwendungen in Werbungskosten und in Kosten der Lebensführung nicht leicht und einwandfrei durchführen - z.B. bei Aufwendungen für Körperpflege, Kleidung und

Schuhe - so gehört der gesamte Betrag derartiger Aufwendungen nach § 12 Nr. 1 EStG zu den nichtabzugsfähigen Ausgaben (vgl. R 117 EStR). Entsprechendes gilt für die Aufwendungen für ein Konversationslexikon.

Der Gewerkschaftsbeitrag ist als Werbungskosten abzugsfähig.

Bei der Berücksichtigung der Fahrtkosten zur Arbeitsstätte als Werbungskosten ist darauf zu achten, daß nur die Entfernungskilometer berücksichtigt werden können, nicht also die Hin- und Rückfahrt (§ 9 Abs. 1 Nr. 4 EStG).

Zu Aufgabe 19

Da die Wertpapiere zum Privatvermögen des Steuerpflichtigen gehören, sind die Erträge und Aufwendungen im Rahmen der Einkünfte aus Kapitalvermögen (§ 20 EStG) zu erfassen. Kursverluste liegen in der Vermögens- und nicht in der Einkommenssphäre des Steuerpflichtigen und berühren daher die Einkünfte nicht. Zu den Einnahmen aus Kapitalvermögen gehören nicht nur die Nettodividende und die Zinsgutschriften, sondern auch die einbehaltene Kapitalertragsteuer in Höhe von 25 % der Bardividende (§ 43a Abs. 1 Nr. 1 EStG) sowie die anrechenbare Körperschaftsteuer in Höhe von 3/7 der Bardividende (§ 20 Abs. 1 Nr. 3 i.V.m. § 36 Abs. 2 Nr. 3 EStG). Die als Einnahme anzusetzende Bruttodividende beträgt - wie sich aus der nachfolgenden Berechnung ergibt - 2.000 DM.

Berechnung:	DM
Nettodividende	1.050
+ Kapitalertragsteuer (25 % der Dividende bzw. 33 1/3 % der Nettodividende)	350
Dividende	1.400
+ anrechenbare Körperschaftsteuer (3/7 der Dividende)	600
Bruttodividende	2.000

Die Zinsen aus den festverzinslichen Wertpapieren (7.000 DM) sind ebenfalls um die Kapitalertragsteuer (Zinsabschlag) von 3.000 DM auf 10.000 DM zu erhöhen. Die einbehaltene Kapitalertragsteuer ist ebenso wie die Körperschaftsteuer gem. § 36 Abs. 2 Nr. 2 und 3 EStG auf die Einkommensteuerschuld anzurechnen.

Die Schuldzinsen sind in voller Höhe als Werbungskosten abzugsfähig.

Da die tatsächlichen Werbungskosten den Werbungskostenpauschbetrag übersteigen, sind die tatsächlichen Werbungskosten zu berücksichtigen (§ 9a EStG). Die Einkünfte aus Kapitalvermögen ergeben sich wie folgt:

	DM
Bruttodividende	2.000
Zinsen aus Wertpapieren	10.000
Einnahmen insgesamt	12.000
./. Werbungskosten § 9 EStG	600
./. Sparerfreibetrag § 20 Abs. 4 EStG	6.000
Einkünfte aus § 20 EStG	5.400

Zu Aufgabe 20

a) Zu den sonstigen Einkünften gehören nach § 22 Nr. 2 EStG die Einkünfte aus Spekulationsgeschäften i.S.d. § 23 EStG. Werden gemäß § 23 Abs. 1 Nr. 1 EStG Grundstücke, bei denen der Zeitraum zwischen Anschaffung und Veräußerung nicht mehr als zwei Jahre beträgt, veräußert und gehört das Grundstück gemäß Abs. 2 nicht zu den Wirtschaftsgütern, deren Wert bei den Einkünften i.S.d. § 2 Abs. 1 Nrn. 1-6 EStG anzusetzen ist, so liegt ein Spekulationsgeschäft vor. Der Veräußerungsgewinn ist gemäß § 23 Abs. 3 EStG wie folgt zu ermitteln:

Lösungen zu Teil II 511

	DM	DM
Veräußerungspreis		53.000
./. Anschaffungspreis	50.000	
./. Werbungskosten	2.100	52.100
Veräußerungsgewinn		900

Wenn der aus Spekulationsgeschäften erzielte Gesamtgewinn des Kalenderjahres weniger als 1.000 DM beträgt, bleiben diese Gewinne steuerfrei (§ 23 Abs. 3 EStG). Dies ist hier der Fall.

b) Abweichend von a) gehört der Gewinn von 900 DM nicht zu den sonstigen Einkünften, sondern zu den Einkünften aus Gewerbebetrieb (§ 15 EStG). Er ist in vollem Umfang zu versteuern.

Zu Aufgabe 21

Zur Aufgabenlösung werden die einzelnen Ermittlungsstufen getrennt dargestellt.

a) Ermittlung des Gesamtbetrags der Einkünfte
   Die Einkünfte sind für Arnold und Berta getrennt zu ermitteln (§ 26b EStG, R 174b Abs. 1 EStR).

		Arnold DM	Berta DM
Einkünfte § 15 EStG		./. 15.000	--
Einkünfte § 18 EStG		--	4.000
Einkünfte § 19 EStG			
Einnahmen	50.000		
./. Arbeitnehmer-Pauschbetrag			
§ 9a Nr. 1a) EStG	2.000	48.000	--
Einkünfte § 20 EStG			
Einnahmen	4.000		
./. Werbungskosten-Pauschbetrag			
§ 9a Nr. 1b) EStG	200		
./. gemeinsamer Sparer-Freibetrag			
§ 20 Abs. 4 EStG (max. 12.000 DM)	3.800		
	0	0	
Einkünfte § 21 EStG		--	./. 14.000
Einkünfte § 22 EStG		--	1.100
		33.000	./. 8.900
		⌄	33.000
Summe der Einkünfte			24.100
./. Altersentlastungsbetrag für Arnold			
(Höchstbetragsregelung gemäß § 24a EStG)			./. 3.720
Gesamtbetrag der Einkünfte			20.380

b) Ermittlung des Einkommens

Gesamtbetrag der Einkünfte	20.380
./. Sonderausgaben-Pauschbetrag § 10c Abs. 1 i.V.m. Abs. 4 EStG	./. 216
Zwischensumme	20.164
./. Vorsorgepauschale § 10c Abs. 2 i.V.m. Abs. 4 EStG	./. 9.234
Einkommen	10.930

c) Berechnung der Vorsorgepauschale gem. § 10c Abs. 2 i.V.m. Abs. 4 EStG

Bruttoarbeitslohn (ggf. einschl. Versorgungsbezüge)	50.000
./. Versorgungsfreibetrag § 19 Abs. 2 EStG (40 % der Versorgungsbezüge, höchstens 6.000)	0
./. Altersentlastungsbetrag § 24a EStG (40 % des um die Versorgungsbezüge gekürzten Arbeitslohnes, höchstens 3.720 DM)	3.720
maßgeblicher Arbeitslohn nach § 10c Abs. 2 Satz 4 EStG	46.280

Aus dem Arbeitslohn von 46.280 DM errechnet sich ein Ausgangsbetrag von 9.256 DM (20 % von 46.280 DM)

	DM	DM	DM
Ausgangsbetrag		9.256	
- Vorweghöchstbetrag (6.000 · 2)	12.000		
Kürzung um 16 % von 46.280.			
(§ 10c Abs. 2 Nr. 1 i.V.m. Abs. 4 EStG)	7.405		
	4.595	./. 4.595	4.595
		4.661	
- Grundhöchstbetrag			
(§ 10c Abs. 2 Nr. 2 i.V.m. Abs. 4 EStG)		./. 4.661	4.661
(höchstens 5.220)		0	
- Hälftiger Höchstbetrag			
50 %, höchstens 2.610			0
(§ 10c Abs. 2 Nr. 3 EStG)			9.256
Abgerundet auf durch 54 teilbaren Betrag			9.234

d) Erläuterungen

Zu a) Von den Einnahmen aus nichtselbständiger Arbeit ist der Arbeitnehmer-Pauschbetrag gemäß § 9a Nr. 1a) EStG abzuziehen, da keine tatsächlichen Werbungskosten geltend gemacht werden.

Von den Einnahmen aus Kapitalvermögen wird der Sparer-Freibetrag erst nach Berücksichtigung der Werbungskosten bzw. des Werbungskostenpauschbetrages abgezogen. Auch wenn nur ein Ehegatte Einnahmen gemäß § 20 EStG hat, werden sowohl der Pauschbetrag als auch der Sparer-Freibetrag verdoppelt.

Bei der gesonderten Ermittlung der Einkünfte erfolgt jeweils auch der Verlustausgleich gesondert.

Der Altersentlastungsbetrag wird nur demjenigen gewährt, der die Voraussetzungen in seiner eigenen Person erfüllt. Ehefrau Berta ist erst 50 Jahre alt; sie erhält deshalb den Entlastungsbetrag nicht. Arnold könnte 40 % des Arbeitslohns zuzüglich 40 % der positiven Summe der Einkünfte, die nicht solche aus nichtselbständiger Arbeit sind, als Altersentlastungsbetrag geltend machen. Neben dem Arbeitslohn betragen seine weiteren Einkünfte

	DM
§ 15 EStG	./. 15.000
§ 20 EStG	./. 0
Summe	./. 15.000

Es ergibt sich also keine positive Summe, so daß nur

40 % von 50.000 DM = 20.000 DM

zum Abzug in Frage kommen. Es dürfen nach § 24a EStG jedoch höchstens 3.720 DM (Maximalbegrenzung) angesetzt werden.

Zu b) Da die Eheleute keine tatsächlichen Sonderausgaben i.S.d. § 10 Abs. 1 Nrn. 1, 1a, 4 - 9 EStG geltend machen, steht ihnen der Sonderausgaben-Pauschbetrag des § 10c Abs. 1 EStG zu, der nach § 10c Abs. 4 Nr. 1 EStG im Fall der Zusammenveranlagung verdoppelt wird.

Zu c) Bei der Berechnung der Vorsorgepauschale ist von dem in § 10c Abs. 2 Satz 4 EStG eigens definierten Arbeitslohn auszugehen. Da einer der Ehegatten Arbeitslohn bezogen hat, aber keine tatsächlichen Vorsorgeaufwendungen (§ 10 Abs. 1 Nr. 2 und 3 EStG) geltend gemacht werden, ist die Vorsorgepauschale nach § 10c Abs. 2 EStG anzusetzen. Obwohl bei der Berechnung nur der Arbeitslohn des Ehemanns zugrunde gelegt wird, werden die Höchstbeträge in § 10c Abs. 2 Nrn. 1-3 EStG verdoppelt (§ 10c Abs. 4 Nr. 1 EStG). Arnold gehört nicht zur Personengruppe des § 10c Abs. 3 EStG, da er nicht unter die Nrn. 1-4 dieser Vorschrift fällt und die Aufzählung abschließend ist.

Zu Aufgabe 22

Im Veranlagungszeitraum 03 ergibt sich für Schulze ein negativer Gesamtbetrag der Einkünfte von 20.000 DM:

	DM
Einkünfte § 15 EStG	./. 22.000
Einkünfte § 20 EStG	6.000
Einkünfte § 21 EStG	./. 4.000
Gesamtbetrag der Einkünfte	./. 20.000

a) Der Verlustabzug (Verlustrücktrag) im Veranlagungszeitraum 01 beträgt 0 DM und in 02 12.000 DM, sofern Schulze nicht auf den Verlustrücktrag ganz oder teilweise gemäß § 10d Abs. 1 Satz 4 EStG verzichtet:

	DM
Gesamtbetrag der Einkünfte in 02	15.000
./. Sonderausgaben	3.000
	12.000
./. Verlustabzug § 10d EStG	12.000
Einkommen	0

b) Der vortragsfähige Verlust für den Veranlagungszeitraum 04 beträgt 8.000 DM:

	DM
Verlust 03	20.000
./. Verlustrücktrag 02	12.000
Verlustvortrag für 04	8.000

c) Der Steuerpflichtige kann nach § 10d Abs. 1 Satz 4 EStG auf einen Verlustrücktrag in die Jahre 01 und 02 teilweise oder vollständig verzichten.
Soweit er auf einen Verlustrücktrag verzichtet, kommt es zu einem Verlustvortrag in das Jahr 04.

d) Der gesamte Verlust in Höhe von 20.000 DM müßte als Verlustvortrag im Jahr 04 berücksichtigt werden. Soweit das Ergebnis in 04 nicht ausreichen würde, müßten die nicht in 04 abgezogenen Verluste in den folgenden Veranlagungszeiträumen berücksichtigt werden.

Zu Aufgabe 23

Zu den Einkünften aus Gewerbebetrieb gehören neben den laufenden Gewinnen auch die Gewinne, die bei der Veräußerung des ganzen Gewerbebetriebs erzielt werden (§ 16 EStG). Gemäß § 16 Abs. 2 EStG ist Veräußerungsgewinn der Betrag, um den der Veräußerungspreis nach Abzug der Veräußerungskosten den Wert des Betriebsvermögens übersteigt. Zum Veräußerungspreis gehört alles, was der Veräußerer anläßlich der Veräußerung oder in wirtschaftlichem Zusammenhang mit der Veräußerung erhält. Die Veräußerungskosten (z.B. Maklerprovision, Zeitungsanzeigen usw.) können nur abgezogen werden, wenn der Veräußerer sie wirtschaftlich trägt. Als Wert des Betriebsvermögens ist nicht der tatsächliche, sondern der buchmäßige Wert des Betriebsvermögens heranzuziehen. Somit ergibt sich folgender Veräußerungsgewinn:

	DM
Veräußerungserlös	152.000
./. Veräußerungskosten	./. 2.000
./. Betriebsvermögen	./. 60.000
Veräußerungsgewinn § 16 Abs. 2 EStG	60.000

Die tarifliche Einkommensteuer berechnet sich wie folgt:

	DM	DM
Laufender Gewinn		120.000
Veräußerungsgewinn	90.000	
./. Freibetrag § 16 Abs. 4 EStG	./. 60.000	
zu versteuern nach § 16 EStG	30.000	30.000
Gesamtbetrag der Einkünfte		150.000
Sonderausgaben-Pauschbetrag (§ 10c Abs. 1 EStG)		./. 108
Einkommen, zu versteuerndes Einkommen		149.892
Auf ohne Rest durch 54 teilbaren Betrag abgerundetes zu versteuerndes Einkommen		149.850
Die tarifliche Einkommensteuer ergibt sich wie folgt:		
Fiktive Einkommensteuer lt. Grundtabelle gem. § 32a Abs. 1 EStG (0,53 · 149.850 - 22.842 =)		56.578

Halber Durchschnittssteuersatz: $\frac{56.578}{149.850} : 2 = 18{,}8782\,\%$

	DM	DM
zu versteuerndes Einkommen	149.892	
abzüglich des steuerpflichtigen Teils des Veräußerungsgewinns	./. 30.000	
verbleiben	119.892	
darauf entfallende Einkommensteuer lt. Grundtabelle		40.693
Übertrag		40.693

	DM	DM
Übertrag		40.693
zu versteuerndes Einkommen (zvE)	149.892	
abzüglich des nach der Einkommensteuertabelle zu versteuernden Betrages	119.892	
dem ermäßigten Steuersatz unterliegender Einkommensteil	30.000	
Steuerschuld auf begünstigten Veräußerungsgewinn (30.000 · 18,8782 %)		5.663
tarifliche Einkommensteuer		46.356

Nunmehr ist zu prüfen, ob ein Entlastungsbetrag i.S.d. § 32c EStG von der Steuerschuld abzuziehen ist. Der gewerbliche Anteil i.S.d. § 32c Abs. 3 EStG ergibt sich wie folgt:

$$\text{gewerblicher Anteil} = \frac{\text{gewerbliche Einkünfte i.S.d. § 32c Abs. 2 EStG}}{\text{Summe der Einkünfte}} \cdot \text{zvE}$$

Zu den gewerblichen Einkünften i.S.d. § 32c Abs. 2 EStG gehört nur der laufende Gewinn aus Gewerbebetrieb i.H.v. 120.000 DM, nicht hingegen der Veräußerungsgewinn. Die Summe der Einkünfte beträgt (120.000 + 30.000 =) 150.000 DM, das zu versteuernde Einkommen ist bereits mit 149.892 DM ermittelt worden. Der gewerbliche Anteil beträgt demnach:

$$\text{gewerblicher Anteil} = \frac{120.000}{150.000} \cdot 149.892 = 119.914.$$

Der gewerbliche Anteil ist höher als der in § 32c Abs. 1 EStG genannte Betrag von 100.278 DM. Damit kommt ein Entlastungsbetrag zum Abzug.

Zur Ermittlung des Entlastungsbetrages wird nach § 32c Abs. 4 EStG zunächst für den abgerundeten gewerblichen Anteil die Einkommensteuer nach dem „normalen" Tarif des § 32a Abs. 1 EStG ermittelt. Der abgerundete gewerbliche Anteil beträgt 119.880 DM. Bei Anwendung der Grundtabelle auf diesen Betrag ergibt sich eine Einkommensteuer von 40.693 DM. Von diesem Ausgangsbetrag ist die Einkommensteuer abzuziehen, die nach § 32a EStG auf ein zu versteuerndes Einkommen von 100.224 DM entfällt. Dies ist nach der Grundtabelle ein Betrag von 30.869 DM. Abzuziehen sind ferner 47 % des abgerundeten gewerblichen Anteils, soweit er 100.224 DM übersteigt. Wie bereits ausgeführt, beträgt der abgerundete gewerbliche Anteil 119.880 DM. Dieser übersteigt den Betrag von 100.224 DM um (119.880 - 100.224 =) 19.656 DM. 47 % dieses Betrages belaufen sich auf (19.656 · 47 % =) 9.238,32 DM. Abzuziehen sind demnach insgesamt (30.869 + 9.238 =) 40.107,32 DM.

Der Entlastungsbetrag ergibt sich als die Differenz aus dem Ausgangsbetrag von 40.693 DM und der Summe der von diesem abzuziehenden Beträge von 40.107,32 DM. Der aufgerundete Entlastungsbetrag beträgt demnach (40.693 - 40.107,32 =) 586 DM. Um diesen Betrag ist die tarifliche Einkommensteuer zu mindern.

Die Einkommensteuerschuld kann nunmehr wie folgt ermittelt werden:

	DM
tarifliche Einkommensteuer	46.356
minus Abzugsbetrag gem. § 32c EStG	./. 586
Jahressteuerschuld	45.770

Zu Aufgabe 24

Ermittlung der Abschlußzahlung für das Jahr 01:

	DM	DM
Die festgesetzte Einkommensteuer für 01 beträgt		90.000
Darauf werden angerechnet nach		
• § 36 Abs. 2 Nr. 1 EStG		
Einkommensteuer-Vorauszahlungen		
1 · 2.000 DM	2.000	
3 · 3.000 DM	9.000	
	11.000	./. 11.000
• § 36 Abs. 2 Nr. 2 EStG		
Lohnsteuer	10.000	
Kapitalertragsteuer	10.000	
	20.000	./. 20.000
• § 36 Abs. 2 Nr. 3 EStG		
Körperschaftsteuer-Anrechnungsguthaben		./. 17.142
Es verbleibt eine Abschlußzahlung von		41.858

Die Abschlußzahlung ist innerhalb eines Monats nach Bekanntgabe des Steuerbescheids zu leisten, spätestens also am 10. Mai des Jahres 03 (§ 36 Abs. 4 EStG).

Ermittlung der restlichen Vorauszahlungen für das Jahr 03:

Nach § 37 Abs. 3 EStG bemessen sich die Vorauszahlungen grundsätzlich nach der Einkommensteuer, die sich nach Anrechnung der Steuerabzugsbeträge und der Körperschaftsteuer (§ 36 Abs. 2 Nr. 2 und 3 EStG) bei der letzten Veranlagung (hier: für das Jahr 01) ergeben hat. Es ergibt sich folgendes:

	DM
Voraussichtliche Einkommensteuerschuld 03	90.000
voraussichtliche Lohnsteuer	./. 10.000
voraussichtliche Kapitalertragsteuer	./. 10.000
voraussichtliches Anrechnungsguthaben	./. 17.142
für 03 zu entrichtende Vorauszahlungen	52.858
bereits am 10. März 03 entrichtet	./. 4.000
noch zu entrichtende Vorauszahlung für 03	48.858

Die Vorauszahlungen sind nach § 37 Abs. 1 EStG zu den restlichen Vorauszahlungsterminen am 10. Juni, 10. September und 10. Dezember des Jahres 03 zu entrichten, und zwar in Höhe von jeweils (48.858 : 3 =) 16.286 DM.

Zu Aufgabe 25

Die A-GmbH ist gem. § 1 Abs. 1 KStG unbeschränkt körperschaftsteuerpflichtig, da sie zu den in dieser Vorschrift genannten Körperschaften gehört und ihren Sitz im Inland hat. Ohne Belang ist es, daß die Geschäftsleitung maßgeblich von der Schweiz aus erfolgt und die GmbH dort auch ihre wichtigsten Produktionsstätten hat.

Zu Aufgabe 26

Die KG ist keine Körperschaft i.S.d. § 1 KStG, sondern eine Mitunternehmerschaft i.S.d. § 15 Abs. 1 Nr. 2 EStG. Sie unterliegt also nicht der Körperschaftsteuer; vielmehr sind ihre Gesellschafter ggf. einkommensteuerpflichtig. Da die KG ausschließlich Wohnungen vermietet, betreibt sie keine gewerbliche, sondern eine vermögensverwaltende Tätigkeit. Die Einkünfte sind deshalb bei den Gesellschaftern als Einkünfte aus Vermietung und Verpachtung zu erfassen.

Die GmbH ist eine Körperschaft i.S.d. § 1 Abs. 1 Nr. 1 KStG; sie ist also unbeschränkt körperschaftsteuerpflichtig. Die Einkünfte sind bei der GmbH gem. § 8 Abs. 2 KStG als Einkünfte aus Gewerbebetrieb zu behandeln.

Der Verein zählt zu den Körperschaften i.S.d. § 1 Abs. 1 Nr. 4 KStG; er ist also unbeschränkt körperschaftsteuerpflichtig. Die Vermietung von Wohnungen führt bei ihm zu Einkünften aus Vermietung und Verpachtung.

Zu Aufgabe 27

Aufwendungen für Werbegeschenke sind zwar Betriebsausgaben, sie sind aber einkommensteuerlich nur abzugsfähig, wenn die engen Voraussetzungen des § 4 Abs. 5 Nr. 1 EStG erfüllt sind.

Abzugsfähigkeit ist hier lt. Sachverhalt nicht gegeben. Die Aufwendungen i.H.v. 10.000 DM gehören somit zu den nichtabzugsfähigen Betriebsausgaben.

Die Nichtabzugsfähigkeit der unter § 4 Abs. 5 EStG fallenden Aufwendungen ist gem. § 8 Abs. 1 KStG auch körperschaftsteuerlich zu beachten. Die Aufwendungen von 10.000 DM sind somit zur Ermittlung des körperschaftsteuerlichen Einkommens dem steuerlichen Gewinn außerhalb der Bilanz wieder hinzuzurechnen. Die Umsatzsteuer für den Eigenverbrauch gehört zu den nichtabziehbaren Aufwendungen i.S.d. § 10 Nr. 2 KStG. Da sie den Gewinn gemindert hat, ist sie diesem zur Ermittlung des Einkommens ebenfalls außerhalb der Bilanz hinzuzurechnen. Insgesamt sind dem Gewinn also (10.000 + 1.600 =) 11.600 DM hinzuzurechnen.

Zu Aufgabe 28

Gesellschaftsrechtlich entsteht die GmbH erst mit der Eintragung ins Handelsregister am 10.1.03. In der Zeit vom 1.1.02 bis zum 31.10.02 existiert eine Vorgründungsgesellschaft, danach bis zur Eintragung der GmbH ins Handelsregister eine Vorgesellschaft.

Steuerlich ist die Vorgründungsgesellschaft eine Mitunternehmerschaft i.S.d. § 15 Abs. 1 Nr. 2 EStG, die Vorgesellschaft hingegen eine Körperschaft i.S.d. § 1 Abs. 1 Nr. 1 KStG.

Der Verlust der Mitunternehmerschaft vom 1.1.-31.10.02 ist gesondert und einheitlich festzustellen und den Gesellschaftern S und P zuzurechnen (§§ 179, 180 AO). Diese können ihn im Wege des Verlustausgleichs mit ihren übrigen Einkünften verrechnen.

Für die Zeit vom 1.11.-31.12.02 ist der steuerliche Gewinn der Vorgesellschaft zu ermitteln. Dieser ist der Körperschaftsteuer zu unterwerfen.

Zu Aufgabe 29

Die nach einkommensteuerlichen Vorschriften nicht zulässige Abschreibung ist gem. § 8 Abs. 1 KStG dem Jahresüberschuß zur Ermittlung des steuerlichen Gewinns hinzuzurechnen. Die Zuwendung an den Gesellschafter Meyer i.H.v. 150 TDM ist eine verdeckte Gewinnausschüttung. Sie ist ebenfalls zur Ermittlung des Einkommens hinzuzurechnen, und zwar nach § 8 Abs. 3 KStG.

Die Körperschaftsteuer und die Umsatzsteuer für den Eigenverbrauch i.H.v. insgesamt 300 TDM sind nichtabziehbare Aufwendungen i.S.d. § 10 Nr. 2 KStG. Sie sind, da sie als Aufwand behandelt worden sind, dem Steuerbilanzgewinn außerhalb der Bilanz hinzuzurechnen.

Nicht abziehbar ist gem. § 10 Nr. 4 KStG die Hälfte der Aufsichtsratsvergütungen. Da die gesamten Aufwendungen i.H.v. 80 TDM als Aufwand behandelt worden sind, ist die Hälfte, also ein Betrag von 40 TDM, dem Steuerbilanzgewinn wieder hinzuzurechnen.

Das zu versteuernde Einkommen der GmbH läßt sich demnach wie folgt ermitteln:

	TDM
Jahresüberschuß	100
+ steuerlich nicht zulässige Abschreibung	50
Steuerbilanzgewinn	150
+ verdeckte Gewinnausschüttung	150
+ Körperschaftsteuer und Umsatzsteuer für den Eigenverbrauch	300
+ Hälfte der Aufsichtsratsvergütung	40
Einkommen = zu versteuerndes Einkommen	640

Das zu versteuernde Einkommen von 640 TDM ist dem Veranlagungszeitraum 1998 zuzurechnen.

Auf das zu versteuernde Einkommen ist der Steuersatz des § 23 Abs. 1 KStG von 45 % anzuwenden. Es ergibt sich eine Tarifbelastung von (640.000 · 45 % =) 288.000 DM.

Da eine Fortschreibung der Eigenkapitalgliederung nach der Aufgabenstellung nicht verlangt ist, wird hier aus Vereinfachungsgründen darauf verzichtet. Dies ist möglich, weil ohne nähere Berechnung ersichtlich ist, daß das aus dem Vorjahr vorhandene EK45 von 1,5 Mio DM für die Ausschüttungen von 100 TDM und 150 TDM bei weitem ausreicht.

Die offene Ausschüttung führt gem. § 27 Abs. 1 KStG zu einer Körperschaftsteuerminderung i.H.v. 15/70 des Ausschüttungsbetrages. Dies sind (15/70 · 100.000 =) 21.428 DM. Die verdeckte Gewinnausschüttung führt zu einer Körperschaftsteuerminderung von (15/70 · 150.000 =) 32.142 DM. Insgesamt beträgt die Minderung (21.428 + 32.142 =) 53.570 DM.

Die Körperschaftsteuerschuld des Jahres 1998 ergibt sich wie folgt:

	DM
Tarifbelastung	288.000
./. Körperschaftsteuer-Minderung	./. 53.570
Jahressteuerschuld	234.430

Zu Aufgabe 30

Der erforderliche Bruttogewinn (G) setzt sich aus der Umsatzsteuer auf den Eigenverbrauch (USt) und der auf G entfallenden Körperschaftsteuer (KSt) zusammen:

(1) G = USt + KSt.

Die Körperschaftsteuer beträgt 45 % des Bruttogewinns.

(2) KSt = 0,45 · G.

Durch Einsetzen von Gleichung (2) in (1) und nach einigen Umformungen ergibt sich:

(3) $G = \dfrac{USt}{0,55} = 1,82 \cdot USt$.

Zur Zahlung von 10.000 DM Umsatzsteuer für den Eigenverbrauch ist demnach ein Bruttogewinn von 18.182 DM erforderlich.

Zu Aufgabe 31

Das zu versteuernde Einkommen der AG für das Jahr 02 ergibt sich aus dem Steuerbilanzgewinn nach Abzug der steuerfreien Einkünfte wie folgt:

	DM
Vorläufiger Steuerbilanzgewinn	1.502.963
./. steuerfreie ausländische Einkünfte	./. 512.618
./. steuerfreie Investitionszulage	./. 415.695
Einkommen = zu versteuerndes Einkommen	574.650

Durch Anwendung des Steuersatzes nach § 23 Abs. 1 KStG ergibt sich eine Tarifbelastung von (574.650 · 45 % =) 258.592 DM. Für die Ausschüttung von 600.000 DM reicht offensichtlich das am 31.12.02 vorhandene EK45 einschließlich der durch die Herstellung der Ausschüttungsbelastung verursachten Körperschaftsteuerminderung aus. Die Körperschaftsteuerminderung ergibt sich durch folgenden Ansatz:

$$\text{Körperschaftsteuerminderung} = \frac{15}{70} \cdot \text{Ausschüttung}.$$

Durch Einsetzen der konkreten Ausschüttung von 600.000 DM in diese Gleichung ergibt sich eine Körperschaftsteuerminderung von (15/70 · 600.000 =) 128.571 DM. Die Körperschaftsteuerschuld für das Jahr 02 ergibt sich demnach wie folgt:

	DM
Tarifbelastung	258.592
./. Körperschaftsteuerminderung	./. 128.571
Jahressteuerschuld	130.021

Der Steuerbilanzgewinn des Jahres 02 wirkt sich erhöhend auf das verwendbare Eigenkapital am 31.12.02 aus, und zwar

- die steuerfreien ausländischen Einkünfte auf das EK01,
- die Investitionszulage auf das EK02 und
- das zu versteuernde Einkommen auf das EK45.

Die Tarifbelastung hingegen wirkt sich mindernd auf das am 31.12.02 vorhandene EK45 aus. Das verwendbare Eigenkapital entwickelt sich demnach im Jahre 02 wie folgt (Angaben in DM):

	EK45	EK01	EK02	EK03
Stand 1.1.02	501.284	320.905	280.723	801.980
ausländische Einkünfte	--	512.618	--	--
Investitionszulagen	--	--	415.695	--
Einkommen	574.650	--	--	--
./. Tarifbelastung	258.592	--	--	--
Stand 31.12.02	817.342	833.523	696.418	801.980

Die Ausschüttung von 600.000 DM wirkt sich mindernd, die Körperschaftsteuerminderung hingegen erhöhend auf das verwendbare Eigenkapital, und zwar auf das EK45, aus. Diese Änderungen sind nach § 28 Abs. 2 KStG aber nicht im Jahr 02, sondern erst im Jahr 03 zu erfassen. Aufgrund der Ausschüttung im Jahr 03 für das Jahr 02 ergeben sich somit folgende Auswirkungen auf das EK45:

	DM	DM
Stand 1.1.03		817.342
./. Ausschüttung für 02	./. 600.000	
+ Körperschaftsteuerminderung	+ 128.571	./. 471.429
EK45 nach Ausschüttung für 02 und durch diese bewirkte Körperschaftsteuerminderung		345.913

Zu Aufgabe 32

M hat gem. § 20 Abs. 1 Nr. 1 EStG im Jahre 02 die ihm zugeflossenen Gewinnausschüttungen der GmbH als Einnahmen aus Kapitalvermögen zu versteuern. Zu diesen Einnahmen gehört auch die von der GmbH an das Finanzamt abgeführte Kapitalertragsteuer. Die Einnahmen i.S.d. § 20 Abs. 1 Nr. 1 EStG betragen demnach (5.250 + 1.750 =) 7.000 DM. Zu den Einnahmen aus Kapitalvermögen des M gehört gem. § 20 Abs. 1 Nr. 3 EStG ferner das körperschaftsteuerliche Anrechnungsguthaben i.H.v. 3.000 DM. M hat somit insgesamt (7.000 + 3.000 =) 10.000 DM von der GmbH erhaltene Einnahmen unter den Einkünften aus Kapitalvermögen zu erfassen. Da sich aus dem Sachverhalt keine Werbungskosten ergeben und der Werbungskostenpauschbetrag sowie der Sparerfreibetrag bereits ausgeschöpft sind, stellen die 10.000 DM bei M zusätzliche Einkünfte aus Kapitalvermögen dar. Diese unterliegen lt. Sachverhalt einem Einkommensteuersatz von 40 %, so daß Einkommensteuer i.H.v. 4.000 DM entsteht.

Auf die Einkommensteuerschuld des M für das Jahr 02 wird nach § 36 Abs. 2 EStG sowohl die Kapitalertragsteuer von 1.750 DM als auch das körperschaftsteuerliche Anrechnungsguthaben i.H.v. 3.000 DM angerechnet. Die gesamte Anrechnung beträgt demnach 4.750 DM. Der Anrechnung steht nicht entgegen, daß die GmbH ihre Körperschaftsteuerschulden nicht beglichen hat. Der Tatbestand des § 36a EStG, der in Ausnahmefällen zu einem Ausschluß der Anrechnung von Körperschaftsteuer führt, ist nicht erfüllt, da M weder einen beherrschenden Einfluß auf die GmbH ausübt noch an ihr wesentlich beteiligt ist.

Zu Aufgabe 33

Weinstube und Textileinzelhandelsgeschäft werden nach der Verkehrsauffassung nicht als Teile eines einzigen Gewerbebetriebes angesehen. Dies gilt im konkreten Fall um so mehr, als sie in verschiedenen Gemeinden liegen. H besitzt also nicht einen, sondern zwei Gewerbebetriebe. Dies hat u.a. zur Folge, daß der Freibetrag nach § 11 Abs. 1 GewStG i.H.v. 48.000 DM und der sich daran anschließende Staffeltarif zweimal berücksichtigt werden.

Da lt. Sachverhalt weder Hinzurechnungen noch Kürzungen vorzunehmen sind, ergibt sich für beide Gewerbebetriebe der Gewerbeertrag durch Abrundung des Gewinns aus Gewerbebetrieb auf volle 100 DM und Abzug des Freibetrags von 48.000 DM. Der Gewerbeertrag der Weinstube beträgt demnach (102.456 ./. 56 ./. 48.000 =) 54.400 DM, derjenige des Textileinzelhandelsgeschäftes (50.162 ./. 62 ./. 48.000 =) 2.100 DM.

Für die Weinstube ergibt sich der Steuermeßbetrag nach dem Gewerbeertrag unter Berücksichtigung des Staffeltarifs des § 11 Abs. 2 GewStG wie folgt:

	DM
24.000 DM · 1 % =	240
24.000 DM · 2 % =	480
6.400 DM · 3 % =	192
Steuermeßbetrag	912

Lösungen zu Teil II

Für das Textilgeschäft beträgt der Steuermeßbetrag (2.100 DM · 1 % =) 21 DM. Die Gewerbesteuer beträgt demnach

a) für die Weinstube (912 · 300 % =) 2.736 DM und
b) für das Textilgeschäft (21 · 500 % =) 105 DM.

Zu Aufgabe 34

Die gesamte Tätigkeit der Mommsen und Ranke OHG stellt einen Gewerbebetrieb i.S.d. § 2 Abs. 2 GewStG dar. Steuerschuldner ist die OHG selbst, nicht etwa jeder ihrer beiden Mitunternehmer (§ 5 Abs. 1 GewStG).

Da in allen betrachteten Erhebungszeiträumen lt. Sachverhalt keine Hinzurechnungen und Kürzungen vorzunehmen sind, ergeben sich die Gewerbeerträge aus den Gewinnen und Verlusten ggf. nach Berücksichtigung von Gewerbeverlusten und nach Berücksichtigung des Freibetrags und der Abrundung nach § 11 Abs. 1 GewStG.

§ 10a GewStG sieht lediglich Verlustvor-, nicht hingegen Verlustrückträge vor. Die Gewinne der Jahre 01 und 02 sind demnach auf 100 DM abzurunden und jeweils um den Freibetrag des § 11 Abs. 1 GewStG i.H.v. 48.000 DM zu kürzen. Im Jahre 03 ergibt sich ein Gewerbeertrag von 0 DM. Für die Jahre 04 und 05 verbleibt ein vortragsfähiger Verlust von 410.940 DM. Hiervon werden im Jahre 04 gem. § 10a GewStG 185.792 DM und im Jahre 05 152.854 DM verbraucht. Für spätere Erhebungszeiträume bleibt somit ein vortragsfähiger Verlust von (410.940 ./. 185.792 ./. 152.854 =) 72.294 DM.

Zur Errechnung der Gewerbesteuer sind die positiven Gewerbeerträge der Jahre 01 und 02 mit den sich aus dem Staffeltarif ergebenden Steuermeßzahlen und dem Hebesatz von 300 % zu multiplizieren.

Nachfolgend ist die Ermittlung der Gewerbeerträge und der Gewerbesteuer in schematischer Form dargestellt.

Jahr	01	02	03	04	05
	DM	DM	DM	DM	DM
Gewinn	150.427	190.315	./. 410.940	185.792	152.854
Verlustabzug	--	--	--	./. 185.792	./. 152.854
Freibetrag	./. 48.000	./. 48.000	--	--	--
Gewerbeertrag	102.427	142.315	0	0	0
abgerundet	102.400	142.300	0	0	0
Steuermeßbetrag	2.720	4.715	0	0	0
Gewerbesteuer	8.160	14.145	0	0	0

Zu Aufgabe 35

Dem für den Erhebungszeitraum 01 ermittelten Gewinn aus Gewerbebetrieb der X-GmbH i.H.v. 102.518 DM ist gem. § 8 Nr. 1 GewStG die Hälfte der Zinsen für Dauerschulden hinzuzurechnen.

Zu den Dauerschuldzinsen gehören 15.000 DM Zinsen für einen zehnjährigen Bankkredit. Außerdem zählen hierzu die Zinsen, die auf den Mindestkredit des Kontokorrentkontos entfallen. Als Mindestkredit ist der niedrigste Schuldenstand im Jahre 01, der mehr als sieben Tage bestanden hat, anzusehen. Dies ist ein Betrag von 98.542 DM. Die auf diesen Betrag entfallenden Zinsen belaufen sich auf (98.542 · 10 % =) 9.854 DM. Die gesamten Dauerschuldzinsen betragen demnach (15.000 + 9.854 =) 24.854 DM. Die Hälfte dieses Betrages, d.h. 12.427 DM, ist dem Gewinn aus Gewerbebetrieb hinzuzurechnen.

Dem Gewinn hinzuzurechnen sind gem. § 8 Nr. 3 GewStG die Gewinnzahlungen an den typischen stillen Gesellschafter i.H.v. 15.000 DM.

Nach § 9 Nr. 1 GewStG ist eine Kürzung um 1,2 % des Einheitswertes der Betriebsgrundstücke vorzunehmen. Der Einheitswert beträgt 150.000 DM. Er ist gem. § 121a BewG mit 140 % zu multiplizieren. Die Kürzung beträgt also (1,2 % · 140 % · 150.000 =) 2.520 DM.

Eine Kürzung ist ferner vorzunehmen in Höhe des Anteils am Gewinn der Y-KG (§ 9 Nr. 2 GewStG), d.h. i.H.v. 44.927 DM.

Der Gewerbeertrag der X-GmbH ergibt sich demnach wie folgt:

	DM
Gewinn aus Gewerbebetrieb	102.518
+ Hälfte der Dauerschuldzinsen	+ 12.427
+ Gewinnzahlungen an typischen stillen Gesellschafter	+ 15.000
./. Kürzung wegen zu entrichtender Grundsteuer	./. 2.520
./. Kürzung um Gewinnanteile an einer KG	./. 44.927
Gewerbeertrag	82.498
abgerundeter Gewerbeertrag	82.400

Zu Aufgabe 36

Als Mehrheitsbeteiligter ist M beherrschender Gesellschafter der GmbH. Nur aufgrund dieses Sachverhalts sind die überhöhten Zinsen verständlich, die die GmbH an M für das ihr gewährte Darlehen zahlt. In der Höhe, in der die Zinsen den angemessenen Betrag übersteigen, ist eine verdeckte Gewinnausschüttung i.S.d. § 8 Abs. 3 KStG gegeben. Angemessen ist laut Sachverhalt ein Zinssatz von höchstens 14 %. Der Zinssatz ist also um (24 ./. 14 =) 10 % überhöht. Die verdeckte Gewinnausschüttung beträgt demnach (10 % · 200.000 =) 20.000 DM. Um diesen Betrag ist der steuerliche Gewinn der GmbH zu niedrig ausgewiesen. Als Folge der Aufdeckung der verdeckten Gewinnausschüttung ergibt sich somit eine Hinzurechnung zum bisherigen Gewinn i.H.v. 20.000 DM, die von dem Betriebsprüfer außerhalb der Bilanz vorzunehmen ist.

Als Folge der Aufdeckung der verdeckten Gewinnausschüttung erhöht sich der Gewinn aus Gewerbebetrieb i.S.d. § 7 GewStG der GmbH um 20.000 DM. Die Hinzurechnung von Dauerschuldzinsen gem. § 8 Nr. 1 GewStG hingegen verringert sich um die Hälfte dieses Betrages. Insgesamt erhöht sich der Gewerbeertrag der GmbH somit um (20.000 ./. 10.000 =) 10.000 DM, und zwar von ./. 30.000 auf ./. 20.000 DM. Da der Gewerbeertrag vor und nach der Aufdeckung der verdeckten Gewinnausschüttung negativ ist, ergeben sich aus dem Sachverhalt für das Jahr 01 keine gewerbesteuerlichen Folgen. Lediglich der in einem späteren Jahr zu berücksichtigende Gewerbeverlust i.S.d. § 10a GewStG verringert sich um 10.000 DM.

Die Aufdeckung der verdeckten Gewinnausschüttung führt in ihrem vollem Umfang, d.h. in einer Höhe von 20.000 DM, zu einer Erhöhung des zu versteuernden Einkommens der GmbH. Hierdurch ergibt sich eine zusätzliche Tarifbelastung mit Körperschaftsteuer von (20.000 · 45 % =) 9.000 DM (§ 23 Abs. 1 KStG) und eine Erhöhung des EK45 um (20.000 ./. 9.000 =) 11.000 DM (§ 30 Abs. 1 Nr. 1 i.V.m. § 31 Abs. 1 Nr. 2 KStG). Das EK45 beträgt somit zum 31.12.01 512.240 DM.

Für die Ausschüttung von 20.000 DM gilt gem. § 28 Abs. 3 KStG EK45 als verwendet, da es in ausreichendem Maße zur Verfügung steht. Die Ausschüttung führt somit nach § 27 Abs. 1 KStG zu einer Körperschaftsteuerminderung, und zwar i.H.v. (15/70 · 20.000 =) 4.286 DM. In Höhe der Differenz zwischen der Ausschüttung und der Körperschaftsteuerminderung, d.h. i.H.v. (20.000 ./. 4.286 =) 15.714, mindert sich das EK45. Diese Verringerung des EK45 wirkt sich gem. § 28 Abs. 2 KStG aber nicht mehr zum 31.12.01, sondern erst zum 31.12.02 aus.

Gewinnausschüttungen führen gem. § 43 Abs. 1 Nr. 1 EStG grundsätzlich zur Einbehaltung von Kapitalertragsteuer. Werden Gewinnausschüttungen, wie im vorliegenden Fall, erst im Rahmen einer Betriebsprüfung aufgedeckt, so wird aus Vereinfachungsgründen auf die nachträgliche Abführung dieser Steuer verzichtet, da nach Abschluß der Prüfung ohnehin eine Berichtigung der Einkommensteuerveranlagung des Gesellschafters durchgeführt wird[1].

Der Gesellschafter M hat gem. § 20 Abs. 1 Nr. 1 und 3 EStG im Jahre 01 die Ausschüttung von 20.000 DM und das Anrechnungsguthaben von (30/70 · 20.000 =) 8.571 DM, insgesamt also 28.571 DM, zu versteuern. Von diesem Gesamtbetrag hat er vor der Betriebsprüfung bereits 20.000 DM als Zinsen gem. § 20 Abs. 1 Nr. 7 EStG erfaßt. Die Einkommenserhöhung als Folge der Aufdeckung der verdeckten Gewinnausschüttung beträgt demnach (28.571 ./. 20.000 =) 8.571 DM. Da das Einkommen des M im oberen Proportionalbereich liegt, wird das zusätzliche Einkommen mit 53 % Einkommensteuer belastet. Die zusätzliche Einkommensteuer beträgt 4.542 DM. Auf die Einkommensteuerschuld des M sind gem. § 36 Abs. 2 Nr. 3 EStG 8.571 DM anzurechnen. Bei M tritt durch die Aufdeckung der verdeckten Gewinnausschüttung somit eine Nettoentlastung von (8.571 ./. 4.542 =) 4.029 DM ein.

Die Auswirkungen der Aufdeckung der verdeckten Gewinnausschüttung auf die Höhe der Steuerschulden lassen sich wie folgt zusammenfassen:

	DM
a) bei der GmbH	
Gewerbesteuer	--
Tarifbelastung	+ 9.000
Körperschaftsteuerminderung	./. 4.286
Belastungsänderung bei der GmbH	+ 4.714
b) bei M	
zusätzliche tarifliche Einkommensteuer	+ 4.542
./. Anrechnungsguthaben	./. 8.571
Belastungsänderung bei M	./. 4.029
c) Gesamtwirkung bei der GmbH und bei M	
bei der GmbH	+ 4.714
bei M	./. 4.029
Gesamtwirkung	+ 685

Als Folge der Aufdeckung der verdeckten Gewinnausschüttung ergibt sich somit bei der GmbH eine zusätzliche Belastung von 4.714 DM und bei M eine Entlastung von 4.029 DM. Be- und Entlastung entstehen im Rahmen der Berichtigungsveranlagungen für das Jahr 01.

Würde von vornherein nur ein angemessener Zinssatz von 14 % vereinbart und würden 20.000 DM offen ausgeschüttet, so ergäben sich die gleichen steuerlichen Wirkungen, wie vorstehend für den Fall der Umdeutung von 20.000 DM Zinsen in verdeckte Gewinnausschüttungen dargestellt. Die korrekten Steuerwirkungen träten dann aber bereits bei den ursprünglichen Veranlagungen ein. Zu beachten ist aber, daß bei einer offenen Ausschüttung nach Ablauf des Jahres 01 die Steuererfolgen bei dem Gesellschafter erst im Jahre 02 eintreten würden. Insoweit ergibt sich eine zeitliche Verschiebung von Steuerfolgen gegenüber dem Fall der verdeckten Gewinnausschüttung.

---

1 Vgl. hierzu Dötsch, E./Cattelaens, H./Gottstein, S./Stegmüller, H./Zenthöfer, W., Körperschaftsteuer, 1997, S. 160.

Zu Aufgabe 37

Durch den unentgeltlichen Erwerb des Bildes erhält G von der GmbH außerhalb der gesellschaftsrechtlichen Gewinnverteilung einen Vermögensvorteil zu Lasten des Gesellschaftsvermögens. Einen derartigen Vorteil würde ein ordentlicher und gewissenhafter Geschäftsleiter einem Nichtgesellschafter unter sonst gleichen Umständen nicht gewähren. Die Vorteilsgewährung ist somit als verdeckte Gewinnausschüttung i.S.d. § 8 Abs. 3 KStG anzusehen. Der Vorteil ist mit dem gemeinen Wert des Bildes im Zeitpunkt von dessen Ausscheiden aus dem Betriebsvermögen zu bewerten. Als gemeiner Wert ist der im Sachverhalt genannte Schätzwert von 10.000 DM anzusehen.

Mit der Aufdeckung der verdeckten Gewinnausschüttung erhöht sich das Einkommen der GmbH um 10.000 DM auf 410.000 DM. Infolge der Einkommenserhöhung entsteht eine zusätzliche körperschaftsteuerliche Tarifbelastung von (10.000 · 45 % =) 4.500 DM und eine Erhöhung des EK45 um (10.000 ./. 4.500 =) 5.500 DM.

Da am Ende des Jahres ausreichend EK45 sowohl für die bereits erfolgte verdeckte als auch für die im Folgejahr zu beschließende offene Ausschüttung vorhanden ist, gilt für diese Ausschüttungen EK45 als verwendet. Die verdeckte Gewinnausschüttung führt somit gem. § 27 Abs. 1 KStG zu einer Körperschaftsteuerminderung. Diese beträgt (15/70 · 10.000 =) 2.143 DM. Insgesamt entsteht der GmbH ein zusätzlicher Körperschaftsteueraufwand von (4.500 - 2.143 =) 2.357 DM.

Bei G führt die verdeckte Gewinnausschüttung zu einer Erhöhung der Einkünfte aus Kapitalvermögen i.S.d. § 20 Abs. 1 Nr. 1 EStG um 10.000 DM. Als Folge der verdeckten Gewinnausschüttung erhält G gem. § 36 Abs. 2 Nr. 3 EStG ein Anrechnungsguthaben von 3/7 der Ausschüttung, also in einer Höhe von (3/7 · 10.000 =) 4.286 DM. Diesen Betrag hat G gem. § 20 Abs. 1 Nr. 3 EStG zu versteuern. Insgesamt erhöht sich sein Einkommen also um (10.000 + 4.286 =) 14.286 DM. Dieser Betrag unterliegt bei G dem Spitzensteuersatz der Einkommensteuer von 53 %, so daß (14.286 · 53 % =) 7.572 DM zusätzliche Einkommensteuer entsteht. Auf diese Steuerschuld wird das Anrechnungsguthaben von 4.286 DM angerechnet. G hat somit (7.572 ./. 4.286 =) 3.286 DM zusätzliche Einkommensteuer zu entrichten.

Insgesamt ergeben sich aus der Aufdeckung der verdeckten Gewinnausschüttung folgende zusätzliche Steuerzahlungen:

	DM
a) Körperschaftsteuer der GmbH	2.357
b) Einkommensteuer des Gesellschafters	3.286
Summe	5.643

Lösungen zu Teil III

Zu Aufgabe 1

Zu den Anschaffungskosten eines Anlagegutes gehören neben dem Kaufpreis auch die Nebenkosten, die wirtschaftlich unmittelbar mit dem Erwerbsvorgang zusammenhängen. Gemeinkosten, insbesondere die Verwaltungsgemeinkosten, gehören indessen nach § 255 Abs. 1 HGB nicht zu den Anschaffungskosten. Ebenfalls nicht zu den Anschaffungskosten gehört die als Vorsteuer abzugsfähige Einfuhrumsatzsteuer. Der Zoll hingegen gehört zu den Anschaffungsnebenkosten. Wechseldiskont und Spesen sind Finanzierungskosten und nicht Anschaffungskosten des beschafften Wirtschaftsgutes. Der Bonus in Höhe von 5 % des Rechnungspreises mindert die Anschaffungskosten. Die Anschaffungskosten der Maschine und ihr Bilanzansatz zum 31.12.01 lassen sich wie folgt ermitteln:

		DM
Wechselsumme		226.000
./. Finanzierungskosten		./. 26.000
		200.000
+ Anschaffungsnebenkosten	DM	
Fracht	3.000	
Zoll	10.000	
Fundament	3.500	
Elektroanschluß	500	+ 17.000
		217.000
./. Anschaffungskostenminderungen		
Bonus 5 % v. 200.000		./. 10.000
Anschaffungskosten i.S.d. § 6 Abs. 1 Nr. 1 EStG		207.000

Da L.M. einen möglichst niedrigen Gewinnausweis wünscht, muß er eine möglichst hohe AfA in Anspruch nehmen. Die höchstmögliche AfA ergibt sich bei Anwendung der geometrisch-degressiven Abschreibungsmethode nach § 7 Abs. 2 EStG. Bei der hier gegebenen zehnjährigen Nutzungsdauer beträgt der AfA-Höchstsatz im Jahr der Anschaffung 30 % der Anschaffungskosten. Da L.M. die Maschine im Juni - und damit in der ersten Jahreshälfte - angeschafft hat, kann er nach R 44 Abs. 2 EStR die volle Jahres-AfA von (207.000 · 30 % =) 62.100 DM ansetzen. Der Bilanzansatz zum 31.12.01 beträgt 144.900 DM.

Zu Aufgabe 2

a) Wertuntergrenze nach § 255 HGB

Die Wertuntergrenze nach § 255 HGB ergibt sich aus den Materialeinzelkosten, den Fertigungseinzelkosten und den Sondereinzelkosten der Fertigung. Sondereinzelkosten der Fertigung sind aus der Aufgabenstellung nicht erkennbar. Einzubeziehen sind deshalb hier lediglich die Material- und die Fertigungseinzelkosten. Einzelkosten i.S.d. § 255 HGB sind solche Kosten, die dem einzelnen Erzeugnis direkt zurechenbar sind. Nach der hier vertretenen Rechtsansicht gehören dazu auch solche Kosten, die über reine Zeit- oder reine Mengenschlüssel dem einzelnen Erzeugnis zurechenbar sind[2].

---

[2] Hinsichtlich der von einem Teil des Schrifttums vertretenen abweichenden Rechtsansicht s. Gliederungspunkt 3.2.3.

Nach dem genannten Kriterium direkt dem einzelnen Erzeugnis zurechenbar sind lediglich die Rohstoffe, 50 % der Hilfs- und Betriebsstoffe, die Fertigungslöhne und die auf die Fertigungslöhne entfallenden Arbeitgeberanteile zur gesetzlichen Sozialversicherung. Damit ergibt sich die Wertuntergrenze i.S.d. § 255 HGB aller im Jahre 01 hergestellten Erzeugnisse wie folgt:

	Mio DM
Rohstoffe	200
50 % der Hilfs- und Betriebsstoffe	10
Fertigungslöhne	150
auf die Fertigungslöhne entfallende Arbeitgeberanteile zur Sozialversicherung	30
insgesamt	390

Tatsächlich befinden sich am Bilanzstichtag aber nur noch 10 % der im Jahre 01 hergestellten Erzeugnisse im Betriebsvermögen des L.M. Nur diese Erzeugnisse sind also zu bewerten. Die Wertuntergrenze nach § 255 HGB der am 31.12.01 vorhandenen Erzeugnisse beträgt demnach (10 % · 390 =) 39 Mio DM.

b) Wertuntergrenze nach R 33 EStR

Im Gegensatz zur Wertuntergrenze nach § 255 HGB ist in die Wertuntergrenze nach R 33 EStR auch eine Reihe von Gemeinkosten einzubeziehen. R 33 EStR enthält hierzu detaillierte Anweisungen. Ausgehend von der soeben ermittelten Wertuntergrenze nach § 255 HGB kann unter Beachtung der Anweisungen in R 33 EStR die von der Finanzverwaltung akzeptierte Wertuntergrenze wie folgt ermittelt werden:

	Mio DM
Wertuntergrenze nach § 255 HGB aller Erzeugnisse des Jahres 01	390
50 % der Hilfs- und Betriebsstoffe	10
Lagerhaltung, Materialtransport usw.	20
Hilfslöhne	40
Gehälter des Fertigungsbereichs	50
auf die Hilfslöhne und die Gehälter des Fertigungsbereichs entfallende Arbeitgeberanteile zur Sozialversicherung (8 + 10 =)	18
Normal-AfA auf Fertigungsanlagen	100
Wertuntergrenze nach R 33 EStR aller im Jahre 01 hergestellten Erzeugnisse	628
Wertuntergrenze der am 31.12.01 vorhandenen Vorräte (10 % · 628 =)	62,8

c) Wertobergrenze nach Handels- und Steuerbilanz

§ 255 HGB enthält eine Reihe von Einbeziehungswahlrechten. Gleiches gilt nach R 33 EStR. In Handels- und Steuerbilanz dürfen danach folgende Kosten einbezogen werden:

	Mio DM
• die den Erzeugnissen direkt zurechenbaren Zinsen	40
• betriebliche Altersversorgung, freiwillige soziale Leistungen	50
• Kosten der allgemeinen Verwaltung	400
Handels- und steuerrechtlich einbeziehungsfähige, aber nicht einbeziehungspflichtige Kosten des Jahres 01	490
hiervon entfallen auf die zu bewertenden Erzeugnisse (10 % · 490 =)	49,0

Neben diesen sowohl handels- als auch steuerrechtlich einbeziehungsfähigen gibt es solche Kosten, für die die Steuerrechtsprechung und R 33 EStR einerseits und das Schrifttum zu § 255 HGB andererseits auseinanderfallen. Hierbei handelt es sich um die Gewerbesteuer. Für die Gewerbesteuer besteht nach h.M. handelsrechtlich ein Einbeziehungsverbot, nach R 33 Abs. 5 EStR hingegen besteht ein Einbeziehungswahlrecht. Folgt man dieser Unterscheidung, so ergibt sich folgendes:

	Handelsbilanz Mio DM	Steuerbilanz Mio DM
Handels- und steuerrechtlich einbeziehungsfähige, aber nicht -pflichtige Kosten des Jahres 01	490	490
Gewerbesteuer	÷	20
nur einbeziehungsfähige Kosten des Jahres 01 insgesamt	490	510
nach R 33 EStR einbeziehungspflichtige Kosten	628	628
Summe der einbeziehungspflichtigen und der nur einbeziehungsfähigen Kosten des Jahres 01	1.118	1.138
hiervon auf die zu bewertenden Erzeugnisse entfallende Kosten (10 % · 1.118) bzw. (10 % · 1.138 =) Wertobergrenze der Erzeugnisse	111,8	113,8

d) Nicht einbeziehungsfähige Kosten

Folgende in der Aufgabenstellung genannten Kosten sind nicht in die Herstellungskosten einbezogen worden:

	Mio DM
Außerplanmäßige Abschreibungen	20
kalkulatorische Abschreibungen	20
sonstige Fremdkapitalzinsen	100
kalkulatorische Eigenkapitalzinsen	60
Körperschaftsteuer	50
Vertriebskosten	150
insgesamt	400

Diese Kosten sind weder nach § 255 HGB noch nach R 33 EStR in die Herstellungskosten einbeziehungsfähig. Für die außerplanmäßigen Abschreibungen ergibt sich das Verbot der Einbeziehung in die Herstellungskosten daraus, daß sie keinen Kostencharakter haben. Angemerkt sei, daß ihre Berücksichtigung im BAB der üblichen betriebswirtschaftlichen Handhabung widerspricht. Kalkulatorische Abschreibungen und kalkulatorische Eigenkapitalzinsen dürfen deshalb nicht in die Herstellungskosten einbezogen werden, weil ihnen keine Aufwendungen gegenüberstehen. Das Verbot der Einbeziehung der sonstigen Fremdkapitalzinsen ergibt sich aus § 255 Abs. 3 Satz 1 HGB. Vertriebskosten dürfen nach § 255 Abs. 2 Satz 6 HGB nicht in die Herstellungskosten einbezogen werden. Da die Körperschaftsteuer im wesentlichen von der Gewinnhöhe abhängig ist, wird ihr Kostencharakter überwiegend verneint. Auf diese Weise wird begründet, daß sie nicht in die Herstellungskosten einbeziehungsfähig sei.

e) Herstellungskosten im Vergleich

Unter a) bis c) sind für dieselben Erzeugnisse zu demselben Zeitpunkt Herstellungskosten in unterschiedlicher Höhe ermittelt worden. Diese sollen abschließend nochmals im Vergleich dargestellt werden.

	Mio DM
Bewertungsuntergrenze der Erzeugnisse nach § 255 HGB	39,0
+ nach R 33 EStR zusätzlich einbeziehungspflichtige Kosten	+23,8
Bewertungsuntergrenze nach R 33 EStR	62,8
+ in Handels- und Steuerbilanz einbeziehungsfähige, aber nicht -pflichtige Kosten	+49,0
in Handels- und Steuerbilanz gemeinsam mögliche Wertobergrenze	111,8
+ Gewerbesteuer	+ 2,0
nur in der Steuerbilanz mögliche Wertobergrenze	113,8

Zu Aufgabe 3

a) Grundsätzliches

Wertpapiere sind nach § 6 Abs. 1 EStG in der Steuerbilanz grundsätzlich mit ihren Anschaffungskosten anzusetzen. Gleiches gilt nach § 253 HGB für die Handelsbilanz. Zu den Anschaffungskosten gehören neben dem Kaufpreis von 300.000 DM nach § 255 Abs. 1 HGB auch die Anschaffungsnebenkosten. Die Vorschrift des § 255 Abs. 1 HGB ist über § 5 Abs. 1 Satz 1 EStG auch steuerlich anzuwenden. Die Anschaffungsnebenkosten bestehen hier aus den Bankspesen und der Maklerprovision i.H.v. insgesamt 1.800 DM. Damit betragen die Anschaffungskosten (300.000 + 1.800 =) 301.800 DM.

Sinkt der Börsenkurs der Wertpapiere, so entspricht der Teilwert dem Betrag, der sich ergibt, wenn die Anschaffungskosten in demselben Verhältnis, in dem der Kaufpreis zu dem gesunkenen Börsenkurs steht, gemindert wird. Die Nebenkosten können deshalb nach der Rechtsprechung des BFH nicht in vollem Umfang, sondern nur anteilmäßig abgeschrieben werden[3]. Entsprechendes gilt hinsichtlich einer Zuschreibung nach einer in einem früheren Jahr vorangegangenen Teilwertabschreibung.

b) Wertpapiere im Anlagevermögen

b1) Bilanzstichtag 31.12.01

Am 31.12.01 beträgt der Börsenkurs 311 %. Der Teilwert bzw. der Börsenwert liegt damit über den Anschaffungskosten. Damit sind sowohl nach § 253 Abs. 1 HGB als auch nach § 6 Abs. 1 Nr. 2 EStG die Anschaffungskosten von 301.800 DM anzusetzen. Sie stellen zugleich den höchst- als auch den niedrigstzulässigen Wert dar. Dies gilt sowohl für die Handels- als auch für die Steuerbilanz und auch unabhängig davon, ob es sich bei der Gesellschaft um eine KG oder um eine GmbH handelt.

b2) Bilanzstichtag 31.12.02

Am 31.12.02 beträgt der Börsenwert der Aktien (150 % · 100.000 =) 150.000 DM, die fiktiven anteiligen Nebenkosten betragen (150.000 · 0,6 % =) 900 DM. Der Teilwert beläuft sich demnach auf (150.000 + 900 =) 150.900 DM. Nach § 6 Abs. 1 Nr. 2 EStG kann dieser niedrigere Teilwert, es können aber auch die Anschaffungskosten von 301.800 DM angesetzt werden. Handelsrechtlich kann nach § 253 Abs. 2 Satz 3 HGB eine außerplanmäßige Abschreibung auf 150.900 DM vorgenommen werden; diese muß erfolgen, wenn die Wertminderung voraussichtlich von Dauer sein wird. Hiervon ist bei Würdigung des Sachverhalts auszugehen. Damit muß handelsbilanziell eine außerplanmäßige Abschreibung auf 150.900 DM vorgenommen werden. Diese ist nach dem Maßgeblichkeitsgrundsatz des § 5 Abs. 1 Satz 1 EStG als Teilwertabschreibung in die Steuerbi-

---

[3] Vgl. BFH-Urteil vom 15.7.1966, VI 226/64, BStBl 1966 III, S. 643.

lanz zu übernehmen. Damit ist zum 31.12.02 sowohl in der Handels- als auch in der Steuerbilanz ein Ansatz von 150.900 DM zwingend geboten. Dies gilt auch unabhängig davon, ob es sich bei der Gesellschaft um eine KG oder um eine GmbH handelt.

b3) Bilanzstichtag 31.12.03

Am 31.12.03 ist bei einem Kurs von 330 % der Börsenwert der Aktien höher als die Anschaffungskosten. Damit darf nach § 6 Abs. 1 Nr. 2 EStG eine Zuschreibung auf den höheren Teilwert, höchstens aber auf die Anschaffungskosten, vorgenommen werden. Damit besteht ein Wahlrecht zwischen Wertansätzen von 150.900 DM, 301.800 DM und beliebigen Zwischenwerten. Ein gleichlautendes Wahlrecht besteht nach § 253 Abs. 5 HGB grundsätzlich für die Handelsbilanz. Der im Rahmen dieses Wahlrechts in der Handelsbilanz gewählte konkrete Wertansatz ist nach § 5 Abs. 1 Satz 1 EStG auch für die Steuerbilanz maßgebend.

Die bisherigen Ausführungen gelten zunächst nur für den Fall, daß es sich bei der Gesellschaft um eine KG, nicht hingegen für den, daß es sich um eine GmbH handelt. Im GmbH-Fall ist nämlich zusätzlich zu § 253 Abs. 5 HGB noch § 280 HGB zu beachten. Nach Abs. 1 dieser Vorschrift wird aus dem Beibehaltungswahlrecht des § 253 Abs. 5 HGB ein Zuschreibungsgebot. Dies gilt nach § 280 Abs. 2 HGB allerdings dann nicht, wenn ein Fall der umgekehrten Maßgeblichkeit vorliegt. Voraussetzung hierfür ist, daß steuerrechtlich ein Beibehaltungswahlrecht vorliegt und daß die Beibehaltung steuerrechtlich davon abhängt, daß auch handelsrechtlich der niedrigere letzte Bilanzansatz beibehalten wird. Beide Voraussetzungen sind erfüllt: Das steuerrechtliche Beibehaltungswahlrecht ergibt sich aus § 6 Abs. 1 Nr. 2 EStG, die Voraussetzung der Beibehaltung auch in der Handelsbilanz aus § 5 Abs. 1 Satz 2 EStG. Damit kann auch in der Handelsbilanz der GmbH der niedrigere letzte Bilanzansatz von 150.900 DM beibehalten werden. Damit besteht auch in der Steuer- und in der Handelsbilanz der GmbH ein Wahlrecht zwischen einem Wertansatz von 150.900 DM und 301.800 DM. Beliebige Zwischenwerte werden für zulässig erachtet. Das Wahlrecht kann in Handels- und Steuerbilanz nur einheitlich ausgeübt werden.

b4) Bilanzstichtag 31.12.04

Bei einem Börsenkurs von 290 % beträgt der Börsenwert der Aktien zum 31.12.04 (100.000 · 290 % =) 290.000 DM. Die fiktiven Nebenkosten belaufen sich auf (290.000 · 0,6 % =) 1.740 DM. Der Teilwert beträgt demnach (290.000 + 1.740 =) 291.740 DM.

Zur Bestimmung des Wertansatzes zum 31.12.04 muß unterschieden werden zwischen dem Fall, daß der letzte Bilanzansatz geringer und dem, daß er höher war als der Teilwert zum 31.12.04. Hier werden lediglich die beiden Fälle betrachtet, daß zum 31.12.03 150.900 DM oder 301.800 DM angesetzt worden sind.

Hat der Wertansatz zum 31.12.03 150.900 DM betragen, so besteht nach § 6 Abs. 1 Nr. 2 EStG zum 31.12.04 ein Wahlrecht zwischen einem Wertansatz von 150.900 DM und 291.740 DM. Ein gleiches Wahlrecht ergibt sich für die KG aus § 253 Abs. 5 HGB. Für die GmbH hingegen ergibt sich nach § 280 Abs. 1 HGB ein Zuschreibungsgebot. Dieses wird aber über § 280 Abs. 2 HGB i.V.m. § 5 Abs. 1 Satz 2 EStG zu einem Beibehaltungswahlrecht. Unabhängig von der Rechtsform besteht also sowohl in der Handels- als auch in der Steuerbilanz ein Wahlrecht zwischen dem Ansatz von 150.900 DM und dem von 291.740 DM. Beliebige Zwischenwerte werden für zulässig erachtet.

Hat der Wertansatz zum 31.12.03 301.800 DM betragen, so besteht am 31.12.04 nach § 6 Abs. 1 Nr. 2 EStG ein Wahlrecht zwischen diesem letzten Bilanzansatz und dem niedrigeren Teilwert am Bilanzstichtag i.H.v. 291.740 DM. Handelsrechtlich besteht nach § 253 Abs. 2 Satz 3 HGB in gleicher Weise ein Wahlrecht; ein Zwang zum niedrigeren Wertansatz besteht auch handelsrechtlich nicht, da die Wertminderung aus Sicht des Bilanzstichtages voraussichtlich nicht von Dauer, sondern nur vorübergehender Art sein wird. Damit besteht handels- und steuerrechtlich übereinstimmend ein Wahlrecht zwischen einem Wertansatz von 301.800 DM und 291.740 DM. Auch beliebige Zwischenwerte werden für zulässig erachtet. Die aufgezeigten Wahlrechte sind rechtsformunabhängig, d.h., sie können sowohl von der KG als auch von der GmbH wahrgenommen werden. Der in der Handelsbilanz konkret angesetzte Wert ist nach § 5 Abs. 1 Satz 1 EStG für die Steuerbilanz maßgeblich.

c) Wertpapiere im Umlaufvermögen

Befinden sich Wertpapiere im Umlaufvermögen, so ist steuerrechtlich dieselbe Vorschrift anzuwenden wie bei Wertpapieren im Anlagevermögen, nämlich § 6 Abs. 1 Nr. 2 EStG. Handelsrechtlich hingegen tritt an die Stelle des § 253 Abs. 2 Satz 3 HGB der Abs. 3 dieser Vorschrift. Die übrigen anzuwendenden Vorschriften, nämlich § 253 Abs. 1 und 5 sowie § 280 HGB hingegen sind auch handelsrechtlich dieselben wie im dem soeben behandelten Fall, daß sich die Wertpapiere im Anlagevermögen befinden. Im einzelnen ergibt sich folgendes:

Zum 31.12.01 sind sowohl nach § 6 Abs. 1 Nr. 2 EStG als auch nach § 253 Abs. 3 EStG zwingend die Anschaffungskosten i.H.v. 301.800 DM anzusetzen. Dies gilt rechtsformunabhängig. Auf Besonderheiten, die sich nach § 253 Abs. 3 Satz 3 und Abs. 4 HGB ergeben können, soll hier nicht eingegangen werden.

Zum 31.12.02 ist in der Handelsbilanz zwingend ein Wert von 150.900 DM anzusetzen. Dies folgt aus dem strengen Niederstwertprinzip des § 253 Abs. 3 HGB. Über den Maßgeblichkeitsgrundsatz des § 5 Abs. 1 Satz 1 EStG i.V.m. § 6 Abs. 1 Nr. 2 EStG ist dieser Wertansatz auch für die Steuerbilanz zwingend.

Zum 31.12.03 gelten die Ausführungen zu den Wertpapieren des Anlagevermögens entsprechend. Im Ergebnis besteht also auch hier ein Wahlrecht zwischen Wertansätzen von 150.900 DM, 301.800 DM und beliebigen Zwischenwerten. Dieses Ergebnis ist rechtsformunabhängig; die Begründung hierzu hingegen rechtsformabhängig. Im einzelnen sei auf die Ausführungen zu b) verwiesen.

Die Bewertung zum 31.12.04 hängt auch in dem Fall, daß sich die Wertpapiere im Umlaufvermögen befinden, entscheidend davon ab, welcher Wert zum 31.12.03 angesetzt worden ist. Sind die Wertpapiere zum 31.12.03 mit 150.900 DM bewertet worden, so besteht zum 31.12.04 ein Wahlrecht zwischen einem Wertansatz von 150.900 DM, 291.740 DM und beliebigen Zwischenwerten. Sind die Wertpapiere zum 31.12.03 hingegen mit 301.800 DM bewertet worden, so ist nach dem strengen Niederstwertprinzip des § 253 Abs. 3 HGB ein Wertansatz von 291.740 DM zwingend.

d) Zusammenfassung der zulässigen Wertansätze

Die nachfolgende Tabelle enthält eine Zusammenfassung der zulässigen Wertansätze (alle Angaben in DM):

	31.12.01	31.12.02	31.12.03	31.12.04
Anlagevermögen:				
Wertobergrenze	301.800	150.900	301.800	301.800 (291.740)
Zwischenwerte	--	--	301.800 bis 150.900	301.800 (291.740) bis 291.740 (150.900)
Wertuntergrenze	301.800	150.900	150.900	291.740 (150.900)

Lösungen zu Teil III

	31.12.01	31.12.02	31.12.03	31.12.04
Umlaufvermögen:				
Wertobergrenze	301.800	150.900	301.800	291.740 (291.740)
Zwischenwerte	--	--	301.800 bis 150.900	keine (291.740) bis (150.900)
Wertuntergrenze	301.800	150.900	150.900	291.740 (150.900)

Zu Aufgabe 4

Die B-AG hat vertraglich das Recht erworben, den Gastwirt G1 exklusiv mit Bier beliefern zu dürfen. Dieses Bierbelieferungsrecht stellt einen immateriellen Vermögensgegenstand des Anlagevermögens der B-AG dar, der entgeltlich erworben worden ist. Damit greift das Aktivierungsverbot des § 248 Abs. 2 HGB nicht. Dies hat zur Folge, daß die B-AG das Bierbelieferungsrecht nach dem Vollständigkeitsgebot des § 246 HGB zu aktivieren hat. Über den Maßgeblichkeitsgrundsatz des § 5 Abs. 1 Satz 1 EStG gilt dies auch für die Steuerbilanz. Zum Zeitpunkt des Erwerbs hat die Bewertung des Bierbelieferungsrechts zu dessen Anschaffungskosten zu erfolgen. Für die Steuerbilanz ergibt sich dies aus § 6 Abs. 1 Nr. 1 EStG, für die Handelsbilanz aus § 253 Abs. 1 HGB. Nach seiner Anschaffung unterliegt das Bierbelieferungsrecht der Abnutzung. Es unterliegt daher der AfA nach § 7 EStG. Hierbei kommt nur eine linear-gleichbleibende AfA nach Abs. 1 dieser Vorschrift zur Anwendung. Eine degressive AfA nach § 7 Abs. 2 EStG kommt hingegen nicht in Betracht, da diese Vorschrift nur auf bewegliches abnutzbares Anlagevermögen anwendbar ist. Unter diesem Begriff lassen sich Rechte nicht erfassen.

Handelsrechtlich ist das Bierbelieferungsrecht nach § 253 Abs. 1 HGB planmäßig abzuschreiben. Hierbei kann abweichend vom Steuerrecht auch eine degressive Abschreibung vorgenommen werden. Geschieht dies, so weichen die Wertansätze in Handels- und Steuerbilanz voneinander ab.

Zu Aufgabe 5

Ebenso wie in Aufgabe 4 erwirbt die B-AG auch hier zu Beginn des Jahres 01 ein Bierbelieferungsrecht. Sie hat dieses entsprechend der Lösung zu Aufgabe 4 sowohl in ihrer Handels- als auch in ihrer Steuerbilanz zu aktivieren und zum Zeitpunkt seiner Anschaffung mit den Anschaffungskosten zu bewerten. Die Anschaffungskosten bestehen hier aus dem verlorenen Zuschuß, d.h. sie betragen 200 TDM. Entsprechend der Lösung zu Aufgabe 4 hat die B-AG das Bierbelieferungsrecht während der Jahre 01 und 02 abzuschreiben. Steuerlich beträgt die AfA für jedes der beiden Jahre (200.000 DM : 10 Jahre =) 20 TDM. Zum 31.12.02 ist das Bierbelieferungsrecht für die B-AG wertlos. Sie erfährt dies zwar erst nach dem Bilanzstichtag, aber vor Bilanzerstellung. Nach der Wertaufhellungstheorie (§ 252 Abs. 1 Nr. 4 HGB) hat sie diesen Umstand deshalb zu berücksichtigen. Sie hat daher das Bierbelieferungsrecht noch zum 31.12.02 auszubuchen.

Zu Aufgabe 6

Werbeaufwendungen gehören zu den Vertriebskosten. Diese dürfen nach der ausdrücklichen Regelung des § 255 Abs. 2 Satz 6 HGB nicht aktiviert werden. Über den Maßgeblichkeitsgrundsatz des § 5 Abs. 1 Satz 1 EStG gilt dies auch für die Steuerbilanz. Sowohl handels- als auch steuerrechtlich ist der Werbeaufwand somit bei seiner Entstehung als Aufwand zu verbuchen.

Zu Aufgabe 7

Der Ansatz in der Steuerbilanz zum 31.12. des Jahres 01 muß 3.000 DM lauten (§ 6 Abs. 1 Nr. 2 EStG), da die wertmindernden Umstände erst nach dem Bilanzstichtag eingetreten sind. Es handelt sich nicht um einen wertaufhellenden, sondern um einen wertbegründenden Umstand nach dem Bilanzstichtag.

Zu Aufgabe 8

Gemäß § 6 Abs. 1 Nr. 2 EStG bzw. § 253 Abs. 1 HGB dürfen höchstens die Anschaffungskosten angesetzt werden. Der Wertansatz von 50.000 DM ist handels- und steuerrechtlich unzulässig.

Zu Aufgabe 9

Gemäß R 13 Abs. 7 EStR gehört das Grundstück zum notwendigen Betriebsvermögen des Steuerpflichtigen. Zu den Anschaffungskosten des Grundstücks sind auch die Anschaffungsnebenkosten, und zwar Grunderwerbsteuer, Notariatskosten, Kosten der Grundbucheintragung und Maklergebühren zu rechnen. Die Anschaffungsnebenkosten sind im Verhältnis der Kaufpreisanteile auf Grund und Boden und auf das Gebäude, d.h. also im Verhältnis 1:3 aufzuteilen. Die von dem Rechtsvorgänger übernommene Grundsteuerverbindlichkeit gehört als Teil des Kaufpreises zu den Anschaffungskosten des Grundstücks. Hingegen gehört die nach dem Erwerb fällig werdende Grundsteuer zu den sofort abzugsfähigen Betriebsausgaben (§ 4 Abs. 4 EStG). Die Anschaffungskosten können wie folgt ermittelt werden:

		Grund und Boden DM	Gebäude DM
Kaufpreis		230.000	690.000
Grunderwerbsteuer	32.200		
Notariatskosten	9.200		
Grundbucheintragung	4.800		
Maklergebühren	54.000		
	100.200	25.050	75.150
Anschaffungskosten		255.050	765.150

Der Grund und Boden ist in der Bilanz zum 31.12.01 und 31.12.02 mit 255.050 DM anzusetzen.

Die Bilanzansätze des Gebäudes können wie folgt ermittelt werden:

	DM
Anschaffungskosten	765.150
./. AfA für 3 Monate (pro rata temporis) gem. § 7 Abs. 4 Nr. 1 EStG (jährlich 4 %)	./. 7.652
Bilanzansatz 31.12.01	757.498
./. AfA für 12 Monate	./. 30.606
Bilanzansatz 31.12.02	726.892

Zu Aufgabe 10

Gemäß R 13 Abs. 8 EStR gehört der eigenbetrieblich genutzte Gebäudeteil dann zum notwendigen Betriebsvermögen, wenn sein Wert im Verhältnis zum Wert des ganzen Grundstücks nicht von untergeordneter Bedeutung ist. Eine untergeordnete Bedeutung liegt dann vor, wenn der Wert des eigenbetrieblich genutzten Grundstücksteils weder mehr als ein Fünftel des Wertes des ganzen Grundstücks noch mehr als 40.000 DM beträgt. Dies ist hier nicht der Fall, da der gemeine Wert des eigenbetrieblich genutzten Teils mehr als 40.000 DM beträgt. Der eigenbetrieblich genutzte Gebäudeteil gehört somit zum notwendigen Betriebsvermögen.

Für fremde gewerbliche Zwecke vermietete Gebäudeteile können als gewillkürtes Betriebsvermögen, sie können aber auch als Privatvermögen behandelt werden. Voraussetzung für eine Behandlung als gewillkürtes Betriebsvermögen ist nach R 13 Abs. 9 Satz 1 EStR allerdings, daß der Grundstücksteil in einem gewissen objektiven Zusammenhang mit dem Betrieb des Vermieters steht. Dies ist hier der Fall, da M zumindest annimmt, daß die Vermietung im Interesse seines eigenen Betriebs liege. Weitere Voraussetzung für eine Behandlung des zu fremden gewerblichen Zwecken vermieteten Grundstücksteils ist nach R 13 Abs. 9 Satz 6 EStR, daß der Grundstücksteil auch in der Buchführung und in der Bilanz eindeutig als Betriebsvermögen ausgewiesen wird. Hinsichtlich der Buchführung hat M bereits für die Erfüllung dieser Voraussetzung gesorgt, da er sämtliche Aufwendungen und Erträge, die mit dem vermieteten Grundstücksteil zusammenhängen, in seiner Buchführung erfaßt hat. Nimmt er den vermieteten Grundstücksteil nunmehr tatsächlich in seine Bilanz zum 31.12.01 auf, so erfüllt der vermietete Grundstücksteil damit alle Voraussetzungen für die Behandlung als gewillkürtes Betriebsvermögen.

Angemerkt sei, daß die Behandlung des vermieteten Grundstücksteils als gewillkürtes Betriebsvermögen auf lange Sicht gesehen wahrscheinlich erhebliche Nachteile bewirken wird. Dies liegt daran, daß künftig in diesem Grundstücksteil entstehende stille Reserven bei einer späteren Veräußerung oder Entnahme zu versteuern sind.

Im Gegensatz zu den vermieteten kann der eigenen Wohnzwecken dienende Grundstücksteil nach R 13 Abs. 10 Satz 2 EStR nicht als gewillkürtes Betriebsvermögen behandelt werden, vielmehr stellt er notwendiges Privatvermögen dar. Dieses Ergebnis ergibt sich aus der Systematik des Gesetzes: Der eigenen Wohnzwecken dienende Grundstücksteil führt zu keinen steuerbaren Einnahmen i.S.d. § 2 Abs. 1 EStG; Ausgaben, die mit diesem Grundstücksteil im Zusammenhang stehen, sind nach § 12 Nr. 1 EStG nicht abzugsfähig. An diesem Ergebnis ändert auch der Umstand nichts, daß M auch diesen Grundstücksteil in seiner Buchführung als Betriebsvermögen behandelt hat. Die entsprechenden Buchungen sind im Rahmen der vorbereitenden Abschlußbuchungen für den Jahresabschluß zum 31.12.01 zu berichten. Dies gilt auch hinsichtlich der Einlage des anteiligen Grund und Bodens in das Betriebsvermögen. Hier lautet die entsprechende Korrekturbuchung: "Einlage 200.000 DM an Grund und Boden 200.000 DM". Damit steht der Grund und Boden nur noch mit 300.000 DM zu Buch. Dies entspricht der Summe des eigenbetrieblich genutzten und des vermieteten Anteils.

Obwohl nur insgesamt 3/5 des Grundstücks zum Betriebsvermögen gehören, ist es doch zweckmäßig, die Herstellungskosten des ganzen Gebäudes zu ermitteln. 3/5 des so ermittelten Betrages ergeben dann die anteiligen Herstellungskosten des zum Betriebsvermögen gehörenden Gebäudeteils. Die Herstellungskosten des ganzen Gebäudes ergeben sich aus der Schlußabrechnung des bauleitenden Architekten unter Berücksichtigung der folgenden Korrekturen.

Gemäß § 255 Abs. 3 Satz 1 HGB gehören Finanzierungskosten nicht zu den Herstellungskosten. Daraus folgt, daß die Zinsen und Verwaltungskosten der Bank in Höhe von 25.000 DM, die Vermittlungsgebühren für die Hypothekenbeschaffung von 10.000 DM und die Rechtsanwalts- und Gerichtsgebühren für Hypothekenangelegenheiten von 15.000 DM aus den Herstellungskosten laut Bauabrechnung herauszurechnen sind. Da M möglichst niedrige Wertansätze wünscht, ist aus bilanzpolitischen Gründen die Ausnahmeregelung des § 255 Abs. 3 Satz 2 HGB nicht anzuwenden. Der kalkulatorische Unternehmerlohn gehört nicht zu den Herstellungskosten. Er ist vielmehr handels- und steuerrechtlich Gewinnbestandteil. Die entsprechende Aufwandsbuchung ist rückgängig zu machen. Dagegen sind Aufwendungen für Löhne der Betriebsangehörigen und Materialien zu aktivieren.

Die Herstellungskosten errechnen sich danach wie folgt:

	DM
Wert laut Bauabrechnung	2.000.000
./. Finanzierungs- und Geldbeschaffungskosten	./. 50.000
	1.950.000
+ Materialien	+ 30.000
+ Löhne	+ 50.000
Herstellungskosten des ganzen Gebäudes	2.030.000
davon entfallen auf den betrieblich genutzten Teil (3/5 · 2.030.000 =)	1.218.000

Bei dem Gebäude handelt es sich um ein Wirtschaftsgebäude i.S.d. § 7 Abs. 4 Satz 1 Nr. 1 EStG. Die AfA beträgt somit 4 % p.a. Da das Gebäude erst am 20.1.01 fertiggestellt worden ist, kann in diesem Jahr maximal eine AfA für einen Monat abgesetzt werden.

Ermittlung der Bilanzansätze:	DM
Anteilige Herstellungskosten	1.218.000
./. AfA (4 % · 1/12 · 1.218.000)	./. 4.060
Bilanzansatz 31.12.01	1.213.940
./. AfA (4 % · 1.218.000)	./. 48.720
Bilanzansatz 31.12.02	1.165.220

Zu Aufgabe 11

Grundsätzlich ist der PKW nach § 6 Abs. 1 Nr. 1 EStG mit den Anschaffungskosten, vermindert um die AfA, anzusetzen. In Fall a) ist die AfA möglichst niedrig, in Fall b) möglichst hoch anzusetzen. Die geringstmögliche AfA ergibt sich durch Anwendung der linear-gleichbleibenden AfA-Methode nach § 7 Abs. 1 EStG. Sie beträgt (80.000 : 5 =) 16.000 DM. In Fall b) ist die geometrisch-degressive AfA nach § 7 Abs. 2 EStG mit dem Höchstsatz von 30 % anzusetzen. Die AfA beträgt dann (30 % · 80.000 =) 24.000 DM.

Infolge des gesunkenen Wiederbeschaffungspreises des PKW hat der Arzt nach § 6 Abs. 1 Nr. 1 Satz 2 EStG die Möglichkeit, aber nicht die Pflicht, eine Teilwertabschreibung vorzunehmen. Der Teilwert ergibt sich durch Abzug einer Jahres-AfA von den Wiederbeschaffungskosten eines neuen PKW der alten Bauart. An einer Teilwertabschreibung hat der Arzt nur im Fall b), nicht hingegen im Fall a) ein Interesse. Im Fall b) ergibt sich der Bilanzansatz somit durch Abzug des AfA-Höchstsatzes von 30 % von den Wiederbeschaffungskosten. Er beträgt also 70 % der Wiederbeschaffungskosten, d.h. (70 % · 70.000 =) 49.000 DM.

Aus den bisherigen Ausführungen lassen sich die Bilanzansätze in den Fällen a) und b) wie folgt entwickeln:

	Fall a) DM	Fall b) DM
Anschaffungskosten	80.000	80.000
./. AfA für 1 Jahr	./. 16.000	./. 24.000
	64.000	56.000
./. Teilwertabschreibung	--	./. 7.000
Bilanzansatz zum 31.12.01	64.000	49.000

Zu Aufgabe 12

Die AfA-Sätze gem. § 7 Abs. 4 EStG sind steuerliche Mindestsätze. Sollte die Vorgehensweise der V-GmbH handelsrechtlich für zulässig erachtet werden, so findet das Maßgeblichkeitsprinzip keine Anwendung (§ 5 Abs. 6 EStG, R 44 Abs. 4 EStR). Daher ist zwingend ein AfA-Satz von 2 %, 2,5 % bzw. 4 % anzusetzen.

Zu Aufgabe 13

Bei Anwendung der linear-gleichbleibenden AfA-Methode ergibt sich eine jährliche AfA von 10.000 DM. Die geometrisch-degressive AfA beträgt nach § 7 Abs. 2 EStG maximal 30 % des letzten Buchwerts. Bei dieser Methode ist zu unterscheiden, ob ein Übergang zur linear-gleichbleibenden AfA erfolgt oder nicht. Der optimale Zeitpunkt für den Übergang ist der 31.12.08. Die AfA nach Maßgabe der Leistung ergibt sich aus dem Verhältnis der Verrichtungen des entsprechenden Jahres zu der geschätzten Gesamtleistung.

Die folgende Übersicht zeigt die Entwicklung des Maschinenkontos nach den unterschiedlichen Abschreibungsmethoden.

	Linear-gleich-bleibende AfA	Geometrisch degressive AfA		AfA nach Maßgabe der Leistung
		a) mit Übergang zur linear-gleich-bleibenden AfA	b) ohne Übergang zur linear-gleich-bleibenden AfA	
	DM	DM	DM	DM
Anschaffungskosten	100.000	100.000	100.000	100.000
AfA Jahr 01	10.000	30.000	30.000	8.000
Buchwert 31.12.01	90.000	70.000	70.000	92.000
AfA Jahr 02	10.000	21.000	21.000	12.000
Buchwert 31.12.02	80.000	49.000	49.000	80.000
AfA Jahr 03	10.000	14.700	14.700	10.000
Buchwert 31.12.03	70.000	34.300	34.300	70.000
AfA Jahr 04	10.000	10.290	10.290	15.000
Buchwert 31.12.04	60.000	24.010	24.010	55.000
AfA Jahr 05	10.000	7.203	7.203	8.000
Buchwert 31.12.05	50.000	16.807	16.807	47.000
AfA Jahr 06	10.000	5.042	5.042	13.000
Buchwert 31.12.06	40.000	11.765	11.765	34.000
AfA Jahr 07	10.000	3.530	3.530	12.000
Buchwert 31.12.07	30.000	8.235	8.235	22.000
AfA Jahr 08	10.000	2.745	2.471	10.000
Buchwert 31.12.08	20.000	5.490	5.764	12.000
AfA Jahr 09	10.000	2.745	1.730	8.000
Buchwert 28.12.09	10.000	2.745	4.034	4.000
Abgang	10.000	2.745	4.034	4.000
Buchwert 31.12.09	0	0	0	0

Zu Aufgabe 14

Die gesamten Aufwendungen müssen im Jahr der Anschaffung in voller Höhe abgesetzt werden, wenn der Steuerpflichtige die Bewertungsfreiheit des § 6 Abs. 2 EStG in Anspruch nehmen will. Da dies nicht geschehen ist, kann der Steuerpflichtige im Jahr 02 lediglich die linear-gleichbleibende AfA von (25 % · 600 DM =) 150 DM geltend machen.

Zu Aufgabe 15

a) Grundsätzliches

Zur Ermittlung der Gewerbesteuerrückstellung (-erstattung) zum 31.12.08 muß zunächst die Gewerbesteuer für das Jahr 08 berechnet werden. Die Gewerbesteuer läßt sich aus dem Gewerbeertrag des Jahres 08 ermitteln. Der Gewerbeertrag ergibt sich aus dem vorläufigen Gewinn des Jahres 08 durch Vornahme der unter b) dargestellten Hinzurechnungen und Kürzungen. Im Rahmen der dort durchgeführten Berechnungen wird auch die Gewerbesteuer ermittelt. Unter c) werden dann die Jahressteuerschuld und die Gewerbesteuerrückstellung, unter d) wird die endgültige Höhe des Gewinns aus Gewerbebetrieb ermittelt.

b) Ermittlung der Gewerbesteuer und des Gewerbeertrags

	DM
Vorläufiger Gewinn	90.000
Die Gewerbesteuer-Erstattung hätte erfolgsneutral verbucht werden müssen, da sie bereits im Jahr 06 als Ertrag behandelt wurde. Sie ist deshalb abzuziehen.	./. 1.500
Die Vorauszahlungen haben den Gewinn gemindert. Sie sind zur Ermittlung des vorläufigen Gewerbeertrags, d.h. des Gewerbeertrags vor Berücksichtigung der Gewerbesteuer als Betriebsausgabe, dem vorläufigen Gewinn hinzuzurechnen	+ 13.000
Gewinn vor Abzug der Gewerbesteuer des Erhebungszeitraums als Betriebsausgabe (Gewinn vor Gewerbesteuer)	101.500
Hypothekenzinsen, die gewinnmindernd berücksichtigt wurden: 4.200 DM, davon 50 % hinzurechnen nach § 8 Nr. 1 GewStG	+ 2.100
Kontokorrentzinsen (10 % · 15.000 DM, vgl. Abschn. 47 Abs. 8 GewStR) davon 50 % hinzurechnen nach § 8 Nr. 1 GewStG	+ 750
Kürzung nach § 9 Nr. 1 GewStG i.V.m. § 121a BewG: 1,2 % von 140 % des Einheitswerts des Grundbesitzes= 1,2 % · (40.000 · 140 %)	./. 672
Gewerbeertrag vor Abzug der Gewerbesteuer als Betriebsausgabe	103.678

Ein Freibetrag nach § 11 Abs. 1 GewStG ist bei Kapitalgesellschaften nicht abzuziehen.

Die Gewerbesteuer ist von ihrer Bemessungsgrundlage abzugsfähig. Daher kann nicht mit einem Steuersatz von (Steuermeßzahl 5 % Hebesatz 300 % =) 15 % gerechnet werden, sondern mit

$$\left\{\frac{0{,}15}{1{,}15} = 0{,}13043\right\} = 13{,}043\%.$$

./. Gewerbesteuer 13,043 % · 103.678	./. 13.523
Gewerbeertrag vor Abrundung nach § 11 Abs. 1 GewStG	90.155
Gewerbeertrag nach Abrundung	90.100

c) Jahressteuerschuld, Gewerbesteuerrückstellung

Gewerbesteuerschuld	13.523
Vorauszahlungen (3.000 · 3 + 4.000 =)	./. 13.000
Gewerbesteuer-Rückstellung	523

Probe:

	DM
Gewerbesteuer (15 % des Gewerbeertrags von 90.100)	13.515

Das Ergebnis der Probe weicht infolge der Abrundung des Gewerbeertrags auf volle 100 DM von der weiter oben errechneten Gewerbesteuer, bei der eine Abrundung nicht vorgenommen wurde, um 8 DM ab.

d) Ermittlung des endgültigen Gewinns aus Gewerbebetrieb:

vorläufiger Gewinn aus Gewerbebetrieb	90.000
./. Erstattung von Gewerbesteuer für 06	./. 1.500
./. Gewerbesteuerrückstellung	./. 523
Gewinn aus Gewerbebetrieb	87.977

Zu Aufgabe 16

Während die Gehaltszahlungen an A, die Darlehenszinsen an B und die Pachtzinsen an C handelsrechtlich den Gewinn zulässigerweise gemindert haben, handelt es sich steuerlich um Vorabgewinne, die als Gewinnbestandteile zu berücksichtigen sind (§ 15 Abs. 1 Nr. 2 EStG).

Der Gewinn der KG muß nach den §§ 179 und 180 AO für steuerliche Zwecke gesondert und einheitlich wie folgt festgestellt werden (Angaben in TDM):

		Gesellschafter		
Gewinn	Summe	A	B	C
Vorabgewinne:				
Gehalt	300	300	--	--
Darlehenszinsen	50	--	50	--
Pachtzinsen	70	--	--	70
Handelsbilanzgewinn	100	40	30	30
Gesamtgewinn	520	340	80	100

Der steuerliche Gesamtgewinn der Mitunternehmerschaft beträgt 520 TDM. Den einzelnen Gesellschaftern wird hiervon ihr Vorabgewinn und ihr Anteil am verbleibenden Gewinn gemäß dem Gewinnverteilungsschlüssel 40 : 30 : 30 zugerechnet. A hat 340 TDM, B 80 TDM und C 100 TDM steuerlich zu erfassen.

Zu Aufgabe 17

Bei der Gründung einer Personengesellschaft sind

a) Bareinlagen mit ihrem Nennbetrag und

b) Sacheinlagen in der Regel mit dem Teilwert anzusetzen (§ 6 Abs. 1 Nr. 6 i.V.m. Nr. 5 EStG). Ist das eingebrachte Wirtschaftsgut in den letzten drei Jahren vor der Einlage angeschafft oder hergestellt worden, bilden die Anschaffungs- bzw. Herstellungskosten, ggf. gemindert um die AfA, die Wertobergrenze (§ 6 Abs. 1 Nr. 5 EStG).

Zu Aufgabe 18

Die Personengesellschaft als solche bleibt bestehen. Steuerliche Folgen ergeben sich bei dem Veräußerer und dem Erwerber des Mitunternehmeranteils.

a) Veräußerung zum Buchwert:

Bei dem Veräußerer entsteht weder ein Gewinn noch ein Verlust. Der Erwerber führt das Kapitalkonto unter seinem Namen fort. Es ergeben sich insgesamt gesehen also keine besonderen steuerlichen Probleme.

b) Veräußerungspreis höher als das Kapitalkonto:

Der Veräußerer erzielt in Höhe der Differenz zwischen dem Veräußerungspreis einerseits und dem Kapitalkonto (zuzüglich der vom Veräußerer getragenen Veräußerungskosten) andererseits einen Veräußerungsgewinn, den er zu versteuern hat. Durch die Veräußerung werden die anteilig dem Veräußerer zuzurechnenden stillen Reserven aufgelöst. Auf den Veräußerungsgewinn sind die Begünstigungsvorschriften der §§ 16 Abs. 4 und 34 EStG anzuwenden (Freibetragsregelung, halber durchschnittlicher Steuersatz). Der Erwerber hat seine Beteiligung in Höhe der Anschaffungskosten zu bilanzieren. Die Bilanz der Personengesellschaft wird i.d.R. mit unveränderten Werten fortgeführt. Das Kapitalkonto erhält den Namen des Erwerbers. Die Aktivierung der stillen (nunmehr aufgedeckten) Reserven erfolgt in einer Ergänzungsbilanz des neuen Gesellschafters. In dieser Bilanz sind die Reserven anteilig auf die einzelnen Bilanzpositionen aufzuteilen sowie evtl. ein derivativer Firmenwert zu aktivieren.

Zu Aufgabe 19

Durch die Aufnahme des Sohnes in das Einzelhandelsunternehmen wird eine Familienpersonengesellschaft gegründet. Fraglich ist zunächst, ob diese steuerlich anzuerkennen ist.

Der Sohn ist volljährig. Er kann einen zivil- und steuerrechtlich anzuerkennenden Gesellschaftsvertrag ohne Bestellung eines Ergänzungspflegers und ohne Genehmigung des Vormundschaftsgerichtes abschließen. Er wird zwar ohne Kapitaleinlage aufgenommen, jedoch besteht sein Gesellschafterbeitrag darin, daß er seine Arbeitskraft als eigene Leistung einbringt. Da er bisher bereits als Prokurist in der Firma tätig war, kann davon ausgegangen werden, daß seine Leistung nicht von untergeordneter Bedeutung ist, sondern daß seine Mitwirkung das für einen Mitunternehmer charakteristische Merkmal der Unternehmerinitiative aufweisen wird. Außerdem ist er als Vollhafter am Risiko des Unternehmens beteiligt.

Allerdings wirft die vorgesehene Beschränkung der Entnahmemöglichkeit die Frage nach der steuerlichen Anerkennung der Familiengesellschaft auf. Ein vertragliches Entnahmeverbot kann nämlich auch bei volljährigen Kindern zu einer Versagung der Anerkennung führen. Im vorliegenden Fall ist jedoch kein Entnahmeverbot, sondern nur eine Entnahmebeschränkung in Höhe von 20 % des Gewinnanteils gegeben und diese auch nur so lange, bis das Kapitalkonto des Sohnes 200 TDM beträgt. Den überwiegenden Gewinnanteil in Höhe von 80 % darf der Sohn hingegen entnehmen. Die Entnahmebeschränkung ist sinnvoll, um zu gewährleisten, daß dem Sohn eine ausreichende Kapitalbeteiligung erwächst. Sie ist auch keinesfalls außergewöhnlich, vielmehr könnte sie zwischen einander fremden Personen in gleicher Weise getroffen werden.

Aus alledem ergibt sich, daß die Familienpersonengesellschaft steuerlich anzuerkennen ist.

Auch die vereinbarte Gewinnverteilung ist anzuerkennen. Eine 10 %ige Verzinsung der Kapitalkonten und die Verteilung des Restgewinns im Verhältnis 60 % zu 40 % ist nicht außergewöhnlich.

Zu Aufgabe 20

Für die Gewinnverteilung bei Familienpersonengesellschaften gilt grundsätzlich, daß sie angemessen sein muß und tatsächlich wie vereinbart durchgeführt wird.

Die Angemessenheitsbedingung ist dann erfüllt, wenn die Gewinnverteilungsabrede in gleicher Weise erfolgt wie zwischen einander fremden Personen. Im Rahmen der Angemessenheitsprüfung sind insbesondere die Kapitalbeteiligung, der Arbeitseinsatz und die Haftung des Gesellschafters zu berücksichtigen. Aber auch sonstige Faktoren müssen im Einzelfall berücksichtigt werden. So ist u.a. von Bedeutung, ob die Beteiligten voll- oder minderjährig sind, ob sie ihre Kapitaleinlage von einem anderen Personengesellschafter geschenkt erhalten oder aus eigenen Mitteln erbringen. Maßgeblich ist stets, ob bei einer Gesamtbetrachtung aller Faktoren die steuerliche Angemessenheit bejaht werden kann.

Grundsätzlich ist nicht der Gewinnanteil des jeweiligen Bezugsjahres auf seine Angemessenheit zu überprüfen, sondern die Gewinnverteilungsabrede selbst. Dabei sind die Verhältnisse zum Zeitpunkt der Gewinnvereinbarung unter Berücksichtigung der wahrscheinlichen Entwicklung in der Zukunft zugrunde zu legen.

Entspricht die Gewinnverteilung den unter fremden Dritten üblichen Vereinbarungen, wird sie auch bei Familienpersonengesellschaften steuerlich anerkannt. Ist sie hingegen nicht angemessen, so wird nur eine angemessene Gewinnverteilung der Besteuerung zugrunde gelegt. Der unangemessene Teil wird steuerlich dem (den) anderen Gesellschafter(n) zugerechnet.

Zu Aufgabe 21

Der Gesellschaftsvertrag zwischen dem Vater und seinen minderjährigen Kindern kann nur dann bürgerlich-rechtlich wirksam zustande kommen, wenn die Kinder ordnungsmäßig vertreten werden. Zwar ist der Vater grundsätzlich für die Kinder vertretungsberechtigt, dem Abschluß des Gesellschaftsvertrages steht jedoch das Verbot des Selbstkontrahierens gemäß § 181 BGB entgegen. Die Kinder müssen bei Vertragsabschluß zwingend durch einen Ergänzungspfleger gemäß § 1909 BGB vertreten[4] und der Vertrag muß vormundschaftsgerichtlich genehmigt werden. Da dies nicht geschieht, kommt zivilrechtlich kein wirksamer Gesellschaftsvertrag zustande. Dies hat zur Folge, daß steuerlich keine Mitunternehmerschaft entsteht.

Gegen die steuerliche Anerkennung einer Familienpersonengesellschaft spricht zusätzlich, daß die Kinder keine eigene Leistung erbringen, also weder eine Kapitaleinlage leisten, noch im Unternehmen mitarbeiten. Ihr Ausschluß von den stillen Reserven für einen Zeitraum von drei Jahren bedeutet, daß sie nicht die Rechtsstellung haben, die Kommanditisten üblicherweise zukommt.

Aus den vorstehenden Ausführungen ergibt sich, daß eine Mitunternehmerschaft zwischen dem Vater und seinen Kindern nicht vorliegt. Vielmehr betreibt der Vater nach wie vor ein Einzelunternehmen. Der Gewinn ist steuerlich nicht teilweise den Kindern, sondern in vollem Umfang dem Vater zuzurechnen.

Zu Aufgabe 22

Es liegt ein zivilrechtlich wirksamer Gesellschaftsvertrag vor, da die Kinder ordnungsgemäß durch einen Ergänzungspfleger vertreten werden und die vormundschaftliche Genehmigung erteilt wird. Der Gesellschaftsvertrag kann deshalb auch steuerlich anerkannt werden.

Als Gesellschaftsbeitrag erbringen die Kinder eine Kapitalbeteiligung. Es ist unbeachtlich, daß ihnen diese zuvor von ihrem Vater geschenkt worden ist. Wichtig ist allerdings, daß die Beteiligung der Kinder buchmäßig einwandfrei dargestellt und ihnen die Gewinnanteile tatsächlich gutgeschrieben werden. Aus dem Sachverhalt ist nichts Gegenteiliges zu ersehen.

Die Beteiligung der Kinder an den stillen Reserven zeigt, daß sie die übliche rechtliche Stellung von Kommanditisten haben sollen.

Aus alledem folgt: Die Familienpersonengesellschaft ist steuerlich anzuerkennen; die Kinder sind als Mitunternehmer zu behandeln. Die ihnen zugewiesenen Gewinnanteile sind - soweit Angemessenheit vorliegt - nicht von dem Vater, sondern von ihnen selbst zu versteuern.

Zu Aufgabe 23

Es handelt sich um eine Betriebsveräußerung im ganzen gegen eine Leibrente plus Barzahlung.

Der Veräußerer S (Rentenberechtigter) hat den laufenden Gewinn des Jahres 01 nach den allgemeinen einkommensteuerlichen Grundsätzen zu versteuern. Hinsichtlich der ihm aus der Veräußerung zufließenden Beträge hat er nach R 139 Abs. 11 EStR ein Wahlrecht zwischen sofortiger und nachträglicher Versteuerung.

---

[4] Vgl. hierzu H 138a Abs. 2 EStR und die dort aufgeführte Rechtsprechung.

Bei sofortiger Versteuerung entsteht bei S ein Veräußerungsgewinn. Dieser setzt sich aus der Barzahlung und dem Rentenbarwert nach Abzug des Werts des veräußerten Betriebsvermögens zusammen. Der Rentenbarwert ist nach den Ausführungen in R 139 Abs. 11 Satz 4 EStR nach § 14 BewG zu ermitteln. Er ergibt sich nach Abs. 1 dieser Vorschrift als das Produkt aus dem Jahresbetrag der Rente i.H.v. (2.100 · 12 =) 25.200 DM und dem Vielfachen nach Anlage 9 zum BewG. Bei dem von S vollendeten Alter von 50 Jahren beträgt dieses Vielfache 12,961. Der Rentenbarwert beträgt demnach (25.200 · 12,961 =) 326.617 DM.

Bei sofortiger Versteuerung ergibt sich folgender Veräußerungsgewinn:

	DM
Rentenbarwert per 30.6.01	326.617
+ Barzahlung	+ 120.000
Veräußerungspreis	446.617
./. veräußertes Betriebsvermögen	./. 221.556
Veräußerungsgewinn	225.061

Der Erwerber übernimmt das Anlage- und Umlaufvermögen, nicht jedoch die Verbindlichkeiten, d.h. der Buchwert des übernommenen Betriebsvermögens beträgt (120.000 + 101.556 =) 221.556 DM.

Denselben Veräußerungsgewinn erhält man bei folgender Betrachtungsweise: Der Veräußerer entnimmt die Verbindlichkeiten in der logischen Sekunde der Übergabe des Betriebs an den Erwerber; das steuerliche Eigenkapital des Veräußerers steigt durch die Übernahme der Verbindlichkeiten von bisher 101.556 auf 221.556 DM. Es ergibt sich dann folgendes:

	DM
Veräußerungspreis	446.617
./. steuerliches Eigenkapital	./. 221.556
Veräußerungsgewinn	225.061

Auf den Veräußerungsgewinn ist der halbe Durchschnittssteuersatz nach § 34 EStG anzuwenden. Eine Begünstigung nach § 16 Abs. 4 EStG kommt nicht zum Zuge, da die in dieser Vorschrift genannten Voraussetzungen nicht erfüllt sind.

Die monatlichen Rentenzahlungen von 2.100 DM sind in einen Tilgungs- und Ertragsanteil gemäß der Tabelle in § 22 EStG aufzuteilen. Den Ertragsanteil hat S als sonstige Einkünfte zu versteuern.

Bei einer nachträglichen Versteuerung des Veräußerungsvorgangs durch S sind die Zahlungen, die dieser von der X-GmbH erhält, so lange nicht steuerbar, wie die Summe der Barzahlung und der anschließenden Rentenzahlungen den Buchwert der veräußerten Wirtschaftsgüter, d.h. also den Betrag von 221.556 DM, nicht übersteigen. Daraus ergibt sich, daß die Barzahlung von 120.000 DM und die ersten 48 Rentenzahlungen von je 2.100 DM nicht zu versteuern sind. Von der 49. Rentenzahlung sind noch 756 DM nicht steuerbar. Anschließend hat S die monatlichen Rentenzahlungen in voller Höhe als nachträgliche Einkünfte aus Gewerbebetrieb gem. § 24 i.V.m. § 15 EStG zu versteuern.

Der Erwerber des Betriebes (die X-GmbH) hat die Rentenverpflichtung mit ihrem versicherungsmathematischen Barwert zum 31.12.01 zu passivieren. Aus Vereinfachungsgründen wird dieser hier mit dem Wert nach § 14 BewG gleichgesetzt. Er beträgt also 326.617 DM. Das Anlagevermögen muß von der X-GmbH mit seinem Teilwert von 250.000 DM und das Umlaufvermögen mit 110.000 DM aktiviert werden (§ 6 Abs. 1 Nr. 7 EStG).

Da die gesamten Erwerbskosten sich auf

$$326.617 \text{ DM Rentenbarwert}$$
$$+ \underline{120.000 \text{ DM Barzahlung}}$$
$$= 446.617 \text{ DM}$$

belaufen, verbleibt ein derivativer Geschäftswert in Höhe von

$$446.617 \text{ DM Anschaffungspreis}$$
$$./. \ 250.000 \text{ DM Anlagevermögen}$$
$$\underline{./. \ 110.000 \text{ DM Umlaufvermögen}}$$
$$= \ \ 86.617 \text{ DM}.$$

Der Geschäftswert muß ebenfalls aktiviert werden (§ 5 Abs. 2 EStG). Für die Zeit ab 1.1.02 gelten hinsichtlich der aktivierten Wirtschaftsgüter die allgemeinen Vorschriften des Bilanzsteuerrechts.

Die laufenden Rentenzahlungen in Höhe von 2.100 DM pro Monat werden als betrieblicher Aufwand verbucht. Am 31.12.02 muß die Rentenverpflichtung mit dem neuen Barwert passiviert werden. Wird auch dieser aus Vereinfachungsgründen nach § 14 BewG geschätzt, so beträgt er (2.100 · 12 · 12,730 =) 320.796 DM. Die Differenz zum Rentenbarwert am 31.12.01 in Höhe von (326.617 ./. 320.796 =) 5.821 DM wird entweder nach der Ertragskonto-Methode als Ertrag verbucht oder dem Aufwandskonto auf der Habenseite gutgeschrieben. Per Saldo vermindert sich der Gewinn der X-GmbH im Jahre 02 also durch die Rentenzahlungen einerseits und die Verminderung der Rentenverbindlichkeit andererseits um (12 · 2.100 ./. 5.821 =) 19.379 DM. Um denselben Betrag ist der Gewerbeertrag nach § 8 Nr. 2 GewStG zu erhöhen.

Zu Aufgabe 24

a) Sofortige Versteuerung

Bei der sofortigen Versteuerung erhöht sich der Veräußerungsgewinn um die vom Erwerber übernommenen Verbindlichkeiten, also um 120.000 DM auf 345.061 DM.

Zur Klarstellung sei die Ermittlung des Veräußerungsgewinns dargestellt:

	DM
Barzahlung	120.000
+ Rentenbarwert	+ 326.617
Veräußerungspreis	446.617
./. Eigenkapital zum 31.12.01	./. 101.556
Veräußerungsgewinn	345.061

b) Nachträgliche Versteuerung

In Höhe des Betrages, um den die Barzahlung das Eigenkapitalkonto des Veräußerers übersteigt, entsteht auch bei nachträglicher Versteuerung ein sofort zu versteuernder Betrag:

	DM
Barzahlung	120.000
./. Eigenkapital per 31.12.01	./. 101.556
Sofort zu versteuernder Betrag	18.444

Auf den sofort zu versteuernden Betrag ist der halbe Durchschnittssteuersatz gemäß § 34 EStG anzuwenden. Ein Freibetrag gemäß § 16 Abs. 4 EStG kommt nicht zur Anwendung. Da die Barzahlung bereits das steuerliche Eigenkapital übersteigt, müssen die laufenden Rentenzahlungen von Anfang an als nachträgliche gewerbliche Einkünfte versteuert werden. Im Jahr 02 hat S also (12 · 2.100 DM =) 25.200 DM gemäß § 24 i.V.m. § 15 EStG zu versteuern.

c) Bei dem Erwerber erhöht sich gegenüber Aufgabe 23 der Firmenwert um 120.000 DM. Die übernommenen Verbindlichkeiten sind mit 120.000 DM zu passivieren.

Zu Aufgabe 25

Im Gegensatz zu der GmbH zahlt die Tochter ihrem Vater keinen Einmalbetrag in Höhe von 120.000 DM. Die Leistung der Tochter entspricht insofern nicht der Gegenleistung des Vaters. Der Kaufpreis wird nicht wie unter fremden Personen üblich festgesetzt.

Derartige Betriebsveräußerungen zwischen nahen Angehörigen, insbesondere zwischen Eltern und Kindern, werden von der BFH-Rechtsprechung grundsätzlich als unentgeltliche Betriebsübertragungen im Sinne des § 7 EStDV behandelt[5]. Bei dem Vater entsteht kein Veräußerungsgewinn; die Tochter hat die bisherigen Buchwerte fortzuführen.

Die laufenden Rentenzahlungen gelten als private Renten. Zu überprüfen ist hierbei, ob es sich um eine private Unterhalts- oder Versorgungsrente handelt. Da der Wert des übernommenen Betriebsvermögens bei überschläglicher und großzügiger Berechnung mindestens die Hälfte des Rentenbarwertes beträgt (Kaufpreis der GmbH als fremder Erwerber 446.617 DM > Hälfte des Rentenbarwertes 163.308 DM), handelt es sich nach R 123 EStR um eine Versorgungsrente.

Der Vater hat die Rentenzahlungen in Höhe des nach § 22 EStG zu berechnenden Ertragsanteils als sonstige Einkünfte zu versteuern. Die Tochter kann den Ertragsanteil als Sonderausgabe abziehen (§ 10 Abs. 1 Nr. 1a EStG).

---

[5] Hinsichtlich weiterer Einzelheiten sei verwiesen auf das BMF-Schreiben vom 23.12.1996, IV B 3 - S 2257 - 54/96, BStBl 1996 I, S. 1508.

Lösungen zu Teil IV

Zu Aufgabe 1

Handelsrechtlich hat A nach § 253 Abs. 5 HGB ein Bewertungswahlrecht zwischen den Anschaffungskosten von 980.000 DM, dem niedrigeren Wertansatz des Vorjahres von 900.000 DM und beliebigen Zwischenwerten. Das Recht, den niedrigeren Wert des Vorjahres beibehalten zu können, wird Beibehaltungswahlrecht genannt. Da A einen möglichst hohen Wertansatz wünscht, sollte er einen Wertansatz von 980.000 DM wählen. Ertragsteuerlich muß er gem. § 5 Abs. 1 Satz 1 EStG i.V.m. § 6 Abs. 1 Nr. 2 EStG den in der Handelsbilanz angesetzten Wert übernehmen. Bewertungsrechtlich sind die handelsrechtlichen Bewertungswahlrechte für die Bewertung von Wertpapieren ohne Belang. Für Zwecke der Schenkungsteuer hat A vielmehr nach § 12 Abs. 1 ErbStG i.V.m. § 11 Abs. 1 BewG den Börsenkurswert von 1.050.000 DM anzusetzen.

Zu Aufgabe 2

GmbH-Anteile sind für schenkungsteuerliche Zwecke gem. § 12 Abs. 2 ErbStG i.V.m. § 11 Abs. 2 BewG mit ihrem gemeinen Wert anzusetzen. Der gemeine Wert ist aus Verkäufen abzuleiten. Der Verkaufspreis der Anteile von Lehmann an seinen Neffen ist nur aus dem Verwandtschaftsverhältnis erklärbar. Dieser Verkauf ist nach § 9 Abs. 2 BewG bei Ermittlung des gemeinen Werts außer acht zu lassen. Als gemeiner Wert kann der gewogene Durchschnittspreis aus den übrigen Verkäufen angesehen werden. Dieser ergibt sich wie folgt:

Stammanteil DM	Erlös DM
50.000	96.000
10.000	17.000
20.000	36.000
100.000	195.000
180.000	344.000

Gemeiner Wert pro 100 DM Stammkapital: $\frac{344.000 \cdot 100}{180.000} = 191,11$ DM.

Der Stammanteil des Müller von 100.000 DM hat einen gemeinen Wert von 191.111 DM.

Zu Aufgabe 3

Die Bewertung des Gesellschaftsanteils des Mischnik für erbschaftsteuerliche Zwecke richtet sich nach § 12 Abs. 5 ErbStG. Danach sind grundsätzlich die Vorschriften des BewG zur Ermittlung des Werts des Betriebsververmögens anzuwenden.

Alle Wirtschaftsgüter, die der OHG gehören, sind zu ihrem Betriebsvermögen zu rechnen. Von der Summe der positiven Wirtschaftsgüter, dem Rohbetriebsvermögen (§ 98a BewG), werden die betrieblichen Schulden (§ 103 BewG) abgezogen. Es ergibt sich dann der Wert des Betriebsvermögens. Technisch werden das Rohbetriebsvermögen und der Wert des Betriebsvermögens mit Hilfe einer Vermögensaufstellung ermittelt. In der Vermögensaufstellung werden die betrieblichen Wirtschaftsgüter, in Gruppen zusammengefaßt, untereinander aufgeführt und addiert. Entsprechendes geschieht anschließend mit den betrieblichen Schulden. Für jede Gruppe von Wirtschaftsgütern bzw. Schulden sind zwei Spalten für Wertansätze vorgesehen. Die erste enthält die Werte laut Steuerbilanz, die zweite die Werte laut BewG. Die Werte laut Steuerbilanz werden lediglich zu Vergleichszwecken aufgeführt: Maßgebend für die Erbschaftsteuer sind die Werte laut BewG (§ 12 Abs. 5 ErbStG). Allerdings sind nach § 109 Abs. 1 BewG bewertungsrechtlich grundsätzlich die Steuerbilanzwerte zu übernehmen. Abweichungen ergeben sich gem. § 138 Abs. 1 BewG lediglich für Betriebsgrundstücke (§ 12 Abs. 5 i.V.m. Abs. 3 ErbStG). Diese sind mit ihren gesondert festgestellten Grundstückswerten anzusetzen (§ 138 Abs. 3 BewG). Grundstückswerte sind vom Finanzamt jeweils zum 2.1.08 sowohl für das im Betriebsvermögen der Gesellschaft als auch für das im Sonderbetriebsvermögen des Gesellschafters Mischnik befindliche Grundstück festgestellt worden. Diese Werte sind im Rahmen der Ermittlung der Bereicherung der Tochter anzusetzen.

Für alle anderen Wirtschaftsgüter sind die Steuerbilanzwerte zum 2.1.08 anzusetzen. Strenggenommen müßte also eine Bilanz und eine Sonderbilanz zum 2.1.01 erstellt werden. Dies wäre außerordentlich aufwendig. Aus Vereinfachungsgründen erscheint es daher vertretbar, bei der Ermittlung des Werts des Betriebsvermögens die Werte der Schlußbilanz der Gesellschaft zum 31.12.07 und die Werte der Sonderbilanz des Mischnik zu demselben Tag zugrunde zu legen. Hiervon soll nachfolgend ausgegangen werden. Es ergibt sich folgendes:

Vermögensaufstellung zum 31.12.07 der Fa. Mischnik & Mayer OHG:

	Bilanzansätze DM	Werte des BewG DM
1. Grund und Boden } Betriebsgrundstück	20.000	630.000
2. Gebäude	70.000	
3. Maschinen	106.200	106.200
4. Geringwertige Wirtschaftsgüter	1	1
5. Kundenforderungen	19.000	19.000
6. Kasse	19.000	19.000
7. Bank	50.000	50.000
8. Rohbetriebsvermögen	284.201	824.201
davon ab:		
9. Rückstellung für ungewisse Verbindlichkeiten	9.400	9.400
10. Garantierückstellung	20.000	20.000
11. Hypothekendarlehen	70.000	70.000
12. Schuldenabzug insgesamt	99.400	99.400
13. Wert des Betriebsvermögens der OHG	184.801	724.801

Der Wert des Betriebsvermögens der OHG für Zwecke der Bedarfsbewertung beträgt also 724.801 DM. Hinzu kommt der Wert des Sonderbetriebsvermögens des Gesellschafters Mischnik. Dieses besteht aus dem Grundstückswert des Grundstücks, das der Gesellschafter Mischnik der OHG miet- oder pachtweise zur Verfügung gestellt hat. Lt. gesonderter und einheitlicher Feststellung des Finanzamts beträgt dieser Grundstückswert 2.224.000 DM.

Der Wert des Betriebsvermögens der gesamten Mitunternehmerschaft setzt sich aus dem Wert des Betriebsvermögens der OHG plus dem Wert des Betriebsvermögens des Sonderbetriebsvermögens des Gesellschafters Mischnik zusammen. Er beträgt (724.801 + 2.224.000 =) 2.948.801 DM.

Die Aufteilung des Werts des Betriebsvermögens hat nach den Grundsätzen des § 97 Abs. 1a BewG zu erfolgen. Hiernach ist der Tochter das Sonderbetriebsvermögen vorab zuzurechnen. Anschließend ist der Tochter das sich aus der Steuerbilanz ergebende Kapitalkonto des Mischnik i.H.v. 90.000 DM zuzurechnen. Auf Gesellschafter Meyer entfallen entsprechend 94.801 DM. Anschließend ist der um die Vorwegzurechnungen gekürzte Wert des Betriebsvermögens nach dem gesellschaftsrechtlichen Gewinnverteilungsschlüssel, d.h. im Verhältnis 70 : 30, auf die Gesellschafter Mischnik bzw. dessen Tochter und auf den Gesellschafter Mayer aufzuteilen.

Insgesamt sind der Tochter also im Rahmen der Bedarfsbewertung folgende Werte zuzurechnen:

	DM
Sonderbetriebsvermögen	2.224.000
Kapitalkonto	90.000
Anteilige stille Reserven	
(724.801 - 90.000 - 94.801) · 70 %	378.000
Anteil der Tochter	2.692.000

Zu Aufgabe 4

Die GmbH-Anteile sind gemäß § 12 Abs. 1 ErbStG i.V.m. § 11 Abs. 2 BewG mit ihrem gemeinen Wert (§ 9 BewG) zu bewerten. Da sich dieser nicht aus Verkäufen ableiten läßt, die weniger als ein Jahr zurückliegen, ist er mit Hilfe des Stuttgarter Verfahrens zu ermitteln (§ 11 Abs. 2 BewG). Zunächst ist der Vermögenswert, anschließend der Ertragshundertsatz zu ermitteln.

Ermittlung des Vermögenswertes

Der Vermögenswert der GmbH-Anteile ist aus dem Wert des Betriebsvermögens der GmbH abzuleiten. Dieser ergibt sich in gleicher Weise wie in der Lösung zu Aufgabe 3 dargestellt. Beim Schuldenabzug ist außerdem noch die Körperschaftsteuer-Abschlußzahlung i.H.v. 10.000 DM zu berücksichtigen. Im Gegensatz zur Einkommensteuer eines Einzelunternehmers oder eines Mitunternehmers i.S.d. § 15 Abs. 1 Nr. 2 EStG ist die Körperschaftsteuerschuld einer Körperschaft bewertungsrechtlich eine Betriebsschuld i.S.d. § 103 BewG. Der Wert des Betriebsvermögens läßt sich wie folgt ermitteln:

	DM	DM
Rohbetriebsvermögen wie in Aufgabe 3		824.201
Schuldenabzug wie in Aufgabe 3	99.400	
Körperschaftsteuerschuld für 06	10.000	./. 109.400
Wert des Betriebsvermögens (§ 98a)		714.801

Der Vermögenswert der GmbH-Anteile ergibt sich aus dem Wert des Betriebsvermögens der GmbH nach der Vornahme von Hinzurechnungen und Kürzungen analog zu den Ausführungen in Abschn. 6 Abs. 2 VStR bzw. R 98 Abs. 3 ErbStR-E. Gründe für derartige Hinzurechnungen und Kürzungen sind nicht ersichtlich. Damit beträgt das der Ermittlung des Vermögenswertes zugrundeliegende Vermögen 714.801 DM. Der Vermögenswert ergibt sich als der Quotient aus dem Vermögen und dem Stammkapital. Er beträgt:

$$\frac{714.801}{50.000} = 14{,}30.$$

Der Vermögenswert ist also mit 1.430 % anzusetzen.

Ermittlung des Ertragshundertsatzes

Zur Ermittlung des Ertragshundertsatzes ist analog zu Abschn. 7 Abs. 1 VStR bzw. R 99 Abs. 1 ErbStR-E von den Einkommen der letzten drei Jahre auszugehen. Von den Einkommen sind gem. Abschn. 7 Abs. 1 VStR bzw. R 99 Abs. 1 ErbStR-E die nicht als Betriebsausgaben abzugsfähigen Geschenke und die sich hierauf ergebende Tarifbelastung der Körperschaftsteuer in Höhe von 81,82 % abzuziehen. Es ergibt sich dann das Betriebsergebnis des jeweiligen Jahres.

Jahre	05	06	07
	DM	DM	DM
Einkommen	150.000	180.000	240.000
./. nicht abzugsfähige Geschenke	1.000	1.500	1.500
./. Tarifbelastung	818	1.227	1.227
Betriebsergebnis	148.182	177.273	237.273

Das arithmetische Mittel der Betriebsergebnisse der drei Jahre ergibt den Durchschnittsertrag[6]:

$$\text{Durchschnittsertrag} = \frac{148.182 + 177.273 + 237.273}{3} = 187.576 \text{ DM}.$$

Von diesem ist nach Abschn. 7 Abs. 3 VStR ein Abschlag von 15 % vorzunehmen[7]. Es ergibt sich dann ein Jahresertrag von (1,00 - 0,15) · 187.576 =) 159.439,60 DM. Dieser ist zur Ermittlung des Ertragshundertsatzes nach Abschn. 7 Abs. 4 VStR bzw. R 99 Abs. 4 ErbStR-E durch das Nennkapital zu dividieren:

$$\text{Ertragshundertsatz} = \frac{159.440}{50.000} = 318,88\ \%$$

Ermittlung des gemeinen Werts

Der in einem Hundertsatz ausgedrückte gemeine Wert eines Anteils (X) beträgt gem. Abschn. 8 Abs. 2 VStR bzw. R 100 Abs. 2 ErbStR-E 68 % der Summe aus Vermögenswert und fünffachem Ertragshundertsatz:

X = 68 % · (1.430 % + 5 · 318,88 %) = 2.056,59 %.

Der gemeine Wert von nominal 100 DM Stammkapital beträgt abgerundet 2.056 DM, der gemeine Wert aller Anteile 1.028.000 DM. Die Beteiligung des Gesellschafters Mischnik (70 %), die dieser seiner Tochter vererbt, hat einen gemeinen Wert von 719.600 DM. Der Anteil des Gesellschafters Mayer beträgt 308.400 DM. Angemerkt sei, daß der Wert des Anteils des Gesellschafters Mayer nach der Aufgabenstellung dieser Aufgabe nicht benötigt wird.

Zu Aufgabe 5

Bemessungsgrundlage der Grundsteuer ist gem. § 13 GrStG der Einheitswert des Einfamilienhauses ohne Erhöhung nach § 121a BewG. Auf den Einheitswert sind die aus § 15 Abs. 2 GrStG ersichtlichen Steuermeßzahlen anzuwenden. Sie betragen 2,6 ‰ für die ersten 75.000 DM und 3,5 ‰ für die restlichen 45.000 DM des Einheitswertes. Die sich ergebende Steuermeßzahl ist mit dem Hebesatz zu multiplizieren. Das Produkt gibt die Höhe der jährlichen Grundsteuer an.

---

[6] R 99 Abs. 3 ErbStR-E sieht eine Gewichtung der Betriebsergebnisse der letzten drei Jahre vor, wobei das letzte Ergebnis mit dem Faktor 3, das vorletzte mit dem Faktor 2 und das vorvorletzte mit dem Faktor 1 zu gewichten ist. Die Summe ist durch 6 zu dividieren, um den Durchschnittsertrag zu erhalten.

[7] R 99 Abs. 3 ErbStR-E sieht diese pauschale Kürzung nicht mehr vor.

Zur Ermittlung der Grundsteuer ergibt sich demnach folgende Berechnung:

	DM
75.000 · 2,6 ‰	195,00
45.000 · 3,5 ‰	157,50
Steuermeßzahl	352,50
Steuermeßzahl · Hebesatz (400 %) = Grundsteuer	1.410,00

Zu Aufgabe 6

Durch den Erbanfall wird die Tochter (T) bereichert. Für sie ist die Erbschaftsteuer zu ermitteln. Zu dem steuerpflichtigen Erwerb gehört die gesamte Bereicherung der T. Diese setzt sich zusammen aus

- dem Wert des Anteils an der OHG,
- dem Wert des Anteils an der GmbH,
- dem Einfamilienhaus,
- dem Bankguthaben,
- den Aktien der S-AG sowie
- dem Hausrat und der Wäsche.

Abzugsfähig ist hingegen nach § 10 Abs. 5 Nr. 1 ErbStG der Valutastand der auf dem Einfamilienhaus lastenden Hypothek i.H.v. 90.000 DM.

Der Wert des Anteils an der OHG beträgt 2.692.000 DM (Lösung zu Aufgabe 3), der Wert des Anteils an der GmbH 719.600 DM (Lösung zu Aufgabe 4). Beide Anteile gehören zu dem begünstigten Vermögen i.S.d. § 13a ErbStG. Nach Abs. 1 dieser Vorschrift ist auf die Summe der Werte der Anteile ein Freibetrag von 500.000 DM zu gewähren. Der über diesen Freibetrag hinausgehende Betrag ist nach § 13a Abs. 2 ErbStG lediglich mit 60 % anzusetzen.

Das Einfamilienhaus ist mit seinem Grundbesitzwert von 640.000 DM, das Bankguthaben mit seinem Nominalwert von 30.000 DM, die Aktien sind mit ihrem Kurswert von 17.750 DM anzusetzen.

Der Erwerb des Hausrats und der Wäsche ist nicht zu erfassen, da der Freibetrag des § 13 Abs. 1 Satz 1 Nr. 1a ErbStG mit 80.000 DM höher ist als der Wert dieser Gegenstände.

Insgesamt ergibt sich also folgender steuerpflichtiger Erwerb:

	DM	DM
Anteil an OHG	2.692.000	
Anteil an GmbH	719.600	
	3.411.600	
Freibetrag nach § 13a Abs. 1 ErbStG	./. 500.000	
Steuerpflichtiger Teil des Anteilserwerbs	2.911.600	
davon Ansatz 60 % nach § 13a Abs. 2 ErbStG		1.746.960
Einfamilienhaus		640.000
Bankguthaben		30.000
Aktien		17.750
Rohvermögen		2.434.710
Hypothekenschulden		./. 90.000
Freibetrag für Grabpflege usw. gem. § 10 Abs. 5 Nr. 3 ErbStG		./. 20.000
Steuerpflichtiger Erwerb vor persönlichen Freibeträgen		2.324.710
Freibetrag nach § 16 Abs. 1 Nr. 2 ErbStG		./. 400.000
Versorgungsfreibetrag nach § 17 ErbStG		--
Steuerpflichtiger Erwerb		1.924.710
abgerundet, § 10 Abs. 1 Satz 5 ErbStG		1.924.700

Auf den steuerpflichtigen Erwerb ist der sich aus § 19 Abs. 1 ErbStG ergebende Steuersatz für Erwerbe in der Steuerklasse I anzuwenden. Er beträgt 19 %. Die Steuerschuld beträgt demnach:

$$1.924.700 \text{ DM} \cdot 19\ \% = 365.693 \text{ DM}$$

Die Milderungsregelung des § 19 Abs. 3 ErbStG führt zu keinem anderen Ergebnis.

Lösungen zu Teil V

Zu Aufgabe 1

Der Erwerb des Betriebsgrundstücks durch R ist ein nach § 1 Abs. 1 Nr. 1 GrEStG grunderwerbsteuerbarer Vorgang. Eine Steuerbefreiung kommt nicht zur Anwendung, so daß der Erwerb auch steuerpflichtig ist.

Bemessungsgrundlage ist nach § 8 Abs. 1 GrEStG der Wert der Gegenleistung für das erworbene Grundstück. Zum Grundstück zählen keine Betriebsvorrichtungen. Kaufpreisteile, die auf Betriebsvorrichtungen entfallen, gehören demgemäß nicht zur Bemessungsgrundlage. Sowohl bei der Beschickungsbühne als auch bei dem Lastenaufzug handelt es sich um Betriebsvorrichtungen. Daran ändert auch die Tatsache nichts, daß beide mit dem Fabrikgebäude fest verbunden sind[8]. Das Schutzdach ist kein Gebäude, sondern ebenfalls eine Betriebsvorrichtung, da zum Begriff eines Gebäudes die allseitige Umschließung eines bestimmten Raumes gehört[9]. Durch die Übernahme von Hypotheken wird der Wert der Gegenleistung nicht gemindert.

Die Bemessungsgrundlage der Grunderwerbsteuer ergibt sich demnach wie folgt:

	DM
Kaufpreis des gesamten Betriebsgrundstücks	3.000.000
./. Wert der Beschickungsbühne	./. 40.000
./. Wert des Lastenaufzugs	./. 50.000
./. Wert des Schutzdaches	./. 20.000
Bemessungsgrundlage	2.890.000

Der Steuersatz beträgt gem. § 11 Abs. 1 GrEStG 3,5 %. Die Grunderwerbsteuerschuld ergibt sich als Produkt aus Bemessungsgrundlage und Steuersatz. Sie beträgt 101.150 DM.

Zu Aufgabe 2

Durch den Erwerb von 60 % der Anteile an der GmbH werden alle Anteile an dieser Gesellschaft in der Hand des R vereinigt. Da zum Vermögen der GmbH inländische Grundstücke gehören, ist dieser Erwerb gem. § 1 Abs. 3 GrEStG grunderwerbsteuerbar. Eine Befreiungsvorschrift kommt nicht zur Anwendung, so daß der Vorgang auch steuerpflichtig ist. Steuerbemessungsgrundlage ist nach § 8 Abs. 2 Nr. 3 GrEStG der Grundstückswert i.S.d. § 138 Abs. 3 BewG. Dieser beträgt nach den Ermittlungen des Steuerberaters 8.000.000 DM. Durch Anwendung des Steuersatzes von 3,5 % gem. § 11 Abs. 1 GrEStG ergibt sich eine Grunderwerbsteuerschuld von 280.000 DM.

Zu Aufgabe 3

Mit der Verschaffung der Verfügungsmacht über den Zeichentisch bewirkt der Unternehmer S gem. § 3 Abs. 1 UStG eine Lieferung an die XY. Ort der Lieferung ist nach § 3 Abs. 6 UStG Lüttich, da sich der Tisch zum Zeitpunkt der Beförderung bereits in dieser Stadt befindet. Da Lüttich im Ausland liegt, ist die Lieferung nicht nach § 1 UStG steuerbar. Bei dem vorangegangenen Verbringen des Zeichentisches durch S nach Lüttich in sein Auslieferungslager handelte es sich um eine nach § 3 Abs. 1a UStG steuerbare Lieferung. Diese war aber als innergemeinschaftliche

---

[8] Vgl. Erlaß betr. Abgrenzung des Grundvermögens von den Betriebsvorrichtungen v. 31.3.1992, BStBl 1992 II, S. 342, Tz. 26 und 27.

[9] Vgl. ebenda, Tz. 7.

Lieferung i.S.d. § 6a UStG nach § 4 Nr. 1b UStG steuerfrei. Allerdings stellt das Verbringen des Zeichentisches nach belgischem Recht einen innergemeinschaftlichen Erwerb dar. Hierdurch entstandene belgische Umsatzsteuer ist nach belgischem Recht als Vorsteuer anrechenbar.

Zu Aufgabe 4

Durch seinen Verzicht auf die Belieferung des italienischen Marktes bewirkt der Wiener Unternehmer K im Rahmen seines Unternehmens gem. § 3 Abs. 9 UStG sonstige Leistungen an den Hamburger Unternehmer B. Das Entgelt für diese Leistungen besteht in den Ausgleichszahlungen des B an K.

Bei Anwendung des § 3a Abs. 1 UStG wäre Wien als Ort der sonstigen Leistungen anzusehen. Hier kommt aber nicht die Grundsatzregelung des § 3a Abs. 1 UStG, sondern gem. § 3a Abs. 4 Nr. 9 UStG die Ausnahmeregelung des § 3a Abs. 3 UStG zur Anwendung. Danach ist Ort der sonstigen Leistungen der Ort, an dem der Empfänger der Leistungen des K, also B, sein Unternehmen betreibt. Dies ist Hamburg.

Damit sind sämtliche Voraussetzungen des § 1 Abs. 1 Nr. 1 UStG erfüllt; mit seinem Verzicht auf Belieferung des italienischen Marktes bewirkt K steuerbare sonstige Leistungen an B.

Zu Aufgabe 5

Die OHG bewirkt mit dem Korrekturschliff eine sonstige Leistung im Sinne des § 1 Abs. 1 Nr. 1 UStG. Es handelt sich um Arbeiten an beweglichen körperlichen Gegenständen i.S.d. § 3a Abs. 1 Nr. 3c UStG. Ort der sonstigen Leistung ist nach dieser Vorschrift Hamburg. Die sonstige Leistung ist steuerbar und steuerpflichtig. Das Versenden der Linsen von London nach Hamburg ist kein innergemeinschaftlicher Erwerb i.S.d. § 1a UStG, da die Trüb OHG kein Erwerber, sondern lediglich ein Bearbeiter der Linsen ist. Das Rückversenden der Linsen von Hamburg nach London stellt keine steuerbare Lieferung dar, da weder ein Lieferer, noch ein Erwerber vorhanden ist.

Zu Aufgabe 6

Mit der Übergabe des Grundstücks führt der Unternehmer S im Rahmen seines Unternehmens eine Lieferung aus. Ort der Lieferung ist nach § 3 Abs. 7 UStG Radevormwald, also ein Ort im Inland. Die Lieferung ist gem. § 1 Abs. 1 Nr. 1 UStG steuerbar.

Der Umsatz ist gem. § 1 Abs. 1 Nr. 1 GrEStG grunderwerbsteuerbar. Er ist deshalb nach § 4 Nr. 9a UStG von der Umsatzsteuer befreit.

Zu Aufgabe 7

Die Umsatzsteuer bemißt sich nach den steuerbaren und steuerpflichtigen Umsätzen. Betriebsausgaben mindern die Bemessungsgrundlage nicht. Für die Entstehung von Umsatzsteuer ist es somit unerheblich, ob die IC Gewinne oder Verluste erwirtschaftet.

Die Werklieferung eines Kraftwerks an W ist ein steuerbarer und steuerpflichtiger Umsatz. Bemessungsgrundlage dieser Lieferung ist nach § 10 Abs. 1 UStG i.V.m. § 16 Abs. 1 UStG das für die Lieferung vereinbarte Entgelt, d.h. 20 Mio DM. Mit der Uneinbringlichkeit von 13,2 Mio DM mindert sich gem. § 17 Abs. 2 UStG die Bemessungsgrundlage. Die geänderte Bemessungsgrundlage ergibt sich aus dem vereinnahmten Betrag von 10 Mio DM, abzüglich der darin enthaltenen Mehrwertsteuer von (13,7931 % · 10.000.000 =) 1.379.310 DM. Sie beträgt also (10.000.000 ./. 1.379.310 =) 8.620.690 DM.

Die Entwicklungsbeihilfen staatlicher Stellen sind echte Zuschüsse und keine Zusatzentgelte Dritter im Sinne des § 10 Abs. 1 Satz 3 UStG, da sie nicht zur Entgeltauffüllung einer bestimmten Lieferung gedacht sind. Vielmehr soll mit ihrer Hilfe eine politisch gewünschte neuartige technische Entwicklung gefördert werden. Das endgültige Entgelt für die Lieferung eines Kraftwerks vom Typ Giant an W beträgt somit 8.620.690 DM.

Die Lieferungen der 10 in Lizenz gebauten Kraftwerke sind steuerbar und steuerpflichtig. Die Bemessungsgrundlage für diese Lieferungen besteht gem. § 10 Abs. 1 i.V.m. § 16 Abs. 1 UStG in den vereinbarten Entgelten von insgesamt (10 · 50.000 =) 500.000 DM. Die Bemessungsgrundlage mindert sich gem. § 17 Abs. 1 UStG nachträglich um die von den Abnehmern einbehaltenen Skonti von 12.000 DM. Das Entgelt beträgt somit letztlich (500.000 ./. 12.000 =) 488.000 DM.

Die Bemessungsgrundlage für alle im Jahre 01 getätigten Lieferungen von Windkraftwerken beläuft sich auf (8.620.690 + 488.000 =) 9.108.690 DM. Alle diese Lieferungen unterliegen dem Steuersatz des § 12 Abs. 1 UStG von 16 %, so daß eine Umsatzsteuer von (9.108.690 · 16 % =) 1.457.390,40 DM entsteht.

Entgegen der Ansicht ihres Vorstandes kann IC in den Folgejahren die Entgelte nicht um die zu zahlenden Lizenzgebühren mindern, da es sich nicht um durchlaufende Posten im Sinne des § 10 Abs. 1 Satz 5 UStG handelt. Durchlaufende Posten setzen eine Vereinnahmung und Verausgabung im Namen und für Rechnung eines anderen voraus. Dies ist hier nicht gegeben.

Zu Aufgabe 8

Im Fall a) entnimmt B Gegenstände aus ihrem Unternehmen für Zwecke, die außerhalb ihres Unternehmens liegen. Damit ist der Eigenverbrauchstatbestand im Sinne des § 1 Abs. 1 Nr. 2 a UStG erfüllt. Eine Steuerbefreiung greift nicht ein, so daß der Umsatz steuerpflichtig ist. Bemessungsgrundlage des Eigenverbrauchs ist gem. § 10 Abs. 4 Nr. 1 UStG der Einkaufspreis einschließlich der Nebenkosten der entnommenen Wirtschaftsgüter. Sie beträgt also (10.000 + 500 =) 10.500 DM.

Im Fall b) handelt es sich um steuerbare Lieferungen im Sinne des § 1 Abs. 1 Nr. 1 UStG, die unter keine Befreiungsvorschrift fallen. Bemessungsgrundlage ist grundsätzlich nach § 10 Abs. 1 UStG das vereinbarte Entgelt. Da dieses unangemessen niedrig ist, muß die sich aus § 10 Abs. 5 Nr. 2 UStG ergebende Mindestbemessungsgrundlage angesetzt werden. Mindestbemessungsgrundlage ist nach § 10 Abs. 4 Nr. 1 UStG der Einkaufspreis der an die Arbeitnehmer gelieferten Wirtschaftsgüter. Die Bemessungsgrundlage beträgt demnach 6.000 DM.

Im Fall c) handelt es sich um nichtabziehbare Betriebsausgaben im Sinne des § 4 Abs. 5 Nr. 1 EStG, die nach § 1 Abs. 1 Nr. 2 c UStG zum Eigenverbrauch führen. Ein Befreiungstatbestand greift auch hier nicht ein. Bemessungsgrundlage ist nach § 10 Abs. 4 Nr. 3 UStG die Höhe des getätigten Aufwandes. Dieser beträgt (9 · 90 =) 810 DM.

Aus den bisherigen Ausführungen ergibt sich eine Gesamterhöhung der Bemessungsgrundlage um (10.500 + 6.000 + 810 =) 17.310 DM. Der Steuersatz beträgt einheitlich gem. § 12 Abs. 1 UStG 16 %. Es ergibt sich somit eine Erhöhung der Umsatzsteuer um (16 % · 17.310 =) 2.769,60 DM.

Wird der Kosmetiksalon in der Rechtsform einer GmbH geführt, so ergibt sich lediglich im Falle des unter a) geschilderten Sachverhalts eine Änderung. Hier handelt es sich nunmehr nicht um Eigenverbrauch i.S.d. § 1 Abs. 1 Nr. 2 a UStG, sondern um eine Lieferung im Sinne des § 1 Abs. 1 Nr. 3 UStG. Bemessungsgrundlage ist aber auch hier nach § 10 Abs. 4 Nr. 1 UStG der Einkaufspreis der Wirtschaftsgüter, so daß sich die durch die Prüfung ermittelte Mehrsteuer nicht ändert.

Zu Aufgabe 9

W ist Unternehmer. Sein Unternehmen umfaßt gem. § 2 UStG seine gesamte selbständig ausgeübte gewerbliche oder berufliche Tätigkeit. Zu seinem Unternehmen gehört nicht nur sein Lebensmittelgeschäft, sondern auch die Vermietung der beiden oberen Stockwerke seines Hauses in Dortmund.

W kann gem. § 15 Abs. 1 UStG die ihm von anderen Unternehmern für Leistungen an sein Unternehmen gesondert in Rechnung gestellten Mehrwertsteuern grundsätzlich als Vorsteuern abziehen. Das gilt nach § 15 Abs. 2 UStG nicht, soweit die Vorsteuern mit eigenen steuerfreien Umsätzen im Zusammenhang stehen. Dies ist hinsichtlich der Vorsteuern der Fall, die mit seinen Vermietungsumsätzen im Zusammenhang stehen. Die Vermietung an den Steuerberater kann er allerdings nach § 9 UStG der Mehrwertsteuer unterwerfen. Macht er von dieser Möglichkeit Gebrauch, so kann er die Vorsteuern, die auf diese Vermietungsumsätze entfallen, abziehen. Dies ist für ihn vorteilhaft, da er seine eigene Umsatzsteuer auf den Mieter überwälzen kann, ihn diese also nicht belastet und er zusätzlich Vorsteuern abziehen kann. Nachfolgend wird deshalb davon ausgegangen, daß W für das Jahr 01 hinsichtlich der Vermietung an den Steuerberater gem. § 9 UStG zur Besteuerung optiert. Die Vermietung an den privaten Mieter kann W hingegen nicht nach § 9 UStG der Steuerpflicht unterwerfen.

Die im Rahmen der Ladenrenovierung angefallenen Vorsteuern entfallen ausschließlich auf die gewerbliche Tätigkeit; sie sind in vollem Umfang abzugsfähig. Mit Vermietungsumsätzen stehen somit lediglich die für den Außenanstrich und die für die Heizungserneuerung angefallenen Vorsteuern im Zusammenhang - dies aber auch nicht in vollem Umfang, sondern lediglich zum Teil. Lediglich diese Vorsteuern, d.h. insgesamt (3.200 + 2.400 =) 5.600 DM sind in abziehbare und nichtabziehbare aufzuteilen. Der Betrag ist im Verhältnis der Wohn- und Nutzflächen der beiden unteren Stockwerke einerseits und des oberen Stockwerks andererseits aufzuteilen. Diese Art der Aufteilung wird § 15 Abs. 4 UStG am besten gerecht. Abziehbar sind demnach

$$\frac{300 \text{ m}^2}{420 \text{ m}^2} \cdot 5.600 = 4.000 \text{ DM, nichtabziehbar}$$

$$\frac{120 \text{ m}^2}{420 \text{ m}^2} \cdot 5.600 = 1.600 \text{ DM}.$$

Insgesamt sind somit (4.000 + 4.000 =) 8.000 DM Vorsteuern von der Umsatzsteuerschuld des Jahres 01 abziehbar.

Mit Beginn des Jahres 05 ändern sich die Verhältnisse, die für den Abzug der auf das erste Stockwerk entfallenden Vorsteuern maßgebend waren, da die dort befindlichen Räume jetzt nicht mehr an einen Unternehmer vermietet, sondern zu eigenen Wohnzwecken verwendet werden. Dennoch kommt keine Berichtigung des Vorsteuerabzugs gem. § 15a UStG in Betracht, da nach Absatz 1 dieser Vorschrift eine Berichtigung nur dann vorzunehmen ist, wenn die Vorsteuern im Zusammenhang mit Anschaffungs- oder Herstellungskosten eines Wirtschaftsgutes angefallen sind[10]. Dies ist hier nicht der Fall, da es sich bei den Kosten des Außenanstrichs und der Heizungserneuerung nicht um Herstellungs-, sondern um Erhaltungsaufwand handelt[11].

---

[10] Vgl. Abschn. 214 Abs. 3 UStR.
[11] Vgl. R 157 EStR.

Lösungen zu Teil VI

Zu Aufgabe 1

Da der Bescheid für das Jahr 01 weder unter dem Vorbehalt der Nachprüfung ergangen ist, noch einen Vorläufigkeitsvermerk trägt, kommt eine Änderung nur nach den §§ 172 ff. AO in Betracht.

Die dem B von der persischen Bank übersandten Belege stellen neue Beweismittel i.S.d. § 173 Abs. 1 Nr. 2 AO dar. An ihrem späten Bekanntwerden trifft B kein grobes Verschulden. Damit sind die Voraussetzungen für eine Änderung des Steuerbescheids nach § 173 Abs. 1 Nr. 2 AO gegeben.

Die Behandlung von 15.000 DM Einnahmen als steuerfrei erweist sich als Rechtsfehler. Die Aufdeckung von Rechtsfehlern stellt zwar keinen eigenständigen Berichtigungsgrund dar, doch kann der Rechtsfehler im Rahmen der Änderung nach § 173 Abs. 1 Nr. 2 AO insoweit berichtigt werden als die Änderung reicht. Die Änderung nach § 173 Abs. 1 Nr. 2 AO reicht von einer Steuerschuld von 116.900 DM bis zu einer Steuerschuld von 112.200 DM. Um den Differenzbetrag von 4.700 DM kann der Rechtsfehler nach § 177 Abs. 2 AO berichtigt werden. Die über diesen Betrag hinausgehende Wirkung des Rechtsfehlers von (7.050 ./. 4.700 =) 2.350 DM kann nicht berichtigt werden.

Durch die Minderung der Steuerschuld nach § 173 Abs. 1 Nr. 2 AO um 4.700 DM und die Erhöhung nach § 177 Abs. 2 AO um ebenfalls 4.700 DM ergibt sich per Saldo keine von dem bisherigen Bescheid abweichende Steuerschuld. Damit kommt es nicht zu einer Änderung des ursprünglichen Steuerbescheids. Dieser ist nach wie vor maßgebend.

Zu Aufgabe 2

Zu a) Die Steuerpflichtige hat den Erlaß durch arglistige Täuschung erwirkt. Damit sind die Voraussetzungen des § 130 Abs. 2 Nr. 2 AO erfüllt. Die Finanzverwaltung ist berechtigt und nach Erkennen des wahren Sachverhalts verpflichtet, die Erlaßverfügung zurückzunehmen.

Zu b) Die Voraussetzungen eines rechtswidrigen Verwaltungsaktes i.S.d. § 130 AO liegen nicht vor. Der Erlaß ist wirksam.

Zu Aufgabe 3

In Höhe des unangemessenen Teiles des Gehaltes i.H.v. 200.000 TDM liegt eine verdeckte Gewinnausschüttung (vGA) der X-GmbH an ihren Gesellschafter G vor. Sofern entsprechende Berichtigungsmöglichkeiten bestehen, führt die Aufdeckung dieser vGA zu folgenden Konsequenzen:

1. Erhöhung des Gewerbeertrags und des körperschaftsteuerlichen Einkommens der GmbH um 200.000 DM abzüglich der hierauf entfallenden zusätzlichen Gewerbesteuer, Herstellung der Ausschüttungsbelastung für eine Ausschüttung von 200.000 TDM, Änderung der Gewerbe- und Körperschaftsteuerschuld für das Jahr 01;

2. Änderung der Gliederung des verwendbaren Eigenkapitals der GmbH für alle Stichtage ab 31.12.01;

3. Erhöhung der Einnahmen aus Kapitalvermögen des G für den Veranlagungszeitraum 01 um (200.000 + 3/7 · 200.000 =) 285.714 DM und eine entsprechende Änderung der Einkommensteuerschuld des G;

4. Minderung der Einnahmen aus nichtselbständiger Arbeit des S um 200.000 DM für das Jahr 01 und entsprechende Änderung der Steuerschuld.

Damit das Finanzamt die genannten Änderungen durchführen kann, bedarf es Änderungsmöglichkeiten nach der AO.

Die nach 1. und 2. erforderlichen materiellen Änderungen sind in formeller Hinsicht unproblematisch, da die zu ändernden Bescheide einen Vorbehaltsvermerk tragen. Die erforderlichen Änderungen sind daher nach § 164 Abs. 2 AO durchzuführen, da die Festsetzungsfrist (§ 169 Abs. 2 Nr. 2 AO) noch nicht abgelaufen ist.

Der Zufluß der verdeckten Gewinnausschüttung bei G stellt eine neue Tatsache i.S.d. § 173 Abs. 1 Nr. 1 AO dar. Der Einkommensteuerbescheid des G für das Jahr 01 ist nach dieser Vorschrift zu ändern.

§ 173 Abs. 1 Nr. 2 AO ist für S nicht anzuwenden. § 173 Abs. 1 Nr. 2 Satz 1 AO greift nicht, da S grobes Verschulden trifft (Verschulden umfaßt Vorsatz und grobe Fahrlässigkeit). § 173 Abs. 1 Nr. 2 Satz 2 AO findet ebenfalls keine Anwendung, da ein unmittelbarer Zusammenhang mit Tatsachen oder Beweismitteln i.S.d. Nr. 1 nicht besteht.

Durch die Änderung des Bescheids des G werden Einnahmen i.H.v. 200.000 DM doppelt erfaßt, und zwar zum einen bei G und zum anderen bei S. Damit sind die Voraussetzungen widerstreitender Steuerfestsetzungen i.S.d. § 174 Abs. 1 AO gegeben. Der Bescheid des S ist deshalb nach dieser Vorschrift zu ändern.

Zu Aufgabe 4

Die Änderung eines Steuerbescheids zuungunsten des Steuerpflichtigen kann nicht auf eine Änderung der höchstrichterlichen Rechtsprechung gestützt werden (§ 176 Abs. 1 Nr. 3 AO). Das gilt unabhängig davon, ob es sich bei dem ursprünglichen Bescheid um eine Vorbehaltsfestsetzung handelt oder nicht. Sowohl im Falle a) als auch im Falle b) ist das Finanzamt somit nicht zu einer Änderung des Bescheids berechtigt.

Zu Aufgabe 5

Durch den Einspruch wird die Vollziehung des angefochtenen Steuerbescheides nicht gehemmt. Insbesondere wird die Zahlung einer Steuerschuld nicht aufgehalten (§ 361 Abs. 1 AO).

Die Finanzverwaltung könnte auf Antrag des Steuerpflichtigen die Vollziehung ganz oder teilweise aussetzen (Ermessensentscheidung), da laut Sachverhalt ernsthafte Zweifel an der Rechtmäßigkeit des angefochtenen Verwaltungsaktes (§ 361 Abs. 2 AO) bestehen. Hierzu bedarf es aber eines besonderen Antrags des Steuerpflichtigen, der offensichtlich nicht gestellt worden ist. Dem Steuerpflichtigen ist zu empfehlen, umgehend einen Antrag auf Aussetzung der Vollziehung zu stellen.

Zu Aufgabe 6

Ein Erlaß ist ein begünstigender Verwaltungsakt. Mit seiner Bekanntgabe geht die erlassene Steuerschuld grundsätzlich unter. Ein begünstigender Verwaltungsakt darf aber bei Vorliegen der engen Voraussetzungen des § 130 Abs. 2 AO zurückgenommen werden. Hier sind die Voraussetzungen der Nr. 2 dieser Vorschrift erfüllt, da A den Erlaß durch Drohung erreicht hat. Damit ist die Rücknahme der Erlaßverfügung rechtlich zulässig; das Finanzamt muß die Rücknahme durchführen, da bei einer Nichtrücknahme A einen durch nichts zu rechtfertigenden Steuervorteil erhalten würde.

Durch die Berücksichtigung des ausländischen Verlustes ist der Steuerbescheid für das Jahr 02 mit einem Rechtsfehler behaftet. Dieser Rechtsfehler ist nach § 172 Abs. 1 Nr. 2c AO zu berichtigen, da er durch Drohung erwirkt worden ist.

Anhang: Schemata

Schema 1: Ermittlung des zu versteuernden Einkommens, der Jahressteuerschuld und der Abschlußzahlung eines unbeschränkt Einkommensteuerpflichtigen

Einkünfte

1. aus Land- und Forstwirtschaft
2. aus Gewerbebetrieb
3. aus selbständiger Arbeit
4. aus nichtselbständiger Arbeit
5. aus Kapitalvermögen
6. aus Vermietung und Verpachtung
7. Sonstige Einkünfte

Summe der Einkünfte

./. Altersentlastungsbetrag

Gesamtbetrag der Einkünfte

./. Sonderausgaben
./. außergewöhnliche Belastungen
./. Steuerbegünstigung der zu eigenen Wohnzwecken genutzten Wohnung im eigenen Haus (Altfälle)
./. Verlustabzug

Einkommen

./. Kinderfreibetrag
./. Haushaltsfreibetrag

Zu versteuerndes Einkommen

  Darauf anzuwendender
    Tarif

tarifliche Einkommensteuer
./. Steuerermäßigungen
- Entlastungsbetrag für gewerbliche Einkünfte
- Anrechnung ausländischer Steuern
- andere Steuerermäßigungen (z.B. nach § 34g EStG)

Festzusetzende Einkommensteuer (Jahressteuerschuld)

./. Vorauszahlungen
./. Lohnsteuer
./. Kapitalertragsteuer einschließlich Zinsabschlag
./. anrechenbare Körperschaftsteuer

Abschlußzahlung oder Erstattungsanspruch

Schema 2: Ermittlung des zu versteuernden Einkommens, der Jahressteuerschuld und der Abschlußzahlung einer unbeschränkt steuerpflichtigen Kapitalgesellschaft

Jahresüberschuß lt. Handelsbilanz
± Änderungen nach einkommensteuerlichen Vorschriften

Steuerlicher Gewinn = Einkünfte aus Gewerbebetrieb
= Summe der Einkünfte

./. Spenden nach § 9 Abs. 1 Nr. 2 KStG
+ <u>Änderungen nach den §§ 14, 17 und 18 KStG</u> (nur im Falle der Organschaft)
= Gesamtbetrag der Einkünfte
+ verdeckte Gewinnausschüttungen
± abziehbare bzw. nichtabziehbare Aufwendungen nach den §§ 9 und 10 KStG
  (in Ausnahmefällen weitere Änderungen nach den §§ 11 bis 13 KStG)
./. Verlustabzug nach § 10 d EStG

Einkommen, i.d.R. zugleich zu versteuerndes Einkommen

- Steuersatz (45 %)
= tarifliche Körperschaftsteuer
./. Steuerermäßigungen
  - durch Anrechnung ausländischer Steuern
  - andere Steuerermäßigungen

Tarifbelastung

./. Körperschaftsteuer-Minderung gem. § 27 KStG
+ Körperschaftsteuer-Erhöhung gem. § 27 KStG

Festzusetzende Steuerschuld (Jahressteuerschuld)

./. Vorauszahlungen
./. anrechenbare Kapitalertragsteuer einschließlich Zinsabschlag
./. anrechenbare Körperschaftsteuer

Abschlußzahlung oder Erstattungsanspruch

Schema 3a: Darstellung des Anrechnungsverfahrens nach dem für 1998 geltenden Recht

a) Bei der Kapitalgesellschaft

	DM
Gewinn vor Steuern	100,0
./. Tarifbelastung gem. § 23 Abs. 1 KStG	./. 45,0
bei Thesaurierung verbleiben = EK45	55,0
+ Körperschaftsteuer-Entlastung bei Ausschüttung gem. § 27 Abs. 1 KStG	15,0
Dividende	70,0
./. Kapitalertragsteuer gem. § 43 Abs. 1 Nr. 1 i.V.m. § 43a Abs. 1 Nr. 1 EStG (25 % · 70 =)	./. 17,5
Nettodividende	52,5

b) Zufluß bzw. verminderter Abfluß beim Gesellschafter

Nettodividende	52,5
+ anzurechnende Kapitalertragsteuer gem. § 36 Abs. 2 Nr. 2 EStG	17,5
Dividende	70,0
+ anrechenbare Körperschaftsteuer (Anrechnungsguthaben) gem. § 36 Abs. 2 Nr. 3 EStG (3/7 · 70,0 =)	30,0
Bruttodividende	100,0

c) Steuerpflichtige Einnahmen des Gesellschafters

Dividende gem. § 20 Abs. 1 Nr. 1 EStG	70,0
Anrechnungsguthaben gem. § 20 Abs. 1 Nr. 3 EStG	30,0
Steuerpflichtige Einnahmen	100,0

d) Zusammenfassung der Steuerbe- und -entlastungen

	bei einem Einkommensteuersatz von	
	0 %	53 %
Tarifbelastung	45,0	45,0
./. Körperschaftsteuer-Entlastung	./. 15,0	./. 15,0
Ausschüttungsbelastung	30,0	30,0
+ Kapitalertragsteuer	17,5	17,5
Saldierter Abfluß von Steuern bei der Gesellschaft	47,5	47,5
./. Anrechnung von Kapitalertragsteuer beim Gesellschafter	./. 17,5	./. 17,5
./. Anrechnung von Körperschaftsteuer beim Gesellschafter	./. 30,0	./. 30,0
Saldierte Gesamtbelastung ohne Berücksichtigung von Einkommensteuer	0,0	0,0
+ Einkommensteuer	0,0	53,0
Gesamtbelastung der Gesellschaft und ihres Gesellschafters	0,0	53,0

e) Steuerfolgen bei Entstehung und Ausschüttung steuerfreier Gewinne der Kapitalgesellschaft bei der Verwendung von EK02 oder EK03

	DM
Gewinn vor Steuern	100,0
./. Körperschaftsteuer-Erhöhung	./. 30,0
Dividende	70,0
./. Kapitalertragsteuer	./. 17,5
Nettodividende	52,5

Schema 3b: Darstellung des Anrechnungsverfahrens bei einer Senkung der Körperschaftsteuersätze auf 35 % (Tarifbelastung) bzw. 25 % (Ausschüttungsbelastung) und des Spitzensteuersatzes der Einkommensteuer auf 39 %

a) Bei der Kapitalgesellschaft

	DM
Gewinn vor Steuern	100,00
./. Tarifbelastung	./. 35,00
bei Thesaurierung verbleiben = EK35	65,00
+ Körperschaftsteuer-Entlastung bei Ausschüttung	10,00
Dividende	75,00
./. Kapitalertragsteuer (25 % · 75 =)	./. 18,75
Nettodividende	56,25

b) Zufluß bzw. verminderter Abfluß beim Gesellschafter

Nettodividende	56,25
+ anzurechnende Kapitalertragsteuer	18,75
Dividende	75,00
+ anrechenbare Körperschaftsteuer (Anrechnungsguthaben) (25/75 · 75,0 =)	25,00
Bruttodividende	100,00

c) Steuerpflichtige Einnahmen des Gesellschafters

Dividende	75,0
Anrechnungsguthaben	25,0
Steuerpflichtige Einnahmen	100,0

d) Zusammenfassung der Steuerbe- und -entlastungen

	bei einem Einkommensteuersatz von	
	0 %	39 %
Tarifbelastung	35,00	35,00
./. Körperschaftsteuer-Entlastung	./. 10,00	./. 10,00
Ausschüttungsbelastung	25,00	25,00
+ Kapitalertragsteuer	18,75	18,75
Saldierter Abfluß von Steuern bei der Gesellschaft	43,75	43,75
./. Anrechnung von Kapitalertragsteuer beim Gesellschafter	./. 18,75	./. 18,75
./. Anrechnung von Körperschaftsteuer beim Gesellschafter	./. 25,00	./. 25,00
Saldierte Gesamtbelastung ohne Berücksichtigung von Einkommensteuer	0,00	0,00
+ Einkommensteuer	0,00	39,00
Gesamtbelastung der Gesellschaft und ihres Gesellschafters	0,00	39,00

e) Steuerfolgen bei Entstehung und Ausschüttung steuerfreier Gewinne der Kapitalgesellschaft bei der Verwendung von EK02 oder EK03

	DM
Gewinn vor Steuern	100,00
./. Körperschaftsteuer-Erhöhung	./. 25,00
Dividende	75,00
./. Kapitalertragsteuer	./. 18,75
Nettodividende	56,25

Schema 3c: Behandlung steuerfreier ausländischer Einkünfte nach dem für 1998 geltenden Recht

a) bei der Kapitalgesellschaft

	DM
Gewinn vor Steuern	100
keine Tarifbelastung, da steuerfrei	--
bei Thesaurierung verbleiben = EK01	100
keine Herstellung der Ausschüttungsbelastung gem. § 27 KStG	--
Dividende	100
./. Kapitalertragsteuer gem. § 43 Abs. 1 Nr. 1 i.V.m. § 43a Abs. 1 Nr. 1 EStG (25 % · 100 =)	./. 25
Nettodividende	75

b) Zufluß bzw. verminderter Zufluß beim Gesellschafter

Nettodividende	75
+ anzurechnende Kapitalertragsteuer gem. § 36 Abs. 2 Nr. 2 EStG	25
Zufluß bzw. verminderter Abfluß insgesamt = steuerpflichtige Einnahmen i.S.d. § 20 Abs. 1 Nr. 1 EStG	100

c) Zusammenfassung der Steuerbe- und -entlastungen

	bei einem Einkommensteuersatz von	
	0 %	53 %
Kapitalertragsteuer-Abzug	25	25
./. Kapitalertragsteuer-Anrechnung	./. 25	./. 25
Saldierte Gesamtbelastung vor persönlicher Einkommensteuer	0	0
+ Einkommensteuer	0	53
Gesamtbelastung der Gesellschaft und ihres Gesellschafters	0	53

Schema 3d: Behandlung steuerfreier ausländischer Einkünfte bei einer Senkung der Körperschaftsteuersätze auf 35 % (Tarifbelastung) bzw. 25 % (Ausschüttungsbelastung) und des Spitzensteuersatzes der Einkommensteuer auf 39 %

a) bei der Kapitalgesellschaft

	DM
Gewinn vor Steuern	100
keine Tarifbelastung, da steuerfrei	--
bei Thesaurierung verbleiben = EK_{01}	100
keine Herstellung der Ausschüttungsbelastung	--
Dividende	100
./. Kapitalertragsteuer (25 % · 100 =)	./. 25
Nettodividende	75

b) Zufluß bzw. verminderter Zufluß beim Gesellschafter

Nettodividende	75
+ anzurechnende Kapitalertragsteuer	25
Zufluß bzw. verminderter Abfluß insgesamt = steuerpflichtige Einnahmen	100

c) Zusammenfassung der Steuerbe- und -entlastungen

	bei einem Einkommensteuersatz von	
	0 %	39 %
Kapitalertragsteuer-Abzug	25	25
./. Kapitalertragsteuer-Anrechnung	./. 25	./. 25
Saldierte Gesamtbelastung vor persönlicher Einkommensteuer	0	0
+ Einkommensteuer	0	39
Gesamtbelastung der Gesellschaft und ihres Gesellschafters	0	39

Schema 4: Ermittlung des Gewerbeertrags und der Gewerbesteuerschuld

Gewinn (Verlust) aus Gewerbebetrieb

+ Hinzurechnungen gem. § 8 GewStG

- Hälfte der Entgelte (Zinsen) für Dauerschulden — Nr. 1
- Renten und dauernde Lasten — Nr. 2
- Gewinnanteile der typischen stillen Gesellschafter — Nr. 3
- Gewinnanteile und Vergütungen der persönlich haftenden Gesellschafter einer KGaA — Nr. 4
- Hälfte der Miet- und Pachtzinsen für bestimmtes Anlagevermögen — Nr. 7
- Verlustanteile aus Mitunternehmerschaften — Nr. 8
- bestimmte Spenden — Nr. 9
- anrechenbare ausländische Steuern — Nr. 12

./. Kürzungen gem. § 9 GewStG

- Grundbesitz-Kürzungen — Nr. 1
- Gewinnanteile aus Mitunternehmerschaften — Nr. 2
- inländische Schachtelerträge — Nr. 2a
- Erträge aus ausländischen Betriebsstätten — Nr. 3
- bestimmte Miet- und Pachtzinsen — Nr. 4
- Spenden — Nr. 5
- bestimmte Zinserträge — Nr. 6
- bestimmte ausländische Beteiligungserträge — Nr. 7 und Nr. 8

= Gewerbeertrag vor Verlustabzug
./. Gewerbeverlustabzug gem. § 10a GewStG

= Gewerbeertrag
./. Freibetrag gem. § 11 Abs. 1 GewStG

= Gewerbeertrag nach Freibetrag
• Steuermeßzahl nach Gewerbeertrag gem. § 11 GewStG

= Steuermeßbetrag nach Gewerbeertrag
• Hebesatz gem. § 16 GewStG

= Gewerbesteuerschuld

Schema 5: Übersicht über die Möglichkeiten der Berichtigung von Steuerverwaltungsakten

Anwendungsbereich	Art der Berichtigung	Erläuterungen
Auf alle Steuerverwaltungsakte anwendbare Vorschriften	Berichtigung offenbarer Unrichtigkeiten (§ 129 AO)	Schreibfehler, Rechenfehler und ähnliche offenbare Unrichtigkeiten (mechanisches Versehen)
Auf alle Steuerverwaltungsakte, mit Ausnahme der Bescheide, anwendbare Vorschriften	1. Rücknahme eines rechtswidrigen Verwaltungsaktes (§ 130 AO)	Verwaltungsakte ohne Rechtsgrundlage, die gegen zwingendes Recht verstoßen; ermessensfehlerhafte Verwaltungsakte
	2. Widerruf eines rechtmäßigen Verwaltungsaktes (§ 131 AO)	z.B. Widerruf von Verspätungszuschlägen
Nur auf Bescheide (Steuerbescheide, Feststellungsbescheide, Steuermeßbescheide) anwendbare Vorschriften	1. Berichtigung von Vorbehaltsfestsetzungen und vorläufigen Bescheiden (§§ 164, 165 AO)	z.B. Einkommensteuerbescheid versehen mit Vorbehaltsvermerk
	2. Aufhebung und Änderung nach § 172 AO	z.B. Bescheide, die durch unlautere Mittel erwirkt worden sind
	3. Berichtigung wegen neuer Tatsachen und Beweismittel (§ 173 AO)	z.B. nachträglich bekanntgewordene neue Tatsachen, die zu höheren oder niedrigeren Steuern führen
	4. Aufhebung und Änderung nach § 174 AO wegen widerstreitender Steuerfestsetzungen	Mehrfache Berücksichtigung eines Sachverhalts
	5. Berichtigung in sonstigen Fällen (§ 175 AO)	Berichtigung von Folgebescheiden und Berichtigung wegen rückwirkender Ereignisse
	• Für alle Arten der Berichtigung von Bescheiden gelten die in § 176 AO kodifizierten Regeln des *Vertrauensschutzes*.	
	• Die Berichtigung von Rechtsfehlern ist *kein* selbständiger Berichtigungsgrund. In welchem Umfang sie bei einer anderen Berichtigung mitberichtigt werden können, regelt § 177 AO.	

Rechtsprechungsverzeichnis

Gericht und Datum	Aktenzeichen	Fundstelle
BverfG v. 21.5.1952	2 BvH 2/52	BverfGE 1, S. 299
BverfG v. 17.12.1960	2 BvL 11/59 11/60	BverfGE 11, S. 126
BverfG v. 24.1.1962	1 BvR 232/60	BStBl 1962 I, S. 506
BverfG v. 25.10.1977	1 BvR 15/75	BStBl 1978 II, S. 125
BverfG v. 27.6.1991	2 BvR 1493/89	BStBl 1991 II, S. 654
BverfG v. 22.6.1995	2 BvL 37/91	BStBl 1995 II, S. 655
BverfG v. 22.6.1995	2 BvR 552/91	BStBl 1995 II, S. 671
RFH v. 7.5.1930	VI A 67/30	RStBl 1930, S. 671
RFH v. 14.5.1930	VI A 706/28	RStBl 1930, S. 580
RFH v. 16.12.1936	VI A 929/36	StuW 1937, Nr. 87
RFH v. 21.10.1938	II 395/37	RStBl 1939, S. 93
RFH v. 11.8.1939	II 253/38	RStBl 1940, S. 15
BFH v. 12.3.1954	I 135/53 S	BStBl 1954 III, S. 149
BFH v. 3.7.1956	I 344/55 U	BStBl 1956 III, S. 250
BFH v. 21.2.1957	IV 630/55 U	BStBl 1957 III, S. 164
BFH v. 19.12.1957	IV 432/56 U	BStBl 1958 III, S. 162
BFH v. 30.7.1959	IV 265/58 U	BStBl 1959 III, S. 406
BFH v. 15.11.1960	I 189/60 U	BStBl 1961 III, S. 48
BFH v. 25.9.1962	I 253/60 U	BStBl 1963 III, S. 85
BFH v. 27.6.1963	IV 111/59 U	BStBl 1963 III, S. 534
BFH v. 23.1.1964	IV 85/62 U	BStBl 1964 III, S. 239
BFH v. 16.7.1964	IV 377/62 U	BStBl 1964 III, S. 622
BFH v. 2.3.1966	II 113/61	BStBl 1966 III, S. 509
BFH v. 28.9.1967	IV R 284/66	BStBl 1967 III, S. 761
BFH v. 12.6.1968	IV 254/62	BStBl 1968 II, S. 653
BFH v. 3.2.1969	GrS 2/68	BStBl 1969 II, S. 291
BFH v. 16.7.1969	I R 186/66	BStBl 1970 II, S. 56
BFH v. 20.11.1969	IV R 22/68	BStBl 1970 II, S. 309
BFH v. 3.3.1970	II 135/64	BStBl 1970 II, S. 503
BFH v. 2.12.1970	I R 122/68	BStBl 1971 II, S. 187

Gericht und Datum	Aktenzeichen	Fundstelle
BFH v. 29.5.1972	GrS 4/71	BStBl 1973 II, S. 5
BFH v. 1.2.1973	IV R 61/72	BStBl 1973 II, S. 309
BFH v. 1.2.1973	I R 87/71	BStBl 1973 II, S. 410
BFH v. 29.10.1975	I R 47/74	BStBl 1976 II, S. 212
BFH v. 12.12.1975	III R 51/74	BStBl 1976 II, S. 281
BFH v. 21.1.1976	I R 234/73	BStBl 1976 II, S. 513
BFH v. 4.3.1976	IV R 78/72	BStBl 1977 II, S. 380
BFH v. 27.4.1977	I R 12/74	BStBl 1977 II, S. 603
BFH v. 4.5.1977	I R 27/74	BStBl 1977 II, S. 802
BFH v. 19.1.1978	IV R 153/72	BStBl 1978 II, S. 262
BFH v. 26.1.1978	IV R 62/77	BStBl 1978 II, S. 301
BFH v. 22.1.1980	VIII R 74/77	BStBl 1980 II, S. 244
BFH v. 3.7.1980	IV R 31/77	BStBl 1981 II, S. 255
BFH v. 29.10.1981	I R 89/80	BStBl 1982 II, S. 150
BFH v. 22.9.1982	IV R 154/79	BStBl 1983 II, S. 99
BFH v. 20.10.1983	IV R 175/79	BStBl 1984 II, S. 221
BFH v. 3.11.1983	V R 4/73	BStBl 1984 II, S. 169
BFH v. 23.11.1983	I R 216/78	BStBl 1984 II, S. 277
BFH v. 5.7.1984	IV R 36/81	BStBl 1984 II, S. 711
BFH v. 24.4.1985	I R 65/80	BStBl 1986 II, S. 324
BFH v. 25.4.1985	IV R 83/83	BStBl 1986 II, S. 350
BFH v. 6.11.1985	I R 242/81	BStBl 1986 II, S. 333
BFH v. 24.7.1986	IV R 103/83	BStBl 1987 II, S. 54
BFH v. 6.10.1987	VIII R 137/84	BStBl 1988 II, S. 679
BFH v. 26.10.1987	GrS 2/86	BStBl 1988 II, S. 348
BFH v. 20.12.1988	VIII R 121/83	BStBl 1989 II, S. 585
BFH v. 31.10.1989	VIII R 374/83	BStBl 1990 II, S. 677
BFH v. 25.4.1990	I R 70/88	BStBl 1990 II, S. 1086
BFH v. 22.8.1990	I R 27/86	BStBl 1991 II, S. 413
BFH v. 31.10.1990	I R 3/86	BStBl 1991 II, S. 610
BFH v. 6.12.1990	IV R 3/89	BStBl 1991 II, S. 346
BFH v. 19.2.1991	VIII R 65/89	BStBl 1991 II, S. 789
BFH v. 26.3.1991	VIII B 83/90	BStBl 1991 II, S. 463
BFH v. 14.5.1991	VIII R 31/88	BStBl 1992 II, S. 167
BFH v. 17.9.1991	I R 89-98/91	BStBl 1993 II, S. 141
BFH v. 13.11.1991	II R 7/88	BStBl 1992 II, S. 202
BFH v. 18.12.1991	XI R 42, 43/88	BStBl 1992 II, S. 585
BFH v. 22.1.1992	X R 23/89	BStBl 1992 II, S. 488
BFH v. 29.1.1992	X R 193/87	BStBl 1992 II, S. 465

Gericht und Datum	Aktenzeichen	Fundstelle
BFH v. 11.3.1992	X R 113/89	BStBl 1992 II, S. 886
BFH v. 23.4.1992	IV R 46/91	BStBl 1992 II, S. 1024
BFH v. 8.7.1992	XI R 50/89	BStBl 1992 II, S. 910
BFH v. 14.10.1992	I R 14/92	BStBl 1993 II, S. 351
BFH v. 14.10.1992	I R 17/92	BStBl 1993 II, S. 352
BFH v. 4.11.1992	X R 33/90	BStBl 1993 II, S. 292
BFH v. 17.2.1993	X R 60/89	BStBl 1993 II, S. 437
BFH v. 3.8.1993	VIII R 37/92	BStBl 1994 II, S. 444
BFH v. 21.10.1993	IV R 87/92	BStBl 1994 II, S. 176
BFH v. 16.12.1993	X R 67/92	BStBl 1996 II, S. 669
BFH v. 26.10.1994	X R 104/92	BStBl 1995 II, S. 297
BFH v. 23.3.1995	IV R 58/94	BStBl 1995 II, S. 702
BFH v. 7.3.1996	IV R 34/95	BStBl 1996 II, S. 568
BFH v. 26.3.1996	IX R 51/92	BStBl 1996 II, S. 443
BFH v. 26.9.1996	IV R 105/94	BStBl 1997 II, S. 277
BFH v. 26.11.1996	VIII R 58/93	BStBl 1997 II, S. 390
BFH v. 18.12.1996	I R 139/94	BStBl 1997 II, S. 301
FG Berlin v. 2.6.1978	III 126/77	EFG 1979, S. 225

Verzeichnis der Verwaltungsanweisungen

Richtlinien und Richtlinienentwürfe

BewRGr: Richtlinien für die Bewertung des Grundvermögens. Allgemeine Verwaltungsvorschrift über die Richtlinien zur Bewertung des Grundvermögens v. 19.9.1966, BStBl 1966 I, S. 890.

BpO: Allgemeine Verwaltungsvorschrift für die Betriebsprüfung - Betriebsprüfungsordnung v. 17.12.1987, BStBl 1987 I, S. 802.

EStR: Einkommensteuer-Richtlinien 1996. Allgemeine Verwaltungsvorschrift zur Anwendung des Einkommensteuerrechts v. 28.2.1997, BStBl 1997 I, Sondernummer 1.

GewStR: Gewerbesteuer-Richtlinien 1990 v. 21.8.1990, BStBl 1990 I, Sondernummer 2.

GrStR: Grundsteuer-Richtlinien 1978 v. 9.12.1978, BStBl 1978 I, S. 553.

KStR: Körperschaftsteuer-Richtlinien 1995. Allgemeine Verwaltungsvorschrift zur Körperschaftsteuer v. 15.12.1995, BStBl 1996 I, Sondernummer 1.

LStR: Lohnsteuer-Richtlinien 1996. Allgemeine Verwaltungsvorschrift zum Steuerabzug vom Arbeitslohn v. 10.11.1995, BStBl 1995 I, Sondernummer 3.

UStR: Umsatzsteuer-Richtlinien 1996. Allgemeine Verwaltungsvorschrift zur Ausführung des Umsatzsteuergesetzes v. 7.12.1995, BStBl 1995 I, Sondernummer 4, berichtigt BStBl 1996 I, S. 1206 und 1997 I, S. 127.

VStR: Vermögensteuer-Richtlinien für die Vermögensteuer-Hauptveranlagung 1995. Allgemeine Verwaltungsvorschrift zur Vermögensteuer v. 17.1.1995, BStBl 1995 I, Sondernummer 2.

Erlasse

Anwendungserlaß zur AO 1977 (AEAO) v. 24.9.1987, BStBl 1987 I, S. 664, zuletzt geändert durch BMF-Schreiben v. 30.12.1996, BStBl 1996 I, S. 1468.

Gleichlautende Erlasse der obersten Finanzbehörden der Länder betreffend Abgrenzung des Grundvermögens von den Betriebsvorrichtungen v. 31.3.1992, BStBl 1992 I, S. 342.

Gleichlautende Erlasse der obersten Finanzbehörden der Länder. Bewertung des übrigen Vermögens für Zwecke der Erbschaft- und Schenkungsteuer vom 18.6.1997, BStBl 1997 I, S. 689.

Gleichlautende Erlasse der obersten Finanzbehörden der Länder betr. Bewertung von Kapitalforderungen und Kapitalschulden sowie von Ansprüchen/Lasten bei wiederkehrenden Nutzungen und Leistungen nach dem 31. Dezember 1995 für Zwecke der Erbschaft- und Schenkungsteuer vom 15.9.1997, BStBl 1997 I, S. 832.

Erlaß (koordinierter Ländererlaß) Finanzministerium Baden-Württemberg vom 21.4.1997, S 3400/5.

BdF-Schreiben bzw. BMF-Schreiben

Datum	Aktenzeichen	Fundstelle
20.12.1977	IV B 2 - S 2241 - 231/77	BStBl 1978 I, S. 8
28.3.1980	IV B 2 - S 2174 - 7/80	StEK EStG § 5 Bil Nr. 43
20.2.1992	IV B 2 - S 2241a - 8/92	BStBl 1992 I, S. 123
23.12.1996	IV B 3 - S 2257 - 54/96	BStBl 1996 I, S. 1508
11.3.1997	IV C 3 - S 7102 - 5/97	BStBl 1997 I, S. 324
18.4.1997	IV C 3 - S 7116a - 11/97	BStBl 1997 I, S. 529

Verzeichnis der Gesetze

AktG: Aktiengesetz v. 6.9.1965, BGBl 1965 I, S. 1089, zuletzt geändert durch Begleitgesetz zur Umsetzung von EG-Richtlinien zur Harmonisierung bank- und wertpapieraufsichtsrechtlicher Vorschriften v. 22.10.1997, BGBl 1997 I, S. 2567.

AO: Abgabenordnung 1977 v. 16.3.1976, BGBl 1976 I, S. 613, berichtigt BGBl 1977 I, S. 269, zuletzt geändert durch Gesetz v. 17.12.1997, BGBl 1997 I, S. 3039.

AStG: Gesetz über die Besteuerung bei Auslandsbeziehungen (Außensteuergesetz) v. 8.9.1972, BGBl 1972 I, S. 1713, zuletzt geändert durch Jahressteuergesetz 1997 v. 20.12.1996, BGBl 1996 I, S. 2049.

BewG: Bewertungsgesetz in der Fassung v. 1.2.1991, BGBl 1991 I, S. 230, zuletzt geändert durch Gesetz zur Fortsetzung der Unternehmenssteuerreform v. 29.10.1997, BGBl 1997 I, S. 2590.

BFH-EntlastungsG: Gesetz zur Entlastung des Bundesfinanzhofs v. 8.7.1975, BGBl 1975 I, S. 1861, zuletzt geändert durch Gesetz v. 26.11.1996, BGBl 1996 I, S. 1810.

BGB: Bürgerliches Gesetzbuch v. 18.8.1896, RGBl 1896, S. 195, zuletzt geändert durch arbeitsrechtliches Gesetz zur Förderung von Wachstum und Beschäftigung v. 25.9.1996, BGBl 1996 I, S. 1476.

DVStB: Verordnung zur Durchführung der Vorschriften über Steuerberater, Steuerbevollmächtigte und Steuerberatungsgesellschaften v. 12.11.1979, BGBl 1979 I, S. 1922, zuletzt geändert durch Verordnung v. 25.7.1996, BGBl 1996 I, S. 1168.

EigZulG: Eigenheimzulagengesetz in der Fassung der Bekanntmachung v. 26.3.1997, BGBl 1997 I, S. 734.

ErbStG: Erbschaftsteuer- und Schenkungsteuergesetz in der Fassung der Bekanntmachung v. 27.2.1997, BGBl 1997 I, S. 378.

EStDV: Einkommensteuer-Durchführungsverordnung 1997 in der Fassung der Bekanntmachung v. 18.6.1997, BGBl 1997 I, S. 1558.

EStG: Einkommensteuergesetz 1997 in der Fassung der Bekanntmachung v. 16.4.1997, BGBl 1997 I, S. 821, zuletzt geändert durch Gesetz zur Finanzierung eines zusätzlichen Bundeszuschusses zur gesetzlichen Rentenversicherung v. 19.12.1997, BGBl 1997 I, S. 3121.

FGO: Finanzgerichtsordnung v. 6.10.1965, BGBl 1965 I, S. 1477, zuletzt geändert durch Justizmitteilungsgesetz v. 18.6.1997, BGBl 1997 I, S. 1430.

FördergebietsG: Gesetz über Sonderabschreibungen und Abzugsbeträge im Fördergebiet (Fördergebietsgesetz) in der Fassung der Bekanntmachung v. 23.9.1993, BGBl 1993 I, S. 1654, zuletzt geändert durch Gesetz zur Fortsetzung der wirtschaftlichen Förderung in den neuen Bundesländern v. 18.8.1997, BGBl 1997 I, S. 2070.

FVG: Gesetz über die Finanzverwaltung in der Fassung der Bekanntmachung v. 30.8.1971, BGBl 1971 I, S. 1426, zuletzt geändert durch Jahressteuergesetz 1997 v. 20.12.1996, BGBl 1996 I, S. 2049.

GenG: Gesetz betreffend die Erwerbs- und Wirtschaftsgenossenschaften in der Fassung der Bekanntmachung v. 19.8.1994, BGBl 1994 I, S. 2202, zuletzt geändert durch Gesetz zur Bereinigung des Umwandlungsrechts (UmwBerG) v. 28.10.1994, BGBl 1994 I, S. 3210.

GewStDV: Gewerbesteuer-Durchführungsverordnung 1991 in der Fassung der Bekanntmachung v. 21.3.1991, BGBl 1991 I, S. 831, zuletzt geändert durch Gesetz zur Fortsetzung der Unternehmenssteuerreform v. 29.10.1997, BGBl 1997 I, S. 2590.

GewStG: Gewerbesteuergesetz 1991 in der Fassung der Bekanntmachung v. 21.3.1991, BGBl 1991 I, S. 814, zuletzt geändert durch Gesetz zur Fortsetzung der Unternehmenssteuerreform v. 29.10.1997, BGBl 1997 I, S. 2590.

GG: Grundgesetz für die Bundesrepublik Deutschland v. 23.05.1949, BGBl 1949 I, S. 1, zuletzt geändert durch Gesetz zur Änderung des Grundgesetzes v. 3.11.1995, BGBl 1995 I, S. 1492.

GmbHG: Gesetz betreffend die Gesellschaften mit beschränkter Haftung in der Fassung der Bekanntmachung v. 20.5.1898, RGBl 1898, S. 846, zuletzt geändert durch Gesetz zur Bereinigung des Umwandlungsrechts (UmwBerG) v. 28.10.1994, BGBl 1994 I, S. 3210, berichtigt BGBl 1995 I, S. 428.

GrEStG: Grunderwerbsteuergesetz in der Fassung der Bekanntmachung v. 26.2.1997, BGBl 1997 I, S. 418.

GrStG: Grundsteuergesetz v. 7.8.1973, BGBl 1973 I, S. 965, zuletzt geändert durch Gesetz zur Fortsetzung der Unternehmenssteuerreform v. 29.10.1997, BGBl 1997 I, S. 2590.

HGB: Handelsgesetzbuch v. 10.5.1897, RGBl 1897, S. 219, zuletzt geändert durch Begleitgesetz zur Umsetzung von EG-Richtlinien zur Harmonisierung bank- und wertpapieraufsichtsrechtlicher Vorschriften v. 22.10.1997, BGBl 1997 I, S. 2567.

InvZulG 1996: Investitionszulagengesetz 1996 in der Fassung der Bekanntmachung v. 22.1.1996, BGBl 1996 I, S. 60, zuletzt geändert durch Gesetz zur Fortsetzung der wirtschaftlichen Förderung in den neuen Bundesländern v. 18.8.1997, BGBl 1997 I, S. 2070.

InvZulG 1999: Investitionszulagengesetz 1999 v. 18.8.1997, BGBl 1997 I, S. 2070.

KStDV: Körperschaftsteuer-Durchführungsverordnung 1994 in der Fassung der Bekanntmachung v. 22.2.1996, BGBl 1996 I, S. 365.

KStG: Körperschaftsteuergesetz 1996 in der Fassung der Bekanntmachung v. 22.2.1996, BGBl 1996 I, S. 340, zuletzt geändert durch Gesetz zur Finanzierung eines zusätzlichen Bundeszuschusses zur gesetzlichen Rentenversicherung v. 19.12.1997, BGBl 1997 I, S. 3121.

LStDV: Lohnsteuer-Durchführungsverordnung in der Fassung der Bekanntmachung v. 10.10.1989, BGBl 1989 I, S. 1848, zuletzt geändert durch Jahressteuergesetz 1996 v. 11.10.1995, BGBl 1995 I, S. 1250.

SolZG: Solidaritätszuschlagsgesetz 1995 v. 23.6.1993, BGBl 1993 I, S. 944/975, zuletzt geändert durch Gesetz v. 21.11.1997, BGBl 1997 I, S. 2743.

StBerG: Steuerberatungsgesetz in der Fassung der Bekanntmachung v. 4.11.1975, BGBl 1975 I, S. 2735, zuletzt geändert durch 2. Zwangsvollstreckungsnovelle v. 17.12.1997, BGBl 1997 I, S. 3039.

UStDV: Umsatzsteuer-Durchführungsverordnung 1993 in der Fassung der Bekanntmachung v. 27.4.1993, BGBl 1993 I, S. 600, berichtigt BGBl 1993 I, S. 1161, zuletzt geändert durch Gesetz zur Finanzierung eines zusätzlichen Bundeszuschusses zur gesetzlichen Rentenversicherung v. 19.12.1997, BGBl 1997 I, S. 3121.

UStG: Umsatzsteuergesetz 1993 in der Fassung der Bekanntmachung v. 27.4.1993, BGBl 1993 I, S. 565, berichtigt BGBl 1993 I, S. 1160, zuletzt geändert durch Gesetz zur Finanzierung eines zusätzlichen Bundeszuschusses zur gesetzlichen Rentenversicherung v. 19.12.1997, BGBl 1997 I, S. 3121.

5.VermBG: Fünftes Gesetz zur Förderung der Vermögensbildung der Arbeitnehmer (Fünftes Vermögensbildungsgesetz) in der Fassung der Bekanntmachung v. 4.3.1994, BGBl 1994 I, S. 406, zuletzt geändert durch Zivilschutzneuordnungsgesetz v. 25.3.1997, BGBl 1997 I, S. 726.

VStG: Vermögensteuergesetz in der Fassung der Bekanntmachung v. 14.11.1990, BGBl 1990 I, S. 2467, zuletzt geändert durch Jahressteuer-Ergänzungsgesetz 1996 v. 18.12.1995, BGBl 1995 I, S. 1959.

VwZG: Verwaltungszustellungsgesetz v. 3.7.1952, BGBl 1952 I, S. 379, zuletzt geändert durch Gesetz v. 12.9.1990, BGBl 1990 I, S. 2002.

WoPG: Wohnungsbau-Prämiengesetz in der Fassung der Bekanntmachung v. 30.10.1997, BGBl 1997 I, S. 2678.

ZK: Verordnung (EWG) Nr. 2913/92 des Rates zur Festlegung des Zollkodex der Gemeinschaften v. 12.10.1992, Abl EG Nr. L 302 S. 1, berichtigt durch Abl EG Nr. L 79 v. 1.4.1993, S. 8, zuletzt geändert durch VO (EG) Nr. 82/97 v. 19.12.1996 (Abl EG 1997 Nr. L 17 S. 1).

Verzeichnis der Parlamentaria und politischen Empfehlungen

BR-Drucksache 716/95: Gesetzesbeschluß des Deutschen Bundestages, Gesetz zur Neuregelung der steuerrechtlichen Wohnungseigentumsförderung v. 3.11.1995.

BR-Drucksache 480/97: Beschluß des Deutschen Bundestages, Steuerreformgesetz 1999 v. 27.6.1997.

BR-Drucksache 340/98: Gesetzesbeschluß des Deutschen Bundestages vom 17.4.98, Gesetz zur Neuregelung des Kaufmanns- und Firmenrechts und zur Änderung anderer handels- und gesellschaftsrechtlicher Vorschriften (Handelsrechtsreformgesetz - HRefG).

BT-Drucksache 10/4268: Beschlußempfehlung und Bericht des Rechtsausschusses (6. Ausschuß) v. 18.11.85 zu dem von der Bundesregierung eingebrachten Entwurf eines Gesetzes zur Durchführung der Vierten Richtlinie des Rates der Europäischen Gemeinschaften zur Koordinierung des Gesellschaftsrechts (Bilanzrichtlinie-Gesetz) –Drucksache 10/317– Entwurf eines Gesetzes zur Durchführung der Siebenten und Achten Richtlinie des Rates der Europäischen Gemeinschaften zur Koordinierung des Gesellschaftsrechts –Drucksache 10/3440–.

BT-Drucksache 13/8177: Unterrichtung durch den Bundesrat v. 8.7.1997, 1. Steuerreformgesetz (StRG) 1998 –Drucksachen 13/7242, 13/7775, 13/8020–, hier: Zustimmungsversagung gemäß Artikel 105 Abs. 3 und Artikel 106 Abs. 3 und 6 des Grundgesetzes, 2. Steuerreformgesetz 1999 –Drucksachen 13/7480, 13/7917, 13/8023–, hier: Zustimmungsversagung gemäß Artikel 105 Abs. 3, Artikel 106 Abs. 6 und Artikel 108 Abs. 5 des Grundgesetzes.

BT-Drucksache 13/8798: Unterrichtung durch den Bundesrat v. 21.10.97, Steuerreformgesetz (StRG) 1998 –Drucksachen 13/7242, 13/7775, 13/8020, 13/8177, 13/8178, 13/8326, 13/8465, 13/8592–, Steuerreformgesetz 1999 –Drucksachen 13/7480, 13/7917, 13/8022, 13/8023, 13/8177, 13/8179, 13/8327, 13/8465, 13/8593 neu–, hier: Zustimmungsversagung.

BT-Drucksache 13/10012: Gesetzesentwurf der Fraktionen der CDU/CSU und FDP v. 3.3.98. Entwurf eines Gesetzes zur Förderung der Beteiligung der Arbeitnehmer am Produktivvermögen und anderer Formen der Vermögensbildung der Arbeitnehmer (Drittes Vermögensbeteiligungsgesetz).

Petersberger Steuerbeschlüsse: BMF: Petersberger Steuerbeschlüsse der Steuerreform-Kommission vom 24. Januar 1997 (nicht veröffentlicht).

Literaturverzeichnis

Zitierte Literatur Teil I

Andel, Norbert, Finanzwissenschaft, 1992: Finanzwissenschaft, 3. Auflage, Tübingen 1992.

Becker, Hennig, Steuerlehre, 1990: Finanzwissenschaftliche Steuerlehre. Steuerwirkung, Steuerfinanzierng, Steuerpolitik, München 1990.

Brümmerhoff, Dieter, Finanzwissenschaft, 1996: Finanzwissenschaft, 7. Auflage, Oldenbourg 1996.

Fischer, Lutz/Schneeloch, Dieter/Sigloch, Jochen, Steuerlehre, 1980: Betriebswirtschaftliche Steuerlehre und Steuerberatung. Gedanken zum 60jährigen "Jubiläum" der Betriebswirtschaftlichen Steuerlehre, in: DStR 1980, S. 699-705.

Haller, Heinz, Steuern, 1981: Die Steuern. Grundlinien eines rationalen Systems öffentlicher Abgaben, 3. Auflage, Tübingen 1981.

Häuser, Karl, Abriß, 1977: Abriß der geschichtlichen Entwicklung der öffentlichen Finanzwirtschaft, in: Neumark, Fritz (Hrsg.), Handbuch der Finanzwissenschaft, Band 1, 3. Auflage, Tübingen 1977, S. 1-51.

Hedtkamp, Günter, Steuerbelastungsvergleiche, 1977: Internationale Finanz- und Steuerbelastungsvergleiche, in: Neumark, Fritz (Hrsg.), Handbuch der Finanzwissenschaft, Band 1, 3. Auflage, Tübingen 1977, S. 650-683.

Hedtkamp, Günter, Klassifikation, 1980: Klassifikation der öffentlichen Einnahmen, in: Neumark, Fritz (Hrsg.), Handbuch der Finanzwissenschaft, Band 2, 3. Auflage, Tübingen 1980, S. 63-80.

Hübschmann, Walter/Hepp, Ernst/Spitaler, Armin, AO: Abgabenordnung – Finanzgerichtsordnung, Kommentar, 10. Auflage, Köln 1995, Loseblatt, Stand Dezember 1997.

Kruse, Heinrich Wilhelm, Gewohnheitsrecht, 1959: Über Gewohnheitsrecht, in: StuW 1959, Sp. 209-256.

Kruse, Heinrich Wilhelm, Lehrbuch, 1991: Lehrbuch des Steuerrechts, Band I: Allgemeiner Teil, München 1991.

Mann, Fritz Karl, Abriß, 1977: Abriß einer Geschichte der Finanzwissenschaft, in: Neumark, Fritz (Hrsg.), Handbuch der Finanzwissenschaft, Band 1, 3. Auflage, Tübingen 1977, S. 77-98.

Paulick, Heinz, Lehrbuch, 1977: Lehrbuch des allgemeinen Steuerrechts, 3. Auflage, Köln 1977.

Pohmer, Dieter, Wirkungen, 1977: Wirkungen finanzpolitischer Instrumente, in: Neumark, Fritz (Hrsg.), Handbuch der Finanzwissenschaft, Band 1, 3. Auflage, Tübingen 1977, S. 193-346.

Rose, Gerd, Steuerberatung, 1970: Steuerberatung und Wissenschaft. Gedanken anläßlich des 50jährigen Bestehens der Betriebswirtschaftlichen Steuerlehre, in: StbJb 1969/70, Köln 1970, S. 31-70.

Rose, Gerd, Einführung, 1995: Einführung in den Beruf des Steuerberaters, 2. Auflage, Köln 1995.

Rose, Gerd, Ertragsteuern, 1997: Betrieb und Steuer. Grundlagen zur Betriebswirtschaftlichen Steuerlehre, Erstes Buch: Die Ertragsteuern, 15. Auflage, Wiesbaden 1997.

Rose, Gerd, Verkehrsteuern, 1997: Betrieb und Steuer. Grundlagen zur Betriebswirtschaftlichen Steuerlehre, Zweites Buch: Die Verkehrsteuern, 13. Auflage, Wiesbaden 1997.

Rose, Gerd, Substanzsteuern, 1997: Betrieb und Steuer. Grundlagen zur Betriebswirtschaftlichen Steuerlehre, Drittes Buch: Die Substanzsteuern, 10. Auflage, Wiesbaden 1997.

Rudel, Meinhard, Praxis, 1979: Praxis der Steuerberatungsbetriebe. Organisationsstruktur, Mandanten und Leistungsprogramm, Berlin 1979.

Schneider, Dieter, Anfänge, 1991: Die Anfänge der "Steuerbilanz" und die Entstehung des Maßgeblichkeitsprinzips. Ein Beitrag zur Betriebswirtschaftlichen Steuerlehre vor der akademischen Betriebswirtschaftslehre, in: Herzig, Norbert (Hrsg.), Betriebswirtschaftliche Steuerlehre und Steuerberatung, Gerd Rose zum 65. Geburtstag, Wiesbaden 1991, S. 175 -- 190.

Statistisches Bundesamt, Jahrbuch, 1992: Statistisches Jahrbuch, 1992.

Statistisches Bundesamt, Jahrbuch, 1997: Statistisches Jahrbuch, 1997.

Steuerberaterkammer Westfalen-Lippe, Steuerberaterprüfung, 1997: Ergebnis der Steuerberaterprüfung 1996/97, in: Steuerberaterkammer Westfalen-Lippe, Mitteilungsblatt Nr. 7 + 8/1997, S. 103-104.

Strodthoff, Bernhard, Kraftfahrzeugsteuer, 1992: Kraftfahrzeugsteuer, Kommentar, Frankfurt a. M. 1992, Loseblatt, Stand September 1997.

Tipke, Klaus/Kruse, Heinrich Wilhelm, AO: Abgabenordnung, Finanzgerichtsordnung, Kommentar zur AO 1977 und FGO (ohne Steuerstrafrecht), 16. Auflage, Köln 1996, Stand November 1997.

Tipke, Klaus/Lang, Joachim, Steuerrecht, 1996: Steuerrecht, 15. Auflage, Köln 1996.

Dolzer, Rudolf/Vogel, Klaus, Bonner Kommentar: Bonner Kommentar zum Grundgesetz, Heidelberg o.J., Loseblatt, Stand September 1997.

Wöhe, Günter, Steuerlehre, 1988: Betriebswirtschaftliche Steuerlehre I/1. Die Steuern des Unternehmens. Das Besteuerungsverfahren, 6. Auflage, München 1988.

Zitierte Literatur Teil II

Bader, Franz-Josef/Lammsfuß, Franz/Rinne, Ulf, Besteuerung, 1989: Die Besteuerung der Renten, 2. Auflage, Bonn 1989.

Biergans, Enno, Renten, 1993: Renten und Raten in Einkommensteuer und Steuerbilanz, 4. Auflage, München 1993.

Brönner, Herbert, Besteuerung, 1988: Die Besteuerung der Gesellschaften, des Gesellschafterwechsels und der Umwandlungen, bearb. v. Herbert Brönner, Peter Bareis u. H.-J. Rux, 16. Auflage, Stuttgart 1988.

Dötsch, Ewald./Cattelaens, Heiner/Gottstein, Siegfried/Stegmüller, Hubert/Zenthöfer, Wolfgang, Körperschaftsteuer, 1997: Körperschaftsteuer, 12. Auflage, Stuttgart 1997.

Dötsch, Ewald/Eversberg, Horst/Jost, Werner F./Witt, Georg, Körperschaftsteuer: Die Körperschaftsteuer, Kommentar zum Körperschaftsteuergesetz und zu den einkommensteuerlichen Vorschriften des Anrechnungsverfahrens, Stuttgart 1992, Loseblatt, Stand Dezember 1997.

Geiger, Klaus/Zeitler, Franz Christoph, Körperschaftsteuerreform 1977, 1976: Körperschaftsteuerreform 1977 einschließlich der Auswirkungen auf die Einkommensteuer und das Umwandlungssteuerrecht, Frankfurt am Main 1976.

Herrmann, Carl/Heuer, Gerhard/Raupach, Arndt, EStG: Einkommen- und Körperschaftsteuergesetz mit Nebengesetzen, Kommentar, 21. Auflage, Köln 1950/1996, Loseblatt, Stand Dezember 1997.

Institut "Finanzen und Steuern", Entwicklung, 1997: Entwicklung der Realsteuerhebesätze der Gemeinden mit 50.000 und mehr Einwohnern in 1997 gegenüber 1996, Nr. 356, Bonn 1997.

Jansen, Rudolf/Wrede, Friedrich, Renten, 1995: Renten, Raten, dauernde Lasten. Systematik, Rechtsprechung und Praxis bei der Einkommensteuer, 11. Auflage, Herne/Berlin 1995.

Krebs, Hans-Joachim, Überlegungen, 1984: Überlegungen zur Vereinfachung des Körperschaftsteuer-Anrechnungsverfahrens. Verzicht auf die Gliederung des verwendbaren Eigenkapitals, in: BB 1984, S. 1862-1873.

Lademann/Söffing/Brockhoff, EStG: Kommentar zum Einkommensteuergesetz, 4. Auflage, Stuttgart/München/Hannover 1997, Loseblatt, Stand Juli 1997.

Lange, Joachim, Gewinnausschüttungen, 1993: Verdeckte Gewinnausschüttungen. Systematische Darstellung der Voraussetzungen und Auswirkungen, 6. Auflage, Herne/Berlin, 1993.

Littmann, Eberhard/Bitz, Horst/Hellwig, Peter, Einkommensteuerrecht: Das Einkommensteuerrecht, Kommentar zum Einkommensteuergesetz, begr. v. Eberhard Littmann, hrsg. v. Horst Bitz u. Peter Hellwig, 15. Auflage, Stuttgart 1998, Loseblatt, Stand Januar 1998.

Sauer, Otto/Schwarz, Hansjürgen, Folgen, 1997: Steuerliche Folgen der Betriebsveräußerung und Betriebsaufgabe, 7. Auflage, Bielefeld 1997.

Schneeloch, Dieter, Gewinnverlagerungen, 1988: Gewinnverlagerungen und Gewinnverlagerungspolitik durch Vorteilszuwendungen, in: BB 1988, S. 1929-1938.

Schneeloch, Dieter, Steuerpolitik, 1994: Besteuerung und betriebliche Steuerpolitik, Band 2: Betriebliche Steuerpolitik, München 1994.

Schulze zur Wiesche, Dieter, Betriebsveräußerung, 1996: Betriebsveräußerung, Gesellschafterwechsel und Betriebsaufgabe im Steuerrecht, 6. Auflage, Heidelberg 1996.

Söffing, Günter, Angleichung, 1990: Die Angleichung des Werbungskostenbegriffs an den Betriebsausgabenbegriff, in: DB 1990, S. 2086-2088.

Steuerreformkommission 1971: Gutachten der Steuerreformkommission 1971, Schriftenreihe des BdF, Heft 17, Bonn 1971.

Wöhe, Günter, Reform, 1971: Zur Reform der Unternehmensbesteuerung, Erster Teil: Die Körperschaftsteuer, in: DStR 1971, S. 263-275.

Zitierte Literatur Teil III

Adler, Hans/Düring, Walter/Schmaltz, Kurt, Rechnungslegung: Rechnungslegung und Prüfung der Unternehmen, Kommentar zum HGB, AktG, GmbHG, PublG nach den Vorschriften des Bilanzrichtlinien-Gesetzes, 6. Auflage, Teilband I, Stuttgart 1995, Teilband V, Stuttgart 1997.

Arians, Georg, Sonderbilanzen, 1984: Sonderbilanzen, Bilanzen aus besonderem Anlaß und Grundsätze ordnungsmäßiger Bilanzierung, Köln/Berlin/Bonn/München 1984.

Baetge, Jörg, Bilanzen, 1996: Bilanzen, 4. Auflage, Düsseldorf 1996.

Beck'scher Bilanz-Kommentar: Beck'scher Bilanz-Kommentar. Der Jahresabschluß nach Handels- und Steuerrecht. Das Dritte Buch des HGB, bearb. v. Wolfgang Dieter Budde u.a., 3. Auflage, München 1995.

Beisse, Heinrich, Bilanzauffassung, 1978/79: Zur Bilanzauffassung des Bundesfinanzhofs, in: Jahrbuch der Fachanwälte für Steuerrecht 1978/79, Herne/Berlin 1978, S. 186-196.

Beisse, Heinrich, Bilanzrecht, 1984: Zum Verhältnis von Bilanzrecht und Betriebswirtschaftslehre, in: StuW 1984, S. 1-14.

Biergans, Enno, Einkommensteuer: Einkommensteuer. Systematische Darstellung und Kommentar, 6. Auflage, München/Wien 1992.

Bitz, Michael/Schneeloch, Dieter/Wittstock, Wilfried, Jahresabschluß, 1995: Der Jahresabschluß. Rechtsvorschriften, Analyse, Politik, 2. Auflage, München 1995.

Brönner, Herbert/Bareis, Peter, Bilanz, 1991: Die Bilanz nach Handels- und Steuerrecht, 9. Auflage, Stuttgart 1991.

Budde, Wolfgang Dieter/Förschle, Gerhart, Sonderbilanzen, 1994: Sonderbilanzen. Von der Gründungsbilanz bis zur Liquidationsbilanz, München 1994.

Coenenberg, Adolf Gerhard, Jahresabschluß, 1997: Jahresabschluß und Jahresabschlußanalyse. Betriebswirtschaftliche, handels- und steuerrechtliche Grundlagen, 16. Auflage, Landsberg am Lech 1997.

Eibelshäuser, Manfred, Bundesfinanzhof, 1981: Der Bundesfinanzhof und die statische Bilanzauffassung, in: ZfbF 1981, S. 56-68.

Eisele, Wolfgang, Technik, 1993: Technik des betrieblichen Rechnungswesens. Buchführung - Kostenrechnung - Sonderbilanzen, 5. Auflage, München 1993.

Euler, Roland, System, 1996: Das System der Grundsätze ordnungsgemäßer Bilanzierung, Stuttgart 1996, zugl. Univ. Habil.-Schr. Frankfurt a. M. 1995.

Federmann, Rudolf, Bilanzierung, 1994: Bilanzierung nach Handelsrecht und Steuerrecht. Ein Grundriß der Gemeinsamkeiten, Unterschiede und Abhängigkeiten von Handels- und Steuerbilanz, 10. Auflage, Berlin 1994.

Herrmann, Carl/Heuer, Gerhard/Raupach, Arndt, EStG: Einkommen- und Körperschaftsteuergesetz mit Nebengesetzen, Kommentar, 21. Auflage, Köln 1950/1996, Loseblatt, Stand Dezember 1997.

IDW, HFA, Bewertungsstetigkeit, 1997: Stellungnahme 3/1997: Zum Grundsatz der Bewertungsstetigkeit, in: WPg 1997, S. 540-542.

IDW, HFA, Bilanzierung, 1991: Stellungnahme der Hauptfachausschusses (HFA 1/1991): Zur Bilanzierung von Anteilen an Personenhandelsgesellschaften im Jahresabschluß der Kapitalgesellschaft, in: Institut der Wirtschaftsprüfer, Die Fachgutachten und Stellungnahmen des Instituts der Wirtschaftsprüfer auf dem Gebiete der Rechnungslegung und Prüfung, Düsseldorf 1982, Stand April 1997, S. 217-219.

IDW, HFA, Zuschüsse, 1996: Stellungnahme der Hauptfachausschusses (HFA 2/1996): Zur Bilanzierung privater Zuschüsse, in: Institut der Wirtschaftsprüfer, Die Fachgutachten und Stellungnahmen des Instituts der Wirtschaftsprüfer auf dem Gebiete der Rechnungslegung und Prüfung, Düsseldorf 1982, Stand April 1997, S. 329-339.

IDW, HFA, Zuwendungen, 1984/1990: Stellungnahme des Hauptfachausschusses HFA, 1/1984 i.d.F. 1990: Bilanzierungsfragen bei Zuwendungen, dargestellt am Beispiel finanzieller Zuwendungen der öffentlichen Hand, in: Institut der Wirtschaftsprüfer, Die Fachgutachten und Stellungnahmen des Instituts der Wirtschaftsprüfer auf dem Gebiete der Rechnungslegung und Prüfung, Düsseldorf 1982, Stand April 1997, S. 131-137.

IDW, Sonderbilanzen, 1990: Steuerliche Ergänzungs- und Sonderbilanzen. Inhalt, Aufstellung und Folgewirkungen, in: Fachnachrichten-IDW 3/1990, S. 80a-80m.

Jansen, Rudolf/Wrede, Friedrich, Renten, 1995: Renten, Raten, dauernde Lasten. Systematik, Rechtsprechung, und Praxis bei der Einkommensteuer, 11. Auflage, Herne/Berlin 1995.

Kammers, Heinz, Grundsatz, 1988: Der Grundsatz der Bewertungsstetigkeit gem. § 252 Abs. 1 Nr. 6 HGB, Stuttgart 1988.

Knobbe-Keuk, Brigitte, Unternehmenssteuerrecht, 1993: Bilanz- und Unternehmenssteuerrecht, 9. Auflage, Köln 1993.

Kruse, Heinrich Wilhelm, Grundsätze, 1978: Grundsätze ordnungsmäßiger Buchführung. Rechtsnatur und Bestimmung, 3. Auflage, Köln 1978.

Küting, Karlheinz/Weber, Claus-Peter, HdR: Handbuch der Rechnungslegung, Kommentar zur Bilanzierung und Prüfung, 4. Auflage, Stuttgart 1995.

Leffson, Ulrich, Grundsätze, 1987: Die Grundsätze ordnungsmäßiger Buchführung, 7. Auflage, Düsseldorf 1987.

Littmann, Eberhard/Bitz, Horst/Hellwig, Peter, Einkommensteuerrecht: Das Einkommensteuerrecht, Kommentar zum Einkommensteuergesetz, begr. v. Eberhard Littmann, hrsg. v. Horst Bitz u. Peter Hellwig, 15. Auflage, Stuttgart 1998, Loseblatt, Stand Januar 1998.

Meßmer, Kurt, Rechtsprechung, 1979/80: Die höchstrichterliche Rechtsprechung zu Familienpersonengesellschaften im Einkommensteuerrecht, in: StbJb 1979/80, Köln 1980, S. 163-258.

Moxter, Adolf, Bilanzlehre, 1984: Bilanzlehre, Band 1: Einführung in die Bilanztheorie, 3. Auflage, Wiesbaden 1984.

Moxter, Adolf, Bilanzrechtsprechung, 1996: Bilanzrechtsprechung, 4. Auflage, Mohr 1996.

Moxter, Adolf, Gewinnermittlung, 1983: Wirtschaftliche Gewinnermittlung und Bilanzsteuerrecht, in: StuW 1983, S. 300-307.

Niepoth, Daniela, Renten, 1992: Renten und rentenähnliche Leistungen im Einkommensteuerrecht, Wiesbaden 1992.

Richter, Heinz, Rentenbesteuerung: Handbuch der Rentenbesteuerung, Heidelberg 1997, Loseblatt, Stand: November 1997.

Schildbach, Thomas, Jahresabschluß, 1997: Der handelsrechtliche Jahresabschluß, 5. Auflage, Herne/Berlin 1997.

Schmalenbach, Eugen, Bilanz, 1962: Dynamische Bilanz, bearb. v. Richard Bauer, 13. Auflage, Köln/Opladen 1962.

Schmidt, Ludwig, EStG: Einkommensteuergesetz, Kommentar, bearb. von Ludwig Schmidt u.a., 16. Auflage, München 1997.

Schneeloch, Dieter, Bilanzrichtlinien-Gesetz, 1985: Bilanzrichtlinien-Gesetz und Besteuerung, in: WPg 1985, S. 565-574.

Schneeloch, Dieter, Abschreibungen, 1988: Abschreibungen und Zuschreibungen. Einzelfragen zur Handels- und Steuerbilanz, in: WPg 1988, S. 661-672.

Schneeloch, Dieter, Herstellungskosten, 1989: Herstellungskosten in Handels- und Steuerbilanz, in: DB 1989, S. 285-292.

Schneeloch, Dieter, Maßgeblichkeitsgrundsätze, 1990: Maßgeblichkeitsgrundsätze und Bewertungsstetigkeit, in: WPg 1990, S. 221-232.

Schneider, Dieter, Steuerbilanzen, 1978: Steuerbilanzen, Wiesbaden 1978.

Schneider, Dieter, Rechtsfindung, 1983: Rechtsfindung durch Deduktion von Grundsätzen ordnungsmäßiger Buchführung aus gesetzlichen Jahresabschlußzwecken?, in: StuW 1983, S. 141-160.

Seicht, Gerhard, Bilanz, 1970: Die kapitaltheoretische Bilanz und die Entwicklung der Bilanztheorien, Berlin 1970.

Söffing, Günter, Stetigkeitsgrundsatz, 1987: Der Stetigkeitsgrundsatz in steuerrechtlicher Sicht, in: DB 1987, S. 2598-2603.

Söffing, Günter, Mitunternehmer, 1994: Besteuerung der Mitunternehmer, 4. Auflage, Herne/Berlin 1994.

WP-Handbuch, 1996: Wirtschaftsprüfer-Handbuch. Handbuch für Rechnungslegung, Prüfung und Beratung, Band I, 11. Auflage, Düsseldorf 1996.

Wöhe, Günter, Steuerbilanz, 1996: Die Handels- und Steuerbilanz. Betriebswirtschaftliche, handelsrechtliche und steuerrechtliche Grundsätze der Bilanzierung, 3. Auflage, München 1996.

Wöhe, Günter, Bilanzierung, 1997: Bilanzierung und Bilanzpolitik. Betriebswirtschaftlich, handelsrechtlich, steuerrechtlich. Mit einer Einführung in die verrechnungstechnischen Grundlagen, 9. Auflage, München 1997.

Zimmermann, Reimar, Personengesellschaft, 1995: Die Personengesellschaft im Steuerrecht, 5. Auflage, Achim 1995.

Zitierte Literatur Teil IV

Bitz, Michael, Finanzdienstleistungen, 1997: Finanzdienstleistungen, 3. Auflage, München/Wien 1997.

Christians, F. Wilhelm, Geld und Kapitalmärkte, 1993: Geld und Kapitalmärkte, in: Wittmann, Waldemar u.a. (Hrsg.), Handwörterbuch der Betriebswirtschaft, 5. Auflage, Stuttgart 1993, Sp. 1364-1375.

Gürsching, Lorenz/Stenger, Alfons, Kommentar: Kommentar zum Bewertungsgesetz und Vermögensteuergesetz, 9. Auflage, Köln 1992, Stand: Dezember 1997.

IDW, Stellungnahme HFA 2/1983, Grundsätze, 1983: Grundsätze zur Durchführung von Unternehmensbewertungen, in: WPg 1983, S. 468-480.

IDW, Stellungnahme HFA 6/1997, Besonderheiten, 1998: Besonderheiten bei der Bewertung kleiner und mittlerer Unternehmen, in: WPg 1998, S. 26-29.

Institut "Finanzen und Steuern", Entwicklung, 1997: Entwicklung der Realsteuerhebesätze der Gemeinden mit 50.000 und mehr Einwohnern in 1997 gegenüber 1996, Nr. 356, Bonn 1997.

Larenz, Karl/Canaris, Claus-Wilhelm., Methodenlehre, 1995: Methodenlehre der Rechtswissenschaft, 3. Auflage, Berlin/Heidelberg/New York/Tokyo 1995.

Moxter, Adolf, Grundsätze, 1983: Grundsätze ordnungsmäßiger Unternehmensbewertung, 2. Auflage, Wiesbaden 1983.

o.V., Handelsblatt vom 21.4.1998, 1998, S. 6.

o.V., Handelsblatt vom 4.3.1998, 1998, S. 3.

Schulz, Burghard, Erbschaftsteuer, 1997: Erbschaftsteuer – Schenkungsteuer, 6. Auflage, Achim 1997.

Thiel, Jochen, Erbschaft- und Schenkungsteuer, 1997: Die neue Erbschaft- und Schenkungsteuer, in: DB 1997, S. 64-69.

Zitierte Literatur Teil V

Dötsch, Ewald/Eversberg, Horst/Jost, Werner F./Witt, Georg, Körperschaftsteuer: Die Körperschaftsteuer, Kommentar zum Körperschaftsteuergesetz und zu den einkommensteuerlichen Vorschriften des Anrechnungsverfahrens, Stuttgart 1992, Loseblatt, Stand Dezember 1997.

Rau, Günter/Dürrwächter, Erich, Umsatzsteuergesetz: Kommentar zum Umsatzsteuergesetz, 8. Auflage, Köln 1997, Loseblatt, Stand Dezember 1997.

o.V., NWB, Aktuelles, 1998: Aktuelles, in: NWB Heft 13/1998, S. 964.

Palandt, Bürgerliches Gesetzbuch, 1997: Bürgerliches Gesetzbuch, Kommentar, bearb. v. Peter Bassenge u. a., 56. Auflage, München 1997.

Vogel, Alfred/Schwarz, Bernhard, Umsatzsteuergesetz: Umsatzsteuergesetz, Kommentar, Freiburg i.Br. 1980 ff., Loseblatt, Stand November 1997.

Völkel, Dieter/Karg, Helmut, Umsatzsteuer, 1997: Umsatzsteuer, 8. Auflage, Stuttgart 1997.

Zitierte Literatur Teil VI

Hübschmann, Walter/Hepp, Ernst/Spitaler, Armin, AO: Kommentar zur Abgabenordnung und Finanzgerichtsordnung, 10. Auflage, Köln 1995, Loseblatt, Stand November 1997.

Kruse, Heinrich Wilhelm, Lehrbuch, 1991: Lehrbuch des Steuerrechts, Band I: Allgemeiner Teil, München 1991.

Kussmann, Manfred, Vollstreckung, 1993: Vollstreckung, 5. Auflage, Achim 1993.

Lenski, Edgar/Steinberg, Wilhelm, GewStG: Kommentar zum Gewerbesteuergesetz, 9. Auflage, München 1995, Loseblatt, Stand August 1997.

Schmidt, Ludwig, EStG: Einkommensteuergesetz, Kommentar, bearb. von Ludwig Schmidt u.a., 16. Auflage, München 1997.

Spitaler, Armin, Beiträge, 1957: Beiträge zur steuerrechtlichen Auslegungslehre, in: StbJb 1956/57, Köln 1957, S. 105-145.

Tipke, Klaus/Kruse, Heinrich Wilhelm, AO: Abgabenordnung, Finanzgerichtsordnung, Kommentar zur AO 1977 und FGO (ohne Steuerstrafrecht), 16. Auflage, Köln 1996, Stand November 1997.

Tipke, Klaus/Lang, Joachim, Steuerrecht, 1996: Steuerrecht, 15. Auflage, Köln 1996.

Ergänzende Literatur Teil I

Aufermann, Ewald, Die Disziplin der betriebswirtschaftlichen Steuerlehre, in: ZfB 1951, S. 23-28.

Hasenack, Wilhelm, Entwicklungsprobleme und Fragestellungen der betriebswirtschaftlichen Steuerlehre (steuerlichen Betriebswirtschaftslehre), in: BFuP 1953, S. 266-292.

Herzig, Norbert, Betriebswirtschaftliche Steuerlehre und Steuerberatung, Wiesbaden 1991.

Pausch, Alfons/Kumpf, Johann Heinrich, Illustrierte Geschichte des steuerberatenden Berufes, hrsg. von Karl-Heinz Mittelsteiner, Köln 1984,

Pohmer, Dieter, Grundlagen der betriebswirtschaftlichen Steuerlehre, Berlin 1958.

Schneeloch, Dieter/Hinz, Michael, Das Anforderungsprofil des Steuerberaters und seine Berücksichtigung in der universitären Lehre und Forschung, DStR 1996, S. 1985-1992

Ergänzende Literatur Teil II

Biergans, Enno, Einkommensteuer und Steuerbilanz, 6. Auflage, München 1992.

Blümich, Walter, Einkommensteuergesetz, Kommentar, 15. Auflage, München 1995, Loseblatt, Stand Oktober 1997.

Frotscher, Gerrit, Kommentar zum Einkommensteuergesetz, Kommentar, Freiburg 1981 ff., Loseblatt, Stand Februar 1998.

Glanegger, Peter/Güroff, Georg, Gewerbesteuergesetz, Kommentar, 3. Auflage, München 1994.

Hinz, Michael, Grundlagen der Unternehmensbesteuerung, 2. Auflage, Herne/Berlin 1995.

Kießling, Heinz/Pelikan, Horst, Körperschaftsteuer, 14. Auflage, Achim 1995.

Knobbe-Keuk, Brigitte, Bilanz- und Unternehmenssteuerrecht, 9. Auflage, Köln 1993.

Lange, Joachim/Reiss, Wolfram, Lehrbuch der Körperschaftsteuer, 8. Auflage, Herne/Berlin 1996.

Lenski, Edgar/Steinberg, Wilhelm/Stäuber, Hans/Sarrazin, Viktor, Kommentar zum Gewerbesteuergesetz, 9. Auflage, Köln 1995, Loseblatt, Stand August 1997.

Petzold, Günter, Gewerbesteuer, 4. Auflage, München 1991.

Plückebaum, Rudolf/Wendt, Wilhelm/Ehmke, Torsten/Niemeier, Gerhard/Schlierenkämper, Klaus P., Einkommensteuer, 18. Auflage, Achim 1996.

Rasenack, Christian, Die Theorie der Körperschaftsteuer, Berlin 1974.

Rose, Gerd, Betrieb und Steuer. Grundlagen zur Betriebswirtschaftlichen Steuerlehre, Erstes Buch: Die Ertragsteuern, 15. Auflage, Wiesbaden 1997.

Schneider, Dieter, Grundzüge der Unternehmensbesteuerung, 6. Auflage, Wiesbaden 1994.

Söffing, Günter, Besteuerung der Mitunternehmer, 4. Auflage, Herne/Berlin 1994.

Spangemacher, Gerd/ Spangemacher, Klaus, Gewerbesteuer, 12. Auflage, Achim 1995.

Streck, Michael, Körperschaftsteuergesetz mit Nebengesetzen, Kommentar, 5. Auflage, München 1997.

Zenthöfer, Wolfgang/ Schulze zur Wiesche, Dieter, Einkommensteuer, 4. Auflage, Stuttgart 1997.

Ergänzende Literatur Teil III

Bauch, Günter/Oestreicher, Andreas, Handels- und Steuerbilanzen, 5. Auflage, Heidelberg 1993.

Biergans, Enno, Renten und Raten in Einkommensteuer und Steuerbilanz, 4. Auflage, 1993.

Falterbaum, Hermann/Beckmann, Heinz, Buchführung und Bilanz, 17. Auflage, Achim 1998.

Federmann, Rudolf (Hrsg.), Handbuch der Bilanzierung, begründet von Arnulf Gnam, unter Mitarbeit von Eder, Reinhard/Federmann, Rudolf/Frotscher, Gerrit u.a., Freiburg i. Br. 1960., Loseblatt, Stand November 1997.

Haberstock, Lothar/Breithecker, Volker, Steuerbilanz und Vermögensaufstellung, 4. Auflage, Hamburg 1997.

Herzig, Norbert, Verlängerte Maßgeblichkeit und Bilanzpolitik, in: DB 1992, S. 1053-1054.

Hesselmann, Malte/Tillmann, Bert, Handbuch der GmbH & Co. Systematische Darstellung in handelsrechtlicher und steuerrechtlicher Sicht, 17. Auflage, Köln 1990.

Hinz, Michael, Sachverhaltgestaltungen im Rahmen der Jahresabschlusspolitik, Düsseldorf 1994, zugl. Univ.-Diss. Hagen 1993.

Hinz, Michael, Grundlagen der Unternehmensbesteuerung, 2. Auflage, Herne/Berlin 1995.

Horschitz, Harald/Groß, Walter/Weidner, Werner, Bilanzsteuerrecht und Buchführung, 7. Auflage, Stuttgart 1997.

Lange, Joachim/Grützner, Dieter/Kussmann, Manfred/Moench, Dietmar/Reiß, Wolfram, Personengesellschaften im Steuerrecht, 5. Auflage, Herne/Berlin 1998

Marettek, Alexander, Steuerbilanzplanung, Herne/Berlin 1980.

Meyer, Claus, Bilanzierung nach Handels- und Steuerrecht, 11. Auflage, Herne/Berlin 1996.

Pfleger, Günter, Die neue Praxis der Bilanzpolitik. Strategien und Gestaltungsmöglichkeiten im handels- und steuerrechtlichen Jahresabschluß, 4. Auflage, Freiburg i. Br. 1991.

Schmidt, Harald, Handels- u. Steuerbilanz, Freiburg 1991.

Schneeloch, Dieter, Bewertungsstetigkeit in Handels- und Steuerbilanz, in: WPg 1987, S. 405-417.

Schneeloch, Dieter, Bilanzpolitik und Grundsätze der Maßgeblichkeit, in: DStR 1990, S. 96-104.

Schult, Eberhard, Optimale Steuerbilanzpolitik nach der verlängerten Maßgeblichkeit. Erwiderung zu dem Beitrag von Herzig in DB 1992, S. 1053-1054, in: DB 1992, S. 2152-2154.

Siegel, Theodor, Steuerbarwertminimierung nach dem Einkommensteuertarif 1990, in: WISU 1989, S. 269-272.

Tiedtke, Klaus, Einkommen- und Bilanzsteuerrecht, 2. Auflage, Herne/Berlin 1995.

Winnefeld, Robert, Bilanz-Handbuch. Handels- und Steuerbilanz, bilanzielle Sonderfragen, Sonderbilanzen, München 1997.

Wittstock, Wilfried/Klein, Hans-Dieter, Zur Tragweite der umgekehrten Maßgeblichkeit nach neuem Recht, in: WPg 1987, S. 385-391.

Wöhe, Günter, Betriebswirtschaftliche Steuerlehre, Band I/2. Der Einfluß der Besteuerung auf das Rechnungswesen des Betriebes. Steuerbilanz - Vermögensaufstellung - Steuerliche Betriebsprüfung, 7. Auflage, München 1992.

Ergänzende Literatur Teil IV

Glanegger, Peter/Güroff, Georg, Gewerbesteuergesetz, Kommentar, 3. Auflage, München 1994.

Hinz, Michael, Grundlagen der Unternehmensbesteuerung, 2. Auflage, Herne/Berlin 1995.

Meincke, Jens Peter, Erbschaftsteuer- und Schenkungsteuergesetz, Kommentar, 11. neubearb. Auflage, München 1997.

Rose, Gerd, Betrieb und Steuer. Grundlagen zur Betriebswirtschaftlichen Steuerlehre, Drittes Buch: Die Substanzsteuern, 10. Auflage, Wiesbaden 1997.

Rössler, Rudolf/Troll, Max, Bewertungsgesetz, Kommentar, 18. Auflage, München 1997.

Troll, Max, Grundsteuergesetz, Kommentar, 7. Auflage, München 1997.

Ergänzende Literatur Teil V

Boruttau, Ernst Paul, Grunderwerbsteuergesetz, Kommentar, 14. Auflage, München 1997.

Bunjes, Johann/Geist, Reinhold, Umsatzsteuergesetz, 5. Auflage, München 1997.

Dziadkowski, Dieter/Walden, Peter, Umsatzsteuer, 4. Auflage, München/Wien 1996.

Hinz, Michael, Grundlagen der Unternehmensbesteuerung, 2. Auflage, Herne/Berlin 1995.

Hoffrichter-Dahl, Gabriele/Moecker, Udo, Umsatzsteuer, 4. Auflage, München 1997.

Menner, Stefan, Die Umsatzsteuer-Harmonisierung in der Europäischen Gemeinschaft. Entwicklung und Zukunft unter besonderer Berücksichtigung der freien Berufe, Köln 1992.

Rose, Gerd, Betrieb und Steuer. Grundlagen zur Betriebswirtschaftlichen Steuerlehre, Zweites Buch: Die Verkehrsteuern, 13. Auflage, Wiesbaden 1997.

Ergänzende Literatur Teil VI

Gräber, Fritz, Finanzgerichtsordnung, bearb. von Rüdiger von Groll, Hans-Reimer Koch und Reinhild Ruban, 4. Auflage, München 1997.

Jakob, Wolfgang, Abgabenordnung, Steuerverwaltungsverfahren und finanzgerichtliches Verfahren, 2. Auflage, München 1996.

Klein, Franz/Orlopp, Gerd, Abgabenordnung - Einschließlich Steuerstrafrecht, Kommentar, 6. Auflage, München 1998.

Rose, Gerd, Betrieb und Steuer. Grundlagen zur Betriebswirtschaftlichen Steuerlehre, Viertes Buch: Grundzüge des Besteuerungsverfahrens, 3. Auflage, Wiesbaden 1995.

Schöll, Werner, Abgabenordnung, Praktikerkommentar, München 1980, Loseblatt, Stand Oktober 1997.

Stichwortverzeichnis

Abflußprinzip 58, 67
Abhilfebescheid 496 f.
Abschreibungen
- Ansparabschreibung 272, 289
- außerplanmäßige 249, 253 ff., 274, 279
- geometrisch-degressive 266 ff.
- linear-gleichbleibend 84, 265
- planmäßige 274 ff.
- steuerrechtliche 276 ff.
- Teilwertabschreibung 253 ff., 275 f., 279
- Vereinfachungsregel 267

Absetzung für Abnutzung
- im Rahmen vernünftiger kaufmännischer Beurteilung 235, 248, 250 f., 274 f.
- bei beweglichen Wirtschaftsgütern 265 ff.
- bei Gebäuden 268 ff.

Absetzung für außergewöhnliche technische o. wirtschaftliche Abnutzung
- bei beweglichen Wirtschaftsgütern 267
- bei Gebäuden 269

Absetzung für Substanzverringerung 265, 270
Absetzungen, erhöhte 81, 84, 234, 252, 257, 271 ff., 276 ff., 281, 368
Abzugsmethode bei ausländischen Steuern 127
Allphasen-Umsatzsteuer 393
Altersentlastungsbetrag 57, 89
Analogie 448
Anfechtungsklage 45, 498 f.
Anlagevermögen
- abnutzbares, Bewertung 251 ff.
- nichtabnutzbares, Bewertung 258 ff.

Anrechnungsberechtigung bei der Körperschaftsteuer 159 ff.
Anrechnungsmethode 126 ff., 143
Anrechnungsverfahren, körperschaftsteuerliches 49, 80, 143 ff., 185
Anschaffungskosten 70, 75, 82, 94, 123, 194, 205, 235 ff., 268, 282, 290 ff., 323, 391, 426
Anteile an Kapitalgesellschaften
- und Bewertungsgesetz 349, 350, 368
- Veräußerung 72, 74, 75, 76, 82
Arbeit, nichtselbständige 139

Arbeitnehmer 24, 32, 77 ff., 83, 101, 112 f., 225, 402, 426 ff.
Arbeitnehmer-Sparzulage 190, 194
Arbeitsmittel 83
Artfortschreibung 359
Aufbewahrungspflicht 23, 464
Aufgabegewinn 73
Aufrechnung 43, 474
Aufzeichnungspflichten
- bei der Umsatzsteuer 28, 439
- nach der Abgabenordnung 28, 439
Ausbildungskosten 90
Ausgaben 58
Ausgaben, nichtabzugsfähige private 89
Auskunftspflichten 463
Auskunftsverweigerungsrechte 464
Ausland i.S.d. Umsatzsteuer 394, 397, 399 ff., 413 ff., 428, 432
Auslegung
- grammatische 446
- historische 446 f.
- objektive 445
- subjektive 445
- systematische 446
- teleologische 209, 446
Ausschüttungsbelastung 146 ff., 154, 157 ff., 185, 286, 369
Außenprüfung 41, 296 ff., 464 ff., 471, 486 f.
Außenprüfungsbericht
    s. Prüfungsbericht
Außergerichtliche Rechtsbehelfe
    s. Rechtsbehelfe
Außergerichtliches Vorverfahren
    s. Vorverfahren
Außergewöhnliche Belastungen
    s. Belastungen
Aussetzung der Vollziehung 496 f., 501
Auszahlungen 58, 201
Baukindergeld 95, 110
Bausparkassenbeiträge 196
Bedarfswert 364
Bedingung
- auflösende 355
- aufschiebende 355
Beförderung 405 ff., 415 ff., 429

Beiträge 8 ff., 78, 83, 91 f., 141, 195 f., 331, 402
Belastung, außergewöhnliche 57, 93 ff., 123, 140, 444 f.
Belastung, zumutbare 94
Berufsausbildungskosten 90
Beschwer 46, 492, 494 ff.
Besitzsteuern 15 f.
Bestandskraft 468, 480, 494
Bestandsvergleich 66 ff., 200 f., 207, 210, 216, 234, 440
Bestimmungslandprinzip 396
Beteiligung am allgemeinen wirtschaftlichen Verkehr 61 f., 87, 164
Beteiligung, wesentliche 75, 291
Betrachtungsweise
– typisierende 454 f.
– wirtschaftliche 443, 450 ff.
Betriebe gewerblicher Art 131 ff., 137, 160, 398
Betriebsaufgabe 73 f.
Betriebsausgaben 54 ff., 66 ff., 115, 118, 121, 130, 139 f., 171 f., 179 f., 189, 201, 231 f., 412, 426 f., 440, 479
Betriebseinnahmen 54, 66, 118, 158, 160, 172, 193, 201 ff., 231, 329, 331, 333 f., 440, 479
Betriebsgrundstücke 358, 361 ff., 371 ff., 379
Betriebsprüfung 26, 184, 465
Betriebsschulden 363 ff., 366, 378, 380
Betriebsübertragung, unentgeltliche 71, 76 ff.
Betriebsveräußerung
– Freibetrag 71, 73 f., 322, 329
– und Rentenbesteuerung 321 ff.
Betriebsvermögen
– Abgrenzung vom Privatvermögen 230 ff.
– gewillkürtes 231 ff., 305
– notwendiges 231
– und Bewertungsgesetz 342, 345, 363 f., 368
– und Gewinnermittlung 66
Betriebsvorrichtungen 362 ff., 388, 420
Beweismittel 461, 485 f., 493
Bewertungsgegenstand 340, 343 f., 361
Bewertungsgesetz
– Anwendungsbereich 340
– Aufbau 340
Bewertungsmaßstäbe des BewG, Überblick 342, 345 f.
Bewertungsstetigkeit, Grundsatz der 206, 210 f., 246, 271, 280

Bewertungsvorbehalt, steuerlicher 197, 234, 252, 260, 280
Bezüge, wiederkehrende 116 f., 122
Bilanzänderung 295 f.
Bilanzberichtigung 295
Bilanzierungsgegenstand 214
Bilanzierungshilfen 215 f.
Bilanzklarheit 205
Bilanzkontinuität 206
Bilanztheorie
– dynamische 228
– organische 198
– statische 198
Bilanzwahrheit 205
Börsen- oder Marktpreis 235, 249, 274, 279
Buchführung, Grundsätze ordnungsmäßiger 203 ff., 211, 234, 325
– deduktive Ermittlung 204
– induktive Ermittlung 204
Buchführungspflichten 68 f., 198 ff., 438
Bundesfinanzbehörden 21, 341
Bundesfinanzhof 27, 497 ff.
Bundessteuern 15, 18
Darlehen, partiarisches 79 f., 114, 129, 371
Dauernde Last
s. Last
Dauerschulden 169 ff.
Dauerschuldzinsen 170 f., 490
Divergenzrevision 501
Doppelbesteuerungsabkommen 35, 51, 126 ff., 135, 143 f.
Doppelte Haushaltsführung
s. Haushaltsführung
Drittlandsgebiet 396 f., 399 f., 416 f.
Durchführungsverordnung 34
Ehegattenbesteuerung 52, 59 f., 112
Ehemalige Tätigkeit 85
Eigenheimzulage 95 f., 193 f.
Eigenkapital, verwendbares
– Begriff 148 ff.
– Gliederung 149 f., 154, 185, 192
– und Verluste 156
Eigenkapitalteile
– ermäßigt belastete 153
– Reihenfolge der Verwendung 151
Eigentum, wirtschaftliches 232, 388
Eigenverbrauch 141, 155, 396 f., 411 ff., 422, 426 ff., 435 f., 438 f.
Einfuhrumsatzsteuer 22, 297, 396 f., 413 f., 428, 431, 439
Einheit, wirtschaftliche 342 ff., 358 f., 362
Einheitliche Feststellung
s. Feststellung

Stichwortverzeichnis

Einheitsbewertung 341 f.
Einheitsbilanz 197, 285, 304, 305
Einheitswert
- Betriebs 173
- des land- und forstwirtschaftlichen Betriebs 361

Einheitswertbescheid 358 f.
Einkommen 6, 10, 48 f., 56 f., 98 ff., 109, 138 ff., 147, 150, 155 f., 169, 172, 180, 185, 285 f., 479
Einkommen, zu versteuerndes
- bei der Einkommensteuer 49, 56, 88, 98, 103 ff.
- bei der Körperschaftsteuer 49, 138 ff.

Einkommensteuer
- Bemessungsgrundlage 16, 48, 57, 88, 98, 103
- festzusetzende 109 f.
- Steuerpflicht, beschränkte 47, 50 f.
- Steuerpflicht, persönliche 50 ff.
- Steuerpflicht, sachliche 53 ff.
- Steuerpflicht, unbeschränkte 50 ff.
- tarifliche 57, 95, 98, 102 ff.
- Vorauszahlungen 110 f.

Einkünfte
- aus ehemaliger Tätigkeit 85 f.
- aus Gewerbebetrieb 53, 63 f., 74 f., 86 f., 139, 158, 165, 169, 331, 479
- aus Kapitalvermögen 53 f., 64, 79 f., 118
- aus Land- und Forstwirtschaft 53, 62 f., 65, 74
- aus nichtselbständiger Arbeit 53, 77 ff., 89, 112, 195
- aus selbständiger Arbeit 53, 63, 158
- aus Vermietung und Verpachtung 53, 80 f., 86, 94, 391
- Gesamtbetrag der 56 f., 59, 88 f., 96 ff., 121, 127
- negative 54, 57
- negative ausländische 129
- sonstige 53, 75, 81 f., 326
- Summe der 48, 56 f., 88 f., 97, 107, 113, 169

Einkunftsarten 47 f., 51, 53 ff., 62, 76 ff., 85, 98, 121 ff., 125, 130, 139
Einlageminderung des Kommanditisten 313 f.
Einlagen
- Bewertung von 289 ff., 304
- Privat 66, 200
- Sach- 188
- der Gesellschafter 304

Einnahmen 58

Einnahmen, steuerfreie 147, 368
Einnahmen, wiederkehrende 58
Einnahmen-Überschußrechnung 67, 69, 199 ff., 265
Einspruch 45, 491 ff.
Einspruchsentscheidung 496 f.
Einspruchsfrist 493 ff.
Einspruchsverfahren 492 ff.
Einzahlungen 58
Einzelbewertung, Prinzip der 206 f., 211
Entgelt 183, 218 f., 322, 325, 396, 397, 400, 406, 410, 411, 418, 423 ff., 434 ff.
Entlastungsbetrag bei gewerblichen Einkünften 107 f.
Entnahmen
- Bewertung von 289 ff.
- Privat 66, 200, 231, 440
- Gewinn 180

Entschädigungen bei der Einkommensteuer 85 f.
Erbschaft- und Schenkungsteuer
s. Erschaftsteuer
Erbschaftsteuer
- Befreiungen 381
- Bemessungsgrundlage 378 f.
- ertragsteuerliche Behandlung 386
- Freibeträge 381 f., 383 f.
- Progressionsvorbehalt 384
- Steuerklassen 380
- Steuerpflicht beschränkte 378
- Steuerpflicht unbeschränkte 377 f.
- Steuerschuldner 385
- Tarif 380, 383 f.

Ergänzungsbilanz 305, 308 ff., 313
Erhebungsverfahren 39, 43 f., 443, 456, 473 ff.
Erlaß 43 ff., 125, 352 f., 458, 474 f.
Erlöschen des Steueranspruchs 474
Ermittlungsverfahren 39 ff., 443, 456, 460 ff.
Eröffnung eines Betriebes 291
Ertragsanteil bei Renten 120 ff., 326
Ertragshoheit 18 ff.
Ertragslage 203, 211, 277
Ertragsteuern 4 ff., 15 ff., 47, 193, 387
Ertragswert
- bei der Grundstücksbewertung 362
- beim land- und forstwirtschaftlichen Vermögen 346, 360 f.
- beim Stuttgarter Verfahren 370

Erwerb eines Betriebes
- entgeltlich 291
- unentgeltlich 292

Erwerb von Todes wegen 377
Erwerb, innergemeinschaftlicher
- Ort des 415
- von neuen Fahrzeugen 415
- Voraussetzungen 414
Erwerb, steuerpflichtiger bei der Erbschaftsteuer 378
Erwerbsschwelle 414
Exportumsätze 416 ff.
Fahrten, Wohnung – Arbeitsstätte 83
Familienpersonengesellschaften 315
Festsetzungsverfahren 39, 41 ff., 466 f.
Festsetzungsverjährung 41, 44, 466, 471, 475, 482
Feststellung, einheitliche und gesonderte 495
Feststellungsbescheid 42, 45, 149, 295, 358, 490, 496, 498
Feststellungsverfahren 41, 149, 443, 456, 466 ff.
Finanzbehörden 23 f., 41 ff., 338, 459 ff., 474, 484, 490 ff.
Finanzgerichte 27, 33, 37, 45, 497 ff.
Finanzgerichtsbarkeit 23, 27, 44, 491
Finanzlage 211, 277, 350
Finanzrechtsweg 497
Finanzverwaltung 24 ff., 30, 37, 124, 359
Firmenwert 218, 221, 268, 276, 323
Folgebescheide 469, 496 f.
Forderungen 218, 222 f., 236, 309, 346, 351 ff., 366, 371, 440, 476
Fortbildungskosten 90
Fortschreibung 358 ff., 375
Freiberufler 29, 63, 69, 87, 199, 398, 438
Freiberufliche Tätigkeit 63, 461
Freistellungsmethode 128, 143 f., 150
Freiwillige Zuwendungen
  s. Zuwendungen
Gebühren 8 f., 12, 418
Gemeindesteuern 15, 18
Gemeiner Wert
  s. Wert
Gemeinschaftsteuern 15, 18
Genossenschaft 48, 68, 79, 130 ff., 160, 166, 398
Gesamtbetrag der Einkünfte
  s. Einkünfte
Geschäftsveräußerung
  s. Betriebsveräußerung
Gesellschafter, atypischer stiller 64, 311
Gesellschafter, typischer stiller 64, 114
Gesellschafterverbrauch 396 f., 412 f., 440 f.

Gesetze 33, 450
Gesetzesauslegung
  s. Auslegung
Gesetzeslücke 447
Gesetzgebungshoheit 19
Gesetzgebungskompetenz 13, 19 f.
Gesonderte Feststellung
  s. Feststellung
Getrennte Veranlagung
  s. Veranlagung
Gewerbebetrieb
- Begriff 61, 164
- Einkünfte aus 63 f., 71 ff., 86 f., 139, 169, 331, 479
- Mehrheit von Gewerbebetrieben 166
Gewerbeertrag 47 ff., 164, 168 ff., 287 f.
Gewerbesteuer
- Beginn der Steuerpflicht 167
- Bemessungsgrundlage 168, 175
- Ende der Steuerpflicht 167
- Freibetrag 168 ff., 175 f.
- Hebesatz 176, 287 ff.
- Hinzurechnungen und Kürzungen 168 ff.
- Steuermeßbetrag 175 ff.
- Steuerschuldner 167 f., 176
- Tarif 175 ff.
- Vorauszahlungen 176
- Zerlegung 177
Gewerbesteuerbescheid 176 f.
Gewerbesteuermeßbescheid 176, 490, 496
Gewerbesteuerrückstellung 287 f.
Gewerbeverlust bei der Gewerbesteuer 175
Gewinn 53 ff., 61 ff., 138 ff., 156 ff., 169 ff., 199 ff., 317 ff., 322 ff., 440 f.
Gewinnausschüttung 49, 79 f., 114, 145 ff., 159
Gewinnausschüttung, verdeckte
- Begriff 180 f.
- Rechtsfolge 184 ff.
- Voraussetzungen 182
Gewinneinkünfte 53 f., 61 ff., 87, 265, 331, 391
Gewinnermittlung 66 ff., 139, 171, 197 ff., 234, 252, 303, 363 f.
Gewinnerzielungsabsicht 61 ff., 87, 164
Gewohnheitsrecht 35 f., 203
Gleichheitsgrundsatz 449, 454 f.
Gnadensplitting 104, 108
Grundbesitz 82, 172 ff., 341, 361 f., 375, 379
Grundbesitzwert 372 f., 379

Grunderwerbsteuer
- Befreiungen 389
- Bemessungsgrundlage 389 f.
- ertragsteuerliche Behandlung 391
- Steuersatz 390
- Steuerschuldner 390

Grundlagenbescheid 470, 488 f., 496
Grundrechte 33, 443, 448
Grundsätze ordnungsmäßiger Buchführung und Bilanzierung 203 ff.
Grundsatzrevision 501
Grundsteuer
- Bemessungsgrundlage 375
- ertragsteuerliche Behandlung 376
- Steuergegenstand 375
- Steuerschuldner 375
- Vorauszahlungen 375

Grundstück 362
Grundtarif 103 ff., 130
Grundvermögen 344, 357 f., 361 ff., 373 ff.
Haftungsminderung des Kommanditisten 313 f.
Hauptfeststellung 358 ff.
Hauptveranlagung und Grundsteuer 375
Haushaltsfreibetrag 52, 57, 98, 101
Haushaltsführung, doppelte 83
Hebesatz
- und Gewerbesteuer 176, 282 f.
- und Grundsteuer 375

Herstellungskosten 70, 81, 84, 193, 210, 238 ff., 347, 427
Höchstwertprinzip 283
Imparitätsprinzip 206, 208 f., 331
Inland i.S.d. Umsatzsteuer 399
Istbesteuerung 423, 435, 438
Kapitalertragsteuer 79, 113 ff., 136, 146, 158, 191
Kapitalforderungen, bewertungsrechtlich 348 ff.
Kapitalkonto 304, 308 ff., 365
Kapitalkonto, negatives 311, 313
Kaufmannseigenschaft 199
Kaufpreis bei der Grunderwerbsteuer 390
Kaufpreisraten 117, 333 f., 354
Kinderfreibetrag 93, 98 ff., 191, 195
Kirchensteuer
- als Sonderausgaben 90
- Bemessungsgrundlage 191
- Steuersatz 191

Klage 45, 498 ff.
Klagebegehren 498 f.
Kleinunternehmer bei der Umsatzsteuer 414, 437 f.

Kommissionsgeschäft bei der Umsatzsteuer 404
Kontokorrentschulden bei der Gewerbesteuer 170
Körperschaften 8, 47 ff., 131 ff., 427 f., 440, 479
Körperschaftsteuer
- Anrechnungsverfahren 49, 80, 144 ff., 185
- Befreiungen 137
- Bemessungsgrundlage 138 ff.
- Einkommensermittlung 139 f., 155
- Steuerpflicht beschränkte 135 ff.
- Steuerpflicht unbeschränkte 131 ff.

Körperschaftsteuer-Erhöhung 148
Körperschaftsteuer-Minderung 145
Körperschaftsteuerpflicht
- Beginn der 136 f.
- Ende der 136 f.

Land- und forstwirtschaftliche Betriebe bei der Umsatzsteuer 438
Land- und forstwirtschaftliches Vermögen s. Vermögen
Landesfinanzbehörden 21 ff., 36, 341
Landessteuern 15
Lasten, dauernde
- als Sonderausgaben 90, 121
- und Gewerbesteuer 171
- als Werbungskosten 82

Latente Steuern 216
Leibrenten 89, 116 ff., 321 ff.
Leistung i.S.d. Umsatzsteuer 400
Leistungen, rentenähnliche 119 ff., 321
Leistungen, sonstige
- i.S.d. Umsatzsteuer 396, 400 ff.
- Ort der 408 f.

Leistungsaustausch 400 f., 424
Leistungsfähigkeitsprinzip 10, 13
Liebhaberei 55 f., 62
Lieferung
- i.S.d. Umsatzsteuer 402 ff.
- Ort der 405 ff., 415

Lohnsteuer 6, 24, 101, 112 f., 191, 473
Maßgeblichkeitsgrundsatz 66, 197, 201 f., 226, 252 ff.
Maßgeblichkeitsgrundsatz, umgekehrter 197, 201 f., 230, 255, 260 f., 278 f.
Maßgeblichkeitsprinzip
s. Maßgeblichkeitsgrundsatz
Mehrwertsteuer 10, 17, 290, 393 ff., 421, 438
Miet- und Pachtzinsen bei der Gewerbesteuer 172

Minderkaufleute 68, 199
Mißbrauch von Gestaltungsmöglichkeiten 317, 443, 453
Mitgliederbeiträge bei der Umsatzsteuer 402
Mitunternehmerschaft 87, 165 ff., 303 f., 307
Mitwirkungspflichten 40, 461, 464
Nachfeststellung 358 ff., 375
Nachhaltigkeit 61, 87
Nachprüfung, Vorbehalt der 43, 296, 470 f., 483 f.
Nachveranlagung und Grundsteuer 375
Nebenbetrieb, land- und forstwirtschaftlicher 62
Nebenleistung, steuerliche 8 f., 476
Neuer Markt 249
Neuveranlagung und Grundsteuer 375
Nichtselbständige Arbeit 77 ff.
Niederstwertprinzip 208
– gemildertes 260, 268
– strenges, 263
Normaltarif 103
Nutzungen und Leistungen, wiederkehrende, bewertungsrechtlich 353 f.
Nutzungszuwendungen, verdeckte 188
Objektverbrauch 95
Offenbare Unrichtigkeit
s. Unrichtigkeit
Partiarische Darlehen
s. Darlehen
Pensionsrückstellung 225 f., 284
Personengesellschaft
– Bilanzierung 304, 308
– Ermittlung des Werts des Betriebsvermögens 364 f.
– Gewinnermittlung 303
– im Einkommensteuerrecht 86
Preisnachlaß bei der Umsatzsteuer 425
Privatvermögen
– Abgrenzung vom Betriebsvermögen 230
– gewillkürtes 231
– notwendiges 231
Progressionsvorbehalt 105, 128 f., 144, 384
Prüfungsanordnung 465, 471
Prüfungsbericht 465
Realisationsprinzip 206, 208 f.
Rechnungen bei der Umsatzsteuer 430 f., 434
Rechnungsabgrenzungsposten 214, 216, 228 f., 293
Rechtsanwendung 444 ff.
Rechtsbehelfe
– außergerichtliche 45, 491

– gerichtliche 45, 491
– Zulässigkeitsvoraussetzungen 46, 492, 497.
Rechtsbehelfsbelehrung 467, 494
Rechtsbehelfsfrist 46, 480
Rechtsbehelfsverfahren 44 ff., 492 ff.
Rechtsbehelfsverzicht 46, 480, 492
Rechtsfehler 482, 483, 490 f.
Rechtsfindung 447 f., 453
Rechtsgeschäfte
– gesetzeswidrige 452
– sittenwidrige 452
– unwirksame 452
Rechtsmittel 39, 44 ff., 497 ff.
Rechtsnorm 33 ff., 444 f., 472
Rechtsquellen 33
Rechtsverordnungen 34 f.
Reihengeschäft 407
Renten
– Arten 125, 321
– Begriff 116
– im betrieblichen Bereich 321
– und Einkommensteuer Übersicht 119
– und Gewerbesteuer 171
Rentenähnliche Leistungen
s. Leistungen
Revision 45, 500 f.
Rohbetriebsvermögen 363
Rücklagen, steuerfreie 229 f.
Rücknahme von Verwaltungsakten
s. Steuerverwaltungsakt
Rückstellungen
– Arten 224 ff.
– Bewertung 283 ff.
– Pensionsrückstellungen 225 f., 284 f.
– Steuerrückstellungen 285 f.
Sacheinlagen, verdeckte 188
Säumniszuschlag 475 f.
Schadens- und Unfallrenten 331
Schadensersatz bei der Umsatzsteuer 401
Schätzung 42, 463
Scheingeschäfte 452
Schenkung unter Lebenden 377
Schenkungsteuer
s. auch Erbschaftsteuer
Schlußbesprechung 465
Schuldbuchforderungen, bewertungsrechtlich 349
Schulden, bewertungsrechtlich 351
Schuldzinsen 82
Selbständige Arbeit 63
Selbständigkeit 61, 78, 398
Solidaritätszuschlag 141, 190 ff., 285

Sollbesteuerung 423, 435 f., 438
Sonderabschreibungen 84 f., 211, 252, 257, 271 f., 276, 278, 281, 368
Sonderausgaben 57, 89 ff., 98, 121, 123, 140, 386, 479
Sonderausgaben-Pauschbetrag 90
Sonderbetriebsvermögen 305 ff., 313, 365
Sonderbilanz 304 ff., 313
Sonderposten mit Rücklageanteil 229 f.
Sondervergütungen an Gesellschafter von Personengesellschaften bei der Einkommensteuer 303
Sonsitge Einkünfte
 s. Einkünfte
Sonstige Leistung
 s. Leistung
Sparer-Freibetrag 80
Spekulationsgeschäfte 81
Spenden 90, 141 f., 173 f.
Splittingtarif 103 f.
Splittingverfahren 104
Sprungklage 499 f.
Steuerabzug
 – vom Arbeitslohn 112, 130
 – vom Kapitalertrag 113, 130
Steueranmeldung 466
Steueraufkommen 7, 16, 20 f.
Steuerberater 27 ff., 63, 462 ff., 494 f.
Steuerberatung 29 f., 38
Steuerberatungsgesellschaften 30, 32
Steuerberatungskosten 90
Steuerbescheid
 – Arten 467 f.
 – Aufhebung, Änderung 483 ff.
 – Grundsätzliches 41 ff.
 – zusammengefaßt 468
Steuerbevollmächtigter 27
Steuererklärung 40 ff., 386, 462 f., 470
Steuererklärungspflicht 40 f., 462 f.
Steuerermäßigungen bei der Einkommensteuer 109
Steuerfahndung 465 f.
Steuerfestsetzung
 – vorläufige 471 f., 484
 – widerstreitende 488
Steuerfestsetzungsverfahren 41 ff., 466 ff.
Steuerfreie Rücklagen
 s. Rücklagen
Steuergefährdung 501
Steuerhinterziehung 46, 114, 471, 487, 501
Steuerhoheit 15, 18, 19 ff.
Steuermeßbescheide 42, 44 f., 470, 481, 492

Steuermeßbeträge
 – für Gewerbesteuer 175
 – für Grundsteuer 375
Steuermeßzahl
 – für Gewerbesteuer 175 f.
 – für Grundsteuer 375
Steuern
 – Arten 15 ff.
 – Begriff 8
 – direkte 17
 – indirekte 17
 – Personen- 18, 47 f., 141
 – Sach- 15, 18, 48, 164
Steuerordnungswidrigkeiten 46, 466, 501 f.
Steuerpflichtiger 23 f., 50 ff., 59, 131 ff.
Steuerpflichtiger Erwerb bei der Erbschaftsteuer
 s. Erwerb
Steuerrückstellungen 285
Steuerschuldner 17, 23 f., 42, 44, 112, 141, 167 f., 375, 390, 394, 466 f.
Steuerschuldverhältnis 466, 473 f., 477
Steuertarif bei der Einkommensteuer 10, 102 ff.
Steuerverkürzung, leichtfertige 46, 471, 487, 501 f.
Steuerverwaltungsakt
 – Änderung 45, 483 ff.
 – Arten 498
 – Aufhebung 45, 470, 481, 483 ff., 486
 – Begriff 457
 – begünstigender 458, 482
 – Bekanntgabe 458 ff.
 – belastender 458, 483
 – Entstehung 458
 – gebundener 458
 – Rücknahme des rechtswidrigen 482
 – Widerruf des rechtmäßigen 482
Steuerzahler 17, 23 f.
Stichtagsprinzip 211 f., 355, 360
Stille Gesellschaft
 – atypische 64, 87, 165
 – typische 87
Streitwert 500
Streitwertrevision 500
Stundung 43, 458, 473 f.
Stuttgarter Verfahren 347, 350, 367 ff., 379 f.
Substanzsteuern 15 ff., 337 f.
Summe der Einkünfte
 s. Einkünfte

Tarifbegrenzung
- bei der Erbschaftsteuer 385
- gewerblicher Einkünfte 103, 106, 108

Tarifbelastung bei der Körperschaftsteuer 148

Tatbestandsmäßigkeit der Besteuerung 15, 454

Tatbestandsmäßigkeit der Verwaltung 15

Tatsachen, neue 485 f.

Tausch 410 f., 425

Tauschähnlicher Umsatz
  s. Umsatz

Teilbetrieb 72

Teilbetriebsveräußerung 71, 325

Teilleistungen bei der Umsatzsteuer 435

Teilnahme am allgemeinen wirtschaftlichen Verkehr 63

Teilwert
- Begriff 246 ff., 267, 304, 346
- Teilwertabschreibung
  s. Abschreibungen
- Teilwertvermutungen 247 f.

Tilgungsanteil bei Renten 120, 323, 326

Treu und Glauben, Grundsatz von 449 f.

Typisierende Betrachtungsweise
  s. Betrachtungsweise

Überschußeinkünfte 77

Umkehrschluß 448, 479

Umlaufvermögen 214, 219, 222 f., 249, 263 ff., 294

Umsatzsteuer
- Befreiungen 416 ff.
- Bemessungsgrundlagen 423 ff.
- ertragsteuerliche Behandlung 237, 285, 440 f.
- Konkurrenz mit Verkehrsteuern 419
- Mindestbemessungsgrundlage 427 f.
- Option zur Steuerpflicht 420, 432
- steuerbarer Umsatz 395, 405, 416
- steuerpflichtiger Umsatz 395
- Steuersätze 428 f.
- Steuerschuldner 436
- tauschähnlicher Umsatz 410
- Verzicht auf Steuerbefreiungen 420 f.

Umsatzsteuer-Identifikationsnummer 418

Unrichtigkeit, offenbare 481

Untätigkeitsklage 498 f.

Unterhaltsleistungen 81, 90, 122

Unternehmenseinheit 399

Unternehmer als Steuersubjekt der Umsatzsteuer 397 ff.

Untersuchungsgrundsatz 40, 460

Ursprungslandprinzip 396

Veranlagung
- besondere 60
- getrennte 59

Veranlagungsformen 59 f.

Veräußerung von wesentlichen Beteiligungen an Kapitalgesellschaften 74 f., 82

Veräußerungsgewinn
- ermäßigter Steuersatz 71, 105 f., 109
- Freibetrag 71, 73, 75

Veräußerungsrenten
- betriebliche 321
- private 123

Verbindliche Zusage s. Zusage

Verbindlichkeiten
- Bewertung 282
- Bilanzierung 223

Verböserung 497, 498

Verbrauchsfolgen 264

Verbrauchsteuern 14 ff., 20, 22, 25, 411, 466, 484

Verdeckte Gewinnausschüttung
  s. Gewinnausschüttung

Vereine 133, 398, 402

Verfügungen der OFD 33, 36

Verkehrsteuern 15 ff., 25, 387, 393, 419

Verlustabzug 89, 96 f., 129 f., 140 f., 175, 311

Verlustausgleich 57, 89, 96 f., 312

Verlustrücktrag 97

Verlustvortrag 98

Vermögen
- Bewertung 345
- land- und forstwirtschaftliches 360 f.; 373
- Veräußerung 74, 330

Vermögensarten 342, 357 f., 372

Vermögensgegenstand 214, 216 f., 218 ff.

Vermögenslage 211

Vermögenswert beim Stuttgarter Verfahren 368, 370

Verpflichtungsklage 45, 498 f.

Versendung 405 f., 415

Versicherungsaufwendungen als Sonderausgaben 91

Versicherungsvereine auf Gegenseitigkeit 132, 166

Versorgungsfreibetrag 78, 384

Versorgungsrenten
- betriebliche 330
- private 124

Verspätungszuschlag 41, 463

Vertrauensschutz 479 f., 490

Verwaltungshoheit 18 f., 21

Verwaltungsvorschriften 33, 36 ff.
Verwendbares Eigenkapital
 s. Eigenkapital
Verwendungsfiktion 151
Vollstreckungsmaßnahmen 39, 44, 476 f.
Vorabgewinn 303
Vorauszahlungsbescheid 111, 468
Vorbehalt der Nachprüfung 43, 470 f., 483 f.
Vorgesellschaft 136 f.
Vorgründungsgesellschaft 136
Vorsichtsprinzip 206, 208, 221, 265, 325
Vorsorgeaufwendungen 89, 91 f.
Vorsorgepauschale 91
Vorsteuerabzug
 – Ausschluß vom 431 ff.
 – bei Verzicht auf Steuerbefreiung 421
 – Berichtigung des 433
 – teilweiser Ausschluß vom 432
 – und Rechnung 237
 – Voraussetzungen 430 f.
Vorsteuern 237, 242, 271, 387, 394, 430 ff., 438 ff.
Vorverfahren
 – als Klagevoraussetzung 499
 – als Klagevoraussetzung 497
 – außergerichtliches 45, 491, 497
Weiterbildungskosten 90
Werbungskosten 54, 56, 76 f., 82 ff., 90, 123, 440
Werbungskosten-Pauschbeträge 82
Werkleistung 409 f.
Werklieferung 409 f.
Wert
 – gemeiner 346, 351, 367, 370
 – Wertobergrenze 238, 241, 251
 – Wertuntergrenze 238 ff, 245
Wert des Betriebsvermögens 342, 345, 363 f., 367 f., 378, 380
Wertaufhellungstheorie 208, 213
Werterhöhungsverbot 252, 259
Wertfortschreibung 359
Wertpapiere, bewertungsrechtlich 346, 348 ff., 379
Wesentliche Beteiligung
 s. Beteiligung
Wiederbeschaffungskosten 247 f., 426
Wiedereinsetzung in den vorigen Stand 493
Wiederkehrende Bezüge
 s. Bezüge
Wiederkehrende Nutzungen und Leistungen
 s. Nutzungen

Wirtschaftliche Betrachtungsweise
 s. Betrachtungsweise
Wirtschaftliche Einheit
 s. Einheit
Wirtschaftliches Eigentum
 s. Eigentum
Wirtschaftsgebäude 268 f.
Wirtschaftsgut
 – Arten 218
 – Begriff 217, 218
 – geringwertiges 84, 270 f., 278
 – immaterielles 218, 221
 – materielles 218
Wohnung im eigenen Haus bei der Einkommensteuer 89, 94 ff., 193 f.
Wohnungsbauprämie 196
Zahllast bei der Umsatzsteuer 394
Zahlung 43 f., 70, 113, 207, 399, 402, 473, 474, 478, 496
Zahlungsverjährung 43 f., 474 f., 477
Zeitrenten 116 ff., 125, 321, 329 f., 334
Zerlegung bei der Gewerbesteuer 177
Zinsabschlagsteuer 114 f.
Zölle 13 ff., 25, 236, 466, 484
Zuflußprinzip 58, 67, 201
Zulagen 95, 190 ff.
Zulässigkeitsvoraussetzungen
 – für außergerichtliche Rechtsbehelfe 46, 492
 – für Klagen 46, 497
Zulassungsrevision 500 f.
Zumutbare Belastung
 s. Belastung
Zurechnungsfortschreibung 359, 375
Zusage verbindliche 466
Zusammenveranlagung zur Einkommensteuer 52, 59 f., 80, 85 f., 89, 90, 103, 108, 192, 399, 468
Zuschüsse 193, 237, 242, 424
Zuwendungen 57, 121 ff., 180, 187 ff., 377, 381

Besteuerung und betriebliche Steuerpolitik

Band 2: Betriebliche Steuerpolitik

Teil I: Grundlegende Zusammenhänge und Instrumentarium der betrieblichen Steuerpolitik

1 Einführung
2 Steuerpolitik im Rahmen der Unternehmenspolitik
3 Steuersätze im Rahmen der betrieblichen Steuerpolitik
4 Formelmäßige Erfassung von Steuerbelastungen und kombinierten Steuersätzen
5 Ziele und Vorteilskriterien im Rahmen der betrieblichen Steuerpolitik
6 Zinssätze der Differenzinvestitionen

Teil II: Steuerbilanzpolitik und sonstige zeitliche Einkommensverlagerungspolitik

1 Einführung
2 Aktionsparameter der Steuerbilanzpolitik
3 Sonstige Aktionsparameter einer zeitlichen Einkommensverlagerungspolitik
4 Barwertminimierung und Ersatzkriterien des Vorteilsvergleichs
5 Besonderheiten bei Verlusten
6 Auswirkungen der Steuerbilanzpolitik auf die Substanzsteuern und Rückwirkungen auf die Steuerbilanzpolitik
7 Steuerbilanzpolitik und handelsbilanzpolitische Ziele

Teil III: Berücksichtigung von Steuern im Rahmen von Investitions- und Finanzierungsentscheidungen

1 Einführung
2 Besteuerung und Investitionsentscheidungen
3 Besteuerung und Finanzierungsentscheidungen bzw. kombinierte Investitions- und Finanzierungsentscheidungen

Teil IV: Rechtsformwahl und Rechtsformwechsel

1 Einführung
2 Vorteilsvergleich zwischen Personenunternehmen und Kapitalgesellschaften ohne Berücksichtigung von Umwandlungsvorgängen
3 Einbeziehung von Umwandlungsvorgängen in den Vergleich
4 Steuergestaltungsmaßnahmen durch den Erwerb qualifizierter Beteiligungen
5 GmbH & CoKG und GmbH & Still
6 Betriebsaufspaltung